1차시험 | 필수과목

勞務士

공인노무사

2024

노동법 | 기출문제

한권으로 끝내기

공인
노무사

노동법 | 기출문제
한권으로 끝내기

머리말

사회가 고도화됨에 따라 노사관계 및 노동이슈가 증가하고 있고, 개별적 노사관계는 물론 집단적 노사관계에 이르기까지 분쟁의 해결이라는 측면에서 공인노무사의 역할은 더욱 증대되고 있다. 이에 따라 최근 고용노동부는 공인노무사의 인력수급을 적정화하기 위하여 2018년부터 공인노무사시험 합격인원을 기존보다 50명 더 늘리기로 하였다.

공인노무사시험은 격년제로 시행되었으나, 1998년부터는 매년 1회 치러지고 있으며, 2024년부터는 1차시험이 과목당 40문항으로 문제수가 증가될 예정이다. 1차시험은 5지 택일형 객관식, 2차시험은 논문형 주관식으로 진행되고, 1 · 2차시험 합격자에 한하여 전문지식과 응용능력 등을 확인하기 위한 3차시험(면접)이 실시된다.

전 과목의 평균이 60점 이상이면 합격하는 1차시험 준비의 키워드는 '효율성'으로, 보다 어려운 2차시험 준비를 철저히 하기 위하여 단시간에 효율적으로 학습할 필요성이 있다. 그리고 2024년부터는 과목당 문제수가 증가하여 문제 난이도도 높아질 것으로 예상되므로, 이에 대해 적절히 대응할 수 있는 학습이 필요하다. 본 교재는 공인노무사 기출문제뿐만 아니라 7급 · 9급 공무원시험과 사법시험 기출문제를 함께 수록하여 효율적으로 학습할 수 있도록 필요한 내용을 담아 구성하였다.

「**2024 SD에듀 EBS 공인노무사 1차 노동법 기출문제 한권으로 끝내기**」의 특징은 다음과 같다.

첫 번째 최신 개정법령과 최근 기출문제의 출제경향을 완벽하게 반영하였다.

두 번째 빈출되는 기출지문이 많은 공인노무사 시험의 특성상 공인노무사뿐만 아니라 국가직 7급 · 9급 공무원 및 사법 시험의 기출문제까지 수록하여 문제해결능력을 습득할 수 있도록 하였다.

세 번째 빈출핵심요약은 기출된 지문만을 간결하게 정리하여 마무리 학습에 도움이 되게 하였다.

네 번째 목차를 CHAPTER로 구분하여 빈출핵심요약과 기출문제해설, 중요 판례정리를 연계하여 학습할 수 있다.

다섯 번째 EBS 교수진의 철저한 검수를 통하여 교재상의 오류를 없애고, 최신 학계동향을 정확하게 반영하였으므로, 출제가능성이 높은 주제를 빠짐없이 학습할 수 있다.

본 교재가 공인노무사시험을 준비하는 수험생 여러분에게 합격을 위한 좋은 안내서가 되기를 바라며, 여러분의 합격을 기원한다.

편저자 올림

이 책의 구성과 특징

빈출핵심요약

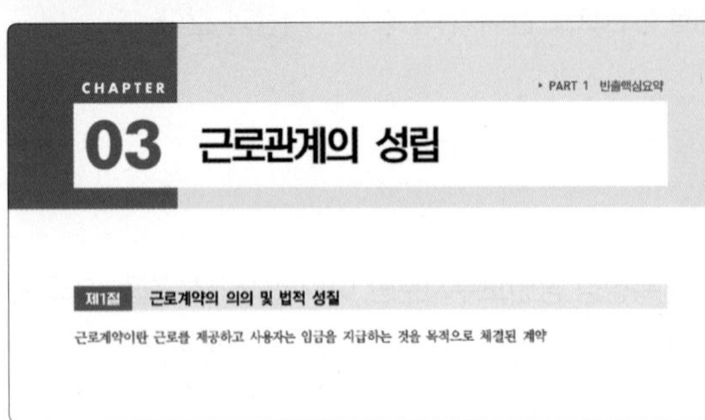

CHAPTER 03 근로관계의 성립

▸ PART 1 빈출핵심요약

제1절 근로계약의 의의 및 법적 성질

근로계약이란 근로를 제공하고 사용자는 임금을 지급하는 것을 목적으로 체결된 계약

▶ 빈출핵심요약

단원별로 기출된 지문을 정리하여, 단시간에 노동법의 체계를 잡고 암기할 수 있도록 하였다.

제1절 근로의 권리

Ⅰ 헌법 제32조, 제37조 제2항

헌법 제32조 기출 20·21·22·23

① 모든 국민은 근로의 권리를 가진다. 국가는 사회적·경제적 방법으로 근로자의 고용의 증진과 적정임금의 보장에 노력하여야 하며, 법률이 정하는 바에 의하여 최저임금제를 시행하여야 한다.
② 모든 국민은 근로의 의무를 진다. 국가는 근로의 의무의 내용과 조건을 민주주의원칙에 따라 법률로 정한다.
③ 근로조건의 기준은 인간의 존엄성을 보장하도록 법률로 정한다.
④ 여자의 근로는 특별한 보호를 받으며, 고용·임금 및 근로조건에 있어서 부당한 차별을 받지 아니한다.
⑤ 연소자의 근로는 특별한 보호를 받는다.
⑥ 국가유공자·상이군경 및 전몰군경의 유가족은 법률이 정하는 바에 의하여 우선적으로 근로의 기회를 부여받는다.

헌법 제37조

② 국민의 모든 자유와 권리는 국가안전보장·질서유지 또는 공공복리를 위하여 필요한 경우에 한하여 법률로써 제한할 수 있으며, 제한하는 경우에도 자유와 권리의 본질적인 내용을 침해할 수 없다.

▶ 법령박스

학습의 토대가 되는 중요한 조문을 수록하고 기출연도를 표기하여 빈출된 조문의 내용을 바로 확인할 수 있도록 하였다.

Ⅱ 근로의 권리의 내용 (현행 헌법 제32조 vs 제헌 헌법 제17조)

현행 헌법 제32조	① 근로의 권리의 주체 : 국민 ○, 법인은 ×(헌법 제32조 제1항) ② 최저임금제의 보장(헌법 제32조 제1항 후문) ③ 고용의 증진과 적정임금의 보장 노력(헌법 제32조 제1항 후문) ④ 근로의 권리와 의무 규정 ○(헌법 제32조 제1항 전문, 제2항 전문) ⑤ 근로의 의무의 내용과 조건 법정주의(헌법 제32조 제2항 후문) ⑥ 근로조건기준의 법정주의(헌법 제32조 제3항) ⑦ 여자 및 연소자의 근로의 특별보호(헌법 제32조 제4항) ⑧ 국가유공자·상이군경 및 전몰군경 등의 근로기회 우선 보장(헌법 제32조 제6항) ⑨ 일반적 법률유보에 의한 근로의 권리의 제한(헌법 제37조 제2항) ⑩ 장애인의 근로에 대한 보호와 차별금지 : 명문 규정 × ⑪ 국가에 대한 직접적인 직장존속보장청구권 : 근로의 권리에서 도출 × ⑫ 고용의 증진과 적정임금의 보장 ▸ 근로자에 대한 고용증진노력의무는 1962.12.26. 개정된 제5차 개정헌법(제3공화국 헌법)에서 처음으로 규정
제헌 헌법 제17조	① 모든 국민은 근로의 권리와 의무를 가짐 ② 근로조건의 기준은 법률로써 정함 ③ 여자와 소년의 근로는 특별한 보호를 받음

▶ 도표박스

노동법Ⅰ Ⅱ를 도표로 정리하여 가독성을 높이고 해당 내용을 쉽게 이해할 수 있도록 하였다.

기출문제해설

제1절 휴게 · 휴일 · 휴가

001 근로기준법령상 연차 유급휴가에 관한 설명으로 옳지 않은 것은?(다툼이 있으면 판례에 따름)

23 노무

① 사용자는 1년간 80퍼센트 미만 출근한 근로자에게 1개월 개근 시 1일의 유급휴가를 주어야 한다.
② 연차 휴가기간에 지급하여야 하는 임금은 유급휴가를 주기 전이나 준 직후의 임금지급일에 지급하여야 한다.
③ 근로자가 업무상 재해 등의 사정으로 말미암아 연차휴가를 사용할 해당 연도에 전혀 출근하지 못한 경우라 하더라도 이미 부여받은 연차휴가를 사용하지 않은 데 따른 연차휴가수당은 청구할 수 있다.
④ 사용자는 근로자대표와의 서면 합의에 따라 연차 유급휴가일을 갈음하여 특정한 근로일에 근로자를 휴무시킬 수 있다.
⑤ 근로자가 업무상 재해로 휴업한 기간은 소정근로일수와 출근일수에 모두 제외시켜 출근율을 계산하여야 한다.

▶ **기출문제**

공인노무사뿐만 아니라 국가직 7급 · 9급 공무원 및 사법시험의 노동법 기출문제를 수록하여 출제경향을 파악하기 쉽게 하고, 난이도가 높아질 공인노무사 시험에 철저하게 대비할 수 있도록 하였다.

해설

① (O) 사용자는 계속하여 근로한 기간이 1년 미만인 근로자 또는 1년간 80퍼센트 미만 출근한 근로자에게 1개월 개근 시 1일의 유급휴가를 주어야 한다(근기법 제60조 제2항).
② (O) 근기법 시행령 제33조
③ (O) 연차휴가를 사용할 권리 혹은 연차휴가수당 청구권은 근로자가 전년도에 출근율을 충족하면서 근로를 제공하면 당연히 발생하는 것으로서, 연차휴가를 사용할 해당 연도가 아니라 그 전년도 1년간의 근로에 대한 대가에 해당한다. 따라서 근로자가 업무상 재해 등의 사정으로 말미암아 연차휴가를 사용할 해당 연도에 전혀 출근하지 못한 경우라 하더라도, 이미 부여받은 연차휴가를 사용하지 않은 데 따른 연차휴가수당은 청구할 수 있다. 이러한 연차휴가수당의 청구를 제한하는 내용의 단체협약이나 취업규칙은 근로기준법에서 정하는 기준에 미치지 못하는 근로조건을 정한 것으로서, 효력이 없다(대판 2017.5.17. 2014다232296).
④ (O) 근기법 제62조
⑤ (×) 근로기준법 제60조 제6항 제1호는 위와 같이 출근율을 계산할 때 근로자가 업무상의 부상 또는 질병(이하 '업무상 재해')으로 휴업한 기간은 출근한 것으로 간주하도록 규정하고 있다. 이는 근로자가 업무상 재해 때문에 근로를 제공할 수 없었음에도 업무상 재해가 없었을 경우보다 적은 연차휴가를 부여받는 불이익을 방지하려는 데에 취지가 있다. 그러므로 근로자가 업무상 재해로 휴업한 기간은 장단(장단)을 불문하고 소정근로일수와 출근일수에 모두 포함시켜 출근율을 계산하여야 한다. 설령 그 기간이 1년 전체에 걸치거나 소정근로일수 전부를 차지한다고 하더라도, 이와 달리 볼 아무런 근거나 이유가 없다(대판 2017.5.17. 2014다232296).

답 ⑤

▶ **정답 및 해설**

가능한 한 모든 지문에 해설을 자세하게 실었으며 중요한 부분은 밑줄로 강조하여 학습의 효율을 높였다.

④ (O) 사용자가 취업규칙에서 정한 근로조건을 근로자에게 불리하게 변경할 때 근로자의 동의를 얻지 않은 경우에 그 변경으로 기득이익이 침해되는 기존의 근로자에 대한 관계에서는 종전 취업규칙의 효력이 그대로 유지되지만, 변경된 취업규칙에 따른 근로조건을 수용하고 근로관계를 갖게 된 근로자에 대한 관계에서는 당연히 변경된 취업규칙이 적용되고, 기득이익의 침해라는 효력배제사유가 없는 변경 후 취업근로자에 대해서까지 변경의 효력을 부인하여 종전 취업규칙이 적용되어야 한다고 볼 수는 없다(대판 2022.10.14. 2022다245518).

갑 의료원의 보수규정이 2000.1.11. 개정 · 시행되면서 퇴직금 지급과 관련하여 1999.12.31. 이전 입사자에 대하여는 개정 전 보수규정(누진제)을, 2000.1.1. 이후 입사자에 대하여는 개정된 보수규정(단수제)을 적용하기로 하였는데, 2000.1.1. 입사하여 퇴직한 을이 개정 전 보수규정에 따른 퇴직금 지급을 구한 사안에서, 개정된 보수규정은 기존 근로자들에게 불이익하게 변경된 경우에 해당하는데도 갑 의료원이 소속 근로자의 집단적 의사결정방법에 따른 동의를 얻지 못하였으므로, 보수규정이 개정되기 전부터 갑 의료원과 근로관계를 맺고 있었던 을은 개정된 보수규정으로 기득이익이 침해되는 기존 근로자에 해당하여 개정 전 보수규정이 적용된다고 한 사례(대판 2022.10.14. 2022다245518).

⑤ (O) 취업규칙의 작성 · 변경에 관한 권한은 원칙적으로 사용자에게 있으므로 사용자는 그 의사에 따라서 취업규칙을 작성 · 변경할 수 있고, 다만 취업규칙의 변경에 의하여 기존 근로조건의 내용을 일방적으로 근로자에게 불이익하게 변경하려면 종전 취업규칙의 적용을 받고 있던 근로자 집단의 집단적 의사결정방법에 의한 동의를 요한다고 할 것인바, 그 동의방법은 근로자 과반수로 조직된 노동조합이 있는 경우에는 그 노동조합의, 그와 같은 노동조합이 없는 경우에는

▶ **심화학습**

문제와 연계된 중요 조문이나 판례를 수록하여 바로 확인할 수 있으며, 이를 통해 2차 시험에 사례해결 능력의 기초를 배양할 수 있도록 구성하였다.

중요판례정리

005

▸ **특정 시점이 되기 전에 퇴직한 근로자에게 특정 임금 항목을 지급하지 않는 관행이 있더라도, 단체협약이나 취업규칙 등이 그러한 관행과 다른 내용을 명시적으로 정하고 있으면 그러한 관행을 이유로 해당 임금 항목의 통상임금성을 배척하는 경우에는 신중해야 한다.** O X

▸ **단체협약 등 노사합의의 내용이 근로기준법의 강행규정을 위반하여 무효인 경우에, 그 무효를 주장하는 것이 신의칙에 위배되는 권리의 행사라는 이유로 배척한다면, 강행규정으로 정한 입법 취지를 몰각시키는 결과가 되므로, 그러한 주장은 신의칙에 위배된다고 볼 수 없음이 원칙이므로 이러한 사안은 신의칙이 적용될 여지가 없다.** O X

▸ **근로자의 추가 법정수당 청구가 사용자에게 중대한 경영상의 어려움을 초래하거나 기업의 존립을 위태롭게 하여 신의칙에 위반되는지 여부는 신중하고 엄격하게 판단하여야 한다.** O X

[1] 특정 임금 항목이 근로자가 소정근로를 했는지 여부와 상관없이 특정 시점에 재직 중인 근로자에게만 지급하는 임금인지를 판단할 때에는, 그에 관한 근로계약이나 단체협약 또는 취업규칙 등 규정의 내용, 사업장 내 임금 지급 실태나 관행, 노사의 인식 등을 종합적으로 고려해서 판단해야 한다.

▶ **중요판례정리**

중요 · 최신 판례를 OX 문제로 구성하여, 하나의 판례로 중요한 논점이 무엇인지 비교하며 학습할 수 있도록 하였다.

자격시험 소개

★ 2023년 제32회 시험공고 기준

◉ 공인노무사란?

⋯› 노동관계법령 및 인사노무관리 분야에 대한 전문적인 지식과 경험을 제공함으로써 사업 또는 사업장의 노동관계업무의 원활한 운영을 도모하며, 노사관계를 자율적이고 합리적으로 개선시키는 전문인력을 말한다.

◉ 주요업무

❶ 공인노무사는 다음의 직무를 수행한다.

(1) 노동관계법령에 따라 관계기관에 대하여 행하는 신고 · 신청 · 보고 · 진술 · 청구(이의신청 · 심사청구 및 심판청구를 포함한다) 및 권리구제 등의 대행 또는 대리
(2) 노동관계법령에 따른 서류의 작성과 확인
(3) 노동관계법령과 노무관리에 관한 상담 · 지도
(4) 「근로기준법」을 적용받는 사업이나 사업장에 대한 노무관리진단
(5) 「노동조합 및 노동관계조정법」에서 정한 사적(私的) 조정이나 중재
(6) 사회보험관계법령에 따라 관계기관에 대하여 행하는 신고 · 신청 · 보고 · 진술 · 청구(이의신청 · 심사청구 및 심판청구를 포함한다) 및 권리구제 등의 대행 또는 대리

❷ "노무관리진단"이란 사업 또는 사업장의 노사당사자 한쪽 또는 양쪽의 의뢰를 받아 그 사업 또는 사업장의 인사 · 노무관리 · 노사관계 등에 관한 사항을 분석 · 진단하고, 그 결과에 대하여 합리적인 개선방안을 제시하는 일련의 행위를 말한다.

◉ 응시자격

❶ 공인노무사법 제4조 각 호의 결격사유에 해당하지 아니하는 사람

다음의 어느 하나에 해당하는 사람은 공인노무사가 될 수 없다.
① 미성년자
② 피성년후견인 또는 피한정후견인
③ 파산선고를 받은 사람으로서 복권(復權)되지 아니한 사람
④ 공무원으로서 징계처분에 따라 파면된 사람으로서 3년이 지나지 아니한 사람
⑤ 금고(禁錮) 이상의 실형을 선고받고 그 집행이 끝나거나(집행이 끝난 것으로 보는 경우를 포함한다) 집행이 면제된 날부터 3년이 지나지 아니한 사람
⑥ 금고 이상의 형의 집행유예를 선고받고 그 유예기간이 끝난 날부터 1년이 지나지 아니한 사람
⑦ 금고 이상의 형의 선고유예기간 중에 있는 사람
⑧ 징계에 따라 영구등록취소된 사람

❷ 2차시험은 당해 연도 1차시험 합격자 또는 전년도 1차시험 합격자
❸ 3차시험은 당해 연도 2차시험 합격자 또는 전년도 2차시험 합격자

◉ 시험일정

구 분	인터넷 원서접수	시험일자	시행지역	합격자 발표
2024년 제33회 1차	2024년 4월 중	2024년 5월 중	서울, 부산, 대구, 인천, 광주, 대전	2024년 6월 중
2024년 제33회 2차	2024년 7월 중	2024년 8월 중		2024년 11월 중
2024년 제33회 3차		2024년 11월 중	서 울	2024년 12월 중

※ 시험에 응시하려는 사람은 응시원서와 함께 영어능력검정시험 성적표를 제출하여야 한다.

◉ 시험시간

구 분	교 시	시험과목	문항수	시험시간	시험방법
1차시험	1	1. 노동법 I 2. 노동법 II	과목당 40문항 (총 200문항)	80분 (09:30~10:30)	객관식 (5지 택일형)
	2	3. 민 법 4. 사회보험법 5. 영어(영어능력검정시험 성적으로 대체) 6. 경제학원론 · 경영학개론 중 1과목		120분 (11:20~13:20)	
2차시험	1 2	1. 노동법	4문항	교시당 75분 (09:30~10:45) (11:15~12:30)	주관식 (논문형)
	3	2. 인사노무관리론	과목당 3문항	과목당 100분 (13:50~15:30) (09:30~11:10) (11:40~13:20)	
	4 5	3. 행정쟁송법 4. 경영조직론 · 노동경제학 · 민사소송법 중 1과목			
3차시험	1. 국가관 · 사명감 등 정신자세 2. 전문지식과 응용능력 3. 예의 · 품행 및 성실성 4. 의사발표의 정확성과 논리성			1인당 10분 내외	면 접

◉ 합격기준

구 분	합격자 결정
1차시험	영어과목을 제외한 나머지 과목에서 과목당 100점을 만점으로 하여 각 과목의 점수가 40점 이상이고, 전 과목 평균점수가 60점 이상인 사람
2차시험	• 과목당 만점의 40% 이상, 전 과목 총점의 60% 이상을 득점한 사람을 합격자로 결정 • 각 과목의 점수가 40% 이상이고, 전 과목 평균점수가 60% 이상을 득점한 사람의 수가 최소합격인원보다 적은 경우에는 최소합격인원의 범위에서 모든 과목의 점수가 40% 이상을 득점한 사람 중에서 전 과목 평균점수가 높은 순서로 합격자를 결정
3차시험	• 평정요소마다 "상"(3점), "중"(2점), "하"(1점)로 구분하고, 총 12점 만점으로 채점하여 각 시험위원이 채점한 평점의 평균이 "중"(8점) 이상인 사람 • 위원의 과반수가 어느 하나의 같은 평정요소를 "하"로 평정하였을 때에는 불합격

◉ 영어능력검정시험

시험명	토플(TOEFL)		토익 (TOEIC)	텝스 (TEPS)	지텔프 (G-TELP)	플렉스 (FLEX)	아이엘츠 (IELTS)
	PBT	IBT					
일반응시자	530	71	700	340	65(Level 2)	625	4.5
청각장애인	352	–	350	204	43(Level 2)	375	–

자격시험 검정현황

◉ 공인노무사 수험인원 및 합격자현황

구분	1차시험				2차시험				3차시험			
	대 상	응 시	합 격	합격률	대 상	응 시	합 격	합격률	대 상	응 시	합 격	합격률
제26회('17)	4,728	4,055	2,165	**53.3%**	3,577	3,131	253	**8.0%**	254	254	254	**100%**
제27회('18)	4,744	4,044	2,420	**59.8%**	3,513	3,018	300	**9.9%**	300	300	300	**100%**
제28회('19)	6,211	5,269	2,494	**47.3%**	3,750	3,231	303	**9.4%**	303	303	303	**100%**
제29회('20)	7,549	6,203	3,439	**55.4%**	4,386	3,871	343	**8.9%**	343	343	343	**100%**
제30회('21)	7,654	6,692	3,413	**51.0%**	5,042	4,514	322	**7.1%**	322	322	320	**99.4%**
제31회('22)	8,261	7,002	4,221	**60.3%**	5,745	5,128	549	**10.7%**	551	551	551	**100%**
제32회('23)	10,225	8,611	3,019	**35.1%**	인쇄일 현재 2023년 제32회 2 · 3차시험 검정현황 미발표							

◉ 검정현황(그래프)

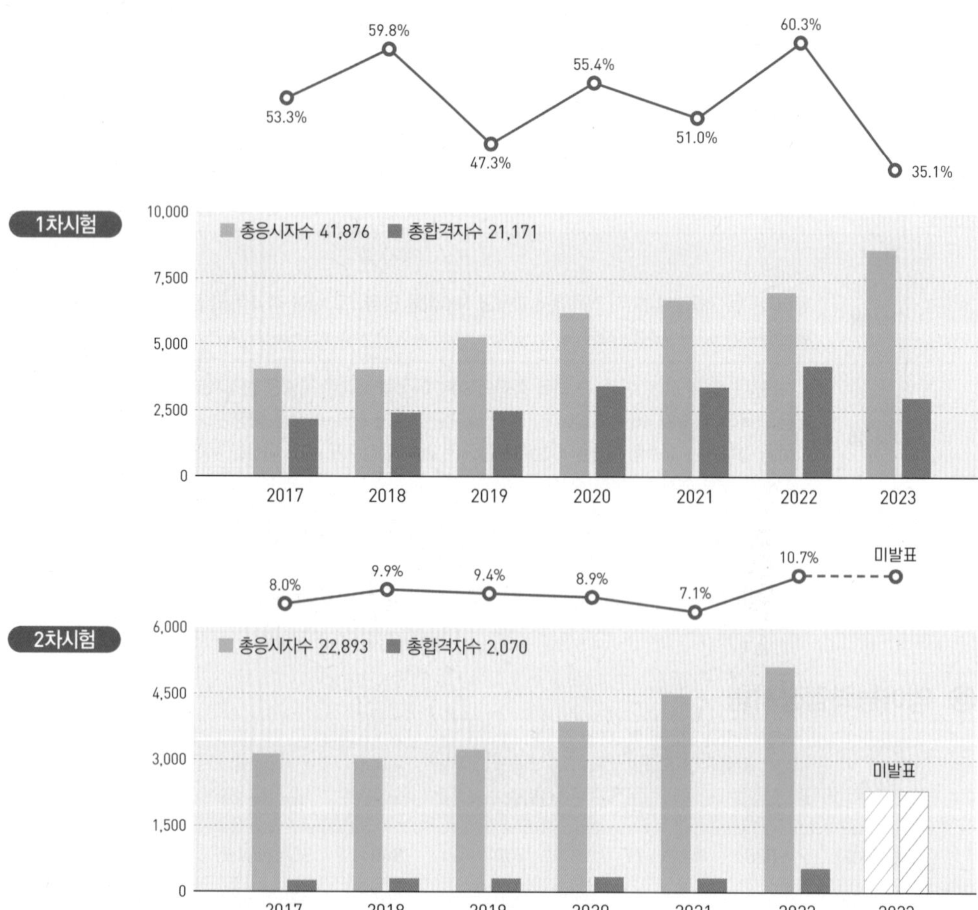

최신 개정법령 소개

❖ 본 교재에 반영한 최신 개정법령은 아래와 같다.

노동법 Ⅰ		
구 분	법 령	시행일자
근로기준법	근기법	2021.11.19.
	근기법 시행령	2021.11.19.
	근기법 시행규칙	2021.11.19.
파견근로자 보호 등에 관한 법률	파견법	2020.12.08.
	파견법 시행령	2020.01.16.
	파견법 시행규칙	2020.01.16.
기간제 및 단시간근로자 보호 등에 관한 법률	기단법	2021.05.18.
	기단법 시행령	2021.04.08.
	기단법 시행규칙	2007.07.01.
산업안전보건법	산안법	2023.08.08.
	산안법 시행령	2023.09.28.
	산안법 시행규칙	2023.01.01.
직업안정법	직안법	2022.02.18.
	직안법 시행령	2023.03.28.
	직안법 시행규칙	2022.12.30.
남녀고용평등과 일 · 가정 양립 지원에 관한 법률	고평법	2022.05.19.
	고평법 시행령	2022.05.19.
	고평법 시행규칙	2023.09.01.
최저임금법	최임법	2020.05.26.
	최임법 시행령	2019.01.01.
	최임법 시행규칙	2019.01.01.
근로자퇴직급여 보장법	근퇴법	2022.07.12.
	근퇴법 시행령	2022.07.12.
	근퇴법 시행규칙	2022.07.12.
임금채권보장법	임채법	2021.10.14.
	임채법 시행령	2021.10.14.
	임채법 시행규칙	2023.07.01.
근로복지기본법	근복법	2023.06.11.
	근복법 시행령	2023.07.10.
	근복법 시행규칙	2022.12.30.
외국인근로자의 고용 등에 관한 법률	외고법	2022.12.11.
	외고법 시행령	2023.02.03.
	외고법 시행규칙	2023.02.03.

노동법 Ⅱ · 사회보험법		
구 분	법 령	시행일자
노동조합 및 노동관계조정법	노조법	2021.07.06.
	노조법 시행령	2021.07.06.
	노조법 시행규칙	2021.07.06.
근로자참여 및 협력증진에 관한 법률	근참법	2022.12.11.
	근참법 시행령	2022.12.11.
	근참법 시행규칙	2023.06.08.
노동위원회법	노위법	2022.05.19.
	노위법 시행령	2020.03.03.
	노위법 시행규칙	2015.07.21.
공무원의 노동조합 설립 및 운영 등에 관한 법률	공노법	2023.12.11.
	공노법 시행령	2021.07.06.
	공노법 시행규칙	2021.07.06.
교원의 노동조합 설립 및 운영 등에 관한 법률	교노법	2023.12.11.
	교노법 시행령	2021.07.06.
	교노법 시행규칙	2021.07.06.
사회보장기본법	사보법	-
	사보법 시행령	-
	사보법 시행규칙	-
고용보험법	고보법	-
	고보법 시행령	-
	고보법 시행규칙	-
산업재해보상보험법	산재법	-
	산재법 시행령	-
	산재법 시행규칙	-
국민연금법	연금법	-
	연금법 시행령	-
	연금법 시행규칙	-
국민건강보험법	건강법	-
	건강법 시행령	-
	건강법 시행규칙	-
고용보험 및 산업재해보상보험의 보험료 징수 등에 관한 법률	징수법	-
	징수법 시행령	-
	징수법 시행규칙	-

❖ 정오표 · 추록 · 세부목차(기본서)

www.sdedu.co.kr

SD에듀 : 홈 → 학습자료실 → 정오표/도서업데이트  "공인노무사" 검색

최근 7개년 출제경향

◉ 노동법 Ⅰ

▶ 회별 최다 출제항목 : 기타 법령(10.3문), 근로기준법 개설(3.1문), 근로관계의 종료(2.3문) 순이다.

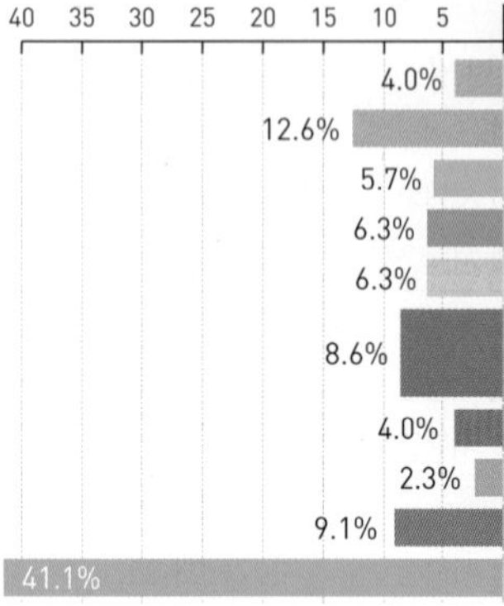

구분		2017	2018	2019	2020	2021	2022	2023	누 계	출제비율	회별출제
Ch01	총 설	1	1	1	1	1	1	1	7	4.0%	1.0
Ch02	근로기준법 개설	1	4	2	5	3	3	4	22	12.6%	3.1
Ch03	근로관계의 성립	2	2	3	-	1	1	1	10	5.7%	1.4
Ch04	임 금	2	-	1	2	2	2	2	11	6.3%	1.6
Ch05	근로시간	3	1	1	1	1	3	1	11	6.3%	1.6
Ch06	휴게 · 휴일 · 휴가 및 여성과 연소근로자의 보호	-	2	2	3	3	2	3	15	8.6%	2.1
Ch07	취업규칙 및 기숙사	1	1	1	1	1	1	1	7	4.0%	1.0
Ch08	근로관계의 변경	1	1	-	1	-	1	-	4	2.3%	0.6
Ch09	근로관계의 종료	4	3	4	1	3	1	-	16	9.1%	2.3
Ch10	기타 법령	10	10	10	10	10	10	12	72	41.1%	10.3

◉ 노동법 Ⅱ

▶ 회별 최다 출제항목 : 단체교섭권(5.3문), 단결권(5.1문), 단체행동권(4문) 순이다.

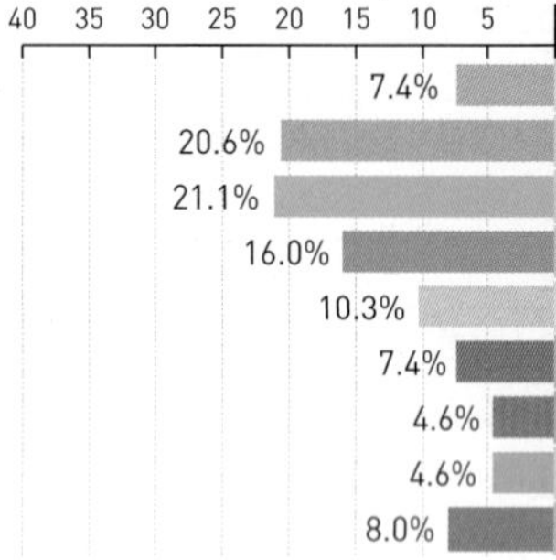

구분		2017	2018	2019	2020	2021	2022	2023	누 계	출제비율	회별출제
Ch01	총 설	3	2	3	2	1	1	1	13	7.4%	1.9
Ch02	단결권	7	4	5	5	5	4	6	36	20.6%	5.1
Ch03	단체교섭권	4	6	6	4	5	6	6	37	21.1%	5.3
Ch04	단체행동권	4	4	4	4	5	4	3	28	16.0%	4.0
Ch05	노동쟁의조정제도	2	2	2	4	3	3	2	18	10.3%	2.6
Ch06	부당노동행위구제제도	1	3	1	2	2	3	1	13	7.4%	1.9
Ch07	노사협의회	1	1	1	1	1	1	2	8	4.6%	1.1
Ch08	노동위원회	1	1	1	1	1	1	2	8	4.6%	1.1
Ch09	기타 법령	2	2	2	2	2	2	2	14	8.0%	2.0

◉ 민법

▶ 회별 최다 출제항목 : 권리의 변동(6.9문), 채권의 효력(3.7문), 계약각론(2.3문) 순이다.

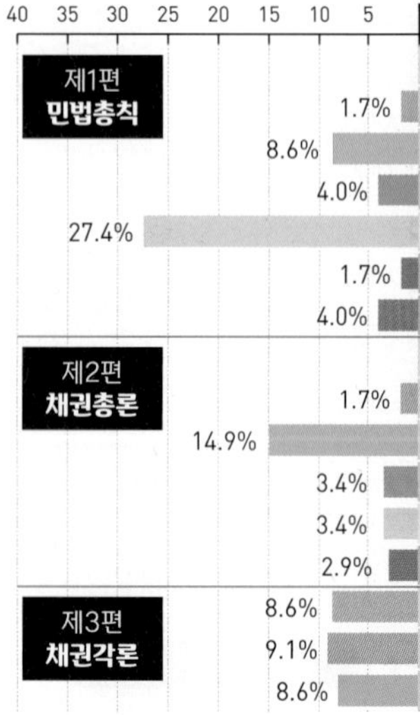

편	구분		2017	2018	2019	2020	2021	2022	2023	누 계	출제비율	회별출제
제1편 민법총칙	Ch01	민법 서론	-	-	-	-	-	-	-	-	-	-
	Ch02	권리 일반	-	1	1	-	-	1	-	3	1.7%	0.4
	Ch03	권리의 주체	1	3	2	3	2	2	2	15	8.6%	2.1
	Ch04	권리의 객체	1	1	1	1	1	1	1	7	4.0%	1.0
	Ch05	권리의 변동	9	6	7	6	7	6	7	48	27.4%	6.9
	Ch06	기 간	-	-	-	-	1	1	1	3	1.7%	0.4
	Ch07	소멸시효	1	1	1	1	1	1	1	7	4.0%	1.0
제2편 채권총론	Ch01	채권법 서론	-	-	-	-	-	-	-	-	-	-
	Ch02	채권의 목적	1	-	-	1	-	1	-	3	1.7%	0.4
	Ch03	채권의 효력	4	5	4	4	4	1	4	26	14.9%	3.7
	Ch04	다수당사자의 채권관계	1	1	-	1	1	1	1	6	3.4%	0.9
	Ch05	채권양도와 채무인수	1	-	2	1	1	1	-	6	3.4%	0.9
	Ch06	채권의 소멸	1	1	-	1	-	2	-	5	2.9%	0.7
제3편 채권각론	Ch01	계약총론	2	1	2	1	3	3	3	15	8.6%	2.1
	Ch02	계약각론	1	2	3	3	2	2	3	16	9.1%	2.3
	Ch03	법정채권관계	2	3	2	2	2	2	2	15	8.6%	2.1

◉ 사회보험법 ▶ **회별 최다 출제항목 :** 고용보험법(6.1문), 산업재해보상보험법(6문), 징수법(4.9문) 순이다.

구분		2017	2018	2019	2020	2021	2022	2023	누 계	출제비율	회별출제
Ch01	사회보장기본법	4	4	4	3	3	4	3	25	14.3%	3.6
Ch02	고용보험법	6	6	5	7	6	6	7	43	24.6%	6.1
Ch03	산업재해보상보험법	6	6	6	6	6	6	6	42	24.0%	6.0
Ch04	국민연금법	2	2	2	2	2	2	2	14	8.0%	2.0
Ch05	국민건강보험법	2	2	3	2	2	2	4	17	9.7%	2.4
Ch06	징수법	5	5	5	5	6	5	3	34	19.4%	4.9

◉ 경제학원론 ▶ **회별 최다 출제항목 :** 인플레이션과 실업(3.9문), 생산요소시장과 소득분배(3.4문), 시장이론(3.3문) 순이다.

구분		2017	2018	2019	2020	2021	2022	2023	누 계	출제비율	회별출제
Ch01	수요와 공급	4	5	3	2	1	2	2	19	10.9%	2.7
Ch02	소비자이론	2	1	2	2	1	1	1	10	5.7%	1.4
Ch03	생산자이론	2	1	3	1	1	1	3	12	6.9%	1.7
Ch04	시장이론	5	2	2	3	6	2	3	23	13.1%	3.3
Ch05	생산요소시장과 소득분배	1	6	3	3	3	5	3	24	13.7%	3.4
Ch06	시장과 효율성	1	-	2	2	3	2	-	10	5.7%	1.4
Ch07	국민소득결정이론	3	1	1	3	3	3	1	15	8.6%	2.1
Ch08	거시경제의 균형	2	-	3	2	2	1	2	12	6.9%	1.7
Ch09	거시경제안정화정책	-	-	1	1	1	1	-	4	2.3%	0.6
Ch10	미시적 기초	1	2	-	2	1	1	2	9	5.1%	1.3
Ch11	인플레이션과 실업	4	4	3	3	2	5	6	27	15.4%	3.9
Ch12	경기변동과 경제성장	-	-	-	-	1	-	1	2	1.1%	0.3
Ch13	국제경제학	-	3	2	1	-	1	1	8	4.6%	1.1

◉ 경영학개론 ▶ **회별 최다 출제항목 :** 조직구조와 조직행위(4.1문), 마케팅(3.4문), 재무관리(3.3문) 순이다.

구분		2017	2018	2019	2020	2021	2022	2023	누 계	출제비율	회별출제
Ch01	경영의 기초	-	-	-	1	-	-	-	1	0.6%	0.1
Ch02	경영의 역사	2	-	1	-	2	1	-	6	3.4%	0.9
Ch03	경영환경	-	-	-	-	-	-	1	1	0.6%	0.1
Ch04	기업형태 및 기업집중	-	1	1	1	1	-	1	5	2.9%	0.7
Ch05	경영목표와 의사결정	2	-	1	-	1	-	1	5	2.9%	0.7
Ch06	경영관리론	-	-	-	-	-	1	1	2	1.1%	0.3
Ch07	전략수립과 전략실행	-	1	1	2	1	2	1	8	4.6%	1.1
Ch08	조직구조와 조직행위	3	3	4	6	4	3	6	29	16.6%	4.1
Ch09	인사관리와 노사관계관리	3	5	4	1	3	3	-	19	10.9%	2.7
Ch10	생산관리	2	3	-	2	2	3	4	16	9.1%	2.3
Ch11	마케팅	3	4	4	3	3	4	3	24	13.7%	3.4
Ch12	재무관리	5	3	3	3	4	4	1	23	13.1%	3.3
Ch13	경영정보시스템	3	2	2	3	1	2	2	15	8.6%	2.1
Ch14	회계학	2	3	4	3	3	2	4	21	12.0%	3.0

이 책의 목차

공인노무사
노동법

빈출핵심요약 + 기출문제해설 + 중요판례정리

PART 1

빈출핵심요약

출제경향 & 수험대책

노동법은 까다로운 문제가 많아 법조문 및 판례에 대한 정확한 이해와 암기가 요구되고, 법령개정이 빈번하여 시험 전까지 수시로 개정사항을 파악하여야 하므로, 본 교재에 수록된 기출분석표의 각 Chapter별 출제비율을 참고하여 학습의 강약을 조절할 필요가 있다. PART 1 빈출핵심요약은 노동법을 빠르고 효율적으로 핵심만을 학습하기 위해서 자주 반복되는 기출지문을 단원별로 모아 도해식으로 정리하였다. 빈출핵심요약을 통하여 중요한 기출지문을 빠르게 회독하여 암기하고 효율적으로 마무리가 될 수 있도록 구성하였다. 또한 PART 2 기출문제해설과 동일한 CHAPTER로 구성하고 있어 관련된 지문을 바로바로 찾아볼 수 있도록 하였다.

노동법 I

CHAPTER

01 총 설

제1절 노동법의 개념

노동법의 기본원리와 이념	① 사적 자치의 원리가 아니라 인간다운 생활의 실현을 기본이념으로 하는 법 ② 과실책임의 원리를 수정하여 무과실책임의 원리 수용 ③ 집단적 자치의 원리 채택 ④ 공공이익 존중의 원리는 헌법상 명문 규정 없음
근로기준법의 목적	헌법에 따라 근로조건의 기준을 정함으로써 근로자의 기본적 생활을 보장, 향상시키며 균형 있는 국민경제의 발전을 꾀하는 것을 목적

제2절 노동법의 특수성

제3절 노동법의 경향

I 국제노동기구(ILO)

가 입	1991년에 국제노동기구(ILO)에 가입	
기본협약	비준 O	① 강제근로에 관한 협약(제29호) ② 결사의 자유 및 단결권의 보호에 관한 협약(제87호) ③ 단결권 및 단체교섭에 대한 원칙의 적용에 관한 협약(제98호) ④ 동일가치 노동에 대한 남녀근로자의 동일보수에 관한 협약(제100호) ⑤ 고용 및 직업상 차별대우에 관한 협약(제111호) ⑥ 취업최저연령에 관한 협약(제138호) ⑦ 가혹한 형태의 아동노동철폐에 관한 협약(제182호)
	비준 ×	강제근로의 폐지에 관한 협약(제105호)
기타 협약 (비준 O)	① 최저임금결정제도 협약(제26호) ② 근로감독 협약(제81호) ③ 석면 사용 안전에 관한 협약(제162호)	

II 기본협약의 비준

비준한 국제노동기구(ILO)의 협약은 국내법적 효력이 있음

제4절 노동법의 법원

Ⅰ 법원의 종류

법원성 ○	① 민 법 ② 헌법에 따라 체결・공포된 조약 ③ 기업의 특정 관행이 규범적인 사실로서 명확히 승인된 경우 　예 노동관행이 규범적인 사실로서 명확히 승인되거나 규범의식에 의하여 지지되고 있는 경우 ④ 단체협약 ⑤ 취업규칙 ⑥ 동등보수에 관한 협약(제100호) : 국내법과 동일한 효력 ○ ⑦ 노동조합 규약 : 자치적 법규범으로서 법적 효력 ○ ⑧ 근로계약
법원성 ×	① 사무처리지침에 불과한 고용노동부예규, 고용노동부의 행정해석 ② 고용노동부의 업무지침(대외적인 구속력 ×) ③ 강제근로의 폐지에 관한 협약(제105호) ④ 판례(대법원의 전합 판결 포함) ⑤ 법제처의 유권해석

Ⅱ 법원의 경합

① 단체협약에서 정한 근로기준에 위반하는 취업규칙 또는 근로계약 : 무효

② 근로계약에 규정되지 아니한 사항은 단체협약에 정한 기준에 의함

② 고용노동부장관은 근기법에 어긋나는 근로계약의 변경을 명할 수는 없으나 법령이나 단체협약에 어긋나는 취업규칙의 변경 명령 가능함

③ 집단적 동의를 받은 취업규칙이 불이익하게 변경된 경우에는 개별적 동의가 없는 한 유리한 근로계약의 내용이 우선 적용

Ⅲ 노동관계법에 관한 대법원과 헌법재판소의 판례

헌법재판소의 결정	• 인간의 존엄에 상응하는 근로조건의 기준 결정은 입법자의 형성의 자유임 • 퇴직급여를 청구할 수 있는 권리는 근퇴법이 정하는 바에 따라 인정 • 일할 환경에 관한 권리는 외국인근로자에게 기본권주체성 인정 • 해고예고제도의 경우 상대적으로 넓은 입법 형성의 여지 있음 • 근로자공급사업의 주체를 제한하는 경우에는 직업 선택의 자유의 본질적 내용 침해 ×
대법원의 판례	• 해외연수 근로자가 퇴직할 당시 인사규정이 근로자에게 더 유리하게 개정되었다면 해외연수비용 상환의무를 면제받는 의무복무기간은 유리하게 개정된 인사규정을 적용함 • 근기법 시행령으로 위임 없이 권리, 의무의 내용을 변경하거나 새로운 내용 규정할 수 없음

02 근로기준법 개설

제1절 근로의 권리

Ⅰ 헌법 제32조, 제37조 제2항

헌법 제32조 기출 20·21·22·23

① 모든 국민은 근로의 권리를 가진다. 국가는 사회적·경제적 방법으로 근로자의 고용의 증진과 적정임금의 보장에 노력하여야 하며, 법률이 정하는 바에 의하여 최저임금제를 시행하여야 한다.
② 모든 국민은 근로의 의무를 진다. 국가는 근로의 의무의 내용과 조건을 민주주의원칙에 따라 법률로 정한다.
③ 근로조건의 기준은 인간의 존엄성을 보장하도록 법률로 정한다.
④ 여자의 근로는 특별한 보호를 받으며, 고용·임금 및 근로조건에 있어서 부당한 차별을 받지 아니한다.
⑤ 연소자의 근로는 특별한 보호를 받는다.
⑥ 국가유공자·상이군경 및 전몰군경의 유가족은 법률이 정하는 바에 의하여 우선적으로 근로의 기회를 부여받는다.

헌법 제37조

② 국민의 모든 자유와 권리는 국가안전보장·질서유지 또는 공공복리를 위하여 필요한 경우에 한하여 법률로써 제한할 수 있으며, 제한하는 경우에도 자유와 권리의 본질적인 내용을 침해할 수 없다.

Ⅱ 근로의 권리의 내용 (현행 헌법 제32조 vs 제헌 헌법 제17조)

현행 헌법 제32조	① 근로의 권리의 주체 : 국민 ○, 법인은 ×(헌법 제32조 제1항) ② 최저임금제의 보장(헌법 제32조 제1항 후문) ③ 고용의 증진과 적정임금의 보장 노력(헌법 제32조 제1항 후문) ④ 근로의 권리와 의무 규정 ○(헌법 제32조 제1항 전문, 제2항 전문) ⑤ 근로의 의무의 내용과 조건 법정주의(헌법 제32조 제2항 후문) ⑥ 근로조건기준의 법정주의(헌법 제32조 제3항) ⑦ 여자 및 연소자의 근로의 특별보호(헌법 제32조 제4항) ⑧ 국가유공자·상이군경 및 전몰군경 등의 근로기회 우선 보장(헌법 제32조 제6항) ⑨ 일반적 법률유보에 의한 근로의 권리의 제한(헌법 제37조 제2항) ⑩ 장애인의 근로에 대한 보호와 차별금지 : 명문 규정 × ⑪ 국가에 대한 직접적인 직장존속보장청구권 : 근로의 권리에서 도출 × ⑫ 고용의 증진과 적정임금의 보장 ▸ 근로자에 대한 고용증진노력의무는 1962.12.26. 개정된 제5차 개정헌법(제3공화국 헌법)에서 처음으로 규정
제헌 헌법 제17조	① 모든 국민은 근로의 권리와 의무를 가짐 ② 근로조건의 기준은 법률로써 정함 ③ 여자와 소년의 근로는 특별한 보호를 받음

Ⅲ 틀린 지문

① 국가는 사회적·경제적 방법으로 근로자의 고용의 증진과 ~~최저임금~~의 보장에 노력하여야 한다. → 적정임금
② 국가는 법률이 정하는 바에 의하여 ~~적정임금제~~를 시행하여야 한다. → 최저임금제를
③ ~~장애인의 근로는 특별한 보호를 받는다~~. → 규정 ×
④ 신체~~장애자는 우선적으로 근로의 기회를 부여받는다~~. → 규정 ×
⑤ ~~장애인의~~ 근로는 특별한 보호를 받으며, 고용·임금 및 근로조건에 있어서 부당한 차별을 받지 아니한다. → 여자의
⑥ 국가유공자·상이군경 및 전몰군경의 유가족은 법률이 정하는 바에 의하여 우선적으로 ~~근로의 의무를 이행하여야 한다~~. → 근로의 기회를 부여받는다.
⑦ ~~국가는~~ 전몰군경의 유가족~~이 우선적으로 근로의 기회를 부여받도록 노력하여야 한다~~. → 은 법률이 정하는 바에 의하여 우선적으로 근로의 기회를 부여받는다.
⑧ 국가는 사회적·경제적 방법으로 근로자의 고용~~을 보장하여야~~ 한다. → 증진에 노력하여야 한다.
⑨ 모든 국민은 근로의 권리를 ~~가지며 근로의 의무를 지지 아니한다~~. → 와 의무를 가진다.
⑩ 국가는 근로의 ~~권리의~~ 내용과 조건을 민주주의원칙에 따라 법률로 정하여야 한다. → 의무의
⑪ 국가에 대한 직접적인 직장존속보장청구권~~은 헌법상 근로의 권리에서 도출된다~~. → 을 인정할 헌법상의 근거는 없다.

제2절 개별적 근로관계법과 근로기준법

제3절 근로기준법의 적용범위

Ⅰ 전부 적용

상시 5인 이상의 근로자의 사용	상시 사용하는 근로자 수의 산정 시 일용근로자 포함
사업 또는 사업장	• 근기법의 적용 사업장 : 영리사업인지 여부 불문 • 상시 4명 이하의 사업장등에 적용 제한하는 이유는 영세사업장의 현실과 근로감독능력의 한계 고려

Ⅱ 일부 적용 - 상시 4명 이하의 근로자를 사용하는 사업 또는 사업장에 적용 여부

1. 구체적 검토

① 상시 3명의 근로자를 사용하는 건설업체 : 해고제한 규정 적용 ×
② 상시 5명의 유치원 교사를 채용하여 사용하는 종교단체 : 해고제한 규정 적용 ○
③ 상시 4인 이하의 근로자를 사용하는 사업장 : 야간근로에 대한 가산규정 적용 ×

2. 적용여부가 문제되는 경우(근기법)

적용 ○	적용 ×
① 중간착취의 배제(제9조) ② 공민권 행사의 보장(제10조) ③ 근로조건의 명시(제17조) ④ 단시간근로자의 근로조건(제18조) ⑤ 위약예정의 금지(제20조) ⑥ 전차금 상계의 금지(제21조) ⑦ 해고의 예고(제26조) ⑧ 금품 청산(제36조) ⑨ 미지급임금에 대한 지연이자(제37조) ⑩ 근로자의 명부 작성(제41조) ⑪ 휴게(제54조) ⑫ 휴일(제55조) ⑬ 연소자증명서(제66조) ⑭ 갱내근로의 금지(제72조)	① 법령 요지 등의 게시(제14조) ② 명시된 근로조건위반에 따른 노동위원회에 대한 손해배상의 청구(제19조 제2항) ③ 해고 등의 제한(제23조 제1항) ④ 경영상 이유에 의한 해고의 제한(제24조) ⑤ 해고된 근로자의 우선재고용(제25조) ⑥ 해고사유의 등의 서면통지(제27조) ⑦ 부당해고등의 구제신청(제28조) ⑧ 휴업수당(제46조) ⑨ 근로시간(제50조) ⑩ 연장·야간 및 휴일 근로에 대한 가산임금(제56조) ⑪ 보상 휴가제(제57조), 연차유급휴가(제60조) ⑫ 임산부가 아닌 18세 이상의 여성의 임신 또는 출산에 관한 기능에 유해·위험한 사업에 대한 사용금지(제65조 제2항) ⑬ 18세 이상의 여성에 대한 야간근로와 휴일근로의 제한(제70조 제1항) ⑭ 생리휴가(제73조), 육아시간(제75조)

Ⅲ 적용 제외

① 상시 5명의 동거하는 친족만을 사용하는 사업장 : 근기법 적용 ×

② 가사사용인 : 근기법 적용 ×

Ⅳ 국가·지자체 등

상시 1명의 공무원이 아닌 근로자를 사용하는 지방자치단체 : 근기법 적용 ○

제4절 근로기준법상 근로자

Ⅰ 의 의

근로자의 개념	근기법	임금을 목적으로 사업이나 사업장에 근로를 제공하는 사람
	노조법	임금·급료 기타 이에 준하는 수입에 의하여 생활하는 자
근로의 개념	정신노동과 육체노동을 의미	

Ⅱ 근기법상 근로자인지 여부

① 공무원 : ○

② 실업(失業) 중인 자 : ×

Ⅲ 근로자성 판단기준

구 분	판단기준
임금을 목적으로 종속적인 관계에서 근로를 제공하였는지 여부에 따라 판단	○
사회보장제도 법령에서 근로자로서 지위를 인정받는지의 사정 고려	○
고용계약인지 도급계약인지 등의 계약의 형식에 따라 판단	×
기본급이나 고정급이 정하여져 있는지 여부에 따라 판단	×
직업의 종류에 따라 근로자인지 여부 판단	×

Ⅳ 임원의 근로자성 인정 여부

구 분	여 부
회사의 임원이 지휘·감독 아래 근로를 제공하면서 대가로 보수를 받아 온 경우	근로자 ○
실질적으로 회사를 경영하여 왔으나 대표이사직에서 사임한 경우	사용자로서의 책임 ○

제5절 근로기준법상 사용자

Ⅰ 사용자의 개념

사용자	사업주 또는 사업경영담당자, 근로자에 관한 사항에 대하여 사업주를 위하여 행위하는 자
사업의 경영담당자	사업경영에 대하여 포괄적 위임을 받고 사업을 대표하거나 대리하는 자

Ⅱ 사용자의 개념의 확장

관리사무소 직원들과 입주자 대표회의의 묵시적인 근로계약관계가 성립하는 경우에는 입주자 대표회의의 사용자로서의 책임 ○

제6절 근로기준법상 근로조건 결정규범

근기법에 미치지 못하는 근로조건을 정한 근로계약	그 부분에 한정하여 무효
취업규칙에 미달하는 근로조건을 정한 근로계약	그 부분은 무효로 하고 취업규칙에 정한 기준에 따름
취업규칙에서 정한 기준보다 유리한 근로조건을 정한 근로계약	유 효

제7절 근로기준법의 기본원리

I 최저근로조건 보장의 원칙

당사자는 근기법상 근로조건을 이유로 근로계약의 근로조건을 낮출 수 없음

II 근로조건 준수의 원칙

III 균등대우의 원칙

차별대우의 금지	• 사용자는 국적 · 신앙 · 사회적 신분을 이유로 근로조건에 대한 차별적 처우 금지 • 근로자를 모집 · 채용할 경우 차별 금지는 명문 규정 ×
적용 범위	가사사용인에 대해 차별적 처우를 하는 경우 : 근기법 적용 ×

IV 강제근로금지의 원칙

V 폭행금지의 원칙

사용자가 근로자를 폭행한 경우는 반의사불벌죄 적용 ×

VI 중간착취 배제의 원칙

구 분	여 부
취업알선의 대가로 금품을 수령하는 경우	위반 ○
법률에 따라 타인의 취업에 개입하여 이익을 취득하는 경우(2007도3192)	위반 ×

Ⅶ 공민권 행사 보장의 원칙

공민권 행사	• 국회의원 선거 시에 투표하는 행위 : O • 근로자가 스스로 대통령 선거에 입후보하는 행위 : O
공의 직무	노동조합 대의원선거에 입후보하여 선거운동을 하는 행위 : 공의 직무 ×
내 용	• 공(公)의 직무를 집행하기 위하여 필요한 시간을 청구하는 경우에는 사용자는 거부 × • 근로자가 청구한 시간을 변경하더라도 공민권 행사에 지장이 없는 경우에는 청구한 시간 변경 O
공민권 행사와 근로관계	공(公)의 직무수행을 위하여 시간을 사용한 경우 : 공민권 행사 보장의 원칙에 따른 임금지급의무 × ▸ 공민권 행사에 필요한 시간을 유급으로 보장할 필요 ×

Ⅷ 직장 내 괴롭힘의 금지

1. 직장 내 괴롭힘의 금지의 개념

직장 내 괴롭힘이란 직장에서의 지위 또는 관계 등의 우위를 이용하여 다른 근로자에게 신체적 · 정신적 고통을 주거나 근무환경을 악화시키는 행위

2. 직장 내 괴롭힘의 발생 시 조치

발생사실의 신고	누구든지 직장 내 괴롭힘 발생사실을 알게 된 경우에는 피해근로자의 동의가 없더라도 그 사실을 사용자에게 신고 가능
사실확인 조사	사용자가 직장 내 괴롭힘 발생사실을 인지한 경우에는 신고접수가 없어도 그 사실확인을 위하여 객관적으로 조사를 실시하여야 함
적절한 조치	• 사용자는 조사기간 동안 피해근로자를 보호하기 위하여 필요한 경우에는 피해근로자등의 근무장소의 변경 등 적절한 조치 의무 O (이 경우 피해근로자의 의사에 반하는 조치 ×) • 사용자의 조사결과 직장 내 괴롭힘 발생사실이 확인된 경우 ▸ 피해근로자가 요청하면 적절한 조치를 하여야 함 ▸ 지체 없이 행위자에 대하여 필요한 조치를 하여야 함(이 경우 피해근로자의 의견을 들어야 함)
불리한 처우의 금지	직장 내 괴롭힘 발생사실을 신고한 근로자 및 피해근로자등에게 불리한 처우 금지
비밀누설의 금지	사용자에게 보고하거나 관계 기관의 요청에 따라 필요정보를 제공하는 경우는 제외

3. 과태료의 부과

구 분	금 액
직장에서의 지위 또는 관계 등의 우위를 이용하여 다른 근로자에게 신체적 · 정신적 고통을 주거나 근무환경을 악화시키는 행위를 한 자	1천만원 이하의 과태료 부과
사용자가 직장 내 괴롭힘 발생사실이 확인되었으나 지체 없이 필요한 조치를 하지 아니한 경우	500만원 이하의 과태료 부과

Ⅸ 기 타

국제협약의 준수는 근기법상 기본원칙 ×

제8절 근로기준법의 실효성 확보

Ⅰ 근로감독관제도

설 치	고용노동부와 그 소속기관에 근로감독관을 둠
근로감독관의 권한	① 근로감독관의 요구에 의해 사용자는 보고 · 출석의무 O ② 사용자와 근로자에 대한 심문 ③ 의사인 근로감독관이나 근로감독관의 위촉을 받은 의사는 취업을 금지하여야 할 질병의심있는 근로자에 대한 검진 ④ 사업장 등에 대한 현장조사, 장부와 서류의 제출요구 및 사용자와 근로자에 대한 심문 ⑤ 근기법 등에 따른 수사는 검사와 근로감독관이 전담하나, 근로감독관의 직무에 관한 범죄수사는 예외 ⑥ 근기법 위반죄에 관하여 사법경찰관리의 직무를 행할 자와 그 직무범위에 관한 법률에서 정하는 바에 따라 사법경찰관의 직무 수행
근로감독관의 의무	직무상 알게 된 비밀엄수 의무 O

Ⅱ 벌 칙

근로감독관이 근기법을 위반한 사실을 고의로 묵과한 경우 : 3년 이하의 징역 또는 5년 이하의 자격정지

03 근로관계의 성립

제1절 근로계약의 의의 및 법적 성질

근로계약이란 근로를 제공하고 사용자는 임금을 지급하는 것을 목적으로 체결된 계약

제2절 근로계약의 체결

Ⅰ 근로계약의 당사자

국가나 지방자치단체	근로계약의 당사자 가능
친권자 또는 후견인	미성년자의 근로계약 대리체결 금지
근로계약이 미성년자에게 불리하다고 인정하는 경우	친권자, 후견인 또는 고용노동부장관은 근로계약 해지 가능

Ⅱ 근로계약의 내용

1. 근로조건의 명시의무

명시사항	① 임 금 ② 소정근로시간 ③ 유급주휴일 ④ 연차 유급휴가 ⑤ 취업규칙에서 정한 사항 ⑥ 기숙하는 경우 기숙사규칙에서 정한 사항 ⑦ 취업장소와 종사하여야 할 업무
서면으로 명시 하여야 할 사항	① 임금의 구성항목 · 계산방법 · 지급방법 ② 소정근로시간 ③ 유급주휴일 ④ 연차유급휴가
교부의무	18세 미만인 사람과 근로계약을 체결하는 경우에는 근로조건을 서면으로 명시하여 교부
명시의무 위반에 대한 구제	근로계약 체결 시 명시된 근로조건이 사실과 다를 경우에는 즉시 근로계약 해제, 노동위원회에 손해배상 청구 ○

2. 금지되는 근로조건

① 위약금 또는 손해배상액 예정계약의 체결
② 전차금이나 전대채권과 임금의 상계
③ 강제 저축 또는 저축금관리 계약 체결

3. 금지되는 근로조건 여부

① 근로자의 위탁에 의한 저축금관리는 가능
② 근로자에 대한 신원보증계약은 위약 예정의 금지에 해당하지 아니함

제3절 근로계약과 근로관계

Ⅰ 채용내정

의 의	회사가 근로자를 채용하기로 내정은 되어 있으나, 아직 정식의 근로계약을 체결하지 아니한 경우를 의미
근로관계	• 원칙 : 근기법상 규정 적용 × • 채용내정자의 해약권유보부 근로계약 : 취소통보 시 근기법 제23조(해고 등의 제한) 적용 ○ • 채용내정 취소가 무효인 경우에는 근로하였다면 받을 수 있었을 임금지급 청구 ○

Ⅱ 시 용

1. 시용계약의 법적 성질 : 근로계약

2. 시용계약과 근로관계

시용기간과 근로관계	① 시용기간의 적용을 선택적 사항으로 규정하고 있는 경우에는 시용기간의 적용을 명시하지 않았다면 정식사원으로 채용한 것으로 간주함 ② 시용근로자에 대한 본 채용의 거절기준은 해고의 기준보다 완화시킬 수 있으나, 객관적이고 합리적인 이유 필요 ③ 단순히 시용기간의 만료로 해고한다는 취지로 통지한 경우에는 절차상 하자로 근로계약 종료의 효력 × ④ 시용근로관계에서 본 근로계약 체결을 거부하는 경우에는 구체적・실질적인 거부사유를 서면으로 통지하여야 함 ⑤ 시용기간 만료 후 본 계약 체결을 거부하는 경우 ▸ 유보된 해약권의 행사로 보통의 해고보다 넓게 인정 ▸ 객관적으로 합리적인 이유가 존재하고 사회통념상 상당성 필요
시용기간 만료 후의 효과	시용기간 만료 후 정식근로자로 채용하는 경우에는 시용기간은 계속근로연수에 산입

Ⅲ 수습기간

해고의 예고는 수습 사용한 날부터 3개월 이내인 수습근로자에게 적용 ×

제4절 근로계약과 당사자의 권리 및 의무

구분	내용
근로자의 권리와 의무	① 근로제공이란 근로자가 자신의 노동력을 사용자가 처분할 수 있는 상태에 두는 것 ② 근로자의 책임 있는 사유로 근로제공의무를 이행하지 않은 경우 ▸ 근로계약의 해지는 가능하나 이행 강제 × ▸ 근로를 제공하지 못한 부분에 대하여는 사용자의 임금지급의무 × ③ 근로자의 비밀유지의무 : 근로자는 경영상의 비밀을 누설하지 않을 신의칙상의 의무 부담
사용자의 권리와 의무	① 근로자의 인격실현을 위한 신의칙상의 의무 부담 ○ ② 사용자가 정당한 이유 없이 계속하여 근로자의 근로를 수령 거부하면 손해배상책임을 부담 ○ ③ 정당한 이유 없는 해고 등의 금지 의무 ④ 사용자의 안전배려의무 : 근로계약에 구체적 내용이 정하여 지지 아니하였더라도 안전배려의무를 인정

CHAPTER 04 임 금

제1절 임금의 의의

임금의 개념	근로의 대가로 임금, 봉급, 어떠한 명칭으로든지 지급하는 모든 금품
사용자가 근로자에게 지급하는 금품	총운송수입금의 전부를 회사에 납입하고 추후에 초과수입금 상당액을 운전사에게 지급한 경우는 운전사의 수입으로 되는 부분을 임금으로 봄
근로의 대가	• 차량유지비를 전 직원에게 또는 일정한 직급을 기준으로 일률적으로 지급한 경우 : 근로의 대상으로 지급 • 실비변상적 금원은 임금총액에 포함 ×

제2절 평균임금

I 평균임금의 개념

평균임금	산정하여야 할 사유가 발생한 날 이전 3개월 동안에 지급된 임금의 총액을 총일수로 나눈 금액을 말하며 근로자가 취업한 후 3개월 미만인 경우도 동일
일용근로자의 평균임금	고용노동부장관이 사업이나 직업에 따라 정하는 금액

II 평균임금을 기초로 산정하여야 할 경우

- 퇴직금(근기법 제34조, 근퇴법 제8조 제1항)
- 휴업수당(근기법 제46조 제1항)
- 재해보상금(근기법 제79조 내지 제85조)
- 감급액(근기법 제95조)

Ⅲ 평균임금의 산정방법

① 산출된 평균임금액이 통상임금보다 적은 경우 : 통상임금액을 평균임금으로 함

② 평균임금의 산정기간 중에 출산전후휴가 기간이 있는 경우 : 그 기간과 지급된 임금은 삭감하여 계산

평균임금의 계산에서 제외되는 기간과 임금(근기법 시행령 제2조)

① 근로기준법 제2조 제1항 제6호에 따른 평균임금산정기간 중에 다음 각 호의 어느 하나에 해당하는 기간이 있는 경우에는 그 기간과 그 기간 중에 지급된 임금은 평균임금산정기준이 되는 기간과 임금의 총액에서 각각 뺀다.

1. 근로계약을 체결하고 수습 중에 있는 근로자가 수습을 시작한 날부터 3개월 이내의 기간
2. 법 제46조에 따른 사용자의 귀책사유로 휴업한 기간
3. 법 제74조 제1항부터 제3항까지의 규정에 따른 출산전후휴가 및 유산·사산휴가기간 기출 22
4. 법 제78조에 따라 업무상 부상 또는 질병으로 요양하기 위하여 휴업한 기간
5. 남녀고용평등과 일·가정 양립 지원에 관한 법률 제19조에 따른 육아휴직기간
6. 노동조합 및 노동관계조정법 제2조 제6호에 따른 쟁의행위기간
7. 병역법, 예비군법 또는 민방위기본법에 따른 의무를 이행하기 위하여 휴직하거나 근로하지 못한 기간. 다만, 그 기간 중 임금을 지급받은 경우에는 그러하지 아니하다.
8. 업무 외 부상이나 질병, 그 밖의 사유로 사용자의 승인을 받아 휴업한 기간

② 법 제2조 제1항 제6호에 따른 임금의 총액을 계산할 때에는 임시로 지급된 임금 및 수당과 통화 외의 것으로 지급된 임금을 포함하지 아니한다. 다만, 고용노동부장관이 정하는 것은 그러하지 아니하다.

제3절 통상임금

Ⅰ 통상임금의 개념

구분	내용
통상임금의 개념	근로자에게 정기적이고 일률적으로 소정(所定)근로 또는 총 근로에 대하여 지급하기로 정한 시간급 금액, 일급 금액, 주급 금액, 월급 금액 또는 도급 금액
통상임금을 기초로 산정하여야 할 경우	• 해고예고수당(근기법 제26조) • 연장·야간·휴일근로수당(근기법 제56조) • 출산전후휴가(근기법 제74조)에 따른 경제적 보상

Ⅱ 통상임금의 판단기준

구분		내용
통상임금에 속하는지 여부		근로의 대가로 지급되는 금품으로 정기적·일률적·고정적으로 지급되는 것인지를 기준으로 판단
개념적 징표	정기성	임금과 정기상여금의 지급주기가 1개월을 넘는다는 사정만으로 그 임금이 통상임금에서 제외된다고 할 수는 없음
	일률성	'일정한 조건 또는 기준에 달한 모든 근로자'에게 지급되는 임금은 '일률적'으로 지급되는 임금에 포함
	고정성	• 근무실적에서 최하등급을 받더라도 최소한도의 지급이 확정되어 있는 경우 : 그 최소한도의 임금은 고정적 임금 • 근무일수에 따라 일할계산하여 지급되는 임금 : 고정적 임금 • 단체협약 등에 휴직자 등에 대하여 특정 임금에 대한 지급 제한사유를 규정하고 있는 경우 : 정상적인 근로관계를 유지하는 근로자에 대하여는 임금의 고정성 ○

Ⅲ 통상임금성 인정 여부가 문제되는 사례

1. 통상임금성 인정여부

통상임금성이 인정되는 사례	통상임금성이 인정되지 아니하는 사례
① 특정 시점에 재직 중인 근로자에게만 지급하기로 정해져 있으나, 그 전에 퇴직한 근로자에게 근무일수에 비례한 임금이 지급되는 경우 : 통상임금 ○ ② 상여금의 통상임금성 ▸ 계속적·정기적으로 지급되고 지급액이 확정되어 있는 경우 : 통상임금 ○ ▸ 지급사유의 발생이 불확정적이고 일시적으로 지급되는 경우 : ×	① 소정근로를 제공하더라도 추가적인 조건을 충족하여야 지급되는 임금이나 그 조건 충족 여부에 따라 지급액이 변동되는 임금 : 통상임금 × ② 소정근로시간을 초과하거나 근로계약에서 정한 근로 외의 근로를 제공함으로써 지급받는 임금 : 통상임금 × ③ 기업실적에 따라 일시적으로 지급하는 상여금 : 통상임금 × ④ 복지포인트 : 통상임금 ×

2. 임금유형별 통상임금 여부(2012다89399[전합])

<table>
<tr><th>임금명목</th><th>임금의 특징</th><th>통상임금 해당 여부</th></tr>
<tr><td>기술수당</td><td>기술이나 자격보유자에게 지급되는 수당
(자격수당, 면허수당 등)</td><td>○</td></tr>
<tr><td>근속수당</td><td>근속기간에 따라
지급 여부나 지급액이 달라지는 임금</td><td>○</td></tr>
<tr><td rowspan="2">가족수당</td><td>부양가족의 수와 관계없이
모든 근로자에게 지급되는 가족수당 분</td><td>○
(명목만 가족수당으로 보아 일률성 인정)</td></tr>
<tr><td>부양가족 수에 따라 달라지는 가족수당</td><td>×
(근로와 무관한 조건)</td></tr>
<tr><td rowspan="2">성과급</td><td>최소한도가 보장되는 성과급</td><td>○
(그 최소한도 만큼은
일률적, 고정적으로 지급되므로)</td></tr>
<tr><td>근무실적을 평가하여
지급 여부나 지급액이 결정되는 임금</td><td>×
(조건에 좌우되므로 고정성 ×)</td></tr>
<tr><td rowspan="2">상여금</td><td>정기적인 지급이 확정되어 있는 상여금(정기상여금)</td><td>○</td></tr>
<tr><td>기업실적에 따라 일시적, 부정기적으로
사용자의 재량에 따라 지급되는 상여금
(경영성과분배금, 격려금, 인센티브 등)</td><td>×
(사전에 미확정된 것이므로 고정성 ×)</td></tr>
<tr><td rowspan="2">특정시점에 재직
시에만 지급되는
금품</td><td>특정시점이 되기 전에 퇴직 시에는
근무일수에 비례하여 지급되는 금품</td><td>○
(근무일수에 비례하여
지급되는 한도에서는 고정성 ○)</td></tr>
<tr><td>특정시점에 재직 중인
근로자만 지급받는 금품
(명절귀향비나 휴가비 등이 그러한 경우가 많음)</td><td>×
(근로의 대가가 아니며 고정성 ×)</td></tr>
</table>

Ⅳ 통상임금배제합의의 효력

① 통상임금의 의미나 범위는 단체협약 등에 의해 따로 합의 ×

② 통상임금에 산입될 수당을 통상임금에서 제외하기로 하는 노사 간의 합의는 근기법에서 정한 기준에 미치지 못하는 근로조건이 포함된 부분에 한하여 무효 ○

제4절 임금지급방법의 보호

I 임금지급의 원칙

직접불의 원칙	① 근로자로부터 임금채권을 양수받은 자는 사용자에게 직접 임금지급의 청구 × ② 임금채권을 타인에게 양도한 경우에는 사용자는 임금채권의 양수인에게 임금지급 × ③ 노동조합에 의한 근로자의 임금의 대리수령 × ④ 사용자가 근로자의 대리인에게 임금을 지급하는 경우는 직접불의 원칙에 위반됨
전액불의 원칙	① 임금채권에 대한 사용자의 상계 ▸ 동의를 얻어 근로자의 임금채권에 대하여 상계하는 경우 : 자유로운 의사에 기한 동의 여부는 엄격하고 신중하게 판단 ▸ 퇴직한 후 근로자가 지급되지 아니한 임금이나 퇴직금을 청구할 경우 : 초과 지급된 임금의 반환청구권을 자동채권으로 하는 상계 ○ ② 전차금이나 전대채권과 임금을 상계하는 경우 : 500만원 이하의 벌금부과 대상이고 상계의 효력은 무효 ○ ③ 사용자가 불법행위로 인한 손해배상채권을 가지고 있는 경우 : 근로자의 임금채권과 상계 × ④ 퇴직금 명목으로 지급한 금원의 부당이득반환채권을 자동채권으로 퇴직금채권을 상계하는 경우 : 퇴직금채권의 2분의 1을 초과하는 부분에 관하여만 허용
통화불의 원칙	① 법령 또는 단체협약에 특별한 규정이 있는 경우에는 통화불의 원칙의 예외 인정 ② 임금지급에 갈음하여 제3자에 대한 채권을 양도하기로 하는 경우 : 전부 무효 ○
정기불의 원칙	① 임시로 지급하는 임금에는 매월 1회 이상 정기불의 원칙이 적용 × ② 정기불의 원칙은 연봉제에도 적용 ○ ③ 정기불의 원칙의 예외 ▸ 1개월을 초과하는 기간의 출근성적에 따라 지급하는 정근수당 ▸ 1개월을 초과하는 기간에 걸친 사유에 따라 산정되는 능률수당

매월 1회 이상 지급하여야 할 임금의 예외(근기법 시행령 제23조)

법 제43조 제2항 단서에서 "임시로 지급하는 임금, 수당, 그 밖에 이에 준하는 것 또는 대통령령으로 정하는 임금"이란 다음 각 호의 것을 말한다.

1. 1개월을 초과하는 기간의 출근성적에 따라 지급하는 정근수당
2. 1개월을 초과하는 일정 기간을 계속하여 근무한 경우에 지급되는 근속수당
3. 1개월을 초과하는 기간에 걸친 사유에 따라 산정되는 장려금, 능률수당 또는 상여금
4. 그 밖에 부정기적으로 지급되는 모든 수당

II 임금의 비상 시 지불

비상(非常)한 경우의 비용(예 출산비용, 혼인비용)을 충당하기 위하여 임금지급을 청구하는 경우는 지급기일 전이라도 임금지급 의무 ○

제5절 휴업수당

I 옳은 지문

① 사용자 A의 휴업에 귀책사유가 있어 평균임금의 100분의 80에 해당하는 금액을 휴업수당으로 지급하였다.
② 사용자 B의 휴업에 귀책사유가 없어 휴업수당을 지급하지 아니하였다.
③ 사용자 C의 휴업에 귀책사유가 있는데 평균임금의 100분의 70에 해당하는 금액이 통상임금을 초과하므로 통상임금을 휴업수당으로 지급하였다.

제6절 임금채권의 보호

I 체불사업주의 명단공개

구분	내용
체불사업주의 명단공개	① 명단공개 기준일 이전 1년 이내 임금등의 체불총액이 3천만원 이상인 경우 : 인적 사항 등 공개 가능 ② 체불사업주의 인적 사항 등의 공개 여부 심의하기 위해 고용노동부에 임금체불정보심의위원회 설치 ③ 법인인 체불사업주 명단을 공개할 경우에는 대표자의 성명·나이도 공개의 내용 ④ 체불사업주 명단을 공개할 경우 : 체불사업주에게 3개월간 소명기회 부여 O ⑤ 명단공개 요건을 구비한 체불사업주가 사망한 경우에는 인적사항 등 공개 ×
임금 등 체불자료의 제공	임금등 체불자료를 받은 종합신용정보집중기관은 체불사업주의 신용도·신용거래능력 판단과 관련한 업무 외의 목적으로 이용 ×

Ⅱ 사망·퇴직 시 임금지급에 대한 보호

① 원칙적으로 금품청산의 지급사유가 발생한 때부터 14일 이내에 금품 지급
② 청산금품은 임금, 보상금, 그 밖에 일체의 금품
③ 특별한 사정이 있는 경우 합의에 의한 기일연장 가능하나, 연장기간의 제한 ×

Ⅲ 임금채권의 우선변제

1. 사용자의 총재산 포함 여부

① 사용자가 제3자에게 처분한 재산 : ×
② 주식회사 대표이사의 개인재산 : ×

2. 최우선변제 임금채권

① 임금채권은 사용자가 소유권을 취득하기 전에 설정된 저당권의 피담보채권보다 우선변제 ×
② 최종 3개월분의 임금은 질권 또는 저당권에 따라 담보되는 채권보다 우선변제 O

Ⅳ 임금대장과 임금명세서

1. 사용자의 의무

사용자는 각 사업장별로 임금대장을 작성하고 임금을 지급할 때 일정사항을 기재

2. 기재사항

임금대장의 기재사항	임금명세서의 기재사항
① 성 명 ② 주민등록번호 ③ 고용 연월일 ④ 종사하는 업무 ⑤ 임금 및 가족수당의 계산기초가 되는 사항 ⑥ 근로일수 ⑦ 근로시간 수 ⑧ 연장근로, 야간근로 또는 휴일근로를 시킨 경우에는 그 시간 수 ⑨ 기본급, 수당, 그 밖의 임금의 내역별 금액(통화 외의 것으로 지급된 임금이 있는 경우에는 그 품명 및 수량과 평가총액) ⑩ 근기법 제43조 제1항 단서에 따라 임금의 일부를 공제한 경우에는 그 금액	① 근로자의 성명, 생년월일, 사원번호 등 근로자를 특정할 수 있는 정보 ② 임금지급일 ③ 임금 총액 ④ 기본급, 각종 수당, 상여금, 성과금, 그 밖의 임금의 구성항목별 금액(통화 이외의 것으로 지급된 임금이 있는 경우에는 그 품명 및 수량과 평가총액) ⑤ 임금의 구성항목별 금액이 출근일수・시간 등에 따라 달라지는 경우에는 임금의 구성항목별 금액의 계산방법(연장근로, 야간근로 또는 휴일근로의 경우에는 그 시간 수를 포함) ⑥ 임금의 일부를 공제한 경우에는 임금의 공제 항목별 금액과 총액 등 공제내역

3. 임금명세서의 교부

임금을 지급하는 경우에는 임금명세서를 서면(전자문서 포함)으로 교부하여야 함

Ⅴ 임금채권의 시효

① 근기법에 따른 임금채권 : 3년의 소멸시효
② 해고무효확인의 소를 제기한 경우에는 임금채권의 소멸시효 중단

Ⅵ 임금청구권의 포기 등

① 근로자의 임금포기에 관한 약정 : 합목적적 해석 ○
② 사용자에 대한 임금청구권의 지급기한이 도래한 경우 : 포기 가능
③ 퇴직한 후 퇴직 시 발생한 퇴직금청구권을 나중에 포기하는 경우 : 포기 가능

Ⅶ 도급근로자에 대한 임금보장

근로자를 도급이나 그 밖에 이에 준하는 제도로 사용하는 경우 : 근로시간에 따라 일정액의 임금보장 의무 ○

05 근로시간

제1절 근로시간의 개념과 산정

I 근로시간의 의의

근로시간의 개념	• 근로자가 사용자의 지휘·감독을 받으면서 근로를 제공하는 시간 • 근로자가 사용자의 지휘·감독 아래에 있는 대기시간은 근로시간으로 간주
근로시간의 구분	• 소정근로시간 : 법정근로시간의 범위에서 근로자와 사용자 사이에 정한 근로시간 • 야간근로시간 : 오후 10시부터 오전 6시까지 사이의 근로시간

II 근로시간의 산정

1. 간주근로시간제

업무 수행 방법을 근로자의 재량에 위임할 필요가 있는 업무의 경우 근로자대표와 서면 합의로 정한 시간을 근로로 간주

2. 재량근로의 대상업무 여부

대상업무에 해당하는 사례	대상업무에 해당하지 아니하는 사례
① 신상품 또는 신기술의 연구개발이나 인문사회과학 또는 자연과학분야의 연구 업무 ② 정보처리시스템의 설계업무 ③ 정보처리시스템의 분석업무 ④ 신문, 방송 또는 출판 사업에서의 기사의 취재, 편성 또는 편집 업무 ⑤ 의복·실내장식·공업제품·광고 등의 디자인 또는 고안 업무 ⑥ 방송 프로그램·영화 등의 제작 사업에서의 프로듀서나 감독 업무	① 정보처리시스템의 교육 업무 ② 건설업에서의 관리·감독 업무 ③ 기밀을 취급하는 업무

제2절 근로시간의 보호

Ⅰ 일반근로자의 근로시간 보호

1. 기준근로시간

근기법 따른 기준근로시간	• 1주 : 휴일을 포함한 7일 • 1일의 근로시간 : 휴게시간을 제외하고 8시간 초과 × • 1주간의 근로시간 : 40시간을 초과할 수 없으나 12시간을 한도로 근로시간 연장 가능
기준근로시간의 연장	연장근로에 관한 합의는 근로계약 등으로 미리 약정 가능

2. 인가연장근로

특별한 사정이 있는 경우 근로자의 동의와 고용노동부장관의 인가로 연장 가능하나, 인가를 받을 시간이 없는 경우에는 사후에 지체 없이 승인을 받아야 함

3. 특례연장근로

대상사업	① 육상운송 및 파이프라인운송업. 다만, 노선 여객자동차운송사업은 제외 ② 수상운송업 ③ 항공운송업 ④ 기타 운송관련 서비스업 ⑤ 보건업
요 건	① 근로자대표와 서면으로 합의 ② 주 12시간을 초과하여 연장근로를 하게 하거나 휴게시간 변경 가능 ③ 근로일 종료 후 다음 근로일 개시 전까지 근로자에게 연속하여 11시간 이상의 휴식 시간을 주어야 함

Ⅱ 연소자 및 여성근로자의 근로시간 보호

15세 이상 18세 미만인 사람의 근로시간은 1일 7시간, 1주 35시간 초과 ×
(당사자 간의 합의에 의하여 1일 1시간, 1주 5시간을 한도로 연장 가능)

Ⅲ 적용의 제외

적용제외 대상근로자	① 사용자가 고용노동부장관의 승인을 받아 감시·단속적으로 근로에 종사하는 근로자 ② 사업의 종류와 관계없이 관리·감독 업무 또는 기밀을 취급하는 업무에 종사하는 근로자 ③ 토지의 경작·개간, 식물의 식재·재배·채취 사업, 그 밖의 농림 사업에 종사하는 근로자 ④ 동물의 사육, 수산 동식물의 채취·포획·양식 사업, 그 밖의 축산, 양잠, 수산 사업에 종사하는 근로자
적용제외 규정	근로시간, 휴게와 휴일에 관한 규정 적용제외

제3절 시간외근로와 시간외근로수당

시간외근로수당	① 연장근로 : 통상임금의 100분의 50 이상을 가산하여 근로자에게 지급 ② 야간근로 : 통상임금의 100분의 50 이상을 가산하여 근로자에게 지급 ③ 휴일근로 : 8시간 이내의 휴일근로는 통상임금의 100분의 50, 8시간을 초과한 휴일근로는 통상임금의 100분의 100을 가산하여 근로자에게 지급 ④ 연장근로의 가산임금 산정방식에 대한 합의에 따라 계산한 금액이 근기법에서 정한 기준에 미치지 못할 경우에는 그 부분만큼 노사합의는 무효이고, 근기법이 정하는 기준에 따라야 함 ⑤ 연장근로이면서 야간근로에 해당하는 경우에는 연장근로수당과 야간근로수당을 각각 가산하여 지급
보상휴가제도 요건	근로자대표와의 서면 합의에 따라 가산임금 지급에 갈음하여 휴가 부여 ○
포괄임금약정	근로시간의 산정이 어려운 사정이 없음에도 포괄임금제 약정을 한 경우에는 정액의 제 수당이 법정수당에 미달하면 무효 ○

제4절 근로시간의 신축적 운용

I 탄력적 근로시간제도

1. 3개월 이내의 탄력적 근로시간제도

2주간 단위 탄력적 근로시간제도	① 취업규칙이 정하는 바에 따라 시행 ② 특정한 날의 근로시간에 대한 규정 ×
3개월 단위 탄력적 근로시간제도	① 사용자는 근로자대표와 서면으로 합의 **서면으로 합의해야 할 사항** ㉠ 대상 근로자의 범위 ㉡ 단위기간(3개월 이내의 일정한 기간) ㉢ 단위기간의 근로일과 그 근로일별 근로시간 ㉣ 서면 합의의 유효기간 ② 특정한 주의 근로시간은 52시간, 특정한 날의 근로시간은 12시간 초과 × ③ 사용자는 기존의 임금 수준이 낮아지지 아니하도록 임금보전방안 강구

2. 3개월을 초과하는 탄력적 근로시간제도

근로자 대표와 서면 합의로 정하는 사항	① 대상 근로자의 범위 ② 단위기간(3개월을 초과하고 6개월 이내의 일정한 기간) ③ 단위기간의 주별 근로시간 ④ 서면 합의의 유효기간
내 용	① 특정한 주의 근로시간은 52시간을, 특정한 날의 근로시간은 12시간 초과 × ② 근로일 종료 후 다음 근로일 개시 전까지 연속하여 11시간 이상의 휴식 시간 부여 ③ 단위기간 내에서 평균하여 1주간의 근로시간이 유지되는 범위에서 근로자대표와의 협의를 거쳐 단위기간의 주별 근로시간 변경 가능

3. 근로기간이 탄력적 근로시간제의 단위기간보다 짧은 경우

근로한 기간을 평균하여 1주간에 40시간을 초과하여 근로한 시간 전부에 대하여 가산임금 지급하여야 함

4. 적용 범위

① 15세 이상 18세 미만의 근로자에 대하여는 적용 ×

② 임신 중인 여성근로자에게 적용 ×, 그러나 출산 후의 여성근로자에게 적용 ○

Ⅱ 선택적 근로시간제도

1. 근로자대표와 서면합의 필요

2. 내 용

선택적 근로시간제의 정산기간은 원칙적으로 1개월이나 신상품 또는 신기술의 연구개발업무의 경우는 3개월

3. 적용범위

① 18세 미만의 근로자에게 적용 ×

② 임신 중인 여성 근로자에게 적용 ○

Ⅲ 단시간근로제도

개 념	1주 동안의 소정근로시간이 같은 종류의 업무에 종사하는 통상근로자의 1주 동안의 소정근로시간에 비하여 짧은 근로자
근로조건	그 사업장의 같은 종류의 업무에 종사하는 통상 근로자의 근로시간을 기준으로 산정한 비율로 결정
취업규칙	근로자의 근로조건, 근로형태, 직종 등의 특수성이 있는 경우에는 통상근로자에게 적용되는 취업규칙과 별도로 작성 가능
초단시간근로자	4주 동안(4주 미만으로 근로하는 경우에는 그 기간)을 평균하여 1주 동안의 소정근로시간이 15시간 미만인 근로자 : 휴일과 연차유급휴가 규정 적용 ×

06 휴게 · 휴일 · 휴가 및 여성과 연소근로자의 보호

제1절 휴게 · 휴일 · 휴가

Ⅰ 휴게시간

근로시간이 4시간인 경우는 30분 이상을, 8시간인 경우는 1시간 이상을 근로시간 도중에 주어야 함

Ⅱ 휴 일

① **유급휴일의 보장** : 1주에 평균 1회 이상으로 하여 1주 동안의 소정근로일을 개근한 자에게 부여하면 족하고 일요일일 필요 ×
② 임금을 월급으로 지급할 경우에는 유급휴일에 대한 임금도 포함
③ 근로자대표와 서면 합의를 한 경우 유급휴일을 특정한 근로일로 대체 가능

Ⅲ 휴가(연차유급휴가)

1. 연차유급휴가의 성립요건

(1) 근기법 규정

구 분	규 정
1년간 80% 이상 출근	15일의 유급휴가
계속근로기간이 1년 미만인 근로자 또는 1년간 80% 미만 출근한 근로자가 1개월 개근하는 경우	1일의 유급휴가

(2) 출근율의 산정

구분	내용
출근으로 처리되는 기간	① 업무상의 재해로 휴업한 기간은 장단을 불문하고 소정근로일수와 출근일수에 포함 ▸ 업무상의 재해로 휴업한 기간이 1년 전체에 걸쳐 있더라도 소정근로일수와 출근일수에 포함 ② 출산전후휴가로 휴업한 기간은 출근한 것으로 간주하여 산정 ③ 육아휴직으로 휴업한 기간은 출근한 것으로 간주하여 산정 ④ 부당해고로 인하여 출근하지 못한 기간을 소정근로일수 및 출근일수에 모두 산입하여 산정
결근으로 처리되는 기간	소정근로일수에 정직기간을 포함시키되 출근일수에서 제외하여 산정
소정근로일수에서 제외되는 기간	소정근로일수에서 정당한 쟁의행위기간을 제외하여 산정

2. 연차유급휴가의 내용

휴가일수	① 연차유급휴가의 총 휴가일수 : 가산휴가 포함하여 25일을 한도 ② 6년차 근로자가 5년차에 80% 이상 출근한 경우 : 연차유급휴가는 17일 ③ 7년을 계속근로한 근로자에게 연차유급휴가를 주는 경우 : 가산 유급휴가는 3일
연차유급휴가의 청구	① 사용시기를 특정하지 않은 연차유급휴가의 청구 : 효력 × ② 연차휴가수당 청구권은 연차휴가를 사용할 연도가 아닌 그 전년도 1년간의 근로에 대한 대가
연차유급휴가 수당	① 연차유급휴가 기간 : 통상임금 또는 평균임금 지급 ② 연차 휴가기간에 지급하여야 하는 임금은 유급휴가를 주기 전이나 준 직후의 임금지급일에 지급 ③ 부당해고로 인하여 지급받지 못한 임금이 연차휴가수당인 경우에 소정근로일수와 출근일수를 고려하면 연차유급휴가의 성립요건을 충족하는 경우에는 연차휴가수당 지급
휴가부여시기	사업 운영에 막대한 지장이 있는 시기에 연차유급휴가를 청구한 경우는 시기 변경 가능

3. 연차유급휴가의 소멸

소 멸	① 연차유급휴가를 사용할 권리 ▸ 전년도 1년간의 근로를 마친 다음 날 발생 ▸ 사용자의 귀책사유로 사용하지 못한 경우를 제외하고 1년간 행사하지 아니하면 소멸 ② 계속근로기간이 1년 미만인 때 부여되는 연차유급휴가의 소멸 : 사용자의 귀책사유로 사용하지 못한 경우 외에는 최초 1년의 근로가 끝날 때까지 행사하지 아니하면 소멸
미사용 수당	① 연차휴가에 관한 권리를 취득한 후 연차휴가를 사용하지 못하게 될 경우 : 연차휴가수당청구 ○ ② 미사용휴가에 대한 보상을 지급하는 연차유급휴가수당은 휴일근로수당 가산 적용 × ③ 연차유급휴가를 사용하기 전에 근로관계가 종료된 경우는 연차유급휴가수당 청구권은 그대로 유지 ④ 연차유급휴가 수당청구권의 소멸시효는 연차유급휴가권을 취득한 날부터 1년이 경과하여 그 휴가 불실시가 확정된 다음 날부터 기산 ⑤ 연차휴가에 관한 권리를 취득한 후 연차휴가를 사용하지 못하게 될 경우 : 연차휴가수당 청구 ○ ⑥ 업무상 재해로 연차유급휴가를 사용할 해당 연도에 전혀 출근하지 못한 경우 : 연차휴가수당 청구 ○

4. 연차유급휴가의 사용촉진

① 계속근로기간이 1년 미만인 근로자에게 연차유급휴가의 사용촉진조치를 취한 경우에는 사용하지 아니한 휴가에 대한 보상의무 ×

② 연차유급휴가 사용촉진 조치를 취하였으나, 휴가를 사용하지 아니하여 소멸된 경우에는 사용하지 아니한 휴가에 대한 보상의무 ×

5. 연차유급휴가의 대체

근로자대표와의 서면 합의에 따라 연차 유급휴가일을 갈음하여 특정한 근로일에 휴무 ○

제2절 여성과 연소근로자의 보호

I 여성과 연소근로자에 대한 공통된 보호

1. 유해 · 위험사업에의 사용 금지

① 임산부(임신 중이거나 산후 1년이 지나지 아니한 여성)와 18세 미만자 : 도덕상 또는 보건상 유해 · 위험한 사업에 사용 ×

② 임산부가 아닌 18세 이상의 여성 : 임신 또는 출산기능에 유해 · 위험한 사업에 사용 ×

2. 야간 · 휴일근로의 금지

18세 이상의 여성근로자	18세 이상의 여성의 휴일근로는 근로자의 동의 필요
임신 중의 여성과 18세 미만자	① 임신 중의 여성 ▸ 원칙적으로 시간외근로 × ▸ 여성이 명시적으로 청구하는 경우로서 고용노동부장관의 인가를 받은 경우 가능 ② 18세 미만자 ▸ 원칙적으로 시간외근로 × ▸ 18세 미만자의 동의와 고용노동부장관의 인가 필요
산후 1년이 지나지 아니한 여성	① 원칙적으로 시간외근로 × ② 그 여성의 동의와 고용노동부장관의 인가 필요

3. 갱내근로의 금지

여성과 18세 미만자의 갱내(坑內)근로	보건 · 의료, 보도 · 취재 등 대통령령으로 정하는 업무를 수행하기 위하여 일시적으로 필요한 경우 외에는 갱내(坑內)근로 ×
갱내근로의 예외적 허용	① 보건, 의료 또는 복지 업무 ② 신문 · 출판 · 방송프로그램 제작 등을 위한 보도 · 취재업무 ③ 학술연구를 위한 조사 업무 ④ 관리 · 감독 업무 ⑤ ①부터 ④까지의 규정의 업무와 관련된 분야에서 하는 실습 업무

4. 여성과 연소근로자의 보호에 대한 도해

[여성과 연소근로자의 보호]

구 분	18세 미만 근로자	18세 이상 여성근로자	임신 중인 여성근로자	산후 1년 미만 여성근로자
기준근로시간	1일 7시간, 1주 35시간 (근기법 제69조)	1일 8시간, 1주 40시간 (근기법 제50조)	1일 8시간, 1주 40시간 (근기법 제50조)	1일 8시간, 1주 40시간 (근기법 제50조)
연장근로	당사자와의 합의로 1일 1시간, 1주 5시간 연장 가능함 (근기법 제69조)	당사자와의 합의로 12시간 한도로 연장 가능함 (근기법 제53조)	금지되는 것이 원칙이며, 근로자의 요구가 있는 경우에는 쉬운 종류의 근로로 전환하여야 함 (근기법 제74조 제5항)	단체협약이 있는 경우라도 1일 2시간, 1주 6시간, 1년 150시간을 넘지 못함 (근기법 제71조)

야간・휴일근로	1. 원칙 : 금지 2. 예외 : 고용노동부장관의 인가와 당사자의 동의로 가능함(근기법 제70조 제2항)	원칙 : 근로자와의 동의로 가능함(근기법 제70조 제1항)	1. 원칙 : 금지 2. 예외 : 고용노동부장관의 인가와 당사자의 명시적인 청구로 가능함(근기법 제70조 제2항)	18세 미만의 근로자와 동일함
탄력적 근로시간제	적용 ×	적용 ○	적용 ×	적용 ○
선택적 근로시간제	적용 ×	적용 ○	적용 ○	적용 ○
유해・위험사업에의 사용 금지	사용 금지	임신 또는 출산에 관한 기능에 유해・위험한 사업에 사용 금지	사용 금지	사용 금지
갱내근로	1. 원칙 : 금지 2. 예외 : 대통령령이 정하는 업무를 수행하기 위하여 일시적으로 필요한 경우			

Ⅱ 연소근로자에 대한 특별보호

1. 최저취업연령의 제한

취직인허증의 발급 대상	원칙적으로 13세 이상 15세 미만인 자가 발급 받을 수 있으나 예술공연 참가를 위한 경우에는 13세 미만인 자도 취직인허증 발급 가능
취직인허증의 신청	의무교육대상자가 취직인허증을 신청하는 경우에는 학교장(의무교육대상자와 재학 중인 자로 한정) 및 친권자 또는 후견인의 서명을 받아 사용자가 될 자와 연명(連名)으로 고용노동부장관에게 신청
취직인허증의 발행・재교부	① 본인의 신청에 따라 의무교육에 지장이 없는 경우에는 직종을 지정하여서만 발행 ▸ 고용노동부장관이 취직인허증신청에 대하여 취직을 인허할 경우 : 취직인허증에 직종을 지정하여 신청한 근로자와 사용자가 될 자에게 발급 ② 유류를 취급하는 업무 중 주유업무는 고용노동부장관의 취직인허증 발급 가능 ③ 사용자 또는 15세 미만인 자는 취직인허증이 못 쓰게 되거나 잃어버린 경우에는 지체 없이 재교부 신청
취직인허증의 취소	거짓이나 그 밖의 부정한 방법으로 발급받은 사람에게는 고용노동부장관이 그 인허를 취소

2. 18세 미만 연소자증명서의 비치

① 사용자는 18세 미만인 사람에 대하여 가족관계기록사항에 관한 증명서와 친권자 또는 후견인의 동의서를 사업장에 비치하여야 함

② **사용자가 취직인허증을 갖추어 둔 경우** : 가족관계기록사항에 관한 증명서와 친권자 또는 후견인의 동의서를 사업장에 둔 것으로 봄

3. 미성년자의 임금청구

독자적으로 임금 청구 가능

Ⅲ 여성근로자에 대한 특별보호

1. 생리휴가

사용자는 여성 근로자의 청구로 월 1일의 무급 생리휴가 부여

2. 출산전후휴가와 임신기의 근로

(1) 출산전후휴가의 부여

한 명의 자녀를 임신	• 출산 전과 출산 후를 통하여 90일의 출산전후휴가 부여 • 출산 후에 45일 이상 배정
한 번에 둘 이상 자녀를 임신	• 출산 전과 출산 후를 통하여 120일의 출산전후휴가 부여 • 출산 후에 60일 이상 배정
청구할 당시 만 40세 이상	출산 전 어느 때라도 휴가의 분할사용 허가

(2) 유산 · 사산휴가

임신 중인 여성이 사산하여 근로자가 휴가를 청구하는 경우	사산휴가 부여
유산휴가를 청구한 근로자가 임신기간이 28주 이상인 경우	유산한 날부터 90일까지 유산휴가 부여

(3) 휴가기간 중의 임금

휴가 중 최초 60일(한 번에 둘 이상의 자녀를 임신한 경우에는 75일)은 유급

(4) 근로제공의무의 경감

시간외근로는 금지되며 임신 중의 여성근로자의 요구가 있는 경우에는 쉬운 종류의 근로로 전환

(5) 휴가종료 후의 복귀

출산전후휴가 종료된 경우에는 동일한 업무 또는 동등한 수준의 임금을 지급하는 직무로 복귀

(6) 근로시간의 단축

① 임신 후 36주 이후에 있으며 1일 근로시간이 8시간인 여성근로자가 1일 2시간의 근로시간 단축을 신청하는 경우 : 근로시간의 단축을 허용

② 상시 300명 이상의 근로자를 사용하는 사업 또는 사업장의 사용자는 1일 근로시간이 8시간으로서 임신 후 12주 이내 또는 36주 이후에 있는 여성근로자가 1일 2시간의 근로시간 단축을 신청하는 경우 : 해당 근로자의 임금을 삭감하지 않고 근로시간의 단축을 허용

유산 · 사산휴가의 청구 등(근기법 시행령 제43조)

① 법 제74조 제2항 전단에서 "대통령령으로 정하는 사유"란 다음 각 호의 어느 하나에 해당하는 경우를 말한다.
  1. 임신한 근로자에게 유산 · 사산의 경험이 있는 경우
  2. 임신한 근로자가 출산전후휴가를 청구할 당시 연령이 만 40세 이상인 경우
  3. 임신한 근로자가 유산 · 사산의 위험이 있다는 의료기관의 진단서를 제출한 경우

② 법 제74조 제3항에 따라 유산 또는 사산한 근로자가 유산 · 사산휴가를 청구하는 경우에는 휴가청구사유, 유산 · 사산 발생일 및 임신기간 등을 적은 유산 · 사산휴가신청서에 의료기관의 진단서를 첨부하여 사업주에게 제출하여야 한다.

③ 사업주는 제2항에 따라 유산 · 사산휴가를 청구한 근로자에게 다음 각 호의 기준에 따라 유산 · 사산휴가를 주어야 한다.
  1. 유산 또는 사산한 근로자의 임신기간이 11주 이내인 경우 : 유산 또는 사산한 날부터 5일까지
  2. 임신기간이 12주 이상 15주 이내인 경우 : 유산 또는 사산한 날부터 10일까지

3. 임신기간이 16주 이상 21주 이내인 경우 : 유산 또는 사산한 날부터 30일까지
4. 임신기간이 22주 이상 27주 이내인 경우 : 유산 또는 사산한 날부터 60일까지
5. 임신기간이 28주 이상인 경우 : 유산 또는 사산한 날부터 90일까지 기출 20

임신기간 근로시간 단축의 신청(근기법 시행령 제43조의2)

법 제74조 제7항에 따라 근로시간 단축을 신청하려는 여성근로자는 근로시간 단축개시 예정일의 3일 전까지 임신기간, 근로시간 단축개시 예정일 및 종료 예정일, 근무개시시각 및 종료시각 등을 적은 문서(전자문서를 포함)에 의사의 진단서(같은 임신에 대하여 근로시간 단축을 다시 신청하는 경우는 제외)를 첨부하여 사용자에게 제출하여야 한다.

임신기간 업무의 시작 및 종료 시각의 변경(근기법 시행령 제43조의3)

① 법 제74조 제9항 본문에 따라 업무의 시작 및 종료 시각의 변경을 신청하려는 여성 근로자는 그 변경 예정일의 3일 전까지 임신기간, 업무의 시작 및 종료 시각의 변경 예정 기간, 업무의 시작 및 종료 시각 등을 적은 문서(전자문서를 포함)에 임신 사실을 증명하는 의사의 진단서(같은 임신에 대해 업무의 시작 및 종료 시각 변경을 다시 신청하는 경우는 제외)를 첨부하여 사용자에게 제출해야 한다.

② 법 제74조 제9항 단서에서 "정상적인 사업 운영에 중대한 지장을 초래하는 경우 등 대통령령으로 정하는 경우"란 다음 각 호의 어느 하나에 해당하는 경우를 말한다.

1. 정상적인 사업 운영에 중대한 지장을 초래하는 경우
2. 업무의 시작 및 종료 시각을 변경하게 되면 임신 중인 여성 근로자의 안전과 건강에 관한 관계 법령을 위반하게 되는 경우

3. 정기건강진단

임산부 정기건강진단을 받는 데 필요한 시간을 청구하는 경우 : 허용하여 주어야 함

4. 유급수유시간

생후 1년 미만의 유아(乳兒)를 가진 여성근로자가 청구하는 경우 : 1일 2회 각각 30분 이상의 유급수유시간 부여

5. 연장근로시간의 제한

산후 1년이 지나지 아니한 여성 : 단체협약이 있더라도 1일에 2시간, 1주에 6시간, 1년에 150시간을 초과하는 시간외근로 ×

07 취업규칙 및 기숙사

제1절 취업규칙

Ⅰ 취업규칙의 의의 및 작성

의 의	사용자가 기업경영의 필요상 사업장에서 근로가 지켜야 할 근로자의 복무규율과 근로조건에 관한 준칙을 규정한 것을 의미
작 성	취업규칙의 작성·신고의무자는 상시 10명 이상의 근로자를 사용하는 사용자

Ⅱ 취업규칙의 기재사항

① 업무의 시작과 종료시각, 휴게시간, 휴일, 휴가 및 교대근로에 관한 사항
② 임금의 결정·계산·지급방법, 임금의 산정기간·지급시기 및 승급(昇給)에 관한 사항
③ 가족수당의 계산·지급방법에 관한 사항
④ 퇴직에 관한 사항
⑤ 근로자퇴직급여 보장법에 따라 설정된 퇴직급여, 상여 및 최저임금에 관한 사항
⑥ 근로자의 식비, 작업용품 등의 부담에 관한 사항
⑦ 근로자를 위한 교육시설에 관한 사항
⑧ 출산전후휴가·육아휴직 등 근로자의 모성보호 및 일·가정 양립지원에 관한 사항
⑨ 안전과 보건에 관한 사항
⑩ 근로자의 성별·연령 또는 신체적 조건 등의 특성에 따른 사업장환경의 개선에 관한 사항
⑪ 업무상과 업무 외의 재해부조(災害扶助)에 관한 사항
⑫ 직장 내 괴롭힘의 예방 및 발생 시 조치 등에 관한 사항
⑬ 표창과 제재에 관한 사항
⑭ 그 밖에 해당 사업 또는 사업장의 근로자 전체에 적용될 사항

Ⅲ 취업규칙의 변경

1. 불이익하지 아니한 취업규칙의 변경

의견청취	근로자의 과반수로 조직된 노동조합이 있는 경우에는 그 노동조합, 노동조합이 없는 경우에는 근로자의 과반수의 의견을 들어야 함
의견청취절차의 위반	취업규칙을 작성·변경함에 있어 의견청취절차를 거치지 아니한 경우 : 무효 ×

2. 불이익한 취업규칙의 변경

(1) 불이익변경의 판단 시점

취업규칙의 변경이 이루어진 시점을 기준으로 판단

(2) 불이익변경의 판단 기준

① 취업규칙이 일부 근로자에게 유리하고, 일부 근로자에게 불리한 경우 : 불이익변경 ○

② 급여규정의 변경이 일부의 근로자에게는 유리하고 일부의 근로자에게는 불리한 경우

- ▶ 근로자집단의 동의를 요할지를 판단하는 것은 근로자 전체에 대하여 획일적으로 결정
- ▶ 이 경우는 불이익변경이므로 근로자집단의 동의 필요

③ 종전 취업규칙에 없던 정년규정을 신설하는 경우 : 불이익변경 ○

(3) 동의의 주체

① 불이익변경 요건으로서 동의주체인 근로자 과반수 : 기존 취업규칙의 적용을 받는 근로자 집단의 과반수를 의미

② 취업규칙을 불리하게 변경하는 경우 동의의 주체

- ▶ 노동조합의 동의는 대표자의 동의로 충분
- ▶ 노동조합이 없는 경우에는 근로자들의 회의방식 기타 집단적 의사결정 방식에 의한 과반수 동의 필요
- ▶ 근로조건이 이원화되어 직접적으로 불이익을 받게 되는 근로자 집단 이외에 근로자 집단이 없는 경우에는 불이익을 받는 그 근로자 집단
- ▶ 하나의 근로조건 체계 내에 있는, 일부 근로자집단은 물론 변경된 취업규칙이 적용이 예상되는 근로자 집단을 포함한 전체 근로자 집단

(4) 동의의 효력

① 노동조합의 동의를 얻어 변경된 취업규칙 : 개별적 동의 절차를 거치지 않은 비조합원에게도 적용

② 노사협의회 근로자 위원들의 동의를 얻은 경우 : 근로자들 과반수의 동의를 얻은 것과 동일시 ×

(5) 동의를 받지 못한 불이익변경의 효력

개별적 동의의 효력	집단적 의사결정방법에 의한 동의 없는 불이익한 취업규칙에 대한 개별적 동의의 효력 : 효력 ×
대가관계 없는 부분의 효력	취업규칙 중 일부가 동의 없이 불이익하게 변경되었을 때, 대가관계나 연계성이 없는, 변경된 다른 부분의 효력 : 유효
동의를 받지 못한 취업규칙의 효력	• 동의 없는 취업규칙의 불이익한 변경의 신규근로자에 대한 효력 : 변경된 취업규칙 적용 • 동의 없는 취업규칙의 불이익한 변경 후 재입사한 근로자에 대한 효력 : 변경된 취업규칙 적용
단체협약에 의한 소급적 동의	• 단체협약을 체결할 때, 근로조건기준에 대해 소급적으로 동의하거나 승인하는 효력 : 단체협약이 시행된 이후에 협약의 적용을 받게 될 근로자들에게 미침 • 동의 없이 취업규칙이 불리하게 변경되었으나 동일한 내용의 단체협약이 체결된 경우 : 변경된 취업규칙은 유효

Ⅳ 고용노동부장관에의 신고 · 취업규칙의 심사 · 주지의무

① 취업규칙이 법령이나 단체협약에 어긋나는 경우에는 고용노동부장관은 노동위원회의 의결 없이 변경 명령 가능

② 취업규칙에 표창과 제재에 관한 사항의 기재가 없는 경우는 고용노동부장관은 변경명령을 할 수 있음

Ⅴ 취업규칙상의 징계권의 규제

근로자에 대하여 감급(減給)의 제재를 정할 경우에는 감액은 1회의 금액이 평균임금의 1일분의 2분의 1을, 총액이 1임금지급기의 임금총액의 10분의 1을 초과 ×

Ⅵ 취업규칙의 효력

취업규칙과 단체협약과의 관계	해당 사업 또는 사업장에 대하여 적용되는 단체협약과 어긋나서는 안 됨
취업규칙에 미달하는 근로조건을 정한 근로계약	그 부분은 무효로 하고 취업규칙에 정한 기준에 따름

PART 1 PART 2 PART 3

제2절 기숙사

기숙사 생활의 보장 및 기숙사의 유지관리	• 임원선거의 간섭금지 : 사용자는 기숙사생활의 자치에 필요한 임원선거에 간섭 × • 부속 기숙사에 대하여 근로자의 건강 유지, 사생활 보호 등을 위한 조치를 하여야 함
기숙사 규칙의 작성	사용자는 기숙사규칙을 작성하고, 기숙하는 근로자의 과반수의 대표자의 동의를 받아야 함
근로감독관의 권한	기숙사 등에 대한 현장조사, 장부와 서류의 제출요구 및 심문 ○

08 근로관계의 변경

제1절 인사이동

전직이나 전보처분 : 원칙적으로 사용자의 권한에 속하므로 상당한 재량 ○

제2절 전직(전보)

I 전직의 제한

근로의 내용이나 근무장소가 특별히 한정된 경우의 전직(전보)처분은 근로자의 동의 필요

II 부당전직에 대한 구제

구제신청	사용자가 근로자에게 부당한 전직을 한 경우 : 노동위원회에 구제 신청
권리남용의 해당 여부	① 전보처분 등의 업무상의 필요성과 근로자의 생활상의 불이익을 비교·교량하여 불이익이 통상 감수하여야 할 정도를 현저하게 벗어나지 않는 경우 : 권리남용 × ▸ 전직처분을 할 때 요구되는 업무상의 필요(인원선택의 합리성을 의미하고 업무능률의 증진, 직장질서의 유지나 회복, 근로자 간의 인화 등의 사정도 포함) ② 전보처분 등에서 협의절차를 거치지 아니한 경우 : 권리남용 × ③ 업무상 필요한 범위 내에서 상당한 재량으로 행하여진 전직처분은 특별한 사정이 없는 한 무효 ×
형벌 규정	부당 전직에 대한 형사처벌 규정 ×

제3절 전 적

전적 시 근로관계에 대한 승계특약이 없는 경우는 전적(轉籍)으로 근로관계 단절

제4절 휴 직

휴직명령의 정당한 이유 : 근로자가 상당한 기간에 걸쳐 근로의 제공을 할 수 없다거나, 근로제공을 함이 매우 부적당하다고 인정되는 경우 인정

제5절 징 계

Ⅰ 징계사유의 정당성

① 근로자의 사생활에서의 비행 : 사업활동에 직접 관련이 있거나 기업의 사회적 평가를 훼손할 염려가 있는 것에 한하여 정당한 징계사유

② 여러 개의 징계사유 중 다른 일부 징계사유만으로도 징계처분의 타당성을 인정하기에 충분한 경우에 징계처분은 위법 ×

③ 단체협약에서 해고사유를 단체협약에만 의하도록 명시적으로 규정하고 있지 않거나 징계절차에 관하여 단체협약상의 규정과 취업규칙 등의 규정이 상호 저촉되지 아니하는 경우에는 취업규칙에서 정한 새로운 해고사유로 해고 가능

Ⅱ 징계양정의 정당성

① 경미한 징계사유에 대해 가혹한 제재를 가하는 경우 : 징계권의 남용으로 무효

▸ 같은 정도의 비위행위에 대하여 일반적 기준과 달리 과중한 징계처분을 행하는 경우에는 위법 ○

② 징계사유로 삼지 아니한 비위행위가 아닌 평소의 소행과 근무성적, 당해 징계처분사유 전후에 저지른 비위행위사실 : 징계양정에서 참작자료 ○

③ 학력 등의 허위기재를 이유로 한 징계해고의 정당성 : 고용 당시의 사정뿐 아니라, 고용 이후 해고에 이르기까지 종사한 근로의 정상적인 제공에 지장을 초래하는지 여부 등을 종합적으로 고려하여 판단

④ 징계해고의 정당한 이유 : 사회통념상 근로계약을 계속시킬 수 없을 정도로 근로자에게 책임 있는 사유가 있는 것을 의미

Ⅲ 징계절차의 정당성

1. 징계절차규정이 있는 경우

(1) 절차위반의 효력

무효 여부	① 징계규정상 징계절차를 위반하여 징계처분이 이루어진 경우 : 무효 ② 노동조합 간부에 대한 징계처분에 노동조합과 합의를 하도록 단체협약에 규정되었으나 그 절차를 거치지 않은 경우 : 징계처분은 원칙적으로 무효 ③ 단체협약 등에 규정된 징계재심절차를 전혀 이행하지 아니하였으나 원래의 징계처분이 요건을 모두 구비한 경우 : 원래의 징계처분은 무효
소명의 기회 부여의 정도	① 징계규정에서 징계위원회에 출석하여 소명할 기회를 부여하고 있는 경우에는 소명자료를 준비할 상당한 기간을 두고 개최일시와 장소를 통보 ② 징계혐의 사실에 대하여 진술할 기회를 부여하면 족하고, 혐의사실 개개의 사항에 대하여 빠짐없이 진술하도록 조치할 필요 × ③ 단체협약, 취업규칙에서 소명기회를 주도록 규정하고 있는 경우에는 기회제공으로 족하고 소명 자체가 반드시 이루어질 필요 × ④ 징계위원회가 개개의 혐의 사항에 대해 구체적으로 질문하고 징계대상자가 빠짐없이 진술하도록 조치하지 않은 경우는 부당한 징계 ×
징계위원회의 구성	① 무자격위원이 참여하여 징계처분이 이루어졌으나 그를 제외하더라도 의결정족수가 충족되는 경우 : 징계처분은 무효 ○ ② 단체협약에서 징계위원회를 노사 각 3명의 위원으로 구성하기로 정하면서 근로자 측 징계위원의 자격에 관하여 아무런 규정을 두지 않은 경우의 근로자 측 징계위원은 사용자 회사에 소속된 근로자로 한정

(2) 하자의 치유

징계 과정에서의 절차 위반의 하자가 재심 과정에서 보완된 경우 : 하자 치유 ○

2. 징계절차규정이 없는 경우

① 출석 및 진술의 기회 부여절차가 없어 그러한 절차를 거치지 않고 징계처분을 행한 경우 : 무효 ×
② 대기발령이 징계처분의 하나로 규정되어 있지 않은 경우 : 대기발령을 함에 있어서 변명의 기회를 부여하는 등의 징계절차 불요

제6절 직위해제(대기발령)

Ⅰ 직위해제의 정당성

① 잠정적 직위해제는 징벌적 제재로서의 징계와 구별
② 대기발령 기간은 사유가 정당한 경우에도 기간은 합리적인 범위에서 이루어져야 함
③ 대기발령의 사유가 해소된 후 부당하게 장기간 동안 대기발령조치를 유지하는 경우는 정당성 ×

Ⅱ 당연퇴직의 정당성

대기발령 후 일정 기간이 경과하도록 복직발령을 받지 못하는 때 당연퇴직된다는 규정을 두는 경우는 실질상 해고에 해당

Ⅲ 직위해제와 구제이익

직위해제처분에 따른 효과로 법률상 불이익을 규정하고 있는 경우에는 실효된 직위해제처분에 대한 구제이익 ○

Ⅳ 휴업수당

사용자의 귀책사유로 근로자들에게 대기발령을 한 경우 : 휴업수당 지급

제7절 근로관계의 이전

Ⅰ 영업양도의 의의

영업양도는 합병과는 달리 포괄승계 되는 것이 아닌 특정승계되는 것이므로, 개개의 재산에 대하여 별도의 이전 절차를 거쳐야 함

Ⅱ 승계되는 근로관계의 범위

구분	내용
전부양도의 경우	① 근로계약 관계가 포괄적으로 승계된 경우에는 종전 근로계약상의 지위도 그대로 승계 ▸ 영업양도에 의하여 근로계약 관계가 포괄적으로 승계된 경우 : 양도회사의 근로자에게 종전의 근로조건 (예를 들어 종전의 퇴직금규정) 적용 ② 영업양도와 근로관계의 승계 ▸ 양도회사의 노동조합과 양도회사 간에 체결한 단체협약 : 효력 ○ ▸ 양도회사에서의 근속기간을 산입하지 않기로 하는 특약 : 동의가 없는 한 무효 ○ ③ 근로관계의 일부를 승계대상에서 제외하기로 하는 특약이 있는 경우 ▸ 영업양도 자체만을 사유로 삼아 근로자를 해고하는 경우 : 정당한 이유 × ▸ 실질적으로 해고에 해당하므로 정당한 이유가 없는 경우 부당해고에 대한 구제신청 가능
일부양도의 경우	승계되는 근로관계는 계약체결일 현재 그 영업부문에서 근무하는 근로자와의 근로관계를 의미
해고무효판결이 확정된 경우	해고무효판결이 확정되었으나 근로자에 대한 양도인의 현실적인 복직조치가 없었던 경우 : 근로자와 양도인의 근로관계는 양수인에게 승계

Ⅲ 근로자의 승계거부권

반대 의사를 표시함으로써 양수기업에 포괄적 승계되는 대신 양도기업에 잔류하거나 양도기업과 양수기업 모두에서 퇴직 가능

09 근로관계의 종료

제1절 근로관계 종료의 유형

① 사직의 의사표시는 특별한 사정이 없는 한 당해 근로계약을 종료시키는 해약고지
② 사직의 의사가 없는 근로자에게 의원면직의 형식으로 사직서를 작성, 제출하게 한 경우는 해고에 해당

제2절 해고의 실체적 정당성

Ⅰ 근로자 측의 해고사유

① 18세 미만의 연소근로자를 해고하는 경우는 친권자나 후견인의 동의 불요
② 해산(파산)한 기업이 청산과정에서 근로자를 해고하는 경우는 통상해고에 해당

Ⅱ 사용자 측의 해고사유

1. 경영해고의 요건

(1) 긴박한 경영상의 필요

① 긴박한 경영상의 필요는 기업의 일부 영업부문이 아니라 기업 전체의 경영사정을 종합적으로 검토하여 결정
② 경영 악화를 방지하기 위한 사업의 양도・인수・합병은 긴박한 경영상의 필요로 간주
③ 인원삭감이 필요한 경우도 포함하지만, 객관적으로 보아 합리성이 있다고 인정되어야 함
④ 긴박한 경영상의 필요가 있는지를 판단할 경우는 법인의 어느 사업 부문이 다른 사업 부문과 인적・물적・장소적으로 분리・독립되어 있고 재무 및 회계가 분리되어 있으며 경영여건도 서로 달리하는 예외적인 경우가 아니라면, 법인의 일부 사업부문 내지 사업소의 수지만을 기준으로 할 것이 아니라 법인 전체의 경영사정을 종합적으로 검토하여 결정

(2) 해고회피 노력

사용자가 해고를 회피하기 위한 방법에 관하여 성실하게 협의하여 정리해고의 합의에 도달한 경우 : 이러한 사정도 해고회피노력의 판단에 참작

(3) 합리적이고 공정한 해고기준의 설정

(4) 근로자대표와의 사전협의

사전협의	해고를 하려는 날의 50일 전까지 해고의 기준 통보하고 성실하게 협의하여야 함
근로자대표의 의미	① 근로자의 과반수로 조직된 노동조합이 있는 경우에는 노동조합에 해고를 하려는 날의 50일 전까지 통보하고 성실하게 협의 ② 근로자의 과반수로 조직된 노동조합이 없는 경우에는 근로자대표에 해고를 하려는 날의 50일 전까지 통보하고 성실하게 협의 ③ 근로자의 과반수로 조직된 노동조합은 없지만, 상대방이 실질적으로 근로자의 의사를 반영할 수 있는 대표라고 볼 수 있는 사정이 있는 경우에는 근로자의 과반수의 대표로서의 자격 ○
위반의 효력	해고를 피하기 위한 방법과 해고의 기준 등에 관하여 근로자대표에게 해고를 하려는 날의 50일 전까지 통보하지 않은 경우 : 50일 기간의 준수는 정리해고의 효력요건은 아니어서, 특별한 사정이 없고 정리해고의 그 밖의 요건은 충족되었다면 그 정리해고는 유효함

2. 경영해고의 신고

① 대통령령으로 정하는 일정한 규모 이상의 인원을 해고하려는 경우 : 고용노동부장관에게 사전신고

② 상시근로자 수 99명 이하인 사업 또는 사업장의 사용자가 1개월 동안에 10명 이상의 인원을 경영상의 이유에 의하여 해고하려는 경우 : 해고일의 30일 전까지 고용노동부장관에게 사전신고의무 ○

③ 상시근로자수가 45명인 사업장의 사용자가 1개월 동안에 9명의 근로자를 경영상 이유로 해고하려는 경우 : 사전신고의무 ×

④ 경영상의 이유에 의한 해고 계획의 신고를 할 경우 : 해고사유, 해고예정인원, 근로자대표와 협의한 내용, 해고일정 포함

경영상의 이유에 의한 해고계획의 신고(근기법 시행령 제10조)

① 법 제24조 제4항에 따라 사용자는 1개월 동안에 다음 각 호의 어느 하나에 해당하는 인원을 해고하려면 최초로 해고하려는 날의 30일 전까지 고용노동부장관에게 신고하여야 한다.

1. 상시근로자 수가 99명 이하인 사업 또는 사업장 : 10명 이상
2. 상시근로자 수가 100명 이상 999명 이하인 사업 또는 사업장 : 상시근로자 수의 10% 이상
3. 상시근로자 수가 1,000명 이상인 사업 또는 사업장 : 100명 이상

② 제1항에 따른 신고를 할 때에는 다음 각 호의 사항을 포함하여야 한다.

1. 해고사유
2. 해고예정인원
3. 근로자대표와 협의한 내용
4. 해고일정

3. 경영해고 후의 근로자의 보호

① 정부는 경영상 이유에 의하여 해고된 근로자에 대하여 생계안정, 재취업, 직업훈련 등 필요한 조치를 우선적으로 취하여야 함

② 해고한 날로부터 3년 이내에 해고된 근로자가 담당하였던 업무와 같은 업무를 할 근로자를 채용하려고 할 경우 : 해고된 근로자가 원하면 우선적으로 고용

③ 사용자가 우선 재고용의무를 이행하지 아니하는 경우 : 고용의 의사표시를 갈음하는 판결을 구할 사법상의 권리 인정

4. 단체협약 · 취업규칙상의 해고사유

단체협약에서 해고사유를 단체협약에만 의하도록 명시적으로 제한하고 있는 경우 : 취업규칙에서 정한 새로운 해고사유로 해고할 수 없음

제3절 해고의 절차적 정당성

I 해고의 예고

1. 해고예고의 방법

① 근로자를 해고(경영상 이유에 의한 해고 포함)하려면 적어도 30일 전에 예고를 하여야 함

② 일정 시점을 특정하여 하거나 언제 해고되는지를 알 수 있는 방법으로 하여야 함

2. 해고예고수당의 지급

30일 전에 예고를 하지 아니하였을 때에는 30일분 이상의 통상임금 지급

3. 해고예고의무의 예외 인정 여부

구분	내용
예외에 해당	① 근로자가 계속 근로한 기간이 3개월 미만인 경우 ② 천재・사변, 그 밖의 부득이한 사유로 사업을 계속하는 것이 불가능한 경우 ③ 근로자가 고의로 사업에 막대한 지장을 초래하거나 재산상 손해를 끼친 경우로서 고용노동부령으로 정하는 다음의 사유에 해당하는 경우 ㉠ 납품업체로부터 금품이나 향응을 제공받고 불량품을 납품받아 생산에 차질을 가져온 경우 ㉡ 영업용 차량을 임의로 타인에게 대리운전하게 하여 교통사고를 일으킨 경우 ㉢ 사업의 기밀이나 그 밖의 정보를 경쟁관계에 있는 다른 사업자 등에게 제공하여 사업에 지장을 가져온 경우 ㉣ 허위사실을 날조하여 유포하거나 불법집단행동을 주도하여 사업에 막대한 지장을 가져온 경우 ㉤ 영업용 차량 운송수입금을 부당하게 착복하는 등 직책을 이용하여 공금을 착복, 장기유용, 횡령 또는 배임한 경우 ㉥ 제품 또는 원료 등을 몰래 훔치거나 불법반출한 경우 ㉦ 인사・경리・회계 담당직원이 근로자의 근무상황실적을 조작하거나 허위서류 등을 작성하여 사업에 손해를 끼친 경우 ㉧ 사업장의 기물을 고의로 파손하여 생산에 막대한 지장을 가져온 경우 ㉨ 그 밖에 사회통념상 고의로 사업에 막대한 지장을 가져오거나 재산상 손해를 끼쳤다고 인정되는 경우
예외에 해당 ×	6개월을 초과하여 단시간 근로를 계속한 경우

4. 해고예고의무위반의 효과

해고예고의무를 위반한 해고이나 정당한 이유를 갖추고 있는 경우 : 해고는 유효 ○

5. 해고예고수당의 반환청구 가부

부당해고하면서 해고예고수당을 지급한 경우 : 근로자는 해고예고수당 상당액의 반환의무 ×

Ⅱ 해고의 서면통지

1. 서면통지의 방법

해고사유의 기재정도	징계해고사유와 해고시기를 서면으로 통지할 경우에는 해고의 실질적 사유가 되는 구체적 사실 또는 비위내용 기재하여 해고사유가 무엇인지를 구체적으로 알 수 있어야 함
서면통지 규정의 위반 여부	• 해고를 서면으로 통지하면서 해고사유를 전혀 기재하지 않은 경우 : 해고사유 등의 서면통지 규정 위반 ○ • 해고사유를 구체적으로 알고 있고 충분히 대응할 수 있는 상황이어서 해고사유를 상세하게 기재하지 않은 경우 : 해고사유 등의 서면통지 규정 위반 ×
이메일(e-mail)에 의한 해고통지	이메일(e-mail)에 의한 해고통지가 서면에 의한 해고통지의 역할과 기능을 충분히 수행하고 있는 경우 : 서면에 의한 해고통지로서 유효

2. 서면통지 위반의 효과

해고사유와 해고시기를 명시하여 서면으로 30일 전에 해고의 예고를 한 경우는 해고사유와 해고시기의 서면통지로 간주되므로 별도의 해고사유 등의 서면통지 불요

Ⅲ 해고시기의 제한

① 임신한 여성근로자가 산전·산후의 보호휴가를 사용한 기간과 그 후 30일의 기간
② 근로자가 업무상 부상의 요양을 위하여 휴업한 기간
③ 근로자가 사용한 육아휴직 기간
④ 근로자가 업무상 질병의 요양을 위하여 휴업한 기간과 이후 30일의 기간

제4절 부당해고의 구제

Ⅰ 노동위원회에서의 구제절차

1. 초심절차

(1) 구제신청

부당해고가 있는 날부터 3개월 이내에 노동위원회에 부당해고 구제 신청

(2) 심사절차

심문을 할 경우 직권으로도 증인을 출석하게 하여 필요한 사항 질문

(3) 구제명령

구제의 이익 유무	해고무효확인청구의 소의 기각판결이 확정된 경우는 구제신청의 이익은 소멸
구제명령 또는 기각결정	① 심문을 끝내고 노동위원회가 판정하는 경우에는 부당해고등이 성립하는지에 따라 구제명령 또는 기각결정 ② 노동위원회의 판정, 구제명령 및 기각결정은 사용자와 근로자에게 서면으로 통지 ③ 근로계약기간의 만료, 정년의 도래 등으로 근로자가 원직복직이 불가능한 경우 : 이 경우에도 구제명령이나 기각결정 ④ 구제명령을 서면으로 통지받은 날부터 30일 이내의 이행기간을 정하여야 함
원직복직명령 및 임금상당액지급명령, 금전보상명령	구제명령을 할 때 근로자가 원직복직을 원하지 아니하는 경우는 원직복직을 명하는 대신 받을 수 있었던 임금 상당액 이상의 금품 지급명령
구제명령의 불이행에 대한 제재	① 부당노동행위 구제신청의 경우에 인정되는 긴급이행명령은 부당해고 등 구제제도에서는 인정 × ② 천재·사변, 그 밖의 부득이한 사유로 구제명령을 이행하기 어려운 경우는 직권 또는 사용자의 신청에 따라 그 사유가 없어진 뒤에 이행강제금 부과 ③ 객관적으로 노력하였으나 근로자의 소재불명 등으로 구제명령을 이행하기 어려운 것이 명백한 경우에는 노동위원회가 직권으로 그 사유가 없어진 뒤에 이행강제금 부과 ④ 구제명령을 받은 사용자가 이행기한까지 구제명령을 이행하지 아니하는 경우는 근로자는 이행기한이 지난 때부터 15일 이내에 노동위원회에 알려 줄 수 있음 ⑤ 사용자가 이행기한까지 구제명령을 이행하지 아니한 경우 : 3천만원 이하의 이행강제금 부과 ⑥ 최초의 구제명령을 한 날을 기준으로 2년을 초과하지 않는 범위 내에서 매년 2회의 범위에서 구제명령이 이행될 때까지 반복하여 부과·징수 ⑦ 이행강제금의 액수, 부과 사유, 납부기한, 수납기관, 이의제기방법 및 이의제기기관 등을 명시한 문서로써 하여야 함 ⑧ 부과하기 30일 전까지 부과·징수한다는 뜻을 미리 문서로써 알려주어야 함 ⑨ 이행강제금의 부과통지를 받은 날부터 15일 이내의 납부기한을 정하여야 함 ⑩ 구제명령을 받은 자가 구제명령을 이행한 경우에는 이미 부과된 이행강제금은 징수 ⑪ 납부의무자가 납부기한까지 이행강제금을 내지 아니하는 경우는 기간을 정하여 독촉을 하고 지정된 기간에 내지 아니하면 국세 체납처분의 예에 따라 징수 ⑫ 재심판정이나 확정판결에 따라 구제명령이 취소되는 경우는 이행강제금의 부과·징수를 즉시 중지하고 이미 징수한 이행강제금은 반환

구제명령의 이행기한(근기법 시행령 제11조)

노동위원회법에 따른 노동위원회는 법 제30조 제1항에 따라 사용자에게 구제명령을 하는 때에는 이행기한을 정하여야 한다. 이 경우 이행기한은 법 제30조 제2항에 따라 사용자가 구제명령을 서면으로 통지받은 날부터 30일 이내로 한다.

이행강제금의 납부기한 및 의견제출 등(근기법 시행령 제12조)

① 노동위원회는 법 제33조 제1항에 따라 이행강제금을 부과하는 때에는 이행강제금의 부과통지를 받은 날부터 15일 이내의 납부기한을 정하여야 한다. 기출 21

② 노동위원회는 천재·사변, 그 밖의 부득이한 사유가 발생하여 제1항에 따른 납부기한 내에 이행강제금을 납부하기 어려운 경우에는 그 사유가 없어진 날부터 15일 이내의 기간을 납부기한으로 할 수 있다.

③ 법 제33조 제2항에 따라 이행강제금을 부과·징수한다는 뜻을 사용자에게 미리 문서로써 알려 줄 때에는 10일 이상의 기간을 정하여 구술 또는 서면(전자문서를 포함)으로 의견을 진술할 수 있는 기회를 주어야 한다. 이 경우 지정된 기일까지 의견진술이 없는 때에는 의견이 없는 것으로 본다.

④ 이행강제금의 징수절차는 고용노동부령으로 정한다.

이행강제금의 부과유예(근기법 시행령 제14조) 기출 21

노동위원회는 다음 각 호의 어느 하나에 해당하는 사유가 있는 경우에는 직권 또는 사용자의 신청에 따라 그 사유가 없어진 뒤에 이행강제금을 부과할 수 있다.

1. 구제명령을 이행하기 위하여 사용자가 객관적으로 노력하였으나 근로자의 소재불명 등으로 구제명령을 이행하기 어려운 것이 명백한 경우
2. 천재·사변, 그 밖의 부득이한 사유로 구제명령을 이행하기 어려운 경우

이행강제금의 반환(근기법 시행령 제15조)

① 노동위원회는 중앙노동위원회의 재심판정이나 법원의 확정판결에 따라 노동위원회의 구제명령이 취소되면 직권 또는 사용자의 신청에 따라 이행강제금의 부과·징수를 즉시 중지하고 이미 징수한 이행강제금을 반환하여야 한다. 기출 21

② 노동위원회가 제1항에 따라 이행강제금을 반환하는 때에는 이행강제금을 납부한 날부터 반환하는 날까지의 기간에 대하여 고용노동부령으로 정하는 이율을 곱한 금액을 가산하여 반환하여야 한다.

③ 제1항에 따른 이행강제금의 구체적 반환절차는 고용노동부령으로 정한다.

2. 재심절차

지방노동위원회의 구제명령이나 기각결정에 불복하는 경우에는 구제명령서나 기각결정서를 통지받은 날부터 10일 이내에 중앙노동위원회에 재심신청

Ⅱ 행정쟁송

① 재심판정에 대하여 불복하는 경우에는 재심판정서를 송달받은 날부터 15일 이내에 소 제기
② 해고에 정당한 이유가 있음에 대한 입증책임은 사용자의 주장·입증
③ 구제명령, 기각결정 또는 재심판정은 재심신청이나 행정소송 제기에 의하여 효력이 정지 ×

Ⅲ 법원에 의한 구제절차

① 사용자가 부당해고를 한 경우는 구제신청뿐만 아니라 민사소송 제기 가능
② 징계해고한 것이 정당하지 못하여 무효로 판단되는 경우 : 곧바로 해고가 불법행위를 구성하지 않음
③ 근로자를 몰아내려는 의도로 고의로 해고한 경우는 불법행위가 성립되어 정신적 고통에 대하여도 배상책임 ○
④ 부당한 해고처분이 무효이거나 취소된 때, 계속 근로하였다면 받을 수 있는 임금을 청구하는 경우 : 임금은 통상임금으로 국한 ×

제5절 근로관계 종료 후의 근로자 보호

Ⅰ 귀향여비의 지급

명시된 근로조건이 사실과 달라 즉시 근로계약을 해제한 경우에는 거주를 변경하는 근로자에게 귀향 여비를 지급하여야 함

Ⅱ 사용증명서의 교부

1. 청구권자와 청구기한

계속하여 30일 이상 근무한 근로자로 퇴직 후 3년 이내에 청구

2. 기재사항

근로자가 퇴직한 후 사용 기간, 업무 종류, 지위와 임금, 그 밖에 필요한 사항 중 근로자가 요구한 사항만을 적어야 함

Ⅲ 근로자명부

근로자명부의 작성	사용기간이 30일 미만인 일용근로자는 근로자명부 작성 불요
기재사항	① 성 명 ② 성(性)별 ③ 생년월일 ④ 주 소 ⑤ 이력(履歷) ⑥ 종사하는 업무의 종류 ⑦ 고용 또는 고용갱신 연월일, 계약기간을 정한 경우에는 그 기간, 그 밖의 고용에 관한 사항 ⑧ 해고, 퇴직 또는 사망한 경우에는 그 연월일과 사유 ⑨ 그 밖에 필요한 사항
변경사항	근로자명부에 적을 사항이 변경된 경우에는 지체 없이 정정하여야 함
보존기간	3년

Ⅳ 취업방해의 금지

근로자의 취업을 방해할 목적으로 비밀 기호 또는 명부의 작성·사용하거나 통신하여서는 아니 됨

V 근로자명부와 계약서류의 보존

<table>
<tr><td>보존기간</td><td colspan="2">근로자 명부와 근로계약에 관한 중요한 서류의 보존기간은 3년(예 퇴직에 관한 서류)</td></tr>
<tr><td rowspan="2">근로계약에 관한 중요한 서류 여부</td><td>중요한 서류</td><td>① 근로계약서
② 임금대장
③ 임금의 결정 · 지급방법과 임금 계산의 기초에 관한 서류
④ 고용 · 해고 · 퇴직에 관한 서류
⑤ 승급 · 감급에 관한 서류
⑥ 휴가에 관한 서류
⑦ 각종의 서면합의서류
⑧ 연소자의 증명에 관한 서류</td></tr>
<tr><td>중요한 서류 ×</td><td>퇴직금 중간정산에 관한 증명서류</td></tr>
</table>

CHAPTER

10 형벌 및 과태료

I 반의사불벌죄

반의사불벌죄인 경우	근거 조문(근로기준법)
금품 청산 규정을 위반한 경우	제109조 제2항, 제36조
임금 전액을 지급하지 않는 등 임금에 관련된 죄를 범한 경우	제109조 제2항, 제43조
도급 사업에 대한 임금 지급, 건설업에서의 임금 지급 연대책임 규정을 위반한 경우	제109조 제2항, 제44조, 제44조의2
사용자의 귀책사유로 휴업하면서 휴업수당을 지급하지 않는 경우	제109조 제2항, 제46조
근로한 기간이 단위기간보다 짧은 경우의 임금 정산규정을 위반한 경우	제109조 제2항, 제51조의3
1개월을 초과하는 정산기간을 정하는 선택적 근로시간제에서 매 1개월마다 평균하여 1주간의 근로시간이 40시간을 초과한 시간에 대해서는 통상임금의 100분의 50 이상을 가산하여 근로자에게 지급하여야 한다는 규정을 위반한 경우	제109조 제2항, 제52조 제2항 제2호
연장・야간・휴일근로에 대한 가산수당을 지급하지 않는 경우	제109조 제2항, 제56조

Ⅱ 과태료(주요한 부과사유)

1천만원 이하의 과태료	직장 내 괴롭힘을 한 자(사용자의 민법상 친족 중 대통령령으로 정하는 사람이 해당 사업 또는 사업장의 근로자인 경우를 포함)(근기법 제116조 제1항, 제76조의2)
500만원 이하의 과태료	① 사용자가 근로기준법의 시행에 관하여 근로감독관의 요구가 있는 경우에 필요한 사항에 대하여 거짓된 보고를 한 자(근기법 제116조 제2항 제1호, 제13조). ② 사용자가 취업규칙을 근로자가 자유롭게 열람할 수 있는 장소에 항상 게시하거나 갖추어 두지 않음으로써 근로자에게 널리 알리지 않은 자(근기법 제116조 제2항 제2호, 제14조 제1항).

Ⅲ 형 벌

5년 이하의 징역 또는 5천만원 이하의 벌금	① 강제 근로의 금지규정에 위반한 자(근기법 제107조, 제7조) ② 폭행의 금지규정에 위반한 자(근기법 제107조, 제8조) ③ 법률에 따르지 아니하고 중간인으로서 이익을 취득한 자(근기법 제107조, 제9조) ④ 해고시기의 제한규정에 위반한 자(근기법 제107조, 제23조 제2항) ⑤ 취업 방해의 금지규정에 위반한 자(근기법 제107조, 제40조)
3년 이하의 징역 또는 5년 이하의 자격정지	근기법을 위반한 사실을 고의로 묵과한 근로감독관(근기법 제108조)
3년 이하의 징역 또는 3천만원 이하의 벌금	① 퇴직한 근로자에게 퇴직한 때부터 14일 이내에 임금을 지급하지 아니한 자(근기법 제109조 제1항, 제36조) ② 임금 전액을 지급하지 않는 등 임금에 관련된 죄를 범한 자(근기법 제109조 제1항, 제43조) ③ 도급 사업에 대한 임금 지급, 건설업에서의 임금 지급 연대책임 규정을 위반한 자(근기법 제109조 제1항, 제44조, 제44조의2) ④ 사용자의 귀책사유로 휴업하면서 휴업수당을 지급하지 않은 자(근기법 제109조 제1항, 제46조) ⑤ 근로한 기간이 단위기간보다 짧은 경우의 임금 정산규정을 위반한 자(근기법 제109조 제1항, 제51조의3) ⑥ 1개월을 초과하는 정산기간을 정하는 선택적 근로시간제에서 매 1개월마다 평균하여 1주간의 근로시간이 40시간을 초과한 시간에 대해서는 통상임금의 100분의 50 이상을 가산하여 근로자에게 지급하여야 한다는 규정을 위반한 자(근기법 제109조 제1항, 제52조 제2항 제2호) ⑦ 연장·야간·휴일근로에 대한 가산수당을 지급하지 않은 자(근기법 제109조 제1항, 제56조) ⑧ 유해·위험사업에의 사용금지규정을 위반한 자(근기법 제109조 제1항, 제65조) ⑨ 여성과 18세 미만인 사람에 대한 갱내근로금지규정에 위반한 자(근기법 제109조 제1항, 제72조) ⑩ 직장 내 괴롭힘 발생 사실을 신고한 근로자 및 피해근로자등에게 해고나 그 밖의 불리한 처우를 한 자(근기법 제109조 제1항, 제76조의3 제6항)
2년 이하의 징역 또는 2천만원 이하의 벌금 (주요한 구성요건)	① 근로자가 근로시간 중에 공(公)의 직무를 집행하기 위하여 필요한 시간을 청구하였으나 이를 거부한 자(근기법 제110조 제1호, 제10조) ② 근로자를 해고할 때 적어도 해고하려는 날의 30일 전에 예고를 하지 않은 자(근기법 제110조 제1호, 제26조)
1년 이하의 징역 또는 1천만원 이하의 벌금	확정되거나 행정소송을 제기하여 확정된 구제명령 또는 구제명령을 내용으로 하는 재심판정을 이행하지 아니한 자(근기법 제111조)
1천만원 이하의 벌금	임금의 비상시 지급규정에 위반한 자(근기법 제113조, 제45조)
500만원 이하의 벌금 (주요한 구성요건)	① 근로자의 국적을 이유로 근로조건에 대한 차별적 처우를 한 자(근기법 제114조 제1호, 제6조). ② 근로계약을 체결할 때에 임금의 구성항목·계산방법·지급방법이 명시된 서면을 근로자에게 교부하지 않은 자(근기법 제114조 제1호, 제17조 제2항) ③ 동의 없이 취업규칙을 불리하게 변경한 자(근기법 제114조 제1호, 제94조 제1항)

CHAPTER

11 기타 법령

제1절 파견근로자 보호 등에 관한 법률

Ⅰ 근로자파견과 근로관계

근로자파견의 개념	파견사업주와 사용사업주 간에 근로자파견을 약정하는 계약
근로자파견사업의 허가	① 근로자파견사업을 하려는 자 : 고용노동부장관의 허가 필요 ② 금고 이상의 형(집행유예는 제외)을 선고받고 그 집행이 끝나거나 집행을 받지 아니하기로 확정된 후 2년이 지나지 아니한 사람은 근로자파견사업의 허가 × ③ 파견사업허가의 유효기간 : 3년 ④ 근로자파견사업 갱신허가의 유효기간은 갱신 전의 허가의 유효기간이 끝나는 날의 다음 날부터 기산하여 3년

Ⅱ 대상업무와 파견기간

1. 대상업무

허용업무	① 개인보호 및 관련 종사자의 업무 ② 출산으로 결원이 생긴 제조업의 직접생산공정업무 ③ 수위 및 경비원의 업무 ④ 행정, 경영 및 재정 전문가의 업무 ⑤ 건물 청소 종사자의 업무 ⑥ 음식 조리 종사자의 업무
절대금지업무	① 건설공사현장에서 이루어지는 업무(일시적・간헐적으로 인력을 확보하여야 할 필요가 있는 경우에도 마찬가지) ② 항만운송사업법, 한국철도공사법, 농수산물 유통 및 가격안정에 관한 법률, 물류정책기본법상의 하역(荷役)업무로서 근로자공급사업 허가를 받은 지역의 업무 ③ 선원법상의 선원의 업무 ④ 산업안전보건법에 따른 유해하거나 위험한 업무 ⑤ 그 밖에 근로자 보호 등의 이유로 근로자파견사업의 대상으로는 적절하지 못하다고 인정하여 대통령령으로 정하는 다음의 업무 ㉠ 진폐의 예방과 진폐근로자의 보호 등에 관한 법률에 따른 분진작업을 하는 업무 ㉡ 산업안전보건법에 따른 건강관리카드의 발급대상 업무 ㉢ 의료법에 따른 의료인의 업무 및 간호조무사의 업무 ㉣ 의료기사 등에 관한 법률에 따른 의료기사의 업무 ㉤ 여객자동차 운수사업법에 따른 여객자동차운송사업에서의 운전업무 ㉥ 화물자동차 운수사업법에 따른 화물자동차 운송사업에서의 운전업무

2. 파견기간

상시허용업무	고령자(55세 이상인 사람)인 파견근로자에 대하여는 2년을 초과하여 파견기간 연장 가능
일시허용업무	① 출산・질병・부상 등 그 사유가 객관적으로 명백한 경우 : 해당 사유가 없어지는 데 필요한 기간만큼 허용 ② 일시적・간헐적으로 인력을 확보할 필요가 있는 경우 : 3개월 이내의 기간. 다만, 해당 사유가 없어지지 아니하고 파견사업주, 사용사업주, 파견근로자 간의 합의가 있는 경우에는 3개월의 범위에서 한 차례만 기간 연장 허용

Ⅲ 고용의무

1. 직접고용의무

(1) 직접고용의무의 인정 여부

직접고용의무 인정	① 고용노동부장관의 허가를 받지 않고 근로자파견사업을 하는 자로부터 근로자파견의 역무를 제공받은 경우 ② 건설공사현장에서 이루어지는 업무에서 부상으로 결원이 생겨 파견근로자를 사용한 경우 ③ 건설공사현장에서 이루어지는 업무에서 연차유급휴가로 결원이 생겨 파견근로자를 사용한 경우 ④ 출산・질병・부상 등으로 결원이 생긴 경우 또는 일시적・간헐적으로 인력을 확보하여야 할 필요가 있는 경우가 아님에도 제조업의 직접생산공정업무에 파견근로자를 사용하는 경우 ⑤ 일시적・간헐적으로 인력을 확보하여야 할 필요에 따라 3월 이내의 기간에 여객자동차 운수사업법에 따른 여객자동차 운송사업의 운전업무에 파견근로자를 사용하는 경우 ⑥ 건설공사현장에서 이루어지는 업무에 파견근로자를 사용하는 경우 ⑦ 파견근로자가 파견기간의 제한을 위반하여 업무를 계속 수행한 기간 중 파견사업주가 변경된 경우
직접고용의무 인정 ×	① 제조업의 직접생산공정업무에서 일시적・간헐적으로 사용기간 내에 파견근로자를 사용한 경우 ② 출산・질병・부상으로 결원이 발생함에 따라 그 사유의 해소에 필요한 기간에 제조업의 직접생산공정업무에 파견근로자를 사용하는 경우

(2) 직접고용의무의 인정 여부에 대한 기타의 지문

① 절대적 파견금지 대상업무에 파견근로자를 사용하는 경우는 파견근로자에 대한 직접고용의무 인정

② 파견근로자에 대하여 직접고용의무를 부담하는 경우는 해당 파견근로자가 명시적으로 반대의사를 표시하거나 정당한 이유가 있는 경우에는 적용 ×

③ 고용의 의사표시를 갈음하는 판결을 구하는 이행소송의 판결이 확정된 경우에는 사용사업주와 파견근로자 사이에 직접고용관계가 성립

2. 우선적 고용노력

파견근로자를 사용하고 있는 업무에 근로자를 직접 고용하고자 하는 경우에는 당해 파견근로자를 우선적으로 고용하도록 노력하여야 함

Ⅳ 사업의 폐지

근로자파견사업을 폐지하는 신고가 있을 경우 : 근로자파견사업의 허가는 신고일부터 그 효력 상실

Ⅴ 파견사업주 및 사용사업주와 파견근로자의 관계

1. 파견사업주 및 사용사업주와 파견근로자의 관계

구분	내용
파견사업주와 사용사업주의 관계	① 근로자파견을 할 경우 파견근로자의 성명・성별・연령・학력・자격 그 밖에 직업능력을 사용사업주에게 통지 ② 파견고용관계가 끝난 후 사용사업주가 파견근로자를 고용하는 것을 정당한 이유 없이 금지하는 근로자파견계약 체결 × ③ 사용사업주가 파견근로에 관하여 산안법에 위반하는 경우 : 파견사업주는 근로자파견 정지 가능 ④ 파견사업주가 근로자파견사업의 허가취소 또는 영업정지 처분을 받은 경우 : 파견기간이 끝날 때까지 파견사업주로서의 의무와 권리가 있음
파견사업주와 파견근로자의 관계	① 파견근로자로 고용하지 아니한 근로자를 근로자파견의 대상으로 하려는 경우에는 미리 해당 근로자에게 그 취지를 서면으로 알리고 동의를 받아야 함 ② 쟁의행위 중인 사업장에 쟁의행위로 중단된 업무의 수행을 위하여 근로자파견 × ③ 벌칙 : 쟁의행위 중인 사업장에 그 쟁의행위로 중단된 업무의 수행을 위하여 근로자를 파견한 파견사업주는 1년 이하의 징역 또는 1천만원 이하의 벌금
사용사업주와 파견근로자의 관계	① 파견근로자의 적절한 파견근로를 위하여 사용사업관리책임자 선임 ② 파견근로자의 종교를 이유로 근로자파견계약 해지 × ③ 파견근로자에 대한 안전배려의무는 사용사업주가 부담한다는 점에 묵시적인 의사의 합치가 있음

2. 파견근로자와의 관계에 대한 기타의 지문

자기의 명의로 타인에게 근로자파견사업 허락 금지

Ⅵ 파견근로자의 근로관계

1. 파견근로자의 개별적 근로관계

(1) 근기법상 사용자로 간주

1) 파견사업주를 사용자로 간주하여 적용하는 근기법 규정

근기법 제15조(이 법을 위반한 근로계약), 제16조(계약기간), 제17조(근로조건의 명시), 제18조(단시간근로자의 근로조건), 제19조(근로조건의 위반), 제20조(위약 예정의 금지), 제21조(전차금 상계의 금지), 제22조(강제 저금의 금지), 제23조(해고 등의 제한), 제24조(경영상 이유에 의한 해고의 제한), 제25조(우선 재고용 등), 제26조(해고의 예고), 제27조(해고사유 등의 서면통지), 제28조(부당해고등의 구제신청), 제29조(조사 등), 제30조(구제명령 등), 제31조(구제명령 등의 확정), 제32조(구제명령 등의 효력), 제33조(이행강제금), 제34조(퇴직급여 제도), 제36조(금품 청산), 제39조(사용증명서), 제41조(근로자의 명부), 제42조(계약 서류의 보존), 제43조(임금 지급), 제43조의2(체불사업주 명단 공개), 제43조의3(임금등 체불자료의 제공), 제44조(도급

사업에 대한 임금 지급), 제44조의2(건설업에서의 임금 지급 연대책임), 제44조의3(건설업의 공사도급에 있어서의 임금에 관한 특례), 제45조(비상시 지급), 제46조(휴업수당), 제47조(도급 근로자), 제48조(임금대장 및 임금명세서), 제56조(연장·야간 및 휴일 근로), 제60조(연차 유급휴가), 제64조(최저 연령과 취직인허증), 제66조(연소자 증명서), 제67조(근로계약), 제68조(임금의 청구), 근로기준법 제8장의 재해보상에 관한 규정

2) 사용사업주를 사용자로 간주하여 적용하는 근기법 규정

근기법 제50조(근로시간), 제51조, 제51조의2(탄력적 근로시간제), 제52조(선택적 근로시간제), 제53조(연장근로의 제한), 제54조(휴게), 제55조(휴일), 제58조(근로시간 계산의 특례), 제59조(근로시간 및 휴게시간의 특례), 제62조(유급휴가의 대체), 제63조(적용의 제외), 제69조(근로시간), 제70조(야간근로와 휴일근로의 제한), 제71조(시간외근로), 제72조(갱내근로의 금지), 제73조(생리휴가), 제74조(임산부의 보호), 제74조의2(태아검진 시간의 허용 등), 제75조(육아시간)

(2) 산안법상 사용자로 간주

① 정기적으로 실시하는 건강진단 중 고용노동부령으로 정하는 건강진단에 대해서는 파견사업주를 사업주로 간주

② 정기적인 안전·보건에 관한 교육의무규정 : 사용사업주를 사업주로 간주

(3) 임금지급의 연대책임

파견사업주가 사용사업주의 귀책사유로 인하여 임금을 지급하지 못한 경우에는 사용사업주는 당해 파견사업주와 연대하여 책임

(4) 유급휴일 또는 유급휴가의 부여

사용사업주가 파견근로자에게 유급휴일 또는 유급휴가를 주는 경우 : 유급으로 지급되는 임금은 파견사업주가 지급

2. 파견근로자의 집단적 노사관계

파견근로자의 정당한 노동조합의 활동을 이유로 근로자파견계약 해지 ×

Ⅶ 차별적 처우의 금지 및 시정

① 파견근로자가 차별적 처우를 받은 경우 : 차별적 처우가 있은 날부터 6개월 이내에 노동위원회에 시정 신청

② 고용노동부장관의 시정 요구

- ▸ 파견사업주와 사용사업주가 차별적 처우를 한 경우
- ▸ 파견사업주의 사업장에서 시정명령의 효력이 미치는 근로자 이외의 파견근로자에 대하여 차별적 처우가 있는 경우
- ▸ 시정요구에 따르지 아니한 경우 : 노동위원회에 통보하여야 하고, 해당 파견사업주 또는 사용사업주 및 근로자에게 그 사실 통지

③ 상시 4명 이하의 근로자를 사용하는 사업장 : 차별적 처우의 금지 및 시정에 관한 규정 적용 ×

제2절 기간제 및 단시간근로자보호 등에 관한 법률

Ⅰ 서 설

목 적	기간제근로자 및 단시간근로자에 대한 불합리한 차별을 시정하고 기간제근로자 및 단시간근로자의 근로조건 보호를 강화함으로써 노동시장의 건전한 발전에 이바지함
정 의	차별적 처우 : 복리후생에 관한 사항에 대하여 합리적인 이유 없이 불리하게 처우하는 경우를 말함
적용범위	• 국가 및 지방자치단체의 기관(상시 사용하는 근로자의 수와 관계없이) : 기단법 적용 ○ • 동거의 친족만을 사용하는 사업 또는 사업장 : 기단법 적용 ×

Ⅱ 기간제근로자

1. 기간제근로자의 사용

(1) 사용기간의 제한

① 기간제 근로계약의 반복갱신 등의 경우 : 계속근로한 총기간이 2년을 초과하지 아니하는 범위 안에서 사용할 수 있으나 반복갱신의 횟수는 제한 ×

② 부당한 갱신거절로 근로를 제공하지 못한 기간 : 정당한 기대권이 존속하는 범위에서는 2년의 사용제한기간에 포함 ○

(2) 예외사유 – 2년을 초과하여 기간제근로자로 사용 가능한 경우

① 사업의 완료 또는 특정한 업무의 완성에 필요한 기간을 정한 경우

② 휴직・파견 등으로 결원이 발생하여 해당 근로자가 복귀할 때까지 그 업무를 대신할 필요가 있는 경우

③ 근로자가 학업, 직업훈련 등을 이수함에 따라 그 이수에 필요한 기간을 정한 경우

④ 55세 이상인 고령자와 근로계약을 체결하는 경우

㉠ 전문적 지식・기술의 활용이 필요한 경우로서 대통령령으로 정하는 다음의 경우

- 박사 학위(외국에서 수여받은 박사 학위를 포함)를 소지하고 해당 분야에 종사하는 경우
- 기술사 등급의 국가기술자격을 소지하고 해당 분야에 종사하는 경우
- 기단법 시행령 [별표 2]에서 정한 전문자격을 소지하고 해당 분야에 종사하는 경우

㉡ 정부의 복지정책・실업대책 등에 따라 일자리를 제공하는 경우로서 대통령령으로 정하는 다음의 경우

- 고용정책 기본법, 고용보험법 등 다른 법령에 따라 국민의 직업능력 개발, 취업 촉진 및 사회적으로 필요한 서비스 제공 등을 위하여 일자리를 제공하는 경우
- 제대군인의 고용증진 및 생활안정을 위하여 일자리를 제공하는 경우
- 국가보훈대상자에 대한 복지증진 및 생활안정을 위하여 보훈도우미 등 복지지원 인력을 운영하는 경우

⑤ 전문적 지식・기술의 활용이 필요한 경우와 정부의 복지정책・실업대책 등에 따라 일자리를 제공하는 경우로서 대통령령으로 정하는 다음의 경우

⑥ 그 밖에 합리적인 사유가 있는 경우로서 대통령령으로 정하는 다음의 경우

㉠ 다른 법령에서 기간제근로자의 사용 기간을 달리 정하거나 별도의 기간을 정하여 근로계약을 체결할 수 있도록 한 경우

㉡ 국방부장관이 인정하는 군사적 전문적 지식·기술을 가지고 관련 직업에 종사하거나 대학에서 안보 및 군사학 과목을 강의하는 경우

㉢ 특수한 경력을 갖추고 국가안전보장, 국방·외교 또는 통일과 관련된 업무에 종사하는 경우

㉣ 고등교육법에 따른 학교(대학원대학을 포함)에서 강사 등의 업무에 종사하는 경우

㉤ 통계법에 따라 고시한 한국표준직업분류의 대분류 1과 대분류 2 직업에 종사하는 자의 소득세법에 따른 근로소득(최근 2년간의 연평균근로소득)이 고용노동부장관이 최근 조사한 고용형태별근로실태조사의 한국표준직업분류 대분류 2 직업에 종사하는 자의 근로소득 상위 100분의 25에 해당하는 경우

㉥ 4주 동안을 평균하여 1주 동안의 소정근로시간이 15시간 미만인 근로자인 경우

㉦ 국민체육진흥법에 따른 선수와 체육지도자 업무에 종사하는 경우

㉧ 국공립연구기관 등의 연구기관에서 연구업무에 직접 종사하는 경우 또는 실험·조사 등을 수행하는 등 연구업무에 직접 관여하여 지원하는 업무에 종사하는 경우

2. 우선적 고용노력

기간의 정함이 없는 근로계약을 체결하려는 경우에는 해당 사업 또는 사업장의 동종 또는 유사한 업무에 종사하는 기간제근로자를 우선적으로 고용하도록 노력하여야 함

Ⅲ 기간제근로자 보호에 관한 판례법리

기간을 정한 근로계약관계에서 갱신기대권이 인정되는 경우 사용자가 이를 위반하여 부당하게 근로계약의 갱신을 거절하는 것은 부당해고와 마찬가지로 아무런 효력이 없고, 이 경우 기간 만료 후의 근로관계는 종전의 근로계약이 갱신된 것과 동일함

Ⅳ 단시간근로자

단시간근로자의 초과근로	• 해당 근로자의 동의를 얻어야 하나, 1주간에 12시간 초과 × • 통상임금의 100분의 50 이상을 가산 지급
통상근로자로의 전환노력 등	• 통상근로자를 채용하고자 하는 경우에는 해당 사업 또는 사업장의 동종 또는 유사한 업무에 종사하는 단시간근로자를 우선적으로 고용하도록 노력하여야 함 • 가사, 학업 그 밖의 이유로 근로자가 단시간근로를 신청하는 경우에는 해당 근로자를 단시간근로자로 전환하도록 노력하여야 함

V 차별적 처우의 금지 및 시정

1. 차별적 처우의 금지 및 시정신청

차별적 처우의 금지	① 기간제근로자임을 이유로 당해 사업 또는 사업장에서 동종 또는 유사한 업무에 종사하는 기간의 정함이 없는 근로계약을 체결한 근로자에 비하여 차별적 처우 금지 ② 단시간근로자임을 이유로 해당 사업 또는 사업장의 동종 또는 유사한 업무에 종사하는 통상근로자에 비하여 차별적 처우 금지
차별적 처우의 시정신청	① 기간제근로자 또는 단시간근로자가 차별적 처우를 받는 경우 : 차별적 처우가 있은 날(계속되는 차별은 그 종료일)부터 6개월 이내에 노동위원회에 시정을 신청 ② 차별적 처우와 관련한 분쟁의 입증책임 : 사용자 부담 ③ 노동위원회에 차별적 처우에 대한 시정신청을 하는 경우에는 차별적 처우의 내용을 구체적으로 명시하여야 함

2. 조정 · 중재 및 시정명령 등

조정 · 중재	관계당사자 쌍방 또는 일방의 신청 또는 직권에 의하여 조정절차 개시 가능
시정명령 등	① 기간제근로자에 대하여 차별적 처우가 있었는지 여부 : 비교 대상 근로자로 선정된 근로자가 실제 수행하여 온 업무를 기준으로 판단 ② 차별적 처우의 시정신청 당시에 혹은 시정절차 진행 중에 근로계약기간이 만료된 경우 : 시정이익이 소멸되지 않음 ③ 합리적인 이유 없이 경영성과에 따른 성과금에 있어서 불리하게 처우하는 경우 : 차별적 처우에 해당 ④ 기간제근로자의 계속되는 근로 제공에 대하여 차별적인 규정 등을 적용하여 차별적으로 임금을 지급하여 온 경우 : 계속되는 차별적 처우에 해당 ⑤ 사용자가 기간제 · 단시간근로자임을 이유로 차별적 처우를 한 경우 : 고용노동부장관이 해당 사용자에게 시정을 요구

3. 조정 · 중재 또는 시정명령의 내용

시정명령의 내용에는 취업규칙, 단체협약 등의 제도개선 명령이 포함될 수 있음

4. 시정명령이행상황의 제출 요구 등

① 고용노동부장관은 확정된 시정명령에 대하여 사용자에게 이행상황을 제출할 것을 요구할 수 있음

② 사용자가 확정된 시정명령을 이행하지 아니하는 경우에는 고용노동부장관에게 신고할 수 있음

5. 기 타

차별적 처우의 시정에 대한 고용노동부장관의 권한	확정된 시정명령을 이행할 의무가 있는 사용자의 사업장에서 해당 시정명령의 효력이 미치는 근로자 이외의 기간제근로자에 대하여 차별적 처우가 있는지를 조사하여 차별적 처우가 있는 경우에는 그 시정을 요구하는 것
차별적 처우의 시정에 대한 노동위원회의 권한	사용자의 차별적 처우에 명백한 고의가 인정되거나 차별적 처우가 반복되는 경우에는 손해액을 기준으로 3배를 넘지 않는 범위에서 배상명령을 내리는 것

Ⅵ 보 칙

단시간근로자 근로조건의 서면명시	단시간근로자와 근로계약을 체결할 경우에는 근로일별 근로시간을 서면으로 명시하여야 함
감독기관에 대한 통지	사업장에서 기단법을 위반한 사실이 있는 경우 근로자는 고용노동부장관 또는 근로감독관에게 통지할 수 있음

Ⅶ 벌 칙

1억원 이하의 과태료	확정된 시정명령을 정당한 이유 없이 이행하지 아니한 자
500만원 이하의 과태료	① 정당한 이유 없이 확정된 시정명령에 대한 고용노동부장관의 이행상황 제출요구에 따르지 아니한 자 ② 기간제근로자와 근로계약을 체결할 때 근로조건을 서면으로 명시하지 아니한 자

제3절 산업안전보건법

Ⅰ 정 의

산업재해	노무를 제공하는 사람이 업무에 관계되는 건설물 · 설비 · 원재료 · 가스 · 증기 · 분진 등에 의하거나 작업 또는 그 밖의 업무로 인하여 사망 또는 부상하거나 질병에 걸리는 것
중대재해	① 사망자가 1명 이상 발생한 재해 ② 3개월 이상의 요양이 필요한 부상자가 동시에 2명 이상 발생한 재해 ③ 부상자 또는 직업성 질병자가 동시에 10명 이상 발생한 경우의 재해
사업주	근로자를 사용하여 사업을 하는 자
안전보건진단	산업재해를 예방하기 위하여 잠재적 위험성을 발견하고 그 개선대책을 수립할 목적으로 조사 · 평가하는 것
작업환경측정	작업환경 실태를 파악하기 위하여 해당 근로자 또는 작업장에 대하여 사업주가 유해인자에 대한 측정계획을 수립한 후 시료를 채취하고 분석 · 평가하는 것
관계수급인	도급이 여러 단계에 걸쳐 체결된 경우에 각 단계별로 도급받은 사업주 전부

Ⅱ 정부 및 지방자치단체의 책무와 사업주 · 근로자의 의무

1. 산업재해 예방 기본계획의 수립 · 공표

기본계획의 수립 · 공표의 절차	고용노동부장관이 기본계획을 수립 → 산업재해보상보험 및 예방심의위원회의 심의 → 공표
산업재해발생건수 등의 공표	고용노동부장관은 산업재해를 예방하기 위하여 대통령령으로 정하는 사업장의 근로자 산업재해 발생건수, 재해율 또는 그 순위 등을 공표하여야 함

2. 산업재해 발생건수 등의 공표대상 사업장

① 산업재해발생 사실을 은폐한 사업장

② 산업재해의 발생에 관한 보고를 최근 3년 이내 2회 이상 하지 않은 사업장

③ 산업재해로 인한 사망자가 연간 2명 이상 발생한 사업장

④ 사망만인율(사망재해자 수를 연간 상시근로자 1만명 당 발생하는 사망재해자 수로 환산한 것)이 규모별 같은 업종의 평균 사망만인율 이상인 사업장

Ⅲ 안전 · 보건관리체계

1. 안전 · 보건관리체계

안전보건관리책임자	사업주는 안전보건관리책임자에게 근로자의 건강진단 등 건강관리에 관한 사항의 업무를 총괄하여 관리하도록 하여야 함
안전관리자	건설업을 제외한 상시근로자 300명 미만을 사용하는 사업장의 사업주는 안전관리전문기관에 안전관리자의 업무를 위탁하여 운영할 수 있음
보건관리자	① 산업안전보건위원회 또는 노사협의체에서 심의 · 의결한 업무와 안전보건관리규정 및 취업규칙에서 정한 업무의 수행 ② 사업장 순회점검, 지도 및 조치 건의업무의 수행 ③ 산업재해 발생의 원인 조사 · 분석 및 재발 방지를 위한 기술적 보좌 및 지도 · 조언업무의 수행
산업보건의	사업장에 산업보건의를 두어야 하나, 의사를 보건관리자로 둔 경우에는 산업보건의의 선임이 불요함

2. 산업안전보건위원회

구성 · 운영	근로자위원과 사용자위원이 같은 수로 구성
심의 · 의결사항	① 사업장의 산업재해 예방계획의 수립에 관한 사항 ② 안전보건관리규정의 작성 및 변경에 관한 사항 ③ 안전보건교육에 관한 사항 ④ 작업환경측정 등 작업환경의 점검 및 개선에 관한 사항 ⑤ 근로자의 건강진단 등 건강관리에 관한 사항 ⑥ 산업재해에 관한 통계의 기록 및 유지에 관한 사항 ⑦ 산업재해의 원인 조사 및 재발 방지대책 수립에 관한 사항 중 중대재해에 관한 사항 ⑧ 유해하거나 위험한 기계 · 기구 · 설비를 도입한 경우 안전 및 보건 관련 조치에 관한 사항 ⑨ 그 밖에 해당 사업장 근로자의 안전 및 보건을 유지 · 증진시키기 위하여 필요한 사항
심의 · 의결사항 규정의 위반	① 취업규칙에 반하는 내용으로 심의 · 의결 × ② 사업주와 근로자는 심의 · 의결한 사항을 성실하게 이행하여야 하고, 위반한 자는 500만원 이하의 과태료 부과

3. 안전보건관리규정의 작성 및 변경

① 사업주는 사업장의 안전 · 보건을 유지하기 위하여 안전보건관리규정 작성하여야 함

② 사업주가 안전보건관리규정을 작성하거나 변경할 경우 : 산업안전보건위원회의 심의 · 의결을 거쳐야 함

③ 산업안전보건위원회가 설치되어 있지 아니한 사업장의 사업주가 작성하거나 변경할 경우 : 근로자대표의 동의 필요

④ 해당 사업장에 적용되는 단체협약 및 취업규칙 위반 ×

Ⅳ 유해・위험방지조치

1. 사업주의 의무

(1) 법령요지의 게시

산안법과 산안법에 따른 명령의 요지 및 안전보건관리규정을 각 사업장의 근로자가 쉽게 볼 수 있는 장소에 게시하거나 널리 알려야 함

(2) 위험성평가의 실시

(3) 안전보건표지의 설치・부착

(4) 안전조치

사업주는 전기, 열, 그 밖의 에너지에 의한 위험으로 인한 산업재해를 예방하기 위하여 필요한 조치를 하여야 함

(5) 고객의 폭언 등으로 인한 건강장해예방조치

(6) 유해위험방지계획서의 작성・제출

(7) 공정안전보고서의 작성・제출

2. 급박한 산업재해 발생의 위험 시 작업중지

구분	내용
사업주의 작업중지권	사업주는 산업재해가 발생할 급박한 위험이 있을 경우에는 즉시 작업을 중지시키고 안전 및 보건에 관하여 필요한 조치를 하여야 함
근로자의 작업중지권	① 산업재해가 발생할 급박한 위험이 있는 경우 근로자는 작업을 중지하고 대피 가능 ② 근로자가 산업재해가 발생할 급박한 위험으로 인하여 작업을 중지하고 대피하였을 경우에는 지체 없이 그 사실을 관리감독자 또는 그 밖에 부서의 장에게 보고 ③ 산업재해가 발생할 급박한 위험이 있다고 근로자가 믿을 만한 합리적인 이유가 있어 작업을 중지하고 대피한 경우에는 해고나 그 밖의 불리한 처우 해당 ×

3. 중대재해 발생 시 조치

구분	내용
사업주의 조치	사업주는 중대재해가 발생하였을 경우에는 즉시 해당 작업을 중지시키고 안전 및 보건에 관하여 필요한 조치를 하여야 함
고용노동부장관의 작업중지조치 등	사업주가 작업중지의 해제를 요청한 경우 : 고용노동부장관은 심의위원회의 심의를 거쳐 작업중지를 해제

4. 중대재해 원인조사 등(고용노동부장관의 권한)

① 고용노동부장관은 중대재해가 발생하였을 때에는 원인 규명 또는 산업재해 예방대책 수립을 위하여 발생원인을 조사

② 고용노동부장관은 중대재해가 발생한 사업장의 사업주에게 안전보건개선계획의 수립・시행, 그 밖에 필요한 조치 명령

Ⅴ 도급 시 산업재해 예방

적격수급인의 선정의무	사업주는 산업재해 예방을 위한 조치를 할 수 있는 능력을 갖춘 사업주에게 도급하여야 함
도급인의 안전조치 및 보건조치	① 도급인은 산업재해를 예방하기 위하여 안전 및 보건 시설의 설치 등 필요한 안전조치 및 보건조치를 하여야 하나, 보호구 착용의 지시 등 관계수급인 근로자의 작업행동에 관한 직접적인 조치는 제외 ② 도급인과 수급인을 구성원으로 하는 안전 및 보건에 관한 협의체를 구성하여 운영하여야 함 ③ 도급인이 붕괴의 위험이 있는 작업으로서 대통령령으로 정하는 작업을 도급하는 경우 : 해당 작업 시작 전에 수급인에게 안전 및 보건에 관한 정보를 문서로 제공하여야 함
건설업 등의 산업재해 예방	① 건설공사발주자 또는 건설공사도급인은 설계도서 등에 따라 산정된 공사기간을 단축 × ② 고용노동부장관은 산업안전보건관리비의 효율적인 사용을 위하여 건설공사의 진척 정도에 따른 사용비율 등 기준을 정할 수 있음 ③ 건설공사발주자의 책임이 있는 사유로 건설공사가 지연되어 도급인이 공사기간의 연장을 요청하는 경우에는 건설공사발주자는 특별한 사유가 없으면 공사기간을 연장하여야 함 ④ 건설공사발주자가 2개 이상의 건설공사를 도급하여 그 공사가 같은 장소에서 행해지는 경우 : 건설공사 현장에 안전보건조정자 선임 필요 ⑤ 건설공사도급인이 근로자위원과 사용자위원이 같은 수로 구성되는 노사협의체를 구성하는 경우 : 정기회의는 2개월마다 위원장이 소집하며, 임시회의는 위원장이 필요하다고 인정할 때에 소집

Ⅵ 근로자의 보건관리

유해 · 위험작업에 대한 근로시간의 제한	유해하거나 위험한 작업으로서 잠함 또는 잠수작업 등 높은 기압에서 하는 작업에 종사하는 근로자는 1일 6시간, 1주 34시간을 초과하여 근로할 수 없음
자격등에 의한 취업제한	사업주는 유해하거나 위험한 작업으로서 상당한 지식이나 숙련도가 요구되는 작업의 경우 필요한 자격 등을 가진 근로자가 아닌 사람에게 작업하게 해서는 아니 됨
역학조사	역학조사에 대해 근로자대표가 참석을 요구하는 경우 : 고용노동부장관은 역학조사에 참석하게 할 수 있음

Ⅶ 벌칙 - 1년 이하의 징역 또는 1천만원 이하의 벌금

다른 사람에게 자기의 성명이나 사무소의 명칭을 사용하여 지도사의 직무를 수행하게 하거나 자격증 · 등록증을 대여한 자(산안법 제170조 제7호, 제153조 제1항)

제4절 직업안정법

I 서 설

1. 균등처우

누구든지 성별, 연령, 종교, 신체적 조건, 사회적 신분 또는 혼인 여부 등을 이유로 직업소개 또는 직업지도를 받거나 고용관계를 결정할 때 차별대우를 받지 아니함

2. 정 의

직업안정기관	직업소개, 직업지도 등 직업안정업무를 수행하는 지방고용노동행정기관
직업소개	구인 또는 구직의 신청을 받아 구직자 또는 구인자를 탐색하거나 구직자를 모집하여 구인자와 구직자 간에 고용계약이 성립되도록 알선하는 것
무료직업소개사업	수수료, 회비 또는 그 밖의 어떠한 금품도 받지 아니하고 하는 직업소개사업
근로자공급사업	공급계약에 따라 근로자를 타인에게 사용하게 하는 사업을 말하나, 근로자파견사업은 제외
고용서비스	구인자 또는 구직자에 대한 고용정보의 제공, 직업소개, 직업지도 또는 직업능력 개발 등 고용을 지원하는 서비스

3. 민간직업상담원

고용노동부장관은 직업안정기관에 직업소개, 직업지도 및 고용정보 제공 등의 업무를 담당하는 민간직업상담원을 배치할 수 있음

II 직업안정기관의 장의 직업소개 및 직업지도 등

1. 구인의 신청

원 칙	직업안정기관의 장은 구인신청의 수리를 거부하여서는 아니 됨
예 외 (거부 O)	① 직업안정기관의 장이 수리한 구직신청 내용이 법령을 위반한 경우 ② 구인신청의 내용 중 임금, 근로시간, 그 밖의 근로조건이 통상적인 근로조건에 비하여 현저하게 부적당하다고 인정되는 경우 ③ 구인자가 구인조건을 밝히기를 거부하는 경우 ④ 구인자가 구인신청 당시 명단이 공개 중인 체불사업주인 경우

2. 구직의 신청

직업안정기관의 장은 구직자의 요청이 있거나 필요하다고 인정하여 구직자의 동의를 받은 경우에는 직업상담 또는 직업적성검사를 할 수 있음

3. 광역직업소개

통근할 수 있는 지역에서 구직자에게 직업을 소개할 수 없을 경우 : 광범위한 지역에 걸쳐 직업소개 가능

4. 직업지도

직업안정기관의 장은 새로 취업하려는 사람에게 직업지도를 하여야 함

5. 구인 · 구직의 개척

직업안정기관의 장은 구직자의 취업 기회를 확대하고 산업에 부족한 인력의 수급을 지원하기 위하여 구인 · 구직의 개척에 노력하여야 함

Ⅲ 직업안정기관의 장외의 자의 직업소개사업 및 직업정보제공사업 등

1. 직업소개사업

(1) 무료직업소개사업

구분	내용
영위 요건	① 국내무료직업소개사업을 하려는 자는 주된 사업소의 소재지를 관할하는 특별자치도지사 · 시장 · 군수 및 구청장에게 신고하여야 하고, 국외무료직업소개사업을 하려는 자는 고용노동부장관에게 신고하여야 함 ② 비영리법인 또는 공익단체이어야 함
신고 없이 무료직업소개사업을 영위할 수 있는 경우	① 한국산업인력공단이 하는 직업소개 ② 한국장애인고용공단이 장애인을 대상으로 하는 직업소개 ③ 각급 학교의 장, 공공직업훈련시설의 장이 재학생 · 졸업생 또는 훈련생 · 수료생을 대상으로 하는 직업소개 ④ 근로복지공단이 업무상 재해를 입은 근로자를 대상으로 하는 직업소개

(2) 유료직업소개사업

구분	내용
영위 요건	국내유료직업소개사업을 하려는 자는 주된 사업소의 소재지를 관할하는 특별자치도지사 · 시장 · 군수 및 구청장에게 등록하여야 하고, 국외유료직업소개사업을 하려는 자는 고용노동부장관에게 등록하여야 함
기 타	① 유료직업소개사업의 등록을 하고 유료직업소개사업을 하는 자 및 그 종사자는 구인자로부터 선급금 받아서는 아니 됨 ② 명의대여금지 : 타인에게 자기의 성명 또는 상호를 사용하여 직업소개사업 × ③ 고급 · 전문인력을 소개하는 경우에는 당사자 사이에 정한 요금을 구인자로부터 수령 ○

2. 연소자에 대한 직업소개의 제한

무료직업소개사업을 하는 자와 그 종사자가 18세 미만의 구직자를 소개하는 경우에는 친권자나 후견인의 취업동의서를 받아야 함

3. 근로자의 모집

① 근로자를 고용하려는 자는 다양한 매체를 활용하여 자유롭게 근로자 모집 가능

② 국외에 취업할 근로자를 모집한 경우 : 고용노동부장관에게 신고하여야 함

4. 근로자공급사업

근로자공급사업 영위요건	고용노동부장관의 허가를 받지 아니하고는 근로자공급사업 ×
사업허가를 받을 수 있는 자	• 국내근로자공급사업 : 노동조합만이 허가를 받을 수 있음 • 국외근로자공급사업 : 국내에서 제조업·건설업·용역업, 그 밖의 서비스업을 하고 있는 자, 또는 연예인을 대상으로 하는 경우에는 비영리법인
사업허가의 유효기간	사업허가의 유효기간은 3년으로 하되, 연장허가의 유효기간은 연장 전 허가의 유효기간이 끝나는 날부터 3년

Ⅳ 보 칙

1. 결격사유

근로자공급사업의 허가를 받을 수 있는 자	금고 이상의 형의 집행유예를 선고받고 그 유예기간이 도과한 후 2년이 지나지 아니한 자
근로자공급사업의 허가를 받을 수 없는 자	① 미성년자, 피성년후견인 및 피한정후견인 ② 파산선고를 받고 복권되지 아니한 자 ③ 금고 이상의 실형을 선고받고 그 집행이 끝나거나 집행을 하지 아니하기로 확정된 날부터 2년이 지나지 아니한 자 ④ 이 법, 성매매알선 등 행위의 처벌에 관한 법률, 풍속영업의 규제에 관한 법률 또는 청소년 보호법을 위반하거나 직업소개사업과 관련된 행위로 선원법을 위반한 자로서 다음의 어느 하나에 해당하는 자 ㉠ 금고 이상의 실형을 선고받고 그 집행이 끝나거나 집행을 하지 아니하기로 확정된 날부터 3년이 지나지 아니한 자 ㉡ 금고 이상의 형의 집행유예를 선고받고 그 유예기간이 끝난 날부터 3년이 지나지 아니한 자 ㉢ 벌금형이 확정된 후 2년이 지나지 아니한 자 ⑤ 금고 이상의 형의 집행유예를 선고받고 그 유예기간 중에 있는 자 ⑥ 해당 사업의 등록이나 허가가 취소된 후 5년이 지나지 아니한 자 ⑦ 임원 중에 ①부터 ⑥까지의 어느 하나에 해당하는 자가 있는 법인

2. 국고보조

고용노동부장관은 무료직업소개사업 경비의 전부 또는 일부 보조

제5절 남녀고용평등과 일·가정 양립 지원에 관한 법률

I 근로자의 정의

근복법, 근퇴법, 산재법, 산안법의 근로자	고평법상의 근로자
근기법 제2조 제1항에 따른 근로자	"사업주에게 고용된 사람과 취업할 의사를 가진 사람"을 의미

II 여성근로자에 대한 차별대우의 금지

차별대우의 개념	① 현존하는 남녀 간의 고용차별을 없애거나 고용평등을 촉진하기 위하여 잠정적으로 특정 성을 우대하는 조치로서의 적극적 고용개선조치 하는 경우는 차별 × ② 여성 근로자의 임신, 출산, 수유 등 모성보호를 위한 조치를 취하는 경우도 차별 ×
모집과 채용에 있어서의 평등	사업주는 근로자를 모집·채용할 때 직무의 수행에 필요하지 아니한 신체적 조건, 미혼 조건 등 제시하거나 요구 ×
임금에 있어서의 평등	① 사업주가 임금차별을 목적으로 설립한 별개의 사업 : 동일한 사업 간주 ② 동일 가치 노동의 기준 : 직무 수행에서 요구되는 기술, 노력, 책임 및 작업 조건 등 ③ 동일가치의 노동 : 당해 사업장 내의 서로 비교되는 남녀 간의 노동이 동일하거나 실질적으로 거의 같은 성질의 노동 또는 그 직무가 다소 다르더라도 객관적인 직무평가 등에 의하여 본질적으로 동일한 가치가 있다고 인정되는 노동에 해당하는 것

III 직장 내 성희롱 금지

1. 직장 내 성희롱의 개념 및 금지와 예방

개 념	① 근로자가 직장 내의 지위를 이용하여 다른 근로자에게 성적 언동 등으로 성적 굴욕감 또는 혐오감을 느끼게 하는 경우 또는 상급자가 업무와 관련하여 다른 근로자에게 성적 언동 또는 그 밖의 요구 등에 따르지 아니하였다는 이유로 근로조건 및 고용에서 불이익을 주는 경우를 말함 ② 직장 내 성희롱이 성립하기 위해서는 행위자에게 반드시 성적 동기나 의도 불요
금지 및 예방	① 사업주, 상급자 또는 근로자는 직장 내 성희롱 금지 ② 사업주 및 근로자는 성희롱 예방 교육을 매년 받아야 함 ③ 사업주는 직장 내 성희롱 예방 교육을 고용노동부장관의 지정기관에 위탁하여 실시할 수 있음

2. 직장 내 성희롱 발생 시 조치

발생사실의 신고	누구든지 직장 내 성희롱 발생 사실을 알게 된 경우에는 그 사실을 해당 사업주에게 신고 가능
사실확인 조사	① 사업주가 직장 내 성희롱 발생 사실을 알게 된 경우 : 지체 없이 사실 확인을 위한 조사를 실시하여야 함 ② 직장 내 성희롱 발생 사실에 대한 신고를 받거나 알게 되어 사실 확인을 위한 조사를 하게 된 경우에는 피해를 입은 근로자 또는 피해를 입었다고 주장하는 근로자가 조사 과정에서 성적 수치심 등을 느끼지 아니하도록 하여야 함
적절한 조치	① 사업주는 직장 내 성희롱 발생 사실에 따른 조사 기간 동안 피해근로자등을 보호하기 위하여 필요한 경우에는 피해근로자등의 근무장소의 변경, 유급휴가 명령 등 적절한 조치를 하여야 함(이 경우 피해근로자의 의사에 반하는 조치 ×) ② 사실확인을 위한 조사 결과 직장 내 성희롱 발생사실이 확인된 경우에는 피해근로자가 요청하면 근무장소의 변경 등 적절한 조치를 하여야 함

3. 고객 등에 의한 성희롱 방지

① 사업주는 고객 등 업무와 밀접한 관련이 있는 자가 업무수행 과정에서 근로자에게 성적 굴욕감 또는 혐오감 등을 느끼게 하여 해당 근로자가 고충 해소를 요청할 경우에는 근무장소의 변경 등 적절한 조치를 하여야 함

② 사업주는 성희롱을 당한 근로자가 피해를 주장한 것을 이유로 해고나 불이익한 조치 ×

4. 벌 칙

사업주가 성희롱 발생 사실을 신고한 근로자에 대하여 파면 등 불리한 처우를 하는 경우 : 3년 이하의 징역 또는 3천만원 이하의 벌금

Ⅳ 여성의 직업능력 개발 및 고용 촉진

국가, 지방자치단체 및 사업주는 여성의 직업능력 개발 및 향상을 위하여 모든 직업능력 개발 훈련에서 남녀에게 평등한 기회를 보장하여야 함

Ⅴ 여성근로자의 모성보호

① **근로자가 배우자의 출산을 이유로 휴가를 청구하는 경우 :** 10일의 휴가를 유급으로 부여

② 배우자출산휴가는 1회에 한정하여 나누어 사용할 수 있음

③ 배우자출산휴가는 근로자의 배우자가 출산한 날부터 90일이 지나면 청구할 수 없음

④ **출산전후휴가급여가 지급된 경우 :** 배우자출산휴가에 대한 급여는 그 금액의 한도에서 지급의 책임 면제

Ⅵ 일 · 가정의 양립지원

1. 육아휴직

신청권자	근로자가 만 8세이하 또는 초등학교 2학년 이하의 자녀(입양한 자녀를 포함)를 양육하기 위하여 휴직을 신청하는 경우는 허용하여야 함
휴직기간	1년 이내
불리한 처우의 금지	① 원칙 : 해고나 그 밖의 불리한 처우를 하여서는 아니 됨 ② 예외 : 사업주가 사업을 계속할 수 없는 경우는 육아휴직기간에 해고 ○
휴직 후 복직	① 사업주는 육아휴직을 마친 근로자를 휴직 전과 같은 업무 또는 같은 수준의 임금을 지급하는 직무에 복귀시켜야 함 ② 육아기 근로시간 단축을 한 근로자 : 평균임금 산정기간에서는 제외되나, 근속기간에는 포함
육아기 근로시간 단축	① 사업주는 육아기 근로시간 단축을 하고 있는 근로자에게 연장근로 요구 × ② 정상적인 사업 운영에 중대한 지장을 초래하는 경우는 육아기 근로시간 단축 허용 × ③ 육아기 근로시간 단축을 허용하는 경우 : 단축 후 근로시간은 주당 15시간 이상이어야 하고 35시간 초과 ×

육아기 근로시간 단축 중 근로조건 등	근로시간 단축을 하고 있는 근로자가 명시적으로 청구하는 경우에는 단축된 근로시간 외에 주 12시간 이내에서 연장근로 O
육아기 근로시간 단축의 사용형태	육아휴직 : 2회에 한정하여 나누어 사용 가능

2. 가족돌봄휴직

(1) 가족돌봄휴직기간

① 연간 최장 90일로 하며, 이를 나누어 사용할 수 있음

② 평균임금 산정기간에서는 제외되나, 근속기간에는 포함

(2) 가족돌봄 등을 위한 근로시간 단축

1) 근로시간 단축의 허용사유와 예외사유

근로시간 단축을 허용하는 사유	① 근로자가 가족의 질병, 사고, 노령으로 인하여 그 가족을 돌보기 위한 경우 ② 근로자 자신의 질병이나 사고로 인한 부상 등의 사유로 자신의 건강을 돌보기 위한 경우 ③ 55세 이상의 근로자가 은퇴를 준비하기 위한 경우 ④ 근로자의 학업을 위한 경우
허용하지 아니하는 예외 사유	① 가족돌봄등단축개시예정일의 전날까지 해당 사업에서 계속 근로한 기간이 6개월 미만의 근로자가 신청한 경우 ② 사업주가 직업안정기관에 구인신청을 하고 14일 이상 대체인력을 채용하기 위하여 노력했으나 대체인력을 채용하지 못한 경우. 다만, 직업안정기관의 장의 직업소개에도 불구하고 정당한 이유 없이 2회 이상 채용을 거부한 경우는 제외 ③ 가족돌봄등근로시간단축을 신청한 근로자의 업무 성격상 근로시간을 분할하여 수행하기 곤란하거나 그 밖에 가족돌봄등근로시간단축이 정상적인 사업 운영에 중대한 지장을 초래하는 경우로서 사업주가 이를 증명하는 경우 ④ 가족돌봄등근로시간단축 종료일부터 2년이 지나지 않은 근로자가 신청한 경우

2) 근로시간 단축 허부와 그 효과

근로시간을 단축을 허용하는 경우	단축 후 근로시간 : 주당 15시간 이상이어야 하고 30시간 초과 ×
근로시간 단축을 허용하지 아니하는 경우	해당 근로자에게 사유를 서면으로 통보하고 휴직이나 그 밖의 지원할 수 있는지 해당 근로자와 협의

3) 근로시간 단축기간과 단축기간의 연장 사유

근로시간 단축기간	1년 이내
연장 사유	① 연장사유에 해당하는 다음의 경우(아래에 해당하는 근로자는 합리적인 이유가 있는 경우 추가로 2년의 범위 안에서 근로시간 단축의 기간 연장 가능) ㉠ 근로자가 가족의 질병, 사고, 노령으로 인하여 그 가족을 돌보기 위한 경우 ㉡ 근로자 자신의 질병이나 사고로 인한 부상 등의 사유로 자신의 건강을 돌보기 위한 경우 ㉢ 55세 이상의 근로자가 은퇴를 준비하기 위한 경우 ② 근로자의 학업을 위한 경우 : 연장사유에 해당하지 아니함

(3) 가족돌봄 등을 위한 근로시간 단축 중 근로조건 등

① 근로시간 단축을 한 근로자의 근로조건은 사업주와 근로자 간에 서면으로 정함

② 근로시간 단축을 하고 있는 근로자에게 근로시간 외 연장근로를 요구할 수 없으나, 근로시간 단축을 하고 있는 근로자가 명시적으로 청구하는 경우는 단축된 근로시간 외에 주 12시간 이내에서 연장근로 ○

Ⅶ 분쟁의 예방과 해결

차별시정의 절차	① 근로자가 차별적 처우등의 시정신청을 하는 경우에는 차별적 처우등의 내용을 구체적으로 명시하여야 함 ② 차별적 처우등을 받은 날(차별적 처우등이 계속되는 경우 그 종료일)부터 6개월 이내에 그 시정 신청할 수 있음
노동위원회의 판정	사업주의 차별적 처우등이 반복되는 경우 : 노동위원회는 손해액을 기준으로 3배를 넘지 아니하는 범위에서 배상 명령할 수 있음
시정명령 이행상황의 제출요구 등	고용노동부장관은 확정된 시정명령에 대하여 사업주에게 이행상황 제출 요구할 수 있음
차별적 처우의 시정요구	사업주가 차별적 처우를 한 경우에는 고용노동부장관이 시정을 요구할 수 있음
입증책임	사업주가 부담

제6절 최저임금법

Ⅰ 적용범위

① 외국인 근로자 : 최저임금 보장규정이 그대로 적용

② 근로자를 사용하는 모든 사업 또는 사업장에 적용하나, 동거하는 친족만을 사용하는 사업과 가사(家事)사용인에게는 적용 ×

③ 선원법의 적용을 받는 선원과 선원을 사용하는 선박의 소유자는 적용 ×

Ⅱ 최저임금

1. 최저임금의 결정기준과 구분

최저임금은 근로자의 생계비, 유사 근로자의 임금, 노동생산성 및 소득분배율 등을 고려하여 결정, 이 경우에 사업의 종류별로 구분하여 정할 수 있음

2. 최저임금액

① 일·주 또는 월을 단위로 하여 최저임금액을 정할 경우에는 시간급으로도 표시하여야 함

② 감시 또는 단속적인 근로에 종사자하는 사람으로서 사용자가 고용노동부 장관의 승인을 받은 사람의 최저임금 : 최임법상의 최저임금액

③ 1년 이상의 기간을 정하여 근로계약을 체결하고 수습 중에 있는 근로자로서 수습을 시작한 날부터 3개월 이내인 사람(단순노무업무로 고용노동부장관이 정하여 고시한 직종에 종사하는 근로자는 제외) : 시간급 최저임금액에서 100분의 10을 뺀 금액이 그 근로자의 시간급 최저임금액

3. 최저임금의 효력

① 사용자는 최저임금의 적용을 받는 근로자에게 최저임금액 이상의 임금을 지급하여야 함

② 최임법에 따른 최저임금을 이유로 종전의 임금수준을 낮출 수 없음

③ 최저임금의 적용을 받는 근로자와 사용자의 근로계약 중 최저임금액에 미치지 못하는 금액을 임금으로 정한 부분은 무효이고 이 부분은 최저임금액과 동일한 임금을 지급하기로 한 것으로 간주

④ 최저임금에 산입하는 임금의 범위에 포함 여부

포함 ○	단체협약에 임금항목으로서 지급근거가 명시되어 있는 임금 또는 수당
포함 ×	㉠ 소정(所定)근로시간 또는 소정의 근로일에 대하여 지급하는 임금 외의 임금으로서 고용노동부령으로 정하는 다음의 임금 ㉮ 연장근로 또는 휴일근로에 대한 임금 및 연장·야간 또는 휴일 근로에 대한 가산임금 ㉯ 연차 유급휴가의 미사용수당 ㉰ 유급으로 처리되는 휴일(근기법 제55조 제1항에 따른 유급휴일은 제외)에 대한 임금 ㉱ 그 밖에 명칭에 관계없이 ㉮에서 ㉰에 준하는 것으로 인정되는 임금 ㉡ 상여금, 그 밖에 이에 준하는 것으로서 고용노동부령으로 정하는 다음의 임금의 월 지급액 중 해당 연도 시간급 최저임금액을 기준으로 산정된 월 환산액의 100분의 25에 해당하는 부분 ㉮ 1개월을 초과하는 기간에 걸친 해당 사유에 따라 산정하는 상여금, 장려가급, 능률수당 또는 근속수당 ㉯ 1개월을 초과하는 기간의 출근성적에 따라 지급하는 정근수당 ㉢ 식비, 숙박비, 교통비 등 근로자의 생활 보조 또는 복리후생을 위한 성질의 임금으로서 다음의 어느 하나에 해당하는 것 ㉮ 통화 이외의 것으로 지급하는 임금 ㉯ 통화로 지급하는 임금의 월 지급액 중 해당 연도 시간급 최저임금액을 기준으로 산정된 월 환산액의 100분의 7에 해당하는 부분

⑤ 일반택시운송사업에서 운전업무에 종사하는 근로자의 최저임금은 생산고에 따른 임금은 최저임금에 산입되는 임금의 범위에서 제외

▸ 택시운전근로자들의 최저임금에 산입되는 임금의 범위는 생산고에 따른 임금을 제외한 임금으로 한다는 내용의 최임법 규정은 과잉금지원칙을 위반하여 일반택시 운송사업자들의 계약의 자유를 침해하지 않음

⑥ 도급인이 책임져야 할 사유로 수급인이 근로자에게 최저임금액에 미치지 못하는 임금을 지급한 경우 : 도급인은 해당 수급인과 연대책임

⑦ 근로자가 자기의 사정으로 소정근로시간의 근로를 하지 아니하거나 사용자가 정당한 이유로 근로자에게 소정근로 시간의 근로를 시키지 아니한 경우 : 최저임금의 지급 강제 ×

⑧ 최저임금의 적용을 위한 임금의 환산은 주(週) 단위로 정해진 임금에서 그 금액을 1주의 최저임금 적용기준 시간 수(1주 동안의 소정근로시간 수와 유급으로 처리되는 시간 수를 합산한 시간 수)로 나눈 금액

4. 최저임금의 적용제외

정신장애나 신체장애로 근로능력이 현저히 낮은 사람으로서 사용자가 고용노동부장관의 인가를 받은 사람은 최저임금 적용 ×

▸ 정신 또는 신체의 장애가 업무수행에 직접적으로 현저한 지장을 주는 것이 명백하다고 인정되어 고용노동부장관의 인가를 받은 사람은 최저임금 적용 ×

5. 기 타

① 최저임금의 적용을 위한 임금에 산입되지 않는 임금을 최저임금의 적용을 위한 임금의 범위에 산입하여 미달하는 부분을 보전하기로 약정한 경우 : 그 약정은 무효 ○

② 최임법이 적용되는 경우 사용자가 지급할 임금액 : 근로계약에서 정한 임금산정 기준기간 내에 평균적인 최저임금액 이상을 지급하면 충분하나, 임금산정 기준기간은 특별한 사정이 없는 한 1개월 초과 ×

③ 통상임금이 최저임금액보다 적은 경우의 연장근로수당 및 야간근로수당 : 시급 최저임금액을 기준으로 수당 산정 ×

Ⅲ 최저임금의 결정

1. 최저임금의 결정

① 고용노동부장관은 매년 8월 5일까지 최저임금을 결정하여야 함. 즉 고용노동부장관은 매년 3월 31일까지 최저임금위원회에 심의를 요청하고, 위원회가 심의하여 의결한 최저임금안에 따라 최저임금을 결정하여야 함

② 고용노동부장관은 재심의에서 재적위원 과반수의 출석과 출석위원 3분의 2 이상의 찬성으로 당초의 최저임금안을 재의결한 경우에는 그에 따라 최저임금 결정

2. 최저임금에 대한 이의제기

고용노동부장관이 고시한 최저임금안에 대하여 이의가 있는 경우 : 고시된 날부터 10일 이내에 고용노동부장관에게 이의 제기

3. 최저임금의 고시와 효력발생

① 고용노동부장관은 최저임금을 결정한 때에는 지체 없이 그 내용을 고시하여야 함

② 고시한 최저임금은 다음 연도 1월 1일부터 효력이 발생하지만, 고용노동부장관이 필요하다고 인정하면 효력발생 시기를 따로 정할 수 있음

4. 주지의무

① 근로자에게 주지시켜야 할 최저임금의 내용

㉠ 적용을 받는 근로자의 최저임금액

㉡ 최저임금에 산입하지 아니하는 임금

ⓒ 해당 사업에서 최저임금의 적용을 제외할 근로자의 범위
ⓔ 최저임금의 효력발생 연월일

② 최저임금의 적용을 받는 사용자는 해당 최저임금을 근로자가 쉽게 볼 수 있는 장소에 게시하거나 널리 알려야 함

Ⅳ 최저임금위원회

설 치	최저임금에 관한 심의와 그 밖에 최저임금에 관한 중요 사항을 심의하기 위하여 고용노동부에 최저임금위원회 설치
구성 등	① 근로자와 사용자 및 공익을 각각 대표하는 위원(각 9명)으로 구성 ② 공익위원인 2명의 상임위원을 두며, 상임위원은 고용노동부장관의 제청에 의하여 대통령이 임명 ③ 위원이 궐위된 경우에는 궐위된 날부터 30일 이내에 후임자를 위촉하거나 임명하여야 하나, 남은 임기가 1년 미만인 경우에는 위촉하거나 임명 불요
위원장과 부위원장	위원장과 부위원장 각 1명을 두며, 위원장과 부위원장은 공익위원 중에서 최저임금위원회가 선출
특별위원	최저임금위원회에는 관계 행정기관의 공무원 중에서 3명 이내의 특별위원 선임 가능
전문위원회	최저임금위원회는 필요하다고 인정하면 사업의 종류별 또는 특정 사항별로 전문위원회 설치 가능

Ⅴ 보 칙

고용노동부장관은 근로자의 생계비와 임금실태 등을 매년 조사하여야 함

Ⅵ 벌 칙

1. 형벌 – 3년 이하의 징역 또는 2천만원 이하의 벌금

최저임금액보다 적은 임금을 지급하거나 최저임금을 이유로 종전의 임금을 낮춘 자

2. 과태료 – 100만원 이하의 과태료

① 해당 최저임금을 그 사업의 근로자가 쉽게 볼 수 있는 장소에 게시하거나 그 외의 적당한 방법으로 근로자에게 널리 알리지 아니한 자
② 임금에 관한 사항의 보고를 하지 아니하거나 거짓 보고를 한 자

제7절 근로자퇴직급여 보장법

Ⅰ 정 의

퇴직급여제도란 확정급여형퇴직연금제도, 확정기여형퇴직연금제도, 중소기업퇴직연금기금제도 및 퇴직금제도를 말함

Ⅱ 적용범위

근로자를 사용하는 모든 사업 또는 사업장에 적용되나, 동거하는 친족만을 사용하는 사업 및 가구 내 고용활동에는 적용 ×

Ⅲ 퇴직급여제도

설정 대상	퇴직급여제도 중 하나 이상의 제도를 설정하여야 하나, 계속근로기간이 1년 미만인 근로자, 4주간을 평균하여 1주간의 소정근로시간이 15시간 미만인 근로자에 대하여는 설정 ×
설정·변경	• 근로자 과반수가 가입한 노동조합이 있는 경우에는 그 노동조합의 동의 필요 • 근로자의 과반수가 가입한 노동조합이 없으면 근로자 과반수의 동의 필요
차등설정의 금지	하나의 사업에서 급여 및 부담금 산정방법의 적용 등에 관하여 차등설정 ×

Ⅳ 퇴직금제도

1. 법정퇴직금

사용자는 계속근로기간 1년에 대하여 30일분 이상의 평균임금을 퇴직금으로 근로자에게 지급할 수 있는 제도를 설정하여야 함

2. 퇴직금의 지급시기

(1) 중간정산 사유인지 여부

중간정산 사유 ○	① 무주택자인 근로자가 본인 명의로 주택을 구입하는 경우 ② 무주택자인 근로자가 주거를 목적으로 전세금 또는 보증금을 부담하는 경우. 이 경우 근로자가 하나의 사업에 근로하는 동안 1회로 한정 ③ 근로자가 6개월 이상 요양을 필요로 하는 다음의 어느 하나에 해당하는 사람의 질병이나 부상에 대한 의료비를 해당 근로자가 본인 연간 임금총액의 1천분의 125를 초과하여 부담하는 경우 ㉠ 근로자 본인 ㉡ 근로자의 배우자 ㉢ 근로자 또는 그 배우자의 부양가족 ④ 퇴직금 중간정산을 신청하는 날부터 거꾸로 계산하여 5년 이내에 근로자가 채무자 회생 및 파산에 관한 법률에 따라 파산선고를 받은 경우 ⑤ 퇴직금 중간정산을 신청하는 날부터 거꾸로 계산하여 5년 이내에 근로자가 채무자 회생 및 파산에 관한 법률에 따라 개인회생절차개시 결정을 받은 경우 ⑥ 사용자가 기존의 정년을 연장하거나 보장하는 조건으로 단체협약 및 취업규칙 등을 통하여 일정나이, 근속시점 또는 임금액을 기준으로 임금을 줄이는 제도를 시행하는 경우 ⑦ 사용자가 근로자와의 합의에 따라 소정근로시간을 1일 1시간 또는 1주 5시간 이상 단축함으로써 단축된 소정근로시간에 따라 근로자가 3개월 이상 계속 근로하기로 한 경우 ⑧ 근로시간의 단축으로 근로자의 퇴직금이 감소되는 경우 ⑨ 재난으로 피해를 입은 경우로서 고용노동부장관이 정하여 고시하는 사유에 해당하는 경우
중간정산 사유 ×	사용자가 근로자와의 합의에 따라 연장근로시간을 1일 1시간 또는 1주 5시간 이상 단축한 경우

(2) 퇴직금산정을 위한 계속근로기간

정산시점부터 새로 계산

(3) 관련증명 서류 보존기간

퇴직금을 중간정산하여 지급한 경우에는 퇴직한 후 5년이 되는 날까지 보관

3. 퇴직금의 시효

퇴직금을 받을 권리는 3년간 행사하지 아니하면 시효로 소멸

V 퇴직연금제도

1. 퇴직연금제도의 종류

(1) 확정급여형퇴직연금제도

의 의	근로자가 받을 급여의 수준이 사전에 결정되어 있는 퇴직연금제도
급여종류 및 수급요건	급여종류는 연금 또는 일시금으로 하되, 연금은 55세 이상으로서 가입기간이 10년 이상인 가입자에게 지급할 것. 이 경우 연금의 지급기간은 5년 이상이어야 함
운용현황의 통지	퇴직연금사업자는 매년 1회 이상 적립금액 및 운용수익률 등을 가입자에게 통지

(2) 확정기여형퇴직연금제도

의 의	사용자가 부담하여야 할 부담금의 수준이 사전에 결정되어 있는 퇴직연금제도
부담금의 납입	사용자는 가입자의 연간 임금총액의 12분의 1 이상에 해당하는 부담금을 현금으로 확정기여형퇴직연금제도 계정에 납입
적립금의 중도인출 사유	① 무주택자인 가입자가 본인 명의로 주택을 구입하는 경우 ② 무주택자인 가입자가 주거를 목적으로 전세금 또는 보증금을 부담하는 경우. 이 경우 가입자가 하나의 사업 또는 사업장에 근로하는 동안 1회로 한정 ③ 재난으로 피해를 입은 경우로서 고용노동부장관이 정하여 고시하는 사유와 요건에 해당하는 경우 ④ 가입자가 6개월 이상 요양을 필요로 하는 다음의 어느 하나에 해당하는 사람의 질병이나 부상에 대한 의료비를 본인 연간 임금총액의 1천분의 125를 초과하여 부담하는 경우 ㉠ 가입자 본인 ㉡ 가입자의 배우자 ㉢ 가입자 또는 그 배우자의 부양가족 ⑤ 중도인출을 신청한 날부터 거꾸로 계산하여 5년 이내에 가입자가 채무자 회생 및 파산에 관한 법률에 따라 파산선고를 받은 경우 ⑥ 중도인출을 신청한 날부터 거꾸로 계산하여 5년 이내에 가입자가 채무자 회생 및 파산에 관한 법률에 따라 개인회생절차개시 결정을 받은 경우 ⑦ 퇴직연금제도의 급여를 받을 권리를 담보로 제공하고 대출을 받은 가입자가 그 대출 원리금을 상환하기 위한 경우로서 고용노동부장관이 정하여 고시하는 사유에 해당하는 경우

(3) 개인형퇴직연금제도

설정적격자	• 퇴직급여제도의 일시금을 수령한 사람 • 확정급여형퇴직연금제도, 확정기여형퇴직연금제도 또는 중소기업퇴직연금기금제도의 가입자로서 자기의 부담으로 개인형퇴직연금제도를 추가로 설정하려는 사람
10명 미만을 사용하는 사업에 대한 특례	상시 10명 미만의 근로자를 사용하는 사업의 사용자가 개별 근로자의 동의를 받거나 그의 요구에 따라 개인형퇴직연금제도를 설정하는 경우에는 해당 근로자에 대하여 퇴직급여제도 설정한 것으로 간주

2. 수급권의 보호

(1) 양도 또는 압류의 금지

퇴직연금제도의 급여를 받을 권리(중소기업퇴직연금기금제도를 포함) : 양도 또는 압류하거나 담보로 제공 ×

(2) 수급권의 담보제공

담보제공의 사유	① 무주택자인 가입자가 본인 명의로 주택을 구입하는 경우 ② 무주택자인 가입자가 주거를 목적으로 전세금 또는 보증금을 부담하는 경우. 이 경우 가입자가 하나의 사업 또는 사업장에 근로하는 동안 1회로 한정 ③ 가입자가 6개월 이상 요양을 필요로 하는 다음의 어느 하나에 해당하는 사람의 질병이나 부상에 대한 의료비를 부담하는 경우 ㉠ 가입자 본인 ㉡ 가입자의 배우자 ㉢ 가입자 또는 그 배우자의 부양가족 ④ 담보를 제공하는 날부터 거꾸로 계산하여 5년 이내에 가입자가 채무자 회생 및 파산에 관한 법률에 따라 파산선고를 받은 경우 ⑤ 담보를 제공하는 날부터 거꾸로 계산하여 5년 이내에 가입자가 채무자 회생 및 파산에 관한 법률에 따라 개인회생절차개시 결정을 받은 경우 ⑥ 다음의 어느 하나에 해당하는 사람의 대학등록금, 혼례비 또는 장례비를 가입자가 부담하는 경우 ㉠ 가입자 본인 ㉡ 가입자의 배우자 ㉢ 가입자 또는 그 배우자의 부양가족 ⑦ 사업주의 휴업 실시로 근로자의 임금이 감소하거나 재난으로 피해를 입은 경우로서 고용노동부장관이 정하여 고시하는 사유와 요건에 해당하는 경우
담보제공의 한도	①, ②, ③, ④, ⑤, ⑥의 경우는 가입자별 적립금의 100분의 50, ⑦의 경우는 임금 감소 또는 재난으로 입은 가입자의 피해 정도 등을 고려하여 고용노동부장관이 정하여 고시하는 한도

3. 책무 및 감독

① 퇴직연금제도를 설정한 사용자는 자기 또는 제3자의 이익을 도모할 목적으로 운용관리업무 및 자산관리업무의 수행계약을 체결하는 행위 ×

② 퇴직연금사업자가 운용관리업무 및 자산관리업무에 따른 계약 체결과 관련된 약관등을 제정하거나 변경하려는 경우에는 미리 금융감독원장에게 보고하여야 함

제8절 임금채권보장법

I 서 설

적용범위	근로자를 사용하는 모든 사업 또는 사업장에 적용되나, 국가와 지방자치단체가 직접 수행하는 사업에는 적용 ×
국고의 부담	국가는 매 회계연도 예산의 범위에서 임금채권보장을 위한 사무집행에 드는 비용의 일부를 일반회계에서 부담
임금채권보장기금 심의위원회	• 임금채권보장기금의 관리·운용에 관한 중요사항을 심의하기 위하여 고용노동부에 설치 • 근로자를 대표하는 사람, 사업주를 대표하는 사람 및 공익을 대표하는 사람으로 구성하되, 각각 같은 수로 구성

II 임금채권의 지급보장

1. 대지급금의 지급

(1) 대지급금의 지급사유와 범위

대지급금의 범위 포함 여부	포함 ○	• 최종 3개월분의 임금 • 최종 3년간의 퇴직급여 등 • 최종 3개월분의 휴업수당
	포함 ×	재해보상금
관련업무의 지원	사업장 규모 등 고용노동부령으로 정하는 기준에 해당하는 퇴직한 근로자가 대지급금을 청구하는 경우에는 공인노무사로부터 대지급금청구서 작성, 사실확인 등에 관한 지원을 받을 수 있음	

(2) 대지급금의 청구와 지급

대지급금을 지급받으려는 사람은 도산대지급금의 경우 파산선고등 또는 도산 등 사실인정이 있은 날부터 2년 이내에 고용노동부장관에게 대지급금의 지급을 청구해야 함

(3) 재직 근로자에 대한 대지급금의 지급

해당 근로자가 하나의 사업에 근로하는 동안 1회만 지급

(4) 체불임금 및 생계비 융자

사업주의 신청에 따라 체불임금등을 지급하는 데 필요한 비용을 융자하는 경우, 융자금액은 고용노동부장관이 해당 근로자에게 직접 지급

(5) 미지급임금 등의 청구권 대위

대지급금을 지급하였을 경우에는 지급한 금액의 한도에서 미지급 임금 등을 청구할 수 있는 권리를 대위(代位)함

(6) 사업주의 부담금

고용노동부장관은 대지급금을 지급하는 데 드는 비용에 충당하기 위하여 사업주로부터 부담금 징수

대지급금의 청구와 지급(임채법 시행령 제9조)

① 대지급금을 지급받으려는 사람은 다음 각 호의 구분에 따른 기간 이내에 고용노동부장관에게 대지급금의 지급을 청구해야 한다.

1. 도산대지급금의 경우 : 파산선고등 또는 도산등사실인정이 있은 날부터 2년 이내 기출 23
2. 법 제7조 제1항 제4호에 따른 대지급금의 경우 : 판결등이 있은 날부터 1년 이내
3. 법 제7조 제1항 제5호에 따른 대지급금의 경우 : 체불임금등·사업주확인서가 최초로 발급된 날부터 6개월 이내
4. 법 제7조의2 제1항에 따른 대지급금의 경우 : 판결등이 있은 날부터 1년 이내 또는 체불임금등·사업주확인서가 최초로 발급된 날부터 6개월 이내

② 제1항에서 규정한 사항 외에 대지급금의 청구 및 지급 등에 필요한 사항은 고용노동부령으로 정한다.

2. 수급권의 보호

① 대지급금을 지급받을 권리 : 양도 또는 압류하거나 담보 제공 ×
② 대지급금을 받을 권리가 있는 사람이 부상 또는 질병으로 수령할 수 없는 경우에는 그 가족에게 수령을 위임 ○
③ 미성년자인 근로자 : 독자적으로 대지급금의 지급 청구 ○
④ 대지급금수급계좌의 예금에 관한 채권 : 압류 ×

Ⅲ 포상금의 지급

거짓으로 대지급금이 지급된 사실을 지방고용노동관서 또는 수사기관에 신고하거나 고발한 자에게 포상금을 지급할 수 있음

Ⅳ 보 칙

1. 소멸시효

사업주로부터 부담금을 징수할 권리 : 3년간 행사하지 아니하면 시효로 소멸

2. 벌 칙

(1) 벌 금

1) 10년 이하의 징역 또는 1억원 이하의 벌금

임금채권보장업무에 종사하였던 자로서 업무수행과 관련하여 알게 된 사업주 또는 근로자 등의 정보를 누설한 자

2) 3년 이하의 징역 또는 3천만원 이하의 벌금

① 거짓으로 대지급금을 받은 자
② 거짓으로 다른 사람으로 하여금 대지급금을 받게 한 자

(2) 과태료 – 1천만원 이하의 과태료

정당한 사유 없이 재산목록의 제출을 거부하거나 거짓의 재산목록을 제출한 자

제9절 근로복지기본법

I 서 설

1. 근로복지정책의 기본원칙

중소·영세기업 근로자, 기간제근로자, 단시간근로자, 파견근로자, 하수급인이 고용하는 근로자, 저소득근로자 및 장기근속근로자는 근로자 복지향상 지원의 우대대상자가 될 수 있도록 하여야 함

2. 사업주 및 노동조합의 책무

사업주의 책무	사업주는 해당 사업장 근로자의 복지증진을 위하여 노력하고 근로복지정책에 협력하여야 함
노동조합 및 근로자의 책무	노동조합 및 근로자는 근로의욕 증진을 통하여 생산성 향상에 노력하고 근로복지정책에 협력하여야 함

3. 목적 외 사용금지

국가 또는 지방자치단체가 근로자의 주거안정, 생활안정 및 재산형성 등 근로복지를 위하여 보조 또는 융자한 자금은 목적 외 사업에 사용 ×

4. 기본계획의 수립

협의에 의한 기본계획의 수립	고용노동부장관은 관계 중앙행정기관의 장과 협의하여 근로복지 증진에 관한 기본계획을 5년마다 수립
기본계획에 포함되어야 하는 사항	① 근로자의 주거안정에 관한 사항 ② 근로자의 생활안정에 관한 사항 ③ 근로자의 재산형성에 관한 사항 ④ 우리사주제도에 관한 사항 ⑤ 사내근로복지기금제도에 관한 사항 ⑥ 선택적 복지제도 지원에 관한 사항 ⑦ 근로자지원프로그램 운영에 관한 사항 ⑧ 근로자를 위한 복지시설의 설치 및 운영에 관한 사항 ⑨ 근로복지사업에 드는 재원 조성에 관한 사항 ⑩ 직전 기본계획에 대한 평가 ⑪ 그 밖에 근로복지증진을 위하여 고용노동부장관이 필요하다고 인정하는 사항
기본계획에 포함될 필요가 없는 사항	고용동향과 인력수급전망에 관한 사항

5. 근로복지사업의 추진협의

지방자치단체, 국가의 보조를 받는 비영리법인이 근로복지사업을 추진하는 경우에는 고용노동부장관과 협의하여야 함

Ⅱ 근로자의 주거안정

근로자주택의 종류, 규모, 공급대상근로자, 공급방법과 그 밖에 필요한 사항은 국토교통부장관이 고용노동부장관과 협의하여 정함

Ⅲ 근로자의 생활안정 및 재산형성

생활안정자금의 지원	국가는 근로자의 생활안정을 지원하기 위하여 근로자 및 그 가족의 의료비·혼례비·장례비 등의 융자 등 필요한 지원을 하여야 함
근로자우대저축	국가는 근로자의 재산형성을 지원하기 위하여 근로자를 우대하는 저축에 관한 제도를 운영하여야 함

Ⅳ 근로복지시설 등에 대한 지원

이용료의 차등 수령 : 근로자의 소득수준, 가족관계 등을 고려하여 근로복지시설의 이용자를 제한하거나 이용료를 차등하여 받을 수 있음

Ⅴ 우리사주제도

1. 우리사주조합의 설립

우리사주조합의 설립 및 운영에 관하여 근기법에서 규정한 사항을 제외하고는 민법 중 사단법인에 관한 규정 준용

2. 우리사주조합의 운영

총회에 갈음한 대의원회의 설치	규약으로 우리사주조합원 총회를 갈음할 대의원회를 두는 경우에는 규약의 제정과 변경에 관한 사항은 총회의 의결 필요
대표자 등의 선출	우리사주조합의 대표자 등 임원과 대의원은 우리사주조합원의 직접·비밀·무기명 투표로 선출
우리사주운영위원회의 설치	우리사주조합에 대한 지원내용, 지원조건 등을 협의하기 위하여 우리사주제도 실시회사와 우리사주조합을 각각 대표하는 같은 수의 위원으로 우리사주운영위원회를 둘 수 있음
장부와 서류의 보존	우리사주조합의 대표자는 우리사주조합원이 열람할 수 있도록 장부와 서류를 작성하여 그 주된 사무소에 갖추어 두고, 이를 10년간 보존하여야 함

3. 차입을 통한 우리사주의 취득

우리사주조합은 우리사주제도 실시회사, 지배관계회사, 수급관계회사, 그 회사의 주주 및 금융회사 등으로부터 우리사주 취득자금을 차입하여 우리사주 취득 가능

4. 우리사주 취득의 강요금지

우리사주제도 실시회사의 사용자가 우리사주조합원에게 주식을 우선배정하는 경우는 우리사주조합원의 의사에 반하여 조합원을 일정한 기준으로 분류하여 우리사주를 할당하는 행위를 하여서는 아니 됨

5. 우리사주조합의 해산사유

① 해당 우리사주제도 실시회사의 파산
② 사업의 폐지를 위한 해당 우리사주제도 실시회사의 해산
③ 사업의 합병·분할·분할합병 등을 위한 해당 우리사주제도 실시회사의 해산
④ 지배관계회사 또는 수급관계회사의 근로자가 해당 우리사주제도 실시회사의 우리사주조합에 가입하는 경우. 다만, 지배관계회사 또는 수급관계회사 자체에 설립된 우리사주조합이 우리사주를 예탁하고 있거나, 우리사주조합원이 우리사주매수선택권을 부여받은 경우에는 대통령령으로 정하는 기간 동안은 해산 ×
⑤ 우리사주조합의 임원이 없고 최근 3회계연도의 기간 동안 계속하여 우리사주 및 우리사주 취득 재원의 조성 등으로 자산을 보유하지 아니하였으며 우리사주조합의 해산에 대하여 고용노동부령으로 정하는 바에 따라 우리사주조합의 조합원에게 의견조회를 한 결과 존속의 의사표명이 없는 경우

Ⅵ 사내근로복지기금제도

1. 근로조건의 유지

사용자는 사내근로복지기금의 설립 및 출연을 이유로 근로관계당사자 간에 정하여진 근로조건을 낮출 수 없음

2. 사내근로복지기금의 설립

① 사내근로복지기금 : 법인으로 설립
② 사내근로복지기금법인(기금법인)은 자금을 차입 ×

3. 기금법인의 사업

구분	내용
수익금으로 시행할 수 있는 사업 ○	① 주택구입자금등의 보조, 우리사주 구입의 지원 등 근로자 재산형성을 위한 지원 ② 장학금·재난구호금의 지급, 그 밖에 근로자의 생활원조 ③ 모성보호 및 일과 가정생활의 양립을 위하여 필요한 비용 지원 ④ 기금법인 운영을 위한 경비지급 ⑤ 근로복지시설로서 고용노동부령으로 정하는 시설에 대한 출자·출연 또는 같은 시설의 구입·설치 및 운영 ⑥ 해당 사업으로부터 직접 도급받는 업체의 소속 근로자 및 해당 사업에의 파견근로자의 복리후생 증진 ⑦ 공동근로복지기금 지원 ⑧ 사용자가 임금 및 그 밖의 법령에 따라 근로자에게 지급할 의무가 있는 것 외에 대통령령으로 정하는 다음의 사업 ㉠ 근로자의 체육·문화활동의 지원 ㉡ 근로자의 날 행사의 지원 ㉢ 그 밖에 근로자의 재산 형성 지원 및 생활 원조를 위한 사업으로서 정관에서 정하는 사업
수익금으로 시행할 수 있는 사업 ×	사업주의 체불임금 지급에 필요한 비용지원

4. 다른 복지와의 관계

사내근로복지기금법인의 설치한 경우 : 설치 당시에 운영하고 있는 근로복지제도 또는 근로복지시설의 운영을 중단하거나 감축 ×

제10절 외국인근로자의 고용 등에 관한 법률

I 서 설

1. 적용범위

외국인근로자 및 외국인근로자를 고용하고 있거나 고용하려는 사업 또는 사업장에 적용되나, 선박에 승무(乘務)하는 선원 중 대한민국 국적을 가지지 아니한 선원 및 그 선원을 고용하고 있거나 고용하려는 선박의 소유자에 대하여는 적용 ×

2. 외국인력정책위원회

설 치	외국인근로자의 고용관리 및 보호에 관한 주요사항을 심의·의결하기 위하여 국무총리 소속으로 설치
심의·의결사항	① 외국인근로자 관련 기본계획의 수립에 관한 사항 ② 외국인근로자 도입 업종 및 규모 등에 관한 사항 ③ 외국인근로자를 송출할 수 있는 국가("송출국가")의 지정 및 지정취소에 관한 사항 ④ 외국인근로자의 취업활동 기간 연장에 관한 사항 ⑤ 그 밖에 대통령령으로 정하는 다음의 사항 ㉠ 외국인근로자를 고용할 수 있는 사업 또는 사업장에 관한 사항 ㉡ 사업 또는 사업장에서 고용할 수 있는 외국인근로자의 규모에 관한 사항 ㉢ 외국인근로자를 송출할 수 있는 국가(이하 "송출국가")별 외국인력 도입 업종 및 규모에 관한 사항 ㉣ 외국인근로자의 권익보호에 관한 사항 ㉤ 그 밖에 외국인근로자의 고용 등에 관하여 외국인력정책위원회의 위원장이 필요하다고 인정하는 사항

3. 외국인근로자 도입계획의 공표

고용노동부장관은 외국인근로자 도입계획을 정책위원회의 심의·의결을 거쳐 수립하여 매년 3월 31일까지 공표하여야 함

Ⅱ 외국인근로자의 고용절차

1. 내국인구인노력

외국인근로자를 고용하려는 자는 직업안정기관에 우선 내국인 구인 신청을 하여야 함

2. 외국인근로자 고용허가

① 직업안정기관이 아닌 자는 외국인근로자의 선발, 알선, 그 밖의 채용에 개입 ×

② **근로계약의 체결** : 고용허가서를 발급받은 사용자는 고용허가서 발급일로부터 3개월 이내에 외국인근로자와 근로계약을 체결하여야 함

3. 근로계약

① 사용자가 법률에 따라 선정한 외국인근로자를 고용하려는 경우에는 고용노동부령으로 정하는 표준근로계약서를 사용하여 근로계약을 체결하여야 함

② 외국인근로자와 근로계약을 체결하려는 경우에는 한국산업인력공단 등에 대행하게 할 수 있음

③ 입국한 날부터 3년의 범위 내에서 당사자 간의 합의에 따라 근로계약을 체결하거나 갱신할 수 있음

④ 취업활동기간이 연장되는 외국인근로자와 사용자는 연장된 취업활동기간의 범위에서 근로계약을 체결할 수 있음

4. 사증발급인정서

외국인근로자와 근로계약을 체결한 사용자는 외국인근로자를 대리하여 법무부장관에게 사증발급인정서를 신청할 수 있음

5. 외국인취업교육

① **외국인근로자** : 국내 취업활동에 필요한 사항의 주지를 위한 교육을 받아야 함

② **사용자** : 외국인근로자가 취업교육을 받을 수 있도록 하여야 함

Ⅲ 외국인근로자의 고용관리

1. 출국만기보험 · 신탁

① 외국인근로자를 고용한 사업 또는 사업장의 사용자는 외국인근로자의 출국 등에 따른 퇴직금 지급을 위하여 외국인근로자를 피보험자 또는 수익자로 하는 보험 또는 신탁에 가입하여야 함

② 사용자가 출국만기보험 등에 가입한 경우에는 퇴직금제도를 설정한 것으로 간주

2. 귀국비용보험 · 신탁

외국인근로자는 귀국 시 필요한 비용에 충당하기 위하여 보험 또는 신탁에 가입하여야 함

3. 귀국에 필요한 조치

외국인근로자가 근로관계의 종료, 체류기간의 만료 등으로 귀국하는 경우에는 귀국하기 전에 임금 등 금품관계를 청산하는 등 필요한 조치를 하여야 함

4. 외국인근로자의 고용관리

사용자가 외국인근로자와의 근로계약을 해지하거나 고용과 관련된 중요사항을 변경하는 등의 사유가 발생하였을 경우에는 직업안정기관의 장에게 신고하여야 함

5. 취업활동기간의 제한

외국인근로자는 입국한 날부터 3년의 범위에서 취업활동 가능

6. 고용허가 또는 특례고용가능확인의 취소

취소사유	① 거짓이나 그 밖의 부정한 방법으로 고용허가나 특례고용가능확인을 받은 경우 ② 사용자가 입국 전에 계약한 임금 또는 그 밖의 근로조건을 위반하는 경우 ③ 사용자의 임금체불 또는 그 밖의 노동관계법 위반 등으로 근로계약을 유지하기 어렵다고 인정되는 경우
취소절차	직업안정기관의 장은 취소사유에 해당하는 사용자에 대하여 외국인근로자 고용허가를 취소할 수 있음

7. 외국인근로자 고용의 제한

고용제한 사유	① 고용허가 또는 특례고용가능확인을 받지 아니하고 외국인근로자를 고용한 자 ② 외국인근로자의 고용허가나 특례고용가능확인이 취소된 자 ③ 이 법 또는 출입국관리법을 위반하여 처벌을 받은 자 ④ 외국인근로자의 사망으로 산업안전보건법에 따른 처벌을 받은 자 ⑤ 그 밖에 대통령령으로 정하는 다음의 사유에 해당하는 자 ㉠ 고용허가서를 발급받은 날 또는 외국인근로자의 근로가 시작된 날부터 6개월 이내에 내국인 근로자를 고용조정으로 이직시킨 자 ㉡ 외국인근로자로 하여금 근로계약에 명시된 사업 또는 사업장 외에서 근로를 제공하게 한 자 ㉢ 근로계약이 체결된 이후부터 외국인 취업교육을 마칠 때까지의 기간 동안 경기의 변동, 산업구조의 변화 등에 따른 사업 규모의 축소, 사업의 폐업 또는 전환, 감염병 확산으로 인한 항공기 운항 중단 등과 같은 불가피한 사유가 없음에도 불구하고 근로계약을 해지한 자
고용제한 기간	당해 사실이 발생한 날부터 3년간 외국인근로자의 고용 제한

Ⅳ 외국인근로자의 보호

차별금지	사용자는 외국인근로자라는 이유로 부당하게 차별하여 처우 ×
외국인근로자 권익보호위원회	직업안정기관에 관할 구역의 노동자단체와 사용자단체 등이 참여하는 외국인근로자 권익보호협의회를 둘 수 있음
사업 또는 사업장 변경	사용자가 정당한 사유로 근로계약을 해지하려고 하거나 근로계약이 만료된 후 갱신을 거절하려는 경우에는 작업안정기관의 장에게 변경 신청

12 종합문제

Ⅰ 법원에 소를 제기하여야 하는 경우

① 성별을 이유로 한 차별에 따른 정신적 손해배상의 청구
② 사용자의 불법적인 직장폐쇄로 인한 손해배상의 청구
③ 산업재해로 인한 손해배상의 청구

Ⅱ 근로자대표와의 서면 합의를 필요로 하는 경우

① 3개월 단위의 탄력적 근로시간제의 실시(근기법 제51조 제2항)
② 선택적 근로시간제의 실시(근기법 제52조)
③ 보상 휴가제 실시(근기법 제57조)
④ 재량적 근로시간제의 실시(근기법 제58조 제3항)
⑤ 연차유급휴가의 대체(근기법 제62조)

Ⅲ 근기법상 서면으로 할 것을 요하지 아니하는 경우

① 경영상 이유에 의한 해고 시 해고를 피하기 위한 방법 및 해고 기준 결정(근기법 제24조)
② 근로자를 해고하고자 할 경우의 30일 전 해고 예고(근기법 제26조)
③ 2주 단위 탄력적 근로시간제(근기법 제51조 제1항)
④ 개별 근로자와 사용자 간의 연장근로의 합의(근기법 제53조 제1항)
⑤ 연장·야간 및 휴일 근로의 가산임금의 지급(근기법 제56조)

우리가 쓰는 것 중

가장 값비싼 것은 시간이다.

– 테오프라스토스 –

노동법 Ⅱ

CHAPTER

01 총 설

제1절 집단적 노사관계법

제2절 노동법의 연혁

우리나라	제헌헌법 제18조의 규정 내용 ▸ 근로자의 단결, 단체교섭과 단체행동의 자유는 법률의 범위 내에서 보장 ▸ 영리를 목적으로 하는 사기업에 있어서 근로자는 법률의 정하는 바에 의하여 이익의 분배에 균점할 권리가 있음(사기업체 근로자의 이익분배균점권)
독 일	독일의 1919년 바이마르헌법 : 단결의 자유를 명문화

제3절 노동3권

의 의	헌법의 근로3권 보장취지는 근로자의 이익과 지위의 향상을 도모하는 사회복지국가 건설의 과제를 달성하고자 함에 있는 것
법적 성격	노동3권에 대한 헌재의 태도 : 사회권적 성격을 띤 자유권(자유권적 측면과 생존권적 측면 동시에 보유)이라고 보는 입장
주 체	• 근로자 : 근로조건의 향상을 위하여 자주적인 단결권 · 단체교섭권 및 단체행동권을 가짐 • 개인택시운전자 : 임금 · 급료 기타 이에 준하는 수입에 의하여 생활하는 자라 할 수 없으므로 노동3권의 주체 ×
상호관계	노동3권에 대한 대법원의 태도 : 근로3권 중에 단체교섭권이 중핵적 권리라는 입장
노동3권 제한의 법적 근거	노동3권 제한에 관한 개별적 제한규정이 없더라도 헌법 제37조 제2항의 일반유보조항에 따라 노동3권 제한 가능 ▸ 국가안전 보장 · 질서 유지 또는 공공복리를 위하여 필요한 경우 법률로써 제한 가능
근로의 특수성에 근거한 노동3권의 제한	공무원인 근로자 : 법률이 정하는 자에 한하여 단결권 · 단체교섭권 및 단체행동권을 가짐
사업 · 업무의 특수성에 기인한 노동3권의 제한	법률이 정하는 주요방위산업체에 종사하는 근로자 : 이들의 단체행동권은 법률이 정하는 바에 의하여 제한하거나 인정하지 아니할 수 있음

CHAPTER

02 단결권

제1절 서 설

I 단결권의 의의

노동3권에 대한 헌재의 태도

- ▸ 적극적 단결권은 근로자 개인의 단결하지 않을 자유보다 중시되어야 하나, 이로 인해 단결하지 아니할 자유의 본질적인 내용 침해 ×
- ▸ 단결권에는 집단적 단결권은 포함되나 단결하지 아니할 자유, 즉 소극적 단결권은 포함 ×
- ▸ 소극적 단결권은 일반적 행동의 자유 또는 결사의 자유에 근거
- ▸ 단결권에는 단결선택권이 포함
- ▸ 단체교섭권은 어떠한 제약도 허용되지 아니하는 절대적인 권리 ×

II 단결의 주체

1. 근로자

(1) 노조법상의 근로자의 의의

구분	내용
노조법상 근로자의 개념	직업의 종류를 불문하고 임금·급료 기타 이에 준하는 수입에 의하여 생활하는 자
노조법상 근로자의 범위	① 근기법상 근로자에 한정 × ② 현실적으로 취업하고 있는 사람, 일시적으로 실업상태에 있는 사람, 구직 중인 사람을 포함하여 노동3권을 보장할 필요성이 있는 사람도 포함 ③ 근로자성이 인정되는 한, 외국인인지 여부나 취업자격의 유무 불문
근기법상 근로자와의 구별	① 근기법상의 근로자의 개념 : 직업의 종류와 관계없이 임금을 목적으로 사업이나 사업장에 근로를 제공하는 자 ② 주식회사의 이사 등 임원이 대표이사의 지휘·감독 아래 일정한 노무를 담당하고 그 대가로 일정한 보수를 받아 온 경우에는 근기법상 근로자에 해당

(2) 노조법상의 근로자에 해당하는지 여부

① 노무제공관계의 실질에 비추어 판단

② 노동조합에의 참가가 금지되는 자인지 여부를 일정한 직급이나 직책에 의하여 일률적으로 결정 ×

(3) 노조법상의 근로자 인정 여부에 대한 기타의 지문

① 노조법상 근로자가 초기업별 노동조합과 직접적인 근로계약관계가 인정되지 아니하는 경우에도 초기업별 노동조합에 가입 가능

② 취업활동을 할 수 있는 체류자격을 받지 않은 외국인이 사용종속관계하에서 근로를 제공하고 그 대가로 임금 등을 받아 생활하는 경우에는 노동조합에 가입 가능

2. 노동조합

(1) 노동조합의 의의

노동조합의 개념	근로자가 주체가 되어 자주적으로 단결하여 근로조건의 유지·개선 기타 근로자의 경제적·사회적 지위의 향상을 도모함을 목적으로 조직하는 단체 또는 그 연합단체
노동조합의 단결권	노동조합 : 단결권 행사의 주체 ○

(2) 노동조합에 대한 기타의 지문

① 단위노동조합이 연합단체인 노동조합에 가입하는 경우에는 그 연합단체인 노동조합의 규약이 정하는 의무를 성실하게 이행하여야 함

② 총연합단체인 노동조합 : 소속 노동조합의 활동에 대하여 협조·지원 또는 지도할 수 있음

Ⅲ 단결의 상대방

사용자	의 의	사업주, 사업의 경영담당자 또는 그 사업의 근로자에 관한 사항에 대하여 사업주를 위하여 행동하는 자
	사용자에 해당하는 사례	① 부당노동행위구제명령을 이행할 수 있는 법률적 또는 사실적인 권한이나 능력을 가지는 지위에 있으나 직접고용관계에 있지 않은 경우 ② 근로자의 인사, 급여, 후생, 노무관리 등 근로조건 결정 또는 업무상 명령이나 지휘감독을 하는 등의 사항에 대하여 사업주로부터 일정한 권한과 책임을 부여받은 경우 ③ 사업의 근로자에 관한 사항에 대하여 사업주를 위하여 행동하는 경우
사용자단체	노동관계에 관하여 그 구성원인 사용자에 대하여 조정 또는 규제할 수 있는 권한을 가진 사용자의 단체	

제2절 노동조합의 설립

I 실질적 요건

1. 적극적 요건

2. 소극적 요건

(1) 노동조합 해당 여부

노동조합에 해당 O	노동조합에 해당 ×
최소한의 규모라 하더라도 사용자로부터 노동조합사무소를 제공받은 경우	① 복리사업만을 목적으로 하는 경우 ② 항상 사용자의 이익을 대표하여 행동하는 자의 참가를 허용하는 경우 ③ 주로 정치운동을 목적으로 하는 경우 ④ 공제사업만을 목적으로 하는 경우

(2) 소극적 요건에 대한 심사취지

요건을 갖추지 못한 노동조합의 난립을 방지함으로써 근로자의 자주적이고 민주적인 단결권 행사의 보장

(3) 설립무효확인의 소 제기

단체교섭의 주체가 되고자 하는 복수 노동조합 중 어느 한 노동조합은 다른 노동조합에 대한 설립무효확인의 소 제기 가능

II 형식적 요건

1. 노동조합의 설립신고

신고서의 기재사항	① 명 칭 ② 주된 사무소의 소재지 ③ 조합원수 ④ 임원의 성명과 주소 ⑤ 소속된 연합단체가 있는 경우에는 그 명칭 ⑥ 연합단체인 노동조합에 있어서는 그 구성노동단체의 명칭, 조합원수, 주된 사무소의 소재지 및 임원의 성명ㆍ주소
신고서의 제출	① 2 이상의 시ㆍ군ㆍ구(자치구)에 걸치는 단위노동조합을 설립하고자 하는 경우에는 설립신고서에 규약을 첨부하여 특별시장ㆍ광역시장ㆍ도지사에게 제출 ② 산업별 연합단체인 노동조합을 설립하고자 하는 경우에는 설립신고서를 고용노동부장관에게 제출 ③ 근로조건의 결정권이 있는 독립된 사업 또는 사업장에 조직된 노동단체인 경우에는 명칭이 무엇이든 상관없이 노동조합의 설립신고 가능

2. 행정관청의 심사절차

(1) 신고증의 교부

① 설립신고서를 접수한 행정관청은 반려ㆍ보완사유가 없는 경우 : 3일 이내에 신고증 교부

② 노동조합의 설립신고서를 접수한 때부터 3일 이내에 설립신고서의 반려 또는 보완지시가 없는 경우 : 설립신고증의 교부가 없으면 노동조합 성립 ×

(2) 설립신고서의 보완

설립신고서의 보완사유	① 설립신고서에 규약이 첨부되어 있지 아니하거나 설립신고서 또는 규약의 기재사항 중 누락 또는 허위 사실이 있는 경우 ② 임원의 선거 또는 규약의 제정절차가 총회의 의결절차나 규약으로 정한 임원의 자격에 관한 사항에 위반되는 경우
설립신고서의 보완요구	행정관청은 20일 이내의 기간을 정하여 보완을 요구하여야 함

(3) 설립신고서의 반려

설립신고서 반려사유 ○	① 설립하고자 하는 노동조합이 사용자 또는 항상 그의 이익을 대표하여 행동하는 자의 참가를 허용하는 경우 ② 설립하고자 하는 노동조합이 경비의 주된 부분을 사용자로부터 원조받는 경우 ③ 설립하고자 하는 노동조합이 공제·수양 기타 복리사업만을 목적으로 하는 경우 ④ 설립하고자 하는 노동조합이 근로자가 아닌 자의 가입을 허용하는 경우 ⑤ 설립하고자 하는 노동조합이 주로 정치운동을 목적으로 하는 경우 ⑥ 설립신고서의 보완을 요구하였음에도 불구하고 그 기간 내에 보완을 하지 아니하는 경우
설립신고서 반려사유 ×	① 설립신고서에 규약이 첨부되어 있지 아니한 경우 ② 지역별 노동조합이 일시적으로 실업 상태에 있는 자를 구성원으로 포함시키고 있는 경우

(4) 행정관청의 심사절차에 대한 기타의 지문

노동조합설립신고서의 보완을 요구하거나 그 신고서를 반려하는 경우에는 노동위원회의 의결 불요

3. 심사의 방법

설립신고서 접수 시 노조법 제2조 제4호 각 목에 해당 여부가 문제된다고 볼 만한 객관적인 사정이 있는 경우에는 설립신고서와 규약 내용 외의 사항에 대하여 실질적인 심사를 거쳐 반려 여부 결정

Ⅲ 노동조합의 설립과 법적 효과

1. 설립시기

노동조합이 신고증을 교부받은 경우 : 설립신고서가 접수된 때에 설립을 간주

2. 법적 효과

노동조합으로 설립된 경우	① 노동쟁의의 조정 및 부당노동행위의 구제 신청 ○ ② 노동쟁의의 중재 신청 ○ ③ 규약이 정하는 바에 의하여 법인으로 설립 가능 ④ 노동조합이라는 명칭 사용 ○ ⑤ 노동위원회의 근로자위원 추천 ○ ⑥ 규약이 정하는 바에 의하여 법인으로 설립 가능 ⑦ 그 사업체를 제외하고는 세법이 정하는 바에 따라 조세 부과하지 아니함
근로자단체에 불과한 경우	단체교섭권과 단체협약체결권을 인정(헌법 제33조 제1항)

3. 설립신고 후의 변경사항

설립신고된 사항 중 명칭, 대표자의 성명에 변경이 있는 경우 : 그날부터 30일 이내에 행정관청에게 변경신고

Ⅳ 노동조합 설립신고서 반려제도의 위헌 여부

노동조합을 설립할 때 행정관청에 설립신고서를 제출하게 하고 그 요건을 충족하지 못하는 경우 설립신고서를 반려하도록 하고 있는 노조법 제12조 제3항 제1호가 헌법상 금지된 단체결성에 대한 허가제에 해당하지 않음

Ⅴ 노동조합과 법인격

① 법인인 노동조합 : 노조법에 규정된 것을 제외하고는 민법 중 사단법인에 관한 규정 적용
② 노동조합을 법인으로 하려는 경우 : 주된 사무소의 소재지를 관할하는 등기소에 등기를 하여야 함
③ 법인 등기사항 중 변경된 사항이 있는 경우 : 노동조합의 대표자는 변경이 있는 날부터 3주 이내에 변경등기를 해야 함

Ⅵ 법외노조

노조법상 노동조합이 아님을 통보하는 법외노조통보는 적법하게 설립된 노동조합의 법적 지위를 박탈하는 중대한 침익적 처분으로서 원칙적으로 국민의 대표자인 입법자가 스스로 형식적 법률로써 규정하여야 할 사항이고, 행정입법으로 이를 규정하기 위하여는 반드시 법률의 명시적이고 구체적인 위임이 있어야 함

제3절 노동조합의 운영과 활동

Ⅰ 조합원의 지위 및 권리 · 의무

1. 조합원의 권리

차별대우의 금지	노동조합의 조합원은 어떠한 경우에도 인종, 종교, 성별, 연령, 신체적 조건, 고용형태, 정당 또는 신분에 의하여 차별대우를 받지 아니함
조합운영상황 공개요구권	노동조합의 대표자는 회계연도마다 결산결과와 운영상황을 공표하여야 함

2. 조합원의 의무

노동조합의 조합원은 균등하게 그 노동조합의 모든 문제에 참여할 권리와 의무를 가진다. 다만, 노동조합은 그 규약으로 조합비를 납부하지 아니하는 조합원의 권리를 제한할 수 있음

Ⅱ 노동조합의 규약과 행정관청의 감독 등

1. 조합규약

(1) 의무적 기재사항 해당 여부

규약의 의무적 기재사항 ○	① 명 칭 ② 목적과 사업 ③ 주된 사무소의 소재지 ④ 조합원에 관한 사항(연합단체인 노동조합에 있어서는 그 구성단체에 관한 사항) ⑤ 소속된 연합단체가 있는 경우에는 그 명칭 ⑥ 대의원회를 두는 경우에는 대의원회에 관한 사항 ⑦ 회의에 관한 사항 ⑧ 대표자와 임원에 관한 사항 ⑨ 조합비 기타 회계에 관한 사항 ⑩ 규약변경에 관한 사항 ⑪ 해산에 관한 사항 ⑫ 쟁의행위와 관련된 찬반투표 결과의 공개, 투표자 명부 및 투표용지 등의 보존·열람에 관한 사항 ⑬ 대표자와 임원의 규약위반에 대한 탄핵에 관한 사항 ⑭ 임원 및 대의원의 선거절차에 관한 사항 ⑮ 규율과 통제에 관한 사항
규약의 의무적 기재사항 ×	단체협약의 체결에 관한 권한의 위임에 관한 사항

(2) 조합규약에 대한 기타의 지문

① 노조법이 반드시 총회의 의결을 거치도록 규정하고 있는 사항 이외의 다른 사항을 규약에 추가하는 것 가능

② 노동조합의 선거관리규정 : 자치적 법규범으로서 국가법질서 내에서 법적 효력 ○

③ 노동조합과 조합원 간의 분쟁에 관하여 노동조합을 상대로 한 제소금지를 정한 노동조합의 규정 : 무효 ○

2. 행정관청의 감독

조합규약 및 조합결의·처분의 시정	① 노동조합의 규약이 노동관계법령에 위반한 경우에는 행정관청은 노동위원회의 의결을 얻어 시정 명령 ② 노동조합의 결의 또는 처분이 규약에 위반된다고 인정할 경우에는 이해관계인의 신청이 있는 경우에 한하여 노동위원회의 의결을 얻어 시정 명령
자료의 제출	① 노동조합 : 행정관청이 요구하는 경우에는 결산결과와 운영상황을 보고하여야 함 ② 행정관청 : 노동조합으로부터 결산결과 또는 운영상황의 보고를 받으려는 경우에는 그 사유와 그 밖에 필요한 사항을 적은 서면으로 10일 이전에 요구하여야 함
서류비치와 보존	① 서류비치의무 ㉠ 조합원 명부(연합단체인 노동조합에 있어서는 그 구성단체의 명칭) ㉡ 규 약 ㉢ 임원의 성명·주소록 ㉣ 회의록 ㉤ 재정에 관한 장부와 서류 ② 보존기간 : 노동조합의 회의록, 재정에 관한 장부와 서류의 보존기간은 3년

Ⅲ 노동조합의 기구

1. 의결기관

(1) 총 회

1) 개최시기

구분	내용
정기총회	① 노동조합의 최고의결기관 ② 노동조합 : 매년 1회 이상 총회를 개최하여야 함 ③ 노동조합의 대표자 : 총회의 의장
임시총회	① 노동조합의 대표자 ㉠ 필요하다고 인정할 때 임시총회 또는 임시대의원회를 소집할 수 있음 ㉡ 조합원의 3분의 1 이상이 회의에 부의할 사항을 제시하고 회의의 소집을 요구한 때에는 지체 없이 임시총회를 소집하여야 함 ② 연합단체인 노동조합의 대표자 : 구성단체의 3분의 1 이상이 회의에 부의할 사항을 제시하고 회의의 소집을 요구한 때에는 지체 없이 임시총회 또는 임시대의원회를 소집하여야 함 ③ 총회 또는 대의원회의 소집권자가 없는 경우 : 행정관청은 조합원 또는 대의원의 3분의 1 이상이 회의에 부의할 사항을 제시하고 소집권자의 지명을 요구한 때에는 15일 이내에 회의의 소집권자를 지명하여야 함

2) 소집절차

① **총회(대의원회)의 공고기간** : 회의개최일 7일전까지 공고하여야 하나, 노동조합이 동일한 사업장 내의 근로자로 구성된 경우에는 규약으로 공고기간 단축할 수 있음

② **노동조합 위원장선거를 위한 임시총회의 소집공고 등 절차상 하자가 있었으나, 총유권자의 약 90%의 조합원이 참여하고 입후보나 총회 참여에 어떠한 지장이 없던 경우** : 총회에서의 위원장 선출결의는 유효 O

3) 의결사항

① 규약의 제정과 변경에 관한 사항
② 임원의 선거와 해임에 관한 사항
③ 단체협약에 관한 사항
④ 예산・결산에 관한 사항
⑤ 기금의 설치・관리 또는 처분에 관한 사항
⑥ 연합단체의 설립・가입 또는 탈퇴에 관한 사항
⑦ 합병・분할 또는 해산에 관한 사항
⑧ 조직형태의 변경에 관한 사항
⑨ 기타 중요한 사항

4) 의결방법

구분	내용
표결권의 특례	노동조합이 특정 조합원에 관한 사항을 의결할 경우에는 그 조합원은 표결권이 없음
의결정족수	① 다음 사항은 재적조합원 과반수의 출석과 출석조합원 과반수의 찬성으로 의결 ㉠ 임원의 선거 ㉡ 예산・결산에 관한 사항 ㉢ 기금의 설치에 관한 사항

	② 다음 사항은 재적조합원 과반수의 출석과 출석조합원 3분의 2 이상의 찬성으로 의결 규약의 제정·변경, 임원의 해임, 합병·분할·해산 및 조직형태의 변경에 관한 사항
조합원의 직접·비밀·무기명투표에 의하여야 할 경우	① 규약의 제정·변경에 관한 사항 ② 대의원의 선출에 관한 사항 ③ 임원의 선거·해임에 관한 사항 ④ 노동조합의 쟁의행위 실시에 관한 사항

(2) 대의원회 및 대의원

설 치	노동조합은 규약으로 총회에 갈음할 대의원회를 둘 수 있음
선출 방법	① 조합원의 직접·비밀·무기명투표에 의하여 선출 ② 하나의 사업 또는 사업장을 대상으로 조직된 노동조합의 대의원은 그 사업 또는 사업장에 종사하는 조합원 중에서 선출 ③ 대의원을 직접·비밀·무기명투표에 의하여 선출하도록 정한 규정은 강행규정임
임 기	규약으로 정하되 3년 초과 ×
총회와 대의원회의 의결사항의 구별	노동조합의 총회가 규약의 제·개정결의를 통하여 총회에 갈음할 대의원회를 두고 규약의 개정에 관한 사항을 대의원회의 의결사항으로 정한 경우라도 이로써 총회의 규약개정권한이 소멸된다고 볼 수 없음

2. 집행기관

임 기	규약으로 정하되 3년 초과 × ▸ 임원의 임기를 2년으로 정한 규약은 적법 ○
선 임	① 노동조합의 임원 자격 : 규약으로 정하되, 하나의 사업 또는 사업장을 대상으로 조직된 노동조합의 임원은 그 사업 또는 사업장에 종사하는 조합원 중에서 선출 ② 임원의 선거에 있어서 출석조합원 과반수의 찬성을 얻은 자가 없는 경우에는 규약이 정하는 바에 따라 결선투표를 실시하여 다수의 찬성을 얻은 자를 임원으로 선출

3. 노조전임자와 근로시간면제제도

(1) 노조전임자

지 위	① 사용자와의 사이에 기본적 노사관계는 유지되고 기업의 근로자로서의 신분도 보유 ② 조합전임자에 관하여 특별한 규정을 두거나 특별한 관행이 존재하지 아니하는 한 출·퇴근에 대한 사규의 적용 ○
활 동	① 단체협약이 유효기간의 만료로 효력이 상실되었으나, 단체협약상의 노조대표의 전임규정이 규범적 부분도 아닌 경우에는 노동조합 전임자는 원직 복귀명령에 응하여야 함 ② 노동조합전임자의 급여지급을 요구하고 이를 관철할 목적의 쟁의행위 금지 : 삭제됨 ③ 전임자가 사용자의 사업과는 무관한 상부 또는 연합관계에 있는 노동단체와 관련된 활동에 따른 재해를 입은 경우 : 업무상 재해 × ④ 전임자의 근로제공의무 존부 : 원칙적으로 노조전임발령 전에는 근로제공의무가 면제 × ⑤ 노동조합의 전임자 통지가 사용자의 인사명령을 거부하기 위한 수단으로 이용된 경우 : 전임운용권의 행사는 권리남용 ○
급 여	노동조합 전임자들의 퇴직금을 산정하는 경우에는 노동조합 전임자와 동일 직급 및 호봉 근로자들의 평균임금을 기준으로 하여 퇴직금 산정

(2) 근로시간면제자

① 단체협약으로 정하거나 사용자의 동의가 있는 경우에는 사용자 또는 노동조합으로부터 급여를 지급받으면서 근로를 제공하지 아니하고 노동조합의 업무에 종사할 수 있음

② 단체협약으로 정하거나 사용자의 동의로 사용자 또는 노동조합으로부터 급여를 지급받으면서 근로계약 소정의 근로를 제공하지 아니하고 노동조합의 업무에 종사하는 근로자의 정당한 노동조합활동을 제한 금지

③ 근로시간면제한도를 초과하는 내용을 정한 단체협약 또는 사용자의 동의는 그 부분에 한정하여 무효 ○

(3) 근로시간면제심의위원회

설 치	경제사회노동위원회에 설치
구 성	① 위원장 : 공익을 대표하는 위원 중에서 위원회가 선출 ② 위 원 ㉠ 근로자를 대표하는 위원과 사용자를 대표하는 위원 및 공익을 대표하는 위원 각 5명씩 성별을 고려하여 구성 ㉡ 공익을 대표하는 위원은 경제사회노동위원회 위원장이 추천한 15명 중에서 노동단체와 경영자단체가 순차적으로 배제하고 남은 사람으로 구성
심의 · 의결	① 근로시간 면제 한도를 심의 · 의결하고, 3년마다 적정성 여부를 재심의하여 의결 ② 재적위원 과반수의 출석과 출석위원 과반수의 찬성으로 의결 : 경제사회노동위원회 위원장으로부터 심의 요청을 받은 경우에는 심의 요청을 받은 날부터 60일 이내에 심의 · 의결 ③ 근로시간 면제한도 : 근로시간면제심의위원회는 근로시간면제한도를 정할 때 사업 또는 사업장에 종사하는 근로자인 조합원 수와 해당 업무의 범위 등을 고려하여 시간과 이를 사용할 수 있는 인원으로 정할 수 있음
고용노동부장관의 고시	고용노동부장관은 경제사회노동위원회 위원장이 통보한 근로시간면제한도를 고시하여야 함

4. 감사기관

① 노사관계법은 감사기관에 관한 명문규정을 두고 있지 아니함. 다만, 회계감사에 한하여 이를 의무화하고 있음

② 노동조합 회계감사

㉠ 노동조합의 대표자 : 회계감사원으로 하여금 6월에 1회 이상 당해 노동조합의 모든 재원 및 용도 등에 대한 회계감사를 실시하게 하고 그 내용과 감사결과를 전체 조합원에게 공개하여야 함

㉡ 노동조합의 회계감사원 : 필요하다고 인정할 경우 당해 노동조합의 회계감사를 실시하고 그 결과를 공개할 수 있음

Ⅳ 노동조합의 활동

1. 조합활동 주체의 정당성

조합원의 행위가 노동조합의 조직적인 활동 자체가 아닐지라도 그 성질상 노동조합활동으로 볼 수 있을 경우에는 노동조합의 업무를 위한 행위에 해당

2. 조합활동 수단의 정당성

구분	내용
비종사조합원의 조합활동	① 사용자의 효율적인 사업 운영에 지장을 주지 아니하는 범위에서 사업 또는 사업장 내에서 노동조합 활동을 할 수 있음 ② 종사근로자인 조합원이 해고되어 부당노동행위의 구제신청을 한 경우에는 중앙노동위원회의 재심판정이 있을 때까지는 종사근로자로 간주
조합활동과 시설관리권	① 사업장 내의 노동조합활동 ▸ 사용자의 시설관리권에 바탕을 둔 합리적인 규율이나 제약을 준수하여야 함 ▸ 근로조건의 유지 개선과 근로자의 경제적 지위의 향상을 도모하기 위하여 필요하고 근로자들의 단결 강화에 도움이 되는 행위 ▸ 취업규칙이나 단체협약에 별도의 허용규정이 있거나 관행 또는 사용자의 승낙이 있는 경우 외에는 취업시간(근무시간) 외에 행하여져야 함 ② 배포 허가제를 채택하고 있는 경우 배포행위의 정당성 : 허가뿐만 아니라 그 유인물의 내용이나 배포방법 등 제반 사정을 고려하여 판단 ▸ 문서의 배포행위의 정당성 : 배포한 목적이 노동조합원들의 단결이나 근로조건의 유지·개선과 복지증진 기타 경제적·사회적 지위의 향상을 도모하기 위한 것이고, 문서의 내용이 전체적으로 보아 진실한 것이라면, 정당한 활동범위에 속하는 것으로 보아야 함

Ⅴ 노동조합의 합병·해산과 조직변경

1. 노동조합의 합병·분할

2. 노동조합의 해산

(1) 노동조합의 해산사유 여부

구분	내용
해산사유 ○	① 총회 또는 대의원회의 해산결의가 있는 경우 ② 합병 또는 분할로 소멸한 경우 ③ 규약에서 정한 해산사유가 발생한 경우 ④ 노동조합의 임원이 없고 노동조합으로서의 활동을 1년 이상 하지 아니한 것으로 인정되는 경우로서 행정관청이 노동위원회의 의결을 얻은 경우
해산사유 ×	노동조합의 대표자가 제명된 경우

(2) 해산절차

대표자는 해산한 날부터 15일 이내에 행정관청에게 신고하여야 함

3. 노동조합의 조직변경

조직변경의 의의	노동조합의 조직변경은 조합의 존속 중에 그 동질성은 유지하면서 조직을 변경하는 것
조직변경의 절차	① 조합원의 범위를 변경하는 조직변경은 변경 전후의 조합의 실질적 동일성이 인정되는 범위 내에서 인정 ② 총회 또는 대의원회의 의결 : 재적조합원 과반수의 출석과 출석조합원 3분의 2 이상의 찬성에 의한 의결이 있어야 함
조직변경의 효과	조직변경이 유효하게 이루어진 경우에는 변경 후의 노동조합이 변경 전 노동조합의 재산관계 및 단체협약의 주체로서의 지위를 그대로 승계
산별노조지부·분회에서 기업별 노조로의 전환	① 산별노조의 지회가 기업별 노동조합에 준하는 실질을 가지고 있는 경우에는 총회의 의결을 거쳐 독립한 기업별 노동조합으로 조직형태 변경 가능 ② 산별노조의 지회가 노동조합 유사의 독립한 근로자단체로서 법인 아닌 사단에 해당하는 경우에는 조직형태 변경 결의로 기업별 노동조합으로 전환 가능 ③ 산업별 노동조합의 지회가 산업별 노동조합의 활동을 위한 내부적인 조직에 그치는 경우에는 총회의 결의로 그 소속 변경 × ④ 어느 사업장의 근로자로 구성된 노동조합은 구성원인 근로자가 주체가 되어 자주적으로 단결하고 민주적으로 운영되어야 하므로 다른 사업장의 노동조합을 결성하거나 그 조직형태 등을 결정할 수 없음

CHAPTER 03 단체교섭권

제1절 단체교섭

Ⅰ 서 설

단체교섭권의 정당한 행사 : 민・형사상 책임의 면제

Ⅱ 단체교섭의 주체

1. 단체교섭의 당사자

근로자 측의 당사자	① 해당 노동조합(단위노동조합) ② 분회나 지부 : 분회나 지부가 독자적인 규약 및 집행기관을 가지고 독립된 조직체로서 활동을 하는 경우 ▸ 고유한 사항에 대하여는 독자적으로 단체교섭하고 단체협약 체결 ○ ▸ 그 분회나 지부가 설립신고를 하였는지 여부에 영향 × ③ 연합단체인 노동조합 : 노조법 제2조 제4호의 요건을 갖춘 연합단체인 노동조합은 단체교섭의 당사자 ○ ④ 유일교섭단체조항 : 단체교섭의 결과 노사가 특정의 노동조합이 유일한 교섭주체임을 인정하는 취지의 단체협약을 체결한 경우는 무효로 봄
사용자 측의 당사자 (개별 사용자 또는 사용자단체)	① 사용자단체가 그 구성원인 사용자에 대하여 조정 또는 규제할 수 있는 권한을 가지고 있는 경우에는 교섭당사자의 지위 ○ ▸ 단체교섭의 당사자로서의 사용자단체는 노동조합과의 단체교섭 및 단체협약을 체결하는 것을 목적으로 하고 구성원인 각 사용자에 대하여 통제력을 가지고 있어야 함 ② 사용자단체가 교섭 또는 단체협약의 체결에 관한 권한을 위임하는 경우는 교섭사항과 권한범위를 정하여 위임하여야 함

2. 단체교섭의 담당자

(1) 사용자 측의 담당자

사용자 또는 사용자단체가 교섭 또는 단체협약의 체결에 관한 권한을 위임한 경우에는 그 사실을 노동조합에게 통보하여야 함

(2) 근로자 측의 담당자

노동조합의 대표자	① 노동조합의 대표자는 노동조합 또는 조합원을 위하여 사용자나 사용자단체와 교섭하고 단체협약을 체결할 권한 ○ ② 교섭대표노동조합의 대표자 : 교섭을 요구한 모든 노동조합 또는 조합원을 위하여 사용자와 교섭하고 단체협약을 체결할 권한 ○
노동조합으로부터 권한위임을 받은 자	① 노동조합은 단체협약의 체결에 관한 권한을 위임 가능 ② 권한을 위임받은 자 : 그 노동조합과 사용자를 위하여 위임받은 범위 안에서 그 권한을 행사 ③ 단위 노동조합이 연합단체에 단체교섭권한을 위임한 경우 : 단위 노동조합의 단체교섭권한은 중첩적으로 존재 ④ 노동조합이 교섭 또는 단체협약의 체결에 관한 권한을 위임한 경우에는 그 사실을 사용자 또는 사용자단체에게 통보하여야 함

Ⅲ 노조대표자의 단체협약체결권한과 제한

노조대표자의 단체협약체결권한	단체교섭권에는 단체협약체결권을 포함
협약체결권한 제한규정의 위법성	① 노동조합은 대표자의 단체협약체결권한을 전면적·포괄적으로 제한 × ② 노동조합의 대표자가 사용자와 단체교섭 결과 합의에 이르렀더라도 단체교섭위원들이 연명으로 서명하지 않는 한 단체협약을 체결할 수 없도록 노동조합규약을 정한 경우 : 노조법 위반 ○ ③ 조합원들의 의사를 반영하고 대표자의 업무 수행에 대한 적절한 통제를 위하여 단체협약체결권한의 행사를 절차적으로 제한하는 경우는 단체협약체결권한을 전면적·포괄적으로 제한하는 것이 아닌 이상 허용
인준투표제와 관련된 제 논점	노동조합의 대표자가 단체협약의 내용을 합의한 후 다시 협약안의 가부에 관하여 조합원 총회의 의결을 거치도록 하는 인준투표제 : 위법

Ⅳ 교섭창구단일화

1. 교섭 및 체결권한

교섭대표노동조합의 대표자 : 단체협약 체결 여부에 대해 원칙적으로 소수노동조합이나 그 조합원의 의사에 기속된다고 볼 수 없음

2. 단일화의 원칙 및 예외적인 개별교섭

단일화의 원칙	하나의 사업장에서 근로자가 설립하거나 가입한 노동조합이 2개 이상인 경우에는 노동조합은 교섭대표노동조합을 정하여 교섭 요구하여야 함
예외적인 개별교섭	사용자가 교섭창구 단일화 절차를 거치지 아니하기로 동의한 경우 ▸ 하나의 사업장에 설립된 복수의 노동조합은 각자 교섭 요구 가능 ▸ 사용자는 교섭을 요구한 모든 노동조합과 성실히 교섭하여야 함

3. 교섭창구단일화절차

(1) 교섭참여노동조합의 확정

① **노동조합의 단체협약이 2개 이상 있는 경우** : 먼저 도래하는 단체협약의 유효기간 만료일 이전 3개월이 되는 날부터 사용자에게 교섭 요구 가능할 수 있음

② **노동조합이 사용자에게 교섭을 요구하는 경우** : 노동조합의 명칭, 그 교섭을 요구한 날, 현재의 조합원 수 등 고용노동부령으로 정하는 사항을 적은 서면으로 하여야 함

③ **노동조합 교섭요구사실의 공고기간** : 사용자가 법령에 따라 교섭을 요구받은 날부터 7일간 공고하여야 함

④ **사용자가 교섭요구 사실의 공고를 하지 아니하거나 다르게 공고하는 경우** : 노동조합은 노동위원회에 시정요청

(2) 교섭대표노동조합의 자율적 결정

① 교섭대표노동조합결정절차에 참여한 모든 노동조합은 대통령령으로 정하는 기한 내에 자율적으로 교섭대표노동조합을 정함

② 자율적으로 교섭대표노동조합을 결정하여 그 결과를 사용자에게 통지한 이후 일부 노동조합이 그 이후의 절차에 참여하지 않은 경우에도 교섭대표노동조합의 지위는 유지됨

(3) 과반수 교섭대표노동조합

① 교섭대표노동조합을 자율적으로 결정하는 기한까지 교섭대표노동조합을 정하지 못하고 사용자의 동의를 얻지 못한 경우에는 교섭창구 단일화 절차에 참여한 노동조합의 전체 종사근로자인 조합원 과반수로 조직된 노동조합이 교섭대표노동조합

② 교섭창구단일화절차에 참여한 노동조합의 전체 조합원 과반수로 조직된 노동조합에는 2개 이상의 노동조합이 위임 또는 연합 등의 방법으로 교섭창구단일화절차에 참여한 노동조합 전체 조합원의 과반수가 되는 경우를 포함

③ **교섭창구 단일화 절차에서 조합원 수 산정** : 종사근로자인 조합원을 기준

(4) 공동교섭대표단

노조 간 자율적 공동교섭대표단의 구성	① 공동교섭대표단에 참여할 수 있는 노동조합 : 조합원 수가 교섭창구단일화절차에 참여한 노동조합의 전체 조합원 100분의 10 이상인 노동조합 ② 사용자에게 공동교섭대표단의 통지가 있은 이후 공동교섭대표단 결정 절차에 참여한 노동조합 중 일부 노동조합이 그 이후의 절차에 참여하지 않은 경우에도 교섭대표노동조합의 지위는 유지
노동위원회 공동교섭대표단의 결정	공동교섭대표단의 구성에 합의하지 못할 경우에는 노동위원회는 해당 노동조합의 신청에 따라 조합원 비율을 고려하여 이를 결정할 수 있음

(5) 노동위원회 결정에 대한 불복

교섭대표노동조합을 결정함에 있어 교섭요구사실 등에 대한 이의가 있는 경우에는 노동위원회는 노동조합의 신청을 받아 그 이의에 대한 결정을 할 수 있음

4. 교섭대표노동조합의 법적 지위

당사자지위의 인정	교섭대표노동조합의 대표권은 단체교섭 및 단체협약 체결(보충교섭이나 보충협약 체결을 포함)과 단체협약의 구체적인 이행과정에만 미치는 것이고, 노사관계 전반에까지 당연히 미친다고 볼 수 없음
지위유지기간	① 교섭대표노동조합은 그 결정이 있은 후 사용자와 체결한 첫 번째 단체협약의 효력이 발생한 날을 기준으로 2년이 되는 날까지 교섭대표노동조합의 지위를 유지하나, 새로운 교섭대표노동조합이 결정된 경우에는 그 결정된 때까지 교섭대표노동조합의 지위를 유지 ② 교섭대표노동조합의 지위 유지기간이 만료되었음에도 불구하고 새로운 교섭대표노동조합이 결정되지 못할 경우에는 기존 교섭대표노동조합은 새로운 교섭대표노동조합이 결정될 때까지 교섭대표노동조합의 지위를 유지
지위의 상실	교섭대표노동조합이 그 결정된 날부터 1년 동안 단체협약을 체결하지 못한 경우에는 어느 노동조합이든지 사용자에게 교섭을 요구할 수 있음

5. 유일노조의 교섭대표노동조합지위의 인정 여부

하나의 사업 또는 사업장 단위에서 유일하게 존재하는 노동조합이 교섭창구단일화절차를 형식적으로 거쳤다고 하더라도, 교섭대표노동조합의 지위를 취득할 수 없다고 봄

교섭권한 등의 위임통보(노조법 시행령 제14조)

① 노동조합과 사용자 또는 사용자단체(이하 "노동관계당사자")는 법 제29조 제3항에 따라 교섭 또는 단체협약의 체결에 관한 권한을 위임하는 경우에는 교섭사항과 권한범위를 정하여 위임하여야 한다.

② 노동관계당사자는 법 제29조 제4항에 따라 상대방에게 위임사실을 통보하는 경우에 다음 각 호의 사항을 포함하여 통보하여야 한다.

1. 위임을 받은 자의 성명(위임을 받은 자가 단체인 경우에는 그 명칭 및 대표자의 성명)
2. 교섭사항과 권한범위 등 위임의 내용

노동조합의 교섭요구시기 및 방법(노조법 시행령 제14조의2)

① 노동조합은 해당 사업 또는 사업장에 단체협약이 있는 경우에는 법 제29조 제1항 또는 제29조의2 제1항에 따라 그 유효기간 만료일 이전 3개월이 되는 날부터 사용자에게 교섭을 요구할 수 있다. 다만, 단체협약이 2개 이상 있는 경우에는 먼저 이르는 단체협약의 유효기간 만료일 이전 3개월이 되는 날부터 사용자에게 교섭을 요구할 수 있다.

② 노동조합은 제1항에 따라 사용자에게 교섭을 요구하는 때에는 노동조합의 명칭, 그 교섭을 요구한 날 현재의 종사근로자인 조합원 수 등 고용노동부령으로 정하는 사항을 적은 서면으로 해야 한다.

노동조합 교섭요구사실의 공고(노조법 시행령 제14조의3)

① 사용자는 노동조합으로부터 제14조의2에 따라 교섭요구를 받은 때에는 그 요구를 받은 날부터 7일간 그 교섭을 요구한 노동조합의 명칭 등 고용노동부령으로 정하는 사항을 해당 사업 또는 사업장의 게시판 등에 공고하여 다른 노동조합과 근로자가 알 수 있도록 하여야 한다.

② 노동조합은 사용자가 제1항에 따른 교섭요구사실의 공고를 하지 아니하거나 다르게 공고하는 경우에는 고용노동부령으로 정하는 바에 따라 노동위원회에 시정을 요청할 수 있다. 기출 23

③ 노동위원회는 제2항에 따라 시정요청을 받은 때에는 그 요청을 받은 날부터 10일 이내에 그에 대한 결정을 하여야 한다.

다른 노동조합의 교섭요구시기 및 방법(노조법 시행령 제14조의4)

제14조의2에 따라 사용자에게 교섭을 요구한 노동조합이 있는 경우에 사용자와 교섭하려는 다른 노동조합은 제14조의3 제1항에 따른 공고기간 내에 제14조의2 제2항에 따른 사항을 적은 서면으로 사용자에게 교섭을 요구하여야 한다.

교섭요구노동조합의 확정(노조법 시행령 제14조의5)

① 사용자는 제14조의3 제1항에 따른 공고기간이 끝난 다음 날에 제14조의2 및 제14조의4에 따라 교섭을 요구한 노동조합을 확정하여 통지하고, 그 교섭을 요구한 노동조합의 명칭, 그 교섭을 요구한 날 현재의 종사근로자인 조합원 수 등 고용노동부령으로 정하는 사항을 5일간 공고해야 한다.

② 제14조의2 및 제14조의4에 따라 교섭을 요구한 노동조합은 제1항에 따른 노동조합의 공고내용이 자신이 제출한 내용과 다르게 공고되거나 공고되지 아니한 것으로 판단되는 경우에는 제1항에 따른 공고기간 중에 사용자에게 이의를 신청할 수 있다.

③ 사용자는 제2항에 따른 이의신청의 내용이 타당하다고 인정되는 경우 신청한 내용대로 제1항에 따른 공고기간이 끝난 날부터 5일간 공고하고 그 이의를 제기한 노동조합에 통지하여야 한다.

④ 사용자가 제2항에 따른 이의신청에 대하여 다음 각 호의 구분에 따른 조치를 한 경우에는 해당 노동조합은 해당 호에서 정한 날부터 5일 이내에 고용노동부령으로 정하는 바에 따라 노동위원회에 시정을 요청할 수 있다.

1. 사용자가 제3항에 따른 공고를 하지 아니한 경우 : 제1항에 따른 공고기간이 끝난 다음 날
2. 사용자가 해당 노동조합이 신청한 내용과 다르게 제3항에 따른 공고를 한 경우 : 제3항에 따른 공고기간이 끝난 날

⑤ 노동위원회는 제4항에 따른 시정요청을 받은 때에는 그 요청을 받은 날부터 10일 이내에 그에 대한 결정을 하여야 한다.

자율적 교섭대표노동조합의 결정 등(노조법 시행령 제14조의6)

① 제14조의5에 따라 교섭을 요구한 노동조합으로 확정 또는 결정된 노동조합은 법 제29조의2 제3항에 따라 자율적으로 교섭대표노동조합을 정하려는 경우에는 제14조의5에 따라 확정 또는 결정된 날부터 14일이 되는 날을 기한으로 하여 그 교섭대표노동조합의 대표자, 교섭위원 등을 연명으로 서명 또는 날인하여 사용자에게 통지해야 한다.

② 사용자에게 제1항에 따른 교섭대표노동조합의 통지가 있은 이후에는 그 교섭대표노동조합의 결정절차에 참여한 노동조합 중 일부 노동조합이 그 이후의 절차에 참여하지 않더라도 법 제29조 제2항에 따른 교섭대표노동조합의 지위는 유지된다.

과반수노동조합의 교섭대표노동조합 확정 등(노조법 시행령 제14조의7)

① 법 제29조의2 제3항 및 이 영 제14조의6에 따른 교섭대표노동조합이 결정되지 못한 경우에는 법 제29조의2 제3항에 따른 교섭창구단일화절차에 참여한 모든 노동조합의 전체 종사근로자인 조합원 과반수로 조직된 노동조합(둘 이상의 노동조합이 위임 또는 연합 등의 방법으로 교섭창구단일화절차에 참여하는 노동조합 전체 종사근로자인 조합원의 과반수가 되는 경우를 포함. 이하 "과반수노동조합")은 제14조의6 제1항에 따른 기한이 끝난 날부터 5일 이내에 사용자에게 노동조합의 명칭, 대표자 및 과반수노동조합이라는 사실 등을 통지해야 한다.

② 사용자가 제1항에 따라 과반수노동조합임을 통지받은 때에는 그 통지를 받은 날부터 5일간 그 내용을 공고하여 다른 노동조합과 근로자가 알 수 있도록 해야 한다.

③ 다음 각 호의 사유로 이의를 제기하려는 노동조합은 제2항에 따른 공고기간 내에 고용노동부령으로 정하는 바에 따라 노동위원회에 이의신청을 해야 한다.

1. 사용자가 제2항에 따른 공고를 하지 않은 경우
2. 공고된 과반수노동조합에 대하여 그 과반수 여부에 이의가 있는 경우

④ 노동조합이 제2항에 따른 공고기간 내에 이의신청을 하지 않은 경우에는 같은 항에 따라 공고된 과반수노동조합이 교섭대표노동조합으로 확정된다.

⑤ 노동위원회는 제3항에 따른 이의신청을 받은 때에는 교섭창구단일화절차에 참여한 모든 노동조합과 사용자에게 통지하고, 조합원 명부(종사근로자인 조합원의 서명 또는 날인이 있는 것으로 한정) 등 고용노동부령으로 정하는 서류를 제출하게 하거나 출석하게 하는 등의 방법으로 종사근로자인 조합원 수에 대하여 조사·확인해야 한다.

⑥ 제5항에 따라 종사근로자인 조합원 수를 확인하는 경우의 기준일은 제14조의5 제1항에 따라 교섭을 요구한 노동조합의 명칭 등을 공고한 날로 한다.

⑦ 노동위원회는 제5항에 따라 종사근로자인 조합원 수를 확인하는 경우 둘 이상의 노동조합에 가입한 종사근로자인 조합원에 대해서는 그 종사근로자인 조합원 1명별로 다음 각 호의 구분에 따른 방법으로 종사근로자인 조합원 수를 산정한다.

1. 조합비를 납부하는 노동조합이 하나인 경우 : 조합비를 납부하는 노동조합의 종사근로자인 조합원 수에 숫자 1을 더할 것
2. 조합비를 납부하는 노동조합이 둘 이상인 경우 : 숫자 1을 조합비를 납부하는 노동조합의 수로 나눈 후에 그 산출된 숫자를 그 조합비를 납부하는 노동조합의 종사근로자인 조합원 수에 각각 더할 것
3. 조합비를 납부하는 노동조합이 하나도 없는 경우 : 숫자 1을 종사근로자인 조합원이 가입한 노동조합의 수로 나눈 후에 그 산출된 숫자를 그 가입한 노동조합의 종사근로자인 조합원 수에 각각 더할 것

PART 1 PART 2 PART 3

⑧ 노동위원회는 노동조합 또는 사용자가 제5항에 따른 서류제출요구 등 필요한 조사에 따르지 않은 경우에 고용노동부령으로 정하는 기준에 따라 종사근로자인 조합원 수를 계산하여 확인한다.
⑨ 노동위원회는 제5항부터 제8항까지의 규정에 따라 조사・확인한 결과 과반수노동조합이 있다고 인정하는 경우에는 그 이의신청을 받은 날부터 10일 이내에 그 과반수노동조합을 교섭대표노동조합으로 결정하여 교섭창구단일화절차에 참여한 모든 노동조합과 사용자에게 통지해야 한다. 다만, 그 기간 이내에 종사근로자인 조합원 수를 확인하기 어려운 경우에는 한 차례에 한정하여 10일의 범위에서 그 기간을 연장할 수 있다.

자율적 공동교섭대표단 구성 및 통지(노조법 시행령 제14조의8)

① 법 제29조의2 제3항 및 제4항에 따라 교섭대표노동조합이 결정되지 못한 경우에, 같은 조 제5항에 따라 공동교섭대표단에 참여할 수 있는 노동조합은 사용자와 교섭하기 위하여 다음 각 호의 구분에 따른 기간 이내에 공동교섭대표단의 대표자, 교섭위원 등 공동교섭대표단을 구성하여 연명으로 서명 또는 날인하여 사용자에게 통지해야 한다.
1. 과반수노동조합이 없어서 제14조의7 제1항에 따른 통지 및 같은 조 제2항에 따른 공고가 없는 경우 : 제14조의6 제1항에 따른 기한이 만료된 날부터 10일간
2. 제14조의7 제9항에 따라 과반수노동조합이 없다고 노동위원회가 결정하는 경우 : 제14조의7 제9항에 따른 노동위원회 결정의 통지가 있은 날부터 5일간

② 사용자에게 제1항에 따른 공동교섭대표단의 통지가 있은 이후에는 그 공동교섭대표단결정절차에 참여한 노동조합 중 일부 노동조합이 그 이후의 절차에 참여하지 않더라도 법 제29조 제2항에 따른 교섭대표노동조합의 지위는 유지된다.

기출 22

노동위원회결정에 의한 공동교섭대표단의 구성(노조법 시행령 제14조의9)

① 법 제29조의2 제5항 및 이 영 제14조의8 제1항에 따른 공동교섭대표단의 구성에 합의하지 못한 경우에 공동교섭대표단 구성에 참여할 수 있는 노동조합의 일부 또는 전부는 노동위원회에 법 제29조의2 제6항에 따라 공동교섭대표단 구성에 관한 결정 신청을 해야 한다.
② 노동위원회는 제1항에 따른 공동교섭대표단 구성에 관한 결정신청을 받은 때에는 그 신청을 받은 날부터 10일 이내에 총 10명 이내에서 각 노동조합의 종사근로자인 조합원 수에 따른 비율을 고려하여 노동조합별 공동교섭대표단에 참여하는 인원 수를 결정하여 그 노동조합과 사용자에게 통지해야 한다. 다만, 그 기간 이내에 결정하기 어려운 경우에는 한 차례에 한정하여 10일의 범위에서 그 기간을 연장할 수 있다.
③ 제2항에 따른 공동교섭대표단결정은 공동교섭대표단에 참여할 수 있는 모든 노동조합이 제출한 종사근로자인 조합원 수에 따른 비율을 기준으로 한다.
④ 제3항에 따른 종사근로자인 조합원 수 및 비율에 대하여 그 노동조합 중 일부 또는 전부가 이의를 제기하는 경우 종사근로자인 조합원 수의 조사・확인에 관하여는 제14조의7 제5항부터 제8항까지의 규정을 준용한다.
⑤ 공동교섭대표단 구성에 참여하는 노동조합은 사용자와 교섭하기 위하여 제2항에 따라 노동위원회가 결정한 인원 수에 해당하는 교섭위원을 각각 선정하여 사용자에게 통지하여야 한다.
⑥ 제5항에 따라 공동교섭대표단을 구성할 때에 그 공동교섭대표단의 대표자는 공동교섭대표단에 참여하는 노동조합이 합의하여 정한다. 다만, 합의되지 않은 경우에는 종사근로자인 조합원 수가 가장 많은 노동조합의 대표자로 한다.

교섭대표노동조합의 지위 유지기간 등(노조법 시행령 제14조의10)

① 법 제29조의2 제3항부터 제6항까지의 규정에 따라 결정된 교섭대표노동조합은 그 결정이 있은 후 사용자와 체결한 첫 번째 단체협약의 효력이 발생한 날을 기준으로 2년이 되는 날까지 그 교섭대표노동조합의 지위를 유지하되, 새로운 교섭대표노동조합이 결정된 경우에는 그 결정된 때까지 교섭대표노동조합의 지위를 유지한다.
② 제1항에 따른 교섭대표노동조합의 지위 유지기간이 만료되었음에도 불구하고 새로운 교섭대표노동조합이 결정되지 못할 경우 기존 교섭대표노동조합은 새로운 교섭대표노동조합이 결정될 때까지 기존 단체협약의 이행과 관련해서는 교섭대표노동조합의 지위를 유지한다.
③ 법 제29조의2에 따라 결정된 교섭대표노동조합이 그 결정된 날부터 1년 동안 단체협약을 체결하지 못한 경우에는 어느 노동조합이든지 사용자에게 교섭을 요구할 수 있다. 이 경우 제14조의2 제2항 및 제14조의3부터 제14조의9까지의 규정을 적용한다.

V 교섭단위 결정

1. 원 칙

교섭대표노동조합의 결정단위(교섭단위)는 하나의 사업 또는 사업장으로 함

2. 예 외

신청권자	하나의 사업장에서 교섭단위를 분리·통합할 필요가 있다고 인정되는 경우에는 노동위원회는 노동관계 당사자의 양쪽 또는 어느 한 쪽의 신청을 받아 교섭단위를 분리·통합하는 결정할 수 있음
교섭단위분리·통합결정	① 노동위원회가 교섭단위 분리의 결정신청을 받은 경우 ▸ 해당 사업 또는 사업장의 모든 노동조합과 사용자에게 그 내용 통지 ▸ 분리결정신청을 받은 날부터 30일 이내에 교섭단위 분리에 관한 결정을 하고 해당 사업 또는 사업장의 모든 노동조합과 사용자에게 통지 ② 사용자가 교섭요구 사실을 공고하기 전인 경우에는 노동위원회에 교섭단위를 분리하는 결정 신청 가능 ③ 사용자가 교섭요구 사실을 공고한 경우에는 교섭대표노동조합이 결정된 날 이후 교섭단위를 통합하는 결정 신청 가능 ④ 교섭단위 분리신청에 대한 노동위원회의 결정이 있기 전에 교섭 요구가 있는 경우에는 교섭단위 결정이 있을 때까지 교섭창구단일화절차의 진행은 정지
노동위원회 결정에 대한 불복	① 노동위원회의 결정에 관하여는 그 절차가 위법하거나, 내용이 위법한 경우, 그 밖에 월권에 의한 것인 경우에 한하여 불복 O ② 교섭단위 분리결정에 대한 재심신청 : 중재재정서의 송달을 받은 날부터 10일 이내에 중앙노동위원회에 그 재심 신청

교섭단위 결정(노조법 시행령 제14조의11)

① 노동조합 또는 사용자는 법 제29조의3 제2항에 따라 교섭단위를 분리하거나 분리된 교섭단위를 통합하여 교섭하려는 경우에는 다음 각 호에 해당하는 기간에 노동위원회에 교섭단위를 분리하거나 분리된 교섭단위를 통합하는 결정을 신청할 수 있다. 기출 22

1. 제14조의3에 따라 사용자가 교섭요구사실을 공고하기 전 기출 22
2. 제14조의3에 따라 사용자가 교섭요구사실을 공고한 경우에는 법 제29조의2에 따른 교섭대표노동조합이 결정된 날 이후

② 제1항에 따른 신청을 받은 노동위원회는 해당 사업 또는 사업장의 모든 노동조합과 사용자에게 그 내용을 통지해야 하며, 그 노동조합과 사용자는 노동위원회가 지정하는 기간까지 의견을 제출할 수 있다.

③ 노동위원회는 제1항에 따른 신청을 받은 날부터 30일 이내에 교섭단위를 분리하거나 분리된 교섭단위를 통합하는 결정을 하고 해당 사업 또는 사업장의 모든 노동조합과 사용자에게 통지해야 한다. 기출 22

④ 제3항에 따른 통지를 받은 노동조합이 사용자와 교섭하려는 경우 자신이 속한 교섭단위에 단체협약이 있는 때에는 그 단체협약의 유효기간 만료일 이전 3개월이 되는 날부터 제14조의2 제2항에 따라 필요한 사항을 적은 서면으로 교섭을 요구할 수 있다.

⑤ 제1항에 따른 신청에 대한 노동위원회의 결정이 있기 전에 제14조의2에 따른 교섭요구가 있는 때에는 교섭단위를 분리하거나 분리된 교섭단위를 통합하는 결정이 있을 때까지 제14조의3에 따른 교섭요구사실의 공고 등 교섭창구단일화절차의 진행은 정지된다. 기출 22

⑥ 제1항부터 제5항까지에서 규정한 사항 외에 교섭단위를 분리하거나 분리된 교섭단위를 통합하는 결정신청 및 그 신청에 대한 결정 등에 관하여 필요한 사항은 고용노동부령으로 정한다.

Ⅵ 공정대표의무

1. 의 의

① 공정대표의무는 단체교섭권의 본질적 내용이 침해되지 않도록 하기 위한 제도적 장치로 기능하고, 단체협약의 효력이 교섭창구단일화 절차에 참여한 다른 노동조합에게도 미치는 것을 정당화하는 근거가 됨

② 교섭대표노동조합과 사용자는 교섭창구 단일화절차에 참여한 노동조합 또는 그 조합원 간에 합리적 이유 없이 차별 ×

③ 교섭대표노동조합은 교섭창구 단일화 절차에 참여하지 않았으나 해당 사업 또는 사업장 내에 설립되어 있는 노동조합에 대하여 공정대표의무를 부담 ×

④ 사용자는 공정대표의무를 부담

2. 범 위

공정대표의무는 단체교섭의 과정이나 단체협약의 내용뿐만 아니라 단체협약의 이행과정에서도 준수되어야 함

3. 증명책임

공정대표의무를 위반한 차별에 합리적 이유가 있다는 점에서 교섭대표노동조합이나 사용자에게 주장・증명책임을 짐

4. 공정대표의무의 구체적인 내용

사용자가 단체협약에 따라 교섭대표노동조합에 노동조합 사무실을 제공한 경우에는 특별한 사정이 없는 한 교섭창구 단일화 절차에 참여한 다른 노동조합에게도 사무실을 제공하여야 함

5. 노동위원회 결정에 대한 불복

① 노동위원회의 시정명령에 대한 불복절차 : 부당노동행위 구제명령에 대한 불복절차를 준용

▸ 공정대표의무 위반에 관한 재심판정에 대한 불복 : 재심판정서의 송달을 받은 날부터 15일 이내에 행정소송 제기

② 교섭대표노동조합이 공정대표의무를 위반하여 차별한 경우 : 교섭창구단일화절차에 참여한 노동조합은 그 행위가 있은 날(단체협약내용의 일부 또는 전부가 공정대표의무에 위반되는 경우에는 단체협약 체결일)부터 3개월 이내에 대통령령으로 정하는 방법과 절차에 따라 노동위원회에 시정 요청할 수 있음

③ 노동위원회가 공정대표의무 위반의 시정신청을 받은 경우

▸ 지체 없이 필요한 조사와 관계당사자에 대한 심문을 하여야 함

▸ 심문을 할 경우 신청이나 직권으로 증인을 출석하게 하여 필요한 사항 질문할 수 있음

④ 공정대표의무 위반에 대한 시정명령이나 결정은 서면으로 하여야 하며, 교섭대표노동조합, 사용자 및 그 시정을 신청한 노동조합에 각각 통지하여야 함

⑤ 노동위원회는 공정대표의무 위반의 시정신청에 대하여 합리적 이유 없이 차별하였다고 인정한 경우에는 시정명령을 하여야 함

6. 벌 칙

① 사용자의 공정대표의무 위반 : 벌칙규정 ×

② 시정명령이 확정된 경우 그 시정명령에 위반한 자 : 3년 이하의 징역 또는 3천만원 이하의 벌금

> **공정대표의무 위반에 대한 시정(노조법 시행령 제14조의12)**
>
> ① 노동조합은 법 제29조의2에 따라 결정된 교섭대표노동조합과 사용자가 법 제29조의4 제1항을 위반하여 차별한 경우에는 고용노동부령으로 정하는 바에 따라 노동위원회에 공정대표의무 위반에 대한 시정을 신청할 수 있다.
>
> ② 노동위원회는 제1항에 따른 공정대표의무 위반의 시정신청을 받은 때에는 지체 없이 필요한 조사와 관계당사자에 대한 심문(審問)을 하여야 한다. 기출 23
>
> ③ 노동위원회는 제2항에 따른 심문을 할 때에는 관계당사자의 신청이나 직권으로 증인을 출석하게 하여 필요한 사항을 질문할 수 있다. 기출 23
>
> ④ 노동위원회는 제2항에 따른 심문을 할 때에는 관계당사자에게 증거의 제출과 증인에 대한 반대심문을 할 수 있는 충분한 기회를 주어야 한다.
>
> ⑤ 노동위원회는 제1항에 따른 공정대표의무 위반의 시정신청에 대한 명령이나 결정을 서면으로 하여야 하며, 그 서면을 교섭대표노동조합, 사용자 및 그 시정을 신청한 노동조합에 각각 통지하여야 한다.
>
> ⑥ 노동위원회의 제1항에 따른 공정대표의무 위반의 시정신청에 대한 조사와 심문에 관한 세부절차는 중앙노동위원회가 따로 정한다.

Ⅶ 단체교섭의 대상

<table>
<tr><td>단체교섭의 대상 여부의 판단</td><td colspan="2">단체교섭권을 보장한 취지에 비추어 판단</td></tr>
<tr><td rowspan="2">단체교섭의 대상에 해당 여부</td><td>단체교섭의 대상 ○</td><td>① 근로조건에 영향을 미치는 경영악화 등을 이유로 한 부서폐지결정
② 근로조건의 개선요구에 주된 목적이 있는 연구소장 퇴진요구
③ 강행법규나 공서양속에 반하지 않는 집단적 노동관계에 관한 사항
④ 조합원의 근로조건에 영향을 미치는 비조합원에 관한 사항
⑤ 근로조건 자체는 아니지만 근로조건과 밀접한 관련을 가지는 사항
⑥ 사용자가 처분할 수 있는 근로자의 대우 또는 당해 단체적 노사관계의 운영에 관한 사항
⑦ 보건에 관한 사항</td></tr>
<tr><td>단체교섭의 대상 ×</td><td>① 정리해고에 관한 노동조합의 요구내용이 사용자는 정리해고를 하여서는 아니 된다는 취지인 경우에는 원칙적으로 단체교섭의 대상 ×
② 기업의 구조조정 실시 여부</td></tr>
</table>

Ⅷ 단체교섭의 방법

① 노동조합과 사용자 또는 사용자단체

- ▸ 신의에 따라 성실히 교섭하고 단체협약을 체결하여야 하며 권한 남용 ×
- ▸ 정당한 이유 없이 교섭 또는 단체협약의 체결을 거부하거나 해태 ×

② 국가 및 지방자치단체 : 기업·산업·지역별 교섭 등 다양한 교섭방식을 노동관계 당사자가 자율적으로 선택할 수 있도록 지원하고 단체교섭이 활성화될 수 있도록 노력하여야 함

제2절 단체협약

Ⅰ 단체협약의 성립요건

① 서면으로 작성하여 당사자 쌍방이 서명 또는 날인
② 단체협약의 체결일부터 15일 이내에 당사자 쌍방이 연명으로 행정관청에게 신고
③ 단체협약은 그 합의가 반드시 정식의 단체교섭절차를 거쳐서 이루어질 것을 요구 ×
④ 노동조합과 사용자 쌍방이 노사협의회를 거쳐 실질적 · 형식적 요건을 갖춘 합의가 있는 경우 : 단체협약 ○

Ⅱ 단체협약의 내용 및 효력

1. 단체협약의 규범적 효력

구분	내용
효 력	단체협약에 정한 근로조건 기타 근로자의 대우에 관한 기준에 위반하는 취업규칙 또는 근로계약의 부분 : 무효
내 용	① 단체협약 중 근로조건 기타 근로자의 대우에 관하여 정한 부분 : 근로계약관계를 직접 규율하는 효력 ○ ② 임금에 관한 사항, 근로시간에 관한 사항, 해고사유에 관한 사항, 휴일 · 휴가, 인사와 관련한 사항 : 규범적 효력 ○ ③ 단체협약의 개정에도 불구하고 종전의 단체협약과 동일한 내용의 취업규칙이 있는 경우 : 개정된 단체협약에는 개정된 협약이 우선적으로 적용된다는 내용의 합의가 포함 ○
협약자치한계	① 노동조합은 사용자와 근로조건을 불리하게 변경하는 내용의 단체협약을 체결할 수 있고, 특별한 사정이 없는 한 그러한 노사 간의 합의는 유효함 ▸ 노동조합이 근로조건을 불리하게 변경하는 내용의 단체협약을 체결한 경우에 사전에 근로자들로부터 개별적인 동의나 수권을 받을 필요 없음 ② 현저히 합리성을 결한 단체협약 : 근로조건을 불리하게 변경하는 내용의 단체협약이 현저히 합리성을 결하여 노동조합의 목적을 벗어난 것으로 볼 수 있는 특별한 사정이 있는 경우에는 그 합의는 무효로 봄 ③ 이미 구체적으로 지급청구권이 발생한 임금 등에 대하여 근로자들로부터 개별적인 동의나 수권을 받지 않은 이상 단체협약만으로 포기나 지급유예와 같은 처분행위를 할 수 없음 ④ 노동조합이 근로조건 결정기준에 관하여 소급적으로 동의하는 내용의 단체협약을 체결한 경우에 동의나 승인의 효력은 단체협약이 시행된 이후 해당 사업장에서 근무하면서 단체협약의 적용을 받게 될 조합원이나 근로자에 대해서만 생길 뿐, 단체협약 체결 이전에 퇴직한 근로자에게는 효력이 없음

2. 단체협약의 채무적 효력

① 채무적 효력 : 노동조합과 사용자 간의 권리 · 의무를 준수하여야 하는 의무
② 평화의무, 평화조항, 조합활동에 관한 편의제공조항, 단체교섭의 절차 및 기타 규칙, 숍 조항, 쟁의행위에 관한 사항 : 채무적 효력 ○
▸ 평화의무 : 노동조합이 단체협약의 유효기간 중에 단체협약에서 정한 근로조건 등의 변경이나 폐지를 요구하는 쟁의행위를 행하지 않을 의무
③ 단체협약이 실효된 경우 채무적 부분의 효력 : 종료

Ⅲ 단체협약의 적용범위

1. 인적 적용범위 – 일반적 구속력

① 하나의 사업 또는 사업장에 상시 사용되는 동종의 근로자 반수 이상이 하나의 단체협약의 적용을 받게 된 경우에는 당해 사업 또는 사업장에 사용되는 다른 동종의 근로자에 대하여도 당해 단체협약 적용

② 일반적 구속력과 관련하여 사업장 단위로 체결되는 단체협약의 적용범위가 특정되지 않았거나 단체협약 조항이 공통적으로 적용되는 경우에는 직종의 구분 없이 사업장 내의 모든 근로자가 동종의 근로자에 해당

▸ 일반적 구속력에서의 동종의 근로자 : 당해 단체협약의 규정에 의하여 그 협약의 적용이 예상되는 자

▸ 일반적 구속력에 따라 단체협약의 적용을 받게 되는 '동종의 근로자'에는 조합원의 자격이 없는 자는 포함 ×

2. 장소적 적용범위 – 지역적 구속력

① 일정한 지역에서 사용자 간 부당경쟁방지의 목적

② 하나의 지역에 있어서 종업하는 동종의 근로자 3분의 2 이상이 하나의 단체협약의 적용을 받게 된 때에 행정관청이 당해 단체협약의 지역적 구속력 적용을 결정하는 경우에는 당해 지역에서 종업하는 다른 동종의 근로자와 그 사용자에 대하여도 당해 단체협약이 적용

③ 행정관청은 당해 단체협약의 당사자의 쌍방 또는 일방의 신청에 의하거나 직권으로 노동위원회의 의결을 얻어 단체협약의 지역적 구속력 적용 결정

④ 단체협약의 당사자 일방의 신청으로 단체협약의 지역적 구속력 적용결정을 하는 경우에는 중앙노동위원회의 조정 불요

⑤ 단체협약의 지역적 확장적용의 결정을 한 경우 : 지체 없이 공고

⑥ 이미 별도의 단체협약을 체결하여 그 협약의 적용을 받고 있는 근로자에게는 효력 ×

3. 시간적 적용범위

(1) 단체협약의 유효기간 만료와 실효 여부

단체협약의 유효기간	① 3년을 초과하지 않는 범위에서 노사가 합의하여 결정 ② 유효기간을 정하지 아니하거나 3년을 초과하는 유효기간을 정한 경우 : 3년 예 노동조합과 사용자가 단체협약의 유효기간을 4년으로 정한 경우 : 유효기간 3년
노조법 제32조 제3항 본문이 적용되는 경우	① 단체협약에 자동연장협정규정이 있는 경우 : 당초의 유효기간이 만료된 후 3월까지에 한하여 단체협약의 효력이 유효 × ② 단체협약의 유효기간이 만료되는 때를 전후하여 새로운 단체협약을 체결하고자 하였으나 체결되지 아니한 경우 : 별도의 약정이 있는 경우를 제외하고는 종전의 단체협약은 그 효력만료일부터 3월까지 계속 효력 ○
노조법 제32조 제3항 단서가 적용되는 경우	① 단체협약의 유효기간이 경과한 후에도 새로운 단체협약이 체결되지 아니한 때 새로운 단체협약이 체결될 때까지 종전 단체협약의 효력을 존속시킨다는 약정 : 유효 ○ ▸ 단체협약에 그 유효기간이 경과한 후에도 새로운 단체협약이 체결되지 아니한 때에 별도의 약정이 있는 경우 : 그에 따르되, 당사자 일방은 해지하고자 하는 날의 6월 전까지 상대방에게 통고함으로써 종전의 단체협약 해지 ② 단체협약의 유효기간이 경과한 후에도 새로운 단체협약이 체결되지 않은 때에는 체결될 때까지 해지권을 행사하지 못하도록 하는 약정 : 무효 ○

(2) 단체협약 실효 후의 근로관계

① 단체협약이 실효되었으나 개별적인 노동조건에 관한 부분을 변경하는 새로운 단체협약, 취업규칙이 체결·작성되지 아니하거나 개별적인 근로자의 동의를 얻지 아니한 경우에는 실효된 단체협약이 근로계약의 내용으로서 사용자와 근로자를 규율

② 단체협약이 실효되었다고 하더라도 개별적인 노동조건에 관한 부분이 개별적인 근로자의 근로계약 내용으로서 사용자와 근로자를 규율하는 경우는 해고사유 및 해고의 절차에 관한 부분도 그대로 적용

③ 일정한 조건이 성취될 때까지 특정 단체협약 조항에 따른 합의의 효력이 유지되도록 단체협약을 체결한 경우에는 단체협약 조항에 따른 합의는 해제조건의 성취로 효력 소멸

Ⅳ 단체협약의 종료

단체협약 중 위법한 내용이 있는 경우에는 행정관청은 노동위원회의 의결을 얻어 그 시정을 명할 수 있음

Ⅴ 단체협약의 해석

구분	내용
불리한 해석 금지의 원칙	단체협약과 같은 처분문서를 해석하는 경우 : 명문의 규정을 근로자에게 불리하게 변형해석 ×
노동위원회의 단체협약의 해석	① 단체협약의 해석 또는 이행방법에 관하여 관계당사자 간에 의견의 불일치가 있는 경우에는 당사자 쌍방 또는 단체협약에 정하는 바에 의하여 어느 일방이 노동위원회에 그 해석 또는 이행방법에 관한 견해의 제시를 요청 가능 ▸ 단체협약의 해석 또는 이행방법에 관하여 관계당사자 간에 의견의 불일치가 있는 경우 : 노동위원회는 직권으로 그 해석 또는 이행방법에 관한 견해를 제시 × ② 노동위원회가 단체협약의 해석 또는 이행방법에 관한 견해의 제시를 요청받은 경우 ▸ 해석요청을 받은 날부터 30일 이내에 명확한 견해를 제시 ▸ 노동위원회가 제시한 해석 또는 이행방법에 관한 견해는 중재재정과 동일한 효력 ○ ③ 단체협약의 해석에 관한 지방노동위원회의 제시견해가 위법 또는 월권에 의한 경우에는 중앙노동위원회에 재심 신청

Ⅵ 단체협약의 중요조항

구분	내용
조합원자격에 관한 조항	일정범위의 근로자에 대하여만 단체협약을 적용하기로 규정한 경우에는 단체협약은 그 범위에 속한 근로자에게만 적용
해고협의·합의조항 (인사절차조항)	① 단체협약에 조합원의 인사나 징계에 대해 노동조합의 의견을 청취하도록 하고 있는 경우 : 의견을 청취하지 않고 조합원에 대한 인사나 징계처분을 하였더라도 처분의 효력 ○ ② 해고의 사전합의조항을 단체협약에 두었으나, 그러한 절차를 거치지 아니하고 해고한 경우 : 해고처분은 원칙적으로 무효 ○ ③ 사용자가 인사처분을 할 때 노동조합의 사전 동의나 승낙을 얻도록 단체협약 등에 규정된 경우 : 절차를 거치지 아니한 인사처분은 원칙적으로 무효 ○
고용안정협약 (경영해고제한조항)	정리해고를 제한하기로 하는 내용의 단체협약을 체결한 경우는 강행법규나 사회질서에 위반 × ▸ 경영권에 속하는 사항(경영상 해고에 대한 사항)에 대한 단체협약의 내용이 강행법규나 사회질서에 위배되지 않는 경우 : 단체협약으로서의 효력 ○

04 단체행동권

제1절 서 설

Ⅰ 단체행동의 의의

노동쟁의	노동조합과 사용자 또는 사용자단체 간에 임금·근로시간·복지·해고 기타 대우 등 근로조건의 결정에 관한 주장의 불일치로 인하여 발생한 분쟁상태
쟁의행위	노동관계 당사자가 그 주장을 관철할 목적으로 행하는 행위와 이에 대항하는 행위로서 업무의 정상적인 운영을 저해하는 행위

Ⅱ 쟁의행위에 대한 노조법상의 규율

근로자는 쟁의행위기간 중에는 현행범 외에는 노조법 위반을 이유로 구속 ×

제2절 쟁의행위의 정당성

Ⅰ 쟁의행위 주체의 정당성

노동조합	① 독립적인 분회·지부 ② 비공인쟁의행위 ㉠ 조합원은 노동조합에 의하여 주도되지 아니한 쟁의행위 × ㉡ 조합원 전체가 아닌 소속 부서 조합원만의 의사에 의한 결의에 따라 다른 근로자의 작업거부를 선동하여 회사의 업무를 방해한 경우 : 노동조합의 조직적인 활동 ×
쟁의행위 주체의 제한	① 방산물자의 완성에 필요한 정비 업무에 종사하는 자 : 쟁의행위 × ② 주요방위산업체에 종사하는 근로자 중 방산물자의 완성에 필요한 개량업무에 종사하는 자 : 쟁의행위 × ③ 주요방위산업체에 종사하는 근로자 중 전력, 용수 및 주로 방산물자를 생산하는 업무에 종사하는 자 : 쟁의행위 ×

Ⅱ 쟁의행위 목적의 정당성

1. 정당성 여부의 판단

쟁의행위의 목적 중 일부가 정당하지 못한 경우에는 주된 목적 내지 진정한 목적에 의하여 쟁의 목적의 당부 판단

2. 목적의 정당성 인정 여부

구분	내용
목적의 정당성이 인정 ○	① 노동조합이 다소 무리한 임금 인상을 요구하면서 한 쟁의행위 ② 부당노동행위 구제절차를 거치지 아니한 쟁의행위 ③ 목적이 근로조건의 향상을 위한 자치적 교섭을 조성하는데 있는 쟁의행위 ④ 노동조합이 사용자가 수용할 수 없는 과다한 요구를 하면서 행한 쟁의행위
목적의 정당성이 인정 ×	① 쟁의행위기간에 대한 임금의 지급을 요구하여 이를 관철할 목적으로 하는 쟁의행위 ② 단체협약이 체결된 직후 자신들에게 불리하다는 이유만으로 단체협약의 무효화를 주장하면서 한 쟁의행위 ③ 단체교섭사항이 될 수 없는 사항을 달성하려는 쟁의행위 ④ 특별한 사정이 없는 한 노동조합이 실질적으로 구조조정의 실시 자체를 반대하기 위하여 나간 쟁의행위 ⑤ 평화의무 위반의 쟁의행위 ▸ 단체협약의 유효기간 중에 단체협약에서 이미 정한 근로조건이나 기타 사항의 변경・개폐를 요구하는 쟁의행위

Ⅲ 쟁의행위 시기・절차의 정당성

1. 조정전치주의

(1) 조정전치주의의 취지

쟁의행위가 조정전치의 규정에 따른 절차를 거치지 않은 경우에는 부당한 결과를 초래할 우려가 있는지의 여부 등 구체적 사정을 살펴서, 그 정당성 유무를 가려 형사상 죄책 유무를 판단

(2) 조정신청은 했으나 조정결정은 없는 경우

노동조합이 노동쟁의 조정신청을 하여 조정기간이 만료되었으나 조정종료 결정이 없는 경우 : 쟁의행위 가능

(3) 쟁의사항의 부가

조정전치절차 및 찬반투표절차를 거쳐 정당한 쟁의행위를 개시한 후 쟁의사항과 밀접하게 관련된 새로운 쟁의사항이 부가된 경우 : 부가된 사항에 대한 별도의 조정절차 및 찬반투표절차를 거쳐야 할 의무 ×

2. 쟁의행위에 대한 찬반투표

(1) 의 의

노동조합의 쟁의행위는 종사근로자인 조합원의 직접・비밀・무기명투표에 의한 조합원 과반수의 찬성으로 결정

(2) 찬반투표를 거치지 아니한 쟁의행위의 정당성

절차를 따를 수 없는 객관적인 사정이 없음에도, 쟁의행위를 위한 찬반투표절차를 거치지 아니하였으나 조합원의 민주적 의사결정이 실질적으로 확보되었다고 볼 수 있는 경우 : 정당성 ×

(3) 찬반투표에 참여할 조합원의 범위

① 지역별 · 산업별 · 업종별 노동조합의 경우 총파업이 아닌 이상 쟁의행위를 예정하고 있는 해당 지부 소속 조합원의 직접 · 비밀 · 무기명 투표에 의한 과반수의 찬성이 있는 경우 : 쟁의행위는 절차적으로 적법 ○

② 교섭대표노동조합이 결정된 때에는 그 절차에 참여한 노동조합의 전체 조합원의 직접 · 비밀 · 무기명투표에 의한 과반수의 찬성으로 결정하지 아니하면 쟁의행위 ×

(4) 쟁의행위에 대한 찬반투표에 대한 기타의 지문

① 쟁의행위에 대한 조합원 찬반투표가 노동위원회의 조정절차를 거치지 않고 실시된 경우 : 정당성 상실 ×

② 조합원의 쟁의행위 찬반투표 : 대의원회의 투표로 갈음 ×

3. 쟁의행위의 사전신고

(1) 사전신고 대상

쟁의행위의 일시, 쟁의행위의 장소, 쟁의행위의 참가인원, 쟁의행위의 방법

(2) 신고절차의 미준수

노조법상 적법한 절차를 거쳤으나 쟁의발생 신고절차를 미준수한 경우 : 정당성 ○

Ⅳ 쟁의행위 수단 · 방법의 정당성

1. 폭력 · 파괴행위와 직장점거의 금지

① 노동조합은 쟁의행위의 본질상 사용자의 점유를 배제하여 조업을 방해하는 형태로 쟁의행위 ×

② 쟁의행위는 생산 기타 주요업무에 관련되는 시설과 이에 준하는 시설로서 이를 점거하는 형태로 실행 ×

▸ 전기시설, 철도의 차량, 항행안전시설, 항공기 등은 점거금지시설에 해당

③ 일부 소수의 근로자가 폭력행위 등의 위법행위를 한 경우 : 전체로서의 쟁의행위는 위법 ×

④ 쟁의행위가 폭력이나 파괴행위의 형태로 행하여질 경우에는 사용자는 즉시 행정관청과 관할 노동위원회에 신고하여야 함

2. 타 법익과의 조화 · 균형

① 노동조합은 쟁의행위가 적법하게 수행될 수 있도록 지도 · 관리 · 통제할 책임

② 작업시설이나 원료 · 제품의 변질 또는 부패를 방지하기 위한 작업은 쟁의행위기간 중에도 정상적으로 수행되어야 함

3. 쟁의행위의 유형과 정당성

(1) 준법투쟁

휴일근무를 집단적으로 거부하여 회사업무의 정상적인 운영을 저해하는 행위 : 쟁의행위 ○

(2) 피케팅

① 피케팅을 조업을 계속하려는 자에 대하여 평화적 설득, 구두와 문서에 의한 언어적 설득의 범위 내에서 행한 경우는 쟁의행위 수단·방법의 정당성 ○

② 위력에 의한 물리적 강제 : 피케팅으로 정당화 ×

③ 쟁의행위는 그 쟁의행위와 관계없는 자 또는 근로를 제공하고자 하는 자의 출입·조업 기타 정상적인 업무를 방해하는 방법이나, 쟁의행위의 참가를 호소하거나 설득하는 행위로서 폭행·협박 사용 ×

④ 쟁의행위가 쟁의행위와 관계없는 자 또는 근로를 제공하고자 하는 자의 출입·조업· 기타 정상적인 업무를 방해하는 방법으로 행하여지는 경우에는 사용자는 즉시 행정관청과 관할 노동위원회에 신고

(3) 직장점거

① 사업장시설의 점거 범위가 일부분이고 사용자 측의 출입이나 관리지배를 배제하지 않는 병존적인 점거인 경우 : 정당성 ○

② 직장 또는 사업장시설을 전면적, 배타적으로 점거하여 출입을 저지하거나 사용자 측의 관리지배를 배제하여 업무의 중단 또는 혼란을 야기케 하는 행위 : 정당성 ×

제3절 쟁의행위의 법적 책임

I 정당한 쟁의행위의 민·형사책임 면제

① 사용자가 쟁의행위로 인하여 손해를 입은 경우는 노동조합 또는 근로자에 대하여 배상을 청구 ×

② 단체교섭의 주체가 될 수 있는 자에 의하여 행하여진 쟁의행위는 주체면에서 정당행위의 요건을 충족

II 정당하지 않은 쟁의행위와 민·형사 및 징계책임

1. 민사책임

(1) 불법행위로 인한 손해배상책임

1) 손해배상책임의 인정 여부

손해배상책임 인정 ○	① 불법행위를 구성하는 정당성이 없는 쟁의행위로 사용자가 손해를 입은 경우 ▸ 노동조합이나 근로자에 대한 손해배상 청구 ○ ▸ 노동조합의 책임 외에 불법행위를 주도한 조합간부들에 대하여도 책임 추궁 ○ ② 사용자가 "단체교섭을 거부하여서는 아니 된다"라는 취지의 집행력 있는 판결이나 가처분결정을 받은 경우 : 해당 노동조합의 단체교섭을 거부하면 불법행위 ○
손해배상책임 인정 ×	① 불법쟁의행위 시 일반 조합원이 노동조합의 지시에 따라 단순히 노무를 정지한 경우 : 공동불법행위 책임 × ② 사용자가 노동조합과의 단체교섭을 정당한 이유 없이 거부한 경우 ▸ 위법한 행위로 평가되어 바로 불법행위 × ▸ 건전한 사회통념이나 사회상규상 용인될 수 없는 정도에 이른 것으로 인정되는 경우이어야 불법행위로 인정됨

2) 손해배상책임의 인정 범위

① 불법쟁의행위에 대한 귀책사유가 있는 노동조합이나 노동조합 간부의 배상액의 범위 : 불법쟁의행위와 상당인과관계에 있는 모든 손해

② 노무를 정지할 때에 준수하여야 할 사항 등이 정하여져 있는 일반 조합원이 노동조합 등의 지시에 따라 쟁의행위로서 단순히 노무를 정지한 경우 : 노무정지와 상당인과관계에 있는 손해배상 책임 ○

(2) 과실상계

사용자가 성실교섭의무를 다하지 않은 등 불법쟁의행위에 원인을 제공하였다고 볼 사정이 있는 경우는 사용자의 과실을 손해배상액 산정함에 참작 ○

2. 형사책임

① 집단적 노무 제공의 거부가 전격적으로 이루어져 사업운영에 심대한 혼란 내지 막대한 손해를 초래하는 등으로 사용자의 사업 계속에 관한 자유의사가 제압・혼란될 수 있다고 평가할 수 있는 경우 : 위력에 의한 업무방해죄 ○

② 사용자가 제3자와 공동으로 관리・사용하는 공간을 근로자들이 관리자의 의사에 반하여 침입・점거한 경우 : 주거침입죄 ○

제4절 쟁의행위의 법적 효과

Ⅰ 파업과 근로관계

파업기간 중 근로계약관계 : 각자의 주된 의무(근로자의 노무제공의무와 사용자의 임금지급의무)는 면하나 성실의무・배려의무는 존속

Ⅱ 파업과 임금관계

① 사용자는 근로자가 쟁의행위에 참가하여 근로를 제공하지 아니한 경우는 그 기간 중의 임금을 지급할 의무 ×

② 파업기간 중 파업참가자에게 임금을 지급하기로 한 단체협약이 있는 경우에는 임금지급의무 ○

③ 파업참가 전에 근로자가 이미 청구권을 취득한 임금은 파업기간 중이라도 이를 지급

④ 유급휴일에 대한 법리 : 임금청구권이 발생하지 아니하는 쟁의행위인 파업에도 적용

▸ 유급휴가를 이용하여 파업에 참여하는 근로자 : 유급휴가에 대한 임금청구권 ×

Ⅲ 태업과 임금관계

무노동 무임금 원칙은 태업에도 적용

제5절 사용자의 쟁의행위

I 직장폐쇄의 의의

사용자의 쟁의권으로서의 직장폐쇄권 : 헌법상 명문규정 ×

II 직장폐쇄의 성립요건

미리 행정관청 및 노동위원회에 각각 신고하여야 함

III 직장폐쇄의 정당성

대항성	노동조합이 쟁의행위를 개시한 이후에만 방어적으로 직장폐쇄 가능
방어성	① 정당성 ○ : 직장폐쇄가 쟁의행위에 대한 대항·방위 수단으로서 상당성이 인정되는 경우 ② 정당성 × : 방어적인 목적을 벗어나 적극적으로 노동조합의 조직력을 약화시키기 위한 목적 등을 갖는 공격적 직장폐쇄 ③ 직장폐쇄가 정당한 쟁의행위로 인정되지 아니하고 적법하게 사업장을 점거 중인 근로자들이 퇴거 요구에 불응한 채 직장점거를 계속한 경우 : 퇴거불응죄 ×
업무복귀의 의사표시 이후의 직장폐쇄	쟁의행위를 중단하고 업무에 복귀할 의사를 집단적·객관적으로 표시하였음에도 사용자가 직장폐쇄를 계속 유지하면서 공격적 직장폐쇄로 변질된 경우 : 정당성 ×

IV 직장폐쇄의 법적 효과

1. 직장폐쇄와 근로관계

근로관계가 정지되는 것에 불과하므로 근로관계의 소급적 소멸 ×

2. 임금지급의무의 면제

① 정당한 직장폐쇄 기간 동안의 대상 근로자에 대한 임금지급의무 : ×

② 직장폐쇄가 정당한 쟁의행위로 평가받지 못하는 경우 : 대상 근로자에 대한 임금 지급 의무 ○

3. 정당한 직장점거의 배제 가부

직장점거의 배제 가부	① 적법하게 개시된 직장점거에 대응하여 적법하게 직장폐쇄를 한 경우 : 점거 중인 근로자들에 대한 퇴거요구 ○ ② 적법하게 개시된 직장점거에 대응하여 적법하게 직장폐쇄를 한 사용자의 퇴거요구에 불응한 행위 : 퇴거불응죄 ○
직장점거 배제의 범위	① 직장폐쇄가 정당한 쟁의행위로 평가받아 물권적 지배권이 전면적으로 회복되는 경우 : 사업장의 출입 제한 가능 ② 직장폐쇄가 정당한 쟁의행위라도 정상적인 노조활동에 필요한 시설에 대한 조합원의 출입 : 허용 ○

제6절 안전보호시설과 필수유지업무

I 안전보호시설의 유지 · 운영의무

안전보호시설에 대한 쟁의행위 금지	사업장의 안전보호시설에 대하여 정상적인 유지 · 운영을 정지 · 폐지 또는 방해하는 쟁의행위 ×
행정관청 등에 대한 신고	쟁의행위가 안전보호시설에 대하여 정상적인 유지 · 운영을 정지 · 폐지 또는 방해하는 행위로 행하여지는 경우 : 전화로도 신고 가능
행정관청의 행위중지통보	① 쟁의행위가 안전보호시설에 대하여 정상적인 유지 · 운영을 정지 · 폐지 또는 방해하는 행위에 해당한다고 인정하는 경우 : 행정관청은 노동위원회의 의결을 얻어 그 행위에 대한 중지 통보 ② 노동조합이 안전보호시설의 정상적인 운영을 정지하는 쟁의행위를 하였으나, 사태가 급박하지 않은 경우 : 행정관청은 직권으로 행위중지통보 ×

II 필수유지업무의 유지 · 운영의무

1. 필수유지업무의 의의

필수공익사업의 업무 중 그 업무가 정지되거나 폐지되는 경우 공중의 생명 · 건강 또는 신체의 안전이나 공중의 일상생활을 현저히 위태롭게 하는 업무로서 대통령령이 정하는 업무

2. 필수유지업무에 대한 쟁의행위 금지

필수유지업무의 정당한 유지 · 운영을 정지 · 폐지 또는 방해하는 행위는 쟁의행위로서 이를 행할 수 없음

3. 필수유지업무협정

도 입	2006년 12월 30일 노조법 개정 시에 도입
성립요건	노동관계 당사자가 서면으로 체결하여야 하고, 쌍방이 서명 또는 날인
내 용	필수유지업무의 필요 최소한의 유지 · 운영 수준, 대상 직무 및 필요인원 등을 규정

4. 필수유지업무결정

신 청	필수유지업무협정이 체결되지 아니하는 경우에는 노동위원회에 필수유지업무의 필요 최소한의 유지 · 운영 수준, 대상직무 및 필요인원 등의 결정을 신청하여야 함
담 당	노동위원회가 필수유지업무 수준 등을 결정할 경우 : 특별조정위원회가 담당
통 보	노동위원회가 필수유지업무 수준 등을 결정한 경우 : 지체 없이 서면으로 노동관계당사자에게 통보하여야 함

5. 필수유지업무방해죄

노동위원회의 필수유지업무수준 등 결정에 따라 쟁의행위를 한 경우에는 필수유지업무를 정당하게 유지 · 운영하면서 쟁의행위를 한 것으로 간주

6. 필수유지업무 근로근무자의 지명

① 필수유지업무협정이 체결된 경우 : 노동조합은 사용자에게 필수유지업무에 근무하는 조합원 중 쟁의행위 기간 동안 근무하여야 할 조합원을 통보하여야 함

② 노동조합이 쟁의행위 개시 전까지 쟁의행위기간 동안 근무하여야 할 조합원을 통보하지 아니한 경우 : 사용자가 필수유지업무에 근무하여야 할 근로자를 지명하고 노동조합과 그 근로자에게 통보하여야 함

7. 필수공익사업별 주요 필수유지업무

필수유지업무 해당여부	해당 O	① 철도사업의 업무 중 철도 차량의 운전업무 ② 통신사업의 업무 중 기간망의 운영·관리업무 ③ 철도 차량 운행에 필요한 통신시설을 유지·관리하는 업무 ④ 혈액공급사업의 업무 중 채혈업무 ⑤ 수도사업의 업무 중 배수시설의 운영업무
	해당 ×	항공운수사업의 업무 중 창 정비업무

8. 관련 판례

필수유지업무에 종사하는 근로자에게 다른 업무영역의 근로자보다 쟁의권 행사에 더 많은 제한을 가하는 경우 : 평등원칙 위반 ×

제7절 쟁의기간 중 대체근로 등의 제한

I 대체근로 등의 제한

사업과 관계없는 자의 대체 금지	① 쟁의행위기간 중 그 쟁의행위로 중단된 업무의 수행을 위하여 당해 사업과 관계있는 자의 채용 또는 대체 가능 ▸ 쟁의행위 기간 중 쟁의행위로 중단된 업무 수행을 위하여 당해 사업과 관계없는 자의 채용 또는 대체 × ② 사용자가 쟁의행위로 중단된 업무를 수행하기 위해 당해 사업과 관계있는 자로 대체하였는데 대체한 근로자마저 사직하여 신규채용하게 된 경우 : 채용제한 위반 ×
도급 등의 금지	사용자는 쟁의행위기간 중 쟁의행위로 중단된 업무를 도급 또는 하도급 ×

II 필수공익사업에서의 대체근로 등의 허용

대체근로 등의 허용	① 쟁의행위 기간 중에 한하여 당해 사업과 관계없는 자를 채용 또는 대체하거나 그 업무를 도급 또는 하도급 ② 사용자는 파업참가자의 100분의 50을 초과하지 않는 범위 안에서 채용 또는 대체하거나 도급 또는 하도급
대체근로자 수의 제한	필수공익사업의 사업 또는 사업장 파업참가자수 : 파업 참가를 이유로 근로의 일부 또는 전부를 제공하지 아니한 자의 수를 1일 단위로 산정

05 노동쟁의조정제도

제1절 서 설

제2절 노동쟁의조정제도

I 서 설

자주성	① 노동쟁의가 발생한 경우 : 노동관계당사자는 이를 자주적으로 해결하도록 노력하여야 함 ② 노동관계당사자 간에 노동관계에 관한 주장이 일치하지 아니할 경우 : 국가 및 지방자치단체는 쟁의행위를 가능한 한 예방하고 노동쟁의의 신속·공정한 해결에 노력하여야 함 ③ 노동쟁의 조정에 관한 규정 : 노동관계당사자가 직접 근로조건 기타 노동관계에 관한 사항을 정하거나 노동관계에 관한 주장의 불일치를 조정하고 필요한 노력을 하는 것을 방해하지 아니함
신속성	노동관계의 조정을 할 경우 : 노동관계당사자와 노동위원회 기타 관계기관은 사건을 신속히 처리하도록 노력하여야 함
공익성	국가·지방자치단체·국공영기업체·방위산업체 및 공익사업에 있어서의 노동쟁의의 조정 : 우선적으로 취급하고 신속히 처리하여야 함

II 노동쟁의조정제도의 기본체계

1. 사적 조정절차

성 립	노동쟁의 : 사적 조정 또는 중재에 의한 해결 가능 ▸ 노동관계당사자가 사적 조정등의 규정에 의하여 노동쟁의를 해결하기로 한 경우 : 노동위원회에 신고하여야 함 ▸ 노동쟁의를 단체협약에서 정하는 바에 따라 해결하기로 한 경우 : 노동관계 당사자는 노동위원회에 신고하여야 함
내 용	사적 조정 등을 수행하는 자는 노동관계 당사자로부터 수수료, 수당 및 여비 등을 받을 수 있음
공적 조정절차규정의 준용	① 사적 조정에 의하여 노동쟁의를 해결하기로 한 경우 : 조정을 개시한 날부터 기산하여 일반사업은 10일, 공익사업은 15일 이내에 종료하여야 함 ② 사적 중재에 의하여 노동쟁의를 해결하기로 한 경우 : 중재 시 쟁의행위의 금지기간에 관한 노조법 규정 적용 ○
효 력	① 단체협약이 정하는 바에 따라 행한 노동쟁의의 조정의 효력 : 그 내용은 단체협약과 동일한 효력 ○ ② 사적 조정등에 의하여 조정 또는 중재가 이루어진 경우 : 그 내용은 단체협약과 동일한 효력 ○
기 타	① 노동위원회에 의한 조정절차가 개시된 이후에 관계당사자의 합의가 있다면 사적 조정절차 개시 가능 ② 사적 중재에 의하여 노동쟁의를 해결하기로 한 경우 : 쟁의행위의 금지기간은 중재를 개시한 날부터 기산

2. 공적 조정절차

① 노동위원회 : 조정신청 전이라도 관계당사자의 자주적인 분쟁해결을 지원 ○

② 조정위원회 또는 단독조정인이 조정의 종료를 결정한 경우 : 그 후에도 노동위원회는 노동쟁의 해결을 위한 조정 가능

Ⅲ 노동쟁의 조정의 유형 및 절차

1. 일반사업에 대한 조정절차

구분	내용
조정의 개시	관계당사자의 일방이 노동쟁의의 조정을 신청한 경우에는 노동위원회는 지체 없이 조정을 개시하여야 함
조정의 진행	① 조정위원의 지명 : 노동위원회의 위원장이 지명하되, 근로자를 대표하는 조정위원은 사용자가, 사용자를 대표하는 조정위원은 노동조합이 각각 추천하는 노동위원회의 위원 중에서 지명 ② 관계당사자 쌍방의 신청 또는 동의를 얻은 경우 : 노동위원회는 단독조정인에게 조정 수행 가능 ③ 노동위원회가 노동쟁의 조정 또는 중재의 신청내용이 조정 또는 중재의 대상이 아니라고 인정할 경우 : 그 사유 및 다른 해결방법을 알려주어야 함
조정기간	조정의 신청이 있은 날부터 일반사업은 10일, 공익사업은 15일
조정의 효력	① 조정안이 관계당사자에 의하여 수락된 경우 : 조정위원 전원 또는 단독조정인은 조정서를 작성하고 관계당사자와 함께 서명 또는 날인하여야 하며 조정서의 내용은 단체협약과 동일한 효력 ○ ② 조정서의 내용 : 단체협약과 동일한 효력 ○ ③ 조정위원회의 조정안의 해석 또는 이행방법에 관한 견해가 제시되기 전인 경우에는 당해 조정안의 해석 또는 이행에 관하여 쟁의행위 ×

2. 공익사업에 관한 조정절차

(1) 공익사업과 필수공익사업

공익사업	필수공익사업
① 정기노선 여객운수사업 및 항공운수사업 ② 수도사업, 전기사업, 가스사업, 석유정제사업 및 석유공급사업 ③ 공중위생사업, 의료사업 및 혈액공급사업 ④ 은행 및 조폐사업 ⑤ 방송 및 통신사업	① 철도사업, 도시철도사업 및 항공운수사업 ② 수도사업, 전기사업, 가스사업, 석유정제사업 및 석유공급사업 ③ 병원사업 및 혈액공급사업 ④ 한국은행사업 ⑤ 통신사업

(2) 공익사업에 대한 특칙

공익사업에 있어서의 노동쟁의의 조정 : 우선적으로 취급하고 신속히 처리하여야 함

(3) 특별조정위원회

구분	내용
설 치	특별조정위원회는 공익사업의 노동쟁의의 조정을 위하여 노동위원회에 설치
구 성	① 특별조정위원 3인으로 구성 ② 특별조정위원회 위원 : 노동위원회의 공익을 대표하는 위원 중에서 노동조합과 사용자가 순차적으로 배제하고 남은 4인 내지 6인 중에서 노동위원회의 위원장이 지명 ③ 공익을 대표하는 위원인 특별조정위원이 1인인 경우 : 당해 위원이 특별조정위원회의 위원장

(4) 중 재

중재의 의의	① 중재는 노동위원회에 설치된 중재위원회가 당사자 쌍방에 대하여 당사자의 수락 여부와 관계없이 구속력 있는 중재결정을 내리는 절차를 의미 ② 중재는 일반사업이든 공익사업이든 관계없이 신청할 수 있고, 중재는 일반적으로 조정이 실패한 경우에 신청하지만 조정을 거치지 않고 신청할 수도 있음
중재의 개시	① 관계당사자의 쌍방이 함께 중재를 신청한 때 ② 관계당사자의 일방이 단체협약에 의하여 중재를 신청한 때 ③ 노동쟁의가 중재에 회부된 경우에는 그 날부터 15일간은 쟁의행위 ×
중재의 진행	① 중재위원회 : 노동위원회의 공익을 대표하는 위원 중에서 관계당사자의 합의로 선정한 자에 대하여 노동위원회의 위원장이 지명하는 3인의 위원으로 구성 ② 중재위원회 위원장 : 중재위원 중에서 호선
중재의 효력	① 중재재정 : 서면으로 작성하며 효력발생기일 명시 ② 중재재정이 확정된 경우 : 당사자의 동의 없이 단체협약과 동일한 효력 ○
중재재정에 대한 불복	① 중재재정 : 재심신청이나 행정소송의 제기에 의하여 효력 정지 × ② 지방노동위원회의 중재재정이 월권에 의한 것이라고 인정하는 경우에는 관계당사자는 중앙노동위원회에 재심 신청

3. 긴급조정절차

(1) 긴급조정의 의의 및 요건

긴급조정의 의의	쟁의행위가 공익사업에 관한 것이거나 규모가 크거나 성질이 특별한 것으로서 현저히 국민경제를 해하거나 국민의 일상생활을 위태롭게 할 위험이 현존하는 경우에는 고용노동부장관은 긴급조정을 결정
긴급조정의 요건	① 고용노동부장관이 긴급조정의 결정을 하고자 할 경우 : 미리 중앙노동위원회 위원장의 의견을 들어야 함 ② 고용노동부장관이 긴급조정을 결정한 경우 : 지체 없이 그 이유를 붙여 공표함과 동시에 중앙노동위원회와 관계당사자에게 각각 통고하여야 함

(2) 긴급조정결정의 효과

쟁의행위의 중지	① 관계당사자는 즉시 쟁의행위를 중지하여야 하며, 공표일부터 30일이 경과하지 아니하면 쟁의행위 재개 × ② 긴급조정 결정의 공표는 신문・라디오 기타 공중이 신속히 알 수 있는 방법으로 하여야 함
중앙노동위원회의 조정과 중재	① 중앙노동위원회가 고용노동부장관으로부터 긴급조정결정의 통고를 받은 경우에는 지체 없이 조정을 개시하여야 함 ② 중앙노동위원회의 위원장이 긴급조정이 성립될 가망이 없다고 인정한 경우에는 공익위원의 의견을 들어 중재에 회부할 것인가의 여부 결정 ③ 중앙노동위원회의 위원장이 중재회부의 결정을 한 경우에는 중앙노동위원회는 지체 없이 중재를 행하여야 함

06 부당노동행위구제제도

제1절 서 설

Ⅰ 부당노동행위제도의 의의

미국의 입법례	미국의 1935년 와그너법 : 근로자의 단결권·단체교섭권·단체행동권을 명문화 ▸ 미국의 와그너법 : 사용자를 부당노동행위주체로 인정
우리나라의 입법례	① 1953년에 제정된 노동조합법 : 사용자의 부당노동행위 금지만을 규정 ② 노동조합법, 노동쟁의조정법 : 1953년에 제정 ③ 부당노동행위제도 : 1953년 3월 8일 노동조합법 제정 시에는 처벌주의, 이후에는 구제주의를 취하다가 1986년에는 구제주의와 처벌주의 병행, 1997년에는 노동법을 전면개정하면서 구제주의와 처벌주의는 그대로 유지 ④ 노동조합의 부당노동행위 : 노조법에 규정 ×

Ⅱ 부당노동행위의 객체

구제명령을 이행할 수 있는 법률적 또는 사실적인 권한이나 능력을 가지는 지위에 있는 자는 구제명령의 대상자인 사용자에 해당 ○

제2절 부당노동행위의 유형

Ⅰ 불이익취급

1. 성립요건

(1) 근로자의 정당한 단결활동 등

구 분	여 부
근로자가 노동조합에 가입 또는 가입하려고 한 것을 이유로 그 근로자를 해고하거나 불이익을 주는 행위	부당노동행위 ○
노동조합의 업무를 위한 정당한 행위를 한 것을 이유로 그 근로자에게 불이익을 주는 행위	부당노동행위 ○
근로자가 정당한 단체행위에 참가한 것을 이유로 하여 그 근로자에게 불이익을 주는 행위	부당노동행위 ○

(2) 사용자의 불이익처분 여부

사용자의 불이익처분이 인정 ○	① 근로자의 정당한 노동조합활동을 실질적인 이유로 하면서도 표면적으로는 업무상 필요성을 들어 배치전환한 행위 : 부당노동행위 ○ ② 특정 근로자가 파업에 참가하였거나 노조활동에 적극적이라는 이유로 해당 근로자에게 연장근로 등을 거부하는 행위 : 부당노동행위 ○ ③ 노조전임자를 다른 영업사원과 동일하게 판매실적에 따른 승격기준만을 적용하여 승격에서 배제한 행위 : 부당노동행위 ○ ④ 특정 노동조합의 조합원이라는 이유로 다른 노동조합의 조합원 또는 비조합원보다 불리하게 상여금을 적게 지급하는 불이익을 준 행위 : 부당노동행위 ○ ⑤ 사용자가 노동조합활동을 방해하려는 의사로 노동조합의 간부를 승진시켜 조합원자격을 잃게 한 행위 : 부당노동행위 ○ ⑥ 근로자가 파업에 참가하는 것을 이유로 불이익취급을 하는 행위 : 부당노동행위 ○
사용자의 불이익처분이 인정 ×	현실적인 행위나 조치로 나타남이 없이 단순히 근로자에게 향후 불이익한 대우를 하겠다는 의사를 말로써 표시하는 행위 : 부당노동행위 ×

2. 인과관계

① 부당노동행위 의사의 존재 여부 : 이를 추정할 수 있는 객관적 사정을 종합하여 판단

② 부당노동행위에 대한 사실의 주장 및 증명책임 : 근로자 또는 노동조합

3. 불이익취급의 경합

구 분	여 부
표면적으로 내세우는 해고사유와는 달리 실질적으로 근로자의 정당한 조합활동을 이유로 해고한 행위	부당노동행위 ○
정당한 해고사유가 있어 근로자를 해고하였으나 사용자에게 근로자의 노동조합 활동을 못마땅하게 여긴 흔적이 있거나 사용자의 반노동조합의사가 추정되는 행위	부당노동행위 ×

Ⅱ 반조합계약(비열계약)

1. 의 의

① 근로자가 어느 노동조합에서 탈퇴할 것을 고용조건으로 하는 행위 : 부당노동행위 ○

▸ 노동조합이 해당 사업장에 종사하는 근로자의 3분의 2 이상을 대표하고 있을 때에 근로자가 그 노동조합의 조합원이 될 것을 고용조건으로 하는 단체협약을 체결하는 행위 : 부당노동행위 ×

② 유니언 숍 협정이 체결된 사업장의 사용자는 단체협약에 명문규정이 있는 경우에도 제명된 것을 이유로 근로자에게 신분상 불이익한 행위 ×

2. 유니온 숍 제도

① 유니언 숍 협정에 따라 탈퇴한 근로자를 해고하였으나 그 근로자가 조합원지위확인을 구하는 소를 제기하여 승소한 경우 : 해고는 취소 간주 ×

② 사용자의 지배・개입의 의사가 없었더라도 유니언 숍 협정에 의하여 사용자가 노동조합을 탈퇴한 근로자를 해고할 의무를 이행하지 않은 행위 : 부당노동행위 ×

Ⅲ 단체교섭의 거부 · 해태

의 의	노동조합의 대표자 또는 노동조합으로부터 위임을 받은 자와의 단체협약체결 기타의 단체교섭을 정당한 이유 없이 거부하거나 해태하는 행위 : 부당노동행위 O
단체교섭거부 · 해태의 부당노동행위	① 사용자가 단체교섭을 거부할 정당한 이유가 없고 불성실한 단체교섭으로 판정된 행위 : 부당노동행위 O ② 사용자가 노동조합으로부터 위임을 받은 자와의 단체협약체결 기타의 단체교섭을 정당한 이유 없이 거부하거나 해태하는 행위 : 부당노동행위 O ③ 사용자가 단체교섭에 성실히 응하였다고 믿었더라도 객관적으로 불성실한 단체교섭으로 판정되는 행위 : 부당노동행위 O ④ 쟁의행위 중이더라도 새로운 타협안이 제시되는 등 교섭 재개가 의미 있을 것으로 기대할 만한 사정변경이 생긴 경우에는 사용자는 다시 단체교섭에 응하여야 함 ⑤ 쟁의기간 중이라는 사정이 사용자가 단체교섭을 거부할 만한 정당한 이유 ×

Ⅳ 지배 · 개입

성립요건	단결권의 침해라는 결과의 발생 불요
구체적 검토	사용자가 연설 등을 통하여 의견을 표명할 경우 노동조합의 조직이나 운영을 지배하거나 개입하는 의사가 인정되는 행위 : 부당노동행위 O

Ⅴ 노조전임자의 급여지원 및 노동조합의 운영비 원조

1. 노조전임자의 급여지원

① 노동조합 전임자에 대한 급여지원 행위 : 부당노동행위 ×
② 근로시간 면제 한도를 초과하여 급여를 지급하는 행위 : 부당노동행위 O
③ 단체협약 등 노사 간 합의에 의한 것이라도 타당한 근거 없이 과다하게 책정된 급여를 근로시간면제자에게 지급하는 경우 : 부당노동행위 O

2. 노동조합의 운영비 원조

① 사용자가 근로자의 후생자금 또는 경제상의 불행 그 밖에 재해의 방지와 구제 등을 위한 기금을 기부하는 것과 최소한의 규모의 노동조합사무소를 제공하는 것 및 그 밖에 이에 준하여 노동조합의 자주적인 운영 또는 활동을 침해할 위험이 없는 범위에서의 운영비를 원조하는 행위 : 부당노동행위 ×
② 노동조합의 자주성을 저해하거나 저해할 위험이 현저하지 않은 운영비원조행위를 부당노동행위로 규제하는 경우 : 헌법불합치

3. 2020년 개정 노동법의 태도 - 운영비 원조를 예외적으로 허용할 경우의 고려사항

① 운영비 원조의 목적과 경위
② 원조된 운영비 횟수와 기간
③ 원조된 운영비 금액과 원조방법
④ 원조된 운영비가 노동조합의 총수입에서 차지하는 비율
⑤ 원조된 운영비의 관리방법 및 사용처 등

Ⅵ 부당노동행위금지규정에 위반한 법률행위의 효력

강행법규인 부당노동행위금지규정에 위반된 법률행위는 사법상으로도 효력 ×

제3절 부당노동행위의 구제절차

Ⅰ 노동위원회에 의한 구제절차

1. 당사자

① 부당노동행위에 대한 구제신청인은 권리를 침해당한 근로자 또는 노동조합

② 노동조합을 조직하려고 한다는 이유로 근로자에 대하여 부당노동행위를 한 경우, 후에 설립된 노동조합도 독자적인 구제신청권을 갖음

2. 초심절차

(1) 구제의 신청

구제신청기간	권리를 침해당한 근로자 또는 노동조합이 부당노동행위가 있은 날(계속하는 행위는 그 종료일)부터 3월 이내
구제신청의 이익	근로자를 해고한 회사가 실질적으로 폐업하여 법인격까지 소멸됨으로써 복귀할 사업체의 실체가 없어진 경우에는 부당노동행위 구제신청의 이익 ×

(2) 심 문

① 노동위원회가 부당노동행위 구제신청을 받은 경우 : 지체 없이 필요한 조사와 관계 당사자의 심문을 하여야 함

② 노동위원회가 구제신청에 대한 심문을 할 경우
- ▸ 신청이나 직권으로 증인을 출석하게 하여 필요한 사항을 질문
- ▸ 증거의 제출과 증인에 대한 반대심문을 할 수 있는 충분한 기회를 주어야 함

(3) 구제명령

① 노동위원회가 구제신청에 대한 심문을 종료한 경우 : 구제명령이나 구제신청 기각결정

② 노동위원회가 부당노동행위가 성립한다고 판정한 경우 : 서면으로 구제명령 발령

③ 노동위원회의 판정 · 명령 및 결정 : 서면으로 하되, 당해 사용자와 신청인에게 각각 교부하여야 함

④ 노동위원회의 부당노동행위구제명령 : 사법상(私法上)의 법률관계를 발생 또는 변경 ×

⑤ 이행강제금제도 : 부당노동행위 구제명령에 대하여는 적용 ×

3. 재심절차

① 지방노동위원회의 기각결정에 불복이 있는 관계당사자 : 결정서의 송달을 받은 날부터 10일 이내에 재심신청

② 지방노동위원회, 특별노동위원회의 구제명령에 불복이 있는 관계 당사자 : 명령서의 송달을 받은 날부터 10일 이내에 재심신청

③ 노동위원회의 구제명령・기각결정 : 재심신청에 의하여 효력 정지 ×

4. 행정소송

소의 제기	① 중앙노동위원회의 재심판정에 불복이 있는 관계당사자 : 재심판정서의 송달을 받은 날부터 15일 이내에 행정소송 제기 ② 노동위원회의 구제명령・기각결정 또는 재심판정 : 행정소송의 제기에 의하여 효력 정지 ×
긴급이행명령	① 사용자가 재심판정에 대하여 행정소송을 제기한 경우 ▸ 관할법원은 중앙노동위원회의 신청에 의하여 결정으로써, 판결이 확정될 때까지 구제명령의 전부 또는 일부 이행명령 ▸ 관할 법원은 신청이나 직권으로 중앙노동위원회 구제명령의 이행결정 취소 ▸ 관할 법원은 결정으로써 중앙노동위원회 구제명령의 이행을 명령함 ② 관할 법원에 의한 중앙노동위원회 구제명령의 이행명령을 위반한 자 : 500만원 이하의 금액의 과태료

Ⅱ 법원에 의한 구제절차

부당노동행위에 대한 구제제도 : 민사적, 형사적 구제

07 형벌 및 과태료

I 반의사불벌죄 여부

부당노동행위금지규정에 위반한 자에 대한 형사처벌 : 반의사불벌죄 ×

II 형 벌

1. 3년 이하의 징역 또는 3천만원 이하의 벌금

① 노동조합에 의하여 주도되지 아니한 쟁의행위 금지규정에 위반한 자(노조법 제89조 제1호, 제37조 제2항)

② 쟁의행위와 관계없는 자의 출입 등의 방해금지와 쟁의행위의 참가를 호소하거나 설득하는 행위로서 폭행·협박을 사용하는 행위 금지규정에 위반한 자(노조법 제89조 제1호, 제38조 제1항)

③ 폭력이나 파괴행위 또는 생산 기타 주요업무에 관련되는 시설을 점거하는 형태의 쟁의행위 금지규정을 위반한 자(노조법 제89조 제1호, 제42조 제1항)

④ 필수유지업무의 정당한 유지·운영을 정지·폐지 또는 방해하는 쟁의행위 금지규정을 위반한 자(노조법 제89조 제1호, 제42조의2 제2항)

⑤ 부당노동행위의 경우(공정대표의무 위반에 준용되는 경우 포함) 확정되거나 행정소송을 제기하여 확정된 구제명령에 위반한 자(노조법 제89조 제2호, 제85조 제3항, 제29조의4 제4항)

2. 2년 이하의 징역 또는 2천만원 이하의 벌금

① 쟁의행위 기간에 대한 임금의 지급을 관철할 목적으로 쟁의행위를 한 자(노조법 제90조, 제44조 제2항)

② 중재재정이나 재심결정이 확정된 경우 이에 따르지 아니한 자(노조법 제90조, 제69조 제4항)

③ 긴급조정 시의 쟁의행위 중지규정을 위반한 자(노조법 제90조, 제77조)

④ 부당노동행위 금지규정에 위반한 자(노조법 제90조, 제81조 제1항)

3. 1년 이하의 징역 또는 1천만원 이하의 벌금

① 작업시설의 손상 등을 방지하기 위한 작업 수행 등 노동조합의 지도와 책임 규정을 위반한 자(노조법 제91조, 제38조 제2항)

② 노동조합의 쟁의행위는 그 조합원의 직접·비밀·무기명투표에 의한 조합원 과반수의 찬성으로 결정하여야 한다는 쟁의행위의 제한과 금지 규정에 위반한 자(노조법 제91조, 제41조 제1항)

③ 사업장의 안전보호시설에 대한 정상적인 유지·운영을 정지·폐지 또는 방해하는 쟁의행위 금지규정을 위반한 자(노조법 제91조, 제42조 제2항)

④ 쟁의행위 기간 중 쟁의행위로 중단된 업무의 수행을 위한 당해 사업과 관계없는 자에 대한 채용 또는 대체금지 규정을 위반한 자(노조법 제91조, 제43조 제1항)

⑤ 쟁의행위기간 중 쟁의행위로 중단된 업무의 도급 또는 하도급 금지규정을 위반한 자(노조법 제91조, 제43조 제2항)

⑥ 필수공익사업 또는 사업장 파업참가자의 100분의 50을 초과하지 않는 범위 안에서의 채용・대체・도급・하도급 제한 규정을 위반한 자(노조법 제91조, 제43조 제4항)

⑦ 조정절차를 거치지 아니하고 쟁의행위를 한 자(노조법 제91조, 제45조 제2항 본문)

⑧ 노동조합이 쟁의행위를 개시하기 전에 직장폐쇄를 한 자(노조법 제91조, 제46조 제1항)

⑨ 중재 시의 쟁의행위의 금지 규정에 위반한 자(노조법 제91조, 제63조)

4. 1천만원 이하의 벌금

(1) 단체협약의 내용 중 다음에 해당하는 사항을 위반한 자(노조법 제92조 제2호)

① 임금・복리후생비, 퇴직금에 관한 사항

② 근로 및 휴게시간, 휴일, 휴가에 관한 사항

③ 징계 및 해고의 사유와 중요한 절차에 관한 사항

④ 안전보건 및 재해부조에 관한 사항

⑤ 시설・편의제공 및 근무시간 중 회의참석에 관한 사항

⑥ 쟁의행위에 관한 사항

(2) 조정서의 내용 또는 중재재정서의 내용을 준수하지 아니한 자(노조법 제92조 제3호)

5. 500만원 이하의 벌금

① 노조법에 의하여 설립된 노동조합이 아니면서 노동조합이라는 명칭을 사용한 자(노조법 제93조 제1호, 제7조 제3항)

② 규약 및 결의처분의 시정 규정에 위반한 자(노조법 제93조 제2호, 제21조 제1항, 제2항)

③ 단체협약 중 위법한 내용이 있는 경우에는 노동위원회의 의결을 얻어 시정을 명할 수 있다는 규정을 위반한 자(노조법 제93조 제2호, 제31조 제3항)

Ⅲ 양벌규정

부당노동행위 규정 위반에 관한 명문의 양벌규정 : 노조법 제94조 본문에 규정하고 있고, 단서는 상당한 주의와 감독을 한 경우에는 면책됨을 규정

CHAPTER

08 노사협의회

제1절 서 설

제2절 노사협의제도

I 서 설

노사협의제도의 연혁	① 우리나라의 노사협의회제도 : 과거 노동조합법에 규정 ② 1980년에 제정된 노사협의회법 : 노사협의회의 설치, 구성 등을 구체적으로 규정
노사협의제도	① 근참법상의 근로자 : 근기법상의 근로자를 의미 ② 노사협의회 : 근로자와 사용자가 참여와 협력을 통하여 근로자의 복지증진과 기업의 건전한 발전을 도모하기 위하여 구성하는 협의기구 ③ 사용자가 근로자위원에게 불이익을 주는 처분을 하거나 근로자위원의 선출에 개입하거나 방해하는 경우 : 고용노동부장관의 시정명령

II 노사협의회의 설치

1. 법규정

근로조건에 대한 결정권이 있는 사업이나 사업장 단위로 설치하여야 하나, 상시 30명 미만의 근로자를 사용하는 사업이나 사업장은 설치 의무 ×

2. 시행령 규정

하나의 사업에 종사하는 전체 근로자 수가 30명 이상인 경우 : 해당 근로자가 지역별로 분산되어 있더라도 그 주된 사무소에 노사협의회 설치

III 노사협의회의 구성

1. 노사대표의 선정

근로자와 사용자를 대표하는 같은 수의 위원으로 하되, 각 3명 이상 10명 이하로 구성

2. 근로자위원의 선임

근로자의 투표에 의한 선출	① 근로자 과반수가 참여하여 직접・비밀・무기명 투표로 선출하되, 근로자위원의 선출에 입후보하려는 사람은 해당 사업이나 사업장의 근로자여야 함 ② 사업 또는 사업장의 특수성으로 인하여 부득이한 경우 : 부서별로 근로자 수에 비례하여 근로자위원을 선출할 위원선거인을 근로자 과반수가 참여한 직접・비밀・무기명 투표로 선출하고 위원선거인 과반수가 참여한 직접・비밀・무기명 투표로 근로자위원을 선출
과반수 노동조합이 있는 경우	근로자의 과반수로 조직된 노동조합이 있는 경우에는 노동조합의 대표자와 그 노동조합이 위촉하는 자로 선임

3. 사용자위원의 선임

해당 사업이나 사업장의 대표자와 대표자가 위촉하는 자로 선임

4. 의장과 간사

의장을 두며, 의장은 위원 중에서 호선(互選), 이 경우 근로자위원과 사용자위원 중 각 1명을 공동의장으로 할 수 있음

5. 위원의 임기

① **노사협의회의 근로자위원의 결원이 생긴 경우** : 30일 이내에 보궐위원을 위촉하거나 선출하되, 노동조합이 조직되어 있지 아니한 경우에는 근로자위원 선출 투표에서 선출되지 못한 사람 중 차점자를 근로자위원으로 함

② **보궐위원의 임기** : 전임자 임기의 남은 기간

6. 위원의 신분

① 비상임・무보수

② 노사협의회 위원으로서의 직무수행과 관련하여 근로자위원에게 불이익을 주는 처분 ×

③ **위원의 협의회 출석 시간과 이와 직접 관련된 시간으로서 노사협의회규정으로 정한 시간** : 근로시간 간주

7. 사용자의 의무

근로자위원의 업무를 위하여 장소의 사용 등 기본적인 편의를 제공하여야 함

Ⅳ 노사협의회의 운영

1. 회 의

개 최	3개월마다 정기적으로 회의 개최
회의의 소집	노사협의회 의장은 노사 일방의 대표자가 회의의 목적을 문서로 밝혀 회의의 소집을 요구하면 요구에 따라야 함
정족수	근로자위원과 사용자위원 각 과반수의 출석으로 개최하고 출석위원 3분의 2 이상의 찬성으로 의결

2. 임의중재

① 노사협의회가 의결사항에 관하여 의결하지 못한 경우에는 근로자위원과 사용자위원의 합의로 협의회에 중재기구를 두어 해결하거나 노동위원회나 그 밖의 제3자에 의한 중재를 받을 수 있음

② 노사협의회에서의 의결사항의 해석에 관하여 의견이 일치하지 아니하는 경우에는 노사협의회는 노동위원회의 중재를 받을 수 있음

V 노사협의회의 임무

1. 협의사항

① 생산성 향상과 성과 배분
② 근로자의 채용·배치 및 교육훈련
③ 근로자의 고충처리
④ 안전, 보건, 그 밖의 작업환경 개선과 근로자의 건강 증진
⑤ 인사·노무관리의 제도 개선
⑥ 경영상 또는 기술상의 사정으로 인한 인력의 배치전환·재훈련·해고 등 고용조정의 일반원칙
⑦ 작업과 휴게시간의 운용
⑧ 임금의 지불방법·체계·구조 등의 제도 개선
⑨ 신기계·기술의 도입 또는 작업공정의 개선
⑩ 작업수칙의 제정 또는 개정
⑪ 종업원지주제와 그 밖에 근로자의 재산 형성에 관한 지원
⑫ 직무 발명 등과 관련하여 해당 근로자에 대한 보상에 관한 사항
⑬ 근로자의 복지 증진
⑭ 사업장 내 근로자 감시설비의 설치
⑮ 여성근로자의 모성보호 및 일과 가정생활의 양립을 지원하기 위한 사항
⑯ 남녀고용평등과 일·가정 양립 지원에 관한 법률에 따른 직장 내 성희롱 및 고객 등에 의한 성희롱 예방에 관한 사항
⑰ 그 밖의 노사협조에 관한 사항

2. 의결사항

① 근로자의 교육훈련 및 능력개발 기본계획의 수립
② 복지시설의 설치와 관리
③ 사내근로복지기금의 설치
④ 고충처리위원회에서 의결되지 아니한 사항
⑤ 각종 노사공동위원회의 설치

3. 보고사항(사용자위원의 보고사항)

① 경영계획 전반 및 실적에 관한 사항
② 분기별 생산계획과 실적에 관한 사항
③ 인력계획에 관한 사항
④ 기업의 경제적·재정적 상황

Ⅵ 고충처리제도

고충처리위원이 처리하기 곤란한 사항 : 노사협의회의 회의에 부쳐 협의 처리

Ⅶ 벌 칙

노사협의회의 설치를 정당한 사유 없이 거부하거나 방해한 자 : 1천만원 이하의 벌금

CHAPTER

09 노동위원회

제1절 서 설

노동위원회의 연혁	우리나라의 노동위원회법 : 1953년에 처음 제정
노동위원회의 특성	• 노동위원회 : 그 권한에 속하는 업무를 독립적으로 수행 • 중앙노동위원회위원장 : 중앙노동위원회 및 지방노동위원회의 예산 · 인사 · 교육훈련 기타 행정사무를 총괄하며, 소속공무원을 지휘 · 감독

제2절 노동위원회의 종류와 소관사무 및 조직

I 노동위원회의 종류와 소관사무

1. 종 류

중앙노동위원회와 지방노동위원회	고용노동부장관 소속으로 설치
특별노동위원회	중앙행정기관의 장 소속으로 설치

2. 소관사무

중앙노동위원회	① 둘 이상의 지방노동위원회의 관할 구역에 걸친 노동쟁의의 조정사건 ② 지방노동위원회 및 특별노동위원회의 처분에 대한 재심사건 ③ 중앙노동위원회의 권고 : 관계 행정기관으로 하여금 근로조건의 개선에 필요한 조치를 하도록 권고
지방노동위원회	둘 이상의 관할 구역에 걸친 사건 : 주된 사업장의 소재지를 관할하는 지방노동위원회에서 관장

3. 사건의 이송

접수된 사건이 다른 노동위원회의 관할인 경우에는 지체 없이 해당 사건을 관할 노동위원회로 이송

Ⅱ 노동위원회의 조직

1. 위원의 위촉

(1) 근로자위원의 위촉

구분	내용
중앙노동위원회 근로자위원	노동조합이 추천한 사람 중에서 고용노동부장관의 제청으로 대통령이 위촉
지방노동위원회 근로자위원	노동조합이 추천한 사람 중에서 지방노동위원회 위원장의 제청으로 중앙노동위원회 위원장이 위촉

(2) 공익위원의 위촉

① 해당 노동위원회 위원장, 노동조합 및 사용자단체가 각각 추천한 사람 중에서 노동조합과 사용자단체가 순차적으로 배제하고 남은 사람을 위촉대상 공익위원으로 함

② **중앙노동위원회 공익위원** : 고용노동부장관의 제청으로 대통령이 위촉

③ **지방노동위원회 공익위원** : 지방노동위원회 위원장의 제청으로 중앙노동위원회 위원장이 위촉

2. 사회취약계층에 대한 권리구제업무 대리

노동위원회는 노조법에 따른 판정에 관한 사건에서 사회취약계층을 위하여 변호사나 공인노무사로 하여금 권리구제업무를 대리하게 할 수 있음

3. 위원장 및 상임위원 등

구분	내용
노동위원회 위원장	① 중앙노동위원회 위원장 : 중앙노동위원회의 공익위원이 될 수 있는 자격을 갖춘 사람 중에서 고용노동부장관의 제청으로 대통령이 임명 ② 해당 노동위원회(중앙노동위원회, 지방노동위원회)의 공익위원이 되며, 심판사건, 차별적 처우 시정사건, 조정사건 담당
상임위원	상임위원은 해당 노동위원회의 공익위원이 되며, 심판사건, 차별적 처우 시정사건, 조정사건을 담당
사무처와 사무국	① 중앙노동위원회에는 사무처를 두고, 지방노동위원회에는 사무국 설치 ② 중앙노동위원회 상임위원은 사무처장 겸직

4. 위원의 임기

① **노동위원회 위원의 임기** : 3년으로 하되, 연임 가능

② **위원장 또는 상임위원이 궐위되어 임명한 후임자의 임기** : 새로 시작

5. 공익위원의 자격기준

노동위원회는 공익위원의 자격기준에 따라 노동문제에 관한 지식과 경험이 있는 사람을 공익위원으로 위촉하되, 여성의 위촉이 늘어날 수 있도록 노력하여야 함

제3절 노동위원회의 회의

I 회의의 구성 및 업무

전원회의	재적위원 과반수의 출석으로 개의하고 출석위원 과반수의 찬성으로 의결
부분별 위원회	차별시정위원회 : 차별시정담당 공익위원 중 위원장이 지명하는 3명으로 구성하며, 기단법, 파견법, 일학습병행법 또는 고평법에 따른 차별적 처우의 시정 등과 관련된 사항 처리

II 회의의 운영

회의의 진행	① 부문별 위원회 위원장 : 부문별 위원회의 원활한 운영을 위하여 필요하다고 인정하는 경우에 주심위원을 지명하여 사건의 처리를 주관하게 할 수 있음 ② 관계당사자 양쪽이 모두 단독심판을 신청하거나 단독심판으로 처리하는 것에 동의한 경우에는 단독심판으로 사건 처리
회의의 의결과 송달	① 부문별 위원회의 회의 : 구성위원 전원의 출석으로 개의 ② 노동위원회의 처분 : 처분결과를 서면으로 송달하여야 하며, 처분의 효력은 판정서·명령서·결정서 또는 재심판정서를 송달받은 날부터 발생
화 해	① 노동위원회는 판정·명령 또는 결정이 있기 전까지 관계당사자의 신청을 받아 또는 직권으로 화해를 권고하거나 화해안 제시 ② 노동위원회가 판정·명령 또는 결정이 있기 전까지 화해안을 제시하여 관계 당사자가 이를 수락한 경우에는 화해조서 작성 ③ 노위법에 따라 작성된 화해조서 : 재판상 화해의 효력 O

III 중앙노동위원회의 처분에 대한 불복

중앙노동위원회의 처분에 대한 소송은 중앙노동위원회 위원장을 피고(被告)로 제기

제4절 보 칙

노동위원회의 사건처리에 관여한 위원이나 직원 또는 그 위원이었거나 직원이었던 변호사·공인노무사 등은 영리를 목적으로 그 사건에 관한 직무 수행 금지

제5절 벌 칙

노동위원회의 보고 또는 서류 제출 요구에 응하지 아니하는 자 : 500만원 이하의 벌금

CHAPTER

10 기타 법령

제1절 공무원의 노동조합 및 운영에 관한 법률

Ⅰ 의 의

교노법(1999.1.29. 제정)이 공노법(2005.1.27. 제정)보다 먼저 제정

Ⅱ 주 체

사실상 노무에 종사하는 공무원 : 공노법의 적용 ×

Ⅲ 노동조합활동의 보장 및 한계

공무원이 노동조합활동을 하는 경우에는 다른 법령에서 규정하는 공무원의 의무에 반하는 행위 ×

Ⅳ 정치활동과 쟁의행위의 금지

노동조합과 그 조합원

▸ 정치활동의 금지

▸ 쟁의행위의 금지

Ⅴ 노동조합의 설립

노동조합을 설립하려는 사람은 고용노동부장관에게 설립신고서 제출

Ⅵ 가입범위

① 다른 공무원에 대하여 지휘・감독권을 행사하는 일반직공무원은 노동조합에 가입 ×

② 교정・수사 등 공공의 안녕과 국가안전보장에 관한 업무에 종사하는 공무원은 노동조합에 가입 ×

Ⅶ 노동조합전임자의 지위

노동조합 전임자의 지위	① 임용권자의 동의를 받아 노동조합으로부터 급여를 지급받으면서 노동조합의 업무에만 종사 가능 ② 국가공무원법 또는 지방공무원법에 따라 휴직명령을 하여야 함 ③ 국가와 지방자치단체는 공무원이 전임자임을 이유로 승급이나 그 밖에 신분과 관련하여 불리한 처우 ×
근무시간 면제자 등	노동조합이 단체협약으로 정하거나 정부교섭대표의 동의를 얻은 경우에는 공무원은 근무시간 면제 한도를 초과하지 아니하는 범위에서 보수의 손실 없이 정부교섭대표와의 이 법 또는 다른 법률에서 정하는 업무와 건전한 노사관계 발전을 위한 노동조합의 유지·관리업무수행

Ⅷ 교섭 및 체결권한 등

단체교섭의 담당자로서의 정부교섭대표	① 법령 등에 따라 스스로 관리하거나 결정할 수 있는 권한을 가진 사항에 대하여 노동조합이 교섭을 요구할 때에는 정당한 사유가 없으면 요구에 따라야 함 ② 정부교섭대표가 효율적인 교섭을 위하여 필요한 경우 ▸ 다른 정부교섭대표와 공동으로 교섭하거나, 다른 정부교섭대표에게 교섭 및 단체협약 체결 권한 위임 ▸ 다른 정부교섭대표와 공동으로 교섭하거나, 정부교섭대표가 아닌 관계 기관의 장으로 하여금 교섭에 참여하게 할 수 있음
단체교섭의 절차	① 노동조합은 단체교섭을 위하여 노동조합의 대표자와 조합원으로 교섭위원 구성 ② 노동조합의 대표자 : 정부교섭대표와 교섭하려는 경우 교섭하려는 사항에 대하여 권한을 가진 정부교섭대표에게 서면으로 교섭 요구 ③ 교섭을 요구하는 노동조합이 둘 이상인 경우에는 해당 노동조합에 교섭창구를 단일화하도록 요청할 수 있고, 교섭창구가 단일화된 때에는 교섭에 응하여야 함

Ⅸ 단체협약의 효력

① 단체협약의 내용 중 법령·조례 또는 예산에 의하여 규정되는 내용과 법령 또는 조례에 의하여 위임을 받아 규정되는 내용은 단체협약으로서의 효력 ×

② 단체협약의 내용 중 법령·조례 또는 예산에 의하여 규정되는 내용일지라도 이행될 수 있도록 성실하게 노력하여야 함

▸ 단체협약으로서의 효력을 가지지 아니하는 내용에 대하여는 이행될 수 있도록 성실하게 노력하여야 함

Ⅹ 조정절차

조 정	조정 개시	단체교섭이 결렬된 경우 : 당사자 어느 한쪽 또는 양쪽은 중앙노동위원회에 조정 신청
	조정 담당자	공무원 노동관계 조정위원회 : 단체교섭이 결렬된 경우 조정·중재하기 위하여 중앙노동위원회에 설치
	조정 기간	조정기간은 조정신청을 받은 날부터 30일 이내
중 재	단체교섭이 결렬되어 관계당사자 양쪽이 함께 중재를 신청한 경우에는 중앙노동위원회는 지체 없이 중재	

제2절 교원의 노동조합 및 운영에 관한 법률

Ⅰ 정치활동과 쟁의행위의 금지

노동조합과 그 조합원
- ▸ 정치활동의 금지
- ▸ 쟁의행위의 금지

Ⅱ 노동조합의 설립

① 초·중등교육법에 따른 교원 : 시·도 단위 또는 전국 단위로만 노동조합을 설립
② 고등교육법에 따른 교원 : 개별학교 단위, 시·도 단위 또는 전국 단위로 노동조합을 설립
③ 노동조합을 설립하려는 사람 : 고용노동부장관에게 설립신고서 제출

Ⅲ 가입범위

① 교원 : 유아교육법, 초·중등교육법, 고등교육법(강사는 제외)에서 규정하고 있는 교원
② 교원으로 임용되어 근무하였던 사람으로서 노동조합 규약으로 정하는 사람

Ⅳ 노동조합전임자의 지위

노동조합 전임자의 지위	① 임용권자의 동의를 받아 노동조합으로부터 급여를 지급받으면서 노동조합의 업무에만 종사 가능 ② 교육공무원법 및 사립학교법에 따른 휴직명령을 받은 것으로 간주 ③ 전임기간 중 전임자임을 이유로 승급 또는 그 밖의 신분상의 불이익 ×
근무시간 면제자 등	① 노동조합이 단체협약으로 정하거나 임용권자가 동의하는 경우에는 교원은 근무시간 면제 한도를 초과하지 아니하는 범위에서 보수의 손실 없이 교육부장관, 시·도지사, 시·도 교육감 등과의 협의·교섭, 고충처리, 안전·보건활동 등의 업무와 건전한 노사관계 발전을 위한 노동조합의 유지·관리업무 수행 ② 교원근무시간면제심의위원회 : 근무시간 면제 한도를 정하기 위하여 경제사회노동위원회에 설치

Ⅴ 교섭 및 체결권한 등

단체교섭의 담당자로서의 노동조합의 대표자	① 노동조합 또는 조합원의 임금, 근무조건, 후생복지 등 경제적·사회적 지위 향상에 관하여 교육부장관 등과 교섭하고 단체협약을 체결할 권한 ② 유아교육법이나 초·중등교육법에 따른 교원이 설립한 노동조합의 대표자가 단체교섭하고 단체협약을 체결하고자 할 경우에는 사립학교 설립·경영자는 전국 또는 시·도 단위로 연합하여 교섭에 응하여야 함 ③ 노동조합의 교섭위원 : 해당 노동조합의 대표자와 그 조합원으로 구성
단체교섭의 절차	단체교섭을 하거나 단체협약을 체결하는 경우에는 관계당사자는 국민여론과 학부모의 의견을 수렴하여 성실하게 교섭하고 단체협약 체결

Ⅵ 단체협약의 효력

단체협약의 내용 중 법령·조례 또는 예산에 의하여 규정되는 내용과 법령 또는 조례에 의하여 위임을 받아 규정되는 내용 : 단체협약으로서의 효력 ×

Ⅶ 조정절차

<table>
<tr><td rowspan="3">조 정</td><td>조정 개시</td><td>단체교섭이 결렬된 경우 : 당사자 어느 한쪽 또는 양쪽은 중앙노동위원회에 조정 신청</td></tr>
<tr><td>조정 담당자</td><td>• 교원 노동관계 조정위원회 : 교원의 노동쟁의를 조정·중재하기 위하여 중앙노동위원회에 설치
• 교원 노동관계 조정위원회 : 중앙노동위원회 위원장이 지명하는 조정담당 공익위원 3명으로 구성</td></tr>
<tr><td>조정기간</td><td>조정기간은 조정신청을 받은 날부터 30일 이내</td></tr>
<tr><td rowspan="2">중 재</td><td>중재 개시</td><td>중앙노동위원회가 제시한 조정안을 당사자의 어느 한쪽이라도 거부한 경우 : 중앙노동위원회 중재</td></tr>
<tr><td>불복절차</td><td>중앙노동위원회의 중재재정이 위법하거나 월권에 의한 것이라고 인정하는 경우에는 중재재정서를 송달받은 날부터 15일 이내에 중앙노동위원회 위원장을 피고로 하여 행정소송 제기</td></tr>
</table>

CHAPTER 11 종합문제

I 노조법상의 주요기한

30일 이내를 기한으로 하는 경우	노동조합의 처분이 노동관계법령에 위반하여 행정관청의 시정명령을 받은 노동조합이 이를 이행하여야 할 기한
15일 이내를 기한으로 하는 경우	① 노동조합에 임시총회 소집권자가 없는 경우 행정관청의 회의소집권자 지명 기한 ② 노동조합의 대표자가 회의의 소집을 고의로 기피하거나 이를 해태하여 조합원 또는 대의원의 3분의 1 이상이 소집권자의 지명을 요구할 때 행정관청의 노동위원회에 대한 의결 요청 기한 ③ 합병 또는 분할로 소멸하여 노동조합이 해산한 때 노동조합 대표자가 해산한 날부터 이를 행정관청에게 신고하여야 할 기한 ④ 단체협약 당사자가 단체협약의 체결일부터 이를 행정관청에게 신고하여야 할 기한

II 이해관계인의 신청 요부

1. 이해관계인의 신청을 요건으로 노동위원회의 의결을 얻어 시정을 명할 수 있는 경우

노동조합의 결의 또는 처분이 규약에 위반된다고 인정할 경우

2. 노동위원회의 의결을 얻어 시정을 명할 수 있는 경우

① 노동조합의 결의 또는 처분이 노동관계법령에 위반된다고 인정할 경우
② 노동조합의 규약이 노동관계법령에 위반한 경우
③ 노동조합의 결의 또는 처분이 단체협약에 위반된다고 인정할 경우
④ 노동조합의 규약이 취업규칙에 위반한 경우

III 노조법상의 서면 요구 여부

서면 요구 ○	① 단체협약의 작성 ② 행정관청에 대한 노동조합의 쟁의행위 신고 ③ 상대방에 대한 노동쟁의 발생의 통보 ④ 노동위원회의 부당노동행위 구제신청 판정
서면 요구 ×	관계당사자에 대한 긴급조정 결정의 통고

Ⅳ 노동위원회의 조정과 중재의 비교

1. 기 간

① 일반사업에서의 조정기간 : 10일
② 중재로 인한 쟁의행위 금지기간 : 15일

2. 효력의 발생

① 조정안 : 조정위원 전원 또는 단독조정인이 조정서를 작성하고 관계 당사자와 함께 서명 또는 날인
② 중재재정 : 명문의 규정은 없으나 중재위원 전원의 서명 또는 날인

3. 위원의 선임

① 조정위원은 당해 노동위원회의 위원 중에서 사용자를 대표하는 자, 근로자를 대표하는 자 및 공익을 대표하는 자 각 1인을 그 노동위원회의 위원장이 지명하되, 근로자를 대표하는 조정위원은 사용자가, 사용자를 대표하는 조정위원은 노동조합이 각각 추천하는 노동위원회의 위원 중에서 지명
② 중재위원은 당해 노동위원회의 공익을 대표하는 위원 중에서 관계 당사자의 합의로 선정한 자에 대하여 그 노동위원회의 위원장이 지명

4. 조정과 중재

각각 사적 조정과 사적 중재로 대신 가능

5. 조정서와 중재재정에 대한 해석

조정서에 대한 해석 또는 이행방법에 관한 견해는 중재재정과 동일한 효력

Ⅴ 부당해고 구제제도와 부당노동행위 구제제도의 비교

1. 행정소송의 제기

양 제도 모두 재심판정이 행정소송의 제기에 의하여 효력 정지 ×

2. 이행강제금 제도

부당노동행위 구제명령에는 적용 ×

3. 확정된 구제명령을 불이행한 사용자에 대한 형벌 부과

① 부당해고 구제명령을 이행하지 아니한 자 : 1년 이하의 징역 또는 1천만원 이하의 벌금
② 부당노동행위 구제명령에 위반한 자 : 3년 이하의 징역 또는 3천만원 이하의 벌금

4. 형벌 부과 여부

부당해고 자체에는 형벌을 부과하지 아니하나, 부당노동행위를 한 자에 대하여 2년 이하의 징역 또는 2천만 원 이하의 벌금

5. 해고가 불이익취급의 부당노동행위에 해당하는 경우

노동위원회의 구제명령 : 복직명령과 임금 상당액을 지급명령

Ⅵ 노동위원회의 의결 요부

노동위원회의 의결 필요 ○	① 조합규약의 시정명령 ② 휴면노조의 해산 ③ 단체협약의 시정명령 ④ 지역단위에서 단체협약의 효력확장 결정 ⑤ 노동조합의 결의·처분의 시정명령
노동위원회의 의결 필요 ×	① 노동조합에 대한 자료제출 요구 ② 사업장 단위에서 단체협약의 효력확장 결정

Ⅶ 신고사항과 대상기관

① 취업규칙의 작성·변경 - 고용노동부장관
② 노동조합의 해산 - 행정관청
③ 단체협약 - 행정관청
④ 직장폐쇄 - 행정관청과 노동위원회
⑤ 노동조합 설립의 신고 - 고용노동부장관, 시도지사, 시장·군수·구청장
⑥ 노동관계 당사자가 합의하여 사적 조정으로 노동쟁의를 해결할 때의 신고 - 노동위원회
⑦ 총회 또는 대의원회의 해산결의에 의한 노동조합의 해산 신고 - 행정관청

Ⅷ 노동관계법의 제정 순서

① 파견근로자 보호 등에 관한 법률[1998.2.20. 제정]
② 교원의 노동조합 설립 및 운영 등에 관한 법률[1999.1.29. 제정]
③ 공무원의 노동조합 설립 및 운영 등에 관한 법률[2005.1.27. 제정]
④ 기간제 및 단시간근로자 보호 등에 관한 법률[2006.12.21. 제정]

얼마나 많은 사람들이

책 한 권을 읽음으로써

인생에 새로운 전기를 맞이했던가.

– 헨리 데이비드 소로 –

PART 2

기출문제해설

출제경향 & 수험대책

노동법은 까다로운 문제가 많아 법조문 및 판례에 대한 정확한 이해와 암기가 요구되고, 법령개정이 빈번하여 시험 전까지 수시로 개정사항을 파악하여야 하므로, 본 교재에 수록된 기출분석표의 각 Chapter별 출제비율을 참고하여 학습의 강약을 조절할 필요가 있다. PART 2 기출문제해설은 공인노무사 기출문제뿐만 아니라 7급·9급 공무원시험과 사법시험 기출문제를 함께 수록하여 출제경향을 파악하기 쉽게 하고, 난이도가 높아질 공인노무사 시험에 철저하게 대비할 수 있도록 하였다. 해설에서 문제와 연계된 중요 조문과 판례를 수록하여 바로 눈으로 확인하며, 2차 시험에 사례해결능력의 기초를 배양할 수 있도록 하였다. 또한 빈출핵심요약 PART와 동일한 CHAPTER로 구성하여 관련된 기출문제를 확인하기 편하게 구성하였다.

노동법 I

01 총 설

제1절 노동법의 개념

001 □□□ **노동법의 기본원리와 이념에 관한 설명으로 옳은 것은?** 08 사시

① 개인주의와 자유주의를 바탕으로 한 사적 자치의 원리를 기본이념으로 하고 있다.
② 근로자의 인간다운 생활의 실현을 기본이념으로 하고 있다.
③ 소유권 존중의 원칙과 계약자유의 원칙은 일정한 제약을 받지만 과실책임의 원칙은 수정되지 아니한다.
④ 집단적 자치의 원리는 개인의 인격과 존엄성을 침해할 수 있으므로 노동법의 기본원리가 될 수 없다.
⑤ 헌법은 근로조건의 기준에 대하여 국가경제의 경쟁능력을 해치지 아니하는 범위 내에서 보장된다는 공공이익 존중의 원리를 명시하고 있다.

해설

① (×)・② (○) 노동법은 시민법상 사적 자치의 원리를 수정하여 인간다운 생활의 실현의 원리를 강조하면서 등장하였으므로 사적 자치의 원리를 기본이념으로 볼 수 없다.
③ (×) 노동법은 과실책임의 원리를 수정하여 무과실책임의 원리를 수용하였고 그 대표적인 예로는 산업재해보상보험법을 생각할 수 있다.
④ (×) 노동법은 집단적 자치를 기본원리로 하여 집단적 노사관계에서뿐만 아니라 개별적 노사관계에서도 이를 바탕으로 하는 규율을 하고 있다.
⑤ (×) 현행 헌법상 공공이익 존중의 원리에 대한 명문 규정은 존재하지 아니한다.

답 ❷

제2절 노동법의 특수성

제3절 노동법의 경향

002 국제노동기구(ILO)의 핵심협약에 해당하지 않는 것은? 16 노무

□□□

① 취업의 최저연령에 관한 협약(제138호)
② 석면 사용 안전에 관한 협약(제162호)
③ 가혹한 형태의 아동노동철폐에 관한 협약(제182호)
④ 결사의 자유 및 단결권의 보호에 관한 협약(제87호)
⑤ 강제노동 폐지에 관한 협약(제105호)

해설

① (○), ② (×), ③ (○), ④ (○), ⑤ (○)
석면사용 안전에 관한 협약(제162호)은 ILO의 기본협약에 해당하지 아니한다.

국제노동기구(ILO)의 기본협약
- 강제근로의 폐지에 관한 협약(비준 X)
- 결사의 자유 및 단결권 보호에 관한 협약(비준 X → O)
- 단결권 및 단체교섭에 대한 원칙 적용에 관한 협약(비준 X → O)
- 강제근로에 관한 협약(비준 X → O)
- 동일가치노동에 대한 남녀노동자 동일보수에 관한 협약
- 고용 및 직업상 차별대우에 관한 협약
- 취업최저연령에 관한 협약
- 가혹한 형태의 아동노동 폐지에 관한 협약

답 ❷

003 한국이 비준하고 있는 국제노동기구(ILO)의 협약이 아닌 것은? 19 노무

□□□

① 강제근로의 폐지에 관한 협약(제105호)
② 최저임금결정제도 협약(제26호)
③ 차별(고용과 직업) 협약(제111호)
④ 최저연령 협약(제138호)
⑤ 근로감독 협약(제81호)

해설

① (×), ② (○), ③ (○), ④ (○), ⑤ (○)

헌법 제6조 제1항에 의하여 우리나라가 체결·비준한 ILO협약이나 일반적으로 승인된 국제법규는 국내법과 같은 효력이 있다. 우리나라는 ILO 기본협약 중 강제근로의 폐지에 관한 협약(제105호)을 제외하고 지금까지 비준되지 않았던 강제근로에 관한 협약(제29호), 결사의 자유 및 단결권 보호에 관한 협약(제87호), 단결권 및 단체교섭권의 원칙의 적용에 관한 협약(제98호)에 대한 비준동의안 등을 비준하였다. 제29호, 제87호, 제98호 협약 등은 비준동의안이 2021.2.26. 국회본회의를 통과하여 정부가 비준서를 ILO에 기탁한 시점부터 1년(2022.4.20.)이 지나 발효되었으므로, 국내법과 같은 효력을 가진다.

004 국제노동기구(ILO) 협약 중 우리나라가 비준한 핵심협약을 모두 고른 것은? 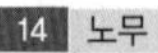

□□□

ㄱ. 강제노동 폐지에 관한 협약(제105호)
ㄴ. 석면사용 안전에 관한 협약(제162호)
ㄷ. 동일가치 노동에 대한 남녀근로자의 동일보수에 관한 협약(제100호)
ㄹ. 고용 및 직업상 차별금지에 관한 협약(제111호)
ㅁ. 취업의 최저연령에 관한 협약(제138호)

① ㄱ, ㄴ, ㄷ
② ㄱ, ㄴ, ㅁ
③ ㄱ, ㄹ, ㅁ
④ ㄴ, ㄷ, ㄹ
⑤ ㄷ, ㄹ, ㅁ

해설

ㄷ, ㄹ, ㅁ.이 우리나라가 비준한 기본협약에 해당한다. ㄱ. 강제노동 폐지에 관한 협약(제105호)은 우리나라가 비준하지 아니하였고 ㄴ. 석면사용 안전에 관한 협약(제162호)은 비준하였으나 기본협약에는 해당하지 아니한다.

답 ❺

제4절 노동법의 법원

005 노동법의 법원(法源) 등에 관한 설명으로 옳은 것은?(다툼이 있으면 판례에 따름) 21 노무

□□□

① 취업규칙은 노동법의 법원(法源)으로 인정되지 않는다.
② 단체협약은 노동법의 법원(法源)으로 인정되지 않는다.
③ 고용노동부 예규가 그 성질과 내용이 행정기관 내부의 사무처리지침에 불과한 경우에는 법원을 구속하지 않는다.
④ ILO 제100호 협약(동등보수에 관한 협약)은 국내법과 동일한 효력을 갖지 않는다.
⑤ 노동관행이 기업사회에서 일반적으로 근로관계를 규율하는 규범적인 사실로서 명확히 승인되더라도 근로계약의 내용으로 인정되지 않는다.

해설

① (×) 취업규칙은 사업장에서 사용자가 근로자에게 적용하는 근로조건 및 복무규율 등에 관하여 일방적으로 작성한 것으로, 대체로 법원성이 인정된다.
② (×) 단체협약은 노동법의 법원으로 인정된다.
③ (○) 업무상 재해 인정기준에 관한 노동부[현 고용노동부(註)] 예규는 그 규정의 성질과 내용이 행정기관 내부의 사무처리준칙을 규정한 데 불과한 것이어서 국민이나 법원을 구속하는 것이 아니라고 할 것이다(대판 1990.9.25. 90누2727).
④ (×) ILO 제100호 동등보수에 관한 협약은 우리나라가 비준한 ILO협약 중 하나이므로, 국내법과 동일한 효력을 갖는다.
⑤ (×) 기업 내부에 존재하는 특정 관행이 근로계약의 내용을 이루고 있다고 하기 위해서는 그러한 관행이 기업사회에서 일반적으로 근로관계를 규율하는 규범적인 사실로서 명확히 승인되거나 기업의 구성원에 의하여 일반적으로 아무도 이의를 제기하지 아니한 채 당연한 것으로 받아들여져서 기업 내에서 사실상의 제도로서 확립되어 있다고 할 수 있을 정도의 규범의식에 의하여 지지되고 있어야 한다(대판 2014.2.27. 2011다109531). 즉, 사용자 또는 근로자가 특정 관행을 계속적으로 반복하여 왔고, 이를 사용자가 승인하거나 근로자가 묵시적으로 동의함으로써 기대나 예견이 가능할 정도라면, 그 관행은 법원으로서 인정된다고 보아야 한다.

답 ❸

006 노동법의 법원(法源)에 관한 설명 중 옳지 않은 것은?(다툼이 있는 경우 판례에 의함) 16 사시

□□□

① 근로기준법에서 정한 기준에 미치지 못하는 근로조건을 정한 근로계약은 그 부분에 한하여 무효로 한다.
② 기업 내에서 사실상의 제도로 확립되어 있다고 할 수 있을 정도의 규범의식에 의하여 지지되는 노동관행은 근로계약의 내용이 될 수 있다.
③ 취업규칙에서 정한 기준에 미달하는 근로조건을 정한 근로계약은 그 부분에 관하여는 무효로 한다.
④ 단체협약에 정한 근로조건에 관한 기준에 위반하는 취업규칙 또는 근로계약의 부분은 무효로 한다.
⑤ 국제노동기구(ILO)의 협약은 체결・비준되더라도 법원(法源)이 될 수 없다.

해설

① (O) 근기법 제15조 제1항

② (O) 기업 내부에 존재하는 특정 관행이 근로계약의 내용을 이루고 있다고 하기 위해서는 그러한 관행이 기업사회에서 일반적으로 근로관계를 규율하는 규범적인 사실로서 명확히 승인되거나 기업의 구성원에 의하여 일반적으로 아무도 이의를 제기하지 아니한 채 당연한 것으로 받아들여져서 기업 내에서 사실상의 제도로서 확립되어 있다고 할 수 있을 정도의 규범의식에 의하여 지지되고 있어야 한다(대판 2014.2.27. 2011다109531).

③ (O) 근기법 제97조 전문

④ (O) 단체협약에 정한 근로조건 기타 근로자의 대우에 관한 기준에 위반하는 취업규칙 또는 근로계약의 부분은 무효로 한다(노조법 제33조 제1항).

⑤ (×) 헌법에 의하여 체결·공포된 조약과 일반적으로 승인된 국제법규는 국내법과 같은 효력을 가지므로(헌법 제6조 제1항), 국제노동기구(ILO)의 협약이 체결·비준되었다면 법원(法源)이 될 수 있다.

답 ❺

007 노동법의 법원(法源)에 관한 설명으로 옳은 것은?(다툼이 있으면 판례에 따름) 20 노무

□□□

① 근로관계당사자의 권리와 의무를 규율하는 취업규칙은 노동법의 법원에 해당한다.

② 국제노동기구(ILO)의 강제근로의 폐지에 관한 협약(제105호)은 노동법의 법원에 해당한다.

③ 노동사건에 관련한 대법원 전원합의체 판결은 노동법의 법원에 해당한다.

④ 노동관계법령에 대한 법제처의 유권해석은 노동법의 법원에 해당한다.

⑤ 사용자와 개별근로자가 체결한 근로계약은 노동법의 법원에 해당하지 않는다.

해설

① (O) 노동법의 법원으로서는 일반성을 요소로 하는 노동법령뿐만 아니라, 단체협약, 취업규칙, 근로계약 등도 법원으로 인정된다.

② (×) 헌법 제6조 제1항에 의하여 우리나라가 체결·비준한 ILO협약이나 일반적으로 승인된 국제법규는 국내법과 같은 효력이 있다. 우리나라는 ILO 기본협약 중 강제근로의 폐지에 관한 협약(제105호)을 제외하고 지금까지 비준되지 않았던 강제근로에 관한 협약(제29호), 결사의 자유 및 단결권 보호에 관한 협약(제87호), 단결권 및 단체교섭권의 원칙의 적용에 관한 협약(제98호)에 대한 비준동의안 등을 비준하였다. 제29호, 제87호, 제98호 협약 등은 비준동의안이 2021.2.26. 국회본회의를 통과하여 정부가 비준서를 ILO에 기탁한 시점부터 1년(2022.4.20.)이 지나 발효되었으므로, 국내법과 같은 효력을 가진다. 그러나 강제근로의 폐지에 관한 협약(제105호)은 비준되지 아니하였으므로 노동법의 법원성은 부정된다고 보는 것이 타당하다.

③ (×) 대륙법계를 취하는 우리나라의 노동사건에 관한 판결은 원칙적으로 노동법의 법원으로서 인정되지 아니한다.

④ (×) 업무상 재해 인정기준에 관한 노동부[현 고용노동부(註)] 예규는 행정기관 내부의 사무처리준칙에 불과하므로, 대외적 구속력이 없다는 판례(대판 1990.9.25. 90누2727)의 취지를 고려하면, 행정청은 최종적 권위가 있는 법해석을 할 수 없기 때문에 법제처의 유권해석은 노동법의 법원에 해당하지 아니한다고 판단된다.

⑤ (×) 사용자와 개별근로자가 체결한 근로계약을 통하여 양자 사이의 중요한 권리·의무를 규정하게 되므로 근로계약은 근로관계에 대한 직접적인 법원이 된다.

답 ❶

008 노동법의 법원(法源)에 관한 설명으로 옳지 않은 것은?(다툼이 있으면 판례에 따름) 23 노무

□□□

① 헌법에 따라 체결·공포된 조약은 국내법과 같은 효력을 가지므로 노동법의 법원이 된다.
② 노동조합규약은 일종의 자치적 법규범으로서 소속조합원에 대하여 법적 효력을 가진다.
③ 고용노동부의 행정해석은 고용노동부의 그 소속기관의 내부적 업무처리 지침에 불과하여 노동법의 법원이 아니다.
④ 노동관행은 그 자체로서는 법적 구속력을 가지지 않지만, 일정한 요건을 갖춘 경우에는 법원으로 인정된다.
⑤ 근로자와 사용자가 개별적으로 체결한 근로계약은 노동법의 법원이 아니다.

해설

① (○) 헌법에 의하여 체결·공포된 조약은 국내법과 같은 효력을 가진다(헌법 제6조 제1항). 따라서 우리나라가 체결·비준한 국제노동기구(ILO)의 협약들은 노동법의 법원이 된다.
② (○) 노동조합규약은 노동조합의 조직 및 활동, 운영에 관하여 조합원이 자율적으로 정한 일종의 자치적 법규범으로서, 조합 내 조합원을 구속하는 한도 내에서 법적 효력을 가진다.
③ (○) 업무상 재해 인정기준에 관한 노동부[현 고용노동부(註)] 예규는 행정기관 내부의 사무처리준칙에 불과하므로 대외적 구속력이 없다는 판례(대판 1990.9.25. 90누2727)의 취지를 고려하면, 고용노동부의 행정해석은 통일적인 업무처리를 위한 내부적 업무처리 지침에 불과하여 일반 국민을 구속하는 법적 구속력이 있다고 보기 어려우므로 노동법의 법원에 해당하지 아니한다고 판단된다.
④ (○) 노동관행은 그 자체로 특별한 법적 효력이 없으므로 원칙적으로 법원으로 인정되지 않는다. 다만, 기업의 내부에 존재하는 특정의 관행이 기업사회에서 일반적으로 근로관계를 규율하는 규범적인 사실로서 명확히 승인되거나 기업의 구성원에 의하여 일반적으로 아무도 이의를 제기하지 아니한 채 당연한 것으로 받아들여져서 기업 내에서 사실상의 제도로서 확립되어 있다고 할 수 있을 정도의 규범의식에 의하여 지지되고 있는 경우에는 근로계약의 내용을 이루고 있다고 볼 수 있고(대판 2002.4.23. 2000다50701), 이러한 경우에는 노동관행이 법원으로 인정된다고 할 것이다.
⑤ (×) 근로자와 사용자가 개별적으로 체결한 근로계약은 그 적용을 받는 당사자의 권리·의무를 규율하고 있으므로, 법원성이 인정된다고 이해하여야 한다.

답 ❺

009 노동법 법원(法源)의 상충 등에 관한 설명으로 옳은 것을 모두 고른 것은? 22 노무

□□□

ㄱ. 근로계약에서 정한 근로조건이 근로기준법에서 정하는 기준에 미치지 못하는 경우에는 그 근로계약을 무효로 한다.
ㄴ. 취업규칙에서 정한 기준에 미달하는 근로조건을 정한 근로계약은 그 부분에 관하여는 무효로 하며 무효로 된 부분은 취업규칙에 정한 기준에 따른다.
ㄷ. 취업규칙은 근로기준법과 어긋나서는 아니 된다.
ㄹ. 취업규칙은 해당 사업 또는 사업장에 대하여 적용되는 단체협약과 어긋나서는 아니 된다.

① ㄱ, ㄴ
② ㄷ, ㄹ
③ ㄱ, ㄴ, ㄹ
④ ㄴ, ㄷ, ㄹ
⑤ ㄱ, ㄴ, ㄷ, ㄹ

해설

ㄱ. (×) 이 법에서 정하는 기준에 미치지 못하는 근로조건을 정한 근로계약은 그 부분에 한정하여 무효로 한다(근기법 제15조 제1항).

ㄴ. (○) 근기법 제97조

ㄷ. (○), ㄹ. (○) 취업규칙은 법령이나 해당 사업 또는 사업장에 대하여 적용되는 단체협약과 어긋나서는 아니 된다(근기법 제96조 제1항).

답 ❹

010 근로기준법에 대한 설명으로 옳지 않은 것은? 19 국가직 9급

□□□

① 근로기준법에서 정하는 근로조건은 최저기준이므로 근로관계 당사자는 이 기준을 이유로 근로조건을 낮출 수 없다.

② 고용노동부장관은 근로기준법에 어긋나는 근로계약의 변경을 명할 수 있다.

③ 취업규칙에서 근로자에 대하여 감급(減給)의 제재를 정할 경우에 그 감액은 1회의 금액이 평균임금의 1일분의 2분의 1을, 총액이 1임금지급기의 임금 총액의 10분의 1을 초과하지 못한다.

④ 취업규칙에서 정한 기준에 미달하는 근로조건을 정한 근로계약은 그 부분에 관하여는 무효로 한다.

해설

① (○) 근기법 제3조

② (×) 근기법 제15조, 제96조 제2항 참조

> **이 법을 위반한 근로계약(근기법 제15조)**
> ① 이 법에서 정하는 기준에 미치지 못하는 근로조건을 정한 근로계약은 그 부분에 한정하여 무효로 한다.
> ② 제1항에 따라 무효로 된 부분은 이 법에서 정한 기준에 따른다.
>
> **단체협약의 준수(근기법 제96조)**
> ② 고용노동부장관은 법령이나 단체협약에 어긋나는 취업규칙의 변경을 명할 수 있다.

③ (○) 근기법 제95조

④ (○) 취업규칙에서 정한 기준에 미달하는 근로조건을 정한 근로계약은 그 부분에 관하여는 무효로 한다. 이 경우 무효로 된 부분은 취업규칙에 정한 기준에 따른다(근기법 제97조).

답 ❷

011 노동법의 법원(法源)에 관한 설명으로 옳지 않은 것은?(다툼이 있는 경우에는 판례에 의함)

□□□

15 노무

① 해외연수 근로자가 퇴직할 당시 인사규정이 근로자에게 더 유리하게 개정되었다면 아직 면제기간이 진행 중이던 근로자의 해외연수비용 상환의무를 면제받는 의무복무기간은, 개정된 인사규정에 소급적용을 배제하는 별도의 규정이 없는 한, 유리하게 개정된 인사규정이 적용된다.

② 고용노동부장관은 법령이나 단체협약에 어긋나는 취업규칙의 변경을 명할 수 있다.

③ 근로기준법 시행령은 법률에 위임이 없다 하더라도 법률이 규정한 개인의 권리, 의무의 내용을 변경・보충하거나 새로운 내용을 규정할 수 있다.

④ 고용노동부의 업무지침이나 예규 등이 그 성질과 내용이 행정기관 내부의 사무처리지침에 불과한 경우에는 대외적인 구속력은 없다.

⑤ 우리나라가 비준한 국제노동기구(ILO)의 협약은 국내법적 효력이 인정된다.

해설

① (O) 대판 1994.5.10. 93다30181

② (O) 근기법 제96조 제2항

③ (×) 일반적으로 법률의 시행령은 모법인 법률에 의하여 위임받은 사항이나, 법률이 규정한 범위 내에서 법률을 현실적으로 집행하는 데 필요한 세부적인 사항만을 규정할 수 있을 뿐, 법률의 위임 없이 법률이 규정한 개인의 권리・의무에 관한 내용을 변경・보충하거나 법률에서 규정하지 아니한 새로운 내용을 규정할 수 없는 것이다(대판 1999.2.11. 98도2816[전합]).

④ (O) 업무상 재해 인정기준에 관한 노동부[현 고용노동부(註)] 예규는 그 규정의 성질과 내용이 행정기관 내부의 사무처리준칙을 규정한 데 불과한 것이어서 국민이나 법원을 구속하는 것이 아니라고 할 것이다(대판 1990.9.25. 90누2727).

⑤ (O) 헌법 제6조 제1항에 의하여 우리나라가 체결・비준한 ILO협약이나 일반적으로 승인된 국제법규는 국내법과 같은 효력이 있다. 구체적으로 살피건대 우리나라는 ILO 기본협약 중 강제근로의 폐지에 관한 협약(제105호)을 제외하고 지금까지 비준되지 않았던 강제근로에 관한 협약(제29호), 결사의 자유 및 단결권 보호에 관한 협약(제87호), 단결권 및 단체교섭권의 원칙의 적용에 관한 협약(제98호)에 대한 비준동의안 등을 비준하였다. 제29호, 제87호, 제98호 협약 등은 비준동의안이 2021.2.26. 국회본회의를 통과하여 정부가 비준서를 ILO에 기탁한 시점부터 1년(2022.4.20.)이 지나 발효되었으므로, 국내법과 같은 효력을 가진다.

 답 ❸

012 우리나라 노동법의 법원(法源)에 관한 설명으로 옳지 않은 것은?(다툼이 있으면 판례에 따름)

□□□

17 노무

① 판례는 법원으로 인정되지 않는다.

② 기업의 내부에 존재하는 특정 관행이 기업 사회에서 일반적으로 근로관계를 규율하는 규범적인 사실로서 명확히 승인된 경우 그 특정 관행은 근로계약의 내용을 이루고 있다고 인정되어 법원으로 인정된다.

③ 민법은 법원으로 인정된다.

④ 국제노동기구(ILO)의 강제근로의 폐지에 관한 협약(제105호)은 노동법의 법원에 해당한다.

⑤ 고용노동부의 행정해석은 법원으로 인정되지 않는다.

해설

① (O) 대륙법계를 취하는 우리나라에서 판례는 원칙적으로 노동법의 법원으로서 인정되지 아니한다.

② (O) 노동관행은 그 자체로 특별한 법적 효력이 없으므로 원칙적으로 법원으로 인정되지 않는다. 다만, 기업의 내부에 존재하는 특정의 관행이 기업사회에서 일반적으로 근로관계를 규율하는 규범적인 사실로서 명확히 승인되거나 기업의 구성원에 의하여 일반적으로 아무도 이의를 제기하지 아니한 채 당연한 것으로 받아들여져서 기업 내에서 사실상의 제도로서 확립되어 있다고 할 수 있을 정도의 규범의식에 의하여 지지되고 있는 경우에는 근로계약의 내용을 이루고 있다고 볼 수 있고(대판 2014.2.27. 2011다109531), 이러한 경우에는 노동관행이 법원으로 인정된다고 할 것이다.

③ (O) 노동관계법규 외에 민사법 등도 노동관계에 관한 기초적 또는 보충적 규정으로서 노동법의 법원이 된다.

④ (×) 헌법 제6조 제1항에 의하여 우리나라가 체결·비준한 ILO협약이나 일반적으로 승인된 국제법규는 국내법과 같은 효력이 있다. 우리나라는 ILO 기본협약 중 강제근로의 폐지에 관한 협약(제105호)을 제외하고 지금까지 비준되지 않았던 강제근로에 관한 협약(제29호), 결사의 자유 및 단결권 보호에 관한 협약(제87호), 단결권 및 단체교섭권의 원칙의 적용에 관한 협약(제98호)에 대한 비준동의안 등을 비준하였다. 제29호, 제87호, 제98호 협약 등은 비준동의안이 2021.2.26. 국회본회의를 통과하여 정부가 비준서를 ILO에 기탁한 시점부터 1년(2022.4.20.)이 지나 발효되었으므로, 국내법과 같은 효력을 가진다. 그러나 강제근로의 폐지에 관한 협약(제105호)은 비준되지 아니하였으므로 노동법의 법원성은 부정된다고 보는 것이 타당하다.

⑤ (O) 업무상 재해 인정기준에 관한 노동부[현 고용노동부(註)] 예규는 행정기관 내부의 사무처리준칙에 불과하므로 대외적 구속력이 없다는 판례(대판 1990.9.25. 90누2727)의 취지를 고려하면, 고용노동부의 행정해석은 통일적인 업무처리를 위한 내부적 업무처리 지침에 불과하여 일반 국민을 구속하는 법적 구속력이 있다고 보기 어려우므로 노동법의 법원에 해당하지 아니한다고 판단된다.

답 ❹

013 □□□ **노동관계법에 관한 헌법재판소의 결정으로 옳지 않은 것은?** 15 노무

① 헌법 제32조 제3항은 "근로조건의 기준은 인간의 존엄성을 보장하도록 법률로 정한다"고 규정하고 있는바, 인간의 존엄에 상응하는 근로조건의 기준이 무엇인지를 구체적으로 정하는 것은 일차적으로 입법자의 형성의 자유에 속한다.

② 근로자가 퇴직급여를 청구할 수 있는 권리도 헌법상 바로 도출되는 것이 아니라 근로자퇴직급여 보장법 등 관련 법률이 구체적으로 정하는 바에 따라 비로소 인정될 수 있는 것이다.

③ 근로의 권리는 "일할 자리에 관한 권리"만이 아니라 "일할 환경에 관한 권리"도 함께 내포하고 있는바, 후자는 생존권적 기본권의 성격을 갖고 있으므로 외국인근로자에게는 근로의 권리에 관한 기본권주체성이 인정되지 않는다.

④ 해고예고제도는 근로관계의 존속이라는 근로자 보호의 본질적 부분과 관련되는 것이 아니므로, 해고예고제도를 둘 것인지 여부, 그 내용 등에 대해서는 상대적으로 넓은 입법 형성의 여지가 있다.

⑤ 근로자공급사업은 성질상 사인이 영리를 목적으로 운영할 경우 근로자에 대한 중간착취, 강제근로, 인권침해, 인신매매 등의 부작용이 초래될 가능성이 매우 크므로 고용노동부장관의 허가를 받은 자만이 근로자공급사업을 할 수 있도록 제한하는 것을 직업 선택의 자유의 본질적인 내용을 침해하는 것으로 볼 수는 없다.

해설

① (○) 헌법 제32조 제3항은 "근로조건의 기준은 인간의 존엄성을 보장하도록 법률로 정한다"고 규정하고 있는바, 인간의 존엄에 상응하는 근로조건의 기준이 무엇인지를 구체적으로 정하는 것은 일차적으로 입법자의 형성의 자유에 속한다고 할 것이다(헌재 1999.9.16. 98헌마310).

② (○) 근로자가 퇴직급여를 청구할 수 있는 권리도 헌법상 바로 도출되는 것이 아니라 퇴직급여법 등 관련 법률이 구체적으로 정하는 바에 따라 비로소 인정될 수 있는 것이므로 계속근로기간 1년 미만인 근로자가 퇴직급여를 청구할 수 있는 권리가 헌법 제32조 제1항에 의하여 보장된다고 보기는 어렵다(헌재 2011.7.28. 2009헌마408).

③ (×) 헌법재판소는 인간의 존엄성을 보장하기 위하여 최소한의 근로조건을 요구할 수 있는 권리(일할 환경에 관한 권리)는 자유권적 기본권의 성격도 아울러 가지므로 이러한 경우 외국인근로자에게도 그 기본권주체성을 인정함이 타당하다고 하여 외국인산업기술연수생도 근로의 권리의 주체가 된다고 하였다(헌재 2007.8.30. 2004헌마670).

④ (○) 해고예고제도는 해고 자체를 금지하는 제도는 아니며, 대법원 판례 또한 예고의무를 위반한 해고도 유효하다고 보므로 해고 자체의 효력과도 무관한 제도이다. 즉 해고예고제도는 근로관계의 존속이라는 근로자 보호의 본질적 부분과 관련되는 것이 아니므로, 해고예고제도를 둘 것인지 여부, 그 내용 등에 대해서는 상대적으로 넓은 입법 형성의 여지가 있다(헌재 2001.7.19. 99헌마663).

⑤ (○) 근로자공급사업은 성질상 사인이 영리를 목적으로 운영할 경우 근로자의 안전 및 보건상의 위험, 근로조건의 저하, 공중도덕상 유해한 직종에의 유입, 미성년자에 대한 착취, 근로자에 대한 중간착취, 강제근로, 인권침해, 약취·유인, 인신매매 등의 부작용이 초래될 가능성이 매우 크므로 노동부장관의 허가를 받은 자만이 근로자공급사업을 할 수 있도록 제한하는 것은 그 목적의 정당성, 방법의 적절성, 피해의 최소성, 법익의 균형성 등에 비추어 볼 때 합리적인 제한이라고 할 것이고, 과잉 금지의 원칙에 위배되어 직업 선택의 본질적인 내용을 침해하는 것으로 볼 수는 없다(헌재 1998.11.26. 97헌바31).

014 우리나라 노동법의 법원(法源)에 관한 설명으로 옳지 않은 것은?(다툼이 있으면 판례에 따름)

□□□

18 노무

① 고용노동부의 업무지침 등이 그 성질과 내용이 행정기관 내부의 사무처리지침에 불과한 경우에는 대외적인 구속력은 없다.

② 국제노동기구(ILO)의 강제근로의 폐지에 관한 협약(제105호)은 노동법의 법원에 해당한다.

③ 노동사건에 대한 판례는 노동법의 법원으로 인정되지 않는다.

④ 단체협약은 노동법의 법원으로 인정된다.

⑤ 노동조합규약은 일종의 자치적 법규범으로서 소속 조합원에 대하여 법적 효력을 가진다.

해설

① (O) 업무상 재해 인정기준에 관한 노동부[현 고용노동부(註)] 예규는 행정기관 내부의 사무처리준칙에 불과하므로 대외적 구속력이 없다는 판례(대판 1990.9.25. 90누2727)의 취지를 고려하면, 고용노동부의 업무처리 지침 등이 사무처리준칙에 불과하다면 일반 국민을 구속하는 법적 구속력이 있다고 보기 어렵다.

② (×) 헌법 제6조 제1항에 의하여 우리나라가 체결·비준한 ILO협약이나 일반적으로 승인된 국제법규는 국내법과 같은 효력이 있다. 우리나라는 ILO 기본협약 중 강제근로의 폐지에 관한 협약(제105호)을 제외하고 지금까지 비준되지 않았던 강제근로에 관한 협약(제29호), 결사의 자유 및 단결권 보호에 관한 협약(제87호), 단결권 및 단체교섭권의 원칙의 적용에 관한 협약(제98호)에 대한 비준동의안 등을 비준하였다. 제29호, 제87호, 제98호 협약 등은 비준동의안이 2021.2.26. 국회본회의를 통과하여 정부가 비준서를 ILO에 기탁한 시점부터 1년(2022.4.20.)이 지나 발효되었으므로, 국내법과 같은 효력을 가진다. 그러나 강제근로의 폐지에 관한 협약(제105호)은 비준되지 아니하였으므로 노동법의 법원성은 부정된다고 보는 것이 타당하다.

③ (O) 대륙법계를 취하는 우리나라의 노동사건에 관한 판례는 원칙적으로 노동법의 법원으로서 인정되지 아니한다.

④ (O) 노동법상의 법원으로서는 일반성을 요소로 하는 노동법령뿐만 아니라, 단체협약, 취업규칙, 근로계약등도 법원으로 인정된다.

⑤ (O) 노동조합은 근로자들이 자신들의 이익을 옹호하기 위하여 자주적으로 결성한 임의단체로서 그 내부 운영에 있어서 조합규약 및 다수결에 의한 자치가 보장되므로, 노동조합이 자체적으로 마련한 선거관리규정은 조합 민주주의를 실현하기 위한 강행법규에 적합한 범위 내에서는 일종의 자치적 법규범으로서 국가법질서 내에서 법적 효력을 가진다(대판 1998.2.27. 97다43567).

02 근로기준법 개설

제1절 근로의 권리

001 **헌법상 근로의 권리와 의무에 관한 설명으로 옳지 않은 것은?** 22 노무

□□□

① 법인은 헌법상 근로의 권리의 주체가 될 수 없다.
② 근로조건의 기준은 인간의 존엄성을 보장하도록 법률로 정한다.
③ 근로의 권리는 공공복리를 위하여 필요한 경우에 한하여 법률로써 제한할 수 있다.
④ 국가유공자·상이군경 및 전몰군경의 유가족은 법률이 정하는 바에 의하여 우선적으로 근로의 의무를 이행하여야 한다.
⑤ 여자의 근로는 특별한 보호를 받으며, 고용·임금 및 근로조건에 있어서 부당한 차별을 받지 아니한다.

해설

① (O), ② (O), ③ (O), ④ (×), ⑤ (O)
국가유공자·상이군경 및 전몰군경의 유가족은 법률이 정하는 바에 의하여 우선적으로 근로의 기회를 부여받는다(헌법 제32조 제6항).

헌법 제32조
① 모든 국민은 근로의 권리를 가진다. 국가는 사회적·경제적 방법으로 근로자의 고용의 증진과 적정임금의 보장에 노력하여야 하며, 법률이 정하는 바에 의하여 최저임금제를 시행하여야 한다.
② 모든 국민은 근로의 의무를 진다. 국가는 근로의 의무의 내용과 조건을 민주주의원칙에 따라 법률로 정한다.
③ 근로조건의 기준은 인간의 존엄성을 보장하도록 법률로 정한다.
④ 여자의 근로는 특별한 보호를 받으며, 고용·임금 및 근로조건에 있어서 부당한 차별을 받지 아니한다.
⑤ 연소자의 근로는 특별한 보호를 받는다.
⑥ 국가유공자·상이군경 및 전몰군경의 유가족은 법률이 정하는 바에 의하여 우선적으로 근로의 기회를 부여받는다.

헌법 제37조
② 국민의 모든 자유와 권리는 국가안전보장·질서유지 또는 공공복리를 위하여 필요한 경우에 한하여 법률로써 제한할 수 있으며, 제한하는 경우에도 자유와 권리의 본질적인 내용을 침해할 수 없다.

답 ④

002 □□□ **헌법 제32조에 명시된 내용으로 옳은 것을 모두 고른 것은?** 21 노무

ㄱ. 근로조건의 기준은 인간의 존엄성을 보장하도록 법률로 정한다.
ㄴ. 국가는 사회적·경제적 방법으로 근로자의 고용의 증진과 최저임금의 보장에 노력하여야 한다.
ㄷ. 국가는 여자의 복지와 권익의 향상을 위하여 노력하여야 한다.
ㄹ. 국가는 근로의 의무의 내용과 조건을 민주주의원칙에 따라 법률로 정한다.

① ㄱ
② ㄱ, ㄹ
③ ㄴ, ㄷ
④ ㄴ, ㄷ, ㄹ
⑤ ㄱ, ㄴ, ㄷ, ㄹ

해설

ㄱ. (○) 헌법 제32조 제3항
ㄴ. (×) 국가는 사회적·경제적 방법으로 근로자의 고용의 증진과 적정임금의 보장에 노력하여야 한다(헌법 제32조 제1항).
ㄷ. (×) 국가는 여자의 복지와 권익의 향상을 위하여 노력하여야 한다(헌법 제34조 제3항).
ㄹ. (○) 헌법 제32조 제2항

답 ❷

003 □□□ **헌법 제32조에서 명시된 내용이 아닌 것은?** 14 노무

① 국가는 근로의 의무의 내용과 조건을 민주주의원칙에 따라 법률로 정한다.
② 장애인의 근로는 특별한 보호를 받는다.
③ 국가는 법률이 정하는 바에 의하여 최저임금제를 시행하여야 한다.
④ 국가는 사회적·경제적 방법으로 근로자의 고용의 증진과 적정임금의 보장에 노력하여야 한다.
⑤ 근로조건의 기준은 인간의 존엄성을 보장하도록 법률로 정한다.

해설

① (○), ② (×), ③ (○), ④ (○), ⑤ (○)
헌법 제32조에는 장애인의 근로를 특별히 보호하는 규정은 명시되어 있지 않다.

답 ❷

004 □□□ **헌법 제32조(근로의 권리)에 명시된 내용으로 옳지 않은 것은?** 20 노무

① 모든 국민은 근로의 권리를 가지며 근로의 의무를 진다.
② 여자 및 연소자의 근로는 특별한 보호를 받는다.
③ 신체장애자는 우선적으로 근로의 기회를 부여받는다.
④ 근로조건의 기준은 인간의 존엄성을 보장하도록 법률로 정한다.
⑤ 국가는 법률이 정하는 바에 의하여 최저임금제를 시행하여야 한다.

해설

① (○), ② (○), ③ (×), ④ (○), ⑤ (○)
신체장애자는 헌법 제32조 제6항에서 정하는 우선적으로 근로의 기회를 부여받는 대상에 포함되지 아니한다.

답 ❸

005 헌법 제32조에 명시적으로 규정된 내용은? 23 노무

□□□

① 국가는 법률이 정하는 바에 의하여 적정임금제를 시행하여야 한다.
② 국가는 사회적・경제적 방법으로 근로자의 고용을 보장하여야 한다.
③ 장애인의 근로는 특별한 보호를 받으며, 고용・임금 및 근로조건에 있어서 부당한 차별을 받지 아니한다.
④ 국가는 근로의 의무의 내용과 조건을 민주주의원칙에 따라 법률로 정한다.
⑤ 국가는 전몰군경의 유가족이 우선적으로 근로의 기회를 부여받도록 노력하여야 한다.

해설

① (×) 국가는 사회적・경제적 방법으로 근로자의 고용의 증진과 적정임금의 보장에 노력하여야 하며, 법률이 정하는 바에 의하여 최저임금제를 시행하여야 한다(헌법 제32조 제1항 후문).
② (×) 국가는 사회적・경제적 방법으로 근로자의 고용의 증진과 적정임금의 보장에 노력하여야 하며, 법률이 정하는 바에 의하여 최저임금제를 시행하여야 한다(헌법 제32조 제1항 전문).
③ (×) 여자의 근로는 특별한 보호를 받으며, 고용・임금 및 근로조건에 있어서 부당한 차별을 받지 아니한다고(헌법 제32조 제4항) 규정하고 있을 뿐, 장애인의 근로에 대한 규정은 존재하지 아니한다.
④ (○) 헌법 제32조 제2항 후문
⑤ (×) 국가유공자・상이군경 및 전몰군경의 유가족은 법률이 정하는 바에 의하여 우선적으로 근로의 기회를 부여받는다(헌법 제32조 제6항).

헌법 제32조

① 모든 국민은 근로의 권리를 가진다. 국가는 사회적・경제적 방법으로 근로자의 고용의 증진과 적정임금의 보장에 노력하여야 하며, 법률이 정하는 바에 의하여 최저임금제를 시행하여야 한다.
② 모든 국민은 근로의 의무를 진다. 국가는 근로의 의무의 내용과 조건을 민주주의원칙에 따라 법률로 정한다.
③ 근로조건의 기준은 인간의 존엄성을 보장하도록 법률로 정한다.
④ 여자의 근로는 특별한 보호를 받으며, 고용・임금 및 근로조건에 있어서 부당한 차별을 받지 아니한다.
⑤ 연소자의 근로는 특별한 보호를 받는다.
⑥ 국가유공자・상이군경 및 전몰군경의 유가족은 법률이 정하는 바에 의하여 우선적으로 근로의 기회를 부여받는다.

답 ❹

006 헌법 제32조에 명시된 내용이 아닌 것은? 16 노무

□□□

① 국가는 사회적 · 경제적 방법으로 근로자의 고용의 증진과 최저임금의 보장에 노력하여야 한다.
② 연소자의 근로는 특별한 보호를 받는다.
③ 근로조건의 기준은 인간의 존엄성을 보장하도록 법률로 정한다.
④ 국가는 근로의 의무의 내용과 조건을 민주주의원칙에 따라 법률로 정한다.
⑤ 여자의 근로는 특별한 보호를 받는다.

해설

① (×), ② (○), ③ (○), ④ (○), ⑤ (○)
국가는 사회적 · 경제적 방법으로 근로자의 고용의 증진과 적정임금의 보장에 노력하여야 한다(헌법 제32조 제1항 후문).

답 ❶

007 헌법 제32조의 내용으로 옳지 않은 것은? 17 노무

□□□

① 모든 국민은 근로의 권리를 가지며 근로의 의무를 지지 아니한다.
② 근로조건의 기준은 인간의 존엄성을 보장하도록 법률로 정한다.
③ 국가는 법률이 정하는 바에 의하여 최저임금제를 시행하여야 한다.
④ 여자의 근로는 특별한 보호를 받으며, 고용 · 임금 및 근로조건에 있어서 부당한 차별을 받지 아니한다.
⑤ 전몰군경의 유가족은 법률이 정하는 바에 의하여 우선적으로 근로의 기회를 부여받는다.

해설

① (×), ② (○), ③ (○), ④ (○), ⑤ (○)
모든 국민은 근로의 권리와 의무를 가진다(헌법 제32조 제1항 · 제2항).

답 ❶

008 헌법 제32조에 관한 내용으로 옳지 않은 것은? 19 노무

□□□

① 국가는 법률이 정하는 바에 의하여 최저임금제를 시행하여야 한다.
② 여자의 근로는 특별한 보호를 받으며, 고용 · 임금 및 근로조건에 있어서 부당한 차별을 받지 아니한다.
③ 국가는 근로의 권리의 내용과 조건을 민주주의원칙에 따라 법률로 정하여야 한다.
④ 연소자의 근로는 특별한 보호를 받는다.
⑤ 국가유공자 · 상이군경 및 전몰군경의 유가족은 법률이 정하는 바에 의하여 우선적으로 근로의 기회를 부여받는다.

해설

① (○), ② (○), ③ (×), ④ (○), ⑤ (○)
국가는 근로의 의무의 내용과 조건을 민주주의원칙에 따라 법률로 정한다(헌법 제32조 제2항 후문).

답 ❸

009 헌법상 근로의 권리에 관한 설명으로 옳지 않은 것은?(다툼이 있으면 판례에 따름) 18 노무

□□□

① 헌법은 근로의 권리주체를 국민으로 규정하고 있다.
② 근로조건의 기준은 인간의 존엄성을 보장하도록 법률로 정한다.
③ 국가에 대한 직접적인 직장존속보장청구권은 헌법상 근로의 권리에서 도출된다.
④ 국가는 사회적·경제적 방법으로 근로자의 고용의 증진과 적정임금의 보장에 노력하여야 한다.
⑤ 국가유공자·상이군경 및 전몰군경의 유가족은 법률이 정하는 바에 의하여 우선적으로 근로의 기회를 부여받는다.

해설

① (○), ② (○), ③ (×), ④ (○), ⑤ (○)

헌법 제15조의 직업의 자유 또는 헌법 제32조의 근로의 권리, 사회국가원리 등에 근거하여 실업 방지 및 부당한 해고로부터 근로자를 보호하여야 할 국가의 의무를 도출할 수는 있을 것이나, 국가에 대한 직접적인 직장존속보장청구권을 근로자에게 인정할 헌법상의 근거는 없다(헌재 2002.11.28. 2001헌바50).

헌법 제32조

① 모든 국민은 근로의 권리를 가진다. 국가는 사회적·경제적 방법으로 근로자의 고용의 증진과 적정임금의 보장에 노력하여야 하며, 법률이 정하는 바에 의하여 최저임금제를 시행하여야 한다.
② 모든 국민은 근로의 의무를 진다. 국가는 근로의 의무의 내용과 조건을 민주주의원칙에 따라 법률로 정한다.
③ 근로조건의 기준은 인간의 존엄성을 보장하도록 법률로 정한다.
④ 여자의 근로는 특별한 보호를 받으며, 고용·임금 및 근로조건에 있어서 부당한 차별을 받지 아니한다.
⑤ 연소자의 근로는 특별한 보호를 받는다.
⑥ 국가유공자·상이군경 및 전몰군경의 유가족은 법률이 정하는 바에 의하여 우선적으로 근로의 기회를 부여받는다.

답 ❸

제2절 개별적 근로관계법과 근로기준법

제3절 근로기준법의 적용범위

010 근로기준법 제23조(해고 등의 제한) 제1항이 적용되는 사업장을 모두 고른 것은?(다툼이 있으면 판례에 따름)

23 노무

ㄱ. 상시 5명의 동거하는 친족만을 사용하는 사업장
ㄴ. 상시 1명의 공무원이 아닌 근로자를 사용하는 지방자치단체
ㄷ. 상시 3명의 근로자를 사용하는 건설업체
ㄹ. 상시 5명의 유치원 교사를 채용하여 사용하는 종교단체

① ㄱ, ㄴ
② ㄱ, ㄷ
③ ㄴ, ㄷ
④ ㄴ, ㄹ
⑤ ㄴ, ㄷ, ㄹ

해설

ㄱ. (×) 동거하는 친족만을 사용하는 사업 또는 사업장에서는 근기법이 적용되지 아니하므로(근기법 제11조 제1항 단서), 상시 5명의 동거하는 친족만을 사용하는 사업장에서는 근기법 제23조(해고 등의 제한) 제1항이 적용되지 아니한다.

ㄴ. (○) 근로기준법 제12조에 의하면 근로기준법이 국가에도 적용된다고 규정하고 있으므로 근로자와 국가 사이에 고용관계가 인정된다면 국가소속 역의 일용잡부로 근무하는 사람이 그 근로자 한 사람뿐이라고 하더라도 근로기준법의 적용이 배제되는 것은 아니다(대판 1987.6.9. 85다카2473). 판례의 취지를 고려할 때 지방자치단체의 경우에는 상시 근로자의 수와 관계없이 근기법이 적용된다고 할 수 있어, 상시 1명의 공무원이 아닌 근로자를 사용하는 지방자치단체에게도 근기법 제23조(해고 등의 제한) 제1항이 적용된다.

ㄷ. (×), ㄹ. (○) 상시 4명 이하의 근로자를 사용하는 사업 또는 사업장에는 근기법 제23조(해고 등의 제한) 제1항이 적용되지 아니한다. 따라서 ㄷ. 상시 3명의 근로자를 사용하는 건설업체 등에는 근기법 제23조(해고 등의 제한) 제1항이 적용되지 아니하나, ㄹ. 상시 5명의 유치원 교사를 채용하여 사용하는 종교단체의 경우에는 적용된다.

답 ❹

011 근로기준법령상 상시 4명 이하의 근로자를 사용하는 사업장에 적용되는 것만을 모두 고른 것은?

18 국가직 9급

ㄱ. 법령 요지 등의 게시(근로기준법 제14조)
ㄴ. 근로조건의 명시(근로기준법 제17조)
ㄷ. 휴업수당(근로기준법 제46조)
ㄹ. 휴일(근로기준법 제55조)

① ㄱ, ㄴ
② ㄱ, ㄷ
③ ㄴ, ㄷ
④ ㄴ, ㄹ

해설

근로조건의 명시(근기법 제17조), 휴일(근기법 제55조)에 대한 규정이 상시 4명 이하의 근로자를 사용하는 사업장에 적용된다.

답 ❹

012 근로기준법령상 상시 4명 이하의 근로자를 사용하는 사업 또는 사업장에 적용하는 법 규정을 모두 고른 것은?

□□□ 16 노무

ㄱ. 근로기준법 제9조(중간착취의 배제)
ㄴ. 근로기준법 제18조(단시간근로자의 근로조건)
ㄷ. 근로기준법 제21조(전차금 상계의 금지)
ㄹ. 근로기준법 제60조(연차유급휴가)
ㅁ. 근로기준법 제72조(갱내근로의 금지)

① ㄱ, ㄷ
② ㄴ, ㄹ
③ ㄱ, ㄴ, ㅁ
④ ㄱ, ㄴ, ㄷ, ㅁ
⑤ ㄴ, ㄷ, ㄹ, ㅁ

해설

ㄱ, ㄴ, ㄷ, ㅁ이 상시 4명 이하의 근로자를 사용하는 사업 또는 사업장에 적용되는 규정이다.

상시 4명 이하의 근로자를 사용하는 사업 또는 사업장에 적용하는 법규정(근기법 시행령 [별표 1])

구 분	적용 법규정
제1장 총 칙	• 적용 법규정 : 목적(제1조), 정의(제2조), 근로조건의 기준(제3조), 근로조건의 결정(제4조), 근로조건의 준수(제5조), 균등한 처우(제6조), 강제근로의 금지(제7조), 폭행의 금지(제8조), 중간착취의 배제(제9조), 공민권 행사의 보장(제10조), 적용범위(제11조, 제12조), 보고·출석의 의무(제13조) • 제14조는 적용되지 아니하므로, 사용자는 근기법 및 동법 시행령의 주요내용과 취업규칙을 사업장에 게시하지 아니하여도 무방하다.
제2장 근로계약	• 적용 법규정 : 근기법을 위반한 근로계약(제15조), 근로조건의 명시(제17조), 단시간근로자의 근로조건(제18조), 근로조건 위반에 대한 손배청구와 해제(제19조 제1항), 위약예정의 금지(제20조), 전차금 상계의 금지(제21조), 강제저금의 금지(제22조), 해고시기의 제한(제23조 제2항), 해고의 예고(제26조), 금품청산(제36조), 미지급임금에 대한 지연이자(제37조), 임금채권의 우선변제(제38조), 사용증명서(제39조), 취업방해의 금지(제40조), 근로자의 명부(제41조), 계약서류의 보존(제42조) • 제16조는 적용되지 아니하므로, 근로계약기간은 1년을 초과하여도 무방하다. • 제19조 제2항은 적용되지 아니하므로, 명시된 근로조건이 사실과 다른 경우에 근로자는 노동위원회에 손해배상신청을 할 수 없고, 근로계약이 해제되었을 경우에 사용자는 취업을 목적으로 거주를 변경한 근로자에게 귀향여비를 지급할 의무가 없다. • 제23조 제1항은 적용되지 아니하므로, 사용자는 정당한 이유의 존재 여부와 관계없이 해고·휴직·정직·전직·감봉 기타 징벌을 할 수 있다. • 그 밖에 적용되지 아니하는 규정 경영상 이유에 의한 해고의 제한(제24조), 우선재고용 등(제25조), 해고사유 등의 서면통지(제27조), 부당해고등의 구제신청(제28조), 조사 등(제29조), 구제명령 등(제30조), 구제명령 등의 확정(제31조), 구제명령 등의 효력(제32조), 이행강제금(제33조)
제3장 임 금	• 적용 법규정 : 임금지급(제43조), 체불사업주 명단공개(제43조의2), 임금등 체불자료의 제공(제43조의3), 도급사업에 대한 임금지급(제44조), 건설업에서의 임금지급연대책임(제44조의2), 건설업의 공사도급에 있어서의 임금에 관한 특례(제44조의3), 비상시 지급(제45조), 도급근로자(제47조), 임금대장(제48조), 임금의 시효(제49조) • 제46조는 적용되지 아니하므로, 사용자는 휴업수당을 지급할 의무가 없다.

제4장 근로시간과 휴식	• 적용 법규정 : 휴게(제54조), 1주 평균 1회 이상 유급휴일 보장(제55조 제1항), 근로시간, 휴게·휴일규정의 적용제외규정(제63조) • 대부분의 근로시간제도(근로시간제, 가산임금, 연차휴가, 보상휴가제 등)는 적용되지 아니한다.
제5장 여성과 소년	• 적용 법규정 : 최저연령과 취직인허증(제64조), 유해·위험사업에 사용금지, 임산부 등의 사용금지직종(제65조 제1항·제3항, 임산부와 18세 미만인 자로 한정), 연소자증명서(제66조), 근로계약(제67조), 임금의 청구(제68조), 근로시간(제69조), 야간근로와 휴일근로의 제한(제70조 제2항·제3항, 임산부와 18세 미만인 자로 한정), 시간외근로(제71조), 갱내근로의 금지(제72조), 임산부의 보호(제74조) • 제65조 제2항은 적용되지 아니하므로, 사용자는 임산부가 아닌 18세 이상의 여성을 임신 또는 출산에 관한 기능에 유해·위험한 사업에 사용할 수 있다. • 제70조 제1항은 적용되지 아니하므로, 사용자는 18세 이상의 여성을 오후 10시부터 오전 6시까지의 시간 및 휴일에 근로시키려는 경우, 그 근로자의 동의를 받을 필요 없다. • 생리휴가(제73조)와 육아시간(제75조)의 규정도 적용되지 아니한다.
제6장 안전과 보건	• 적용 법규정 : 안전과 보건(제76조)
제8장 재해보상	• 적용 법규정 : 요양보상(제78조), 휴업보상(제79조), 장해보상(제80조), 휴업보상과 장해보상의 예외(제81조), 유족보상(제82조), 장례비(제83조), 일시보상(제84조), 분할보상(제85조), 보상청구권(제86조), 다른 손해배상과의 관계(제87조), 고용노동부장관의 심사와 중재(제88조), 노동위원회의 심사와 중재(제89조), 도급사업에 대한 예외(제90조), 서류의 보존(제91조), 시효(제92조)
제11장 근로감독관 등	• 적용 법규정 : 감독기관(제101조), 근로감독관의 권한(제102조), 근로감독관의 의무(제103조), 감독기관에 대한 신고(제104조), 사법경찰권행사자의 제한(제105조), 권한의 위임(제106조)
제12장 벌 칙	• 적용 법규정 : 벌칙(제107조, 제108조, 제109조, 제110조, 제111조, 제113조, 제114조), 고발(제112조), 양벌규정(제115조), 과태료(제116조)(제1장부터 제6장, 제8장, 제11장의 규정 중 상시 4명 이하 근로자를 사용하는 사업 또는 사업장에 적용되는 규정을 위반한 경우로 한정)

답 ❹

013 □□□ **근로기준법령상 상시 4명 이하의 근로자를 사용하는 사업 또는 사업장에 적용되는 것은?**

15 노무

① 해고 등의 제한(제23조 제1항)
② 근로조건 명시(제17조)
③ 휴업수당(제46조)
④ 근로시간(제50조)
⑤ 생리휴가(제73조)

해설

근로조건 명시(제17조)에 대한 규정은 상시 4명 이하의 근로자를 사용하는 사업 또는 사업장에 적용되나, 해고 등의 제한(근기법 제23조 제1항), 휴업수당(제46조), 근로시간(제50조), 생리휴가(제73조)의 규정은 적용되지 아니한다.

답 ❷

014 근로기준법령상 상시 4명 이하의 근로자를 사용하는 사업 또는 사업장에도 적용되는 것은?

□□□ 19 노무

① 단시간근로자의 근로조건(근로기준법 제18조)
② 경영상 이유에 의한 해고의 제한(근로기준법 제24조)
③ 해고사유의 등의 서면통지(근로기준법 제27조)
④ 부당해고등의 구제신청(근로기준법 제28조)
⑤ 휴업수당(근로기준법 제46조)

해설

① (○), ② (×), ③ (×), ④ (×), ⑤ (×)
단시간근로자의 근로조건(근기법 제18조)은 상시 4명 이하의 근로자를 사용하는 사업 또는 사업장에 적용된다.

답 ❶

015 근로기준법령상 상시 4명 이하의 근로자를 사용하는 사업 또는 사업장에 적용되지 않는 것은?

□□□ 21 노무

① 근로조건의 명시(근로기준법 제17조)
② 해고의 예고(근로기준법 제26조)
③ 미지급임금에 대한 지연이자(근로기준법 제37조)
④ 근로자의 명부 작성(근로기준법 제41조)
⑤ 근로시간(근로기준법 제50조)

해설

대부분의 근로시간제도는 상시 4명 이하의 근로자를 사용하는 사업 또는 사업장에 적용되지 아니한다.

답 ❺

016 □□□ 근로기준법령상 상시 4명 이하의 근로자를 사용하는 사업 또는 사업장에 적용되는 규정만을 모두 고르면? 21 국가직 9급

ㄱ. 경영상 이유에 의한 해고의 제한(근로기준법 제24조)
ㄴ. 해고의 예고(근로기준법 제26조)
ㄷ. 휴게(근로기준법 제54조)
ㄹ. 생리휴가(근로기준법 제73조)
ㅁ. 법정근로시간(근로기준법 제50조)
ㅂ. 금품 청산(근로기준법 제36조)

① ㄱ, ㄴ, ㅂ
② ㄱ, ㄷ, ㅁ
③ ㄴ, ㄷ, ㅂ
④ ㄴ, ㄹ, ㅁ

해설

ㄴ. 해고의 예고(근기법 제26조), ㄷ. 휴게(근기법 제54조), ㅂ. 금품 청산(근기법 제36조) 규정은 상시 4명 이하의 근로자를 사용하는 사업 또는 사업장에 적용된다.

답 ❸

017 □□□ 근로기준법령상 상시 4명 이하의 근로자를 사용하는 사업 또는 사업장에 적용되지 않는 것은? 20 노무

① 공민권 행사의 보장(제10조)
② 근로조건의 명시(제17조)
③ 전차금 상계의 금지(제21조)
④ 휴게(제54조)
⑤ 연차유급휴가(제60조)

해설

① (O), ② (O), ③ (O), ④ (O), ⑤ (×)
근기법 시행령 [별표 1]에 의하면 연차유급휴가는 상시 4명 이하의 근로자를 사용하는 사업 또는 사업장에 적용되지 아니한다.

답 ❺

018 근로기준법상 적용범위에 관한 설명으로 옳지 않은 것은?(다툼이 있으면 판례에 따름)

□□□

18 노무

① 동거하는 친족만을 사용하는 사업 또는 사업장과 가사사용인에 대하여는 적용하지 아니한다.
② 상시 사용하는 근로자 수의 산정에 있어 일용근로자는 포함되지 않는다.
③ 근로기준법이 상시 4명 이하의 사업 또는 사업장에 원칙상 적용되지 않는 것은 영세사업장의 현실과 국가의 근로감독능력의 한계를 고려한 것이다.
④ 근로기준법의 적용 사업장은 영리사업인지 여부를 불문한다.
⑤ 야간근로에 대해 통상임금의 100분의 50 이상을 가산하여 지급하는 규정은 상시 4명 이하 사업장에는 적용되지 않는다.

해설

① (O) 근로기준법은 동거하는 친족만을 사용하는 사업 또는 사업장과 가사사용인에 대하여는 적용하지 아니한다(근기법 제11조 제1항 단서).
② (×) 근로기준법의 적용범위를 정한 같은 법 제11조 제1항 소정의 상시 5인 이상의 근로자를 사용하는 사업 또는 사업장이라 함은 상시 근무하는 근로자의 수가 5인 이상인 사업 또는 사업장이 아니라 사용하는 근로자의 수가 상시 5인 이상인 사업 또는 사업장을 뜻하는 것이고, 이 경우 상시라 함은 상태(常態)라고 하는 의미로서 근로자의 수가 때때로 5인 미만이 되는 경우가 있어도 사회통념에 의하여 객관적으로 판단하여 상태적으로 5인 이상이 되는 경우에는 이에 해당하며, 여기의 근로자에는 당해 사업장에 계속 근무하는 근로자뿐만 아니라 그때그때의 필요에 의하여 사용하는 일용근로자를 포함한다(대판 2000.3.14. 99도1243).
③ (O) 상시 사용 근로자 수 5인이라는 기준을 분수령으로 하여 근로기준법의 전면적용 여부를 달리한 것은, 근로기준법의 확대적용을 위한 지속적인 노력을 기울이는 과정에서, 한편으로 영세사업장의 열악한 현실을 고려하고, 다른 한편으로 국가의 근로감독능력의 한계를 아울러 고려하면서 근로기준법의 법규범성을 실질적으로 관철하기 위한 입법정책적 결정으로서 거기에는 나름대로의 합리적 이유가 있다고 할 것이므로 평등원칙에 위배된다고 할 수 없다(헌재 1999.9.16. 98헌마310).
④ (O) 영리사업은 물론 사회단체, 종교단체 등 비영리공익사업에도 적용된다.
⑤ (O) 상시 4인 이하의 근로자를 사용하는 사업장은 대부분의 근로시간제도(근로시간제, 가산임금, 연차휴가 등)가 적용되지 아니한다.

답 ❷

019 근로기준법령상 상시 4명 이하의 근로자를 사용하는 사업 또는 사업장에 적용되는 규정으로 옳은 것은?

□□□

20 국가직 9급

① 사용자의 귀책사유로 휴업하는 경우에 사용자는 휴업기간 동안 그 근로자에게 평균임금의 100분의 70 이상의 수당을 지급하여야 한다(법 제46조).
② 사용자는 18세 미만인 자에 대하여는 그 연령을 증명하는 가족관계기록사항에 대한 증명서와 친권자 또는 후견인의 동의서를 사업장에 갖추어 두어야 한다(법 제66조).
③ 사용자가 근로자에게 부당해고등을 하면 근로자는 노동위원회에 구제를 신청할 수 있다(법 제28조).
④ 사용자는 1년간 80퍼센트 이상 출근한 근로자에게 15일의 유급휴가를 주어야 한다(법 제60조).

해설

① (×), ② (O), ③ (×), ④ (×)
연소자증명서(근기법 제66조) 규정은 상시 4명 이하의 근로자를 사용하는 사업 또는 사업장에 적용되나, 휴업수당(근기법 제46조), 부당해고등의 구제신청(근기법 제28조), 연차유급휴가(근기법 제60조)의 규정은 적용되지 아니한다.

답 ❷

제4절 근로기준법상 근로자

020 근로기준법상 근로자에 대한 설명으로 옳지 않은 것은?(다툼이 있는 경우 판례에 의함)

□□□

23 국가직 9급

① 공무원도 임금을 목적으로 근로를 제공하는 근로기준법 소정의 근로자에 해당한다.
② 취업할 의사를 가졌으나 실업(失業) 중인 자는 근로기준법 소정의 근로자에 해당하지 않는다.
③ 근로기준법상 근로자에 해당하는지 여부는 계약 형식이 고용계약인지 도급계약인지보다 그 실질에 있어 근로자가 사업 또는 사업장에 임금을 목적으로 종속적인 관계에서 사용자에게 근로를 제공하였는지 여부에 따라 판단하여야 한다.
④ 사회보장제도에 관한 법령에서 근로자로서 지위를 인정받는지의 사정은 사용자가 경제적으로 우월한 지위를 이용하여 임의로 정할 여지가 크기 때문에 근로기준법상 근로자성 판단의 요소로 삼아서는 안 된다.

해설

① (○) 공무원도 임금을 목적으로 근로를 제공하는 근로기준법 제2조 제1항 제1호 소정의 근로자이므로, 공무원연금법, 공무원보수규정, 공무원수당규정 등에 특별한 규정이 없는 경우에는 공무원에 대하여도 성질에 반하지 아니하는 한 원칙적으로 근로기준법이 적용되므로, 국가의 부당한 면직처분으로 인하여 공무원이 그 의사에 반하여 근로를 제공할 수 없는 경우 공무원의 최저생활을 보장할 필요성은 사기업의 근로자와 동일하므로 근로기준법 제46조는 공무원에게도 적용된다(대판 1996.4.23. 94다446).

② (○) 근기법상 "근로자"란 직업의 종류와 관계없이 임금을 목적으로 사업이나 사업장에 근로를 제공하는 사람을 말하므로(근기법 제2조 제1항 제1호), 사용자에게 현실적으로 고용되어 있는 취업자만이 근로자에 해당하며, 실업자 및 해고자는 이에 해당하지 아니한다.

③ (○) · ④ (×) 근로기준법상의 근로자에 해당하는지 여부는 계약의 형식이 고용계약인지 도급계약인지보다 그 실질에 있어 근로자가 사업 또는 사업장에 임금을 목적으로 종속적인 관계에서 사용자에게 근로를 제공하였는지 여부에 따라 판단하여야 하고,❸ 여기에서 종속적인 관계가 있는지 여부는 업무 내용을 사용자가 정하고 취업규칙 또는 복무(인사)규정 등의 적용을 받으며 업무 수행 과정에서 사용자가 상당한 지휘·감독을 하는지, 사용자가 근무시간과 근무장소를 지정하고 근로자가 이에 구속을 받는지, 노무제공자가 스스로 비품·원자재나 작업도구 등을 소유하거나 제3자를 고용하여 업무를 대행케 하는 등 독립하여 자신의 계산으로 사업을 영위할 수 있는지, 노무 제공을 통한 이윤의 창출과 손실의 초래 등 위험을 스스로 안고 있는지, 보수의 성격이 근로 자체의 대상적 성격인지, 기본급이나 고정급이 정하여졌는지 및 근로소득세의 원천징수 여부 등 보수에 관한 사항, 근로 제공 관계의 계속성과 사용자에 대한 전속성의 유무와 그 정도, 사회보장제도에 관한 법령에서 근로자로서 지위를 인정받는지 등의 경제적·사회적 여러 조건을 종합하여 판단하여야 한다.❹ 다만, 기본급이나 고정급이 정하여졌는지, 근로소득세를 원천징수하였는지, 사회보장제도에 관하여 근로자로 인정받는지 등의 사정은 사용자가 경제적으로 우월한 지위를 이용하여 임의로 정할 여지가 크기 때문에, 그러한 점들이 인정되지 않는다는 것만으로 근로자성을 쉽게 부정하여서는 안 된다(대판 2006.12.7. 2004다29736).

답 ❹

제5절 근로기준법상 사용자

021 근로기준법에서 사용하는 용어의 뜻으로 옳은 것은? 17 노무

□□□

① 사용자란 사업주 또는 사업경영담당자, 그 밖에 사용자의 이익을 대표하여 행동하는 자를 말한다.
② 근로자란 직업의 종류를 불문하고 임금·급료 기타 이에 준하는 수입에 의하여 생활하는 자를 말한다.
③ 근로계약이란 근로자가 사용자에게 근로를 제공하고 사용자는 이에 대하여 임금을 지급하는 것을 목적으로 체결된 계약을 말한다.
④ 단시간근로자란 1일의 소정근로시간이 통상근로자의 1일의 소정근로시간에 비하여 짧은 근로자를 말한다.
⑤ 평균임금이란 이를 산정하여야 할 사유가 발생한 날 이전 3개월 동안에 전체 근로자에게 지급된 임금의 총액을 그 기간의 총일수로 나눈 금액을 말한다.

해설

① (×) 사용자란 사업주 또는 사업경영담당자, 그 밖에 근로자에 관한 사항에 대하여 사업주를 위하여 행위하는 자를 말한다(근기법 제2조 제1항 제2호).
② (×) 근로자란 직업의 종류와 관계없이 임금을 목적으로 사업이나 사업장에 근로를 제공하는 사람을 말한다(근기법 제2조 제1항 제1호).
③ (○) 근기법 제2조 제1항 제4호
④ (×) 단시간근로자란 1주 동안의 소정근로시간이 그 사업장에서 같은 종류의 업무에 종사하는 통상근로자의 1주 동안의 소정근로시간에 비하여 짧은 근로자를 말한다(근기법 제2조 제1항 제9호).
⑤ (×) 평균임금이란 이를 산정하여야 할 사유가 발생한 날 이전 3개월 동안에 그 근로자에게 지급된 임금의 총액을 그 기간의 총일수로 나눈 금액을 말한다(근기법 제2조 제1항 제6호).

답 ❸

022 근로기준법상 사용자에 대한 설명으로 옳지 않은 것은?(다툼이 있는 경우 판례에 의함)

□□□

19 국가직 9급

① 사용자는 사업주 또는 사업 경영 담당자, 그 밖에 근로자에 관한 사항에 대하여 사업주를 위하여 행위하는 자를 말한다.

② 사업의 경영담당자라 함은 사업경영의 일반에 관하여 책임을 지는 자로서 사업주로부터 사업경영의 전부 또는 일부에 대하여 포괄적 위임을 받고 대외적으로 사업을 대표하거나 대리하는 자를 말한다.

③ 실질적으로는 회장으로서 회사를 직접 경영하여 왔더라도 형식상으로는 그 회사의 대표이사 및 이사직에서 사임하였다면 근로기준법상 사용자의 책임을 지지 아니한다.

④ 아파트 입주자 대표회의가 관리사무소 직원들에 대하여 임금지급의무가 있는 사용자로 인정되기 위하여는 그 직원들이 사실상 입주자 대표회의와 종속적인 관계에서 그에게 근로를 제공하며, 입주자 대표회의는 그 대가로 임금을 지급하는 사정 등이 존재하여 관리사무소 직원들과 입주자 대표회의와 사이에 적어도 묵시적인 근로계약관계가 성립되어 있어야 한다.

해설

① (○) 근기법 제2조 제1항 제2호

② (○) 사업경영담당자란 사업경영 일반에 관하여 책임을 지는 자로서 사업주로부터 사업경영의 전부 또는 일부에 대하여 포괄적인 위임을 받고 대외적으로 사업을 대표하거나 대리하는 자를 말하는바, 구 근로기준법이 같은 법 각 조항에 대한 준수의무자로서의 사용자를 사업주에 한정하지 아니하고 사업경영담당자 등으로 확대한 이유가 노동현장에 있어서 근로기준법의 각 조항에 대한 실효성을 확보하기 위한 정책적 배려에 있는 만큼, 사업경영담당자는 원칙적으로 사업경영 일반에 관하여 권한을 가지고 책임을 부담하는 자로서 관계 법규에 의하여 제도적으로 근로기준법의 각 조항을 이행할 권한과 책임이 부여되었다면 이에 해당한다(대판 2008.4.10. 2007도1199).

③ (×) 형식상으로는 회사의 대표이사 및 이사직에서 사임하였으나 실질적으로는 회장으로서 회사를 직접 경영하여 왔으며, 용역의 수주, 자금관리, 근로자들에 대한 임금 등의 지급업무는 피고인과 관리사업담당 대표이사의 소관사항이고, 직원의 채용, 승급, 급여계산 또한 회장인 피고인의 결재사항이라는 것이므로, 피고인은 구 근로기준법 제15조 소정의 사용자에 해당한다고 할 것이다(대판 1997.11.11. 97도813).

④ (○) 아파트 입주자 대표회의와 사이에 위수탁관리계약을 체결한 아파트 관리업자의 대리인인 관리소장이 관리사무소에서 근무하게 된 직원들과 근로계약을 체결하였다면 그 직원들은 아파트 관리업자의 피용인이라고 할 것이므로, 아파트 관리업자와 위수탁관리계약을 체결하였을 뿐인 아파트 입주자 대표회의가 직원들에 대하여 임금지급의무가 있는 사용자로 인정되기 위하여는 그 직원들이 관리사무소장을 상대방으로 하여 체결한 근로계약이 형식적이고 명목적인 것에 지나지 않고, 직원들이 사실상 입주자 대표회의와 종속적인 관계에서 그에게 근로를 제공하며, 입주자 대표회의는 그 대가로 임금을 지급하는 사정 등이 존재하여 관리사무소 직원들과 입주자 대표회의와 사이에 적어도 묵시적인 근로계약관계가 성립되어 있다고 평가되어야 한다(대결 1999.7.12. 99마628).

아파트 입주자 대표회의가 아파트 관리업자와 체결한 위수탁관리계약상의 지위에 기한 감독권의 범위를 넘어 일부 직원의 채용과 승진에 관여하거나 관리사무소 업무의 수행상태를 감독하기도 하고, 또 관리사무소 직원들의 근로조건인 임금, 복지비 등의 지급수준을 독자적으로 결정하여 오기는 하였으나, 관리업자 혹은 그를 대리한 관리사무소장이 근로계약 당사자로서 갖는 관리사무소 직원들에 대한 임면, 징계, 배치 등 인사권과 업무지휘명령권이 모두 배제 내지 형해화되어 그 직원들과 체결한 근로계약이 형식적인 것에 지나지 않는다고 할 수 없고, 또 입주자 대표회의가 관리사무소 직원들의 업무내용을 정하고 그 업무수행 과정에 있어 구체적·개별적인 지휘·감독을 행하고 있다고 볼 수도 없는 경우, 입주자 대표회의가 그 관리사무소 직원들과 근로계약관계에 있는 사용자라고 볼 수 없다고 한 사례(대결 1999.7.12. 99마628).

답 ❸

023 근로기준법상 근로자인지 여부를 판단하는 기준에 대한 설명으로 옳은 것은?(다툼이 있는 경우 판례에 의함)

□□□ 20 국가직 9급

① 계약의 형식이 고용계약인지 도급계약인지에 따라 판단한다.
② 계약의 실질에 있어 근로자가 사업 또는 사업장에 임금을 목적으로 종속적인 관계에서 사용자에게 근로를 제공하였는지 여부에 따라 판단한다.
③ 기본급이나 고정급이 정하여져 있어야만 근로기준법상의 근로자로 판단한다.
④ 직업의 종류에 따라 근로자인지 여부를 판단한다.

해설

① (×), ② (○), ③ (×) 근로기준법상의 근로자에 해당하는지 여부는 계약의 형식이 고용계약인지 도급계약인지보다❶ 그 실질에 있어 근로자가 사업 또는 사업장에 임금을 목적으로 종속적인 관계에서 사용자에게 근로를 제공하였는지 여부에 따라 판단하여야 하고,❷ 여기에서 종속적인 관계가 있는지 여부는 업무 내용을 사용자가 정하고 취업규칙 또는 복무(인사)규정 등의 적용을 받으며 업무 수행 과정에서 사용자가 상당한 지휘·감독을 하는지, 사용자가 근무시간과 근무장소를 지정하고 근로자가 이에 구속을 받는지, 노무제공자가 스스로 비품·원자재나 작업도구 등을 소유하거나 제3자를 고용하여 업무를 대행케 하는 등 독립하여 자신의 계산으로 사업을 영위할 수 있는지, 노무 제공을 통한 이윤의 창출과 손실의 초래 등 위험을 스스로 안고 있는지, 보수의 성격이 근로 자체의 대상적 성격인지, 기본급이나 고정급이 정하여졌는지❸ 및 근로소득세의 원천징수 여부 등 보수에 관한 사항, 근로 제공 관계의 계속성과 사용자에 대한 전속성의 유무와 그 정도, 사회보장제도에 관한 법령에서 근로자로서 지위를 인정받는지 등의 경제적·사회적 여러 조건을 종합하여 판단하여야 한다. 다만, 기본급이나 고정급이 정하여졌는지, 근로소득세를 원천징수하였는지, 사회보장제도에 관하여 근로자로 인정받는지 등의 사정은 사용자가 경제적으로 우월한 지위를 이용하여 임의로 정할 여지가 크기 때문에, 그러한 점들이 인정되지 않는다는 것만으로 근로자성을 쉽게 부정하여서는 안 된다(대판 2006.12.7. 2004다29736).

대학입시학원 종합반 강사들의 출근시간과 강의시간 및 강의장소의 지정, 사실상 다른 사업장에 대한 노무 제공 가능성의 제한, 강의 외 부수 업무 수행 등에 관한 사정과 그들이 시간당 일정액에 정해진 강의시간수를 곱한 금액을 보수로 지급받았을 뿐 수강생수와 이에 따른 학원의 수입 증감이 보수에 영향을 미치지 아니하였다는 사정 등에 비추어 볼 때 위 강사들이 근로기준법상의 근로자에 해당한다고 하면서, 비록 그들이 학원 측과 매년 '강의용역 제공계약'이라는 이름의 계약서를 작성하였고 일반 직원들에게 적용되는 취업규칙 등의 적용을 받지 않았으며 보수에 고정급이 없고 부가가치세법상 사업자등록을 하고 근로소득세가 아닌 사업소득세를 원천징수당하였으며 지역의료보험에 가입하였다고 하더라도 위 강사들의 근로자성을 부정할 수 없다고 한 사례(대판 2006.12.7. 2004다29736).

④ (×) 근로자란 직업의 종류와 관계없이 임금을 목적으로 사업이나 사업장에 근로를 제공하는 사람을 말한다(근기법 제2조 제1항 제1호).

024 □□□ **근로기준법상 근로자 및 사용자에 대한 설명으로 옳지 않은 것은?(다툼이 있는 경우 판례에 의함)**

20 국가직 7급

① 근로자의 개념은 노동조합 및 노동관계조정법상의 근로자 개념과 다르다.
② 사용자에 대한 관계에서 근로자의 지위를 가지고 있으면 일반 근로자에 대해서는 사용자의 지위를 가질 수 없다.
③ 사용자란 사업주 또는 사업 경영 담당자, 그 밖에 근로자에 관한 사항에 대하여 사업주를 위하여 행위하는 자를 말한다.
④ 회사나 법인의 이사 또는 감사 등 임원도 근로기준법상의 근로자가 될 수 있다.

해설

① (○) 근기법상 근로자란 직업의 종류와 관계없이 임금을 목적으로 사업이나 사업장에 근로를 제공하는 사람을 말하나(근기법 제2조 제1항 제1호), 노조법상 근로자는 직업의 종류를 불문하고 임금·급료 기타 이에 준하는 수입에 의하여 생활하는 자를 말한다(노조법 제2조 제1호).
② (×) 근로자에 관한 사항에 대하여 사업주를 위하여 행위하는 자는 자기가 지휘·감독하는 근로자에 대한 관계에서는 사용자의 범위에 속하나, 사업주 또는 사업경영담당자에 대한 관계에서는 근로자에 해당한다고 보아야 한다.
③ (○) 근기법 제2조 제1항 제2호
④ (○) 근로기준법의 적용을 받는 근로자에 해당하는지 여부는 계약의 형식에 관계없이 그 실질에 있어서 임금을 목적으로 종속적 관계에서 사용자에게 근로를 제공하였는지 여부에 따라 판단하여야 할 것이므로, 회사의 이사 또는 감사 등 임원이라고 하더라도 그 지위 또는 명칭이 형식적·명목적인 것이고 실제로는 매일 출근하여 업무집행권을 갖는 대표이사나 사용자의 지휘·감독 아래 일정한 근로를 제공하면서 그 대가로 보수를 받는 관계에 있다거나 또는 회사로부터 위임받은 사무를 처리하는 외에 대표이사 등의 지휘·감독 아래 일정한 노무를 담당하고 그 대가로 일정한 보수를 지급받아 왔다면 그러한 임원은 근로기준법상의 근로자에 해당한다(대판 2003.9.26. 2002다64681).

답 ❷

PART 1 PART 2 PART 3

025 □□□ **근로기준법상 용어의 뜻으로 옳지 않은 것은?**

21 국가직 9급

① '사용자'란 사업주 또는 사업 경영 담당자, 그 밖에 근로자에 관한 사항에 대하여 사업주를 위하여 행위하는 자를 말한다.
② '근로'란 정신노동과 육체노동을 말한다.
③ '임금'이란 사용자가 근로의 대가로 근로자에게 임금, 봉급, 그 밖에 어떠한 명칭으로든지 지급하는 모든 금품을 말한다.
④ '1주'란 휴일을 제외한 5일을 말한다.

해설

① (○) 근기법 제2조 제1항 제2호
② (○) 근기법 제2조 제1항 제3호
③ (○) 근기법 제2조 제1항 제5호
④ (×) '1주'란 휴일을 포함한 7일을 말한다(근기법 제2조 제1항 제7호).

답 ❹

제6절 근로기준법상 근로조건 결정규범

제7절 근로기준법의 기본원리

026 근로기준법상 직장 내 괴롭힘의 금지에 관한 설명으로 옳지 않은 것은? 20 노무

□□□

① 누구든지 직장 내 괴롭힘 발생사실을 알게 된 경우 그 사실을 사용자에게 신고할 수 있다.

② 사용자는 직장 내 괴롭힘 발생사실을 인지한 경우에는 지체 없이 당사자 등을 대상으로 그 사실확인을 위하여 객관적으로 조사를 실시하여야 한다.

③ 사용자는 직장 내 괴롭힘 발생사실의 확인조사결과 그 사실이 확인된 때에는 피해근로자가 요청하면 근무장소의 변경 등 적절한 조치를 하여야 한다.

④ 사용자는 직장 내 괴롭힘 발생사실을 신고한 근로자 및 피해근로자등에게 해고나 그 밖의 불리한 처우를 하여서는 아니 된다.

⑤ 사용자가 직장 내 괴롭힘 발생사실의 확인조사결과 그 사실이 확인되었음에도 지체 없이 행위자에 대하여 필요한 조치를 하지 아니한 경우에는 1천만원 이하의 과태료를 부과한다.

해설

① (○) 근기법 제76조의3 제1항

② (○) 근기법 제76조의3 제2항

③ (○) 근기법 제76조의3 제4항

④ (○) 근기법 제76조의3 제6항

⑤ (×) 사용자가 직장 내 괴롭힘 발생사실의 확인조사결과 그 사실이 확인되었음에도 지체 없이 행위자에 대하여 필요한 조치를 하지 아니한 경우에는 500만원 이하의 과태료를 부과한다(근기법 제116조 제2항 제2호).

과태료(근기법 제116조)

① 사용자(사용자의 민법 제767조에 따른 친족 중 대통령령으로 정하는 사람이 해당 사업 또는 사업장의 근로자인 경우를 포함)가 제76조의2를 위반하여 직장 내 괴롭힘을 한 경우에는 1천만원 이하의 과태료를 부과한다.

② 다음 각 호의 어느 하나에 해당하는 자에게는 500만원 이하의 과태료를 부과한다.

1. 제13조에 따른 고용노동부장관, 노동위원회 또는 근로감독관의 요구가 있는 경우에 보고 또는 출석을 하지 아니하거나 거짓된 보고를 한 자
2. 제14조, 제39조, 제41조, 제42조, 제48조, 제66조, 제74조 제7항·제9항, 제76조의3 제2항·제4항·제5항·제7항, 제91조, 제93조, 제98조 제2항 및 제99조를 위반한 자
3. 제51조의2 제5항에 따른 임금보전방안을 신고하지 아니한 자
4. 제102조에 따른 근로감독관 또는 그 위촉을 받은 의사의 현장조사나 검진을 거절, 방해 또는 기피하고 그 심문에 대하여 진술을 하지 아니하거나 거짓된 진술을 하며 장부·서류를 제출하지 아니하거나 거짓장부·서류를 제출한 자

답 ⑤

027 □□□

근로기준법상 직장 내 괴롭힘의 금지에 대한 설명으로 옳지 않은 것은? 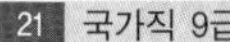

① '직장 내 괴롭힘'이라 함은 사용자 또는 근로자가 직장에서의 지위 또는 관계 등의 우위를 이용하여 업무상 적정범위를 넘어 다른 근로자에게 신체적·정신적 고통을 주거나 근무환경을 악화시키는 행위를 말한다.

② 누구든지 직장 내 괴롭힘 발생 사실을 알게 된 경우 그 사실을 사용자에게 신고하여야 한다.

③ 사용자는 직장 내 괴롭힘 발생 사실을 신고한 근로자 및 피해근로자등에게 해고나 그 밖의 불리한 처우를 하여서는 아니 된다.

④ 사용자는 직장 내 괴롭힘 발생 사실을 인지한 경우에는 지체 없이 그 사실 확인을 위한 조사를 실시하여야 한다.

해설

① (O) 근기법 제76조의2

② (×) 누구든지 직장 내 괴롭힘 발생 사실을 알게 된 경우 그 사실을 사용자에게 신고할 수 있다(근기법 제76조의3 제1항).

③ (O) 근기법 제76조의3 제6항

④ (O) 사용자는 직장 내 괴롭힘 발생 사실에 대한 신고를 접수하거나 직장 내 괴롭힘 발생 사실을 인지한 경우에는 지체 없이 당사자 등을 대상으로 그 사실 확인을 위하여 객관적으로 조사를 실시하여야 한다(근기법 제76조의3 제2항).

답 ❷

028 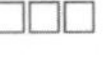

근로기준법상 직장 내 괴롭힘의 금지에 대한 설명으로 옳지 않은 것은? 23 국가직 9급

① 사용자는 직장 내 괴롭힘 발생 사실을 인지한 경우에는 지체 없이 당사자 등을 대상으로 그 사실 확인을 위하여 객관적으로 조사를 실시하여야 한다.

② 사용자는 직장 내 괴롭힘에 대한 조사 기간 동안 직장 내 괴롭힘과 관련하여 피해를 입은 근로자를 보호하기 위하여 필요한 경우 해당 피해근로자에 대하여 근무장소의 변경, 유급휴가 명령 등 적절한 조치를 하여야 한다. 이 경우 사용자는 피해근로자의 의사에 반하는 조치를 하여서는 아니 된다.

③ 사용자는 조사 결과 직장 내 괴롭힘 발생 사실이 확인된 때에는 지체 없이 행위자에 대하여 징계, 근무장소의 변경 등 필요한 조치를 하여야 한다. 이 경우 사용자는 징계 등의 조치를 하기 전에 그 조치에 대하여 피해근로자의 의견을 들어야 한다.

④ 직장 내 괴롭힘 발생 사실을 조사한 사람, 조사 내용을 보고받은 사람 및 그 밖에 조사 과정에 참여한 사람은 해당 조사와 관련된 내용을 사용자에게 보고해서는 아니 된다.

해설

① (O) 근기법 제76조의3 제2항

② (O) 근기법 제76조의3 제3항

③ (O) 근기법 제76조의3 제5항

④ (×) 직장 내 괴롭힘 발생 사실을 조사한 사람, 조사 내용을 보고받은 사람 및 그 밖에 조사 과정에 참여한 사람은 해당 조사 과정에서 알게 된 비밀을 피해근로자등의 의사에 반하여 다른 사람에게 누설하여서는 아니 된다. 다만, 조사와 관련된 내용을 사용자에게 보고하거나 관계 기관의 요청에 따라 필요한 정보를 제공하는 경우는 제외한다(근기법 제76조의3 제7항).

답 ❹

029 □□□ **근로기준법상 직장 내 괴롭힘에 관한 설명으로 옳지 않은 것은?** 23 노무

① 사용자는 직장 내 괴롭힘 발생 사실을 인지한 경우에는 지체 없이 당사자 등을 대상으로 그 사실 확인을 위하여 객관적으로 조사를 실시하여야 한다.

② 사용자는 조사 기간 동안 직장 내 괴롭힘과 관련하여 피해를 입은 근로자를 보호하기 위하여 행위자에 대하여 근무장소의 변경 조치를 하여야 한다.

③ 직장 내 괴롭힘 발생 사실을 조사한 사람은 해당 조사 과정에서 알게 된 비밀을 피해 근로자등의 의사에 반하는 경우에도 관계 기관의 요청에 따라 필요한 정보를 제공할 수 있다.

④ 근로자는 직장에서의 지위 또는 관계 등의 우위를 이용하여 업무상 적정범위를 넘어 다른 근로자에게 신체적·정신적 고통을 주거나 근무환경을 악화시키는 행위를 하여서는 아니 된다.

⑤ 사용자가 직장 내 괴롭힘의 금지를 위반하여 직장 내 괴롭힘을 한 경우에는 1천만원 이하의 과태료를 부과한다.

해설

① (○) 사용자는 직장 내 괴롭힘 발생 사실에 대한 신고를 접수하거나 직장 내 괴롭힘 발생 사실을 인지한 경우에는 지체 없이 당사자 등을 대상으로 그 사실 확인을 위하여 객관적으로 조사를 실시하여야 한다(근기법 제76조의3 제2항).

② (×) 사용자는 조사 기간 동안 직장 내 괴롭힘과 관련하여 피해를 입은 근로자 또는 피해를 입었다고 주장하는 근로자를 보호하기 위하여 필요한 경우 해당 피해근로자등에 대하여 근무장소의 변경, 유급휴가 명령 등 적절한 조치를 하여야 한다(근기법 제76조의3 제3항 전문).

③ (○) 직장 내 괴롭힘 발생 사실을 조사한 사람, 조사 내용을 보고받은 사람 및 그 밖에 조사 과정에 참여한 사람은 해당 조사 과정에서 알게 된 비밀을 피해근로자등의 의사에 반하여 다른 사람에게 누설하여서는 아니 된다. 다만, 조사와 관련된 내용을 사용자에게 보고하거나 관계 기관의 요청에 따라 필요한 정보를 제공하는 경우는 제외한다(근기법 제76조의3 제7항).

④ (○) 근기법 제76조의2

⑤ (○) 사용자(사용자의 민법상 친족 중 대통령령으로 정하는 사람이 해당 사업 또는 사업장의 근로자인 경우를 포함)가 직장 내 괴롭힘을 한 경우에는 1천만원 이하의 과태료를 부과한다(근기법 제116조 제1항).

답 ❷

030 □□□ **근로기준법상 직장 내 괴롭힘에 대한 설명으로 옳은 것은?** 22 국가직 7급

① 사용자 또는 근로자는 직장에서의 지위 또는 관계 등의 우위를 이용하여 업무상 적정범위를 넘어 다른 근로자에게 신체적·정신적 고통을 주거나 근무환경을 악화시키는 행위를 하여서는 아니 되며, 이를 위반한 자는 1년 이하의 징역 또는 1천만원 이하의 벌금에 처한다.

② 누구든지 직장 내 괴롭힘 발생 사실을 알게 된 경우 피해 근로자의 의사에 반하여 그 사실을 사용자에게 신고할 수 없다.

③ 사용자는 직장 내 괴롭힘 조사 결과 직장 내 괴롭힘이 없었다고 확인된 경우라고 하더라도 신고한 근로자가 요청하면 근무장소의 변경, 배치전환, 유급휴가 명령 등 적절한 조치를 하여야 한다.

④ 사용자는 직장 내 괴롭힘 발생 사실에 대한 신고를 접수하거나 직장 내 괴롭힘 발생 사실을 인지한 경우에는 지체 없이 당사자 등을 대상으로 그 사실 확인을 위하여 객관적으로 조사를 실시하여야 한다.

해설

① (×) 사용자(사용자의 민법 제767조에 따른 친족 중 대통령령으로 정하는 사람이 해당 사업 또는 사업장의 근로자인 경우를 포함)가 제76조의2를 위반하여 직장 내 괴롭힘을 한 경우에는 1천만원 이하의 과태료를 부과한다(근기법 제116조 제1항).

② (×) 누구든지 직장 내 괴롭힘 발생 사실을 알게 된 경우, 피해 근로자의 의사에 반하는지 여부와 상관없이 그 사실을 사용자에게 신고할 수 있다(근기법 제76조의3 제1항).

③ (×) 사용자는 직장 내 괴롭힘 발생 사실이 확인된 때에는 피해근로자가 요청하면 근무장소의 변경, 배치전환, 유급휴가 명령 등 적절한 조치를 하여야 한다(근기법 제76조의3 제4항).

④ (○) 근기법 제76조의3 제2항

답 ④

PART 1 PART 2 PART 3

031 근로기준법상 직장 내 괴롭힘의 금지 및 발생 시 조치에 관한 설명으로 옳은 것은? 22 노무

① 근로자에게 신체적·정신적 고통을 주는 행위 외에 근무환경을 악화시키는 행위는 직장 내 괴롭힘에 관한 규정으로 규율되지 아니한다.

② 직장 내 괴롭힘의 발생 사실을 알게 된 경우 그 피해근로자의 동의가 없으면 누구든지 그 사실을 사용자에게 신고할 수 없다.

③ 사용자는 직장 내 괴롭힘 사실을 인지하더라도 그 신고의 접수가 없으면 사실 확인을 위한 조사를 실시할 수 없다.

④ 사용자는 조사 결과 직장 내 괴롭힘 발생 사실이 확인된 때에는 피해근로자의 요청과 무관하게 피해근로자의 근무장소 변경, 배치전환 등 적절한 조치를 하여야 한다.

⑤ 사용자는 직장 내 괴롭힘의 피해근로자는 물론 그 발생 사실을 신고한 근로자에게도 해고나 그 밖의 불리한 처우를 하여서는 아니 된다.

해설

① (×) 사용자 또는 근로자는 직장에서의 지위 또는 관계 등의 우위를 이용하여 업무상 적정범위를 넘어 다른 근로자에게 신체적·정신적 고통을 주거나 근무환경을 악화시키는 행위를 하여서는 아니 된다(근기법 제76조의2).

② (×) 누구든지 직장 내 괴롭힘 발생 사실을 알게 된 경우 그 사실을 사용자에게 신고할 수 있다(근기법 제76조의3 제1항).

③ (×) 사용자는 직장 내 괴롭힘 발생 사실에 대한 신고를 접수하거나 직장 내 괴롭힘 발생 사실을 인지한 경우에는 지체 없이 당사자 등을 대상으로 그 사실 확인을 위하여 객관적으로 조사를 실시하여야 한다(근기법 제76조의3 제2항).

④ (×) 사용자는 조사 결과 직장 내 괴롭힘 발생 사실이 확인된 때에는 피해근로자가 요청하면 근무장소의 변경, 배치전환, 유급휴가 명령 등 적절한 조치를 하여야 한다(근기법 제76조의3 제4항).

⑤ (○) 근기법 제76조의3 제6항

답 ⑤

032 근로기준법상 직장 내 괴롭힘에 관한 설명으로 옳지 않은 것은? 21 노무

□□□

① 누구든지 직장 내 괴롭힘 발생사실을 알게 된 경우 그 사실을 사용자에게 신고하여야 한다.
② 사용자는 직장 내 괴롭힘 발생사실을 인지한 경우에는 지체 없이 그 사실확인을 위한 조사를 실시하여야 한다.
③ 사용자는 직장 내 괴롭힘에 대한 조사기간 동안 피해근로자등을 보호하기 위하여 필요한 경우 해당 피해근로자등에 대하여 근무장소의 변경, 유급휴가명령 등 적절한 조치를 하여야 한다. 이 경우 사용자는 피해근로자등의 의사에 반하는 조치를 하여서는 아니 된다.
④ 사용자는 직장 내 괴롭힘과 관련한 조사결과 직장 내 괴롭힘 발생사실이 확인된 때에는 지체 없이 행위자에 대하여 징계, 근무장소의 변경 등 필요한 조치를 하여야 한다. 이 경우 사용자는 징계 등의 조치를 하기 전에 그 조치에 대하여 피해근로자의 의견을 들어야 한다.
⑤ 사용자는 직장 내 괴롭힘에 대한 조사결과 직장 내 괴롭힘 발생사실이 확인된 때에는 피해근로자가 요청하면 근무장소의 변경, 배치전환, 유급휴가명령 등 적절한 조치를 하여야 한다.

해설

① (×) 누구든지 직장 내 괴롭힘 발생사실을 알게 된 경우 그 사실을 사용자에게 신고할 수 있다(근기법 제76조의3 제1항).
② (○) 사용자는 직장 내 괴롭힘에 대한 신고를 접수하거나 직장 내 괴롭힘 발생사실을 인지한 경우에는 지체 없이 당사자 등을 대상으로 그 사실확인을 위하여 객관적으로 조사를 실시하여야 한다(근기법 제76조의3 제2항).
③ (○) 근기법 제76조의3 제3항
④ (○) 근기법 제76조의3 제5항
⑤ (○) 근기법 제76조의3 제4항

답 ❶

033 근로기준법에 규정된 내용으로 옳은 것을 모두 고른 것은? 20 노무

□□□

ㄱ. 이 법에서 정하는 근로조건은 최저기준이므로 근로관계당사자는 이 기준을 이유로 근로조건을 낮출 수 없다.
ㄴ. 사용자는 근로자에 대하여 국적·신앙 또는 사회적 신분을 이유로 근로조건에 대한 차별적 처우를 하지 못한다.
ㄷ. 사용자가 근로자를 폭행한 경우 피해자의 명시적인 의사와 다르게 공소를 제기할 수 없다.
ㄹ. 누구든지 법률에 따르지 아니하고는 영리로 다른 사람의 취업에 개입하거나 중간인으로서 이익을 취득하지 못한다.

① ㄱ, ㄴ
② ㄷ, ㄹ
③ ㄱ, ㄴ, ㄹ
④ ㄴ, ㄷ, ㄹ
⑤ ㄱ, ㄴ, ㄷ, ㄹ

해설

ㄱ. (○) 근기법 제3조

ㄴ. (○) 근기법 제6조

ㄷ. (×) 금품청산(제36조), 임금지급(제43조), 도급사업에 대한 임금지급(제44조), 건설업에서의 임금지급연대책임(제44조의2), 휴업수당(제46조), 근로한 기간이 단위기간보다 짧은 경우의 임금정산(제51조의3), 1개월을 초과하는 정산기간을 정하는 경우, 통상임금의 100분의 50 이상을 가산지급(제52조 제2항 제2호) 또는 연장·야간 및 휴일근로(제56조)를 위반한 자에 대하여는 피해자의 명시적인 의사와 다르게 공소를 제기할 수 없다(근기법 제109조 제2항). 따라서 사용자가 근로자를 폭행한 경우에는 명시적인 의사와 다르게 공소를 제기할 수 있다.

ㄹ. (○) 근기법 제9조

답 ❸

PART 1 PART 2 PART 3

034 근로기준법상 기본원리에 관한 설명으로 옳지 않은 것은? 23 노무

□□□

① 사용자뿐만 아니라 근로자도 취업규칙과 근로계약을 지키고 성실하게 이행할 의무가 있다.

② 사용자는 근로자에 대하여 국적·신앙 또는 사회적 신분을 이유로 근로조건에 대한 차별적 처우를 하지 못한다.

③ 누구든지 법률에 따르지 아니하고는 영리로 다른 사람의 취업에 개입하지 못한다.

④ 근로기준법에서 정하는 근로조건은 최저기준이므로 근로관계 당사자는 이 기준을 이유로 근로조건을 낮출 수 없다.

⑤ 사용자는 근로자가 근로시간 중에 공(公)의 직무를 집행하기 위하여 필요한 시간을 청구하면 유급으로 보장하여야 한다.

해설

① (○) 근로자와 사용자는 각자가 단체협약, 취업규칙과 근로계약을 지키고 성실하게 이행할 의무가 있다(근기법 제5조).

② (○) 사용자는 근로자에 대하여 남녀의 성(性)을 이유로 차별적 대우를 하지 못하고, 국적·신앙 또는 사회적 신분을 이유로 근로조건에 대한 차별적 처우를 하지 못한다(근기법 제6조).

③ (○) 누구든지 법률에 따르지 아니하고는 영리로 다른 사람의 취업에 개입하거나 중간인으로서 이익을 취득하지 못한다(근기법 제9조).

④ (○) 근기법 제3조

⑤ (×) 근로자가 필요한 시간을 청구하면 사용자는 공민권 행사 등에 필요한 시간을 거부할 수 없다는 것이므로(근기법 제10조) 공민권 행사에 필요하여 근로하지 못한 시간에 대하여 사용자가 임금을 지급하여야 한다는 의미는 아니다. 따라서 임금은 법률에 특별한 규정이 없는 한 취업규칙이나 단체협약에서 정한 바에 따르고, 따로 정함이 없는 경우에는 무급으로 해도 위법이 아니다. 다만, 공직선거법이나 향토예비군 설치법, 민방위기본법에 의한 공민권행사기간은 유급으로 해석된다.

답 ❺

035 근로기준법에서 규정하고 있는 기본원칙이 아닌 것은? 19 노무

□□□

① 공민권 행사의 보장
② 균등한 처우
③ 강제근로의 금지
④ 폭행의 금지
⑤ 국제협약의 준수

해설

① (○), ② (○), ③ (○), ④ (○), ⑤ (×)
국제협약의 준수는 근기법에서 규정하고 있는 기본원칙에 해당하지 아니한다.

근기법의 기본원칙

1. 근로조건의 기준 : 이 법에서 정하는 근로조건은 최저기준이므로 근로관계당사자는 이 기준을 이유로 근로조건을 낮출 수 없다(근기법 제3조).
2. 근로조건의 결정 : 근로조건은 근로자와 사용자가 동등한 지위에서 자유의사에 따라 결정한다(근기법 제4조).
3. 근로조건의 준수 : 근로자와 사용자는 각자가 단체협약, 취업규칙과 근로계약을 지키고 성실하게 이행할 의무가 있다(근기법 제5조).
4. 균등한 처우 : 사용자는 근로자에 대하여 남녀의 성(性)을 이유로 차별적 대우를 하지 못하고, 국적 · 신앙 또는 사회적 신분을 이유로 근로조건에 대한 차별적 처우를 하지 못한다(근기법 제6조).
5. 강제근로의 금지 : 사용자는 폭행, 협박, 감금, 그 밖에 정신상 또는 신체상의 자유를 부당하게 구속하는 수단으로써 근로자의 자유의사에 어긋나는 근로를 강요하지 못한다(근기법 제7조).
6. 폭행의 금지 : 사용자는 사고의 발생이나 그 밖의 어떠한 이유로도 근로자에게 폭행을 하지 못한다(근기법 제8조).
7. 중간착취의 배제 : 누구든지 법률에 따르지 아니하고는 영리로 다른 사람의 취업에 개입하거나 중간인으로서 이익을 취득하지 못한다(근기법 제9조).
8. 공민권 행사의 보장 : 사용자는 근로자가 근로시간 중에 선거권, 그 밖의 공민권(公民權) 행사 또는 공(公)의 직무를 집행하기 위하여 필요한 시간을 청구하면 거부하지 못한다. 다만, 그 권리 행사나 공(公)의 직무를 수행하는 데에 지장이 없으면 청구한 시간을 변경할 수 있다(근기법 제10조).

답 ❺

036 근로기준법상 기본원칙에 관한 설명으로 옳지 않은 것은?(다툼이 있으면 판례에 따름)

□□□

18 노무

① 사용자는 근로자에 대하여 국적 · 신앙 또는 사회적 이유로 근로조건에 대한 차별적 처우를 하지 못한다.

② 영리로 다른 사람의 취업에 개입하는 행위에는 취업을 원하는 사람에게 취업을 알선해 주기로 하면서 그 대가로 금품을 수령하는 정도의 행위는 포함되지 않는다.

③ 사용자는 정신상의 자유를 부당하게 구속하는 수단으로써 근로자의 자유의사에 어긋나는 근로를 강요하지 못한다.

④ 근로자와 사용자는 각자가 단체협약, 취업규칙과 근로계약을 지키고 성실하게 이행할 의무가 있다.

⑤ 사용자는 근로자가 근로시간 중에 선거권 행사를 위해 필요한 시간을 청구한 경우, 그 행사에 지장이 없으면 청구한 시간을 변경할 수 있다.

해설

① (○) 근기법 제6조

② (×) 영리로 타인의 취업에 개입하는 행위, 즉 제3자가 영리로 타인의 취업을 소개 또는 알선하는 등 근로관계의 성립 또는 갱신에 영향을 주는 행위에는 취업을 원하는 사람에게 취업을 알선해 주기로 하면서 그 대가로 금품을 수령하는 정도의 행위도 포함되고, 반드시 근로관계 성립 또는 갱신에 직접적인 영향을 미칠 정도로 구체적인 소개 또는 알선행위에까지 나아가야만 하는 것은 아니다(대판 2008.9.25. 2006도7660).

③ (○) 근기법 제7조

④ (○) 근기법 제5조

⑤ (○) 근기법 제10조 단서

답 ❷

037 □□□ **근로기준법 제6조에서 사용자가 근로조건에 대한 차별적 처우를 하지 못하는 사유로 명시하고 있지 않은 것은?** 21 국가직 7급

① 연 령 ② 국 적
③ 사회적 신분 ④ 신 앙

해설

사용자는 근로자에 대하여 남녀의 성(性)을 이유로 차별적 대우를 하지 못하고, 국적·신앙 또는 사회적 신분을 이유로 근로조건에 대한 차별적 처우를 하지 못한다(근기법 제6조).

답 ❶

038 □□□ **근로기준법에 규정된 내용으로 옳지 않은 것은?** 16 노무

① 근로기준법에서 정하는 근로조건은 최저기준이므로 근로관계당사자는 이 기준을 이유로 근로조건을 낮출 수 없다.
② 근로조건은 근로자와 사용자가 동등한 지위에서 자유의사에 따라 결정하여야 한다.
③ 사용자는 근로자에 대하여 남녀의 성(性)을 이유로 차별적 대우를 하지 못한다.
④ 누구든지 법률에 따르지 아니하고는 영리로 다른 사람의 취업에 개입하거나 중간인으로서 이익을 취득하지 못한다.
⑤ 사용자는 근로자가 공(公)의 직무를 집행하기 위하여 근로시간 중에 필요한 시간을 청구하면 이를 거부할 수 있다.

해설

① (○) 근기법 제3조
② (○) 근기법 제4조
③ (○) 근기법 제6조
④ (○) 근기법 제9조
⑤ (×) 사용자는 근로자가 근로시간 중에 선거권, 그 밖의 공민권(公民權) 행사 또는 공(公)의 직무를 집행하기 위하여 필요한 시간을 청구하면 거부하지 못한다. 다만, 그 권리 행사나 공(公)의 직무를 수행하는 데에 지장이 없으면 청구한 시간을 변경할 수 있다(근기법 제10조).

답 ❺

039 □□□ 근로기준법의 총칙에 관한 설명으로 옳은 것은?(다툼이 있는 경우에는 판례에 의함) 15 노무

① 근로기준법은 사용자가 근로자를 모집·채용할 때 차별을 금지하고 있다.
② 노동조합 대의원선거에 입후보하여 그 선거운동을 하는 것은 공민권의 행사 또는 공(公)의 직무에 해당한다.
③ 법률에 따르더라도 타인의 취업에 개입하여 이익을 취득하는 것은 허용되지 않는다.
④ 가사사용인에 대해 차별적 처우를 하면 근로기준법에 따라 벌금형에 처해진다.
⑤ 다른 법률이나 단체협약, 취업규칙 등에서 정함이 없으면 공(公)의 직무를 수행하는 데 필요한 시간은 임금을 지급하지 않아도 무방하다.

해설

① (×) 사용자는 근로자에 대하여 남녀의 성(性)을 이유로 차별적 대우를 하지 못하고, 국적·신앙 또는 사회적 신분을 이유로 근로조건에 대한 차별적 처우를 하지 못한다(근기법 제6조). 모집이나 채용 시의 차별에 대해서는 규정하고 있지 아니하다.
② (×) 공직선거에서 타인을 위한 선거운동, 법원이나 노동위원회 사건에서 당사자로서의 활동, 정당활동, 노동조합활동 등은 공의 직무가 아니라고 해석된다.
③ (×) 누구든지 법률에 따르지 아니하고는 영리로 다른 사람의 취업에 개입하거나 중간인으로서 이익을 취득하지 못한다(근기법 제9조). 따라서 법률에 따라 영리로 다른 사람의 취업에 개입하거나 이익을 취득하는 것은 허용된다.
④ (×) 근로기준법은 가사(家事)사용인에 대하여는 적용하지 아니한다(근기법 제11조 제1항 단서).
⑤ (○) 근기법 제10조에서는 근로자에게 공민권 행사와 직무집행에 필요한 시간을 보장할 뿐 그 시간의 임금에 관해서는 규정하고 있지 아니하므로, 특별한 약정이 없는 한 사용자에게 임금지급의무가 없다.

답 ❺

040 □□□ 근로기준법상 공민권 행사에 대한 설명으로 옳지 않은 것은?(다툼이 있는 경우 판례에 의함) 19 국가직 9급

① 국회의원 선거 시에 투표하는 것은 공민권 행사에 해당한다.
② 근로자가 스스로 대통령 선거에 입후보하는 것은 공민권 행사에 해당한다.
③ 근로자가 근로시간 중에 공(公)의 직무를 집행하기 위하여 필요한 시간을 청구하면 사용자는 거부할 수 있다.
④ 사용자는 근로자의 권리 행사에 지장이 없으면 근로자가 근로시간 중에 공민권 행사를 위하여 청구한 시간을 변경할 수 있다.

해설

① (○)·② (○) 공민권은 법령에 근거한 공직의 선거권, 선거에 의하여 당선인이 될 수 있는 권리인 피선거권은 물론 국민투표권과 같이 국민으로서 공무에 참가하는 권리를 말하는 것으로, 국회의원 선거 시에 투표하는 것은 공민권 행사에 해당한다.
③ (×)·④ (○) 근기법 제10조 참조

공민권 행사의 보장(근기법 제10조)
사용자는 근로자가 근로시간 중에 선거권, 그 밖의 공민권(公民權) 행사 또는 공(公)의 직무를 집행하기 위하여 필요한 시간을 청구하면 거부하지 못한다. 다만, 그 권리 행사나 공(公)의 직무를 수행하는 데에 지장이 없으면 청구한 시간을 변경할 수 있다.

답 ❸

제8절 근로기준법의 실효성 확보

041 근로기준법상 근로감독관에 관한 설명으로 옳지 않은 것은? 18 노무

□□□

① 근로감독관이 근로기준법을 위반한 사실을 고의로 묵과하면 5년 이하의 징역에 처한다.
② 사용자는 근로기준법의 시행과 관련하여 근로감독관의 요구가 있으면 지체 없이 필요한 사항에 대하여 보고하거나 출석하여야 한다.
③ 근로감독관은 사용자와 근로자에 대하여 심문할 수 있다.
④ 근로감독관은 재직 여부를 불문하고 직무상 알게 된 비밀을 엄수하여야 한다.
⑤ 근로감독관의 위촉을 받은 의사는 취업을 금지하여야 할 질병에 걸릴 의심이 있는 근로자에 대하여 검진할 수 있다.

해설

① (×) 근로감독관이 이 법을 위반한 사실을 고의로 묵과하면 3년 이하의 징역 또는 5년 이하의 자격정지에 처한다(근기법 제108조).
② (○) 근기법 제13조
③ (○) 근기법 제102조 제1항
④ (○) 근기법 제103조
⑤ (○) 근기법 제102조 제2항

답 ❶

042 근로기준법상 근로감독관 등에 관한 설명으로 옳지 않은 것은? 22 노무

□□□

① 근로조건의 기준을 확보하기 위하여 고용노동부와 그 소속 기관에 근로감독관을 둔다.
② 근로감독관은 사업장을 현장조사하고 장부와 서류의 제출을 요구할 수 있으며 사용자와 근로자에 대하여 심문(尋問)할 수 있다.
③ 의사인 근로감독관은 취업을 금지하여야 할 질병에 걸릴 의심이 있는 근로자에 대하여 검진할 수 있다.
④ 근로감독관은 근로감독관을 그만 둔 경우에도 직무상 알게 된 비밀을 엄수하여야 한다.
⑤ 근로기준법에 따른 현장조사, 서류의 제출, 근로감독관의 직무에 관한 범죄 등의 수사는 검사와 근로감독관이 전담하여 수행한다.

해설

① (○) 근기법 제101조 제1항
② (○) 근기법 제102조 제1항
③ (○) 근기법 제102조 제2항
④ (○) 근로감독관은 직무상 알게 된 비밀을 엄수하여야 한다. 근로감독관을 그만 둔 경우에도 또한 같다(근기법 제103조).
⑤ (×) 근로기준법이나 그 밖의 노동 관계 법령에 따른 현장조사, 서류의 제출, 심문 등의 수사는 검사와 근로감독관이 전담하여 수행한다. 다만, 근로감독관의 직무에 관한 범죄의 수사는 그러하지 아니하다(근기법 제105조).

답 ❺

043 근로기준법상 근로감독관에 관한 설명으로 옳지 않은 것은? 20 노무

□□□

① 근로감독관은 사용자와 근로자에 대하여 심문할 수 있다.
② 근로조건의 기준을 확보하기 위하여 고용노동부와 그 소속 기관에 근로감독관을 둔다.
③ 근로감독관은 사업장, 기숙사, 그 밖의 부속건물을 현장조사하고 장부와 서류의 제출을 요구할 수 있다.
④ 근로감독관의 위촉을 받은 의사는 취업을 금지하여야 할 질병에 걸릴 의심이 있는 근로자에 대하여 검진할 수 있다.
⑤ 근로감독관은 근로기준법 위반의 죄에 관하여 경찰관 직무집행법에서 정하는 바에 따라 사법경찰관의 직무를 수행한다.

해설

① (O) 근기법 제102조 제1항
② (O) 근기법 제101조 제1항
③ (O) 근기법 제102조 제1항
④ (O) 근기법 제102조 제2항
⑤ (×) 근로감독관은 근로기준법이나 그 밖의 노동관계법령 위반의 죄에 관하여 사법경찰관리의 직무를 행할 자와 그 직무범위에 관한 법률에서 정하는 바에 따라 사법경찰관의 직무를 수행한다(근기법 제102조 제5항).

답 ❺

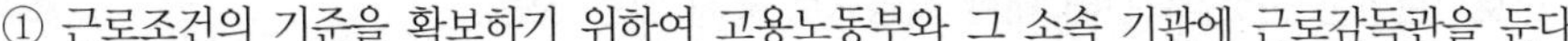

044 근로기준법상 근로감독관에 관한 설명으로 옳지 않은 것은? 14 노무

□□□

① 근로조건의 기준을 확보하기 위하여 고용노동부와 그 소속 기관에 근로감독관을 둔다.
② 근로감독관의 직무에 관한 범죄의 수사는 검사와 근로감독관이 전담하여 수행한다.
③ 근로감독관은 기숙사를 현장조사하고 장부와 서류의 제출을 요구할 수 있다.
④ 의사인 근로감독관이나 근로감독관의 위촉을 받은 의사는 취업을 금지하여야 할 질병에 걸릴 의심이 있는 근로자에 대하여 검진할 수 있다.
⑤ 근로감독관은 근로감독관을 그만둔 경우에도 직무상 알게 된 비밀을 엄수하여야 한다.

해설

① (O) 근로조건의 기준을 확보하기 위하여 고용노동부와 그 소속 기관에 근로감독관을 둔다(근기법 제101조 제1항).
② (×) 노동관계법령에 따른 현장조사, 서류의 제출, 심문 등의 수사는 검사와 근로감독관이 전담하여 수행한다. 다만, 근로감독관의 직무에 관한 범죄의 수사는 그러하지 아니하다(근기법 제105조).
③ (O) 근기법 제102조 제1항
④ (O) 근기법 제102조 제2항
⑤ (O) 근로감독관은 직무상 알게 된 비밀을 엄수하여야 한다. 근로감독관을 그만둔 경우에도 또한 같다(근기법 제103조).

답 ❷

045 근로기준법상 근로감독관에 대한 설명으로 옳지 않은 것은? 19 국가직 9급

□□□

① 근로감독관이 근로기준법을 위반한 사실을 고의로 묵과하면 3년 이하의 징역 또는 5년 이하의 자격정지에 처한다.

② 근로감독관은 사업장, 기숙사, 그 밖의 부속 건물을 현장조사하고 장부와 서류의 제출을 요구할 수 있으며 사용자를 심문(尋問)할 수 있으나, 근로자를 심문할 수는 없다.

③ 근로기준법이나 그 밖의 노동관계 법령에 따른 현장조사, 서류의 제출, 심문 등의 수사는 검사와 근로감독관이 전담하여 수행한다. 다만, 근로감독관의 직무에 관한 범죄의 수사는 그러하지 아니하다.

④ 근로감독관은 근로감독관을 그만둔 경우에도 직무상 알게 된 비밀을 엄수하여야 한다.

해설

① (O) 근기법 제108조

② (×) 근로감독관은 사업장, 기숙사, 그 밖의 부속 건물을 현장조사하고 장부와 서류의 제출을 요구할 수 있으며 사용자와 근로자에 대하여 심문(尋問)할 수 있다(근기법 제102조 제1항).

③ (O) 근기법 제105조

④ (O) 근로감독관은 직무상 알게 된 비밀을 엄수하여야 한다. 근로감독관을 그만 둔 경우에도 또한 같다(근기법 제103조).

답 ❷

046 근로기준법상 근로감독관에 대한 설명으로 옳지 않은 것은? 21 국가직 9급

□□□

① 의사인 근로감독관이나 근로감독관의 위촉을 받은 의사는 취업을 금지하여야 할 질병에 걸릴 의심이 있는 근로자에 대하여 검진하여야 한다.

② 근로조건의 기준을 확보하기 위하여 고용노동부와 그 소속기관에 근로감독관을 둔다.

③ 근로감독관은 사업장을 현장조사하고 장부와 서류의 제출을 요구할 수 있다.

④ 근로기준법이나 그 밖의 노동 관계 법령에 따른 현장조사, 서류의 제출, 심문 등의 수사는 검사와 근로감독관이 전담하여 수행한다. 다만, 근로감독관의 직무에 관한 범죄의 수사는 그러하지 아니하다.

해설

① (×) 의사인 근로감독관이나 근로감독관의 위촉을 받은 의사는 취업을 금지하여야 할 질병에 걸릴 의심이 있는 근로자에 대하여 검진할 수 있다(근기법 제102조 제2항).

② (O) 근기법 제101조 제1항

③ (O) 근로감독관은 사업장, 기숙사, 그 밖의 부속 건물을 현장조사하고 장부와 서류의 제출을 요구할 수 있으며 사용자와 근로자에 대하여 심문(尋問)할 수 있다(근기법 제102조 제1항).

④ (O) 근기법 제105조

답 ❶

03 근로관계의 성립

제1절 근로계약의 의의 및 법적 성질

제2절 근로계약의 체결

001 □□□ **근로기준법령상 근로계약을 체결할 때 사용자가 근로자에게 반드시 서면으로 명시하여 교부해야 하는 사항이 아닌 것은?** 15 노무

① 임금의 구성항목 · 계산방법 · 지급방법
② 종사하여야 할 업무
③ 주휴일
④ 연차유급휴가
⑤ 소정근로시간

해설

종사하여야 할 업무는 근기법 제17조 제2항에서 정한 서면을 근로자에게 교부하여야 할 사항이 아니다.

근로조건의 명시(근기법 제17조)

① 사용자는 근로계약을 체결할 때에 근로자에게 다음 각 호의 사항을 명시하여야 한다. 근로계약 체결 후 다음 각 호의 사항을 변경하는 경우에도 또한 같다.
1. 임 금
2. 소정근로시간
3. 제55조에 따른 휴일
4. 제60조에 따른 연차유급휴가
5. 그 밖에 대통령령으로 정하는 근로조건

② 사용자는 제1항 제1호와 관련한 임금의 구성항목 · 계산방법 · 지급방법 및 제2호부터 제4호까지의 사항이 명시된 서면(전자문서 및 전자거래 기본법 제2조 제1호에 따른 전자문서를 포함)을 근로자에게 교부하여야 한다. 다만, 본문에 따른 사항이 단체협약 또는 취업규칙의 변경 등 대통령령으로 정하는 사유로 인하여 변경되는 경우에는 근로자의 요구가 있으면 그 근로자에게 교부하여야 한다.

답 ❷

002 근로기준법상 근로계약의 체결에 관한 설명으로 옳지 않은 것은?(다툼이 있으면 판례에 따름)
□□□

18 노무

① 사용자는 특별한 사정이 없는 한 근로자와 사이에 근로계약의 체결을 통하여 자신의 업무지휘권의 행사와 조화를 이루는 범위 내에서 근로자가 인격을 실현시킬 수 있도록 배려하여야 할 신의칙상의 의무를 부담한다.
② 고용노동부장관은 근로계약이 미성년자에게 불리하다고 인정하는 경우에는 이를 해지할 수 있다.
③ 사용자는 근로계약에 덧붙여 저축금의 관리를 규정하는 계약을 체결하지 못하나, 근로자의 위탁으로 저축을 관리할 수는 있다.
④ 취업규칙에 신규채용 근로자에 대한 시용기간의 적용을 선택적 사항으로 규정하고 있는 경우, 근로계약에 시용기간의 적용을 명시하지 아니하고 고용한 근로자는 정식사원으로 채용되었다고 보아야 한다.
⑤ 근로자에 대한 신원보증계약은 근로기준법상 위약 예정의 금지에 해당되어 무효이다.

해설

① (O) 대판 1996.4.23. 95다6823
② (O) 근기법 제67조 제2항
③ (O) 사용자는 근로계약에 덧붙여 강제저축 또는 저축금의 관리를 규정하는 계약을 체결하지 못한다(근기법 제22조 제1항). 사용자가 근로자의 위탁으로 저축을 관리하는 경우에는 다음 각 호의 사항을 지켜야 한다(근기법 제22조 제2항).
1. 저축의 종류·기간 및 금융기관을 근로자가 결정하고, 근로자 본인의 이름으로 저축할 것
2. 근로자가 저축증서 등 관련 자료의 열람 또는 반환을 요구할 때에는 즉시 이에 따를 것
④ (O) 대판 1999.11.12. 99다30473
⑤ (×) 근로기준법 제24조는 사용자가 근로자와의 사이에서 근로계약 불이행에 대한 위약금 또는 손해배상액을 예정하는 계약의 체결을 금지하는 데 그치는 것이므로 근로자에 대한 신원보증계약은 이에 해당되지 아니한다(대판 1980.9.24. 80다1040).

답 ❺

003 □□□ 근로기준법상 근로계약 등에 관한 설명으로 옳지 않은 것은? 14 노무

① 사용자는 근로계약 불이행에 대한 위약금 또는 손해배상액을 예정하는 계약을 체결하지 못한다.
② 사용자는 전차금이나 그 밖에 근로할 것을 조건으로 하는 전대채권과 임금을 상계하지 못한다.
③ 법 제36조(금품 청산)를 위반한 자에 대하여는 피해자의 명시적인 의사와 다르게 공소를 제기할 수 있다.
④ 근로자는 근로계약 체결 시 명시된 근로조건이 사실과 다를 경우에 근로조건 위반을 이유로 즉시 근로계약을 해제할 수 있다.
⑤ 사용자는 근로계약에 덧붙여 강제 저축 또는 저축금의 관리를 규정하는 계약을 체결하지 못한다.

해설

① (O) 근기법 제20조
② (O) 사용자는 전차금(前借金)이나 그 밖에 근로할 것을 조건으로 하는 전대(前貸)채권과 임금을 상계하지 못한다(근기법 제21조).
③ (×) 금품청산(제36조), 임금지급(제43조), 도급사업에 대한 임금지급(제44조), 건설업에서의 임금지급연대책임(제44조의2), 휴업수당(제46조), 근로한 기간이 단위기간보다 짧은 경우의 임금정산(제51조의3), 1개월을 초과하는 정산기간을 정하는 경우, 통상임금의 100분의 50 이상을 가산지급(제52조 제2항 제2호) 또는 연장·야간 및 휴일근로(제56조)를 위반한 자에 대하여는 피해자의 명시적인 의사와 다르게 공소를 제기할 수 없다(근기법 제109조 제2항).
④ (O) 근기법 제19조 제1항
⑤ (O) 근기법 제22조 제1항

답 ❸

004 □□□ 근로기준법상 근로계약에 관한 설명으로 옳은 것을 모두 고른 것은?(다툼이 있으면 판례에 따름) 22 노무

ㄱ. 사용자는 근로계약에 덧붙여 강제 저축 또는 저축금의 관리를 규정하는 계약을 체결하지 못한다.
ㄴ. 단시간근로자의 근로조건은 그 사업장의 같은 종류의 업무에 종사하는 통상 근로자의 근로시간을 기준으로 산정한 비율에 따라 결정되어야 한다.
ㄷ. 소정근로시간은 사용자가 근로계약을 체결할 때에 근로자에게 명시하여야 할 사항에 해당한다.
ㄹ. 시용근로관계는 사용자가 본 근로계약 체결의 거절을 구두로 통보하면 그 근로관계 종료의 정당성이 인정된다.

① ㄱ, ㄴ　② ㄷ, ㄹ
③ ㄱ, ㄴ, ㄷ　④ ㄴ, ㄷ, ㄹ
⑤ ㄱ, ㄴ, ㄷ, ㄹ

해설

ㄱ. (O) 근기법 제22조 제1항
ㄴ. (O) 근기법 제18조 제1항
ㄷ. (O) 근기법 제17조 제1항 제2호
ㄹ. (×) 시용근로관계에서 사용자가 본 근로계약 체결을 거부하는 경우에는 근로자에게 거부사유를 파악하여 대처할 수 있도록 구체적·실질적인 거부사유를 서면으로 통지하여야 한다(대판 2015.11.27. 2015두48136).

답 ❸

005 근로기준법상 근로계약에 관한 설명으로 옳지 않은 것은? 21 노무

□□□

① 사용자는 전차금(前借金)이나 그 밖에 근로할 것을 조건으로 하는 전대(前貸)채권과 임금을 상계하지 못한다.

② 취업규칙에서 정한 기준에 미달하는 근로조건을 정한 근로계약은 그 부분에 관하여는 무효로 한다. 이 경우 무효로 된 부분은 취업규칙에 정한 기준에 따른다.

③ 근로계약서에 명시된 근로조건이 사실과 다를 경우에 근로자는 근로조건 위반을 이유로 손해의 배상을 청구할 수 있으나 즉시 근로계약을 해제할 수는 없다.

④ 사용자는 근로계약 불이행에 대한 손해배상액을 예정하는 계약을 체결하지 못한다.

⑤ 사용자는 근로계약에 덧붙여 강제저축을 규정하는 계약을 체결하지 못한다.

해설

① (○) 근기법 제21조

② (○) 근기법 제97조

③ (×) 근로계약서에 명시된 근로조건이 사실과 다를 경우에 근로자는 근로조건 위반을 이유로 손해의 배상을 청구할 수 있으며 즉시 근로계약을 해제할 수 있다(근기법 제19조 제1항).

④ (○) 근기법 제20조

⑤ (○) 근기법 제22조 제1항

답 ❸

006 근로기준법상 근로계약에 관한 설명으로 옳지 않은 것은? 23 노무

□□□

① 근로기준법에 정하는 기준에 미치지 못하는 근로조건을 정한 근로계약은 그 부분에 한정하여 무효로 한다.

② 사용자는 근로계약에 덧붙여 저축금의 관리를 규정하는 계약을 체결할 수 있다.

③ 근로자는 근로계약 체결 시 명시된 근로조건이 사실과 다를 경우에 근로조건 위반을 이유로 손해의 배상을 청구할 수 있다.

④ 사용자는 근로계약 체결 후 소정근로시간을 변경하는 경우에 근로자에게 명시하여야 한다.

⑤ 단시간근로자의 근로조건은 그 사업장의 같은 종류의 업무에 종사하는 통상 근로자의 근로시간을 기준으로 산정한 비율에 따라 결정되어야 한다.

해설

① (○) 근기법 제15조 제1항

② (×) 사용자는 근로계약에 덧붙여 강제 저축 또는 저축금의 관리를 규정하는 계약을 체결하지 못한다(근기법 제22조 제1항).

③ (○) 명시된 근로조건이 사실과 다를 경우에 근로자는 근로조건 위반을 이유로 손해의 배상을 청구할 수 있으며 즉시 근로계약을 해제할 수 있다(근기법 제19조 제1항).

④ (○) 사용자는 근로계약을 체결할 때에 근로자에게 소정근로시간을 명시하여야 한다. 근로계약 체결 후 소정근로시간을 변경하는 경우에도 또한 같다(근기법 제17조 제1항 제2호).

⑤ (○) 근기법 제18조 제1항

답 ❷

007 근로기준법령에 대한 설명으로 옳지 않은 것은? 23 국가직 9급

□□□

① 사용자는 사고의 발생이나 그 밖의 어떠한 이유로도 근로자에게 폭행을 하지 못한다.

② 상시 4명 이하의 근로자를 사용하는 사업 또는 사업장인 경우에도 사용자는 근로계약 불이행에 대한 손해배상액을 예정하는 계약을 체결하지 못한다.

③ "임금"이란 사용자가 근로의 대가로 근로자에게 임금, 봉급, 그 밖에 어떠한 명칭으로든지 지급하는 모든 금품을 말한다.

④ 사용자는 근로계약에 덧붙여 강제 저축 또는 저축금의 관리를 규정하는 계약을 체결하지 못하며 어떠한 경우에도 근로자의 위탁으로 저축을 관리하지 못한다.

해설

① (O) 근기법 제8조

② (O) 위약예정의 금지(근기법 제20조) 규정은 상시 4명 이하의 근로자를 사용하는 사업 또는 사업장인 경우에도 적용된다.

③ (O) 근기법 제2조 제1항 제5호

④ (×) 사용자는 근로계약에 덧붙여 강제 저축 또는 저축금의 관리를 규정하는 계약을 체결하지 못하나, 근로자의 위탁으로 저축을 관리하는 경우는 가능하며 저축의 종류·기간 및 금융기관을 근로자가 결정하고, 근로자 본인의 이름으로 저축할 것, 근로자가 저축증서 등 관련 자료의 열람 또는 반환을 요구할 때에는 즉시 이에 따를 것 등의 사항을 지켜야 한다(근기법 제22조).

답 ❹

008 근로계약에 관한 설명 중 옳지 않은 것은? 16 사시

□□□

① 근로자가 그의 책임 있는 사유로 근로제공의무를 이행하지 않으면 사용자는 근로계약을 해지할 수 있으나 근로의 이행을 강제할 수는 없다.

② 임금은 근로의 대가이므로 근로자의 책임 있는 사유로 근로를 제공하지 못한 부분에 대하여는 임금 지급의무가 발생하지 아니한다.

③ 사용자가 정당한 이유 없이 계속하여 근로자의 근로를 수령 거부하면 손해배상책임을 부담한다.

④ 사용자는 근로계약 불이행에 대한 위약금 또는 손해배상액을 예정하는 계약을 체결할 수 있다.

⑤ 친권자나 후견인은 미성년자의 근로계약을 대리할 수 없다.

해설

① (O) 근로자의 근로제공의무는 민법상 "하는 채무"이므로 근로자가 근로제공의무를 이행하지 아니하는 경우 그 이행을 강제하는 것을 인격권을 침해할 수 있어 허용되지 아니한다.

② (O) 사용자는 근로계약에 따라 근로자에게 임금을 지급하여야 한다. 근로자가 근로를 제공하지 않은 경우, 사용자에게는 임금지급의무가 없다. 다만, 유급휴일, 유급휴가 및 유급휴직 등의 경우에는 임금을 지급해야 한다.

③ (O) 근로수령의무를 부정하는 견해도 없지는 않으나, 근로자는 근로를 함으로써 임금을 받는 이익 이외에도 근로제공 그 자체에 특별한 이익이 있으므로, 특별한 사정이 없는 한 마땅히 사용자에게 근로수령의무가 인정되어야 한다(다수설·판례). 따라서 사용자가 근로자의 의사에 반하여 정당한 이유 없이 근로자의 근로제공을 계속적으로 거부하는 것은 이와 같은 근로자의 인격적 법익을 침해하는 것이 되어 사용자는 이로 인하여 근로자가 입게 되는 정신적 고통에 대하여 배상할 의무가 있다(대판 1996.4.23. 95다6823).

④ (×) 사용자는 근로계약 불이행에 대한 위약금 또는 손해배상액을 예정하는 계약을 체결하지 못한다(근기법 제20조).

⑤ (O) 근기법 제67조 제1항

답 ❹

009 근로기준법상 근로계약에 관한 설명으로 옳지 않은 것은? 17 노무

□□□

① 친권자는 미성년자의 근로계약을 대리할 수 있다.
② 근로기준법에 따른 연차유급휴가는 사용자가 근로계약을 체결할 때에 근로자에게 명시하여야 할 사항에 해당한다.
③ 사용자는 근로계약 불이행에 대한 손해배상액을 예정하는 계약을 체결하지 못한다.
④ 사용자는 근로계약에 덧붙여 저축금의 관리를 규정하는 계약을 체결하지 못한다.
⑤ 근로계약을 체결할 때에 명시된 임금이 사실과 다를 경우 근로조건 위반을 이유로 근로자가 손해배상을 청구할 경우에는 노동위원회에 신청할 수 있다.

해설

① (×) 친권자나 후견인은 미성년자의 근로계약을 대리할 수 없다(근기법 제67조 제1항).
② (○) 임금, 소정근로시간, 휴일, 연차유급휴가 등은 근로계약을 체결할 때 사용자가 근로자에게 명시하여야 한다(근기법 제17조 제1항).
③ (○) 근기법 제20조
④ (○) 사용자는 근로계약에 덧붙여 강제저축 또는 저축금의 관리를 규정하는 계약을 체결하지 못한다(근기법 제22조 제1항).
⑤ (○) 근기법 제19조

근로조건의 명시(근기법 제17조)

① 사용자는 근로계약을 체결할 때에 근로자에게 다음 각 호의 사항을 명시하여야 한다. 근로계약 체결 후 다음 각 호의 사항을 변경하는 경우에도 또한 같다.
  1. 임 금
  2. 소정근로시간
  3. 제55조에 따른 휴일
  4. 제60조에 따른 연차유급휴가
  5. 그 밖에 대통령령으로 정하는 근로조건

명시하여야 할 근로조건(근기법 시행령 제8조)

법 제17조 제1항 제5호에서 "대통령령으로 정하는 근로조건"이란 다음 각 호의 사항을 말한다.
  1. 취업의 장소와 종사하여야 할 업무에 관한 사항
  2. 법 제93조 제1호부터 제12호까지의 규정에서 정한 사항
  3. 사업장의 부속기숙사에 근로자를 기숙하게 하는 경우에는 기숙사규칙에서 정한 사항

답 ❶

010 근로기준법상 근로계약에 대한 설명으로 옳지 않은 것은? 21 국가직 9급

□□□

① 근로기준법에서 정하는 기준에 미치지 못하는 근로조건을 정한 근로계약은 전부 무효로 한다.
② 사용자는 근로계약을 체결할 때에 근로자에게 소정근로시간을 명시하여야 한다.
③ 사용자는 근로계약을 체결할 때에 근로자에게 제60조에 따른 연차유급휴가를 명시하여야 한다.
④ 사용자는 근로자에게 정당한 이유 없이 해고, 휴직, 정직, 전직, 감봉, 그 밖의 징벌(懲罰)을 하지 못한다.

해설

① (×) 근로기준법에서 정하는 기준에 미치지 못하는 근로조건을 정한 근로계약은 그 부분에 한정하여 무효로 한다(근기법 제15조 제1항).
② (○)·③ (○) 근기법 제17조 제1항 참조

> **근로조건의 명시(근기법 제17조)**
> ① 사용자는 근로계약을 체결할 때에 근로자에게 다음 각 호의 사항을 명시하여야 한다. 근로계약 체결 후 다음 각 호의 사항을 변경하는 경우에도 또한 같다.
> 1. 임 금
> 2. 소정근로시간
> 3. 제55조에 따른 휴일
> 4. 제60조에 따른 연차유급휴가
> 5. 그 밖에 대통령령으로 정하는 근로조건

④ (○) 근기법 제23조 제1항

답 ❶

011 근로기준법상 근로계약에 대한 설명으로 옳지 않은 것은? 20 국가직 9급

□□□

① 국가나 지방자치단체도 근로계약의 당사자가 될 수 있다.
② 친권자나 후견인은 미성년자의 근로계약을 대리할 수 없다.
③ 사용자는 근로계약 불이행에 대한 위약금을 예정하는 계약을 체결하지 못한다.
④ 사용자는 근로자 명부와 대통령령으로 정하는 근로계약에 관한 중요한 서류를 1년간 보존하여야 한다.

해설

① (○) 국가의 행정관청이 사법상 근로계약을 체결한 경우 그 근로계약관계의 권리·의무는 행정주체인 국가에 귀속되므로, 국가는 그러한 근로계약관계에 있어서 노조법 제2조 제2호에 정한 사업주로서 단체교섭의 당사자의 지위에 있는 사용자에 해당한다(대판 2008.9.11. 2006다40935).
② (○) 근기법 제67조 제1항
③ (○) 사용자는 근로계약 불이행에 대한 위약금 또는 손해배상액을 예정하는 계약을 체결하지 못한다(근기법 제20조).
④ (×) 사용자는 근로자 명부와 대통령령으로 정하는 근로계약에 관한 중요한 서류를 3년간 보존하여야 한다(근기법 제42조).

답 ❹

012 □□□ **근로기준법에 규정된 내용으로 옳은 것은?** 16 노무

① 단시간근로자의 근로조건은 그 사업장의 같은 종류의 업무에 종사하는 통상 근로자의 근로시간을 기준으로 산정한 비율에 따라 결정되어야 한다.
② 근로자는 근로기준법 제17조에 따라 명시된 근로조건이 사실과 다르더라도 근로계약을 즉시 해제할 수는 없다.
③ 근로기준법 제17조에 따라 근로계약서에 명시된 근로조건이 사실과 다를 경우에 근로자는 근로조건 위반을 이유로 고용노동부장관에게 손해배상의 청구를 신청하여야 한다.
④ 사용자는 근로계약 불이행에 대한 손해배상액을 예정하는 계약을 체결할 수 있다.
⑤ 사용자는 근로계약에 덧붙여 강제저축 또는 저축금의 관리를 규정하는 계약을 체결할 수 있다.

해설

① (○) 근기법 제18조 제1항
② (×) 명시된 근로조건이 사실과 다를 경우에 근로자는 근로조건 위반을 이유로 손해의 배상을 청구할 수 있으며 즉시 근로계약을 해제할 수 있다(근기법 제19조 제1항).
③ (×) 근로자가 손해배상을 청구할 경우에는 노동위원회에 신청할 수 있다(근기법 제19조 제2항).
④ (×) 사용자는 근로계약 불이행에 대한 위약금 또는 손해배상액을 예정하는 계약을 체결하지 못한다(근기법 제20조).
⑤ (×) 사용자는 근로계약에 덧붙여 강제저축 또는 저축금의 관리를 규정하는 계약을 체결하지 못한다(근기법 제22조 제1항).

답 ❶

013 □□□ **근로기준법령상 근로계약에 대한 설명으로 옳지 않은 것은?(다툼이 있는 경우 판례에 의함)** 21 국가직 7급

① 사용자는 근로계약을 체결할 때에 근로자에게 취업의 장소와 종사하여야 할 업무에 관한 사항을 명시하여야 한다.
② 근로계약을 체결할 때에 명시된 임금이 사실과 다를 경우에 근로자는 즉시 근로계약을 해제할 수 있다.
③ 근로자가 소정근로시간을 초과하여 근로를 제공하거나 근로계약에서 제공하기로 정한 근로 외의 근로를 특별히 제공함으로써 사용자로부터 추가로 지급받는 임금은 통상임금에 속한다.
④ 연장근로에 대한 가산임금 산정방식에 관하여 노사 간에 합의한 경우, 노사합의에 따라 계산한 금액이 근로기준법에서 정한 기준에 미치지 못할 때에는 그 부분만큼 노사합의는 무효이고, 무효로 된 부분은 근로기준법이 정하는 기준에 따라야 한다.

해설

① (O) 사용자는 근로계약을 체결할 때에 근로자에게 취업의 장소와 종사하여야 할 업무에 관한 사항을 명시하여야 한다. 근로계약 체결 후 이를 변경하는 경우에도 또한 같다(근기법 제17조 제1항 제5호, 동법 시행령 제8조 제1호).

② (O) 명시된 근로조건이 사실과 다를 경우에 근로자는 근로조건 위반을 이유로 손해의 배상을 청구할 수 있으며 즉시 근로계약을 해제할 수 있다(근기법 제19조 제1항).

③ (×) 근로자가 소정근로시간을 초과하여 근로를 제공하거나 근로계약에서 제공하기로 정한 근로 외의 근로를 특별히 제공함으로써 사용자로부터 추가로 지급받는 임금이나 소정근로시간의 근로와는 관련 없이 지급받는 임금은 소정근로의 대가라 할 수 없으므로 통상임금에 속하지 아니한다(대판 2013.12.18. 2012다89399[전합]).

④ (O) 연장·야간·휴일 근로에 대하여 통상임금의 50% 이상을 가산하여 지급하도록 한 근로기준법의 규정은 각 해당 근로에 대한 임금산정의 최저기준을 정한 것이므로, 통상임금의 성질을 가지는 임금을 일부 제외한 채 연장·야간·휴일 근로에 대한 가산임금을 산정하도록 노사 간에 합의한 경우 그 노사합의에 따라 계산한 금액이 근로기준법에서 정한 위 기준에 미달할 때에는 그 미달하는 범위 내에서 노사합의는 무효이고, 무효로 된 부분은 근로기준법이 정하는 기준에 따라야 한다(대판 2013.12.18. 2012다89399[전합]).

답 ❸

014 근로기준법상 근로계약에 관한 설명으로 옳은 것은? 15 노무

□□□

① 사용자는 근로계약 불이행에 대한 손해배상액을 예정하는 계약을 체결할 수 있다.
② 취업규칙에서 정한 기준보다 유리한 내용의 근로조건을 정한 근로계약은 그 부분에 관하여는 이를 무효로 한다.
③ 명시된 근로조건이 사실과 다를 경우에 근로자는 근로조건 위반을 이유로 즉시 근로계약을 해제할 수 있다.
④ 사용자는 미성년자의 근로계약에 덧붙여 사용자 본인의 이름으로 미성년자의 임금을 저축하여 관리하는 계약을 체결할 수 있다.
⑤ 사용자는 근로할 것을 조건으로 하는 전대(前貸)채권과 임금을 상계할 수 있다.

해설

① (×) 사용자는 근로계약 불이행에 대한 위약금 또는 손해배상액을 예정하는 계약을 체결하지 못한다(근기법 제20조).

② (×) 취업규칙에서 정한 기준에 미달하는 근로조건을 정한 근로계약은 그 부분에 관하여는 무효로 한다. 이 경우 무효로 된 부분은 취업규칙에 정한 기준에 따른다(근기법 제97조). 따라서 취업규칙의 기준보다 유리한 내용의 근로조건을 정한 근로계약은 유효하다.

③ (O) 근기법 제19조 제1항

④ (×) 사용자는 근로계약에 덧붙여 강제저축 또는 저축금의 관리를 규정하는 계약을 체결하지 못한다(근기법 제22조 제1항).

⑤ (×) 사용자는 전차금(前借金)이나 그 밖에 근로할 것을 조건으로 하는 전대(前貸)채권과 임금을 상계하지 못한다(근기법 제21조).

답 ❸

제3절 근로계약과 근로관계

015 시용계약에 관한 설명 중 옳은 것들을 바르게 연결한 것은?(다툼이 있는 경우에는 판례에 의함)

□□□

08 사시

ㄱ. 신규채용하는 근로자에 대한 시용기간의 적용을 선택적 사항으로 취업규칙에 규정하고 있는데 어떤 근로자와의 계약에서 시용기간의 적용 여부를 명시하지 않았다면 (____________).
ⓐ 이 근로자는 시용근로자로 채용되었다.
ⓑ 이 근로자는 정식사원으로 채용되었다.

ㄴ. 시용계약이 체결된 경우에 그 계약의 법적 성질은 (____________).
ⓐ 근로계약 체결의 예약이다.
ⓑ 근로계약이다.

ㄷ. 사용자가 시용근로자에 대해 본 채용을 거절하는 기준은 (____________).
ⓐ 통상의 근로자에 대한 해고의 기준과 동일하여야 한다.
ⓑ 통상의 근로자에 대한 해고의 기준보다 완화시킬 수 있으나, 객관적이고 합리적인 이유가 있어야 한다.

ㄹ. 시용기간 만료 후 사용자가 근로자를 정식근로자를 채용하는 경우에 기존의 시용기간은 퇴직금, 연차휴가 등의 계산시 계속근로연수에 (____________).
ⓐ 산입된다.
ⓑ 산입되지 아니한다.

① ㄱ : ⓐ, ㄴ : ⓐ, ㄷ : ⓐ, ㄹ : ⓐ
② ㄱ : ⓑ, ㄴ : ⓐ, ㄷ : ⓐ, ㄹ : ⓑ
③ ㄱ : ⓑ, ㄴ : ⓐ, ㄷ : ⓑ, ㄹ : ⓐ
④ ㄱ : ⓐ, ㄴ : ⓑ, ㄷ : ⓐ, ㄹ : ⓑ
⑤ ㄱ : ⓑ, ㄴ : ⓑ, ㄷ : ⓑ, ㄹ : ⓐ

해설

- ㄱ : ⓑ 취업규칙에 신규채용하는 근로자에 대한 시용기간의 적용을 선택적 사항으로 규정하고 있는 경우에는 그 근로자에 대하여 시용기간을 적용할 것인가의 여부를 근로계약에 명시하여야 하고, 만약 근로계약에 시용기간이 적용된다고 명시하지 아니한 경우에는 시용근로자가 아닌 정식사원으로 채용되었다고 보아야 한다(대판 1999.11.12. 99다30473).
- ㄴ : ⓑ 시용계약의 법적 성질에 대해 정지조건부 근로계약설, 해제조건부 근로계약설 등의 견해가 주장되고 있으나, 해약권유보부 근로계약설이 통설・판례이다.
- ㄷ : ⓑ 시용(試用)기간 중에 있는 근로자를 해고하거나 시용기간 만료시 본계약(本契約)의 체결을 거부하는 것은 사용자에게 유보된 해약권의 행사로서, 당해 근로자의 업무능력, 자질, 인품, 성실성 등 업무적격성을 관찰・판단하려는 시용제도의 취지・목적에 비추어 볼 때 보통의 해고보다는 넓게 인정되나, 이 경우에도 객관적으로 합리적인 이유가 존재하여 사회통념상 상당하다고 인정되어야 한다(대판 2006.2.24. 2002다62432).

사용자인 은행이 시용기간 중의 근로자를 대상으로 근무성적평정을 실시함에 있어서 각 지점별로 씨(C) 또는 디(D)의 평정등급 해당자 수를 할당한 점, 근무성적평정표가 작성・제출된 이후 위 은행으로부터 재작성 요구를 받은 일부 지점장들이 평정자 및 확인자를 달리하도록 정한 위 은행의 근무성적평가요령에 어긋나게 혼자서 근무성적평정표를 재작성하기도 한 점 등 제반 사정에 비추어 볼 때, 위 은행이 시용근로계약을 해지한 데에 정당한 이유가 있다고 보기 어렵다고 한 사례(대판 2006.2.24. 2002다62432).

• ㄹ : ⓐ 기존의 시용기간은 퇴직금, 연차휴가 등의 계산 시 계속근로연수에 산입되고, 정규근로관계의 존속기간으로 산입된다. 최근 판례도 같은 취지에서 시용기간 만료 후 본 근로계약을 체결하여 공백 기간 없이 계속 근무한 경우에도 시용기간과 본 근로계약기간을 통산한 기간을 퇴직금 산정의 기초가 되는 계속근로기간으로 보아야 한다고(대판 2022.2.17. 2021다218083) 판시하고 있다.

답 ❺

016 □□□ **채용내정 및 시용에 관한 설명으로 옳지 않은 것은?(다툼이 있으면 판례에 따름)** 

① 채용내정자의 해약권유보부 근로계약에는 근로기준법 제23조(해고 등의 제한)가 적용되지 않는다.
② 채용내정 취소가 무효인 경우 채용내정자는 취업하여 근로하였더라면 받을 수 있었을 임금의 지급을 청구할 수 있다.
③ 시용기간의 적용이 선택적 사항임에도 불구하고 근로자에게 시용기간이 명시되지 않았다면 근로자는 시용근로자가 아닌 정식사원으로 채용되었다고 보아야 한다.
④ 시용기간 만료 후 사용자가 근로자에게 단순히 시용기간의 만료로 해고한다는 취지로만 통지한 것은 절차상 하자가 있어 근로계약 종료의 효력이 없다.
⑤ 사용자가 시용기간 만료 후 본 근로계약 체결을 거부하는 경우에도 객관적으로 합리적인 이유가 존재하여 사회통념상 상당성이 있어야 한다.

해설

① (×) 채용내정자의 정식채용을 거부하거나 채용내정을 취소하는 것은 사실상 해고에 해당한다. 따라서 사용자가 채용내정을 취소하기 위해서는 근로기준법 제23조 제1항의 정당한 이유 또는 제24조의 경영상 이유에 의한 해고의 정당성 요건을 갖추어야 한다(대판 2000.11.28. 2000다51476).
② (○) 채용내정 취소사유에 해당하지 아니하는 데도 불구하고 채용내정을 취소한 경우에는 정당한 이유 없는 해고로 무효가 되므로, 채용내정자는 취업하여 근로하였더라면 받을 수 있었을 임금의 지급을 청구할 수 있다.
③ (○) 취업규칙에 신규채용하는 근로자에 대한 시용기간의 적용을 선택적 사항으로 규정하고 있는 경우에는 그 근로자에 대하여 시용기간을 적용할 것인가의 여부를 근로계약에 명시하여야 하고, 만약 근로계약에 시용기간이 적용된다고 명시하지 아니한 경우에는 시용근로자가 아닌 정식사원으로 채용되었다고 보아야 한다(대판 1999.11.12. 99다30473).
④ (○) 본채용 거부 시에는 해고서면통지규정도 적용되며, 사용자가 본근로계약 체결을 거부하는 경우에는 근로자에게 거부사유를 파악하여 대처할 수 있도록 구체적 · 실질적 거부사유를 서면으로 통지하여야 한다(대판 2015.11.27. 2015두48136).
⑤ (○) 시용기간 중에 있는 근로자를 해고하거나 시용기간 만료 시 본계약의 체결을 거부하는 것은 사용자에게 유보된 해약권의 행사로, 보통의 해고보다는 넓게 인정되나, 이 경우에도 객관적으로 합리적인 이유가 존재하여 사회통념상 상당하다고 인정되어야 한다(대판 2006.2.24. 2002다62432).

답 ❶

017 시용근로관계에 대한 설명으로 옳지 않은 것은?(다툼이 있는 경우 판례에 의함) 18 국가직 7급

□□□

① 해고의 예고는 수습 사용한 날부터 3개월 이내인 수습근로자에게는 적용하지 아니한다.
② 취업규칙에 시용기간을 선택적 사항으로 규정하고 있는 경우에는 근로계약에 시용기간을 적용함을 명시하지 않은 경우에도 시용기간을 적용할 수 있다.
③ 시용근로관계에서 사용자가 본 근로계약 체결을 거부하는 경우에는 근로자에게 구체적·실질적인 거부사유를 서면으로 통지하여야 한다.
④ 사용자가 근로자의 시용기간 만료시 본계약의 체결을 거부하는 것은 사용자에게 유보된 해약권의 행사로서, 객관적으로 합리적인 이유가 존재하여 사회통념상 상당하다고 인정되어야 한다.

해설

① (○) 사용자는 근로자를 해고(경영상 이유에 의한 해고를 포함)하려면 적어도 30일 전에 예고를 하여야 하고, 30일 전에 예고를 하지 아니하였을 때에는 30일분 이상의 통상임금을 지급하여야 한다. 다만, 근로자가 계속 근로한 기간이 3개월 미만인 경우에는 그러하지 아니하다(근기법 제26조 제1호).
② (×) 취업규칙에 신규채용하는 근로자에 대한 시용기간의 적용을 선택적 사항으로 규정하고 있는 경우에는 그 근로자에 대하여 시용기간을 적용할 것인가의 여부를 근로계약에 명시하여야 하고, 만약 근로계약에 시용기간이 적용된다고 명시하지 아니한 경우에는 시용근로자가 아닌 정식사원으로 채용되었다고 보아야 한다(대판 1999.11.12. 99다30473).
③ (○) 근로기준법 규정의 내용과 취지, 시용기간 만료 시 본 근로계약 체결 거부의 정당성 요건 등을 종합하면, 시용근로관계에서 사용자가 본 근로계약 체결을 거부하는 경우에는 근로자에게 거부사유를 파악하여 대처할 수 있도록 구체적·실질적인 거부사유를 서면으로 통지하여야 한다(대판 2015.11.27. 2015두48136).
④ (○) 시용(試用)기간 중에 있는 근로자를 해고하거나 시용기간 만료시 본계약(本契約)의 체결을 거부하는 것은 사용자에게 유보된 해약권의 행사로서, 당해 근로자의 업무능력, 자질, 인품, 성실성 등 업무적격성을 관찰·판단하려는 시용제도의 취지·목적에 비추어 볼 때 보통의 해고보다는 넓게 인정되나, 이 경우에도 객관적으로 합리적인 이유가 존재하여 사회통념상 상당하다고 인정되어야 한다(대판 2006.2.24. 2002다62432).

답 ❷

제4절 근로계약과 당사자의 권리 및 의무

018 근로계약 당사자의 의무에 대한 설명으로 옳지 않은 것은? 07 사시

□□□

① 근로제공은 근로자가 자신의 노동력을 사용자가 처분할 수 있는 상태에 두는 것을 의미한다.
② 근로자가 근로제공의무를 게을리 하더라도 그 이행을 위한 직접 강제가 허용되지 아니한다.
③ 근로계약상 구체적인 내용이 없으면 사용자는 근로자에게 대하여 안전배려의무를 부담하지 아니한다.
④ 쟁의행위에 참가하여 근로를 제공하지 아니한 근로자에 대하여 사용자는 그 기간 중의 임금을 지급할 의무가 없다.
⑤ 근로자는 근로제공과 관련하여 알게 된 경영상의 비밀을 타인에게 누설하지 아니할 신의칙상의 의무를 부담한다.

해설

① (○) 근로자의 근로제공은 반드시 근로를 목적에 따라 실현할 것을 요하는 것은 아니고 노동력을 사용자가 처분할 수 있는 상태에 두는 것으로 족하다.
② (○) 근로자의 근로제공의무는 민법상 "하는 채무"이므로 직접강제로 그 이행을 강제하는 것을 인격권을 침해할 수 있어 허용되지 아니한다.
③ (×) 근로자가 사용자의 경영체 또는 사업장 내에 현실적으로 편입됨으로써 안전배려의무의 효력이 발생하기 때문에, 근로계약에 구체적 내용이 정하여 지지 아니하였거나, 근로계약이 무효로 되거나 취소되더라도 이 의무의 효력은 부인될 수 없다.
④ (○) 노조법 제44조 제1항
⑤ (○) 근로자는 근로제공의무 외에도 사용자에 대한 충실의무를 지는데, 이는 사용자 또는 경영상의 이익이 침해되지 아니하도록 특정 행위를 하여야 하는 작위의무와 특정 행위를 하여서는 아니 되는 부작위의무를 말한다. 충실의무의 개념 및 범위는 근로관계의 내용에 따라 구체적·개별적으로 판단되어야 하나, 대체로 명령이행의무, 직무전념의무, 비밀유지의무, 경업금지의무, 기타 진실고지의무 및 회사의 사회적 신용을 훼손하지 아니할 의무 등이 이에 해당된다.

답 ❸

CHAPTER

04 임금

제1절 임금의 의의

001 근로기준법상 임금 등에 대한 설명으로 옳지 않은 것은?(다툼이 있는 경우 판례에 의함)

□□□

20 국가직 7급

① 운송회사가 하루의 운송수입금 중 회사에 납입하는 일정액의 사납금을 공제한 잔액을 그 운전사 개인의 수입으로 하여 자유로운 처분에 맡겨 왔다면 위와 같은 운전사 개인의 수입으로 되는 부분은 근로의 대가인 임금에 해당하지 않는다.

② 차량유지비의 경우 전 직원에 대하여 또는 일정한 직급을 기준으로 일률적으로 지급되었다면 근로의 대상으로 지급된 것으로 볼 수 있다.

③ 사용자는 근로자가 출산, 질병, 재해, 그 밖에 대통령령으로 정하는 비상(非常)한 경우의 비용에 충당하기 위하여 임금지급을 청구하면 지급기일 전이라도 이미 제공한 근로에 대한 임금을 지급하여야 한다.

④ 사용자는 도급이나 그 밖에 이에 준하는 제도로 사용하는 근로자에게 근로시간에 따라 일정액의 임금을 보장하여야 한다.

해설

① (×) 근로자들이 총운송수입금을 전부 운송회사에 납부하는 경우에는 근로자들이 사납금 초과수입금을 개인 자신에게 직접 귀속시킨 경우와 달리, 운송회사로서는 사납금 초과수입금의 발생 여부와 금액범위를 명확히 확인·특정할 수 있어 사납금 초과수입금을 관리하고 지배할 수 있다고 보아야 할 것이고, 운송회사가 추후에 근로자들로부터 납부받은 사납금 초과수입금 상당의 금원을 근로자들에게 지급하였다고 하여 달리 볼 것이 아니라 할 것이므로, 운송회사가 근로자들로부터 납부받은 사납금 초과수입금은 퇴직금 산정의 기초가 되는 평균임금에 포함되는 것으로 보아야 한다(대판 2007.7.12. 2005다25113).

> 비교판례
>
> 택시운전사들이 하루의 운송수입금 중 사납금 등을 납입하고 남은 금액을 개인 수입으로 자신에게 직접 귀속시킨 경우, 그 개인 수입 부분의 발생 여부나 그 금액 범위 또한 일정하지 않으므로 운송회사로서는 택시운전사들의 개인 수입 부분이 얼마가 되는지 알 수도 없고 이에 대한 관리가능성이나 지배가능성도 없다고 할 것이어서 택시운전사들의 개인 수입 부분은 퇴직금 산정의 기초인 평균임금에 포함되지 않는다고 보아야 한다(대판 1998.3.13. 95다55733).

② (O) 차량유지비의 경우 그것이 전 직원에 대하여 또는 일정한 직급을 기준으로 일률적으로 지급되었다면 근로의 대상으로 지급된 것으로 볼 수 있다고 할 것이나 차량 보유를 조건으로 지급되었거나 직원들 개인 소유의 차량을 업무용으로 사용하는 데 필요한 비용을 보조하기 위해 지급된 것이라면 실비변상적인 것으로서 근로의 대상으로 지급된 것으로 볼 수 없다(대판 1997.10.24. 96다33037).

③ (O) 근기법 제45조

④ (O) 근기법 제47조

답 ❶

제2절 평균임금

002 근로기준법령상 임금에 관한 설명으로 옳지 않은 것은?(다툼이 있으면 판례에 따름) 22 노무

□□□

① 통상임금에는 1개월 이내의 주기마다 정기적으로 지급되는 임금과 수당만이 포함된다.

② 산출된 평균임금액이 그 근로자의 통상임금보다 적으면 그 통상임금액을 평균임금으로 한다.

③ 임금은 매월 1회 이상 일정한 날짜를 정하여 지급하여야 하며, 다만 임시로 지급하는 임금에 대하여는 그러하지 아니하다.

④ 평균임금의 산정기간 중에 출산전후휴가 기간이 있는 경우에는 그 기간과 그 기간 중에 지급된 임금은 평균임금 산정기준이 되는 기간과 임금의 총액에서 각각 뺀다.

⑤ 평균임금이란 이를 산정하여야 할 사유가 발생한 날 이전 3개월 동안에 그 근로자에게 지급된 임금의 총액을 그 기간의 총일수로 나눈 금액을 말한다.

해설

① (×) 정기상여금과 같이 일정한 주기로 지급되는 임금의 경우 단지 그 지급주기가 1개월을 넘는다는 사정만으로 그 임금이 통상임금에서 제외된다고 할 수는 없다(대판 2013.12.18. 2012다89399[전합]). 지문은 2012다89399[전합]판결의 별개의견에서 제시된 견해임을 유의하여야 한다.

② (○) 근기법 제2조 제2항

③ (○) 임금은 매월 1회 이상 일정한 날짜를 정하여 지급하여야 한다. 다만, 임시로 지급하는 임금, 수당, 그 밖에 이에 준하는 것 또는 대통령령으로 정하는 임금에 대하여는 그러하지 아니하다(근기법 제43조 제2항).

④ (○) 근기법 시행령 제2조 제1항 제3호

⑤ (○) 근기법 제2조 제1항 제6호 전문

평균임금의 계산에서 제외되는 기간과 임금(근기법 시행령 제2조)

① 근로기준법(이하 "법") 제2조 제1항 제6호에 따른 평균임금 산정기간 중에 다음 각 호의 어느 하나에 해당하는 기간이 있는 경우에는 그 기간과 그 기간 중에 지급된 임금은 평균임금 산정기준이 되는 기간과 임금의 총액에서 각각 뺀다.

1. 근로계약을 체결하고 수습 중에 있는 근로자가 수습을 시작한 날부터 3개월 이내의 기간
2. 법 제46조에 따른 사용자의 귀책사유로 휴업한 기간
3. 법 제74조 제1항부터 제3항까지의 규정에 따른 출산전후휴가 및 유산·사산 휴가 기간
4. 법 제78조에 따라 업무상 부상 또는 질병으로 요양하기 위하여 휴업한 기간
5. 남녀고용평등과 일·가정 양립 지원에 관한 법률 제19조에 따른 육아휴직 기간
6. 노동조합 및 노동관계조정법 제2조 제6호에 따른 쟁의행위기간
7. 병역법, 예비군법 또는 민방위기본법에 따른 의무를 이행하기 위하여 휴직하거나 근로하지 못한 기간. 다만, 그 기간 중 임금을 지급받은 경우에는 그러하지 아니하다.
8. 업무 외 부상이나 질병, 그 밖의 사유로 사용자의 승인을 받아 휴업한 기간

② 법 제2조 제1항 제6호에 따른 임금의 총액을 계산할 때에는 임시로 지급된 임금 및 수당과 통화 외의 것으로 지급된 임금을 포함하지 아니한다. 다만, 고용노동부장관이 정하는 것은 그러하지 아니하다.

답 ❶

003 □□□ 임금 등에 관하여 근로기준법령에 규정된 내용으로 옳지 않은 것은? 16 노무

① 임금이란 사용자가 근로의 대가로 근로자에게 임금, 봉급, 그 밖에 어떠한 명칭으로든지 지급하는 모든 금품을 말한다.

② 평균임금이란 이를 산정하여야 할 사유가 발생한 날 이전 3개월 동안에 그 근로자에게 지급된 임금의 총액을 말한다.

③ 사용자는 도급이나 그 밖에 이에 준하는 제도로 사용하는 근로자에게 근로시간에 따라 일정액의 임금을 보장하여야 한다.

④ 사용자는 각 사업장별로 임금대장을 작성하여야 한다.

⑤ 일용근로자의 평균임금은 고용노동부장관이 사업이나 직업에 따라 정하는 금액으로 한다.

해설

① (O) 근기법 제2조 제1항 제5호

② (×) 평균임금이란 이를 산정하여야 할 사유가 발생한 날 이전 3개월 동안에 그 근로자에게 지급된 임금의 총액을 그 기간의 총일수로 나눈 금액을 말한다(근기법 제2조 제1항 제6호).

③ (O) 근기법 제47조

④ (O) 근기법 제48조 제1항

⑤ (O) 일용근로자의 평균임금은 고용노동부장관이 사업이나 직업에 따라 정하는 금액으로 한다(근기법 시행령 제3조).

답 ❷

004 □□□ 근로기준법상 임금에 관한 설명으로 옳지 않은 것은?(다툼이 있으면 판례에 따름) 20 노무

① 실비변상적 금원은 평균임금 산정의 기초가 되는 임금총액에 포함되지 않는다.

② 산출된 평균임금액이 그 근로자의 통상임금보다 적으면 그 통상임금액을 평균임금으로 한다.

③ 사용자와 근로자는 통상임금의 의미나 범위에 관하여 단체협약 등에 의해 따로 합의할 수 있다.

④ “평균임금”이란 이를 산정하여야 할 사유가 발생한 날 이전 3개월 동안에 그 근로자에게 지급된 임금의 총액을 그 기간의 총일수로 나눈 금액을 말한다.

⑤ 정기상여금의 지급주기가 1개월을 넘는다는 사정만으로 그 임금이 통상임금에서 제외된다고 할 수는 없다.

해설

① (O) 사용자 이외의 자가 지급한 금품이나 근로의 대상으로서 지급되는 것이 아니라 근로자가 특수한 근무조건이나 환경에서 직무를 수행함으로 말미암아 추가로 소요되는 비용을 변상하기 위하여 지급되는 실비변상적 금원 또는 사용자가 지급의무 없이 은혜적으로 지급하는 금원 등은 평균임금 산정의 기초가 되는 임금총액에 포함되지 아니한다(대판 1999.2.9. 97다56235).

② (O) 근기법 제2조 제2항

③ (×) 통상임금은 근로조건의 기준을 마련하기 위하여 법이 정한 도구개념이므로, 사용자와 근로자가 통상임금의 의미나 범위 등에 관하여 단체협약 등에 의해 따로 합의할 수 있는 성질의 것이 아니다(대판 2013.12.18. 2012다89399[전합]).

④ (O) 근기법 제2조 제1항 제6호

⑤ (O) 정기상여금과 같이 일정한 주기로 지급되는 임금의 경우 단지 그 지급주기가 1개월을 넘는다는 사정만으로 그 임금이 통상임금에서 제외된다고 할 수는 없다(대판 2013.12.18. 2012다89399[전합]).

답 ❸

제3절 통상임금

005 통상임금에 관한 설명으로 옳지 않은 것은?(다툼이 있는 경우에는 판례에 의함) 15 노무

□□□

① 어떠한 임금이 통상임금에 속하는지 여부는 그 임금이 소정근로의 대가로 근로자에게 지급되는 금품으로서 정기적·일률적·고정적으로 지급되는 것인지를 기준으로 그 객관적인 성질에 따라 판단하여야 한다.

② 임금의 지급주기가 1개월을 넘는다는 사정만으로 그 임금이 통상임금에서 제외된다고 할 수 없다.

③ 근무실적에서 최하등급을 받더라도 최소한도의 지급이 확정되어 있다면 그 최소한도의 임금은 고정적 임금이라고 할 수 있다.

④ 근무일수에 따라 일할계산하여 지급되는 임금은 실제 근무일수에 따라 그 지급액이 달라지므로 고정적 임금이라고 할 수 없다.

⑤ '일률적'으로 지급되는 임금에는 '모든 근로자'에게 지급되는 것뿐만 아니라 '일정한 조건 또는 기준에 달한 모든 근로자'에게 지급되는 것도 포함된다.

해설

① (○) 어떠한 임금이 통상임금에 속하는지 여부는 그 임금이 소정근로의 대가로 근로자에게 지급되는 금품으로서 정기적·일률적·고정적으로 지급되는 것인지를 기준으로 객관적인 성질에 따라 판단하여야 하고, 임금의 명칭이나 지급주기의 장단 등 형식적 기준에 의해 정할 것이 아니다. 여기서 소정근로의 대가라 함은 근로자가 소정근로시간에 통상적으로 제공하기로 정한 근로에 관하여 사용자와 근로자가 지급하기로 약정한 금품을 말한다(대판 2013.12.18. 2012다89399[전합]).

② (○) 정기상여금과 같이 일정한 주기로 지급되는 임금의 경우 단지 그 지급주기가 1개월을 넘는다는 사정만으로 그 임금이 통상임금에서 제외된다고 할 수는 없다(대판 2013.12.18. 2012다89399[전합]).

③ (○) 지급 대상기간에 이루어진 근로자의 근무실적을 평가하여 이를 토대로 지급 여부나 지급액이 정해지는 임금은 일반적으로 고정성이 부정된다고 볼 수 있다. 그러나 근무실적에 관하여 최하등급을 받더라도 일정액을 지급하는 경우와 같이 최소한도의 지급이 확정되어 있다면, 그 최소한도의 임금은 고정적 임금이라고 할 수 있다(대판 2013.12.18. 2012다89399[전합]).

④ (×) 매 근무일마다 일정액의 임금을 지급하기로 정함으로써 근무일수에 따라 일할계산하여 임금이 지급되는 경우에는 실제 근무일수에 따라 그 지급액이 달라지기는 하지만, 근로자가 임의의 날에 소정근로를 제공하기만 하면 그에 대하여 일정액을 지급받을 것이 확정되어 있으므로, 이러한 임금은 고정적 임금에 해당한다(대판 2019.2.14. 2015다50613).

⑤ (○) 어떤 임금이 통상임금에 속하기 위해서는 그것이 일률적으로 지급되는 성질을 갖추어야 한다. '일률적'으로 지급되는 것에는 '모든 근로자'에게 지급되는 것뿐만 아니라 '일정한 조건 또는 기준에 달한 모든 근로자'에게 지급되는 것도 포함된다. 여기서 '일정한 조건'이란 고정적이고 평균적인 임금을 산출하려는 통상임금의 개념에 비추어 볼 때 고정적인 조건이어야 한다(대판 2013.12.18. 2012다89399[전합]).

답 ④

006 근로기준법상 통상임금에 대한 판례의 입장으로 옳은 것만을 모두 고르면?

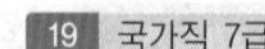
19 국가직 7급

ㄱ. 특정 시점에 재직 중인 근로자에게만 지급하기로 정해져 있는 임금은 특정 시점 전에 퇴직한 근로자에게 근무일수에 비례한 만큼의 임금이 지급되는 경우라 할지라도 통상임금에 포함되지 않는다.
ㄴ. 통상임금에는 '모든 근로자'에게 지급되는 임금뿐만 아니라 '일정한 조건 또는 기준에 달한 모든 근로자'에게 지급되는 임금도 포함된다.
ㄷ. 근로자가 소정근로를 제공하더라도 추가적인 조건을 충족하여야 지급되는 임금이나 그 조건 충족 여부에 따라 지급액이 변동되는 임금 부분은 통상임금에 포함된다고 볼 수 없다.
ㄹ. 정기상여금과 같이 일정한 주기로 지급되는 임금의 경우 단지 그 지급주기가 1개월이 넘는다는 사정만으로 그 임금이 통상임금에서 제외되는 것은 아니다.

① ㄱ, ㄴ
② ㄴ, ㄷ
③ ㄱ, ㄴ, ㄷ
④ ㄴ, ㄷ, ㄹ

해설

ㄱ. (×) 근로자가 소정근로를 했는지 여부와는 관계없이 지급일 기타 특정 시점에 재직 중인 근로자에게만 지급하기로 정해져 있는 임금은 '소정근로'에 대한 대가의 성질을 가지는 것이라고 보기 어려울 뿐 아니라 고정성도 결여한 것으로 보아야 한다. 그러나 근로자가 특정 시점 전에 퇴직하더라도 그 근무일수에 비례한 만큼의 임금이 지급되는 경우에는 앞서 본 매 근무일마다 지급되는 임금과 실질적인 차이가 없으므로, 근무일수에 비례하여 지급되는 한도에서는 고정성이 부정되지 않는다(대판 2013.12.18. 2012다89399[전합]).

ㄴ. (O) 어떤 임금이 통상임금에 속하기 위해서는 그것이 일률적으로 지급되는 성질을 갖추어야 한다. '일률적'으로 지급되는 것에는 '모든 근로자'에게 지급되는 것뿐만 아니라 '일정한 조건 또는 기준에 달한 모든 근로자'에게 지급되는 것도 포함된다(대판 2013.12.18. 2012다89399[전합]).

ㄷ. (O) 고정성을 갖춘 임금은 근로자가 임의의 날에 소정근로를 제공하면 추가적인 조건의 충족 여부와 관계없이 당연히 지급될 것이 예정된 임금이므로, 지급 여부나 지급액이 사전에 확정된 것이라 할 수 있다. 이와 달리 근로자가 소정근로를 제공하더라도 추가적인 조건을 충족하여야 지급되는 임금이나 조건 충족 여부에 따라 지급액이 변동되는 임금 부분은 고정성을 갖춘 것이라고 할 수 없다(대판 2013.12.18. 2012다89399[전합]).

ㄹ. (O) 대판 2013.12.18. 2012다89399[전합]

답 ❹

007 임금에 관한 설명 중 옳지 않은 것은?(다툼이 있는 경우 판례에 의함)

16 사시

① 임금이란 사용자가 근로의 대가로 근로자에게 임금, 봉급, 그 밖에 어떠한 명칭으로든지 지급하는 일체의 금품을 말한다.
② 통상임금은 근로자에게 소정근로 또는 총근로에 대하여 정기적·일률적으로 지급하기로 정해진 고정적 임금을 말한다.
③ 임금은 법령 또는 단체협약에 특별한 규정이 없는 한 통화(通貨)로 근로자에게 그 전액을 지급하여야 한다.
④ 사용자가 기업실적에 따라 일시적으로 지급하는 상여금은 통상임금에 해당한다.
⑤ 재해보상금은 평균임금을 기준으로 산정하고 연장·야간 및 휴일 근로수당은 통상임금을 기준으로 산정한다.

해설

① (O) 근기법 제2조 제1항 제5호
② (O) 근기법과 동법 시행령에서 "통상임금"이란 근로자에게 정기적이고 일률적으로 소정(所定)근로 또는 총 근로에 대하여 지급하기로 정한 시간급 금액, 일급 금액, 주급 금액, 월급 금액 또는 도급 금액을 말한다(근기법 시행령 제6조 제1항).
③ (O) 임금은 통화(通貨)로 직접 근로자에게 그 전액을 지급하여야 한다. 다만, 법령 또는 단체협약에 특별한 규정이 있는 경우에는 임금의 일부를 공제하거나 통화 이외의 것으로 지급할 수 있다(근기법 제43조 제1항).
④ (×) 어떠한 임금이 통상임금에 속하는지 여부는 그 임금이 소정근로의 대가로 근로자에게 지급되는 금품으로서 정기적·일률적·고정적으로 지급되는 것인지를 기준으로 객관적인 성질에 따라 판단하여야 하고, 임금의 명칭이나 지급주기의 장단 등 형식적 기준에 의해 정할 것이 아니라는 판례(대판 2013.12.18. 2012다89399[전합])를 고려하면, 기업실적에 따라 일시적으로 지급되는 상여금은 고정성이 인정되지 아니하므로 통상임금에 해당하지 아니한다고 판단된다(대판 2005.9.9. 2004다41217).
⑤ (O) 퇴직금(근기법 제34조, 근퇴법 제8조 제1항), 휴업수당(근기법 제46조), 재해보상금(근기법 제79조 내지 제85조) 등은 평균임금을 기준으로 산정하고, 해고예고수당(근기법 제26조), 연장·야간·휴일근로수당(근기법 제56조)등은 통상임금을 기준으로 산정한다.

답 ❹

PART 1 PART 2 PART 3

008 근로기준법상 통상임금을 기준으로 산정하여야 하는 것만을 모두 고른 것은? 18 국가직 9급

□□□

ㄱ. 해고예고수당
ㄴ. 휴업보상
ㄷ. 장해보상
ㄹ. 연장·야간 및 휴일 근로에 대한 가산임금

① ㄱ, ㄴ
② ㄱ, ㄷ
③ ㄱ, ㄹ
④ ㄴ, ㄷ

해설

평균임금의 산정사유	통상임금의 산정사유
• 퇴직금(근기법 제34조, 근퇴법 제8조 제1항) • 휴업수당(근기법 제46조 제1항) • 재해보상금(근기법 제79조 내지 제85조) • 감급액(근기법 제95조)	• 해고예고수당(근기법 제26조) • 연장·야간·휴일근로수당(근기법 제56조) • 출산전후휴가(근기법 제74조)에 따른 경제적 보상

답 ❸

009 근로기준법령상 임금에 관한 설명으로 옳지 않은 것은?(다툼이 있으면 판례에 따름) 21 노무

□□□

① 근로자가 소정근로시간을 초과하여 근로를 제공함으로써 사용자로부터 추가로 지급받는 임금은 통상임금에 속한다.

② 평균임금산정기간 중에 업무 외 질병을 사유로 사용자의 승인을 받아 휴업한 기간이 있는 경우에는 그 기간과 그 기간 중에 지급된 임금은 평균임금산정기준이 되는 기간과 임금의 총액에서 각각 뺀다.

③ 법령 또는 단체협약에 특별한 규정이 있는 경우에는 임금의 일부를 공제하거나 통화 이외의 것으로 지급할 수 있다.

④ 상여금이 계속적 · 정기적으로 지급되고 그 지급액이 확정되어 있다면 이는 근로의 대가로 지급되는 임금의 성질을 가진다.

⑤ 사용자는 근로자가 혼인한 경우의 비용에 충당하기 위하여 임금지급을 청구하면 지급기일 전이라도 이미 제공한 근로에 대한 임금을 지급하여야 한다.

해설

① (×) 근로자가 소정근로시간을 초과하여 근로를 제공하거나 근로계약에서 제공하기로 정한 근로 외의 근로를 특별히 제공함으로써 사용자로부터 추가로 지급받는 임금이나 소정근로시간의 근로와는 관련 없이 지급받는 임금은 소정근로의 대가라 할 수 없으므로 통상임금에 속하지 아니한다(대판 2013.12.18. 2012다89399[전합]).

② (○) 근기법 시행령 제2조 제1항 제8호

③ (○) 임금은 통화(通貨)로 직접 근로자에게 그 전액을 지급하여야 한다. 다만, 법령 또는 단체협약에 특별한 규정이 있는 경우에는 임금의 일부를 공제하거나 통화 이외의 것으로 지급할 수 있다(근기법 제43조 제1항).

④ (○) 상여금이 계속적 · 정기적으로 지급되고 그 지급액이 확정되어 있다면 이는 근로의 대가로 지급되는 임금의 성질을 가지나 그 지급사유의 발생이 불확정이고 일시적으로 지급되는 것은 임금이라고 볼 수 없다(대판 2011.6.9. 2010다50236).

⑤ (○) 근기법 시행령 제25조 제2호

비상시 지급(근기법 제45조)

사용자는 근로자가 출산, 질병, 재해, 그 밖에 대통령령으로 정하는 비상(非常)한 경우의 비용에 충당하기 위하여 임금지급을 청구하면 지급기일 전이라도 이미 제공한 근로에 대한 임금을 지급하여야 한다.

지급기일 전의 임금지급(근기법 시행령 제25조)

법 제45조에서 "그 밖에 대통령령으로 정한 비상(非常)한 경우"란 근로자나 그의 수입으로 생계를 유지하는 자가 다음 각 호의 어느 하나에 해당하게 되는 경우를 말한다.

1. 출산하거나 질병에 걸리거나 재해를 당한 경우
2. 혼인 또는 사망한 경우
3. 부득이한 사유로 1주 이상 귀향하게 되는 경우

답 ❶

제4절 임금지급방법의 보호

010 근로기준법상 임금에 관한 설명으로 옳지 않은 것은?(다툼이 있으면 판례에 따름) 19 노무

□□□

① 임금은 통화(通貨)로 직접 근로자에게 그 전액을 지급하여야 한다.

② 임금은 매월 1회 이상 일정한 날짜를 정하여 지급하여야 한다.

③ 사용자가 근로자의 불법행위를 원인으로 한 손해배상채권을 가지고 있더라도 근로자의 임금채권과 상계할 수 없다.

④ 근로자의 임금포기에 관한 약정에 대해서는 문언의 기재내용에 따라 엄격하게 해석해야 하기 때문에 임금포기를 한 경위나 목적 등 여러 사정을 반영하는 합목적적 해석을 해서는 안 된다.

⑤ 근로자로부터 임금채권을 양수받은 자라 하더라도 사용자로부터 직접 임금을 지급받을 수 없다.

해설

① (O) 근기법 제43조 제1항

② (O) 근기법 제43조 제2항

③ (O) 근로자의 퇴직금채권에 대하여 그가 근로자에 대하여 가지고 있는 불법행위를 원인으로 하는 채권으로 상계할 수는 없다(대판 1976.9.28. 75다1768).

④ (×) 근로자의 기본적 생활을 유지하고 인간다운 생활을 보장하기 위하여 마련된 근로기준법상의 임금에 관한 규정의 입법취지에 비추어 보면 근로자의 임금 포기에 관한 약정은 문언의 기재내용을 엄격하게 해석하여야 할 것이나 그 임금 포기를 한 경위나 목적 등 여러 사정에 따라 합목적적으로 해석하는 것이 오히려 근로자들의 의사나 이해에 합치되는 경우도 있다고 할 것이다(대판 2002.11.8. 2002다35867).

⑤ (O) 근로기준법 제43조 제1항에서 임금직접지급의 원칙을 규정하는 한편 동법 제109조에서 그에 위반하는 자는 처벌을 하도록 하는 규정을 두어 그 이행을 강제하고 있는 취지가 임금이 확실하게 근로자 본인의 수중에 들어가게 하여 그의 자유로운 처분에 맡기고 나아가 근로자의 생활을 보호하고자 하는데 있는 점에 비추어 보면 근로자가 그 임금채권을 양도한 경우라 할지라도 그 임금의 지급에 관하여는 같은 원칙이 적용되어 사용자는 직접 근로자에게 임금을 지급하지 아니하면 안 되는 것이고 그 결과 비록 양수인이라고 할지라도 스스로 사용자에 대하여 임금의 지급을 청구할 수는 없다(대판 1988.12.13. 87다카2803[전합]).

답 ❹

011 근로기준법상 임금지급에 관한 설명으로 옳은 것은?(다툼이 있는 경우에는 판례에 의함)

□□□

15 노무

① 임금채권의 양수인은 스스로 사용자에 대하여 임금의 지급을 청구할 수 있다.
② 단체협약에 특별한 규정이 있는 경우에는 임금의 일부를 통화(通貨) 이외의 것으로 지급할 수 있다.
③ 노동조합은 조합원인 근로자의 임금을 대리하여 수령할 수 있다.
④ 근로자는 사용자에 대한 임금청구권을 지급기한이 도래한 이후에도 포기하지 못한다.
⑤ 임금 전액을 지급하지 않은 사용자에 대해서는 피해자의 명시적인 의사에 상관없이 처벌이 가능하다.

해설

① (×) 근로자가 임금채권을 양도한 경우라 하더라도, 임금 직접지급 원칙은 적용되어 사용자는 직접 근로자에게 임금을 지급해야 하므로, 양수인이 스스로 사용자에게 임금의 지급을 청구할 수는 없다(대판 1988.12.13. 87다카2803[전합]).
② (○) 근기법 제43조 제1항
③ (×) 친권자, 후견인, 근로자의 위임을 받은 대리인 및 노동조합에게 임금을 대리하여 수령하게 할 수 없다(근기법 제43조 제1항 본문 참조).
④ (×) 현실적으로 지급되었거나 이미 구체적으로 지급청구권이 발생한 임금은 근로자의 사적 재산영역으로 옮겨져 근로자의 처분에 맡겨진 것이기 때문에 노동조합이 근로자들로부터 개별적인 동의나 수권을 받지 않는 이상, 사용자와 사이의 단체협약만으로 이에 대한 반환이나 포기 및 지급유예와 같은 처분행위를 할 수는 없다(대판 2019.10.18. 2015다60207). 따라서 이미 지급청구권이 발생한 임금은 근로자의 사적 재산영역으로 옮겨져 근로자의 처분에 맡겨진 것이므로, 근로자의 개별적인 동의나 수권으로써 임금채권을 포기할 수 있다.
⑤ (×) 임금에 관련된 죄(근기법 제43조 등)는 피해자가 처벌을 희망하지 않는다는 의사를 명백히 한 때에는 처벌할 수 없는 반의사불벌죄에 해당한다(근기법 제109조 제2항).

답 ❷

012 근로기준법령상 임금에 관한 설명으로 옳지 않은 것은?(다툼이 있으면 판례에 따름) 23 노무

□□□

① 근로자가 임금채권을 양도한 경우 양수인이 스스로 사용자에 대하여 임금의 지급을 청구할 수 있다.
② 사용자가 근로자의 임금지급에 갈음하여 사용자가 제3자에 대하여 가지는 채권을 근로자에게 양도하기로 하는 약정은 전부 무효임이 원칙이다.
③ 사용자가 근로자에게 퇴직금 명목으로 지급한 금원 상당의 부당이득반환채권을 자동채권으로 하여 근로자의 퇴직금채권을 상계하는 것은 퇴직금채권의 2분의 1을 초과하는 부분에 해당하는 금액에 관하여만 허용된다.
④ 근로기준법에서 정한 통상임금에 산입될 수당을 통상임금에서 제외하기로 하는 노사 간의 합의는 근로기준법에서 정한 기준과 전체적으로 비교하여 그에 미치지 못하는 근로조건이 포함된 부분에 한하여 무효로 된다.
⑤ 근로자가 퇴직하여 더 이상 근로계약 관계에 있지 않은 상황에서 퇴직 시 발생한 퇴직금청구권을 나중에 포기하는 것은 허용된다.

해설

① (×) 근로기준법 제43조 제1항에서 임금직접지급의 원칙을 규정하는 한편 동법 제109조에서 그에 위반하는 자는 처벌을 하도록 하는 규정을 두어 그 이행을 강제하고 있는 취지가 임금이 확실하게 근로자 본인의 수중에 들어가게 하여 그의 자유로운 처분에 맡기고 나아가 근로자의 생활을 보호하고자 하는데 있는 점에 비추어 보면 근로자가 그 임금채권을 양도한 경우라 할지라도 그 임금의 지급에 관하여는 같은 원칙이 적용되어 사용자는 직접 근로자에게 임금을 지급하지 아니하면 안되는 것이고 그 결과 비록 양수인이라고 할지라도 스스로 사용자에 대하여 임금의 지급을 청구할 수는 없다(대판 1988.12.13. 87다카2803[전합]).

② (○) 임금은 법령 또는 단체협약에 특별한 규정이 있는 경우를 제외하고는 통화로 직접 근로자에게 전액을 지급하여야 한다(근로기준법 제43조 제1항). 따라서 사용자가 근로자의 임금지급에 갈음하여 사용자가 제3자에 대하여 가지는 채권을 근로자에게 양도하기로 하는 약정은 전부 무효임이 원칙이다. 다만 당사자 쌍방이 위와 같은 무효를 알았더라면 임금의 지급에 갈음하는 것이 아니라 지급을 위하여 채권을 양도하는 것을 의욕하였으리라고 인정될 때에는 무효행위 전환의 법리(민법 제138조)에 따라 그 채권양도 약정은 '임금의 지급을 위하여 한 것'으로서 효력을 가질 수 있다(대판 2012.3.29. 2011다101308).

③ (○) 근로기준법 제43조 제1항 본문에 의하면 임금은 통화로 직접 근로자에게 그 전액을 지급하여야 하므로 사용자가 근로자에 대하여 가지는 채권으로써 근로자의 임금채권이나 퇴직금과 상계를 하지 못하는 것이 원칙이다. 다만 사용자가 근로자에게 이미 퇴직금 명목의 금원을 지급하였으나 그것이 퇴직금 지급으로서의 효력이 없어 사용자가 같은 금원 상당의 부당이득반환채권을 갖게 된 경우에 이를 자동채권으로 하여 근로자의 퇴직금채권과 상계할 수 있다고 보아야 한다. 한편, 민사집행법 제246조 제1항 제5호는 근로자인 채무자의 생활 보장이라는 공익적, 사회정책적 이유에서 '퇴직금 그 밖에 이와 비슷한 성질을 가진 급여채권의 2분의 1에 해당하는 금액'을 압류금지채권으로 규정하고 있고, 민법 제497조는 압류금지채권의 채무자는 상계로 채권자에게 대항하지 못한다고 규정하고 있으므로, 사용자가 근로자에게 퇴직금 명목으로 지급한 금원 상당의 부당이득반환채권을 자동채권으로 하여 근로자의 퇴직금채권을 상계하는 것은 퇴직금채권의 2분의 1을 초과하는 부분에 해당하는 금액에 관하여만 허용된다고 봄이 상당하다(대판 2010.5.20. 2007다90760[전합]).

④ (○) 근로기준법 제15조는 제1항, 제2항은 근로기준법의 목적을 달성하기 위하여 개별적 노사 간의 합의라는 형식을 빌려 근로자로 하여금 근로기준법에서 정한 기준에 미치지 못하는 근로조건을 감수하도록 하는 것을 저지함으로써 근로자에게 실질적으로 최소한의 근로조건을 유지시켜 주기 위한 것이다. 이러한 위 각 규정의 문언과 취지에 비추어 보면, 근로기준법에서 정한 통상임금에 산입될 수당을 통상임금에서 제외하기로 하는 노사 간의 합의는 그 전부가 무효가 되는 것이 아니라, 근로기준법에서 정한 기준과 전체적으로 비교하여 그에 미치지 못하는 근로조건이 포함된 부분에 한하여 무효로 된다(대판 2019.11.28. 2019다261084).

> 갑 지방자치단체의 단체협약에 '연장노동, 야간노동, 휴일노동이 중복될 때 통상임금의 50%를 각각 가산 지급한다'라고 규정하고 있었는데, 갑 지방자치단체의 근로자인 을 등이 상여금 등을 통상임금에 포함시킨 다음 단체협약에서 정한 가산율을 적용하여 산정한 추가 휴일근로수당 등의 지급을 구한 사안에서, 통상임금은 근로기준법이 정한 바에 따르되 가산율은 위 단체협약 조항에서 정한 바가 그대로 적용된다고 보게 되면, 하나의 근로조건에 포함된 여러 가지 요소들을 개별적으로 비교하게 될 뿐만 아니라 근로자에게 가장 유리한 내용을 각 요소별로 취사선택하는 것을 허용하는 결과가 되어 구 근로기준법 제15조의 취지에 위배된다고 한 사례(대판 2019.11.28. 2019다261084).

⑤ (○) 최종 퇴직 시 발생하는 퇴직금청구권을 미리 포기하는 것은 강행법규인 근로기준법, 근로자퇴직급여 보장법에 위반되어 무효이다. 그러나 근로자가 퇴직하여 더 이상 근로계약관계에 있지 않은 상황에서 퇴직 시 발생한 퇴직금청구권을 나중에 포기하는 것은 허용되고, 이러한 약정이 강행법규에 위반된다고 볼 수 없다(대판 2018.7.12. 2018다21821).

> 갑이 을 주식회사에 고용되어 근무하다가 퇴직한 후 약 10개월에 걸쳐 미지급 급여와 퇴직금 등 명목으로 돈을 지급받으면서 '본인은 귀사에 밀린 급료(퇴직금 포함)를 모두 정리하였으므로 더 이상의 추가 금액을 요구하지 않을 것을 약속합니다'라는 각서를 작성·교부한 사안에서, 갑이 각서를 통해서 퇴직으로 발생한 퇴직금청구권을 사후에 포기한 것으로 보아야 하므로, 을 회사가 갑에게 퇴직금을 지급할 의무가 없다고 본 원심판단이 정당하다고 한 사례(대판 2018.7.12. 2018다21821).

답 ①

013 근로기준법령상 임금지급에 관한 설명으로 옳지 않은 것은?(다툼이 있으면 판례에 따름)

□□□ 17 노무

① 사용자가 근로자의 대리인에게 임금을 지급하는 것은 근로기준법에 위반된다.

② 임금은 매월 1회 이상 일정한 날짜를 정하여 근로자에게 지급하여야 하며, 연봉제를 적용하는 경우에도 마찬가지이다.

③ 근로자가 임금채권을 타인에게 양도한 경우 사용자는 임금채권의 양수인에게 임금을 지급할 수 있다.

④ 근로자가 본인의 혼인비용에 충당하기 위하여 임금지급을 청구하면 임금지급기일 전이라도 이미 제공한 근로에 대한 임금을 지급하여야 한다.

⑤ 1개월을 초과하는 기간의 출근성적에 따라 지급하는 정근수당은 매월 1회 이상 일정한 날짜를 정하여 지급하지 아니할 수 있다.

해설

① (○) 임금은 통화(通貨)로 직접 근로자에게 그 전액을 지급하여야 하므로(근기법 제43조 제1항 본문), 근로자의 위임을 받은 대리인에게 임금을 지급하는 것은 직접불의 원칙에 위반된다.

② (○) 임금은 매월 1회 이상 일정한 날짜를 정하여 지급하여야 하며(근기법 제43조 제2항 본문), 연봉제의 경우에도 당해연도의 연봉액을 월별로 나누어 매월 1회 이상 일정한 날짜에 지급해야 한다.

③ (×) 근로자가 그 임금채권을 양도한 경우라 할지라도 그 임금의 지급에 관하여는 같은 원칙이 적용되어 사용자는 직접 근로자에게 임금을 지급하지 아니하면 안 되는 것이고 그 결과 비록 양수인이라고 할지라도 스스로 사용자에 대하여 임금의 지급을 청구할 수는 없다(대판 1988.12.13. 87다카2803[전합]).

④ (○) 혼인의 경우 지급기일 전이라도 이미 제공한 근로에 대한 임금을 지급하여야 한다(근기법 시행령 제25조 제2호).

⑤ (○) 임금은 매월 1회 이상 일정한 날짜를 정하여 통화로 근로자 본인에게 직접 지급하여야 하지만, 임시로 지급하는 임금, 수당, 기타 이에 준하는 것과 1개월을 초과하는 기간의 출근성적에 따라 지급하는 정근수당은 그러하지 아니하다(근기법 시행령 제23조 제1호).

답 ❸

014 □□□ **근로기준법상 임금 등에 대한 설명으로 옳지 않은 것은?(다툼이 있는 경우 판례에 의함)**

21 국가직 7급

① 근로자가 임금채권을 제3자에게 양도한 경우 그 양수인이라고 할지라도 스스로 사용자에 대하여 그 임금의 지급을 청구할 수 없다.
② 사용자는 근로자가 출산, 질병, 재해, 그 밖에 대통령령으로 정하는 비상(非常)한 경우의 비용에 충당하기 위하여 임금지급을 청구하면 지급기일 전이라도 이미 제공한 근로에 대한 임금을 지급하여야 한다.
③ 사용자가 근로자의 동의를 얻어 근로자의 임금채권에 대하여 상계하는 경우에 그 동의가 근로자의 자유로운 의사에 터잡아 이루어진 것이라고 인정할 만한 합리적인 이유가 객관적으로 존재하는 때에는 상계가 허용된다고 할 것이나, 그 동의가 근로자의 자유로운 의사에 기한 것이라는 판단은 엄격하고 신중하게 이루어져야 한다.
④ 임금은 직접 근로자에게 전액을 지급하여야 하는 것이므로, 근로자가 퇴직한 후에 그 재직 중 지급되지 아니한 임금이나 퇴직금을 청구할 경우에 사용자가 초과 지급된 임금의 반환청구권을 자동채권으로 하여 상계하는 것은 허용되지 않는다.

해설

① (O) 근로기준법 제43조 제1항에서 임금직접지급의 원칙을 규정하는 한편 동법 제109조에서 그에 위반하는 자는 처벌을 하도록 하는 규정을 두어 그 이행을 강제하고 있는 취지가 임금이 확실하게 근로자 본인의 수중에 들어가게 하여 그의 자유로운 처분에 맡기고 나아가 근로자의 생활을 보호하고자 하는데 있는 점에 비추어 보면 근로자가 그 임금채권을 양도한 경우라 할지라도 그 임금의 지급에 관하여는 같은 원칙이 적용되어 사용자는 직접 근로자에게 임금을 지급하지 아니하면 안되는 것이고 그 결과 비록 양수인이라고 할지라도 스스로 사용자에 대하여 임금의 지급을 청구할 수는 없다(대판 1988.12.13. 87다카2803[전합]).

② (O) 근기법 제45조

③ (O) 사용자가 근로자에 대하여 가지는 채권을 가지고 일방적으로 근로자의 임금채권을 상계하는 것은 금지된다고 할 것이지만, 사용자가 근로자의 동의를 얻어 근로자의 임금채권에 대하여 상계하는 경우에 그 동의가 근로자의 자유로운 의사에 터잡아 이루어진 것이라고 인정할 만한 합리적인 이유가 객관적으로 존재하는 때에는 근로기준법 제43조 제1항 본문에 위반하지 아니한다고 보아야 할 것이고, 다만 임금 전액지급의 원칙의 취지에 비추어 볼 때 그 동의가 근로자의 자유로운 의사에 기한 것이라는 판단은 엄격하고 신중하게 이루어져야 한다(대판 2001.10.23. 2001다25184).

④ (×) 임금은 직접 근로자에게 전액을 지급하여야 하는 것이므로 사용자가 근로자에 대하여 가지는 채권으로써 근로자의 임금채권과 상계를 하지 못하는 것이 원칙이지만, 계산의 착오 등으로 임금이 초과 지급되었을 때 그 행사의 시기가 초과 지급된 시기와 임금의 정산, 조정의 실질을 잃지 않을 만큼 합리적으로 밀접되어 있고 금액과 방법이 미리 예고되는 등 근로자의 경제생활의 안정을 해할 염려가 없는 경우나 근로자가 퇴직한 후에 그 재직 중 지급되지 아니한 임금이나 퇴직금을 청구할 경우에는, 사용자가 초과 지급된 임금의 반환청구권을 자동채권으로 하여 상계하는 것은 허용되므로, 근로자가 일정기간 동안의 미지급 시간외수당, 휴일근로수당, 월차휴가수당 등 법정수당을 청구하는 경우에 사용자가 같은 기간 동안 법정수당의 초과 지급 부분이 있음을 이유로 상계나 충당을 주장하는 것도 허용된다(대판 1998.6.26. 97다14200).

답 ④

015 근로기준법상 임금에 대한 설명으로 옳지 않은 것은?(다툼이 있는 경우 판례에 의함)
□□□

21 국가직 9급

① 사용자가 선택적 복지제도를 시행하면서 직원 전용 온라인 쇼핑사이트에서 물품을 구매하는 방식 등으로 사용할 수 있는 복지포인트를 단체협약, 취업규칙 등에 근거하여 근로자들에게 계속적·정기적으로 배정한 경우라고 하더라도, 이러한 복지포인트는 근로기준법에서 말하는 임금에 해당하지 않는다.

② 근로자가 그 임금채권을 양도한 경우에 양수인은 스스로 사용자에 대하여 임금의 지급을 청구할 수 있다.

③ 상여금이 계속적·정기적으로 지급되고 그 지급액이 확정되어 있다면 이는 근로의 대가로 지급되는 임금의 성질을 가지나, 그 지급사유의 발생이 불확정이고 일시적으로 지급되는 것은 임금이라고 볼 수 없다.

④ 사용자는 각 사업장별로 임금대장을 작성하고 임금과 가족수당 계산의 기초가 되는 사항, 임금액, 그 밖에 대통령령으로 정하는 사항을 임금을 지급할 때마다 적어야 한다.

해설

① (○) 사용자가 근로자에게 지급하는 금품이 임금에 해당하려면 먼저 그 금품이 근로의 대상으로 지급되는 것이어야 하므로 비록 금품이 계속적·정기적으로 지급된 것이라 하더라도 그것이 근로의 대상으로 지급된 것으로 볼 수 없다면 임금에 해당한다고 할 수 없다. 여기서 어떤 금품이 근로의 대상으로 지급된 것이냐를 판단함에 있어서는 금품지급의무의 발생이 근로제공과 직접적으로 관련되거나 그것과 밀접하게 관련된 것으로 볼 수 있어야 한다. 사용자가 선택적 복지제도를 시행하면서 직원 전용 온라인 쇼핑사이트에서 물품을 구매하는 방식 등으로 사용할 수 있는 복지포인트를 단체협약, 취업규칙 등에 근거하여 근로자들에게 계속적·정기적으로 배정한 경우라고 하더라도, 이러한 복지포인트는 근로기준법에서 말하는 임금에 해당하지 않고, 그 결과 통상임금에도 해당하지 않는다(대판 2019.8.22. 2016다48785[전합]).

유사판례

피고 회사는 직원들의 복리후생을 위하여 매년 모든 직원들에게 1,000,000원 상당의 복리후생포인트(7월 1일 기준 연간 1,000,000포인트 부여, 1포인트 = 1원)를 지급하였고, 직원들은 이와 같이 지급받은 복리후생포인트를 피고 회사의 직원 전용 온라인 쇼핑사이트인 선택적 복리후생 G 복지포탈 사이트 등에서 물품을 구매하는 방식 등으로 사용하여 온 사실을 알 수 있다. 이를 앞서 본 법리에 비추어 살펴보면, 선택적 복지제도에 기초한 이 사건 복리후생포인트는 근로기준법에서 말하는 임금이라고 할 수 없다(대판 2019.9.10. 2015다30886).

② (×) 근로기준법 제43조 제1항에서 임금직접지급의 원칙을 규정하는 한편 동법 제109조에서 그에 위반하는 자는 처벌을 하도록 하는 규정을 두어 그 이행을 강제하고 있는 취지가 임금이 확실하게 근로자 본인의 수중에 들어가게 하여 그의 자유로운 처분에 맡기고 나아가 근로자의 생활을 보호하고자 하는데 있는 점에 비추어 보면 근로자가 그 임금채권을 양도한 경우라 할지라도 그 임금의 지급에 관하여는 같은 원칙이 적용되어 사용자는 직접 근로자에게 임금을 지급하지 아니하면 안되는 것이고 그 결과 비록 양수인이라고 할지라도 스스로 사용자에 대하여 임금의 지급을 청구할 수는 없다(대판 1988.12.13. 87다카2803[전합]).

③ (○) 대판 2011.6.9. 2010다50236

④ (○) 근기법 제48조 제1항

답 ❷

016 □□□ **근로기준법상 임금에 대한 설명 중 옳지 않은 것은?(다툼이 있는 경우 판례에 의함)**

22 국가직 7급

① 임금은 통화로 직접 근로자에게 그 전액을 지급하여야 하지만, 법령 또는 단체협약에 특별한 규정이 있는 경우에는 임금의 일부를 공제하거나 통화 이외의 것으로 지급할 수 있다.

② 사용자가 전차금이나 그 밖에 근로할 것을 조건으로 하는 전대채권과 임금을 상계하는 경우 500만원 이하의 과태료를 부과하는 대상이 되나, 그 상계의 사법상의 효력은 유효하다.

③ 사용자는 근로자가 출산, 질병, 재해, 그 밖에 대통령령으로 정하는 비상한 경우의 비용에 충당하기 위하여 임금 지급을 청구하면 지급기일 전이라도 이미 제공한 근로에 대한 임금을 지급하여야 한다.

④ 이미 구체적으로 그 지급청구권이 발생한 임금은 노동조합이 근로자들로부터 개별적인 동의나 수권을 받지 않는 이상, 사용자와 사이의 단체협약만으로 이에 대한 포기나 지급유예와 같은 처분행위를 할 수는 없다.

해설

① (○) 근기법 제43조 제1항

② (×) 사용자가 전차금이나 그 밖에 근로할 것을 조건으로 하는 전대채권과 임금을 상계하는 경우, 500만원 이하의 벌금에 처하여 지게 되고, 상계의 사법상 효력은 무효가 되므로 사용자는 근로자에게 본래의 임금 전액을 지급하여야 한다.

③ (○) 근기법 제45조

④ (○) 이미 구체적으로 그 지급청구권이 발생한 임금이나 퇴직금은 근로자의 사적재산영역으로 옮겨져 근로자의 처분에 맡겨진 것이기 때문에 노동조합이 근로자들로부터 개별적인 동의나 수권을 받지 않는 이상, 사용자와 사이의 단체협약만으로 이에 대한 포기나 지급유예와 같은 처분행위를 할 수는 없다(대판 2020.1.16. 2019다223129).

 ❷

제5절 휴업수당

017 □□□ 상시 5명 이상의 근로자를 사용하는 사업장의 휴업수당 지급과 관련하여 근로기준법령에 위반하지 않은 것을 모두 고른 것은? 20 노무

ㄱ. 사용자 A의 휴업에 귀책사유가 있어 평균임금의 100분의 80에 해당하는 금액을 휴업수당으로 지급하였다.
ㄴ. 사용자 B의 휴업에 귀책사유가 없어 휴업수당을 지급하지 아니하였다.
ㄷ. 사용자 C의 휴업에 귀책사유가 있는데 평균임금의 100분의 70에 해당하는 금액이 통상임금을 초과하므로 통상임금을 휴업수당으로 지급하였다.

① ㄱ
② ㄴ
③ ㄱ, ㄷ
④ ㄴ, ㄷ
⑤ ㄱ, ㄴ, ㄷ

해설

사용자의 귀책사유로 휴업하는 경우에 사용자는 휴업기간 동안 그 근로자에게 평균임금의 100분의 70 이상의 수당을 지급하여야 한다. 다만, 평균임금의 100분의 70에 해당하는 금액이 통상임금을 초과하는 경우에는 통상임금을 휴업수당으로 지급할 수 있다(근기법 제46조 제1항).

답 ⑤

제6절 임금채권의 보호

018 근로기준법령상 임금명세서의 기재사항으로 명시된 것을 모두 고른 것? 22 노무

□□□

ㄱ. 임금 총액
ㄴ. 임금지급일
ㄷ. 고용 연월일
ㄹ. 종사하는 업무

① ㄱ, ㄴ
② ㄷ, ㄹ
③ ㄱ, ㄴ, ㄹ
④ ㄴ, ㄷ, ㄹ
⑤ ㄱ, ㄴ, ㄷ, ㄹ

해설

ㄱ. 임금 총액, ㄴ. 임금지급일이 근기법 제48조 제2항, 동법 시행령 제27조의2에서 정한 임금명세서의 기재사항에 해당한다.

임금대장 및 임금명세서(근기법 제48조)

① 사용자는 각 사업장별로 임금대장을 작성하고 임금과 가족수당 계산의 기초가 되는 사항, 임금액, 그 밖에 대통령령으로 정하는 사항을 임금을 지급할 때마다 적어야 한다.
② 사용자는 임금을 지급하는 때에는 근로자에게 임금의 구성항목·계산방법, 제43조 제1항 단서에 따라 임금의 일부를 공제한 경우의 내역 등 대통령령으로 정하는 사항을 적은 임금명세서를 서면(전자문서를 포함)으로 교부하여야 한다.

임금명세서의 기재사항(근기법 시행령 제27조의2)

사용자는 법 제48조 제2항에 따른 임금명세서에 다음 각 호의 사항을 적어야 한다.

1. 근로자의 성명, 생년월일, 사원번호 등 근로자를 특정할 수 있는 정보
2. 임금지급일
3. 임금 총액
4. 기본급, 각종 수당, 상여금, 성과금, 그 밖의 임금의 구성항목별 금액(통화 이외의 것으로 지급된 임금이 있는 경우에는 그 품명 및 수량과 평가총액)
5. 임금의 구성항목별 금액이 출근일수·시간 등에 따라 달라지는 경우에는 임금의 구성항목별 금액의 계산방법(연장근로, 야간근로 또는 휴일근로의 경우에는 그 시간 수를 포함)
6. 법 제43조 제1항 단서에 따라 임금의 일부를 공제한 경우에는 임금의 공제 항목별 금액과 총액 등 공제내역

답 ❶

019 □□□ **근로기준법령상 체불사업주 명단공개 등에 관한 설명으로 옳은 것은?** 21 노무

① 고용노동부장관은 체불사업주가 명단공개 기준일 이전 1년 이내 임금등의 체불총액이 2천만원 이상인 경우에는 그 인적사항을 공개하여야 한다.

② 체불사업주의 인적사항 등에 대한 공개 여부를 심의하기 위하여 고용노동부에 임금체불정보심의위원회를 둔다.

③ 고용노동부장관이 체불사업주 명단을 공개할 경우, 체불사업주가 법인이라면 그 대표자의 성명・나이는 명단공개의 내용에 포함되지 않는다.

④ 고용노동부장관은 체불사업주 명단을 공개할 경우에 체불사업주에게 1개월간 소명기회를 주어야 한다.

⑤ 임금등 체불자료를 받은 종합신용정보집중기관은 이를 체불사업주의 신용도・신용거래능력 판단과 관련한 업무 외의 목적으로 이용할 수 있다.

해설

① (×) 고용노동부장관은 임금, 보상금, 수당, 그 밖의 모든 금품(이하 "임금등")을 지급하지 아니한 사업주(법인인 경우에는 그 대표자를 포함한다. 이하 "체불사업주")가 명단공개 기준일 이전 3년 이내 임금등을 체불하여 2회 이상 유죄가 확정된 자로서 명단공개 기준일 이전 1년 이내 임금등의 체불총액이 3천만원 이상인 경우에는 그 인적사항 등을 공개할 수 있다(근기법 제43조의2 제1항 본문).

② (○) 근기법 제43조의2 제3항 전문

③ (×) 고용노동부장관이 체불사업주 명단을 공개할 경우, 체불사업주가 법인이라면 그 대표자의 성명・나이・상호・주소 및 법인의 명칭・주소를 포함한다(근기법 시행령 제23조의3 제1항).

④ (×) 고용노동부장관은 명단공개를 할 경우에 체불사업주에게 3개월 이상의 기간을 정하여 소명기회를 주어야 한다(근기법 제43조의2 제2항).

⑤ (×) 임금등 체불자료를 받은 종합신용정보집중기관은 이를 체불사업주의 신용도・신용거래능력 판단과 관련한 업무 외의 목적으로 이용하거나 누설하여서는 아니 된다(근기법 제43조의3 제2항).

답 ❷

020 □□□ **근로기준법령상 임금에 관한 설명으로 옳지 않은 것은?** 14 노무

① 사용자는 각 사업장별로 임금대장을 작성하고 임금과 가족수당 계산의 기초가 되는 사항, 임금액, 그 밖에 대통령령으로 정하는 사항을 임금을 지급할 때마다 적어야 한다.

② 고용노동부장관은 체불사업주의 명단을 공개할 경우에 해당 체불사업주에게 3개월 이상의 기간을 정하여 소명기회를 주어야 한다.

③ 일용근로자의 통상임금은 고용노동부장관이 사업이나 직업에 따라 근로시간을 고려하여 정하는 금액으로 한다.

④ 사용자는 도급으로 사용하는 근로자에게 근로시간에 따라 일정액의 임금을 보장하여야 한다.

⑤ 근로기준법에 따른 임금채권은 3년간 행사하지 아니하면 시효로 소멸한다.

해설

① (○) 근기법 제48조 제1항

② (○) 근기법 제43조의2 제2항

③ (×) 일용근로자의 평균임금은 고용노동부장관이 사업이나 직업에 따라 정하는 금액으로 한다(근기법 시행령 제3조).

④ (○) 사용자는 도급이나 그 밖에 이에 준하는 제도로 사용하는 근로자에게 근로시간에 따라 일정액의 임금을 보장하여야 한다(근기법 제47조).

⑤ (○) 근기법 제49조

답 ❸

021 근로기준법상 임금에 관한 설명 중 옳지 않은 것은? 15 사시

ㄱ. 임금이란 사용자가 근로의 대가로 근로자에게 임금, 봉급, 그 밖에 어떠한 명칭으로든지 지급하는 일체의 금품을 말한다.
ㄴ. 평균임금이란 이를 산정하여야 할 사유가 발생한 날 이전 1개월 동안에 그 근로자에게 지급된 임금의 총액을 그 기간의 총일수로 나눈 금액을 말한다. 근로자가 취업한 후 1개월 미만인 경우도 이에 준한다.
ㄷ. 사용자는 근로자가 퇴직한 경우에는 퇴직일로부터 10일 이내에 임금을 지급하여야 한다.
ㄹ. 사용자는 근로자가 출산 비용에 충당하기 위하여 임금 지급을 청구하면 지급기일 전이라도 이미 제공한 근로에 대한 임금을 지급하여야 한다.

① ㄱ ② ㄹ
③ ㄱ, ㄴ ④ ㄴ, ㄷ
⑤ ㄴ, ㄷ, ㄹ

해설

ㄱ. (○) 근기법 제2조 제1항 제5호
ㄴ. (×) 평균임금이란 이를 산정하여야 할 사유가 발생한 날 이전 3개월 동안에 그 근로자에게 지급된 임금의 총액을 그 기간의 총일수로 나눈 금액을 말한다. 근로자가 취업한 후 3개월 미만인 경우도 이에 준한다(근기법 제2조 제1항 제6호).
ㄷ. (×) 사용자는 근로자가 사망 또는 퇴직한 경우에는 그 지급사유가 발생한 때부터 14일 이내에 임금, 보상금, 그 밖의 모든 금품을 지급하여야 한다. 다만, 특별한 사정이 있을 경우에는 당사자 사이의 합의에 의하여 기일을 연장할 수 있다(근기법 제36조).
ㄹ. (○) 사용자는 근로자가 출산, 질병, 재해, 그 밖에 대통령령으로 정하는 비상(非常)한 경우의 비용에 충당하기 위하여 임금 지급을 청구하면 지급기일 전이라도 이미 제공한 근로에 대한 임금을 지급하여야 한다(근기법 제45조).

답 ❹

022 □□□ 금품청산에 관한 설명 중 옳지 않은 것은? 14 사시

① 사용자는 원칙적으로 금품청산의 지급사유가 발생한 때부터 14일 이내에 금품을 지급하여야 한다.
② 청산되어야 할 금품은 임금, 보상금, 그 밖에 일체의 금품이다.
③ 특별한 사정이 있는 경우에는 당사자 사이의 합의에 의하여 기일을 연장할 수 있다.
④ 당사자 사이의 합의에 의하여 기일을 연장할 경우 3개월을 초과하지 못한다.
⑤ 금품청산의무를 위반한 자에 대하여는 피해자의 명시적인 의사와 다르게 공소를 제기할 수 없다.

해설

① (○) · ② (○) · ③ (○) 사용자는 근로자가 사망 또는 퇴직한 경우에는 그 지급사유가 발생한 때부터 14일 이내에❶ 임금, 보상금, 그 밖의 모든 금품을❷ 지급하여야 한다. 다만, 특별한 사정이 있을 경우에는 당사자 사이의 합의에 의하여 기일을 연장할 수 있다❸(근기법 제36조).

④ (×) 근기법 제36조는 당사자 사이의 합의에 의하여 기일을 연장할 경우, 그 연장 기간에 대하여는 규정하고 있지 아니하다.

⑤ (○) 금품청산의무를 위반한 자에 대하여 피해자가 처벌을 희망하지 않는다는 의사를 명백히 한 때에는 공소를 제기할 수 없다(근기법 제109조 제2항, 제36조). 반의사불벌죄는 원칙적으로 공소제기가 가능하나 피해자가 처벌을 원하지 않는다는 의사를 명백하게 한 경우에는 소추가 불가능한 범죄를 말한다. 임금에 관련된 죄는 피해자가 처벌을 희망하지 않는다는 의사를 명백히 한 때에는 처벌할 수 없는 반의사불벌죄에 해당한다(근기법 제109조 제2항).

답 ❹

023 □□□ 甲은 乙을 비롯한 종업원 10명을 7개월간 고용하여 사업을 경영하다가 2017.1.1. 폐업하였고 동시에 乙등과의 근로계약도 종료되었다. 폐업당시 甲의 재산으로는 경기도 용인시에 있는 80m^2 토지가 유일하였고, 위 토지에는 이미 2016.1.1. 丙을 저당권자로 하는 피담보채권 1억원의 저당권설정등기가 마쳐져 있었다. 甲이 폐업하자 丙의 임의 경매 신청으로 위 토지는 매각되었고 배당할 금액은 2억 1,000만원이 되었다. 한편 경매절차에서는 대한민국이 국세 2,000만원의 배당신청(교부청구)을 하였다. 乙등의 임금은 채용 시부터 폐업 시까지 매월 각 400만원이었고 乙등은 근무기간 동안 임금을 전혀 지급받지 못하였다. 위 경매절차에 참여한 乙을 비롯한 종업원 10명이 배당받을 수 있는 총금액은 얼마인가? 07 사시수정

① 8,000만원
② 1억원
③ 1억 2,000만원
④ 1억 4,000만원
⑤ 배당받을 수 없다.

해설

1순위 : 최종 3개월분의 임금(乙등 종업원 10명) 400만원×3개월×10명 = 1억 2,000만원
2순위 : 대한민국 국세 2,000만원
3순위 : 丙의 피담보채권 7,000만원

답 ❸

024 근로기준법상 임금채권에 관한 설명으로 옳지 않은 것은? 12 사시

□□□

① 사용자가 제3자에게 처분한 재산은 원칙적으로 임금채권 우선변제의 대상이 되는 사용자의 총재산에 포함되지 아니한다.

② 사용자가 소유권을 취득하기 전에 설정된 저당권에 따라 담보되는 채권에 대해서는 근로자의 임금채권이 우선할 수 없다.

③ 최종 3개월분의 임금은 사용자의 총재산에 대해서 질권 또는 저당권에 따라 담보되는 채권보다 우선하여 변제된다.

④ 해고무효확인의 소를 제기한 경우에 당해 근로관계에서 발생된 임금채권의 소멸시효는 중단된다.

⑤ 주식회사 대표이사의 개인재산은 임금채권 우선변제의 대상이 되는 사용자의 총재산에 포함된다.

해설

① (O) · ② (O) [1] 근로기준법 제38조 제2항은 근로자의 최저생활을 보장하고자 하는 공익적 요청에서 일반 담보물권의 효력을 일부 제한하고 임금채권의 우선변제권을 규정한 것으로서 그 규정의 취지는 최종 3월분의 임금 등에 관한 채권은 다른 채권과 동시에 사용자의 동일재산으로부터 경합하여 변제받는 경우에 그 성립의 선후나 질권이나 저당권의 설정 여부에 관계없이 우선적으로 변제받을 수 있는 권리가 있음을 밝힌 것일 뿐, 나아가 사용자의 특정재산에 대한 배타적 지배권을 본질로 하는 추급효까지 인정한 것은 아니므로, 사용자의 재산이 제3자에게 양도된 경우에 있어서는 양도인인 사용자에 대한 임금 등 채권의 우선권은 이 재산에 대하여는 더 이상 추구될 수 없고, 양수인의 양수재산에 대하여까지 우선권을 인정할 수는 없다.❶

[2] 사용자가 재산을 취득하기 전에 설정된 담보권에 대하여까지 [1]의 임금채권의 우선변제권을 인정할 수도 없다❷ (대판 1994.1.11. 93다30938).

> **비교판례**
>
> 근로기준법 제38조 제2항은 근로자의 최저생활을 보장하고자 하는 공익적 요청에서 일반 담보물권의 효력을 일부 제한하고 최종 3개월분의 임금과 재해보상금에 해당하는 채권의 우선변제권을 규정한 것이므로, 합리적 이유나 근거 없이 적용 대상을 축소하거나 제한하는 것은 허용되지 않는다. 그런데 근로기준법 제38조 제2항은 최종 3개월분의 임금 채권이 같은 조 제1항에도 불구하고 사용자의 총재산에 대하여 질권 또는 저당권에 따라 담보된 채권에 우선하여 변제되어야 한다고 규정하고 있을 뿐, 사용자가 사용자 지위를 취득하기 전에 설정한 질권 또는 저당권에 따라 담보된 채권에는 우선하여 변제받을 수 없는 것으로 규정하고 있지 않으므로, 최종 3개월분의 임금 채권은 사용자의 총재산에 대하여 사용자가 사용자 지위를 취득하기 전에 설정한 질권 또는 저당권에 따라 담보된 채권에도 우선하여 변제되어야 한다(대판 2011.12.8. 2011다68777).

③ (O) 최종 3개월분의 임금은 사용자의 총재산에 대하여 질권 · 저당권 또는 동산 · 채권 등의 담보에 관한 법률에 따른 담보권에 따라 담보된 채권, 조세 · 공과금 및 다른 채권에 우선하여 변제되어야 한다(근기법 제38조 제2항).

④ (O) 당해 근로관계에서 발생된 임금채권의 소멸시효는 종전 해고무효확인의 소로 중단된다고 보아야 한다. 판례도 같은 취지에서 교직원의 학교법인을 상대로 한 의원면직처분무효확인청구의 소도 교직원의 학교법인에 대한 급여청구의 한 실현수단이 될 수 있어 소멸시효의 중단사유로서의 재판상 청구에 해당한다고(대판 1994.5.10. 93다21606) 한다.

⑤ (×) 임금채권을 변제할 사용자의 총재산이란 사업주 소유의 총재산을 말한다. 즉 법인의 경우에는 법인 자체의 재산이 이에 해당하나, 사업경영담당자(주식회사의 대표이사)등의 개인재산은 제외된다(대판 1996.2.9. 95다719).

답 ❺

025 근로기준법령상 임금에 대한 설명으로 옳지 않은 것은? 22 국가직 9급

□□□

① 사용자는 임금을 지급하는 때에는 근로자에게 임금명세서를 서면으로 교부하여야 하며, 이 경우 그 서면에는 전자문서 및 전자거래 기본법 제2조 제1호에 따른 전자문서가 포함되지 아니한다.
② 사용자는 도급으로 사용하는 근로자에게 근로시간에 따라 일정액의 임금을 보장하여야 한다.
③ 사용자는 근로자가 혼인한 경우에 그 비용에 충당하기 위하여 임금 지급을 청구하면 지급기일 전이라도 이미 제공한 근로에 대한 임금을 지급하여야 한다.
④ 최종 3개월분의 임금은 사용자의 총재산에 대하여 질권・저당권 또는 동산 채권 등의 담보에 관한 법률에 따른 담보권에 따라 담보된 채권, 조세 공과금 및 다른 채권에 우선하여 변제되어야 한다.

해설

① (×) 사용자는 임금을 지급하는 때에는 근로자에게 임금의 구성항목・계산방법, 제43조 제1항 단서에 따라 임금의 일부를 공제한 경우의 내역 등 대통령령으로 정하는 사항을 적은 임금명세서를 서면(전자문서 및 전자거래 기본법 제2조 제1호에 따른 전자문서를 포함)으로 교부하여야 한다(근기법 제48조 제2항).
② (○) 사용자는 도급이나 그 밖에 이에 준하는 제도로 사용하는 근로자에게 근로시간에 따라 일정액의 임금을 보장하여야 한다(근기법 제47조).
③ (○) 근기법 제45조, 동법 시행령 제25조 제2호 참조

> **비상시 지급(근기법 제45조)**
> 사용자는 근로자가 출산, 질병, 재해, 그 밖에 대통령령으로 정하는 비상(非常)한 경우의 비용에 충당하기 위하여 임금 지급을 청구하면 지급기일 전이라도 이미 제공한 근로에 대한 임금을 지급하여야 한다.
>
> **지급기일 전의 임금 지급(근기법 시행령 제25조)**
> 법 제45조에서 "그 밖에 대통령령으로 정한 비상(非常)한 경우"란 근로자나 그의 수입으로 생계를 유지하는 자가 다음 각 호의 어느 하나에 해당하게 되는 경우를 말한다.
> 2. 혼인 또는 사망한 경우

④ (○) 근기법 제38조 제2항 제1호

답 ❶

026 근로기준법상 사용자의 금품 청산과 임금채권의 소멸시효에 대한 규정의 내용이다. ( )에 들어갈 숫자를 바르게 연결한 것은? 21 국가직 9급

□□□

> • 사용자는 근로자가 사망 또는 퇴직한 경우에는 그 지급사유가 발생한 때부터 (ㄱ)일 이내에 임금, 보상금, 그 밖의 일체의 금품을 지급하여야 한다(근기법 제36조).
> • 근로기준법에 따른 임금채권은 (ㄴ)년간 행사하지 아니하면 시효로 소멸한다(근기법 제49조).

① ㄱ : 14, ㄴ : 1
② ㄱ : 14, ㄴ : 3
③ ㄱ : 30, ㄴ : 1
④ ㄱ : 30, ㄴ : 3

해설

• 사용자는 근로자가 사망 또는 퇴직한 경우에는 그 지급사유가 발생한 때부터 14일 이내에 임금, 보상금, 그 밖의 모든 금품을 지급하여야 한다. 다만, 특별한 사정이 있을 경우에는 당사자 사이의 합의에 의하여 기일을 연장할 수 있다(근기법 제36조).
• 이 법에 따른 임금채권은 3년간 행사하지 아니하면 시효로 소멸한다(근기법 제49조).

답 ❷

027 근로기준법령상 임금 등에 대한 설명으로 옳지 않은 것은? 22 국가직 9급

□□□

① 사용자는 근로자가 퇴직한 경우에는 그 지급사유가 발생한 때부터 14일 이내에 임금, 보상금, 그 밖의 모든 금품을 지급하여야 하지만, 특별한 사정이 있을 경우에는 당사자 사이의 합의에 의하여 기일을 연장할 수 있다.

② 1개월을 초과하는 기간의 출근 성적에 따라 지급하는 정근수당은 매월 1회 이상 일정한 날짜를 정하여 지급하지 않을 수 있다.

③ 평균임금이란 근로자에게 정기적이고 일률적으로 소정근로 또는 총 근로에 대하여 지급하기로 정한 시간급 금액, 일급 금액, 주급 금액, 월급 금액 또는 도급 금액을 말한다.

④ 임금은 통화로 직접 근로자에게 그 전액을 지급하여야 하나, 법령 또는 단체협약에 특별한 규정이 있는 경우에는 임금의 일부를 공제하거나 통화 이외의 것으로 지급할 수 있다.

해설

① (O) 근기법 제36조

② (O) 근기법 제43조 제2항, 동법 시행령 제23조 참조

임금 지급(근기법 제43조)

② 임금은 매월 1회 이상 일정한 날짜를 정하여 지급하여야 한다. 다만, 임시로 지급하는 임금, 수당, 그 밖에 이에 준하는 것 또는 대통령령으로 정하는 임금에 대하여는 그러하지 아니하다.

매월 1회 이상 지급하여야 할 임금의 예외(근기법 시행령 제23조)

법 제43조 제2항 단서에서 "임시로 지급하는 임금, 수당, 그 밖에 이에 준하는 것 또는 대통령령으로 정하는 임금"이란 다음 각 호의 것을 말한다.

1. 1개월을 초과하는 기간의 출근 성적에 따라 지급하는 정근수당
2. 1개월을 초과하는 일정 기간을 계속하여 근무한 경우에 지급되는 근속수당
3. 1개월을 초과하는 기간에 걸친 사유에 따라 산정되는 장려금, 능률수당 또는 상여금
4. 그 밖에 부정기적으로 지급되는 모든 수당

③ (×) 근기법과 동법 시행령에서 "통상임금"이란 근로자에게 정기적이고 일률적으로 소정(所定)근로 또는 총 근로에 대하여 지급하기로 정한 시간급 금액, 일급 금액, 주급 금액, 월급 금액 또는 도급 금액을 말한다(근기법 시행령 제6조 제1항).

④ (O) 근기법 제43조 제1항

답 ❸

028 근로기준법령상 임금에 대한 설명으로 옳은 것만을 모두 고르면?(다툼이 있는 경우 판례에 의함)

□□□

23 국가직 9급

> ㄱ. 사용자는 도급이나 그 밖에 이에 준하는 제도로 사용하는 근로자에게 근로성과에 따라 일정액의 임금을 보장하여야 한다.
> ㄴ. 임금은 매월 1회 이상 일정한 날짜를 정하여 지급하여야 한다. 다만, 1개월을 초과하는 기간에 걸친 사유에 따라 산정되는 능률수당은 그러하지 아니하다.
> ㄷ. 고용노동부장관은 체불사업주가 명단 공개 기준일 이전 3년 이내 임금등을 체불하여 2회 이상 유죄가 확정된 자로서 명단 공개 기준일 이전 1년 이내 임금등의 체불총액이 2천만원 이상인 경우에는 체불사업주가 사망한 경우에도 그 인적사항 등을 공개할 수 있다.
> ㄹ. 단체협약이나 취업규칙 등에 휴직자나 복직자 또는 징계대상자 등에 대하여 특정 임금에 대한 지급 제한사유를 규정하고 있다 하더라도, 그러한 사정을 들어 정상적인 근로관계를 유지하는 근로자에 대하여 그 임금 지급의 일률성을 부정할 것은 아니다.

① ㄱ, ㄴ
② ㄱ, ㄷ
③ ㄴ, ㄹ
④ ㄷ, ㄹ

해설

ㄱ. (×) 사용자는 도급이나 그 밖에 이에 준하는 제도로 사용하는 근로자에게 근로시간에 따라 일정액의 임금을 보장하여야 한다(근기법 제47조).

ㄴ. (○) 근기법 제43조 제2항, 동법 시행령 제23조 참조

ㄷ. (×) 고용노동부장관은 임금, 보상금, 수당, 그 밖의 모든 금품(이하 "임금등")을 지급하지 아니한 사업주(법인인 경우에는 그 대표자를 포함. 이하 "체불사업주")가 명단 공개 기준일 이전 3년 이내 임금등을 체불하여 2회 이상 유죄가 확정된 자로서 명단 공개 기준일 이전 1년 이내 임금등의 체불총액이 3천만원 이상인 경우에는 그 인적사항 등을 공개할 수 있다. 다만, 체불사업주의 사망・폐업으로 명단 공개의 실효성이 없는 경우 등 대통령령으로 정하는 사유가 있는 경우에는 그러하지 아니하다(근기법 제43조의2 제1항).

ㄹ. (○) 단체협약이나 취업규칙 등에 휴직자나 복직자 또는 징계대상자 등에 대하여 특정 임금에 대한 지급 제한사유를 규정하고 있다 하더라도, 이는 해당 근로자의 개인적인 특수성을 고려하여 임금 지급을 제한하고 있는 것에 불과하므로, 그러한 사정만을 들어 정상적인 근로관계를 유지하는 근로자에 대하여 그 임금이 고정적 임금에 해당하지 않는다고 할 수는 없다(대판 2019.8.14. 2016다9704).

여객자동차운수업을 영위하는 갑 주식회사 등에서 운전기사로 근무한 을 등이 월간 근무일수 15일(만근일)을 초과하는 근로일이 휴일임을 전제로 만근 초과 근로일의 1일 15시간 근로 중 8시간을 넘는 7시간 부분에 대해 휴일근로에 따른 가산수당의 지급을 구한 사안에서, 제반 사정에 비추어 갑 회사 등의 사업장에서는 만근 초과 근로일을 '휴일'로 정하고 있다고 보이므로 을 등의 만근 초과 근로일 근로는 근로기준법상 가산수당이 지급되어야 하는 휴일의 근로라고 보아야 하는데도, 이와 달리 본 원심판결에 법리오해 등의 잘못이 있다고 한 사례(대판 2019.8.14. 2016다9704).

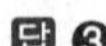

답 ③

CHAPTER

05 근로시간

제1절 근로시간의 개념과 산정

001 **근로기준법에 규정된 내용으로 옳지 않은 것은?** 16 노무

□□□

① 소정근로시간이란 근로기준법 제50조, 제69조 본문에 따른 근로시간의 범위에서 근로자와 사용자 사이에 정한 근로시간을 말한다.

② 사용자는 계속하여 근로한 기간이 1년 미만인 근로자에게 1개월간 80% 이상 출근 시 1일의 유급휴가를 주어야 한다.

③ 야간근로는 오후 10시부터 오전 6시까지 사이의 근로를 말한다.

④ 단시간근로자란 1주 동안의 소정근로시간이 그 사업장에서 같은 종류의 업무에 종사하는 통상근로자의 1주 동안의 소정근로시간에 비하여 짧은 근로자를 말한다.

⑤ 근로시간을 산정하는 경우 작업을 위하여 근로자가 사용자의 지휘·감독 아래에 있는 대기시간 등은 근로시간으로 본다.

해설

① (O) 근기법 제2조 제1항 제8호

② (×) 사용자는 계속하여 근로한 기간이 1년 미만인 근로자 또는 1년간 80% 미만 출근한 근로자에게 1개월 개근 시 1일의 유급휴가를 주어야 한다(근기법 제60조 제2항).

③ (O) 근기법 제56조 제3항

④ (O) 근기법 제2조 제1항 제9호

⑤ (O) 근기법 제50조 제3항

답 ❷

002 근로기준법상 근로시간 및 휴게시간의 특례사업이 아닌 것은? 19 노무

□□□

① 보건업
② 항공운송업
③ 수상운송업
④ 육상운송 및 파이프라인운송업
⑤ 노선(路線) 여객자동차운송사업

해설

① (○), ② (○), ③ (○), ④ (○), ⑤ (×)
노선(路線) 여객자동차운송사업은 근기법 제59조 제1항 제1호 단서에 의하여 근로시간 및 휴게시간의 특례사업에서 제외된다.

근로시간 및 휴게시간의 특례(근기법 제59조)

① 통계법 제22조 제1항에 따라 통계청장이 고시하는 산업에 관한 표준의 중분류 또는 소분류 중 다음 각 호의 어느 하나에 해당하는 사업에 대하여 사용자가 근로자대표와 서면으로 합의한 경우에는 제53조 제1항에 따른 주(週) 12시간을 초과하여 연장근로를 하게 하거나 제54조에 따른 휴게시간을 변경할 수 있다.
1. 육상운송 및 파이프라인운송업. 다만, 여객자동차 운수사업 제3조 제1항 제1호에 따른 노선(路線) 여객자동차 운송사업은 제외한다.
2. 수상운송업
3. 항공운송업
4. 기타 운송 관련 서비스업
5. 보건업

② 제1항의 경우 사용자는 근로일 종료 후 다음 근로일 개시 전까지 근로자에게 연속하여 11시간 이상의 휴식 시간을 주어야 한다.

답 ❺

003 □□□ **근로기준법상 통계법에 따라 통계청장이 고시하는 산업에 관한 표준의 중분류 또는 소분류 중 수상운송업에 대하여 사용자가 근로자대표와 서면으로 합의하는 경우에 대한 설명으로 옳은 것만을 모두 고르면?** 19 국가직 7급

ㄱ. 주(週) 12시간을 초과하여 연장근로를 하게 할 수 있다.
ㄴ. 휴게시간을 변경할 수 없다.
ㄷ. 근로일 종료 후 다음 근로일 개시 전까지 근로자에게 연속하여 10시간 이상의 휴식 시간을 주어야 한다.

① ㄱ
② ㄱ, ㄴ
③ ㄴ, ㄷ
④ ㄱ, ㄴ, ㄷ

해설

특례연장근로의 경우(근기법 제59조) 사용자가 근로자대표와 서면으로 합의한 경우에 주(週) 12시간을 초과하여 연장근로를 하게 하거나 휴게시간을 변경할 수 있다. 이때 사용자는 근로일 종료 후 다음 근로일 개시 전까지 근로자에게 연속하여 11시간 이상의 휴식 시간을 주어야 한다.

답 ❶

004 □□□ **근로기준법상 근로시간과 휴식에 대한 설명으로 옳지 않은 것은?** 20 국가직 7급

① 통계법 제22조 제1항에 따라 통계청장이 고시하는 산업에 관한 표준의 중분류 또는 소분류 중 보건업에 있어 사용자가 근로자대표와 서면으로 합의한 경우에는 주 12시간을 초과하여 연장근로를 하게 할 수 있다.
② 사용자가 3개월 이내의 탄력적 근로시간제를 실시할 경우에 특정한 주의 근로시간은 52시간을, 특정한 날의 근로시간은 12시간을 초과할 수 없다.
③ 감시 또는 단속적으로 근로에 종사하는 사람으로서 사용자가 고용노동부장관의 승인을 받은 사람에 해당하는 근로자에 대하여는 휴일에 관한 규정을 적용하지 아니한다.
④ 사용자는 개별근로자와의 서면 합의에 따라 연장근로·야간 근로 및 휴일근로에 대하여 임금을 지급하는 것을 갈음하여 휴가를 줄 수 있다.

해설

① (O) 통계법에 따라 통계청장이 고시하는 산업에 관한 표준의 중분류 또는 소분류 중 보건업에 대하여 사용자가 근로자대표와 서면으로 합의한 경우에는 주(週) 12시간을 초과하여 연장근로를 하게 하거나 휴게시간을 변경할 수 있다(근기법 제59조 제1항).
② (O) 사용자는 근로자대표와의 서면 합의에 따라 3개월 이내의 단위기간을 평균하여 1주간의 근로시간이 40시간을 초과하지 아니하는 범위에서 특정한 주에 40시간을, 특정한 날에 8시간을 초과하여 근로하게 할 수 있다. 다만, 특정한 주의 근로시간은 52시간을, 특정한 날의 근로시간은 12시간을 초과할 수 없다(근기법 제51조 제2항).
③ (O) 감시(監視) 또는 단속적(斷續的)으로 근로에 종사하는 사람으로서 사용자가 고용노동부장관의 승인을 받은 근로자에 대하여는 근로시간, 휴게와 휴일에 관한 규정은 적용하지 아니한다(근기법 제63조 제3호).
④ (×) 사용자는 근로자대표와의 서면 합의에 따라 연장근로·야간근로 및 휴일근로 등에 대하여 임금을 지급하는 것을 갈음하여 휴가를 줄 수 있다(근기법 제57조).

답 ❹

005 □□□ **근로기준법 제59조에 따르면, 통계법 제22조 제1항에 따라 통계청장이 고시하는 산업에 관한 표준의 중분류 또는 소분류 중 보건업에 대하여 사용자가 주 12시간을 초과하여 연장근로를 하게 하거나 휴게시간을 변경할 수 있다. 이 경우 절차상 필요한 것은?** 20 국가직 9급

① 근로자대표와의 서면 합의
② 취업규칙의 근거 규정
③ 고용노동부장관의 인가
④ 근로계약에 명시

해설

특례연장근로의 경우(근기법 제59조) 사용자가 동조에서 정한 사업에 대하여 주(週) 12시간을 초과하여 연장근로를 하게 하거나 휴게시간을 변경하려면 근로자대표와 서면으로 합의하여야 한다.

답 ❶

006 □□□ **밑줄 친 '사업'에 해당하지 않는 것은?** 22 국가직 9급

> 근로기준법은 통계법 제22조 제1항에 따라 통계청장이 고시하는 산업에 관한 표준의 중분류 또는 소분류 중 어느 하나에 해당하는 사업에 대하여 사용자가 근로자대표와 서면으로 합의한 경우에는 근로기준법 제54조에 따른 휴게시간을 변경할 수 있다고 규정하고 있다.

① 보건업
② 항공운송업
③ 수상운송업
④ 여객자동차 운수사업법 제3조 제1항 제1호에 따른 노선여객자동차운송사업

해설

특례연장근로(근기법 제59조)의 경우 ① 보건업, ② 항공운송업, ③ 수상운송업은 특례가 적용되나, ④ 노선여객자동차운송사업은 적용되지 아니한다.

답 ❹

007 근로기준법상 사용자가 특별한 사정이 있어 1주 12시간의 연장근로의 한도를 초과하여 근로시간을 연장하고자 할 경우에 요구되는 절차는? 15 노무

① 근로자의 동의만 필요하다.
② 노동위원회의 승인만 필요하다.
③ 고용노동부장관의 인가만 필요하다.
④ 근로자의 동의와 노동위원회의 승인이 모두 필요하다.
⑤ 근로자의 동의와 고용노동부장관의 인가가 모두 필요하다.

해설

사용자는 특별한 사정이 있으면 고용노동부장관의 인가와 근로자의 동의를 받아 근로시간을 연장할 수 있다. 다만, 사태가 급박하여 고용노동부장관의 인가를 받을 시간이 없는 경우에는 사후에 지체 없이 승인을 받아야 한다(근기법 제53조 제4항).

답 ❺

008 근로기준법 제69조(근로시간)에 관한 규정이다. (   )에 들어갈 각각의 시간을 모두 합한 시간은? 19 노무

15세 이상 18세 미만인 사람의 근로시간은 1일에 (ㄱ)시간, 1주에 (ㄴ)시간을 초과하지 못한다. 다만, 당사자 사이의 합의에 따라 1일에 (ㄷ)시간, 1주에 (ㄹ)시간을 한도로 연장할 수 있다.

① 48시간
② 51시간
③ 56시간
④ 61시간
⑤ 68시간

해설

위의 (   )에 들어갈 시간은 각각 7, 35, 1, 5이므로 이들의 합은 48시간이 된다.

> 15세 이상 18세 미만인 사람의 근로시간은 1일 7시간, 1주 35시간을 초과할 수 없다. 다만, 당사자 간의 합의에 의하여 1일 1시간, 1주 5시간을 한도로 연장할 수 있다(근기법 제69조).

답 ❶

009 근로기준법상 근로시간 및 휴게에 대한 설명으로 옳은 것은? 22 국가직 7급

□□□

① 1일의 근로시간은 휴게시간을 포함하여 8시간을 초과할 수 없다.
② 근로시간을 산정하는 경우 작업을 위하여 근로자가 사용자의 지휘·감독 아래에 있는 대기시간 등은 근로시간으로 본다.
③ 1주란 7일 중 휴일을 제외한 날을 말하며, 1주간의 근로시간은 40시간을 초과할 수 없고, 당사자 간에 합의하면 12시간을 한도로 연장할 수 있다.
④ 사용자는 근로시간이 4시간인 경우에는 30분 이상 휴게시간을 근로시간 종료 후에 주어야 한다.

해설

① (×) 1일의 근로시간은 휴게시간을 제외하고 8시간을 초과할 수 없다(근기법 제50조 제2항).
② (O) 근기법 제50조 제3항
③ (×) 근기법 제2조 제1항 제7호, 제50조 제1항, 제53조 제1항 참조

> **정의(근기법 제2조)**
> ① 이 법에서 사용하는 용어의 뜻은 다음과 같다.
> 7. 1주란 휴일을 포함한 7일을 말한다.
>
> **근로시간(근기법 제50조)**
> ① 1주간의 근로시간은 휴게시간을 제외하고 40시간을 초과할 수 없다.
>
> **연장 근로의 제한(근기법 제53조)**
> ① 당사자 간에 합의하면 1주간에 12시간을 한도로 제50조의 근로시간을 연장할 수 있다.

④ (×) 사용자는 근로시간이 4시간인 경우에는 30분 이상, 8시간인 경우에는 1시간 이상의 휴게시간을 근로시간 도중에 주어야 한다(근기법 제54조 제1항).

답 ❷

010 근로기준법상 근로시간과 휴식에 대한 설명으로 옳지 않은 것은? 21 국가직 9급

□□□

① 제50조 제1항에 따른 1주간의 근로시간은 휴게시간을 제외하고 40시간을 초과할 수 없다.
② 제50조 제2항에 따른 1일의 근로시간은 휴게시간을 제외하고 8시간을 초과할 수 없다.
③ 업무의 성질에 비추어 업무 수행 방법을 근로자의 재량에 위임할 필요가 있는 업무로서 대통령령으로 정하는 업무는 사용자가 근로자대표와 서면 합의로 정한 시간을 근로한 것으로 본다.
④ 사용자는 근로자에게 1주에 평균 2회의 유급휴일을 보장하여야 한다.

해설

① (O) 근기법 제50조 제1항
② (O) 근기법 제50조 제2항
③ (O) 근기법 제58조 제3항 전문
④ (×) 사용자는 근로자에게 1주에 평균 1회 이상의 유급휴일을 보장하여야 한다(근기법 제55조 제1항).

답 ❹

011 □□□ **근로기준법령상 근로기준법 제4장에서 정한 근로시간, 휴게와 휴일에 관한 규정의 적용 제외에 대한 설명으로 옳지 않은 것은?** 21 국가직 7급

① 감시(監視) 또는 단속적(斷續的)으로 근로에 종사하는 근로자는 사용자의 신청에 의해 고용노동부장관이 노동위원회의 의결을 얻어 승인을 한 경우에 적용이 제외된다.

② 사업의 종류와 관계없이 관리・감독 업무 또는 기밀을 취급하는 업무에 종사하는 근로자는 적용이 제외된다.

③ 토지의 경작・개간, 식물의 식재(植栽)・재배・채취 사업, 그 밖의 농림 사업에 종사하는 근로자는 적용이 제외된다.

④ 동물의 사육, 수산 동식물의 채취・포획・양식 사업, 그 밖의 축산, 양잠, 수산 사업에 종사하는 근로자는 적용이 제외된다.

해설

① (×), ② (○), ③ (○) ④ (○)

감시(監視) 또는 단속적(斷續的)으로 근로에 종사하는 근로자에게는 사용자가 고용노동부장관의 승인을 받음으로써 근로시간, 휴게와 휴일에 관한 규정의 적용이 제외된다.

적용의 제외(근기법 제63조)

이 장과 제5장에서 정한 근로시간, 휴게와 휴일에 관한 규정은 다음 각 호의 어느 하나에 해당하는 근로자에 대하여는 적용하지 아니한다.

1. 토지의 경작・개간, 식물의 식재(植栽)・재배・채취 사업, 그 밖의 농림 사업
2. 동물의 사육, 수산 동식물의 채취・포획・양식 사업, 그 밖의 축산, 양잠, 수산 사업
3. 감시(監視) 또는 단속적(斷續的)으로 근로에 종사하는 사람으로서 사용자가 고용노동부장관의 승인을 받은 사람
4. 대통령령으로 정하는 업무에 종사하는 근로자

근로시간 등의 적용제외 근로자(근기법 시행령 제34조)

법 제63조제4호에서 "대통령령으로 정한 업무"란 사업의 종류에 관계없이 관리・감독 업무 또는 기밀을 취급하는 업무를 말한다.

답 ❶

제3절 시간외근로와 시간외근로수당

012 근로기준법상 근로시간과 휴식에 대한 설명이다. ( )에 들어갈 내용을 바르게 연결한 것은?
□□□

20 국가직 9급

- 1주간의 기준근로시간은 휴게시간을 제외하고 (ㄱ)시간을 초과할 수 없다.
- 사용자는 계속해서 근로한 기간이 1년 미만인 근로자에게 1개월 개근 시 (ㄴ)일의 유급휴가를 주어야 한다.
- 사용자는 야간근로(오후 10시부터 다음 날 오전 6시 사이의 근로를 말한다)에 대하여는 통상임금의 100분의 (ㄷ) 이상을 가산하여 근로자에게 지급하여야 한다.

① ㄱ : 40, ㄴ : 1, ㄷ : 100
② ㄱ : 40, ㄴ : 1, ㄷ : 50
③ ㄱ : 52, ㄴ : 3, ㄷ : 50
④ ㄱ : 52, ㄴ : 3, ㄷ : 100

해설

- 1주간의 근로시간은 휴게시간을 제외하고 40시간을 초과할 수 없다(근기법 제50조 제1항).
- 사용자는 계속하여 근로한 기간이 1년 미만인 근로자 또는 1년간 80퍼센트 미만 출근한 근로자에게 1개월 개근 시 1일의 유급휴가를 주어야 한다(근기법 제60조 제2항).
- 사용자는 야간근로(오후 10시부터 다음 날 오전 6시 사이의 근로를 말한다)에 대하여는 통상임금의 100분의 50 이상을 가산하여 근로자에게 지급하여야 한다(근기법 제56조 제3항).

답 ❷

제4절 근로시간의 신축적 운용

013 □□□ **근로기준법령상 3개월을 초과하는 탄력적 근로시간제에 관한 규정에 따라 사용자와 근로자대표가 서면 합의로 정하는 사항에 해당하지 않는 것은?** 22 노무

① 대상 근로자의 범위
② 단위기간(3개월을 초과하고 6개월 이내의 일정한 기간으로 정하여야 한다)
③ 단위기간의 주별 근로시간
④ 단위기간의 일별 근로시간
⑤ 서면 합의의 유효기간

해설

① (○), ② (○), ③ (○), ④ (×), ⑤ (○)
단위기간의 일별 근로시간은 3개월을 초과하는 탄력적 근로시간제에 관한 규정에 따라 사용자와 근로자대표가 서면 합의로 정하는 사항에 해당하지 아니한다(근기법 제51조의2, 동법 시행령 제28조의2 제1항).

3개월을 초과하는 탄력적 근로시간제(근기법 제51조의2)

① 사용자는 근로자대표와의 서면 합의에 따라 다음 각 호의 사항을 정하면 3개월을 초과하고 6개월 이내의 단위기간을 평균하여 1주간의 근로시간이 제50조 제1항의 근로시간을 초과하지 아니하는 범위에서 특정한 주에 제50조 제1항의 근로시간을, 특정한 날에 제50조 제2항의 근로시간을 초과하여 근로하게 할 수 있다. 다만, 특정한 주의 근로시간은 52시간을, 특정한 날의 근로시간은 12시간을 초과할 수 없다.
1. 대상 근로자의 범위
2. 단위기간(3개월을 초과하고 6개월 이내의 일정한 기간으로 정하여야 한다)
3. 단위기간의 주별 근로시간
4. 그 밖에 대통령령으로 정하는 사항

3개월을 초과하는 탄력적 근로시간제에 관한 합의사항 등(근기법 시행령 제28조의2)

① 법 제51조의2 제1항 제4호에서 "그 밖에 대통령령으로 정하는 사항"이란 서면 합의의 유효기간을 말한다.

답 ❹

014 근로기준법상 근로시간에 관한 설명으로 옳은 것은? 23 노무

□□□

① 3개월 이내의 탄력적 근로시간제에 따라 근로자를 근로시킬 경우에는 근로일 종료 후 다음 근로일 개시 전까지 근로자에게 연속하여 11시간 이상의 휴식 시간을 주어야 한다.
② 3개월 이내의 탄력적 근로시간제에 따라 근로자를 근로시킬 경우에는 기존의 임금수준이 낮아지지 않도록 임금보전방안을 강구하여 고용노동부장관에게 신고하여야 한다.
③ 3개월 이내의 탄력적 근로시간제는 15세 이상 18세 미만의 근로자에 대하여는 적용하지 아니한다.
④ 3개월을 초과하는 탄력적 근로시간제에 있어 업무량 급증의 불가피한 사유가 발생한 때에는 근로자 대표와의 합의를 거쳐 단위기간의 주별 근로시간을 변경해야 한다.
⑤ 15세 이상 18세 미만인 사람의 근로시간은 1일에 6시간, 1주에 30시간을 초과하지 못한다.

해설

① (×) 사용자는 3개월을 초과하는 탄력적 근로시간제에 따라 근로자를 근로시킬 경우에는 근로일 종료 후 다음 근로일 개시 전까지 근로자에게 연속하여 11시간 이상의 휴식 시간을 주어야 한다(근기법 제51조의2 제2항).
② (×) 사용자는 3개월을 초과하는 탄력적 근로시간제에 따라 근로자를 근로시킬 경우에는 기존의 임금 수준이 낮아지지 아니하도록 임금항목을 조정 또는 신설하거나 가산임금 지급 등의 임금보전방안을 마련하여 고용노동부장관에게 신고하여야 하나, 3개월 이내의 탄력적 근로시간제에서는 기존의 임금 수준이 낮아지지 아니하도록 임금보전방안을 강구하는 것으로 족하다(근기법 제51조의2 제5항, 제51조 제4항 참조).
③ (○) 3개월 이내의 탄력적 근로시간제는 15세 이상 18세 미만의 근로자와 임신 중인 여성 근로자에 대하여는 적용하지 아니한다(근기법 제51조 제3항).
④ (×) 사용자는 근로자대표와의 서면 합의 당시에는 예측하지 못한 천재지변, 기계 고장, 업무량 급증 등 불가피한 사유가 발생한 때에는 3개월을 초과하고 6개월 이내의 일정한 기간인 단위기간 내에서 평균하여 1주간의 근로시간이 유지되는 범위에서 근로자대표와의 협의를 거쳐 단위기간의 주별 근로시간을 변경할 수 있다(근기법 제51조의2 제4항).
⑤ (×) 15세 이상 18세 미만인 사람의 근로시간은 1일에 7시간, 1주에 35시간을 초과하지 못한다(근기법 제69조 본문).

3개월 이내의 탄력적 근로시간제(근기법 제51조)

① 사용자는 취업규칙(취업규칙에 준하는 것을 포함)에서 정하는 바에 따라 2주 이내의 일정한 단위기간을 평균하여 1주간의 근로시간이 제50조 제1항의 근로시간을 초과하지 아니하는 범위에서 특정한 주에 제50조 제1항의 근로시간을, 특정한 날에 제50조 제2항의 근로시간을 초과하여 근로하게 할 수 있다. 다만, 특정한 주의 근로시간은 48시간을 초과할 수 없다.
③ 제1항과 제2항은 15세 이상 18세 미만의 근로자와 임신 중인 여성 근로자에 대하여는 적용하지 아니한다.
④ 사용자는 제1항 및 제2항에 따라 근로자를 근로시킬 경우에는 기존의 임금 수준이 낮아지지 아니하도록 임금보전방안(賃金補塡方案)을 강구하여야 한다.

3개월을 초과하는 탄력적 근로시간제(근기법 제51조의2)

① 사용자는 근로자대표와의 서면 합의에 따라 다음 각 호의 사항을 정하면 3개월을 초과하고 6개월 이내의 단위기간을 평균하여 1주간의 근로시간이 제50조 제1항의 근로시간을 초과하지 아니하는 범위에서 특정한 주에 제50조 제1항의 근로시간을, 특정한 날에 제50조 제2항의 근로시간을 초과하여 근로하게 할 수 있다. 다만, 특정한 주의 근로시간은 52시간을, 특정한 날의 근로시간은 12시간을 초과할 수 없다.
   1. 대상 근로자의 범위
   2. 단위기간(3개월을 초과하고 6개월 이내의 일정한 기간으로 정하여야 한다)
   3. 단위기간의 주별 근로시간
   4. 그 밖에 대통령령으로 정하는 사항
② 사용자는 제1항에 따라 근로자를 근로시킬 경우에는 근로일 종료 후 다음 근로일 개시 전까지 근로자에게 연속하여 11시간 이상의 휴식 시간을 주어야 한다. 다만, 천재지변 등 대통령령으로 정하는 불가피한 경우에는 근로자대표와의 서면 합의가 있으면 이에 따른다.

④ 사용자는 제1항에 따른 근로자대표와의 서면 합의 당시에는 예측하지 못한 천재지변, 기계 고장, 업무량 급증 등 불가피한 사유가 발생한 때에는 제1항 제2호에 따른 단위기간 내에서 평균하여 1주간의 근로시간이 유지되는 범위에서 근로자대표와의 협의를 거쳐 제1항 제3호의 사항을 변경할 수 있다. 이 경우 해당 근로자에게 변경된 근로일이 개시되기 전에 변경된 근로일별 근로시간을 통보하여야 한다.

⑤ 사용자는 제1항에 따라 근로자를 근로시킬 경우에는 기존의 임금 수준이 낮아지지 아니하도록 임금항목을 조정 또는 신설하거나 가산임금 지급 등의 임금보전방안을 마련하여 고용노동부장관에게 신고하여야 한다. 다만, 근로자대표와의 서면합의로 임금보전방안을 마련한 경우에는 그러하지 아니하다.

답 ❸

015 □□□ **근로기준법령상 3개월 이내의 단위기간으로 탄력적 근로시간제를 도입하는 경우 사용자와 근로자대표가 서면으로 합의해야 할 사항에 해당하지 않는 것은?** 18 국가직 9급

① 서면 합의의 유효기간
② 대상 근로자의 범위
③ 반드시 근로하여야 할 시간의 시작 및 종료 시각
④ 단위기간의 근로일과 그 근로일별 근로시간

해설

반드시 근로하여야 할 시간의 시작 및 종료 시각은 선택적 근로시간제에 있어서의 서면합의사항임에 유의하여야 한다(근기법 제52조 제1항).

3개월 이내의 탄력적 근로시간제(근기법 제51조)

② 사용자는 근로자대표와의 서면 합의에 따라 다음 각 호의 사항을 정하면 3개월 이내의 단위기간을 평균하여 1주간의 근로시간이 제50조 제1항의 근로시간을 초과하지 아니하는 범위에서 특정한 주에 제50조 제1항의 근로시간을, 특정한 날에 제50조 제2항의 근로시간을 초과하여 근로하게 할 수 있다. 다만, 특정한 주의 근로시간은 52시간을, 특정한 날의 근로시간은 12시간을 초과할 수 없다.

1. 대상 근로자의 범위
2. 단위기간(3개월 이내의 일정한 기간으로 정하여야 한다)
3. 단위기간의 근로일과 그 근로일별 근로시간
4. 그 밖에 대통령령으로 정하는 사항

선택적 근로시간제(근기법 제52조)

① 사용자는 취업규칙(취업규칙에 준하는 것을 포함)에 따라 업무의 시작 및 종료 시각을 근로자의 결정에 맡기기로 한 근로자에 대하여 근로자대표와의 서면 합의에 따라 다음 각 호의 사항을 정하면 1개월(신상품 또는 신기술의 연구개발 업무의 경우에는 3개월) 이내의 정산기간을 평균하여 1주간의 근로시간이 제50조 제1항의 근로시간을 초과하지 아니하는 범위에서 1주간에 제50조 제1항의 근로시간을, 1일에 제50조 제2항의 근로시간을 초과하여 근로하게 할 수 있다.

1. 대상 근로자의 범위(15세 이상 18세 미만의 근로자는 제외한다)
2. 정산기간
3. 정산기간의 총 근로시간
4. 반드시 근로하여야 할 시간대를 정하는 경우에는 그 시작 및 종료 시각
5. 근로자가 그의 결정에 따라 근로할 수 있는 시간대를 정하는 경우에는 그 시작 및 종료 시각
6. 그 밖에 대통령령으로 정하는 사항

답 ❸

016 □□□ **근로기준법령상 사용자가 3개월을 초과하는 탄력적 근로시간제의 실시를 위해 근로자대표와의 서면 합의 시에 정해야 하는 사항이 아닌 것은?** 22 국가직 7급

① 대상 근로자의 범위
② 단위기간의 근로일과 그 근로일별 근로시간
③ 단위기간(3개월을 초과하고 6개월 이내의 일정한 기간으로 정하여야 한다)
④ 서면 합의의 유효기간

해설

3개월을 초과하는 탄력적 근로시간제(근기법 제51조의2 제1항, 동법 시행령 제28조의2 제1항)에서 근로자대표와 서면 합의하여야 할 사항은 ① 대상 근로자의 범위, ③ 단위기간(3개월을 초과하고 6개월 이내의 일정한 기간으로 정하여야 한다), ④ 서면 합의의 유효기간 등이다. ② 단위기간의 근로일과 그 근로일별 근로시간은 3개월 이내의 탄력적 근로시간제(근기법 제51조 제2항)의 서면합의 사항이다.

답 ❷

017 □□□ **근로기준법상 근로시간에 대한 설명으로 옳지 않은 것은?(다툼이 있는 경우 판례에 의함)** 19 국가직 9급

① 근로시간이란 근로자가 사용자의 지휘·감독을 받으면서 근로계약에 따른 근로를 제공하는 시간을 말한다.
② 근로시간을 산정함에 있어 작업을 위하여 근로자가 사용자의 지휘·감독 아래에 있는 대기시간 등은 근로시간으로 본다.
③ 선택적 근로시간제는 임신 중인 여성 근로자에 대하여 적용하지 아니한다.
④ 1일 근로시간이 8시간이고, 임신 12주 이내 또는 36주 이후에 있는 여성근로자가 1일 2시간의 근로시간 단축을 신청한 경우, 사용자는 근로시간 단축을 이유로 해당 근로자의 임금을 삭감하지 않고 이를 허용하여야 한다.

해설

① (○) 근로기준법상의 근로시간이라 함은 근로자가 사용자의 지휘, 감독 아래 근로계약상의 근로를 제공하는 시간을 말하는바, 근로자가 작업시간의 중도에 현실로 작업에 종사하지 않은 대기시간이나 휴식, 수면시간 등이라 하더라도 그것이 휴게시간으로서 근로자에게 자유로운 이용이 보장된 것이 아니고 실질적으로 사용자의 지휘, 감독하에 놓여 있는 시간이라면 이를 당연히 근로시간에 포함시켜야 할 것이다(대판 1993.5.27. 92다24509).
② (○) 근기법 제50조 제3항
③ (×) 선택적 근로시간제는 임신 중인 여성 근로자에게 적용되나, 탄력적 근로시간제는 적용되지 아니한다(근기법 제52조, 제51조, 제51조의2).
④ (○) 근기법 제74조 제7항·제8항 참조

임산부의 보호(근기법 제74조)
⑦ 사용자는 임신 후 12주 이내 또는 36주 이후에 있는 여성 근로자가 1일 2시간의 근로시간 단축을 신청하는 경우 이를 허용하여야 한다. 다만, 1일 근로시간이 8시간 미만인 근로자에 대하여는 1일 근로시간이 6시간이 되도록 근로시간 단축을 허용할 수 있다.
⑧ 사용자는 제7항에 따른 근로시간 단축을 이유로 해당 근로자의 임금을 삭감하여서는 아니 된다.

답 ❸

018 □□□ **근로기준법상 근로시간 및 연장근로에 대한 설명으로 옳지 않은 것은?(다툼이 있는 경우 판례에 의함)** 22 국가직 7급

① 여객자동차 운수사업법 제3조 제1항 제1호에 따른 노선여객자동차운송사업에 대하여 사용자가 근로자대표와 서면으로 합의한 경우에는 주 12시간을 초과하여 연장근로를 하게 할 수 있다.
② 3개월을 초과하는 탄력적 근로시간제의 경우 특정한 주의 근로시간은 52시간을, 특정한 날의 근로시간은 12시간을 초과할 수 없다.
③ 사용자와 개별 근로자와의 연장근로에 관한 합의는 연장근로를 할 때마다 그때그때 할 필요는 없고 근로계약 등으로 미리 이를 약정하는 것도 가능하다.
④ 신상품 또는 신기술의 연구개발 업무의 경우 선택적 근로시간제의 정산기간을 3개월 이내로 정할 수 있다.

해설

① (×) 근기법 제59조 제1항 제1호 참조

근로시간 및 휴게시간의 특례(근기법 제59조)
① 통계법 제22조 제1항에 따라 통계청장이 고시하는 산업에 관한 표준의 중분류 또는 소분류 중 다음 각 호의 어느 하나에 해당하는 사업에 대하여 사용자가 근로자대표와 서면으로 합의한 경우에는 제53조 제1항에 따른 주(週) 12시간을 초과하여 연장근로를 하게 하거나 제54조에 따른 휴게시간을 변경할 수 있다.
1. 육상운송 및 파이프라인 운송업. 다만, 여객자동차 운수사업법 제3조 제1항 제1호에 따른 노선(路線) 여객자동차운송사업은 제외한다.
2. 수상운송업

② (O) 근기법 제51조의2 제1항 참조

3개월을 초과하는 탄력적 근로시간제(근기법 제51조의2)
① 사용자는 근로자대표와의 서면 합의에 따라 다음 각 호의 사항을 정하면 3개월을 초과하고 6개월 이내의 단위기간을 평균하여 1주간의 근로시간이 제50조 제1항의 근로시간을 초과하지 아니하는 범위에서 특정한 주에 제50조 제1항의 근로시간을, 특정한 날에 제50조 제2항의 근로시간을 초과하여 근로하게 할 수 있다. 다만, 특정한 주의 근로시간은 52시간을, 특정한 날의 근로시간은 12시간을 초과할 수 없다.

③ (O) 구 근로기준법 제42조 제1항의 규정은 8시간 근로제에 따른 기준근로시간을 정하면서 아울러 그 예외의 하나로 당사자 간의 합의에 의한 연장근로(시간외근로)를 허용하고 있는바, 여기서 당사자 간의 합의라 함은 원칙적으로 사용자와 근로자와의 개별적 합의를 의미한다 할 것이고, 이와 같은 개별 근로자와의 연장근로에 관한 합의는 연장근로를 할 때마다 그때그때 할 필요는 없고 근로계약 등으로 미리 이를 약정하는 것도 가능하다(대판 1995.2.10. 94다19228).
④ (O) 선택적 근로시간제의 정산기간은 원칙적으로 1개월 이내이나, 신상품 또는 신기술의 연구개발 업무의 경우에는 3개월 이내로 한다(근기법 제52조 제1항).

답 ❶

019 □□□ **근로기준법령상 재량근로의 대상업무로 명시되지 않은 것은?** 22 노무

① 인문사회과학분야의 연구 업무
② 정보처리시스템의 교육 업무
③ 신문 사업에서의 기사의 취재 업무
④ 의복의 디자인 업무
⑤ 영화 제작 사업에서의 프로듀서 업무

해설

① (○), ② (×), ③ (○), ④ (○), ⑤ (○)
정보처리시스템의 교육 업무는 근기법 제58조 제3항, 동법 시행령 제31조에서 정한 재량근로의 대상업무에 해당하지 아니한다.

> **근로시간 계산의 특례(근기법 제58조)**
> ③ 업무의 성질에 비추어 업무 수행 방법을 근로자의 재량에 위임할 필요가 있는 업무로서 대통령령으로 정하는 업무는 사용자가 근로자대표와 서면 합의로 정한 시간을 근로한 것으로 본다.
>
> **재량근로의 대상업무(근기법 시행령 제31조)**
> 법 제58조 제3항 전단에서 "대통령령으로 정하는 업무"란 다음 각 호의 어느 하나에 해당하는 업무를 말한다.
> 1. 신상품 또는 신기술의 연구개발이나 인문사회과학 또는 자연과학분야의 연구 업무
> 2. 정보처리시스템의 설계 또는 분석 업무
> 3. 신문, 방송 또는 출판 사업에서의 기사의 취재, 편성 또는 편집 업무
> 4. 의복·실내장식·공업제품·광고 등의 디자인 또는 고안 업무
> 5. 방송 프로그램·영화 등의 제작 사업에서의 프로듀서나 감독 업무
> 6. 그 밖에 고용노동부장관이 정하는 업무

답 ❷

020 □□□ **밑줄 친 '대통령령으로 정하는 업무'에 해당하지 않는 것은?** 23 국가직 9급

> 근로기준법은 "업무의 성질에 비추어 업무 수행 방법을 근로자의 재량에 위임할 필요가 있는 업무로서 대통령령으로 정하는 업무는 사용자가 근로자대표와 서면 합의로 정한 시간을 근로한 것으로 본다."라고 규정하고 있다.

① 건설업에서의 관리·감독 업무
② 출판 사업에서의 편집 업무
③ 정보처리시스템의 분석 업무
④ 인문사회과학분야의 연구 업무

해설

건설업에서의 관리·감독 업무는 근기법 제58조 제3항, 동법 시행령 제31조에서 정한 재량근로의 대상업무에 해당하지 아니한다.

답 ❶

021 ☐☐☐ 근로기준법 제51조 제2항의 규정이다. (   )에 들어갈 내용을 옳게 나열한 것은? 21 노무

> 사용자는 근로자대표와의 서면합의에 따라 다음 각 호의 사항을 정하면 3개월 이내의 단위기간을 평균하여 1주간의 근로시간이 제50조 제1항의 근로시간을 초과하지 아니하는 범위에서 특정한 주에 제50조 제1항의 근로시간을, 특정한 날에 제50조 제2항의 근로시간을 초과하여 근로하게 할 수 있다. 다만, 특정한 주의 근로시간은 (ㄱ)시간을, 특정한 날의 근로시간은 (ㄴ)시간을 초과할 수 없다.

① ㄱ : 48, ㄴ : 10
② ㄱ : 48, ㄴ : 12
③ ㄱ : 52, ㄴ : 10
④ ㄱ : 52, ㄴ : 12
⑤ ㄱ : 68, ㄴ : 12

해설

사용자는 근로자대표와의 서면합의에 따라 다음 각 호의 사항을 정하면 3개월 이내의 단위기간을 평균하여 1주간의 근로시간이 제50조 제1항의 근로시간을 초과하지 아니하는 범위에서 특정한 주에 제50조 제1항의 근로시간을, 특정한 날에 제50조 제2항의 근로시간을 초과하여 근로하게 할 수 있다. 다만, 특정한 주의 근로시간은 52시간을, 특정한 날의 근로시간은 12시간을 초과할 수 없다(근기법 제51조 제2항).

1. 대상근로자의 범위
2. 단위기간(3개월 이내의 일정한 기간으로 정하여야 한다)
3. 단위기간의 근로일과 그 근로일별 근로시간
4. 그 밖에 대통령령으로 정하는 사항

답 ❹

022 근로기준법상 근로시간 등에 대한 설명으로 옳지 않은 것은? 23 국가직 9급

□□□

① 야간근로란 오후 10시부터 다음 날 오전 6시 사이의 근로를 말한다.
② 선택적 근로시간제는 임신 중인 여성근로자에 대하여는 적용하지 아니한다.
③ 통계법 제22조 제1항에 따라 통계청장이 고시하는 산업에 관한 표준의 중분류 또는 소분류 중 보건업에 해당하는 사업에 대하여 사용자가 근로자대표와 서면 합의하여 근로기준법 제53조 제1항에 따른 주(週) 12시간을 초과하여 연장근로를 하게 한 경우, 사용자는 근로일 종료 후 다음 근로일 개시 전까지 근로자에게 연속하여 11시간 이상의 휴식 시간을 주어야 한다.
④ 사용자는 탄력적 근로시간제에 따른 단위기간 중 근로자가 근로한 기간이 그 단위기간보다 짧은 경우에는 그 단위기간 중 해당 근로자가 근로한 기간을 평균하여 1주간에 40시간을 초과하여 근로한 시간 전부에 대하여 근로기준법 제56조 제1항에 따른 가산임금을 지급하여야 한다.

해설

① (○) 근기법 제56조 제3항
② (×) 선택적 근로시간제는 임신 중인 여성 근로자에게 적용되나, 탄력적 근로시간제는 적용되지 아니한다(근기법 제52조, 제51조, 제51조의2).
③ (○) 근기법 제59조 참조

근로시간 및 휴게시간의 특례(근기법 제59조)

① 통계법 제22조 제1항에 따라 통계청장이 고시하는 산업에 관한 표준의 중분류 또는 소분류 중 다음 각 호의 어느 하나에 해당하는 사업에 대하여 사용자가 근로자대표와 서면으로 합의한 경우에는 제53조 제1항에 따른 주(週) 12시간을 초과하여 연장근로를 하게 하거나 제54조에 따른 휴게시간을 변경할 수 있다.
1. 육상운송 및 파이프라인 운송업. 다만, 여객자동차 운수사업법 제3조 제1항 제1호에 따른 노선(路線) 여객자동차운송사업은 제외한다.
2. 수상운송업
3. 항공운송업
4. 기타 운송관련 서비스업
5. 보건업

② 제1항의 경우 사용자는 근로일 종료 후 다음 근로일 개시 전까지 근로자에게 연속하여 11시간 이상의 휴식 시간을 주어야 한다.

④ (○) 근기법 제51조의3

답 ❷

023 근로기준법상 근로시간에 관한 설명 중 옳지 않은 것은?(다툼이 있는 경우 판례에 의함)

□□□

16 사시

① 현실로 작업에 종사하지 아니하는 대기시간이라도 사용자의 지휘·감독 아래에 있다면 근로시간이다.

② 근로시간의 산정이 어려운 사정이 없음에도 포괄임금제 약정을 한 경우 포괄임금에 포함된 정액의 제 수당이 근로기준법에 따른 법정수당에 미달하면 그 부분은 무효이다.

③ 사용자는 연장근로이면서 야간근로에 해당하면 연장근로수당과 야간근로수당을 각각 가산하여 지급하여야 한다.

④ 선택적 근로시간제는 18세 미만의 근로자에게도 적용된다.

⑤ 3개월 단위의 탄력적 근로시간제를 실시하려면 사용자는 근로자대표와 서면 합의를 하여야 한다.

해설

① (○) 근로기준법상의 근로시간이란 근로자가 사용자의 지휘·감독 아래 근로계약상의 근로를 제공하는 시간을 말한다. 근로자가 작업시간 도중에 현실로 작업에 종사하지 않은 대기시간이나 휴식·수면시간 등이라 하더라도 그것이 휴게시간으로서 근로자에게 자유로운 이용이 보장된 것이 아니고, 실질적으로 사용자의 지휘·감독 아래 놓여 있는 시간이라면 근로시간에 포함된다(대판 2017.12.13. 2016다243078).

② (○) 근로시간의 산정이 어려운 등의 사정이 없음에도 포괄임금제 방식으로 약정된 경우 그 포괄임금에 포함된 정액의 법정수당이 근로기준법이 정한 기준에 따라 산정된 법정수당에 미달하는 때에는 그에 해당하는 포괄임금제에 의한 임금 지급계약 부분은 근로자에게 불이익하여 무효라 할 것이고, 사용자는 근로기준법의 강행성과 보충성 원칙에 의해 근로자에게 그 미달되는 법정수당을 지급할 의무가 있다(대판 2010.5.13. 2008다6052).

③ (○) 연장근로이면서 야간근로에 해당하면 연장근로수당과 야간근로수당을 각각 가산하여 이를 더한 금액을 지급하여야 한다(근기법 제56조 제1항·제3항).

④ (×) 선택적 근로시간제는 15세 이상 18세 미만의 근로자에게는 적용되지 아니하나, 임신 중인 여성 근로자에게는 적용된다(근기법 제52조 제1항).

⑤ (○) 3개월 단위의 탄력적 근로시간제를 실시하려면 사용자는 근로자대표와 서면 합의를 하여야 한다. 한편 2주 단위 탄력적 근로시간제는 취업규칙(취업규칙에 준하는 것을 포함)에서 정하는 바에 따라 도입할 수 있다(근기법 제51조 제1항·제2항).

답 ④

024 근로기준법령상 근로시간제도에 관한 설명으로 옳지 않은 것은? 20 노무

□□□

① 임신 중인 여성근로자에 대하여는 탄력적 근로시간제를 적용하지 아니한다.
② 선택적 근로시간제의 정산기간은 1개월 이내의 일정한 기간으로 정하여야 한다.
③ 당사자 간에 합의하면 1주간에 12시간을 한도로 제50조의 근로시간을 연장할 수 있다.
④ 재량근로의 대상업무는 사용자가 근로자대표와 서면합의로 정한 시간을 근로한 것으로 본다.
⑤ 사용자는 야간근로에 대하여는 통상임금의 100분의 50 이상을 가산하여 근로자에게 지급하여야 한다.

해설

① (○) 근기법 제51조 제3항, 제51조의2 제6항
② (×) 신상품 또는 신기술의 연구개발업무의 정산기간은 3개월로 한다(근기법 제52조 제1항).
③ (○) 근기법 제53조 제1항
④ (○) 업무의 성질에 비추어 업무수행방법을 근로자의 재량에 위임할 필요가 있는 업무로서 대통령령으로 정하는 업무는 사용자가 근로자대표와 서면합의로 정한 시간을 근로한 것으로 본다(근기법 제58조 제3항 전문).
⑤ (○) 근기법 제56조 제3항

답 ❷

025 근로기준법령상 재량근로의 대상업무로 열거되지 않은 것은? 14 노무

□□□

① 기밀을 취급하는 업무
② 신문사업에서의 기사의 취재업무
③ 실내장식의 디자인업무
④ 방송프로그램 제작사업에서의 프로듀서업무
⑤ 정보처리시스템의 설계업무

해설

① (×), ② (○), ③ (○), ④ (○), ⑤ (○)
기밀을 취급하는 업무는 근기법 시행령 제31조에서 정한 재량근로의 대상업무에 해당하지 아니한다.

재량근로의 대상업무(근기법 시행령 제31조)

법 제58조 제3항 전단에서 "대통령령으로 정하는 업무"란 다음 각 호의 어느 하나에 해당하는 업무를 말한다.

1. 신상품 또는 신기술의 연구개발이나 인문사회과학 또는 자연과학분야의 연구업무
2. 정보처리시스템의 설계 또는 분석업무
3. 신문, 방송 또는 출판사업에서의 기사의 취재, 편성 또는 편집업무
4. 의복·실내장식·공업제품·광고 등의 디자인 또는 고안업무
5. 방송프로그램·영화 등의 제작사업에서의 프로듀서나 감독업무
6. 그 밖에 고용노동부장관이 정하는 업무

답 ❶

026 근로기준법령상 단시간근로자에 관한 설명으로 옳은 것은? 14 노무

□□□

① 단시간근로자의 근로조건은 다른 사업장의 같은 종류의 업무에 종사하는 단시간근로자와 동일하게 결정되어야 한다.

② 4주 동안을 평균하여 1주 동안의 소정근로시간이 15시간 미만인 근로자에 대하여는 법 제54조(휴게)를 적용하지 아니한다.

③ 단시간근로자란 4주 동안의 총근로시간이 그 사업장에서 같은 종류의 업무에 종사하는 통상근로자의 4주 동안의 총근로시간에 비하여 짧은 근로자를 말한다.

④ 사용자는 단시간근로자에게 적용되는 취업규칙을 통상근로자에게 적용되는 취업규칙과 별도로 작성할 수 있다.

⑤ 4주 동안을 평균하여 1주 동안의 소정근로시간이 15시간 미만인 근로자에 대하여는 법 제55조(휴일)가 적용된다.

해설

① (×) 단시간근로자의 근로조건은 그 사업장의 같은 종류의 업무에 종사하는 통상근로자의 근로시간을 기준으로 산정한 비율에 따라 결정되어야 한다(근기법 제18조 제1항).

② (×) 단시간근로자에게 적용되지 아니하는 규정은 휴일과 연차유급휴가이다(근기법 제18조 제3항). 근기법 제54조 휴게는 적용된다.

③ (×) 단시간근로자란 1주 동안의 소정근로시간이 그 사업장에서 같은 종류의 업무에 종사하는 통상근로자의 1주 동안의 소정근로시간에 비하여 짧은 근로자를 말한다(근기법 제2조 제1항 제9호).

④ (○) 근기법 시행령 [별표 2] 단시간근로자의 근로조건 결정기준 등에 관한 사항 제5호 가목

⑤ (×) 4주 동안(4주 미만으로 근로하는 경우에는 그 기간)을 평균하여 1주 동안의 소정근로시간이 15시간 미만인 근로자에 대하여는 제55조(휴일)와 제60조(연차유급휴가)를 적용하지 아니한다(근기법 제18조 제3항).

답 ❹

027 근로기준법령상 근로시간에 관한 설명으로 옳은 것은? 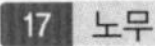

□□□

① 3개월 이내 탄력적 근로시간제에서 특정한 주의 근로시간의 한도는 56시간이다.
② 사용자가 2주 이내의 탄력적 근로시간제를 시행하려면 근로자대표와 서면합의에 의해 미리 정하여야 한다.
③ 수상운송업에 해당되는 사업에서 사용자가 근로자대표와 서면합의를 한 경우에는 1주간에 12시간을 초과하는 연장근로가 가능하다.
④ 사용자가 근로자대표와 서면합의로 정한 시간을 근로한 것으로 보는 재량근로의 대상업무에 정보처리시스템의 설계업무는 해당하지 않는다.
⑤ 2주 이내의 탄력적 근로시간제를 실시하는 경우 특정한 날의 근로시간은 명시규정에 의하여 12시간으로 제한된다.

해설

① (×) 3개월 이내 탄력적 근로시간제에서 특정한 주의 근로시간은 52시간을, 특정한 날의 근로시간은 12시간을 초과할 수 없다(근기법 제51조 제2항).
② (×) 사용자는 취업규칙(취업규칙에 준하는 것을 포함)에서 정하는 바에 따라 2주 이내의 탄력적 근로시간제를 시행할 수 있다(근기법 제51조 제1항).
③ (○) 수상운송업의 경우 사용자가 근로자대표와 서면으로 합의한 경우에는 주 12시간을 초과하여 연장근로를 하게 할 수 있다(근기법 제59조 제1항).
④ (×) 정보처리시스템의 설계 또는 분석업무는 재량근로의 대상업무에 해당한다(근기법 시행령 제31조 제2호).
⑤ (×) 2주 이내의 탄력적 근로시간제를 실시하는 경우 특정한 날에 대한 규정은 없다.

근로시간 및 휴게시간의 특례(근기법 제59조)

① 통계법 제22조 제1항에 따라 통계청장이 고시하는 산업에 관한 표준의 중분류 또는 소분류 중 다음 각 호의 어느 하나에 해당하는 사업에 대하여 사용자가 근로자대표와 서면으로 합의한 경우에는 제53조 제1항에 따른 주(週) 12시간을 초과하여 연장근로를 하게 하거나 제54조에 따른 휴게시간을 변경할 수 있다.

1. 육상운송 및 파이프라인운송업. 다만, 여객자동차 운수사업 제3조 제1항 제1호에 따른 노선(路線) 여객자동차 운송사업은 제외한다.
2. 수상운송업
3. 항공운송업
4. 기타 운송 관련 서비스업
5. 보건업

답 ❸

028 근로기준법상 근로시간과 휴식에 관한 설명으로 옳지 않은 것은?(다툼이 있으면 판례에 따름)
□□□

18 노무

① 근로시간을 산정하는 경우 작업을 위하여 근로자가 사용자의 지휘・감독 아래에 있는 대기시간 등은 근로시간으로 본다.

② 15세 이상 18세 미만의 근로자에게는 탄력적 근로시간제가 적용되지 않는다.

③ 선택적 근로시간제를 시행하려는 사용자는 근로자대표와 서면합의를 하여야 한다.

④ 근로자에 대한 임금을 월급으로 지급할 경우 그 월급에는 근로기준법상 소정의 유급휴일에 대한 임금도 포함된다.

⑤ 사용자는 취업규칙이 정하는 바에 따라 연장근로에 대하여 임금을 지급하는 것을 갈음하여 휴가를 줄 수 있다.

해설

① (O) 근기법 제50조 제3항

② (O) 근기법 제51조 제3항, 제51조의2 제6항

③ (O) 사용자는 취업규칙(취업규칙에 준하는 것을 포함)에 따라 업무의 시작 및 종료시각을 근로자의 결정에 맡기기로 한 근로자에 대하여 근로자대표와의 서면합의에 따라 다음 각 호의 사항을 정하면 1개월(신상품 또는 신기술의 연구개발업무의 경우에는 3개월) 이내의 정산기간을 평균하여 1주간의 근로시간이 제50조 제1항의 근로시간을 초과하지 아니하는 범위에서 1주간에 제50조 제1항의 근로시간을, 1일에 제50조 제2항의 근로시간을 초과하여 근로하게 할 수 있다(근기법 제52조 제1항).

④ (O) 근로자에 대한 임금을 월급으로 지급한 경우 월급 통상임금에는 근로기준법 제55조가 정한 유급휴일에 대한 임금도 포함된다고 할 것이므로 월급 통상임금을 월 소정근로시간수로 나누는 방법에 의하여 시간급 통상임금을 산정함에 있어서는 월 유급휴일 해당 근로시간수도 월 소정근로시간수에 포함되어야 한다(대판 1990.12.26. 90다카12493).

⑤ (×) 사용자는 근로자대표와의 서면합의에 따라 제51조의3, 제52조 제2항 제2호 및 제56조에 따른 연장근로・야간근로 및 휴일근로 등에 대하여 임금을 지급하는 것을 갈음하여 휴가를 줄 수 있다(근기법 제57조).

답 ❺

PART 1 PART 2 PART 3

029 근로기준법상 단시간근로자에 대한 설명으로 옳지 않은 것은?

19 국가직 9급

□□□

① 단시간근로자라 함은 1주 동안의 소정근로시간이 20시간 이하인 근로자를 말한다.
② 단시간근로자의 근로조건은 그 사업장의 같은 종류의 업무에 종사하는 통상 근로자의 근로시간을 기준으로 산정한 비율에 따라 결정되어야 한다.
③ 4주 동안을 평균하여 1주 동안의 소정근로시간이 15시간 미만인 근로자에게는 연차유급휴가를 주지 않아도 된다.
④ 4주 미만으로 근로하는 경우 그 기간을 평균하여 1주 동안의 소정근로시간이 15시간 미만인 근로자에게는 유급휴일을 주지 않아도 된다.

해설

① (×) 단시간근로자란 1주 동안의 소정근로시간이 그 사업장에서 같은 종류의 업무에 종사하는 통상 근로자의 1주 동안의 소정근로시간에 비하여 짧은 근로자를 말한다(근기법 제2조 제1항 제9호).
② (○) 근기법 제18조 제1항
③ (○) · ④ (○) 4주 동안(4주 미만으로 근로하는 경우에는 그 기간)을 평균하여 1주 동안의 소정근로시간이 15시간 미만인 근로자에 대하여는 유급휴일 규정❹과 연차유급휴가 규정❸을 적용하지 아니한다(근기법 제18조 제3항). 그 밖에 퇴직급여제도(근퇴법 제4조 제1항)도 적용하지 아니한다.

답 ❶

030 근로기준법상 단시간근로자 등에 대한 설명으로 옳지 않은 것은?

22 국가직 9급

□□□

① 단시간근로자란 1주 동안의 소정근로시간이 그 사업장에서 같은 종류의 업무에 종사하는 통상 근로자의 1주 동안의 소정근로시간에 비하여 짧은 근로자를 말한다.
② 단시간근로자의 근로조건은 그 사업장의 같은 종류의 업무에 종사하는 통상 근로자의 업무성과를 기준으로 산정한 비율에 따라 결정되어야 한다.
③ 4주 동안(4주 미만으로 근로하는 경우에는 그 기간)을 평균하여 1주 동안의 소정근로시간이 15시간 미만인 근로자에 대하여는 근로기준법 제55조(휴일)를 적용하지 아니한다.
④ 4주 동안(4주 미만으로 근로하는 경우에는 그 기간)을 평균하여 1주 동안의 소정근로시간이 15시간 미만인 근로자에 대하여는 근로기준법 제60조(연차유급휴가)를 적용하지 아니한다.

해설

① (○) 근기법 제2조 제1항 제9호
② (×) 단시간근로자의 근로조건은 그 사업장의 같은 종류의 업무에 종사하는 통상 근로자의 근로시간을 기준으로 산정한 비율에 따라 결정되어야 한다(근기법 제18조 제1항).
③ (○) · ④ (○) 4주 동안(4주 미만으로 근로하는 경우에는 그 기간)을 평균하여 1주 동안의 소정근로시간이 15시간 미만인 근로자에 대하여는 유급휴일 규정과 연차유급휴가 규정을 적용하지 아니한다(근기법 제18조 제3항). 그 밖에 퇴직급여제도(근퇴법 제4조 제1항)도 적용하지 아니한다.

답 ❷

06 휴게 · 휴일 · 휴가 및 여성과 연소근로자의 보호

제1절 휴게 · 휴일 · 휴가

001 □□□ **근로기준법령상 연차 유급휴가에 관한 설명으로 옳지 않은 것은?(다툼이 있으면 판례에 따름)**

23 노무

① 사용자는 1년간 80퍼센트 미만 출근한 근로자에게 1개월 개근 시 1일의 유급휴가를 주어야 한다.
② 연차 휴가기간에 지급하여야 하는 임금은 유급휴가를 주기 전이나 준 직후의 임금지급일에 지급하여야 한다.
③ 근로자가 업무상 재해 등의 사정으로 말미암아 연차휴가를 사용할 해당 연도에 전혀 출근하지 못한 경우라 하더라도 이미 부여받은 연차휴가를 사용하지 않은 데 따른 연차휴가수당은 청구할 수 있다.
④ 사용자는 근로자대표와의 서면 합의에 따라 연차 유급휴가일을 갈음하여 특정한 근로일에 근로자를 휴무시킬 수 있다.
⑤ 근로자가 업무상 재해로 휴업한 기간은 소정근로일수와 출근일수에 모두 제외시켜 출근율을 계산하여야 한다.

해설

① (○) 사용자는 계속하여 근로한 기간이 1년 미만인 근로자 또는 1년간 80퍼센트 미만 출근한 근로자에게 1개월 개근 시 1일의 유급휴가를 주어야 한다(근기법 제60조 제2항).
② (○) 근기법 시행령 제33조
③ (○) 연차휴가를 사용할 권리 혹은 연차휴가수당 청구권은 근로자가 전년도에 출근율을 충족하면서 근로를 제공하면 당연히 발생하는 것으로서, 연차휴가를 사용할 해당 연도가 아니라 그 전년도 1년간의 근로에 대한 대가에 해당한다. 따라서 근로자가 업무상 재해 등의 사정으로 말미암아 연차휴가를 사용할 해당 연도에 전혀 출근하지 못한 경우라 하더라도, 이미 부여받은 연차휴가를 사용하지 않은 데 따른 연차휴가수당은 청구할 수 있다. 이러한 연차휴가수당의 청구를 제한하는 내용의 단체협약이나 취업규칙은 근로기준법에서 정하는 기준에 미치지 못하는 근로조건을 정한 것으로서, 효력이 없다(대판 2017.5.17. 2014다232296).
④ (○) 근기법 제62조
⑤ (×) 근로기준법 제60조 제6항 제1호는 위와 같이 출근율을 계산할 때 근로자가 업무상의 부상 또는 질병(이하 '업무상 재해')으로 휴업한 기간은 출근한 것으로 간주하도록 규정하고 있다. 이는 근로자가 업무상 재해 때문에 근로를 제공할 수 없었음에도 업무상 재해가 없었을 경우보다 적은 연차휴가를 부여받는 불이익을 방지하려는 데에 취지가 있다. 그러므로 근로자가 업무상 재해로 휴업한 기간은 장단(장단)을 불문하고 소정근로일수와 출근일수에 모두 포함시켜 출근율을 계산하여야 한다. 설령 그 기간이 1년 전체에 걸치거나 소정근로일수 전부를 차지한다고 하더라도, 이와 달리 볼 아무런 근거나 이유가 없다(대판 2017.5.17. 2014다232296).

답 ❺

002 ☐☐☐ **근로기준법령상 근로시간과 휴식에 관한 설명으로 옳은 것은?** 14 노무

① 사용자는 고용노동부장관의 승인을 받으면 법 제56조에 따른 연장근로에 대하여 임금을 지급하는 것을 갈음하여 휴가를 줄 수 있다.
② 사용자는 1년간 80% 이상 출근한 근로자에게 10일의 유급휴가를 주어야 한다.
③ 사용자는 계속하여 근로한 기간이 2년 미만인 근로자 또는 1년간 80% 미만 출근한 근로자에게 1개월 개근 시 1일의 유급휴가를 주어야 한다.
④ 사용자는 고용노동부장관의 승인을 받으면 법 제60조에 따른 연차유급휴가일을 갈음하여 특정한 근로일에 근로자를 휴무시킬 수 있다.
⑤ 법 제55조에 따른 유급휴일은 1주 동안의 소정근로일을 개근한 자에게 주어야 한다.

해설

① (×) 사용자는 근로자대표와의 서면합의에 따라 연장근로·야간근로 및 휴일근로에 대하여 임금을 지급하는 것을 갈음하여 휴가를 줄 수 있다(근기법 제57조).
② (×) 사용자는 1년간 80% 이상 출근한 근로자에게 15일의 유급휴가를 주어야 한다(근기법 제60조 제1항).
③ (×) 사용자는 계속하여 근로한 기간이 1년 미만인 근로자 또는 1년간 80% 미만 출근한 근로자에게 1개월 개근 시 1일의 유급휴가를 주어야 한다(근기법 제60조 제2항).
④ (×) 사용자는 근로자대표와의 서면합의에 따라 제60조에 따른 연차유급휴가일을 갈음하여 특정한 근로일에 근로자를 휴무시킬 수 있다(근기법 제62조).
⑤ (○) 근기법 시행령 제30조 제1항

답 ⑤

003 ☐☐☐ **근로기준법상 근로시간과 휴식에 관한 설명으로 옳은 것은?** 22 노무

① 사용자는 모든 근로자에게 근로시간이 8시간인 경우에는 30분의 휴게시간을 근로시간 도중에 주어야 한다.
② 사용자는 근로자에게 매월 평균 1회 이상의 유급휴일을 보장해야 한다.
③ 사용자는 근로자에게 대통령령으로 정하는 휴일을 유급으로 보장하여야 하므로 근로자대표와 서면 합의를 하였더라도 특정한 근로일로 대체할 수 없다.
④ 사용자는 8시간을 초과한 연장근로에 대하여는 통상임금의 100분의 100 이상을 가산하여 지급하여야 한다.
⑤ 사용자는 근로자대표와의 서면 합의에 따라 야간근로에 대하여 임금을 지급하는 것을 갈음하여 휴가를 줄 수 있다.

해설

① (×) 사용자는 근로시간이 4시간인 경우에는 30분 이상, 8시간인 경우에는 1시간 이상의 휴게시간을 근로시간 도중에 주어야 한다(근기법 제54조 제1항).
② (×) 사용자는 근로자에게 1주에 평균 1회 이상의 유급휴일을 보장하여야 한다(근기법 제55조 제1항).
③ (×) 사용자는 근로자에게 대통령령으로 정하는 휴일을 유급으로 보장하여야 한다. 다만, 근로자대표와 서면으로 합의한 경우 특정한 근로일로 대체할 수 있다(근기법 제55조 제2항).
④ (×) 사용자는 연장근로에 대하여는 통상임금의 100분의 50 이상을 가산하여 근로자에게 지급하여야 한다(근기법 제56조 제1항).
⑤ (○) 사용자는 근로자대표와의 서면 합의에 따라 연장근로·야간근로 및 휴일근로 등에 대하여 임금을 지급하는 것을 갈음하여 휴가를 줄 수 있다(근기법 제57조).

답 ⑤

004 근로기준법상 근로시간 및 휴일에 관한 설명으로 옳은 것은? 17 노무

□□□

① 사용자는 근로자의 동의와 고용노동부장관의 승인을 받아 연장근로에 대하여 임금을 지급하는 대신에 휴가를 줄 수 있다.
② 사용자는 근로자에게 1주에 평균 1회 이상의 유급휴일을 일요일에 부여하여야 한다.
③ 사용자가 근로자대표와 서면합의를 한 경우 단속적(斷續的)으로 근로에 종사하는 사람에게는 휴일에 관한 규정을 적용하지 아니한다.
④ 18세 이상의 임신 중인 여성근로자에 대하여는 선택적 근로시간제를 적용할 수 있다.
⑤ 사용자는 연장근로에 대하여는 평균임금의 100분의 50 이상을 가산하여 지급하여야 한다.

해설

① (×) 사용자는 근로자대표와의 서면합의에 따라 제51조의3, 제52조 제2항 제2호 및 제56조에 따른 연장근로・야간근로 및 휴일근로 등에 대하여 임금을 지급하는 것을 갈음하여 휴가를 줄 수 있다(근기법 제57조).
② (×) 주휴일이 반드시 일요일일 필요는 없다.
③ (×) 감시(監視) 또는 단속적(斷續的)으로 근로에 종사하는 사람으로서 사용자가 고용노동부장관의 승인을 받은 사람은 근로시간, 휴게와 휴일에 관한 규정을 적용하지 않는다(근기법 제63조 제3호).
④ (○) 18세 이상의 임신 중인 여성근로자에 대하여는 선택적 근로시간제가 적용된다. 선택적 근로시간제가 적용되지 않는 근로자는 15세 이상 18세 미만의 근로자이다(근기법 제52조 제1항 제1호).
⑤ (×) 사용자는 연장근로(제53조・제59조 및 제69조 단서에 따라 연장된 시간의 근로)에 대하여는 통상임금의 100분의 50 이상을 가산하여 근로자에게 지급하여야 한다(근기법 제56조 제1항).

적용의 제외(근기법 제63조)

근로시간, 휴게와 휴일에 관한 규정은 다음 각 호의 어느 하나에 해당하는 근로자에 대하여는 적용하지 아니한다.

1. 토지의 경작・개간, 식물의 식재・재배・채취사업, 그 밖의 농림사업
2. 동물의 사육, 수산 동식물의 채취・포획・양식사업, 그 밖의 축산, 양잠, 수산사업
3. 감시(監視) 또는 단속적(斷續的)으로 근로에 종사하는 사람으로서 사용자가 고용노동부장관의 승인을 받은 사람
4. 대통령령으로 정하는 업무에 종사하는 근로자

답 ❹

005 근로기준법상 연차유급휴가에 관한 설명으로 옳지 않은 것은? 22 노무

□□□

① 사용자는 계속하여 근로한 기간이 1년 미만인 근로자에게 1개월 개근 시 1일의 연차유급휴가를 주어야 한다.

② 사용자는 1년간 80퍼센트 미만 출근한 근로자에게 1개월 개근 시 1일의 연차유급휴가를 주어야 한다.

③ 연차유급휴가 일수의 산정 시 근로자가 업무상의 질병으로 휴업한 기간은 출근한 것으로 보지 않는다.

④ 사용자가 근로자에게 주어야 하는 연차유급휴가의 총 휴가 일수는 가산휴가를 포함하여 25일을 한도로 한다.

⑤ 사용자는 근로자대표와의 서면 합의에 따라 연차유급휴가일을 갈음하여 특정한 근로일에 근로자를 휴무시킬 수 있다.

해설

① (○) 사용자는 계속하여 근로한 기간이 1년 미만인 근로자 또는 1년간 80퍼센트 미만 출근한 근로자에게 1개월 개근 시 1일의 유급휴가를 주어야 한다(근기법 제60조 제2항).

② (○) 근기법 제60조 제2항

③ (×) 근기법 제60조 제6항 제1호에 의하면 근로자가 업무상의 질병으로 휴업한 기간은 출근한 것으로 본다.

④ (○) 사용자는 3년 이상 계속하여 근로한 근로자에게는 15일의 유급휴가에 최초 1년을 초과하는 계속 근로 연수 매 2년에 대하여 1일을 가산한 유급휴가를 주어야 한다. 이 경우 가산휴가를 포함한 총 휴가 일수는 25일을 한도로 한다(근기법 제60조 제4항).

⑤ (○) 근기법 제62조

연차유급휴가(근기법 제60조)

⑥ 제1항 및 제2항을 적용하는 경우 다음 각 호의 어느 하나에 해당하는 기간은 출근한 것으로 본다.

1. 근로자가 업무상의 부상 또는 질병으로 휴업한 기간
2. 임신 중의 여성이 제74조 제1항부터 제3항까지의 규정에 따른 휴가로 휴업한 기간
3. 남녀고용평등과 일·가정 양립 지원에 관한 법률 제19조 제1항에 따른 육아휴직으로 휴업한 기간

답 ❸

006 근로기준법령상 연차유급휴가에 관한 설명으로 옳지 않은 것은?(다툼이 있으면 판례에 따름)

□□□ 21 노무

① 근로자가 연차휴가에 관한 권리를 취득한 후 1년이 지나기 전에 퇴직하는 등의 사유로 인하여 더 이상 연차휴가를 사용하지 못하게 될 경우 사용자에게 그 연차휴가일수에 상응하는 연차휴가수당을 청구할 수 없다.
② 연간 소정근로일수에 정당한 쟁의행위기간이 차지하는 일수가 포함되어 있는 경우 연차유급휴가 취득요건과 관련한 출근율은 소정근로일수에서 그 쟁의행위기간이 차지하는 일수를 제외한 나머지 일수를 기준으로 산정한다.
③ 사용자는 근로자대표와의 서면합의에 따라 연차유급휴가일을 갈음하여 특정한 근로일에 근로자를 휴무시킬 수 있다.
④ 사용자는 계속하여 근로한 기간이 1년 미만인 근로자에게 1개월 개근 시 1일의 유급휴가를 주어야 한다.
⑤ 연간 소정근로일수와 출근일수를 계산함에 있어서 사용자의 부당해고로 인하여 근로자가 출근하지 못한 기간은 연간 소정근로일수 및 출근일수에 모두 산입된다.

해설

① (×) 근로기준법 제60조 제1항이 규정한 유급연차휴가는 1년간 80% 이상 출근한 근로자에게 부여되는 것으로, 근로자가 연차휴가에 관한 권리를 취득한 후 1년 이내에 연차휴가를 사용하지 아니하거나 1년이 지나기 전에 퇴직하는 등의 사유로 인하여 더 이상 연차휴가를 사용하지 못하게 될 경우에는 사용자에게 연차휴가일수에 상응하는 임금인 연차휴가수당을 청구할 수 있다. 다만 연차휴가를 사용할 권리는 다른 특별한 정함이 없는 한 전년도 1년간의 근로를 마친 다음 날 발생한다고 보아야 하므로, 그 전에 퇴직 등으로 근로관계가 종료한 경우에는 연차휴가를 사용할 권리에 대한 보상으로서의 연차휴가수당도 청구할 수 없다(대판 2018.6.28. 2016다48297).

② (○) 근로자가 정당한 쟁의행위를 하거나 '남녀고용평등과 일·가정 양립 지원에 관한 법률'(이하 '남녀고용평등법')에 의한 육아휴직(이하 양자를 가리켜 '쟁의행위 등')을 하여 현실적으로 근로를 제공하지 아니한 경우, 연간 소정근로일수에서 쟁의행위 등 기간이 차지하는 일수를 제외한 나머지 일수를 기준으로 근로자의 출근율을 산정하여 연차유급휴가 취득요건의 충족 여부를 판단하되, 그 요건이 충족된 경우에는 본래 평상적인 근로관계에서 8할의 출근율을 충족할 경우 산출되었을 연차유급휴가일수에 대하여 '연간 소정근로일수에서 쟁의행위 등 기간이 차지하는 일수를 제외한 나머지 일수'를 '연간 소정근로일수'로 나눈 비율을 곱하여 산출된 연차유급휴가일수를 근로자에게 부여함이 합리적이다(대판 2013.12.26. 2011다4629).

③ (○) 근기법 제62조

④ (○) 근기법 제60조 제2항

⑤ (○) 근로자가 부당해고로 인하여 지급받지 못한 임금이 연차휴가수당인 경우에도 해당 근로자의 연간 소정근로일수와 출근일수를 고려하여 근로기준법 제60조 제1항의 요건을 충족하면 연차유급휴가가 부여되는 것을 전제로 연차휴가수당을 지급하여야 하고, 이를 산정하기 위한 연간 소정근로일수와 출근일수를 계산함에 있어서 사용자의 부당해고로 인하여 근로자가 출근하지 못한 기간을 근로자에 대하여 불리하게 고려할 수는 없으므로 그 기간은 연간 소정근로일수 및 출근일수에 모두 산입되는 것으로 보는 것이 타당하며, 설령 부당해고기간이 연간 총근로일수 전부를 차지하고 있는 경우에도 달리 볼 수는 없다(대판 2014.3.13. 2011다95519).

답 ❶

007 근로기준법상 휴가에 대한 설명으로 옳은 것은? 18 국가직 7급

□□□

① 사용자는 해당 근로자와의 서면 합의에 따라 연차유급휴가일을 갈음하여 특정한 근로일에 근로자를 휴무시킬 수 있다.

② 사용자는 계속하여 근로한 기간이 1년 미만인 근로자에게 연차유급휴가의 사용촉진조치를 취하여 사용하지 아니한 휴가에 대한 보상의무를 면할 수 있다.

③ 사용자는 연차유급휴가 기간에 대하여는 취업규칙 등에서 정하는 최저임금을 지급하여야 한다.

④ 연차유급휴가는 사용자의 귀책사유로 사용하지 못한 경우를 제외하고 3년간 행사하지 아니하면 소멸된다.

해설

① (×) 사용자는 근로자대표와의 서면 합의에 따라 제60조에 따른 연차유급휴가일을 갈음하여 특정한 근로일에 근로자를 휴무시킬 수 있다(근기법 제62조).

② (○) 근기법 제61조 제2항 참조

> **연차유급휴가의 사용 촉진(근기법 제61조)**
>
> ② 사용자가 계속하여 근로한 기간이 1년 미만인 근로자의 제60조 제2항에 따른 유급휴가의 사용을 촉진하기 위하여 다음 각 호의 조치를 하였음에도 불구하고 근로자가 휴가를 사용하지 아니하여 제60조 제7항 본문에 따라 소멸된 경우에는 사용자는 그 사용하지 아니한 휴가에 대하여 보상할 의무가 없고, 같은 항 단서에 따른 사용자의 귀책사유에 해당하지 아니하는 것으로 본다.

③ (×) 사용자는 제1항부터 제4항까지의 규정에 따른 휴가를 근로자가 청구한 시기에 주어야 하고, 그 기간에 대하여는 취업규칙 등에서 정하는 통상임금 또는 평균임금을 지급하여야 한다. 다만, 근로자가 청구한 시기에 휴가를 주는 것이 사업 운영에 막대한 지장이 있는 경우에는 그 시기를 변경할 수 있다(근기법 제60조 제5항).

④ (×) 제1항·제2항 및 제4항에 따른 휴가는 1년간(계속하여 근로한 기간이 1년 미만인 근로자의 제2항에 따른 유급휴가는 최초 1년의 근로가 끝날 때까지의 기간) 행사하지 아니하면 소멸된다. 다만, 사용자의 귀책사유로 사용하지 못한 경우에는 그러하지 아니하다(근기법 제60조 제7항).

008 근로기준법상 연차유급휴가에 대한 설명으로 옳지 않은 것은? 19 국가직 7급

□□□

① 사용자는 연차유급휴가를 근로자가 청구한 시기에 주어야 하고, 근로자가 청구한 시기에 휴가를 주는 것이 사업 운영에 막대한 지장이 있는 경우에도 그 시기를 변경할 수 없다.

② 7년 계속하여 근로한 근로자에게 연차유급휴가를 주는 경우 가산하여야 하는 유급휴가는 3일이다.

③ 남녀고용평등과 일·가정 양립 지원에 관한 법률에 따른 육아휴직으로 휴업한 기간은 연차유급휴가의 출근율 산정에 관하여 출근한 것으로 본다.

④ 사용자가 근로기준법에 따른 연차유급휴가 사용촉진 조치를 하였음에도 불구하고 근로자가 휴가를 사용하지 아니하여 소멸된 경우, 사용자는 그 사용하지 아니한 휴가에 대하여 보상할 의무가 없다.

해설

① (×) 사용자는 제1항부터 제4항까지의 규정에 따른 휴가를 근로자가 청구한 시기에 주어야 하고, 그 기간에 대하여는 취업규칙 등에서 정하는 통상임금 또는 평균임금을 지급하여야 한다. 다만, 근로자가 청구한 시기에 휴가를 주는 것이 사업 운영에 막대한 지장이 있는 경우에는 그 시기를 변경할 수 있다(근기법 제60조 제5항).

② (○) 사용자는 3년 이상 계속하여 근로한 근로자에게는 15일의 유급휴가에 최초 1년을 초과하는 계속 근로 연수 매 2년에 대하여 1일을 가산한 유급휴가를 주어야 한다. 이 경우 가산휴가를 포함한 총 휴가 일수는 25일을 한도로 한다(근기법 제60조 제4항). 따라서 3년차에 16일, 5년차에 17일, 7년차에 18일의 연차유급휴가가 발생하므로, 7년차에 가산하여야 하는 유급휴가는 3일이다.

③ (○) 근기법 제60조 제6항 참조

> **연차유급휴가(근기법 제60조)**
>
> ⑥ 제1항 및 제2항을 적용하는 경우 다음 각 호의 어느 하나에 해당하는 기간은 출근한 것으로 본다.
>
> 1. 근로자가 업무상의 부상 또는 질병으로 휴업한 기간
> 2. 임신 중의 여성이 제74조 제1항부터 제3항까지의 규정에 따른 휴가로 휴업한 기간
> 3. 남녀고용평등과 일·가정 양립 지원에 관한 법률 제19조 제1항에 따른 육아휴직으로 휴업한 기간

④ (○) 근기법 제61조 제1항·제2항 참조

> **연차유급휴가의 사용 촉진(근기법 제61조)**
>
> ① 사용자가 제60조 제1항·제2항 및 제4항에 따른 유급휴가(계속하여 근로한 기간이 1년 미만인 근로자의 제60조 제2항에 따른 유급휴가는 제외)의 사용을 촉진하기 위하여 다음 각 호의 조치를 하였음에도 불구하고 근로자가 휴가를 사용하지 아니하여 제60조 제7항 본문에 따라 소멸된 경우에는 사용자는 그 사용하지 아니한 휴가에 대하여 보상할 의무가 없고, 제60조 제7항 단서에 따른 사용자의 귀책사유에 해당하지 아니하는 것으로 본다.
>
> ② 사용자가 계속하여 근로한 기간이 1년 미만인 근로자의 제60조 제2항에 따른 유급휴가의 사용을 촉진하기 위하여 다음 각 호의 조치를 하였음에도 불구하고 근로자가 휴가를 사용하지 아니하여 제60조 제7항 본문에 따라 소멸된 경우에는 사용자는 그 사용하지 아니한 휴가에 대하여 보상할 의무가 없고, 같은 항 단서에 따른 사용자의 귀책사유에 해당하지 아니하는 것으로 본다.

답 ❶

009 근로기준법상 연차유급휴가에 대한 설명 중 옳지 않은 것은?(다툼이 있는 경우 판례에 의함)

□□□

20 국가직 7급

① 사용자는 계속하여 근로한 기간이 1년 미만인 근로자에게 1개월 개근 시 1일의 유급휴가를 주어야 한다.

② 연차휴가를 사용할 권리 혹은 연차휴가수당 청구권은 근로자가 전년도에 출근율을 충족하면서 근로를 제공하면 당연히 발생하는 것으로서, 연차휴가를 사용할 해당 연도가 아니라 그 전년도 1년간의 근로에 대한 대가에 해당한다.

③ 출근율 계산 시 근로자가 업무상의 부상 또는 질병으로 휴업한 기간은 출근한 것으로 간주하도록 규정하고 있으나 그 기간이 1년 전체에 걸쳐있으면 출근일수에 포함시키지 않는다.

④ 사용자는 3년 이상 계속하여 근로한 근로자에게는 제60조 제1항에 따른 휴가에 최초 1년을 초과하는 계속 근로 연수 매 2년에 대하여 1일을 가산한 유급휴가를 주어야 한다. 이 경우 가산휴가를 포함한 총 휴가 일수는 25일을 한도로 한다.

해설

① (○) 사용자는 계속하여 근로한 기간이 1년 미만인 근로자 또는 1년간 80퍼센트 미만 출근한 근로자에게 1개월 개근 시 1일의 유급휴가를 주어야 한다(근기법 제60조 제2항).

② (○) 연차휴가를 사용할 권리 혹은 연차휴가수당 청구권은 근로자가 전년도에 출근율을 충족하면서 근로를 제공하면 당연히 발생하는 것으로서, 연차휴가를 사용할 해당 연도가 아니라 그 전년도 1년간의 근로에 대한 대가에 해당한다. 따라서 근로자가 업무상 재해 등의 사정으로 말미암아 연차휴가를 사용할 해당 연도에 전혀 출근하지 못한 경우라 하더라도, 이미 부여받은 연차휴가를 사용하지 않은 데 따른 연차휴가수당은 청구할 수 있다. 이러한 연차휴가수당의 청구를 제한하는 내용의 단체협약이나 취업규칙은 근로기준법에서 정하는 기준에 미치지 못하는 근로조건을 정한 것으로서, 효력이 없다(대판 2017.5.17. 2014다232296).

③ (×) 근로기준법 제60조 제6항 제1호는 위와 같이 출근율을 계산할 때 근로자가 업무상의 부상 또는 질병(이하 '업무상 재해')으로 휴업한 기간은 출근한 것으로 간주하도록 규정하고 있다. 이는 근로자가 업무상 재해 때문에 근로를 제공할 수 없었음에도 업무상 재해가 없었을 경우보다 적은 연차휴가를 부여받는 불이익을 방지하려는 데에 취지가 있다. 그러므로 근로자가 업무상 재해로 휴업한 기간은 장단(장단)을 불문하고 소정근로일수와 출근일수에 모두 포함시켜 출근율을 계산하여야 한다. 설령 그 기간이 1년 전체에 걸치거나 소정근로일수 전부를 차지한다고 하더라도, 이와 달리 볼 아무런 근거나 이유가 없다(대판 2017.5.17. 2014다232296).

④ (○) 근기법 제60조 제4항

010 근로기준법상 연차유급휴가에 관한 설명으로 옳지 않은 것은?(다툼이 있으면 판례에 따름)

□□□

20 노무

① 사용자는 계속하여 근로한 기간이 1년 미만인 근로자에게 1개월 개근 시 1일의 유급휴가를 주어야 한다.

② 연차유급휴가의 산정을 위한 출근율의 계산에서 출산전후휴가로 휴업한 기간은 출근한 것으로 본다.

③ 사용자는 근로자대표와의 서면합의에 따라 연차유급휴가일을 갈음하여 특정한 근로일에 근로자를 휴무시킬 수 있다.

④ 근로자가 업무상 재해로 연차유급휴가를 사용할 해당 연도에 전혀 출근하지 못한 경우라면 미사용 연차유급휴가에 대한 연차휴가수당은 청구할 수 없다.

⑤ 미사용 연차유급휴가에 대하여는 통상임금의 100분의 50을 가산하여 지급하지 않아도 된다.

해설

① (O) 근기법 제60조 제2항

② (O) 근기법 제60조 제6항 제2호

③ (O) 근기법 제62조

④ (×) 근로자가 업무상의 부상 또는 질병 등의 사정으로 연차휴가를 사용할 해당 연도에 전혀 출근하지 못한 경우, 이미 부여받은 연차휴가를 사용하지 않은 데 따른 연차휴가수당을 청구할 수 있다(대판 2017.5.17. 2014다232296).

⑤ (O) 구 근로기준법 제46조가 정하는 할증임금지급제도와 구법 제47조, 제48조 소정의 연, 월차휴가제도는 그 취지가 상이한 제도이고, 각 법조문도 휴일과 휴가를 구별하여 규정하고 있는 점에 비추어, 구법 제46조 소정의 '휴일'에는 구법 제47조, 제48조 소정의 연, 월차휴가는 포함되지 않는다고 봄이 상당하고, 또한 구법 제48조 제2항에는 휴가총일수가 20일을 초과하는 경우에는 그 초과일수에 대하여 통상임금을 지급하고 유급휴가를 주지 아니할 수 있도록 되어 있어, 20일 이하인 휴가일수에 대하여 보상을 지급해야 할 경우에도 통상임금을 추가로 지급하면 된다고 보는 것이 균형상 타당하므로, 연, 월차휴가근로수당에 대하여는 구법 제46조 소정의 가산임금(수당)이 포함될 수 없다(대판 1991.7.26. 90다카11636).

011 근로기준법상 휴일근로에 관한 규정이다. (   )에 들어갈 숫자를 옳게 짝지은 것은? 18 노무

☐☐☐

> 사용자는 휴일근로에 대하여는 다음 각 호의 기준에 따른 금액 이상을 가산하여 근로자에게 지급하여야 한다.
> 1. 8시간 이내의 휴일근로 : 통상임금의 100분의 (ㄱ)
> 2. 8시간을 초과한 휴일근로 : 통상임금의 100분의 (ㄴ)

① ㄱ : 50, ㄴ : 100
② ㄱ : 50, ㄴ : 150
③ ㄱ : 50, ㄴ : 200
④ ㄱ : 100, ㄴ : 150
⑤ ㄱ : 100, ㄴ : 200

해설

- 8시간 이내의 휴일근로 : 통상임금의 100분의 50(근기법 제56조 제2항 제1호)
- 8시간을 초과한 휴일근로 : 통상임금의 100분의 100(근기법 제56조 제2항 제2호)

답 ❶

012 근로기준법상 연차유급휴가에 관한 설명으로 옳지 않은 것은?(다툼이 있는 경우에는 판례에 의함) 15 노무

☐☐☐

① 출근율 산정에 있어 근로자가 정당한 파업에 참가한 기간은 출근한 것으로 본다.
② 1년간 80% 미만 출근한 근로자에게 1개월 개근 시 1일의 연차유급휴가를 주어야 한다.
③ 출근율 산정에 있어 근로자의 정직기간을 연간 소정근로일수에 포함시키되 출근일수에서 제외할 수 있다.
④ 6년차 근로자가 5년차에 80% 이상 출근하였다면 6년차 1년 동안 사용할 수 있는 연차유급휴가는 17일이다.
⑤ 근로자가 연차유급휴가를 언제부터 언제까지 사용할 것인지를 특정하지 않은 연차유급휴가의 청구는 그 효력이 없다.

해설

① (×) 정당한 파업에 참가한 기간은 출근한 것으로 본다는 규정이 없으므로, 그 기간을 출근한 것으로 간주할 수는 없다(대판 2013.12.26. 2011다4629).
② (○) 근기법 제60조 제2항
③ (○) 징계처분으로서의 정직, 직위해제기간은 비록 근로의무가 면제되는 기간이긴 하지만 근로자의 귀책사유에 의한 것이기 때문에 결근으로 처리할 수 있다고 한다(대판 2008.10.9. 2008다41666).
④ (○) 3년차에 16일, 5년차에 17일, 7년차에 18일의 연차유급휴가가 발생하므로, 6년차 1년 동안 사용할 수 있는 연차유급휴가는 17일이다(근기법 제60조 제4항).
⑤ (○) 연 · 월차휴가권이 근로기준법상의 성립요건을 충족하는 경우에 당연히 발생하는 것이라고 하여도 이와 같이 발생한 휴가권을 구체화하려면 근로자가 자신에게 맡겨진 시기지정권을 행사하여 어떤 휴가를, 언제부터 언제까지 사용할 것인지에 관하여 특정하여야 할 것이고, 근로자가 이와 같은 특정을 하지 아니한 채 시기 지정을 하더라도 이는 적법한 시기 지정이라고 할 수 없어 그 효력이 발생할 수 없다(대판 1997.3.25. 96다4930).

답 ❶

013 □□□ **근로기준법 제60조 제1항에서 규정하고 있는 1년간 80% 이상 출근한 근로자에게 부여되는 연차유급휴가에 관한 설명으로 옳지 않은 것은?(다툼이 있으면 판례에 따름)** 19 노무

① 연차유급휴가를 사용할 권리는 다른 특별한 정함이 없는 한 그 전년도 1년간의 근로를 마친 다음 날 발생한다.

② 연차유급휴가를 사용하기 전에 퇴직 등의 사유로 근로관계가 종료되더라도 연차유급휴가수당을 청구할 권리는 그대로 유지된다.

③ 사용하지 아니한 휴가에 대한 보상을 지급하는 연차유급휴가수당에 대하여는 별도의 휴일근로수당이 적용되지 않는다.

④ 연차유급휴가 규정을 적용하는 경우 육아휴직으로 휴업한 기간은 출근한 것으로 보지 않는다.

⑤ 연차유급휴가 수당청구권의 소멸시효는 연차유급휴가권을 취득한 날부터 1년이 경과하여 그 휴가 불실시가 확정된 다음 날부터 기산한다.

해설

① (O) 2018년에 80% 이상 출근한 근로자의 경우 2019년 1월 1일에 연차유급휴가를 사용할 권리가 발생한다.

② (O) 근로기준법 제60조 제1항이 규정한 유급연차휴가는 1년간 80% 이상 출근한 근로자에게 부여되는 것으로, 근로자가 연차휴가에 관한 권리를 취득한 후 1년 이내에 연차휴가를 사용하지 아니하거나 1년이 지나기 전에 퇴직하는 등의 사유로 인하여 더 이상 연차휴가를 사용하지 못하게 될 경우에는 사용자에게 연차휴가일수에 상응하는 임금인 연차휴가수당을 청구할 수 있다(대판 2018.6.28. 2016다48297).

③ (O) 휴일과 휴가제도는 그 인정취지가 다르고 근기법 제56조의 휴일에는 연차유급휴가가 포함되지 아니하므로 사용자는 연차유급휴가수당에 대하여 가산임금을 지급할 의무가 없다(대판 1991.7.26. 90다카11636).

④ (×) 육아휴직으로 휴업한 기간, 임신 중의 여성이 휴가로 휴업한 기간, 근로자가 업무상의 부상 또는 질병으로 휴업한 기간은 출근한 것으로 본다(근기법 제60조 제6항).

⑤ (O) 연차휴가근로수당 지급청구권은 구 근로기준법 제47조 소정의 연차유급휴가권을 취득한 근로자가 그 휴가권이 발생한 때로부터 1년 이내에 그 연차휴가를 사용하지 아니한 채 근로한 대가로 발생하는 것으로서 그 성질은 임금이므로, 이에 대하여는 구 근로기준법 제41조의 규정에 의한 3년의 소멸시효가 적용되고, 그 기산점은 연차유급휴가권을 취득한 날로부터 1년의 경과로 그 휴가 불실시가 확정된 다음 날이다(대판 1995.6.29. 94다18553).

답 ④

014 □□□ **근로기준법상 연차유급휴가 및 연차휴가수당에 대한 설명으로 옳지 않은 것은?(다툼이 있는 경우 판례에 의함)** 21 국가직 9급

① 근로자가 부당해고로 인하여 지급받지 못한 임금이 연차휴가수당인 경우에 해당 근로자의 연간 소정근로일수와 출근일수를 고려하여 1년간 80퍼센트 이상 출근하는 요건을 충족하면, 사용자는 연차유급휴가가 부여되는 것을 전제로 연차휴가수당을 지급하여야 한다.

② 근로자가 업무상 재해로 휴업한 기간은 장단을 불문하고 소정근로일수와 출근일수에 모두 포함시키지 않고 출근율을 계산하여야 한다.

③ 근로자가 연차휴가에 관한 권리를 취득한 후 1년이 지나기 전에 퇴직하는 등의 사유로 인하여 더 이상 연차휴가를 사용하지 못하게 될 경우에는 사용자에게 연차휴가일수에 상응하는 임금인 연차휴가수당을 청구할 수 있다.

④ 연차유급휴가를 사용할 권리 혹은 연차휴가수당 청구권은 연차휴가를 사용할 해당 연도가 아니라 그 전년도 1년간의 근로에 대한 대가에 해당한다.

해설

① (O) 근로자가 부당해고로 인하여 지급받지 못한 임금이 연차휴가수당인 경우에도 해당 근로자의 연간 소정근로일수와 출근일수를 고려하여 근로기준법 제60조 제1항의 요건을 충족하면 연차유급휴가가 부여되는 것을 전제로 연차휴가수당을 지급하여야 하고, 이를 산정하기 위한 연간 소정근로일수와 출근일수를 계산함에 있어서 사용자의 부당해고로 인하여 근로자가 출근하지 못한 기간을 근로자에 대하여 불리하게 고려할 수는 없으므로 그 기간은 연간 소정근로일수 및 출근일수에 모두 산입되는 것으로 보는 것이 타당하며, 설령 부당해고기간이 연간 총근로일수 전부를 차지하고 있는 경우에도 달리 볼 수는 없다(대판 2014.3.13. 2011다95519).

② (×) 근로자가 업무상 재해로 휴업한 기간은 장단(장단)을 불문하고 소정근로일수와 출근일수에 모두 포함시켜 출근율을 계산하여야 한다. 설령 그 기간이 1년 전체에 걸치거나 소정근로일수 전부를 차지한다고 하더라도, 이와 달리 볼 아무런 근거나 이유가 없다(대판 2017.5.17. 2014다232296).

③ (O)·④ (O) 근로자가 연차휴가에 관한 권리를 취득한 후 1년 이내에 연차휴가를 사용하지 아니하거나 1년이 지나기 전에 퇴직하는 등의 사유로 인하여 더 이상 연차휴가를 사용하지 못하게 될 경우에는 사용자에게 연차휴가일수에 상응하는 임금인 연차휴가수당을 청구할 수 있다.❸ 한편 연차휴가를 사용할 권리 혹은 연차휴가수당 청구권은 근로자가 전년도에 출근율을 충족하면서 근로를 제공하면 당연히 발생하는 것으로서, 연차휴가를 사용할 해당 연도가 아니라 그 전년도 1년간의 근로에 대한 대가에 해당한다❹(대판 2017.5.17. 2014다232296).

답 ❷

015 □□□ **근로기준법상 연차유급휴가의 발생 요건과 관련하여 출근율 산정 등에 대한 설명으로 옳지 않은 것은?(다툼이 있는 경우 판례에 의함)** 22 국가직 7급

① 남녀고용평등과 일·가정 양립 지원에 관한 법률 제19조 제1항에 따른 육아휴직으로 휴업한 기간은 출근한 것으로 본다.

② 근로자가 업무상의 부상 또는 질병으로 휴업한 기간은 출근한 것으로 본다.

③ 계속하여 근로한 기간이 1년 미만인 근로자에게 부여되는 연차유급휴가는 최초 1년의 근로가 끝날 때까지의 기간에 행사하지 아니하면 소멸되지만, 사용자의 귀책사유로 사용하지 못한 경우에는 그러하지 아니하다.

④ 근로자가 사용자의 부당해고로 인하여 출근하지 못한 기간은 출근율 산정을 위한 연간 소정근로일수 및 출근일수에서 모두 제외되어야 한다.

해설

① (○)·② (○) 근기법 제60조 제6항 참조

> **연차유급휴가(근기법 제60조)**
>
> ⑥ 제1항 및 제2항을 적용하는 경우 다음 각 호의 어느 하나에 해당하는 기간은 출근한 것으로 본다.
>
> 1. 근로자가 업무상의 부상 또는 질병으로 휴업한 기간❷
> 2. 임신 중의 여성이 제74조 제1항부터 제3항까지의 규정에 따른 휴가로 휴업한 기간
> 3. 남녀고용평등과 일·가정 양립 지원에 관한 법률 제19조 제1항에 따른 육아휴직으로 휴업한 기간❶

③ (○) 연차유급휴가는 1년간(계속하여 근로한 기간이 1년 미만인 근로자의 제2항에 따른 유급휴가는 최초 1년의 근로가 끝날 때까지의 기간) 행사하지 아니하면 소멸된다. 다만, 사용자의 귀책사유로 사용하지 못한 경우에는 그러하지 아니하다(근기법 제60조 제7항).

④ (×) 근로자가 부당해고로 인하여 지급받지 못한 임금이 연차휴가수당인 경우에도 해당 근로자의 연간 소정근로일수와 출근일수를 고려하여 근로기준법 제60조 제1항의 요건을 충족하면 연차유급휴가가 부여되는 것을 전제로 연차휴가수당을 지급하여야 하고, 이를 산정하기 위한 연간 소정근로일수와 출근일수를 계산함에 있어서 사용자의 부당해고로 인하여 근로자가 출근하지 못한 기간을 근로자에 대하여 불리하게 고려할 수는 없으므로 그 기간은 연간 소정근로일수 및 출근일수에 모두 산입되는 것으로 보는 것이 타당하며, 설령 부당해고기간이 연간 총근로일수 전부를 차지하고 있는 경우에도 달리 볼 수는 없다(대판 2014.3.13. 2011다95519).

답 ❹

제2절 여성과 연소근로자의 보호

016 근로기준법령상 여성과 소년의 보호에 관한 설명으로 옳지 않은 것은? 23 노무

□□□

① 15세 미만인 자를 사용하는 사용자가 취직인허증을 갖추어 둔 경우에는 가족관계기록사항에 관한 증명서와 친권자나 후견인의 동의서를 갖추어 두지 않아도 된다.

② 사용자는 취직인허증이 못쓰게 된 경우에는 고용노동부령으로 정하는 바에 따라 지체 없이 재교부 신청을 하여야 한다.

③ 사용자는 임신 중의 여성이 명시적으로 청구하는 경우로서 고용노동부장관의 인가를 받은 경우 휴일에 근로하게 할 수 있다.

④ 생후 1년 미만의 유아를 가진 여성 근로자가 청구하면 1일 2회 각각 60분 이상의 유급 수유시간을 주어야 한다.

⑤ 사용자는 관리·감독 업무를 수행하기 위하여 일시적으로 필요한 경우 여성을 갱내(坑內)에서 근로시킬 수 있다.

해설

① (○) 근기법 시행령 제36조 제2항

② (○) 사용자 또는 15세 미만인 자는 취직인허증이 못쓰게 되거나 이를 잃어버린 경우에는 고용노동부령으로 정하는 바에 따라 지체 없이 재교부 신청을 하여야 한다(근기법 시행령 제39조).

③ (○) 사용자는 임산부와 18세 미만자를 오후 10시부터 오전 6시까지의 시간 및 휴일에 근로시키지 못한다. 다만, 임신 중의 여성이 명시적으로 청구하는 경우로서 고용노동부장관의 인가를 받으면 그러하지 아니하다(근기법 제70조 제2항 제3호).

④ (×) 생후 1년 미만의 유아(乳兒)를 가진 여성 근로자가 청구하면 1일 2회 각각 30분 이상의 유급 수유 시간을 주어야 한다(근기법 제75조).

⑤ (○) 근기법 제72조, 동법 시행령 제42조 제4호

갱내근로의 금지(근기법 제72조)

사용자는 여성과 18세 미만인 사람을 갱내(坑內)에서 근로시키지 못한다. 다만, 보건·의료, 보도·취재 등 대통령령으로 정하는 업무를 수행하기 위하여 일시적으로 필요한 경우에는 그러하지 아니하다.

갱내근로 허용업무(근기법 시행령 제42조)

법 제72조에 따라 여성과 18세 미만인 자를 일시적으로 갱내에서 근로시킬 수 있는 업무는 다음 각 호와 같다.

1. 보건, 의료 또는 복지 업무
2. 신문·출판·방송프로그램 제작 등을 위한 보도·취재업무
3. 학술연구를 위한 조사 업무
4. 관리·감독 업무
5. 제1호부터 제4호까지의 규정의 업무와 관련된 분야에서 하는 실습 업무

답 ④

017 근로기준법상 임산부의 보호에 관한 설명으로 옳지 않은 것은? 

□□□

① 사용자는 임신 중의 여성 근로자에게 시간외근로를 하게 하여서는 아니 되며, 그 근로자의 요구와 관계없이 쉬운 종류의 근로로 전환하여야 한다.
② 사용자는 임신 중인 여성이 사산한 경우로서 그 근로자가 청구하면 대통령령으로 정하는 바에 따라 사산 휴가를 주어야 한다.
③ 사용자는 한 번에 둘 이상 자녀를 임신 중의 여성에게 출산 전과 출산 후를 통하여 120일의 출산전후 휴가를 주어야 한다.
④ 사업주는 출산전후휴가 종료 후에는 휴가 전과 동일한 업무 또는 동등한 수준의 임금을 지급하는 직무에 복귀시켜야 한다.
⑤ 사용자는 1일 근로시간이 8시간인 임신 후 36주 이후에 있는 여성 근로자가 1일 2시간의 근로시간 단축을 신청하는 경우 이를 허용하여야 한다.

해설

① (×) 사용자는 임신 중의 여성 근로자에게 시간외근로를 하게 하여서는 아니 되며, 그 근로자의 요구가 있는 경우에는 쉬운 종류의 근로로 전환하여야 한다(근기법 제74조 제5항).
② (○) 사용자는 임신 중인 여성이 유산 또는 사산한 경우로서 그 근로자가 청구하면 대통령령으로 정하는 바에 따라 유산·사산 휴가를 주어야 한다(근기법 제74조 제3항 본문).
③ (○) 근기법 제74조 제1항 전문
④ (○) 근기법 제74조 제6항
⑤ (○) 사용자는 임신 후 12주 이내 또는 36주 이후에 있는 여성 근로자가 1일 2시간의 근로시간 단축을 신청하는 경우 이를 허용하여야 한다. 다만, 1일 근로시간이 8시간 미만인 근로자에 대하여는 1일 근로시간이 6시간이 되도록 근로시간 단축을 허용할 수 있다(근기법 제74조 제7항).

답 ❶

018 근로기준법령상 임산부의 보호 등에 관한 설명으로 옳지 않은 것은? 14 노무

① 법 제52조(선택적 근로시간제)는 임신 중인 여성근로자에 대하여는 적용하지 아니한다.
② 사용자는 임신 중의 여성이 명시적으로 청구하는 경우로서 고용노동부장관의 인가를 받으면 그 임신 중의 여성근로자를 오후 10시부터 오전 6시까지의 시간에 근로시킬 수 있다.
③ 사용자는 임신 중의 여성이 명시적으로 청구하는 경우로서 고용노동부장관의 인가를 받으면 그 임신 중의 여성근로자를 휴일에 근로시킬 수 있다.
④ 사용자는 산후 1년이 지나지 아니한 여성에 대하여는 단체협약이 있는 경우라도 1일에 2시간, 1주에 6시간, 1년에 150시간을 초과하는 시간외근로를 시키지 못한다.
⑤ 사용자는 임산부를 도덕상 또는 보건상 유해·위험한 사업에 사용하지 못한다.

해설

① (×) 선택적 근로시간제는 15세 이상 18세 미만의 근로자는 제외한다. 임신 중인 여성근로자는 제외대상이 아니다(근기법 제52조 제1항 제1호).
② (○) 임신 중의 여성은 사용자에게 명시적으로 청구하고 고용노동부장관의 인가를 받아야 야간근로가 가능하다(근기법 제70조 제2항).
③ (○) 근기법 제70조 제2항 제3호
④ (○) 근기법 제71조
⑤ (○) 근기법 제65조 제1항

답 ❶

019 근로기준법령상 취직인허증에 관한 설명으로 옳지 않은 것은? 14 노무

□□□

① 취직인허증을 받으려는 자가 의무교육 대상자로서 재학 중인 경우에는 학교장이 고용노동부장관에게 신청하여야 한다.

② 고용노동부장관은 거짓이나 그 밖의 부정한 방법으로 취직인허증을 발급받은 사람에게는 그 인허를 취소하여야 한다.

③ 15세 미만인 자를 사용하는 사용자가 취직인허증을 갖추어 둔 경우에는 법 제66조에 따른 가족관계기록사항에 관한 증명서와 친권자나 후견인의 동의서를 갖추어 둔 것으로 본다.

④ 예술공연 참가를 위한 경우에는 13세 미만인 자도 취직인허증을 받을 수 있다.

⑤ 취직인허증은 본인의 신청에 따라 의무교육에 지장이 없는 경우에는 직종을 지정하여서만 발행할 수 있다.

해설

① (×) 취직인허증을 받으려는 자는 학교장(의무교육 대상자와 재학 중인 자로 한정한다) 및 친권자 또는 후견인의 서명을 받아 사용자가 될 자와 연명(連名)으로 고용노동부장관에게 신청하여야 한다(근기법 시행령 제35조 제2항 및 제3항).

② (○) 근기법 제64조 제3항

③ (○) 근기법 시행령 제36조 제2항

④ (○) 취직인허증을 받을 수 있는 자는 13세 이상 15세 미만인 자로 한다. 다만, 예술공연 참가를 위한 경우에는 13세 미만인 자도 취직인허증을 받을 수 있다(근기법 시행령 제35조 제1항).

⑤ (○) 근기법 제64조 제2항

답 ❶

020 근로기준법령상 임산부의 보호에 관한 설명으로 옳지 않은 것은? 15 노무

□□□

① 사용자는 한 번에 둘 이상 자녀를 임신한 여성에게 출산 전과 출산 후를 통하여 120일의 출산전후휴가를 주어야 한다.

② 사용자가 한 번에 둘 이상 자녀를 임신한 여성에게 출산전후휴가를 부여할 경우 최초 90일은 유급으로 한다.

③ 사용자는 임신 중인 여성근로자가 출산전후휴가를 청구할 당시 연령이 만 40세 이상인 경우에는 출산 전 어느 때라도 휴가를 나누어 사용할 수 있도록 하여야 한다.

④ 상시 300명 이상의 근로자를 사용하는 사업 또는 사업장의 사용자는 1일 근로시간이 8시간으로서 임신 후 12주 이내 또는 36주 이후에 있는 여성근로자가 1일 2시간의 근로시간 단축을 신청하는 경우 이를 허용하여야 한다.

⑤ 생후 1년 미만의 유아(乳兒)를 가진 여성근로자가 청구하면 1일 2회 각각 30분 이상의 유급 수유시간을 주어야 한다.

해설

① (○) 근기법 제74조 제1항

② (×) 휴가 중 최초 60일(한 번에 둘 이상 자녀를 임신한 경우에는 75일)은 유급으로 한다(근기법 제74조 제4항).

③ (○) 근기법 제74조 제2항

④ (○) 근기법 제74조 제7항

⑤ (○) 근기법 제75조

답 ❷

021 근로기준법령상 미성년자 또는 연소자의 보호에 관한 설명으로 옳지 않은 것은? 20 노무

□□□

① 미성년자는 독자적으로 임금을 청구할 수 있다.
② 친권자나 후견인은 미성년자의 근로계약을 대리할 수 없다.
③ 예술공연 참가를 위한 경우에는 13세 미만인 자도 취직인허증을 받을 수 있다.
④ 15세 이상 18세 미만인 사람의 근로시간은 1일에 6시간, 1주에 34시간을 초과하지 못한다.
⑤ 고용노동부장관은 근로계약이 미성년자에게 불리하다고 인정하는 경우에는 이를 해지할 수 있다.

해설

① (○) 근기법 제68조
② (○) 근기법 제67조 제1항
③ (○) 근기법 시행령 제35조 제1항 단서
④ (×) 15세 이상 18세 미만인 사람의 근로시간은 1일에 7시간, 1주에 35시간을 초과하지 못한다. 다만, 당사자 사이의 합의에 따라 1일에 1시간, 1주에 5시간을 한도로 연장할 수 있다(근기법 제69조).
⑤ (○) 근기법 제67조 제2항

답 ❹

022 근로기준법상 여성의 근로에 대한 설명으로 옳지 않은 것은? 23 국가직 9급

① 사용자는 18세 이상의 여성을 휴일에 근로시키려면 그 근로자의 동의를 받아야 한다.
② 사용자는 산후 1년이 지나지 아니한 여성이 동의한 경우 고용노동부장관의 인가를 받으면 휴일에 근로시킬 수 있다.
③ 사용자는 산후 1년이 지나지 아니한 여성에 대하여는 단체협약이 있는 경우라도 1일에 2시간을 초과하는 시간외근로를 시키지 못한다.
④ 사용자는 임신 후 35주에 있는 여성 근로자가 1일 2시간의 근로시간 단축을 신청하는 경우 이를 허용하여야 한다.

해설

① (○) 사용자는 18세 이상의 여성을 오후 10시부터 오전 6시까지의 시간 및 휴일에 근로시키려면 그 근로자의 동의를 받아야 한다(근기법 제70조 제1항).
② (○) 사용자는 임산부와 18세 미만자를 오후 10시부터 오전 6시까지의 시간 및 휴일에 근로시키지 못한다. 다만, 산후 1년이 지나지 아니한 여성의 동의가 있는 경우로서 고용노동부장관의 인가를 받으면 그러하지 아니하다(근기법 제70조 제2항 제2호).
③ (○) 사용자는 산후 1년이 지나지 아니한 여성에 대하여는 단체협약이 있는 경우라도 1일에 2시간, 1주에 6시간, 1년에 150시간을 초과하는 시간외근로를 시키지 못한다(근기법 제71조).
④ (×) 사용자는 임신 후 12주 이내 또는 36주 이후에 있는 여성 근로자가 1일 2시간의 근로시간 단축을 신청하는 경우 이를 허용하여야 한다. 다만, 1일 근로시간이 8시간 미만인 근로자에 대하여는 1일 근로시간이 6시간이 되도록 근로시간 단축을 허용할 수 있다(근기법 제74조 제7항).

답 ❹

023 근로기준법령상 임산부의 보호에 관한 설명으로 옳지 않은 것은? 

□□□

① 한 번에 둘 이상 자녀를 임신한 경우 출산전후휴가 기간의 배정은 출산 후에 60일 이상이 되어야 한다.

② 사업주는 출산전후휴가 종료 후에는 휴가 전과 동일한 업무 또는 동등한 수준의 임금을 지급하는 직무에 복귀시켜야 한다.

③ 사용자는 임신 후 36주 이후에 있으며 1일 근로시간이 8시간인 여성근로자가 1일 2시간의 근로시간 단축을 신청하는 경우 이를 허용하여야 한다.

④ 사용자는 임신 중의 여성근로자에게 시간외근로를 하게 하여서는 아니 된다.

⑤ 사업주는 유산휴가를 청구한 근로자에게 임신기간이 28주 이상인 경우 유산한 날부터 30일까지 유산휴가를 주어야 한다.

해설

① (O) 근기법 제74조 제1항 후문
② (O) 근기법 제74조 제6항
③ (O) 근기법 제74조 제7항
④ (O) 근기법 제74조 제5항
⑤ (×) 근기법 시행령 제43조 제3항 제5호

유산·사산휴가의 청구 등(근기법 시행령 제43조)

③ 사업주는 유산·사산휴가를 청구한 근로자에게 다음의 기준에 따라 유산·사산휴가를 주어야 한다.

1. 유산 또는 사산한 근로자의 임신기간이 11주 이내인 경우 : 유산 또는 사산한 날부터 5일까지
2. 임신기간이 12주 이상 15주 이내인 경우 : 유산 또는 사산한 날부터 10일까지
3. 임신기간이 16주 이상 21주 이내인 경우 : 유산 또는 사산한 날부터 30일까지
4. 임신기간이 22주 이상 27주 이내인 경우 : 유산 또는 사산한 날부터 60일까지
5. 임신기간이 28주 이상인 경우 : 유산 또는 사산한 날부터 90일까지

답 ⑤

024 근로기준법상 여성보호에 대한 설명으로 옳지 않은 것은? 18 국가직 7급

□□□

① 사용자는 한 번에 둘 이상 자녀를 임신한 여성의 경우 출산전후휴가 기간의 배정은 출산 후에 60일 이상이 되도록 하여야 한다.

② 사용자는 임신 중의 여성이 명시적으로 청구하는 경우로서 고용노동부장관의 인가를 받으면 야간근로를 시킬 수 있다.

③ 사용자는 산후 6개월이 된 30세인 여성에게 탄력적 근로시간제를 적용하지 못한다.

④ 사용자는 생후 1년 미만의 유아(乳兒)를 가진 여성 근로자가 청구하면 1일 2회 각각 30분 이상의 유급 수유시간을 주어야 한다.

해설

① (O) 사용자는 임신 중의 여성에게 출산 전과 출산 후를 통하여 90일(한 번에 둘 이상 자녀를 임신한 경우에는 120일)의 출산전후휴가를 주어야 한다. 이 경우 휴가 기간의 배정은 출산 후에 45일(한 번에 둘 이상 자녀를 임신한 경우에는 60일) 이상이 되어야 한다(근기법 제74조 제1항).

② (O) 근기법 제70조 제2항 참조

> **야간근로와 휴일근로의 제한(근기법 제70조)**
>
> ② 사용자는 임산부와 18세 미만자를 오후 10시부터 오전 6시까지의 시간 및 휴일에 근로시키지 못한다. 다만, 다음 각 호의 어느 하나에 해당하는 경우로서 고용노동부장관의 인가를 받으면 그러하지 아니하다.
>
> 1. 18세 미만자의 동의가 있는 경우
> 2. 산후 1년이 지나지 아니한 여성의 동의가 있는 경우
> 3. 임신 중의 여성이 명시적으로 청구하는 경우

③ (×) 출산 후의 여성근로자에게는 탄력적 근로시간제가 적용되나, 연소근로자와 임신 중인 여성 근로자에 대해서는 적용되지 아니한다(근기법 제51조, 제51조의2).

④ (O) 근기법 제75조

답 ❸

025 근로기준법상 여성 및 소년에 대한 설명으로 옳은 것은? 19 국가직 7급

□□□

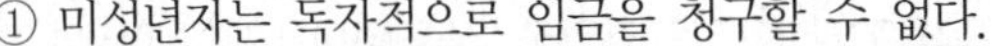

① 미성년자는 독자적으로 임금을 청구할 수 없다.

② 15세 이상 18세 미만인 자의 근로시간은 1일에 7시간, 1주에 35시간을 초과하지 못하고, 당사자 사이의 합의가 있어도 연장할 수 없다.

③ 사용자는 여성 근로자가 청구하면 월 1일의 유급 생리휴가를 주어야 한다.

④ 사용자는 임신 후 12주 이내 또는 36주 이후에 있는 여성 근로자가 1일 2시간의 근로시간 단축을 신청하는 경우 이를 허용하여야 하며, 이 경우 근로시간 단축을 이유로 해당 근로자의 임금을 삭감하여서는 아니 된다.

해설

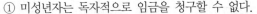

① (×) 미성년자는 독자적으로 임금을 청구할 수 있다(근기법 제68조).

② (×) 15세 이상 18세 미만인 사람의 근로시간은 1일에 7시간, 1주에 35시간을 초과하지 못한다. 다만, 당사자 사이의 합의에 따라 1일에 1시간, 1주에 5시간을 한도로 연장할 수 있다(근기법 제69조).

③ (×) 사용자는 여성 근로자가 청구하면 월 1일의 생리휴가를 주어야 한다(근기법 제73조). 근기법이 규정하고 있는 생리휴가는 무급임을 유의하여야 한다.

④ (O) 사용자는 임신 후 12주 이내 또는 36주 이후에 있는 여성 근로자가 1일 2시간의 근로시간 단축을 신청하는 경우 이를 허용하여야 한다. 다만, 1일 근로시간이 8시간 미만인 근로자에 대하여는 1일 근로시간이 6시간이 되도록 근로시간 단축을 허용할 수 있다. 사용자는 근로시간 단축을 이유로 해당 근로자의 임금을 삭감하여서는 아니 된다(근기법 제74조 제7항 · 제8항).

답 ❹

026 근로기준에 대한 설명으로 옳은 것은? 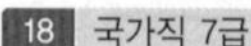

□□□

① 15세 이상 18세 미만 근로자에 대하여는 탄력적 근로시간제는 적용되지 않지만, 선택적 근로시간제는 허용된다.

② 사용자는 18세 미만인 자를 복지업무를 수행하기 위하여 일시적으로 필요한 경우에도 갱내(坑內)에서는 근로시키지 못한다.

③ 15세 미만인 자에게 발급하는 취직인허증은 본인의 신청에 따라 의무교육에 지장이 없는 경우에는 직종(職種)을 지정하지 않고도 발행할 수 있다.

④ 15세 이상 18세 미만인 자의 근로시간은 1일에 7시간, 1주에 35시간을 초과하지 못하나, 당사자 사이의 합의에 따라 1일에 1시간, 1주에 5시간을 한도로 연장할 수 있다.

해설

① (×) 15세 이상 18세 미만 근로자에 대하여는 탄력적 근로시간제뿐만 아니라 선택적 근로시간제도 허용되지 아니한다(근기법 제51조 제3항, 제51조의2 제6항, 제52조 제1항).

② (×) 사용자는 복지업무를 수행하기 위하여 일시적으로 필요한 경우에는 18세 미만인 자를 갱내(坑内)에서는 근로시킬 수 있다(근기법 제72조, 동법 시행령 제42조).

> **갱내근로의 금지(근기법 제72조)**
>
> 사용자는 여성과 18세 미만인 사람을 갱내(坑内)에서 근로시키지 못한다. 다만, 보건 · 의료, 보도 · 취재 등 대통령령으로 정하는 업무를 수행하기 위하여 일시적으로 필요한 경우에는 그러하지 아니하다.
>
> **갱내근로 허용업무(근기법 시행령 제42조)**
>
> 법 제72조에 따라 여성과 18세 미만인 자를 일시적으로 갱내에서 근로시킬 수 있는 업무는 다음 각 호와 같다.
>
> 1. 보건, 의료 또는 복지 업무
> 2. 신문 · 출판 · 방송프로그램 제작 등을 위한 보도 · 취재업무
> 3. 학술연구를 위한 조사 업무
> 4. 관리 · 감독 업무
> 5. 제1호부터 제4호까지의 규정의 업무와 관련된 분야에서 하는 실습 업무

③ (×) 취직인허증은 본인의 신청에 따라 의무교육에 지장이 없는 경우에는 직종(職種)을 지정하여서만 발행할 수 있다(근기법 제64조 제2항).

④ (○) 근기법 제69조

답 ❹

027 □□□ **근로기준법상 여성과 소년에 대한 설명으로 옳은 것은?** 20 국가직 7급

① 사용자는 임신 중이거나 산후 6개월이 지나지 아니한 여성과 18세 미만자가 동의하면 도덕상 또는 보건상 유해·위험한 사업에 사용할 수 있다.

② 15세 이상 18세 미만인 자의 근로시간은 1일에 7시간, 1주에 40시간을 초과하지 못한다. 다만, 당사자 사이의 합의에 따라 1주에 12시간을 한도로 연장할 수 있다.

③ 친권자, 후견인 또는 고용노동부장관은 근로계약이 미성년자에게 불리하다고 인정하는 경우에는 이를 해지할 수 있다.

④ 사용자는 임신 후 12주 이내 또는 36주 이후에 있는 여성근로자가 1일 2시간의 근로시간 단축을 신청하는 경우 이를 허용하여야 한다. 이 경우 사용자는 근로시간 단축을 이유로 해당 근로자의 임금을 삭감할 수 있다.

해설

① (×) 사용자는 임신 중이거나 산후 1년이 지나지 아니한 여성(이하 "임산부")과 18세 미만자를 도덕상 또는 보건상 유해·위험한 사업에 사용하지 못한다(근기법 제65조 제1항).

② (×) 15세 이상 18세 미만인 사람의 근로시간은 1일에 7시간, 1주에 35시간을 초과하지 못한다. 다만, 당사자 사이의 합의에 따라 1일에 1시간, 1주에 5시간을 한도로 연장할 수 있다(근기법 제69조).

③ (O) 근기법 제67조 제2항

④ (×) 사용자는 임신 후 12주 이내 또는 36주 이후에 있는 여성 근로자가 1일 2시간의 근로시간 단축을 신청하는 경우 이를 허용하여야 한다. 다만, 1일 근로시간이 8시간 미만인 근로자에 대하여는 1일 근로시간이 6시간이 되도록 근로시간 단축을 허용할 수 있다. 사용자는 근로시간 단축을 이유로 해당 근로자의 임금을 삭감하여서는 아니 된다(근기법 제74조 제7항·제8항).

답 ❸

028 **근로기준법상 여성과 소년에 대한 설명으로 옳지 않은 것은?** 21 국가직 7급

① 친권자나 후견인은 미성년자의 근로계약을 대리할 수 있다.

② 취직인허증은 본인의 신청에 따라 의무교육에 지장이 없는 경우에는 직종(職種)을 지정하여서만 발행할 수 있다.

③ 사업주는 출산전후휴가 종료 후에는 휴가 전과 동일한 업무 또는 동등한 수준의 임금을 지급하는 직무에 복귀시켜야 한다.

④ 생후 1년 미만의 유아를 가진 여성 근로자가 청구하면 1일 2회 각각 30분 이상의 유급 수유 시간을 주어야 한다.

해설

① (×) 친권자나 후견인은 미성년자의 근로계약을 대리할 수 없다(근기법 제67조 제1항).

② (O) 근기법 제64조 제2항

③ (O) 근기법 제74조 제6항

④ (O) 근기법 제75조

답 ❶

029 □□□ **근로기준법상 여성의 보호에 관한 설명으로 옳은 것은?** 18 노무

① 사용자는 산후 2년이 지나지 아니한 여성을 보건상 유해·위험한 사업에 사용하지 못한다.
② 사용자는 임산부가 아닌 18세 이상의 여성을 보건상 유해·위험한 사업 중 임신 또는 출산에 관한 기능에 유해·위험한 사업에 사용하지 못한다.
③ 사용자는 여성을 휴일에 근로시키려면 근로자대표의 서면동의를 받아야 한다.
④ 여성은 보건·의료, 보도·취재 등의 일시적 사유가 있더라도 갱내(坑內)에서 근로를 할 수 없다.
⑤ 사용자는 여성근로자가 청구하면 월 1일의 유급생리휴가를 주어야 한다.

해설

① (×) 사용자는 임신 중이거나 산후 1년이 지나지 아니한 여성과 18세 미만자를 도덕상 또는 보건상 유해·위험한 사업에 사용하지 못한다(근기법 제65조 제1항).
② (○) 근기법 제65조 제2항
③ (×) 사용자는 18세 이상의 여성을 오후 10시부터 오전 6시까지의 시간 및 휴일에 근로시키려면 그 근로자의 동의를 받아야 한다(근기법 제70조 제1항).
④ (×) 사용자는 여성과 18세 미만인 사람을 갱내(坑内)에서 근로시키지 못한다. 다만, 보건·의료, 보도·취재 등 대통령령으로 정하는 업무를 수행하기 위하여 일시적으로 필요한 경우에는 그러하지 아니하다(근기법 제72조).
⑤ (×) 사용자는 여성근로자가 청구하면 월 1일의 생리휴가[무급(註)]를 주어야 한다(근기법 제73조).

답 ❷

030 □□□ **근로기준법령상 미성년자 또는 연소자에 관한 설명으로 옳지 않은 것은?** 17 노무

① 고용노동부장관은 근로계약이 미성년자에게 불리하다고 인정하는 경우에는 이를 해지할 수 있다.
② 사용자는 고용노동부장관의 허가가 있으면 오후 10시부터 오전 6시까지의 시간에 18세 미만자를 근로시킬 수 있다.
③ 미성년자는 독자적으로 임금을 청구할 수 있다.
④ 사용자는 18세 미만인 사람에 대하여는 그 연령을 증명하는 가족관계기록사항에 관한 증명서를 사업장에 갖추어 두어야 한다.
⑤ 고용노동부장관은 유류를 취급하는 업무 중 주유업무에 대하여는 취직인허증을 발급할 수 있다.

해설

① (○) 근기법 제67조 제2항
② (×) 18세 미만자를 오후 10시부터 오전 6시까지의 시간에 근로시키려면 18세 미만자의 동의와 고용노동부장관의 인가가 필요하다(근기법 제70조 제2항 제1호).
③ (○) 근기법 제68조
④ (○) 근기법 제66조
⑤ (○) 유류를 취급하는 업무는 금지되지만 주유업무는 취직인허증을 발급할 수 있다(근기법 시행령 [별표 4]).

임산부 등의 사용금지직종(근기법 시행령 제40조)

법 제65조에 따라 임산부, 임산부가 아닌 18세 이상인 여성 및 18세 미만인 자의 사용이 금지되는 직종의 범위는 [별표 4]와 같다.

임산부 등의 사용금지직종(근기법 시행령 [별표 4])

구 분	사용금지직종
임신 중인 여성	1. 원자력안전법 제91조 제2항에 따른 방사선작업종사자 등의 피폭방사선량이 선량한도를 초과하는 원자력 및 방사선 관련 업무 2. 납, 수은, 크롬, 비소, 황린, 불소(불화수소산), 염소(산), 시안화수소(시안산), 2-브로모프로판, 아닐린, 수산화칼륨, 페놀, 에틸렌글리콜모노메틸에테르, 에틸렌글리콜모노에틸에테르, 에틸렌글리콜모노에틸에테르 아세테이트, 염화비닐, 벤젠 등 유해물질을 취급하는 업무 3. 사이토메갈로바이러스(Cytomegalovirus)·B형 간염 바이러스 등 병원체로 인하여 오염될 우려가 큰 업무. 다만, 의사·간호사·방사선기사 등의 면허증을 가진 사람 또는 해당 자격 취득을 위한 양성과정 중에 있는 사람의 경우는 제외한다. 4. 신체를 심하게 펴거나 굽히면서 해야 하는 업무 또는 신체를 지속적으로 쭈그려야 하거나 앞으로 구부린 채 해야 하는 업무 5. 연속작업에 있어서는 5킬로그램 이상, 단속(斷續)작업에 있어서는 10킬로그램 이상의 중량물을 취급하는 업무 6. 임신 중인 여성의 안전 및 보건과 밀접한 관련이 있는 업무로서 고용노동부령으로 정하는 업무 7. 그 밖에 고용노동부장관이 산업재해보상보험법 제8조에 따른 산업재해보상보험 및 예방심의위원회(이하 "산업재해보상보험 및 예방심의위원회")의 심의를 거쳐 지정하여 고시하는 업무
산후 1년이 지나지 않은 여성	1. 납, 비소를 취급하는 업무. 다만, 모유 수유를 하지 않는 여성으로서 본인이 취업의사를 사업주에게 서면으로 제출한 여성의 경우는 제외한다. 2. 2-브로모프로판을 취급하거나 2-브로모프로판에 노출될 수 있는 업무 3. 그 밖에 고용노동부장관이 산업재해보상보험 및 예방심의위원회의 심의를 거쳐 지정하여 고시하는 업무
임산부가 아닌 18세 이상인 여성	1. 2-브로모프로판을 취급하거나 2-브로모프로판에 노출될 수 있는 업무. 다만, 의학적으로 임신할 가능성이 전혀 없는 여성인 경우는 제외한다. 2. 그 밖에 고용노동부장관이 산업재해보상보험 및 예방심의위원회의 심의를 거쳐 지정하여 고시하는 업무
18세 미만인 자	1. 건설기계관리법, 도로교통법 등에서 18세 미만인 자에 대하여 운전·조종면허 취득을 제한하고 있는 직종 또는 업종의 운전·조종업무 2. 청소년보호법 등 다른 법률에서 18세 미만인 청소년의 고용이나 출입을 금지하고 있는 직종이나 업종 3. 교도소 또는 정신병원에서의 업무 4. 소각 또는 도살의 업무 5. 유류를 취급하는 업무(주유업무는 제외한다) 6. 2-브로모프로판을취급하거나 2-브로모프로판에 노출될 수 있는 업무 7. 18세 미만인 자의 안전 및 보건과 밀접한 관련이 있는 업무로서 고용노동부령으로 정하는 업무 8. 그 밖에 고용노동부장관이 산업재해보상보험 및 예방심의위원회의 심의를 거쳐 지정하여 고시하는 업무

답 ❷

031 임산부의 보호 등에 관하여 근로기준법에 규정된 내용으로 옳지 않은 것은?

□□□

① 사용자는 임신한 여성근로자가 모자보건법 제10조에 따른 임산부 정기건강진단을 받는 데 필요한 시간을 청구하는 경우 이를 허용하여 주어야 한다.

② 사용자는 임신 중인 여성이 사산한 경우로서 그 근로자가 청구하면 임신한 근로자에게 대통령령으로 정하는 바에 따라 사산휴가를 주어야 한다.

③ 사용자는 임신 중의 여성에게 근로기준법 제74조 제1항에 따른 출산전후휴가를 주는 경우 휴가기간의 배정은 출산 전에 45일 이상이 되어야 한다.

④ 사업주는 근로기준법 제74조 제1항에 따른 출산전후휴가 종료 후에는 휴가 전과 동일한 업무 또는 동등한 수준의 임금을 지급하는 직무에 복귀시켜야 한다.

⑤ 사용자는 임신 중의 여성근로자의 요구가 있는 경우에는 쉬운 종류의 근로로 전환하여야 한다.

해설

① (○) 근기법 제74조의2 제1항

② (○) 근기법 제74조 제3항

③ (×) 사용자는 임신 중의 여성에게 출산 전과 출산 후를 통하여 90일(한 번에 둘 이상 자녀를 임신한 경우에는 120일)의 출산전후휴가를 주어야 한다. 이 경우 휴가기간의 배정은 출산 후에 45일(한 번에 둘 이상 자녀를 임신한 경우에는 60일) 이상이 되어야 한다(근기법 제74조 제1항).

④ (○) 근기법 제74조 제6항

⑤ (○) 사용자는 임신 중의 여성근로자에게 시간외근로를 하게 하여서는 아니 되며, 그 근로자의 요구가 있는 경우에는 쉬운 종류의 근로로 전환하여야 한다(근기법 제74조 제5항).

답 ❸

032 근로기준법상 18세 미만인 사람에 관한 설명으로 옳지 않은 것은?

□□□

① 사용자는 18세 미만인 사람을 보건상 유해·위험한 사업에 사용하지 못한다.

② 사용자는 18세 미만인 사람에 대하여는 그 연령을 증명하는 가족관계기록사항에 관한 증명서 또는 친권자나 후견인의 동의서를 사업장에 갖추어 두어야 한다.

③ 사용자는 18세 미만인 사람과 근로계약을 체결하는 경우에는 법령에 따른 근로조건을 서면으로 명시하여 교부하여야 한다.

④ 18세 미만인 사람의 근로시간은 당사자 사이의 합의에 따라 1일에 1시간, 1주에 5시간을 한도로 연장할 수 있다.

⑤ 18세 미만인 사람의 동의가 있는 경우로서 고용노동부장관의 인가를 받으면 사용자는 18세 미만인 사람을 휴일에 근로시킬 수 있다.

해설

① (○) 사용자는 임신 중이거나 산후 1년이 지나지 아니한 여성과 18세 미만자를 도덕상 또는 보건상 유해·위험한 사업에 사용하지 못한다(근기법 제65조 제1항). 사용자는 18세 미만인 사람을 보건상 유해·위험한 사업에 사용하지 못한다.

② (×) 사용자는 18세 미만인 사람에 대하여는 그 연령을 증명하는 가족관계기록사항에 관한 증명서와 친권자 또는 후견인의 동의서를 사업장에 갖추어 두어야 한다(근기법 제66조).

③ (○) 근기법 제67조 제3항

④ (○) 근기법 제69조

⑤ (○) 사용자는 임산부와 18세 미만자를 오후 10시부터 오전 6시까지의 시간 및 휴일에 근로시키지 못한다. 다만, 18세 미만자의 동의가 있는 경우로서 고용노동부장관의 인가를 받으면 그러하지 아니하다(근기법 제70조 제2항 제1호).

답 ❷

033 근로기준법상 18세 미만자 등의 보호에 대한 설명으로 옳은 것은? 21 국가직 9급

① 사용자는 18세 미만인 사람에 대하여는 그 연령을 증명하는 가족관계기록사항에 관한 증명서와 친권자 또는 후견인의 동의서를 사업장에 갖추어 두어야 한다.

② 고용노동부장관은 근로계약이 미성년자에게 불리하다고 인정하는 경우에도 이를 해지할 수 없다.

③ 15세 이상 18세 미만인 사람의 근로시간은 1일에 7시간, 1주에 35시간을 초과하지 못한다. 다만 당사자 사이의 합의에 따라 1일에 2시간, 1주에 10시간을 한도로 연장할 수 있다.

④ 사용자가 고용노동부장관의 인가를 받으면 18세 미만자의 동의 여부와 관계없이 오후 10시부터 오전 6시까지의 시간에 근로를 시킬 수 있다.

해설

① (○) 근기법 제66조

② (×) 친권자, 후견인 또는 고용노동부장관은 근로계약이 미성년자에게 불리하다고 인정하는 경우에는 이를 해지할 수 있다(근기법 제67조 제2항).

③ (×) 15세 이상 18세 미만인 사람의 근로시간은 1일에 7시간, 1주에 35시간을 초과하지 못한다. 다만, 당사자 사이의 합의에 따라 1일에 1시간, 1주에 5시간을 한도로 연장할 수 있다(근기법 제69조).

④ (×) 근기법 제70조 제2항 참조

야간근로와 휴일근로의 제한(근기법 제70조)

② 사용자는 임산부와 18세 미만자를 오후 10시부터 오전 6시까지의 시간 및 휴일에 근로시키지 못한다. 다만, 다음 각 호의 어느 하나에 해당하는 경우로서 고용노동부장관의 인가를 받으면 그러하지 아니하다.

1. 18세 미만자의 동의가 있는 경우
2. 산후 1년이 지나지 아니한 여성의 동의가 있는 경우
3. 임신 중의 여성이 명시적으로 청구하는 경우

답 ❶

034 ☐☐☐ **근로기준법상 17세인, 중학교를 졸업한 미성년자 A의 근로계약 등에 대한 설명으로 옳은 것은?**

22 국가직 9급

① A의 근로시간은 1일에 7시간, 1주에 35시간을 초과하지 못하지만, A와 사용자 사이의 합의에 따라 1일에 1시간, 1주에 5시간을 한도로 연장할 수 있다.
② A가 미성년자이므로 A의 친권자는 A의 근로계약을 대리할 수 있고, A는 독자적으로는 임금을 청구할 수 없다.
③ 18세 미만인 사람은 근로자로 사용하지 못하므로, 사용자는 A가 고용노동부장관이 발급한 취직인허증을 지녀야만 A를 근로자로 사용할 수 있다.
④ 사용자는 A의 동의가 있는 경우에는 고용노동부장관의 인가를 받지 않아도 A를 휴일에 근로시킬 수 있다.

해설

① (○) 15세 이상 18세 미만인 사람의 근로시간은 1일에 7시간, 1주에 35시간을 초과하지 못한다. 다만, 당사자 사이의 합의에 따라 1일에 1시간, 1주에 5시간을 한도로 연장할 수 있으므로(근기법 제69조), A의 근로시간은 1일에 7시간, 1주에 35시간을 초과하지 못하지만, A와 사용자 사이의 합의에 따라 1일에 1시간, 1주에 5시간을 한도로 연장할 수 있다.
② (×) A의 친권자는 미성년자인 A의 근로계약을 대리할 수 없고, A는 독자적으로는 임금을 청구할 수 있다(근기법 제67조, 제68조 참조).
③ (×) 취직인허증이 필요한 사람은 15세 미만인 사람(중학교에 재학 중인 18세 미만인 사람을 포함)으로, A는 중학교를 졸업한 미성년자이므로 사용자는 A가 취직인허증이 없더라도 근로자로 사용할 수 있다(근기법 제64조 제1항 참조).
④ (×) 사용자가 17세인 미성년자 A를 휴일에 근로시키기 위해서는 18세 미만자의 동의와 고용노동부장관의 인가가 필요하다(근기법 제70조 제2항 참조).

답 ❶

035 ☐☐☐ **근로기준법령상 취직인허증에 관한 설명으로 옳지 않은 것은?**

21 노무

① 예술공연 참가를 위한 경우에는 13세 미만인 자도 취직인허증을 받을 수 있다.
② 의무교육대상자가 취직인허증을 신청하는 경우 신청인은 사용자가 될 자의 취업확인서를 받아 친권자 또는 후견인과 연명으로 고용노동부장관에게 신청하여야 한다.
③ 고용노동부장관은 취직인허증신청에 대하여 취직을 인허할 경우에는 고용노동부령으로 정하는 취직인허증에 직종을 지정하여 신청한 근로자와 사용자가 될 자에게 내주어야 한다.
④ 고용노동부장관은 거짓으로 취직인허증을 발급받은 사람에게는 그 인허를 취소하여야 한다.
⑤ 사용자 또는 15세 미만인 자는 취직인허증이 못 쓰게 되거나 이를 잃어버린 경우에는 고용노동부령으로 정하는 바에 따라 지체 없이 재교부신청을 하여야 한다.

해설

① (○) 취직인허증을 받을 수 있는 자는 13세 이상 15세 미만인 자로 한다. 다만, 예술공연 참가를 위한 경우에는 13세 미만인 자도 취직인허증을 받을 수 있다(근기법 시행령 제35조 제1항).
② (×) 취직인허증을 받으려는 자는 학교장(의무교육대상자와 재학 중인 자로 한정) 및 친권자 또는 후견인의 서명을 받아 사용자가 될 자와 연명(連名)으로 고용노동부장관에게 신청하여야 한다(근기법 시행령 제35조 제2항·제3항).
③ (○) 근기법 시행령 제36조 제1항
④ (○) 근기법 제64조 제3항
⑤ (○) 근기법 시행령 제39조

답 ❷

036 □□□ 근로기준법상 여성과 소년에 관한 설명으로 옳지 않은 것은? 21 노무

① 사용자는 임신 중인 여성을 도덕상 또는 보건상 유해·위험한 사업에 사용하지 못한다.
② 고용노동부장관은 근로계약이 미성년자에게 불리하다고 인정하는 경우에는 이를 해지할 수 있다.
③ 15세 이상 18세 미만인 사람의 근로시간은 1일에 7시간, 1주에 35시간을 초과하지 못한다. 다만, 당사자 사이의 합의에 따라 1일에 1시간, 1주에 5시간을 한도로 연장할 수 있다.
④ 사용자는 18세 이상의 여성근로자에 대하여는 그 근로자의 동의 없이 휴일근로를 시킬 수 있다.
⑤ 사용자는 산후 1년이 지나지 아니한 여성에 대하여는 단체협약이 있는 경우라도 1일에 2시간, 1주에 6시간, 1년에 150시간을 초과하는 시간외근로를 시키지 못한다.

해설

① (O) 사용자는 임신 중이거나 산후 1년이 지나지 아니한 여성(이하 "임산부")과 18세 미만자를 도덕상 또는 보건상 유해·위험한 사업에 사용하지 못한다(근기법 제65조 제1항).
② (O) 친권자, 후견인 또는 고용노동부장관은 근로계약이 미성년자에게 불리하다고 인정하는 경우에는 이를 해지할 수 있다(근기법 제67조 제2항).
③ (O) 근기법 제69조
④ (×) 사용자는 18세 이상의 여성을 오후 10시부터 오전 6시까지의 시간 및 휴일에 근로시키려면 그 근로자의 동의를 받아야 한다(근기법 제70조 제1항).
⑤ (O) 근기법 제71조

답 ④

037 □□□ 근로기준법상 근로계약에 관한 설명으로 옳지 않은 것은? 19 노무

① 15세 미만인 사람이 고용노동부장관이 발급한 취직인허증을 지니고 있으면 근로자로 사용할 수 있다.
② 사용자는 18세 미만인 사람과 근로계약을 체결하는 경우에는 근로기준법 제17조에 따른 근로조건을 서면으로 명시하여 교부하여야 한다.
③ 근로기준법 제17조에 따라 명시된 근로조건이 사실과 다를 경우에 근로자는 근로조건 위반을 이유로 손해의 배상을 청구할 수 있으며 즉시 근로계약을 해제할 수 있다.
④ 친권자, 후견인 또는 고용노동부장관은 근로계약이 미성년자에게 불리하다고 인정하는 경우에는 이를 해지할 수 있다.
⑤ 미성년자의 근로계약은 미성년자의 동의를 얻어 친권자 또는 후견인이 대리할 수 있다.

해설

① (O) 15세 미만인 사람은 근로자로 사용하지 못한다. 다만, 고용노동부장관이 발급한 취직인허증을 지닌 사람은 근로자로 사용할 수 있다(근기법 제64조 제1항).
② (O) 사용자는 18세 미만인 사람과 근로계약을 체결하는 경우 임금, 소정근로시간, 제55조에 따른 휴일(주휴일), 제60조에 따른 연차유급휴가, 그 밖에 대통령령으로 정하는 근로조건을 서면(전자문서를 포함)으로 명시하여 교부하여야 한다(근기법 제67조 제3항).
③ (O) 근기법 제19조 제1항
④ (O) 근기법 제67조 제2항
⑤ (×) 친권자나 후견인은 미성년자의 근로계약을 대리할 수 없다(근기법 제67조 제1항).

답 ⑤

038 근로기준법에 관한 설명으로 옳은 것을 모두 고른 것은? 17 노무

□□□

> ㄱ. 사용자는 산후 1년이 지나지 아니한 여성에 대하여는 단체협약이 있는 경우라도 1일에 2시간, 1주에 6시간, 1년에 150시간을 초과하는 시간외근로를 시키지 못한다.
> ㄴ. 4주 동안을 평균하여 1주 동안의 소정근로시간이 15시간 이상인 근로자에 대하여는 제55조에 따른 휴일을 적용하지 아니한다.
> ㄷ. 단체협약에 특별한 규정이 있는 경우에는 임금의 일부를 공제할 수 있다.
> ㄹ. 계속하여 근로한 기간이 1년 미만인 근로자가 80% 이상 출근한 경우 사용자는 그 근로자에게 15일의 유급휴가를 주어야 한다.

① ㄱ
② ㄱ, ㄷ
③ ㄴ, ㄹ
④ ㄴ, ㄷ, ㄹ
⑤ ㄱ, ㄴ, ㄷ, ㄹ

해설

ㄱ. (○) 근기법 제71조

ㄴ. (×) 4주 동안(4주 미만으로 근로하는 경우에는 그 기간)을 평균하여 1주 동안의 소정근로시간이 15시간 미만인 근로자에 대하여는 휴일과 연차유급휴가를 적용하지 아니한다(근기법 제18조 제3항). 따라서 4주 동안을 평균하여 1주 동안의 소정근로시간이 15시간 이상인 근로자에 대하여는 휴일 규정(근기법 제55조)을 적용할 수 있다.

ㄷ. (○) 법령 또는 단체협약에 특별한 규정이 있는 경우에는 임금의 일부를 공제하거나 통화 이외의 것으로 지급할 수 있다(근기법 제43조 제1항).

ㄹ. (×) 사용자는 계속하여 근로한 기간이 1년 미만인 근로자 또는 1년간 80% 미만 출근한 근로자에게 1개월 개근 시 1일의 유급휴가를 주어야 한다(근기법 제60조 제2항).

답 ❷

039 □□□ 근로기준법에 규정된 내용으로 옳지 않은 것은? 16 노무

① 사용자는 여성근로자가 청구하면 월 1일의 생리휴가를 주어야 한다.
② 사용자는 기숙사생활의 자치에 필요한 임원선거에 간섭하지 못한다.
③ 생후 1년 미만의 유아(乳兒)를 가진 여성근로자가 청구하면 1일 2회 각각 30분 이상의 유급수유시간을 주어야 한다.
④ 취업규칙에서 근로자에 대하여 감급(減給)의 제재를 정할 경우에 그 감액은 1회의 금액이 통상임금의 1일분의 2분의 1을, 총액이 1임금지급기의 임금총액의 10분의 1을 초과하지 못한다.
⑤ 사용자는 근로자가 출산, 질병, 재해, 그 밖에 대통령령으로 정하는 비상(非常)한 경우의 비용에 충당하기 위하여 임금지급을 청구하면 지급기일 전이라도 이미 제공한 근로에 대한 임금을 지급하여야 한다.

해설

① (O) 근기법 제73조
② (O) 근기법 제98조 제2항
③ (O) 근기법 제75조
④ (×) 취업규칙에서 근로자에 대하여 감급(減給)의 제재를 정할 경우에 그 감액은 1회의 금액이 평균임금의 1일분의 2분의 1을, 총액이 1임금지급기의 임금총액의 10분의 1을 초과하지 못한다(근기법 제95조).
⑤ (O) 근기법 제45조

답 ❹

040 □□□ 소년에 관하여 근로기준법에 규정된 내용으로 옳지 않은 것은? 16 노무

① 사용자는 18세 미만인 사람에 대하여는 그 연령을 증명하는 가족관계기록사항에 관한 증명서와 친권자 또는 후견인의 동의서를 사업장에 갖추어 두어야 한다.
② 미성년자는 독자적으로 임금을 청구할 수 없다.
③ 친권자, 후견인 또는 고용노동부장관은 근로계약이 미성년자에게 불리하다고 인정하는 경우에는 이를 해지할 수 있다.
④ 친권자나 후견인은 미성년자의 근로계약을 대리할 수 없다.
⑤ 15세 이상 18세 미만인 사람의 근로시간은 1일에 7시간, 1주일에 35시간을 초과하지 못한다. 다만, 당사자 사이의 합의에 따라 1일에 1시간, 1주일에 5시간을 한도로 연장할 수 있다.

해설

① (O) 근기법 제66조
② (×) 미성년자는 독자적으로 임금을 청구할 수 있다(근기법 제68조).
③ (O) 근기법 제67조 제2항
④ (O) 근기법 제67조 제1항
⑤ (O) 근기법 제69조

답 ❷

CHAPTER 07 취업규칙 및 기숙사

제1절 취업규칙

001 **근로기준법상 취업규칙의 작성사항으로 구체적으로 명시되어 있지 않은 것은?** 15 사시

□□□

① 근로자의 식비, 작업용품 등의 부담에 관한 사항
② 근로자의 고충처리에 관한 사항
③ 가족수당의 계산・지급방법에 관한 사항
④ 안전과 보건에 관한 사항
⑤ 표창과 제재에 관한 사항

해설

① 근로자의 식비, 작업용품 등의 부담에 관한 사항(근기법 제93조 제6호), ③ 가족수당의 계산・지급방법에 관한 사항(근기법 제93조 제3호), ④ 안전과 보건에 관한 사항(근기법 제93조 제9호), ⑤ 표창과 제재에 관한 사항(근기법 제93조 제12호) 등은 취업규칙의 작성사항에 해당하나, ② 근로자의 고충처리에 관한 사항은 노사협의회의 협의사항(근참법 제20조 제1항 제3호)에 해당한다.

답 ❷

002 근로기준법상 취업규칙에 관한 설명으로 옳지 않은 것은? 21 노무

□□□

① 취업규칙을 작성하여 고용노동부장관에게 신고하여야 하는 사용자는 상시 10명 이상의 근로자를 사용하는 사용자이다.

② 사용자가 취업규칙을 작성하여 고용노동부장관에게 신고하여야 하는 경우, 해당 취업규칙에는 업무상과 업무 외의 재해부조(災害扶助)에 관한 사항이 포함되어야 한다.

③ 사용자는 취업규칙의 작성에 관하여 해당 사업 또는 사업장에 근로자의 과반수로 조직된 노동조합이 있는 경우에는 그 노동조합, 근로자의 과반수로 조직된 노동조합이 없는 경우에는 근로자의 과반수의 의견을 들어야 한다.

④ 취업규칙에서 근로자에 대하여 감급(減給)의 제재를 정할 경우에 그 감액은 1회의 금액이 평균임금의 1일분의 2분의 1을, 총액이 1임금지급기의 임금총액의 10분의 1을 초과하지 못한다.

⑤ 고용노동부장관은 법령이나 단체협약에 어긋나는 취업규칙에 대하여 노동위원회의 의결을 받아 그 변경을 명하여야 한다.

해설

① (○) 상시 10명 이상의 근로자를 사용하는 사용자는 취업규칙을 작성하여 고용노동부장관에게 신고하여야 한다. 이를 변경하는 경우에도 또한 같다(근기법 제93조).

② (○) 근기법 제93조 제10호

③ (○) 근기법 제94조 제1항 본문

④ (○) 근기법 제95조

⑤ (×) 고용노동부장관은 법령이나 단체협약에 어긋나는 취업규칙의 변경을 명할 수 있다(근기법 제96조 제2항). 이때 노동위원회의 의결을 요하지 아니한다.

취업규칙의 작성 · 신고(근기법 제93조)

상시 10명 이상의 근로자를 사용하는 사용자는 다음 각 호의 사항에 관한 취업규칙을 작성하여 고용노동부장관에게 신고하여야 한다. 이를 변경하는 경우에도 또한 같다.

1. 업무의 시작과 종료시각, 휴게시간, 휴일, 휴가 및 교대근로에 관한 사항
2. 임금의 결정 · 계산 · 지급방법, 임금의 산정기간 · 지급시기 및 승급(昇給)에 관한 사항
3. 가족수당의 계산 · 지급방법에 관한 사항
4. 퇴직에 관한 사항
5. 근로자퇴직급여 보장법 제4조에 따라 설정된 퇴직급여, 상여 및 최저임금에 관한 사항
6. 근로자의 식비, 작업용품 등의 부담에 관한 사항
7. 근로자를 위한 교육시설에 관한 사항
8. 출산전후휴가 · 육아휴직 등 근로자의 모성보호 및 일 · 가정 양립 지원에 관한 사항
9. 안전과 보건에 관한 사항

9의2. 근로자의 성별 · 연령 또는 신체적 조건 등의 특성에 따른 사업장환경의 개선에 관한 사항

10. 업무상과 업무 외의 재해부조(災害扶助)에 관한 사항
11. 직장 내 괴롭힘의 예방 및 발생 시 조치 등에 관한 사항
12. 표창과 제재에 관한 사항
13. 그 밖에 해당 사업 또는 사업장의 근로자 전체에 적용될 사항

답 ⑤

003 근로기준법상 취업규칙에 관한 설명으로 옳지 않은 것은?(다툼이 있으면 판례에 따름)

□□□

22 노무

① 근로자에게 불이익하게 변경된 취업규칙은 집단적 동의를 받았다고 하더라도 근로자의 개별적 동의가 없는 한 그 취업규칙보다 유리한 근로계약의 내용이 우선하여 적용된다.

② 사용자는 취업규칙의 작성 시 해당 사업 또는 사업장에 근로자의 과반수로 조직된 노동조합이 없는 경우에는 근로자의 과반수의 의견을 들어야 한다.

③ 취업규칙에서 근로자에 대하여 감급(減給)의 제재를 정할 경우에 그 감액은 1회의 금액이 통상임금의 1일분의 2분의 1을, 총액이 1임금지급기의 임금 총액의 5분의 1을 초과하지 못한다.

④ 표창과 제재에 관한 사항이 없는 취업규칙의 경우 고용노동부장관은 그 변경을 명할 수 있다.

⑤ 취업규칙이 기존의 근로자에게 불이익하게 변경되었는지 여부를 불문하고 사용자가 취업규칙을 변경한 후 신규 취업한 근로자에게는 변경된 취업규칙이 적용된다.

해설

① (O) 근로자에게 불리한 내용으로 변경된 취업규칙은 집단적 동의를 받았다고 하더라도 그보다 유리한 근로조건을 정한 기존의 개별 근로계약 부분에 우선하는 효력을 갖는다고 할 수 없다. 이 경우에도 근로계약의 내용은 유효하게 존속하고, 변경된 취업규칙의 기준에 의하여 유리한 근로계약의 내용을 변경할 수 없으며, 근로자의 개별적 동의가 없는 한 취업규칙보다 유리한 근로계약의 내용이 우선하여 적용된다(대판 2019.11.14. 2018다200709).

② (O) 근기법 제94조 제1항 본문

③ (×) 취업규칙에서 근로자에 대하여 감급(減給)의 제재를 정할 경우에 그 감액은 1회의 금액이 평균임금의 1일분의 2분의 1을, 총액이 1임금지급기의 임금 총액의 10분의 1을 초과하지 못한다(근기법 제95조).

④ (O) 취업규칙에는 표창과 제재에 관한 사항이 포함되어 있어야 하므로(근기법 제93조 제12호), 이에 대한 사항이 없는 취업규칙에 대하여 고용노동부장관은 변경을 명할 수 있다(근기법 제96조 제2항).

⑤ (O) 불이익하게 변경된 취업규칙이 동의를 받지 못한 경우, 그 변경으로 기득이익이 침해되는 기존 근로자에게는 그 변경의 효력이 미치지 않게 되어 종전 취업규칙이 적용되지만, 그 변경 후 변경된 취업규칙에 따른 근로조건을 수용하고 근로관계를 갖게 된 신규근로자에게는 변경된 취업규칙이 적용된다(대판 1992.12.22. 91다45165).

답 ❸

004 근로기준법상 취업규칙 불이익 변경에 관한 설명으로 옳지 않은 것은?(다툼이 있으면 판례에 따름)

□□□

23 노무

① 취업규칙의 개정이 근로자들에게 불이익하게 변경된 것인지는 취업규칙의 개정이 이루어진 시점을 기준으로 판단하여야 한다.

② 근로조건이 이원화되어 있어 변경된 취업규칙이 적용되어 직접적으로 불이익을 받게 되는 근로자 집단 이외에 변경된 취업규칙의 적용이 예상되는 근로자 집단이 없는 경우에는 변경된 취업규칙이 적용되어 불이익을 받는 근로자 집단만이 동의주체가 된다.

③ 취업규칙이 근로자의 동의 없이 불이익하게 변경된 후에 이루어진 자의에 따른 사직 및 재입사로 근로관계가 단절된 근로자에 대하여 재입사 후 적용되는 취업규칙은 변경 전 취업규칙이다.

④ 근로자의 동의를 얻지 않은 취업규칙 불이익변경의 경우 그 변경으로 기득이익이 침해되는 기존의 근로자에게는 종전 취업규칙의 효력이 그대로 유지되지만, 변경 후에 근로관계를 갖게 된 근로자에게는 변경된 취업규칙이 적용된다.

⑤ 취업규칙 불이익 변경 시 근로자 과반수로 구성된 노동조합이 없는 때에는 근로자들의 회의방식에 의한 과반수 동의가 필요하다.

해설

① (○) 대판 2022.10.14. 2022다245518

② (○) 여러 근로자 집단이 하나의 근로조건 체계 내에 있어 비록 취업규칙의 불이익변경 시점에는 어느 근로자 집단만이 직접적인 불이익을 받더라도 다른 근로자 집단에게도 변경된 취업규칙의 적용이 예상되는 경우에는 일부근로자 집단은 물론 장래 변경된 취업규칙 규정의 적용이 예상되는 근로자 집단을 포함한 근로자 집단이 동의주체가 되고, 그렇지 않고 근로조건이 이원화되어 있어 변경된 취업규칙이 적용되어 직접적으로 불이익을 받게 되는 근로자 집단 이외에 변경된 취업규칙의 적용이 예상되는 근로자 집단이 없는 경우에는 변경된 취업규칙이 적용되어 불이익을 받는 근로자 집단만이 동의주체가 된다(대판 2009.5.28. 2009두2238).

③ (×) 보수규정이 근로자 집단의 동의 없이 불이익하게 변경될 당시 청원경찰로 근무하던 근로자가 다른 직종으로의 전직을 위하여 자유로운 의사에 따라 청원경찰을 사직하고 그 다음 날 신규채용 형식으로 고용원으로 재입사함으로써 근로관계가 단절된 경우, 그 재입사 당시 시행중인 법규적 효력을 가진 취업규칙은 개정된 보수규정이므로 재입사 후의 근속기간에 적용되는 보수규정은 개정된 보수규정이며, 그 근로자의 최초 입사일이 근로자 집단의 동의 없이 불이익하게 변경된 보수규정의 개정 이전이라고 하여 이와 달리 볼 것은 아니다(대판 1996.10.15. 95다53188). 따라서 이러한 판례의 취지를 고려할 때 재입사한 근로자에게 재입사 후 적용되는 취업규칙은 변경 후의 취업규칙이라고 보아야 한다.

④ (○) 사용자가 취업규칙에서 정한 근로조건을 근로자에게 불리하게 변경할 때 근로자의 동의를 얻지 않은 경우에 그 변경으로 기득이익이 침해되는 기존의 근로자에 대한 관계에서는 종전 취업규칙의 효력이 그대로 유지되지만, 변경된 취업규칙에 따른 근로조건을 수용하고 근로관계를 갖게 된 근로자에 대한 관계에서는 당연히 변경된 취업규칙이 적용되고, 기득이익의 침해라는 효력배제사유가 없는 변경 후 취업근로자에 대해서까지 변경의 효력을 부인하여 종전 취업규칙이 적용되어야 한다고 볼 수는 없다(대판 2022.10.14. 2022다245518).

> 갑 의료원의 보수규정이 2000.1.11. 개정·시행되면서 퇴직금 지급과 관련하여 1999.12.31. 이전 입사자에 대하여는 개정 전 보수규정(누진제)을, 2000.1.1. 이후 입사자에 대하여는 개정된 보수규정(단수제)을 적용하기로 하였는데, 2000.1.1. 입사하여 퇴직한 을이 개정 전 보수규정에 따른 퇴직금 지급을 구한 사안에서, 개정된 보수규정은 기존 근로자들에게 불이익하게 변경된 경우에 해당하는데도 갑 의료원이 소속 근로자의 집단적 의사결정방법에 따른 동의를 얻지 못하였으므로, 보수규정이 개정되기 전부터 갑 의료원과 근로관계를 맺고 있었던 을은 개정된 보수규정으로 기득이익이 침해되는 기존 근로자에 해당하여 개정 전 보수규정이 적용된다고 한 사례(대판 2022.10.14. 2022다245518).

⑤ (○) 취업규칙의 작성·변경에 관한 권한은 원칙적으로 사용자에게 있으므로 사용자는 그 의사에 따라서 취업규칙을 작성·변경할 수 있고, 다만 취업규칙의 변경에 의하여 기존 근로조건의 내용을 일방적으로 근로자에게 불이익하게 변경하려면 종전 취업규칙의 적용을 받고 있던 근로자 집단의 집단적 의사결정방법에 의한 동의를 요한다고 할 것인바, 그 동의방법은 근로자 과반수로 조직된 노동조합이 있는 경우에는 그 노동조합의, 그와 같은 노동조합이 없는 경우에는 근로자들의 회의방식에 의한 과반수의 동의가 있어야 하고, 여기서 말하는 근로자의 과반수라 함은 기존 취업규칙의 적용을 받는 근로자 집단의 과반수를 뜻한다(대판 2008.2.29. 2007다85997).

답 ❸

005 근로기준법상 취업규칙에 대한 설명으로 옳은 것만을 모두 고르면?(다툼이 있는 경우 판례에 의함)
□□□

23 국가직 9급

ㄱ. 사용자가 취업규칙을 근로자에게 불리하게 변경하는 경우, 근로자의 과반수로 조직된 노동조합이 없는 경우에는 근로자의 과반수를 대표하는 자의 동의를 받아야 한다.
ㄴ. 여러 근로자 집단이 하나의 근로조건 체계 내에 있어 비록 취업규칙의 불이익변경 시점에는 어느 근로자 집단만이 직접적인 불이익을 받더라도 다른 근로자 집단에게도 변경된 취업규칙의 적용이 예상되는 경우에는 일부 근로자집단은 물론 장래 변경된 취업규칙 규정의 적용이 예상되는 근로자 집단을 포함한 근로자 집단이 동의주체가 된다.
ㄷ. 변경된 취업규칙 중 일부가 종전의 근로조건을 불이익하게 변경하였고 이에 대하여 종전 근로조건 또는 취업규칙의 적용을 받고 있던 근로자의 집단적 의사결정방법에 의한 동의를 얻지 못하여 그 변경의 효력이 없는 경우라면, 비록 이와 대가관계나 연계성이 없는 변경된 다른 부분의 경우 종전의 근로조건을 불이익하게 변경한 것이 아니라 하더라도 그 변경은 무효로 보아야 한다.
ㄹ. 노동조합이 근로조건을 결정하는 기준에 관하여 소급적으로 동의하거나 이를 승인하는 내용의 단체협약을 체결한 경우에 그 동의나 승인의 효력은 단체협약이 시행된 이후에 그 사업체에 종사하며 그 협약의 적용을 받게 될 노동조합원이나 근로자들에 대하여 생긴다.

① ㄱ, ㄴ ② ㄱ, ㄷ
③ ㄴ, ㄹ ④ ㄷ, ㄹ

해설

ㄱ. (×) 사용자는 취업규칙의 작성 또는 변경에 관하여 해당 사업 또는 사업장에 근로자의 과반수로 조직된 노동조합이 있는 경우에는 그 노동조합, 근로자의 과반수로 조직된 노동조합이 없는 경우에는 근로자의 과반수의 의견을 들어야 한다. 다만, 취업규칙을 근로자에게 불리하게 변경하는 경우에는 그 동의를 받아야 한다(근기법 제94조 제1항).
ㄴ. (○) 취업규칙의 불이익변경 시점에는 어느 근로자집단만이 직접적인 불이익을 받더라도 다른 근로자집단에게도 변경된 취업규칙의 적용이 예상되는 경우에는 일부 근로자집단은 물론 장래 변경된 취업규칙규정의 적용이 예상되는 근로자집단을 포함한 근로자집단이 동의의 주체가 된다(대판 2009.5.28. 2009두2238).
ㄷ. (×) 변경된 취업규칙 중 일부가 종전의 근로조건을 불이익하게 변경하였고 이에 대하여 종전 근로조건 또는 취업규칙의 적용을 받고 있던 근로자의 집단적 의사결정방법에 의한 동의를 얻지 못하여 그 변경의 효력이 없는 경우라고 하더라도, 이와 대가관계나 연계성이 없는 변경된 다른 부분의 경우 종전의 근로조건을 불이익하게 변경한 것이 아니라면 이를 무효라고 할 수 없다(대판 2020.11.26. 2020다237513).
ㄹ. (○) 단체협약은 노동조합이 사용자 또는 사용자단체와 근로조건 기타 노사관계에서 발생하는 사항에 관하여 체결하는 협정으로서, 노동조합이 사용자 측과 기존의 임금, 근로시간, 퇴직금 등 근로조건을 결정하는 기준에 관하여 소급적으로 동의하거나 이를 승인하는 내용의 단체협약을 체결한 경우에 그 동의나 승인의 효력은 단체협약이 시행된 이후에 그 사업체에 종사하며 그 협약의 적용을 받게 될 노동조합원이나 근로자들에 대하여 생긴다고 할 것이다(대판 2005.3.11. 2003다27429).

006 근로기준법상 취업규칙에 관한 설명으로 옳은 것은?(다툼이 있으면 판례에 따름) 

□□□

① 사용자는 취업규칙을 근로자에게 불리하게 변경하는 경우에는 근로자 과반수의 의견을 들어야 한다.

② 상시 5명 이상의 근로자를 사용하는 사용자는 근로기준법에서 정한 사항에 관한 취업규칙을 작성하여 고용노동부장관에게 신고하여야 한다.

③ 사용자가 애초에 취업규칙을 작성함에 있어 근로자 과반수의 의견을 듣지 아니하거나 그 동의를 얻지 아니한 경우 그 취업규칙의 내용이 근로기준법에 위반되는지와 관계없이 그 취업규칙은 전부 무효가 된다.

④ 취업규칙의 일부를 이루는 급여규정의 변경이 일부의 근로자에게는 유리하고 일부의 근로자에게는 불리한 경우 그러한 변경에 근로자집단의 동의를 요하는지를 판단하는 것은 근로자 전체에 대하여 획일적으로 결정되어야 한다.

⑤ 근로자의 집단적 의사결정방법에 의한 동의 없이 이루어진 취업규칙의 불리한 변경은 그 변경 후에 취업한 근로자에 대하여 효력이 없다.

해설

① (×) 취업규칙을 근로자에게 불리하게 변경하는 경우에는 그 동의를 받아야 한다(근기법 제94조 제1항 단서).

② (×) 상시 10명 이상의 근로자를 사용하는 사용자는 근로기준법에서 정한 사항에 관한 취업규칙을 작성하여 고용노동부장관에게 신고하여야 한다. 이를 변경하는 경우에도 또한 같다(근기법 제93조).

③ (×) 사용자가 취업규칙을 작성하거나 변경함에 있어 당해 사업장 근로자의 과반수의 의견을 들어야 하며, 취업규칙을 근로자에게 불이익하게 변경하는 경우에는 그 동의를 얻어야 하고 그 동의를 얻지 못한 경우에는 근로자에게 불이익하게 변경되는 부분은 무효라고 할 것이지만, 애초에 취업규칙을 작성함에 있어 근로자 과반수의 의견을 듣지 아니하거나 그 동의를 얻지 아니하였다 하더라도 그 취업규칙의 내용이 근로기준법에 위반되지 않는 한 그 취업규칙이 전부 무효가 되는 것은 아니다(대판 1991.4.9. 90다16245).

④ (○) 대판 1993.5.14. 93다1893

⑤ (×) 사용자가 취업규칙에서 정한 근로조건을 근로자에게 불리하게 변경함에 있어서 근로자의 동의를 얻지 않은 경우에 그 변경으로 기득이익이 침해되는 기존의 근로자에 대한 관계에서는 변경의 효력이 미치지 않게 되어 종전 취업규칙의 효력이 그대로 유지되지만, 변경 후에 변경된 취업규칙에 따른 근로조건을 수용하고 근로관계를 갖게 된 근로자에 대한 관계에서는 당연히 변경된 취업규칙이 적용되어야 한다(대판 1992.12.22. 91다45165).

답 ❹

007 □□□ **근로기준법령상 취업규칙에 관한 설명으로 옳지 않은 것은?(다툼이 있는 경우에는 판례에 의함)**

14 노무

① 근로자의 집단적 의사결정방법에 의한 동의 없이 근로자에게 불리하게 변경된 취업규칙에 법적 규범성을 시인할 수 있을 정도로 사회통념상 합리성이 있다고 인정되는 경우에는 집단적 의사결정방법에 의한 동의가 없다는 이유만으로 그 적용을 부정할 수는 없다.
② 취업규칙에서 정한 기준에 미달하는 근로조건을 정한 근로계약은 그 부분에 관하여는 무효로 한다.
③ 취업규칙에서 근로자에 대하여 감급의 제재를 정할 경우에 그 감액은 1회의 금액이 평균임금의 1일분의 2분의 1을, 총액이 1임금지급기의 임금총액의 10분의 1을 초과하지 못한다.
④ 상시 10명 이상의 근로자를 사용하는 사용자는 취업규칙을 작성하여 고용노동부장관에게 신고하여야 한다.
⑤ 고용노동부장관은 단체협약에 어긋나는 취업규칙의 변경을 명할 수 있다.

해설

① (×) 사용자가 취업규칙을 근로자에게 불리하게 변경하면서 근로자의 집단적 의사결정방법에 따른 동의를 받지 못한 경우, 노동조합이나 근로자들이 집단적 동의권을 남용하였다고 볼 만한 특별한 사정이 없는 한 해당 취업규칙의 작성 또는 변경에 사회통념상 합리성이 있다는 이유만으로 그 유효성을 인정할 수는 없다(대판 2023.5.11. 2017다35588[전합]). 따라서 변경된 전합 판결에 의하면 집단적 의사결정방법에 의한 동의 없이 근로자에게 불리하게 변경된 취업규칙에 사회통념상 합리성이 있다고 인정되더라도 그 취업규칙은 근로자에게 적용되지 아니한다고 보아야 한다.
② (○) 근기법 제97조
③ (○) 근기법 제95조
④ (○) 근기법 제93조
⑤ (○) 근기법 제96조 제2항

답 ❶

008 □□□ **근로기준법상 취업규칙에 관한 설명으로 옳지 않은 것은?(다툼이 있으면 판례에 따름)** 18 노무

① 고용노동부장관은 법령이나 단체협약에 어긋나는 취업규칙의 변경을 명할 수 있다.
② 상시 10명 이상의 근로자를 사용하는 사용자는 취업규칙을 작성하여 고용노동부장관에게 신고하여야 한다.
③ 사용자는 근로자의 근로조건, 근로형태, 직종 등의 특수성이 있더라도 근로자 일부에 적용되는 별도의 취업규칙을 작성할 수 없다.
④ 사용자는 취업규칙을 근로자에게 불리하게 변경하는 경우에 해당 사업장에 근로자의 과반수로 조직된 노동조합이 있는 경우에는 그 노동조합의 동의를 받아야 한다.
⑤ 취업규칙에서 정한 기준에 미달하는 근로조건을 정한 근로계약은 그 부분에 관하여는 무효로 한다.

해설

① (○) 근기법 제96조 제2항
② (○) 근기법 제93조
③ (×) 사용자는 같은 사업장에 소속된 모든 근로자에 대하여 일률적으로 적용되는 하나의 취업규칙만을 작성하여야 하는 것은 아니고, 근로자의 근로조건, 근로형태, 직종 등의 특수성에 따라 근로자 일부에 적용되는 별도의 취업규칙을 작성할 수 있다(대판 2007.9.6. 2006다83246).
④ (○) 근기법 제94조 제1항
⑤ (○) 근기법 제97조 전문

답 ❸

009 □□□ **상시 100명의 근로자를 사용하는 A회사에는 근로자의 과반수로 조직된 甲노동조합이 있다. A회사는 2011.4.1. 甲노동조합의 동의 없이 취업규칙을 근로자에게 불이익하게 변경하였다. 이에 관한 설명으로 옳지 않은 것은?(다툼이 있는 경우 판례에 의함)** 12 사시

① 취업규칙의 변경된 부분은 2010.5.3. 입사한 근로자에게는 효력이 없다.
② 취업규칙의 변경된 부분은 2011.4.20. 입사한 근로자에게는 효력이 있다.
③ 甲노동조합의 동의 없이 A회사의 근로자에게 불리하게 변경된 취업규칙이 법적 규범성을 시인할 수 있을 정도로 사회통념상 합리성이 있다고 인정되는 경우에는 甲노동조합의 동의가 없다는 이유만으로 그 적용을 부정할 수는 없다.
④ A회사는 500만원 이하의 벌금에 처해질 수 있다.
⑤ 甲노동조합이 변경된 취업규칙 부분을 2011.6.1. 단체협약으로 소급하여 동의한 경우 동의 당시 재직근로자에 대하여 취업규칙 변경 시부터 효력이 있다.

해설

① (○)·② (○) 판례의 취지를 고려할 때, 2011.4.1. 근로자에게 불이익하게 변경된 A회사의 취업규칙은 변경 전인 2010.5.3.에 입사한 근로자에게는 효력이 없으나, 변경 후인 2011.4.20.에 입사한 근로자에게는 효력이 있다고 보아야 한다.

> 불이익하게 변경된 취업규칙이 동의를 받지 못한 경우, 그 변경으로 기득이익이 침해되는 기존근로자에게는 그 변경을 효력이 미치지 않게 되어 종전 취업규칙이 적용되지만, 그 변경 후 변경된 취업규칙에 따른 근로조건을 수용하고 근로관계를 갖게 된 신규근로자에게는 변경된 취업규칙이 적용된다(대판 1992.12.22. 91다45165).

③ (×) 사용자가 취업규칙을 근로자에게 불리하게 변경하면서 근로자의 집단적 의사결정방법에 따른 동의를 받지 못한 경우, 노동조합이나 근로자들이 집단적 동의권을 남용하였다고 볼 만한 특별한 사정이 없는 한 해당 취업규칙의 작성 또는 변경에 사회통념상 합리성이 있다는 이유만으로 그 유효성을 인정할 수는 없다(대판 2023.5.11. 2017다35588[전합]). 변경된 전합판결의 취지를 고려할 때 취업규칙의 변경에 甲노동조합의 동의가 없었다면 사회통념상의 합리성이 인정된다고 하더라도 무효이므로 A회사의 근로자에게 적용되지 아니한다고 보는 것이 타당하다.
④ (○) 취업규칙의 작성 또는 변경에 관하여 취업규칙을 근로자에게 불리하게 변경하는 경우, 해당 사업 또는 사업장 근로자의 과반수로 조직된 노동조합의 동의를 받지 아니한 사용자는 500만원 이하의 벌금에 처한다(근기법 제114조 제1호, 제94조 제1항).
⑤ (○) 甲노동조합이 변경된 취업규칙 부분을 단체협약으로 소급하여 동의한 경우 동의의 효력은 단체협약이 시행된 이후에 A회사에 종사하며 그 협약의 적용을 받게 될 근로자들에 대하여 생긴다고 할 것이므로 동의 당시 재직근로자에 대하여 취업규칙 변경 시부터 효력이 있다.

> 단체협약은 노동조합이 사용자 또는 사용자단체와 근로조건 기타 노사관계에서 발생하는 사항에 관하여 체결하는 협정으로서, 노동조합이 사용자 측과 기존의 임금, 근로시간, 퇴직금 등 근로조건을 결정하는 기준에 관하여 소급적으로 동의하거나 이를 승인하는 내용의 단체협약을 체결한 경우에 그 동의나 승인의 효력은 단체협약이 시행된 이후에 그 사업체에 종사하며 그 협약의 적용을 받게 될 노동조합원이나 근로자들에 대하여 생긴다고 할 것이다(대판 2005.3.11. 2003다27429).

답 ❸

010 근로자의 과반수로 조직된 노동조합만이 있는 사업장의 취업규칙 불이익변경에 관한 설명 중 옳지 않은 것은?(다툼이 있는 경우 판례에 의함) 16 사시

□□□

① 취업규칙의 변경이 일부 근로자에게 유리하고, 일부 근로자에게 불리하면 불이익변경에 해당하지 아니한다.

② 취업규칙의 불이익변경이 당시 노동조합의 동의가 없더라도 이후 동일한 내용의 단체협약이 체결되었다면 변경된 취업규칙은 유효하다.

③ 노동조합의 동의는 특별한 사정이 없는 한 그 노동조합의 대표자의 동의로 족하다.

④ 노동조합의 동의를 얻어 변경된 취업규칙은 개별적 동의 절차를 거치지 않은 비조합원에게도 적용된다.

⑤ 사용자가 취업규칙을 근로자에게 불리하게 변경하면서 근로자의 집단적 의사결정방법에 따른 동의를 받지 못한 경우, 노동조합이나 근로자들이 집단적 동의권을 남용하였다고 볼 만한 특별한 사정이 없는 한 해당 취업규칙의 작성 또는 변경에 사회통념상 합리성이 있다는 이유만으로 그 유효성을 인정할 수는 없다.

해설

① (×) 근로자 상호 간에 유·불리에 따른 이익이 충돌되는 경우에는 그 변경은 근로자에게 불리한 것으로 취급하여 근로자들 전체의 의사에 따라 결정해야 한다. 따라서 유·불리를 달리하는 근로자집단규모를 비교할 필요 없이 불이익변경으로 보아야 한다(대판 1993.5.14. 93다1893).

② (○) 단체협약은 노동조합이 사용자 또는 사용자단체와 근로조건 기타 노사관계에서 발생하는 사항에 관하여 체결하는 협정으로서, 노동조합이 사용자 측과 기존의 임금, 근로시간, 퇴직금 등 근로조건을 결정하는 기준에 관하여 소급적으로 동의하거나 이를 승인하는 내용의 단체협약을 체결한 경우에 그 동의나 승인의 효력은 단체협약이 시행된 이후에 그 사업체에 종사하며 그 협약의 적용을 받게 될 노동조합원이나 근로자들에 대하여 생긴다고 할 것이다(대판 2005.3.11. 2003다27429).

③ (○) 취업규칙의 작성 또는 변경에 관하여 해당 사업 또는 사업장에 근로자의 과반수로 조직된 노동조합이 있는 경우, 근로자의 과반수로 조직된 노동조합 대표자의 동의를 요할 뿐, 별도로 조합원 과반수의 동의를 받을 필요는 없다.

④ (○) 판례의 취지를 고려할 때 노동조합의 동의를 얻어 변경된 취업규칙은 적법·유효하므로 개별적 동의 절차를 거치지 않은 비조합원에게도 당연히 적용된다.

> 정년퇴직 연령을 단축하는 내용으로 취업규칙의 기존 퇴직규정을 변경하고 이에 관하여 기존 퇴직규정의 적용을 받던 근로자의 과반수로 구성된 노동조합의 동의를 얻은 경우 위 변경 개정은 적법·유효하므로, 일정 직급 이상으로서 노동조합에 가입할 자격은 없지만 기존 퇴직규정의 적용을 받았던 근로자에게도 그의 개별적 동의 여부와 관계없이 당연히 적용된다(대판 2008.2.29. 2007다85997).

⑤ (○) 대판 2023.5.11. 2017다35588[전합]

답 ❶

011 근로기준법상 취업규칙에 관한 설명으로 옳지 않은 것은?(다툼이 있으면 판례에 따름)

□□□

19 노무

① 사용자는 근로자의 근로조건, 근로형태, 직종 등의 특수성에 따라 근로자 일부에게 적용되는 별도의 취업규칙을 작성할 수 있다.

② 취업규칙 작성 시 과반수노동조합이 있는 경우 사용자는 노동조합 대표자의 의견과 함께 집단적 회의방식으로 조합원의 의견을 들어야 한다.

③ 취업규칙의 변경이 여러 근로자집단 중 하나의 근로자집단에게만 불이익하지만 향후 다른 근로자집단에게도 변경된 취업규칙의 적용이 예상된다면, 해당 근로자집단을 포함한 근로자집단이 취업규칙 불이익변경의 동의주체가 된다.

④ 사용자가 취업규칙 불이익변경절차를 거치지 않았더라도 노동조합이 불이익변경된 취업규칙에 따르기로 하는 단체협약을 체결한 경우에는 그 단체협약의 적용을 받게 되는 기존의 근로자들에게 변경된 취업규칙이 적용된다.

⑤ 취업규칙이 기존의 근로자들에게 불이익하게 변경되었는지 여부를 불문하고, 사용자가 취업규칙을 변경한 후 신규취업한 근로자에게는 변경된 취업규칙이 적용된다.

해설

① (○) 사용자는 같은 사업장에 소속된 모든 근로자에 대하여 일률적으로 적용되는 하나의 취업규칙만을 작성하여야 하는 것은 아니고, 근로자의 근로조건, 근로형태, 직종 등의 특수성에 따라 근로자 일부에 적용되는 별도의 취업규칙을 작성할 수 있다(대판 2007.9.6. 2006다83246).

② (×) 사용자는 취업규칙의 작성에 관하여 해당 사업 또는 사업장에 근로자의 과반수로 조직된 노동조합이 있는 경우에는 그 노동조합, 근로자의 과반수로 조직된 노동조합이 없는 경우에는 근로자의 과반수의 의견을 들어야 한다(근기법 제94조 제1항 본문). 따라서 노동조합 대표자의 의견을 들은 경우, 조합원의 의견은 들을 필요가 없다.

③ (○) 취업규칙의 불이익변경 시점에는 어느 근로자집단만이 직접적인 불이익을 받더라도 다른 근로자집단에게도 변경된 취업규칙의 적용이 예상되는 경우에는 일부 근로자집단은 물론 장래 변경된 취업규칙규정의 적용이 예상되는 근로자집단을 포함한 근로자집단이 동의의 주체가 된다(대판 2009.5.28. 2009두2238).

④ (○) 판례의 취지를 고려할 때 노동조합이 퇴직금 등 근로조건을 결정하는 기준에 관하여 소급적으로 동의하거나 이를 승인하는 내용의 단체협약을 체결한 경우에 그 동의나 승인의 효력은 단체협약이 시행된 이후에 그 사업체에 종사하며 그 협약의 적용을 받게 될 노동조합원이나 근로자들에 대하여 생긴다고 할 것이므로, 사용자가 취업규칙 불이익변경절차를 거치지 않았더라도 노동조합이 불이익변경된 취업규칙에 따르기로 하는 단체협약을 체결한 경우에는 기존의 근로자들에게 변경된 취업규칙이 적용된다.

> 취업규칙 중 퇴직금에 관한 규정의 변경이 근로자에게 불이익함에도 불구하고, 사용자가 근로자의 집단적 의사결정 방법에 의한 동의를 얻지 아니한 채 변경을 함으로써 기득이익을 침해받게 되는 기존의 근로자에 대하여 종전의 퇴직금조항이 적용되어야 하는 경우에도, 노동조합이 사용자 측과 사이에 변경된 퇴직금조항을 따르기로 하는 내용의 단체협약을 체결한 경우에는, 기득이익을 침해받게 되는 기존의 근로자에 대하여 종전의 퇴직금조항이 적용되어야 함을 알았는지의 여부에 관계없이 그 협약의 적용을 받게 되는 기존의 근로자에 대하여도 변경된 퇴직금조항을 적용하여야 할 것이다(대판 2005.3.11. 2003다27429).

⑤ (○) 불이익하게 변경된 취업규칙이 동의를 받지 못한 경우, 그 변경으로 기득이익이 침해되는 기존근로자에게는 그 변경을 효력이 미치지 않게 되어 종전 취업규칙이 적용되지만, 그 변경 후 변경된 취업규칙에 따른 근로조건을 수용하고 근로관계를 갖게 된 신규근로자에게는 변경된 취업규칙이 적용된다(대판 1992.12.22. 91다45165).

답 ❷

012 근로기준법상 취업규칙의 변경에 관한 설명으로 옳은 것은?(다툼이 있으면 판례에 따름)

□□□

17 노무

① 근로자의 집단적 의사결정방법에 의한 동의 없이 이루어진 취업규칙의 불리한 변경은 그 변경 후에 취업한 근로자에 대하여 효력이 없다.

② 노동조합이 없는 경우에 취업규칙의 불이익 변경은 근로자들이 직접 선출한 대표의 동의가 있어야 효력이 있다.

③ 근로자 과반수로 조직된 노동조합이 있는 경우 취업규칙의 불이익변경은 근로자 과반수의 동의가 있어야 효력이 있다.

④ 취업규칙의 변경이 일부 근로자에게는 유리하고 일부 근로자에게는 불리한 경우 각 근로자집단의 규모를 비교하여 불이익변경인지 여부를 판단한다.

⑤ 사용자가 취업규칙을 근로자에게 불리하게 변경하면서 근로자의 집단적 의사결정방법에 따른 동의를 받지 못한 경우, 노동조합이나 근로자들이 집단적 동의권을 남용하였다고 볼 만한 특별한 사정이 없는 한 해당 취업규칙의 작성 또는 변경에 사회통념상 합리성이 있다는 이유만으로 그 유효성을 인정할 수는 없다.

해설

① (×) 사용자가 취업규칙에서 정한 근로조건을 근로자에게 불리하게 변경함에 있어서 근로자의 동의를 얻지 않은 경우에 그 변경으로 기득이익이 침해되는 기존의 근로자에 대한 관계에서는 변경의 효력이 미치지 않게 되어 종전 취업규칙의 효력이 그대로 유지되지만, 변경 후에 변경된 취업규칙에 따른 근로조건을 수용하고 근로관계를 갖게 된 근로자에 대한 관계에서는 당연히 변경된 취업규칙이 적용되어야 한다(대판 1992.12.22. 91다45165).

② (×) 사용자는 취업규칙의 작성 또는 변경에 관하여 해당 사업 또는 사업장에 근로자의 과반수로 조직된 노동조합이 있는 경우에는 그 노동조합, 근로자의 과반수로 조직된 노동조합이 없는 경우에는 근로자의 과반수의 의견을 들어야 한다. 다만, 취업규칙을 근로자에게 불리하게 변경하는 경우에는 그 동의를 받아야 한다(근기법 제94조 제1항).

③ (×) 취업규칙을 불이익하게 변경하는 경우 사업 또는 사업장에 근로자의 과반수로 조직된 노동조합이 있으면 그 노동조합의 동의가 필요하다(근기법 제94조 제1항).

④ (×) 근로자 상호 간에 유・불리에 따른 이익이 충돌되는 경우에는 그 변경은 근로자에게 불리한 것으로 취급하여 근로자들 전체의 의사에 따라 결정해야 한다. 따라서 유・불리를 달리하는 근로자집단규모를 비교할 필요 없이 불이익변경으로 보아야 한다(대판 1993.5.14. 93다1893).

⑤ (○) 대판 2023.5.11. 2017다35588[전합]

답 ⑤

013 □□□ **취업규칙에 관하여 근로기준법에 규정된 내용에 관한 설명으로 옳지 않은 것은?(다툼이 있는 경우에는 판례에 의함)** 16 노무

① 취업규칙의 변경이 일부 근로자에게는 유리하지만 다른 일부 근로자에게는 불리할 수 있어서 근로자에게 전체적으로 유리한지 불리한지를 단정적으로 평가하기가 어려운 경우에는 근로자에게 불이익한 경우로 취급하여서는 아니 된다.
② 상시 10명 이상의 근로자를 사용하는 사용자는 근로기준법에서 정한 사항에 관한 취업규칙을 작성하여 고용노동부장관에게 신고하여야 한다.
③ 취업규칙은 법령이나 해당 사업 또는 사업장에 대하여 적용되는 단체협약과 어긋나서는 아니 된다.
④ 고용노동부장관은 법령이나 단체협약에 어긋나는 취업규칙의 변경을 명할 수 있다.
⑤ 취업규칙에서 정한 기준에 미달하는 근로조건을 정한 근로계약은 그 부분에 관하여는 무효로 한다.

해설

① (×) 근로자 상호 간에 유·불리에 따른 이익이 충돌되는 경우에는 그 변경은 근로자에게 불리한 것으로 취급하여 근로자들 전체의 의사에 따라 결정해야 한다. 따라서 유·불리를 달리하는 근로자집단규모를 비교할 필요 없이 불이익 변경으로 보아야 한다(대판 1993.5.14. 93다1893).
② (○) 근기법 제93조
③ (○) 근기법 제96조 제1항
④ (○) 근기법 제96조 제2항
⑤ (○) 근기법 제97조 전문

014 근로기준법상 취업규칙에 대한 설명으로 옳지 않은 것은?(다툼이 있는 경우 판례에 의함)
□□□

18 국가직 7급

① 취업규칙을 종전보다 근로자에게 불이익하게 변경하는 경우가 아닌 한 근로자의 의견청취절차를 거치지 아니하고 취업규칙을 변경하였다고 하여 그 취업규칙의 효력이 부정될 수는 없다.
② 여러 근로자 집단이 하나의 근로조건 체계 내에 있어 비록 취업규칙의 불이익변경 시점에는 어느 근로자 집단만이 직접적인 불이익을 받더라도 다른 근로자 집단에게도 변경된 취업규칙의 적용이 예상되는 경우에는 일부 근로자 집단은 물론 장래 변경된 취업규칙 규정의 적용이 예상되는 근로자 집단을 포함한 근로자 집단이 동의주체가 된다.
③ 단체협약에서 해고사유를 단체협약에만 의하도록 명시적으로 규정하고 있더라도 사용자는 취업규칙에서 새로운 해고사유를 정할 수 있고 그 해고사유에 터잡아 근로자를 해고할 수 있다.
④ 취업규칙은 사용자가 근로자의 복무규율과 임금 등 근로조건에 관한 준칙을 규정한 것으로서, 그 명칭에 구애받지 않는다.

해설

① (O) 근로기준법 제93조는 취업규칙의 작성 및 변경에 관하여 행정관청에의 신고의무를, 같은 법 제94조 제1항 본문은 노동조합 또는 근로자대표자의 의견청취의무를, 같은 법 제14조 제1항은 취업규칙의 게시 또는 비치에 의한 주지의무를 정하고 있지만 이러한 규정들은 단속법규에 불과할 뿐 효력규정이라고는 볼 수 없으므로 사용자가 이러한 규정들을 준수하지 않았다고 하더라도 그로 인하여 바로 취업규칙의 작성 또는 변경이 무효로 되는 것은 아니다(대판 2004.2.12. 2001다63599).
② (O) 여러 근로자 집단이 하나의 근로조건 체계 내에 있어 비록 취업규칙의 불이익변경 시점에는 어느 근로자 집단만이 직접적인 불이익을 받더라도 다른 근로자 집단에게도 변경된 취업규칙의 적용이 예상되는 경우에는 일부 근로자 집단은 물론 장래 변경된 취업규칙 규정의 적용이 예상되는 근로자 집단을 포함한 근로자 집단이 동의주체가 되고, 그렇지 않고 근로조건이 이원화되어 있어 변경된 취업규칙이 적용되어 직접적으로 불이익을 받게 되는 근로자 집단 이외에 변경된 취업규칙의 적용이 예상되는 근로자 집단이 없는 경우에는 변경된 취업규칙이 적용되어 불이익을 받는 근로자 집단만이 동의 주체가 된다(대판 2009.5.28. 2009두2238).

> 일반직 직원(4급 이하)의 정년을 55세에서 58세로, 관리직 직원(3급 이상)의 정년을 60세에서 58세로 변경하는 내용으로 취업규칙의 정년규정을 개정하고 노동조합의 동의를 얻은 사안에서, 정년규정의 개정은 관리직 직원뿐만 아니라 일반직 직원들을 포함한 전체 직원에게 불이익하여 전체 직원들이 동의의 주체이므로, 근로자의 집단적 의사결정방법에 의한 동의가 있다고 인정한 사례(대판 2009.5.28. 2009두2238).

③ (×) 단체협약에서 "해고에 관하여는 단체협약에 의하여야 하고 취업규칙에 의하여 해고할 수 없다"는 취지로 규정하거나 "단체협약에 정한 사유 외의 사유로는 근로자를 해고할 수 없다"고 규정하는 등 근로자를 해고함에 있어, 해고사유 등을 단체협약에 의하도록 명시적으로 규정하고 있거나 동일한 징계사유에 관하여 단체협약상의 규정과 취업규칙 등의 규정이 상호 저촉되는 경우에는, 사용자는 단체협약 소정의 징계사유에 의하여만 근로자를 징계할 수 있다(대판 1995.2.14. 94누5069).
④ (O) 근로기준법 제93조 소정의 취업규칙은 사용자가 근로자의 복무규율과 임금 등 당해 사업의 근로자 전체에 적용될 근로조건에 관한 준칙을 규정한 것을 말하는 것으로서, 그 명칭에 구애받을 것은 아니다(대판 2004.2.12. 2001다63599).

> 종업원의 근로조건 변경을 내용으로 하는 자구계획서가 명칭에 관계없이 취업규칙에 해당하고, 자구계획서의 내용이 회사 내 홍보매체를 통하여 전 종업원에게 알려지고, 회사근로자 과반수가 가입한 노조도 위와 같은 취업규칙의 변경에 동의하였다면 회사가 이미 존재하던 취업규칙의 개정절차를 거치지 않았다거나 변경된 취업규칙에 대한 신고의무, 게시 및 비치의무를 이행하지 않았다고 하더라도 위 변경된 취업규칙의 효력이 발생하였다고 한 사례(대판 2004.2.12. 2001다63599).

답 ③

015 □□□ 근로기준법상 취업규칙에 대한 판례의 입장으로 옳은 것은? 19 국가직 7급

① 정년을 단축시키는 경우와 달리, 취업규칙에 없던 정년규정을 신설하는 것은 취업규칙의 불이익한 변경에 해당하지 아니한다.

② 노사협의회 근로자 위원들이 취업규칙의 불이익한 개정에 동의함에 있어서 사전에 근로자들의 의견을 취합해서 그들의 의사표시를 대리하여 동의권을 행사한 것이 아니라면 노사협의회근로자 위원들의 동의를 얻은 것은 종전의 취업규칙의 적용을 받고 있던 근로자들 과반수의 동의를 얻은 것과 동일시할 수 없다.

③ 종전의 취업규칙의 적용을 받고 있던 근로자의 집단적 의사결정방법에 의한 동의 없이 이루어진 취업규칙의 불이익한 변경은 그 변경 후에 변경된 취업규칙에 따른 근로조건을 수용하고 근로관계를 갖게 된 근로자에 대하여도 효력이 없다.

④ 취업규칙의 불이익한 변경을 위한 요건으로서 동의주체가 되는 '근로자 과반수'란 노동조합 가입자격이 있는 근로자집단의 과반수를 뜻한다.

해설

① (×) 취업규칙에 정년규정이 없던 운수회사에서 55세 정년규정을 신설한 경우, 그 운수회사의 근로자들은 정년제 규정이 신설되기 이전에는 만 55세를 넘더라도 아무런 제한 없이 계속 근무할 수 있었으나, 그 정년규정의 신설로 인하여 만 55세로 정년에 이르고, 회사의 심사에 의하여 일정한 경우에만 만 55세를 넘어서 근무할 수 있도록 되었다면 이와 같은 정년제 규정의 신설은 근로자가 가지고 있는 기득의 권리나 이익을 박탈하는 불이익한 근로조건을 부과하는 것에 해당한다(대판 1997.5.16. 96다2507).

② (○) 노사협의회는 근로자와 사용자 쌍방이 이해와 협조를 통하여 노사공동의 이익을 증진함으로써 산업평화를 도모할 것을 목적으로 하는 제도로서 노동조합과 그 제도의 취지가 다르므로 비록 회사가 근로조건에 관한 사항을 그 협의사항으로 규정하고 있다 하더라도 근로자들이 노사협의회를 구성하는 근로자위원들을 선출함에 있어 그들에게 근로조건을 불이익하게 변경함에 있어서 근로자들을 대신하여 동의를 할 권한까지 포괄적으로 위임한 것이라고 볼 수 없으며, 그 근로자위원들이 퇴직금규정의 개정에 동의를 함에 있어서 사전에 그들이 대표하는 각 부서별로 근로자들의 의견을 집약 및 취합하여 그들의 의사표시를 대리하여 동의권을 행사하였다고 볼 만한 자료도 없다면, 근로자위원들의 동의를 얻은 것을 근로자들 과반수의 동의를 얻은 것과 동일시할 수 없다(대판 1994.6.24. 92다28556).

③ (×) 사용자가 취업규칙에서 정한 근로조건을 근로자에게 불리하게 변경할 때 근로자의 동의를 얻지 않은 경우에 그 변경으로 기득이익이 침해되는 기존의 근로자에 대한 관계에서는 종전 취업규칙의 효력이 그대로 유지되지만, 변경된 취업규칙에 따른 근로조건을 수용하고 근로관계를 갖게 된 근로자에 대한 관계에서는 당연히 변경된 취업규칙이 적용되고, 기득이익의 침해라는 효력배제사유가 없는 변경 후 취업근로자에 대해서까지 변경의 효력을 부인하여 종전 취업규칙이 적용되어야 한다고 볼 수는 없다(대판 2022.10.14. 2022다245518).

> 갑 의료원의 보수규정이 2000.1.11. 개정・시행되면서 퇴직금 지급과 관련하여 1999.12.31. 이전 입사자에 대하여는 개정 전 보수규정(누진제)을, 2000.1.1. 이후 입사자에 대하여는 개정된 보수규정(단수제)을 적용하기로 하였는데, 2000.1.1. 입사하여 퇴직한 을이 개정 전 보수규정에 따른 퇴직금 지급을 구한 사안에서, 개정된 보수규정은 기존 근로자들에게 불이익하게 변경된 경우에 해당하는데도 갑 의료원이 소속 근로자의 집단적 의사결정방법에 따른 동의를 얻지 못하였으므로, 보수규정이 개정되기 전부터 갑 의료원과 근로관계를 맺고 있었던 을은 개정된 보수규정으로 기득이익이 침해되는 기존 근로자에 해당하여 개정 전 보수규정이 적용된다고 한 사례(대판 2022.10.14. 2022다245518).

④ (×) 취업규칙의 작성・변경에 관한 권한은 원칙적으로 사용자에게 있으므로 사용자는 그 의사에 따라서 취업규칙을 작성・변경할 수 있고, 다만 취업규칙의 변경에 의하여 기존 근로조건의 내용을 일방적으로 근로자에게 불이익하게 변경하려면 종전 취업규칙의 적용을 받고 있던 근로자 집단의 집단적 의사결정방법에 의한 동의를 요한다고 할 것인바, 그 동의방법은 근로자 과반수로 조직된 노동조합이 있는 경우에는 그 노동조합의, 그와 같은 노동조합이 없는 경우에는 근로자들의 회의방식에 의한 과반수의 동의가 있어야 하고, 여기서 말하는 근로자의 과반수라 함은 기존 취업규칙의 적용을 받는 근로자 집단의 과반수를 뜻한다(대판 2008.2.29. 2007다85997).

답 ❷

016 근로기준법상 취업규칙의 불이익변경에 대한 설명으로 옳지 않은 것은?(다툼이 있는 경우 판례에 의함)

□□□ 20 국가직 7급

① 근로자에게 불리한 내용으로 변경된 취업규칙은 근로자의 과반수로 조직된 노동조합이 있는 경우에는 그 노동조합, 근로자의 과반수로 조직된 노동조합이 없는 경우에는 근로자의 과반수의 동의를 받았다고 하더라도 근로자의 개별적 동의가 없는 한 취업규칙보다 유리한 근로계약의 내용이 우선하여 적용된다.

② 해당 사업 또는 사업장에 근로자의 과반수로 조직된 노동조합이 있는 경우에는 그 노동조합, 근로자의 과반수로 조직된 노동조합이 없는 경우에는 근로자의 과반수의 동의를 받지 않고 취업규칙의 불이익변경을 한 사용자는 500만원 이하의 과태료에 처한다.

③ 사용자가 취업규칙에서 정한 근로조건을 근로자에게 불리하게 변경함에 있어서 제94조 제1항 단서에 따른 동의 절차요건을 위반한 경우 그 변경된 취업규칙에 따른 근로조건을 수용하고 근로관계를 갖게 된 근로자에 대한 관계에서는 당연히 변경된 취업규칙이 적용되어야 한다.

④ 취업규칙의 일부를 이루는 급여규정의 변경이 일부의 근로자에게는 유리하고 일부의 근로자에게는 불리한 경우 그러한 변경은 근로자에게 불이익한 것으로 취급한다.

해설

① (O) 근로자에게 불리한 내용으로 변경된 취업규칙은 집단적 동의를 받았다고 하더라도 그보다 유리한 근로조건을 정한 기존의 개별 근로계약 부분에 우선하는 효력을 갖는다고 할 수 없다. 이 경우에도 근로계약의 내용은 유효하게 존속하고, 변경된 취업규칙의 기준에 의하여 유리한 근로계약의 내용을 변경할 수 없으며, 근로자의 개별적 동의가 없는 한 취업규칙보다 유리한 근로계약의 내용이 우선하여 적용된다(대판 2019.11.14. 2018다200709).

근로자인 갑과 사용자인 을 주식회사가 기본연봉을 정한 연봉계약으로 근로계약을 체결한 후 을 회사가 소속 근로자의 과반수로 조직된 노동조합의 동의를 받아 취업규칙인 임금피크제 운용세칙을 제정・공고하였는데, 위 취업규칙은 연봉계약이 정하는 기본연봉에 복리후생비를 더한 총연봉을 임금피크 기준연봉으로 정하고, 정년이 2년 미만 남아 있는 근로자에게는 임금피크 기준연봉의 60%, 정년이 1년 미만 남아 있는 근로자에게는 임금피크 기준연봉의 40%를 지급하도록 규정하였고, 이에 대해 갑이 임금피크제의 적용에 동의하지 아니한다는 의사를 표시하였으나 을 회사가 갑에게 취업규칙에 따라 삭감된 임금을 지급한 사안에서, 취업규칙에 대하여 과반수 노동조합의 동의를 받았더라도 기존의 근로계약은 유효하게 존속하고, 취업규칙에 따라 기존의 근로계약에서 정한 연봉액을 삭감할 수 없는데도, 이와 달리 본 원심판단에 법리오해의 잘못이 있다고 한 사례(대판 2019.11.14. 2018다200709).

② (×) 해당 사업 또는 사업장에 근로자의 과반수로 조직된 노동조합이 있는 경우에는 그 노동조합, 근로자의 과반수로 조직된 노동조합이 없는 경우에는 근로자의 과반수의 동의를 받지 않고 취업규칙의 불이익변경을 한 사용자는 500만원 이하의 벌금에 처한다(근기법 제114조 제1호, 제94조 제1항).

③ (O) 불이익하게 변경된 취업규칙이 동의를 받지 못한 경우, 그 변경으로 기득이익이 침해되는 기존 근로자에게는 그 변경의 효력이 미치지 않게 되어 종전 취업규칙이 적용되지만, 그 변경 후 변경된 취업규칙에 따른 근로조건을 수용하고 근로관계를 갖게 된 신규근로자에게는 변경된 취업규칙이 적용된다(대판 1992.12.22. 91다45165).

④ (O) 근로자 상호 간에 유・불리에 따른 이익이 충돌되는 경우에는 그 변경은 근로자에게 불리한 것으로 취급하여 근로자들 전체의 의사에 따라 결정해야 한다. 따라서 유・불리를 달리하는 근로자집단규모를 비교할 필요 없이 불이익변경으로 보아야 한다(대판 1993.5.14. 93다1893).

017 근로기준법상 취업규칙에 대한 설명으로 옳지 않은 것은?(다툼이 있는 경우 판례에 의함)

21 국가직 7급

① 고용노동부장관은 법령이나 단체협약에 어긋나는 취업규칙의 변경을 명할 수 있다.
② 근로자에게 불리한 내용으로 변경된 취업규칙은 집단적 동의를 받은 경우에는 그보다 유리한 근로조건을 정한 기존의 개별근로계약 부분에 우선하는 효력을 갖는다.
③ 취업규칙의 작성 또는 변경에 있어 의견청취절차규정 자체는 훈시규정에 불과하고 효력규정이 아니므로 이를 거치지 않았다고 하여 그 취업규칙이 무효로 되지는 않는다.
④ 취업규칙에서 정한 기준에 미달하는 근로조건을 정한 근로계약은 그 부분에 관하여는 무효로 하며, 이 경우 무효로 된 부분은 취업규칙에 정한 기준에 따른다.

해설

① (O) 근기법 제96조 제2항
② (×) 근로자에게 불리한 내용으로 변경된 취업규칙은 집단적 동의를 받았다고 하더라도 그보다 유리한 근로조건을 정한 기존의 개별 근로계약 부분에 우선하는 효력을 갖는다고 할 수 없다. 이 경우에도 근로계약의 내용은 유효하게 존속하고, 변경된 취업규칙의 기준에 의하여 유리한 근로계약의 내용을 변경할 수 없으며, 근로자의 개별적 동의가 없는 한 취업규칙보다 유리한 근로계약의 내용이 우선하여 적용된다(대판 2019.11.14. 2018다200709).
③ (O) 근로기준법 제93조는 취업규칙의 작성 및 변경에 관하여 행정관청에의 신고의무를, 같은 법 제94조 제1항 본문은 노동조합 또는 근로자대표자의 의견청취의무를, 같은 법 제14조 제1항은 취업규칙의 게시 또는 비치에 의한 주지의무를 정하고 있지만 이러한 규정들은 단속법규에 불과할 뿐 효력규정이라고는 볼 수 없으므로 사용자가 이러한 규정들을 준수하지 않았다고 하더라도 그로 인하여 바로 취업규칙의 작성 또는 변경이 무효로 되는 것은 아니다(대판 2004.2.12. 2001다63599).
④ (O) 근기법 제97조

답 ❷

018 근로기준법상 취업규칙에 대한 설명으로 옳은 것은?

22 국가직 9급

① 사용자는 취업규칙의 작성에 관하여 해당 사업 또는 사업장에 근로자의 과반수로 조직된 노동조합이 없는 경우에는 근로자의 과반수를 대표하는 자의 의견을 들어야 한다.
② 근로자에 대하여 감급(減給)의 제재를 정할 경우에 그 감액은 1회의 금액이 통상임금의 1일분의 3분의 1을 초과하지 못한다.
③ 법령이나 해당 사업 또는 사업장에 대하여 적용되는 단체협약과 어긋나서는 아니 된다.
④ 고용노동부장관은 취업규칙이 법령에 어긋나는 경우에는 노동위원회의 의결을 얻어야 그 변경을 명할 수 있다.

해설

① (×) 사용자는 취업규칙의 작성 또는 변경에 관하여 해당 사업 또는 사업장에 근로자의 과반수로 조직된 노동조합이 있는 경우에는 그 노동조합, 근로자의 과반수로 조직된 노동조합이 없는 경우에는 근로자의 과반수의 의견을 들어야 한다. 다만, 취업규칙을 근로자에게 불리하게 변경하는 경우에는 그 동의를 받아야 한다(근기법 제94조 제1항).
② (×) 취업규칙에서 근로자에 대하여 감급(減給)의 제재를 정할 경우에 그 감액은 1회의 금액이 평균임금의 1일분의 2분의 1을, 총액이 1임금지급기의 임금 총액의 10분의 1을 초과하지 못한다(근기법 제95조).
③ (O) 근기법 제96조 제1항
④ (×) 고용노동부장관은 법령이나 단체협약에 어긋나는 취업규칙의 변경을 명할 수 있다(근기법 제96조 제2항).

답 ❸

019 근로기준법상 취업규칙에 대한 설명으로 옳지 않은 것은?(다툼이 있는 경우 판례에 의함)

□□□

21 국가직 9급

① 고용노동부장관은 법령이나 단체협약에 어긋나는 취업규칙의 변경을 명할 수 있다.

② 취업규칙의 불이익 변경에 있어서 해당 사업 또는 사업장에 노동조합이 없는 경우에는, 사용자 측의 개입이나 간섭이 배제된 상태에서 사업장 전체 또는 기구별·단위 부서별로 근로자 간에 의견을 교환하여 찬반의 의사를 모으는 회의방식 기타 집단적 의사결정 방식에 의하여 근로자 과반수의 동의를 받아야 한다.

③ 하나의 취업규칙의 적용을 받는 근로자들 가운데 취업규칙의 변경이 일부 근로자에게는 유리하고 일부 근로자에게는 불리한 경우에는 전체적으로 보아 근로자에게 불리한 취업규칙으로 취급한다.

④ 사용자가 취업규칙에서 정한 근로조건을 근로자에게 불리하게 변경하면서 근로자집단의 동의를 얻지 않은 경우에 변경 후 신규로 입사한 근로자에 대한 관계에서는 당연히 변경 전의 취업규칙이 적용된다.

해설

① (○) 근기법 제96조 제2항

② (○) 사용자가 취업규칙의 변경에 의하여 기존의 근로조건을 근로자에게 불리하게 변경하려면 종전 근로조건 또는 취업규칙의 적용을 받고 있던 근로자의 집단적 의사결정방법에 의한 동의를 요하고, 이러한 동의를 얻지 못한 취업규칙의 변경은 효력이 없으며, 그 동의의 방법은 노동조합이 없는 경우에는 근로자들의 회의방식에 의한 과반수의 동의를 요하고, 회의방식에 의한 동의라 함은 사업 또는 한 사업장의 기구별 또는 단위 부서별로 사용자 측의 개입이나 간섭이 배제된 상태에서 근로자 간에 의견을 교환하여 찬반을 집약한 후 이를 전체적으로 취합하는 방식도 허용된다(대판 2010.1.28. 2009다32362).

> 공기업 구조조정을 진행하면서 각 부서별, 사업소·지부별로 설명회를 개최하여 관련 사업의 포괄승계에 따른 근로조건의 변경 및 퇴직금지급률 변경 사항을 설명하고 근로자들의 동의를 받은 사안에서, 사용자 측이 변경될 내용을 근로자들에게 설명하고 홍보하는 데에 지나쳐 사용자 측의 부당한 개입이나 간섭이 있었다고 볼 수 없으므로, 근로자의 집단적 의사결정방법에 의한 동의가 있었다고 본 사례(대판 2010.1.28. 2009다32362).

③ (○) 근로자 상호 간에 유·불리에 따른 이익이 충돌되는 경우에는 그 변경은 근로자에게 불리한 것으로 취급하여 근로자들 전체의 의사에 따라 결정해야 한다. 따라서 유·불리를 달리하는 근로자집단규모를 비교할 필요 없이 불이익 변경으로 보아야 한다(대판 1993.5.14. 93다1893).

④ (×) 사용자가 취업규칙에서 정한 근로조건을 근로자에게 불리하게 변경할 때 근로자의 동의를 얻지 않은 경우에 그 변경으로 기득이익이 침해되는 기존의 근로자에 대한 관계에서는 종전 취업규칙의 효력이 그대로 유지되지만, 변경된 취업규칙에 따른 근로조건을 수용하고 근로관계를 갖게 된 근로자에 대한 관계에서는 당연히 변경된 취업규칙이 적용되고, 기득이익의 침해라는 효력배제사유가 없는 변경 후 취업근로자에 대해서까지 변경의 효력을 부인하여 종전 취업규칙이 적용되어야 한다고 볼 수는 없다(대판 2022.10.14. 2022다245518).

답 ❹

020 근로기준법상 취업규칙에 대한 설명으로 옳지 않은 것은?(다툼이 있는 경우 판례에 의함)

□□□

22 국가직 7급

① 취업규칙의 일부를 이루는 급여규정의 변경이 일부의 근로자에게는 유리하고 일부의 근로자에게는 불리한 경우 근로자에게 일방적으로 불이익하게 변경된 것이 아니므로 그 변경에 근로자집단의 동의는 필요가 없다.

② 근로자에게 불리한 내용으로 변경된 취업규칙은 집단적 동의를 받았다고 하더라도, 근로자와 사용자가 취업규칙에서 정한 기준을 상회하는 근로조건을 개별 근로계약에서 구체적으로 따로 정한 경우, 근로자의 개별적 동의가 없는 한 취업규칙보다 유리한 근로계약의 내용이 우선하여 적용된다.

③ 사용자는 취업규칙의 작성 또는 변경에 관하여 해당 사업 또는 사업장에 근로자의 과반수로 조직된 노동조합이 있는 경우에는 그 노동조합, 근로자의 과반수로 조직된 노동조합이 없는 경우에는 근로자의 과반수의 의견을 들어야 하지만, 취업규칙을 근로자에게 불리하게 변경하는 경우에는 그 동의를 받아야 한다.

④ 상시 10명 이상의 근로자를 사용하는 사용자는 직장 내 괴롭힘의 예방 및 발생 시 조치 등에 관한 사항을 포함한 취업규칙을 작성하여 고용노동부장관에게 신고하여야 한다.

해설

① (×) 사용자가 취업규칙의 변경에 의하여 기존의 근로조건을 근로자에게 불리하게 변경하려면 종전 근로조건 또는 취업규칙의 적용을 받고 있던 근로자의 집단적 의사결정방법에 의한 동의를 받아야 한다(근로기준법 제94조 제1항 단서). 여기서 근로자에게 불리한 변경에 해당하는지 여부는 근로자 전체에 대하여 획일적으로 결정되어야 할 것이고, 그 변경이 일부 근로자에게는 유리하지만 다른 일부 근로자에게는 불리할 수 있어서 근로자에게 전체적으로 유리한지 불리한지를 단정적으로 평가하기가 어려운 경우에는 근로자에게 불이익한 것으로 취급하여 근로자들 전체의 의사에 따라 결정하게 하는 것이 타당하다(대판 2012.6.28. 2010다17468).

② (○) 근로자에게 불리한 내용으로 변경된 취업규칙은 집단적 동의를 받았다고 하더라도 그보다 유리한 근로조건을 정한 기존의 개별 근로계약 부분에 우선하는 효력을 갖는다고 할 수 없다. 이 경우에도 근로계약의 내용은 유효하게 존속하고, 변경된 취업규칙의 기준에 의하여 유리한 근로계약의 내용을 변경할 수 없으며, 근로자의 개별적 동의가 없는 한 취업규칙보다 유리한 근로계약의 내용이 우선하여 적용된다(대판 2019.11.14. 2018다200709).

③ (○) 근기법 제94조 제1항

④ (○) 근기법 제93조 제11호

답 ❶

제2절 기숙사

021 근로기준법상 기숙사에 대한 설명으로 옳지 않은 것은? 23 국가직 9급

□□□

① 사용자는 기숙사 생활의 자치에 필요한 임원 선거에 간섭하지 못한다.
② 부속 기숙사에 근로자를 기숙시키는 사용자는 기숙사규칙을 작성하여야 하고, 작성에 관하여 기숙사에 기숙하는 근로자의 과반수를 대표하는 자의 의견을 들어야 한다.
③ 사용자는 부속 기숙사에 대하여 근로자의 건강 유지, 사생활 보호 등을 위한 조치를 하여야 한다.
④ 근로감독관은 기숙사를 현장조사하고 장부와 서류의 제출을 요구할 수 있으며 사용자와 근로자에 대하여 심문(尋問)할 수 있다.

해설

① (○) 근기법 제98조 제2항
② (×) 부속 기숙사에 근로자를 기숙시키는 사용자는 기숙사규칙을 작성하여야 한다. 사용자는 규칙의 작성 또는 변경에 관하여 기숙사에 기숙하는 근로자의 과반수를 대표하는 자의 동의를 받아야 한다(근기법 제99조 제1항・제2항).
③ (○) 근기법 제100조의2
④ (○) 근로감독관은 사업장, 기숙사, 그 밖의 부속 건물을 현장조사하고 장부와 서류의 제출을 요구할 수 있으며 사용자와 근로자에 대하여 심문(尋問)할 수 있다(근기법 제102조 제1항).

답 ❷

CHAPTER

08 근로관계의 변경

제1절 인사이동

제2절 전 직

001 근로기준법상 사용자의 인사명령에 관한 설명으로 옳지 않은 것은?(다툼이 있으면 판례에 따름)

□□□ 18 노무

① 근로자에 대한 전직이나 전보처분은 원칙적으로 인사권자인 사용자의 권한에 속한다.
② 근로계약에서 근로의 내용이나 근무장소를 특별히 한정한 경우에 사용자가 근로자에 대하여 전보처분을 하려면 원칙적으로 근로자의 동의가 있어야 한다.
③ 근로자의 직무수행능력 부족을 이유로 한 잠정적 직위해제는 기업질서 유지를 목적으로 행하여지는 징벌적 제재로서의 징계와 그 성질이 동일하다.
④ 휴직명령은 근로자가 상당한 기간에 걸쳐 근로의 제공을 할 수 없다거나, 근로제공을 함이 매우 부적당하다고 인정되는 경우에는 정당한 이유에 해당한다.
⑤ 전적 시 당사자 사이에 종전의 근로관계를 승계하기로 하는 특약이 없었다면, 전적(轉籍)으로 근로관계는 단절된다.

해설

① (O)·② (O) 근로자에 대한 전직이나 전보처분은 근로자가 제공하여야 할 근로의 종류·내용·장소 등에 변경을 가져온다는 점에서 근로자에게 불이익한 처분이 될 수도 있으나 원칙적으로 인사권자인 사용자의 권한에 속하므로 업무상 필요한 범위 안에서는 상당한 재량을 가지며, 그것이 근로기준법에 위반되거나 권리남용에 해당하는 등 특별한 사정이 없는 한 무효라고는 할 수 없고, 다만 근로계약에서 근로내용이나 근무장소를 특별히 한정한 경우에 사용자가 근로자에 대하여 전보나 전직처분을 하려면 원칙적으로 근로자의 동의가 있어야 한다(대판 2013.2.28. 2010다52041).

③ (×) 직위해제는 일반적으로 근로자가 직무수행능력이 부족하거나 근무성적 또는 근무태도 등이 불량한 경우, 근로자에 대한 징계절차가 진행 중인 경우, 근로자가 형사사건으로 기소된 경우 등에 있어서 당해 근로자가 장래에 있어서 계속 직무를 담당하게 될 경우 예상되는 업무상의 장애 등을 예방하기 위하여 일시적으로 당해 근로자에게 직위를 부여하지 아니함으로써 직무에 종사하지 못하도록 하는 잠정적인 조치로서의 보직의 해제를 의미하므로 과거의 근로자의 비위행위에 대하여 기업질서 유지를 목적으로 행하여지는 징벌적 제재로서의 징계와는 그 성질이 다르다(대판 2007.5.31. 2007두1460).

④ (O) 근로자가 상당한 기간에 걸쳐 근로의 제공을 할 수 없다거나, 근로제공을 함이 매우 부적당하다고 인정되는 경우에는 휴직명령의 정당한 이유에 해당된다(대판 2005.2.18. 2003다63029).

⑤ (O) 전적은 원기업과의 근로계약이 종료되고 전적기업과 새로운 근로계약을 체결하는 것이므로, 근로관계 승계의 특약 등 특별한 사정이 없는 한 근로관계는 승계되지 않는다(대판 1996.12.23. 95다29970).

답 ❸

002 사용자의 인사명령에 대한 설명으로 옳지 않은 것은?(다툼이 있는 경우 판례에 의함)

□□□

18 국가직 7급

① 직위해제는 근로자의 과거의 비위행위에 대하여 기업질서 유지를 목적으로 행하여지는 징벌적 제재로서의 징계와 그 성질이 동일하다.

② 근로계약상 근로의 장소가 특정되어 있는 경우에 이를 변경하는 전직이나 전보명령을 하려면 근로자의 동의가 있어야 한다.

③ 전보처분 등이 권리남용에 해당하지 않기 위해서는 전보처분 등의 업무상의 필요성과 전보 등에 따른 근로자의 생활상의 불이익을 비교・교량하여 결정되어야 하고, 그 생활상의 불이익이 근로자가 통상 감수하여야 할 정도를 현저하게 벗어나지 않아야 한다.

④ 전보처분 등을 함에 있어서 근로자 본인과 성실한 협의절차를 거쳤는지 여부는 정당한 인사권의 행사인지 여부를 판단하는 하나의 요소라고는 할 수 있으나, 그러한 절차를 거치지 아니하였다는 사정만으로 전보처분 등이 권리남용에 해당하여 당연히 무효가 된다고는 할 수 없다.

해설

① (×) 근로자에 대한 직위해제는 일반적으로 근로자가 직무수행능력이 부족하거나 근무성적 또는 근무태도 등이 불량한 경우, 근로자에 대한 징계절차가 진행 중인 경우, 근로자가 형사사건으로 기소된 경우 등에 있어서 당해 근로자가 장래에 있어서 계속 직무를 담당하게 될 경우 예상되는 업무상의 장애 등을 예방하기 위하여 일시적으로 당해 근로자에게 직위를 부여하지 아니함으로써 직무에 종사하지 못하도록 하는 잠정적인 조치로서의 보직의 해제를 의미하므로, 과거의 근로자의 비위행위에 대하여 기업질서 유지를 목적으로 행하여지는 징벌적 제재로서의 징계와는 그 성질이 다르다(대판 2007.5.31. 2007두1460).

② (○) 근로자에 대한 전직이나 전보처분은 근로기준법에 위반되거나 권리남용에 해당하는 등 특별한 사정이 없는 한 무효라고는 할 수 없고, 다만 근로계약에서 근로내용이나 근무장소를 특별히 한정한 경우에 사용자가 근로자에 대하여 전보나 전직처분을 하려면 원칙적으로 근로자의 동의가 있어야 한다(대판 2013.2.28. 2010다52041).

③ (○)・④ (○) 전보처분 등이 권리남용에 해당하는지는 전보처분 등의 업무상의 필요성과 전보 등에 따른 근로자의 생활상의 불이익을 비교・교량하여 결정하여야 하고, 업무상의 필요에 의한 전보 등에 따른 생활상의 불이익이 근로자가 통상 감수하여야 할 정도를 현저하게 벗어난 것이 아니라면 이는 정당한 인사권의 범위 내에 속하는 것으로서 권리남용에 해당하지 않는다.❸ 나아가, 전보처분 등을 함에 있어 근로자 본인과 성실한 협의절차를 거쳤는지는 정당한 인사권의 행사인지 여부를 판단하는 하나의 요소라고 할 수 있으나, 그러한 절차를 거치지 아니하였다는 사정만으로 전보처분 등이 권리남용에 해당하여 당연히 무효가 되는 것은 아니다❹(대판 2014.9.4. 2012다35309).

답 ❶

003 전직에 관한 설명 중 옳지 않은 것은?(다툼이 있는 경우 판례에 의함)

14 사시

□□□

① 근로계약상 근로의 장소가 특정되어 있는 경우에 이를 변경하는 전직에는 근로자의 동의가 필요하다.

② 전직이 권리남용에 해당하는지 여부는 전직의 업무상 필요성과 전직에 따른 근로자의 생활상의 불이익을 비교・형량하여 판단하여야 한다.

③ 전직은 원칙적으로 인사권자인 사용자의 권한에 속하므로 업무상 필요한 범위 내에서는 사용자는 상당한 재량을 가진다.

④ 사용자가 근로자에게 부당한 전직을 하면 근로자는 노동위원회에 구제를 신청할 수 있다.

⑤ 사용자가 근로자에게 부당한 전직을 하면 근로기준법위반으로 형사처벌을 받을 수 있다.

해설

① (O)·③ (O) 근로자에 대한 전직이나 전보처분은 근로자가 제공하여야 할 근로의 종류·내용·장소 등에 변경을 가져온다는 점에서 근로자에게 불이익한 처분이 될 수도 있으나 원칙적으로 인사권자인 사용자의 권한에 속하므로 업무상 필요한 범위 안에서는 상당한 재량을 가지며,❸ 그것이 근로기준법에 위반되거나 권리남용에 해당하는 등 특별한 사정이 없는 한 무효라고는 할 수 없고, 다만 근로계약에서 근로내용이나 근무장소를 특별히 한정한 경우에 사용자가 근로자에 대하여 전보나 전직처분을 하려면 원칙적으로 근로자의 동의가 있어야 한다❶(대판 2013.2.28. 2010다52041).

② (O) 전직이나 전보처분이 권리남용에 해당하는지 여부는 전직등의 업무상의 필요성과 전직등에 따른 근로자의 생활상의 불이익을 비교·교량하여 결정되어야 할 것이고, 업무상의 필요에 의한 전직등에 따른 생활상의 불이익이 근로자가 통상 감수하여야 할 정도를 현저하게 벗어난 것이 아니라면 이는 정당한 인사권의 범위 내에 속하는 것으로서 권리남용에 해당하지 아니한다(대판 1996.12.20. 95누18345).

④ (O) 사용자가 근로자에게 부당해고등을 하면 근로자는 노동위원회에 구제를 신청할 수 있다(근기법 제28조 제1항).

⑤ (×) 근기법은 사용자가 행한 부당한 전직에 대하여 사용자를 형사처벌할 수 있다는 규정을 두고 있지 아니하다.

답 ❺

004 근로기준법상 전직처분에 대한 설명으로 옳지 않은 것은?(다툼이 있는 경우 판례에 의함)

□□□

22 국가직 9급

① 근로자에 대한 전직처분은 원칙적으로 인사권자인 사용자의 권한에 속하므로 업무상 필요한 범위 내에서는 상당한 재량을 인정하여야 하는 것으로서, 그것이 근로기준법에 위반되거나 권리남용에 해당하는 등의 특별한 사정이 없는 한 무효라고 할 수 없다.

② 업무상 필요에 의한 전직에 따른 생활상의 불이익이 근로자가 통상 감수하여야 할 정도를 현저하게 벗어나지 않으면 이는 정당한 인사권의 범위 내에 속하므로 권리남용에 해당하지 않는다.

③ 전직처분을 할 때 근로자 본인과 성실한 협의절차를 거쳤는지는 정당한 인사권의 행사인지를 판단하는 하나의 요소이므로, 그러한 절차를 거치지 아니한 전직처분은 권리남용에 해당하여 당연히 무효가 된다.

④ 사용자가 전직처분을 할 때 요구되는 업무상의 필요란 인원배치를 변경할 필요성이 있고 그 변경에 어떠한 근로자를 포함시키는 것이 적절할 것인가 하는 인원선택의 합리성을 의미한다.

해설

① (O), ② (O), ③ (×) 근로자에 대한 전보나 전직은 원칙적으로 인사권자인 사용자의 권한에 속하므로 업무상 필요한 범위 내에서는 사용자가 상당한 재량을 가진다. 따라서 그것이 근로기준법 등에 위배되거나 권리남용에 해당하는 등의 특별한 사정이 없으면 유효한바,❶ 전보처분 등이 권리남용에 해당하는지는 전보처분 등의 업무상의 필요성과 전보 등에 따른 근로자의 생활상의 불이익을 비교·교량하여 결정하여야 하고, 업무상의 필요에 의한 전보 등에 따른 생활상의 불이익이 근로자가 통상 감수하여야 할 정도를 현저하게 벗어난 것이 아니라면 이는 정당한 인사권의 범위 내에 속하는 것으로서 권리남용에 해당하지 않는다.❷ 나아가, 전보처분 등을 함에 있어 근로자 본인과 성실한 협의절차를 거쳤는지는 정당한 인사권의 행사인지 여부를 판단하는 하나의 요소라고 할 수 있으나, 그러한 절차를 거치지 아니하였다는 사정만으로 전보처분 등이 권리남용에 해당하여 당연히 무효가 되는 것은 아니다❸(대판 2014.9.4. 2012다35309).

④ (O) 사용자가 전직처분 등을 함에 있어서 요구되는 업무상의 필요란 인원 배치를 변경할 필요성이 있고 그 변경에 어떠한 근로자를 포함시키는 것이 적절할 것인가 하는 인원선택의 합리성을 의미하는데, 여기에는 업무능률의 증진, 직장질서의 유지나 회복, 근로자 간의 인화 등의 사정도 포함된다(대판 2013.2.28. 2010다52041).

답 ❸

제3절 전 적

제4절 휴 직

제5절 징 계

005 징계에 관한 설명으로 옳지 않은 것은?(다툼이 있는 경우에는 판례에 의함) 15 노무

□□□

① 경미한 징계사유에 대하여 가혹한 제재를 가하는 것은 징계권의 남용으로서 무효이다.
② 징계규정상 징계절차를 위반하여 이루어진 징계처분은 징계사유가 인정되는지에 관계없이 무효임이 원칙이다.
③ 징계규정에 피징계자의 출석 및 진술의 기회 부여에 관한 절차가 없어도 그러한 절차를 거치지 않은 징계처분은 무효이다.
④ 징계처분에서 징계사유로 삼지 아니한 비위행위라도 징계양정에서의 참작자료로 삼을 수 있다.
⑤ 근로자의 사생활에서의 비행은 사업활동에 직접 관련이 있거나 기업의 사회적 평가를 훼손할 염려가 있는 것에 한하여 정당한 징계사유가 될 수 있다.

해설

① (○) 어떤 징계처분을 선택할 것인지는 징계권자의 재량에 속한다고 할 것이지만 이러한 재량은 징계권자의 자의적이고 편의적인 재량에 맡겨져 있는 것이 아니며 징계사유와 징계처분과의 사이에 사회통념상 상당하다고 보여지는 균형의 존재가 요구되고 경미한 징계사유에 대하여 가혹한 제재를 가한다든가 하는 것은 권리의 남용으로서 무효이다(대판 1991.1.11. 90다카21176).

② (○) 징계대상자에게 징계위원회에 출석하여 변명과 소명자료를 제출할 기회를 부여하도록 되어 있음에도 이러한 징계절차를 위반하여 징계해고하였다면 이러한 징계권의 행사는 징계사유가 인정되는지와 관계없이 절차의 정의에 반하여 무효라고 보아야 한다(대판 2012.1.27. 2010다100919).

③ (×) 취업규칙 등의 징계에 관한 규정에 징계혐의자의 출석 및 진술의 기회부여 등에 관한 절차가 규정되어 있지 않은 경우에는 그러한 절차를 거치지 않고 징계처분을 하였다 하더라도 징계의 효력에는 영향이 없다(대판 1994.9.30. 93다26496).

④ (○) 징계처분에서 징계사유로 삼지 아니한 비위행위라도 징계종류 선택의 자료로서 피징계자의 평소 소행과 근무성적, 해당 징계처분사유 전후에 저지른 비위행위사실 등은 징계양정을 하면서 참작자료로 삼을 수 있다(대판 2014.11.27. 2011다41420).

⑤ (○) 사용자가 근로자에 대하여 징계권을 행사할 수 있는 것은 사업활동을 원활하게 수행하는 데 필요한 범위 내에서 규율과 질서를 유지하기 위한 데에 그 근거가 있으므로, 근로자의 사생활에서의 비행은 사업활동에 직접 관련이 있거나 기업의 사회적 평가를 훼손할 염려가 있는 것에 한하여 정당한 징계사유가 될 수 있다(대판 1994.12.13. 93누23275).

답 ❸

006 징계에 관한 설명으로 옳지 않은 것은?(다툼이 있으면 판례에 따름) 17 노무

□□□

① 합리적인 사유 없이 같은 정도의 비위행위에 대하여 일반적으로 적용하여 온 기준과 어긋나게 공평을 잃은 과중한 징계처분을 행하는 것은 위법하다.

② 단체협약에서 근로자에게 징계사유와 관련한 소명기회를 주도록 규정하고 있는 경우 근로자에게 그 기회를 제공하면 되는 것이고 소명 그 자체가 반드시 이루어져야 하는 것은 아니다.

③ 여러 개의 징계사유 중 일부가 인정되지 않더라도 인정되는 다른 일부 징계사유만으로도 해당 징계처분의 타당성을 인정하기에 충분한 경우에는 그 징계처분이 위법하지 않다.

④ 징계처분에서 징계사유로 삼지 아니한 비위행위사실은 징계양정의 참작자료로 삼을 수 없다.

⑤ 징계규정에서 징계위원회에 출석하여 소명할 기회를 부여하고 있으면, 출석통보의 시기와 방법에 관한 특별한 규정이 없더라도 소명자료를 준비할 만한 상당한 기간을 두고 개최일시와 장소를 통보하여야 한다.

해설

① (○) 합리적인 사유 없이 같은 정도의 비행에 대하여 일반적으로 적용하여 온 기준과 어긋나게 공평을 잃은 징계처분을 선택함으로써 평등의 원칙에 위반한 경우에 이러한 징계처분은 재량권의 한계를 벗어난 처분으로서 위법하다(대판 2000.6.9. 98두16613).

② (○) 단체협약에서 당사자에게 징계사유와 관련한 소명기회를 주도록 규정하고 있는 경우에도 그 대상자에게 그 기회를 제공하면 되며, 소명 그 자체가 반드시 이루어져야 하는 것은 아니다(대판 2014.11.27. 2011다41420).

③ (○) 수 개의 징계사유 중 일부가 인정되지 않더라도 인정되는 다른 일부 징계사유만으로도 당해 징계처분의 타당성을 인정하기에 충분한 경우에는 그 징계처분을 유지하여도 위법하지 아니하다 할 것이다(대판 2002.9.24. 2002두6620).

④ (×) 근로자의 어떤 비위행위가 징계사유로 되어 있느냐 여부는 구체적인 자료들을 통하여 징계위원회 등에서 그것을 징계사유로 삼았는가 여부에 의하여 결정되어야 하는 것이지 반드시 징계결의서나 징계처분서에 기재된 취업규칙이나 징계규정 소정의 징계근거사유만으로 징계사유가 한정되는 것은 아닐 뿐만 아니라, 징계처분에서 징계사유로 삼지 아니한 비위행위라고 하더라도 징계종류 선택의 자료로서 피징계자의 평소의 소행과 근무성적, 당해 징계처분사유 전후에 저지른 비위행위사실 등은 징계양정에 있어서의 참작자료로 삼을 수 있는 것이다(대판 2002.5.28. 2001두10455).

⑤ (○) 징계규정에 징계대상자에게 징계위원회에 출석하여 변명과 소명자료를 제출할 기회를 부여하도록 되어 있다면 그 통보의 시기와 방법에 관하여 특별히 규정한 바가 없다고 하여도 변명과 소명자료를 준비할 만한 상당한 기간을 두고 개최일시와 장소를 통보하여야 한다(대판 1991.7.9. 90다8077).

답 ❹

007 사용자의 징계권 행사에 관한 설명으로 옳지 않은 것은?(다툼이 있으면 판례에 따름) 20 노무

□□□

① 징계처분에서 징계사유로 삼은 비위행위가 아닌 평소의 소행과 근무성적, 당해 징계처분사유 전후에 저지른 비위행위사실 등은 징계양정의 참작자료로 삼을 수 없다.

② 학력 등을 허위로 기재한 행위를 이유로 징계해고를 하는 경우에 그 정당성은 고용 당시의 사정뿐 아니라, 고용 이후 해고에 이르기까지 그 근로자가 종사한 근로의 내용과 기간, 허위기재를 한 학력 등이 종사한 근로의 정상적인 제공에 지장을 초래하는지 여부 등을 종합적으로 고려하여 판단하여야 한다.

③ 사생활에서의 비행은 사업활동에 직접 관련이 있거나 기업의 사회적 평가를 훼손할 염려가 있는 것에 한하여 정당한 징계사유가 될 수 있다.

④ 근로기준법 제23조 제1항의 '정당한 이유'란 징계해고의 경우에는 사회통념상 근로계약을 계속시킬 수 없을 정도로 근로자에게 책임 있는 사유가 있는 것을 말한다.

⑤ 여러 개의 징계사유 중 일부가 인정되지 않더라도 인정되는 다른 일부 징계사유만으로도 해당 징계처분의 타당성을 인정하기에 충분한 경우에는 그 징계처분이 위법하지 않다.

해설

① (×) 징계처분에서 징계사유로 삼지 아니한 비위행위라고 하더라도 징계종류 선택의 자료로서 피징계자의 평소의 소행과 근무성적, 당해 징계처분사유 전후에 저지른 비위행위사실 등은 징계양정에 있어서의 참작자료로 삼을 수 있는 것이다(대판 2002.5.28. 2001두10455).

② (○) 대판 2012.7.5. 2009두16763

③ (○) 대판 1994.12.13. 93누23275

④ (○) 대판 1992.4.24. 91다17931

⑤ (○) 대판 2014.11.27. 2011다41420

답 ❶

008 근로기준법상 징계에 대한 판례의 입장으로 옳은 것은? 19 국가직 7급

□□□

① 취업규칙 등의 징계에 관한 규정에 피징계자의 출석 및 진술의 기회부여 등에 관한 절차가 규정되어 있는 경우에는 단순히 기회 부여에 그쳐서는 안되며 반드시 소명 자체가 있어야 한다.

② 원래의 징계 과정에 절차 위반의 하자가 있다면 재심 과정에서 보완되었다 하더라도 그 하자가 치유되지 않는다.

③ 단체협약 등에 징계재심에 관한 절차가 규정되어 있는 경우 재심절차를 전혀 이행하지 않거나 재심절차에 중대한 하자가 있어 재심의 효력을 인정할 수 없더라도 원래의 징계처분이 그 요건을 모두 갖추고 있다면 원래의 징계처분은 유효하다.

④ 징계위원회에서 징계대상자에게 징계혐의 사실을 고지하고 그에 대하여 진술할 기회를 부여하면 충분하고, 그 혐의사실 개개의 사항에 대하여 구체적으로 발문하여 징계대상자가 이에 대하여 빠짐없이 진술하도록 조치하여야 하는 것은 아니다.

해설

① (×) 취업규칙 등의 징계에 관한 규정에 피징계자의 출석 및 진술의 기회부여 등에 관한 절차가 규정되어 있는 경우에는 그러한 절차는 징계처분의 유효요건이지만, 그 규정의 취지는 피징계자에게 징계혐의 사실에 관하여 자신에게 이익되는 소명의 기회를 부여하여야 한다는 데 있고 소명 자체가 반드시 있어야 하는 것은 아니므로 그 기회를 부여하였는데도 소명하지 아니하고 연기요청을 하는 경우에는 연기요청에 불구하고 피징계자의 참석과 의견개진 없이 징계위원회를 예정대로 개최할 수 있다(대판 1995.5.23. 94다24763).

② (×) 징계처분에 대한 재심절차는 원래의 징계절차와 함께 전부가 하나의 징계처분 절차를 이루는 것으로서 그 절차의 정당성도 징계 과정 전부에 관하여 판단되어야 할 것이므로, 원래의 징계 과정에 절차 위반의 하자가 있더라도 재심과정에서 보완되었다면 그 절차 위반의 하자는 치유된다고 할 것이다(대판 2009.2.12. 2008다70336).

③ (×) 징계처분에 대한 재심절차는 징계처분에 대한 구제 내지 확정절차로서 원래의 징계절차와 함께 전부가 하나의 징계처분절차를 이루는 것으로서 그 절차의 정당성도 징계과정 전부에 관하여 판단되어야 하므로, 원래의 징계처분이 그 요건을 갖추었더라도 재심절차를 전혀 이행하지 않거나 재심절차에 중대한 하자가 있어 재심의 효력을 인정할 수 없는 경우에는 그 징계처분은 현저히 절차적 정의에 반하는 것으로서 무효이다(대판 2020.11.26. 2017두70793).

④ (○) 대판 2020.6.25. 2016두56042

009 □□□ 근로기준법상 징계나 전직처분 등에 대한 설명으로 옳지 않은 것은?(다툼이 있는 경우 판례에 의함)

21 국가직 7급

① 근로자의 사생활에서의 비행은 사업활동에 직접 관련이 있거나 기업의 사회적 평가를 훼손할 염려가 있는 것에 한하여 정당한 징계사유가 될 수 있다.

② 취업규칙 등의 징계에 관한 규정에 징계혐의자의 출석 및 진술의 기회부여 등에 관한 절차가 규정되어 있지 않은 경우라 하더라도 그러한 절차를 거치지 않은 징계처분은 효력이 인정되지 않는다.

③ 사용자가 전직처분 등을 함에 있어서 요구되는 업무상의 필요란 인원 배치를 변경할 필요성이 있고 그 변경에 어떠한 근로자를 포함시키는 것이 적절할 것인가 하는 인원선택의 합리성을 의미하는데, 여기에는 업무능률의 증진, 직장질서의 유지나 회복, 근로자 간의 인화 등의 사정도 포함된다.

④ 근로계약에서 근로 내용이나 근무장소를 특별히 한정한 경우에 사용자가 근로자에 대하여 전보나 전직처분을 하려면 원칙적으로 근로자의 동의가 있어야 한다.

해설

① (○) 근로자의 사생활에서의 비행은 원칙적으로 징계사유가 되지 않으나, 그러한 비행이 사업활동에 직접 관련이 있거나 기업의 사회적 평가를 훼손할 염려가 있는 경우에 한하여 정당한 징계사유가 될 수 있다(대판 1994.12.13. 93누23275).

② (×) 취업규칙 등의 징계에 관한 규정에 징계혐의자의 출석 및 진술의 기회부여 등에 관한 절차가 규정되어 있지 않은 경우에는 그러한 절차를 거치지 않고 징계처분을 하였다 하더라도 징계의 효력에는 영향이 없다(대판 1994.9.30. 93다26496).

③ (○) 대판 2013.2.28. 2010다52041

④ (○) 근로자에 대한 전직이나 전보처분은 근로자가 제공하여야 할 근로의 종류·내용·장소 등에 변경을 가져온다는 점에서 근로자에게 불이익한 처분이 될 수도 있으나 원칙적으로 인사권자인 사용자의 권한에 속하므로 업무상 필요한 범위 안에서는 상당한 재량을 가지며, 그것이 근로기준법에 위반되거나 권리남용에 해당하는 등 특별한 사정이 없는 한 무효라고는 할 수 없고, 다만 근로계약에서 근로내용이나 근무장소를 특별히 한정한 경우에 사용자가 근로자에 대하여 전보나 전직처분을 하려면 원칙적으로 근로자의 동의가 있어야 한다(대판 2013.2.28. 2010다52041).

010 근로기준법상 징계 등에 대한 설명으로 옳지 않은 것은?(다툼이 있는 경우 판례에 의함)

□□□

23 국가직 9급

① 취업규칙이나 인사관리규정에 대기발령이 징계처분의 하나로 규정되어 있지 않더라도 대기발령을 함에 있어서 해당자에게 변명의 기회를 부여하는 등의 징계절차를 거쳐야 한다.

② 근로자를 해고함에 있어서 해고사유 및 해고절차를 단체협약에 의하도록 명시적으로 규정하고 있거나 동일한 징계사유나 징계절차에 관하여 단체협약상의 규정과 취업규칙 등의 규정이 상호 저촉되는 경우가 아닌 한, 사용자는 취업규칙에서 단체협약 소정의 해고사유와는 관련이 없는 새로운 해고사유를 정할 수 있다.

③ 여러 개의 징계사유 중 일부가 인정되지 않더라도, 인정되는 다른 일부 징계사유만으로도 해당 징계처분의 타당성을 인정하기에 충분한 경우에는 그 징계처분을 유지하여도 위법하지 않다.

④ 단체협약에서 당사자에게 징계사유와 관련한 소명기회를 주도록 규정하고 있는 경우, 그 대상자에게 그 기회를 제공하면 되는 것이고 소명 그 자체가 반드시 이루어져야 하는 것은 아니다.

해설

① (×) 취업규칙이나 인사관리규정에 대기발령이 징계처분의 하나로 규정되어 있지 아니한 이상 위 처분을 함에 있어서 해당자에게 변명의 기회를 부여하는 등의 징계절차를 거칠 필요는 없다(대판 2000.6.23. 98다54960). 그러나 취업규칙 등에 직위해제처분의 절차를 규정하지 아니한 경우에는 소명기회 부여 등의 절차를 거칠 필요가 없다(대판 1996.10.29. 95누15926).

② (○) 단체협약에서 "해고에 관하여는 단체협약에 의하여야 하고 취업규칙에 의하여 해고할 수 없다."는 취지로 규정하거나 "단체협약에 정한 사유 외의 사유로는 근로자를 해고할 수 없다."고 규정하는 등 근로자를 해고함에 있어서 해고사유 및 해고절차를 단체협약에 의하도록 명시적으로 규정하고 있거나 동일한 징계사유나 징계절차에 관하여 단체협약상의 규정과 취업규칙 등의 규정이 상호 저촉되는 경우가 아닌 한 사용자는 취업규칙에서 단체협약 소정의 해고사유와는 관련이 없는 새로운 해고사유를 정할 수 있고, 그 해고사유에 터잡아 근로자를 해고할 수 있으며, 비록 단체협약에서 해고사유와 해고 이외의 징계사유를 나누어 구체적으로 열거하고 있다 하더라도 취업규칙에서 이와 다른 사유를 해고사유로 규정하는 것이 단체협약에 반하는 것이라고 할 수 없다(대판 1999.3.26. 98두4672).

③ (○) [1] 수 개의 징계사유 중 일부가 인정되지 않더라도 인정되는 다른 징계사유만으로도 당해 징계처분의 타당성을 인정하기에 충분한 경우에는 그 징계처분을 유지하여도 위법하지 아니하다.
[2] 경찰공무원이 담당사건의 고소인으로부터 금품을 수수하고 향응과 양주를 제공받았으며 이를 은폐하기 위하여 고소인을 무고하는 범죄행위를 하였다는 사유로 해임처분을 받은 경우, 위 징계사유 중 금품수수사실이 인정되지 않더라도 나머지 징계사유만으로도 해임처분의 타당성이 인정되어 재량권의 범위를 일탈・남용한 것이 아니라고 한 사례(대판 2002.9.24. 2002두6620).

④ (○) 단체협약이나 취업규칙에서 당사자에게 징계사유와 관련한 소명기회를 주도록 규정하고 있는 경우에도 대상자에게 그 기회를 제공하면 되며, 소명 자체가 반드시 이루어져야 하는 것은 아니다. 그리고 징계위원회에서 징계대상자에게 징계혐의 사실을 고지하고 그에 대하여 진술할 기회를 부여하면 충분하고, 혐의사실 개개의 사항에 대하여 구체적으로 발문하여 징계대상자가 이에 대하여 빠짐없이 진술하도록 조치하여야 하는 것은 아니다(대판 2020.6.25. 2016두56042).

011 징계에 관한 설명으로 옳지 않은 것은?(다툼이 있으면 판례에 따름) 19 노무

□□□

① 근로자의 사생활에서의 비행은 기업활동에 직접 관련이 있거나 기업의 사회적 평가를 훼손할 염려가 있는 경우 정당한 징계사유가 될 수 있다.

② 징계위원회에 무자격위원이 참여한 상태에서 징계처분이 이루어진 경우 그 위원을 제외하더라도 의결정족수가 충족된다면 그 징계처분은 유효하다.

③ 노동조합 간부에 대한 징계처분을 함에 있어 노동조합과 합의를 하도록 단체협약에 규정된 경우 그 절차를 거치지 않은 징계처분은 원칙적으로 무효이다.

④ 원래의 징계과정에 절차위반의 하자가 있더라도 재심과정에서 보완되었다면 그 절차위반의 하자는 치유된다.

⑤ 취업규칙에서 근로자에 대하여 감급(減給)의 제재를 정할 경우에 그 감액은 1회의 금액이 평균임금의 1일분의 2분의 1을, 총액이 1임금지급기의 임금총액의 10분의 1을 초과하지 못한다.

해설

① (O) 근로자의 사생활에서의 비행은 원칙적으로 징계사유가 되지 않으나, 그러한 비행이 사업활동에 직접 관련이 있거나 기업의 사회적 평가를 훼손할 염려가 있는 경우에 한하여 정당한 징계사유가 될 수 있다(대판 1994.12.13. 93누23275).

② (×) 회사의 단체협약상의 징계규정에는 노동조합원을 징계하려면 상벌위원회의 심의를 거쳐야 하고 그 상벌위원회의 구성은 노사 각 4인씩으로 하여 노동조합원들을 참여시키도록 되어 있는데도 불구하고, 이러한 징계절차규정을 위배하여 노동조합 측의 위원 2명만 참석시키고 자격이 없는 상조회 소속 근로자 2명을 포함하여 상벌위원회를 구성한 다음 그 상벌위원회의 결의를 거쳐 징계해고하였다면, 이러한 징계권의 행사는 징계사유가 인정되는 여부에 관계없이 절차에 있어서의 정의에 반하는 처사로서 무효라고 보아야 할 것이고, 이는 자격이 없는 위원을 제외하고서도 의결정족수가 충족된다 하더라도 그 상벌위원회의 구성 자체에 위법이 있는 이상 마찬가지이다(대판 1996.6.28. 94다53716).

③ (O) 사용자와 노동조합과의 사전동의조항을 둔 경우 그러한 절차를 거치지 않은 해고처분은 원칙적으로 무효이다(대판 2007.9.6. 2005두8788).

④ (O) 징계처분에 대한 재심절차는 원래의 징계절차와 함께 전부가 하나의 징계처분절차를 이루는 것으로서 그 절차의 정당성도 징계과정 전부에 관하여 판단되어야 할 것이므로, 원래의 징계과정에 절차위반의 하자가 있더라도 재심과정에서 보완되었다면 그 절차위반의 하자는 치유된다(대판 1997.11.11. 96다23627).

⑤ (O) 근기법 제95조

답 ❷

012 근로자의 징계 등에 관한 설명으로 옳지 않은 것은?(다툼이 있으면 판례에 따름) 22 노무

□□□

① 징계처분에서 징계사유로 삼지 아니한 비위행위라도 피징계자의 평소의 소행과 근무성적, 그 징계처분 사유 전후에 저지른 비위행위사실 등은 징계양정의 참작자료로 삼을 수 있다.

② 취업규칙에 따라 소명기회를 부여하였더라도 징계위원회가 그 개개의 혐의 사항에 대하여 구체적으로 질문하고 징계대상자가 이에 대하여 빠짐없이 진술하도록 조치하지 않았다면 부당한 징계가 된다.

③ 대기발령은 그 사유가 정당한 경우에도 그 기간은 합리적인 범위 내에서 이루어져야 한다.

④ 여러 개의 징계사유 중 일부가 인정되지 않더라도 인정되는 다른 일부 징계사유만으로도 해당 징계처분의 타당성을 인정하기에 충분한 경우에는 그 징계처분이 위법하지 않다.

⑤ 노동조합 간부에 대한 징계처분을 함에 있어 노동조합과 합의하도록 단체협약에 규정된 경우 그 합의를 거치지 않은 징계처분은 원칙적으로 무효이다.

해설

① (○) 징계처분에서 징계사유로 삼지 아니한 비위행위라고 하더라도 징계종류 선택의 자료로서 피징계자의 평소의 소행과 근무성적, 당해 징계처분사유 전후에 저지른 비위행위사실 등은 징계양정에 있어서의 참작자료로 삼을 수 있는 것이다(대판 2002.5.28. 2001두10455).

② (×) 징계위원회에서 징계대상자에게 징계혐의 사실을 고지하고 그에 대하여 진술할 기회를 부여하면 충분하고, 혐의사실 개개의 사항에 대하여 구체적으로 발문하여 징계대상자가 이에 대하여 빠짐없이 진술하도록 조치하여야 하는 것은 아니다(대판 2020.6.25. 2016두56042).

③ (○) 대기발령과 같은 잠정적인 인사명령이 명령 당시에는 정당한 경우라고 하더라도, 그러한 명령의 목적과 실제 기능, 유지의 합리성 여부 및 그로 인하여 근로자가 받게 될 신분상·경제상의 불이익 등 구체적인 사정을 모두 참작하여 그 기간은 합리적인 범위 내에서 이루어져야 한다(대판 2013.5.9. 2012다64833).

④ (○) 대판 2014.11.27. 2011다41420

⑤ (○) 사용자와 노동조합과의 사전 합의 조항을 둔 경우 그러한 절차를 거치지 않은 해고처분은 원칙적으로 무효이다(대판 2007.9.6. 2005두8788).

013 □□□ **근로기준법상 징계 또는 해고에 대한 설명으로 옳지 않은 것은?(다툼이 있는 경우 판례에 의함)**

22 국가직 9급

① 당해 징계처분사유 전후에 저지른 징계사유로 되지 아니한 비위사실도 징계양정에 있어서의 참작자료가 될 수 있다.

② 취업규칙 등의 징계에 관한 규정에 징계혐의자의 출석 및 진술의 기회부여 등에 관한 절차가 규정되어 있지 않더라도 그와 같은 절차를 밟지 아니하고 징계해고하였다면 그 징계는 무효이다.

③ 원래의 징계 과정에 절차 위반의 하자가 있더라도 재심 과정에서 보완되었다면 그 절차 위반의 하자는 치유된다.

④ 인사규정 등에 대기발령 후 일정 기간이 경과하도록 복직발령을 받지 못하는 경우 당연퇴직된다는 규정을 두는 경우, 이에 따른 당연퇴직 처리는 실질상 해고에 해당한다.

해설

① (○) 피징계자의 평소의 소행, 근무성적, 징계처분전력과 아울러 당해 징계처분사유 전후에 저지른 징계사유로 되지 아니한 비위사실도 징계양정에서 참작자료가 될 수 있다(대판 2014.5.16. 2012두11966).

② (×) 취업규칙 등의 징계에 관한 규정에 징계혐의자의 출석 및 진술의 기회부여 등에 관한 절차가 규정되어 있지 않은 경우에는 그러한 절차를 거치지 않고 징계처분을 하였다 하더라도 징계의 효력에는 영향이 없다(대판 1994.9.30. 93다26496).

③ (○) 대판 2009.2.12. 2008다70336

④ (○) 인사규정 등에 대기발령 후 일정 기간이 경과하도록 복직발령을 받지 못하거나 직위를 부여받지 못하는 경우에는 당연퇴직된다는 규정을 두는 경우, 대기발령에 이은 당연퇴직처리를 일체로서 관찰하면 이는 근로자의 의사에 반하여 사용자의 일방적 의사에 따라 근로계약관계를 종료시키는 것으로서 실질상 해고에 해당한다(대판 2007.5.31. 2007두1460).

답 ❷

제6절 직위해제(대기발령)

014 직위해제 또는 대기발령에 관한 설명으로 옳지 않은 것은?(다툼이 있는 경우에는 판례에 의함)

□□□ 15 노무

① 대기발령의 사유가 해소된 이후에도 부당하게 장기간 동안 대기발령조치를 유지하는 것은 정당성이 없다.

② 직위해제는 잠정적 조치로서의 보직의 해제를 의미하므로 근로자의 비위행위에 대하여 행하는 징벌적 제재로서의 징계와는 그 성질이 다르다.

③ 실효된 직위해제처분이라도 인사규정 등에서 직위해제처분에 따른 효과로 승진·승급에 제한을 가하는 등의 법률상 불이익을 규정하고 있는 경우에는 그 직위해제처분에 대한 구제를 신청할 이익이 있다.

④ 대기발령 후 일정한 기간이 경과하도록 복직발령을 받지 못한 경우에 당연퇴직된다는 인사규정에 따라 행한 당연퇴직처리는 해고에 해당하지 않는다.

⑤ 사용자가 자신의 귀책사유에 해당하는 경영상의 필요에 따라 근로자들에게 대기발령을 한 경우에는 그 근로자들에게 휴업수당을 지급하여야 한다.

해설

① (○) 대기발령을 받은 근로자가 상당한 기간에 걸쳐 근로의 제공을 할 수 없다거나, 근로제공을 함이 매우 부적당한 경우가 아닌데도 사회통념상 합리성이 없을 정도로 부당하게 장기간 동안 대기발령조치를 유지하는 것은 특별한 사정이 없는 한 정당한 이유가 있다고 보기 어려우므로 그와 같은 조치는 무효라고 보아야 할 것이다(대판 2007.2.23. 2005다3991).

② (○) 근로자에 대한 직위해제는 일반적으로 근로자가 직무수행능력이 부족하거나 근무성적 또는 근무태도 등이 불량한 경우, 근로자에 대한 징계절차가 진행 중인 경우, 근로자가 형사사건으로 기소된 경우 등에 있어서 당해 근로자가 장래에 있어서 계속 직무를 담당하게 될 경우 예상되는 업무상의 장애 등을 예방하기 위하여 일시적으로 당해 근로자에게 직위를 부여하지 아니함으로써 직무에 종사하지 못하도록 하는 잠정적인 조치로서의 보직의 해제를 의미하므로, 과거의 근로자의 비위행위에 대하여 기업질서 유지를 목적으로 행하여지는 징벌적 제재로서의 징계와는 그 성질이 다르다(대판 2007.5.31. 2007두1460).

③ (○) 직위해제처분에 기하여 발생한 효과는 당해 직위해제처분이 실효되더라도 소급하여 소멸하는 것이 아니므로, 인사규정 등에서 직위해제처분에 따른 효과로 승진·승급에 제한을 가하는 등의 법률상 불이익을 규정하고 있는 경우에는 직위해제처분을 받은 근로자는 이러한 법률상 불이익을 제거하기 위하여 그 실효된 직위해제처분에 대한 구제를 신청할 이익이 있다(대판 2010.7.29. 2007두18406).

④ (×) 인사규정 등에 대기발령 후 일정 기간이 경과하도록 복직발령을 받지 못하거나 직위를 부여받지 못하는 경우에는 당연퇴직된다는 규정을 두는 경우, 대기발령에 이은 당연퇴직처리를 일체로서 관찰하면 이는 근로자의 의사에 반하여 사용자의 일방적 의사에 따라 근로계약관계를 종료시키는 것으로서 실질상 해고에 해당한다(대판 2007.5.31. 2007두1460).

⑤ (○) 사용자가 자신의 귀책사유에 해당하는 경영상의 필요에 따라 개별근로자들에 대하여 대기발령을 하였다면 이는 근로기준법 제46조 제1항에서 정한 휴업을 실시한 경우에 해당하므로 사용자는 그 근로자들에게 휴업수당을 지급할 의무가 있다(대판 2013.10.11. 2012다12870).

답 ❹

제7절 근로관계의 이전

015 **영업양도와 근로관계에 대한 설명으로 옳지 않은 것은?(다툼이 있는 경우 판례에 의함)**

□□□

22 국가직 9급

① 영업양도 당사자 사이에 근로관계의 일부를 승계의 대상에서 제외하기로 하는 특약이 있는 경우에는 그에 따라 근로관계의 승계가 이루어지지 않을 수 있으나, 그러한 특약은 실질적으로 해고나 다름이 없다.

② 영업양도에 의하여 양도인과 근로자 사이의 근로관계는 원칙적으로 양수인에게 포괄승계되는 것이지만 근로자가 반대의 의사를 표시함으로써 양수기업에 승계되는 대신 양도기업에 잔류하거나 양도기업과 양수기업 모두에서 퇴직할 수도 있다.

③ 영업양도에 의하여 근로계약 관계가 포괄적으로 승계된 경우에 근로자의 종전 근로계약상의 지위도 그대로 승계된다.

④ 영업양도 이전에 민사소송에서 해고가 무효라는 내용의 판결이 확정된 경우라도 영업양도 당시에 근로자에 대한 양도인의 현실적인 복직조치가 없었다면 그 근로자와 양도인의 근로관계는 양수인에게 승계되지 않는다.

해설

① (O) 영업양도당사자 사이에 근로관계의 일부를 승계의 대상에서 제외하기로 하는 특약이 있는 경우에는 그에 따라 근로관계의 승계가 이루어지지 않을 수 있으나, 그러한 특약은 실질적으로 해고나 다름이 없다 할 것이므로, 근로기준법 제23조 제1항 소정의 정당한 이유가 있어야 유효하다 할 것이다(대판 1994.6.28. 93다33173).

② (O) 대판 2012.5.10. 2011다45217

③ (O) 대판 1995.12.26. 95다41659

④ (×) 노조법 제84조 소정의 노동위원회의 사용자에 대한 구제명령은 사용자에게 이에 복종하여야 할 공법상의 의무를 부담시킬 뿐 직접 노사 간의 사법상의 법률관계를 발생 또는 변경시키는 것은 아니지만, 해고처분을 받은 근로자가 별도의 임금청구소송을 제기하여 승소판결이 확정되었으며 이 판결은 해고가 무효여서 여전히 근로자로서의 지위를 가지고 있음을 전제로 해고 이후 복직시까지의 임금의 지급을 명하는 것이라면, 비록 현실적인 복직조치가 없었다 하더라도 위 근로자는 영업양도 당시 양도회사와 적법 유효한 근로관계에 있었다고 보아야 하므로 그 근로자와 양도회사와의 근로관계는 양수회사에게 승계된다(대판 1994.6.28. 93다33173).

답 ❹

016 □□□ 영업양도의 노동법적 효과와 관련한 설명 중 옳은 것은?(다툼이 있는 경우에는 판례에 의함)

07 사시

① 양도회사의 퇴직금 규정보다 양수회사의 퇴직금 규정이 불리하더라도 하나의 사업 내에 퇴직금의 차등제도를 둘 수 없기 때문에, 양도회사의 근로자에게도 양수회사의 퇴직금 제도가 적용된다.
② 양업양도가 아닌 자산양도의 경우에 있어서도 근로관계가 양수인에게 포괄적으로 승계된다.
③ 영업양도의 결과 양도회사의 노동조합은 소멸하고 그 노동조합과 양도회사 간에 체결한 단체협약도 효력을 상실한다.
④ 영업양도 당사자 사이에 양도회사에서의 근속기간은 양수회사의 근로년수에 산입하지 않기로 하는 특약이 존재하더라도 근로자의 동의가 없는 한 효력이 없다.
⑤ 영업양도 당사자 사이에 일부 근로자를 승계의 대상에서 제외하기로 하는 특약이 인정되므로 승계에서 제외된 근로자는 이의를 제기할 수 없다.

해설

① (×) 구 근로기준법 제28조 제2항, 부칙(1980.12.31.) 제2항이 하나의 사업 내에 차등 있는 퇴직금제도의 설정을 금하고 있지만, 이는 하나의 사업 내에서 직종, 직위, 업종별로 퇴직금에 관하여 차별하는 것을 금하고자 하는 데 그 목적이 있으므로, 근로관계가 포괄적으로 승계된 후의 새로운 퇴직금제도가 기존 근로자의 기득이익을 침해하는 것이어서 그들에게는 그 효력이 미치지 않고 부득이 종전의 퇴직금규정을 적용하지 않을 수 없어서 결과적으로 하나의 사업 내에 별개의 퇴직금제도를 운용하는 것으로 되었다고 하더라도, 이러한 경우까지 구 근로기준법 제28조 제2항, 부칙 제2항이 금하는 차등 있는 퇴직금제도를 설정한 경우에 해당한다고는 볼 수 없다(대판 1995.12.26. 95다41659).
② (×) 영업상 인적·물적 조직을 포괄적으로 이전받음으로서 영업을 양도받은 것이 아니라, 자산만 인수했다면 고용승계를 수반하지 않는다(대판 2003.3.14. 2002두10094).
③ (×) 판례의 취지를 고려할 때 양수회사는 종전 노동조합과 양도회사 간에 체결한 단체협약상의 권리·의무를 승계한다고 보아야 한다.

> 사용자가 노동조합에게 단체협약에 따라 무상제공하여 온 노조사무실의 사용관계는 민법상 "사용대차"에 해당한다고 할 것이어서, 노조사무실 제공을 포함하는 단체협약 전체가 해지된지 6월이 경과되어 소멸하였다 하더라도 그 사유만으로 당연히 위와 같은 사용대차 목적물의 반환사유인 사용수익의 종료 또는 사용수익에 족한 기간의 경과가 있다고 할 것은 아니어서, 특히 그 반환을 허용할 특별한 사정(예컨대 기존 사무실의 면적이 과대하여 다른 공간으로 대체할 필요가 있다든지, 사용자가 이를 다른 용도로 사용할 합리적인 사유가 생겼다는 등)이 있어야만 그 사무실의 명도를 구할 수 있다고 보는 것이 상당하다(대판 2002.3.26. 2000다3347).

④ (○) [1] 갑 회사가 을 회사로부터 그 영업의 일부만을 양수하였으나 그 영업에 관련된 모든 자산과 부채 및 관련계약, 채권과 채무 그리고 위 영업에 종사하는 전종업원 및 이에 대한 을 회사의 권리의무 등을 포괄적으로 양수하기로 합의하고 이에 따라 그 종업원들이 계속 근무하여 왔다면 을 회사와 그 종업원 사이의 근로계약관계는 위 합의에 따라 포괄적으로 갑 회사에 승계된 것으로 보아야 한다.
[2] [1]의 경우 그 포괄승계 합의시에 종업원의 퇴직금 산정기간에 한하여 종전의 근속기간은 승계회사의 근속연수에 산입하지 않기로 하는 단서 조항을 삽입하였다 하여도, 이는 종전의 근로계약관계를 포괄적으로 승계하면서 근속기간에 관한 근로자의 기득권을 제한하는 예외 조항을 설정한 것이므로, 근로자의 동의가 없는 한 근로자에게 구속력이 미치지 않는다(대판 1991.11.12. 91다12806).
⑤ (×) 특약에 의하여 근로관계의 승계가 이루어지지 아니하는 것이 부당해고에 해당한다면 근로자는 노동위원회에 사용자의 부당해고에 대한 구제신청을 할 수 있다(근기법 제28조).

> 영업양도 당사자 사이에 근로관계의 일부를 승계의 대상에서 제외하기로 하는 특약이 있는 경우에는 그에 따라 근로관계의 승계가 이루어지지 않을 수 있으나, 그러한 특약은 실질적으로 해고나 다름이 없으므로, 근로기준법 제23조 제1항 소정의 정당한 이유가 있어야 유효하며, 영업양도 그 자체만을 사유로 삼아 근로자를 해고하는 것은 정당한 이유가 있는 경우에 해당한다고 볼 수 없다(대판 1994.6.28. 93다33173).

답 ④

017 영업양도와 근로관계의 이전에 관한 설명 중 옳지 않은 것은?(다툼이 있는 경우에 판례에 의함)

□□□

15 사시

① 영업양도가 이루어지면 양도기업 근로자들의 임금 등 근로조건은 양수기업의 근로조건에 따른다.
② 영업양도가 이루어진 경우에는 원칙적으로 해당 근로자들의 근로관계가 양수하는 기업에 포괄적으로 승계되지만 근로자가 반대 의사를 표시함으로써 양수기업에 승계되는 대신 양도기업에 잔류하거나 양도기업과 양수기업 모두에서 퇴직할 수도 있다.
③ 영업양도 그 자체만을 사유로 삼아 근로자를 해고하는 것은 정당한 이유가 있는 경우에 해당한다고 볼 수 없다.
④ 영업의 양도란 일정한 영업목적에 의하여 조직화된 업체, 즉 인적·물적 조직을 그 동일성을 유지하면서 일체로서 이전하는 것으로 영업 일부만의 양도도 가능하다.
⑤ 영업을 일부 양도한 경우, 영업양도에 의하여 승계되는 근로관계는 계약체결일 현재 실제로 그 영업부문에서 근무하고 있는 근로자와의 근로관계만을 의미하고, 계약체결일 이전에 해당 영업부문에서 근무하다가 해고된 근로자로서 해고의 효력을 다투는 근로자와의 근로관계까지 승계되는 것은 아니다.

해설

① (×) 판례의 취지를 고려할 때 영업양도에 의하여 근로계약 관계가 포괄적으로 승계된 경우에 근로자의 종전 근로계약상의 지위도 그대로 승계되는 것이므로, 양도기업 근로자들의 임금 등 근로조건은 양도기업의 근로조건에 따르게 된다.

> 영업양도나 기업합병 등에 의하여 근로계약 관계가 포괄적으로 승계된 경우에 근로자의 종전 근로계약상의 지위도 그대로 승계되는 것이므로, 승계 후의 퇴직금규정이 승계 전의 퇴직금규정보다 근로자에게 불리하다면 근로기준법 제94조 제1항 소정의 당해 근로자집단의 집단적인 의사결정 방법에 의한 동의 없이는 승계 후의 퇴직금규정을 적용할 수 없다(대판 1995.12.26. 95다41659).

② (○) 영업의 양도란 일정한 영업목적에 의하여 조직화된 업체, 즉 인적·물적 조직을 동일성은 유지하면서 일체로서 이전하는 것이어서 영업 일부만의 양도도 가능하고, 이러한 영업양도가 이루어진 경우에는 원칙적으로 해당 근로자들의 근로관계가 양수하는 기업에 포괄적으로 승계되지만 근로자가 반대 의사를 표시함으로써 양수기업에 승계되는 대신 양도기업에 잔류하거나 양도기업과 양수기업 모두에서 퇴직할 수도 있다. 또한 이와 같은 경우 근로자가 자의에 의하여 계속근로관계를 단절할 의사로 양도기업에서 퇴직하고 양수기업에 새로이 입사할 수도 있다(대판 2012.5.10. 2011다45217).

> 甲 병원을 운영하던 乙 학교법인이 丙 의료법인을 새로 설립하여 甲 병원 영업을 양도하면서 甲 병원 근로자들에게 그 사실을 고지하지 않았는데, 나중에 영업양도 사실을 알게 된 丁 등 甲 병원 근로자 일부가 乙 법인을 상대로 퇴직금 지급을 구한 사안에서, 제반 사정에 비추어 乙 법인과 丙 법인 사이에 丁 등에 대한 근로관계 승계가 이루어지지 않았고 乙 법인과 丁 등의 근로관계도 종료되었으므로, 乙 법인은 丁 등에게 퇴직금을 지급할 의무가 있다고 본 원심판결의 결론을 정당하다고 한 사례(대판 2012.5.10. 2011다45217).

③ (○) 영업양도 당사자 사이에 근로관계의 일부를 승계의 대상에서 제외하기로 하는 특약이 있는 경우에는 그에 따라 근로관계의 승계가 이루어지지 않을 수 있으나, 그러한 특약은 실질적으로 해고나 다름이 없으므로, 근로기준법 제23조 제1항에서 정한 '정당한 이유'가 있어야 유효하고, 영업양도 그 자체만을 사유로 삼아 근로자를 해고하는 것은 정당한 이유가 있는 경우에 해당한다고 볼 수 없다(대판 2020.11.5. 2018두54705).
④ (○) 영업의 양도라 함은 일정한 영업목적에 의하여 조직화된 업체, 즉 인적·물적 조직을 그 동일성은 유지하면서 일체로서 이전하는 것으로서 영업의 일부만의 양도도 가능하고, 이러한 영업양도가 이루어진 경우에는 원칙적으로 해당 근로자들의 근로관계가 양수하는 기업에 포괄적으로 승계된다(대판 2005.6.9. 2002다70822).
⑤ (○) 대판 1996.5.31. 95다33238

답 ❶

CHAPTER 09 근로관계의 종료

제1절 근로관계 종료의 유형

001 □□□ **근로관계의 종료에 관한 설명으로 옳지 않은 것은?(다툼이 있으면 판례에 따름)** 17 노무

① 상시 4인 이하의 근로자를 사용하는 사업장에서 근로자를 해고하려는 사용자는 해고사유와 해고시기를 서면으로 통지하지 아니할 수 있다.

② 영업양도당사자 사이에 근로관계의 일부를 승계의 대상에서 제외하기로 하는 특약은 실질적으로 해고와 다름이 없다.

③ 시용기간 만료 시 본 계약의 체결을 거부하는 것은 사용자에게 유보된 해약권의 행사로서 보통의 해고보다는 넓게 인정될 수 있다.

④ 사직의 의사표시는 특별한 사정이 없는 한 당해 근로계약을 종료시키는 취지의 해약고지로 볼 수 없다.

⑤ 기간을 정한 근로계약관계에서 근로자에게 근로계약의 갱신에 대한 정당한 기대권이 인정되는 경우 사용자가 이에 위반하여 부당하게 근로계약의 갱신을 거절하는 것은 효력이 없다.

해설

① (○) 상시 4인 이하의 근로자를 사용하는 사업장은 해고 시 서면통지의무를 부담하지 아니한다(근기법 제11조 제2항).

② (○) 영업양도당사자 사이에 근로관계의 일부를 승계의 대상에서 제외하기로 하는 특약이 있는 경우에는 그에 따라 근로관계의 승계가 이루어지지 않을 수 있으나, 그러한 특약은 실질적으로 해고나 다름이 없다 할 것이므로, 근로기준법 제23조 제1항 소정의 정당한 이유가 있어야 유효하다 할 것이다(대판 1994.6.28. 93다33173).

③ (○) 시용(試用)기간 중에 있는 근로자를 해고하거나 시용기간 만료 시 본계약(本契約)의 체결을 거부하는 것은 사용자에게 유보된 해약권의 행사로서, 당해 근로자의 업무능력, 자질, 인품, 성실성 등 업무적격성을 관찰·판단하려는 시용제도의 취지·목적에 비추어 볼 때 보통의 해고보다는 넓게 인정되나, 이 경우에도 객관적으로 합리적인 이유가 존재하여 사회통념상 상당하다고 인정되어야 한다(대판 2006.2.24. 2002다62432).

④ (×) 사직의 의사표시는 특별한 사정이 없는 한 당해 근로계약을 종료시키는 취지의 해약고지로 볼 것이다(대판 2000.9.5. 99두8657).

⑤ (○) 갱신기대권이 인정되는 경우, 사용자가 이에 위반하여 부당하게 근로계약의 갱신을 거절하는 것은 부당해고와 마찬가지로 아무런 효력이 없다(대판 2011.4.14. 2007두1729).

답 ❹

제2절 해고의 실체적 정당성

002 근로기준법령상 경영상의 이유에 의한 해고에 관한 설명으로 옳은 것은? 14 노무

□□□

① 상시근로자 수가 45명인 사업장의 사용자는 1개월 동안에 9명의 근로자를 경영상 이유에 의하여 해고하려면 최초로 해고하려는 날의 30일 전까지 고용노동부장관에게 신고하여야 한다.

② 경영상의 이유에 의한 해고 계획의 신고를 할 때에는 해고사유, 해고예정인원, 근로자대표와 협의한 내용, 해고일정을 포함하여야 한다.

③ 사용자는 근로자대표에게 해고를 하려는 날의 60일 전까지 해고의 기준을 통보하여야 한다.

④ 경영 악화를 방지하기 위한 사업의 합병은 긴박한 경영상의 필요가 있는 것으로 볼 수 없다.

⑤ 사용자는 경영상 이유에 의하여 해고된 근로자에 대하여 생계안정, 재취업, 직업훈련 등 필요한 조치를 우선적으로 취하여야 한다.

해설

① (×) 근기법 시행령 제10조 제1항에 따르면 99명 이하인 사업 또는 사업장의 경우, 해고하려는 근로자가 10명 이상이면 고용노동부장관에게 해고계획을 신고하여야 하므로, 45명인 사업장의 사용자가 1개월간 9명의 근로자를 경영상의 이유에 의해 해고하는 경우라면 신고하지 아니하여도 된다.

② (○) 근기법 시행령 제10조 제2항

③ (×) 사용자는 근로자대표에게 해고를 하려는 날의 50일 전까지 통보하고 성실하게 협의하여야 한다(근기법 제24조 제3항).

④ (×) 경영 악화를 방지하기 위한 사업의 양도・인수・합병은 긴박한 경영상의 필요가 있는 것으로 본다(근기법 제24조 제1항).

⑤ (×) 정부는 제24조에 따라 해고된 근로자에 대하여 생계안정, 재취업, 직업훈련 등 필요한 조치를 우선적으로 취하여야 한다(근기법 제25조 제2항).

답 ❷

003 □□□ **근로기준법령상 경영상 이유에 의한 해고에 관한 설명으로 옳지 않은 것은?(다툼이 있으면 판례에 따름)** 21 노무

① 경영악화를 방지하기 위한 사업의 양도·인수·합병은 긴박한 경영상의 필요가 있는 것으로 본다.
② 상시근로자 수 99명 이하인 사업 또는 사업장의 사용자는 1개월 동안에 10명 이상의 인원을 경영상의 이유에 의하여 해고하려면 최초로 해고하려는 날의 30일 전까지 고용노동부장관에게 신고하여야 한다.
③ 사용자가 해고를 피하기 위한 방법과 해고의 기준 등에 관하여 근로자대표에게 해고를 하려는 날의 50일 전까지 통보하지 않은 경우 그 이유만으로 경영상 이유에 의한 해고는 부당하다.
④ 경영상의 이유에 의하여 근로자를 해고한 사용자는 근로자를 해고한 날로부터 3년 이내에 해고된 근로자가 해고 당시 담당하였던 업무와 같은 업무를 할 근로자를 채용하려고 할 경우 경영상의 이유에 의하여 해고된 근로자가 원하면 그 근로자를 우선적으로 고용하여야 한다.
⑤ 긴박한 경영상의 필요란 장래에 올 수도 있는 위기에 미리 대처하기 위하여 인원삭감이 필요한 경우도 포함하지만, 그러한 인원삭감은 객관적으로 보아 합리성이 있다고 인정되어야 한다.

해설

① (○) 사용자가 경영상 이유에 의하여 근로자를 해고하려면 긴박한 경영상의 필요가 있어야 한다. 이 경우 경영악화를 방지하기 위한 사업의 양도·인수·합병은 긴박한 경영상의 필요가 있는 것으로 본다(근기법 제24조 제1항).
② (○) 근기법 시행령 제10조 제1항 제1호
③ (×) 해고를 피하기 위한 방법과 해고의 기준을 해고실시 50일 이전까지 근로자대표에게 통보하게 한 취지는, 소속근로자의 소재와 숫자에 따라 그 통보를 전달하는 데 소요되는 시간, 그 통보를 받은 각 근로자들이 통보내용에 따른 대처를 하는 데 소요되는 시간, 근로자대표가 성실한 협의를 할 수 있는 기간을 최대한으로 상정·허여하자는 데 있는 것이고, 50일 기간의 준수는 정리해고의 효력요건은 아니어서, 구체적 사안에서 통보 후 정리해고 실시까지의 기간이 그와 같은 행위를 하는 데 소요되는 시간으로 부족하였다는 등의 특별한 사정이 없으며, 정리해고의 그 밖의 요건은 충족되었다면 그 정리해고는 유효하다(대판 2003.11.13. 2003두4119).
④ (○) 근기법 제25조 제1항
⑤ (○) 정리해고의 요건 중 '긴박한 경영상의 필요'란 반드시 기업의 도산을 회피하기 위한 경우에 한정되지 아니하고, 장래에 올 수도 있는 위기에 미리 대처하기 위하여 인원삭감이 필요한 경우도 포함되지만, 그러한 인원삭감은 객관적으로 보아 합리성이 있다고 인정되어야 한다(대판 2015.5.28. 2012두25873).

경영상의 이유에 의한 해고계획의 신고(근기법 시행령 제10조)

① 법 제24조 제4항에 따라 사용자는 1개월 동안에 다음 각 호의 어느 하나에 해당하는 인원을 해고하려면 최초로 해고하려는 날의 30일 전까지 고용노동부장관에게 신고하여야 한다.
1. 상시근로자 수가 99명 이하인 사업 또는 사업장 : 10명 이상
2. 상시근로자 수가 100명 이상 999명 이하인 사업 또는 사업장 : 상시근로자 수의 10% 이상
3. 상시근로자 수가 1,000명 이상인 사업 또는 사업장 : 100명 이상

답 ❸

004 근로기준법상 경영상 이유에 의한 해고의 제한에 관한 설명으로 옳지 않은 것은?(다툼이 있으면 판례에 따름)

□□□

19 노무

① 긴박한 경영상의 필요란 기업의 일부 영업부문 내지 영업소의 수지만을 기준으로 할 것이 아니라 기업 전체의 경영사정을 종합적으로 검토하여 결정되어야 한다.

② 근로자의 과반수로 조직된 노동조합이 있는 경우에도 사용자가 그 노동조합과의 협의 외에 근로자집단의 대표와 별도로 협의하여야 한다.

③ 사용자는 대통령령으로 정하는 일정한 규모 이상의 인원을 해고하려면 대통령령으로 정하는 바에 따라 고용노동부장관에게 신고하여야 한다.

④ 경영악화를 방지하기 위한 사업의 양도·인수·합병은 긴박한 경영상의 필요가 있는 것으로 본다.

⑤ 사용자가 해고를 회피하기 위한 방법에 관하여 노동조합 또는 근로자대표와 성실하게 협의하여 정리해고 실시에 관한 합의에 도달하였다면 이러한 사정도 해고회피노력의 판단에 참작되어야 한다.

해설

① (O) 긴박한 경영상의 필요가 있는지를 판단할 때는 법인의 어느 사업부문이 다른 사업부문과 인적·물적·장소적으로 분리·독립되어 있고 재무 및 회계가 분리되어 있으며 경영여건도 서로 달리하는 예외적인 경우가 아니라면 법인의 일부 사업부문 내지 사업소의 수지만을 기준으로 할 것이 아니라 법인 전체의 경영사정을 종합적으로 검토하여 결정하여야 한다(대판 2015.5.28. 2012두25873).

② (×) 사용자는 해고를 회피하기 위한 방법 및 해고의 기준 등에 관하여 당해 사업장에 근로자의 과반수로 조직된 노동조합이 있는 경우에는 당해 노동조합과, 이러한 노동조합이 없는 경우에는 근로자의 과반수를 대표하는 근로자대표에 대하여 해고를 하고자 하는 날의 50일 전까지 통보하고 성실하게 협의하여야 한다(근기법 제24조 제3항). 따라서 사용자가 노동조합과 협의한 경우, 별도로 근로자집단의 대표와 협의할 필요는 없다.

③ (O) 근기법 제24조 제4항

④ (O) 근기법 제24조 제1항

⑤ (O) 대판 2002.7.9. 2001다29452

답 ❷

PART 1 PART 2 PART 3

005 근로기준법령상 경영상 이유에 의한 해고에 관한 설명으로 옳은 것은? 18 노무

□□□

① 경영악화를 방지하기 위한 사업의 양도는 긴박한 경영상의 필요가 있는 것으로 보지 않는다.
② 사용자가 경영상 이유에 의하여 일정한 규모 이상의 인원을 해고하려면 고용노동부장관에게 지체 없이 통보하여야 한다.
③ 사용자는 해고를 피하기 위한 방법 등에 관하여 해고를 하려는 날의 30일 전까지 근로자대표에게 통보하고 성실하게 협의하여야 한다.
④ 경영상 이유에 의한 해고를 하는 때에도 해고의 예고규정은 적용된다.
⑤ 사용자는 경영상 이유에 의해 해고된 근로자에 대하여 생계안정, 재취업 등 필요한 조치를 우선적으로 취하여야 한다.

해설

① (×) 경영악화를 방지하기 위한 사업의 양도·인수·합병은 긴박한 경영상의 필요가 있는 것으로 본다(근기법 제24조 제1항).
② (×) 일정한 규모 이상의 인원을 해고하려면 대통령령으로 정하는 바에 따라 고용노동부장관에게 신고하여야 한다(근기법 제24조 제4항).
③ (×) 사용자는 해고를 피하기 위한 방법과 해고의 기준 등에 관하여 그 사업 또는 사업장에 근로자의 과반수로 조직된 노동조합이 있는 경우에는 그 노동조합(근로자의 과반수로 조직된 노동조합이 없는 경우에는 근로자의 과반수를 대표하는 자)에 해고를 하려는 날의 50일 전까지 통보하고 성실하게 협의하여야 한다(근기법 제24조 제3항).
④ (○) 사용자는 근로자를 해고(경영상 이유에 의한 해고를 포함)하려면 적어도 30일 전에 예고를 하여야 하고, 30일 전에 예고를 하지 아니하였을 때에는 30일분 이상의 통상임금을 지급하여야 한다(근기법 제26조 본문).
⑤ (×) 정부는 경영상 이유에 의해 해고된 근로자에 대하여 생계안정, 재취업, 직업훈련 등 필요한 조치를 우선적으로 취하여야 한다(근기법 제25조 제2항).

답 ❹

006 근로기준법상 해고에 관한 설명 중 옳지 않은 것은?(다툼이 있는 경우 판례에 의함) 15 사시

□□□

① 경영상의 이유에 의한 해고의 요건이 되는 긴박한 경영상의 필요에는 장래에 올 수 있는 위기에 미리 대처하기 위하여 인원삭감이 객관적으로 보아 합리성이 있다고 인정되는 경우도 포함된다.
② 일반적으로 사용자가 근로자를 징계해고한 것이 정당하지 못하여 무효로 판단되는 경우 그러한 사유만으로 곧바로 그 해고가 불법행위를 구성하는 것은 아니다.
③ 사용자의 근로자에 대한 해고는 정당한 이유가 없으면 무효이고, 해고에 정당한 이유가 있다는 점은 사용자가 주장·입증하여야 한다.
④ 해고예고의무를 위반한 해고라고 하더라도 해고의 정당한 이유를 갖추고 있는 한 해고의 사법상의 효력에는 영향이 없다.
⑤ 경영상의 이유에 의한 해고와 관련하여 근로자의 과반수로 조직된 노동조합이 없는 경우에, 사용자와의 협의의 상대방이 실질적으로 근로자의 의사를 반영할 수 있는 대표라고 볼 수 있는 사정이 있더라도 형식적으로 근로자의 과반수의 대표로서의 자격을 명확하게 갖추지 못하였다면 적법한 주체가 될 수 없다.

해설

① (O) 정리해고의 요건 중 '긴박한 경영상의 필요'란 반드시 기업의 도산을 회피하기 위한 경우에 한정되지 아니하고, 장래에 올 수도 있는 위기에 미리 대처하기 위하여 인원삭감이 필요한 경우도 포함되지만, 그러한 인원삭감은 객관적으로 보아 합리성이 있다고 인정되어야 한다(대판 2015.5.28. 2012두25873).
② (O) 징계권의 남용이 우리의 건전한 사회통념이나 사회상규상 용인될 수 없음이 분명한 경우에 있어서는 그 해고가 근로기준법 제23조 제1항에서 말하는 정당성을 갖지 못하여 효력이 부정되는 데 그치는 것이 아니라, 위법하게 상대방에게 정신적 고통을 가하는 것이 되어 근로자에 대한 관계에서 불법행위를 구성한다(대판 1999.2.23. 98다12157).
③ (O) 구 근로기준법 제33조에 의한 부당해고구제재심판정을 다투는 소송에 있어서는 해고의 정당성에 관한 입증책임은 이를 주장하는 자[사용자(註)]가 부담한다(대판 1999.4.27. 99두202).
④ (O) 대판 1993.9.24. 93누4199
⑤ (×) 근로자의 과반수로 조직된 노동조합이 없는 경우에 정리해고에 관한 협의의 상대방이 형식적으로는 근로자 과반수의 대표로서의 자격을 명확히 갖추지 못하였더라도 실질적으로 근로자의 의사를 반영할 수 있는 대표자라고 볼 수 있는 사정이 있다면 절차적 요건을 충족하였다고 보아야 한다(대판 2012.5.24. 2010두15964).

답 ⑤

007 □□□ **근로기준법상 해고에 관한 기술 중 옳지 않은 것은?** 07 사시수정

① 18세 미만의 연소근로자를 해고하는 경우 친권자나 후견인의 동의를 얻어야 한다.
② 사용자는 산전 · 산후 여성이 근로기준법 제74조(임산부의 보호)의 규정에 의하여 휴업한 기간과 그 후 30일간은 해고하지 못한다.
③ 경영상 해고의 경우 경영악화를 방지하기 위한 사업의 합병은 긴박한 경영상의 필요가 있는 것으로 본다.
④ 사용자가 해고를 한 경우 해당 근로자는 해고가 있는 날부터 3개월 이내에 노동위원회에 부당해고 구제를 신청할 수 있다.
⑤ 근로자가 계속 근로한 기간이 3개월 미만인 경우에는 해고예고를 하지 않아도 된다.

해설

① (×) 18세 미만의 연소근로자를 해고하는 경우 친권자나 후견인의 동의를 얻어야 한다는 근기법 규정은 존재하지 아니한다.
② (O) 사용자는 근로자가 업무상 부상 또는 질병의 요양을 위하여 휴업한 기간과 그 후 30일 동안 또는 산전(産前) · 산후(産後)의 여성이 이 법에 따라 휴업한 기간과 그 후 30일 동안은 해고하지 못한다(근기법 제23조 제2항 본문).
③ (O) 사용자가 경영상 이유에 의하여 근로자를 해고하려면 긴박한 경영상의 필요가 있어야 한다. 이 경우 경영 악화를 방지하기 위한 사업의 양도 · 인수 · 합병은 긴박한 경영상의 필요가 있는 것으로 본다(근기법 제24조 제1항).
④ (O) 사용자가 근로자에게 부당해고등을 하면 근로자는 부당해고등이 있었던 날부터 3개월 이내에 노동위원회에 구제를 신청할 수 있다(근기법 제28조).
⑤ (O) 근기법 제26조 참조

해고의 예고(근기법 제26조)
사용자는 근로자를 해고(경영상 이유에 의한 해고를 포함)하려면 적어도 30일 전에 예고를 하여야 하고, 30일 전에 예고를 하지 아니하였을 때에는 30일분 이상의 통상임금을 지급하여야 한다. 다만, 다음 각 호의 어느 하나에 해당하는 경우에는 그러하지 아니하다.
1. 근로자가 계속 근로한 기간이 3개월 미만인 경우
2. 천재 · 사변, 그 밖의 부득이한 사유로 사업을 계속하는 것이 불가능한 경우
3. 근로자가 고의로 사업에 막대한 지장을 초래하거나 재산상 손해를 끼친 경우로서 고용노동부령으로 정하는 사유에 해당하는 경우

답 ①

008 □□□ 다음은 경영상 이유에 의한 해고에 관한 근로기준법령 규정의 내용이다. (   ) 안에 들어갈 내용으로 옳은 것은? 16 노무

> • 사용자는 근로기준법 제24조 제2항에 따른 해고를 피하기 위한 방법과 해고의 기준 등에 관하여 그 사업 또는 사업장에 근로자의 과반수로 조직된 노동조합이 있는 경우에는 그 노동조합에 해고를 하려는 날의 (ㄱ) 전까지 통보하고 성실하게 협의하여야 한다.
> • 근로기준법 제24조 제4항에 따라 사용자는 1개월 동안에 동법 시행령 제10조 제1항에서 정한 바에 따른 인원을 해고하려면 최초로 해고하려는 날의 (ㄴ) 전까지 고용노동부장관에게 신고하여야 한다.

① ㄱ : 30일, ㄴ : 15일
② ㄱ : 30일, ㄴ : 30일
③ ㄱ : 50일, ㄴ : 20일
④ ㄱ : 50일, ㄴ : 30일
⑤ ㄱ : 60일, ㄴ : 15일

해설

• 사용자는 제2항에 따른 해고를 피하기 위한 방법과 해고의 기준 등에 관하여 그 사업 또는 사업장에 근로자의 과반수로 조직된 노동조합이 있는 경우에는 그 노동조합(근로자의 과반수로 조직된 노동조합이 없는 경우에는 근로자의 과반수를 대표하는 자)에 해고를 하려는 날의 50일 전까지 통보하고 성실하게 협의하여야 한다(근기법 제24조 제3항).
• 법 제24조 제4항에 따라 사용자는 1개월 동안에 다음 각 호의 어느 하나에 해당하는 인원을 해고하려면 최초로 해고하려는 날의 30일 전까지 고용노동부장관에게 신고하여야 한다(근기법 시행령 제10조 제1항).
1. 상시근로자 수가 99명 이하인 사업 또는 사업장 : 10명 이상
2. 상시근로자 수가 100명 이상 999명 이하인 사업 또는 사업장 : 상시근로자 수의 10% 이상
3. 상시근로자 수가 1,000명 이상인 사업 또는 사업장 : 100명 이상

답 ❹

009 □□□ 근로기준법령상 경영상 이유에 의한 해고에 대한 설명으로 옳지 않은 것은?(다툼이 있는 경우 판례에 의함) 21 국가직 7급

① 사용자는 1개월 동안에 상시근로자 수가 99명 이하인 사업 또는 사업장에서 10명 이상의 인원을 해고하려면 최초로 해고하려는 날의 30일 전까지 고용노동부장관에게 신고하여야 한다.
② 긴박한 경영상의 필요가 있는지를 판단할 때에는, 법인의 어느 사업부문이 다른 사업부문과 인적·물적·장소적으로 분리·독립되어 있고 재무 및 회계가 분리되어 있으며 경영여건도 서로 달리하는 예외적인 경우가 아니라면, 법인의 일부 사업부문 내지 사업소의 수지만을 기준으로 할 것이 아니라 법인 전체의 경영사정을 종합적으로 검토하여 결정하여야 한다.
③ 정부는 경영상 이유에 의해 해고된 근로자에 대하여 생계안정, 재취업, 직업훈련 등 필요한 조치를 우선적으로 취하여야 한다.
④ 경영상 이유에 의해 근로자를 해고한 사용자는 근로자를 해고한 날부터 3년 이내에 해고된 근로자가 해고 당시 담당하였던 업무와 같은 업무를 할 근로자를 채용하려고 할 경우, 경영상 이유에 의해 해고된 근로자가 원하면 그 근로자를 우선적으로 고용하도록 노력하여야 한다.

해설

① (○) 근기법 시행령 제10조 제1항 제1호

② (○) 근로기준법 제24조에서 정한 경영상 이유에 의한 해고의 요건 중 긴박한 경영상의 필요란 반드시 기업의 도산을 회피하기 위한 경우에 한정되지 아니하고, 인원감축이 객관적으로 보아 합리성이 있는 경우도 포함되지만, 긴박한 경영상의 필요가 있는지는 법인의 어느 사업 부문이 다른 사업 부문과 인적·물적·장소적으로 분리·독립되어 있고 재무 및 회계가 분리되어 있으며 경영여건도 서로 달리하는 예외적인 경우가 아니라면 법인의 일부 사업 부문의 수지만을 기준으로 할 것이 아니라 법인 전체의 경영사정을 종합적으로 검토하여 판단하여야 한다(대판 2021.7.29. 2016두64876).

③ (○)·④ (×) 근기법 제25조 참조

> **우선 재고용 등(근기법 제25조)**
>
> ① 제24조에 따라 근로자를 해고한 사용자는 근로자를 해고한 날부터 3년 이내에 해고된 근로자가 해고 당시 담당하였던 업무와 같은 업무를 할 근로자를 채용하려고 할 경우 제24조에 따라 해고된 근로자가 원하면 그 근로자를 우선적으로 고용하여야 한다.❹
>
> ② 정부는 제24조에 따라 해고된 근로자에 대하여 생계안정, 재취업, 직업훈련 등 필요한 조치를 우선적으로 취하여야 한다.❸

답 ❹

010 □□□ **근로기준법령상 경영상 이유에 의한 해고에 대한 설명으로 옳지 않은 것은?(다툼이 있는 경우 판례에 의함)** 21 국가직 9급

① 사용자는 경영상 이유에 의하여 해고된 근로자에 대하여 생계안정, 재취업, 직업훈련 등 필요한 조치를 우선적으로 취하여야 한다.

② 상시근로자 수가 99명 이하인 사업장에서 사용자가 1개월 동안에 10명 이상의 인원을 해고하려면 최초로 해고하려는 날의 30일 전까지 고용노동부장관에게 신고하여야 한다.

③ 경영 악화를 방지하기 위한 사업의 양도는 긴박한 경영상의 필요가 있는 것으로 본다.

④ 사업의 폐지를 위하여 해산한 기업이 그 청산과정에서 근로자를 해고하는 것은 기업 경영의 자유에 속하는 것으로서 정리해고에 해당하지 않는다.

해설

① (×) 정부는 제24조에 따라 해고된 근로자에 대하여 생계안정, 재취업, 직업훈련 등 필요한 조치를 우선적으로 취하여야 한다(근기법 제25조 제2항).

② (○) 근기법 시행령 제10조 제1항 제1호

③ (○) 사용자가 경영상 이유에 의하여 근로자를 해고하려면 긴박한 경영상의 필요가 있어야 한다. 이 경우 경영 악화를 방지하기 위한 사업의 양도·인수·합병은 긴박한 경영상의 필요가 있는 것으로 본다(근기법 제24조 제1항).

④ (○) 기업이 파산선고를 받아 사업의 폐지를 위하여 그 청산과정에서 근로자를 해고하는 것은 위장폐업이 아닌 한 기업경영의 자유에 속하는 것으로서 파산관재인이 파산선고로 인하여 파산자 회사가 해산한 후에 사업의 폐지를 위하여 행하는 해고는 정리해고가 아니라 통상해고에 해당하는 것이어서, 정리해고에 관한 근로기준법 규정이 적용될 여지가 없고, 또한 파산관재인의 근로계약 해지는 해고만을 목적으로 한 위장파산이나 노동조합의 단결권 등을 방해하기 위한 위장폐업이 아닌 한 원칙적으로 부당노동행위에 해당하지 아니한다(대판 2004.2.27. 2003두902).

답 ❶

011 □□□ **근로기준법상 '경영상 이유에 의한 해고'에 대한 설명으로 옳은 것은?(다툼이 있는 경우 판례에 의함)**

22 국가직 7급

① 경영 악화를 방지하기 위한 사업의 양도·인수·합병은 긴박한 경영상의 필요가 있는 것으로 보지 아니한다.

② 법인의 어느 사업부문이 다른 사업부문과 장소적으로 분리되어 있는 경우 긴박한 경영상의 필요가 있는지 여부는 항상 분리된 특정 사업부문의 수지만을 기준으로 판단하여야 한다.

③ 긴박한 경영상의 필요라 함은 장래에 올 수도 있는 위기에 미리 대처하기 위하여 인원삭감이 객관적으로 보아 합리성이 있다고 인정되는 경우도 포함된다.

④ 사용자가 경영상 이유에 의해 해고한 근로자에 대해 근로기준법 제25조 제1항에 따른 우선 재고용의무를 이행하지 아니하는 경우라고 하여, 해고 근로자가 사용자를 상대로 고용의 의사표시를 갈음하는 판결을 구할 사법상의 권리가 인정되는 것은 아니다.

해설

① (×) 사용자가 경영상 이유에 의하여 근로자를 해고하려면 긴박한 경영상의 필요가 있어야 한다. 이 경우 경영 악화를 방지하기 위한 사업의 양도·인수·합병은 긴박한 경영상의 필요가 있는 것으로 본다(근기법 제24조 제1항).

② (×) 근로기준법 제24조에서 정한 경영상 이유에 의한 해고의 요건 중 긴박한 경영상의 필요란 반드시 기업의 도산을 회피하기 위한 경우에 한정되지 아니하고, 인원감축이 객관적으로 보아 합리성이 있는 경우도 포함되지만, 긴박한 경영상의 필요가 있는지는 법인의 어느 사업 부문이 다른 사업 부문과 인적·물적·장소적으로 분리·독립되어 있고 재무 및 회계가 분리되어 있으며 경영여건도 서로 달리하는 예외적인 경우가 아니라면 법인의 일부 사업 부문의 수지만을 기준으로 할 것이 아니라 법인 전체의 경영사정을 종합적으로 검토하여 판단하여야 한다(대판 2021.7.29. 2016두64876).

③ (○) 정리해고의 요건 중 '긴박한 경영상의 필요'란 반드시 기업의 도산을 회피하기 위한 경우에 한정되지 아니하고, 장래에 올 수도 있는 위기에 미리 대처하기 위하여 인원삭감이 필요한 경우도 포함되지만, 그러한 인원삭감은 객관적으로 보아 합리성이 있다고 인정되어야 한다(대판 2015.5.28. 2012두25873).

④ (×) 근로기준법 제25조 제1항에 따라 사용자는 해고 근로자를 우선 재고용할 의무가 있으므로 해고 근로자는 사용자가 위와 같은 우선 재고용의무를 이행하지 아니하는 경우 사용자를 상대로 고용의 의사표시를 갈음하는 판결을 구할 사법상의 권리가 있고, 판결이 확정되면 사용자와 해고 근로자 사이에 고용관계가 성립한다. 또한 해고 근로자는 사용자가 위 규정을 위반하여 우선 재고용의무를 이행하지 않은 데 대하여, 우선 재고용의무가 발생한 때부터 고용관계가 성립할 때까지의 임금 상당 손해배상금을 청구할 수 있다(대판 2020.11.16. 2016다13437).

답 ③

012 근로기준법상 해고 등에 대한 설명으로 옳지 않은 것은?(다툼이 있는 경우 판례에 의함)

□□□

22 국가직 9급

① 사용자가 근로자로부터 사직서를 제출받고 이를 수리하는 의원면직의 형식을 취하여 근로계약관계를 종료시켰다고 할지라도 사직의 의사가 없는 근로자로 하여금 어쩔 수 없이 사직서를 작성, 제출하게 하였다면, 이는 해고에 해당한다.

② 사용자가 근로자를 징계해고할 만한 사유가 전혀 없는데도 오로지 근로자를 사업장에서 몰아내려는 의도하에 고의로 어떤 명목상의 해고사유를 내세워 징계라는 수단을 동원하여 해고한 경우에는 근로자에 대한 관계에서 불법행위를 구성할 수 있다.

③ 경영상 이유에 의하여 근로자를 해고한 사용자는 근로자를 해고한 날부터 3년 이내에 해고된 근로자가 해고 당시 담당하였던 업무와 같은 업무를 할 근로자를 채용하려고 할 경우 경영상 이유에 의하여 해고된 근로자가 원하면 그 근로자를 우선적으로 고용하여야 한다.

④ 사용자의 부당한 해고처분이 무효이거나 취소된 때에는 근로자는 계속 근로하였을 경우에 받을 수 있는 임금을 청구할 수 있으며, 여기에서 근로자가 지급을 청구할 수 있는 임금은 통상임금으로 국한된다.

해설

① (○) 사용자가 근로자로부터 사직서를 제출받고 이를 수리하는 의원면직의 형식을 취하여 근로계약관계를 종료시킨 것이라 할지라도, 사직의 의사가 없는 근로자로 하여금 어쩔 수 없이 사직서를 작성·제출하게 한 경우에는, 실질적으로 사용자의 일방적 의사에 의하여 근로계약관계를 종료시키는 것이어서 해고에 해당한다고 할 것이다(대판 2005.11.25. 2005다38270).

② (○) 사용자가 근로자에 대하여 징계해고 등을 할 만한 사유가 전혀 없는데도 오로지 근로자를 사업장에서 몰아내려는 의도하에 고의로 어떤 명목상의 해고사유 등을 내세워 징계라는 수단을 동원하여 해고 등의 불이익처분을 한 경우나, 해고 등의 이유로 된 어느 사실이 취업규칙 등 소정의 징계사유에 해당되지 아니하거나 징계사유로 삼을 수 없는 것임이 객관적으로 명백하고 또 조금만 주의를 기울였더라면 이와 같은 사정을 쉽게 알아 볼 수 있는데도 그것을 이유로 징계해고 등의 불이익처분을 한 경우처럼, 사용자에게 부당해고 등에 대한 고의·과실이 인정되는 경우에 있어서는 불법행위가 성립되어 그에 따라 입게 된 근로자의 정신적 고통에 대하여도 이를 배상할 의무가 있다(대판 1996.4.23. 95다6823).

③ (○) 근기법 제25조 제1항

④ (×) 사용자의 부당한 해고처분이 무효이거나 취소된 때에는 그동안 피해고자의 근로자로서 지위는 계속되고, 그간 근로의 제공을 하지 못한 것은 사용자의 귀책사유로 인한 것이므로 근로자는 민법 제538조 제1항에 의하여 계속 근로하였을 경우 받을 수 있는 임금 전부의 지급을 청구할 수 있다. 여기에서 근로자가 지급을 청구할 수 있는 임금은 근로기준법 제2조에서 정하는 임금을 의미하므로, 사용자가 근로의 대가로 근로자에게 지급하는 일체의 금원으로서 계속적·정기적으로 지급되고 이에 관하여 단체협약, 취업규칙, 급여규정, 근로계약, 노동관행 등에 의하여 사용자에게 지급의무가 지워져 있다면 명칭 여하를 불문하고 모두 이에 포함되며, 반드시 통상임금으로 국한되는 것은 아니다(대판 2012.2.9. 2011다20034).

답 ❹

제3절 해고의 절차적 정당성

013 □□□ 다음 (   ) 안에 들어갈 내용으로 옳은 것은? 14 노무

> **근로기준법 제26조(해고의 예고)**
> 사용자는 근로자를 해고(경영상 이유에 의한 해고를 포함한다)하려면 적어도 (ㄱ)일 전에 예고를 하여야 하고, (ㄱ)일 전에 예고를 하지 아니하였을 때에는 (ㄱ)일분 이상의 통상임금을 지급하여야 한다. 다만, 다음 각 호의 어느 하나에 해당하는 경우에는 그러하지 아니하다.
> 1. 근로자가 계속 근로한 기간이 (ㄴ)개월 미만인 경우
> 2. 천재·사변, 그 밖의 부득이한 사유로 사업을 계속하는 것이 불가능한 경우
> 3. 근로자가 고의로 사업에 막대한 지장을 초래하거나 재산상 손해를 끼친 경우로서 고용노동부령으로 정하는 사유에 해당하는 경우

① ㄱ : 30, ㄴ : 3
② ㄱ : 30, ㄴ : 6
③ ㄱ : 50, ㄴ : 3
④ ㄱ : 50, ㄴ : 6
⑤ ㄱ : 60, ㄴ : 6

해설

사용자는 근로자를 해고(경영상 이유에 의한 해고를 포함)하려면 적어도 30일 전에 예고를 하여야 하고, 30일 전에 예고를 하지 아니하였을 때에는 30일분 이상의 통상임금을 지급하여야 한다. 다만 근로자가 계속 근로한 기간이 3개월 미만인 경우에는 그러하지 아니하다(근기법 제26조).

답 ❶

014 □□□ 근로기준법령상 해고에 관한 설명으로 옳은 것은?(다툼이 있는 경우에는 판례에 의함) 15 노무

① 경영상 이유에 의한 해고의 경우에는 해고사유와 해고시기를 서면으로 통지하여야 할 필요는 없다.
② 경영상 이유에 의한 해고의 경우에는 해고를 하려는 날의 50일 전에 해고를 피하기 위한 방법 등에 관해 근로자대표에게 통보하고 협의하여야 하므로 해고예고규정은 적용되지 않는다.
③ 해고예고를 하지 않았다면 해고의 정당한 이유를 갖추고 있더라도 절차위반으로 무효이다.
④ 경영상 이유에 의한 해고의 경우에는 사용자가 해고를 피하기 위한 방법과 해고의 기준을 반드시 해고실시 50일 이전까지 근로자대표에게 통보하여야만 효력이 있다.
⑤ 사용자가 근로자에게 해고사유와 해고시기를 명시하여 서면으로 30일 전에 해고의 예고를 한 경우에는 근로기준법 제27조 제1항에 따라 해고사유와 해고시기를 서면으로 통지한 것으로 본다.

해설

① (×) 사용자는 근로자를 해고하려면 <u>해고사유와 해고시기를 서면으로 통지하여야</u> 한다(근기법 제27조 제1항).

② (×) <u>경영상 이유에 의한 해고의 경우도 해고예고규정은 적용</u>된다(근기법 제26조).

③ (×) 근로기준법 제26조 소정의 해고예고의무를 위반한 해고라 하더라도 해고의 정당한 이유를 갖추고 있는 한 <u>해고의 사법상의 효력에는 영향이 없다</u>(대판 1994.12.27. 94누11132).

④ (×) 해고를 피하기 위한 방법과 해고의 기준을 해고실시 50일 이전까지 근로자대표에게 통보하게 한 취지는, 소속근로자의 소재와 숫자에 따라 그 통보를 전달하는 데 소요되는 시간, 그 통보를 받은 각 근로자들이 통보내용에 따른 대처를 하는 데 소요되는 시간, 근로자대표가 성실한 협의를 할 수 있는 기간을 최대한으로 상정·허여하자는 데 있는 것이고, <u>50일 기간의 준수는 정리해고의 효력요건은 아니어서</u>, 구체적 사안에서 통보 후 정리해고 실시까지의 기간이 그와 같은 행위를 하는 데 소요되는 시간으로 부족하였다는 등의 특별한 사정이 없으며, <u>정리해고의 그 밖의 요건은 충족되었다면 그 정리해고는 유효</u>하다(대판 2003.11.13. 2003두4119).

⑤ (○) 근기법 제27조 제3항

답 ❺

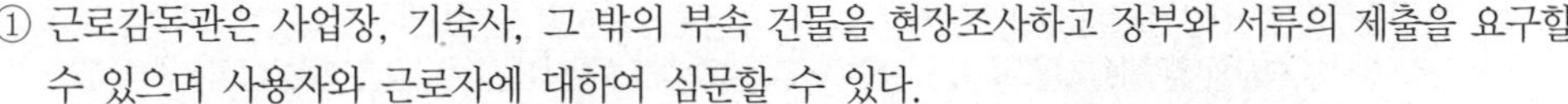

015 □□□ 근로기준법에 대한 설명으로 옳지 않은 것은? 20 국가직 7급

① 근로감독관은 사업장, 기숙사, 그 밖의 부속 건물을 현장조사하고 장부와 서류의 제출을 요구할 수 있으며 사용자와 근로자에 대하여 심문할 수 있다.

② 사용자는 근로자가 사망 또는 퇴직한 경우에는 그 지급사유가 발생한 때부터 14일 이내에 임금, 보상금, 그 밖의 모든 금품을 지급하여야 한다. 다만, 특별한 사정이 있을 경우에는 당사자 사이의 합의에 의하여 기일을 연장할 수 있다.

③ 사용자는 직장에서의 지위 등의 우위를 이용하여 업무상 적정범위를 넘어 다른 근로자에게 신체적·정신적 고통을 주거나 근무환경을 악화시키는 행위를 하여서는 아니 된다.

④ 사용자는 근로자를 해고(경영상 이유에 의한 해고를 포함한다)하려면 적어도 30일 전에 예고를 하여야 하고, 30일 전에 예고를 하지 아니하였을 때에는 30일분 이상의 평균임금을 지급하여야 한다.

해설

① (○) 근로감독관은 사업장, 기숙사, 그 밖의 부속 건물을 현장조사하고 장부와 서류의 제출을 요구할 수 있으며 사용자와 근로자에 대하여 심문(尋問)할 수 있다(근기법 제102조 제1항).

② (○) 사용자는 근로자가 사망 또는 퇴직한 경우에는 그 지급사유가 발생한 때부터 14일 이내에 임금, 보상금, 그 밖의 모든 금품을 지급하여야 한다. 다만, 특별한 사정이 있을 경우에는 당사자 사이의 합의에 의하여 기일을 연장할 수 있다(근기법 제36조).

③ (○) 사용자 또는 근로자는 직장에서의 지위 또는 관계 등의 우위를 이용하여 업무상 적정범위를 넘어 다른 근로자에게 신체적·정신적 고통을 주거나 근무환경을 악화시키는 행위(이하 "직장 내 괴롭힘")를 하여서는 아니 된다(근기법 제76조의2).

④ (×) 사용자는 근로자를 해고(경영상 이유에 의한 해고를 포함)하려면 적어도 30일 전에 예고를 하여야 하고, 30일 전에 예고를 하지 아니하였을 때에는 30일분 이상의 <u>통상임금</u>을 지급하여야 한다(근기법 제26조 본문).

답 ❹

016 □□□ **근로기준법상 해고의 서면통지에 대한 설명으로 옳지 않은 것은?(다툼이 있는 경우 판례에 의함)**

19 국가직 7급

① 사용자가 해고사유와 해고시기를 명시하여 서면으로 해고예고를 한 경우라도 별도의 해고사유 등의 서면통지가 있어야 그 해고가 유효하다.

② 징계해고의 경우 사용자가 해고사유와 해고시기를 서면으로 통지할 때에는 해고의 실질적 사유가 되는 구체적 사실 또는 비위내용을 기재하여야 한다.

③ 이메일(e-mail)에 의한 해고통지도 해고사유와 해고시기에 관한 내용이 구체적으로 기재되어 있는 등 서면에 의한 해고통지의 역할과 기능을 충분히 수행하고 있다면, 서면에 의한 해고통지로서 유효하다고 보아야 할 경우가 있다.

④ 시용근로관계에서 사용자가 본 근로계약 체결을 거부하는 경우 근로자에게 구체적·실질적 거부사유를 서면으로 통지하여야 한다.

해설

① (×) 사용자가 해고의 예고를 해고사유와 해고시기를 명시하여 서면으로 한 경우에는 해고의 서면통지를 한 것으로 본다(근기법 제27조 제3항).

② (O) 사용자가 해고사유 등을 서면으로 통지할 때는 근로자의 처지에서 해고사유가 무엇인지를 구체적으로 알 수 있어야 하고, 특히 징계해고의 경우에는 해고의 실질적 사유가 되는 구체적 사실 또는 비위내용을 기재하여야 하며 징계대상자가 위반한 단체협약이나 취업규칙의 조문만 나열하는 것으로는 충분하다고 볼 수 없다(대판 2011.10.27. 2011다42324).

> [1] 사용자가 근로자를 징계해고하면서 해고통보서 등에 근로자의 어떠한 행위가 사규 위반에 해당하여 징계사유와 해고사유가 되는지를 전혀 기재하지 않은 사안에서, 위 해고에는 절차상 근로기준법 제27조를 위반한 위법이 있다고 본 원심판단을 정당하다고 한 사례
> [2] 甲 주식회사가 감사실장인 임원 乙에 대한 징계해고를 하면서, 회사와 경영진에 대한 비방, 감사결과의 독단적 작성, 회사의 업무상 기밀 및 감사 내용 누설, 법인카드 무단사용, 무단결근 등을 징계사유로 삼은 사안에서, 위 징계사유가 인정되지 않을 뿐만 아니라 설령 인정되더라도 그 사유만으로는 사회통념상 고용관계를 계속할 수 없을 정도로 책임 있는 사유가 乙에게 있다고 할 수 없다고 본 원심판단을 정당하다고 한 사례(대판 2011.10.27. 2011다42324).

③ (O) 이메일(e-mail)의 형식과 작성 경위 등에 비추어 사용자의 해고 의사를 명확하게 확인할 수 있고, 이메일에 해고사유와 해고시기에 관한 내용이 구체적으로 기재되어 있으며, 해고에 적절히 대응하는 데 아무런 지장이 없는 등 서면에 의한 해고통지의 역할과 기능을 충분히 수행하고 있다면, 근로자가 이메일을 수신하는 등으로 내용을 알고 있는 이상, 이메일에 의한 해고통지도 해고사유 등을 서면 통지하도록 규정한 근로기준법 제27조의 입법 취지를 해치지 아니하는 범위 내에서 구체적 사안에 따라 서면에 의한 해고통지로서 유효하다고 보아야 할 경우가 있다(대판 2015.9.10. 2015두41401).

④ (O) 근로자의 직업적 능력, 자질, 인품, 성실성 등 업무적격성을 관찰·판단하고 평가하려는 시용제도의 취지·목적에 비추어 볼 때, 사용자가 시용기간 만료 시 본 근로계약 체결을 거부하는 것은 일반적인 해고보다 넓게 인정될 수 있으나, 그 경우에도 객관적으로 합리적인 이유가 존재하여 사회통념상 상당성이 있어야 한다. 위와 같은 근로기준법 규정의 내용과 취지, 시용기간 만료 시 본 근로계약 체결 거부의 정당성 요건 등을 종합하면, 시용근로관계에서 사용자가 본 근로계약 체결을 거부하는 경우에는 근로자에게 거부사유를 파악하여 대처할 수 있도록 구체적·실질적인 거부사유를 서면으로 통지하여야 한다(대판 2015.11.27. 2015두48136).

017 □□□ **근로기준법상 사용자의 해고예고의무에 대한 설명으로 옳지 않은 것은?(다툼이 있는 경우 판례에 의함)** 21 국가직 7급

① 사용자의 해고예고는 근로자로 하여금 해고에 대비하여 새로운 직장을 구할 수 있는 시간적 또는 경제적 여유를 주려는 것이므로, 일정 시점을 특정하여 하거나 언제 해고되는지를 근로자가 알 수 있는 방법으로 하여야 할 것이다.
② 해고예고의무를 위반한 해고라 하더라도 해고의 정당한 이유를 갖추고 있는 한 해고의 사법상의 효력에는 영향이 없다.
③ 사용자는 계속 근로한 기간이 3개월 미만인 근로자를 해고하는 경우 해고예고의무를 부담하지 않는다.
④ 사용자가 근로자를 해고하면서 해고예고수당을 지급한 경우, 그 해고가 부당해고에 해당하여 효력이 없다면 근로자는 해고예고수당 상당액을 사용자에게 반환하여야 한다.

해설

① (O) 대판 2010.4.15. 2009도13833
② (O) 대판 1993.9.24. 93누4199
③ (O) 근기법 제26조 참조

> **해고의 예고(근기법 제26조)**
> 사용자는 근로자를 해고(경영상 이유에 의한 해고를 포함)하려면 적어도 30일 전에 예고를 하여야 하고, 30일 전에 예고를 하지 아니하였을 때에는 30일분 이상의 통상임금을 지급하여야 한다. 다만, 다음 각 호의 어느 하나에 해당하는 경우에는 그러하지 아니하다.
> 1. 근로자가 계속 근로한 기간이 3개월 미만인 경우

④ (×) 판례의 취지를 고려할 때 근로자에게 해고예고수당을 지급받을 법률상 원인이 있으므로 근로자는 해고예고수당 상당액을 사용자에게 반환할 필요없다.

> 근로기준법 제26조 본문에 따라 사용자가 근로자를 해고하면서 30일 전에 예고를 하지 아니하였을 때 근로자에게 지급하는 해고예고수당은 해고가 유효한지와 관계없이 지급되어야 하는 돈이고, 해고가 부당해고에 해당하여 효력이 없다고 하더라도 근로자가 해고예고수당을 지급받을 법률상 원인이 없다고 볼 수 없다(대판 2018.9.13. 2017다16778).

답 ④

018 근로기준법령상 해고예고의 예외가 되는 근로자의 귀책사유에 해당하는 것을 모두 고른 것은?

□□□

17 노무

ㄱ. 제품 또는 원료 등을 몰래 훔치거나 불법 반출한 경우
ㄴ. 영업용 차량을 임의로 타인에게 대리운전하게 하여 교통사고를 일으킨 경우
ㄷ. 사업의 기밀이나 그 밖의 정보를 경쟁관계에 있는 다른 사업자 등에게 제공하여 사업에 지장을 가져온 경우
ㄹ. 납품업체로부터 금품이나 향응을 제공받고 불량품을 납품받아 생산에 차질을 가져온 경우

① ㄱ
② ㄱ, ㄷ
③ ㄴ, ㄹ
④ ㄴ, ㄷ, ㄹ
⑤ ㄱ, ㄴ, ㄷ, ㄹ

해설

ㄱ, ㄴ, ㄷ, ㄹ 모두 근기법 시행규칙 [별표]에서 정한 해고예고의 예외가 되는 근로자의 귀책사유에 해당한다.

해고예고의 예외가 되는 근로자의 귀책사유(근기법 시행규칙 [별표 1])

- 납품업체로부터 금품이나 향응을 제공받고 불량품을 납품받아 생산에 차질을 가져온 경우
- 영업용 차량을 임의로 타인에게 대리운전하게 하여 교통사고를 일으킨 경우
- 사업의 기밀이나 그 밖의 정보를 경쟁관계에 있는 다른 사업자 등에게 제공하여 사업에 지장을 가져온 경우
- 허위사실을 날조하여 유포하거나 불법집단행동을 주도하여 사업에 막대한 지장을 가져온 경우
- 영업용 차량 운송수입금을 부당하게 착복하는 등 직책을 이용하여 공금을 착복, 장기유용, 횡령 또는 배임한 경우
- 제품 또는 원료 등을 몰래 훔치거나 불법반출한 경우
- 인사·경리·회계 담당 직원이 근로자의 근무상황실적을 조작하거나 허위서류 등을 작성하여 사업에 손해를 끼친 경우
- 사업장의 기물을 고의로 파손하여 생산에 막대한 지장을 가져온 경우
- 그 밖에 사회통념상 고의로 사업에 막대한 지장을 가져오거나 재산상 손해를 끼쳤다고 인정되는 경우

답 ❺

019 근로기준법령상 해고예고의 예외사유에 해당하지 않는 것은?

□□□

19 노무

① 근로자가 계속 근로한 기간이 3개월 미만인 경우
② 6개월을 초과하여 단시간 근로를 계속한 경우
③ 천재·사변, 그 밖의 부득이한 사유로 사업을 계속하는 것이 불가능한 경우
④ 제품 또는 원료 등을 몰래 훔치거나 불법 반출한 경우
⑤ 사업장의 기물을 고의로 파손하여 생산에 막대한 지장을 가져온 경우

해설

① (○) 근기법 제26조 제1호
② (×) 계속 근로한 기간이 3개월 미만이 아니므로 해고예고의 예외사유에 해당하지 않는다.
③ (○) 근기법 제26조 제2호
④ (○)·⑤ (○) 제품 또는 원료 등을 몰래 훔치거나 불법 반출한 경우나 사업장의 기물을 고의로 파손하여 생산에 막대한 지장을 가져온 경우는 근기법 시행규칙 [별표 1]에서 정한 해고예고의 예외사유에 해당한다.

답 ❷

020 근로기준법령상 해고 등에 관한 설명으로 옳지 않은 것은?(다툼이 있는 경우에는 판례에 의함)

□□□

16 노무

① 근로기준법 제27조 제1항에 따르면 사용자는 근로자를 해고하려면 해고사유와 해고시기를 서면으로 통지하여야 한다.
② 사용자가 시용기간 만료 시 본 근로계약 체결을 거부하는 것은 일반적인 해고보다 넓게 인정될 수 있으나, 그 경우에도 객관적으로 합리적인 이유가 존재하여 사회통념상 상당성이 있어야 한다.
③ 근로기준법 제26조(해고의 예고)는 근로자가 계속 근로한 기간이 3개월 미만인 경우 적용하지 아니한다.
④ 사용자의 해고의 예고(근로기준법 제26조)는 일정 시점을 특정하여 하거나 언제 해고되는지를 근로자가 알 수 있는 방법으로 하여야 한다.
⑤ 시용근로관계에서 사용자가 본 근로계약 체결을 거부하는 경우에는 구체적·실질적인 거부사유를 서면으로 통지하여야 하는 것은 아니다.

해설

① (O) 근기법 제27조 제1항
② (O) 시용(試用)기간 중에 있는 근로자를 해고하거나 시용기간 만료 시 본계약(本契約)의 체결을 거부하는 것은 사용자에게 유보된 해약권의 행사로서, 당해 근로자의 업무능력, 자질, 인품, 성실성 등 업무적격성을 관찰·판단하려는 시용제도의 취지·목적에 비추어 볼 때 보통의 해고보다는 넓게 인정되나, 이 경우에도 객관적으로 합리적인 이유가 존재하여 사회통념상 상당하다고 인정되어야 한다(대판 2006.2.24. 2002다62432).
③ (O) 근기법 제26조 제1호
④ (O) 대판 2010.4.15. 2009도13833
⑤ (×) 시용근로관계에서 사용자가 본 근로계약 체결을 거부하는 경우에는 근로자에게 거부사유를 파악하여 대처할 수 있도록 구체적·실질적인 거부사유를 서면으로 통지하여야 한다(대판 2015.11.27. 2015두48136).

답 ⑤

PART 1 PART 2 PART 3

021 근로기준법 또는 남녀고용평등과 일·가정 양립 지원에 관한 법률상 해고가 금지되는 기간에 해당하지 않는 것은?

□□□

12 사시

① 임신한 여성근로자가 산전·산후의 보호휴가를 사용한 기간
② 근로자가 업무상 부상의 요양을 위하여 휴업한 기간
③ 근로자가 사용한 육아휴직 기간
④ 근로자가 업무상 질병의 요양을 위하여 휴업한 기간 이후 30일 동안의 기간
⑤ 근로자가 배우자의 출산을 이유로 휴가를 사용한 기간

해설

① (O), ② (O), ④ (O) 근기법 제23조 제2항 참조

> **해고 등의 제한(근기법 제23조)**
> ② 사용자는 근로자가 업무상 부상 또는 질병의 요양을 위하여 휴업한 기간❷ 과 그 후 30일 동안❹ 또는 산전(産前)·산후(産後)의 여성이 이 법에 따라 휴업한 기간❶ 과 그 후 30일 동안은 해고하지 못한다. 다만, 사용자가 제84조에 따라 일시보상을 하였을 경우 또는 사업을 계속할 수 없게 된 경우에는 그러하지 아니하다.

③ (O) 사업주는 육아휴직을 이유로 해고나 그 밖의 불리한 처우를 하여서는 아니 되며, 육아휴직 기간에는 그 근로자를 해고하지 못한다. 다만, 사업을 계속할 수 없는 경우에는 그러하지 아니하다(고평법 제19조 제3항).
⑤ (×) 배우자의 출산휴가기간은 해고금지기간으로 규정되어 있지 않음을 유의하여야 한다.

답 ⑤

022 근로기준법상 해고 등에 대한 설명으로 옳지 않은 것은?(다툼이 있는 경우 판례에 의함)

□□□

23 국가직 9급

① 사용자는 근로자를 해고하려면 해고사유와 해고시기를 서면으로 통지하여야 한다.

② 해고 대상자가 해고사유가 무엇인지 알고 있고 그에 대해 대응할 수 있는 상황이었다고 하더라도, 사용자가 해고를 서면으로 통지하면서 해고사유를 전혀 기재하지 않았다면 이는 근로기준법 제27조(해고사유 등의 서면통지)를 위반한 해고통지에 해당한다고 보아야 한다.

③ 해고 대상자가 이미 해고사유가 무엇인지 구체적으로 알고 있고 그에 대해 충분히 대응할 수 있는 상황이었다면 해고통지서에 해고사유를 상세하게 기재하지 않았더라도 근로기준법 제27조(해고사유 등의 서면통지)를 위반한 것이라고 볼 수 없다.

④ 시용근로관계에서 사용자가 해당 근로자와 본 근로계약의 체결을 거부하는 경우에는 해당 근로자에게 거부사유를 서면으로 통지할 필요는 없다.

해설

① (○) 근기법 제27조 제1항

② (○) · ③ (○) 사용자는 해고사유 등을 서면으로 통지할 때는 근로자의 처지에서 해고사유가 무엇인지를 구체적으로 알 수 있도록 해야 한다. 다만 해고 대상자가 이미 해고사유가 무엇인지 구체적으로 알고 있고 그에 대해 충분히 대응할 수 있는 상황이었다면 해고통지서에 해고사유를 상세하게 기재하지 않았더라도 위 조항을 위반한 것이라고 볼 수 없다.❸ 그러나 근로기준법 제27조의 규정 내용과 취지를 고려할 때, 해고 대상자가 해고사유가 무엇인지 알고 있고 그에 대해 대응할 수 있는 상황이었다고 하더라도, 사용자가 해고를 서면으로 통지하면서 해고사유를 전혀 기재하지 않았다면 이는 근로기준법 제27조를 위반한 해고통지에 해당한다고 보아야 한다❷ (대판 2021.2.25. 2017다226605).

> 갑이 을 주식회사와 1년으로 기간을 정한 고용계약을 체결하고 근무하다가 고용계약을 새로이 체결하면서 근로계약 기간의 종기를 따로 정하지 않았는데, 을 회사가 갑에게 계약종료통지서를 교부하면서 계약종료의 사유나 별도의 근거규정을 기재하지 않은 사안에서, 갑에 대한 해고통지서에 해당하는 계약종료통지서에 해고사유가 전혀 기재되어 있지 않으므로 근로기준법 제27조를 위반한 통지에 해당하는데도, 갑이 해고사유가 무엇인지 구체적으로 알고 있고 그에 대해 적절하게 대응할 수 있는 상황이었다는 등의 이유만으로 위 계약종료통지서에 의한 해고통지가 근로기준법 제27조를 위반한 것이 아니라고 본 원심판결에 법리오해의 잘못이 있다고 한 사례(대판 2021.2.25. 2017다226605).

④ (×) 시용근로관계에서 사용자가 본 근로계약 체결을 거부하는 경우에는 근로자에게 거부사유를 파악하여 대처할 수 있도록 구체적 · 실질적인 거부사유를 서면으로 통지하여야 한다(대판 2015.11.27. 2015두48136).

답 ❹

제4절 부당해고의 구제

023 근로기준법상 이행강제금에 관한 설명으로 옳은 것은? 18 노무

□□□

① 노동위원회는 구제명령을 받은 후 이행기한까지 구제명령을 이행하지 아니한 사용자에게 2천만원 이하의 이행강제금을 부과한다.

② 노동위원회는 2년을 초과하지 않는 범위 내에서 최초의 구제명령을 한 날을 기준으로 매년 2회의 범위에서 행정소송이 제기될 때까지 반복하여 이행강제금을 부과·징수할 수 있다.

③ 노동위원회는 이행강제금 납부의무자가 납부기한까지 이행강제금을 내지 아니하면 즉시 국세체납처분의 예에 따라 징수할 수 있다.

④ 노동위원회는 구제명령을 받은 자가 구제명령을 이행하면 새로운 이행강제금을 부과하지 아니하고, 구제명령을 이행하기 전에 이미 부과된 이행강제금의 부과처분은 취소하여야 한다.

⑤ 근로자는 구제명령을 받은 사용자가 이행기한까지 구제명령을 이행하지 아니하면 이행기한이 지난 때부터 15일 이내에 그 사실을 노동위원회에 알려 줄 수 있다.

해설

① (×) 노동위원회는 구제명령(구제명령을 내용으로 하는 재심판정을 포함)을 받은 후 이행기한까지 구제명령을 이행하지 아니한 사용자에게 3천만원 이하의 이행강제금을 부과한다(근기법 제33조 제1항).

② (×) 노동위원회는 최초의 구제명령을 한 날을 기준으로 매년 2회의 범위에서 구제명령이 이행될 때까지 반복하여 이행강제금을 부과·징수할 수 있다. 이 경우 이행강제금은 2년을 초과하여 부과·징수하지 못한다(근기법 제33조 제5항).

③ (×) 노동위원회는 이행강제금 납부의무자가 납부기한까지 이행강제금을 내지 아니하면 기간을 정하여 독촉을 하고 지정된 기간에 이행강제금을 내지 아니하면 국세 체납처분의 예에 따라 징수할 수 있다(근기법 제33조 제7항).

④ (×) 노동위원회는 구제명령을 받은 자가 구제명령을 이행하면 새로운 이행강제금을 부과하지 아니하되, 구제명령을 이행하기 전에 이미 부과된 이행강제금은 징수하여야 한다(근기법 제33조 제6항).

⑤ (○) 근기법 제33조 제8항

 ❺

024 근로기준법상 해고 등에 대한 설명으로 옳은 것은?(다툼이 있는 경우 판례에 의함)

□□□

18 국가직 7급

① 사용자의 부당한 해고처분이 무효이거나 취소된 때에 근로자가 지급을 청구할 수 있는 임금의 범위는 통상임금으로 국한된다.

② 기업이 파산선고를 받아 사업의 폐지를 위하여 그 청산과정에서 근로자를 해고하는 것은 위장폐업이 아닌 한 정리해고가 아니라 통상해고이다.

③ 근로기준법에 의한 부당해고구제재심판정을 다투는 소송에 있어서 해고의 정당성에 관한 증명책임은 이를 주장하는 자의 상대방이 부담한다.

④ 노동위원회는 해고에 대한 구제명령을 할 때에 근로자 또는 사용자가 원직복직을 원하지 아니하면 원직복직을 명하는 대신 근로자가 해고기간 동안 근로를 제공하였더라면 받을 수 있었던 임금 상당액 이상의 금품을 근로자에게 지급하도록 명할 수 있다.

해설

① (×) 사용자의 부당한 해고처분이 무효이거나 취소된 때에는 그동안 피해고자의 근로자로서 지위는 계속되고, 그간 근로의 제공을 하지 못한 것은 사용자의 귀책사유로 인한 것이므로 근로자는 민법 제538조 제1항에 의하여 계속 근로하였을 경우 받을 수 있는 임금 전부의 지급을 청구할 수 있다. 여기에서 근로자가 지급을 청구할 수 있는 임금은 근로기준법 제2조에서 정하는 임금을 의미하므로, 사용자가 근로의 대가로 근로자에게 지급하는 일체의 금원으로서 계속적·정기적으로 지급되고 이에 관하여 단체협약, 취업규칙, 급여규정, 근로계약, 노동관행 등에 의하여 사용자에게 지급의무가 지워져 있다면 명칭 여하를 불문하고 모두 이에 포함되며, 반드시 통상임금으로 국한되는 것은 아니다(대판 2012.2.9. 2011다20034).

> 甲 주식회사의 단체협약에 조합원이 1년간 개근할 경우 연말에 금 1돈(3.75g)을, 정근(지각 3회 이하)할 경우 금 반 돈을 교부하여 표창하도록 규정되어 있는데, 근로자 乙 등이 甲 회사를 상대로 부당해고기간 중 지급받지 못한 표창의 지급을 구한 사안에서, 위 표창은 특별한 사정이 없는 한 근로자가 계속 근로하였을 경우 받을 수 있는 임금에 포함된다고 보아야 함에도, 이와 달리 본 원심판결에 법리오해의 위법이 있다고 한 사례(대판 2012.2.9. 2011다20034).

② (○) 기업이 파산선고를 받아 사업의 폐지를 위하여 그 청산과정에서 근로자를 해고하는 것은 위장폐업이 아닌 한 기업경영의 자유에 속하는 것으로서 파산관재인이 파산선고로 인하여 파산자 회사가 해산한 후에 사업의 폐지를 위하여 행하는 해고는 정리해고가 아니라 통상해고에 해당하는 것이어서, 정리해고에 관한 근로기준법 규정이 적용될 여지가 없고, 또한 파산관재인의 근로계약 해지는 해고만을 목적으로 한 위장파산이나 노동조합의 단결권 등을 방해하기 위한 위장폐업이 아닌 한 원칙적으로 부당노동행위에 해당하지 아니한다(대판 2004.2.27. 2003두902).

③ (×) 구 근로기준법 제33조에 의한 부당해고구제재심판정을 다투는 소송에 있어서는 해고의 정당성에 관한 입증책임은 이를 주장하는 자[사용자(註)]가 부담한다(대판 1999.4.27. 99두202).

> **비교판례**
>
> 노조법 제81조 제1항 제1호 소정의 부당노동행위가 성립하기 위해서는 근로자가 "노동조합의 업무를 위한 정당한 행위"를 하고, 회사가 이를 이유로 근로자를 해고한 경우라야 하고, 같은 사실의 주장 및 입증책임은 부당노동행위임을 주장하는 근로자에게 있다(대판 1991.7.26. 91누2557).

④ (×) 노동위원회는 구제명령(해고에 대한 구제명령)을 할 때에 근로자가 원직복직(原職復職)을 원하지 아니하면 원직복직을 명하는 대신 근로자가 해고기간 동안 근로를 제공하였더라면 받을 수 있었던 임금 상당액 이상의 금품을 근로자에게 지급하도록 명할 수 있다(근기법 제30조 제3항).

답 ❷

025 □□□ **근로기준법령상 이행강제금에 관한 설명으로 옳지 않은 것은?** 17 노무

① 노동위원회는 이행강제금을 부과하기 30일 전까지 이행강제금을 부과・징수한다는 뜻을 사용자에게 미리 문서로써 알려주어야 한다.
② 노동위원회는 이행강제금을 부과하는 때에는 이행강제금의 부과통지를 받은 날부터 15일 이내의 납부기한을 정하여야 한다.
③ 노동위원회는 구제명령을 받은 자가 구제명령을 이행하더라도 그 이행 전에 이미 부과된 이행강제금은 징수하여야 한다.
④ 노동위원회는 법원의 확정판결에 따라 노동위원회의 구제명령이 취소되는 경우에도 이미 징수한 이행강제금은 반환하지 아니한다.
⑤ 노동위원회는 이행강제금 납부의무자가 납부기한까지 이행강제금을 내지 아니하면 기간을 정하여 독촉을 하고 지정된 기간에 이행강제금을 내지 아니하면 국세체납처분의 예에 따라 징수할 수 있다.

해설

① (O) 근기법 제33조 제2항
② (O) 근기법 시행령 제12조 제1항
③ (O) 근기법 제33조 제6항
④ (×) 노동위원회는 중앙노동위원회의 재심판정이나 법원의 확정판결에 따라 노동위원회의 구제명령이 취소되면 직권 또는 사용자의 신청에 따라 이행강제금의 부과・징수를 즉시 중지하고 이미 징수한 이행강제금을 반환하여야 한다(근기법 시행령 제15조 제1항).
⑤ (O) 근기법 제33조 제7항

답 ❹

026 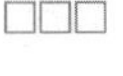 **근로기준법상 이행강제금에 대한 설명으로 옳지 않은 것은?** 22 국가직 9급

① 노동위원회는 이행강제금을 부과하기 30일 전까지 이행강제금을 부과 징수한다는 뜻을 사용자에게 미리 문서로써 알려 주어야 한다.
② 노동위원회는 최초의 구제명령을 한 날을 기준으로 매년 2회의 범위에서 구제명령이 이행될 때까지 반복하여 이행강제금을 부과 징수할 수 있으며, 이 경우 이행강제금은 2년을 초과하여 부과 징수하지 못한다.
③ 노동위원회는 구제명령을 받은 후 이행기한까지 구제명령을 이행하지 아니한 사용자에게 5천만원 이하의 이행강제금을 부과한다.
④ 근로자는 구제명령을 받은 사용자가 이행기한까지 구제명령을 이행하지 아니하면 이행기한이 지난 때부터 15일 이내에 그 사실을 노동위원회에 알려줄 수 있다.

해설

① (O) 근기법 제33조 제2항
② (O) 근기법 제33조 제5항
③ (×) 노동위원회는 구제명령(구제명령을 내용으로 하는 재심판정을 포함)을 받은 후 이행기한까지 구제명령을 이행하지 아니한 사용자에게 3천만원 이하의 이행강제금을 부과한다(근기법 제33조 제1항).
④ (O) 근기법 제33조 제8항

답 ❸

027 근로기준법상 해고에 관한 설명 중 옳지 않은 것은?(다툼이 있는 경우 판례에 의함) 16 사시

□□□

① 해고의 정당한 이유에 관한 증명책임은 근로자에게 있다.

② 근로자는 부당해고가 있었던 날부터 3개월 이내에 노동위원회에 구제를 신청할 수 있다.

③ 사용자는 근로자를 해고하려면 적어도 30일 전에 예고를 하여야 하고, 30일 전에 예고를 하지 아니하였을 때에는 30일분 이상의 통상임금을 지급하여야 한다.

④ 경영상의 이유에 의한 해고에서 긴박한 경영상의 필요에는 장래에 올 수 있는 위기에 미리 대처하기 위하여 인원삭감이 객관적으로 보아 합리성이 있다고 인정되는 경우도 포함된다.

⑤ 노동위원회는 해고에 대한 구제명령을 할 때에 근로자가 원하지 아니하면 원직복직을 명하는 대신 근로자가 해고기간 동안 근로를 제공하였더라면 받을 수 있었던 임금 상당액 이상의 금품을 근로자에게 지급하도록 명할 수 있다.

해설

① (×) 구 근로기준법 제33조에 의한 부당해고구제재심판정을 다투는 소송에 있어서는 해고의 정당성에 관한 입증책임은 이를 주장하는 자[사용자(註)]가 부담한다(대판 1999.4.27. 99두202).

② (○) 사용자가 근로자에게 부당해고를 하면 근로자는 부당해고가 있었던 날부터 3개월 이내에 노동위원회에 구제를 신청할 수 있다(근기법 제28조).

③ (○) 근기법 제26조 본문

④ (○) 정리해고의 요건 중 '긴박한 경영상의 필요'란 반드시 기업의 도산을 회피하기 위한 경우에 한정되지 아니하고, 장래에 올 수도 있는 위기에 미리 대처하기 위하여 인원삭감이 필요한 경우도 포함되지만, 그러한 인원삭감은 객관적으로 보아 합리성이 있다고 인정되어야 한다(대판 2015.5.28. 2012두25873).

⑤ (○) 근기법 제30조 제3항

답 ❶

028 근로기준법령상 구제명령 등에 관한 설명으로 옳지 않은 것은? 17 노무

□□□

① 노동위원회는 사용자에게 구제명령을 하는 때에는 구제명령을 한 날부터 60일 이내의 이행기한을 정하여야 한다.

② 중앙노동위원회의 재심판정에 대하여 사용자나 근로자는 재심판정서를 송달받은 날부터 15일 이내에 행정소송법의 규정에 따라 소를 제기할 수 있다.

③ 노동위원회의 구제명령, 기각결정 또는 재심판정은 중앙노동위원회에 대한 재심신청이나 행정소송 제기에 의하여 그 효력이 정지되지 아니한다.

④ 구제명령을 이행하기 위하여 사용자가 객관적으로 노력하였으나 근로자의 소재불명 등으로 구제명령을 이행하기 어려운 것이 명백한 경우 노동위원회는 직권으로 그 사유가 없어진 뒤에 이행강제금을 부과할 수 있다.

⑤ 노동위원회는 심문을 끝내고 부당해고등이 성립한다고 판정하면 사용자에게 구제명령을 하여야 하며, 부당해고등이 성립하지 아니한다고 판정하면 구제신청을 기각하는 결정을 하여야 한다.

해설

① (×) 노동위원회법에 따른 노동위원회는 법 제30조 제1항에 따라 사용자에게 구제명령을 하는 때에는 이행기한을 정하여야 한다. 이 경우 이행기한은 법 제30조 제2항에 따라 사용자가 구제명령을 서면으로 통지받은 날부터 30일 이내로 한다(근기법 시행령 제11조). 구제명령의 이행기한과 이행강제금의 납부기한은 구별되어야 한다. 즉 노동위원회는 이행강제금을 부과하는 때에는 이행강제금의 부과통지를 받은 날부터 15일 이내의 납부기한을 정하여야 한다(근기법 시행령 제12조 제1항).
② (○) 근기법 제31조 제2항
③ (○) 근기법 제32조
④ (○) 노동위원회는 구제명령을 이행하기 위하여 사용자가 객관적으로 노력하였으나 근로자의 소재불명 등으로 구제명령을 이행하기 어려운 것이 명백한 경우 직권 또는 사용자의 신청에 따라 그 사유가 없어진 뒤에 이행강제금을 부과할 수 있다(근기법 시행령 제14조 제1호).
⑤ (○) 근기법 제30조 제1항

답 ❶

029 근로기준법령상 부당해고 등 구제제도에 대한 설명으로 옳은 것은? 20 국가직 7급

□□□

① 노동위원회는 구제명령을 받은 자가 구제명령을 이행하면 구제명령을 이행하기 전에 이미 부과된 이행강제금은 징수하지 아니한다.
② 노동위원회는 중앙노동위원회의 재심판정이나 법원의 확정판결에 따라 노동위원회의 구제명령이 취소되면 직권 또는 사용자의 신청에 따라 이행강제금의 부과·징수를 즉시 중지하고 이미 징수한 이행강제금을 반환하여야 한다.
③ 노동위원회의 구제명령, 기각결정 또는 재심판정은 중앙노동위원회에 대한 재심 신청이나 행정소송 제기에 의하여 그 효력이 정지된다.
④ 사용자가 행정소송을 제기한 경우에 중앙노동위원회는 결정으로써, 판결이 확정될 때까지 노동위원회의 구제명령의 전부 또는 일부를 이행하도록 긴급이행을 명할 수 있다.

해설

① (×) 노동위원회는 구제명령을 받은 자가 구제명령을 이행하면 새로운 이행강제금을 부과하지 아니하되, 구제명령을 이행하기 전에 이미 부과된 이행강제금은 징수하여야 한다(근기법 제33조 제6항).
② (○) 근기법 시행령 제15조 제1항
③ (×) 노동위원회의 구제명령, 기각결정 또는 재심판정은 제31조에 따른 중앙노동위원회에 대한 재심 신청이나 행정소송 제기에 의하여 그 효력이 정지되지 아니한다(근기법 제32조).
④ (×) 긴급이행명령은 부당해고가 아니라 부당노동행위 구제신청의 경우에 인정되는 제도임을 유의하여야 한다.

구제명령의 확정(노조법 제85조)

⑤ 사용자가 제2항의 규정에 의하여 행정소송을 제기한 경우에 관할법원은 중앙노동위원회의 신청에 의하여 결정으로써, 판결이 확정될 때까지 중앙노동위원회의 구제명령의 전부 또는 일부를 이행하도록 명할 수 있으며, 당사자의 신청에 의하여 또는 직권으로 그 결정을 취소할 수 있다.

답 ❷

030 근로기준법상 부당해고 구제제도에 대한 설명으로 옳지 않은 것은?(다툼이 있는 경우 판례에 의함)

□□□

21 국가직 7급

① 사용자가 근로자에게 부당해고를 하면 근로자는 부당해고가 있었던 날부터 3개월 이내에 노동위원회에 구제를 신청할 수 있다.

② 지방노동위원회의 구제명령이나 기각결정에 불복하는 사용자나 근로자는 구제명령서나 기각결정서를 통지받은 날부터 10일 이내에 중앙노동위원회에 재심을 신청할 수 있다.

③ 노동위원회는 부당해고에 대한 구제명령을 할 때에 근로자 또는 사용자가 원직복직을 원하지 아니하면 원직복직을 명하는 대신 근로자가 해고기간 동안 근로를 제공하였더라면 받을 수 있었던 임금 상당액 이상의 금품을 근로자에게 지급하도록 명할 수 있다.

④ 사용자의 근로자에 대한 해고가 정당한 이유가 없음을 이유로 노동위원회에 구제신청을 하여 구제절차가 진행 중에 근로자가 별도로 사용자를 상대로 같은 사유로 해고무효확인청구의 소를 제기하였다가 청구가 이유 없다하여 기각판결을 선고받아 확정되었다면, 부당해고가 아니라는 점은 이미 확정되어 더 이상 구제절차를 유지할 필요가 없게 되었으므로 구제이익이 소멸한 것으로 보아야 할 것이다.

해설

① (O) 근기법 제28조

② (O) 근기법 제31조 제1항

③ (×) 노동위원회는 제1항에 따른 구제명령(해고에 대한 구제명령만을 말한다)을 할 때에 근로자가 원직복직(原職復職)을 원하지 아니하면 원직복직을 명하는 대신 근로자가 해고기간 동안 근로를 제공하였더라면 받을 수 있었던 임금 상당액 이상의 금품을 근로자에게 지급하도록 명할 수 있다(근기법 제30조 제3항).

④ (O) 근로기준법 제28조에 의하여 사용자의 근로자에 대한 해고가 정당한 이유가 없음을 이유로 구제신청을 하여 구제절차가 진행 중에 근로자가 별도로 사용자를 상대로 같은 사유로 해고무효확인청구의 소를 제기하였다가 청구가 이유 없다 하여 기각판결을 선고받아 확정되었다면, 부당해고가 아니라는 점은 이미 확정되어 더 이상 구제절차를 유지할 필요가 없게 되었으므로 구제이익이 소멸한 것으로 보아야 할 것이다(대판 1992.7.28. 92누6099).

답 ❸

031 □□□

근로기준법상 부당해고 구제제도에 대한 설명으로 옳지 않은 것은? 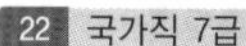

① 노동위원회는 이행강제금을 부과하기 30일 전까지 이행강제금을 부과·징수한다는 뜻을 사용자에게 미리 문서로써 알려 주어야 한다.

② 노동위원회의 구제명령, 기각결정 또는 재심판정은 중앙노동위원회에 대한 재심 신청이나 행정소송 제기에 의하여 그 효력이 정지되지 아니한다.

③ 노동위원회는 근로계약기간의 만료, 정년의 도래 등으로 근로자가 원직복직이 불가능한 경우에는 각하결정을 하여야 한다.

④ 노동위원회는 해고에 대한 구제명령을 할 때에 근로자가 원직복직을 원하지 아니하면 원직복직을 명하는 대신 근로자가 해고기간 동안 근로를 제공하였더라면 받을 수 있었던 임금 상당액 이상의 금품을 근로자에게 지급하도록 명할 수 있다.

해설

① (O) 근기법 제33조 제2항

② (O) 근기법 제32조

③ (×) 노동위원회는 근로계약기간의 만료, 정년의 도래 등으로 근로자가 원직복직(해고 이외의 경우는 원상회복)이 불가능한 경우에도 구제명령이나 기각결정을 하여야 한다(근기법 제30조 제4항).

④ (O) 근기법 제30조 제3항

답 ❸

032 □□□

근로기준법령상 부당해고 구제제도에 관한 설명으로 옳지 않은 것은? 

① 노동위원회에 대한 구제신청은 부당해고가 있었던 날부터 3개월 이내에 하여야 한다.

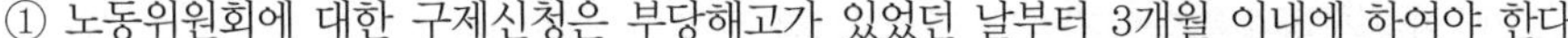

② 노동위원회가 심문을 할 때에는 직권으로도 증인을 출석하게 하여 필요한 사항을 질문할 수 있다.

③ 지방노동위원회의 구제명령에 불복하는 사용자는 구제명령서를 통지받은 날부터 10일 이내에 중앙노동위원회에 재심을 신청할 수 있다.

④ 노동위원회의 구제명령은 행정소송 제기에 의하여 그 효력이 정지된다.

⑤ 노동위원회는 사용자에게 구제명령을 하는 때에는 이행기한을 정하여야 한다. 이 경우 이행기한은 사용자가 구제명령을 서면으로 통지받은 날부터 30일 이내로 한다.

해설

① (O) 구제신청은 부당해고등이 있었던 날부터 3개월 이내에 하여야 한다(근기법 제28조 제2항).

② (O) 근기법 제29조 제2항

③ (O) 근기법 제31조 제1항

④ (×) 노동위원회의 구제명령, 기각결정 또는 재심판정은 중앙노동위원회에 대한 재심신청이나 행정소송 제기에 의하여 그 효력이 정지되지 아니한다(근기법 제32조).

⑤ (O) 근기법 시행령 제11조

답 ❹

033 □□□ **근로기준법령상 부당해고 구제명령을 받은 후 이행기한까지 이행하지 아니한 사용자에게 노동위원회가 2년간 부과할 수 있는 이행강제금의 최대 상한액은?** 14 노무

① 4,000만원
② 6,000만원
③ 8,000만원
④ 1억원
⑤ 1억 2,000만원

해설

근기법 제33조 제1항, 제5항에 따르면 노동위원회는 구제명령을 받은 후 이행기한까지 구제명령을 이행하지 아니한 사용자에 대하여 3천만원 이하의 이행강제금을 부과하며, 매년 2회의 범위 안에서 구제명령이 이행될 때까지 반복하여 이행강제금을 부과, 징수할 수 있으며 이 경우 이행강제금은 2년을 초과하여 부과, 징수하지 못한다고 하였다. 따라서 사용자에게 노동위원회가 부과할 수 있는 이행강제금의 최대 상한액은 3,000만원×2회×2년=1억 2,000만원이다.

답 ⑤

034 □□□ **부당해고 등 구제제도에 관하여 근로기준법에 규정된 내용으로 옳지 않은 것은?** 16 노무

① 노동위원회는 구제명령을 받은 자가 구제명령을 이행하면 새로운 이행강제금을 부과하지 아니하되, 구제명령을 이행하기 전에 이미 부과된 이행강제금은 징수하여야 한다.
② 사용자가 근로자에게 부당해고 등을 하면 근로자는 부당해고 등이 있었던 날부터 3개월 이내에 노동위원회에 구제를 신청할 수 있다.
③ 노동위원회가 구제명령을 할 때에 사용자의 신청에 따라 원직복직 대신 해고기간 동안의 임금 상당액 이상의 금품을 근로자에게 지급하도록 명할 수 있다.
④ 지방노동위원회의 구제명령에 불복하는 사용자는 구제명령서를 통지받은 날부터 10일 이내에 중앙노동위원회에 재심을 신청할 수 있다.
⑤ 노동위원회는 최초의 구제명령을 한 날을 기준으로 매년 2회의 범위에서 구제명령이 이행될 때까지 반복하여 이행강제금을 부과・징수할 수 있다. 이 경우 이행강제금은 2년을 초과하여 부과・징수하지 못한다.

해설

① (○) 근기법 제33조 제6항
② (○) 근기법 제28조 제1항・제2항
③ (×) 노동위원회는 제1항에 따른 구제명령을 할 때에 근로자가 원직복직(原職復職)을 원하지 아니하면 원직복직을 명하는 대신 근로자가 해고기간 동안 근로를 제공하였더라면 받을 수 있었던 임금 상당액 이상의 금품을 근로자에게 지급하도록 명할 수 있다(근기법 제30조 제3항).
④ (○) 근기법 제31조 제1항
⑤ (○) 근기법 제33조 제5항

답 ③

035 근로기준법상 구제명령 등에 관한 설명으로 옳은 것은? 22 노무

□□□

① 중앙노동위원회의 재심판정에 대하여 사용자나 근로자는 재심판정서를 송달받은 날부터 20일 이내에 행정소송법의 규정에 따라 소(訴)를 제기할 수 있다.

② 노동위원회의 구제명령, 기각결정 또는 재심판정은 중앙노동위원회에 대한 재심 신청이나 행정소송 제기에 의하여 그 효력이 정지된다.

③ 노동위원회는 부당해고에 대한 구제명령을 할 때에 근로자의 의사와 무관하게 사용자가 원하지 아니하면 원직복직을 명하는 대신 해고기간 동안 임금 상당액 이상의 금품을 근로자에게 지급하도록 명하여야 한다.

④ 노동위원회가 이행강제금을 부과할 때에는 이행강제금의 액수, 부과 사유 등을 구두로 통보하여야 한다.

⑤ 노동위원회는 이행강제금 납부의무자가 납부기한까지 이행강제금을 내지 아니하면 기간을 정하여 독촉을 하고 지정된 기간에 이행강제금을 내지 아니하면 국세 체납처분의 예에 따라 징수할 수 있다.

해설

① (×) 중앙노동위원회의 재심판정에 대하여 사용자나 근로자는 재심판정서를 송달받은 날부터 15일 이내에 행정소송법의 규정에 따라 소(訴)를 제기할 수 있다(근기법 제31조 제2항).

② (×) 노동위원회의 구제명령, 기각결정 또는 재심판정은 중앙노동위원회에 대한 재심 신청이나 행정소송 제기에 의하여 그 효력이 정지되지 아니한다(근기법 제32조).

③ (×) 노동위원회는 구제명령을 할 때에 근로자가 원직복직을 원하지 아니하면 원직복직을 명하는 대신 근로자가 해고기간 동안 근로를 제공하였더라면 받을 수 있었던 임금 상당액 이상의 금품을 근로자에게 지급하도록 명할 수 있다(근기법 제30조 제3항).

④ (×) 이행강제금을 부과할 때에는 이행강제금의 액수, 부과 사유, 납부기한, 수납기관, 이의제기방법 및 이의제기기관 등을 명시한 문서로써 하여야 한다(근기법 제33조 제3항).

⑤ (○) 근기법 제33조 제7항

답 ⑤

PART 1 PART 2 PART 3

036 근로기준법상 부당해고의 구제에 대한 설명으로 옳지 않은 것은?(다툼이 있는 경우 판례에 의함)

□□□

19 국가직 7급

① 부당해고에 대하여 근로자는 노동위원회를 통한 구제신청과 별도로 사법상의 지위의 확보 및 권리의 구제를 받기 위한 민사소송을 제기할 수 있다.
② 노동위원회의 구제명령, 기각결정 또는 재심판정은 중앙노동위원회에 대한 재심 신청이나 행정소송 제기에 의하여 그 효력이 정지된다.
③ 사용자의 근로자에 대한 해고가 무효이면 근로자는 계속 근로하였을 경우에 받을 수 있는 임금 전부의 지급을 청구할 수 있다.
④ 사용자가 해고를 할 만한 사유가 전혀 없는데도 오로지 근로자를 사업장에서 몰아내려는 의도하에 고의로 근로자를 해고한 경우 등 사용자에게 부당해고 등에 대한 고의·과실이 인정되는 경우에는 불법행위가 성립되어 그에 따라 입게 된 근로자의 정신적 고통에 대하여도 배상할 책임이 있다.

해설

① (○) 구 근로기준법 제27조의3의 규정은 부당해고를 당한 근로자에게 노동위원회에 그 구제를 신청할 수 있는 길을 열어 놓고 있으나 그렇다고 해서 해고를 둘러싼 쟁송에 대한 민사소송의 관할권을 박탈한 것으로 해석되지 아니한다(대판 1991.7.12. 90다9353).
② (×) 노동위원회의 구제명령, 기각결정 또는 재심판정은 제31조에 따른 중앙노동위원회에 대한 재심 신청이나 행정소송 제기에 의하여 그 효력이 정지되지 아니한다(근기법 제32조).
③ (○) 사용자의 부당한 해고처분이 무효이거나 취소된 때에는 그동안 피해고자의 근로자로서 지위는 계속되고, 그간 근로의 제공을 하지 못한 것은 사용자의 귀책사유로 인한 것이므로 근로자는 민법 제538조 제1항에 의하여 계속 근로하였을 경우 받을 수 있는 임금 전부의 지급을 청구할 수 있다(대판 2020.7.23. 2020다221396).

> 갑 재단법인에서 근무하다가 부당해고 후 복직한 을이 갑 법인을 상대로 계속 근로하였을 경우 받을 수 있는 임금으로 시간외근무수당 미지급분의 지급을 구한 사안에서, 시간외근무수당은 실제 근무한 경우 지급되는 것임을 전제로 을이 해고기간 중 당연히 받을 수 있었던 임금이라고 보기 어렵다고 한 원심판단에 법리오해의 위법이 있다고 한 사례(대판 2020.7.23. 2020다221396).

④ (○) 사용자가 근로자에 대하여 징계해고 등을 할 만한 사유가 전혀 없는데도 오로지 근로자를 사업장에서 몰아내려는 의도하에 고의로 어떤 명목상의 해고사유 등을 내세워 징계라는 수단을 동원하여 해고 등의 불이익처분을 한 경우나, 해고 등의 이유로 된 어느 사실이 취업규칙 등 소정의 징계사유에 해당되지 아니하거나 징계사유로 삼을 수 없는 것임이 객관적으로 명백하고 또 조금만 주의를 기울였더라면 이와 같은 사정을 쉽게 알아 볼 수 있는데도 그것을 이유로 징계해고 등의 불이익처분을 한 경우처럼, 사용자에게 부당해고 등에 대한 고의·과실이 인정되는 경우에 있어서는 불법행위가 성립되어 그에 따라 입게 된 근로자의 정신적 고통에 대하여도 이를 배상할 의무가 있다(대판 1996.4.23. 95다6823).

답 ❷

037 근로기준법령상 이행강제금에 관한 설명으로 옳지 않은 것은? 21 노무

① 노동위원회는 이행강제금을 부과하기 30일 전까지 이행강제금을 부과 · 징수한다는 뜻을 사용자에게 미리 문서로써 알려 주어야 한다.

② 노동위원회는 구제명령을 받은 자가 구제명령을 이행하면 구제명령을 이행하기 전에 이미 부과된 이행강제금은 징수하지 아니한다.

③ 노동위원회는 이행강제금을 부과하는 때에는 이행강제금의 부과통지를 받은 날부터 15일 이내의 납부기한을 정하여야 한다.

④ 노동위원회는 천재 · 사변, 그 밖의 부득이한 사유로 구제명령을 이행하기 어려운 경우에는 직권 또는 사용자의 신청에 따라 그 사유가 없어진 뒤에 이행강제금을 부과할 수 있다.

⑤ 노동위원회는 중앙노동위원회의 재심판정이나 법원의 확정판결에 따라 노동위원회의 구제명령이 취소되면 직권 또는 사용자의 신청에 따라 이행강제금의 부과 · 징수를 즉시 중지하고 이미 징수한 이행강제금을 반환하여야 한다.

해설

① (O) 근기법 제33조 제2항

② (×) 노동위원회는 구제명령을 받은 자가 구제명령을 이행하면 새로운 이행강제금을 부과하지 아니하되, 구제명령을 이행하기 전에 이미 부과된 이행강제금은 징수하여야 한다(근기법 제33조 제6항).

③ (O) 근기법 시행령 제12조 제1항

④ (O) 근기법 시행령 제14조 제2호

⑤ (O) 근기법 시행령 제15조 제1항

이행강제금의 부과유예(근기법 시행령 제14조)

노동위원회는 다음 각 호의 어느 하나에 해당하는 사유가 있는 경우에는 직권 또는 사용자의 신청에 따라 그 사유가 없어진 뒤에 이행강제금을 부과할 수 있다.

1. 구제명령을 이행하기 위하여 사용자가 객관적으로 노력하였으나 근로자의 소재불명 등으로 구제명령을 이행하기 어려운 것이 명백한 경우
2. 천재 · 사변, 그 밖의 부득이한 사유로 구제명령을 이행하기 어려운 경우

답 ❷

038 □□□ 근로기준법령상 구제명령 등에 관한 설명이다. ( )에 들어갈 내용을 옳게 나열한 것은? 21 노무

> • 중앙노동위원회의 재심판정에 대하여 사용자나 근로자는 재심판정서를 송달받은 날부터 (ㄱ)일 이내에 행정소송법의 규정에 따라 소(訴)를 제기할 수 있다.
> • 노동위원회의 구제명령이행기간은 사용자가 구제명령을 서면으로 통지받은 날부터 (ㄴ)일 이내로 한다.

① ㄱ : 10, ㄴ : 15
② ㄱ : 10, ㄴ : 30
③ ㄱ : 15, ㄴ : 15
④ ㄱ : 15, ㄴ : 30
⑤ ㄱ : 30, ㄴ : 30

해설

• 중앙노동위원회의 재심판정에 대하여 사용자나 근로자는 재심판정서를 송달받은 날부터 15일 이내에 행정소송법의 규정에 따라 소(訴)를 제기할 수 있다(근기법 제31조 제2항).
• 노동위원회는 사용자에게 구제명령을 하는 때에는 이행기한을 정하여야 한다. 이 경우 이행기한은 사용자가 구제명령을 서면으로 통지받은 날부터 30일 이내로 한다(근기법 시행령 제11조).

답 ④

039  근로기준법상 해고에 관한 설명으로 옳지 않은 것은?(다툼이 있으면 판례에 따름) 20 노무

① 부당해고등의 구제신청은 부당해고등이 있었던 날부터 3개월 이내에 하여야 한다.
② 사용자의 근로자에 대한 해고가 무효로 판단되는 경우에는 그 해고가 곧바로 불법행위를 구성한다.
③ 사용자가 해고사유 등을 서면으로 통지할 때는 근로자의 처지에서 해고사유가 무엇인지를 구체적으로 알 수 있어야 한다.
④ 노동위원회는 최초의 구제명령을 한 날을 기준으로 매년 2회의 범위에서 구제명령이 이행될 때까지 반복하여 최대 2년간 이행강제금을 부과할 수 있다.
⑤ 노동위원회는 해고에 대한 구제명령을 할 때에 근로자가 원직복직을 원하지 아니하면 원직복직 대신 근로자가 해고기간 동안 근로를 제공하였더라면 받을 수 있었던 임금 상당액 이상의 금품을 근로자에게 지급하도록 명할 수 있다.

해설

① (O) 근기법 제28조 제2항
② (×) 일반적으로 사용자의 근로자에 대한 해고 등의 불이익처분이 정당하지 못하여 무효로 판단되는 경우에 그러한 사유만으로 곧바로 그 해고 등이 불법행위를 구성하게 된다고는 할 수 없다(대판 1997.1.21. 95다24821).
③ (O) 대판 2015.11.27. 2015두48136
④ (O) 근기법 제33조 제5항
⑤ (O) 근기법 제30조 제3항

답 ②

040 □□□

근로기준법상 구제명령 등에 관한 설명으로 옳지 않은 것은? 

① 노동위원회는 심문을 끝내고 부당해고등이 성립한다고 판정하면 사용자에게 구제명령을 하여야 한다.

② 노동위원회의 판정, 구제명령 및 기각결정은 사용자와 근로자에게 각각 서면으로 통지하여야 한다.

③ 지방노동위원회의 구제명령이나 기각결정에 불복하는 사용자나 근로자는 구제명령서나 기각결정서를 통지받은 날부터 10일 이내에 중앙노동위원회에 재심을 신청할 수 있다.

④ 중앙노동위원회의 재심판정에 대하여 사용자나 근로자는 재심판정서를 송달받은 날부터 30일 이내에 행정소송법의 규정에 따라 소(訴)를 제기할 수 있다.

⑤ 노동위원회의 구제명령, 기각결정 또는 재심판정은 중앙노동위원회에 대한 재심신청이나 행정소송의 제기에 의하여 그 효력이 정지되지 아니한다.

해설

① (O) 근기법 제30조 제1항

② (O) 사용자와 근로자 모두에게 각각 서면통지하여야 한다(근기법 제30조 제2항).

③ (O) 지방노동위원회의 구제명령서나 기각결정서를 통지받은 날부터 10일 이내이다(근기법 제31조 제1항).

④ (×) 중앙노동위원회의 재심판정에 대하여 사용자나 근로자는 재심판정서를 송달받은 날부터 15일 이내에 행정소송법의 규정에 따라 소(訴)를 제기할 수 있다(근기법 제31조 제2항).

⑤ (O) 근기법 제32조

041 

근로기준법령상 부당해고구제제도에 관한 설명으로 옳지 않은 것은? 

① 노동위원회는 사용자에게 구제명령을 하는 때에는 구제명령을 한 날부터 15일 이내의 이행기한을 정하여야 한다.

② 중앙노동위원회의 재심판정에 대하여 사용자나 근로자는 재심판정서를 송달받은 날부터 15일 이내에 행정소송을 제기할 수 있다.

③ 노동위원회는 구제명령을 할 때에 근로자가 원직복직을 원하지 아니하면 원직복직 대신 해고기간 동안의 임금 상당액 이상의 금품을 근로자에게 지급하도록 명할 수 있다.

④ 노동위원회의 구제명령은 행정소송 제기에 의하여 그 효력이 정지되지 아니한다.

⑤ 지방노동위원회의 구제명령에 불복하는 사용자는 구제명령서를 통지받은 날부터 10일 이내에 중앙노동위원회에 재심을 신청할 수 있다.

해설

① (×) 노동위원회법에 따른 노동위원회는 사용자에게 구제명령을 하는 때에는 이행기한을 정하여야 한다. 이 경우 이행기한은 사용자가 구제명령을 서면으로 통지받은 날부터 30일 이내로 한다(근기법 시행령 제11조).

② (O) 근기법 제31조 제2항

③ (O) 근기법 제30조 제3항

④ (O) 근기법 제32조

⑤ (O) 근기법 제31조 제1항

답 ❶

제5절 근로관계 종료 후의 근로자 보호

042 사용증명서와 근로자명부 등에 관하여 근로기준법령에 규정된 내용으로 옳지 않은 것은?

□□□ 16 노무

① 근로기준법 제39조 제1항에 따라 사용증명서를 청구할 수 있는 자는 계속하여 30일 이상 근무한 근로자로 하되, 청구할 수 있는 기한은 퇴직 후 3년 이내로 한다.

② 사용증명서에는 근로자가 요구한 사항만을 적어야 한다.

③ 주소는 근로자명부의 기재사항이다.

④ 사용기간이 50일 미만인 일용근로자에 대하여는 근로자명부를 작성하지 아니할 수 있다.

⑤ 사용자는 근로자명부를 3년간 보존하여야 한다.

해설

① (○) 근기법 시행령 제19조

② (○) 근기법 제39조 제2항

③ (○) 성명, 성(性)별, 생년월일, 주소, 이력(履歷), 종사하는 업무의 종류, 고용 또는 고용갱신 연월일, 계약기간을 정한 경우에는 그 기간, 그 밖의 고용에 관한 사항 등은 근로자명부의 기재사항이다(근기법 시행령 제20조).

④ (×) 사용기간이 30일 미만인 일용근로자에 대하여는 근로자명부를 작성하지 아니할 수 있다(근기법 시행령 제21조).

⑤ (○) 근기법 제42조

답 ❹

043 근로기준법령상 사용자가 3년간 보존하여야 하는 근로계약에 관한 중요한 서류가 아닌 것은?
□□□

18 노무

① 연소자의 증명에 관한 서류
② 휴가에 관한 서류
③ 승급 · 감급에 관한 서류
④ 퇴직금 중간정산에 관한 증명서류
⑤ 임금대장

해설

① (○), ② (○), ③ (○), ④ (×), ⑤ (○)
퇴직금 중간정산에 관한 증명서류는 근기법 시행령 제22조에서 정한 보존 대상서류에 해당하지 아니한다.

보존 대상서류(근기법 시행령 제22조)

① 법 제42조에서 "대통령령으로 정하는 근로계약에 관한 중요한 서류"란 다음 각 호의 서류를 말한다.
1. 근로계약서
2. 임금대장
3. 임금의 결정 · 지급방법과 임금계산의 기초에 관한 서류
4. 고용 · 해고 · 퇴직에 관한 서류
5. 승급 · 감급에 관한 서류
6. 휴가에 관한 서류
7. 삭제 〈2014.12.9.〉
8. 법 제51조 제2항, 제51조의2 제1항, 같은 조 제2항 단서, 같은 조 제5항 단서, 제52조 제1항, 같은 조 제2항 제1호 단서, 제53조 제3항, 제55조 제2항 단서, 제57조, 제58조 제2항 · 제3항, 제59조 제1항 및 제62조에 따른 서면합의서류
9. 법 제66조에 따른 연소자의 증명에 관한 서류

답 ④

044 근로기준법령상 근로관계가 종료된 후의 법률관계에 대한 설명으로 옳지 않은 것은?

□□□ 22 국가직 7급

① 근로기준법 제17조에 따라 명시된 근로조건이 사실과 다를 경우에 근로자가 근로조건 위반을 이유로 즉시 근로계약을 해제한 경우, 사용자는 취업을 목적으로 거주를 변경하는 근로자에게 귀향 여비를 지급하여야 한다.
② 사용자는 근로자가 퇴직한 경우 그 지급사유가 발생한 때부터 14일 이내에 임금, 보상금, 그 밖의 모든 금품을 지급하여야 하는데, 특별한 사정이 있을 경우에는 고용노동부장관의 허가를 얻어 그 기일을 연장할 수 있다.
③ 사용자는 근로자가 퇴직한 후라도 사용 기간, 업무 종류, 지위와 임금, 그 밖에 필요한 사항에 관한 증명서를 청구하면 사실대로 적은 증명서를 즉시 내주어야 하는데, 이 증명서에는 근로자가 요구한 사항만을 적어야 한다.
④ 사용자는 근로자의 퇴직에 관한 서류를 근로자가 퇴직한 날부터 3년간 보존하여야 한다.

해설

① (○) 근기법 제19조 참조

근로조건의 위반(근기법 제19조)
① 제17조에 따라 명시된 근로조건이 사실과 다를 경우에 근로자는 근로조건 위반을 이유로 손해의 배상을 청구할 수 있으며 즉시 근로계약을 해제할 수 있다.
② 제1항에 따라 근로자가 손해배상을 청구할 경우에는 노동위원회에 신청할 수 있으며, 근로계약이 해제되었을 경우에는 사용자는 취업을 목적으로 거주를 변경하는 근로자에게 귀향 여비를 지급하여야 한다.

② (×) 사용자는 근로자가 사망 또는 퇴직한 경우에는 그 지급사유가 발생한 때부터 14일 이내에 임금, 보상금, 그 밖의 모든 금품을 지급하여야 한다. 다만, 특별한 사정이 있을 경우에는 당사자 사이의 합의에 의하여 기일을 연장할 수 있다(근기법 제36조).
③ (○) 사용자는 근로자가 퇴직한 후라도 사용 기간, 업무 종류, 지위와 임금, 그 밖에 필요한 사항에 관한 증명서를 청구하면 사실대로 적은 증명서를 즉시 내주어야 한다. 이 증명서에는 근로자가 요구한 사항만을 적어야 한다(근기법 제39조).
④ (○) 근기법 제42조, 동법 시행령 제22조 참조

계약 서류의 보존(근기법 제42조)
사용자는 근로자 명부와 대통령령으로 정하는 근로계약에 관한 중요한 서류를 3년간 보존하여야 한다.

보존 대상 서류 등(근기법 시행령 제22조)
① 법 제42조에서 "대통령령으로 정하는 근로계약에 관한 중요한 서류"란 다음 각 호의 서류를 말한다.
1. 근로계약서
2. 임금대장
3. 임금의 결정·지급방법과 임금계산의 기초에 관한 서류
4. 고용·해고·퇴직에 관한 서류

답 ❷

045 □□□ **근로기준법령의 내용으로 옳지 않은 것은?** 18 국가직 9급

① 사용자는 근로자 명부를 3년간 보존하여야 한다.
② 누구든지 근로자의 취업을 방해할 목적으로 비밀 기호 또는 명부를 작성·사용하거나 통신을 하여서는 아니 된다.
③ 사용기간이 30일 미만인 일용근로자에 대하여는 근로자 명부를 작성하지 아니할 수 있다.
④ 사용자는 근로자 명부에 적을 사항이 변경된 경우에는 30일 이내에 정정하여야 한다.

해설

① (O) 사용자는 근로자 명부와 대통령령으로 정하는 근로계약에 관한 중요한 서류를 3년간 보존하여야 한다(근기법 제42조).
② (O) 근기법 제40조
③ (O) 근기법 시행령 제21조
④ (×) 근기법 제41조 제2항 참조

> **근로자의 명부(근기법 제41조)**
> ① 사용자는 각 사업장별로 근로자 명부를 작성하고 근로자의 성명, 생년월일, 이력, 그 밖에 대통령령으로 정하는 사항을 적어야 한다. 다만, 대통령령으로 정하는 일용근로자에 대해서는 근로자 명부를 작성하지 아니할 수 있다.
> ② 제1항에 따라 근로자 명부에 적을 사항이 변경된 경우에는 지체 없이 정정하여야 한다.

답 ❹

046 □□□ **근로관계 종료 후의 사용자의 의무에 관한 설명으로 옳은 것을 모두 묶은 것은?**

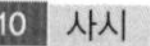
10 사시

> ㄱ. 근로자가 퇴직한 후라도 사용기간, 업무 종류, 지위와 임금, 그 밖에 필요한 사항에 관한 증명서를 청구하면 근로자가 요구한 사항만을 사실대로 적은 증명서를 즉시 내주어야 한다.
> ㄴ. 퇴직금을 지급하여야 할 경우에는 퇴직일로부터 원칙적으로 14일 이내에 지급하여야 한다.
> ㄷ. 근로기준법 제17조에 따라 명시된 근로조건이 사실과 달라 근로계약이 해제되었을 경우에는 취업을 목적으로 거주를 변경하는 근로자에게 귀향 여비를 지급하여야 한다.

① ㄱ
② ㄱ, ㄴ
③ ㄱ, ㄷ
④ ㄴ, ㄷ
⑤ ㄱ, ㄴ, ㄷ

해설

ㄱ. (O) 근기법 제39조 제1항·제2항
ㄴ. (O) 사용자는 근로자가 퇴직한 경우에는 그 지급사유가 발생한 날부터 14일 이내에 퇴직금을 지급하여야 한다. 다만, 특별한 사정이 있는 경우에는 당사자 간의 합의에 따라 지급기일을 연장할 수 있다(근퇴법 제9조 제1항).
ㄷ. (O) 명시된 근로조건이 사실과 다를 경우에 근로자는 근로조건 위반을 이유로 손해의 배상을 청구할 수 있으며 즉시 근로계약을 해제할 수 있다. 근로자가 손해배상을 청구할 경우에는 노동위원회에 신청할 수 있으며, 근로계약이 해제되었을 경우에는 사용자는 취업을 목적으로 거주를 변경하는 근로자에게 귀향 여비를 지급하여야 한다(근기법 제19조).

답 ❺

CHAPTER 10 형벌 및 과태료

001 □□□ 근로기준법 위반사항 중 피해자의 명시적인 의사와 다르게 공소를 제기할 수 없는 경우는 몇 개인가? 23 노무

- 근로자에게 1주에 평균 1회 이상의 유급휴일을 보장하지 않는 경우
- 사용자의 귀책사유로 휴업하면서 휴업수당을 지급하지 않는 경우
- 연장 · 야간 · 휴일근로에 대한 가산수당을 지급하지 않는 경우
- 친권자나 후견인이 미성년자의 근로계약을 대리하는 경우
- 근로자를 즉시 해고하면서 해고예고수당을 지급하지 않는 경우

① 1개
② 2개
③ 3개
④ 4개
⑤ 5개

해설

반의사불벌죄는 원칙적으로 공소제기가 가능하나 피해자가 처벌을 원하지 않는다는 의사를 명백하게 한 경우에는 소추가 불가능한 범죄를 말한다. 사용자가 근로자가 사망 또는 퇴직하여 그 지급사유가 발생한 때부터 14일 이내에 임금 등의 금품을 지급하지 아니한 경우(근기법 제36조), 사용자가 임금지급의 원칙에 위반한 경우(근기법 제43조), 직상 수급인이 하수급인과 연대하여 지급할 임금지급 책임을 부담하지 아니하는 경우(근기법 제44조, 제44조의2), 사용자의 귀책사유로 휴업하면서 휴업수당을 지급하지 않는 경우(근기법 제46조), 사용자가 3개월 이내의 탄력적 근로시간제, 3개월을 초과하는 탄력적 근로시간제에 따른 단위기간 중 근로자가 근로한 기간이 그 단위기간보다 짧은 경우 가산임금을 지급하지 아니하는 경우(근기법 제51조의3), 1개월을 초과하는 정산기간을 정하는 선택적 근로시간제에서 가산임금을 지급하지 아니하는 경우(근기법 제52조 제2항 제2호), 연장 · 야간 · 휴일근로에 대한 가산수당을 지급하지 않는 경우(근기법 제56조) 등이 피해자의 명시적인 의사와 다르게 공소를 제기할 수 없는 반의사불벌죄에 해당한다(근기법 제109조 제2항 참조).

답 ❷

002 □□□ **근로기준법상 사용자에 대해 과태료를 부과할 수 있는 경우에 해당하는 것만을 모두 고르면?**

18 국가직 7급

> ㄱ. 사용자가 근로기준법의 시행에 관하여 근로감독관의 요구가 있는 경우에 필요한 사항에 대하여 거짓된 보고를 한 경우
> ㄴ. 사용자가 근로계약을 체결할 때에 임금의 구성항목・계산방법・지급방법이 명시된 서면을 근로자에게 교부하지 않은 경우
> ㄷ. 사용자가 취업규칙을 근로자가 자유롭게 열람할 수 있는 장소에 항상 게시하거나 갖추어 두지 않음으로써 근로자에게 널리 알리지 않은 경우
> ㄹ. 사용자가 근로자를 해고할 때 적어도 해고하려는 날의 30일 전에 예고를 하지 않은 경우

① ㄱ, ㄴ
② ㄱ, ㄷ
③ ㄱ, ㄹ
④ ㄴ, ㄷ

해설

ㄱ. (○) 고용노동부장관, 노동위원회 또는 근로감독관의 요구가 있는 경우에 보고 또는 출석을 하지 아니하거나 거짓된 보고를 한 자에게는 500만원 이하의 과태료를 부과한다(근기법 제116조 제2항 제1호).
ㄴ. (×) 근로계약을 체결할 때에 임금의 구성항목・계산방법・지급방법이 명시된 서면을 근로자에게 교부하지 않은 사용자는 500만원 이하의 벌금에 처한다(근기법 제114조 제1호, 제7조).
ㄷ. (○) 취업규칙을 근로자가 자유롭게 열람할 수 있는 장소에 항상 게시하거나 갖추어 두지 않음으로써 근로자에게 널리 알리지 않은 사용자에게는 500만원 이하의 과태료를 부과한다(근기법 제116조 제2항 제2호, 제14조).
ㄹ. (×) 근로자를 해고할 때 적어도 해고하려는 날의 30일 전에 예고를 하지 않은 사용자는 2년 이하의 징역 또는 2천만원 이하의 벌금에 처한다(근기법 제110조 제1호, 제26조).

답 ❷

003 □□□ **근로기준법상 벌칙에 대한 설명으로 옳은 것은?**

23 국가직 9급

① 근로기준법 제36조(금품 청산)를 위반한 자에 대하여는 피해자의 명시적인 의사와 다르게 공소를 제기할 수 없다.
② 근로기준법 제43조(임금 지급)를 위반한 자에 대하여는 피해자의 명시적인 의사와 다르게 공소를 제기할 수 있다.
③ 근로자가 퇴직한 경우 그 퇴직한 때부터 14일 이내에 임금을 지급하지 아니한 사용자에게는 과태료를 부과한다.
④ 사용자가 근로자에게 직장 내 괴롭힘을 한 경우 1천만원 이하의 벌금에 처한다.

해설

① (○)・② (×) 금품청산의무를 위반한 자나 임금 지급의무를 위반한 자에 대하여 피해자가 처벌을 희망하지 않는다는 의사를 명백히 한 때에는 공소를 제기할 수 없다(근기법 제109조 제2항, 제36조, 제43조). 반의사불벌죄는 원칙적으로 공소제기가 가능하나 피해자가 처벌을 원하지 않는다는 의사를 명백하게 한 경우에는 소추가 불가능한 범죄를 말한다. 임금에 관련된 죄는 피해자가 처벌을 희망하지 않는다는 의사를 명백히 한 때에는 처벌할 수 없는 반의사불벌죄에 해당한다(근기법 제109조 제2항).
③ (×) 근로자가 퇴직한 경우 그 퇴직한 때부터 14일 이내에 임금을 지급하지 아니한 사용자는 3년 이하의 징역 또는 3천만원 이하의 벌금에 처한다(근기법 제109조 제1항, 제36조).
④ (×) 사용자(사용자의 민법상 친족 중 대통령령으로 정하는 사람이 해당 사업 또는 사업장의 근로자인 경우를 포함)가 직장 내 괴롭힘을 한 경우에는 1천만원 이하의 과태료를 부과한다(근기법 제116조 제1항).

답 ❶

004 근로기준법상 사용자에 대해 벌칙을 적용하지 않는 경우는? 18 국가직 9급

□□□

① 사용자가 근로자의 국적을 이유로 근로조건에 대한 차별적 처우를 한 경우
② 근로기준법상 근로조건이 최저기준임을 이유로 사용자가 근로조건을 낮춘 경우
③ 사용자가 법률에 따르지 아니하고 중간인으로서 이익을 취득한 경우
④ 근로자가 근로시간 중에 공(公)의 직무를 집행하기 위하여 필요한 시간을 청구하였으나 사용자가 이를 거부한 경우

해설

① (○) 근로자에 대하여 남녀의 성(性)을 이유로 하거나 국적·신앙 또는 사회적 신분을 이유로 근로조건에 대한 차별적 처우를 한 사용자는 500만원 이하의 벌금에 처한다(근기법 제114조 제1호, 제6조).
② (×) 근기법 제3조(근로조건의 기준)는 제4조(근로조건의 결정), 제5조(근로조건의 준수)와 마찬가지로 훈시규정으로 벌칙의 제재가 없다.
③ (○) 법률에 따르지 아니하고 영리로 다른 사람의 취업에 개입하거나 중간인으로서 이익을 취득한 자는 5년 이하의 징역 또는 5천만원 이하의 벌금에 처한다(근기법 제107조, 제9조).
④ (○) 근로자가 근로시간 중에 선거권, 그 밖의 공민권(公民權) 행사 또는 공(公)의 직무를 집행하기 위하여 필요한 시간을 청구하였으나 이를 거부한 사용자는 2년 이하의 징역 또는 2천만원 이하의 벌금에 처한다(근기법 제110조 제1호, 제10조).

벌칙(근기법 제107조)

제7조, 제8조, 제9조, 제23조 제2항 또는 제40조를 위반한 자는 5년 이하의 징역 또는 5천만원 이하의 벌금에 처한다.

벌칙(근기법 제110조)

다음 각 호의 어느 하나에 해당하는 자는 2년 이하의 징역 또는 2천만원 이하의 벌금에 처한다.

1. 제10조, 제22조 제1항, 제26조, 제50조, 제51조의2 제2항, 제52조 제2항 제1호, 제53조 제1항·제2항, 같은 조 제4항 본문·제7항, 제54조, 제55조, 제59조 제2항, 제60조 제1항·제2항·제4항 및 제5항, 제64조 제1항, 제69조, 제70조 제1항·제2항, 제71조, 제74조 제1항부터 제5항까지, 제75조, 제78조부터 제80조까지, 제82조, 제83조 및 제104조 제2항을 위반한 자

벌칙(근기법 제114조)

다음 각 호의 어느 하나에 해당하는 자는 500만원 이하의 벌금에 처한다.

1. 제6조, 제16조, 제17조, 제20조, 제21조, 제22조 제2항, 제47조, 제53조 제4항 단서, 제67조 제1항·제3항, 제70조 제3항, 제73조, 제74조 제6항, 제77조, 제94조, 제95조, 제100조 및 제103조를 위반한 자

CHAPTER

11 기타 법령

제1절 파견근로자 보호 등에 관한 법률

001 파견근로자 보호 등에 관한 법률상 사용사업주가 파견근로자를 직접 고용할 의무가 발생하는 경우를 모두 고른 것은? 19 노무

ㄱ. 고용노동부장관의 허가를 받지 않고 근로자파견사업을 하는 자로부터 근로자파견의 역무를 제공받은 경우
ㄴ. 제조업의 직접생산공정업무에서 일시적·간헐적으로 사용기간 내에 파견근로자를 사용한 경우
ㄷ. 건설공사현장에서 이루어지는 업무에서 부상으로 결원이 생겨 파견근로자를 사용한 경우
ㄹ. 건설공사현장에서 이루어지는 업무에서 연차유급휴가로 결원이 생겨 파견근로자를 사용한 경우

① ㄱ, ㄷ
② ㄱ, ㄹ
③ ㄱ, ㄴ, ㄷ
④ ㄱ, ㄷ, ㄹ
⑤ ㄱ, ㄴ, ㄷ, ㄹ

해설

ㄱ. (○), ㄴ. (×), ㄷ. (○), ㄹ. (○)
ㄱ.은 파견법 제6조의2 제1항 제5호에 의하여, ㄷ.·ㄹ.은 동조 제1항 제2호에 의하여 사용사업주의 직접고용의무가 인정된다. ㄴ.에 대하여 생각건대 출산, 질병, 부상 등으로 결원이 생기거나 일시적·간헐적으로 인력을 확보할 필요가 있는 경우에는 제조업의 직접생산공정업무에서도 근로자파견을 할 수 있다(파견법 제5조 제2항). 이 경우 사용사업주의 직접고용의무는 인정되지 아니한다(파견법 제6조의2 제1항 제1호).

고용의무(파견법 제6조의2)
① 사용사업주가 다음 각 호의 어느 하나에 해당하는 경우에는 해당 파견근로자를 직접 고용하여야 한다.
1. 근로자파견 대상업무에 해당하지 아니하는 업무에서 파견근로자를 사용한 경우(제5조 제2항에 따라 근로자파견사업을 한 경우는 제외)
2. 절대적 파견금지업무에 파견근로자를 사용한 경우
3. 2년을 초과하여 계속적으로 파견근로자를 사용한 경우
4. 일시적·간헐적으로 사용하는 기간을 초과하여 사용한 경우
5. 파견사업허가를 받지 않은 자로부터 근로자파견의 역무를 제공받은 경우

답 ❹

002 파견근로자 보호 등에 관한 법령상 파견이 허용되는 업무는? 21 노무

□□□

① 출산으로 결원이 생긴 제조업의 직접생산공정업무
② 건설공사현장에서 이루어지는 업무
③ 선원법 제2조 제1호의 선원의 업무
④ 산업안전보건법 제58조에 따른 유해하거나 위험한 업무
⑤ 여객자동차 운수사업법 제2조 제3호에 따른 여객자동차운송사업에서의 운전업무

해설

① (O) 출산·질병·부상 등으로 결원이 생긴 경우 또는 일시적·간헐적으로 인력을 확보하여야 할 필요가 있는 경우에는 제조업의 직접생산공정업무일지라도 근로자파견사업을 할 수 있다(파견법 제5조 제2항).
② (×) 파견법 제5조 제3항 제1호
③ (×) 파견법 제5조 제3항 제3호
④ (×) 파견법 제5조 제3항 제4호
⑤ (×) 파견법 제5조 제3항 제5호, 동법 시행령 제2조 제2항 제5호

절대적 파견금지 대상업무(파견법 제5조)

③ 다음 각 호의 어느 하나에 해당하는 업무에 대하여는 근로자파견사업을 하여서는 아니 된다.

1. 건설공사현장에서 이루어지는 업무
2. 항만운송사업법 제3조 제1호, 한국철도공사법 제9조 제1항 제1호, 농수산물 유통 및 가격안정에 관한 법률 제40조, 물류정책기본법 제2조 제1항 제1호의 하역(荷役)업무로서 직업안정법 제33조에 따라 근로자공급사업 허가를 받은 지역의 업무
3. 선원법 제2조 제1호의 선원의 업무
4. 산업안전보건법 제58조에 따른 유해하거나 위험한 업무
5. 그 밖에 근로자 보호 등의 이유로 근로자파견사업의 대상으로는 적절하지 못하다고 인정하여 대통령령으로 정하는 업무

절대적 파견금지 대상업무(파견법 시행령 제2조)

② 법 제5조 제3항 제5호에서 "대통령령으로 정하는 업무"란 다음 각 호의 어느 하나에 해당하는 업무를 말한다.

1. 진폐의 예방과 진폐근로자의 보호 등에 관한 법률 제2조 제3호에 따른 분진작업을 하는 업무
2. 산업안전보건법 제137조에 따른 건강관리카드의 발급 대상업무
3. 의료법 제2조에 따른 의료인의 업무 및 같은 법 제80조의2에 따른 간호조무사의 업무
4. 의료기사 등에 관한 법률 제3조에 따른 의료기사의 업무
5. 여객자동차 운수사업법 제2조 제3호에 따른 여객자동차운송사업에서의 운전업무
6. 화물자동차 운수사업법 제2조 제3호에 따른 화물자동차운송사업에서의 운전업무

답 ❶

003 파견근로자 보호 등에 관한 법률상 근로기준법의 적용 특례에 관한 설명으로 옳지 않은 것은?

□□□ 23 노무

① 휴업수당의 지급에 대해서는 사용사업주를 사용자로 본다.
② 근로자 퇴직 시 금품청산에 대해서는 파견사업주를 사용자로 본다.
③ 휴게시간의 부여에 대해서는 사용사업주를 사용자로 본다.
④ 연차유급휴가의 부여에 대해서는 파견사업주를 사용자로 본다.
⑤ 야간근로수당의 지급에 대해서는 파견사업주를 사용자로 본다.

해설

파견 중인 근로자의 파견근로에 관하여는 파견사업주 및 사용사업주를 근로기준법 제2조 제1항 제2호의 사용자로 보아 같은 법을 적용한다. 다만, 근로기준법 제36조(근로자 퇴직 시 금품청산), 제46조(휴업수당의 지급), 제56조(야간근로수당의 지급), 제60조(연차유급휴가의 부여) 등을 적용할 경우에는 파견사업주를 사용자로 보고, 같은 법 제54조(휴게시간의 부여)를 적용할 경우에는 사용사업주를 사용자로 본다(파견법 제34조 제1항).

답 ❶

004 파견근로자보호 등에 관한 법률에 관한 설명으로 옳지 않은 것은? 13 노무

① 근로자파견사업의 허가의 유효기간은 2년으로 한다.
② 고용상 연령차별금지 및 고령자고용촉진에 관한 법률에 따른 고령자인 파견근로자에 대하여는 2년을 초과하여 근로자파견기간을 연장할 수 있다.
③ 사용사업주는 파견근로자를 사용하고 있는 업무에 근로자를 직접 고용하려는 경우에는 해당 파견근로자를 우선적으로 고용하도록 노력하여야 한다.
④ 사용사업주는 출산·질병·부상 등으로 결원이 생긴 경우 또는 일시적·간헐적으로 인력을 확보하여야 할 필요가 있는 경우가 아님에도 제조업의 직접생산공정업무에 파견근로자를 사용하는 경우에 해당 파견근로자를 직접 고용하여야 한다.
⑤ 사용사업주는 고용노동부장관의 허가를 받지 않고 근로자파견사업을 행하는 자로부터 근로자파견의 역무를 제공받은 경우에 해당 파견근로자를 직접 고용하여야 한다.

해설

① (×) 근로자파견사업 허가의 유효기간은 3년으로 한다(파견법 제10조 제1항).
② (○) 고용상 연령차별금지 및 고령자고용촉진에 관한 법률상의 고령자인 파견근로자에 대하여는 2년을 초과하여 근로자파견기간을 연장할 수 있다(파견법 제6조 제3항).
③ (○) 파견법 제6조의2 제4항
④ (○) 출산, 질병, 부상 등으로 결원이 생기거나 일시적·간헐적으로 인력을 확보할 필요가 있는 경우에는 제조업의 직접생산공정업무에서도 근로자파견사업을 할 수 있다(파견법 제5조 제2항). 이 경우는 임시파견에 해당하여 불법파견은 아니므로 사용사업주의 직접고용의무는 인정되지 아니한다(파견법 제6조의2 제1항 제1호). 그러나 출산·질병·부상 등으로 결원이 생긴 경우 또는 일시적·간헐적으로 인력을 확보하여야 할 필요가 있는 경우가 아님에도 제조업의 직접생산공정업무에 파견근로자를 사용하는 경우는 불법파견에 해당하므로 사용사업주는 해당 파견근로자를 직접 고용하여야 한다(파견법 제6조의2 제1항 제1호).
⑤ (○) 파견법 제6조의2 제1항 제5호

답 ❶

005 □□□ 파견근로자보호 등에 관한 법령상 사용사업주가 파견근로자를 직접 고용하여야 하는 경우가 아닌 것은?(단, 당해 파견근로자가 명시적인 반대의사를 표시하거나 대통령령이 정하는 정당한 이유가 있는 경우는 제외) 18 국가직 7급

① 일시적·간헐적으로 인력을 확보하여야 할 필요에 따라 3월 이내의 기간에 여객자동차 운수사업법에 따른 여객자동차 운송사업의 운전업무에 파견근로자를 사용하는 경우
② 건설공사현장에서 이루어지는 업무에 파견근로자를 사용하는 경우
③ 출산·질병·부상으로 결원이 발생함에 따라 그 사유의 해소에 필요한 기간에 제조업의 직접생산공정업무에 파견근로자를 사용하는 경우
④ 고용노동부장관의 허가를 받지 않고 근로자파견사업을 행하는 자로부터 근로자파견의 역무를 제공받은 경우

해설

① (○) 일시적·간헐적으로 인력을 확보하여야 할 필요에 따라 3월 이내의 기간에 여객자동차 운수사업법에 따른 여객자동차 운송사업의 운전업무에 파견근로자를 사용하는 경우는 파견법 제6조의2 제1항 제4호, 제5조 제3항 제5호, 동법 시행령 제2조 제2항 제5호에 의하여 사용사업주의 직접 고용의무가 인정된다.
② (○) 건설공사현장에서 이루어지는 업무에 파견근로자를 사용하는 경우에도 마찬가지로 파견법 제6조의2 제1항 제2호, 제5조 제3항 제1호에 의하여 사용사업주의 직접 고용의무가 인정된다.
③ (×) 출산·질병·부상으로 결원이 발생함에 따라 그 사유의 해소에 필요한 기간에 제조업의 직접생산공정업무에 파견근로자를 사용하는 경우에는 임시파견이 가능한 경우이므로, 불법파견이라고 할 수 없어 사용사업주의 직접 고용의무는 인정되지 아니한다.
④ (○) 고용노동부장관의 허가를 받지 않고 근로자파견사업을 행하는 자로부터 근로자파견의 역무를 제공받은 경우에는 파견법 제6조의2 제1항 제5호에 의하여 사용사업주의 직접 고용의무가 인정된다.

답 ③

006 □□□ 파견근로자 보호 등에 관한 법령상 근로자파견사업을 하여서는 아니 되는 업무에 해당하는 것만을 모두 고른 것은? 21 국가직 7급

ㄱ. 산업안전보건법 제137조에 따른 건강관리카드의 발급대상 업무
ㄴ. 개인보호 및 관련 종사자의 업무(한국표준직업분류 411)
ㄷ. 여객자동차 운수사업법 제2조 제3호에 따른 여객자동차 운송사업에서의 운전업무
ㄹ. 화물자동차 운수사업법 제2조 제3호에 따른 화물자동차 운송사업에서의 운전업무

① ㄱ, ㄴ
② ㄱ, ㄷ, ㄹ
③ ㄴ, ㄷ, ㄹ
④ ㄱ, ㄴ, ㄷ, ㄹ

해설

ㄱ. (×), ㄴ. (○), ㄷ. (×), ㄹ. (×)
ㄱ. 산업안전보건법 제137조에 따른 건강관리카드의 발급대상 업무(파견법 제5조 제3항 제5호, 동법 시행령 제2조 제2항 제2호), ㄷ. 여객자동차 운수사업법 제2조 제3호에 따른 여객자동차 운송사업에서의 운전업무(파견법 제5조 제3항 제5호, 동법 시행령 제2조 제2항 제5호), ㄹ. 화물자동차 운수사업법 제2조 제3호에 따른 화물자동차 운송사업에서의 운전업무(파견법 제5조 제3항 제5호, 동법 시행령 제2조 제2항 제6호)는 절대적 파견금지 대상업무에 해당한다.

답 ②

007 □□□ **파견근로자 보호 등에 관한 법률상 사용사업주의 직접고용의무 등에 대한 설명으로 옳은 것은?(다툼이 있는 경우 판례에 의함)** 21 국가직 7급

① 사용사업주는 파견근로자를 사용하고 있는 업무에 근로자를 직접 고용하려는 경우에는 해당 파견근로자를 우선적으로 고용하여야 한다.

② 사용사업주가 파견근로자에 대하여 직접고용의무를 부담하는 경우에는 해당 파견근로자의 의사 여부와 관계없이 사용사업주는 해당 파견근로자를 직접 고용하여야 한다.

③ 사용사업주가 파견기간의 제한을 위반하여 해당 파견근로자로 하여금 대상 업무를 계속 수행하도록 한 경우에는, 특별한 사정이 없는 한 그 파견기간 중 파견사업주가 변경되었다는 이유만으로 직접고용의무 규정의 적용을 배제할 수는 없다.

④ 파견근로자는 사용사업주가 직접고용의무를 이행하지 아니하는 경우, 사용사업주를 상대로 고용 의사표시를 갈음하는 판결을 구할 사법상의 권리가 있으나, 그 판결이 확정되었다고 하여 바로 사용사업주와 파견근로자 사이에 직접고용관계가 성립하는 것은 아니다.

해설

① (×) 사용사업주는 파견근로자를 사용하고 있는 업무에 근로자를 직접 고용하려는 경우에는 해당 파견근로자를 우선적으로 고용하도록 노력하여야 한다(파견법 제6조의2 제4항).

② (×) 사용사업주의 직접 고용의무 규정은 해당 파견근로자가 명시적으로 반대의사를 표시하거나 대통령령으로 정하는 정당한 이유가 있는 경우에는 적용하지 아니한다(파견법 제6조의2 제2항).

③ (O) 대판 2015.11.26. 2013다14965

④ (×) 개정된 파견법하에서 파견기간 제한을 위반한 사용사업주는 직접고용의무 규정에 의하여 파견근로자를 직접 고용할 의무가 있으므로, 파견근로자는 사용사업주가 직접고용의무를 이행하지 아니하는 경우 사용사업주를 상대로 고용 의사표시를 갈음하는 판결을 구할 사법상의 권리가 있고, 판결이 확정되면 사용사업주와 파견근로자 사이에 직접고용관계가 성립한다. 또한 파견근로자는 사용사업주의 직접고용의무 불이행에 대하여 직접고용관계가 성립할 때까지의 임금 상당 손해배상금을 청구할 수 있다(대판 2015.11.26. 2013다14965).

 ❸

008 □□□ **파견근로자 보호 등에 관한 법령에 대한 설명으로 옳지 않은 것은?** 14 노무

① 근로자파견사업의 허가의 유효기간은 3년으로 한다.
② 파견사업주는 그가 고용한 근로자 중 파견근로자로 고용하지 아니한 사람을 근로자 파견의 대상으로 하려는 경우에는 고용노동부장관의 승인을 받아야 한다.
③ 파견사업주는 쟁의행위 중인 사업장에 그 쟁의행위로 중단된 업무의 수행을 위하여 근로자를 파견하여서는 아니 된다.
④ 파견사업주는 근로자파견을 할 경우에는 파견근로자의 성명·성별·연령·학력·자격 그 밖에 직업능력을 사용사업주에게 통지해야 한다.
⑤ 파견사업주는 자기의 명의로 타인에게 근로자파견사업을 하게 하여서는 아니 된다.

해설

① (○) 파견법 제10조 제1항
② (×) 파견사업주는 그가 고용한 근로자 중 파견근로자로 고용하지 아니한 사람을 근로자파견의 대상으로 하려는 경우에는 미리 해당 근로자에게 그 취지를 서면으로 알리고 그의 동의를 받아야 한다(파견법 제24조 제2항).
③ (○) 파견법 제16조 제1항
④ (○) 파견법 시행규칙 제13조
⑤ (○) 파견법 제15조

답 ❷

009 □□□ **파견근로자 보호 등에 관한 법률에 대한 설명으로 옳지 않은 것은?** 22 노무

① 파견사업주는 쟁의행위 중인 사업장에 그 쟁의행위로 중단된 업무의 수행을 위하여 근로자를 파견하여서는 아니 된다.
② 파견사업주는 파견근로자의 고용관계가 끝난 후 사용사업주가 그 파견근로자를 고용하는 것을 정당한 이유 없이 금지하는 내용의 근로자파견계약을 체결하여서는 아니 된다.
③ 파견사업주는 파견근로자의 적절한 파견근로를 위하여 사용사업관리책임자를 선임하여야 한다.
④ 파견사업주의 근로자파견사업을 폐지하는 신고가 있을 때에는 근로자파견사업의 허가는 신고일부터 그 효력을 잃는다.
⑤ 근로자파견사업 허가의 유효기간은 3년으로 한다.

해설

① (○) 파견법 제16조 제1항
② (○) 파견법 제25조 제2항
③ (×) 사용사업주는 파견근로자의 적절한 파견근로를 위하여 사용사업관리책임자를 선임하여야 한다(파견법 제32조 제1항).
④ (○) 파견사업주는 근로자파견사업을 폐지하였을 때에는 고용노동부령으로 정하는 바에 따라 고용노동부장관에게 신고하여야 하고, 그 신고가 있을 때에는 근로자파견사업의 허가는 신고일부터 그 효력을 잃는다(파견법 제11조).
⑤ (○) 파견법 제10조 제1항

답 ❸

010 □□□

파견근로자 보호 등에 관한 법률·시행령상 근로자파견 대상업무가 아닌 것은? 15 노무

① 수위 및 경비원의 업무
② 행정, 경영 및 재정 전문가의 업무
③ 건물 청소 종사자의 업무
④ 선원법에 따른 선원의 업무
⑤ 음식 조리 종사자의 업무

해설

선원법에 따른 선원의 업무는 근로자파견사업을 하여서는 아니 되는 절대적 파견금지 대상업무이다(파견법 제5조 제3항 제3호 참고).

답 ❹

011 □□□

파견근로자 보호 등에 관한 법률에 대한 설명으로 옳지 않은 것은? 

① 사용사업주는 파견근로자를 사용하고 있는 업무에 근로자를 직접 고용하려는 경우에는 해당 파견근로자를 우선적으로 고용하여야 한다.
② 파견근로자는 차별적 처우를 받은 경우 차별적 처우가 있은 날부터 6개월 이내에 노동위원회에 그 시정을 신청할 수 있다.
③ 차별적 처우의 금지 및 시정에 관한 규정은 사용사업주가 상시 4명 이하의 근로자를 사용하는 경우에는 적용하지 아니한다.
④ 고용노동부장관은 확정된 차별시정명령을 이행할 의무가 있는 파견사업주의 사업장에서 해당 시정명령의 효력이 미치는 근로자 이외의 파견근로자에 대하여 차별적 처우가 있는 경우에는 그 시정을 요구할 수 있다.
⑤ 사용사업주는 파견근로자의 적절한 파견근로를 위하여 사용사업관리책임자를 선임하여야 한다.

해설

① (×) 사용사업주는 파견근로자를 사용하고 있는 업무에 근로자를 직접 고용하려는 경우에는 해당 파견근로자를 <u>우선적으로 고용하도록 노력하여야</u> 한다(파견법 제6조의2 제4항).
② (O) 파견법 제21조 제2항·제3항, 기단법 제9조 제1항
③ (O) 파견법 제21조 제4항
④ (O) 파견법 제21조의3 제1항
⑤ (O) 파견법 제32조 제1항

차별적 처우의 금지 및 시정 등(파견법 제21조)

② 파견근로자는 차별적 처우를 받은 경우 노동위원회법에 따른 노동위원회에 그 시정을 신청할 수 있다.
③ 제2항에 따른 시정신청, 그 밖의 시정절차 등에 관하여는 기간제 및 단시간근로자 보호 등에 관한 법률 제9조부터 제15조까지 및 제16조 제2호·제3호를 준용한다. 이 경우 "기간제근로자 또는 단시간근로자"는 "파견근로자"로, "사용자"는 "파견사업주 또는 사용사업주"로 본다.

차별적 처우의 시정신청(기단법 제9조)

① 기간제근로자 또는 단시간근로자는 차별적 처우를 받은 경우 노동위원회법 제1조의 규정에 따른 노동위원회에 그 시정을 신청할 수 있다. 다만, 차별적 처우가 있은 날(계속되는 차별적 처우는 그 종료일)부터 6개월이 지난 때에는 그러하지 아니하다.

답 ❶

012 □□□ **파견근로자 보호 등에 관한 법률의 내용으로 옳은 것은?** 

① 60세인 파견근로자를 근로자파견 대상업무에 파견하는 경우 2년을 초과하여 근로자파견기간을 연장할 수 있다.
② 근로자파견 대상업무에 해당하지 않는 업무에 파견근로자를 사용하는 경우 사용사업주는 해당 파견근로자를 직접 고용한 것으로 간주된다.
③ 근로기준법에 따라 사용사업주가 파견근로자에게 유급휴일을 주는 경우 그 휴일에 대하여 유급으로 지급되는 임금은 사용사업주가 지급하여야 한다.
④ 파견사업주는 근로자대표의 동의가 있으면 쟁의행위 중인 사업장에 그 쟁의행위로 중단된 업무의 수행을 위하여 근로자를 파견할 수 있다.
⑤ 사용사업주는 파견근로자를 사용하고 있는 업무에 근로자를 직접 고용하려면 그 파견근로자를 우선적으로 고용해야 한다.

해설

① (○) 고령자(55세 이상)인 파견근로자에 대하여는 2년을 초과하여 근로자파견기간을 연장할 수 있다(파견법 제6조 제3항).
② (×) 구 파견법상 직접고용 간주규정(구 파견법 제6조 제3항)은 2006.12.21. 파견법 개정으로 직접고용 의무규정(파견법 제6조의2 제1항)으로 대체되었다. 즉 근로자파견 대상업무에 해당하지 아니하는 업무에서 파견근로자를 사용하는 경우, 사용사업주는 해당 파견근로자를 직접 고용하여야 한다(파견법 제6조의2 제1항 제1호).
③ (×) 사용사업주가 파견근로자에게 유급휴일 또는 유급휴가를 주는 경우 그 휴일 또는 휴가에 대하여 유급으로 지급되는 임금은 파견사업주가 지급하여야 한다(파견법 제34조 제3항).
④ (×) 파견사업주는 쟁의행위 중인 사업장에 그 쟁의행위로 중단된 업무의 수행을 위하여 근로자를 파견하여서는 아니 된다(파견법 제16조 제1항).
⑤ (×) 사용사업주는 파견근로자를 사용하고 있는 업무에 근로자를 직접 고용하려는 경우에는 해당 파견근로자를 우선적으로 고용하도록 노력하여야 한다(파견법 제6조의2 제4항).

답 ❶

013 □□□ **파견근로자 보호 등에 관한 법률에 규정된 내용으로 옳지 않은 것은?** 

① 사용사업주는 파견근로자의 정당한 노동조합의 활동을 이유로 근로자파견계약을 해지하여서는 아니 된다.
② 사용사업주는 파견근로자를 사용하고 있는 업무에 근로자를 직접 고용하려는 경우에는 해당 파견근로자를 우선적으로 고용하도록 노력하여야 한다.
③ 건설공사현장에서 이루어지는 업무에 대하여는 일시적・간헐적으로 인력을 확보하여야 할 필요가 있는 경우 근로자파견사업을 행할 수 있다.
④ 파견근로자는 차별적 처우를 받은 경우 노동위원회에 그 시정을 신청할 수 있다.
⑤ 파견사업주는 쟁의행위 중인 사업장에 그 쟁의행위로 중단된 업무의 수행을 위하여 근로자를 파견하여서는 아니 된다.

해설

① (○) 파견법 제22조 제1항
② (○) 파견법 제6조의2 제4항
③ (×) 건설공사현장에서 이루어지는 업무는 절대적 파견 금지 대상업무에 해당한다(파견법 제5조 제3항 제1호).
④ (○) 파견법 제21조 제2항
⑤ (○) 파견법 제16조 제1항

답 ❸

014 □□□ **파견근로자보호 등에 관한 법률에 대한 설명으로 옳지 않은 것은?** 18 국가직 7급

① 사용사업주는 파견근로자의 종교를 이유로 근로자파견계약을 해지하여서는 아니 된다.
② 파견사업주는 그가 고용한 근로자 중 파견근로자로 고용하지 아니한 자를 근로자파견의 대상으로 하고자 할 경우에는 미리 그 취지를 서면으로 알려주고 당해 근로자의 동의를 얻어야 한다.
③ 쟁의행위 중인 사업장에 그 쟁의행위로 중단된 업무의 수행을 위하여 근로자를 파견한 파견사업주는 1천만원 이하의 과태료에 처한다.
④ 파견사업주는 사용사업주가 파견근로에 관하여 산업안전보건법에 위반하는 경우에는 근로자파견을 정지할 수 있다.

해설

① (O) 사용사업주는 파견근로자의 성별, 종교, 사회적 신분, 파견근로자의 정당한 노동조합의 활동 등을 이유로 근로자파견계약을 해지하여서는 아니 된다(파견법 제22조 제1항).
② (O) 파견법 제24조 제2항
③ (×) 쟁의행위 중인 사업장에 그 쟁의행위로 중단된 업무의 수행을 위하여 근로자를 파견한 파견사업주는 1년 이하의 징역 또는 1천만원 이하의 벌금에 처한다(파견법 제44조, 제16조 제1항 제2호).
④ (O) 파견사업주는 사용사업주가 파견근로에 관하여 이 법 또는 이 법에 따른 명령, 근로기준법 또는 같은 법에 따른 명령, 산업안전보건법 또는 같은 법에 따른 명령을 위반하는 경우에는 근로자파견을 정지하거나 근로자파견계약을 해지할 수 있다(파견법 제22조 제2항).

답 ③

015 □□□ **파견근로자 보호 등에 관한 법률상의 근로기준법 및 산업안전보건법 적용에 관한 특례의 내용으로 옳지 않은 것은?** 19 국가직 7급

① 근로기준법상 임금지급과 관련하여 파견사업주가 대통령령이 정하는 사용사업주의 귀책사유로 인하여 근로자의 임금을 지급하지 못한 때에는 사용사업주는 당해 파견사업주와 연대하여 책임을 진다.
② 근로기준법상 유급휴가와 관련하여 사용사업주가 파견근로자에게 유급휴가를 주는 경우 그 휴가에 대하여 유급으로 지급되는 임금은 파견사업주가 지급하여야 한다.
③ 산업안전보건법에 따른 정기적인 안전・보건에 관한 교육의무에 대해서는 파견사업주를 산업안전보건법상 사업주로 본다.
④ 산업안전보건법에 따라 사업주가 정기적으로 실시하여야 하는 건강진단 중 고용노동부령으로 정하는 건강진단에 대하여는 파견사업주를 산업안전보건법상 사업주로 본다.

해설

① (O) 파견법 제34조 제2항 전문
② (O) 근로기준법에 따라 사용사업주가 파견근로자에게 유급휴일 또는 유급휴가를 주는 경우 그 휴일 또는 휴가에 대하여 유급으로 지급되는 임금은 파견사업주가 지급하여야 한다(파견법 제34조 제3항).
③ (×) 파견 중인 근로자의 파견근로에 관하여는 사용사업주를 산업안전보건법상의 사업주로 보아 같은 법을 적용한다. 이 경우 근로자파견의 역무를 제공받은 경우와 작업내용을 변경할 때에는 그 근로자에게 고용노동부령으로 정하는 바에 따라 해당 작업에 필요한 안전보건교육을 하여야 한다(파견법 제35조 제1항).
④ (O) 파견법 제35조 제4항

답 ③

016 □□□ **파견근로자 보호 등에 관한 법률에 대한 설명으로 옳지 않은 것은?** 19 국가직 7급

① 근로자파견사업을 하려는 자는 고용노동부장관에게 신고하여야 한다.
② 건설공사현장에서 이루어지는 업무에 대하여는 근로자파견사업을 하여서는 아니 된다.
③ 파견사업주는 파견근로자와 그 고용관계가 끝난 후 그가 사용사업주에게 고용되는 것을 정당한 이유 없이 금지하는 내용의 근로계약을 체결하여서는 아니 된다.
④ 파견사업주는 쟁의행위 중인 사업장에 그 쟁의행위로 중단된 업무의 수행을 위하여 근로자를 파견하여서는 아니 된다.

해설

① (×) 근로자파견사업을 하려는 자는 고용노동부령으로 정하는 바에 따라 고용노동부장관의 허가를 받아야 한다. 허가받은 사항 중 고용노동부령으로 정하는 중요사항을 변경하는 경우에도 또한 같다(파견법 제7조 제1항).
② (○) 건설공사현장에서 이루어지는 업무는 절대적 파견금지 대상업무이다(파견법 제5조 제3항 제1호)
③ (○) 파견사업주는 파견근로자 또는 파견근로자로 고용되려는 사람과 그 고용관계가 끝난 후 그가 사용사업주에게 고용되는 것을 정당한 이유 없이 금지하는 내용의 근로계약을 체결하여서는 아니 된다(파견법 제25조 제1항).
④ (○) 파견법 제16조 제1항

017 □□□ **파견근로자 보호 등에 관한 법률에 대한 설명으로 옳은 것은?** 20 국가직 7급

① 근로자파견계약이라 함은 파견사업주와 파견근로자 간에 근로자파견을 약정하는 계약을 말한다.
② 파견사업주는 쟁의행위 중인 사업장에 그 쟁의행위로 중단된 업무의 수행을 위하여 근로자를 파견할 수 있다.
③ 사용사업주는 파견근로자를 사용하고 있는 업무에 근로자를 직접 고용하고자 하는 경우에는 당해 파견근로자를 우선적으로 고용하여야 한다.
④ 고용상 연령차별금지 및 고령자고용촉진에 관한 법률에 따른 고령자인 파견근로자에 대하여는 2년을 초과하여 근로자파견기간을 연장할 수 있다.

해설

① (×) "근로자파견계약"이란 파견사업주와 사용사업주 간에 근로자파견을 약정하는 계약을 말한다(파견법 제2조 제6호).
② (×) 파견사업주는 쟁의행위 중인 사업장에 그 쟁의행위로 중단된 업무의 수행을 위하여 근로자를 파견하여서는 아니 된다(파견법 제16조 제1항).
③ (×) 사용사업주는 파견근로자를 사용하고 있는 업무에 근로자를 직접 고용하려는 경우에는 해당 파견근로자를 우선적으로 고용하도록 노력하여야 한다(파견법 제6조의2 제4항).
④ (○) 파견법 제6조 제3항

답 ❹

018 파견근로자 보호 등에 관한 법률에 대한 설명으로 옳지 않은 것은?(다툼이 있는 경우 판례에 의함)

□□□

20 국가직 7급

① 근로자파견사업의 허가취소 또는 영업정지 처분을 받은 파견사업주는 그 처분 전에 파견한 파견근로자와 그 사용사업주에 대하여는 그 파견기간이 끝날 때까지 파견사업주로서의 의무와 권리를 가진다.

② 사용사업주는 파견근로자의 적절한 파견근로를 위하여 사용사업관리책임자를 선임하여야 한다.

③ 고용노동부장관은 파견사업주와 사용사업주가 파견근로자에 대하여 행한 차별적 처우를 인지하는 경우에 노동위원회의 의결을 거쳐 그 차별적 처우의 시정요구를 하여야 하며, 해당 파견사업주 또는 사용사업주 및 근로자에게 그 사실을 통지하여야 한다.

④ 근로자파견관계에서 사용사업주와 파견근로자 사이에는 특별한 사정이 없는 한 파견근로와 관련하여 사용사업주가 파견근로자에 대한 안전배려의무를 부담한다는 점에 관한 묵시적인 의사의 합치가 있다고 할 것이다.

해설

① (O) 파견법 제13조 제1항

② (O) 파견법 제32조 제1항

③ (×) 파견법 제21조의2 제1항 · 제2항 참조

> **고용노동부장관의 차별적 처우 시정요구 등(파견법 제21조의2)**
>
> ① 고용노동부장관은 파견사업주와 사용사업주가 제21조 제1항을 위반하여 차별적 처우를 한 경우에는 그 시정을 요구할 수 있다.
>
> ② 고용노동부장관은 파견사업주와 사용사업주가 제1항에 따른 시정요구에 따르지 아니한 경우에는 차별적 처우의 내용을 구체적으로 명시하여 노동위원회에 통보하여야 한다. 이 경우 고용노동부장관은 해당 파견사업주 또는 사용사업주 및 근로자에게 그 사실을 통지하여야 한다.

④ (O) 근로자파견관계에서 사용사업주와 파견근로자 사이에는 특별한 사정이 없는 한 파견근로와 관련하여 사용사업주가 파견근로자에 대한 보호의무 또는 안전배려의무를 부담한다는 점에 관한 묵시적인 의사의 합치가 있다고 할 것이므로 사용사업주의 보호의무 또는 안전배려의무 위반으로 손해를 입은 파견근로자는 사용사업주와 직접 고용 또는 근로계약을 체결하지 아니한 경우에도 위와 같은 묵시적 약정에 근거하여 사용사업주에 대하여 보호의무 또는 안전배려의무 위반을 원인으로 하는 손해배상을 청구할 수 있다(대판 2013.11.28. 2011다60247).

답 ❸

019 □□□ **파견근로자 보호 등에 관한 법률상 파견 중인 근로자의 파견근로에 관하여 사용사업주를 근로기준법 제2조의 사용자로 보는 근로기준법상 규정은?** 18 노무

① 근로조건의 명시(제17조)
② 해고 등의 제한(제23조)
③ 계약서류의 보존(제42조)
④ 연장근로의 제한(제53조)
⑤ 연소자 증명서(제66조)

해설

① (×), ② (×), ③ (×), ④ (○), ⑤ (×)
연장근로의 제한(근기법 제53조) 규정을 적용할 경우에는 사용사업주를 사용자로 본다(파견법 제34조 제1항).

사용사업주를 사용자로 간주하여 적용하는 근기법 규정(파견법 제34조 제1항)

- 제50조(근로시간)
- 제51조(탄력적 근로시간제)
- 제52조(선택적 근로시간제)
- 제53조(연장근로의 제한)
- 제54조(휴게)
- 제55조(휴일)
- 제58조(근로시간 계산의 특례)
- 제59조(근로시간 및 휴게시간의 특례)
- 제62조(유급휴가의 대체)
- 제63조(적용의 제외)
- 제69조(근로시간)
- 제70조(야간근로와 휴일근로의 제한)
- 제71조(시간외근로)
- 제72조(갱내근로의 금지)
- 제73조(생리휴가)
- 제74조(임산부의 보호)
- 제74조의2(태아검진시간의 허용 등)
- 제75조(육아시간)

답 ❹

020 파견근로자 보호 등에 관한 법률상 근로자 파견 등에 대한 설명으로 옳지 않은 것은?

□□□

22 국가직 7급

① 건설공사현장에서 이루어지는 업무에 대하여는 근로자파견사업을 하여서는 아니 된다.
② 근로자파견사업의 갱신허가의 유효기간은 그 갱신 전의 허가의 유효기간이 끝나는 날부터 기산하여 3년으로 한다.
③ 파견사업주는 자기의 명의로 타인에게 근로자파견사업을 하게 하여서는 아니 된다.
④ 파견사업주는 근로자를 파견근로자로서 고용하려는 경우에는 미리 해당 근로자에게 그 취지를 서면으로 알려 주어야 한다.

해설

① (○) 건설공사현장에서 이루어지는 업무는 절대적 파견금지 대상업무이다(파견법 제5조 제3항 제1호).
② (×) 근로자파견사업 갱신허가의 유효기간은 그 갱신 전의 허가의 유효기간이 <u>끝나는 날의 다음 날부터</u> 기산(起算)하여 3년으로 한다(파견법 제10조 제3항).
③ (○) 파견법 제15조
④ (○) 파견법 제24조 제1항

답 ❷

021 파견근로자 보호 등에 관한 법률에 대한 설명으로 옳지 않은 것은?

□□□

22 국가직 7급

① 일시적・간헐적으로 인력을 확보할 필요가 있는 경우에 파견기간을 3개월 이내로 하나, 해당 사유가 없어지지 아니하고 파견근로자와 사용사업주 간의 합의가 있는 경우에는 3개월의 범위에서 그 기간을 연장할 수 있다.
② 출산・질병・부상 등 그 사유가 객관적으로 명백한 경우에 근로자파견의 기간은 해당 사유가 없어지는 데 필요한 기간이다.
③ 파견사업주는 파견근로자와 그 고용관계가 끝난 후 그가 사용사업주에게 고용되는 것을 정당한 이유 없이 금지하는 내용의 근로계약을 체결하여서는 아니 된다.
④ 금고 이상의 형(집행유예는 제외한다)을 선고받고 그 집행이 끝나거나 집행을 받지 아니하기로 확정된 후 2년이 지나지 아니한 사람은 근로자파견사업의 허가를 받을 수 없다.

해설

① (×)・② (○) 파견법 제6조 제4항 참조

> **파견기간(파견법 제6조)**
>
> ④ 제5조 제2항에 따른 근로자파견의 기간은 다음 각 호의 구분에 따른다.
> 1. 출산・질병・부상 등 그 사유가 객관적으로 명백한 경우 : 해당 사유가 없어지는 데 필요한 기간❷
> 2. 일시적・간헐적으로 인력을 확보할 필요가 있는 경우 : 3개월 이내의 기간. 다만, 해당 사유가 없어지지 아니하고 <u>파견사업주, 사용사업주, 파견근로자 간</u>의 합의가 있는 경우에는 3개월의 범위에서 한 차례만 그 기간을 연장할 수 있다.❶

③ (○) 파견법 제25조 제1항
④ (○) 파견법 제8조 제2호

답 ❶

제2절 기간제 및 단시간근로자보호 등에 관한 법률

022 기간제 및 단시간근로자 보호 등에 관한 법률에 대한 설명으로 옳은 것은? 22 노무

□□□

① 상시 5인 이상의 동거의 친족만을 사용하는 사업 또는 사업장에 적용된다.
② 휴직·파견 등으로 결원이 발생하여 해당 근로자가 복귀할 때까지 그 업무를 대신할 필요가 있는 경우에는 2년을 초과하여 기간제근로자로 사용할 수 있다.
③ 단시간근로자의 초과근로에 대하여 사용자는 평균임금의 100분의 100 이상을 가산하여 지급하여야 한다.
④ 사용자는 단시간근로자와 근로계약을 체결할 때 근로일별 근로시간을 서면으로 명시하지 않아도 된다.
⑤ 사용자는 통상근로자를 채용하고자 하는 경우에는 해당 사업 또는 사업장의 동종 또는 유사한 업무에 종사하는 단시간근로자를 우선적으로 고용하여야 한다.

해설

① (×) 이 법은 상시 5인 이상의 근로자를 사용하는 모든 사업 또는 사업장에 적용한다. 다만, 동거의 친족만을 사용하는 사업 또는 사업장과 가사사용인에 대하여는 적용하지 아니한다(기단법 제3조 제1항).
② (○) 기단법 제4조 제1항 제2호
③ (×) 사용자는 단시간근로자에 대하여 소정근로시간을 초과하여 근로하게 하는 경우에는 초과근로에 대하여 통상임금의 100분의 50 이상을 가산하여 지급하여야 한다(기단법 제6조 제1항·제3항).
④ (×) 기단법 제17조 제6호에 의하면 단시간근로자와 근로계약을 체결할 때 근로일별 근로시간을 서면으로 명시하여야 한다.
⑤ (×) 사용자는 통상근로자를 채용하고자 하는 경우에는 해당 사업 또는 사업장의 동종 또는 유사한 업무에 종사하는 단시간근로자를 우선적으로 고용하도록 노력하여야 한다(기단법 제7조 제1항).

기간제근로자의 사용(기단법 제4조)

① 사용자는 2년을 초과하지 아니하는 범위 안에서(기간제 근로계약의 반복갱신 등의 경우에는 그 계속근로한 총기간이 2년을 초과하지 아니하는 범위 안에서) 기간제근로자를 사용할 수 있다. 다만, 다음 각 호의 어느 하나에 해당하는 경우에는 2년을 초과하여 기간제근로자로 사용할 수 있다.
  1. 사업의 완료 또는 특정한 업무의 완성에 필요한 기간을 정한 경우
  2. 휴직·파견 등으로 결원이 발생하여 해당 근로자가 복귀할 때까지 그 업무를 대신할 필요가 있는 경우
  3. 근로자가 학업, 직업훈련 등을 이수함에 따라 그 이수에 필요한 기간을 정한 경우
  4. 고령자고용촉진법 제2조 제1호의 고령자와 근로계약을 체결하는 경우
  5. 전문적 지식·기술의 활용이 필요한 경우와 정부의 복지정책·실업대책 등에 따라 일자리를 제공하는 경우로서 대통령령으로 정하는 경우
  6. 그 밖에 제1호부터 제5호까지에 준하는 합리적인 사유가 있는 경우로서 대통령령으로 정하는 경우

근로조건의 서면명시(기단법 제17조)

사용자는 기간제근로자 또는 단시간근로자와 근로계약을 체결하는 때에는 다음 각 호의 모든 사항을 서면으로 명시하여야 한다. 다만, 제6호는 단시간근로자에 한정한다.
1. 근로계약기간에 관한 사항
2. 근로시간·휴게에 관한 사항
3. 임금의 구성항목·계산방법 및 지불방법에 관한 사항
4. 휴일·휴가에 관한 사항
5. 취업의 장소와 종사하여야 할 업무에 관한 사항
6. 근로일 및 근로일별 근로시간

답 ❷

023 ☐☐☐ **기간제 및 단시간근로자 보호 등에 관한 법률상 차별적 처우에 대한 설명으로 옳지 않은 것은?(다툼이 있는 경우 판례에 의함)** 19 국가직 7급

① 사용자는 기간제근로자임을 이유로 당해 사업 또는 사업장에서 동종 또는 유사한 업무에 종사하는 기간의 정함이 없는 근로계약을 체결한 근로자에 비하여 차별적 처우를 하여서는 아니 된다.
② 기간제근로자에 대하여 차별적 처우가 있었는지를 판단하기 위해 비교 대상 근로자로 선정된 근로자의 업무가 기간제 근로자의 업무와 동종 또는 유사한 업무에 해당하는지 여부는 취업규칙이나 근로계약 등에 명시된 업무 내용이 아니라 근로자가 실제 수행하여 온 업무를 기준으로 판단한다.
③ 복리후생에 관한 사항은 합리적인 이유 없이 불리하게 처우하더라도 차별적 처우에 해당하지 아니한다.
④ 기간제근로자 또는 단시간근로자는 차별적 처우를 받는 경우 차별적 처우가 있은 날(계속되는 차별은 그 종료일)부터 6개월 이내에 노동위원회법에 따른 노동위원회에 그 시정을 신청할 수 있다.

해설

① (○) 기단법 제8조 제1항
② (○) '당해 사업 또는 사업장에서 동종 또는 유사한 업무에 종사하는 기간의 정함이 없는 근로계약을 체결한 근로자'(이하 '비교 대상 근로자')의 업무가 기간제근로자의 업무와 동종 또는 유사한 업무에 해당하는지 여부는 취업규칙이나 근로계약 등에서 정한 업무 내용이 아니라 근로자가 실제 수행하여 온 업무를 기준으로 판단하되, 이들이 수행하는 업무가 서로 완전히 일치하지 않고 업무의 범위나 책임과 권한 등에서 다소 차이가 있더라도 주된 업무의 내용에 본질적인 차이가 없다면, 특별한 사정이 없는 한 이들은 동종 또는 유사한 업무에 종사한다고 보아야 한다(대판 2012.3.29. 2011두2132).
③ (×) 기단법 제2조 참조

정의(기단법 제2조)
이 법에서 사용하는 용어의 정의는 다음과 같다.
1. "기간제근로자"라 함은 기간의 정함이 있는 근로계약(이하 "기간제 근로계약")을 체결한 근로자를 말한다.
2. "단시간근로자"라 함은 근로기준법 제2조의 단시간근로자를 말한다.
3. "차별적 처우"라 함은 다음 각 목의 사항에서 합리적인 이유 없이 불리하게 처우하는 것을 말한다.
   가. 근로기준법 제2조 제1항 제5호에 따른 임금
   나. 정기상여금, 명절상여금 등 정기적으로 지급되는 상여금
   다. 경영성과에 따른 성과금
   라. 그 밖에 근로조건 및 복리후생 등에 관한 사항

④ (○) 기간제근로자 또는 단시간근로자는 차별적 처우를 받은 경우 노동위원회법 제1조의 규정에 따른 노동위원회에 그 시정을 신청할 수 있다. 다만, 차별적 처우가 있은 날(계속되는 차별적 처우는 그 종료일)부터 6개월이 지난 때에는 그러하지 아니하다(기단법 제9조 제1항).

 답 ❸

024 □□□ **기간제 및 단시간근로자 보호 등에 관한 법률상 차별적 처우의 시정에 대한 고용노동부장관의 권한이 아닌 것은?** 18 국가직 7급

① 확정된 시정명령에 대하여 사용자에게 그 이행상황을 제출할 것을 요구하는 것
② 차별적 처우 금지의무를 위반하여 차별적 처우를 한 사용자에게 그 시정을 요구하는 것
③ 확정된 시정명령을 이행할 의무가 있는 사용자의 사업장에서 해당 시정명령의 효력이 미치는 근로자 이외의 기간제근로자에 대하여 차별적 처우가 있는지를 조사하여 차별적 처우가 있는 경우에는 그 시정을 요구하는 것
④ 차별적 처우 금지의무를 위반한 사용자에게 명백한 고의가 인정되는 경우 손해액을 기준으로 3배를 넘지 않는 범위에서 배상명령을 내리는 것

해설

① (O) 고용노동부장관은 확정된 시정명령에 대하여 사용자에게 이행상황을 제출할 것을 요구할 수 있다(기단법 제15조 제1항).
② (O) 고용노동부장관은 사용자가 차별적 처우를 한 경우에는 그 시정을 요구할 수 있다(기단법 제15조의2 제1항).
③ (O) 고용노동부장관은 확정된 시정명령을 이행할 의무가 있는 사용자의 사업 또는 사업장에서 해당 시정명령의 효력이 미치는 근로자 이외의 기간제근로자 또는 단시간근로자에 대하여 차별적 처우가 있는지를 조사하여 차별적 처우가 있는 경우에는 그 시정을 요구할 수 있다(기단법 제15조의3 제1항).
④ (×) 노동위원회는 차별적 처우 금지의무를 위반한 사용자에게 명백한 고의가 인정되는 경우 손해액을 기준으로 3배를 넘지 않는 범위에서 배상을 명령할 수 있다(기단법 제13조 제2항 단서).

답 ❹

025 □□□ **기간제 및 단시간근로자 보호 등에 관한 법령상 사용기간의 제한과 관련된 설명으로 옳지 않은 것은?(다툼이 있으면 판례에 따름)** 23 노무

① 사용자의 부당한 갱신거절로 인해 근로자가 실제로 근로를 제공하지 못한 기간도 계약갱신에 대한 정당한 기대권이 존속하는 범위에서는 기간제 및 단시간근로자 보호 등에 관한 법률에서 정한 2년의 사용제한기간에 포함된다.
② 사용자는 4주 동안을 평균하여 1주 동안의 소정근로시간이 15시간 미만인 근로자를 2년을 초과하여 기간제근로자로 사용할 수 없다.
③ 사용자는 외국에서 수여받은 박사 학위를 소지하고 해당 분야에 종사하는 근로자를 2년을 초과하여 기간제근로자로 사용할 수 있다.
④ 사용자는 기간의 정함이 없는 근로계약을 체결하고자 하는 경우에는 해당 사업 또는 사업장의 동종 또는 유사한 업무에 종사하는 기간제근로자를 우선적으로 고용하도록 노력하여야 한다.
⑤ 기간제 및 단시간근로자 보호 등에 관한 법률은 총 사용기간을 2년으로 제한할 뿐 그 기간 중에 반복갱신의 횟수는 제한하고 있지 않다.

해설

① (O) 기간제법의 기간제근로자 보호 취지, 사용자의 부당한 갱신거절로 인한 효과 등을 고려하면, 사용자의 부당한 갱신거절로 인해 근로자가 실제로 근로를 제공하지 못한 기간도 계약갱신에 대한 정당한 기대권이 존속하는 범위에서는 기간제법 제4조 제2항에서 정한 2년의 사용제한기간에 포함된다고 보아야 한다(대판 2018.6.19. 2013다85523).

② (×) 사용자가 4주 동안(4주 미만으로 근로하는 경우에는 그 기간)을 평균하여 1주 동안의 소정근로시간이 15시간 미만에 해당하는 등 1주 동안의 소정근로시간이 뚜렷하게 짧은 단시간근로자를 사용하는 경우에는 2년을 초과하여 기간제근로자로 사용할 수 있다(기단법 제4조 제1항 제6호, 동법 시행령 제3조 제3항 제6호).

③ (O) 기단법 제4조 제1항 제5호, 동법 시행령 제3조 제1항 제1호

④ (O) 기단법 제5조

⑤ (O) 사용자는 기간제 근로계약의 반복갱신 등의 경우에는 그 계속근로한 총기간이 2년을 초과하지 아니하는 범위 안에서 기간제근로자를 사용할 수 있다. 그러나 그 범위 안에서의 반복갱신의 횟수는 제한하고 있지 않다(기단법 제4조 제1항 참조).

기간제근로자의 사용(기단법 제4조)

① 사용자는 2년을 초과하지 아니하는 범위 안에서(기간제 근로계약의 반복갱신 등의 경우에는 그 계속근로한 총기간이 2년을 초과하지 아니하는 범위 안에서) 기간제근로자를 사용할 수 있다. 다만, 다음 각 호의 어느 하나에 해당하는 경우에는 2년을 초과하여 기간제근로자로 사용할 수 있다.

1. 사업의 완료 또는 특정한 업무의 완성에 필요한 기간을 정한 경우
2. 휴직 · 파견 등으로 결원이 발생하여 해당 근로자가 복귀할 때까지 그 업무를 대신할 필요가 있는 경우
3. 근로자가 학업, 직업훈련 등을 이수함에 따라 그 이수에 필요한 기간을 정한 경우
4. 고령자고용촉진법 제2조 제1호의 고령자와 근로계약을 체결하는 경우
5. 전문적 지식 · 기술의 활용이 필요한 경우와 정부의 복지정책 · 실업대책 등에 따라 일자리를 제공하는 경우로서 대통령령으로 정하는 경우
6. 그 밖에 제1호부터 제5호까지에 준하는 합리적인 사유가 있는 경우로서 대통령령으로 정하는 경우

기간제근로자 사용기간 제한의 예외(기단법 시행령 제3조)

① 법 제4조 제1항 제5호에서 "전문적 지식 · 기술의 활용이 필요한 경우로서 대통령령이 정하는 경우"란 다음 각 호의 어느 하나에 해당하는 경우를 말한다.

1. 박사 학위(외국에서 수여받은 박사 학위를 포함)를 소지하고 해당 분야에 종사하는 경우
2. 국가기술자격법 제9조 제1항 제1호에 따른 기술사 등급의 국가기술자격을 소지하고 해당 분야에 종사하는 경우
3. [별표 2]에서 정한 전문자격을 소지하고 해당 분야에 종사하는 경우

③ 법 제4조 제1항 제6호에서 "대통령령이 정하는 경우"란 다음 각 호의 어느 하나에 해당하는 경우를 말한다.

1. 다른 법령에서 기간제근로자의 사용 기간을 법 제4조 제1항과 달리 정하거나 별도의 기간을 정하여 근로계약을 체결할 수 있도록 한 경우
2. 국방부장관이 인정하는 군사적 전문적 지식 · 기술을 가지고 관련 직업에 종사하거나 고등교육법 제2조 제1호에 따른 대학에서 안보 및 군사학 과목을 강의하는 경우
3. 특수한 경력을 갖추고 국가안전보장, 국방 · 외교 또는 통일과 관련된 업무에 종사하는 경우
4. 고등교육법 제2조에 따른 학교(같은 법 제30조에 따른 대학원대학을 포함)에서 다음 각 목의 업무에 종사하는 경우
   가. 고등교육법 제14조에 따른 강사, 조교의 업무
   나. 고등교육법 시행령 제7조에 따른 명예교수, 겸임교원, 초빙교원 등의 업무
5. 통계법 제22조에 따라 고시한 한국표준직업분류의 대분류 1과 대분류 2 직업에 종사하는 자의 소득세법 제20조 제1항에 따른 근로소득(최근 2년간의 연평균근로소득)이 고용노동부장관이 최근 조사한 고용형태별 근로실태조사의 한국표준직업분류 대분류 2 직업에 종사하는 자의 근로소득 상위 100분의 25에 해당하는 경우
6. 근로기준법 제18조 제3항에 따른 1주 동안의 소정근로시간이 뚜렷하게 짧은 단시간근로자를 사용하는 경우

답 ❷

026 기간제 및 단시간근로자 보호 등에 관한 법률에 관한 내용으로 옳지 않은 것은? 23 노무

□□□

① 사용자는 가사를 이유로 근로자가 단시간근로를 신청하는 때에는 해당 근로자를 단시간근로자로 전환하도록 노력하여야 한다.

② 단시간근로자의 동의를 받으면 소정근로시간을 초과하여 근로를 하게 할 수 있으나, 1주 12시간을 초과할 수는 없다.

③ 사업장에서 기간제 및 단시간근로자 보호 등에 관한 법률을 위반한 사실이 있는 경우 근로자는 그 사실을 고용노동부장관 또는 근로감독관에게 통지할 수 있다.

④ 기간제근로자와 근로계약을 체결할 때 근로계약기간 등 근로조건의 서면명시를 하지 않으면 500만원 이하의 벌금에 처한다.

⑤ 사용자는 단시간근로자와 근로계약을 체결하는 때에는 근로일 및 근로일별 근로시간을 서면으로 명시하여야 한다.

해설

① (○) 사용자는 가사, 학업 그 밖의 이유로 근로자가 단시간근로를 신청하는 때에는 해당 근로자를 단시간근로자로 전환하도록 노력하여야 한다(기단법 제7조 제2항).

② (○) 사용자는 단시간근로자에 대하여 근로기준법 제2조의 소정근로시간을 초과하여 근로하게 하는 경우에는 해당 근로자의 동의를 얻어야 한다. 이 경우 1주간에 12시간을 초과하여 근로하게 할 수 없다(기단법 제6조 제1항).

③ (○) 기단법 제18조

④ (×) 기간제근로자와 근로계약을 체결할 때 근로계약기간 등 근로조건을 서면으로 명시하지 아니한 자에게는 500만원 이하의 과태료를 부과한다(기단법 제24조 제2항 제2호).

⑤ (○) 기단법 제17조 단서

답 ④

027 기간제 및 단시간근로자 보호 등에 관한 법률에 대한 설명으로 옳은 것은? 20 국가직 7급

□□□

① 모든 사업 또는 사업장에 적용한다.

② 국가 및 지방자치단체의 기관에 대하여는 이 법을 적용하지 아니한다.

③ 사용자는 학업을 이유로 근로자가 단시간근로를 신청하는 때에는 해당 근로자를 단시간근로자로 전환하여야 한다.

④ 사용자는 근로자가 직업훈련을 이수함에 따라 그 이수에 필요한 기간을 정한 경우에는 2년을 초과하여 기간제근로자로 사용할 수 있다.

해설

① (×) 이 법은 상시 5인 이상의 근로자를 사용하는 모든 사업 또는 사업장에 적용한다. 다만, 동거의 친족만을 사용하는 사업 또는 사업장과 가사사용인에 대하여는 적용하지 아니한다(기단법 제3조 제1항).

② (×) 국가 및 지방자치단체의 기관에 대하여는 상시 사용하는 근로자의 수와 관계없이 이 법을 적용한다(기단법 제3조 제3항).

③ (×) 사용자는 가사, 학업 그 밖의 이유로 근로자가 단시간근로를 신청하는 때에는 해당 근로자를 단시간근로자로 전환하도록 노력하여야 한다(기단법 제7조 제2항).

④ (○) 기단법 제4조 제1항 제3호

답 ④

028 □□□ 기간제 및 단시간근로자 보호 등에 관한 법률에 대한 설명으로 옳지 않은 것은? 14 노무

① 이 법은 국가 및 지방자치단체의 기관에 대하여는 상시 사용하는 근로자의 수와 관계없이 적용된다.
② 사용자는 기간의 정함이 없는 근로계약을 체결하려는 경우에는 해당 사업 또는 사업장의 동종 또는 유사한 업무에 종사하는 기간제근로자를 우선적으로 고용하도록 노력하여야 한다.
③ 기간제근로자가 노동위원회에 차별적 처우의 시정신청을 하는 경우 차별적 처우와 관련한 분쟁의 입증책임은 근로자가 부담한다.
④ 기간제근로자가 노동위원회에 차별적 처우에 대한 시정신청을 하는 때에는 차별적 처우의 내용을 구체적으로 명시하여야 한다.
⑤ 사용자가 57세인 고령자와 근로계약을 체결하는 경우에는 2년을 초과하여 기간제근로자로 사용할 수 있다.

해설

① (○) 기단법 제3조 제3항
② (○) 사용자는 기간의 정함이 없는 근로계약을 체결하고자 하는 경우에는 해당 사업 또는 사업장의 동종 또는 유사한 업무에 종사하는 기간제근로자를 우선적으로 고용하도록 노력하여야 한다(기단법 제5조).
③ (×) 기간제근로자가 노동위원회에 차별적 처우의 시정신청을 하는 경우 차별적 처우와 관련한 분쟁에 있어서 입증책임은 사용자가 부담한다(기단법 제9조 제4항).
④ (○) 기단법 제9조 제2항
⑤ (○) 55세 이상인 고령자와 근로계약을 체결하는 경우에는 2년을 초과하여 기간제근로자로 사용할 수 있다(기단법 제4조 제1항 제4호).

답 ❸

029 □□□ 기간제 및 단시간근로자 보호 등에 관한 법률상 차별적 처우의 금지 및 시정에 관한 설명으로 옳지 않은 것은? 15 노무

① 중앙노동위원회 위원장은 확정된 시정명령에 대하여 사용자에게 이행 상황을 제출할 것을 요구할 수 있다.
② 노동위원회는 사용자의 차별적 처우에 명백한 고의가 인정되거나 차별적 처우가 반복되는 경우에는 손해액을 기준으로 3배를 넘지 아니하는 범위에서 배상을 명령할 수 있다.
③ 노동위원회의 시정명령의 내용에는 취업규칙, 단체협약 등의 제도개선 명령이 포함될 수 있다.
④ 고용노동부장관은 확정된 시정명령을 이행할 의무가 있는 사용자의 사업 또는 사업장에서 해당 시정명령의 효력이 미치는 근로자 이외의 기간제근로자 또는 단시간근로자에 대하여 차별적 처우가 있는지를 조사하여 차별적 처우가 있는 경우에는 그 시정을 요구할 수 있다.
⑤ 기간제근로자 또는 단시간근로자는 차별적 처우를 받은 경우 차별적 처우가 있은 날(계속되는 차별적 처우는 그 종료일)부터 6개월 이내에 노동위원회에 그 시정을 신청할 수 있다.

해설

① (×) 고용노동부장관은 확정된 시정명령에 대하여 사용자에게 이행상황을 제출할 것을 요구할 수 있다(기단법 제15조 제1항).
② (○) 기단법 제13조 제2항
③ (○) 기단법 제13조 제1항
④ (○) 기단법 제15의3 제1항
⑤ (○) 기단법 제9조 제1항 단서

답 ❶

030 기간제 및 단시간근로자 보호 등에 관한 법률에 규정된 내용으로 옳지 않은 것은? 16 노무

□□□

① 기간제 및 단시간근로자 보호 등에 관한 법률은 기간제근로자 및 단시간근로자에 대한 불합리한 차별을 시정하고 기간제근로자 및 단시간근로자의 근로조건 보호를 강화함으로써 노동시장의 건전한 발전에 이바지함을 목적으로 한다.
② 국가 및 지방자치단체의 기관에 대하여는 상시 사용하는 근로자의 수와 관계없이 기간제 및 단시간근로자 보호 등에 관한 법률을 적용한다.
③ 사용자는 통상근로자를 채용하고자 하는 경우에는 해당 사업 또는 사업장의 동종 또는 유사한 업무에 종사하는 단시간근로자를 우선적으로 고용하도록 노력하여야 한다.
④ 사용자는 가사, 학업 그 밖의 이유로 근로자가 단시간근로를 신청하는 때에는 해당 근로자를 단시간근로자로 전환하여야 한다.
⑤ 사용자는 기간의 정함이 없는 근로계약을 체결하고자 하는 경우에는 해당 사업 또는 사업장의 동종 또는 유사한 업무에 종사하는 기간제근로자를 우선적으로 고용하도록 노력하여야 한다.

해설

① (○) 기단법 제1조
② (○) 기단법 제3조 제3항
③ (○) 기단법 제7조 제1항
④ (×) 사용자는 가사, 학업 그 밖의 이유로 근로자가 단시간근로를 신청하는 때에는 해당 근로자를 단시간근로자로 전환하도록 노력하여야 한다(기단법 제7조 제2항).
⑤ (○) 기단법 제5조

답 ④

031 기간제 및 단시간근로자 보호 등에 관한 법률에 대한 설명으로 옳지 않은 것은? 20 노무

□□□

① 동거의 친족만을 사용하는 사업에 대하여는 적용하지 아니한다.
② 사용자는 가사, 학업 그 밖의 이유로 근로자가 단시간근로를 신청하는 때에는 해당 근로자를 단시간근로자로 전환하도록 노력하여야 한다.
③ 차별적 처우와 관련한 분쟁에 있어서 입증책임은 사용자가 부담한다.
④ 노동위원회는 사용자의 차별적 처우에 명백한 고의가 인정되는 경우에는 손해액을 기준으로 3배를 넘지 아니하는 범위에서 배상을 명령할 수 있다.
⑤ 노동위원회는 차별시정명령을 받은 후 이행기한까지 시정명령을 이행하지 아니한 사용자에게 이행강제금을 부과한다.

해설

① (○) 기단법 제3조 제1항 단서
② (○) 기단법 제7조 제2항
③ (○) 기단법 제9조 제4항
④ (○) 기단법 제13조 제2항 단서
⑤ (×) 확정된 시정명령을 정당한 이유 없이 이행하지 아니한 자에게는 1억원 이하의 과태료를 부과한다(기단법 제24조 제1항).

답 ⑤

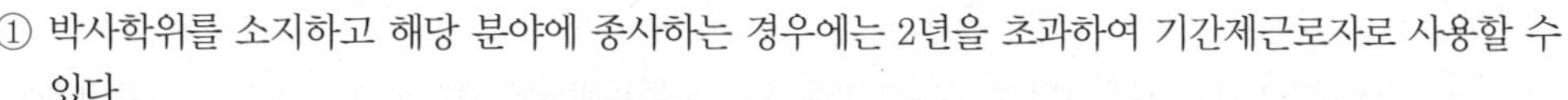

032 기간제 및 단시간근로자 보호 등에 관한 법령에 관한 설명으로 옳지 않은 것은? 21 노무

□□□

① 박사학위를 소지하고 해당 분야에 종사하는 경우에는 2년을 초과하여 기간제근로자로 사용할 수 있다.

② 특정한 업무의 완성에 필요한 기간을 정한 경우에는 2년을 초과하여 기간제근로자로 사용할 수 있다.

③ 사용자는 기간의 정함이 없는 근로계약을 체결하려는 경우에 당해 사업 또는 사업장의 동종 또는 유사한 업무에 종사하는 기간제근로자를 우선적으로 고용하여야 한다.

④ 고용노동부장관은 확정된 시정명령에 대하여 사용자에게 이행상황을 제출할 것을 요구할 수 있다.

⑤ 사용자는 기간제근로자임을 이유로 해당 사업 또는 사업장에서 동종 또는 유사한 업무에 종사하는 기간의 정함이 없는 근로계약을 체결한 근로자에 비하여 차별적 처우를 하여서는 아니 된다.

해설

① (O) 기단법 제4조 제1항, 기단법 시행령 제3조 제1항 제1호

② (O) 기단법 제4조 제1항 제1호

③ (×) 사용자는 기간의 정함이 없는 근로계약을 체결하고자 하는 경우에는 해당 사업 또는 사업장의 동종 또는 유사한 업무에 종사하는 기간제근로자를 우선적으로 고용하도록 노력하여야 한다(기단법 제5조).

④ (O) 기단법 제15조 제1항

⑤ (O) 기단법 제8조 제1항

기간제근로자의 사용(기단법 제4조)

① 사용자는 2년을 초과하지 아니하는 범위 안에서(기간제근로계약의 반복갱신 등의 경우에는 그 계속 근로한 총기간이 2년을 초과하지 아니하는 범위 안에서) 기간제근로자를 사용할 수 있다. 다만, 다음 각 호의 어느 하나에 해당하는 경우에는 2년을 초과하여 기간제근로자로 사용할 수 있다.

1. 사업의 완료 또는 특정한 업무의 완성에 필요한 기간을 정한 경우
2. 휴직·파견 등으로 결원이 발생하여 해당 근로자가 복귀할 때까지 그 업무를 대신할 필요가 있는 경우
3. 근로자가 학업, 직업훈련 등을 이수함에 따라 그 이수에 필요한 기간을 정한 경우
4. 고령자고용촉진법 제2조 제1호의 고령자와 근로계약을 체결하는 경우
5. 전문적 지식·기술의 활용이 필요한 경우와 정부의 복지정책·실업대책 등에 따라 일자리를 제공하는 경우로서 대통령령으로 정하는 경우
6. 그 밖에 제1호부터 제5호까지에 준하는 합리적인 사유가 있는 경우로서 대통령령으로 정하는 경우

기간제근로자 사용기간 제한의 예외(기단법 시행령 제3조)

① 법 제4조 제1항 제5호에서 "전문적 지식·기술의 활용이 필요한 경우로서 대통령령이 정하는 경우"란 다음 각 호의 어느 하나에 해당하는 경우를 말한다.

1. 박사학위(외국에서 수여받은 박사학위를 포함)를 소지하고 해당 분야에 종사하는 경우
2. 국가기술자격법 제9조 제1항 제1호에 따른 기술사 등급의 국가기술자격을 소지하고 해당 분야에 종사하는 경우
3. [별표 2]에서 정한 전문자격을 소지하고 해당 분야에 종사하는 경우

답 ❸

033 기간제 및 단시간근로자 보호 등에 관한 법률상 차별시정제도에 대한 설명으로 옳지 않은 것은?

□□□ 19 노무

① 기간제근로자는 차별적 처우를 받은 경우 노동위원회에 차별적 처우가 있은 날부터 6개월이 지나기 전에 그 시정을 신청할 수 있다.

② 기간제근로자가 차별적 처우의 시정신청을 하는 때에는 차별적 처우의 내용을 구체적으로 명시하여야 한다.

③ 노동위원회는 차별적 처우의 시정신청에 따른 심문의 과정에서 관계당사자 쌍방 또는 일방의 신청 또는 직권에 의하여 조정(調停)절차를 개시할 수 있다.

④ 노동위원회는 사용자의 차별적 처우에 명백한 고의가 인정되거나 차별적 처우가 반복되는 경우에는 손해액을 기준으로 3배를 넘지 아니하는 범위에서 배상을 명할 수 있다.

⑤ 시정신청을 한 근로자는 사용자가 확정된 시정명령을 이행하지 아니하는 경우 이를 중앙노동위원회에 신고하여야 한다.

해설

① (○) 기간제근로자 또는 단시간근로자는 차별적 처우를 받은 경우 노동위원회에 그 시정을 신청할 수 있다. 다만, 차별적 처우가 있은 날(계속되는 차별적 처우는 그 종료일)부터 6개월이 지난 때에는 그러하지 아니하다(기단법 제9조 제1항).

② (○) 기단법 제9조 제2항

③ (○) 기단법 제11조 제1항

④ (○) 차별적 처우가 인정되는 경우 손해액을 기준으로 3배의 범위에서 배상을 명할 수 있다(기단법 제13조 제2항).

⑤ (×) 시정신청을 한 근로자는 사용자가 확정된 시정명령을 이행하지 아니하는 경우 이를 고용노동부장관에게 신고할 수 있다(기단법 제15조 제2항).

034 □□□ **기간제 및 단시간근로자 보호 등에 관한 법률에 대한 설명으로 옳지 않은 것은?(다툼이 있는 경우 판례에 의함)**

22 국가직 7급

① 특정한 업무의 완성에 필요한 기간을 정한 경우에는 사용자는 2년을 초과하여 기간제근로자로 사용할 수 있다.

② 사용자는 단시간근로자에 대하여 근로기준법 제2조의 소정근로시간을 초과하여 근로하게 하는 경우에는 그 초과근로에 대하여 통상임금의 100분의 50 이상을 가산하여 지급하여야 한다.

③ 차별적 처우의 시정신청 당시에 혹은 시정절차 진행 도중에 근로계약기간이 만료로 종료한 이상 기간제근로자가 차별적 처우의 시정을 구할 시정이익이 소멸한다.

④ 사용자가 기간제근로자의 계속되는 근로 제공에 대하여 차별적인 규정 등을 적용하여 차별적으로 임금을 지급하여 왔다면 특별한 사정이 없는 이상 그와 같은 임금의 차별적 지급은 기간제 및 단시간근로자 보호 등에 관한 법률 제9조 제1항 단서에서 정한 '계속되는 차별적 처우'에 해당한다.

해설

① (O) 사용자는 2년을 초과하지 아니하는 범위 안에서 기간제근로자를 사용할 수 있다. 다만, 사업의 완료 또는 특정한 업무의 완성에 필요한 기간을 정한 경우에는 2년을 초과하여 기간제근로자로 사용할 수 있다(기단법 제4조 제1항 제1호).

② (O) 기단법 제6조 참조

> **단시간근로자의 초과근로 제한(기단법 제6조)**
>
> ① 사용자는 단시간근로자에 대하여 근로기준법 제2조의 소정근로시간을 초과하여 근로하게 하는 경우에는 해당 근로자의 동의를 얻어야 한다. 이 경우 1주간에 12시간을 초과하여 근로하게 할 수 없다.
>
> ③ 사용자는 제1항에 따른 초과근로에 대하여 통상임금의 100분의 50 이상을 가산하여 지급하여야 한다.

③ (×) 기간제 및 단시간근로자 보호 등에 관한 법률에 정한 시정절차 관련 규정 등을 종합하면, 시정신청 당시에 혹은 시정절차 진행 도중에 근로계약기간이 만료하였다는 이유만으로 기간제 근로자가 차별적 처우의 시정을 구할 시정이익이 소멸하지는 아니한다고 보아야 한다(대판 2017.9.7. 2016두30194).

④ (O) 대판 2012.3.29. 2011두2132

 ❸

035 □□□ **기간제 및 단시간근로자 보호 등에 관한 법률상 차별적 처우의 시정신청 등에 대한 설명으로 옳은 것은?** 21 국가직 7급

① 기간제근로자가 노동위원회에 차별적 처우에 대한 시정신청을 하는 때에는 차별적 처우의 내용을 구체적으로 명시하여야 한다.

② 기간제 및 단시간 근로자의 차별적 처우의 시정신청과 관련한 분쟁에서 입증책임은 근로자가 부담한다.

③ 기간제근로자에 대한 차별적 처우에 대해 노동위원회가 시정명령을 내리는 경우, 그 내용에는 임금 등 근로조건의 개선으로서 취업규칙 이외의 단체협약 등의 제도개선 명령을 포함할 수 없다.

④ 고용노동부장관은 사용자가 차별적 처우의 금지를 위반하여 기간제근로자에 대해 차별적 처우를 한 경우, 해당 근로자가 고용노동부장관에게 시정을 요청하는 경우에 한하여 해당 사용자에게 그 시정을 요구할 수 있다.

해설

① (○) 기단법 제9조 제2항

② (×) 차별적 처우에 대한 시정신청과 관련한 분쟁에서 입증책임은 사용자가 부담한다(기단법 제9조 제4항).

③ (×) 조정・중재 또는 시정명령의 내용에는 차별적 행위의 중지, 임금 등 근로조건의 개선(취업규칙, 단체협약 등의 제도개선 명령을 포함) 또는 적절한 배상 등이 포함될 수 있다(기단법 제13조 제1항).

④ (×) 고용노동부장관은 사용자가 기간제・단시간근로자임을 이유로 차별적 처우를 한 경우에는 그 시정을 요구할 수 있다(기단법 제15조의2 제1항).

답 ❶

036 □□□ **기간제 및 단시간근로자 보호 등에 관한 법률상 단시간근로자에 관한 설명으로 옳지 않은 것은?** 18 노무

① "단시간근로자"란 1주 동안의 소정근로시간이 그 사업장에서 같은 종류의 업무에 종사하는 통상근로자의 1주 동안의 소정근로시간에 비하여 짧은 근로자를 말한다.

② 사용자는 통상근로자를 채용하고자 하는 경우에는 해당 사업 또는 사업장의 동종 또는 유사한 업무에 종사하는 단시간근로자를 우선적으로 고용하여야 한다.

③ 사용자는 단시간근로자에 대하여 근로기준법상 소정근로시간을 초과하여 근로하게 하는 경우에는 해당 근로자의 동의를 얻어야 한다.

④ 사용자는 학업을 이유로 근로자가 단시간근로를 신청하는 때에는 해당 근로자를 단시간근로자로 전환하도록 노력하여야 한다.

⑤ 사용자는 단시간근로자임을 이유로 해당 사업 또는 사업장의 동종 또는 유사한 업무에 종사하는 통상근로자에 비하여 차별적 처우를 하여서는 아니 된다.

해설

① (○) 기단법 제2조 제2호

② (×) 사용자는 통상근로자를 채용하고자 하는 경우에는 해당 사업 또는 사업장의 동종 또는 유사한 업무에 종사하는 단시간근로자를 우선적으로 고용하도록 노력하여야 한다(기단법 제7조 제1항).

③ (○) 기단법 제6조 제1항 전문

④ (○) 기단법 제7조 제2항

⑤ (○) 기단법 제8조 제2항

답 ❷

037 기간제 및 단시간근로자 보호 등에 관한 법률의 내용으로 옳은 것은? 17 노무

□□□

① 노동위원회가 차별적 처우의 시정신청에 대하여 시정명령을 발하는 경우 그 시정명령의 내용에 취업규칙, 단체협약 등의 제도개선명령은 포함될 수 없다.

② 경영성과에 따른 성과금에 있어서 불리하게 처우하는 것은 합리적인 이유와 무관하게 차별적 처우에 해당하지 아니한다.

③ 사용자는 기간제근로자와 근로계약을 체결하는 때에는 근로일 및 근로일별 근로시간을 서면으로 명시하여야 한다.

④ 사용자는 단시간근로자에 대하여 근로기준법에 따른 소정근로시간을 초과하여 근로하게 하는 경우에는 해당 근로자의 동의를 얻으면 1주간에 12시간을 초과하여 근로하게 할 수 있다.

⑤ 단시간근로자에 대한 차별적 처우의 금지와 관련한 분쟁에 있어서 입증책임은 사용자가 부담한다.

해설

① (×) 시정명령의 내용에는 차별적 행위의 중지, 임금 등 근로조건의 개선(취업규칙, 단체협약 등의 제도개선명령을 포함) 또는 적절한 배상 등이 포함될 수 있다(기단법 제13조 제1항).

② (×) 차별적 처우라 함은 임금, 정기상여금, 명절상여금 등 정기적으로 지급되는 상여금, 경영성과에 따른 성과금, 그 밖에 근로조건 및 복리후생 등에 관한 사항에 있어서 합리적인 이유 없이 불리하게 처우하는 것을 말한다(기단법 제2조 제3호).

③ (×) 근로일 및 근로일별 근로시간은 단시간근로자와 근로계약을 체결하는 때에 서면으로 명시해야 하는 사항이다(기단법 제17조 제6호).

④ (×) 사용자는 단시간근로자에 대하여 근로기준법 제2조의 소정근로시간을 초과하여 근로하게 하는 경우에는 해당 근로자의 동의를 얻어야 한다. 이 경우 1주간에 12시간을 초과하여 근로하게 할 수 없다(기단법 제6조 제1항).

⑤ (○) 차별적 처우와 관련한 분쟁에 있어서 입증책임은 사용자가 부담한다(기단법 제9조 제4항).

근로조건의 서면명시(기단법 제17조)

사용자는 기간제근로자 또는 단시간근로자와 근로계약을 체결하는 때에는 다음 각 호의 모든 사항을 서면으로 명시하여야 한다. 다만, 제6호는 단시간근로자에 한정한다.

1. 근로계약기간에 관한 사항
2. 근로시간·휴게에 관한 사항
3. 임금의 구성항목·계산방법 및 지불방법에 관한 사항
4. 휴일·휴가에 관한 사항
5. 취업의 장소와 종사하여야 할 업무에 관한 사항
6. 근로일 및 근로일별 근로시간

답 ⑤

제3절 산업안전보건법

038 산업안전보건법에 관한 설명으로 옳지 않은 것은? 20 노무

□□□

① 근로자는 산업재해가 발생할 급박한 위험이 있는 경우에는 작업을 중지하고 대피할 수 있다.
② 사업주는 사업장에 근로자위원, 사용자위원 및 공익위원이 같은 수로 구성되는 산업안전보건위원회를 운영하여야 한다.
③ 산업재해 예방에 관한 기본계획은 고용노동부장관이 수립하며 산업재해보상보험 및 예방심의위원회의 심의를 거쳐 공표하여야 한다.
④ 고용노동부장관은 산업재해를 예방하기 위하여 대통령령으로 정하는 사업장의 근로자 산업재해 발생건수, 재해율 또는 그 순위 등을 공표하여야 한다.
⑤ 고용노동부장관은 역학조사를 하는 경우 근로자대표가 요구할 때 그를 역학조사에 참석하게 할 수 있다.

해설

① (○) 산안법 제52조 제1항
② (×) 사업주는 사업장의 안전 및 보건에 관한 중요사항을 심의・의결하기 위하여 사업장에 근로자위원과 사용자위원이 같은 수로 구성되는 산업안전보건위원회를 구성・운영하여야 한다(산안법 제24조 제1항).
③ (○) 산안법 제7조 제1항・제2항
④ (○) 산안법 제10조 제1항
⑤ (○) 산안법 제141조 제1항 후문

답 ❷

039 산업안전보건법령에 관한 설명으로 옳지 않은 것은? 14 노무

□□□

① 1개월 이상의 요양이 필요한 부상자가 동시에 2명 이상 발생한 재해는 중대재해에 해당된다.
② 작업환경측정이란 작업환경 실태를 파악하기 위하여 해당 근로자 또는 작업장에 대하여 사업주가 측정계획을 수립한 후 시료를 채취하고 분석・평가하는 것을 말한다.
③ 사업주란 근로자를 사용하여 사업을 하는 자를 말한다.
④ 안전・보건진단이란 산업재해를 예방하기 위하여 잠재적 위험성을 발견하고 그 개선대책을 수립할 목적으로 고용노동부장관이 지정하는 자가 하는 조사・평가를 말한다.
⑤ 근로자가 업무에 관계되는 분진에 의하여 질병에 걸리는 것은 산업재해에 해당된다.

해설

① (×) 중대재해란 산업재해 중 사망 등 재해 정도가 심하거나 다수의 재해자가 발생한 경우로서 ㉠ 사망자가 1명 이상 발생한 재해, ㉡ 3개월 이상의 요양이 필요한 부상자가 동시에 2명 이상 발생한 재해, ㉢ 부상자 또는 직업성 질병자가 동시에 10명 이상 발생한 재해를 말한다(산안법 제2조 제2호, 산안법 시행규칙 제3조).
② (○) 산안법 제2조 제13호
③ (○) 산안법 제2조 제4호
④ (○) 산안법 제2조 제12호
⑤ (○) 산안법 제2조 제1호

답 ❶

040 산업안전보건법령상 사업주가 근로자에게 1일 6시간, 1주 34시간을 초과하여 근로하게 하여서는 아니 되는 유해하거나 위험한 작업을 모두 고른 것은? 15 노무

ㄱ. 잠함(潛艦) 또는 잠수 작업 등 높은 기압에서 하는 작업
ㄴ. 갱(坑) 내에서 하는 작업
ㄷ. 유해 방사선을 취급하는 작업

① ㄱ
② ㄱ, ㄴ
③ ㄴ, ㄷ
④ ㄱ, ㄷ
⑤ ㄱ, ㄴ, ㄷ

해설

ㄱ. (O) 사업주는 유해하거나 위험한 작업으로서 잠함(潛函) 또는 잠수작업 등 높은 기압에서 하는 작업에 종사하는 근로자에게는 1일 6시간, 1주 34시간을 초과하여 근로하게 해서는 아니 된다(산안법 제139조 제1항, 동법 시행령 제99조 제1항).

답 ❶

041 산업안전보건법상 ( ) 안에 들어갈 내용으로 옳은 것은? 16 노무

사업주는 유해하거나 위험한 작업으로서 대통령령으로 정하는 작업에 종사하는 근로자에게는 1일 (ㄱ)시간, 1주 (ㄴ)시간을 초과하여 근로하게 하여서는 아니 된다.

① ㄱ : 5, ㄴ : 30
② ㄱ : 5, ㄴ : 32
③ ㄱ : 6, ㄴ : 30
④ ㄱ : 6, ㄴ : 32
⑤ ㄱ : 6, ㄴ : 34

해설

사업주는 유해하거나 위험한 작업으로서 높은 기압에서 하는 작업 등 대통령령으로 정하는 작업에 종사하는 근로자에게는 1일 6시간, 1주 34시간을 초과하여 근로하게 해서는 아니 된다(산안법 제139조 제1항).

답 ❺

042 산업안전보건법상 유해 · 위험 방지 조치 중 사업주의 의무로 명시되어 있지 않은 것은?

□□□

23 노무

① 위험성평가의 실시(산업안전보건법 제36조)
② 공정안전보고서의 작성 · 제출(산업안전보건법 제44조)
③ 중대재해 원인조사(산업안전보건법 제56조)
④ 유해위험방지계획서의 작성 · 제출(산업안전보건법 제42조)
⑤ 안전보건표지의 설치 · 부착(산업안전보건법 제37조)

해설

산안법은 제4장 유해 · 위험 방지 조치 중 사업주의 의무로 ① 위험성평가의 실시(산안법 제36조), ② 공정안전보고서의 작성 · 제출(산안법 제44조), ④ 유해위험방지계획서의 작성 · 제출(산안법 제42조), ⑤ 안전보건 표지의 설치 · 부착(산안법 제37조) 등을 규정하고 있으나, ③ 중대재해 원인조사(산안법 제56조)는 고용노동부장관의 권한으로 규정하고 있다.

답 ❸

043 산업안전보건법령에 관한 설명으로 옳지 않은 것은?

□□□

22 노무

① 직업성 질병자가 동시에 2명 발생한 재해는 중대재해에 해당한다.
② 사업주는 전기, 열, 그 밖의 에너지에 의한 위험으로 인한 산업재해를 예방하기 위하여 필요한 조치를 하여야 한다.
③ 사업주는 산업재해가 발생할 급박한 위험이 있을 때에는 즉시 작업을 중지시키고 근로자를 작업장소에서 대피시키는 등 안전 및 보건에 관하여 필요한 조치를 하여야 한다.
④ 사업주는 산업재해 예방을 위한 조치를 할 수 있는 능력을 갖춘 사업주에게 도급하여야 한다.
⑤ 사업주는 산업안전보건법과 이 법에 따른 명령의 요지 및 안전보건관리규정을 각 사업장의 근로자가 쉽게 볼 수 있는 장소에 게시하거나 갖추어 두어 근로자에게 널리 알려야 한다.

해설

① (×) 산안법 시행규칙 제3조 제3호에 의하면 직업성 질병자가 동시에 10명 이상 발생한 경우의 재해를 중대재해라고 한다.
② (○) 산안법 제38조 제1항 제3호
③ (○) 산안법 제51조
④ (○) 산안법 제61조
⑤ (○) 산안법 제34조

정의(산안법 제2조)

이 법에서 사용하는 용어의 뜻은 다음과 같다.

2. "중대재해"란 산업재해 중 사망 등 재해 정도가 심하거나 다수의 재해자가 발생한 경우로서 고용노동부령으로 정하는 재해를 말한다.

중대재해의 범위(산안법 시행규칙 제3조)

법 제2조 제2호에서 "고용노동부령으로 정하는 재해"란 다음 각 호의 어느 하나에 해당하는 재해를 말한다.

1. 사망자가 1명 이상 발생한 재해
2. 3개월 이상의 요양이 필요한 부상자가 동시에 2명 이상 발생한 재해
3. 부상자 또는 직업성 질병자가 동시에 10명 이상 발생한 재해

답 ❶

044 □□□ **산업안전보건법상 작업중지에 관한 설명으로 옳지 않은 것은?** 

① 사업주는 산업재해가 발생할 급박한 위험이 있을 때에는 즉시 작업을 중지시키고 근로자를 작업장소에서 대피시키는 등 안전 및 보건에 관하여 필요한 조치를 하여야 한다.
② 근로자는 산업재해가 발생할 급박한 위험이 있는 경우에는 작업을 중지하고 대피할 수 있다.
③ 사업주는 중대재해가 발생하였을 때에는 즉시 해당 작업을 중지시키고 근로자를 작업장소에서 대피시키는 등 안전 및 보건에 관하여 필요한 조치를 하여야 한다.
④ 중대재해 발생으로 작업이 중지된 경우, 사업주는 작업중지 해제에 관한 전문가 등으로 구성된 심의위원회의 심의를 거쳐 작업중지를 해제하여야 한다.
⑤ 사업주는 산업재해가 발생할 급박한 위험이 있다고 근로자가 믿을 만한 합리적인 이유가 있을 때에는 작업을 중지하고 대피한 근로자에 대하여 해고나 그 밖의 불리한 처우를 해서는 아니 된다.

해설

① (O) 산안법 제51조
② (O) 산안법 제52조 제1항
③ (O) 산안법 제54조 제1항
④ (×) 고용노동부장관은 사업주가 작업중지의 해제를 요청한 경우에는 작업중지 해제에 관한 전문가 등으로 구성된 심의위원회의 심의를 거쳐 고용노동부령으로 정하는 바에 따라 작업중지를 해제하여야 한다(산안법 제55조 제3항).
⑤ (O) 산안법 제52조 제4항

답 ❹

045 □□□ **산업안전보건법상 작업중지에 대한 설명으로 옳지 않은 것은?** 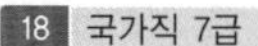

① 사업주는 산업재해가 발생할 급박한 위험이 있을 때에는 근로자의 동의를 얻어 작업을 중지시키고 근로자를 작업장소에서 대피시키는 등 안전 및 보건에 관하여 필요한 조치를 하여야 한다.
② 근로자는 산업재해가 발생할 급박한 위험이 있을 때 작업을 중지하고 대피할 권리를 가진다.
③ 근로자는 산업재해가 발생할 급박한 위험으로 인하여 작업을 중지하고 대피하였을 때에는 지체 없이 그 사실을 관리감독자 또는 그 밖에 부서의 장에게 보고하여야 한다.
④ 사업주는 산업재해가 발생할 급박한 위험이 있다고 믿을 만한 합리적인 근거가 있을 때에는 작업을 중지하고 대피한 근로자에 대하여 이를 이유로 해고를 하여서는 아니 된다.

해설

① (×) 사업주는 산업재해가 발생할 급박한 위험이 있을 때에는 즉시 작업을 중지시키고 근로자를 작업장소에서 대피시키는 등 안전 및 보건에 관하여 필요한 조치를 하여야 한다(산안법 제51조).
② (O) 근로자는 산업재해가 발생할 급박한 위험이 있는 경우에는 작업을 중지하고 대피할 수 있다(산안법 제52조 제1항).
③ (O) 산안법 제52조 제2항
④ (O) 산안법 제52조 제4항

답 ❶

046 □□□ **산업안전보건법상 산업안전보건위원회에서 심의 · 의결할 사항이 아닌 것은?** 18 국가직 7급

① 경미한 산업재해의 원인 조사에 관한 사항
② 유해한 기계 · 기구를 도입한 경우 안전 · 보건조치에 관한 사항
③ 근로자의 건강진단 등 건강관리에 관한 사항
④ 작업환경측정 등 작업환경의 점검 및 개선에 관한 사항

해설

① (×), ② (○), ③ (○), ④ (○)
경미한 산업재해의 원인 조사에 관한 사항은 산안법 제24조 제2항에서 정한 산업안전보건위원회의 심의 · 의결사항에 해당하지 아니한다.

산업안전보건위원회(산안법 제24조)
① 사업주는 사업장의 안전 및 보건에 관한 중요 사항을 심의 · 의결하기 위하여 사업장에 근로자위원과 사용자위원이 같은 수로 구성되는 산업안전보건위원회를 구성 · 운영하여야 한다.
② 사업주는 다음 각 호의 사항에 대해서는 제1항에 따른 산업안전보건위원회(이하 "산업안전보건위원회")의 심의 · 의결을 거쳐야 한다.
1. 제15조 제1항 제1호부터 제5호까지 및 제7호에 관한 사항
1호. 사업장의 산업재해 예방계획의 수립에 관한 사항
2호. 제25조 및 제26조에 따른 안전보건관리규정의 작성 및 변경에 관한 사항
3호. 제29조에 따른 안전보건교육에 관한 사항
4호. 작업환경측정 등 작업환경의 점검 및 개선에 관한 사항
5호. 제129조부터 제132조까지에 따른 근로자의 건강진단 등 건강관리에 관한 사항
2. 제15조 제1항 제6호에 따른 사항 중 중대재해에 관한 사항
3. 유해하거나 위험한 기계 · 기구 · 설비를 도입한 경우 안전 및 보건 관련 조치에 관한 사항
4. 그 밖에 해당 사업장 근로자의 안전 및 보건을 유지 · 증진시키기 위하여 필요한 사항

답 ❶

047 □□□ **산업안전보건법상 안전보건관리규정에 대한 설명으로 옳지 않은 것은?** 19 국가직 7급

① 사업주는 사업장의 안전 · 보건을 유지하기 위하여 안전보건관리규정을 작성하여야 한다.
② 산업안전보건위원회가 설치되어 있는 사업장의 사업주가 안전보건관리규정을 작성하거나 변경할 때에는 산업안전보건위원회의 심의 · 의결을 거쳐야 한다.
③ 산업안전보건위원회가 설치되어 있지 아니한 사업장의 사업주가 안전보건관리규정을 작성하거나 변경할 때에는 근로자 과반수의 의견을 들어야 한다.
④ 안전보건관리규정은 해당 사업장에 적용되는 단체협약 및 취업규칙에 반할 수 없다.

해설

① (○) 산안법 제25조 제1항
② (○) · ③ (×) 사업주는 안전보건관리규정을 작성하거나 변경할 때에는 산업안전보건위원회의 심의 · 의결을 거쳐야 한다.❷ 다만, 산업안전보건위원회가 설치되어 있지 아니한 사업장의 경우에는 근로자대표의 동의를 받아야 한다❸ (산안법 제26조).

④ (○) 산안법 제25조 제2항

> **안전보건관리규정의 작성(산안법 제25조)**
> ① 사업주는 사업장의 안전 및 보건을 유지하기 위하여 다음 각 호의 사항이 포함된 안전보건관리규정을 작성하여야 한다.
> 1. 안전 및 보건에 관한 관리조직과 그 직무에 관한 사항
> 2. 안전보건교육에 관한 사항
> 3. 작업장의 안전 및 보건 관리에 관한 사항
> 4. 사고 조사 및 대책 수립에 관한 사항
> 5. 그 밖에 안전 및 보건에 관한 사항
>
> ② 제1항에 따른 안전보건관리규정(이하 "안전보건관리규정")은 단체협약 또는 취업규칙에 반할 수 없다. 이 경우 안전보건관리규정 중 단체협약 또는 취업규칙에 반하는 부분에 관하여는 그 단체협약 또는 취업규칙으로 정한 기준에 따른다.

답 ❸

048 □□□ 산업안전보건법상 산업안전보건위원회에 대한 설명으로 옳지 않은 것은? 19 국가직 7급

① 사업주와 근로자는 산업안전보건위원회가 심의·의결한 사항을 성실하게 이행하여야 하고, 이를 위반한 자는 벌금에 처한다.
② 산업안전보건위원회는 사업장의 안전 및 보건에 관한 중요 사항을 심의·의결한다.
③ 산업안전보건위원회는 근로자와 사용자가 같은 수로 구성되어야 한다.
④ 산업안전보건위원회는 취업규칙에 반하는 내용으로 심의·의결해서는 아니 된다.

해설

① (×) 산안법 제24조 제4항, 제175조 제5항 제1호 참조

> **산업안전보건위원회(산안법 제24조)**
> ④ 사업주와 근로자는 제2항에 따라 산업안전보건위원회가 심의·의결한 사항을 성실하게 이행하여야 한다.
>
> **과태료(산안법 제175조)**
> ⑤ 다음 각 호의 어느 하나에 해당하는 자에게는 500만원 이하의 과태료를 부과한다.
> 1. 제15조 제1항, 제16조 제1항, 제17조 제1항·제3항, 제18조 제1항·제3항, 제19조 제1항 본문, 제22조 제1항 본문, 제24조 제1항·제4항, 제25조 제1항, 제26조, 제29조 제1항·제2항(제166조의2에서 준용하는 경우를 포함한다), 제31조 제1항, 제32조 제1항(제1호부터 제4호까지의 경우만 해당한다), 제37조 제1항, 제44조 제2항, 제49조 제2항, 제50조 제3항, 제62조 제1항, 제66조, 제68조 제1항, 제75조 제6항, 제77조 제2항, 제90조 제1항, 제94조 제2항, 제122조 제2항, 제124조 제1항(증명자료의 제출은 제외한다), 제125조 제7항, 제132조 제2항, 제137조 제3항 또는 제145조 제1항을 위반한 자

② (○)·③ (○) 사업주는 사업장의 안전 및 보건에 관한 중요 사항을 심의·의결하기 위하여❷ 사업장에 근로자위원과 사용자위원이 같은 수로 구성되는 산업안전보건위원회를 구성·운영하여야 한다❸(산안법 제24조 제1항).
④ (○) 산업안전보건위원회는 이 법, 이 법에 따른 명령, 단체협약, 취업규칙 및 안전보건관리규정에 반하는 내용으로 심의·의결해서는 아니 된다(산안법 제24조 제5항).

답 ❶

049 산업안전보건법령상 안전보건관리체제에 대한 설명으로 옳지 않은 것은? 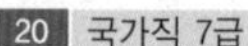

□□□

① 상시 근로자 300명 미만을 사용하는 모든 사업장의 사업주는 사업장의 안전관리자를 두는 대신 안전관리전문기관에 안전관리자의 업무를 위탁하여 운영할 수 있다.

② 산업재해의 원인 조사 및 재발 방지대책 수립에 관한 사항 중 중대재해에 관한 사항은 산업안전보건위원회에서 심의·의결을 거쳐야 한다.

③ 사업주가 근로자의 건강관리나 그 밖에 보건관리자의 업무를 지도하기 위하여 사업장에 산업보건의를 두어야 하는 경우라도 의료법 제2조에 따른 의사를 보건관리자로 둔 경우에는 산업보건의를 두지 않아도 된다.

④ 사업주는 사업장을 실질적으로 총괄하여 관리하는 사람에게 해당 사업장의 산업안전보건법 제129조부터 제132조까지에 따른 근로자의 건강진단 등 건강관리에 관한 사항의 업무를 총괄하여 관리하도록 하여야 한다.

해설

① (×) 산안법 제17조 제5항, 동법 시행령 제19조 제1항 참조

안전관리자(산안법 제17조)

⑤ 대통령령으로 정하는 사업의 종류 및 사업장의 상시근로자 수에 해당하는 사업장의 사업주는 제21조에 따라 지정받은 안전관리 업무를 전문적으로 수행하는 기관(이하 "안전관리전문기관")에 안전관리자의 업무를 위탁할 수 있다.

안전관리자 업무의 위탁 등(산안법 시행령 제19조)

① 법 제17조 제5항에서 "대통령령으로 정하는 사업의 종류 및 사업장의 상시근로자 수에 해당하는 사업장"이란 건설업을 제외한 사업으로서 상시근로자 300명 미만을 사용하는 사업장을 말한다.

② (○) 산안법 제24조 제2항 제2호
③ (○) 산안법 제22조 제1항
④ (○) 산안법 제15조 제1항 제5호

안전보건관리책임자(산안법 제15조)

① 사업주는 사업장을 실질적으로 총괄하여 관리하는 사람에게 해당 사업장의 다음 각 호의 업무를 총괄하여 관리하도록 하여야 한다.
1. 사업장의 산업재해 예방계획의 수립에 관한 사항
2. 제25조 및 제26조에 따른 안전보건관리규정의 작성 및 변경에 관한 사항
3. 제29조에 따른 안전보건교육에 관한 사항
4. 작업환경측정 등 작업환경의 점검 및 개선에 관한 사항
5. 제129조부터 제132조까지에 따른 근로자의 건강진단 등 건강관리에 관한 사항
6. 산업재해의 원인 조사 및 재발 방지대책 수립에 관한 사항
7. 산업재해에 관한 통계의 기록 및 유지에 관한 사항
8. 안전장치 및 보호구 구입 시 적격품 여부 확인에 관한 사항
9. 그 밖에 근로자의 유해·위험 방지조치에 관한 사항으로서 고용노동부령으로 정하는 사항

② 제1항 각 호의 업무를 총괄하여 관리하는 사람(이하 "안전보건관리책임자")은 제17조에 따른 안전관리자와 제18조에 따른 보건관리자를 지휘·감독한다.

답 ❶

050 □□□ **산업안전보건법령상 고용노동부장관이 산업재해를 예방하기 위하여 산업재해 발생건수, 재해율 또는 그 순위 등을 공표하여야 하는 사업장에 해당하는 것만을 모두 고르면?** 20 국가직 7급

ㄱ. 산업안전보건법 제57조 제1항을 위반하여 산업재해발생 사실을 은폐한 사업장
ㄴ. 산업안전보건법 제57조 제3항에 따른 산업재해의 발생에 관한 보고를 최근 5년 이내 3회 이상 하지 않은 사업장
ㄷ. 산업재해로 인한 사망자가 연간 2명 이상 발생한 사업장
ㄹ. 사망만인율(사망재해자 수를 연간 상시근로자 1만명 당 발생하는 사망재해자 수로 환산한 것을 말한다)이 규모별 같은 업종의 평균 사망만인율 이상인 사업장

① ㄱ, ㄴ ② ㄴ, ㄷ
③ ㄱ, ㄷ, ㄹ ④ ㄴ, ㄷ, ㄹ

해설

ㄱ. (O), ㄴ. (×), ㄷ. (O), ㄹ. (O)

ㄱ. 산업안전보건법 제57조 제1항을 위반하여 산업재해발생 사실을 은폐한 사업장, ㄷ. 산업재해로 인한 사망자가 연간 2명 이상 발생한 사업장, ㄹ. 사망만인율(사망재해자 수를 연간 상시근로자 1만명 당 발생하는 사망재해자 수로 환산한 것)이 규모별 같은 업종의 평균 사망만인율 이상인 사업장 등이 산안법 제10조 제1항, 동법 시행령 제10조 제1항에 의한 공표대상 사업장에 해당한다.

산업재해 발생건수 등의 공표(산안법 제10조)

① 고용노동부장관은 산업재해를 예방하기 위하여 대통령령으로 정하는 사업장의 근로자 산업재해 발생건수, 재해율 또는 그 순위 등(이하 "산업재해발생건수등")을 공표하여야 한다.

공표대상 사업장(산안법 시행령 제10조)

① 법 제10조 제1항에서 "대통령령으로 정하는 사업장"이란 다음 각 호의 어느 하나에 해당하는 사업장을 말한다.
1. 산업재해로 인한 사망자(이하 "사망재해자")가 연간 2명 이상 발생한 사업장
2. 사망만인율(死亡萬人率 : 연간 상시근로자 1만명당 발생하는 사망재해자 수의 비율을 말한다)이 규모별 같은 업종의 평균 사망만인율 이상인 사업장
3. 법 제44조 제1항 전단에 따른 중대산업사고가 발생한 사업장
4. 법 제57조 제1항을 위반하여 산업재해 발생 사실을 은폐한 사업장
5. 법 제57조 제3항에 따른 산업재해의 발생에 관한 보고를 최근 3년 이내 2회 이상 하지 않은 사업장

답 ❸

051 □□□ **산업안전보건법상 산업안전지도사 또는 산업보건지도사가 다른 사람에게 자기의 성명이나 사무소의 명칭을 사용하여 그 직무를 수행하게 하거나 자격증·등록증을 대여한 경우에 적용되는 벌칙은?**

21 국가직 7급

① 500만원 이하의 벌금
② 1천만원 이하의 벌금
③ 1년 이하의 징역 또는 1천만원 이하의 벌금
④ 3년 이하의 징역 또는 3천만원 이하의 벌금

해설

다른 사람에게 자기의 성명이나 사무소의 명칭을 사용하여 그 직무를 수행하게 하거나 자격증·등록증을 대여한 산업안전지도사 또는 산업보건지도사는 산안법 제170조 제7호에 의하여 1년 이하의 징역 또는 1천만원 이하의 벌금에 처한다.

답 ❸

052 □□□ **산업안전보건법상 도급인의 안전조치 및 보건조치 등에 대한 설명으로 옳지 않은 것은?**

21 국가직 7급

① 관계수급인이란 도급이 여러 단계에 걸쳐 체결된 경우에 각 단계별로 도급받은 사업주 전부를 말한다.
② 도급인은 관계수급인 근로자가 도급인의 사업장에서 작업을 하는 경우에 자신의 근로자와 관계수급인 근로자의 산업재해를 예방하기 위하여, 보호구 착용의 지시 등 관계수급인 근로자의 작업행동에 관한 직접적인 조치를 하여야 한다.
③ 도급인은 관계수급인 근로자가 도급인의 사업장에서 작업을 하는 경우 도급인과 수급인을 구성원으로 하는 안전 및 보건에 관한 협의체를 구성하고 운영하여야 한다.
④ 붕괴의 위험이 있는 작업으로서 대통령령으로 정하는 작업을 도급하는 자는 그 작업을 수행하는 수급인 근로자의 산업재해를 예방하기 위하여 고용노동부령으로 정하는 바에 따라 해당작업 시작 전에 수급인에게 안전 및 보건에 관한 정보를 문서로 제공하여야 한다.

해설

① (○) 산안법 제2조 제9호
② (×) 도급인은 관계수급인 근로자가 도급인의 사업장에서 작업을 하는 경우에 자신의 근로자와 관계수급인 근로자의 산업재해를 예방하기 위하여 안전 및 보건 시설의 설치 등 필요한 안전조치 및 보건조치를 하여야 한다. 다만, 보호구 착용의 지시 등 관계수급인 근로자의 작업행동에 관한 직접적인 조치는 제외한다(산안법 제63조).
③ (○) 산안법 제64조 제1항 제1호
④ (○) 산안법 제65조 제1항 제3호

도급에 따른 산업재해 예방조치(산안법 제64조)

① 도급인은 관계수급인 근로자가 도급인의 사업장에서 작업을 하는 경우 다음 각 호의 사항을 이행하여야 한다.

1. 도급인과 수급인을 구성원으로 하는 안전 및 보건에 관한 협의체의 구성 및 운영
2. 작업장 순회점검
3. 관계수급인이 근로자에게 하는 제29조 제1항부터 제3항까지의 규정에 따른 안전보건교육을 위한 장소 및 자료의 제공 등 지원
4. 관계수급인이 근로자에게 하는 제29조 제3항에 따른 안전보건교육의 실시 확인
5. 다음 각 목의 어느 하나의 경우에 대비한 경보체계 운영과 대피방법 등 훈련
   가. 작업 장소에서 발파작업을 하는 경우
   나. 작업 장소에서 화재·폭발, 토사·구축물 등의 붕괴 또는 지진 등이 발생한 경우
6. 위생시설 등 고용노동부령으로 정하는 시설의 설치 등을 위하여 필요한 장소의 제공 또는 도급인이 설치한 위생시설 이용의 협조
7. 같은 장소에서 이루어지는 도급인과 관계수급인 등의 작업에 있어서 관계수급인 등의 작업시기·내용, 안전조치 및 보건조치 등의 확인
8. 제7호에 따른 확인 결과 관계수급인 등의 작업 혼재로 인하여 화재·폭발 등 대통령령으로 정하는 위험이 발생할 우려가 있는 경우 관계수급인 등의 작업시기·내용 등의 조정

② 제1항에 따른 도급인은 고용노동부령으로 정하는 바에 따라 자신의 근로자 및 관계수급인 근로자와 함께 정기적으로 또는 수시로 작업장의 안전 및 보건에 관한 점검을 하여야 한다.

도급인의 안전 및 보건에 관한 정보 제공 등(산안법 제65조)

① 다음 각 호의 작업을 도급하는 자는 그 작업을 수행하는 수급인 근로자의 산업재해를 예방하기 위하여 고용노동부령으로 정하는 바에 따라 해당 작업 시작 전에 수급인에게 안전 및 보건에 관한 정보를 문서로 제공하여야 한다.

1. 폭발성·발화성·인화성·독성 등의 유해성·위험성이 있는 화학물질 중 고용노동부령으로 정하는 화학물질 또는 그 화학물질을 포함한 혼합물을 제조·사용·운반 또는 저장하는 반응기·증류탑·배관 또는 저장탱크로서 고용노동부령으로 정하는 설비를 개조·분해·해체 또는 철거하는 작업
2. 제1호에 따른 설비의 내부에서 이루어지는 작업
3. 질식 또는 붕괴의 위험이 있는 작업으로서 대통령령으로 정하는 작업

답 ❷

053 산업안전보건법상 건설업 등의 산업재해 예방에 대한 설명으로 옳지 않은 것은? 21 국가직 7급

□□□

① 건설공사발주자 또는 건설공사도급인은 설계도서 등에 따라 산정된 공사기간을 단축해서는 아니 된다.

② 건설공사발주자는 산업안전보건관리비의 효율적인 사용을 위하여 건설공사의 진척 정도에 따른 사용비율 등 기준을 정할 수 있다.

③ 건설공사발주자는 건설공사발주자에게 책임이 있는 사유로 시공이 중단됨으로 인해 건설공사가 지연되어 해당 건설공사 도급인이 산업재해 예방을 위하여 공사기간의 연장을 요청하는 경우에는 특별한 사유가 없으면 공사기간을 연장하여야 한다.

④ 2개 이상의 건설공사를 도급한 건설공사발주자는 그 2개 이상의 건설공사가 같은 장소에서 행해지는 경우에 작업의 혼재로 인하여 발생할 수 있는 산업재해를 예방하기 위하여 대통령령이 정하는 바에 따라 건설공사 현장에 안전보건조정자를 두어야 한다.

해설

① (○) 산안법 제69조 제1항

② (×) 산안법 제72조 제2항 참조

건설공사 등의 산업안전보건관리비 계상 등(산안법 제72조)

② 고용노동부장관은 산업안전보건관리비의 효율적인 사용을 위하여 다음 각 호의 사항을 정할 수 있다.
1. 사업의 규모별 · 종류별 계상 기준
2. 건설공사의 진척 정도에 따른 사용비율 등 기준
3. 그 밖에 산업안전보건관리비의 사용에 필요한 사항

③ (○) 산안법 제70조 제1항 참조

건설공사 기간의 연장(산안법 제70조)

① 건설공사발주자는 다음 각 호의 어느 하나에 해당하는 사유로 건설공사가 지연되어 해당 건설공사도급인이 산업재해 예방을 위하여 공사기간의 연장을 요청하는 경우에는 특별한 사유가 없으면 공사기간을 연장하여야 한다.
1. 태풍 · 홍수 등 악천후, 전쟁 · 사변, 지진, 화재, 전염병, 폭동, 그 밖에 계약 당사자가 통제할 수 없는 사태의 발생 등 불가항력의 사유가 있는 경우
2. 건설공사발주자에게 책임이 있는 사유로 착공이 지연되거나 시공이 중단된 경우

④ (○) 산안법 제68조 제1항

답 ❷

054 □□□ 산업안전보건법령상 보건관리자의 업무에 해당하지 않는 것은? 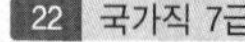 22 국가직 7급

① 산업안전보건위원회 또는 노사협의체에서 심의·의결한 업무와 안전보건관리규정 및 취업규칙에서 정한 업무
② 사업장 순회점검, 지도 및 조치 건의
③ 산업재해 발생의 원인 조사·분석 및 재발 방지를 위한 기술적 보좌 및 지도·조언
④ 공정안전보고서의 작성 및 고용노동부장관에게 공정안전 보고서의 제출

해설

① (O), ② (O), ③ (O), ④ (×)

① 산업안전보건위원회 또는 노사협의체에서 심의·의결한 업무와 안전보건관리규정 및 취업규칙에서 정한 업무, ② 사업장 순회점검, 지도 및 조치 건의, ③ 산업재해 발생의 원인 조사·분석 및 재발 방지를 위한 기술적 보좌 및 지도·조언 등은 산안법 시행령 제22조 제1항에 의한 보건관리자의 업무에 해당하나, ④ 공정안전보고서의 작성 및 고용노동부장관에게 공정안전 보고서의 제출은 산안법 제44조 제1항이 규정한 사업주의 의무이다.

보건관리자의 업무 등(산안법 시행령 제22조)

① 보건관리자의 업무는 다음 각 호와 같다.

1. 산업안전보건위원회 또는 노사협의체에서 심의·의결한 업무와 안전보건관리규정 및 취업규칙에서 정한 업무
2. 안전인증대상기계등과 자율안전확인대상기계등 중 보건과 관련된 보호구(保護具) 구입 시 적격품 선정에 관한 보좌 및 지도·조언
3. 법 제36조에 따른 위험성평가에 관한 보좌 및 지도·조언
4. 법 제110조에 따라 작성된 물질안전보건자료의 게시 또는 비치에 관한 보좌 및 지도·조언
5. 제31조 제1항에 따른 산업보건의의 직무(보건관리자가 [별표 6] 제2호에 해당하는 사람인 경우로 한정)
6. 해당 사업장 보건교육계획의 수립 및 보건교육 실시에 관한 보좌 및 지도·조언
7. 해당 사업장의 근로자를 보호하기 위한 다음 각 목의 조치에 해당하는 의료행위(보건관리자가 [별표 6] 제2호 또는 제3호에 해당하는 경우로 한정)
   가. 자주 발생하는 가벼운 부상에 대한 치료
   나. 응급처치가 필요한 사람에 대한 처치
   다. 부상·질병의 악화를 방지하기 위한 처치
   라. 건강진단 결과 발견된 질병자의 요양 지도 및 관리
   마. 가목부터 라목까지의 의료행위에 따르는 의약품의 투여
8. 작업장 내에서 사용되는 전체 환기장치 및 국소 배기장치 등에 관한 설비의 점검과 작업방법의 공학적 개선에 관한 보좌 및 지도·조언
9. 사업장 순회점검, 지도 및 조치 건의
10. 산업재해 발생의 원인 조사·분석 및 재발 방지를 위한 기술적 보좌 및 지도·조언
11. 산업재해에 관한 통계의 유지·관리·분석을 위한 보좌 및 지도·조언
12. 법 또는 법에 따른 명령으로 정한 보건에 관한 사항의 이행에 관한 보좌 및 지도·조언
13. 업무 수행 내용의 기록·유지
14. 그 밖에 보건과 관련된 작업관리 및 작업환경관리에 관한 사항으로서 고용노동부장관이 정하는 사항

답 ❹

055 산업안전보건법령상 중대재해 및 유해 · 위험작업 등에 대한 설명으로 옳지 않은 것은?

□□□

22 국가직 7급

① 3개월 이상의 요양이 필요한 부상자가 동시에 2명 이상 발생한 산업재해는 중대재해에 해당한다.

② 사업주는 잠함 또는 잠수 작업 등 높은 기압에서 하는 작업에 종사하는 근로자에게는 1일 6시간, 1주 34시간을 초과하여 근로하게 해서는 아니 된다.

③ 사업주는 유해하거나 위험한 작업으로서 상당한 지식이나 숙련도가 요구되는 고용노동부령으로 정하는 작업의 경우 그 작업에 필요한 자격 · 면허 · 경험 또는 기능을 가진 근로자가 아닌 사람에게 그 작업을 하게 해서는 아니 된다

④ 건설공사의 건설공사도급인이 해당 건설공사 현장에 근로자위원과 사용자위원이 같은 수로 구성되는 안전 및 보건에 관한 협의체를 구성하는 경우 이 노사협의체의 정기회의는 3개월마다 위원장이 소집하며, 임시회의는 위원장이 필요하다고 인정할 때에 소집한다.

해설

① (○) 산안법 시행규칙 제3조 참조

중대재해의 범위(산안법 제3조)

법 제2조 제2호에서 "고용노동부령으로 정하는 재해"란 다음 각 호의 어느 하나에 해당하는 재해를 말한다.

1. 사망자가 1명 이상 발생한 재해
2. 3개월 이상의 요양이 필요한 부상자가 동시에 2명 이상 발생한 재해
3. 부상자 또는 직업성 질병자가 동시에 10명 이상 발생한 재해

② (○) 산안법 제139조 제1항, 동법 시행령 제99조 제1항

③ (○) 산안법 제140조 제1항

④ (×) 산안법 제75조 제1항, 동법 시행령 제65조 제1항 참조

안전 및 보건에 관한 협의체 등의 구성 · 운영에 관한 특례(산안법 제75조)

① 대통령령으로 정하는 규모의 건설공사의 건설공사도급인은 해당 건설공사 현장에 근로자위원과 사용자위원이 같은 수로 구성되는 안전 및 보건에 관한 협의체(이하 "노사협의체")를 대통령령으로 정하는 바에 따라 구성 · 운영할 수 있다.

노사협의체의 운영 등(산안법 시행령 제65조)

① 노사협의체의 회의는 정기회의와 임시회의로 구분하여 개최하되, 정기회의는 2개월마다 노사협의체의 위원장이 소집하며, 임시회의는 위원장이 필요하다고 인정할 때에 소집한다.

답 ❹

제4절 직업안정법

056 □□□ **직업안정법에 관한 설명으로 옳지 않은 것은?** 22 노무

① 직업안정기관의 장은 구인자가 구인조건을 밝히기를 거부하는 경우 구인신청의 수리(受理)를 거부할 수 있다.

② 직업안정기관의 장은 통근할 수 있는 지역에서 구직자에게 그 희망과 능력에 알맞은 직업을 소개할 수 없을 경우에는 광범위한 지역에 걸쳐 직업소개를 할 수 있다.

③ 한국장애인고용공단이 장애인을 대상으로 하는 직업소개의 경우에는 신고를 하지 아니하고 무료직업소개사업을 할 수 있다.

④ 유료직업소개사업의 등록을 하고 유료직업소개사업을 하는 자는 구직자에게 제공하기 위하여 구인자로부터 선급금을 받을 수 있다.

⑤ 근로자를 고용하려는 자는 광고, 문서 또는 정보통신망 등 다양한 매체를 활용하여 자유롭게 근로자를 모집할 수 있다.

해설

① (O) 직안법 제8조 제3호

② (O) 직업안정기관의 장은 통근할 수 있는 지역에서 구직자에게 그 희망과 능력에 알맞은 직업을 소개할 수 없을 경우 또는 구인자가 희망하는 구직자나 구인 인원을 채울 수 없을 경우에는 광범위한 지역에 걸쳐 직업소개를 할 수 있다(직안법 제12조).

③ (O) 직안법 제18조 제4항 제2호

④ (×) 등록을 하고 유료직업소개사업을 하는 자 및 그 종사자는 구직자에게 제공하기 위하여 구인자로부터 선급금을 받아서는 아니 된다(직안법 제21조의2).

⑤ (O) 직안법 제28조

구인의 신청(직안법 제8조)

직업안정기관의 장은 구인신청의 수리(受理)를 거부하여서는 아니 된다. 다만, 다음 각 호의 어느 하나에 해당하는 경우에는 그러하지 아니하다.

1. 구인신청의 내용이 법령을 위반한 경우
2. 구인신청의 내용 중 임금, 근로시간, 그 밖의 근로조건이 통상적인 근로조건에 비하여 현저하게 부적당하다고 인정되는 경우
3. 구인자가 구인조건을 밝히기를 거부하는 경우
4. 구인자가 구인신청 당시 근로기준법 제43조의2에 따라 명단이 공개 중인 체불사업주인 경우

무료직업소개사업(직안법 제18조)

④ 제1항에도 불구하고 다음 각 호의 어느 하나에 해당하는 직업소개의 경우에는 신고를 하지 아니하고 무료직업소개사업을 할 수 있다.

1. 한국산업인력공단법에 따른 한국산업인력공단이 하는 직업소개
2. 장애인고용촉진 및 직업재활법에 따른 한국장애인고용공단이 장애인을 대상으로 하는 직업소개
3. 교육 관계법에 따른 각급 학교의 장, 국민 평생 직업능력 개발법에 따른 공공직업훈련시설의 장이 재학생·졸업생 또는 훈련생·수료생을 대상으로 하는 직업소개
4. 산업재해보상보험법에 따른 근로복지공단이 업무상 재해를 입은 근로자를 대상으로 하는 직업소개

답 ❹

057 직업안정법상 근로자공급사업의 허가를 받을 수 있는 자는?

□□□

① 직업안정법을 위반한 자로서, 벌금형이 확정된 후 2년이 지나지 아니한 자
② 파산선고를 받고 복권되지 아니한 자
③ 금고 이상의 실형을 선고받고 그 집행이 끝나거나 집행을 하지 아니하기로 확정된 날부터 2년이 지나지 아니한 자
④ 금고 이상의 형의 집행유예를 선고받고 그 유예기간이 도과한 후 2년이 지나지 아니한 자
⑤ 근로자공급사업의 허가가 취소된 후 5년이 지나지 아니한 자

해설

① (O), ② (O), ③ (O), ④ (×), ⑤ (O)

직업안정법, 성매매알선 등 행위의 처벌에 관한 법률, 풍속영업의 규제에 관한 법률 또는 청소년 보호법을 위반하거나 직업소개사업과 관련된 행위로 선원법을 위반한 자로서 금고 이상의 형의 집행유예를 선고받고 그 유예기간이 도과한 후 3년이 지나지 아니한 자는 근로자공급사업의 허가를 받을 수 없다(직안법 제38조 제4호 나목). 따라서 위와 같은 법률 위반이 없는 경우 금고 이상의 형의 집행유예를 선고받고 그 유예기간이 도과한 후 2년이 지나지 아니한 자도 근로자공급사업의 허가를 받을 수 있다.

결격사유(직안법 제38조)

다음 각 호의 어느 하나에 해당하는 자는 직업소개사업의 신고·등록을 하거나 근로자공급사업의 허가를 받을 수 없다.

1. 미성년자, 피성년후견인 및 피한정후견인
2. 파산선고를 받고 복권되지 아니한 자
3. 금고 이상의 실형을 선고받고 그 집행이 끝나거나 집행을 하지 아니하기로 확정된 날부터 2년이 지나지 아니한 자
4. 이 법, 성매매알선 등 행위의 처벌에 관한 법률, 풍속영업의 규제에 관한 법률 또는 청소년 보호법을 위반하거나 직업소개사업과 관련된 행위로 선원법을 위반한 자로서 다음 각 목의 어느 하나에 해당하는 자
   가. 금고 이상의 실형을 선고받고 그 집행이 끝나거나 집행을 하지 아니하기로 확정된 날부터 3년이 지나지 아니한 자
   나. 금고 이상의 형의 집행유예를 선고받고 그 유예기간이 끝난 날부터 3년이 지나지 아니한 자
   다. 벌금형이 확정된 후 2년이 지나지 아니한 자
5. 금고 이상의 형의 집행유예를 선고받고 그 유예기간 중에 있는 자
6. 제36조에 따라 해당 사업의 등록이나 허가가 취소된 후 5년이 지나지 아니한 자
7. 임원 중에 제1호부터 제6호까지의 어느 하나에 해당하는 자가 있는 법인

답 ④

058 □□□ 직업안정법에 관한 설명으로 옳은 것은? 15 노무

① 무료직업소개사업을 하려는 자는 대통령령으로 정하는 비영리법인 또는 공익단체이어야 한다.
② 국내 유료직업소개사업을 하려는 자는 주된 사업소의 소재지를 관할하는 특별자치도지사・시장・군수 및 구청장의 허가를 받아야 한다.
③ 유료직업소개사업을 하는 자는 직업안정법에 따라 타인에게 자기의 성명 또는 상호를 사용하여 직업소개업을 하게 할 수 있다.
④ 노동조합 및 노동관계조정법에 따른 노동조합이 아니더라도 국내 근로자공급사업의 허가를 받을 수 있다.
⑤ 유료직업소개사업을 하는 자는 고용노동부령으로 정하는 고급・전문인력을 소개하는 경우 고용노동부장관이 결정・고시한 요금 외의 금품을 받아서는 아니 된다.

해설

① (O) 무료직업소개사업을 하려는 자는 대통령령으로 정하는 비영리법인 또는 공익단체이어야 한다(직안법 제18조 제2항).
② (×) 유료직업소개사업은 소개대상이 되는 근로자가 취업하려는 장소를 기준으로 하여 국내 유료직업소개사업과 국외 유료직업소개사업으로 구분하되, 국내 유료직업소개사업을 하려는 자는 주된 사업소의 소재지를 관할하는 특별자치도지사・시장・군수 및 구청장에게 등록하여야 하고, 국외 유료직업소개사업을 하려는 자는 고용노동부장관에게 등록하여야 한다(직안법 제19조 제1항).
③ (×) 유료직업소개사업을 등록한 자는 타인에게 자기의 성명 또는 상호를 사용하여 직업소개사업을 하게 하거나 그 등록증을 대여하여서는 아니 된다(직안법 제21조).
④ (×) 노동조합 및 노동관계조정법에 따른 노동조합만이 국내 근로자공급사업의 허가를 받을 수 있다(직안법 제33조 제3항 제1호).
⑤ (×) 유료직업소개사업을 하는 자는 고용노동부장관이 결정・고시한 요금 외의 금품을 받아서는 아니 된다. 다만, 고용노동부령으로 정하는 고급・전문인력을 소개하는 경우에는 당사자 사이에 정한 요금을 구인자로부터 받을 수 있다(직안법 제19조 제3항).

답 ❶

PART 1 PART 2 PART 3

059 직업안정법에 관한 설명으로 옳은 것은? 23 노무

□□□

① 고용노동부장관은 직업안정기관에 직업소개, 직업지도 및 고용정보 제공 등의 업무를 담당하는 민간직업상담원을 배치하여야 한다.
② 고용노동부장관은 새로 취업하려는 사람에게 직업지도를 하여야 한다.
③ 누구든지 국외에 취업할 근로자를 모집한 경우에는 고용노동부장관에게 신고하여야 한다.
④ 고용노동부장관은 무료직업소개사업 경비의 전부 또는 일부를 보조하여야 한다.
⑤ 직업안정기관의 장은 구직신청 내용이 법령을 위반한 경우에도 구직신청의 수리를 거부하여서는 아니 된다.

해설

① (×) 고용노동부장관은 직업안정기관에 직업소개, 직업지도 및 고용정보 제공 등의 업무를 담당하는 공무원이 아닌 직업상담원을 배치할 수 있다(직안법 제4조의4 제1항).
② (×) 직업안정기관의 장은 새로 취업하려는 사람에게 직업지도를 하여야 한다(직안법 제14조 제1항 제1호).
③ (○) 직안법 제30조 제1항
④ (×) 고용노동부장관은 무료직업소개사업 경비의 전부 또는 일부를 보조할 수 있다(직안법 제45조).
⑤ (×) 직업안정기관의 장은 구직신청의 수리를 거부하여서는 아니 된다. 다만, 그 신청 내용이 법령을 위반한 경우에는 그러하지 아니하다(직안법 제9조 제1항).

답 ❸

060 직업안정법에 관한 설명으로 옳지 않은 것은? 17 노무

□□□

① 직업안정기관의 장은 구인자가 구인조건을 밝히기를 거부하는 경우 구인신청의 수리(受理)를 거부할 수 있다.
② 직업안정기관의 장은 구직자의 취업 기회를 확대하고 산업에 부족한 인력의 수급을 지원하기 위하여 구인·구직의 개척에 노력하여야 한다.
③ 이 법에 따라 등록을 하고 유료직업소개사업을 하는 자 및 그 종사자는 구직자에게 제공하기 위하여 구인자로부터 선급금을 받을 수 있다.
④ 이 법에 따라 무료직업소개사업을 하는 자와 그 종사자는 18세 미만의 구직자를 소개하는 경우 친권자나 후견인의 취업동의서를 받아야 한다.
⑤ 누구든지 고용노동부장관의 허가를 받지 아니하고는 근로자공급사업을 하지 못한다.

해설

① (○) 직업안정기관의 장은 구인신청의 수리를 거부하여서는 아니 되지만, 구인자가 구인조건을 밝히기를 거부하는 경우에는 구인신청의 수리를 거부할 수 있다(직안법 제8조 제3호).
② (○) 직안법 제17조
③ (×) 직업안정법에 따라 등록을 하고 유료직업소개사업을 하는 자 및 그 종사자는 구직자에게 제공하기 위하여 구인자로부터 선급금을 받아서는 아니 된다(직안법 제21조의2).
④ (○) 직안법 제21조의3 제1항
⑤ (○) 직안법 제33조 제1항

답 ❸

061 □□□ 직업안정법상 근로자공급사업에 관한 설명으로 옳지 않은 것은? 21 노무

① 누구든지 고용노동부장관의 허가를 받지 아니하고는 근로자공급사업을 하지 못한다.
② 근로자공급사업은 공급대상이 되는 근로자가 취업하려는 장소를 기준으로 국내 근로자공급사업과 국외 근로자공급사업으로 구분한다.
③ 파견근로자 보호 등에 관한 법률에 따른 파견사업주는 국내 근로자공급사업의 허가를 받을 수 있다.
④ 국내에서 제조업을 하고 있는 자는 국외 근로자공급사업의 허가를 받을 수 있다.
⑤ 민법에 따른 비영리법인은 연예인을 대상으로 하는 국외 근로자공급사업의 허가를 받을 수 있다.

해설

① (○) 직안법 제33조 제1항
② (○) 직안법 제33조 제3항
③ (×) 국내 근로자공급사업의 허가를 받을 수 있는 자는 노동조합 및 노동관계조정법에 따른 노동조합이다(직안법 제33조 제3항 제1호).
④ (○) 직안법 제33조 제3항 제2호 본문
⑤ (○) 직안법 제33조 제3항 제2호 단서

근로자공급사업(직안법 제33조)

③ 근로자공급사업은 공급대상이 되는 근로자가 취업하려는 장소를 기준으로 국내 근로자공급사업과 국외 근로자공급사업으로 구분하며, 각각의 사업의 허가를 받을 수 있는 자의 범위는 다음 각 호와 같다.
1. 국내 근로자공급사업의 경우는 노동조합 및 노동관계조정법에 따른 노동조합
2. 국외 근로자공급사업의 경우는 국내에서 제조업·건설업·용역업, 그 밖의 서비스업을 하고 있는 자. 다만, 연예인을 대상으로 하는 국외 근로자공급사업의 허가를 받을 수 있는 자는 민법 제32조에 따른 비영리법인으로 한다.

답 ❸

062 직업안정법상 용어의 정의로 옳지 않은 것은? 20 노무

☐☐☐

① "직업안정기관"이란 직업소개, 직업지도 등 직업안정업무를 수행하는 지방고용노동행정기관을 말한다.
② "직업소개"란 구인 또는 구직의 신청을 받아 구직자 또는 구인자(求人者)를 탐색하거나 구직자를 모집하여 구인자와 구직자 간에 고용계약이 성립되도록 알선하는 것을 말한다.
③ "무료직업소개사업"이란 수수료, 회비 또는 그 밖의 어떠한 금품도 받지 아니하고 하는 직업소개사업을 말한다.
④ "근로자공급사업"이란 근로자파견사업을 포함하여 공급계약에 따라 근로자를 타인에게 사용하게 하는 사업을 말한다.
⑤ "고용서비스"란 구인자 또는 구직자에 대한 고용정보의 제공, 직업소개, 직업지도 또는 직업능력개발 등 고용을 지원하는 서비스를 말한다.

해설

① (○) 직안법 제2조의2 제1호
② (○) 직안법 제2조의2 제2호
③ (○) 직안법 제2조의2 제4호
④ (×) "근로자공급사업"이란 공급계약에 따라 근로자를 타인에게 사용하게 하는 사업을 말한다. 다만, 파견근로자 보호 등에 관한 법률 제2조 제2호에 따른 근로자파견사업은 제외한다(직안법 제2조의2 제7호).
⑤ (○) 직안법 제2조의2 제9호

답 ❹

063 직업안정법에 관한 설명으로 옳은 것은? 19 노무

☐☐☐

① 국외 무료직업소개사업을 하려는 자는 고용노동부장관의 허가를 받아야 한다.
② 국내 유료직업소개사업을 하려는 자는 주된 사업소의 소재지를 관할하는 관청에 신고하여야 한다.
③ 고용노동부장관에게 등록을 신청하면 누구든지 근로자공급사업을 할 수 있다.
④ 누구든지 성별, 연령, 종교, 신체적 조건, 사회적 신분 또는 혼인 여부 등을 이유로 직업소개 또는 직업지도를 받거나 고용관계를 결정할 때 차별대우를 받지 아니한다.
⑤ 직업안정기관의 장이 필요하다고 인정하면 구직자의 동의가 없어도 직업적성검사를 할 수 있다.

해설

① (×) 국내 무료직업소개사업을 하려는 자는 주된 사업소의 소재지를 관할하는 특별자치도지사 · 시장 · 군수 및 구청장에게 신고하여야 하고, 국외 무료직업소개사업을 하려는 자는 고용노동부장관에게 신고하여야 한다(직안법 제18조 제1항).
② (×) 국내 유료직업소개사업을 하려는 자는 주된 사업소의 소재지를 관할하는 특별자치도지사 · 시장 · 군수 및 구청장에게 등록하여야 한다(직안법 제19조 제1항).
③ (×) 누구든지 고용노동부장관의 허가를 받지 아니하고는 근로자공급사업을 하지 못한다(직안법 제33조 제1항).
④ (○) 직안법 제2조
⑤ (×) 직업안정기관의 장은 구직자의 요청이 있거나 필요하다고 인정하여 구직자의 동의를 받은 경우에는 직업상담 또는 직업적성검사를 할 수 있다(직안법 제9조 제2항).

답 ❹

064 직업안정법상 근로자공급사업에 관한 설명으로 옳지 않은 것은? 18 노무

□□□

① 국내에서 용역업을 하고 있는 자는 근로자공급사업의 허가를 받을 수 있다.
② 근로자공급사업에는 파견근로자 보호 등에 관한 법률에 따른 근로자파견사업은 제외한다.
③ 고용노동부장관의 허가를 받지 아니하고는 근로자공급사업을 하지 못한다.
④ 근로자공급사업 연장허가의 유효기간은 연장 전 허가의 유효기간이 끝나는 날부터 3년으로 한다.
⑤ 연예인을 대상으로 하는 국외 근로자공급사업의 허가를 받을 수 있는 자는 민법상 비영리법인으로 한다.

해설

① (×) 근로자공급사업은 공급대상이 되는 근로자가 취업하려는 장소를 기준으로 국내 근로자공급사업과 국외 근로자공급사업으로 구분하며, 국내 근로자공급사업의 경우는 노동조합이, 국외 근로자공급사업의 경우는 국내에서 제조업·건설업·용역업, 그 밖의 서비스업을 하고 있는 자가 사업의 허가를 받을 수 있다(직안법 제33조 제3항).
② (O) 직안법 제2조의2 제7호
③ (O) 직안법 제33조 제1항
④ (O) 직안법 제33조 제2항 후문
⑤ (O) 직안법 제33조 제3항 제2호 단서

답 ❶

PART 1 PART 2 PART 3

065 직업안정법에 관한 설명으로 옳지 않은 것은? 16 노무

□□□

① 근로자공급사업이란 공급계약에 따라 근로자를 타인에게 사용하게 하는 것으로서 파견근로자 보호 등에 관한 법률에 따른 근로자파견사업도 포함된다.
② 직업안정기관의 장은 새로 취업하려는 사람에게 직업지도를 하여야 한다.
③ 누구든지 고용노동부장관의 허가를 받지 아니하고는 근로자공급사업을 하지 못한다.
④ 누구든지 국외에 취업할 근로자를 모집한 경우에는 고용노동부장관에게 신고하여야 한다.
⑤ 근로자를 고용하려는 자는 광고, 문서 또는 정보통신망 등 다양한 매체를 활용하여 자유롭게 근로자를 모집할 수 있다.

해설

① (×) 근로자공급사업이란 공급계약에 따라 근로자를 타인에게 사용하게 하는 사업을 말한다. 다만, 파견근로자 보호 등에 관한 법률 제2조 제2호에 따른 근로자파견사업은 제외한다(직안법 제2조의2 제7호).
② (O) 직안법 제14조 제1항 제1호
③ (O) 직안법 제33조 제1항
④ (O) 직안법 제30조 제1항
⑤ (O) 직안법 제28조

답 ❶

제5절 남녀고용평등과 일 · 가정 양립 지원에 관한 법률

066 근로자의 정의가 근로기준법과 다른 것은? 15 노무

□□□

① 근로복지기본법
② 근로자퇴직급여 보장법
③ 산업재해보상보험법
④ 산업안전보건법
⑤ 남녀고용평등과 일 · 가정 양립 지원에 관한 법률

해설

근로복지기본법, 근로자퇴직급여 보장법, 산업재해보상보험법, 산업안전보건법의 근로자란 근로기준법 제2조 제1항에 따른 근로자를 말한다. 그러나 남녀고용평등과 일 · 가정 양립 지원에 관한 법률은 제2조 제4호에서 "근로자란 사업주에게 고용된 사람과 취업할 의사를 가진 사람을 말한다"라고 하여 별개로 규정하고 있다.

답 ❺

067 남녀고용평등과 일 · 가정 양립 지원에 관한 법령에 규정된 내용으로 옳지 않은 것은? 16 노무

□□□

① 사업주, 상급자 또는 근로자는 직장 내 성희롱을 하여서는 아니 된다.
② 사업주는 직장 내 성희롱 예방 교육을 연 2회 이상 받아야 한다.
③ 사업주는 직장 내 성희롱 예방 교육을 고용노동부장관이 지정하는 기관에 위탁하여 실시할 수 있다.
④ 사업주는 근로자가 배우자의 출산을 이유로 휴가를 청구하는 경우에 10일의 휴가를 주어야 한다. 이 경우 사용한 휴가기간은 유급으로 한다.
⑤ 육아휴직의 기간은 1년 이내로 한다.

해설

① (○) 고평법 제12조
② (×) 사업주는 직장 내 성희롱을 예방하고 근로자가 안전한 근로환경에서 일할 수 있는 여건을 조성하기 위하여 직장 내 성희롱의 예방을 위한 교육을 매년 실시하여야 하고, 사업주 및 근로자는 성희롱 예방 교육을 매년 받아야 한다(고평법 제13조 제1항 · 제2항).
③ (○) 사업주는 성희롱 예방 교육을 고용노동부장관이 지정하는 기관에 위탁하여 실시할 수 있다(고평법 제13조의2 제1항).
④ (○) 고평법 제18조의2 제1항
⑤ (○) 고평법 제19조 제2항

답 ❷

068 □□□ 남녀고용평등과 일·가정 양립 지원에 관한 법률의 내용으로 옳지 않은 것은? 

17 노무

① 근로자란 사업주에게 고용된 사람과 취업할 의사를 가진 사람을 말한다.
② 적극적 고용개선조치란 현존하는 남녀 간의 고용차별을 없애거나 고용평등을 촉진하기 위하여 잠정적으로 특정 성을 우대하는 조치를 말한다.
③ 사업주가 임금차별을 목적으로 설립한 별개의 사업은 동일한 사업으로 본다.
④ 사업주는 여성의 직업능력 개발 및 향상을 위하여 모든 직업능력 개발 훈련에서 남녀에게 평등한 기회를 보장하여야 한다.
⑤ 사업주는 근로자가 배우자의 출산을 이유로 출산일로부터 30일 내에 휴가를 청구하는 경우 5일의 유급휴가를 주어야 한다.

해설

① (O) 고평법 제2조 제4호
② (O) 고평법 제2조 제3호
③ (O) 고평법 제8조 제3항
④ (O) 국가, 지방자치단체 및 사업주는 여성의 직업능력 개발 및 향상을 위하여 모든 직업능력 개발 훈련에서 남녀에게 평등한 기회를 보장하여야 한다(고평법 제16조).
⑤ (×) 사업주는 근로자가 배우자의 출산을 이유로 휴가를 청구하는 경우에 10일의 휴가를 주어야 한다. 이 경우 사용한 휴가기간은 유급으로 한다(고평법 제18조의2 제1항).

답 ❺

PART 1 PART 2 PART 3

069 □□□ 남녀고용평등과 일·가정 양립 지원에 관한 법률에 관한 설명 중 옳지 않은 것은?

16 사시

① 현존하는 남녀 간의 고용차별을 없애거나 고용평등을 촉진하기 위하여 법률에 따라 잠정적으로 특정 성(性)을 우대하는 조치는 차별에 해당하지 아니한다.
② 사업주는 근로자를 모집·채용할 때 그 직무의 수행에 필요하지 아니한 신체적 조건, 미혼 조건을 요구하여서는 아니 된다.
③ 근로자는 배우자의 출산을 이유로 휴가를 청구할 수 있다.
④ 사업주는 고객에 의한 성희롱을 당한 근로자가 피해를 주장한 것을 이유로 해고나 그 밖의 불이익한 조치를 하여서는 안 된다.
⑤ 육아휴직의 기간은 자녀 당 2년 이내로 한다.

해설

① (O) 고평법 제2조 제1호 다목, 제3호
② (O) 고평법 제7조 제2항
③ (O) 사업주는 근로자가 배우자의 출산을 이유로 휴가(이하 "배우자 출산휴가")를 청구하는 경우에 10일의 휴가를 주어야 한다. 이 경우 사용한 휴가기간은 유급으로 한다(고평법 제18조의2 제1항).
④ (O) 사업주는 근로자가 성적 굴욕감 또는 혐오감 등의 피해를 주장하거나 고객 등으로부터의 성적 요구 등에 따르지 아니하였다는 것을 이유로 해고나 그 밖의 불이익한 조치를 하여서는 아니 된다(고평법 제14조의2 제2항).
⑤ (×) 육아휴직의 기간은 1년 이내로 한다(고평법 제19조 제2항).

답 ❺

070 □□□ 남녀고용평등과 일 · 가정 양립 지원에 관한 법률에 관한 설명 중 옳은 것(○)과 옳지 않은 것(×)을 올바르게 조합한 것은? 15 사시

> ㄱ. 근로자란 사업주에게 고용된 자를 말하므로 취업할 의사를 가진 자는 포함되지 않는다.
> ㄴ. 여성 근로자의 임신, 출산, 수유 등 모성보호를 위한 조치를 취하는 경우 이 법에서 말하는 차별로 보지 아니한다.
> ㄷ. 이 법률과 관련한 분쟁해결에서 입증책임은 근로자가 부담한다.
> ㄹ. 사업주 및 근로자는 성희롱 예방교육을 받아야 한다.

① ㄱ(×), ㄴ(○), ㄷ(×), ㄹ(○)
② ㄱ(○), ㄴ(×), ㄷ(×), ㄹ(○)
③ ㄱ(×), ㄴ(×), ㄷ(○), ㄹ(○)
④ ㄱ(○), ㄴ(○), ㄷ(×), ㄹ(×)
⑤ ㄱ(×), ㄴ(○), ㄷ(○), ㄹ(×)

해설

ㄱ. (×) "근로자"란 사업주에게 고용된 사람과 취업할 의사를 가진 사람을 말한다(고평법 제2조 제4호).
ㄴ. (○) 고평법 제2조 제1호 참조

> **정의(고평법 제2조)**
> 이 법에서 사용하는 용어의 뜻은 다음과 같다.
> 1. "차별"이란 사업주가 근로자에게 성별, 혼인, 가족 안에서의 지위, 임신 또는 출산 등의 사유로 합리적인 이유 없이 채용 또는 근로의 조건을 다르게 하거나 그 밖의 불리한 조치를 하는 경우[사업주가 채용조건이나 근로조건은 동일하게 적용하더라도 그 조건을 충족할 수 있는 남성 또는 여성이 다른 한 성(性)에 비하여 현저히 적고 그에 따라 특정 성에게 불리한 결과를 초래하며 그 조건이 정당한 것임을 증명할 수 없는 경우를 포함]를 말한다. 다만, 다음 각 목의 어느 하나에 해당하는 경우는 제외한다.
>   가. 직무의 성격에 비추어 특정 성이 불가피하게 요구되는 경우
>   나. 여성 근로자의 임신 · 출산 · 수유 등 모성보호를 위한 조치를 하는 경우
>   다. 그 밖에 이 법 또는 다른 법률에 따라 적극적 고용개선조치를 하는 경우

ㄷ. (×) 이 법과 관련한 분쟁해결에서 입증책임은 사업주가 부담한다(고평법 제30조).
ㄹ. (○) 고평법 제13조 제2항

답 ❶

071 □□□ 남녀고용평등과 일 · 가정 양립 지원에 관한 법률상 (　　)에 들어갈 내용을 바르게 연결한 것은?

18 국가직 7급

- 사업주가 근로자에게 육아기 근로시간 단축을 허용하는 경우 단축 후 근로시간은 주당 (ㄱ)시간 이상이어야 하고 (ㄴ)시간을 넘어서는 아니 된다.
- 사업주는 육아기 근로시간 단축을 하고 있는 근로자에게 단축된 근로시간 외에 연장근로를 요구할 수 없다. 다만, 그 근로자가 명시적으로 청구하는 경우에는 사업주는 주 (ㄷ)시간 이내에서 연장근로를 시킬 수 있다.

① ㄱ : 10, ㄴ : 20, ㄷ : 12
② ㄱ : 15, ㄴ : 35, ㄷ : 12
③ ㄱ : 15, ㄴ : 30, ㄷ : 16
④ ㄱ : 20, ㄴ : 30, ㄷ : 16

해설

- 사업주가 해당 근로자에게 육아기 근로시간 단축을 허용하는 경우 단축 후 근로시간은 주당 15시간 이상이어야 하고 35시간을 넘어서는 아니 된다(고평법 제19조의2 제3항).
- 사업주는 제19조의2에 따라 육아기 근로시간 단축을 하고 있는 근로자에게 단축된 근로시간 외에 연장근로를 요구할 수 없다. 다만, 그 근로자가 명시적으로 청구하는 경우에는 사업주는 주 12시간 이내에서 연장근로를 시킬 수 있다(고평법 제19조의3 제3항).

답 ❷

072 □□□ 남녀고용평등과 일 · 가정 양립 지원에 관한 법률상 분쟁의 예방과 해결에 관한 설명으로 옳지 않은 것은?

23 노무

① 근로자가 노동위원회에 차별적 처우등의 시정신청을 하는 경우에는 차별적 처우등의 내용을 구체적으로 명시하여야 한다.
② 노동위원회는 확정된 시정명령에 대하여 사업주에게 이행상황을 제출할 것을 요구할 수 있다.
③ 노동위원회는 사업주의 차별적 처우등이 반복되는 경우에는 손해액을 기준으로 3배를 넘지 아니하는 범위에서 배상을 명령할 수 있다.
④ 고용노동부장관은 사업주가 차별적 처우를 한 경우에는 그 시정을 요구할 수 있다.
⑤ 근로자는 사업주로부터 차별적 처우등을 받은 경우 노동위원회에 차별적 처우등을 받은 날(차별적 처우등이 계속되는 경우에는 그 종료일)부터 6개월 이내에 그 시정을 신청할 수 있다.

해설

① (O) 고평법 제26조 제2항
② (×) 고용노동부장관은 확정된 시정명령에 대하여 사업주에게 이행상황을 제출할 것을 요구할 수 있다(고평법 제29조의4 제1항).
③ (O) 노동위원회는 사업주의 차별적 처우등에 명백한 고의가 인정되거나 차별적 처우등이 반복되는 경우에는 그 손해액을 기준으로 3배를 넘지 아니하는 범위에서 배상을 명령할 수 있다(고평법 제29조의2 제2항 단서).
④ (O) 고평법 제29조의5 제1항
⑤ (O) 근로자는 사업주로부터 차별적 처우 등을 받은 경우 노동위원회에 그 시정을 신청할 수 있다. 다만, 차별적 처우등을 받은 날(차별적 처우등이 계속되는 경우에는 그 종료일)부터 6개월이 지난 때에는 그러하지 아니하다(고평법 제26조 제1항).

답 ❷

073 남녀고용평등과 일·가정 양립 지원에 관한 법령의 내용으로 옳은 것은? 

□□□

① 사업주는 근로자가 초등학교 2학년 이하의 자녀(입양한 자녀를 제외한다)를 양육하기 위하여 휴직을 신청하는 경우에 이를 허용하여야 한다.

② 사업주는 정상적인 사업 운영에 중대한 지장을 초래하는 경우에는 육아휴직 및 육아기 근로시간 단축을 허용하지 아니할 수 있다.

③ 육아기 근로시간 단축기간은 근속기간에 포함되나, 육아휴직기간은 근속기간에 포함되지 않는다.

④ 사업주는 사업을 계속할 수 없는 경우에도 육아휴직 중인 근로자를 육아휴직기간에 해고하지 못한다.

⑤ 사업주는 육아기 근로시간 단축을 하고 있는 근로자의 명시적 청구가 있으면 단축된 근로시간 외에 주 12시간 이내에서 연장근로를 시킬 수 있다.

해설

① (×) 사업주는 임신 중인 여성근로자가 모성을 보호하거나 근로자가 만 8세 이하 또는 초등학교 2학년 이하의 자녀(입양한 자녀를 포함)를 양육하기 위하여 휴직(이하 "육아휴직")을 신청하는 경우에 이를 허용하여야 한다(고평법 제19조 제1항 본문).

② (×) 사업주는 근로자가 만 8세 이하 또는 초등학교 2학년 이하의 자녀를 양육하기 위하여 근로시간의 단축(이하 "육아기 근로시간 단축")을 신청하는 경우에 이를 허용하여야 한다. 다만, 대체인력 채용이 불가능한 경우, 정상적인 사업 운영에 중대한 지장을 초래하는 경우 등 대통령령으로 정하는 경우에는 그러하지 아니하다(고평법 제19조의2 제1항). 즉, 여기서 단서 부분은 육아기 근로시간 단축에만 해당된다.

③ (×) 육아휴직기간은 근속기간에 포함한다(고평법 제19조 제4항).

④ (×) 사업주는 육아휴직을 이유로 해고나 그 밖의 불리한 처우를 하여서는 아니 되며, 육아휴직기간에는 그 근로자를 해고하지 못한다. 다만, 사업을 계속할 수 없는 경우에는 그러하지 아니하다(고평법 제19조 제3항).

⑤ (○) 고평법 제19조의3 제3항

답 ❺

074 남녀고용평등과 일·가정 양립 지원에 관한 법률상 가족돌봄 등을 위한 근로시간 단축에 관한 설명으로 옳지 않은 것은? 23 노무

□□□

① 사업주는 근로시간 단축을 하고 있는 근로자가 명시적으로 청구하는 경우에는 단축된 근로시간 외에 주 12시간 이내에서 연장근로를 시킬 수 있다.

② 사업주가 해당 근로자에게 근로시간단축을 허용하는 경우 단축 후 근로시간은 주당 15시간 이상이어야 하고 30시간을 넘어서는 아니 된다.

③ 근로자는 근로자의 학업을 위한 경우에는 근로시간 단축의 기간을 연장할 수 없다.

④ 사업주가 근로시간 단축을 허용하지 아니하는 경우에는 해당 근로자에게 그 사유를 서면으로 통보하고 그 밖의 조치를 통하여 지원할 수 있는지를 해당 사업장의 근로자대표와 서면으로 협의하여야 한다.

⑤ 근로시간 단축을 한 근로자의 근로조건은 사업주와 그 근로자 간에 서면으로 정한다.

해설

① (○) 사업주는 근로시간 단축을 하고 있는 근로자에게 단축된 근로시간 외에 연장근로를 요구할 수 없다. 다만, 그 근로자가 명시적으로 청구하는 경우에는 사업주는 주 12시간 이내에서 연장근로를 시킬 수 있다(고평법 제22조의4 제3항).

② (○) 고평법 제22조의3 제3항

③ (○) 근로시간 단축의 기간은 1년 이내로 한다. 다만, 근로자가 가족의 질병, 사고, 노령으로 인하여 그 가족을 돌보기 위한 경우, 근로자 자신의 질병이나 사고로 인한 부상 등의 사유로 자신의 건강을 돌보기 위한 경우, 55세 이상의 근로자가 은퇴를 준비하기 위한 경우 등에 해당하는 근로자는 합리적 이유가 있는 경우에 추가로 2년의 범위 안에서 근로시간 단축의 기간을 연장할 수 있으나, 근로자의 학업을 위한 경우에는 그러하지 아니하다(고평법 제22조의3 제4항 참조).

④ (×) 사업주가 근로시간 단축을 허용하지 아니하는 경우에는 해당 근로자에게 그 사유를 서면으로 통보하고 휴직을 사용하게 하거나 그 밖의 조치를 통하여 지원할 수 있는지를 해당 근로자와 협의하여야 한다(고평법 제22조의3 제2항).

⑤ (○) 고평법 제22조의4 제2항

가족돌봄 등을 위한 근로시간 단축(고평법 제22조의3)

① 사업주는 근로자가 다음 각 호의 어느 하나에 해당하는 사유로 근로시간의 단축을 신청하는 경우에 이를 허용하여야 한다. 다만, 대체인력 채용이 불가능한 경우, 정상적인 사업 운영에 중대한 지장을 초래하는 경우 등 대통령령으로 정하는 경우에는 그러하지 아니하다.

1. 근로자가 가족의 질병, 사고, 노령으로 인하여 그 가족을 돌보기 위한 경우
2. 근로자 자신의 질병이나 사고로 인한 부상 등의 사유로 자신의 건강을 돌보기 위한 경우
3. 55세 이상의 근로자가 은퇴를 준비하기 위한 경우
4. 근로자의 학업을 위한 경우

② 제1항 단서에 따라 사업주가 근로시간 단축을 허용하지 아니하는 경우에는 해당 근로자에게 그 사유를 서면으로 통보하고 휴직을 사용하게 하거나 그 밖의 조치를 통하여 지원할 수 있는지를 해당 근로자와 협의하여야 한다.

③ 사업주가 제1항에 따라 해당 근로자에게 근로시간 단축을 허용하는 경우 단축 후 근로시간은 주당 15시간 이상이어야 하고 30시간을 넘어서는 아니 된다.

④ 근로시간 단축의 기간은 1년 이내로 한다. 다만, 제1항 제1호부터 제3호까지의 어느 하나에 해당하는 근로자는 합리적 이유가 있는 경우에 추가로 2년의 범위 안에서 근로시간 단축의 기간을 연장할 수 있다.

가족돌봄 등을 위한 근로시간 단축 중 근로조건 등(고평법 제22조의4)

① 사업주는 제22조의3에 따라 근로시간 단축을 하고 있는 근로자에게 근로시간에 비례하여 적용하는 경우 외에는 가족돌봄 등을 위한 근로시간 단축을 이유로 그 근로조건을 불리하게 하여서는 아니 된다.

② 제22조의3에 따라 근로시간 단축을 한 근로자의 근로조건(근로시간 단축 후 근로시간을 포함)은 사업주와 그 근로자 간에 서면으로 정한다.

③ 사업주는 제22조의3에 따라 근로시간 단축을 하고 있는 근로자에게 단축된 근로시간 외에 연장근로를 요구할 수 없다. 다만, 그 근로자가 명시적으로 청구하는 경우에는 사업주는 주 12시간 이내에서 연장근로를 시킬 수 있다.

답 ❹

PART 1 PART 2 PART 3

075 □□□ 남녀고용평등과 일 · 가정 양립 지원에 관한 법률에 대한 설명으로 옳지 않은 것은?(다툼이 있으면 판례에 따름) 19 노무

① 사업주는 근로자를 모집하거나 채용할 때 남녀를 차별하여서는 아니 된다.
② 직장 내 성희롱과 관련된 분쟁해결에서 입증책임은 사업주가 부담한다.
③ 가족돌봄휴직기간은 연간 최장 60일로 하며, 이를 나누어 사용할 수 있다.
④ 동일가치의 노동이라 함은 당해 사업 내의 서로 비교되는 남녀 간의 노동이 그 직무가 다소 다르더라도 객관적인 직무평가 등에 의하여 본질적으로 동일한 가치가 있는 노동을 포함한다.
⑤ 사업주는 근로자가 배우자의 출산을 이유로 휴가를 청구하는 경우에 10일의 휴가를 주어야 한다. 이 경우 사용한 휴가기간은 유급으로 한다.

해설

① (O) 고평법 제7조 제1항
② (O) 고평법 제30조
③ (×) 가족돌봄휴직기간은 연간 최장 90일로 하며, 이를 나누어 사용할 수 있다. 이 경우 나누어 사용하는 1회의 기간은 30일 이상이 되어야 한다(고평법 제22조의2 제4항 제1호).
④ (O) 동일가치의 노동이라 함은 당해 사업장 내의 서로 비교되는 남녀 간의 노동이 동일하거나 실질적으로 거의 같은 성질의 노동 또는 그 직무가 다소 다르더라도 객관적인 직무평가 등에 의하여 본질적으로 동일한 가치가 있다고 인정되는 노동에 해당하는 것을 말한다(대판 2013.3.14. 2010다101011).
⑤ (O) 고평법 제18조의2 제1항

답 ❸

076 □□□ 남녀고용평등과 일 · 가정 양립 지원에 관한 법률에 대한 설명으로 옳지 않은 것은? 22 노무

① 이 법과 관련한 분쟁에서 입증책임은 사업주와 근로자가 각각 부담한다.
② 사업주는 근로자를 모집 · 채용할 때 그 직무의 수행에 필요하지 아니한 용모 · 키 · 체중 등의 신체적 조건, 미혼 조건을 제시하거나 요구하여서는 아니 된다.
③ 사업주가 임금차별을 목적으로 설립한 별개의 사업은 동일한 사업으로 본다.
④ 누구든지 직장 내 성희롱 발생 사실을 알게 된 경우 그 사실을 해당 사업주에게 신고할 수 있다.
⑤ 적극적 고용개선조치란 현존하는 남녀 간의 고용차별을 없애거나 고용평등을 촉진하기 위하여 잠정적으로 특정 성을 우대하는 조치를 말한다.

해설

① (×) 이 법과 관련한 분쟁해결에서 입증책임은 사업주가 부담한다(고평법 제30조).
② (O) 고평법 제7조 제2항
③ (O) 사업주가 임금차별을 목적으로 설립한 별개의 사업은 동일한 사업으로 본다(고평법 제8조 제3항).
④ (O) 고평법 제14조 제1항
⑤ (O) 고평법 제2조 제3호

답 ❶

077 □□□ **남녀고용평등과 일·가정 양립 지원에 관한 법률상 직장 내 성희롱에 대한 설명으로 옳지 않은 것은?(다툼이 있는 경우에는 판례에 의함)** 14 노무

① 근로자가 직장 내의 지위를 이용하여 다른 근로자에게 성적 언동 등으로 성적 굴욕감을 느끼게 하는 것은 직장 내 성희롱에 해당한다.
② 직장 내 성희롱이 성립하기 위해서는 행위자에게 반드시 성적 동기나 의도가 있어야 한다.
③ 사업주는 직장 내 성희롱 발생사실을 알게 된 경우에는 지체 없이 그 사실 확인을 위한 조사를 하여야 한다.
④ 사업주 및 근로자는 직장 내 성희롱 예방교육을 받아야 한다.
⑤ 누구든지 직장 내 성희롱 발생사실을 알게 된 경우 그 사실을 해당 사업주에게 신고할 수 있다.

해설

① (O) 고평법 제2조 제2호
② (×) 성희롱이 성립하기 위해서는 행위자에게 반드시 성적 동기나 의도가 있어야 하는 것은 아니지만, 당사자의 관계, 행위가 행해진 장소 및 상황, 행위에 대한 상대방의 명시적 또는 추정적인 반응의 내용, 행위의 내용 및 정도, 행위가 일회적 또는 단기간의 것인지 아니면 계속적인 것인지 여부 등의 구체적 사정을 참작하여 볼 때, 객관적으로 상대방과 같은 처지에 있는 일반적이고도 평균적인 사람에게 성적 굴욕감이나 혐오감을 느낄 수 있게 하는 행위가 있고, 그로 인하여 행위의 상대방이 성적 굴욕감이나 혐오감을 느꼈음이 인정되어야 한다(대판 2008.7.10. 2007두22498).
③ (O) 고평법 제14조 제2항 전문
④ (O) 고평법 제13조 제2항
⑤ (O) 누구든지 직장 내 성희롱 발생사실을 알게 된 경우 그 사실을 해당 사업주에게 신고할 수 있다(고평법 제14조 제1항).

답 ❷

078 □□□ **남녀고용평등과 일·가정 양립 지원에 관한 법률에 관한 설명으로 옳지 않은 것은?** 15 노무

① 사업주는 육아기 근로시간 단축을 하고 있는 근로자에게 단축된 근로시간 외에 연장근로를 요구할 수 없다.
② 가족돌봄휴직기간은 근로기준법상 평균임금 산정기간에서는 제외되고 근속기간에는 포함된다.
③ 사업주는 육아휴직을 마친 근로자를 휴직 전과 같은 업무 또는 같은 수준의 임금을 지급하는 직무에 복귀시켜야 한다.
④ 사업주가 근로자에게 육아기 근로시간 단축을 허용하는 경우 단축 후 근로시간은 주당 15시간 이상이어야 하고 35시간을 넘어서는 아니 된다.
⑤ 사업주는 근로자가 배우자의 출산을 이유로 휴가를 청구하는 경우에 5일의 유급휴가를 주어야 한다.

해설

① (O) 고평법 제19조의3 제3항
② (O) 고평법 제22조의2 제7항
③ (O) 고평법 제19조 제4항 전문
④ (O) 고평법 제19조의2 제3항
⑤ (×) 사업주는 근로자가 배우자의 출산을 이유로 휴가를 청구하는 경우에 10일의 휴가를 주어야 한다. 이 경우 사용한 휴가기간은 유급으로 한다(고평법 제18조의2 제1항).

답 ❺

079 남녀고용평등과 일 · 가정 양립 지원에 관한 법률상 육아기 근로시간 단축에 관한 설명으로 옳지 않은 것은?

□□□ 21 노무

① 사업주가 해당 근로자에게 육아기 근로시간 단축을 허용하는 경우 단축 후 근로시간은 주당 15시간 이상이어야 하고 35시간을 넘어서는 아니 된다.

② 사업주는 정상적인 사업운영에 중대한 지장을 초래하는 경우에는 육아기 근로시간 단축을 허용하지 아니할 수 있다.

③ 사업주는 육아기 근로시간 단축을 하고 있는 근로자에게 단축된 근로시간 외에 연장근로를 요구할 수 없다. 다만, 그 근로자가 명시적으로 청구하는 경우에는 사업주는 주 12시간 이내에서 연장근로를 시킬 수 있다.

④ 사업주는 근로자의 육아기 근로시간 단축기간이 끝난 후에 그 근로자를 육아기 근로시간 단축 전과 같은 업무 또는 같은 수준의 임금을 지급하는 직무에 복귀시켜야 한다.

⑤ 육아기 근로시간 단축을 한 근로자에 대하여 근로기준법에 따른 평균임금을 산정하는 경우에는 그 근로자의 육아기 근로시간 단축기간은 평균임금산정기간에 포함한다.

해설

① (○) 고평법 제19조의2 제3항

② (○) 사업주는 근로자가 만 8세 이하 또는 초등학교 2학년 이하의 자녀를 양육하기 위하여 근로시간의 단축(이하 "육아기 근로시간 단축")을 신청하는 경우에 이를 허용하여야 한다. 다만, 대체인력 채용이 불가능한 경우, 정상적인 사업운영에 중대한 지장을 초래하는 경우 등 대통령령으로 정하는 경우에는 그러하지 아니하다(고평법 제19조의2 제1항).

③ (○) 고평법 제19조의3 제3항

④ (○) 고평법 제19조의2 제6항

⑤ (×) 육아기 근로시간 단축을 한 근로자에 대하여 근로기준법에 따른 평균임금을 산정하는 경우에는 그 근로자의 육아기 근로시간 단축기간을 평균임금산정기간에서 제외한다(고평법 제19조의3 제4항).

육아기 근로시간 단축의 허용 예외(고평법 시행령 제15조의2)

법 제19조의2 제1항 단서에서 "대통령령으로 정하는 경우"란 다음 각 호의 어느 하나에 해당하는 경우를 말한다.

1. 단축개시예정일의 전날까지 해당 사업에서 계속 근로한 기간이 6개월 미만인 근로자가 신청한 경우
2. 삭제 〈2019.12.24.〉
3. 사업주가 직업안정법 제2조의2 제1호에 따른 직업안정기관에 구인신청을 하고 14일 이상 대체인력을 채용하기 위하여 노력하였으나 대체인력을 채용하지 못한 경우. 다만, 직업안정기관의 장의 직업소개에도 불구하고 정당한 이유 없이 2회 이상 채용을 거부한 경우는 제외한다.
4. 육아기 근로시간 단축을 신청한 근로자의 업무성격상 근로시간을 분할하여 수행하기 곤란하거나 그 밖에 육아기 근로시간 단축이 정상적인 사업운영에 중대한 지장을 초래하는 경우로서 사업주가 이를 증명하는 경우

답 ❺

080 남녀고용평등과 일 · 가정 양립 지원에 관한 법률상 배우자출산휴가에 대한 설명으로 옳은 것은?

□□□

20 노무

① 사업주는 근로자가 배우자출산휴가를 청구하는 경우에 5일의 휴가를 주어야 한다.
② 배우자출산휴가를 사용한 휴가기간 중 3일은 유급으로 한다.
③ 배우자출산휴가는 2회에 한정하여 나누어 사용할 수 있다.
④ 배우자출산휴가는 근로자의 배우자가 출산한 날부터 90일이 지나면 청구할 수 없다.
⑤ 출산전후휴가급여가 지급되었더라도 배우자출산휴가에 대한 급여는 전액지급되어야 한다.

해설

① (×) 사업주는 근로자가 배우자의 출산을 이유로 휴가(이하 "배우자출산휴가")를 청구하는 경우에 10일의 휴가를 주어야 한다(고평법 제18조의2 제1항 전문).
② (×) 사용한 휴가기간은 유급으로 한다(고평법 제18조의2 제1항 후문).
③ (×) 배우자출산휴가는 1회에 한정하여 나누어 사용할 수 있다(고평법 제18조의2 제4항).
④ (○) 고평법 제18조의2 제3항
⑤ (×) 사용한 휴가기간은 유급으로 함에도 불구하고 출산전후휴가급여등이 지급된 경우에는 그 금액의 한도에서 지급의 책임을 면한다(고평법 제18조의2 제2항).

답 ❹

PART 1 PART 2 PART 3

081 남녀고용평등과 일 · 가정 양립 지원에 관한 법률에 대한 설명으로 옳지 않은 것은?

□□□

20 국가직 7급

① 사업주는 근로자가 배우자의 출산을 이유로 휴가를 청구하는 경우에 10일의 휴가를 주어야 한다.
② 근로자란 근로기준법상의 근로자를 말한다.
③ 이 법과 관련한 분쟁해결에서 입증책임은 사업주가 부담한다.
④ 근로자는 육아휴직을 2회에 한정하여 나누어 사용할 수 있다.

해설

① (○) 사업주는 근로자가 배우자의 출산을 이유로 휴가(이하 "배우자 출산휴가")를 청구하는 경우에 10일의 휴가를 주어야 한다. 이 경우 사용한 휴가기간은 유급으로 한다(고평법 제18조의2 제1항).
② (×) 고평법상 "근로자"란 사업주에게 고용된 사람과 취업할 의사를 가진 사람을 말한다(고평법 제2조 제4호 참조).
③ (○) 고평법 제30조
④ (○) 근로자는 육아휴직을 2회에 한정하여 나누어 사용할 수 있다. 이 경우 임신 중인 여성 근로자가 모성보호를 위하여 육아휴직을 사용한 횟수는 육아휴직을 나누어 사용한 횟수에 포함하지 아니한다(고평법 제19조의4 제1항).

답 ❷

082 □□□ **남녀고용평등과 일·가정 양립 지원에 관한 법률상 직장 내 성희롱 발생 시 사업주의 조치에 대한 설명으로 옳지 않은 것은?** 19 국가직 7급

① 사업주는 직장 내 성희롱과 관련하여 피해를 입은 근로자 또는 피해를 입었다고 주장하는 근로자가 조사 과정에서 성적 수치심 등을 느끼지 아니하도록 하여야 한다.

② 사업주가 성희롱 발생 사실을 신고한 근로자에 대하여 파면 등 불리한 처우를 하는 것은 형사처벌의 대상이 아니다.

③ 사업주는 고객 등 업무와 밀접한 관련이 있는 자가 업무수행 과정에서 성적인 언동 등을 통하여 근로자에게 성적 굴욕감 또는 혐오감 등을 느끼게 하여 해당 근로자가 그로 인한 고충 해소를 요청할 경우 근무장소의 변경 등 적절한 조치를 하여야 한다.

④ 사업주는 사실확인을 위한 조사 결과 직장 내 성희롱 발생사실이 확인된 때에는 피해근로자가 요청하면 근무장소의 변경 등 적절한 조치를 하여야 한다.

해설

① (O) 고평법 제14조 제2항 후문

② (×) 고평법 제37조 제2항, 제14조 제6항 참조

벌칙(고평법 제37조)

② 사업주가 다음 각 호의 어느 하나에 해당하는 위반행위를 한 경우에는 3년 이하의 징역 또는 3천만원 이하의 벌금에 처한다.

2. 제14조 제6항을 위반하여 직장 내 성희롱 발생 사실을 신고한 근로자 및 피해근로자등에게 불리한 처우를 한 경우

직장 내 성희롱 발생 시 조치(고평법 제14조)

⑥ 사업주는 성희롱 발생 사실을 신고한 근로자 및 피해근로자등에게 다음 각 호의 어느 하나에 해당하는 불리한 처우를 하여서는 아니 된다.

1. 파면, 해임, 해고, 그 밖에 신분상실에 해당하는 불이익 조치
2. 징계, 정직, 감봉, 강등, 승진 제한 등 부당한 인사조치
3. 직무 미부여, 직무 재배치, 그 밖에 본인의 의사에 반하는 인사조치

③ (O) 고평법 제14조의2 제1항

④ (O) 고평법 제14조 제4항

답 ❷

083
□□□

남녀고용평등과 일 · 가정 양립 지원에 관한 법률상 직장 내 성희롱에 대한 설명으로 옳지 않은 것은?

21 국가직 7급

① 상급자가 업무와 관련하여 다른 근로자에게 성적 언동 또는 그 밖의 요구 등에 따르지 아니하였다는 이유로 근로조건 및 고용에서 불이익을 주는 것은 직장 내 성희롱에 포함된다.

② 사업주가 직장 내의 지위를 이용하여 다른 근로자에게 성적 언동 등으로 성적 굴욕감 또는 혐오감을 느끼게 하는 것은 직장 내 성희롱에 포함된다.

③ 사업주는 직장 내 성희롱에 대한 사실 확인 조사 기간 동안 피해근로자등을 보호하기 위하여 필요한 경우, 피해근로자등의 의사와 관계없이 해당 피해근로자등에 대하여 근무장소의 변경, 유급휴가 명령 등 적절한 조치를 하여야 한다.

④ 사업주는 고객 등 업무와 밀접한 관련이 있는 사람이 업무수행 과정에서 성적인 언동 등을 통하여 근로자에게 성적 굴욕감 또는 혐오감 등을 느끼게 하여 해당 근로자가 그로 인한 고충해소를 요청할 경우 근무 장소 변경, 배치전환, 유급휴가의 명령 등 적절한 조치를 하여야 한다.

해설

① (O) · ② (O) "직장 내 성희롱"이란 사업주 · 상급자 또는 근로자가 직장 내의 지위를 이용하거나 업무와 관련하여 다른 근로자에게 성적 언동 등으로 성적 굴욕감 또는 혐오감을 느끼게 하거나❷ 성적 언동 또는 그 밖의 요구 등에 따르지 아니하였다는 이유로 근로조건 및 고용에서 불이익을 주는 것을 말한다❶(고평법 제2조 제2호).

③ (×) 사업주는 직장 내 성희롱 발생 사실에 따른 조사 기간 동안 피해근로자등을 보호하기 위하여 필요한 경우 해당 피해근로자등에 대하여 근무장소의 변경, 유급휴가 명령 등 적절한 조치를 하여야 한다. <u>이 경우 사업주는 피해근로자등의 의사에 반하는 조치를 하여서는 아니 된다</u>(고평법 제14조 제3항).

④ (O) 고평법 제14조의2 제1항

답 ❸

084 □□□ **남녀고용평등과 일 · 가정 양립 지원에 관한 법률에 대한 설명으로 옳지 않은 것은(다툼이 있는 경우 판례에 의함)** 22 국가직 7급

① 동일 가치 노동의 기준은 직무 수행에서 요구되는 기술, 노력, 책임 및 작업 조건 등으로 한다.
② 동일가치의 노동이라 함은 당해 사업장 내의 서로 비교되는 남녀 간의 노동이 동일하거나 실질적으로 거의 같은 성질의 노동 또는 그 직무가 다소 다르더라도 객관적인 직무평가 등에 의하여 본질적으로 동일한 가치가 있다고 인정되는 노동에 해당하는 것을 말한다.
③ 사업주는 동일한 사업 내의 동일 가치 노동에 대하여는 동일한 임금을 지급하여야 하는데, 동일 가치 노동에 대한 동일한 임금 지급과 관련한 분쟁해결에서 입증책임은 이를 주장하는 근로자가 부담한다.
④ 사업주는 고객 등 업무와 밀접한 관련이 있는 사람이 업무수행 과정에서 성적인 언동 등을 통하여 근로자에게 성적 굴욕감 또는 혐오감 등을 느끼게 하여 해당 근로자가 그로 인한 고충 해소를 요청할 경우 근무 장소 변경, 배치전환, 유급휴가의 명령 등 적절한 조치를 하여야 한다.

해설

① (○) 동일 가치 노동의 기준은 직무 수행에서 요구되는 기술, 노력, 책임 및 작업 조건 등으로 하고, 사업주가 그 기준을 정할 때에는 노사협의회의 근로자를 대표하는 위원의 의견을 들어야 한다(고평법 제8조 제2항).
② (○) 사업주는 동일한 사업 내의 동일 가치 노동에 대하여는 동일한 임금을 지급하여야 한다(남녀고용평등과 일 · 가정 양립 지원에 관한 법률 제8조 제1항). 여기에서 '동일 가치의 노동'이란 당해 사업장 내의 서로 비교되는 노동이 동일하거나 실질적으로 거의 같은 성질의 노동 또는 직무가 다소 다르더라도 객관적인 직무평가 등에 의하여 본질적으로 동일한 가치가 있다고 인정되는 노동에 해당하는 것을 말하고, 동일 가치의 노동인지는 직무 수행에서 요구되는 기술, 노력, 책임 및 작업조건을 비롯하여 근로자의 학력 · 경력 · 근속연수 등의 기준을 종합적으로 고려하여 판단하여야 한다(대판 2019.3.14. 2015두46321).
③ (×) 이 법과 관련한 분쟁해결에서 입증책임은 사업주가 부담한다(고평법 제30조).
④ (○) 고평법 제14조의2 제1항

답 ❸

제6절 최저임금법

085 □□□ **최저임금법령상 최저임금의 적용을 받는 사용자가 근로자에게 주지시켜야 할 최저임금의 내용을 모두 고른 것은?** 23 노무

ㄱ. 적용을 받는 근로자의 최저임금액
ㄴ. 최저임금에 산입하지 아니하는 임금
ㄷ. 해당 사업에서 최저임금의 적용을 제외할 근로자의 범위
ㄹ. 최저임금의 효력발생 연월일

① ㄱ, ㄷ
② ㄴ, ㄹ
③ ㄱ, ㄴ, ㄷ
④ ㄱ, ㄴ, ㄹ
⑤ ㄱ, ㄴ, ㄷ, ㄹ

해설

ㄱ. 적용을 받는 근로자의 최저임금액, ㄴ. 최저임금에 산입하지 아니하는 임금, ㄷ. 해당 사업에서 최저임금의 적용을 제외할 근로자의 범위, ㄹ. 최저임금의 효력발생 연월일 모두 최임법 제11조, 동법 시행령 제11조 제1항에서 정한 사용자의 주지의무의 내용에 포함된다.

답 ⑤

086 □□□ **최저임금법에 관한 설명으로 옳은 것은?(다툼이 있는 경우에는 판례에 의함)** 15 노무

① 최저임금은 사업의 종류별, 지역별로 구분하여 정하여야 한다.
② 최저임금위원회는 근로자와 사용자 및 정부를 각각 대표하는 위원으로 구성한다.
③ 일반택시운송사업에서 운전업무에 종사하는 근로자의 최저임금에 산입되는 임금의 범위에서 생산고에 따른 임금은 제외된다.
④ 감시 또는 단속적으로 근로에 종사하는 자로서 사용자가 고용노동부장관의 승인을 받은 자의 최저임금은 고용노동부장관이 결정・고시한 최저임금액의 90%로 한다.
⑤ 근로자와 사용자가 최저임금의 적용을 위한 임금에 산입되지 않는 임금을 최저임금의 적용을 위한 임금의 범위에 산입하여 최저임금에 미달하는 부분을 보전하기로 약정한 경우 그 임금 약정은 유효하다.

해설

① (×) 최저임금은 근로자의 생계비, 유사 근로자의 임금, 노동생산성 및 소득분배율 등을 고려하여 정한다. 이 경우 사업의 종류별로 구분하여 정할 수 있다(최임법 제4조 제1항). 사업의 지역별은 해당하지 않는다.
② (×) 최저임금위원회는 근로자와 사용자 및 공익을 각각 대표하는 위원(각 9명)으로 구성한다(최임법 제14조 제1항).
③ (O) 최임법 제6조 제5항
④ (×) 감시 또는 단속적으로 근로에 종사하는 자로서 사용자가 고용노동부장관의 승인을 받은 자의 최저임금에 대하여 규정하고 있던 최임법 시행령 제3조 제2항은, 2014년 12월 31일을 도과함으로써 실효되었으므로, 감시 또는 단속적으로 근로에 종사하는 자에게도 최저임금액을 지급하여야 한다.
⑤ (×) 근로자와 사용자가 최저임금의 적용을 위한 임금에 산입되지 않는 임금을 최저임금의 적용을 위한 임금의 범위에 산입하여 최저임금에 미달하는 부분을 보전하기로 약정한 경우 그 임금 약정은 최저임금법 제6조 제3항에 반하여 무효이다(대판 2007.1.11. 2006다64245).

답 ③

087 최저임금법에 관한 설명으로 옳지 않은 것은? 17 노무

☐☐☐

① 1년 이상의 기간을 정하여 근로계약을 체결하고 수습 중에 있는 근로자로서 수습을 시작한 날부터 6개월 이내인 사람에 대하여는 최저임금액과 다른 금액으로 최저임금액을 정할 수 있다.

② 최저임금은 사업의 종류별로 구분하여 정할 수 있다.

③ 사용자는 이 법에 따른 최저임금을 이유로 종전의 임금수준을 낮추어서는 아니 된다.

④ 신체장애로 근로능력이 현저히 낮은 사람으로서 사용자가 고용노동부장관의 인가를 받은 사람에 대하여는 최저임금을 적용하지 아니한다.

⑤ 도급으로 사업을 행하는 경우 도급인이 책임져야 할 사유로 수급인이 근로자에게 최저임금액에 미치지 못하는 임금을 지급한 경우 도급인은 해당 수급인과 연대하여 책임을 진다.

해설

① (×) 1년 이상의 기간을 정하여 근로계약을 체결하고 수습 중에 있는 근로자로서 수습을 시작한 날부터 3개월 이내인 사람에 대하여는 대통령령으로 정하는 바에 따라 제1항에 따른 최저임금액과 다른 금액으로 최저임금액을 정할 수 있다(최임법 제5조 제2항).

② (○) 최저임금은 근로자의 생계비, 유사 근로자의 임금, 노동생산성 및 소득분배율 등을 고려하여 정한다. 이 경우 사업의 종류별로 구분하여 정할 수 있다(최임법 제4조 제1항).

③ (○) 최임법 제6조 제2항

④ (○) 최임법 제7조 제1호

⑤ (○) 도급으로 사업을 행하는 경우 도급인이 책임져야 할 사유로 수급인이 근로자에게 최저임금액에 미치지 못하는 임금을 지급한 경우 도급인은 해당 수급인과 연대(連帶)하여 책임을 진다(최임법 제6조 제7항).

최저임금의 적용제외(최임법 제7조)

다음 각 호의 어느 하나에 해당하는 사람으로서 사용자가 대통령령으로 정하는 바에 따라 고용노동부장관의 인가를 받은 사람에 대하여는 제6조를 적용하지 아니한다.

1. 정신장애나 신체장애로 근로능력이 현저히 낮은 사람
2. 그 밖에 최저임금을 적용하는 것이 적당하지 아니하다고 인정되는 사람

답 ❶

088 최저임금법에 관한 설명으로 옳지 않은 것은? 22 노무

□□□

① 선원법의 적용을 받는 선원과 선원을 사용하는 선박의 소유자에게는 적용하지 아니한다.
② 고용노동부장관은 최저임금을 결정한 때에는 지체 없이 그 내용을 고시하여야 한다.
③ 최저임금은 근로자의 생계비, 유사 근로자의 임금, 노동생산성 및 소득분배율 등을 고려하여 정한다.
④ 최저임금액은 시간・일(日)・주(週)・월(月) 또는 연(年)을 단위로 하여 정한다.
⑤ 고용노동부장관은 최저임금위원회가 심의하여 의결한 최저임금안에 따라 최저임금을 결정하여야 한다.

해설

① (○) 최임법 제3조 제2항
② (○) 최임법 제10조 제1항
③ (○) 최임법 제4조 제1항 전문
④ (×) 최저임금액은 시간・일(日)・주(週) 또는 월(月)을 단위로 하여 정한다. 이 경우 일・주 또는 월을 단위로 하여 최저임금액을 정할 때에는 시간급(時間給)으로도 표시하여야 한다(최임법 제5조 제1항).
⑤ (○) 고용노동부장관은 매년 8월 5일까지 최저임금을 결정하여야 한다. 이 경우 고용노동부장관은 대통령령으로 정하는 바에 따라 최저임금위원회에 심의를 요청하고, 위원회가 심의하여 의결한 최저임금안에 따라 최저임금을 결정하여야 한다(최임법 제8조 제1항).

답 ④

089 최저임금법령상 최저임금위원회에 대한 설명으로 옳지 않은 것은?

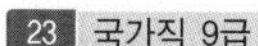
23 국가직 9급

□□□

① 최저임금위원회에 2명의 상임위원을 두며, 상임위원은 최저임금위원회 위원장의 제청에 의하여 대통령이 임명한다.
② 최저임금에 관한 심의와 그 밖에 최저임금에 관한 중요 사항을 심의하기 위하여 고용노동부에 최저임금위원회를 둔다.
③ 최저임금위원회의 위원이 궐위된 경우에는 궐위된 날부터 30일 이내에 후임자를 위촉하거나 임명하여야 하지만, 전임자의 남은 임기가 1년 미만인 경우에는 위촉하거나 임명하지 아니할 수 있다.
④ 최저임금위원회에 위원장과 부위원장 각 1명을 두며, 위원장과 부위원장은 공익위원 중에서 최저임금위원회가 선출한다.

해설

① (×) 최저임금위원회에 2명의 상임위원을 두며, 상임위원은 공익위원이 된다. 상임위원은 고용노동부장관의 제청에 의하여 대통령이 임명한다(최임법 제14조 제2항, 동법 시행령 제12조 제2항).
② (○) 최임법 제12조
③ (○) 최임법 시행령 제12조 제4항
④ (○) 최임법 제15조 제1항・제2항

답 ❶

090 □□□ 최저임금법상 최저임금의 결정에 대한 설명으로 옳지 않은 것은?

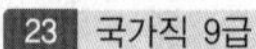

23 국가직 9급

① 고용노동부장관은 최저임금위원회가 심의하여 제출한 최저임금안에 따라 최저임금을 결정하기 어렵다고 인정되면 재심의를 요청할 수 있고, 고용노동부장관은 최저임금위원회가 재심의에서 재적위원 과반수의 출석과 출석위원 과반수의 찬성으로 당초의 최저임금안을 재의결한 경우에는 그에 따라 최저임금을 결정하여야 한다.

② 근로자를 대표하는 자나 사용자를 대표하는 자는 고용노동부장관이 고시한 최저임금안에 대하여 이의가 있으면 고시된 날부터 10일 이내에 대통령령으로 정하는 바에 따라 고용노동부장관에게 이의를 제기할 수 있다.

③ 최저임금은 근로자의 생계비, 유사 근로자의 임금, 노동생산성 및 소득분배율 등을 고려하여 정하며, 이 경우 사업의 종류별로 구분하여 정할 수 있다.

④ 고용노동부장관이 고시한 최저임금은 다음 연도 1월 1일부터 효력이 발생하지만, 고용노동부장관이 사업의 종류별로 임금교섭시기 등을 고려하여 필요하다고 인정하면 효력발생 시기를 따로 정할 수 있다.

해설

① (×) 고용노동부장관은 최저임금위원회가 심의하여 제출한 최저임금안에 따라 최저임금을 결정하기가 어렵다고 인정되면 20일 이내에 그 이유를 밝혀 위원회에 10일 이상의 기간을 정하여 재심의를 요청할 수 있다. 고용노동부장관은 위원회가 재심의에서 재적위원 과반수의 출석과 출석위원 3분의 2 이상의 찬성으로 당초의 최저임금안을 재의결한 경우에는 그에 따라 최저임금을 결정하여야 한다(최임법 제8조 제3항·제5항).

② (○) 최임법 제9조 제2항 전문

③ (○) 최임법 제4조 제1항

④ (○) 최임법 제10조 제2항

답 ❶

091 □□□ 최저임금법령상 최저임금의 적용을 받는 사용자가 근로자에게 주지시켜야 할 최저임금의 내용에 해당하지 않는 것은?

23 국가직 9급

① 적용을 받는 근로자의 최저임금액

② 해당 연도 시간급 최저임금액을 기준으로 산정된 월 환산액

③ 최저임금에 산입하지 아니하는 임금

④ 해당 사업에서 최저임금의 적용을 제외할 근로자의 범위

해설

① (○), ② (×), ③ (○), ④ (○)

① 적용을 받는 근로자의 최저임금액, ③ 최저임금에 산입하지 아니하는 임금, ④ 해당 사업에서 최저임금의 적용을 제외할 근로자의 범위 등은 최임법 제11조, 동법 시행령 제11조 제1항에서 정한 주지의무의 내용에 해당하나, ② 해당 연도 시간급 최저임금액을 기준으로 산정된 월 환산액은 그렇지 아니하다.

주지 의무(최임법 제11조)

최저임금의 적용을 받는 사용자는 대통령령으로 정하는 바에 따라 해당 최저임금을 그 사업의 근로자가 쉽게 볼 수 있는 장소에 게시하거나 그 외의 적당한 방법으로 근로자에게 널리 알려야 한다.

주지 의무(최임법 시행령 제11조)

① 법 제11조에 따라 사용자가 근로자에게 주지시켜야 할 최저임금의 내용은 다음 각 호와 같다.

1. 적용을 받는 근로자의 최저임금액
2. 법 제6조 제4항에 따라 최저임금에 산입하지 아니하는 임금
3. 법 제7조에 따라 해당 사업에서 최저임금의 적용을 제외할 근로자의 범위
4. 최저임금의 효력발생 연월일

② 사용자는 제1항에 따른 최저임금의 내용을 법 제10조 제2항에 따른 최저임금의 효력발생일 전날까지 근로자에게 주지시켜야 한다.

답 ❷

092 □□□ **최저임금법에 대한 설명으로 옳지 않은 것은?(다툼이 있는 경우 판례에 의함)**

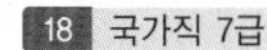
18 국가직 7급

① 사용자는 최저임금법이 적용되는 경우라도 반드시 근로자가 실제로 근무한 매시간에 대해 최저임금액 이상의 임금을 지급하여야 하는 것은 아니고 근로자와의 근로계약에서 정한 임금산정 기준기간 내에 평균적인 최저임금액 이상을 지급하면 된다.

② 택시운전근로자들의 최저임금에 산입되는 임금의 범위는 생산고에 따른 임금을 제외한 임금으로 한다는 내용의 최저임금법 제6조 제5항이 과잉금지원칙을 위반하여 일반택시 운송사업자들의 계약의 자유를 침해한다고 할 수 없다.

③ 외국인 근로자에 대하여도 국내의 근로자들과 마찬가지로 최저임금법상의 최저임금의 보장에 관한 규정이 그대로 적용된다.

④ 통상임금이 최저임금액보다 적은 경우에는 최저임금법에서 정한 시급 최저임금액을 기준으로 연장근로수당 및 야간근로수당을 산정하여야 한다.

해설

① (○) 대판 2007.6.29. 2004다48836

② (○) 일반택시운송사업에서 운전업무에 종사하는 근로자의 최저임금에 산입되는 임금의 범위는 생산고에 따른 임금을 제외한 대통령령으로 정하는 임금으로 하고 있는 최저임금법 제6조 제5항은 과잉금지원칙에 위배되어 택시운송사업자들의 계약의 자유 및 직업의 자유를 침해하지 아니한다(헌재 2023.2.23. 2020헌바11).

③ (○) 외국인 근로자도 근로기준법상 근로자에 해당하므로 최임법상의 최저임금의 보장에 관한 규정이 그대로 적용된다.

④ (×) 최저임금이나 최저임금의 적용을 위한 비교대상 임금은 통상임금과는 그 기능과 산정 방법이 다른 별개의 개념이므로, 사용자가 최저임금의 적용을 받는 근로자에게 최저임금액 이상의 임금을 지급하여야 한다고 하여 곧바로 통상임금 자체가 최저임금액을 그 최하한으로 한다고 볼 수 없다. 다만 최저임금의 적용을 받는 근로자에게 있어서 비교대상 임금 총액이 최저임금액보다 적은 경우에는 비교대상 임금 총액이 최저임금액으로 증액되어야 하므로, 이에 따라 비교대상 임금에 산입된 개개의 임금도 증액되고 그 증액된 개개의 임금 중 통상임금에 해당하는 임금들을 기준으로 통상임금이 새롭게 산정될 수는 있을 것이다(대판 2017.12.28. 2014다49074).

답 ❹

093 최저임금법령에 관한 설명으로 옳지 않은 것은? 

□□□

① 1년 미만의 기간을 정하여 근로계약을 체결하고 수습 중에 있는 근로자로서 수습을 시작한 날부터 6개월 이내인 사람에 대하여는 고용노동부장관에 의해 고시된 최저임금액보다 적은 최저임금액을 정할 수 있다.

② 사용자가 고용노동부장관의 인가를 받아 최저임금의 적용을 제외할 수 있는 자는 정신 또는 신체의 장애가 업무수행에 직접적으로 현저한 지장을 주는 것이 명백하다고 인정되는 사람으로 한다.

③ 최저임금위원회는 필요하다고 인정하면 사업의 종류별 또는 특정 사항별로 전문위원회를 둘 수 있다.

④ 고용노동부장관은 매년 8월 5일까지 최저임금을 결정하여야 한다.

⑤ 최저임금위원회에는 관계 행정기관의 공무원 중에서 3명 이내의 특별위원을 둘 수 있다.

해설

① (×) 1년 이상의 기간을 정하여 근로계약을 체결하고 수습 중에 있는 근로자로서 수습을 시작한 날부터 3개월 이내인 사람에 대하여는 대통령령으로 정하는 바에 따라 최저임금액과 다른 금액[시간급 최저임금액(최저임금으로 정한 금액)에서 100분의 10을 뺀 금액]으로 최저임금액을 정할 수 있다. 다만, 단순노무업무로 고용노동부장관이 정하여 고시한 직종에 종사하는 근로자는 제외한다(최임법 제5조 제2항, 동법 시행령 제3조).

② (○) 최임법 제7조 제1호

> **최저임금의 적용제외(최임법 제7조)**
>
> 다음 각 호의 어느 하나에 해당하는 사람으로서 사용자가 대통령령으로 정하는 바에 따라 고용노동부장관의 인가를 받은 사람에 대하여는 제6조를 적용하지 아니한다.
>
> 1. 정신장애나 신체장애로 근로능력이 현저히 낮은 사람
> 2. 그 밖에 최저임금을 적용하는 것이 적당하지 아니하다고 인정되는 사람

③ (○) 최임법 제19조 제1항

④ (○) 최임법 제8조 제1항 전문

⑤ (○) 최임법 제16조 제1항

답 ❶

094 최저임금법에 관한 설명으로 옳지 않은 것은?

□□□

14 노무

① 최저임금은 근로자의 생계비, 유사 근로자의 임금, 노동생산성 및 소득분배율 등을 고려하여 정한다.
② 일·주 또는 월을 단위로 하여 최저임금액을 정할 때에는 시간급으로도 표시하여야 한다.
③ 사용자는 최저임금법에 따른 최저임금을 이유로 종전의 임금수준을 낮추어서는 아니 된다.
④ 선원법의 적용을 받는 선원과 선원을 사용하는 선박의 소유자에게는 적용하지 아니한다.
⑤ 최저임금위원회는 매년 8월 5일까지 최저임금을 결정하고 이를 지체 없이 고시하여야 한다.

해설

① (O) 최임법 제4조 제1항 전문
② (O) 최임법 제5조 제1항 후문
③ (O) 최임법 제6조 제2항
④ (O) 최임법 제3조 제2항
⑤ (×) 고용노동부장관은 매년 8월 5일까지 최저임금을 결정하여야 한다. 이 경우 고용노동부장관은 대통령령으로 정하는 바에 따라 제12조에 따른 최저임금위원회에 심의를 요청하고, 위원회가 심의하여 의결한 최저임금안에 따라 최저임금을 결정하여야 한다(최임법 제8조 제1항). 고용노동부장관은 최저임금을 결정한 때에는 지체 없이 그 내용을 고시하여야 한다(최임법 제10조 제1항).

답 ❺

095 최저임금법에 관한 설명으로 옳은 것을 모두 고른 것은?

20 노무

ㄱ. 선원법의 적용을 받는 선원과 선원을 사용하는 선박의 소유자에게는 적용하지 아니한다.
ㄴ. 최저임금은 매년 12월 31일까지 결정하여 고시한다.
ㄷ. 최저임금위원회는 대통령 소속으로 둔다.
ㄹ. 고용노동부장관은 근로자의 생계비와 임금실태 등을 매년 조사하여야 한다.

① ㄱ, ㄴ
② ㄱ, ㄷ
③ ㄱ, ㄹ
④ ㄴ, ㄷ
⑤ ㄷ, ㄹ

해설

ㄱ. (O) 최임법 제3조 제2항
ㄴ. (×) 고용노동부장관은 매년 8월 5일까지 최저임금을 결정하여야 한다(최임법 제8조 제1항 전문).
ㄷ. (×) 최저임금에 관한 심의와 그 밖에 최저임금에 관한 중요사항을 심의하기 위하여 고용노동부에 최저임금위원회를 둔다(최임법 제12조).
ㄹ. (O) 최임법 제23조

답 ❸

096 □□□ 최저임금법에 관한 설명으로 옳지 않은 것은? 19 노무

① 최저임금액을 일(日)·주(週) 또는 월(月)을 단위로 하여 정할 때에는 시간급(時間給)으로도 표시하여야 한다.

② 최저임금은 근로자의 생계비, 유사 근로자의 임금, 노동생산성 및 소득분배율 등을 고려하여 정한다. 이 경우 사업의 종류별로 구분하여 정할 수 있다.

③ 사용자는 최저임금법에 따른 최저임금을 이유로 종전의 임금수준을 낮출 수 있다.

④ 도급으로 사업을 행하는 경우 도급인이 책임져야 할 사유로 수급인이 근로자에게 최저임금액에 미치지 못하는 임금을 지급한 경우 도급인은 해당 수급인과 연대(連帶)하여 책임을 진다.

⑤ 최저임금의 적용을 받는 근로자와 사용자 사이의 근로계약 중 최저임금액에 미치지 못하는 금액을 임금으로 정한 부분은 무효이다.

해설

① (○) 최임법 제5조 제1항
② (○) 최임법 제4조 제1항
③ (×) 사용자는 최저임금법에 따른 최저임금을 이유로 종전의 임금수준을 낮추어서는 아니 된다(최임법 제6조 제2항).
④ (○) 도급인은 해당 수급인과 연대하여 책임을 진다(최임법 제6조 제7항).
⑤ (○) 최임법 제6조 제3항

답 ❸

097 □□□ 최저임금법에 관한 내용으로 옳지 않은 것은? 18 노무

① 최저임금법은 선원법의 적용을 받는 선원과 선원을 사용하는 선박의 소유자에게는 적용하지 아니한다.

② 최저임금액은 시간·일·주 또는 월을 단위로 정하되, 일·주 또는 월을 단위로 하여 최저임금액을 정할 때에는 시간급으로도 표시하여야 한다.

③ 사용자는 최저임금법에 따른 최저임금을 이유로 종전의 임금수준을 낮추어서는 아니 된다.

④ 최저임금에 관한 중요사항을 심의하기 위하여 대통령 직속의 최저임금위원회를 둔다.

⑤ 고용노동부장관은 근로자의 생계비와 임금실태 등을 매년 조사하여야 한다.

해설

① (○) 최임법 제3조 제2항
② (○) 최임법 제5조 제1항
③ (○) 사용자는 이 법에 따른 최저임금을 이유로 종전의 임금수준을 낮추어서는 아니 된다(최임법 제6조 제2항).
④ (×) 최저임금에 관한 심의와 그 밖에 최저임금에 관한 중요사항을 심의하기 위하여 고용노동부에 최저임금위원회를 둔다(최임법 제12조).
⑤ (○) 최임법 제23조

답 ❹

098 ☐☐☐ **최저임금법령상 최저임금에 산입하는 임금의 범위에 포함되는 것은?** 16 노무

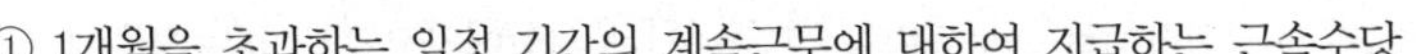

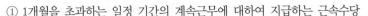

① 1개월을 초과하는 일정 기간의 계속근무에 대하여 지급하는 근속수당
② 김장수당 등 임시 또는 돌발적인 사유에 따라 지급하는 임금 또는 수당
③ 야간근로에 대한 가산임금
④ 근로자의 복리후생을 위한 성질을 가지는 급식수당 등 근로자의 생활을 보조하는 수당
⑤ 단체협약에 임금항목으로서 지급근거가 명시되어 있는 임금 또는 수당

해설

① (×), ② (×), ③ (×), ④ (×), ⑤ (○)
단체협약 · 취업규칙 또는 근로계약에 임금항목으로서 지급근거가 명시되어 있거나, 관례에 따라 지급하는 임금 또는 수당은 최임법상 최저임금에 포함된다.

최저임금의 효력(최임법 제6조)

④ 제1항과 제3항에 따른 임금에는 매월 1회 이상 정기적으로 지급하는 임금을 산입(算入)한다. 다만, 다음 각 호의 어느 하나에 해당하는 임금은 산입하지 아니한다.
  1. 근로기준법 제2조 제1항 제8호에 따른 소정(所定)근로시간 또는 소정의 근로일에 대하여 지급하는 임금 외의 임금으로서 고용노동부령으로 정하는 임금
  2. 상여금, 그 밖에 이에 준하는 것으로서 고용노동부령으로 정하는 임금의 월 지급액 중 해당 연도 시간급 최저임금액을 기준으로 산정된 월 환산액의 100분의 25에 해당하는 부분
  3. 식비, 숙박비, 교통비 등 근로자의 생활 보조 또는 복리후생을 위한 성질의 임금으로서 다음 각 목의 어느 하나에 해당하는 것
     가. 통화 이외의 것으로 지급하는 임금
     나. 통화로 지급하는 임금의 월 지급액 중 해당 연도 시간급 최저임금액을 기준으로 산정된 월 환산액의 100분의 7에 해당하는 부분

최저임금의 범위(최임법 시행규칙 제2조)

① 최저임금법 제6조 제4항 제1호에서 "고용노동부령으로 정하는 임금"이란 다음 각 호의 어느 하나에 해당하는 것을 말한다.
  1. 연장근로 또는 휴일근로에 대한 임금 및 연장 · 야간 또는 휴일근로에 대한 가산임금
  2. 근로기준법 제60조에 따른 연차유급휴가의 미사용수당
  3. 유급으로 처리되는 휴일(근로기준법 제55조 제1항에 따른 유급휴일은 제외)에 대한 임금
  4. 그 밖에 명칭에 관계없이 제1호부터 제3호까지의 규정에 준하는 것으로 인정되는 임금

② 법 제6조 제4항 제2호에서 "고용노동부령으로 정하는 임금"이란 다음 각 호의 어느 하나에 해당하는 것을 말한다.
  1. 1개월을 초과하는 기간에 걸친 해당 사유에 따라 산정하는 상여금, 장려가급, 능률수당 또는 근속수당
  2. 1개월을 초과하는 기간의 출근성적에 따라 지급하는 정근수당

답 ❺

099 □□□ **최저임금법상 최저임금에 대한 설명으로 옳지 않은 것은?** 21 국가직 9급

① 사용자는 근로자가 정신장애로 근로능력이 현저히 낮은 사람이라고 판단되는 경우에 직권으로 해당 근로자에 대하여 최저임금을 적용하지 않을 수 있다.

② 사용자는 최저임금법에 따른 최저임금을 이유로 종전의 임금수준을 낮추어서는 아니 된다.

③ 최저임금액(최저임금으로 정한 금액을 말한다.)은 시간·일(日)·주(週) 또는 월(月)을 단위로 하여 정한다. 이 경우 일·주 또는 월을 단위로 하여 최저임금액을 정할 때에는 시간급(時間給)으로도 표시하여야 한다.

④ 최저임금은 근로자의 생계비, 유사 근로자의 임금, 노동생산성 및 소득분배율 등을 고려하여 정한다. 이 경우 사업의 종류별로 구분하여 정할 수 있다.

해설

① (×) 정신장애나 신체장애로 근로능력이 현저히 낮은 사람으로서 사용자가 고용노동부장관의 인가를 받은 사람에 대하여는 최저임금을 적용하지 아니한다(최임법 제7조).

② (○) 최임법 제6조 제2항

③ (○) 최임법 제5조 제1항

④ (○) 최임법 제4조 제1항

답 ❶

100 □□□ **최저임금법상 최저임금 등에 대한 설명으로 옳은 것은?(다툼이 있는 경우 판례에 의함)** 21 국가직 7급

① 최저임금은 사업의 종류별로 구분하여 정할 수 없다.

② 고용노동부장관은 근로자의 생계비와 임금실태 등을 2년마다 조사하여야 한다.

③ 고용노동부장관이 고시한 최저임금은 당해 연도 9월 1일부터 효력이 발생하지만, 고용노동부장관은 사업의 종류별로 임금교섭시기 등을 고려하여 필요하다고 인정하면 효력발생 시기를 따로 정할 수 있다.

④ 사용자는 최저임금법이 적용되는 경우라도 반드시 근로자가 실제로 근무한 매시간에 대해 최저임금액 이상의 임금을 지급하여야 하는 것은 아니고 근로자와의 근로계약에서 정한 임금산정 기준기간 내에 평균적인 최저임금액 이상을 지급하면 되지만, 최저임금의 적용을 위한 임금산정 기준기간은 특별한 사정이 없는 한 1개월을 초과할 수 없다.

해설

① (×) 최저임금은 근로자의 생계비, 유사 근로자의 임금, 노동생산성 및 소득분배율 등을 고려하여 정한다. 이 경우 사업의 종류별로 구분하여 정할 수 있다(최임법 제4조 제1항).

② (×) 고용노동부장관은 근로자의 생계비와 임금실태 등을 매년 조사하여야 한다(최임법 제23조).

③ (×) 고시된 최저임금은 다음 연도 1월 1일부터 효력이 발생한다. 다만, 고용노동부장관은 사업의 종류별로 임금교섭시기 등을 고려하여 필요하다고 인정하면 효력발생 시기를 따로 정할 수 있다(최임법 제10조 제2항).

④ (○) 사용자는 최저임금법이 적용되는 경우라도 반드시 근로자가 실제로 근무한 매시간에 대해 최저임금액 이상의 임금을 지급하여야 하는 것은 아니고 근로자와의 근로계약에서 정한 임금산정 기준기간 내에 평균적인 최저임금액 이상을 지급하면 된다. 그리고 최저임금제도가 근로자에 대해 임금의 최저수준을 보장하여 근로자의 생활안정과 노동력의 질적 향상을 기하고자 하는 데 그 목적이 있고(최임법 제1조), 임금은 원칙적으로 매월 1회 이상 일정한 기일을 정하여 지급하여야 하는 것인 점(근기법 제42조 제2항 본문) 등에 비추어 볼 때 최저임금의 적용을 위한 임금산정 기준기간은 특별한 사정이 없는 한 1개월을 초과할 수 없다고 보아야 한다(대판 2007.6.29. 2004다48836).

101 □□□

최저임금법령상 최저임금 또는 최저임금위원회에 대한 설명으로 옳지 않은 것은? 21 국가직 7급

① 최저임금에 관한 심의와 그 밖에 최저임금에 관한 중요 사항을 심의하기 위하여 고용노동부에 최저임금위원회를 둔다.

② 정신 또는 신체의 장애가 업무 수행에 직접적으로 현저한 지장을 주는 것이 명백하다고 인정되는 사람으로서 사용자가 고용노동부장관의 인가를 받은 근로자에 대하여는 시간급 최저임금액에서 100분의 10을 뺀 금액을 그 근로자의 시간급 최저임금액으로 한다.

③ 최저임금의 적용을 받는 사용자는 대통령령으로 정하는 바에 따라 해당 최저임금을 그 사업의 근로자가 쉽게 볼 수 있는 장소에 게시하거나 그 외의 적당한 방법으로 근로자에게 널리 알려야 한다.

④ 최저임금위원회에는 관계 행정기관의 공무원 중에서 3명 이내의 특별위원을 둘 수 있다.

해설

① (○) 최임법 제12조

② (×) 최저임금액을 감액하는 것이 아니라 최저임금에 관한 최임법 제6조를 적용하지 아니한다.

최저임금의 적용 제외(최임법 제7조)

다음 각 호의 어느 하나에 해당하는 사람으로서 사용자가 대통령령으로 정하는 바에 따라 고용노동부장관의 인가를 받은 사람에 대하여는 제6조를 적용하지 아니한다.

1. 정신장애나 신체장애로 근로능력이 현저히 낮은 사람
2. 그 밖에 최저임금을 적용하는 것이 적당하지 아니하다고 인정되는 사람

최저임금 적용 제외의 인가 기준(최임법 시행령 제6조)

사용자가 법 제7조에 따라 고용노동부장관의 인가를 받아 최저임금의 적용을 제외할 수 있는 자는 정신 또는 신체의 장애가 업무 수행에 직접적으로 현저한 지장을 주는 것이 명백하다고 인정되는 사람으로 한다.

③ (○) 최임법 제11조

④ (○) 최임법 제16조 제1항

답 ❷

102 최저임금법상 최저임금액 및 최저임금의 효력 등에 대한 설명으로 옳은 것은? 22 국가직 7급

□□□

① 수습 중에 있는 근로자의 경우 업무의 종류나 계약 기간과 관계없이 3개월간 최저임금액에서 100분의 10을 뺀 감액된 금액으로 한다.

② 도급으로 사업을 행하는 경우 도급인이 책임져야 할 사유로 수급인이 근로자에게 최저임금액에 미치지 못하는 임금을 지급한 경우 도급인은 해당 수급인과 연대하여 책임을 진다.

③ 근로자가 자기의 사정으로 소정근로시간의 근로를 하지 아니하거나 사용자가 정당한 이유로 근로자에게 소정근로 시간의 근로를 시키지 아니한 경우에도 임금 지급은 강제된다.

④ 주 단위로 정해진 임금의 경우 1주의 최저임금 적용기준 시간 수는 1주 동안의 소정근로시간 수를 말하며 근로기준법 제55조 제1항에 따라 유급으로 처리되는 시간 수가 합산되지 않는다.

해설

① (×) 최임법 제5조 제2항, 동법 시행령 제3조에 따르면 단순노무업무 종사자에 대해서는 수습 중이라고 하더라도 최저임금을 감액하여 적용하는 것은 허용되지 아니한다.

1년 이상의 기간을 정하여 근로계약을 체결하고 수습 중에 있는 근로자로서 수습을 시작한 날부터 3개월 이내인 사람에 대하여는 시간급 최저임금액(최저임금으로 정한 금액)에서 100분의 10을 뺀 금액을 그 근로자의 시간급 최저임금액으로 한다. 다만, 단순노무업무로 고용노동부장관이 정하여 고시한 직종에 종사하는 근로자는 제외한다 (최임법 제5조 제2항, 동법 시행령 제3조).

② (O) 최임법 제6조 제7항

③ (×) 최임법 제6조 제6항

④ (×) 최임법 시행령 제5조 제1항 제2호

최저임금의 효력(최임법 제6조)

① 사용자는 최저임금의 적용을 받는 근로자에게 최저임금액 이상의 임금을 지급하여야 한다.

③ 최저임금의 적용을 받는 근로자와 사용자 사이의 근로계약 중 최저임금액에 미치지 못하는 금액을 임금으로 정한 부분은 무효로 하며, 이 경우 무효로 된 부분은 이 법으로 정한 최저임금액과 동일한 임금을 지급하기로 한 것으로 본다.

⑥ 제1항과 제3항은 다음 각 호의 어느 하나에 해당하는 사유로 근로하지 아니한 시간 또는 일에 대하여 사용자가 임금을 지급할 것을 강제하는 것은 아니다.

1. 근로자가 자기의 사정으로 소정근로시간 또는 소정의 근로일의 근로를 하지 아니한 경우
2. 사용자가 정당한 이유로 근로자에게 소정근로시간 또는 소정의 근로일의 근로를 시키지 아니한 경우

최저임금의 적용을 위한 임금의 환산(최임법 시행령 제5조)

① 근로자의 임금을 정하는 단위가 된 기간이 그 근로자에게 적용되는 최저임금액을 정할 때의 단위가 된 기간과 다른 경우에는 그 근로자에 대한 임금을 다음 각 호의 구분에 따라 시간에 대한 임금으로 환산한다.

1. 일(日) 단위로 정해진 임금 : 그 금액을 1일의 소정근로시간 수로 나눈 금액
2. 주(週) 단위로 정해진 임금 : 그 금액을 1주의 최저임금 적용기준 시간 수(1주 동안의 소정근로시간 수와 근로기준법 제55조 제1항에 따라 유급으로 처리되는 시간 수를 합산한 시간 수)로 나눈 금액

답 ❷

103 □□□ **최저임금법에 대한 설명으로 옳지 않은 것은?** 22 국가직 7급

① 사용자는 최저임금의 적용을 받는 근로자에게 최저임금액 이상의 임금을 지급하여야 한다.

② 최저임금의 적용을 받는 근로자와 사용자 사이의 근로계약 중 최저임금액에 미치지 못하는 금액을 임금으로 정한 부분은 무효로 하며, 이 경우 무효로 된 부분은 최저임금법으로 정한 최저임금액과 동일한 임금을 지급하기로 한 것으로 본다.

③ 식비, 숙박비, 교통비 등 근로자의 생활 보조 또는 복리후생을 위한 성질의 임금으로서 통화 이외의 것으로 지급하는 임금은 최저임금액 이상으로 지급하여야 하는 임금에 산입한다.

④ 사용자는 최저임금법에 따른 최저임금을 이유로 종전의 임금수준을 낮추어서는 아니 된다.

해설

① (○) 최임법 제6조 제1항
② (○) 최임법 제6조 제3항
③ (×) 최임법 제6조 제4항
④ (○) 최임법 제6조 제2항

최저임금의 효력(최임법 제6조)

④ 제1항과 제3항에 따른 임금에는 매월 1회 이상 정기적으로 지급하는 임금을 산입(算入)한다. 다만, 다음 각 호의 어느 하나에 해당하는 임금은 산입하지 아니한다.

1. 근로기준법 제2조 제1항 제8호에 따른 소정(所定)근로시간(이하 "소정근로시간") 또는 소정의 근로일에 대하여 지급하는 임금 외의 임금으로서 고용노동부령으로 정하는 임금
2. 상여금, 그 밖에 이에 준하는 것으로서 고용노동부령으로 정하는 임금의 월 지급액 중 해당 연도 시간급 최저임금액을 기준으로 산정된 월 환산액의 100분의 25에 해당하는 부분
3. 식비, 숙박비, 교통비 등 근로자의 생활 보조 또는 복리후생을 위한 성질의 임금으로서 다음 각 목의 어느 하나에 해당하는 것
   가. 통화 이외의 것으로 지급하는 임금
   나. 통화로 지급하는 임금의 월 지급액 중 해당 연도 시간급 최저임금액을 기준으로 산정된 월 환산액의 100분의 7에 해당하는 부분

 ❸

104 □□□ **최저임금법령상 수습 중에 있는 근로자(단순 노무업무로 고용 노동부장관이 정하여 고시한 직종에 종사하는 근로자는 제외)에 대한 최저임금액의 내용이다. (   )에 들어갈 내용을 바르게 연결한 것은?** 22 국가직 9급

> (ㄱ) 년 이상의 기간을 정하여 근로계약을 체결하고 수습 중에 있는 근로자로서 수습을 시작한 날부터 (ㄴ) 개월 이내인 사람에 대하여는 시간급 최저임금액에서 100분의 (ㄷ) 을/를 뺀 금액을 그 근로자의 시간급 최저임금액으로 한다.

① ㄱ : 1, ㄴ : 2, ㄷ : 5
② ㄱ : 1, ㄴ : 3, ㄷ : 10
③ ㄱ : 2, ㄴ : 3, ㄷ : 5
④ ㄱ : 2, ㄴ : 3, ㄷ : 10

해설

- 1년 이상의 기간을 정하여 근로계약을 체결하고 수습 중에 있는 근로자로서 수습을 시작한 날부터 3개월 이내인 사람에 대하여는 대통령령으로 정하는 바에 따라 제1항에 따른 최저임금액과 다른 금액으로 최저임금액을 정할 수 있다. 다만, 단순노무업무로 고용노동부장관이 정하여 고시한 직종에 종사하는 근로자는 제외한다(최임법 제5조 제2항).
- 최저임금법 제5조 제2항 본문에 따라 1년 이상의 기간을 정하여 근로계약을 체결하고 수습 중에 있는 근로자로서 수습을 시작한 날부터 3개월 이내인 사람에 대해서는 같은 조 제1항 후단에 따른 시간급 최저임금액(최저임금으로 정한 금액)에서 100분의 10을 뺀 금액을 그 근로자의 시간급 최저임금액으로 한다(최임법 시행령 제3조).

105 □□□ **최저임금법에 대한 설명으로 옳지 않은 것은?** 22 국가직 9급

① 가사사용인에게는 최저임금법을 적용하지 아니한다.
② 동거하는 친족만을 사용하는 사업에는 최저임금법을 적용하지 아니한다.
③ 선원법의 적용을 받는 선원과 선원을 사용하는 선박의 소유자에게는 최저임금법을 적용하지 아니한다.
④ 정신장애나 신체장애로 근로능력이 현저히 낮은 사람으로서 사용자가 보건복지부장관의 인가를 받은 사람에 대하여는 최저임금을 적용하지 아니한다.

해설

① (○), ② (○), ③ (○) 이 법은 근로자를 사용하는 모든 사업 또는 사업장(이하 "사업")에 적용한다. 다만, 동거하는 친족만을 사용하는 사업과 가사(家事) 사용인에게는 적용하지 아니한다.❷❶ 이 법은 선원법의 적용을 받는 선원과 선원을 사용하는 선박의 소유자에게는 적용하지 아니한다❸(최임법 제3조).

④ (×) 정신장애나 신체장애로 근로능력이 현저히 낮은 사람으로서 사용자가 대통령령으로 정하는 바에 따라 고용노동부장관의 인가를 받은 사람에 대하여는 최저임금을 적용하지 아니한다(최임법 제7조).

답 ❹

106 □□□ 최저임금법에 대한 설명으로 옳은 것만을 모두 고른 것은? 22 국가직 9급

ㄱ. 사용자는 최저임금의 적용을 받는 근로자에게 최저임금액 이상의 임금을 지급하여야 한다는 조항(제6조 제1항)을 위반하여 최저임금액보다 적은 임금을 지급한 자에게는 과태료를 부과한다.
ㄴ. 사용자는 최저임금법에 따른 최저임금을 이유로 종전의 임금수준을 낮추어서는 아니 된다는 조항(제6조 제2항)을 위반하여 최저임금을 이유로 종전의 임금을 낮춘 자에게는 과태료를 부과한다.
ㄷ. 최저임금의 적용을 받는 사용자는 대통령령으로 정하는 바에 따라 해당 최저임금을 그 사업의 근로자가 쉽게 볼 수 있는 장소에 게시하거나 그 외의 적당한 방법으로 근로자에게 널리 알려야 한다는 조항(제11조)을 위반하여 근로자에게 해당 최저임금을 같은 조에서 규정한 방법으로 널리 알리지 아니한 자에게는 과태료를 부과한다.
ㄹ. 고용노동부장관은 최저임금법의 시행에 필요한 범위에서 근로자나 사용자에게 임금에 관한 사항을 보고하게 할 수 있다는 조항(제25조)에 따른 임금에 관한 사항의 보고를 하지 아니하거나 거짓 보고를 한 자에게는 과태료를 부과한다.

① ㄱ, ㄴ ② ㄴ, ㄷ
③ ㄴ, ㄹ ④ ㄷ, ㄹ

해설

ㄱ. (×) · ㄴ. (×) 최임법 제28조 제1항, 제6조 제1항 · 제2항
ㄷ. (○) 최임법 제31조 제1항 제1호
ㄹ. (○) 최임법 제31조 제1항 제2호

벌칙(최임법 제28조)

① 제6조 제1항 또는 제2항을 위반하여 최저임금액보다 적은 임금을 지급하거나 최저임금을 이유로 종전의 임금을 낮춘 자는 3년 이하의 징역 또는 2천만원 이하의 벌금에 처한다. 이 경우 징역과 벌금은 병과(倂科)할 수 있다.

과태료(최임법 제31조)

① 다음 각 호의 어느 하나에 해당하는 자에게는 100만원 이하의 과태료를 부과한다.
1. 제11조를 위반하여 근로자에게 해당 최저임금을 같은 조에서 규정한 방법으로 널리 알리지 아니한 자
2. 제25조에 따른 임금에 관한 사항의 보고를 하지 아니하거나 거짓 보고를 한 자

답 ④

제7절 근로자퇴직급여 보장법

107 근로자퇴직급여 보장법에 규정된 내용으로 옳은 것은? 16 노무

□□□

① 근로자퇴직급여 보장법에 따른 퇴직금을 받을 권리는 1년간 행사하지 아니하면 시효로 인하여 소멸한다.

② 근로자퇴직급여 보장법은 동거하는 친족만을 사용하는 사업 및 가구 내 고용활동에는 적용하지 아니한다.

③ 사용자는 계속근로기간이 1년 미만인 근로자에 대하여 퇴직급여제도 중 하나 이상의 제도를 설정하여야 한다.

④ 퇴직연금사업자는 매년 2회 이상 적립금액 및 운용수익률 등을 고용노동부령으로 정하는 바에 따라 가입자에게 알려야 한다.

⑤ 확정기여형퇴직연금제도란 근로자가 받을 급여의 수준이 사전에 결정되어 있는 퇴직연금제도를 말한다.

해설

① (×) 근로자퇴직급여 보장법에 따른 퇴직금을 받을 권리는 3년간 행사하지 아니하면 시효로 인하여 소멸한다(근퇴법 제10조).

② (○) 근로자퇴직급여 보장법은 근로자를 사용하는 모든 사업 또는 사업장에 적용한다. 다만, 동거하는 친족만을 사용하는 사업 및 가구 내 고용활동에는 적용하지 아니한다(근퇴법 제3조).

③ (×) 사용자는 퇴직하는 근로자에게 급여를 지급하기 위하여 퇴직급여제도 중 하나 이상의 제도를 설정하여야 한다. 다만, 계속근로기간이 1년 미만인 근로자, 4주간을 평균하여 1주간의 소정근로시간이 15시간 미만인 근로자에 대하여는 그러하지 아니하다(근퇴법 제4조 제1항).

④ (×) 퇴직연금사업자는 매년 1회 이상 적립금액 및 운용수익률 등을 고용노동부령으로 정하는 바에 따라 가입자에게 알려야 한다(근퇴법 제18조).

⑤ (×) "확정기여형퇴직연금제도"란 급여의 지급을 위하여 사용자가 부담하여야 할 부담금의 수준이 사전에 결정되어 있는 퇴직연금제도를 말한다(근퇴법 제2조 제9호).

답 ②

108 근로자퇴직급여 보장법령에 관한 설명으로 옳지 않은 것은? 22 노무

□□□

① 사용자가 퇴직급여제도를 설정하려는 경우에 근로자 과반수가 가입한 노동조합이 있는 경우에는 그 노동조합의 동의를 받아야 한다.

② 무주택자인 근로자는 본인 명의로 주택을 구입하는 경우에 퇴직금 중간정산을 요구할 수 있다.

③ 퇴직금을 받을 권리는 3년간 행사하지 아니하면 시효로 인하여 소멸한다.

④ 중소기업퇴직연금기금제도의 급여를 받을 권리는 양도 또는 압류할 수 없다.

⑤ 퇴직연금사업자는 매분기당 1회 이상 적립금액 및 운용수익률 등을 고용노동부령으로 정하는 바에 따라 가입자에게 알려야 한다.

해설

① (O) 사용자가 퇴직급여제도를 설정하거나 설정된 퇴직급여제도를 다른 종류의 퇴직급여제도로 변경하려는 경우에는 근로자의 과반수가 가입한 노동조합이 있는 경우에는 그 노동조합, 근로자의 과반수가 가입한 노동조합이 없는 경우에는 근로자 과반수의 동의를 받아야 한다(근퇴법 제4조 제3항).

② (O) 근퇴법 시행령 제3조 제1항 제1호

③ (O) 근퇴법 제10조

④ (O) 퇴직연금제도(중소기업퇴직연금기금제도를 포함)의 급여를 받을 권리는 양도 또는 압류하거나 담보로 제공할 수 없다(근퇴법 제7조 제1항).

⑤ (×) 퇴직연금사업자는 매년 1회 이상 적립금액 및 운용수익률 등을 고용노동부령으로 정하는 바에 따라 가입자에게 알려야 한다(근퇴법 제18조).

퇴직금의 중간정산 사유(근퇴법 시행령 제3조)

① 법 제8조 제2항 전단에서 "주택구입 등 대통령령으로 정하는 사유"란 다음 각 호의 경우를 말한다.

1. 무주택자인 근로자가 본인 명의로 주택을 구입하는 경우
2. 무주택자인 근로자가 주거를 목적으로 민법 제303조에 따른 전세금 또는 주택임대차보호법 제3조의2에 따른 보증금을 부담하는 경우. 이 경우 근로자가 하나의 사업에 근로하는 동안 1회로 한정한다.
3. 근로자가 6개월 이상 요양을 필요로 하는 다음 각 목의 어느 하나에 해당하는 사람의 질병이나 부상에 대한 의료비를 해당 근로자가 본인 연간 임금총액의 1천분의 125를 초과하여 부담하는 경우
   가. 근로자 본인
   나. 근로자의 배우자
   다. 근로자 또는 그 배우자의 부양가족
4. 퇴직금 중간정산을 신청하는 날부터 거꾸로 계산하여 5년 이내에 근로자가 채무자 회생 및 파산에 관한 법률에 따라 파산선고를 받은 경우
5. 퇴직금 중간정산을 신청하는 날부터 거꾸로 계산하여 5년 이내에 근로자가 채무자 회생 및 파산에 관한 법률에 따라 개인회생절차개시 결정을 받은 경우
6. 사용자가 기존의 정년을 연장하거나 보장하는 조건으로 단체협약 및 취업규칙 등을 통하여 일정나이, 근속시점 또는 임금액을 기준으로 임금을 줄이는 제도를 시행하는 경우

6의2. 사용자가 근로자와의 합의에 따라 소정근로시간을 1일 1시간 또는 1주 5시간 이상 단축함으로써 단축된 소정근로시간에 따라 근로자가 3개월 이상 계속 근로하기로 한 경우

6의3. 법률 제15513호 근로기준법 일부개정법률의 시행에 따른 근로시간의 단축으로 근로자의 퇴직금이 감소되는 경우

7. 재난으로 피해를 입은 경우로서 고용노동부장관이 정하여 고시하는 사유에 해당하는 경우

② 사용자는 제1항 각 호의 사유에 따라 퇴직금을 미리 정산하여 지급한 경우 근로자가 퇴직한 후 5년이 되는 날까지 관련 증명 서류를 보존하여야 한다.

답 ⑤

109 □□□ 근로자퇴직급여 보장법령상 퇴직급여제도에 관한 설명으로 옳지 않은 것은? 23 노무

① 가입자의 부양가족의 혼례비를 가입자가 부담하는 경우에는 퇴직연금제도의 급여를 받을 권리는 담보로 제공할 수 없다.

② 무주택자인 가입자가 본인 명의로 주택을 구입하는 경우 가입자별 적립금의 100분의 50 한도에서 퇴직연금제도의 급여를 받을 권리를 담보로 제공할 수 있다.

③ 6개월 이상 요양을 필요로 하는 근로자의 부상의료비를 근로자 본인 연간 임금총액의 1천분의 125를 초과하여 부담하는 경우 퇴직금을 미리 정산하여 지급할 수 있다.

④ 퇴직금을 중간정산하여 지급한 후의 퇴직금 산정을 위한 계속근로기간은 정산시점부터 새로 계산한다.

⑤ 사용자는 퇴직금을 미리 정산하여 지급한 경우 근로자가 퇴직한 후 5년이 되는 날까지 관련증명서류를 보존하여야 한다.

해설

① (×) 가입자는 가입자의 부양가족의 대학등록금, 혼례비 또는 장례비를 가입자가 부담하는 경우, 대통령령으로 정하는 한도에서 퇴직연금제도의 급여를 받을 권리를 담보로 제공할 수 있다(근퇴법 제7조 제2항 전문, 동법 시행령 제2조 제1항 제4의2호).

② (○) 근퇴법 제7조 제2항 전문, 동법 시행령 제2조 제1항 제1호, 제2항 제1호

③ (○) 근퇴법 제8조 제2항 전문, 동법 시행령 제3조 제1항 제3호 가목

④ (○) 근퇴법 제8조 제2항 후문

⑤ (○) 근퇴법 시행령 제3조 제2항

수급권의 보호(근퇴법 제7조)

② 제1항에도 불구하고 가입자는 주택구입 등 대통령령으로 정하는 사유와 요건을 갖춘 경우에는 대통령령으로 정하는 한도에서 퇴직연금제도의 급여를 받을 권리를 담보로 제공할 수 있다. 이 경우 제26조에 따라 등록한 퇴직연금사업자[중소기업퇴직연금기금제도의 경우 산업재해보상보험법 제10조에 따른 근로복지공단(이하 "공단")]은 제공된 급여를 담보로 한 대출이 이루어지도록 협조하여야 한다.

퇴직금제도의 설정 등(근퇴법 제8조)

② 제1항에도 불구하고 사용자는 주택구입 등 대통령령으로 정하는 사유로 근로자가 요구하는 경우에는 근로자가 퇴직하기 전에 해당 근로자의 계속근로기간에 대한 퇴직금을 미리 정산하여 지급할 수 있다. 이 경우 미리 정산하여 지급한 후의 퇴직금 산정을 위한 계속근로기간은 정산시점부터 새로 계산한다.

퇴직연금제도 수급권의 담보제공 사유 등(근퇴법 시행령 제2조)

① 근로자퇴직급여 보장법(이하 "법") 제7조 제2항 전단에서 "주택구입 등 대통령령으로 정하는 사유와 요건을 갖춘 경우"란 다음 각 호의 어느 하나에 해당하는 경우를 말한다.

1. 무주택자인 가입자가 본인 명의로 주택을 구입하는 경우

1의2. 무주택자인 가입자가 주거를 목적으로 민법 제303조에 따른 전세금 또는 주택임대차보호법 제3조의2에 따른 보증금을 부담하는 경우. 이 경우 가입자가 하나의 사업 또는 사업장(이하 "사업")에 근로하는 동안 1회로 한정한다.

2. 가입자가 6개월 이상 요양을 필요로 하는 다음 각 목의 어느 하나에 해당하는 사람의 질병이나 부상에 대한 의료비(소득세법 시행령 제118조의5 제1항 및 제2항에 따른 의료비)를 부담하는 경우
   가. 가입자 본인
   나. 가입자의 배우자
   다. 가입자 또는 그 배우자의 부양가족(소득세법 제50조 제1항 제3호에 따른 부양가족)

3. 담보를 제공하는 날부터 거꾸로 계산하여 5년 이내에 가입자가 채무자 회생 및 파산에 관한 법률에 따라 파산선고를 받은 경우

4. 담보를 제공하는 날부터 거꾸로 계산하여 5년 이내에 가입자가 채무자 회생 및 파산에 관한 법률에 따라 개인회생절차개시 결정을 받은 경우

4의2. 다음 각 목의 어느 하나에 해당하는 사람의 대학등록금, 혼례비 또는 장례비를 가입자가 부담하는 경우

가. 가입자 본인

나. 가입자의 배우자

다. 가입자 또는 그 배우자의 부양가족

5. 사업주의 휴업 실시로 근로자의 임금이 감소하거나 재난(재난 및 안전관리 기본법 제3조 제1호에 따른 재난)으로 피해를 입은 경우로서 고용노동부장관이 정하여 고시하는 사유와 요건에 해당하는 경우

② 법 제7조 제2항 전단에서 "대통령령으로 정하는 한도"란 다음 각 호의 구분에 따른 한도를 말한다.

1. 제1항 제1호, 제1호의2, 제2호부터 제4호까지 및 제4호의2의 경우 : 가입자별 적립금의 100분의 50
2. 제1항 제5호의 경우 : 임금 감소 또는 재난으로 입은 가입자의 피해 정도 등을 고려하여 고용노동부장관이 정하여 고시하는 한도

퇴직금의 중간정산 사유(근퇴법 시행령 제3조)

① 법 제8조 제2항 전단에서 "주택구입 등 대통령령으로 정하는 사유"란 다음 각 호의 경우를 말한다.

1. 무주택자인 근로자가 본인 명의로 주택을 구입하는 경우
2. 무주택자인 근로자가 주거를 목적으로 민법 제303조에 따른 전세금 또는 주택임대차보호법 제3조의2에 따른 보증금을 부담하는 경우. 이 경우 근로자가 하나의 사업에 근로하는 동안 1회로 한정한다.
3. 근로자가 6개월 이상 요양을 필요로 하는 다음 각 목의 어느 하나에 해당하는 사람의 질병이나 부상에 대한 의료비를 해당 근로자가 본인 연간 임금총액의 1천분의 125를 초과하여 부담하는 경우

가. 근로자 본인

나. 근로자의 배우자

다. 근로자 또는 그 배우자의 부양가족

② 사용자는 제1항 각 호의 사유에 따라 퇴직금을 미리 정산하여 지급한 경우 근로자가 퇴직한 후 5년이 되는 날까지 관련 증명 서류를 보존하여야 한다.

답 ❶

110 근로자퇴직급여 보장법에 관한 설명으로 옳지 않은 것은?

□□□ 14 노무

① 퇴직금제도를 설정하려는 사용자는 계속근로기간 1년에 대하여 30일분 이상의 평균임금을 퇴직금으로 퇴직 근로자에게 지급할 수 있는 제도를 설정하여야 한다.
② 확정급여형퇴직연금제도란 근로자가 받을 급여의 수준이 사전에 결정되어 있는 퇴직연금제도를 말한다.
③ 이 법은 상시 5명 미만의 근로자를 사용하는 사업 또는 사업장에는 적용하지 아니한다.
④ 확정기여형 퇴직연금제도에 가입한 근로자는 주택구입 등 대통령령으로 정하는 사유가 발생하면 적립금을 중도인출할 수 있다.
⑤ 퇴직금을 받을 권리는 3년간 행사하지 아니하면 시효로 인하여 소멸한다.

해설

① (○) 근퇴법 제8조 제1항
② (○) 근퇴법 제2조 제8호
③ (×) 이 법은 근로자를 사용하는 모든 사업 또는 사업장에 적용한다. 다만, 동거하는 친족만을 사용하는 사업 및 가구 내 고용활동에는 적용하지 아니한다(근퇴법 제3조).
④ (○) 근퇴법 제22조
⑤ (○) 근퇴법 제10조

적립금의 중도인출(근퇴법 제22조)

확정기여형퇴직연금제도에 가입한 근로자는 주택구입 등 대통령령으로 정하는 사유가 발생하면 적립금을 중도인출할 수 있다.

확정기여형퇴직연금제도의 중도인출 사유(근퇴법 시행령 제14조)

① 법 제22조에서 "주택구입 등 대통령령으로 정하는 사유"란 다음 각 호의 어느 하나에 해당하는 경우를 말한다.
1. 제2조 제1항 제1호·제1호의2 또는 제5호(재난으로 피해를 입은 경우로 한정)에 해당하는 경우
1의2. 제2조 제1항 제2호에 해당하는 경우로서 가입자가 본인 연간 임금총액의 1천분의 125를 초과하여 의료비를 부담하는 경우
2. 중도인출을 신청한 날부터 거꾸로 계산하여 5년 이내에 가입자가 채무자 회생 및 파산에 관한 법률에 따라 파산선고를 받은 경우
3. 중도인출을 신청한 날부터 거꾸로 계산하여 5년 이내에 가입자가 채무자 회생 및 파산에 관한 법률에 따라 개인회생절차개시 결정을 받은 경우
4. 법 제7조 제2항 후단에 따라 퇴직연금제도의 급여를 받을 권리를 담보로 제공하고 대출을 받은 가입자가 그 대출 원리금을 상환하기 위한 경우로서 고용노동부장관이 정하여 고시하는 사유에 해당하는 경우

② 제1항 제4호에 해당하는 사유로 적립금을 중도인출하는 경우 그 중도인출 금액은 대출 원리금의 상환에 필요한 금액 이하로 한다.

답 ❸

111 근로자퇴직급여 보장법에 관한 설명으로 옳은 것은? 15 노무

□□□

① 퇴직급여제도의 일시금을 수령한 사람은 개인형퇴직연금제도를 설정할 수 없다.

② 사용자는 계속근로기간이 1년 미만인 근로자, 4주간을 평균하여 1주간의 소정근로시간이 15시간 미만인 근로자에 대하여는 퇴직급여제도를 설정하지 않아도 된다.

③ 확정급여형퇴직연금제도 또는 확정기여형퇴직연금제도의 가입자는 개인형퇴직연금제도를 추가로 설정할 수 없다.

④ 퇴직연금제도를 설정한 사용자는 자산관리업무의 수행을 내용으로 하는 계약을 개별근로자와 체결하여야 한다.

⑤ 상시 10명 미만의 근로자를 사용하는 사업의 경우에는 개별근로자의 동의나 요구와 관계없이 개인형퇴직연금제도를 설정할 수 있으며 이 경우 해당 근로자에 대하여 퇴직급여제도를 설정한 것으로 본다.

해설

① (×) 퇴직급여제도의 일시금을 수령한 사람은 개인형퇴직연금제도를 설정할 수 있다(근퇴법 제24조 제2항 제1호).

② (○) 사용자는 퇴직하는 근로자에게 급여를 지급하기 위하여 퇴직급여제도 중 하나 이상의 제도를 설정하여야 한다. 다만, 계속근로기간이 1년 미만인 근로자, 4주간을 평균하여 1주간의 소정근로시간이 15시간 미만인 근로자에 대하여는 그러하지 아니하다(근퇴법 제4조 제1항).

③ (×) 확정급여형퇴직연금제도 또는 확정기여형퇴직연금제도의 가입자로서 자기의 부담으로 개인형퇴직연금제도를 추가로 설정할 수 있다(근퇴법 제24조 제2항 제2호).

④ (×) 퇴직연금제도를 설정한 사용자는 자기 또는 제3자의 이익을 도모할 목적으로 운용관리업무 및 자산관리업무의 수행계약을 체결하는 행위를 하여서는 아니 된다(근퇴법 제32조 제4항 제1호).

⑤ (×) 상시 10명 미만의 근로자를 사용하는 사업의 경우 제4조 제1항 및 제5조에도 불구하고 사용자가 개별 근로자의 동의를 받거나 근로자의 요구에 따라 개인형퇴직연금제도를 설정하는 경우에는 해당 근로자에 대하여 퇴직급여제도를 설정한 것으로 본다(근퇴법 제25조 제1항).

답 ❷

112 근로자퇴직급여 보장법에 관한 설명으로 옳은 것은? 

☐☐☐

① 확정급여형퇴직연금제도란 급여의 지급을 위하여 사용자가 부담하여야 할 부담금의 수준이 사전에 결정되어 있는 퇴직연금제도를 말한다.

② 확정기여형퇴직연금제도란 근로자가 받을 급여의 수준이 사전에 결정되어 있는 퇴직연금제도를 말한다.

③ 사용자는 계속근로기간이 1년 미만인 근로자에 대하여도 퇴직급여제도를 설정하여야 한다.

④ 사용자는 근로자가 퇴직한 경우에는 그 지급사유가 발생한 날부터 14일 이내에 퇴직금을 지급하여야 하지만, 특별한 사정이 있는 경우에는 당사자 간의 합의에 따라 퇴직금의 지급기일을 연장할 수 있다.

⑤ 퇴직급여제도의 일시금을 수령한 사람은 개인형퇴직연금제도를 설정할 수 없다.

해설

① (×) "확정급여형퇴직연금제도"란 근로자가 받을 급여의 수준이 사전에 결정되어 있는 퇴직연금제도를 말한다(근퇴법 제2조 제8호).

② (×) "확정기여형퇴직연금제도"란 급여의 지급을 위하여 사용자가 부담하여야 할 부담금의 수준이 사전에 결정되어 있는 퇴직연금제도를 말한다(근퇴법 제2조 제9호).

③ (×) 사용자는 퇴직하는 근로자에게 급여를 지급하기 위하여 퇴직급여제도 중 하나 이상의 제도를 설정하여야 한다. 다만, 계속근로기간이 1년 미만인 근로자, 4주간을 평균하여 1주간의 소정근로시간이 15시간 미만인 근로자에 대하여는 그러하지 아니하다(근퇴법 제4조 제1항).

④ (○) 근퇴법 제9조 제1항

⑤ (×) 퇴직급여제도의 일시금을 수령한 사람은 개인형퇴직연금제도를 설정할 수 있다(근퇴법 제24조 제2항 제1호).

> **개인형퇴직연금제도의 설정 및 운영 등(근퇴법 제24조)**
>
> ② 다음 각 호의 어느 하나에 해당하는 사람은 개인형퇴직연금제도를 설정할 수 있다.
>
> 1. 퇴직급여제도의 일시금을 수령한 사람
> 2. 확정급여형퇴직연금제도, 확정기여형퇴직연금제도 또는 중소기업퇴직연금기금제도의 가입자로서 자기의 부담으로 개인형퇴직연금제도를 추가로 설정하려는 사람
> 3. 자영업자 등 안정적인 노후소득 확보가 필요한 사람으로서 대통령령으로 정하는 사람

답 ❹

113 □□□ 근로자퇴직급여 보장법에 관한 설명으로 옳지 않은 것은? 20 노무

① 퇴직연금제도의 급여를 받을 권리는 양도할 수 없다.
② 퇴직연금사업자는 자산관리업무에 관한 계약 체결과 관련된 약관을 변경하려는 경우 미리 고용노동부장관에게 보고하여야 한다.
③ 퇴직금제도를 설정하려는 사용자는 계속근로기간 1년에 대하여 30일분 이상의 평균임금을 퇴직금으로 퇴직근로자에게 지급할 수 있는 제도를 설정하여야 한다.
④ 퇴직금을 받을 권리는 3년간 행사하지 아니하면 시효로 인하여 소멸한다.
⑤ 확정기여형퇴직연금제도에 가입한 근로자는 주택구입 등 대통령령으로 정하는 사유가 발생하면 적립금을 중도인출할 수 있다.

해설

① (○) 근퇴법 제7조 제1항
② (×) 퇴직연금사업자는 운용관리업무 및 자산관리업무에 따른 계약 체결과 관련된 약관 또는 표준계약서(이하 "약관 등")를 제정하거나 변경하려는 경우에는 미리 금융감독원장에게 보고하여야 한다(근퇴법 제33조 제7항).
③ (○) 근퇴법 제8조 제1항
④ (○) 근퇴법 제10조
⑤ (○) 근퇴법 제22조

답 ❷

114 □□□ 근로자퇴직급여 보장법에 관한 설명으로 옳지 않은 것은? 19 노무

① 퇴직급여제도란 확정급여형퇴직연금제도, 확정기여형퇴직연금제도, 중소기업퇴직연금기금제도 및 퇴직금제도를 말한다.
② 사용자는 퇴직급여제도를 설정하는 경우에 하나의 사업에서 급여 및 부담금 산정방법의 적용 등에 관하여 차등을 두어서는 아니 된다.
③ 사용자는 계속근로기간이 1년 미만인 근로자, 4주간을 평균하여 1주간의 소정근로시간이 15시간 미만인 근로자에 대하여는 퇴직급여제도를 설정하지 않아도 된다.
④ 사용자가 퇴직급여제도를 설정하거나 설정된 퇴직급여제도를 다른 종류의 퇴직급여제도로 변경하려는 경우 근로자의 과반수가 가입한 노동조합이 없는 경우에는 근로자 과반수의 동의를 받아야 한다.
⑤ 퇴직금제도를 설정하려는 사용자는 계속근로기간이 1년에 대하여 30일분 이상의 통상임금을 퇴직금으로 퇴직근로자에게 지급할 수 있는 제도를 설정하여야 한다.

해설

① (○) 퇴직급여제도란 확정급여형퇴직연금제도, 확정기여형퇴직연금제도, 중소기업퇴직연금기금제도 및 제8조에 따른 퇴직금제도를 말한다(근퇴법 제2조 제6호).
② (○) 근퇴법 제4조 제2항
③ (○) 근퇴법 제4조 제1항 단서
④ (○) 근퇴법 제4조 제3항
⑤ (×) 퇴직금제도를 설정하려는 사용자는 계속근로기간 1년에 대하여 30일분 이상의 평균임금을 퇴직금으로 퇴직근로자에게 지급할 수 있는 제도를 설정하여야 한다(근퇴법 제8조 제1항).

답 ❺

115 □□□ 근로자퇴직급여 보장법령상 퇴직금의 중간정산사유에 해당하지 않는 것은? 18 노무

① 무주택자인 근로자가 본인 명의로 주택을 구입하는 경우
② 사용자가 기존의 정년을 보장하는 조건으로 단체협약 및 취업규칙을 통하여 일정 나이를 기준으로 임금을 줄이는 제도를 시행하는 경우
③ 퇴직금 중간정산을 신청하는 날부터 역산하여 5년 이내에 근로자가 채무자 회생 및 파산에 관한 법률에 따라 파산선고를 받은 경우
④ 퇴직금 중간정산을 신청하는 날부터 역산하여 5년 이내에 근로자가 채무자 회생 및 파산에 관한 법률에 따라 개인회생절차개시결정을 받은 경우
⑤ 사용자가 근로자와의 합의에 따라 연장근로시간을 1일 1시간 또는 1주 5시간 이상 단축한 경우

해설

① (O), ② (O), ③ (O), ④ (O), ⑤ (×)
사용자가 근로자와의 합의에 따라 소정근로시간을 1일 1시간 또는 1주 5시간 이상 단축함으로써 단축된 소정근로시간에 따라 근로자가 3개월 이상 계속 근로하기로 한 경우 퇴직금의 중간정산사유에 해당한다(근퇴법 시행령 제3조 제1항 제6호의2).

답 ❺

116 □□□ 근로자퇴직급여 보장법령에 관한 설명으로 옳지 않은 것은? 17 노무

① 사용자는 4주간을 평균하여 1주간의 소정근로시간이 15시간 미만인 근로자에 대하여는 퇴직급여제도를 설정하여야 할 의무가 없다.
② 상시 10명 미만의 근로자를 사용하는 사업의 경우 사용자가 개별근로자의 동의를 받거나 근로자의 요구에 따라 개인형퇴직연금제도를 설정하는 경우에는 해당 근로자에 대하여 퇴직급여제도를 설정한 것으로 본다.
③ 사용자는 무주택자인 근로자가 본인 명의로 주택을 구입하기 위해 퇴직금중간정산을 요구하는 경우 근로자가 퇴직하기 전에 해당 근로자의 계속근로기간에 대한 퇴직금을 미리 정산하여 지급할 수 있다.
④ 확정기여형퇴직연금제도를 설정한 사용자는 가입자의 연간 임금총액의 12분의 1 이상에 해당하는 부담금을 현금으로 가입자의 확정기여형퇴직연금제도 계정에 납입하여야 한다.
⑤ 확정급여형퇴직연금제도의 경우 55세 이상으로서 가입기간이 10년 이상인 가입자에게 연금으로 지급하되 연금의 지급기간은 10년 이상이어야 한다.

해설

① (O) 사용자는 퇴직하는 근로자에게 급여를 지급하기 위하여 퇴직급여제도 중 하나 이상의 제도를 설정하여야 한다. 다만, 계속근로기간이 1년 미만인 근로자, 4주간을 평균하여 1주간의 소정근로시간이 15시간 미만인 근로자에 대하여는 그러하지 아니하다(근퇴법 제4조 제1항).
② (O) 근퇴법 제25조 제1항
③ (O) 근퇴법 제8조 제2항
④ (O) 근퇴법 제20조 제1항
⑤ (×) 확정급여형퇴직연금제도의 급여종류는 연금 또는 일시금으로 하되, 연금은 55세 이상으로서 가입기간이 10년 이상인 가입자에게 지급할 것. 이 경우 연금의 지급기간은 5년 이상이어야 한다(근퇴법 제17조 제1항 제1호).

답 ❺

제8절 임금채권보장법

117 임금채권보장법상 대지급금에 관한 설명으로 옳지 않은 것? 22 노무

□□□

① 고용노동부장관은 근로자에게 대지급금을 지급하였을 때에는 그 지급한 금액의 한도에서 그 근로자가 해당 사업주에 대하여 미지급 임금 등을 청구할 수 있는 권리를 대위(代位)한다.
② 근로기준법에 따른 휴업수당 중 최종 3개월분은 퇴직한 근로자에 대한 대지급금 범위에 든다.
③ 대지급금에 관한 규정은 국가와 지방자치단체가 직접 수행하는 사업에 적용된다.
④ 미성년자인 근로자는 독자적으로 대지급금의 지급을 청구할 수 있다.
⑤ 대지급금수급계좌의 예금에 관한 채권은 압류할 수 없다.

해설

① (○) 임채법 제8조 제1항
② (○) 임채법 제7조 제2항 제2호
③ (×) 이 법은 산업재해보상보험법 제6조에 따른 사업 또는 사업장에 적용한다. 다만, 국가와 지방자치단체가 직접 수행하는 사업은 그러하지 아니하다(임채법 제3조).
④ (○) 임채법 제11조의2 제3항
⑤ (○) 임채법 제11조의2 제4항

퇴직한 근로자에 대한 대지급금의 지급(임채법 제7조)

② 제1항에 따라 고용노동부장관이 사업주를 대신하여 지급하는 체불 임금등 대지급금(이하 "대지급금")의 범위는 다음 각 호와 같다. 다만, 대통령령으로 정하는 바에 따라 제1항 제1호부터 제3호까지의 규정에 따른 대지급금의 상한액과 같은 항 제4호 및 제5호에 따른 대지급금의 상한액은 근로자의 퇴직 당시의 연령 등을 고려하여 따로 정할 수 있으며 대지급금이 적은 경우에는 지급하지 아니할 수 있다.

1. 근로기준법 제38조 제2항 제1호에 따른 임금 및 근로자퇴직급여 보장법 제12조 제2항에 따른 최종 3년간의 퇴직급여등
2. 근로기준법 제46조에 따른 휴업수당(최종 3개월분으로 한정)
3. 근로기준법 제74조 제4항에 따른 출산전후휴가기간 중 급여(최종 3개월분으로 한정)

답 ❸

118 임금채권보장법에 관한 설명으로 옳지 않은 것은? 21 노무

□□□

① 임금채권보장기금의 관리 · 운용에 관한 중요사항을 심의하기 위하여 고용노동부에 임금채권보장기금심의위원회를 둔다.
② 거짓으로 대지급금이 지급된 사실을 지방고용노동관서 또는 수사기관에 신고하거나 고발한 자에게는 대통령령으로 정하는 기준에 따라 포상금을 지급할 수 있다.
③ 미성년자인 근로자는 독자적으로 대지급금의 지급을 청구할 수 있다.
④ 대지급금을 지급받을 권리는 담보로 제공할 수 있다.
⑤ 고용노동부장관이 사업주로부터 부담금을 징수할 권리는 3년간 행사하지 아니하면 시효로 소멸한다.

해설

① (○) 임채법 제6조 제1항
② (○) 거짓이나 그 밖의 부정한 방법으로 대지급금이 지급된 사실을 지방고용노동관서 또는 수사기관에 신고하거나 고발한 자에게는 대통령령으로 정하는 기준에 따라 포상금을 지급할 수 있다(임채법 제15조).
③ (○) 미성년자인 근로자는 독자적으로 대지급금의 지급을 청구할 수 있다(임채법 제11조의2 제3항).
④ (×) 대지급금을 지급받을 권리는 양도 또는 압류하거나 담보로 제공할 수 없다(임채법 제11조의2 제1항).
⑤ (○) 부담금이나 그 밖에 이 법에 따른 징수금을 징수하거나 대지급금 · 부담금을 반환받을 권리는 3년간 행사하지 아니하면 시효로 소멸한다(임채법 제26조 제1항).

답 ❹

119 임금채권보장법령상 대지급금에 관한 설명으로 옳지 않은 것은? 14 노무

□□□

① 대지급금을 지급받을 권리는 양도 또는 압류하거나 담보로 제공할 수 없다.
② 대지급금을 받을 권리가 있는 사람이 부상 또는 질병으로 대지급금을 수령할 수 없는 경우에는 그 가족에게 수령을 위임할 수 있다.
③ 미성년자인 근로자는 독자적으로 대지급금의 지급을 청구할 수 있다.
④ 고용노동부장관은 대지급금의 지급에 충당하기 위하여 임금채권보장기금을 설치한다.
⑤ 재해보상금은 대지급금의 범위에 포함된다.

해설

① (○) 임채법 제11조의2 제1항
② (○) 임채법 시행령 제18조의2 제1항
③ (○) 임채법 제11조의2 제3항
④ (○) 임채법 제17조
⑤ (×) 대지급금의 범위는 최종 3개월분의 임금, 최종 3개월분의 휴업수당, 최종 3개월분의 출산전후휴가기간 중 급여 및 최종 3년간의 퇴직급여 등이다(임채법 제7조 제2항).

답 ❺

120 임금채권보장법상 대지급금에 포함되는 것을 모두 고른 것은? 15 노무

□□□

> ㄱ. 재해보상금
> ㄴ. 최종 3개월분의 임금
> ㄷ. 최종 3년간의 퇴직급여 등
> ㄹ. 최종 3개월분의 휴업수당

① ㄱ, ㄴ
② ㄴ, ㄷ
③ ㄷ, ㄹ
④ ㄴ, ㄷ, ㄹ
⑤ ㄱ, ㄴ, ㄷ, ㄹ

해설

ㄴ, ㄷ, ㄹ.이 임채법 제7조 제2항에서 정한 대지급금의 범위에 포함된다.

> **퇴직한 근로자에 대한 대지급금의 지급(임채법 제7조)**
>
> ② 제1항에 따라 고용노동부장관이 사업주를 대신하여 지급하는 체불 임금등 대지급금(이하 "대지급금")의 범위는 다음 각 호와 같다. 다만, 대통령령으로 정하는 바에 따라 제1항 제1호부터 제3호까지의 규정에 따른 대지급금의 상한액과 같은 항 제4호 및 제5호에 따른 대지급금의 상한액은 근로자의 퇴직 당시의 연령 등을 고려하여 따로 정할 수 있으며 대지급금이 적은 경우에는 지급하지 아니할 수 있다.
>
> 1. 근로기준법 제38조 제2항 제1호에 따른 임금 및 근로자퇴직급여 보장법 제12조 제2항에 따른 최종 3년간의 퇴직급여등
> 2. 근로기준법 제46조에 따른 휴업수당(최종 3개월분으로 한정)
> 3. 근로기준법 제74조 제4항에 따른 출산전후휴가기간 중 급여(최종 3개월분으로 한정)

답 ❹

121 임금채권보장법령상 대지급금에 관한 설명으로 옳지 않은 것은? 23 노무

① 퇴직한 근로자의 대지급금을 지급받을 권리는 양도 또는 압류하거나 담보로 제공할 수 없다.
② 대지급금을 받을 권리가 있는 사람이 부상으로 대지급금을 수령할 수 없는 경우에는 그 가족에게 수령을 위임할 수 있다.
③ 도산대지급금의 경우 도산등 사실인정이 있은 날부터 1년 이내 고용노동부장관에게 대지급금지급을 청구해야 한다.
④ 대지급금수급계좌의 예금에 관한 채권은 압류할 수 없다.
⑤ 재직 근로자에 대한 대지급금은 해당 근로자가 하나의 사업에 근로하는 동안 1회만 지급한다.

해설

① (O) 임채법 제11조의2 제1항
② (O) 임채법 제11조의2 제2항, 동법 시행령 제18조의2 제1항
③ (×) 도산대지급금의 경우 대지급금을 지급받으려는 사람은 파산선고등 또는 도산 등 사실인정이 있은 날부터 2년 이내에 고용노동부장관에게 대지급금의 지급을 청구해야 한다(임채법 시행령 제9조 제1항 제1호).
④ (O) 임채법 제11조의2 제4항
⑤ (O) 임채법 제7조의2 제4항

답 ❸

122 □□□ **임금채권보장법에 관한 설명으로 옳지 않은 것은?** 16 노무

① 국가는 매 회계연도 예산의 범위에서 임금채권보장법에 따른 임금채권보장을 위한 사무집행에 드는 비용의 일부를 일반회계에서 부담하여야 한다.
② 임금채권보장기금심의위원회는 근로자를 대표하는 사람, 사업주를 대표하는 사람 및 공익을 대표하는 사람으로 구성하되, 각각 같은 수로 한다.
③ 대지급금을 지급받을 권리는 양도할 수 있으나 담보로 제공할 수는 없다.
④ 미성년자인 근로자는 독자적으로 대지급금의 지급을 청구할 수 있다.
⑤ 대지급금의 수령은 대통령령으로 정하는 바에 따라 위임할 수 있다.

해설

① (O) 임채법 제5조
② (O) 임채법 제6조 제2항
③ (×) 대지급금을 지급받을 권리는 양도 또는 압류하거나 담보로 제공할 수 없다(임채법 제11조의2 제1항).
④ (O) 임채법 제11조의2 제3항
⑤ (O) 임채법 제11조의2 제2항

답 ❸

123 □□□ **임금채권보장법에 관한 설명으로 옳지 않은 것은?** 17 노무

① 대지급금의 범위에는 재해보상금이 포함되지 않는다.
② 이 법은 국가와 지방자치단체가 직접 수행하는 사업에 적용된다.
③ 고용노동부장관은 대지급금을 지급하는 데 드는 비용에 충당하기 위하여 사업주로부터 부담금을 징수한다.
④ 임금채권보장기금의 관리・운용에 관한 중요사항을 심의하기 위하여 고용노동부에 임금채권보장기금심의위원회를 둔다.
⑤ 고용노동부장관이 근로자에게 대지급금을 지급하였을 때에는 그 지급한 금액의 한도에서 그 근로자가 해당 사업주에 대하여 미지급 임금 등을 청구할 수 있는 권리를 대위(代位)한다.

해설

① (O) 대지급금의 범위는 최종 3개월분의 임금, 최종 3개월분의 휴업수당, 최종 3개월분의 출산전후휴가기간 중 급여, 최종 3년간 퇴직금이다(임채법 제7조 제2항).
② (×) 이 법은 산업재해보상보험법 제6조에 따른 사업 또는 사업장에 적용한다. 다만, 국가와 지방자치단체가 직접 수행하는 사업은 그러하지 아니하다(임채법 제3조).
③ (O) 임채법 제9조 제1항
④ (O) 임채법 제6조 제1항
⑤ (O) 임채법 제8조 제1항

답 ❷

124 임금채권보장법령상 대지급금에 관한 설명으로 옳지 않은 것은? 20 노무

□□□

① 고용노동부장관은 대지급금의 지급에 충당하기 위하여 임금채권보장기금을 설치한다.
② 대지급금은 근로기준법에 따른 휴업수당을 포함하지 않는다.
③ 도산대지급금은 파산선고등 또는 도산등 사실인정이 있는 날부터 2년 이내에 청구하여야 한다.
④ 대지급금을 받을 권리가 있는 사람이 부상으로 대지급금을 수령할 수 없는 경우에는 그 가족에게 수령을 위임할 수 있다.
⑤ 대지급금을 지급받을 권리는 양도 또는 압류할 수 없다.

해설

① (○) 임채법 제17조
② (×) 근로기준법에 따른 휴업수당은 대지급금의 범위에 포함된다.
③ (○) 임채법 시행령 제9조 제1항 제1호
④ (○) 임채법 시행령 제18조의2 제1항
⑤ (○) 임채법 제11조의2 제1항

퇴직한 근로자에 대한 대지급금의 지급(임채법 제7조)

② 제1항에 따라 고용노동부장관이 사업주를 대신하여 지급하는 체불임금등 대지급금(이하 "대지급금")의 범위는 다음 각 호와 같다. 다만, 대통령령으로 정하는 바에 따라 제1항 제1호부터 제3호까지의 규정에 따른 대지급금의 상한액과 같은 항 제4호 및 제5호에 따른 대지급금의 상한액은 근로자의 퇴직 당시의 연령 등을 고려하여 따로 정할 수 있으며 대지급금이 적은 경우에는 지급하지 아니할 수 있다.

1. 근로기준법 제38조 제2항 제1호에 따른 임금 및 근로자퇴직급여 보장법 제12조 제2항에 따른 최종 3년간의 퇴직급여등
2. 근로기준법 제46조에 따른 휴업수당(최종 3개월분으로 한정)
3. 근로기준법 제74조 제4항에 따른 출산전후휴가기간 중 급여(최종 3개월분으로 한정)

답 ❷

125 임금채권보장법에 관한 설명으로 옳지 않은 것은? 19 노무

□□□

① 미성년자인 근로자는 독자적으로 대지급금의 지급을 청구할 수 없다.

② 고용노동부장관이 사업주의 신청에 따라 체불임금등을 지급하는 데 필요한 비용을 융자하는 경우, 융자금액은 고용노동부장관이 해당 근로자에게 직접 지급하여야 한다.

③ 고용노동부장관은 근로자에게 대지급금을 지급하였을 때에는 그 지급한 금액의 한도에서 그 근로자가 해당 사업주에 대하여 미지급임금등을 청구할 수 있는 권리를 대위(代位)한다.

④ 사업장 규모 등 고용노동부령으로 정하는 기준에 해당하는 퇴직한 근로자가 대지급금을 청구하는 경우 고용노동부령으로 정하는 공인노무사로부터 대지급금청구서 작성, 사실확인 등에 관한 지원을 받을 수 있다.

⑤ 고용노동부장관은 대지급금을 지급하는 데 드는 비용에 충당하기 위하여 사업주로부터 부담금을 징수한다.

해설

① (×) 미성년자인 근로자는 독자적으로 대지급금의 지급을 청구할 수 있다(임채법 제11조의2 제3항).

② (O) 임채법 제7조의3 제3항

③ (O) 임채법 제8조 제1항

④ (O) 임채법 제7조 제5항

⑤ (O) 임채법 제9조 제1항

답 ❶

126 임금채권보장법상 10년 이하의 징역 또는 1억원 이하의 벌금에 처하는 것은? 

□□□

① 임금채권보장업무에 종사하였던 자로서 업무수행과 관련하여 알게 된 사업주 또는 근로자 등의 정보를 누설한 자
② 거짓으로 대지급금을 받은 자
③ 거짓으로 다른 사람으로 하여금 대지급금을 받게 한 자
④ 정당한 사유 없이 재산목록의 제출을 거부한 자
⑤ 정당한 사유 없이 거짓의 재산목록을 제출한 자

해설

① (○), ② (×), ③ (×), ④ (×), ⑤ (×)

① 임금채권보장업무에 종사하였던 자로서 업무수행과 관련하여 알게 된 사업주 또는 근로자 등의 정보를 누설한 자는 10년 이하의 징역 또는 1억원 이하의 벌금에 처한다(임채법 제27조의2). ② 거짓으로 대지급금을 받은 자나 ③ 거짓으로 다른 사람으로 하여금 대지급금을 받게 한 자는 3년 이하의 징역 또는 3천만원 이하의 벌금에 처하고(임채법 제28조 제1항), ④ 정당한 사유 없이 재산목록의 제출을 거부한 자나 ⑤ 정당한 사유 없이 거짓의 재산목록을 제출한 자에게는 1천만원 이하의 과태료를 부과(임채법 제30조 제1항 제1의2호) 한다.

벌칙(임채법 제27조의2)

임금채권보장 업무에 종사하거나 종사하였던 자로서 업무 수행과 관련하여 알게 된 사업주 또는 근로자 등의 정보를 누설하거나 다른 용도로 사용한 자는 10년 이하의 징역 또는 1억원 이하의 벌금에 처한다.

벌칙(임채법 제28조)

① 다음 각 호의 어느 하나에 해당하는 자는 3년 이하의 징역 또는 3천만원 이하의 벌금에 처한다.
1. 거짓이나 그 밖의 부정한 방법으로 제7조 · 제7조의2에 따른 대지급금 또는 제7조의3에 따른 융자를 받은 자
2. 거짓이나 그 밖의 부정한 방법으로 다른 사람으로 하여금 제7조 · 제7조의2에 따른 대지급금 또는 제7조의3에 따른 융자를 받게 한 자
3. 삭제 〈2021.4.13.〉

과태료(임채법 제30조)

① 다음 각 호의 어느 하나에 해당하는 자에게는 1천만원 이하의 과태료를 부과한다.
1. 삭제 〈2015.1.20.〉
1의2. 정당한 사유 없이 제13조에 따른 재산목록의 제출을 거부하거나 거짓의 재산목록을 제출한 자
2. 정당한 사유 없이 제22조에 따른 보고나 관계서류의 제출요구에 따르지 아니한 자 또는 거짓보고를 하거나 거짓서류를 제출한 자
3. 정당한 사유 없이 제24조 제1항에 따른 관계공무원 또는 제27조에 따라 권한을 위탁받은 기관에 소속된 직원의 질문에 답변을 거부하거나 검사를 거부 · 방해 또는 기피한 자

답 ❶

제9절 근로복지기본법

127 □□□ **근로복지기본법상 근로복지정책에 따른 근로자 복지향상 지원의 우대 대상이 아닌 자는?**

15 노무

① 기간제근로자
② 파견근로자
③ 중소・영세기업 근로자
④ 수습 사용 중인 근로자
⑤ 저소득근로자

해설

근로자의 복지향상을 위한 지원을 할 때에는 중소・영세기업 근로자, 기간제근로자, 단시간근로자, 파견근로자, 하수급인이 고용하는 근로자, 저소득근로자 및 장기근속근로자가 우대될 수 있도록 하여야 한다(근복법 제3조 제3항).

답 ❹

128 □□□ **근로복지기본법에 관한 설명으로 옳지 않은 것은?**

16 노무

① 노동조합 및 근로자는 근로의욕 증진을 통하여 생산성 향상에 노력하고 근로복지정책에 협력하여야 한다.
② 고용노동부장관은 관계 중앙행정기관의 장과 협의하여 근로복지 증진에 관한 기본계획을 5년마다 수립하여야 한다.
③ 사용자는 근로복지기본법에 따른 사내근로복지기금의 설립 및 출연을 이유로 근로관계당사자 간에 정하여진 근로조건을 낮출 수 없다.
④ 사용자는 근로자의 재산형성을 지원하기 위하여 근로자를 우대하는 저축에 관한 제도를 운영하여야 한다.
⑤ 지방자치단체, 국가의 보조를 받는 비영리법인이 근로복지사업을 추진하는 경우에는 고용노동부장관과 협의하여야 한다.

해설

① (O) 근복법 제5조 제2항
② (O) 근복법 제9조 제1항
③ (O) 근복법 제51조
④ (×) 국가는 근로자의 재산형성을 지원하기 위하여 근로자를 우대하는 저축에 관한 제도를 운영하여야 한다(근복법 제21조).
⑤ (O) 근복법 제11조 본문

답 ❹

129 □□□ **근로복지기본법상 규약으로 우리사주조합원 총회를 갈음할 대의원회를 두는 경우에도 반드시 우리사주조합원 총회의 의결을 거쳐야 하는 사항은?** 18 노무

① 규약의 제정과 변경에 관한 사항
② 우리사주조합의 대표자 등 임원 선출
③ 우리사주조합기금의 금융기관 예치에 관한 사항
④ 예산 및 결산에 관한 사항
⑤ 우리사주조합기금의 조성에 관한 사항

해설

① (○), ② (×), ③ (×), ④ (×), ⑤ (×)
우리사주조합은 규약으로 우리사주조합원 총회를 갈음할 대의원회를 둘 수 있다. 다만, 규약의 제정과 변경에 관한 사항은 반드시 우리사주조합원 총회의 의결을 거쳐야 한다(근복법 제35조 제3항).

> **우리사주조합의 운영 등(근복법 제35조)**
> ① 우리사주조합은 전체 우리사주조합원의 의사를 반영하여 민주적으로 운영되어야 한다.
> ② 다음 각 호의 사항은 우리사주조합원 총회의 의결을 거쳐야 한다.
> 1. 규약의 제정과 변경에 관한 사항
> 2. 제36조에 따른 우리사주조합기금의 조성에 관한 사항
> 3. 예산 및 결산에 관한 사항
> 4. 우리사주조합의 대표자 등 임원 선출
> 5. 그 밖에 우리사주조합의 운영에 관하여 중요한 사항
>
> ③ 우리사주조합은 규약으로 우리사주조합원 총회를 갈음할 대의원회를 둘 수 있다. 다만, 제2항 제1호에 관한 사항은 반드시 우리사주조합원 총회의 의결을 거쳐야 한다.

답 ❶

130 □□□ **근로복지기본법에 따라 근로자의 복지향상을 위한 지원을 할 때 우대될 수 있도록 하여야 하는 근로자를 모두 고른 것은?** 23 노무

> ㄱ. 중소·영세기업 근로자
> ㄴ. 저소득근로자
> ㄷ. 장기근속근로자
> ㄹ. 파견근로자 보호 등에 관한 법률에 따른 파견근로자

① ㄱ, ㄴ
② ㄱ, ㄷ
③ ㄱ, ㄴ, ㄹ
④ ㄴ, ㄷ, ㄹ
⑤ ㄱ, ㄴ, ㄷ, ㄹ

해설

이 법에 따른 근로자의 복지향상을 위한 지원을 할 때에는 중소·영세기업 근로자, 기간제근로자, 단시간근로자, 파견근로자, 하수급인이 고용하는 근로자, 저소득근로자 및 장기근속근로자가 우대될 수 있도록 하여야 한다(근복법 제3조 제3항).

답 ❺

PART 1 PART 2 PART 3

131 근로복지기본법에 관한 설명으로 옳지 않은 것은? 14 노무

□□□

① 우리사주조합의 설립 및 운영에 관하여 근로복지기본법에서 규정한 사항을 제외하고는 민법 중 사단법인에 관한 규정을 준용한다.
② 국가는 근로자의 재산형성을 지원하기 위하여 근로자를 우대하는 저축에 관한 제도를 운영하여야 한다.
③ 우리사주조합의 대표자는 우리사주조합원 명부 등 관련 장부와 서류를 3년간 보존하여야 한다.
④ 우리사주조합의 대표자 등 임원과 대의원은 우리사주조합원의 직접・비밀・무기명 투표로 선출한다.
⑤ 우리사주제도 실시회사와 우리사주조합은 우리사주조합에 대한 지원내용, 지원조건 등을 협의하기 위하여 우리사주제도 실시회사와 우리사주조합을 각각 대표하는 같은 수의 위원으로 우리사주운영위원회를 둘 수 있다.

해설

① (O) 근복법 제33조 제2항
② (O) 근복법 제21조
③ (×) 우리사주조합의 대표자는 우리사주조합원이 열람할 수 있도록 장부와 서류를 작성하여 그 주된 사무소에 갖추어 두고, 이를 10년간 보존하여야 한다(근복법 제35조 제7항).
④ (O) 근복법 제35조 제5항
⑤ (O) 근복법 제35조 제6항

답 ❸

132 근로복지기본법에 관한 설명으로 옳은 것은? 22 노무

□□□

① 사용자는 사내근로복지기금의 설립 및 출연을 이유로 근로관계 당사자 간에 정하여진 근로조건을 낮출 수 있다.
② 국가가 근로자의 근로복지를 위하여 근로복지기본법에 따라 보조 또는 융자한 자금은 그 목적 외 사업에 사용될 수 있다.
③ 사내근로복지기금은 법인으로 한다.
④ 노동조합 및 근로자가 생산성 향상과 근로복지정책에 협력하도록 사용자는 임금 수준 상향의 조치를 취하여야 한다.
⑤ 사용자는 우리사주조합원의 의사와 무관하게 우리사주조합원을 소속, 계급 등 일정한 기준으로 분류하여 우리사주를 할당할 수 있다.

해설

① (×) 사용자는 이 법에 따른 사내근로복지기금의 설립 및 출연을 이유로 근로관계 당사자 간에 정하여진 근로조건을 낮출 수 없다(근복법 제51조).

② (×) 누구든지 국가 또는 지방자치단체가 근로자의 주거안정, 생활안정 및 재산형성 등 근로복지를 위하여 이 법에 따라 보조 또는 융자한 자금을 그 목적사업에만 사용하여야 한다(근복법 제6조).

③ (○) 근복법 제52조 제1항

④ (×) 사업주는 해당 사업장 근로자의 복지증진을 위하여 노력하고 근로복지정책에 협력하여야 한다(근복법 제5조 제1항).

⑤ (×) 우리사주제도 실시회사의 사용자는 우리사주조합원에게 주식을 우선배정하는 경우 우리사주조합원의 의사에 반하여 우리사주조합원을 소속, 계급 등 일정한 기준으로 분류하여 우리사주를 할당하는 행위를 하여서는 아니 된다(근복법 제42조의2 제1항 제2호).

답 ❸

133 □□□ 근로복지기본법에 관한 설명으로 옳은 것은?

21 노무

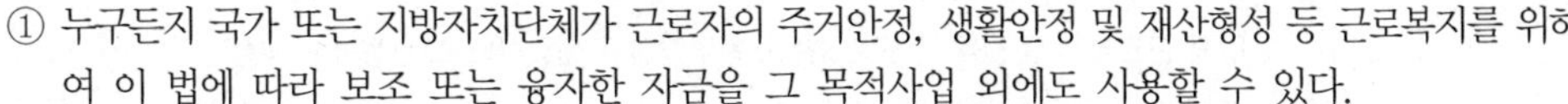
① 누구든지 국가 또는 지방자치단체가 근로자의 주거안정, 생활안정 및 재산형성 등 근로복지를 위하여 이 법에 따라 보조 또는 융자한 자금을 그 목적사업 외에도 사용할 수 있다.

② 고용노동부장관은 관계 중앙행정기관의 장과 협의하여 근로복지 증진에 관한 기본계획을 3년마다 수립하여야 한다.

③ 국가의 보조를 받는 비영리법인이 근로복지사업을 추진하는 경우에는 고용노동부장관의 허가를 받아야 한다.

④ 근로자주택의 종류, 규모, 공급대상근로자, 공급방법과 그 밖에 필요한 사항은 고용노동부장관이 정한다.

⑤ 국가는 근로자의 생활안정을 지원하기 위하여 근로자 및 그 가족의 의료비 · 혼례비 · 장례비 등의 융자 등 필요한 지원을 하여야 한다.

해설

① (×) 누구든지 국가 또는 지방자치단체가 근로자의 주거안정, 생활안정 및 재산형성 등 근로복지를 위하여 이 법에 따라 보조 또는 융자한 자금을 그 목적사업에만 사용하여야 한다(근복법 제6조).

② (×) 고용노동부장관은 관계 중앙행정기관의 장과 협의하여 근로복지 증진에 관한 기본계획을 5년마다 수립하여야 한다(근복법 제9조 제1항).

③ (×) 지방자치단체, 국가의 보조를 받는 비영리법인이 근로복지사업을 추진하는 경우에는 고용노동부장관과 협의하여야 한다(근복법 제11조 본문).

④ (×) 근로자주택의 종류, 규모, 공급대상근로자, 공급방법과 그 밖에 필요한 사항은 국토교통부장관이 고용노동부장관과 협의하여 정한다(근복법 제15조 제3항).

⑤ (○) 근복법 제19조 제1항

답 ❺

134 근로복지기본법상 근로복지 증진에 관한 기본계획에 포함되어야 하는 사항이 아닌 것은?
□□□

20 노무

① 고용동향과 인력수급전망에 관한 사항
② 사내근로복지기금제도에 관한 사항
③ 근로자의 생활안정에 관한 사항
④ 근로자의 주거안정에 관한 사항
⑤ 우리사주제도에 관한 사항

해설

① (×), ② (○), ③ (○), ④ (○), ⑤ (○)
고용동향과 인력수급전망에 관한 사항은 근복법 제9조 제2항에서 정한 근로복지 증진에 관한 기본계획에 포함되지 아니한다.

> **기본계획의 수립(근복법 제9조)**
> ② 기본계획에는 다음 각 호의 사항이 포함되어야 한다.
> 1. 근로자의 주거안정에 관한 사항
> 2. 근로자의 생활안정에 관한 사항
> 3. 근로자의 재산 형성에 관한 사항
> 4. 우리사주제도에 관한 사항
> 5. 사내근로복지기금제도에 관한 사항
> 6. 선택적 복지제도 지원에 관한 사항
> 7. 근로자지원프로그램 운영에 관한 사항
> 8. 근로자를 위한 복지시설의 설치 및 운영에 관한 사항
> 9. 근로복지사업에 드는 재원 조성에 관한 사항
> 10. 직전 기본계획에 대한 평가
> 11. 그 밖에 근로복지 증진을 위하여 고용노동부장관이 필요하다고 인정하는 사항

답 ❶

135 근로복지기본법상 사내근로복지기금법인이 그 수익금으로 시행할 수 있는 사업이 아닌 것은?
□□□

19 노무

① 주택구입자금등의 보조 등 근로자 재산 형성을 위한 지원
② 모성보호 및 일과 가정생활의 양립을 위하여 필요한 비용지원
③ 장학금・재난구호금의 지급 등 근로자의 생활 원조
④ 사업주의 체불임금 지급에 필요한 비용지원
⑤ 해당 사업으로부터 직접 도급받는 업체의 소속 근로자의 복리후생 증진

해설

① (○), ② (○), ③ (○), ④ (×), ⑤ (○)
사업주의 체불임금 지급에 필요한 비용지원은 근복법 제62조 제1항에서 정한 수익금으로 시행할 수 있는 사업에 해당하지 아니한다.

기금법인의 사업(근복법 제62조)

① 기금법인은 그 수익금으로 대통령령으로 정하는 바에 따라 다음의 사업을 시행할 수 있다.

1. 주택구입자금등의 보조, 우리사주 구입의 지원 등 근로자재산 형성을 위한 지원
2. 장학금 · 재난구호금의 지급, 그 밖에 근로자의 생활 원조
3. 모성보호 및 일과 가정생활의 양립을 위하여 필요한 비용지원
4. 기금법인 운영을 위한 경비 지급
5. 근로복지시설로서 고용노동부령으로 정하는 시설에 대한 출자 · 출연 또는 같은 시설의 구입 · 설치 및 운영
6. 해당 사업으로부터 직접 도급받는 업체의 소속 근로자 및 해당 사업에의 파견근로자의 복리후생 증진

6의2. 제86조의2 제1항에 따른 공동근로복지기금 지원

7. 사용자가 임금 및 그 밖의 법령에 따라 근로자에게 지급할 의무가 있는 것 외에 대통령령으로 정하는 사업

답 ❹

PART 1 PART 2 PART 3

136 근로복지기본법에 관한 설명으로 옳은 것은? 17 노무

□□□

① 사내근로복지기금법인은 자금차입을 할 수 있다.
② 사업의 합병을 위한 해당 우리사주제도 실시회사의 해산은 우리사주조합의 해산사유에 해당한다.
③ 우리사주조합은 지배관계회사로부터 우리사주 취득자금을 차입하여 우리사주를 취득할 수 없다.
④ 사용자는 사내근로복지기금법인의 설치를 이유로 그 설치 당시에 운영하고 있는 근로복지시설의 운영을 중단할 수 있다.
⑤ 근로복지시설을 설치 · 운영하는 자는 근로자의 소득수준, 가족관계 등을 고려하여 근로복지시설의 이용자를 제한하거나 이용료를 차등하여 받을 수 없다.

해설

① (×) 사내근로복지기금법인은 자금차입을 할 수 없다(근복법 제64조 제2항).
② (○) 우리사주조합은 사업의 합병 · 분할 · 분할합병 등을 위한 해당 우리사주제도 실시회사의 해산사유가 발생한 경우에 우리사주조합은 해산한다(근복법 제47조 제1항 제3호).
③ (×) 우리사주조합은 우리사주제도 실시회사, 지배관계회사, 수급관계회사, 그 회사의 주주 및 대통령령으로 정하는 금융회사 등으로부터 우리사주 취득자금을 차입하여 우리사주를 취득할 수 있다(근복법 제42조 제1항).
④ (×) 사용자는 기금법인의 설치를 이유로 기금법인 설치 당시에 운영하고 있는 근로복지제도 또는 근로복지시설의 운영을 중단하거나, 이를 감축하여서는 아니 된다(근복법 제68조 제1항).
⑤ (×) 근로복지시설을 설치 · 운영하는 자는 근로자의 소득수준, 가족관계 등을 고려하여 근로복지시설의 이용자를 제한하거나 이용료를 차등하여 받을 수 있다(근복법 제30조).

답 ❷

제10절 외국인근로자의 고용 등에 관한 법률

137 외국인근로자의 고용 등에 관한 법률에 관한 설명으로 옳지 않은 것은? 16 노무

□□□

① 직업안정법에 따른 직업안정기관이 아닌 자는 외국인근로자의 선발, 알선, 그 밖의 채용에 개입하여서는 아니 된다.
② 사용자는 외국인근로자가 외국인 취업교육을 받을 수 있도록 하여야 한다.
③ 직업안정법에 따른 직업안정기관의 장은 외국인근로자의 고용 등에 관한 법률을 위반하여 처벌을 받은 사용자에 대하여 그 사실이 발생한 날부터 3년간 외국인근로자의 고용을 제한할 수 있다.
④ 사용자는 외국인근로자가 근로관계의 종료로 귀국하는 경우에는 귀국하기 전에 임금 등 금품관계를 청산하는 등 필요한 조치를 하여야 한다.
⑤ 사용자가 외국인근로자와의 근로계약을 해지하고자 할 때에는 고용노동부령으로 정하는 바에 따라 직업안정기관의 장의 허가를 받아야 한다.

해설

① (O) 외고법 제8조 제6항
② (O) 외고법 제11조 제2항
③ (O) 외고법 제20조 제1항 제3호
④ (O) 외고법 제16조
⑤ (×) 사용자는 외국인근로자와의 근로계약을 해지하거나 그 밖에 고용과 관련된 중요사항을 변경하는 등 대통령령으로 정하는 사유가 발생하였을 때에는 고용노동부령으로 정하는 바에 따라 직업안정기관의 장에게 신고하여야 한다(외고법 제17조 제1항).

답 ⑤

138 외국인근로자의 고용 등에 관한 법률의 내용으로 옳지 않은 것은? 17 노무

□□□

① 사용자는 외국인근로자가 근로관계의 종료, 체류기간의 만료 등으로 귀국하는 경우에는 귀국하기 전에 임금 등 금품관계를 청산하는 등 필요한 조치를 하여야 한다.
② 이 법은 선원법의 적용을 받는 선박에 승무(乘務)하는 선원 중 대한민국 국적을 가지지 아니한 선원에게 적용된다.
③ 외국인력정책위원회는 외국인근로자를 송출할 수 있는 국가의 지정 및 지정취소에 관한 사항을 심의·의결한다.
④ 사용자의 임금체불로 근로계약을 유지하기 어렵다고 인정되는 경우 직업안정기관의 장은 외국인근로자 고용허가를 취소할 수 있다.
⑤ 외국인근로자는 귀국 시 필요한 비용에 충당하기 위하여 보험 또는 신탁에 가입하여야 한다.

해설

① (O) 외고법 제16조
② (×) 이 법은 외국인근로자 및 외국인근로자를 고용하고 있거나 고용하려는 사업 또는 사업장에 적용한다. 다만, 선원법의 적용을 받는 선박에 승무(乘務)하는 선원 중 대한민국 국적을 가지지 아니한 선원 및 그 선원을 고용하고 있거나 고용하려는 선박의 소유자에 대하여는 적용하지 아니한다(외고법 제3조 제1항).
③ (O) 외고법 제4조 제2항 제3호
④ (O) 외고법 제19조 제1항 제3호
⑤ (O) 외국인근로자는 귀국 시 필요한 비용에 충당하기 위하여 보험 또는 신탁에 가입하여야 한다(외고법 제15조 제1항). 이와 출국만기보험·신탁에 대한 규정은 구별되어야 한다. 즉 외국인근로자를 고용한 사업 또는 사업장의 사용자는 외국인근로자의 출국 등에 따른 퇴직금 지급을 위하여 외국인근로자를 피보험자 또는 수익자로 하는 보험 또는 신탁에 가입하여야 한다(외고법 제13조 제1항).

답 ❷

139 □□□ **외국인근로자의 고용 등에 관한 법령에 대한 설명으로 옳지 않은 것은?** 22 노무

① 직업안정기관의 장은 출입국관리법을 위반하여 처벌을 받은 사용자에 대하여 그 사실이 발생한 날부터 6년간 외국인근로자의 고용을 제한할 수 있다.
② 고용허가서를 발급받은 날부터 6개월 이내에 내국인근로자를 고용조정으로 이직시킨 사용자는 외국인근로자의 고용이 제한될 수 있다.
③ 고용허가서를 발급받은 사용자는 고용허가서 발급일로부터 3개월 이내에 외국인근로자와 근로계약을 체결하여야 한다.
④ 외국인근로자는 입국한 날부터 3년의 범위에서 취업활동을 할 수 있다.
⑤ 외국인근로자를 고용하려는 자는 직업안정법에 따른 직업안정기관에 우선 내국인 구인 신청을 하여야 한다.

해설

① (×) 직업안정기관의 장은 이 법 또는 출입국관리법을 위반하여 처벌을 받은 사용자에 대하여 그 사실이 발생한 날부터 3년간 외국인근로자의 고용을 제한할 수 있다(외고법 제20조 제1항 제3호).
② (O) 직업안정기관의 장은 고용허가서를 발급받은 날 또는 외국인근로자의 근로가 시작된 날부터 6개월 이내에 내국인근로자를 고용조정으로 이직시킨 사용자에 대하여 그 사실이 발생한 날부터 3년간 외국인근로자의 고용을 제한할 수 있다(외고법 제20조 제1항 제4호, 동법 시행령 제25조 제1호).
③ (O) 외고법 시행령 제14조 제1항
④ (O) 외고법 제18조
⑤ (O) 외고법 제6조 제1항

답 ❶

140 외국인근로자의 고용 등에 관한 법률에 관한 설명으로 옳지 않은 것은? 21 노무

□□□

① 외국인력정책위원회는 외국인근로자 도입업종 및 규모 등에 관한 사항을 심의·의결한다.
② 외국인근로자를 고용하려는 자는 직업안정법에 따른 직업안정기관에 우선 내국인구인신청을 하여야 한다.
③ 사용자는 외국인근로자가 외국인취업교육을 받을 수 있도록 하여야 한다.
④ 외국인근로자를 고용한 사업 또는 사업장의 사용자는 외국인근로자의 출국 등에 따른 퇴직금 지급을 위하여 외국인근로자를 피보험자 또는 수익자로 하는 보험 또는 신탁에 가입하여야 한다.
⑤ 외국인근로자는 고용허가를 받은 날부터 5년의 범위에서 취업활동을 할 수 있다.

해설

① (O) 외고법 제4조 제2항 제2호
② (O) 외고법 제6조 제1항
③ (O) 외고법 제11조 제2항
④ (O) 외국인근로자를 고용한 사업 또는 사업장의 사용자는 외국인근로자의 출국 등에 따른 퇴직금 지급을 위하여 외국인근로자를 피보험자 또는 수익자로 하는 보험 또는 신탁에 가입하여야 한다(외고법 제13조 제1항). 이와 귀국비용보험·신탁에 관한 규정은 구별되어야 한다. 즉 외국인근로자는 귀국 시 필요한 비용에 충당하기 위하여 보험 또는 신탁에 가입하여야 한다(외고법 제15조 제1항).
⑤ (×) 외국인근로자는 입국한 날부터 3년의 범위에서 취업활동을 할 수 있다(외고법 제18조).

답 ❺

141 외국인근로자의 고용 등에 관한 법률에 대한 설명으로 옳지 않은 것은? 20 노무

□□□

① 사용자가 법률에 따라 선정한 외국인근로자를 고용하려면 고용노동부령으로 정하는 표준근로 계약서를 사용하여 근로계약을 체결하여야 한다.
② 고용허가를 받은 사용자와 외국인근로자는 입국한 날부터 3년의 범위 내에서 당사자 간의 합의에 따라 근로계약을 체결하거나 갱신할 수 있다.
③ 사용자는 외국인근로자의 귀국 시 필요한 비용에 충당하기 위하여 보험에 가입하여야 한다.
④ 직업안정기관의 장은 사용자의 임금체불로 근로계약을 유지하기 어렵다고 인정되는 경우 외국인근로자고용허가를 취소할 수 있다.
⑤ 직업안정기관의 장은 외국인근로자고용허가 또는 특례고용가능확인을 받지 아니하고 외국인근로자를 고용한 자에 대하여 그 사실이 발생한 날부터 3년간 외국인근로자의 고용을 제한할 수 있다.

해설

① (O) 외고법 제9조 제1항
② (O) 외고법 제9조 제3항
③ (×) 외국인근로자는 귀국 시 필요한 비용에 충당하기 위하여 보험 또는 신탁에 가입하여야 한다(외고법 제15조 제1항). 이와 출국만기보험·신탁에 대한 규정은 구별되어야 한다. 즉 외국인근로자를 고용한 사업 또는 사업장의 사용자는 외국인근로자의 출국 등에 따른 퇴직금 지급을 위하여 외국인근로자를 피보험자 또는 수익자로 하는 보험 또는 신탁에 가입하여야 한다(외고법 제13조 제1항).
④ (O) 외고법 제19조 제1항 제3호
⑤ (O) 외고법 제20조 제1항 제1호

답 ❸

142 □□□ 외국인근로자의 고용 등에 관한 법령에 대한 설명으로 옳지 않은 것은? 14 노무

① 외국인근로자 고용허가서를 발급받은 사용자는 고용허가서 발급일부터 3개월 이내에 외국인근로자와 근로계약을 체결하여야 한다.
② 외국인근로자를 고용하려는 자는 직업안정기관에 우선 내국인 구인신청을 하여야 한다.
③ 외국인근로자는 귀국 시 필요한 비용에 충당하기 위하여 보험 또는 신탁에 가입하여야 한다.
④ 직업안정기관에 관할 구역의 노동자단체와 사용자단체 등이 참여하는 외국인근로자 권익보호협의회를 두어야 한다.
⑤ 사용자가 출국만기보험 등에 가입한 경우 근로자퇴직급여 보장법상 퇴직금제도를 설정한 것으로 본다.

해설

① (○) 외고법 시행령 제14조 제1항
② (○) 외고법 제6조 제1항
③ (○) 외고법 제15조 제1항
④ (×) 외국인근로자의 권익보호에 관한 사항을 협의하기 위하여 직업안정기관에 관할 구역의 노동자단체와 사용자단체 등이 참여하는 외국인근로자 권익보호협의회를 둘 수 있다(외고법 제24조의2 제1항).
⑤ (○) 외고법 제13조 제2항

답 ❹

143 □□□ 외국인근로자의 고용 등에 관한 법률에 관한 설명으로 옳지 않은 것은? 23 노무

① 사용자는 외국인근로자의 귀국 시 필요한 비용에 충당하기 위해 보험 또는 신탁에 가입해야 한다.
② 외국인근로자를 고용하려는 자는 직업안정법에 따른 직업안정기관에 우선 내국인 구인 신청을 하여야 한다.
③ 외국인근로자는 입국한 후에 국내 취업활동에 필요한 사항을 주지시키기 위하여 실시하는 교육을 받아야 한다.
④ 취업활동 기간이 연장되는 외국인근로자와 사용자는 연장된 취업활동 기간의 범위에서 근로계약을 체결할 수 있다.
⑤ 선원법의 적용을 받는 선박에 승무하는 선원 중 대한민국 국적을 가지지 아니한 선원에 대하여는 외국인근로자의 고용 등에 관한 법률을 적용하지 않는다.

해설

① (×) 외국인근로자는 귀국 시 필요한 비용에 충당하기 위하여 보험 또는 신탁에 가입하여야 한다(외고법 제15조 제1항). 이와 출국만기보험·신탁에 대한 규정은 구별되어야 한다. 즉 외국인근로자를 고용한 사업 또는 사업장의 사용자는 외국인근로자의 출국 등에 따른 퇴직금 지급을 위하여 외국인근로자를 피보험자 또는 수익자로 하는 보험 또는 신탁에 가입하여야 한다(외고법 제13조 제1항).
② (○) 외고법 제6조 제1항
③ (○) 외국인근로자는 입국한 후에 고용노동부령으로 정하는 기간 이내에 한국산업인력공단 또는 외국인 취업교육기관에서 국내 취업활동에 필요한 사항을 주지(周知)시키기 위하여 실시하는 교육을 받아야 한다(외고법 제11조 제1항).
④ (○) 외고법 제9조 제4항
⑤ (○) 이 법은 외국인근로자 및 외국인근로자를 고용하고 있거나 고용하려는 사업 또는 사업장에 적용한다. 다만, 선원법의 적용을 받는 선박에 승무(乘務)하는 선원 중 대한민국 국적을 가지지 아니한 선원 및 그 선원을 고용하고 있거나 고용하려는 선박의 소유자에 대하여는 적용하지 아니한다(외고법 제3조 제1항).

답 ❶

144 외국인근로자의 고용 등에 관한 법률에 관한 설명으로 옳지 않은 것은? 15 노무

□□□

① 외국인근로자를 고용하려는 자는 직업안정기관에 우선 내국인 구인신청을 하여야 한다.

② 직업안정기관이 아닌 자는 외국인근로자의 선발, 알선, 그 밖의 채용에 개입하여서는 아니 된다.

③ 사용자는 외국인근로자라는 이유로 부당하게 차별하여 처우하여서는 아니 된다.

④ 사용자가 정당한 사유로 근로계약기간 중 근로계약을 해지하려고 하는 경우에도 외국인근로자는 직업안정기관의 장에게 다른 사업 또는 사업장으로의 변경을 신청할 수 없다.

⑤ 외국인근로자를 고용한 사업 또는 사업장의 사용자는 외국인근로자의 출국 등에 따른 퇴직금 지급을 위하여 외국인근로자를 피보험자 또는 수익자로 하는 보험 또는 신탁에 가입하여야 한다.

해설

① (○) 외국인근로자를 고용하려는 자는 직업안정기관에 우선 내국인 구인신청을 하여야 한다(외고법 제6조 제1항).

② (○) 외고법 제8조 제6항

③ (○) 외고법 제22조

④ (×) 사용자가 정당한 사유로 근로계약기간 중 근로계약을 해지하려고 하거나 근로계약이 만료된 후 갱신을 거절하려는 경우엔 작업안정기관의 장에게 다른 사업 또는 사업장으로의 변경을 신청할 수 있다(외고법 제25조 제1항 제1호).

⑤ (○) 외고법 제13조 제1항

답 ❹

145 외국인근로자의 고용 등에 관한 법률에 대한 설명으로 옳지 않은 것은? 19 노무

① 사용자가 법률에 따라 선정한 외국인근로자를 고용하려면 고용노동부령으로 정하는 표준근로 계약서를 사용하여 근로계약을 체결하여야 한다.

② 사용자는 외국인근로자와 근로계약을 체결하려는 경우 이를 한국산업인력공단 등에 대행하게 할 수 없다.

③ 외국인근로자와 근로계약을 체결한 사용자는 그 외국인근로자를 대리하여 법무부장관에게 사증발급인정서를 신청할 수 있다.

④ 취업활동기간이 연장되는 외국인근로자와 사용자는 연장된 취업활동기간의 범위에서 근로계약을 체결할 수 있다.

⑤ 직업안정기관이 아닌 자는 외국인근로자의 선발, 알선, 그 밖의 채용에 개입하여서는 아니 된다.

해설

① (○) 외고법 제9조 제1항

② (×) 사용자는 외국인근로자와 근로계약을 체결하려는 경우 이를 한국산업인력공단에 대행하게 할 수 있다(외고법 제9조 제2항).

③ (○) 외고법 제10조

④ (○) 외고법 제9조 제4항

⑤ (○) 직업안정기관이 아닌 자는 외국인근로자의 선발, 알선, 그 밖의 채용에 개입하여서는 아니 된다(외고법 제8조 제6항).

답 ❷

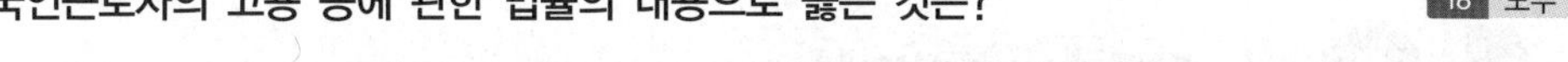

146 □□□ 외국인근로자의 고용 등에 관한 법률의 내용으로 옳은 것은? 18 노무

① 외국인근로자의 고용관리 및 보호에 관한 주요사항을 심의·의결하기 위하여 고용노동부장관 소속으로 외국인력정책위원회를 둔다.

② 고용노동부장관은 외국인근로자 도입계획을 외국인력정책위원회의 심의·의결을 거쳐 매년 1월 31일까지 공표하여야 한다.

③ 외국인근로자를 고용하려는 자는 직업안정법에 따른 직업안정기관에 우선 내국인구인신청을 하여야 한다.

④ 사용자가 외국인근로자를 고용하려면 출입국관리법으로 정하는 표준근로계약서를 사용하여 근로계약을 체결하여야 한다.

⑤ 직업안정기관의 장은 고용허가를 받지 아니하고 외국인근로자를 고용한 사용자에 대하여 5년간 외국인근로자의 고용을 제한할 수 있다.

해설

① (×) 외국인근로자의 고용관리 및 보호에 관한 주요사항을 심의·의결하기 위하여 국무총리 소속으로 외국인력정책위원회를 둔다(외고법 제4조 제1항).

② (×) 고용노동부장관은 외국인근로자 도입계획을 정책위원회의 심의·의결을 거쳐 수립하여 매년 3월 31일까지 대통령령으로 정하는 방법으로 공표하여야 한다(외고법 제5조 제1항).

③ (○) 외국인근로자를 고용하려는 자는 직업안정법에 따른 직업안정기관에 우선 내국인구인신청을 하여야 한다(외고법 제6조 제1항).

④ (×) 사용자가 외국인근로자를 고용하려면 고용노동부령으로 정하는 표준근로계약서를 사용하여 근로계약을 체결하여야 한다(외고법 제9조 제1항).

⑤ (×) 고용허가를 받지 아니하고 외국인근로자를 고용한 경우 3년간 외국인근로자의 고용을 제한할 수 있다(외고법 제20조 제1항).

외국인근로자 고용의 제한(외고법 제20조)

① 직업안정기관의 장은 다음 각 호의 어느 하나에 해당하는 사용자에 대하여 그 사실이 발생한 날부터 3년간 외국인근로자의 고용을 제한할 수 있다.

1. 제8조 제4항에 따른 고용허가 또는 제12조 제3항에 따른 특례고용가능확인을 받지 아니하고 외국인근로자를 고용한 자
2. 제19조 제1항에 따라 외국인근로자의 고용허가나 특례고용가능확인이 취소된 자
3. 이 법 또는 출입국관리법을 위반하여 처벌을 받은 자

3의2. 외국인근로자의 사망으로 산업안전보건법 제167조 제1항에 따른 처벌을 받은 자

4. 그 밖에 대통령령으로 정하는 사유에 해당하는 자

답 ❸

PART 1 PART 2 PART 3

12 종합문제

001 □□□ **근로기준법상 근로자가 노동위원회에 신청할 수 있는 사항은?** 19 국가직 9급

① 성별을 이유로 한 차별에 따른 정신적 손해의 배상
② 근로계약 체결 시 명시된 근로조건이 사실과 다를 경우에 손해의 배상
③ 사용자의 불법적인 직장폐쇄로 인한 손해의 배상
④ 산업재해로 인한 손해의 배상

해설

① (×), ② (○), ③ (×), ④ (×)
② 명시된 근로조건이 사실과 다를 경우에 근로자는 근로조건 위반을 이유로 손해의 배상을 청구할 수 있으며 즉시 근로계약을 해제할 수 있다. 근로자가 손해배상을 청구할 경우에는 노동위원회에 신청할 수 있으며, 근로계약이 해제되었을 경우에는 사용자는 취업을 목적으로 거주를 변경하는 근로자에게 귀향 여비를 지급하여야 한다(근기법 제19조).
①, ③, ④의 손해배상을 청구하기 위해서는 법원에 소를 제기하여야 한다.

답 ❷

002 □□□ **근로기준법상 사용자가 근로자대표와 서면으로 합의해야 하는 사항에 해당하지 않는 것은?** 22 국가직 9급

① 선택적 근로시간제 실시(제52조)
② 경영상 이유에 의한 해고 시 해고를 피하기 위한 방법 및 해고 기준 결정(제24조)
③ 보상 휴가제 실시(제57조)
④ 연차유급휴가 대체(제62조)

해설

① (○), ② (×), ③ (○), ④ (○)
① 선택적 근로시간제 실시(근기법 제52조), ③ 보상 휴가제 실시(근기법 제57조), ④ 연차유급휴가 대체(근기법 제62조) 등은 사용자가 근로자대표와 서면합의를 하여야 하나, ② 경영상 이유에 의한 해고 시 해고를 피하기 위한 방법 및 해고 기준 결정(근기법 제24조)의 경우에는 노동조합이나 근로자대표와 성실하게 협의하는 것으로 족하다.

경영상 이유에 의한 해고의 제한(근기법 제24조)

③ 사용자는 제2항에 따른 해고를 피하기 위한 방법과 해고의 기준 등에 관하여 그 사업 또는 사업장에 근로자의 과반수로 조직된 노동조합이 있는 경우에는 그 노동조합(근로자의 과반수로 조직된 노동조합이 없는 경우에는 근로자의 과반수를 대표하는 자, 이하 "근로자대표")에 해고를 하려는 날의 50일 전까지 통보하고 성실하게 협의하여야 한다.

답 ❷

003 근로기준법상 근로자대표와의 서면합의를 필요로 하는 경우가 아닌 것은? 19 국가직 9급

□□□

① 2주 단위 탄력적 근로시간제(제51조 제1항)
② 선택적 근로시간제(제52조)
③ 보상 휴가제(제57조)
④ 유급휴가의 대체(제62조)

해설

① (×) 사용자는 취업규칙(취업규칙에 준하는 것을 포함)에서 정하는 바에 따라 2주 단위 탄력적 근로시간제를 도입할 수 있다(제51조 제1항).
② (○) 사용자는 취업규칙(취업규칙에 준하는 것을 포함)에 따라 업무의 시작 및 종료 시각을 근로자의 결정에 맡기기로 한 근로자에 대하여 근로자대표와의 서면 합의에 따라 다음 각 호의 사항을 정하면 1개월(신상품 또는 신기술의 연구개발 업무의 경우에는 3개월로 한다) 이내의 정산기간을 평균하여 1주간의 근로시간이 제50조 제1항의 근로시간을 초과하지 아니하는 범위에서 1주간에 제50조 제1항의 근로시간을, 1일에 제50조 제2항의 근로시간을 초과하여 근로하게 할 수 있다(근기법 제52조 제1항).
③ (○) 사용자는 근로자대표와의 서면 합의에 따라 제51조의3, 제52조 제2항 제2호 및 제56조에 따른 연장근로・야간근로 및 휴일근로 등에 대하여 임금을 지급하는 것을 갈음하여 휴가를 줄 수 있다(근기법 제57조).
④ (○) 사용자는 근로자대표와의 서면 합의에 따라 제60조에 따른 연차유급휴가일을 갈음하여 특정한 근로일에 근로자를 휴무시킬 수 있다(근기법 제62조).

답 ❶

004 근로기준법상 근로자대표와 서면 합의를 필요로 하는 경우가 아닌 것은? 11 사시

□□□

① 3개월 단위의 탄력적 근로시간제의 실시(근로기준법 제51조 제2항)
② 선택적 근로시간제의 실시(근로기준법 제52조)
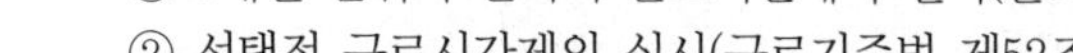
③ 연장・야간 및 휴일 근로의 가산임금의 지급(근로기준법 제56조)
④ 재량적 근로시간제의 실시(근로기준법 제58조 제3항)
⑤ 연차유급휴가의 대체(근로기준법 제62조)

해설

① (○), ② (○), ③ (×), ④ (○), ⑤ (○)
연장・야간 및 휴일 근로의 가산임금의 지급(근기법 제56조)은 법률의 규정에 의하여 당연히 인정되는 것으로, 별도로 사용자와 근로자대표와의 합의를 요하지 아니한다.

답 ❸

005 근로기준법상 서면으로 하도록 되어 있는 사항을 모두 고른 것은? 15 사시

□□□

> ㄱ. 개별 근로자와 사용자 간의 연장근로의 합의
> ㄴ. 선택적 근로시간제 도입을 위한 사용자와 근로자대표와의 합의
> ㄷ. 근로자를 해고하고자 할 경우의 30일 전 해고 예고
> ㄹ. 근로자를 해고하고자 할 경우 해고사유와 해고시기의 통지

① ㄱ, ㄴ
② ㄱ, ㄷ
③ ㄴ, ㄷ
④ ㄴ, ㄹ
⑤ ㄷ, ㄹ

해설

ㄱ. (×) 개별 근로자와 사용자 간의 연장근로의 합의는 특별한 합의의 방식을 요하지 아니하므로 서면에 의하든 구두로든 무관하다.

ㄴ. (○) 선택적 근로시간제 도입은 사용자가 근로자대표와 서면 합의로 하여야 한다(근기법 제52조 제1항).

ㄷ. (×) 사용자가 근로자를 해고하고자 할 경우에 하는 30일 전의 해고의 예고는 이를 서면으로 할 의무는 없다.

ㄹ. (○) 사용자는 근로자를 해고하려면 해고사유와 해고시기를 서면으로 통지하여야 한다(근기법 제27조 제1항).

답 ④

잊지 마세요.

당신이 버티고 버텨 가려던 곳을

– 작자 미상 –

노동법 Ⅱ

CHAPTER

01 총 설

제1절 집단적 노사관계법

제2절 노동3권

001 □□□ **제헌헌법(헌법 제1호, 1948.7.17. 제정)에 명시된 내용이 아닌 것은?** 17 노무

① 근로조건의 기준은 법률로써 정한다.
② 여자와 소년의 근로는 특별한 보호를 받는다.
③ 국가는 사회적 · 경제적 방법으로 근로자의 고용의 증진에 노력하여야 한다.
④ 근로자의 단결, 단체교섭과 단체행동의 자유는 법률의 범위 내에서 보장된다.
⑤ 영리를 목적으로 하는 사기업에 있어서는 근로자는 법률의 정하는 바에 의하여 이익의 분배에 균점할 권리가 있다.

해설

① (○) 제헌헌법 제17조
② (○) 제헌헌법 제17조
③ (×) 근로자에 대한 고용증진노력의무는 1962.12.26. 개정된 제5차 개정헌법(제3공화국 헌법) 제28조 제1항에 처음으로 규정되었다.
④ (○) 제헌헌법 제18조
⑤ (○) 제헌헌법 제18조

답 ❸

002 헌법상 노동3권에 관한 설명으로 옳지 않은 것은? 

□□□

① 헌법재판소는 노동3권의 법적 성격을 사회적 보호기능을 담당하는 자유권 또는 사회권적 성격을 띤 자유권이라고 보는 입장을 취하고 있다.
② 근로자는 근로조건의 향상을 위하여 자주적인 단결권·단체교섭권 및 단체행동권을 가진다.
③ 헌법재판소는 노동조합의 적극적 단결권은 근로자 개인의 단결하지 않을 자유보다 중시된다고 할 것이고, 또 노동조합에게 위와 같은 조직강제권을 부여한다고 하여 이를 근로자의 단결하지 아니할 자유의 본질적인 내용을 침해하는 것으로 단정할 수는 없다는 입장을 취하고 있다.
④ 헌법상 보장된 근로자의 단결권은 단결할 자유만을 가리킬 뿐이고, 단결하지 아니할 자유 이른바 소극적 단결권은 이에 포함되지 않는다고 보는 것이 헌법재판소의 입장이다.
⑤ 헌법재판소는 노동3권 제한에 관한 개별적 제한규정을 두고 있지 않는 경우, 헌법 제37조 제2항의 일반유보조항에 따라 노동3권을 제한할 수 없다는 입장을 취하고 있다.

해설

① (○) 헌재 1998.2.27. 94헌바13
② (○) 헌법 제33조 제1항
③ (○) 노동조합의 적극적 단결권은 근로자 개인의 단결하지 않을 자유보다 중시된다고 할 것이고, 또 노동조합에게 위와 같은 조직강제권을 부여한다고 하여 이를 근로자의 단결하지 아니할 자유의 본질적인 내용을 침해하는 것으로 단정할 수는 없다(헌재 2005.11.24. 2002헌바95).
④ (○) 헌법상 보장된 근로자의 단결권은 단결할 자유만을 가리킬 뿐이고, 단결하지 아니할 자유 이른바 소극적 단결권은 이에 포함되지 않는다고 보는 것이 우리 재판소의 선례라고 할 것이다(헌재 2005.11.24. 2002헌바95).
⑤ (×) 헌법 제33조 제1항에서는 근로자의 단결권·단체교섭권 및 단체행동권을 보장하고 있는바, 현행 헌법에서 공무원 및 법률이 정하는 주요방위산업체에 종사하는 근로자와는 달리 특수경비원에 대해서는 단체행동권 등 근로3권의 제한에 관한 개별적 제한규정을 두고 있지 않다고 하더라도, 헌법 제37조 제2항의 일반유보조항에 따른 기본권제한의 원칙에 의하여 특수경비원의 근로3권 중 하나인 단체행동권을 제한할 수 있다(헌재 2009.10.29. 2007헌마1359). 이러한 헌재 판례의 취지를 고려하건대, 노동3권 제한에 관한 개별적 제한규정을 두고 있지 않은 경우에도, 헌법 제37조 제2항의 일반유보조항에 따라 노동3권을 제한할 수 있다고 보는 것이 타당하다.

답 ❺

003 □□□ **헌법재판소의 노동3권 해석에 관한 설명으로 옳지 않은 것은?** 14 노무

① 노동조합 및 노동관계조정법상 노동조합 설립신고서 반려제도는 헌법상 금지된 단체결성에 대한 허가제에 해당하지 않는다.
② 헌법상 단결권에는 소극적 단결권, 즉 단결하지 아니할 자유가 포함되지 않는다.
③ 노동3권은 자유권적 측면과 생존권적 측면을 동시에 가지고 있다.
④ 단체교섭권에는 단체협약체결권이 포함되어 있다.
⑤ 헌법이 노동3권의 주체를 '근로자'로 명시하고 있으므로 노동조합은 단결권 행사의 주체에 해당하지 않는다.

해설

① (O) 헌재 2012.3.29. 2011헌바53
② (O) 근로자가 노동조합을 결성하지 아니할 자유나 노동조합에 가입을 강제당하지 아니할 자유, 그리고 가입한 노동조합을 탈퇴할 자유는 근로자에게 보장된 단결권의 내용에 포섭되는 권리로서가 아니라 헌법 제10조의 행복추구권에서 파생되는 일반적 행동의 자유 또는 제21조 제1항의 결사의 자유에서 그 근거를 찾을 수 있다(헌재 2005.11.24. 2002헌바95).
③ (O) 헌재 2005.11.24. 2002헌바95
④ (O) 헌재 1998.2.27. 94헌바13
⑤ (×) 헌법 제33조 제1항에 의하면 단결권의 주체는 단지 개인인 것처럼 표현되어 있지만, 만일 헌법이 개인의 단결권만을 보장하고 조직된 단체의 권리를 인정하지 않는다면, 즉 국가가 임의로 단체의 존속과 활동을 억압할 수 있다면 개인의 단결권 보장은 무의미하게 된다. 따라서 헌법 제33조 제1항은 근로자 개인의 단결권만이 아니라 단체 자체의 단결권도 보장하고 있는 것으로 보아야 한다(헌재 1999.11.25. 95헌마154).

답 ❺

004 □□□ **우리나라가 비준하지 않은 ILO협약을 모두 고른 것은?** 20 노무

ㄱ. 강제근로의 폐지에 관한 협약(제105호)
ㄴ. 공업 및 상업부문에서 근로감독에 관한 협약(제81호)
ㄷ. 결사의 자유 및 단결권 보호에 관한 협약(제87호)
ㄹ. 동일가치에 대한 남녀근로자의 동등보수에 관한 협약(제100호)
ㅁ. 가혹한 형태의 아동노동 철폐에 관한 협약(제182호)

① ㄱ, ㄴ
② ㄱ, ㄹ
③ ㄴ, ㄷ
④ ㄱ
⑤ ㄷ, ㄹ, ㅁ

해설

우리나라는 보기의 ILO협약 중 ㄱ. 강제근로의 폐지에 관한 협약(제105호)을 제외하고, ㄴ. 공업 및 상업부문에서 근로감독에 관한 협약(제81호), ㄷ. 결사의 자유 및 단결권 보호에 관한 협약(제87호), ㄹ. 동일가치에 대한 남녀근로자의 동등보수에 관한 협약(제100호), ㅁ. 가혹한 형태의 아동노동 철폐에 관한 협약(제182호)을 비준하였다. ㄷ. 결사의 자유 및 단결권 보호에 관한 협약(제87호)은 비준동의안이 2021.2.26. 국회본회의를 통과하여 정부가 비준서를 ILO에 기탁한 시점부터 1년(2022.4.20.)이 지나 발효되었으므로, 국내법과 같은 효력을 가진다.

답 ❹

005 헌법상 노동3권에 관한 설명으로 옳지 않은 것은?(다툼이 있으면 판례에 따름) 19 노무

□□□

① 노동3권은 국가안전 보장·질서 유지 또는 공공복리를 위하여 필요한 경우 법률로써 제한할 수 있다.

② 단결권은 단결할 자유만을 가리키고, 단결하지 아니할 자유는 일반적 행동의 자유 또는 결사의 자유에 그 근거가 있다.

③ 공무원인 근로자는 법률이 정하는 자에 한하여 단결권·단체교섭권 및 단체행동권을 가진다.

④ 노동3권은 사회적 보호기능을 담당하는 자유권 또는 사회권적 성격을 띤 자유권이라고 말할 수 있다.

⑤ 모든 국민은 근로조건의 향상을 위하여 자주적인 단결권·단체교섭권 및 단체행동권을 가진다.

해설

① (O) 헌법 제37조 제2항

② (O) 근로자가 노동조합을 결성하지 아니할 자유나 노동조합에 가입을 강제당하지 아니할 자유, 그리고 가입한 노동조합을 탈퇴할 자유는 근로자에게 보장된 단결권의 내용에 포섭되는 권리로서가 아니라 헌법 제10조의 행복추구권에서 파생되는 일반적 행동의 자유 또는 제21조 제1항의 결사의 자유에서 그 근거를 찾을 수 있다(헌재 2005.11.24. 2002헌바95).

③ (O) 헌법 제33조 제2항

④ (O) 헌재 1998.2.27. 94헌바13

⑤ (×) 근로자는 근로조건의 향상을 위하여 자주적인 단결권·단체교섭권 및 단체행동권을 가진다(헌법 제33조 제1항).

답 ❺

006 각국 노동법의 연혁에 관한 설명으로 옳지 않은 것은? 18 노무

□□□

① 우리나라의 제헌헌법에는 근로자의 단결에 관한 규정이 없었다.

② 독일의 1919년 바이마르헌법은 단결의 자유를 명문화하였다.

③ 미국의 1935년 와그너법은 근로자의 단결권·단체교섭권·단체행동권을 명문화하였다.

④ 우리나라의 노동위원회법은 1953년에 처음 제정되었다.

⑤ 우리나라의 노사협의회제도는 과거 노동조합법에 규정된 적이 있었다.

해설

① (×) 근로자의 단결, 단체교섭과 단체행동의 자유는 법률의 범위 내에서 보장된다(제헌헌법 제18조).

② (O) 근대입헌주의헌법의 효시인 독일의 1919년 바이마르헌법은 단결권, 단체교섭권, 단체행동권을 헌법차원에서 최초로 규정하였다.

③ (O) 와그너법은 근로자의 단결권·단체교섭권·단체행동권을 명문화하였고, 부당노동행위제도를 최초로 규정하였다.

④ (O) 1953년 3월 8일에 노동위원회법의 제정·공포로 중앙노동위원회와 지방노동위원회가 설치되었다.

⑤ (O) 1980년 12월 31일에 노사협의회법이 제정되었고, 이 법이 제정되기 이전에는 구 노동조합법 제6조에 의하여 노사협의제도가 운영되었다.

답 ❶

007 □□□ **우리나라 노동법의 연혁에 관한 설명으로 옳은 것은?** 16 노무

① 노동조합법, 노동쟁의조정법은 1953년에 제정되었다.
② 부당노동행위제도는 최초 도입된 이후 현재까지 구제주의와 처벌주의를 병행하고 있다.
③ 미국의 와그너법을 수용하여 사용자와 노동조합을 부당노동행위주체로 인정하고 있다.
④ 필수유지업무협정제도는 2010년 노동조합 및 노동관계조정법 개정 시에 처음으로 도입되었다.
⑤ 노동조합의 전임자에 대한 급여지급 금지는 1980년 노동조합법 개정 시에 처음으로 도입되었다.

해설

① (O) 1953년에 제정·시행된 노동조합법과 노동쟁의조정법은 그 후 몇 차례의 개정을 거쳐, 1997년에 노동조합 및 노동관계조정법으로 통합되었다.
② (×) 1953년 3월 8일 제정된 노동조합법은 사용자의 부당노동행위와 이에 대한 처벌규정을 두었으나, 1963년 개정으로 사용자의 부당노동행위 유형을 구체화하고, 처벌규정을 삭제하면서 노동위원회를 통한 구제제도(구제주의)를 채택하였다. 이후 1986년에는 처벌규정을 복원하여 구제주의와 처벌주의를 병행하였으며, 1997년에는 노동법을 전면개정하면서 구제주의와 처벌주의는 그대로 유지하되, 법원의 구제명령과 긴급이행명령제도를 도입하였다.
③ (×) 미국의 와그너법은 사용자의 부당노동행위에 대한 법적 제도이며, 태프트-하들리법에서 노동조합의 사용자에 대한 부당노동행위가 추가되었다.
④ (×) 필수유지업무협정제도는 2006년 12월 30일 노조법 제42조의3의 개정 시에 도입되어 2008년 1월 1일부터 시행되고 있다.
⑤ (×) 노동조합의 전임자에 대한 급여지급 금지는 1997년 3월 노조법 제정으로 도입되었고, 노사 간 이견대립으로 13년간 시행이 유예되다가 2010년 노조법 개정으로 타임오프제(노조전임자에 대한 사용자의 임금지급을 원칙적으로 금지)가 도입되었으나, 2021년 개정 노조법은 일정한 경우 근로시간면제자는 사용자 또는 노동조합으로부터 급여를 지급받으면서 근로계약 소정의 근로를 제공하지 아니하고 노동조합의 업무에 종사할 수 있도록 규정하고 있다(노조법 제24조 제1항).

답 ❶

008 □□□ **노동법 등의 연혁에 관한 설명으로 옳지 않은 것은?** 23 노무

① 우리나라의 노동위원회법은 1953년에 처음 제정되었다.
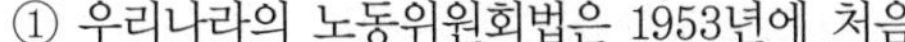
② 우리나라는 1991년에 국제노동기구(ILO)에 가입하였다.
③ 우리나라의 공무원의 노동조합 설립 및 운영 등에 관한 법률은 교원의 노동조합 설립 및 운영 등에 관한 법률보다 먼저 제정되었다.
④ 미국의 1935년 와그너법은 근로자의 단결권·단체교섭권·단체행동권을 명문화하였다.
⑤ 우리나라 제헌헌법에는 영리를 목적으로 하는 사기업에 있어서는 근로자는 법률의 정하는 바에 의하여 이익의 분배에 균점할 권리가 있다는 규정이 있었다.

해설

① (O) 1953년 3월 8일에 노동위원회법의 제정·공포로 중앙노동위원회와 지방노동위원회가 설치되었다.
② (O) 우리나라는 1991년 12월 9일 152번째 회원국으로서 국제노동기구(ILO)에 가입하였다.
③ (×) 공무원의 노동조합 설립 및 운영 등에 관한 법률은 2005.1.27. 제정되었으나, 교원의 노동조합 설립 및 운영 등에 관한 법률은 1999.1.29. 제정되었다.
④ (O) 와그너법은 근로자의 단결권·단체교섭권·단체행동권을 명문화하였고, 부당노동행위제도를 최초로 규정하였다.
⑤ (O) 영리를 목적으로 하는 사기업에 있어서는 근로자는 법률의 정하는 바에 의하여 이익의 분배에 균점할 권리가 있다(제헌헌법 제18조).

답 ❸

009 □□□ **헌법상 근로3권에 관한 설명으로 옳지 않은 것은?(다툼이 있으면 판례에 따름)** 18 노무

① 대법원은 근로3권 중에 단체교섭권이 중핵적 권리라는 입장을 취하고 있다.
② 법률이 정하는 주요방위산업체에 종사하는 근로자의 단체행동권은 법률이 정하는 바에 의하여 이를 제한하거나 인정하지 아니할 수 있다.
③ 헌법재판소는 단체교섭권은 어떠한 제약도 허용되지 아니하는 절대적인 권리가 아니라는 입장을 취하고 있다.
④ 헌법재판소는 단결권에는 단결하지 아니할 자유가 포함된다는 입장을 취하고 있다.
⑤ 헌법이 근로3권을 보장하는 취지는 근로자의 이익과 지위의 향상을 도모하는 사회복지국가 건설의 과제를 달성하고자 함에 있는 것으로 설명될 수 있다.

해설

① (○) 대판 1990.5.15. 90도357
② (○) 헌법 제33조 제3항
③ (○) 헌법 제33조 제1항이 보장하는 근로3권은 어떠한 제약도 허용되지 아니하는 절대적인 권리가 아니라 당연히 국가안전 보장·질서 유지 또는 공공복리 등의 공익상의 이유로 제한이 가능하며, 그 제한은 노동기본권의 보장과 공익상의 필요를 구체적인 경우마다 비교형량하여 양자가 서로 적절한 균형을 유지하는 선에서 결정된다(헌재 1998.2.27. 94헌바13).
④ (×) 노동조합과 각종 단체의 헌법상 차이는, 결사의 자유의 경우 단체를 결성하는 자유, 단체에 가입하는 자유뿐만 아니라 단체를 결성하지 아니할 자유, 단체에의 참가를 강제당하지 아니할 자유, 단체를 탈퇴할 자유를 포함하는 데 반하여, 근로자의 단결권은 단결할 자유만을 가리킬 뿐이다(헌재 1999.11.25. 98헌마141).
⑤ (○) 헌재 1993.3.11. 92헌바33

답 ❹

010 □□□ **헌법 제32조에서 명시적으로 규정하고 있는 내용이 아닌 것은?** 15 노무

① 국가는 법률이 정하는 바에 의하여 최저임금제를 시행하여야 한다.
② 여자의 근로는 특별한 보호를 받는다.
③ 연소자의 근로는 특별한 보호를 받는다.
④ 국가는 근로의 의무의 내용과 조건을 공공복리의 원칙에 따라 법률로 정한다.
⑤ 국가는 사회적·경제적 방법으로 근로자의 고용의 증진과 적정임금의 보장에 노력하여야 한다.

해설

① (○), ② (○), ③ (○), ④ (×), ⑤ (○)
국가는 근로의 의무의 내용과 조건을 민주주의원칙에 따라 법률로 정한다(헌법 제32조 제2항).

> **헌법 제32조**
> ① 모든 국민은 근로의 권리를 가진다. 국가는 사회적·경제적 방법으로 근로자의 고용의 증진과 적정임금의 보장에 노력하여야 하며, 법률이 정하는 바에 의하여 최저임금제를 시행하여야 한다.
> ② 모든 국민은 근로의 의무를 진다. 국가는 근로의 의무의 내용과 조건을 민주주의원칙에 따라 법률로 정한다.
> ③ 근로조건의 기준은 인간의 존엄성을 보장하도록 법률로 정한다.
> ④ 여자의 근로는 특별한 보호를 받으며, 고용·임금 및 근로조건에 있어서 부당한 차별을 받지 아니한다.
> ⑤ 연소자의 근로는 특별한 보호를 받는다.
> ⑥ 국가유공자·상이군경 및 전몰군경의 유가족은 법률이 정하는 바에 의하여 우선적으로 근로의 기회를 부여받는다.

답 ❹

011 □□□ **노동3권에 관한 설명으로 옳지 않은 것은?(다툼이 있으면 판례에 따름)** 17 노무

① 개인택시운전자는 노동3권의 주체가 될 수 없다.
② 단결권은 단결할 자유만을 가리킬 뿐이고, 단결하지 아니할 자유는 이에 포함되지 않는다.
③ 단체교섭권의 정당한 행사에 대해서는 민·형사상 책임이 면제된다.
④ 단체교섭권에는 단체협약체결권이 포함되어 있지 않다.
⑤ 노동3권은 국가안전 보장·질서 유지 또는 공공복리를 위하여 필요한 경우에 한하여 법률로써 제한할 수 있다.

해설

① (O) 개인택시운전자는 임금·급료 기타 이에 준하는 수입에 의하여 생활하는 자라 할 수 없으므로 노동3권의 주체가 될 수 없다(노조법 제2조 제1호).
② (O) 헌재 2005.11.24. 2002헌바95
③ (O) 단체교섭권의 정당한 행사로 손해를 입은 사용자는 노동조합이나 근로자에게 손해배상을 청구할 수 없고 형사상 정당행위에 해당하여 위법성이 조각되므로, 민·형사상 책임이 면제된다(노조법 제3조, 제4조).
④ (×) 교섭할 권한이라 함은 교섭한 결과에 따라 단체협약을 체결할 권한을 포함하는 것이라고 할 것이다(대판 2000.5.12. 98도3299).
⑤ (O) 노동3권도 상대적 권리에 불과하므로, 국가안전 보장·질서 유지 또는 공공복리를 위하여 필요한 경우에 한하여 법률로써 제한할 수 있다고 하여야 한다(헌법 제37조 제2항).

답 ❹

012  **헌법에 명시된 노동3권에 관한 규정으로 옳은 것을 모두 고른 것은?** 16 노무

ㄱ. 공무원인 근로자는 법률이 정하는 자에 한하여 단결권·단체교섭권 및 단체행동권을 가진다.
ㄴ. 법률이 정하는 주요방위산업체에 종사하는 근로자의 단결권은 법률이 정하는 바에 따라 이를 제한하거나 인정하지 아니할 수 있다.
ㄷ. 노동조합의 조합원은 어떠한 경우에도 인종, 종교, 성별, 연령, 신체적 조건, 고용형태, 정당 또는 신분에 의하여 차별대우를 받지 아니한다.

① ㄱ
② ㄱ, ㄴ
③ ㄱ, ㄷ
④ ㄴ, ㄷ
⑤ ㄱ, ㄴ, ㄷ

해설

ㄱ. (O) 공무원인 근로자는 법률이 정하는 자에 한하여 단결권·단체교섭권 및 단체행동권을 가진다(헌법 제33조 제2항).
ㄴ. (×) 법률이 정하는 주요방위산업체에 종사하는 근로자의 단체행동권은 법률이 정하는 바에 의하여 이를 제한하거나 인정하지 아니할 수 있다(헌법 제33조 제3항).
ㄷ. (×) 노동조합의 조합원은 어떠한 경우에도 인종, 종교, 성별, 연령, 신체적 조건, 고용형태, 정당 또는 신분에 의하여 차별대우를 받지 아니한다(노조법 제9조). ㄷ.은 노조법 제9조와 동일한 내용이나, 문제에서 헌법에 명시된 노동3권에 관한 규정을 묻고 있으므로, 틀린 지문이 됨을 유의하여야 한다.

답 ❶

013 ☐☐☐ **우리나라 노동법 등의 연혁에 관한 설명으로 옳은 것을 모두 고른 것은?** 21 노무

> ㄱ. 우리나라는 1991년에 국제노동기구(ILO)에 가입하였다.
> ㄴ. 1980년에 제정된 노사협의회법에서 노사협의회를 처음으로 규정하였다.
> ㄷ. 2005년에 공무원의 노동조합 설립 및 운영 등에 관한 법률이 제정되었다.
> ㄹ. 1953년에 제정된 노동조합법에서는 사용자 및 노동조합의 부당노동행위 금지와 그 위반에 대한 처벌을 규정하였다.

① ㄱ, ㄴ ② ㄱ, ㄷ
③ ㄱ, ㄹ ④ ㄴ, ㄷ
⑤ ㄴ, ㄹ

해설

ㄱ. (O) 우리나라는 1991년 12월 9일 152번째 회원국으로서 국제노동기구(ILO)에 가입하였다.
ㄴ. (O) 노사협의회는 1963년 4월 17일 전부개정된 노동조합법에서 처음으로 등장하였다. 다만, 1980년 12월 31일 제정된 노사협의회법에서 노사협의회의 설치, 구성, 운영 및 임무 등을 구체적으로 규정하였으므로, ㄴ.을 옳은 지문으로 이해할 여지가 있어 결국 최종정답에서 이 문제를 전항정답으로 처리한 것으로 보인다.
ㄷ. (O) 공노법은 2005년 1월 27일 제정되었다.
ㄹ. (×) 1953년 3월 8일 제정된 노동조합법에서는 사용자의 부당노동행위 금지만을 규정하였다.

답 전항정답

014 ☐☐☐ **헌법상 노동3권에 관한 설명으로 옳지 않은 것은?(다툼이 있으면 판례에 따름)** 20 노무

① 근로자는 근로조건의 향상을 위하여 자주적인 단결권・단체교섭권 및 단체행동권을 가진다.
② 공무원인 근로자는 법률이 정하는 자에 한하여 단결권・단체교섭권 및 단체행동권을 가진다.
③ 단체교섭권은 사실행위로서의 단체교섭의 권한 외에 교섭한 결과에 따라 단체협약을 체결할 권한을 포함한다.
④ 법률이 정하는 주요방위산업체에 종사하는 근로자의 단체행동권은 법률이 정하는 바에 의하여 이를 제한할 수 있다.
⑤ 취업활동을 할 수 있는 체류자격을 받지 않은 외국인은 타인과의 사용종속관계하에서 근로를 제공하고 그 대가로 임금 등을 받아 생활하더라도 노동조합에 가입할 수 없다.

해설

① (O) 헌법 제33조 제1항
② (O) 헌법 제33조 제2항
③ (O) 대판 1993.4.27. 91누12257
④ (O) 헌법 제33조 제3항
⑤ (×) 타인과의 사용종속관계하에서 근로를 제공하고 그 대가로 임금 등을 받아 생활하는 사람은 노조법상 근로자에 해당하고, 노조법상의 근로자성이 인정되는 한, 그러한 근로자가 외국인인지 여부나 취업자격의 유무에 따라 노조법상 근로자의 범위에 포함되지 아니한다고 볼 수는 없다(대판 2015.6.25. 2007두4995[전합]).

답 ❺

CHAPTER 02 단결권

제1절 서 설

001 □□□ **노동조합 및 노동관계조정법상 용어의 정의로 옳지 않은 것은?** 15 노무

① "근로자"라 함은 직업의 종류를 불문하고 임금·급료 기타 이에 준하는 수입에 의하여 생활하는 자를 말한다.
② "사용자"라 함은 사업주, 사업의 경영담당자 또는 그 사업의 근로자에 관한 사항에 대하여 사업주를 위하여 행동하는 자를 말한다.
③ "사용자단체"라 함은 노동관계에 관하여 그 구성원인 사용자에 대하여 조정 또는 규제할 수 있는 권한을 가진 사용자의 단체를 말한다.
④ "노동조합"이라 함은 근로자가 주체가 되어 자주적으로 단결하여 근로조건의 유지·개선 기타 근로자의 경제적·사회적 지위의 향상을 도모함을 목적으로 조직하는 단체 또는 그 연합단체를 말한다.
⑤ "노동쟁의"라 함은 파업·태업·직장폐쇄 기타 노동관계당사자가 그 주장을 관철할 목적으로 행하는 행위와 이에 대항하는 행위로서 업무의 정상적인 운영을 저해하는 행위를 말한다.

해설

① (O) 노조법 제2조 제1호
② (O) 노조법 제2조 제2호
③ (O) 노조법 제2조 제3호
④ (O) 노조법 제2조 제4호 본문
⑤ (×) 노동쟁의라 함은 노동조합과 사용자 또는 사용자단체 간에 임금·근로시간·복지·해고 기타 대우 등 근로조건의 결정에 관한 주장의 불일치로 인하여 발생한 분쟁상태를 말한다. 이 경우 주장의 불일치라 함은 당사자 간에 합의를 위한 노력을 계속하여도 더 이상 자주적 교섭에 의한 합의의 여지가 없는 경우를 말한다(노조법 제2조 제5호). ⑤는 쟁의행위에 대한 정의이다.

답 ⑤

002 노동조합 및 노동관계조정법령상 근로자와 사용자에 관한 설명으로 옳지 않은 것은?(다툼이 있으면 판례에 따름) 19 노무

① 구직 중인 자도 노동3권을 보장할 필요성이 있는 한 근로자에 포함된다.
② 근로자란 직업의 종류를 불문하고 임금·급료 기타 이에 준하는 수입에 의하여 생활하는 자를 말한다.
③ 노동위원회의 부당노동행위구제명령을 이행할 수 있는 법률적 또는 사실적인 권한이나 능력을 가지는 지위에 있더라도 직접고용관계에 있지 않는 한 사용자에 해당한다고 볼 수 없다.
④ 사용자는 근로자의 인사, 급여, 후생, 노무관리 등 근로조건 결정 또는 업무상 명령이나 지휘감독을 하는 등의 사항에 대하여 사업주로부터 일정한 권한과 책임을 부여받은 자를 포함한다.
⑤ 근로자에 해당하는지는 노무제공관계의 실질에 비추어 판단하여야 하고 반드시 근로기준법상 근로자에 한정된다고 할 것은 아니다.

해설

① (○) 근로자는 특정한 사용자에게 고용되어 현실적으로 취업하고 있는 자뿐만 아니라, 일시적으로 실업상태에 있는 자나 구직 중인 자도 노동3권을 보장할 필요성이 있는 한 그 범위에 포함된다(대판 2004.2.27. 2001두8568).
② (○) 노조법 제2조 제1호
③ (×) 노동위원회의 구제명령을 이행할 수 있는 법률적 또는 사실적인 권한이나 능력이 있는 한 그 한도 내에서는 부당노동행위주체로서 구제명령의 대상자인 사용자에 해당한다고 한다(대판 2010.3.25. 2007두8881).
④ (○) 노조법 제2조 제2호, 제4호 단서 (가)목에 의하면, 노조법상 사용자에 해당하는 사업주, 사업의 경영담당자 또는 그 사업의 근로자에 관한 사항에 대하여 사업주를 위하여 행동하는 자와 항상 사용자의 이익을 대표하여 행동하는 자는 노동조합 참가가 금지되는데, '그 사업의 근로자에 관한 사항에 대하여 사업주를 위하여 행동하는 자'란 근로자의 인사, 급여, 후생, 노무관리 등 근로조건 결정 또는 업무상 명령이나 지휘·감독을 하는 등의 사항에 대하여 사업주로부터 일정한 권한과 책임을 부여받은 자를 말하고, '항상 사용자의 이익을 대표하여 행동하는 자'란 근로자에 대한 인사, 급여, 징계, 감사, 노무관리 등 근로관계 결정에 직접 참여하거나 사용자의 근로관계에 대한 계획과 방침에 관한 기밀사항업무를 취급할 권한이 있는 등과 같이 직무상 의무와 책임이 조합원으로서 의무와 책임에 직접적으로 저촉되는 위치에 있는 자를 의미한다. 따라서 이러한 자에 해당하는지는 일정한 직급이나 직책 등에 의하여 일률적으로 결정되어서는 안 되고, 업무내용이 단순히 보조적·조언적인 것에 불과하여 업무수행과 조합원활동 사이에 실질적인 충돌이 발생할 여지가 없는 자도 여기에 해당하지 않는다(대판 2011.9.8. 2008두13873).
⑤ (○) 대판 2018.6.15. 2014두12598

 ❸

003 단결권에 관한 설명 중 옳지 않은 것을 모두 고른 것은?(다툼이 있는 경우에는 판례에 의함)

□□□

15 사시

ㄱ. 단결권은 사회권적 기본권으로서의 성격을 갖지 않는다.
ㄴ. 단결권에는 집단적 단결권이 포함되지 않는다.
ㄷ. 단결권에는 단결하지 않을 자유가 포함된다.
ㄹ. 단결권은 근로3권 중 가장 중핵적인 권리이다.
ㅁ. 단결권에는 단결선택의 자유가 포함된다.

① ㄱ, ㄹ
② ㄴ, ㄷ
③ ㄷ, ㄹ, ㅁ
④ ㄱ, ㄴ, ㄷ, ㄹ
⑤ ㄴ, ㄷ, ㄹ, ㅁ

해설

ㄱ. (×) 근로자는 노동조합과 같은 근로자단체의 결성을 통하여 집단으로 사용자에 대항함으로써 사용자와 대등한 세력을 이루어 근로조건의 형성에 영향을 미칠 수 있는 기회를 갖게 된다는 의미에서 단결권은 '사회적 보호기능을 담당하는 자유권' 또는 '사회권적 성격을 띤 자유권'으로서의 성격을 가지고 있다(헌재 2005.11.24. 2002헌바95).

ㄴ. (×) 근로3권 중 단결권에는 개별 근로자가 노동조합 등 근로자단체를 조직하거나 그에 가입하여 활동할 수 있는 개별적 단결권뿐만 아니라 근로자단체가 존립하고 활동할 수 있는 집단적 단결권도 포함된다(헌재 2015.5.28. 2013헌마671).

ㄷ. (×) 헌법상 보장된 근로자의 단결권은 단결할 자유만을 가리킬 뿐이고, 단결하지 아니할 자유 이른바 소극적 단결권은 이에 포함되지 않는다고 보는 것이 우리 재판소의 선례라고 할 것이다(헌재 2005.11.24. 2002헌바95).

ㄹ. (×) 노동3권은 다 같이 존중 보호되어야 하고 그 사이에 비중의 차등을 둘 수 없는 권리들임에는 틀림없지만 근로조건의 향상을 위한다는 생존권의 존재목적에 비추어 볼 때 위 노동3권 가운데에서도 단체교섭권이 가장 중핵적 권리임은 부정할 수 없다(대판 1990.5.15. 90도357).

ㅁ. (○) 판례의 취지를 고려할 때 단결권에는 단결선택권이 포함되어 있다고 보아야 한다. 한편 노조법은 새로 노동조합을 조직하거나 다른 노동조합에 가입한 것을 이유로 근로자에게 불이익을 주는 것을 금지하고 있으므로(노조법 제81조 제1항 제2호 단서), 단결선택권 침해의 문제는 입법적으로 해결된 것으로 보아야 할 것이다.

이 사건 법률조항은 단체협약을 매개로 하여 특정 노동조합에의 가입을 강제함으로써 근로자의 단결선택권과 노동조합의 집단적 단결권(조직강제권)이 충돌하는 측면이 있으나, 이러한 조직강제를 적법·유효하게 할 수 있는 노동조합의 범위를 엄격하게 제한하고 지배적 노동조합의 권한남용으로부터 개별근로자를 보호하기 위한 규정을 두고 있는 등 전체적으로 상충되는 두 기본권 사이에 합리적인 조화를 이루고 있고 그 제한에 있어서도 적정한 비례관계를 유지하고 있으며, 또 근로자의 단결선택권의 본질적인 내용을 침해하는 것으로도 볼 수 없으므로, 근로자의 단결권을 보장한 헌법 제33조 제1항에 위반되지 않는다(헌재 2005.11.24. 2002헌바95).

답 ❹

PART 1 PART 2 PART 3

004 □□□ **노동조합 및 노동관계조정법상 근로자 및 사용자의 개념에 관한 설명으로 옳지 않은 것은?(다툼이 있는 경우에는 판례에 의함)** 14 노무

① 근로자란 임금, 급료 그 밖에 이에 준하는 수입으로 생활하는 자를 말한다.
② 근로기준법상 근로자의 개념과 동일하다.
③ 직접고용관계에 있지 않은 사업주라 하더라도 부당노동행위 구제명령을 이행할 주체로서의 사용자에 해당되는 경우가 있다.
④ 사업의 근로자에 관한 사항에 대하여 사업주를 위하여 행동하는 자는 사용자에 해당된다.
⑤ 구직 중인 자도 근로자에 해당될 수 있다.

해설

① (○) 노조법 제2조 제1호
② (×) 근기법상 근로자란 직업의 종류와 관계없이 임금을 목적으로 사업이나 사업장에 근로를 제공하는 자를 말한다(근기법 제2조 제1호). 반면 노조법상 근로자라 함은 직업의 종류를 불문하고 임금·급료 기타 이에 준하는 수입에 의하여 생활하는 자를 말한다(노조법 제2조 제1호).
③ (○) 노동위원회의 구제명령을 이행할 수 있는 법률적 또는 사실적인 권한이나 능력이 있는 한 그 한도 내에서는 부당노동행위의 주체로서 구제명령의 대상자인 사용자에 해당한다(대판 2010.3.25. 2007두8881). 따라서 직접고용관계에 있지 않은 사업주라 하더라도 사용자에 해당할 수 있다.
④ (○) 노조법 제2조 제2호
⑤ (○) 대판 2004.2.27. 2001두8568

답 ❷

005 □□□ **노동법상 근로자 및 사용자 개념에 관한 설명 중 옳은 것을 모두 고른 것은?(다툼이 있는 경우 판례에 의함)** 16 사시

ㄱ. 근로기준법상 근로자란 직업의 종류를 불문하고 임금·급료 기타 이에 준하는 수입에 의하여 생활하는 자를 말한다.
ㄴ. 주식회사의 이사 등 임원이 대표이사의 지휘·감독 아래 일정한 노무를 담당하고 그 대가로 일정한 보수를 받아 왔다면 근로기준법상 근로자에 해당할 수 있다.
ㄷ. 노동조합 및 노동관계조정법상 근로자의 경우 초기업별 노동조합에서는 직접적인 근로계약의 존재가 요구되지 아니한다.
ㄹ. 근로자에 관한 사항에 대하여 사업주를 위하여 행동하는 자는 노동조합 및 노동관계조정법상 사용자가 아니다.

① ㄱ, ㄴ
② ㄱ, ㄷ
③ ㄴ, ㄷ
④ ㄴ, ㄹ
⑤ ㄷ, ㄹ

해설

ㄱ. (×) "근로자"란 직업의 종류와 관계없이 임금을 목적으로 사업이나 사업장에 근로를 제공하는 사람을 말한다(근기법 제2조 제1호).

ㄴ. (○) 회사의 임원이라 하더라도, 업무의 성격상 회사로부터 위임받은 사무를 처리하는 것으로 보기에 부족하고 실제로는 업무집행권을 가지는 대표이사 등의 지휘・감독 아래 일정한 노무를 담당하면서 그 노무에 대한 대가로 일정한 보수를 지급받아 왔다면, 그 임원은 근로기준법에서 정한 근로자에 해당할 수 있다(대판 2017.11.9. 2012다10959).

ㄷ. (○) 종래 판례는 기업별 단위노조는 별론하고 지역별 노동조합이 그 구성원으로 '구직중인 여성 노동자'를 포함하여 노동조합설립신고를 한 경우, '구직중인 여성 노동자'가 노동조합 및 노동관계조정법상의 근로자가 아니라는 이유로 노동조합설립신고를 반려하는 것은 위법하다고 하여(대판 2004.2.27. 2001두8568), '구직중인 여성 노동자'는 직접적인 근로계약이 없더라도 초기업별 노동조합인 산업별 단위노조에는 가입할 수 있다고 판시하였다. 현재는 노조법 제2조 제4호 라목 단서를 삭제하여 구직자・실업자・퇴직자(해고자)등이 산업별 단위노조는 물론이고 기업별 단위노조에도 가입할 수 있게 되었다.

ㄹ. (×) "사용자"라 함은 사업주, 사업의 경영담당자 또는 그 사업의 근로자에 관한 사항에 대하여 사업주를 위하여 행동하는 자를 말한다(노조법 제2조 제2호).

답 ❸

006 노동조합 및 노동관계조정법에 관한 설명으로 옳지 않은 것은?(다툼이 있으면 판례에 따름)

□□□

21 노무

① 사용자라 함은 사업주, 사업의 경영담당자 또는 그 사업의 근로자에 관한 사항에 대하여 사업주를 위하여 행동하는 자를 말한다.
② 사용자단체라 함은 노동관계에 관하여 그 구성원인 사용자에 대하여 조정 또는 규제할 수 있는 권한을 가진 사용자의 단체를 말한다.
③ 노동조합 및 노동관계조정법상 근로자에 해당하는지는 근로조건을 보호할 필요성이 있는지의 관점에서 판단하여야 하므로, 동법상의 근로자는 근로기준법상 근로자에 한정된다.
④ 노동조합에 대하여는 그 사업체를 제외하고는 세법이 정하는 바에 따라 조세를 부과하지 아니한다.
⑤ 이 법에 의하여 설립된 노동조합이 아니면 노동위원회에 노동쟁의의 조정 및 부당노동행위의 구제를 신청할 수 없다.

해설

① (○) 노조법 제2조 제2호
② (○) 노조법 제2조 제3호
③ (×) 노조법의 입법목적과 근로자에 대한 정의규정 등을 고려하면, 노조법상 근로자에 해당하는지는 노무제공관계의 실질에 비추어 노동3권을 보장할 필요성이 있는지의 관점에서 판단하여야 하고, 반드시 근로기준법상 근로자에 한정된다고 할 것은 아니다(대판 2018.10.12. 2015두38092).
④ (○) 노조법 제8조
⑤ (○) 노조법 제7조 제1항

답 ❸

제2절 노동조합의 설립

007 □□□ **노동조합 및 노동관계조정법령상 설립신고증을 교부받은 노동조합이 아닌 근로자단체의 법적 지위에 관한 설명으로 옳지 않은 것은?** 20 노무

① 노동위원회에 노동쟁의의 조정(調停)을 신청할 수 없다.
② 노동조합이라는 명칭을 사용할 수 없다.
③ 단체교섭 거부를 이유로 노동위원회에 부당노동행위의 구제를 신청할 수 있다.
④ 노동위원회의 근로자위원을 추천할 수 없다.
⑤ 노동위원회에 노동쟁의의 중재를 신청할 수 없다.

해설

① (○) 노조법 제7조 제1항
② (○) 노조법 제7조 제3항
③ (×) 노조법에 의하여 설립된 노동조합이 아니면 노동위원회에 노동쟁의의 조정 및 부당노동행위의 구제를 신청할 수 없다(노조법 제7조 제1항).
④ (○) 노위법 제6조 제3항
⑤ (○) 법외노동조합인 노동조합이 아닌 근로자단체는 노동위원회에 중재를 신청할 수 없다(노조법 제7조 제1항).

답 ❸

008 □□□ **노동조합 및 노동관계조정법령상 노동조합의 설립 등에 관한 설명으로 옳지 않은 것은?**

21 노무

① 행정관청은 설립신고서에 규약이 첨부되어 있지 아니한 경우에는 설립신고서를 반려하여야 한다.
② 노동조합이 신고증을 교부받은 경우에는 설립신고서가 접수된 때에 설립된 것으로 본다.
③ 노동조합은 설립신고된 사항 중 대표자의 성명에 변경이 있는 때에는 그날부터 30일 이내에 행정관청에게 변경신고를 하여야 한다.
④ 2 이상의 시·군·구(자치구를 말한다)에 걸치는 단위노동조합을 설립하고자 하는 자는 설립신고서에 규약을 첨부하여 특별시장·광역시장·도지사에게 제출하여야 한다.
⑤ 행정관청은 설립신고서 또는 규약이 기재사항의 누락등으로 보완이 필요한 경우에는 대통령령이 정하는 바에 따라 20일 이내의 기간을 정하여 보완을 요구하여야 한다.

해설

① (×) 규약의 미첨부는 설립신고서반려사유에 해당하지 아니한다(노조법 제12조 제3항).
② (O) 노조법 제12조 제4항
③ (O) 노동조합은 설립신고된 사항 중 명칭, 주된 사무소의 소재지, 대표자의 성명 및 소속된 연합단체의 명칭에 변경이 있는 때에는 그날부터 30일 이내에 행정관청에게 변경신고를 하여야 한다(노조법 제13조 제1항).
④ (O) 노조법 제10조 제1항
⑤ (O) 노조법 제12조 제2항 전문

신고증의 교부(노조법 제12조)

② 행정관청은 설립신고서 또는 규약이 기재사항의 누락등으로 보완이 필요한 경우에는 대통령령이 정하는 바에 따라 20일 이내의 기간을 정하여 보완을 요구하여야 한다. 이 경우 보완된 설립신고서 또는 규약을 접수한 때에는 3일 이내에 신고증을 교부하여야 한다.
③ 행정관청은 설립하고자 하는 노동조합이 다음 각 호의 1에 해당하는 경우에는 설립신고서를 반려하여야 한다.
1. 제2조 제4호 각 목의 1에 해당하는 경우
2. 제2항의 규정에 의하여 보완을 요구하였음에도 불구하고 그 기간 내에 보완을 하지 아니하는 경우

정의(노조법 제2조)

4. "노동조합"이라 함은 근로자가 주체가 되어 자주적으로 단결하여 근로조건의 유지·개선 기타 근로자의 경제적·사회적 지위의 향상을 도모함을 목적으로 조직하는 단체 또는 그 연합단체를 말한다. 다만, 다음 각 목의 1에 해당하는 경우에는 노동조합으로 보지 아니한다.
가. 사용자 또는 항상 그의 이익을 대표하여 행동하는 자의 참가를 허용하는 경우
나. 경비의 주된 부분을 사용자로부터 원조받는 경우
다. 공제·수양 기타 복리사업만을 목적으로 하는 경우
라. 근로자가 아닌 자의 가입을 허용하는 경우
마. 주로 정치운동을 목적으로 하는 경우

답 ❶

009 □□□ **노동조합 및 노동관계조정법령상 노동조합에 관한 설명으로 옳은 것은?(다툼이 있으면 판례에 따름)** 16 노무

① 근로조건의 결정권이 있는 독립된 사업 또는 사업장에 조직된 노동단체는 지부·분회 등 명칭이 무엇이든 상관없이 노동조합의 설립신고를 할 수 없다.
② 노동조합이 신고증을 교부받은 경우에는 설립신고서가 접수된 때에 설립된 것으로 본다.
③ 노동조합 및 노동관계조정법에 의하여 설립된 노동조합이 아니더라도 노동위원회에 부당노동행위의 구제를 신청할 수 있다.
④ 지역별 노동조합이 일시적으로 실업 상태에 있는 자를 구성원으로 포함시키고 있는 경우에 행정관청은 설립신고서를 반려하여야 한다.
⑤ 행정관청은 설립하고자 하는 노동조합이 항상 사용자의 이익을 대표하여 행동하는 자의 참가를 허용하는 경우에는 설립신고의 보완을 요구하여야 한다.

해설

① (×) 근로조건의 결정권이 있는 독립된 사업 또는 사업장에 조직된 노동단체는 지부·분회 등 명칭이 무엇이든 상관없이 노동조합의 설립신고를 할 수 있다(노조법 시행령 제7조).
② (○) 노조법 제12조 제4항
③ (×) 노조법에 의하여 설립된 노동조합이 아니면 노동위원회에 노동쟁의의 조정 및 부당노동행위의 구제를 신청할 수 없다(노조법 제7조 제1항).
④ (×) 종전 판례의 취지를 고려할 때 지역별 노동조합이 일시적으로 실업 상태에 있는 자를 구성원으로 포함시키고 있는 경우는 위법하지 아니하므로 행정관청은 설립신고서를 반려하여야 한다고 볼 수 없고, 이는 2021.1.5. 노조법 제2조 제4호 라목이 개정되어 구직자·실업자·퇴직자(해고자)가 산업별·직종별·지역별 노동조합뿐만 아니라 기업별 노동조합에도 가입할 수 있게 된 현재의 경우에도 마찬가지라고 보아야 한다.

> 노조법 제2조 제1호 및 제4호 라목 본문에서 말하는 '근로자'에는 특정한 사용자에게 고용되어 현실적으로 취업하고 있는 자뿐만 아니라, 일시적으로 실업상태에 있는 자나 구직 중인 자도 노동3권을 보장할 필요성이 있는 한 그 범위에 포함되고, 따라서 지역별 노동조합의 성격을 가진 원고가 그 구성원으로 '구직 중인 여성노동자'를 포함시키고 있다 하더라도, '구직 중인 여성노동자' 역시 노조법상의 근로자에 해당하므로, 구직 중인 여성노동자는 근로자가 아니라는 이유로 피고(서울특별시장)가 원고의 노동조합설립신고를 반려한 이 사건 처분은 위법하다(대판 2004.2.27. 2001두8568).

⑤ (×) 행정관청은 설립하고자 하는 노동조합이 항상 사용자의 이익을 대표하여 행동하는 자의 참가를 허용하는 경우에는 설립신고서를 반려하여야 한다(노조법 제12조 제3항, 제2조 제4호 가목).

 ❷

010 노동조합 및 노동관계조정법령에 관한 설명이다. (　　)에 들어갈 숫자로 옳은 것은? 22 노무

- 노동조합의 대표자는 노동조합의 법인 등기사항 중 변경된 사항이 있는 경우에는 그 변경이 있는 날부터 (ㄱ)주 이내에 변경등기를 해야 한다.
- 행정관청은 설립 신고서 또는 규약이 기재 사항의 누락 등으로 보완이 필요한 경우 (ㄴ)일 이내의 기간을 정하여 보완을 요구하여야 한다.
- 노동조합은 매년 (ㄷ)회 이상 총회를 개최하여야 한다.

① ㄱ : 1, ㄴ : 10, ㄷ : 1
② ㄱ : 2, ㄴ : 10, ㄷ : 1
③ ㄱ : 3, ㄴ : 20, ㄷ : 1
④ ㄱ : 3, ㄴ : 20, ㄷ : 2
⑤ ㄱ : 3, ㄴ : 30, ㄷ : 2

해설

- 노동조합의 대표자는 법인 등기사항 중 변경된 사항이 있는 경우에는 그 변경이 있는 날부터 3주 이내에 변경등기를 해야 한다(노조법 시행령 제6조).
- 행정관청은 설립신고서 또는 규약이 기재사항의 누락 등으로 보완이 필요한 경우에는 대통령령이 정하는 바에 따라 20일 이내의 기간을 정하여 보완을 요구하여야 한다(노조법 제12조 제2항 전문).
- 노동조합은 매년 1회 이상 총회를 개최하여야 한다(노조법 제15조 제1항).

답 ③

011 노동조합 및 노동관계조정법령상 노동조합에 관한 설명으로 옳지 않은 것은? 

① 최소한의 규모라 하더라도 사용자로부터 노동조합사무소를 제공받은 경우에는 노동조합으로 보지 아니한다.
② 복리사업만을 목적으로 하는 경우에는 노동조합으로 보지 아니한다.
③ 항상 사용자의 이익을 대표하여 행동하는 자의 참가를 허용하는 경우에는 노동조합으로 보지 아니한다.
④ 주로 정치운동을 목적으로 하는 경우에는 노동조합으로 보지 아니한다.
⑤ 공제사업만을 목적으로 하는 경우에는 노동조합으로 보지 아니한다.

해설

① (×) 경비의 주된 부분을 사용자로부터 원조받는 경우에는 노동조합으로 인정되지 아니한다. 이는 노동조합이 그 경비의 주된 부분을 사용자로부터 원조받으면 노동조합의 자주성이 상실될 것을 우려하여 규정한 것으로(노조법 제2조 제4호 나목 참조), 최소한의 규모의 노동조합 사무소를 사용자로부터 제공받는 것만으로는 경비의 주된 부분을 원조받은 것이라고 할 수 없어, 노동조합으로서의 성격이 부정되지 아니한다.
② (○) 노조법 제2조 제4호 다목
③ (○) 노조법 제2조 제4호 가목
④ (○) 노조법 제2조 제4호 마목
⑤ (○) 노조법 제2조 제4호 다목

답 ①

012 □□□ **노동조합 및 노동관계조정법상 노동3권 및 노동조합 설립 등에 대한 설명으로 옳지 않은 것은?(다툼이 있는 경우 판례에 의함)** 20 국가직 7급

① 근로자란 특정한 사용자에게 고용되어 현실적으로 취업하고 있는 사람뿐만 아니라 일시적으로 실업 상태에 있는 사람이나 구직 중인 사람을 포함하여 노동3권을 보장할 필요성이 있는 사람도 여기에 포함되는 것으로 보아야 한다.

② 근로자성이 인정되는 한, 그러한 근로자가 외국인인지 여부나 취업자격의 유무에 따라 노동조합 및 노동관계조정법상 근로자의 범위에 포함되지 아니한다고 볼 수는 없다.

③ 행정관청으로 하여금 설립신고를 한 단체에 대하여 노동조합 및 노동관계조정법 제2조 제4호 각 목에 해당하는지를 심사하도록 한 취지는 노동조합으로서의 실질적 요건을 갖추지 못한 노동조합의 난립을 방지함으로써 근로자의 자주적이고 민주적인 단결권 행사를 보장하려는 데 있다.

④ 행정관청은 제출된 설립신고서와 규약의 내용을 기준으로 노동조합 및 노동관계조정법 제2조 제4호 각 목의 해당 여부를 심사하여야 하므로 설립신고서와 규약 내용 외의 사항에 대하여는 실질심사나 반려여부를 결정할 수 없다.

해설

① (O) · ② (O) [1] 노조법상 근로자란 타인과의 사용종속관계하에서 근로를 제공하고 그 대가로 임금 등을 받아 생활하는 사람을 의미하며, 특정한 사용자에게 고용되어 현실적으로 취업하고 있는 사람뿐만 아니라 일시적으로 실업 상태에 있는 사람이나 구직 중인 사람을 포함하여 노동3권을 보장할 필요성이 있는 사람도 여기에 포함되는 것으로 보아야 한다.❶

[2] 타인과의 사용종속관계하에서 근로를 제공하고 그 대가로 임금 등을 받아 생활하는 사람은 노조법상 근로자에 해당하고, 노조법상의 근로자성이 인정되는 한, 그러한 근로자가 외국인인지 여부나 취업자격의 유무에 따라 노조법상 근로자의 범위에 포함되지 아니한다고 볼 수는 없다❷(대판 2015.6.25. 2007두4995[전합]).

③ (O) · ④ (×) [1] 노조법이 행정관청으로 하여금 설립신고를 한 단체에 대하여 같은 법 제2조 제4호 각 목에 해당하는지를 심사하도록 한 취지가 노동조합으로서의 실질적 요건을 갖추지 못한 노동조합의 난립을 방지함으로써 근로자의 자주적이고 민주적인 단결권 행사를 보장하려는 데 있다.❸

[2] 행정관청은 일단 제출된 설립신고서와 규약의 내용을 기준으로 노조법 제2조 제4호 각 목의 해당 여부를 심사하되, <u>설립신고서를 접수할 당시 그 해당 여부가 문제된다고 볼 만한 객관적인 사정이 있는 경우에 한하여 설립신고서와 규약 내용 외의 사항에 대하여 실질적인 심사를 거쳐 반려 여부를 결정할 수 있다</u>❹(대판 2014.4.10. 2011두6998).

013 □□□ 노동조합 및 노동관계조정법 제14조에 따라 노동조합이 조합설립일부터 30일 이내에 작성하여 그 주된 사무소에 비치하여야 할 서류만을 모두 고른 것은? 21 국가직 7급

ㄱ. 조합원 명부(연합단체인 노동조합에 있어서는 그 구성단체의 명칭)
ㄴ. 규 약
ㄷ. 회의록
ㄹ. 임원의 성명·주소록

① ㄱ, ㄴ
② ㄱ, ㄷ, ㄹ
③ ㄴ, ㄷ, ㄹ
④ ㄱ, ㄴ, ㄷ, ㄹ

해설

ㄱ. 조합원 명부(연합단체인 노동조합에 있어서는 그 구성단체의 명칭), ㄴ. 규약, ㄷ. 회의록, ㄹ. 임원의 성명·주소록 등이 노동조합이 조합설립일부터 30일 이내에 작성하여 그 주된 사무소에 비치하여야 할 서류에 해당한다(노조법 제14조 참조).

답 ④

014 □□□ 노동조합 및 노동관계조정법령에 의하여 설립된 노동조합에 관한 설명으로 옳은 것은 모두 몇 개인가? 19 노무

- 노동위원회에 노동쟁의의 조정 및 부당노동행위의 구제를 신청할 수 있다.
- 노동조합의 규약이 정하는 바에 의하여 법인으로 할 수 있다.
- 노동조합이라는 명칭을 사용할 수 있다.
- 노동조합에 대하여는 그 사업체를 포함하여 세법이 정하는 바에 따라 조세를 부과하지 아니한다.

① 0개
② 1개
③ 2개
④ 3개
⑤ 4개

해설

- 이 법에 의하여 설립된 노동조합이 아니면 노동위원회에 노동쟁의의 조정 및 부당노동행위의 구제를 신청할 수 없다(노조법 제7조 제1항).
- 노동조합은 그 규약이 정하는 바에 의하여 법인으로 할 수 있다(노조법 제6조 제1항).
- 이 법에 의하여 설립된 노동조합이 아니면 노동조합이라는 명칭을 사용할 수 없다(노조법 제7조 제3항).
- 노동조합에 대하여는 그 사업체를 제외하고는 세법이 정하는 바에 따라 조세를 부과하지 아니한다(노조법 제8조).

답 ④

015 □□□ **노동조합 및 노동관계조정법령상 노동조합에 관한 설명으로 옳지 않은 것은?(다툼이 있으면 판례에 따름)** 23 노무

① 근로조건의 결정권이 있는 독립된 사업 또는 사업장에 조직된 노동단체는 지부・분회 등 명칭이 무엇이든 상관없이 노동조합의 설립신고를 할 수 있다.
② 주로 정치운동을 목적으로 하는 경우에는 노동조합의 설립신고를 마치고 신고증을 교부받았다고 하더라도, 그러한 단체는 적법한 노동조합으로 인정받지 못할 수 있다.
③ 노동조합 및 노동관계조정법상 노동조합이 아님을 통보하는 것을 행정입법으로 규정하려면 반드시 법률의 명시적이고 구체적인 위임이 있어야 한다.
④ 산업별 노동조합의 지회가 기업별로 구성된 노동조합에 준하는 실질을 가지고 있다면 총회의 의결을 거쳐 독립한 기업별 노동조합으로 조직형태를 변경할 수 있다.
⑤ 복수 노동조합 중 어느 한 노동조합은 다른 노동조합을 상대로 그 노동조합의 설립무효확인을 구하는 소를 제기할 수 없다.

해설

① (○) 노조법 시행령 제7조
② (○) 주로 정치운동을 목적으로 하는 경우에는 노동조합으로 보지 아니하므로(노조법 제2조 제4호 마목), 노동조합의 설립신고를 마치고 신고증을 교부받았다고 하더라도 적법한 노동조합으로 인정되지 아니한다.
③ (○) 법외노조 통보는 적법하게 설립된 노동조합의 법적 지위를 박탈하는 중대한 침익적 처분으로서 원칙적으로 국민의 대표자인 입법자가 스스로 형식적 법률로써 규정하여야 할 사항이고, 행정입법으로 이를 규정하기 위하여는 반드시 법률의 명시적이고 구체적인 위임이 있어야 한다. 그런데 구 노조법 시행령 제9조 제2항은 법률의 위임 없이 법률이 정하지 아니한 법외노조 통보에 관하여 규정함으로써 헌법상 노동3권을 본질적으로 제한하고 있으므로 그 자체로 무효이다(대판 2020.9.3. 2016두32992[전합]).
④ (○) 산업별 노동조합의 지부・분회・지회 등의 하부조직(이하 '지회 등')이라고 하더라도 독자적인 단체교섭과 단체협약체결 능력이 있어 기업별 노동조합에 준하는 실질을 가지고 있거나 그렇지 않더라도 기업별 노동조합과 유사한 근로자단체로서 독립성이 인정되어 법인 아닌 사단이라고 볼 수 있는 경우에는 총회의 결의를 통하여 소속을 변경하고 독립한 기업별 노동조합으로 전환할 수 있다고 보아야 한다(대판 2018.1.24. 2014다203045).
⑤ (×) 단체교섭의 주체가 되고자 하는 복수 노동조합 중 어느 한 노동조합으로서는 법적인 제약에 따르는 현재의 권리 또는 법률상 지위에 대한 위험이나 불안을 제거하기 위하여 다른 노동조합을 상대로 해당 노동조합이 설립될 당시부터 노조법 제2조 제4호가 규정한 주체성과 자주성 등의 실질적 요건을 흠결하였음을 들어 설립무효의 확인을 구하거나 노동조합으로서의 법적 지위가 부존재한다는 확인을 구하는 소를 제기할 수 있다고 보는 것이 타당하다(대판 2021.2.25. 2017다51610).

답 ❺

016 □□□ **노동조합 및 노동관계조정법령상 노동조합에 관한 설명으로 옳은 것은?(다툼이 있으면 판례에 따름)** 23 노무

① 노동조합을 법인으로 하려는 때에는 그 주된 사무소의 소재지를 관할하는 행정관청에 등기해야 한다.
② 노동조합은 그 규약으로 조합비를 납부하지 아니하는 조합원의 권리를 제한할 수 있다.
③ 노동조합 및 노동관계조정법에 의하여 설립되지 아니한 노동조합도 노동위원회에 노동쟁의의 조정을 신청할 수 있다.
④ 노동조합 및 노동관계조정법에 의하여 설립된 노동조합이 아니더라도 노동조합이라는 명칭을 사용할 수 있다.
⑤ 노동조합의 사업체에 대해서는 세법이 정하는 바에 따라 조세를 부과하지 아니한다.

해설

① (×) 노동조합을 법인으로 하려는 때에는 그 주된 사무소의 소재지를 관할하는 등기소에 등기해야 한다(노조법 시행령 제2조).
② (○) 노동조합의 조합원은 균등하게 그 노동조합의 모든 문제에 참여할 권리와 의무를 가진다. 다만, 노동조합은 그 규약으로 조합비를 납부하지 아니하는 조합원의 권리를 제한할 수 있다(노조법 제22조).
③ (×) 이 법에 의하여 설립된 노동조합이 아니면 노동위원회에 노동쟁의의 조정 및 부당노동행위의 구제를 신청할 수 없다(노조법 제7조 제1항).
④ (×) 이 법에 의하여 설립된 노동조합이 아니면 노동조합이라는 명칭을 사용할 수 없다(노조법 제7조 제3항).
⑤ (×) 노동조합에 대하여는 그 사업체를 제외하고는 세법이 정하는 바에 따라 조세를 부과하지 아니한다(노조법 제8조). 따라서 노동조합의 사업체에 대해서는 조세를 부과할 수 있다.

답 ❷

017 □□□ **노동조합 및 노동관계조정법령상 실질적 요건과 형식적 요건을 모두 갖춘 노동조합에게만 적용되는 것을 모두 고른 것은?(다툼이 있으면 판례에 따름)** 17 노무

ㄱ. 단체교섭권
ㄴ. 단체협약체결권
ㄷ. 노동쟁의 조정신청권
ㄹ. 부당노동행위 구제신청권
ㅁ. 법인격 취득

① ㄱ, ㄴ, ㄷ
② ㄱ, ㄹ, ㅁ
③ ㄴ, ㄷ, ㄹ
④ ㄴ, ㄹ, ㅁ
⑤ ㄷ, ㄹ, ㅁ

해설

ㄱ. (×), ㄴ. (×), ㄷ. (○), ㄹ. (○), ㅁ. (○)
노조법상 형식적・실질적 요건을 모두 갖춘 노동조합을 법내노조, 두 요건 중 하나라도 갖추지 않은 조합은 법외노조라고 하며, 후자는 법률상 제약이 따른다. 보기에서 법내노조에게 인정되는 권리는 ㄷ. 노동쟁의 조정신청권, ㄹ. 부당노동행위 구제신청권, ㅁ. 법인격 취득 등이다.

답 ❺

PART 1 PART 2 PART 3

018 노동조합 및 노동관계조정법상 노동조합에 관한 설명으로 옳지 않은 것은?

□□□

① 규약이 정하는 바에 의하여 법인으로 할 수 있다.
② 노동조합에 대하여는 그 사업체를 제외하고는 세법이 정하는 바에 따라 조세를 부과하지 아니한다.
③ 규약에는 임원의 규약위반에 대한 탄핵에 관한 사항을 기재하여야 한다.
④ 신고증을 교부받은 경우에는 설립신고서가 접수된 때에 설립된 것으로 본다.
⑤ 행정관청은 설립신고서 기재사항 중 허위사실이 있는 경우에는 설립신고서를 즉시 반려하여야 한다.

해설

① (O) 노조법 제6조 제1항
② (O) 노조법 제8조
③ (O) 대표자와 임원의 규약위반에 대한 탄핵에 관한 사항은 규약의 기재사항이다(노조법 제11조 제13호).
④ (O) 노조법 제12조 제4항
⑤ (×) 설립신고서나 규약의 기재사항 중 누락·허위사실이 있는 경우 20일 이내의 기간을 정하여 보완을 요구하여야 한다(노조법 제12조 제2항, 동법 시행령 제9조 제1항 제1호).

설립신고서의 보완요구 등(노조법 시행령 제9조)

① 고용노동부장관, 특별시장·광역시장·도지사·특별자치도지사, 시장·군수 또는 자치구의 구청장(이하 "행정관청")은 법 제12조 제2항에 따라 노동조합의 설립신고가 다음 각 호의 어느 하나에 해당하는 경우에는 보완을 요구하여야 한다.
  1. 설립신고서에 규약이 첨부되어 있지 아니하거나 설립신고서 또는 규약의 기재사항 중 누락 또는 허위사실이 있는 경우
  2. 임원의 선거 또는 규약의 제정절차가 법 제16조 제2항부터 제4항까지 또는 법 제23조 제1항에 위반되는 경우
② 노동조합이 설립신고증을 교부받은 후 법 제12조 제3항 제1호에 해당하는 설립신고서의 반려사유가 발생한 경우에는 행정관청은 30일의 기간을 정하여 시정을 요구할 수 있다.
③ 행정관청은 노동조합에 설립신고증을 교부한 때에는 지체 없이 그 사실을 관할 노동위원회와 해당 사업 또는 사업장의 사용자나 사용자단체에 통보해야 한다.

설립신고서 반려사유(노조법 제12조 제3항)

③ 행정관청은 설립하고자 하는 노동조합이 다음 각 호의 1에 해당하는 경우에는 설립신고서를 반려하여야 한다.
  1. 제2조 제4호 각 목의 1에 해당하는 경우
    가. 사용자 또는 항상 그의 이익을 대표하여 행동하는 자의 참가를 허용하는 경우
    나. 경비의 주된 부분을 사용자로부터 원조받는 경우
    다. 공제·수양 기타 복리사업만을 목적으로 하는 경우
    라. 근로자가 아닌 자의 가입을 허용하는 경우
    마. 주로 정치운동을 목적으로 하는 경우
  2. 제2항의 규정에 의하여 보완을 요구하였음에도 불구하고 그 기간 내에 보완을 하지 아니하는 경우

답 ❺

019 □□□ **노동조합 및 노동관계조정법령에 관한 설명으로 옳은 것은?(다툼이 있으면 판례에 따름)**

17 노무

① 출입국관리 법령에 따른 취업자격이 없는 외국인이 타인과의 사용종속관계하에서 근로를 제공하고 그 대가로 임금 등을 받아 생활하는 경우, 노동조합 및 노동관계조정법상 근로자에 해당한다.
② 행정관청이 노동조합의 설립신고서를 접수한 때부터 3일 이내에 설립신고서의 반려 또는 보완지시가 없는 경우에는 설립신고증의 교부가 없어도 노동조합이 성립된 것으로 본다.
③ 노동조합설립신고서의 보완을 요구하거나 그 신고서를 반려하는 경우에는 노동위원회의 의결을 거쳐야 한다.
④ 노동조합의 회의록, 재정에 관한 장부와 서류는 2년간 보존하여야 한다.
⑤ 노동조합에의 참가가 금지되는 자인지 여부는 일정한 직급이나 직책에 의하여 일률적으로 결정된다.

해설

① (○) 타인과의 사용종속관계하에서 근로를 제공하고 그 대가로 임금 등을 받아 생활하는 사람은 노조법상 근로자에 해당하고 노조법상 근로자성이 인정되는 한, 그러한 근로자가 외국인인지 여부나 취업자격의 유무에 따라 노조법상 근로자의 범위에 포함되지 아니한다고 볼 수는 없다(대판 2015.6.25. 2007두4995[전합]).
② (×) 행정관청이 노동조합의 설립신고서를 접수한 때에는 3일 이내에 설립신고증을 교부하도록 되어 있다 하여 그 기간 내에 설립신고서의 반려 또는 보완지시가 없는 경우에는 설립신고증의 교부가 없어도 노동조합이 성립된 것으로 본다는 취지는 아니므로 행정관청은 그 기간 경과 후에도 설립신고서에 대하여 보완지시 또는 반려처분을 할 수 있다 할 것이다(대판 1990.10.23. 89누3243).
③ (×) 노동조합설립신고서의 보완을 요구하거나 그 신고서를 반려하는 경우에는 노동위원회의 의결이 필요 없는 것이므로 노동부장관인 피고가 이 사건 노동조합설립신고서에 대하여 노동위원회의 의결 없이 보완요구를 하고 반려처분하였다 하여 이를 위법하다고 할 수는 없다(대판 1990.10.23. 89누3243).
④ (×) 노동조합은 조합설립일부터 30일 이내에 조합원명부(연합단체인 노동조합에 있어서는 그 구성단체의 명칭), 규약, 임원의 성명·주소록, 회의록, 재정에 관한 장부와 서류를 작성하여 그 주된 사무소에 비치하여야 하며, 회의록과 재정에 관한 장부와 서류는 3년간 보존하여야 한다(노조법 제14조).
⑤ (×) 노조법상 사용자에 해당하는 사업주, 사업의 경영담당자 또는 그 사업의 근로자에 관한 사항에 대하여 사업주를 위하여 행동하는 자와 항상 사용자의 이익을 대표하여 행동하는 자는 노동조합 참가가 금지되는데, 그 취지는 노동조합의 자주성을 확보하려는 데 있다. 따라서 이러한 자에 해당하는지는 일정한 직급이나 직책 등에 의하여 일률적으로 결정되어서는 안 되고, 업무내용이 단순히 보조적·조언적인 것에 불과하여 업무수행과 조합원활동 사이에 실질적인 충돌이 발생할 여지가 없는 자도 여기에 해당하지 않는다(대판 2011.9.8. 2008두13873).

답 ❶

020 □□□ **노동조합 및 노동관계조정법상 노동조합의 설립 등에 관한 설명으로 옳지 않은 것은?** 15 노무

① 연합단체인 노동조합을 설립하고자 하는 자는 설립신고서를 고용노동부장관에게 제출하여야 한다.
② 설립신고서를 접수한 행정관청은 반려・보완사유가 없는 경우 3일 이내에 신고증을 교부하여야 한다.
③ 행정관청은 설립신고서 또는 규약이 기재사항의 누락 등으로 보완이 필요한 경우에는 대통령령이 정하는 바에 따라 20일 이내의 기간을 정하여 보완을 요구하여야 한다.
④ 노동조합 설립신고서에는 임원의 성명과 주소가 기재되어야 한다.
⑤ 노동조합은 신고증을 교부받은 시점에 설립된 것으로 본다.

해설

① (○) 연합단체인 노동조합과 2 이상의 특별시・광역시・특별자치시・도・특별자치도에 걸치는 단위노동조합은 고용노동부장관에게 설립신고서를 제출하여야 한다(노조법 제10조 제1항).
② (○) 노조법 제12조 제1항
③ (○) 노조법 제12조 제2항 전문
④ (○) 노조법 제10조 제1항 제4호
⑤ (×) 노동조합이 신고증을 교부받은 경우에는 설립신고서가 접수된 때에 설립된 것으로 본다(노조법 제12조 제4항).

답 ❺

021 □□□ **노동조합 및 노동관계조정법상 노동조합의 설립에 관한 설명으로 옳지 않은 것은?(다툼이 있는 경우에는 판례에 의함)** 14 노무

① 행정관청은 접수한 노동조합 설립신고서의 기재사항이 누락된 경우에는 설립신고서를 반려하여야 한다.
② 행정관청이 설립신고서를 접수한 때에는 반려・보완사유가 없을 경우 3일 이내에 신고증을 교부하여야 한다.
③ 노동조합이 신고증을 교부받은 경우에는 설립신고서가 접수된 때에 설립된 것으로 본다.
④ 행정관청은 설립하고자 하는 노동조합이 복리사업만을 목적으로 하는 경우에는 설립신고서를 반려하여야 한다.
⑤ 노동조합 및 노동관계조정법에 의하여 설립된 노동조합이 아니면 노동위원회에 부당노동행위의 구제를 신청할 수 없다.

해설

① (×) 행정관청은 설립신고서 또는 규약이 기재사항의 누락 등으로 보완이 필요한 경우에는 대통령령이 정하는 바에 따라 20일 이내의 기간을 정하여 보완을 요구하여야 한다. 이 경우 보완된 설립신고서 또는 규약을 접수한 때에는 3일 이내에 신고증을 교부하여야 한다(노조법 제12조 제2항).
② (○) 노조법 제12조 제1항
③ (○) 노동조합이 신고증을 교부받은 경우에는 설립신고서가 접수된 때에 설립된 것으로 본다(노조법 제12조 제4항).
④ (○) 노조법 제12조 제3항 제1호, 제2조 제4호 다목
⑤ (○) 노조법 제7조 제1항

답 ❶

022 □□□ **노동조합 및 노동관계조정법상 용어나 노동조합에 관한 설명 중 옳지 않은 것은?** 16 사시

① 근로자를 위한 복리사업만을 목적으로 하는 조직은 노동조합이 될 수 없다.
② 행정관청에 설립신고를 마치지 아니한 노동조합도 노동위원회에 부당노동행위의 구제를 신청할 수 있다.
③ 노동조합은 그 규약이 정하는 바에 의하여 법인으로 할 수 있다.
④ 조합비를 납부하지 않은 조합원의 경우에는 노동조합의 규약으로 그 조합원의 권리를 제한할 수 있다.
⑤ 쟁의행위란 노동관계 당사자가 그 주장을 관철할 목적으로 행하는 행위와 이에 대항하는 행위로서 업무의 정상적인 운영을 저해하는 행위를 말한다.

해설

① (○) 공제・수양 기타 복리사업만을 목적으로 하는 단체 또는 그 연합단체는 노동조합으로 보지 아니한다(노조법 제2조 제4호 다목).
② (×) 이 법에 의하여 설립된 노동조합이 아니면 노동위원회에 노동쟁의의 조정 및 부당노동행위의 구제를 신청할 수 없다(노조법 제7조 제1항).
③ (○) 노조법 제6조 제1항
④ (○) 노동조합의 조합원은 균등하게 그 노동조합의 모든 문제에 참여할 권리와 의무를 가진다. 다만, 노동조합은 그 규약으로 조합비를 납부하지 아니하는 조합원의 권리를 제한할 수 있다(노조법 제22조).
⑤ (○) "쟁의행위"라 함은 파업・태업・직장폐쇄 기타 노동관계 당사자가 그 주장을 관철할 목적으로 행하는 행위와 이에 대항하는 행위로서 업무의 정상적인 운영을 저해하는 행위를 말한다(노조법 제2조 제6호).

답 ❷

023 □□□ **노동조합 및 노동관계조정법상 노동조합에 대한 설명으로 옳은 것은?** 20 국가직 7급

① 노동조합 및 노동관계조정법에 의하여 설립된 노동조합이 아니면 노동조합이라는 명칭을 사용할 수 없다.
② 노동조합에 대하여는 그 사업체를 포함하여 세법이 정하는 바에 따라 조세를 부과하지 아니한다.
③ 법인인 노동조합에 대하여는 노동조합 및 노동관계조정법에 규정된 것에 따르며 민법 중 재단법인 및 사단법인에 관한 규정은 그 적용이 배제된다.
④ 신고증을 교부받은 때에 노동조합이 설립된 것으로 본다.

해설

① (○) 노조법 제7조 제3항
② (×) 노동조합에 대하여는 그 사업체를 제외하고는 세법이 정하는 바에 따라 조세를 부과하지 아니한다(노조법 제8조).
③ (×) 법인인 노동조합에 대하여는 이 법에 규정된 것을 제외하고는 민법 중 사단법인에 관한 규정을 적용한다(노조법 제6조 제3항).
④ (×) 노동조합이 신고증을 교부받은 경우에는 설립신고서가 접수된 때에 설립된 것으로 본다(노조법 제12조 제4항).

답 ❶

제3절 노동조합의 운영과 활동

024 노동조합 및 노동관계조정법상 노동조합의 해산에 관한 설명으로 옳지 않은 것은? 23 노무

□□□

① 노동조합이 해산한 때에는 그 대표자는 해산한 날부터 30일 이내에 행정관청에게 이를 신고하여야 한다.

② 총회의 해산결의가 있는 경우 노동조합은 해산한다.

③ 분할로 소멸한 경우 노동조합은 해산한다.

④ 규약에서 정한 해산사유가 발생한 경우 노동조합은 해산한다.

⑤ 노동조합의 임원이 없고 노동조합으로서의 활동을 1년 이상 하지 아니한 것으로 인정되는 경우로서 행정관청이 노동위원회의 의결을 얻은 경우 노동조합은 해산한다.

해설

① (×) 규약에서 정한 해산사유가 발생한 경우, 합병 또는 분할로 소멸한 경우, 총회 또는 대의원회의 해산결의가 있는 경우 등으로 노동조합이 해산한 때에는 그 대표자는 해산한 날부터 15일 이내에 행정관청에게 이를 신고하여야 한다(노조법 제28조 제2항).

② (○) 노조법 제28조 제1항 제3호

③ (○) 노조법 제28조 제1항 제2호

④ (○) 노조법 제28조 제1항 제1호

⑤ (○) 노조법 제28조 제1항 제4호

답 ❶

025 노동조합 및 노동관계조정법상 노동조합의 해산사유가 아닌 것은? 15 노무

□□□

① 규약에서 정한 해산사유가 발생한 경우

② 합병 또는 분할로 소멸한 경우

③ 총회 또는 대의원회의 해산결의가 있는 경우

④ 노동조합의 대표자가 제명된 경우

⑤ 노동조합의 임원이 없고 노동조합으로서의 활동을 1년 이상 하지 아니한 것으로 인정되는 경우로서 행정관청이 노동위원회의 의결을 얻은 경우

해설

노동조합의 대표자가 제명된 경우는 노조법 제28조 제1항에서 정한 노동조합의 해산사유에 해당하지 않는다.

해산사유(노조법 제28조)

① 노동조합은 다음 각 호의 1에 해당하는 경우에는 해산한다.

1. 규약에서 정한 해산사유가 발생한 경우
2. 합병 또는 분할로 소멸한 경우
3. 총회 또는 대의원회의 해산결의가 있는 경우
4. 노동조합의 임원이 없고 노동조합으로서의 활동을 1년 이상 하지 아니한 것으로 인정되는 경우로서 행정관청이 노동위원회의 의결을 얻은 경우

답 ❹

026 □□□ **노동조합 및 노동관계조정법령상 노동조합 총회의 의결사항 중 '재적조합원 과반수의 출석과 출석조합원 3분의 2 이상의 찬성'으로 의결해야 하는 사항이 아닌 것은?** 18 노무

① 규약의 변경
② 해 산
③ 분 할
④ 임원의 선거
⑤ 조직형태의 변경

해설

총회는 재적조합원 과반수의 출석과 출석조합원 과반수의 찬성으로 의결한다. 다만, 규약의 제정·변경, 임원의 해임, 합병·분할·해산 및 조직형태의 변경에 관한 사항은 재적조합원 과반수의 출석과 출석조합원 3분의2 이상의 찬성이 있어야 한다(노조법 제16조 제2항). 따라서 임원의 해임과는 달리 임원의 선거는 재적조합원 과반수의 출석과 출석조합원 과반수의 찬성으로 의결하는 것으로 족하다.

답 ❹

PART 1 PART 2 PART 3

027 □□□ **노동조합 및 노동관계조정법 제9조(차별대우의 금지)의 규정이다. ( )에 명시되어 있는 내용이 아닌 것은?** 20 노무

노동조합의 조합원은 어떠한 경우에도 ( )에 의하여 차별대우를 받지 아니한다.

① 국 적 ② 성 별
③ 연 령 ④ 종 교
⑤ 고용형태

해설

노동조합의 조합원은 어떠한 경우에도 인종, 종교, 성별, 연령, 신체적 조건, 고용형태, 정당 또는 신분에 의하여 차별대우를 받지 아니한다(노조법 제9조).

답 ❶

028 노동조합 및 노동관계조정법상 노동조합에 관한 설명으로 옳지 않은 것은? 22 노무

□□□

① 행정관청은 노동조합의 결의가 규약에 위반된다고 인정할 경우에는 이해관계인의 신청이 있는 경우에 한하여 노동위원회의 의결을 얻어 그 시정을 명할 수 있다.

② 노동조합의 합병・분할 또는 해산, 조직형태 변경을 위해서는 총회의 의결을 거쳐야 한다.

③ 총회는 임원의 해임에 관한 사항을 재적조합원 과반수의 출석과 출석조합원 3분의 2 이상의 찬성으로 의결한다.

④ 단체협약에 관한 사항은 총회의 의결사항이다.

⑤ 종사근로자인 조합원이 해고되어 노동위원회에 부당해고의 구제신청을 한 경우에는 중앙노동위원회의 재심판정이 있을 때까지는 종사근로자로 본다.

해설

① (○) 행정관청은 노동조합의 결의 또는 처분이 노동관계법령 또는 규약에 위반된다고 인정할 경우에는 노동위원회의 의결을 얻어 그 시정을 명할 수 있다. 다만, 규약위반 시의 시정명령은 이해관계인의 신청이 있는 경우에 한한다(노조법 제21조 제2항).

② (○) 노조법 제16조 제1항 제7호・제8호

③ (○) 총회는 재적조합원 과반수의 출석과 출석조합원 과반수의 찬성으로 의결한다. 다만, 규약의 제정・변경, 임원의 해임, 합병・분할・해산 및 조직형태의 변경에 관한 사항은 재적조합원 과반수의 출석과 출석조합원 3분의 2 이상의 찬성이 있어야 한다(노조법 제16조 제2항).

④ (○) 노조법 제16조 제1항 제3호

⑤ (×) 종사근로자인 조합원이 해고되어 노동위원회에 부당노동행위의 구제신청을 한 경우에는 중앙노동위원회의 재심판정이 있을 때까지는 종사근로자로 본다(노조법 제5조 제3항).

총회의 의결사항(노조법 제16조)

① 다음 각 호의 사항은 총회의 의결을 거쳐야 한다.

1. 규약의 제정과 변경에 관한 사항
2. 임원의 선거와 해임에 관한 사항
3. 단체협약에 관한 사항
4. 예산・결산에 관한 사항
5. 기금의 설치・관리 또는 처분에 관한 사항
6. 연합단체의 설립・가입 또는 탈퇴에 관한 사항
7. 합병・분할 또는 해산에 관한 사항
8. 조직형태의 변경에 관한 사항
9. 기타 중요한 사항

답 ⑤

029 □□□ **노동조합 및 노동관계조정법령에 관한 설명으로 옳지 않은 것은?(다툼이 있으면 판례에 따름)**

22 노무

① 근로자는 단체협약으로 정하거나 사용자의 동의가 있는 경우에는 사용자 또는 노동조합으로부터 급여를 지급받으면서 근로계약 소정의 근로를 제공하지 아니하고 노동조합의 업무에 종사할 수 있다.

② 노동조합의 하부단체인 분회나 지부가 독자적인 규약 및 집행기관을 가지고 독립된 조직체로서 활동을 하는 경우 당해 조직이나 그 조합원에 고유한 사항에 대하여는 독자적으로 단체교섭하고 단체협약을 체결할 수 있다.

③ 근로조건의 결정권이 있는 독립된 사업 또는 사업장에 조직된 노동단체는 지부・분회 등 명칭이 무엇이든 상관없이 노동조합의 설립신고를 할 수 있다.

④ 근로시간면제자에 대한 근로시간 면제 한도를 정하기 위하여 근로시간면제심의위원회를 고용노동부에 둔다.

⑤ 연합단체인 노동조합을 설립하고자 하는 자는 노동조합의 명칭, 주된 사무소의 소재지, 조합원수 등을 기재한 신고서에 규약을 첨부하여 고용노동부장관에게 제출하여야 한다.

해설

① (○) 노조법 제24조 제1항

② (○) 노동조합의 하부단체인 분회나 지부가 독자적인 규약 및 집행기관을 가지고 독립된 조직체로서 활동을 하는 경우 당해 조직이나 그 조합원에 고유한 사항에 대하여는 독자적으로 단체교섭하고 단체협약을 체결할 수 있고, 이는 그 분회나 지부가 노조법 시행령 제7조의 규정에 따라 그 설립신고를 하였는지 여부에 영향받지 아니한다(대판 2011.5.26. 2011다1842).

③ (○) 노조법 시행령 제7조

④ (×) 근로시간면제자에 대한 근로시간 면제 한도를 정하기 위하여 근로시간면제심의위원회를 경제사회노동위원회법에 따른 경제사회노동위원회에 둔다(노조법 제24조의2 제1항).

⑤ (○) 노조법 제10조 제1항 제6호

설립의 신고(노조법 제10조)

① 노동조합을 설립하고자 하는 자는 다음 각 호의 사항을 기재한 신고서에 제11조의 규정에 의한 규약을 첨부하여 연합단체인 노동조합과 2 이상의 특별시・광역시・특별자치시・도・특별자치도에 걸치는 단위노동조합은 고용노동부장관에게, 2 이상의 시・군・구(자치구)에 걸치는 단위노동조합은 특별시장・광역시장・도지사에게, 그 외의 노동조합은 특별자치시장・특별자치도지사・시장・군수・구청장(자치구의 구청장)에게 제출하여야 한다.

1. 명 칭
2. 주된 사무소의 소재지
3. 조합원수
4. 임원의 성명과 주소
5. 소속된 연합단체가 있는 경우에는 그 명칭
6. 연합단체인 노동조합에 있어서는 그 구성노동단체의 명칭, 조합원수, 주된 사무소의 소재지 및 임원의 성명・주소

답 ❹

030 노동조합 및 노동관계조정법상 노동조합의 운영 등에 관한 설명으로 옳지 않은 것은? 21 노무

□□□

① 단체협약에 관한 사항은 총회의 의결을 거쳐야 한다.
② 대의원은 조합원의 직접·비밀·무기명투표에 의하여 선출되어야 한다.
③ 행정관청은 노동조합의 규약이 노동관계법령에 위반한 경우에는 직권으로 그 시정을 명할 수 있다.
④ 임원의 임기는 규약으로 정하되 3년을 초과할 수 없다.
⑤ 노동조합은 그 규약으로 조합비를 납부하지 아니하는 조합원의 권리를 제한할 수 있다.

해설

① (○) 노조법 제16조 제1항 제3호
② (○) 노조법 제17조 제2항
③ (×) 행정관청은 노동조합의 규약이 노동관계법령에 위반한 경우에는 노동위원회의 의결을 얻어 그 시정을 명할 수 있다(노조법 제21조 제1항).
④ (○) 노조법 제23조 제2항
⑤ (○) 노조법 제22조 단서

답 ❸

031 노동조합 및 노동관계조정법상 총회 및 대의원회의 회의 등에 관한 설명으로 옳지 않은 것은? 23 노무

□□□

① 총회에서 임원의 선임에 관한 사항을 의결할 때에는 재적조합원 과반수의 출석과 출석조합원 3분의 2 이상의 찬성이 있어야 한다.
② 연합단체인 노동조합의 대표자는 그 구성단체의 3분의 1 이상이 회의에 부의할 사항을 제시하고 회의의 소집을 요구한 때에는 지체 없이 임시총회 또는 임시대의원회를 소집하여야 한다.
③ 노동조합이 특정 조합원에 관한 사항을 의결할 경우에는 그 조합원은 표결권이 없다.
④ 하나의 사업 또는 사업장을 대상으로 조직된 노동조합의 대의원은 그 사업 또는 사업장에 종사하는 조합원 중에서 선출하여야 한다.
⑤ 대의원회는 회의개최일 7일전까지 그 회의에 부의할 사항을 공고하여야 하나, 노동조합이 동일한 사업장 내의 근로자로 구성된 경우에는 그 규약으로 공고기간을 단축할 수 있다.

해설

① (×) 총회에서 임원의 선임에 관한 사항은 재적조합원 과반수의 출석과 출석조합원 과반수의 찬성으로 의결한다. 다만, 임원의 해임에 관한 사항은 재적조합원 과반수의 출석과 출석조합원 3분의 2 이상의 찬성이 있어야 한다(노조법 제16조 제2항).
② (○) 노조법 제18조 제2항
③ (○) 노조법 제20조
④ (○) 노조법 제17조 제3항
⑤ (○) 총회 또는 대의원회는 회의개최일 7일전까지 그 회의에 부의할 사항을 공고하고 규약에 정한 방법에 의하여 소집하여야 한다. 다만, 노동조합이 동일한 사업장 내의 근로자로 구성된 경우에는 그 규약으로 공고기간을 단축할 수 있다(노조법 제19조).

답 ❶

032 노동조합 및 노동관계조정법상 근로시간 면제에 관한 설명으로 옳은 것은 몇 개인가? 23 노무

□□□

- 근로시간면제심의위원회는 노동위원회법에 따른 중앙노동위원회에 둔다.
- 고용노동부장관이 고시한 근로시간 면제 한도를 초과하는 내용의 단체협약은 그 초과한 부분에 한정하여 무효로 한다.
- 근로시간면제심의위원회는 성별을 고려하여 구성한다.
- 고용노동부장관은 통보받은 근로시간 면제 한도를 합리적인 범위 내에서 조정하여 고시할 수 있다.

① 0개
② 1개
③ 2개
④ 3개
⑤ 4개

해설

- (×) 근로시간면제자에 대한 근로시간 면제 한도를 정하기 위하여 근로시간면제심의위원회를 경제사회노동위원회법에 따른 경제사회노동위원회에 둔다(노조법 제24조의2 제1항).
- (○) 경제사회노동위원회가 의결하고 경제사회노동위원회 위원장이 통보하여 고용노동부장관이 고시한 근로시간 면제 한도를 초과하는 내용을 정한 단체협약 또는 사용자의 동의는 그 부분에 한정하여 무효로 한다(노조법 제24조의2 제3항・제4항, 제24조 제4항).
- (○) 근로시간면제심의위원회는 근로자를 대표하는 위원과 사용자를 대표하는 위원 및 공익을 대표하는 위원 각 5명씩 성별을 고려하여 구성한다(노조법 제24조의2 제5항).
- (×) 고용노동부장관은 경제사회노동위원회 위원장이 통보한 근로시간 면제 한도를 단순히 고시하여야 하므로(노조법 제24조의2 제4항 참조), 합리적인 범위 내에서 조정하여 고시할 수 없다.

답 ❸

033 □□□ **노동조합 및 노동관계조정법상 노동조합의 관리 등에 관한 설명으로 옳지 않은 것은?** 23 노무

① 연합단체인 노동조합은 조합설립일부터 30일 이내에 그 구성단체의 명칭을 기재한 명부를 작성하여 그 주된 사무소에 비치하여야 한다.
② 노동조합의 대표자는 그 회계감사원으로 하여금 3월에 1회 이상 당해 노동조합의 현재의 경리상황등에 대한 회계감사를 실시하게 하여야 한다.
③ 노동조합은 재정에 관한 장부와 서류를 3연간 보존하여야 한다.
④ 임원의 임기를 2년으로 정한 규약의 규정은 적법하다.
⑤ 노동조합의 대표자는 필요하다고 인정할 때에는 임시총회 또는 임시대의원회를 소집할 수 있다.

해설

① (○) 노조법 제14조 제1항 제1호
② (×) 노동조합의 대표자는 그 회계감사원으로 하여금 6월에 1회 이상 당해 노동조합의 모든 재원 및 용도, 주요한 기부자의 성명, 현재의 경리 상황등에 대한 회계감사를 실시하게 하고 그 내용과 감사결과를 전체 조합원에게 공개하여야 한다(노조법 제25조 제1항).
③ (○) 노조법 제14조 제1항 제5호 · 제2항
④ (○) 임원의 임기는 규약으로 정하되 3년을 초과할 수 없으므로(노조법 제23조 제2항), 임원의 임기를 2년으로 정한 규약의 규정은 적법하다.
⑤ (○) 노조법 제18조 제1항

서류비치등(노조법 제14조)
① 노동조합은 조합설립일부터 30일 이내에 다음 각 호의 서류를 작성하여 그 주된 사무소에 비치하여야 한다.
1. 조합원 명부(연합단체인 노동조합에 있어서는 그 구성단체의 명칭)
2. 규 약
3. 임원의 성명 · 주소록
4. 회의록
5. 재정에 관한 장부와 서류
② 제1항 제4호 및 제5호의 서류는 3년간 보존하여야 한다.

답 ❷

034 □□□ **노동조합 및 노동관계조정법령상 노동조합규약의 의무적 기재사항이 아닌 것은?** 19 노무

① 단체협약에 관한 사항
② 규율과 통제에 관한 사항
③ 규약변경에 관한 사항
④ 주된 사무소의 소재지
⑤ 회의에 관한 사항

해설

① (×), ② (○), ③ (○), ④ (○), ⑤ (○)
단체협약에 관한 사항은 노조법 제11조에서 정한 노동조합규약의 의무적 기재사항에 해당하지 않는다.

규약(노조법 제11조)

노동조합은 그 조직의 자주적 · 민주적 운영을 보장하기 위하여 당해 노동조합의 규약에 다음 각 호의 사항을 기재하여야 한다.

1. 명 칭
2. 목적과 사업
3. 주된 사무소의 소재지
4. 조합원에 관한 사항(연합단체인 노동조합에 있어서는 그 구성단체에 관한 사항)
5. 소속된 연합단체가 있는 경우에는 그 명칭
6. 대의원회를 두는 경우에는 대의원회에 관한 사항
7. 회의에 관한 사항
8. 대표자와 임원에 관한 사항
9. 조합비 기타 회계에 관한 사항
10. 규약변경에 관한 사항
11. 해산에 관한 사항
12. 쟁의행위와 관련된 찬반투표결과의 공개, 투표자 명부 및 투표용지 등의 보존 · 열람에 관한 사항
13. 대표자와 임원의 규약위반에 대한 탄핵에 관한 사항
14. 임원 및 대의원의 선거절차에 관한 사항
15. 규율과 통제에 관한 사항

답 ❶

035 노동조합의 관리에 관한 설명 중 옳은 것은 모두 고른 것은? 14 사시

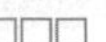

ㄱ. 노동조합의 임원의 선거와 해임에 관한 사항은 총회의 의결사항이다.
ㄴ. 노동조합의 임원 자격은 규약으로 정한다. 이 경우 하나의 사업 또는 사업장을 대상으로 조직된 노동조합의 임원은 그 사업 또는 사업장에 종사하는 조합원 중에서 선출하도록 정한다.
ㄷ. 노동조합의 최고의결기관은 총회이며 총회에 갈음하여 대의원회를 둘 수 있다.
ㄹ. 노동조합의 임원의 임기는 규약으로 정하되 2년을 초과할 수 없다.
ㅁ. 노동조합은 노동조합 및 노동관계조정법이 반드시 총회의 의결을 거치도록 규정하고 있는 사항 이외에 다른 사항을 규약에 추가할 수 없다.

① ㄱ
② ㄱ, ㄴ
③ ㄱ, ㄴ, ㄷ
④ ㄱ, ㄴ, ㄷ, ㄹ
⑤ ㄱ, ㄴ, ㄷ, ㄹ, ㅁ

해설

ㄱ. (O) 노조법 제16조 제1항 제2호
ㄴ. (O) 노조법 제23조 제1항
ㄷ. (O) 노동조합은 규약으로 총회에 갈음할 대의원회를 둘 수 있다(노조법 제17조 제1항).
ㄹ. (×) 임원의 임기는 규약으로 정하되 3년을 초과할 수 없다(노조법 제23조 제2항).
ㅁ. (×) 조합규약은 노동조합의 자주적이고 민주적인 조직 · 운영 및 활동 등에 관한 기본사항을 정하고 있는 자주적인 조합규범이므로, 노조법이 반드시 총회의 의결을 거치도록 규정하고 있는 사항 이외에는 다른 사항을 규약에 추가할 수 있다.

답 ❸

036 노동조합 및 노동관계조정법상 노동조합의 관리에 대한 설명으로 옳은 것만을 모두 고르면(다툼이 있는 경우 판례에 의함) 18 국가직 7급

ㄱ. 대의원의 임기는 규약으로 정하되 3년을 초과할 수 없다.
ㄴ. 대의원을 조합원의 직접·비밀·무기명투표에 의하여 선출하도록 정한 규정은 조합의 민주성을 실현하기 위함에 그 취지가 있고 이 규정은 강행규정이다.
ㄷ. 노동조합 위원장선거를 위한 임시총회에 소집공고 등 절차상 하자가 있는 경우, 위 총회에 총유권자의 약 90.77%(728명/791명)의 조합원이 참여하고 위 총회의 소집으로 위원장 입후보나 조합원들의 총회 참여에 어떠한 지장이 없더라도, 위 총회에서의 위원장 선출결의는 무효이다.
ㄹ. 총회가 규약의 제·개정결의를 통하여 총회에 갈음할 대의원회를 두고 '규약의 개정에 관한 사항'을 대의원회의 의결사항으로 정한 경우 이로써 총회의 규약개정권한이 소멸된다.

① ㄱ, ㄴ　② ㄱ, ㄷ
③ ㄴ, ㄷ　④ ㄴ, ㄹ

해설

ㄱ. (○) 노조법 제17조 제4항
ㄴ. (○) 구 노조법 제20조 제2항이 노동조합의 최고의결기관인 총회에 갈음할 대의원회의 대의원을 조합원의 직접·비밀·무기명투표에 의하여 선출하도록 규정하고 있는 취지는, 노동조합의 구성원인 조합원이 그 조합의 조직과 운영에 관한 의사결정에 관여할 수 있도록 함으로써 조합 내 민주주의, 즉 조합의 민주성을 실현하기 위함에 있고 이는 강행규정이라고 할 것이므로, 다른 특별한 사정이 없는 한 위 법 조항에 위반하여 조합원이 대의원의 선출에 직접 관여하지 못하도록 간접적인 선출방법을 정한 규약이나 선거관리규정 등은 무효이다(대판 2000.1.14. 97다41349).
ㄷ. (×) 노동조합 위원장선거를 위한 임시총회에 소집공고 등 절차상 하자가 있다 하더라도 총유권자 791명 중 약 90.77%에 해당하는 728명이 참여하였고, 위 총회의 소집이 위원장 후보자로서의 입후보나 다른 조합원들의 총회 참여에 어떠한 지장도 없었다고 할 것이므로 위 절차상 하자 역시 경미한 것이어서 위 총회에서의 결의인 위원장 선출은 유효하다(대판 1992.3.27. 91다29071).
ㄹ. (×) 총회가 규약의 제·개정결의를 통하여 총회에 갈음할 대의원회를 두고 '규약의 개정에 관한 사항'을 대의원회의 의결사항으로 정한 경우라도 이로써 총회의 규약개정권한이 소멸된다고 볼 수 없고, 총회는 여전히 노조법 제16조 제2항 단서에 정해진 재적조합원 과반수의 출석과 출석조합원 3분의 2 이상의 찬성으로 '규약의 개정에 관한 사항'을 의결할 수 있다(대판 2014.8.26. 2012두6063).

답 ❶

037 □□□ **노동조합 및 노동관계조정법상 노동조합의 규약 및 규정에 관한 설명으로 옳지 않은 것은?(다툼이 있으면 판례에 따름)** 23 노무

① 행정관청은 노동조합의 규약이 노동관계법령에 위반한 경우에는 고용노동부장관의 승인을 받아 그 시정을 명할 수 있다.

② 노동조합이 규약에 따라 자체적으로 마련한 선거관리규정은 조합 민주주의를 실현하기 위한 강행법규에 적합한 범위 내에서는 일종의 자치적 법규범으로서 국가법질서 내에서 법적 효력을 가진다.

③ 노동조합의 총회가 규약의 제・개정결의를 통하여 총회에 갈음할 대의원회를 두고 규약의 개정에 관한 사항을 대의원회의 의결사항으로 정한 경우라도 이로써 총회의 규약개정권한이 소멸된다고 볼 수 없다.

④ 단체협약 체결 업무 수행에 대한 적절한 통제를 위하여 규약 등에서 내부 절차를 거치도록 하는 등 대표자의 단체협약체결권한의 행사를 절차적으로 제한하는 것은, 그것이 단체협약체결권한을 전면적・포괄적으로 제한하는 것이 아닌 이상 허용된다.

⑤ 조합원의 재산권을 둘러싼 노동조합과 조합원 간의 분쟁에 관하여 그 분쟁이 발생하기 전 조합원이 노동조합을 상대로 일절 소송을 제기할 수 없도록 한 노동조합의 규정은 무효이다.

해설

① (×) 행정관청은 노동조합의 규약이 노동관계법령에 위반한 경우에는 노동위원회의 의결을 얻어 그 시정을 명할 수 있다(노조법 제21조 제1항).

② (○) 노동조합은 근로자들이 자신들의 이익을 옹호하기 위하여 자주적으로 결성한 임의단체로서 그 내부 운영에 있어서 조합규약 및 다수결에 의한 자치가 보장되므로, 노동조합이 자체적으로 마련한 선거관리규정은 조합민주주의를 실현하기 위한 강행법규에 적합한 범위 내에서는 일종의 자치적 법규범으로서 국가법질서 내에서 법적 효력을 가진다(대판 1998.2.27. 97다43567).

③ (○) 총회가 규약의 제・개정결의를 통하여 총회에 갈음할 대의원회를 두고 '규약의 개정에 관한 사항'을 대의원회의 의결사항으로 정한 경우라도 이로써 총회의 규약개정권한이 소멸된다고 볼 수 없고, 총회는 여전히 노조법 제16조 제2항 단서에 정해진 재적조합원 과반수의 출석과 출석조합원 3분의 2 이상의 찬성으로 '규약의 개정에 관한 사항'을 의결할 수 있다(대판 2014.8.26. 2012두6063).

④ (○) 대판 2018.7.26. 2016다205908

⑤ (○) 노동조합이 조합규약에 근거하여 자체적으로 만든 신분보장대책기금관리규정에 기한 위로금의 지급을 둘러싼 노동조합과 조합원 간의 분쟁에 관하여 노동조합을 상대로 일절 소송을 제기할 수 없도록 정한 노동조합의 신분보장대책기금관리규정 제11조는 조합원의 재산권에 속하는 위로금의 지급을 둘러싸고 생기게 될 조합원과 노동조합 간의 법률상의 쟁송에 관하여 헌법상 보장된 조합원의 재판을 받을 권리를 구체적 분쟁이 생기기 전에 미리 일률적으로 박탈한 것으로서 국민의 재판을 받을 권리를 보장한 위의 헌법 및 법원조직법의 규정과 부제소 합의 제도의 취지에 위반되어 무효라고 할 것이다(대판 2002.2.22. 2000다65086). 이와 같은 판례의 취지를 고려할 때, 노동조합과 조합원 간의 분쟁에 관하여 조합원이 일절 소송을 제기할 수 없도록 한 노동조합의 규정은 무효라고 보아야 한다.

답 ❶

PART 1 PART 2 PART 3

038 ☐☐☐ **노동조합 및 노동관계조정법상 노동조합 총회 및 대의원회에 대한 설명으로 옳지 않은 것은?(다툼이 있는 경우 판례에 의함)** 21 국가직 7급

① 대의원의 임기는 규약으로 정하되 3년을 초과할 수 없다.
② 대의원은 조합원의 직접 · 비밀 · 무기명투표에 의하여 선출되어야 한다.
③ 총회는 규약의 제정 · 변경, 임원의 해임, 합병 · 분할 · 해산, 예산 · 결산 및 조직형태의 변경에 관한 사항은 재적조합원 과반수의 출석과 출석조합원 3분의 2 이상의 찬성으로 의결한다.
④ 총회가 규약의 제 · 개정결의를 통하여 총회에 갈음할 대의원회를 두고 '규약의 개정에 관한 사항'을 대의원회의 의결사항으로 정한 경우라도 이로써 총회의 규약개정권한이 소멸된다고 볼 수 없다.

해설

① (○) 노조법 제17조 제4항
② (○) 노조법 제17조 제2항
③ (×) 예산 · 결산에 관한 사항(노조법 제16조 제1항 제4호)은 총회의 의결사항으로, 총회는 재적조합원 과반수의 출석과 출석조합원 과반수의 찬성으로 의결할 것을 요한다(노조법 제16조 제2항).
④ (○) 대판 2014.8.26. 2012두6063

답 ❸

039 ☐☐☐ **노동조합 및 노동관계조정법상 노동조합 총회의 의결사항 중 재적조합원 과반수의 출석과 출석조합원 과반수의 찬성으로 의결이 가능한 것은?** 21 국가직 9급

① 규약의 변경에 관한 사항
② 임원의 해임에 관한 사항
③ 기금의 설치에 관한 사항
④ 조직형태의 변경에 관한 사항

해설

① (×), ② (×), ③ (○), ④ (×)
① 규약의 변경에 관한 사항, ② 임원의 해임에 관한 사항, ④ 조직형태의 변경에 관한 사항 등은 재적조합원 과반수의 출석과 출석조합원 3분의 2 이상의 찬성이 있어야 하나, ③ 기금의 설치에 관한 사항은 재적조합원 과반수의 출석과 출석조합원 과반수의 찬성으로 의결이 가능하다(노조법 제16조 제1항 제5호, 제2항 참조).

답 ❸

040 □□□ **노동조합 및 노동관계조정법상 명문으로 조합원의 직접 · 비밀 · 무기명투표에 의하여야 한다고 규정하고 있지 않은 것은?**

22 국가직 7급

① 규약의 제정 · 변경에 관한 사항
② 대의원의 선출
③ 합병 · 분할 또는 해산에 관한 사항
④ 임원의 선거 · 해임에 관한 사항

해설

① (○), ② (○), ③ (×), ④ (○)
① 규약의 제정 · 변경에 관한 사항, ④ 임원의 선거 · 해임에 관한 사항, ② 대의원의 선출 등은 조합원의 직접 · 비밀 · 무기명투표에 의하여야 하나(노조법 제16조 제4항, 제17조 제2항), ③ 합병 · 분할 또는 해산에 관한 사항에 대하여는 투표방식에 대한 명문의 규정은 없다.

답 ❸

041 □□□ **노동조합 및 노동관계조정법령상 연합단체인 노동조합에 관한 설명으로 옳지 않은 것은?**

14 노무

① 산업별 연합단체인 노동조합을 설립하고자 하는 자는 신고서에 규약을 첨부하여 고용노동부장관에게 제출하여야 한다.
② 단위노동조합이 연합단체인 노동조합에 가입하는 경우에는 그 연합단체인 노동조합의 규약이 정하는 의무를 성실하게 이행해야 한다.
③ 노동조합은 소속된 연합단체가 있는 경우에 그 명칭을 규약에 기재하여야 한다.
④ 총연합단체인 노동조합은 소속 노동조합의 활동에 대하여 협조 · 지원 또는 지도할 수 없다.
⑤ 연합단체인 노동조합은 규약에 그 구성단체에 관한 사항을 기재하여야 한다.

해설

① (○) 노조법 제10조 제1항
② (○) 노조법 시행령 제8조 제1항
③ (○) 노조법 제11조 제5호
④ (×) 총연합단체인 노동조합 또는 산업별 연합단체인 노동조합은 해당 노동조합에 가입한 노동조합의 활동에 대하여 협조 · 지원 또는 지도할 수 있다(노조법 시행령 제8조 제2항).
⑤ (○) 노조법 제11조 제4호

답 ❹

042 □□□ **노동조합 및 노동관계조정법상 노동조합 전임자 및 근로시간 면제한도에 관한 설명으로 옳지 않은 것은?(다툼이 있는 경우에는 판례에 의함)** 14 노무

① 근로시간 면제한도를 정하기 위하여 근로시간면제심의위원회를 경제사회노동위원회에 둔다.
② 노동조합 및 노동관계조정법상 노동조합 전임자 급여지원 행위를 부당노동행위로 규정하고 있다.
③ 전임자가 담당하는 노동조합업무가 사용자의 사업과는 무관한 상부 또는 연합관계에 있는 노동단체와 관련된 활동이라면 그 활동에 따른 재해는 업무상 재해에 해당되지 않는다.
④ 단체협약에 노조전임규정이 있더라도 그 내용상 사용자의 노조전임발령 없이 근로제공의무가 면제됨이 명백한 경우 등의 특별한 사정이 없는 한 원칙적으로 노조전임발령 전에는 근로제공의무가 면제될 수 없다.
⑤ 노동조합이 전임운용권을 갖고 있더라도 노동조합의 전임자 통지가 조합원에 대한 사용자의 인사명령을 거부하기 위한 수단으로 이용된 경우에는 그 전임운용권의 행사는 권리남용에 해당될 수 있다.

해설

① (○) 노조법 제24조의2 제1항
② (×) 노동조합 전임자 급여지원 행위를 부당노동행위로 규정하고 있던 노조법 제81조 제1항 제4호는 2021.1.5. 노조법 개정으로 삭제되었다.
③ (○) 노동조합업무 전임자가 근로계약상 본래 담당할 업무를 면하고 노동조합의 업무를 전임하게 된 것이 사용자인 회사의 승낙에 의한 것이며 재해 발생 당시 근로자의 지위를 보유하고 있었고 그 질병이 노동조합업무 수행 중 육체적·정신적 과로로 인하여 발병된 경우, 특별한 사정이 없는 한 이는 근로기준법상 재해보상이 되는 업무상 재해로 보아야 하고, 다만 그 업무의 성질상 사용자의 사업과는 무관한 상부 또는 연합관계에 있는 노동단체와 관련된 활동이거나 불법적인 노동조합 활동 또는 사용자와 대립관계로 되는 쟁의단계에 들어간 이후의 노동조합활동 중에 생긴 재해 등은 이를 업무상 재해로 볼 수 없다(대판 1996.6.28. 96다12733).
④ (○) 대판 1997.4.25. 97다6926
⑤ (○) 대판 2009.12.24. 2009도9347

답 ❷

043 □□□ **노동조합 및 노동관계조정법상 노동조합의 규약에 기재하여야 하는 사항으로 명시되어 있지 않은 것은?** 21 노무

① 회의에 관한 사항
② 규약변경에 관한 사항
③ 소속된 연합단체가 있는 경우에는 그 명칭
④ 단체협약의 체결에 관한 권한의 위임에 관한 사항
⑤ 쟁의행위와 관련된 찬반투표결과의 공개, 투표자 명부 및 투표용지 등의 보존·열람에 관한 사항

해설

① (×) 노조법 제11조 제7호
② (×) 노조법 제11조 제10호
③ (×) 노조법 제11조 제5호
④ (○) 단체협약의 체결에 관한 권한의 위임에 관한 사항은 노조법 제11조에서 정한 규약의 기재사항에 해당하지 아니한다.
⑤ (×) 노조법 제11조 제12호

답 ❹

044 □□□ **노동조합 및 노동관계조정법상 노동조합에 관한 설명으로 옳지 않은 것은?(다툼이 있으면 판례에 따름)** 21 노무

① 조직형태의 변경에 관한 사항은 총회에서 재적조합원 과반수의 출석과 출석조합원 3분의 2 이상의 찬성이 있어야 한다.

② 노동조합이 존속 중에 그 조합원의 범위를 변경하는 조직변경은 변경 전후의 조합의 실질적 동일성이 인정되는 범위 내에서 인정된다.

③ 산업별 노동조합의 지회는 산업별 노동조합의 활동을 위한 내부적인 조직에 그치더라도 총회의 결의를 통하여 그 소속을 변경하고 독립한 기업별 노동조합으로 전환할 수 있다.

④ 총회의 해산결의로 인하여 노동조합이 해산한 때에는 그 대표자는 해산한 날부터 15일 이내에 행정관청에게 이를 신고하여야 한다.

⑤ 노동조합의 임원이 없고 노동조합으로서의 활동을 1년 이상 하지 아니한 것으로 인정되는 경우로서 행정관청이 노동위원회의 의결을 얻은 경우에 노동조합은 해산한다.

해설

① (○) 총회는 재적조합원 과반수의 출석과 출석조합원 과반수의 찬성으로 의결한다. 다만, 규약의 제정·변경, 임원의 해임, 합병·분할·해산 및 조직형태의 변경에 관한 사항은 재적조합원 과반수의 출석과 출석조합원 3분의 2 이상의 찬성이 있어야 한다(노조법 제16조 제2항).

② (○) 노동조합이 존속 중에 그 조합원의 범위를 변경하는 조직변경은 변경 후의 조합이 변경 전 조합의 재산관계 및 단체협약의 주체로서의 지위를 그대로 승계한다는 조직변경의 효과에 비추어 볼 때 변경 전후의 조합의 실질적 동일성이 인정되는 범위 내에서 인정된다(대판 2002.7.26. 2001두5361).

③ (×) 산업별 노동조합의 지회 등이라 하더라도, 그 외형과 달리 독자적인 노동조합 또는 노동조합 유사의 독립한 근로자단체로서 법인 아닌 사단에 해당하는 경우에는, 자주적·민주적인 총회의 결의를 통하여 그 소속을 변경하고 독립한 기업별 노동조합으로 전환할 수 있다고 보아야 한다. 다만, 산업별 노동조합의 지회 등이 산업별 노동조합의 활동을 위한 내부적인 조직에 그친다면 그와 같은 결의를 허용할 수 없을 것이므로, 먼저 독자적인 노동조합 또는 노동조합 유사의 독립한 근로자단체로서의 실질을 갖추고 있는지에 관하여 신중하게 심리·판단하여야 한다(대판 2016.2.19. 2012다96120[전합]).

④ (○) 노조법 제28조 제2항

⑤ (○) 노조법 제28조 제1항 제4호

해산사유(노조법 제28조)

① 노동조합은 다음 각 호의 1에 해당하는 경우에는 해산한다.
1. 규약에서 정한 해산사유가 발생한 경우
2. 합병 또는 분할로 소멸한 경우
3. 총회 또는 대의원회의 해산결의가 있는 경우
4. 노동조합의 임원이 없고 노동조합으로서의 활동을 1년 이상 하지 아니한 것으로 인정되는 경우로서 행정관청이 노동위원회의 의결을 얻은 경우

② 제1항 제1호 내지 제3호의 사유로 노동조합이 해산한 때에는 그 대표자는 해산한 날부터 15일 이내에 행정관청에게 이를 신고하여야 한다.

답 ❸

045 □□□ **노동조합 및 노동관계조정법령상 근로시간면제제도에 관한 설명으로 옳지 않은 것은?(다툼이 있으면 판례에 따름)** 19 노무

① 근로시간면제자에 대한 근로시간면제한도를 정하기 위하여 근로시간면제심의위원회를 경제사회노동위원회법에 따른 경제사회노동위원회에 둔다.
② 단체협약으로 정하거나 사용자의 동의로 사용자 또는 노동조합으로부터 급여를 지급받으면서 근로계약 소정의 근로를 제공하지 아니하고 노동조합의 업무에 종사하는 근로자의 정당한 노동조합활동을 제한하여서는 아니 된다.
③ 노동조합은 노동조합전임자의 급여지급을 요구하고 이를 관철할 목적으로 쟁의행위를 하여서는 아니 된다.
④ 고용노동부장관은 경제사회노동위원회 위원장이 통보한 근로시간면제한도를 고시하여야 한다.
⑤ 근로시간면제심의위원회는 근로자를 대표하는 위원과 사용자를 대표하는 위원 및 공익을 대표하는 위원 각 5명씩 성별을 고려하여 구성한다.

해설

① (○) 노조법 제24조의2 제1항
② (○) 노조법 제24조 제3항
③ (×) 노동조합은 노동조합전임자의 급여지급을 요구하고 이를 관철할 목적으로 쟁의행위를 하여서는 아니 된다고 규정한 노조법 제24조 제5항은 2021.1.5. 노조법 개정으로 삭제되었다.
④ (○) 노조법 제24조의2 제4항
⑤ (○) 노조법 제24조의2 제5항

답 ❸

046 □□□ **노동조합 및 노동관계조정법상 노동조합의 해산에 관한 설명으로 옳지 않은 것은?** 20 노무

① 규약에서 정한 해산사유가 발생한 경우에 노동조합은 해산한다.
② 노동조합이 합병으로 소멸한 경우에 노동조합은 해산한다.
③ 노동조합의 임원이 없고 노동조합으로서의 활동을 1년 이상 하지 아니한 경우에 노동조합은 해산한다.
④ 노동조합규약으로 총회에 갈음하는 대의원회를 둔 때에는 대의원회의 해산결의가 있는 경우에 노동조합은 해산한다.
⑤ 노동조합이 분할로 소멸한 경우에 노동조합은 해산한다.

해설

① (○), ② (○), ③ (×), ④ (○), ⑤ (○)
노동조합은 노동조합의 임원이 없고 노동조합으로서의 활동을 1년 이상 하지 아니한 것으로 인정되는 경우로서 행정관청이 노동위원회의 의결을 얻은 경우에는 해산한다(노조법 제28조 제1항 제4호).

답 ❸

047 □□□ **노동조합 및 노동관계조정법령상 근로시간면제심의위원회에 대한 설명으로 옳지 않은 것은?**

23 국가직 9급

① 근로시간면제자에 대한 근로시간 면제 한도를 정하기 위하여 근로시간면제심의위원회를 경제사회노동위원회에 둔다.

② 근로시간면제심의위원회의 공익을 대표하는 위원은 고용노동부장관이 추천한 15명 중에서 노동단체와 경영자단체가 순차적으로 배제하고 남은 사람으로 한다.

③ 근로시간면제심의위원회는 근로시간 면제 한도를 심의・의결하고, 3년마다 그 적정성 여부를 재심의하여 의결할 수 있다.

④ 근로시간면제심의위원회는 경제사회노동위원회 위원장으로부터 근로시간 면제 한도를 정하기 위한 심의 요청을 받은 때에는 그 심의 요청을 받은 날부터 60일 이내에 심의・의결해야 한다.

해설

① (O) 노조법 제24조의2 제1항
② (×) 노조법 제24조의2 제5항 제3호
③ (O) 노조법 제24조의2 제2항
④ (O) 노조법 시행령 제11조의6 제1항

근로시간면제심의위원회(노조법 제24조의2)

① 근로시간면제자에 대한 근로시간 면제 한도를 정하기 위하여 근로시간면제심의위원회(이하 이 조에서 "위원회")를 경제사회노동위원회법에 따른 경제사회노동위원회(이하 "경제사회노동위원회")에 둔다.
② 위원회는 근로시간 면제 한도를 심의・의결하고, 3년마다 그 적정성 여부를 재심의하여 의결할 수 있다.
③ 경제사회노동위원회 위원장은 제2항에 따라 위원회가 의결한 사항을 고용노동부장관에게 즉시 통보하여야 한다.
④ 고용노동부장관은 제3항에 따라 경제사회노동위원회 위원장이 통보한 근로시간 면제 한도를 고시하여야 한다.
⑤ 위원회는 다음 각 호의 구분에 따라 근로자를 대표하는 위원과 사용자를 대표하는 위원 및 공익을 대표하는 위원 각 5명씩 성별을 고려하여 구성한다.
  1. 근로자를 대표하는 위원 : 전국적 규모의 노동단체가 추천하는 사람
  2. 사용자를 대표하는 위원 : 전국적 규모의 경영자단체가 추천하는 사람
  3. 공익을 대표하는 위원 : 경제사회노동위원회 위원장이 추천한 15명 중에서 제1호에 따른 노동단체와 제2호에 따른 경영자단체가 순차적으로 배제하고 남은 사람
⑥ 위원회의 위원장은 제5항 제3호에 따른 위원 중에서 위원회가 선출한다.
⑦ 위원회는 재적위원 과반수의 출석과 출석위원 과반수의 찬성으로 의결한다.

위원회의 운영(노조법 시행령 제11조의6)

① 위원회는 경제사회노동위원회 위원장으로부터 근로시간 면제 한도를 정하기 위한 심의 요청을 받은 때에는 그 심의 요청을 받은 날부터 60일 이내에 심의・의결해야 한다.
② 위원회의 사무를 처리하기 위하여 위원회에 간사 1명을 두며, 간사는 경제사회노동위원회 소속 직원 중에서 경제사회노동위원회 위원장이 지명한다.
③ 위원회의 위원에 대해서는 예산의 범위에서 그 직무 수행을 위하여 필요한 수당과 여비를 지급할 수 있다.
④ 위원회의 위원장은 필요한 경우에 관계 행정기관 공무원 중 관련 업무를 수행하는 공무원으로 하여금 위원회의 회의에 출석하여 발언하게 할 수 있다.
⑤ 위원회에 근로시간 면제 제도에 관한 전문적인 조사・연구업무를 수행하기 위하여 전문위원을 둘 수 있다.

답 ❷

048 노동조합 및 노동관계조정법령상 노동조합의 해산에 관한 설명으로 옳지 않은 것은? 19 노무
□□□

① 노동조합규약에서 정한 해산사유가 발생한 경우에 노동조합은 해산한다.
② 노동조합의 임원이 없고 노동조합으로서의 활동을 1년 이상 하지 아니한 것으로 인정되는 경우로서 행정관청이 노동위원회의 의결을 얻은 경우에 노동조합은 해산한다.
③ 노동조합이 합병으로 소멸한 경우에 노동조합은 해산한다.
④ 노동조합 총회에서 재적조합원 과반수의 출석과 출석조합원 과반수의 찬성으로 노동조합 해산결의가 있는 경우에 노동조합은 해산한다.
⑤ 노동조합 총회의 해산결의를 사유로 노동조합이 해산한 때에는 그 대표자는 해산한 날부터 15일 이내에 행정관청에 이를 신고하여야 한다.

해설

① (○) 노조법 제28조 제1항 제1호
② (○) 노조법 제28조 제1항 제4호
③ (○) 노조법 제28조 제1항 제2호
④ (×) 총회는 재적조합원 과반수의 출석과 출석조합원 과반수의 찬성으로 의결한다. 다만, 규약의 제정·변경, 임원의 해임, 합병·분할·해산 및 조직형태의 변경에 관한 사항은 재적조합원 과반수의 출석과 출석조합원 3분의 2 이상의 찬성이 있어야 한다(노조법 제16조 제2항).
⑤ (○) 노조법 제28조 제2항

해산사유(노조법 제28조)

① 노동조합은 다음 각 호의 1에 해당하는 경우에는 해산한다.
1. 규약에서 정한 해산사유가 발생한 경우
2. 합병 또는 분할로 소멸한 경우
3. 총회 또는 대의원회의 해산결의가 있는 경우
4. 노동조합의 임원이 없고 노동조합으로서의 활동을 1년 이상 하지 아니한 것으로 인정되는 경우로서 행정관청이 노동위원회의 의결을 얻은 경우

② 제1항 제1호 내지 제3호의 사유로 노동조합이 해산한 때에는 그 대표자는 해산한 날부터 15일 이내에 행정관청에게 이를 신고하여야 한다.

답 ④

049 노동조합 및 노동관계조정법상 근로시간면제심의위원회(이하 "위원회"라 한다)에 관한 설명으로 옳지 않은 것은? 20 노무
□□□

① 근로시간면제자에 대한 근로시간면제한도를 정하기 위하여 근로시간면제심의위원회를 경제사회노동위원회법에 따른 경제사회노동위원회에 둔다.
② 위원회는 근로시간면제한도를 심의·의결하고, 3년마다 그 적정성 여부를 재심의하여 의결할 수 있다.
③ 위원회는 근로자를 대표하는 위원과 사용자를 대표하는 위원 및 공익을 대표하는 위원 각 5명씩 성별을 고려하여 구성한다.
④ 위원장은 공익을 대표하는 위원 중에서 고용노동부장관이 지명한다.
⑤ 위원회는 재적위원 과반수의 출석과 출석위원 과반수의 찬성으로 의결한다.

해설

① (O) 노조법 제24조의2 제1항
② (O) 노조법 제24조의2 제2항
③ (O) 노조법 제24조의2 제5항
④ (×) 위원장은 공익을 대표하는 위원 중에서 위원회가 선출한다(노조법 제24조의2 제6항).
⑤ (O) 노조법 제24조의2 제7항

답 ④

050 □□□ **노동조합 및 노동관계조정법령상 노동조합활동에 관한 설명으로 옳지 않은 것은?(다툼이 있으면 판례에 따름)** 19 노무

① 사업장 내의 노동조합활동은 사용자의 시설관리권에 바탕을 둔 합리적인 규율이나 제약에 따라야 한다.
② 노동조합활동은 근로조건의 유지 개선과 근로자의 경제적 지위의 향상을 도모하기 위하여 필요하고 근로자들의 단결 강화에 도움이 되는 행위이어야 한다.
③ 노동조합활동은 취업규칙이나 단체협약에 별도의 허용규정이 있더라도 취업시간 외에 행하여져야 한다.
④ 단체협약에 유인물의 배포에 허가제를 채택하고 있는 경우 유인물 배포행위가 정당한가 아닌가는 허가가 있었는지 여부만 가지고 판단할 것은 아니고 그 유인물의 내용이나 배포방법 등 제반 사정을 고려하여 판단되어져야 한다.
⑤ 조합원이 조합의 결의에 따라서 한 노동조합의 조직적인 활동 그 자체가 아닐지라도 그 행위의 성질상 노동조합활동으로 볼 수 있을 때에는 노동조합의 업무를 위한 행위로 보아야 한다.

해설

① (O) 사업장 내의 조합활동은 사용자의 시설관리권과 충돌될 수 있기에 사용자의 시설관리권에 바탕을 둔 합리적인 규율이나 제약에 따라야 정당성이 인정된다(대판 1994.2.22. 93도613).
② (O) 대판 1994.2.22. 93도613
③ (×) 조합활동은 취업규칙이나 단체협약에 별도의 허용규정이 있거나 관행 또는 사용자의 승낙이 있는 경우 외에는 취업시간(근무시간) 외에 행하여져야 한다(대판 1994.2.22. 93도613).
④ (O) 대판 1991.11.12. 91누4164
⑤ (O) 노조법 제81조 제1항 제1호 소정의 "노동조합의 업무를 위한 정당한 행위"란 일반적으로는 정당한 노동조합의 활동을 가리킨다고 할 것이나, 조합원이 조합의 결의나 조합의 구체적인 지시에 따라서 한 노동조합의 조직적인 활동 그 자체가 아닐지라도 그 행위의 성질상 노동조합의 활동으로 볼 수 있거나, 노동조합의 묵시적인 수권 혹은 승인을 받았다고 볼 수 있을 때에는 노동조합의 업무를 위한 행위로 보아야 할 것이다(대판 1991.11.12. 91누4164).

답 ③

051 □□□ **노동조합 및 노동관계조정법령상 노동조합의 관리에 관한 설명이다. (   )에 들어갈 내용으로 옳은 것은?** 17 노무

> • 행정관청은 노동조합에 총회 또는 대의원회의 소집권자가 없는 경우에 조합원 또는 대의원의 3분의 1 이상이 회의에 부의할 사항을 제시하고 소집권자의 지명을 요구한 때에는 (ㄱ)일 이내에 회의의 소집권자를 지명하여야 한다.
> • 총회 또는 대의원회는 회의개최일 (ㄴ)일 전까지 그 회의에 부의할 사항을 공고하고 규약에 정한 방법에 의하여 소집하여야 한다.

① ㄱ : 10, ㄴ : 5
② ㄱ : 10, ㄴ : 7
③ ㄱ : 15, ㄴ : 7
④ ㄱ : 15, ㄴ : 10
⑤ ㄱ : 30, ㄴ : 10

해설

• 행정관청은 노동조합에 총회 또는 대의원회의 소집권자가 없는 경우에 조합원 또는 대의원의 3분의 1 이상이 회의에 부의할 사항을 제시하고 소집권자의 지명을 요구한 때에는 15일 이내에 회의의 소집권자를 지명하여야 한다(노조법 제18조 제4항).
• 총회 또는 대의원회는 회의개최일 7일 전까지 그 회의에 부의할 사항을 공고하고 규약에 정한 방법에 의하여 소집하여야 한다. 다만, 노동조합이 동일한 사업장 내의 근로자로 구성된 경우에는 그 규약으로 공고기간을 단축할 수 있다(노조법 제19조).

답 ❸

052 □□□ **노동조합 및 노동관계조정법령상 근로시간면제자 등에 관한 설명으로 옳지 않은 것은?(다툼이 있으면 판례에 따름)** 17 노무

① 근로시간면제자에 대한 근로시간면제한도를 정하기 위하여 근로시간면제심의위원회를 경제사회노동위원회법에 따른 경제사회노동위원회에 둔다.
② 노동조합은 노동조합전임자의 급여지급을 요구하고 이를 관철할 목적으로 쟁의행위를 하여서는 아니 된다.
③ 단체협약으로 정하거나 사용자의 동의로 사용자 또는 노동조합으로부터 급여를 지급받으면서 근로계약 소정의 근로를 제공하지 아니하고 노동조합의 업무에 종사하는 근로자의 정당한 노동조합활동을 제한하여서는 아니 된다.
④ 근로시간면제한도를 초과하는 내용을 정한 단체협약 또는 사용자의 동의는 그 부분에 한정하여 무효로 한다.
⑤ 근로자는 단체협약으로 정하거나 사용자의 동의가 있는 경우에는 사용자 또는 노동조합으로부터 급여를 지급받으면서 근로계약 소정의 근로를 제공하지 아니하고 노동조합의 업무에 종사할 수 있다.

해설

① (○) 노조법 제24조의2 제1항
② (×) 노동조합은 노동조합전임자의 급여지급을 요구하고 이를 관철할 목적으로 쟁의행위를 하여서는 아니 된다고 규정한 노조법 제24조 제5항은 2021.1.5. 노조법 개정으로 삭제되었다.
③ (○) 노조법 제24조 제3항
④ (○) 노조법 제24조 제4항
⑤ (○) 노조법 제24조 제1항

답 ❷

053 □□□ **노동조합 및 노동관계조정법령상 노동조합의 조직변경에 관한 설명으로 옳지 않은 것은?(다툼이 있으면 판례에 따름)** 17 노무

① 노동조합이 존속 중에 그 조합원의 범위를 변경하는 조직변경은 변경 전후 노동조합의 실질적 동일성이 인정되는 범위 내에서 인정된다.
② 어느 사업장의 근로자로 구성된 노동조합이 다른 사업장의 노동조합을 결성하거나 그 조직형태 등을 결정할 수는 없다.
③ 노동조합의 조직형태 변경은 총회에서 재적조합원 과반수의 출석과 출석조합원 3분의 2 이상의 찬성이 있어야 한다.
④ 조직변경이 유효하게 이루어진 경우에 변경 후의 노동조합이 변경 전 노동조합의 재산관계 및 단체협약의 주체로서의 지위를 그대로 승계한다.
⑤ 산업별 노동조합의 지회가 노동조합 유사의 독립한 근로자단체로서 법인 아닌 사단에 해당하는 경우, 조직형태 변경 결의를 통하여 기업별 노동조합으로 전환할 수 없다.

해설

① (○) 노동조합이 존속 중에 그 조합원의 범위를 변경하는 조직변경은 변경 후의 조합이 변경 전의 조합의 재산관계 및 단체협약의 주체로서의 지위를 그대로 승계한다는 조직변경의 효과에 비추어 볼 때 변경 전후의 조합의 실질적 동일성이 인정되는 범위 내에서 인정된다(대판 1997.7.25. 95누4377).
② (○) 노동조합은 구성원인 근로자가 주체가 되어 자주적으로 단결하고 민주적으로 운영되어야 하므로 어느 사업장의 근로자로 구성된 노동조합이 다른 사업장의 노동조합을 결성하거나 그 조직형태 등을 결정할 수는 없다(대판 1997.7.25. 95누4377).
③ (○) 규약의 제정·변경, 임원의 해임, 합병·분할·해산 및 조직형태의 변경에 관한 사항은 재적조합원 과반수의 출석과 출석조합원 3분의 2 이상의 찬성이 있어야 한다(노조법 제16조 제2항 단서).
④ (○) 유효한 조직형태 변경이 이루어지면 변경 후 노조가 변경 전 노조의 재산관계의 주체로서의 지위를 그대로 승계한다(대판 1997.7.25. 95누4377).
⑤ (×) 산업별 노동조합의 지회 등이 독자적으로 단체교섭을 진행하고 단체협약을 체결하지는 못하더라도, 법인 아닌 사단의 실질을 가지고 있어 기업별 노동조합과 유사한 근로자단체로서 독립성이 인정되는 경우에, 그 지회 등은 스스로 고유한 사항에 관하여 산업별 노동조합과 독립하여 의사를 결정할 수 있는 능력을 가지고 있다. 따라서 자주적인 총회의 결의를 통하여 그 소속을 변경하고 독립한 기업별 노동조합으로 전환할 수 있다고 한다(대판 2016.2.19. 2012다96120[전합]).

답 ❺

054 □□□ **노동조합 및 노동관계조정법령상 노동조합 대표자 및 총회에 관한 설명으로 옳지 않은 것은?** 16 노무

① 노동조합의 대표자는 총회의 의장이 된다.
② 노동조합의 대표자는 필요하다고 인정할 때에는 임시총회 또는 임시대의원회를 소집할 수 있다.
③ 노동조합은 규약으로 총회에 갈음할 대의원회를 둘 수 있다.
④ 노동조합은 매년 1회 이상 총회를 개최하여야 한다.
⑤ 규약의 변경에 관한 총회의 의결은 재적조합원 과반수의 출석과 출석조합원 과반수의 찬성이 있어야 한다.

해설

① (○) 노조법 제15조 제2항
② (○) 노조법 제18조 제1항
③ (○) 노조법 제17조 제1항
④ (○) 노조법 제15조 제1항
⑤ (×) 총회는 재적조합원 과반수의 출석과 출석조합원 과반수의 찬성으로 의결한다. 다만, 규약의 제정·변경, 임원의 해임, 합병·분할·해산 및 조직형태의 변경에 관한 사항은 재적조합원 과반수의 출석과 출석조합원 3분의 2 이상의 찬성이 있어야 한다(노조법 제16조 제2항).

답 ❺

055 □□□ **노동조합 및 노동관계조정법상 노동조합의 총회 등에 관한 설명으로 옳지 않은 것은?** 15 노무

① 노동조합은 규약으로 총회에 갈음할 대의원회를 둘 수 있다.
② 노동조합 임원을 해임하고자 하는 경우에는 총회에서 재적조합원 과반수 출석과 출석조합원 3분의 2 이상의 찬성이 있어야 한다.
③ 임원의 선거에 있어서 재적조합원 과반수의 찬성을 얻은 자가 없는 경우에는 결선투표에서 다수의 찬성을 얻은 자를 임원으로 선출할 수 있다.
④ 노동조합이 특정 조합원에 관한 사항을 의결할 경우에는 그 조합원은 표결권이 없다.
⑤ 노동조합의 대표자는 총회의 의장이 된다.

해설

① (○) 노조법 제17조 제1항
② (○) 노조법 제16조 제2항 단서
③ (×) 임원의 선거에 있어서 출석조합원 과반수의 찬성을 얻은 자가 없는 경우에는 규약이 정하는 바에 따라 결선투표를 실시하여 다수의 찬성을 얻은 자를 임원으로 선출할 수 있다(노조법 제16조 제3항).
④ (○) 노동조합이 특정 조합원에 관한 사항을 의결할 경우에는 그 조합원은 표결권이 없다(노조법 제20조).
⑤ (○) 노조법 제15조 제2항

답 ❸

056 □□□ **노동조합 및 노동관계조정법상 근로시간면제자 등에 관한 설명으로 옳지 않은 것은?(다툼이 있는 경우에는 판례에 의함)**

15 노무

① 노동조합은 노동조합전임자의 급여지급을 요구하고 이를 관철할 목적으로 쟁의행위를 하여서는 아니 된다.
② 근로시간면제한도를 초과하는 내용을 정한 단체협약 또는 사용자의 동의는 그 부분에 한정하여 무효로 한다.
③ 단체협약으로 정하거나 사용자의 동의로 사용자 또는 노동조합으로부터 급여를 지급받으면서 근로계약 소정의 근로를 제공하지 아니하고 노동조합의 업무에 종사하는 근로자의 정당한 노동조합활동을 제한해서는 아니 된다.
④ 고용노동부장관은 경제사회노동위원회 위원장이 통보한 근로시간면제한도를 고시하여야 한다.
⑤ 근로시간면제심의위원회는 재적위원 과반수의 출석과 출석위원 과반수의 찬성으로 의결한다.

해설

① (×) 노동조합은 노동조합전임자의 급여지급을 요구하고 이를 관철할 목적으로 쟁의행위를 하여서는 아니 된다고 규정한 노조법 제24조 제5항은 2021.1.5. 노조법 개정으로 삭제되었다.
② (○) 노조법 제24조 제4항
③ (○) 노조법 제24조 제3항
④ (○) 노조법 제24조의2 제4항
⑤ (○) 노조법 제24조의2 제7항

답 ❶

PART 1 PART 2 PART 3

057 □□□ **노동조합 및 노동관계조정법상 노동조합 회계감사 등에 관한 설명으로 옳지 않은 것은?**

15 노무

① 노동조합의 대표자는 그 회계감사원으로 하여금 6월에 1회 이상 당해 노동조합의 모든 재원 및 용도 등에 대한 회계감사를 실시하게 하고 그 내용과 감사결과를 전체 조합원에게 공개하여야 한다.
② 노동조합의 회계감사원은 필요하다고 인정할 경우에는 당해 노동조합의 회계감사를 실시하되 그 결과를 공개하여서는 아니 된다.
③ 노동조합의 대표자는 회계연도마다 결산결과와 운영상황을 공표하여야 한다.
④ 노동조합은 행정관청이 요구하는 경우에는 결산결과와 운영상황을 보고하여야 한다.
⑤ 행정관청은 노동조합으로부터 결산결과 또는 운영상황의 보고를 받으려는 경우에는 그 사유와 그 밖에 필요한 사항을 적은 서면으로 10일 이전에 요구해야 한다.

해설

① (○) 노조법 제25조 제1항
② (×) 노동조합의 회계감사원은 필요하다고 인정할 경우에는 당해 노동조합의 회계감사를 실시하고 그 결과를 공개할 수 있다(노조법 제25조 제2항).
③ (○) 노조법 제26조
④ (○) 노동조합은 행정관청이 요구하는 경우에는 결산결과와 운영상황을 보고하여야 한다(노조법 제27조).
⑤ (○) 노조법 시행령 제12조

답 ❷

058 노동조합 및 노동관계조정법상 조합원의 직접 · 비밀 · 무기명투표에 의하여야 하는 것을 모두 고른 것은? 14 노무

□□□

> ㄱ. 규약의 제정 · 변경
> ㄴ. 임원의 선거 · 해임
> ㄷ. 대의원의 선출
> ㄹ. 노동조합의 쟁의행위 실시

① ㄱ, ㄴ
② ㄱ, ㄷ
③ ㄱ, ㄴ, ㄷ
④ ㄴ, ㄷ, ㄹ
⑤ ㄱ, ㄴ, ㄷ, ㄹ

해설

ㄱ. (○) 규약의 제정에 관한 사항은 조합원의 직접 · 비밀 · 무기명투표에 의하여야 한다(노조법 제16조 제4항).
ㄴ. (○) 임원의 선거 · 해임에 관한 사항은 조합원의 직접 · 비밀 · 무기명투표에 의하여야 한다(노조법 제16조 제4항).
ㄷ. (○) 대의원은 조합원의 직접 · 비밀 · 무기명투표에 의하여 선출되어야 한다(노조법 제17조 제2항).
ㄹ. (○) 노동조합의 쟁의행위는 그 조합원(교섭대표노동조합이 결정된 경우에는 그 절차에 참여한 노동조합의 전체 조합원)의 직접 · 비밀 · 무기명투표에 의한 조합원 과반수의 찬성으로 결정하지 아니하면 이를 행할 수 없다(노조법 제41조 제1항 전문).

답 ❺

059 노동조합 및 노동관계조정법상 총회 또는 대의원회에 관한 설명으로 옳지 않은 것은?(다툼이 있는 경우에는 판례에 의함) 14 노무

□□□

① 대의원의 임기는 규약으로 정하되 3년을 초과할 수 없다.
② 임원의 선거에 있어서 출석조합원 과반수의 찬성을 얻은 자가 없는 경우에는 규약이 정하는 바에 따라 결선투표를 실시하여 다수의 찬성을 얻은 자를 임원으로 선출할 수 있다.
③ 연합단체의 설립 · 가입 또는 탈퇴에 관한 사항은 총회의 의결을 거쳐야 한다.
④ 노동조합의 대표자는 조합원의 3분의 1 이상이 회의에 부의할 사항을 제시하고 회의의 소집을 요구한 때에는 지체 없이 임시총회를 소집하여야 한다.
⑤ 노동조합은 매년 2회 이상 총회를 개최하여야 한다.

해설

① (○) 노조법 제17조 제4항
② (○) 임원의 선거에 있어서 출석조합원 과반수의 찬성을 얻은 자가 없는 경우에는 규약이 정하는 바에 따라 결선투표를 실시하여 다수의 찬성을 얻은 자를 임원으로 선출할 수 있다(노조법 제16조 제3항).
③ (○) 노조법 제16조 제1항 제6호
④ (○) 노조법 제18조 제2항
⑤ (×) 노동조합은 매년 1회 이상 총회를 개최하여야 한다(노조법 제15조 제1항).

총회의 의결사항(노조법 제16조)

① 다음 각 호의 사항은 총회의 의결을 거쳐야 한다.

1. 규약의 제정과 변경에 관한 사항
2. 임원의 선거와 해임에 관한 사항
3. 단체협약에 관한 사항
4. 예산·결산에 관한 사항
5. 기금의 설치·관리 또는 처분에 관한 사항
6. 연합단체의 설립·가입 또는 탈퇴에 관한 사항
7. 합병·분할 또는 해산에 관한 사항
8. 조직형태의 변경에 관한 사항
9. 기타 중요한 사항

② 총회는 재적조합원 과반수의 출석과 출석조합원 과반수의 찬성으로 의결한다. 다만, 규약의 제정·변경, 임원의 해임, 합병·분할·해산 및 조직형태의 변경에 관한 사항은 재적조합원 과반수의 출석과 출석조합원 3분의 2 이상의 찬성이 있어야 한다.

③ 임원의 선거에 있어서 출석조합원 과반수의 찬성을 얻은 자가 없는 경우에는 제2항 본문의 규정에 불구하고 규약이 정하는 바에 따라 결선투표를 실시하여 다수의 찬성을 얻은 자를 임원으로 선출할 수 있다.

④ 규약의 제정·변경과 임원의 선거·해임에 관한 사항은 조합원의 직접·비밀·무기명투표에 의하여야 한다.

답 ❺

PART 1 PART 2 PART 3

060 □□□ **노동조합의 임원에 관한 설명으로 옳지 않은 것은?** 12 사시

① 임원의 선거와 해임에 관한 사항은 총회의 의결사항이다.

② 임원의 해임은 재적 조합원 과반수의 출석과 출석 조합원 과반수의 찬성이 있어야 한다.

③ 임원의 선거에 있어서 출석 조합원 과반수의 찬성을 얻은 자가 없는 경우에는 규약이 정하는 바에 따라 결선투표를 실시하여 다수의 찬성을 얻은 자를 임원으로 선출할 수 있다.

④ 임원의 선거와 해임에 관한 사항은 조합원의 직접·비밀·무기명 투표에 의하여야 한다.

⑤ 임원의 자격은 규약으로 정하며, 임원의 임기도 규약으로 정하되, 3년을 초과할 수 없다.

해설

① (○) 노조법 제16조 제1항 제2호

② (×) 총회는 재적조합원 과반수의 출석과 출석조합원 과반수의 찬성으로 의결한다. 다만, 규약의 제정·변경, 임원의 해임, 합병·분할·해산 및 조직형태의 변경에 관한 사항은 재적조합원 과반수의 출석과 출석조합원 3분의 2 이상의 찬성이 있어야 한다(노조법 제16조 제2항).

③ (○) 노조법 제16조 제3항

④ (○) 규약의 제정·변경과 임원의 선거·해임에 관한 사항은 조합원의 직접·비밀·무기명투표에 의하여야 한다(노조법 제16조 제4항).

⑤ (○) 노동조합의 임원 자격은 규약으로 정한다. 이 경우 하나의 사업 또는 사업장을 대상으로 조직된 노동조합의 임원은 그 사업 또는 사업장에 종사하는 조합원 중에서 선출하도록 정한다. 임원의 임기는 규약으로 정하되 3년을 초과할 수 없다(노조법 제23조).

답 ❷

061 □□□ **노동조합 및 노동관계조정법상 노동조합 등에 대한 설명으로 옳지 않은 것은?** 22 국가직 9급

① 노동조합 임원의 임기는 규약으로 정하되 2년을 초과할 수 없다.
② 종사근로자가 아닌 노동조합의 조합원은 사용자의 효율적인 사업 운영에 지장을 주지 아니하는 범위에서 사업 또는 사업장 내에서 노동조합 활동을 할 수 있다.
③ 하나의 사업 또는 사업장을 대상으로 조직된 노동조합의 대의원은 그 사업 또는 사업장에 종사하는 조합원 중에서 선출하여야 한다.
④ 종사근로자인 조합원이 해고되어 노동위원회에 부당노동행위의 구제신청을 한 경우에는 중앙노동위원회의 재심판정이 있을 때까지는 종사근로자로 본다.

해설

① (×) 노동조합의 임원의 임기는 규약으로 정하되 3년을 초과할 수 없다(노조법 제23조 제2항).
② (○) 사업 또는 사업장에 종사하는 근로자(이하 "종사근로자")가 아닌 노동조합의 조합원은 사용자의 효율적인 사업 운영에 지장을 주지 아니하는 범위에서 사업 또는 사업장 내에서 노동조합 활동을 할 수 있다(노조법 제5조 제2항).
③ (○) 노조법 제17조 제3항
④ (○) 노조법 제5조 제3항

답 ❶

062 □□□ **노동조합 및 노동관계조정법상 노동조합의 관리 등에 대한 설명으로 옳지 않은 것은?** 21 국가직 7급

① 행정관청은 노동조합의 규약이 노동관계법령에 위반한 경우에는 노동위원회의 의결을 얻어 그 시정을 명할 수 있다.
② 행정관청은 노동조합의 결의 또는 처분이 규약에 위반된다고 인정할 경우에는 노동위원회의 의결을 얻어 그 시정을 명할 수 있으나, 이러한 시정명령은 이해관계인의 신청이 있는 경우에 한한다.
③ 노동조합은 행정관청이 요구하는 경우에는 결산결과와 운영상황을 보고하여야 한다.
④ 노동조합의 대표자는 그 회계감사원으로 하여금 1년에 1회 이상 당해 노동조합의 모든 재원 및 용도, 주요한 기부자의 성명, 현재의 경리 상황 등에 대한 회계감사를 실시하게 하고 조합원의 요구가 있을 때에는 그 내용과 감사결과를 전체조합원에게 공개하여야 한다.

해설

① (○) 노조법 제21조 제1항
② (○) 노조법 제21조 제2항
③ (○) 노조법 제27조
④ (×) 노조법 제25조 참조

회계감사(노조법 제25조)
① 노동조합의 대표자는 그 회계감사원으로 하여금 6월에 1회 이상 당해 노동조합의 모든 재원 및 용도, 주요한 기부자의 성명, 현재의 경리 상황등에 대한 회계감사를 실시하게 하고 그 내용과 감사결과를 전체 조합원에게 공개하여야 한다.
② 노동조합의 회계감사원은 필요하다고 인정할 경우에는 당해 노동조합의 회계감사를 실시하고 그 결과를 공개할 수 있다.

답 ❹

063 □□□ **노동조합 및 노동관계조정법상 노동조합 전임자에 대한 설명으로 옳지 않은 것은? (다툼이 있는 경우 판례에 의함)** 18 국가직 7급

① 노동조합 전임자는 사용자와의 사이에 기본적 노사관계는 유지되고 기업의 근로자로서의 신분도 그대로 가진다.

② 노동조합 전임자들의 퇴직금을 산정함에 있어서는 노동조합 전임자로서 실제 지급받아온 급여를 기준으로 할 수 없고, 그들과 동일 직급 및 호봉 근로자들의 평균임금을 기준으로 하여 퇴직금을 산정하여야 한다.

③ 단체협약이 유효기간의 만료로 효력이 상실되었고, 단체협약상의 노조대표의 전임규정이 새로운 단체협약 체결시까지 효력을 지속시키기로 약정한 규범적 부분도 아닌 경우, 그 단체협약에 따라 노동조합 업무만을 전담하던 노동조합 전임자는 사용자의 원직 복귀명령에 응하여야 한다.

④ 노동조합의 업무는 사용자의 노무관리업무와 무관한 것이므로 근로계약 소정의 본래 업무를 면하고 노동조합의 업무를 전임하는 노동조합 전임자의 경우 출·퇴근에 대한 사규의 적용을 받지 않는다.

해설

① (○) 노동조합 전임자는 사용자와의 사이에 기본적 노사관계는 유지되고 근로자로서의 신분도 그대로 가지지만 근로제공의무가 면제되고 원칙적으로 그에 대한 사용자의 임금지급의무도 면제된다는 점에서 휴직상태에 있는 근로자와 유사하므로, 사용자가 단체협약 등에 따라 노동조합 전임자에게 일정한 금원을 지급하더라도 이를 근로의 대가인 임금이라고 할 수는 없다(대판 2013.11.28. 2011다39946).

② (○) 노동조합 전임자의 퇴직금을 산정함에 있어서는 노동조합 전임자로서 실제로 지급받아 온 급여를 기준으로 할 수는 없고, 근로자의 통상의 생활을 종전과 같이 보장하려는 퇴직금 제도의 취지에 비추어 볼 때, 그들과 동일 직급 및 호봉의 근로자들의 평균임금을 기준으로 하여 퇴직금을 산정함이 상당하다(대판 1998.4.24. 97다54727).

③ (○) 단체협약이 유효기간의 만료로 효력이 상실되었고, 단체협약상의 노조대표의 전임규정이 새로운 단체협약 체결시까지 효력을 지속시키기로 약정한 규범적 부분도 아닌 경우, 그 단체협약에 따라 노동조합 업무만을 전담하던 노조전임자는 사용자의 원직 복귀명령에 응하여야 할 것이므로 그 원직 복귀명령에 불응한 행위는 취업규칙 소정의 해고사유에 해당하고, 따라서 사용자가 원직 복귀명령에 불응한 노조전임자를 해고한 것은 정당한 인사권의 행사로서 그 해고사유가 표면적인 구실에 불과하여 징계권 남용에 의한 부당노동행위에 해당하지 않는다(대판 1997.6.13. 96누17738).

④ (×) 노조전임자라 할지라도 사용자와의 사이에 기본적 근로관계는 유지되는 것으로서 취업규칙이나 사규의 적용이 전면적으로 배제되는 것이 아니므로 단체협약에 조합전임자에 관하여 특별한 규정을 두거나 특별한 관행이 존재하지 아니하는 한 출·퇴근에 대한 사규의 적용을 받게 된다(대판 1995.4.11. 94다58087).

답 ❹

PART 1 PART 2 PART 3

064 □□□ **노동조합 및 노동관계조정법령상 근로시간 면제제도에 대한 설명으로 옳지 않은 것은?(다툼이 있는 경우 판례에 의함)** 19 국가직 7급

① 근로시간면제심의위원회는 근로시간 면제 한도를 정할 때 시간과 이를 사용할 수 있는 인원으로 정할 수 있다.

② 근로시간 면제 한도를 초과하는 내용의 단체협약 또는 사용자의 동의는 그 부분에 한하여 무효로 한다.

③ 노동조합 및 노동관계조정법상 노동조합전임자에 대한 급여지원 행위를 부당노동행위로 규정하고 있다.

④ 근로시간 면제 한도를 초과하여 급여를 지급하는 행위는 부당노동행위이다.

해설

① (○) 근로시간면제심의위원회는 근로시간 면제 한도를 정할 때 사업 또는 사업장에 종사하는 근로자인 조합원 수와 해당 업무의 범위 등을 고려하여 시간과 이를 사용할 수 있는 인원으로 정할 수 있다(노조법 시행령 제11조의2).

② (○) 노조법 제24조 제4항

③ (×) · ④ (○) 노동조합의 전임자에게 급여를 지원하는 행위를 부당노동행위로 규정하고 있었던 노조법 제81조 제1항 제4호는 2021.1.5. 사용자가 근로시간 면제한도를 초과하여 급여를 지급하는 경우에 부당노동행위에 해당하는 것으로 개정되었다.

답 ❸

065 □□□ **노동조합 및 노동관계조정법상 노동조합 및 노동조합활동 등에 대한 설명으로 옳지 않은 것은?(다툼이 있는 경우 판례에 의함)** 22 국가직 7급

① 사업 또는 사업장에 종사하는 근로자가 아닌 노동조합의 조합원은 사용자의 효율적인 사업 운영에 지장을 주지 아니하는 범위에서 사업 또는 사업장 내에서 노동조합 활동을 할 수 있다.

② 사업 또는 사업장에 종사하는 근로자인 조합원이 해고되어 노동위원회에 부당노동행위의 구제신청을 한 경우에는 중앙노동위원회의 재심판정이 있을 때까지는 사업 또는 사업장에 종사하는 근로자로 본다.

③ 노동조합에 대하여는 그 사업체를 포함하여 세법이 정하는 바에 따라 조세를 부과하지 아니한다.

④ 노동조합활동으로서 문서를 배포한 목적이 타인의 권리나 이익을 침해하려는 것이 아니라 노동조합원들의 단결이나 근로조건의 유지 · 개선과 근로자의 복지증진 기타 경제적 · 사회적 지위의 향상을 도모하기 위한 것이고, 또 그 문서의 내용이 전체적으로 보아 진실한 것이라면, 그 문서의 배포행위는 노동조합의 정당한 활동범위에 속하는 것으로 보아야 한다.

해설

① (○) 노조법 제5조 제2항

② (○) 노조법 제5조 제3항

③ (×) 노동조합에 대하여는 그 사업체를 제외하고는 세법이 정하는 바에 따라 조세를 부과하지 아니한다(노조법 제8조).

④ (○) 노동조합활동으로 문서를 배포한 목적이 타인의 권리나 이익을 침해하려는 것이 아니라 노동조합원들의 단결, 근로조건의 유지 · 개선, 근로자의 복지증진 그 밖의 경제적 · 사회적 지위의 향상을 도모하기 위한 것이고 또 그 문서의 내용이 전체적으로 보아 진실한 것이라면, 그와 같은 문서를 배포하는 행위는 노동조합의 정당한 활동범위에 속하는 것으로 보아야 한다. 문서에 기재되어 있는 문언으로 타인의 인격 · 신용 · 명예 등이 훼손 · 실추되거나 그렇게 될 염려가 있고 또 그 문서에 기재되어 있는 사실관계의 일부가 허위이거나 표현에 다소 과장되거나 왜곡된 점이 있다고 하더라도 마찬가지이다. 따라서 그와 같은 행위를 한 것을 이유로 문서를 작성 · 배포한 근로자를 해고하거나 근로자에게 불이익을 주는 것은 허용되지 않는다(대판 2018.2.13. 2014다33604).

03 단체교섭권

제1절 단체교섭

001 □□□ **노동조합 및 노동관계조정법상 공정대표의무 등에 관한 설명으로 옳지 않은 것?** 15 노무

① 교섭대표노동조합은 교섭창구 단일화절차에 참여한 노동조합 또는 그 조합원 간에 합리적 이유 없이 차별을 하여서는 아니 된다.

② 사용자는 교섭창구 단일화절차에 참여한 노동조합 또는 그 조합원 간에 합리적 이유 없이 차별을 하여서는 아니 된다.

③ 노동조합의 조합원은 교섭대표노동조합이 공정대표의무를 위반하여 차별한 경우에는 그 행위가 있은 날부터 6개월 이내에 대통령령으로 정하는 방법과 절차에 따라 노동위원회에 그 시정을 요청할 수 있다.

④ 노동위원회는 공정대표의무 위반의 시정신청을 받은 때에는 지체 없이 필요한 조사와 관계당사자에 대한 심문을 하여야 한다.

⑤ 노동위원회는 공정대표의무 위반의 시정신청에 대한 명령이나 결정을 서면으로 하여야 하며, 그 서면을 교섭대표노동조합, 사용자 및 그 시정을 신청한 노동조합에 각각 통지하여야 한다.

PART 1 PART 2 PART 3

해설

① (O) 노조법 제29조의4 제1항

② (O) 노조법 제29조의4 제1항

③ (×) 노동조합은 교섭대표노동조합과 사용자가 공정대표의무를 위반하여 차별한 경우에는 그 행위가 있은 날부터 3개월 이내에 대통령령으로 정하는 방법과 절차에 따라 노동위원회에 그 시정을 요청할 수 있다(노조법 제29조의4 제2항).

④ (O) 노조법 시행령 제14조의12 제2항

⑤ (O) 노동위원회는 공정대표의무 위반의 시정신청에 대한 명령이나 결정을 서면으로 하여야 하며, 그 서면을 교섭대표노동조합, 사용자 및 그 시정을 신청한 노동조합에 각각 통지하여야 한다(노조법 시행령 제14조의12 제5항).

답 ❸

002 노동조합 및 노동관계조정법상 교섭단위결정 등에 관한 설명으로 옳지 않은 것은? 15 노무

□□□

① 교섭대표노동조합 결정단위는 하나의 사업 또는 사업장으로 한다.

② 하나의 사업장에서 현격한 근로조건의 차이 등을 고려하여 교섭단위를 분리할 필요가 있다고 인정되는 경우에 노동위원회는 노동관계당사자의 양쪽 또는 어느 한 쪽의 신청을 받아 교섭단위를 분리하는 결정을 할 수 있다.

③ 노동위원회의 교섭단위 분리결정에 대하여는 불복할 수 없다.

④ 노동위원회는 교섭단위 분리의 결정신청을 받은 때에는 해당 사업 또는 사업장의 모든 노동조합과 사용자에게 그 내용을 통지해야 한다.

⑤ 노동위원회는 교섭단위분리결정신청을 받은 날부터 30일 이내에 교섭단위 분리에 관한 결정을 하고 해당 사업 또는 사업장의 모든 노동조합과 사용자에게 통지해야 한다.

해설

① (O) 노조법 제29조의3 제1항

② (O) 노조법 제29조의3 제2항

③ (×) 교섭단위 분리신청에 대한 노동위원회의 결정에 불복할 경우 노조법 제69조를 준용하도록 하고 있다. 따라서 교섭단위 분리신청에 대한 노동위원회의 결정에 관하여는 그 절차가 위법하거나, 노조법 제29조의3 제2항이 정한 교섭단위 분리결정의 요건에 관한 법리를 오해하여 교섭단위를 분리할 필요가 있다고 인정되는 경우인데도 그 신청을 기각하는 등 내용이 위법한 경우, 그 밖에 월권에 의한 것인 경우에 한하여 불복할 수 있다(노조법 제29조의3 제3항).

④ (O) 노조법 시행령 제14조의11 제2항

⑤ (O) 노동위원회는 신청을 받은 날부터 30일 이내에 교섭단위를 분리하거나 분리된 교섭단위를 통합하는 결정을 하고 해당 사업 또는 사업장의 모든 노동조합과 사용자에게 통지해야 한다(노조법 시행령 제14조의11 제3항).

답 ❸

003 노동조합 및 노동관계조정법상 교섭 및 단체협약 체결권한에 관한 설명으로 옳지 않은 것은? 15 노무

□□□

① 교섭대표노동조합의 대표자는 교섭을 요구한 모든 노동조합 또는 조합원을 위하여 사용자와 교섭하고 단체협약을 체결할 권한을 가진다.

② 교섭대표노동조합이 결정된 날부터 그 교섭대표노동조합이 6개월 동안 단체협약을 체결하지 못한 경우에는 어느 노동조합이든지 사용자에게 교섭을 요구할 수 있다.

③ 노동조합과 사용자로부터 교섭 또는 단체협약의 체결에 관한 권한을 위임받은 자는 그 노동조합과 사용자를 위하여 위임받은 범위 안에서 그 권한을 행사할 수 있다.

④ 노동조합은 사용자에게 교섭을 요구하는 때에는 노동조합의 명칭, 그 교섭을 요구한 날 현재의 종사근로자인 조합원 수 등 고용노동부령으로 정하는 사항을 적은 서면으로 해야 한다.

⑤ 노동조합은 단체협약이 2개 이상 있는 경우에는 먼저 이르는 단체협약의 유효기간 만료일 이전 3개월이 되는 날부터 사용자에게 교섭을 요구할 수 있다.

해설

① (O) 노조법 제29조 제2항
② (×) 결정된 교섭대표노동조합이 그 결정된 날부터 1년 동안 단체협약을 체결하지 못한 경우에는 어느 노동조합이든지 사용자에게 교섭을 요구할 수 있다(노조법 시행령 제14조의10 제3항 전문).
③ (O) 노조법 제29조 제3항
④ (O) 노조법 시행령 제14조의2 제2항
⑤ (O) 노조법 시행령 제14조의2 제1항 단서

답 ❷

004 □□□ **노동조합 및 노동관계조정법령상 교섭단위 결정 및 공정대표의무에 관한 설명으로 옳지 않은 것은?**

16 노무

① 교섭단위는 하나의 사업 또는 사업장으로 한다.
② 노동위원회는 노동관계당사자의 신청이나 직권으로 교섭단위를 분리하는 결정을 할 수 있다.
③ 노동조합 또는 사용자는 교섭단위를 분리하여 교섭하려는 경우에는 사용자가 교섭요구사실을 공고하기 전에도 노동위원회에 교섭단위 분리의 결정을 신청할 수 있다.
④ 교섭대표노동조합과 사용자는 교섭창구단일화절차에 참여한 노동조합 또는 그 조합원 간에 합리적 이유 없이 차별을 하여서는 아니 된다.
⑤ 교섭창구단일화절차에 참여한 노동조합은 교섭대표노동조합과 사용자가 체결한 단체협약의 내용의 일부 또는 전부가 공정대표의무에 위반되는 경우에는 단체협약 체결일부터 3개월 이내에 대통령령으로 정하는 방법과 절차에 따라 노동위원회에 그 시정을 요청할 수 있다.

해설

① (O) 노조법 제29조의3 제1항
② (×) 하나의 사업 또는 사업장에서 현격한 근로조건의 차이, 고용형태, 교섭관행 등을 고려하여 교섭단위를 분리하거나 분리된 교섭단위를 통합할 필요가 있다고 인정되는 경우에 노동위원회는 노동관계당사자의 양쪽 또는 어느 한쪽의 신청을 받아 교섭단위를 분리하거나 분리된 교섭단위를 통합하는 결정을 할 수 있다(노조법 제29조의3 제2항).
③ (O) 사용자가 교섭요구사실을 공고하기 전이나, 사용자가 교섭요구사실을 공고한 경우에는 교섭대표노동조합이 결정된 날 이후에 노동위원회에 교섭단위를 분리하거나 분리된 교섭단위를 통합하는 결정을 신청할 수 있다(노조법 시행령 제14조의11 제1항).
④ (O) 노조법 제29조의4 제1항
⑤ (O) 노동조합은 교섭대표노동조합과 사용자가 차별한 경우에는 그 행위가 있은 날(단체협약의 내용의 일부 또는 전부가 제1항에 위반되는 경우에는 단체협약 체결일을 말한다)부터 3개월 이내에 대통령령으로 정하는 방법과 절차에 따라 노동위원회에 그 시정을 요청할 수 있다(노조법 제29조의4 제2항).

답 ❷

005 □□□ **노동조합 및 노동관계조정법령상 단체교섭에 관한 설명으로 옳은 것은?(다툼이 있으면 판례에 의함)** 16 노무

① 단체교섭의 노동조합 측 당사자는 해당 노동조합의 대표자이다.
② 노동조합은 단체협약의 체결에 관한 권한을 위임할 수 없다.
③ 사용자는 쟁의기간 중이라는 사정만을 이유로 단체교섭을 거부할 수 있다.
④ 노동조합은 대표자의 단체협약체결권한을 전면적·포괄적으로 제한할 수 있다.
⑤ 사용자단체라 함은 노동관계에 관하여 그 구성원인 사용자에 대하여 조정 또는 규제할 수 있는 권한을 가진 사용자의 단체를 말한다.

해설

① (×) 단체교섭의 당사자란 자기 이름으로 단체교섭을 하고 단체협약을 체결할 수 있는 자를 뜻하며, 노동조합이 당사자가 된다. 노동조합의 대표자는 교섭담당자이다.
② (×) 단체협약의 체결에 권한 권한을 위임할 수 있다. 다만, 위임한 때에는 그 사실을 상대방에게 통보하여야 하고 권한을 위임받은 자는 위임받은 범위안에서 그 권한을 행사할 수 있다(노조법 제29조 제3항·제4항).
③ (×) 쟁의행위는 단체교섭을 촉진하기 위한 수단으로서의 성질을 가지므로 쟁의기간 중이라는 사정이 사용자가 단체교섭을 거부할 만한 정당한 이유가 될 수 없다(대판 2006.2.24. 2005도8606).
④ (×) 노동조합 규약에서 노동조합의 대표자가 단체교섭의 결과에 따라 사용자와 단체협약의 내용을 합의한 후 다시 그 협약안의 가부에 관하여 조합원 총회의 의결을 거치도록 규정하고 있다면, 그 노동조합 규약은 노동조합 대표자의 단체협약체결권한을 전면적, 포괄적으로 제한함으로써 사실상 단체협약체결권한을 형해화하여 명목에 불과한 것으로 만드는 것이어서 노동조합 대표자의 단체협약체결권한을 규정한 노조법 제29조 제1항의 취지에 반한다(대판 1993.4.27. 91누12257).
⑤ (○) 노조법 제2조 제3호

답 ❺

006 단체교섭의 당사자에 관한 설명 중 옳지 않은 것은? 07 사시

□□□

① 사용자 측의 단체교섭의 당사자는 개별 사용자 또는 사용자단체이다.
② 사용자단체가 교섭당사자의 지위를 가지면 그 구성원인 사용자에 대하여 조정 또는 규제할 수 있는 권한을 가져야 한다.
③ 노동조합 및 노동관계조정법 제2조 제4호의 요건을 갖춘 연합단체는 단체교섭의 당사자가 될 수 있다.
④ 판례에 따르면 지부・분회라 하더라도 독자적인 규약과 집행기관을 가지고 독립한 조직체로서 활동하는 경우에는 단체교섭의 당사자가 될 수 있다.
⑤ 노동조합의 대표자도 단체교섭의 당사자이다.

해설

① (O)・② (O) 사용자 측의 단체교섭의 당사자로 사용자는 사업주를 의미하고,❶ 사용자단체는 노동관계에 관하여 그 구성원인 사용자에 대하여 조정 또는 규제할 수 있는 권한을 가진 사용자의 단체를 말한다❷(노조법 제2조 제3호 참조).
③ (O) 판례의 취지를 고려할 때 연합단체인 노동조합으로서 산업별 연합단체와 총연합단체는 단체교섭의 당사자가 될 수 있다고 이해하여야 한다.

노조법에 의하면, 노동조합은 근로자가 주체가 되어 자주적으로 단결하여 근로조건의 유지・개선 기타 근로자의 경제적・사회적 지위의 향상을 도모함을 목적으로 조직하는 단체 또는 그 연합단체를 말하고(제2조 제4호 본문), 연합단체인 노동조합은 동종 산업의 단위노동조합을 구성원으로 하는 산업별 연합단체와 산업별 연합단체 또는 전국 규모의 산업별 단위노동조합을 구성원으로 하는 총연합단체를 말하며(제10조 제2항), 한편 노동조합의 대표자는 그 노동조합 또는 조합원을 위하여 사용자나 사용자단체와 교섭하고 단체협약을 체결할 권한을 가진다(제29조 제1항)(대판 2014.12.11. 2010두5097).

④ (O) 노동조합의 하부단체인 분회나 지부가 독자적인 규약 및 집행기관을 가지고 독립된 조직체로서 활동을 하는 경우 당해 조직이나 그 조합원에 고유한 사항에 대하여는 독자적으로 단체교섭하고 단체협약을 체결할 수 있고, 이는 그 분회나 지부가 노조법 시행령 제7조의 규정에 따라 그 설립신고를 하였는지 여부에 영향받지 아니한다(대판 2011.5.26. 2011다1842).
⑤ (×) 노동조합의 대표자는 단체교섭의 담당자이다.

답 ❺

PART 1 PART 2 PART 3

007 □□□ 산업별 노동조합의 하부단체인 지부가 독자적인 규약 및 집행기관을 가지고 독립된 조직체로서 활동하는 경우에 관한 설명 중 옳은 것을 모두 고른 것은?(다툼이 있는 경우 판례에 의함)

15 사시

ㄱ. 해당 지부나 그 조합원에 고유한 사항에 대하여 독자적으로 단체교섭을 할 수 있다.
ㄴ. 노동조합 설립신고를 하여야 단체협약을 체결할 수 있다.
ㄷ. 총파업이 아닌 이상 쟁의행위를 예정하고 있는 해당 지부 소속 조합원의 직접·비밀·무기명 투표에 의한 과반수의 찬성이 있으면 쟁의행위는 절차적으로 적법하다.
ㄹ. 법인등기를 하여야 노동위원회에 부당노동행위의 구제신청을 할 수 있다.

① ㄱ, ㄴ
② ㄱ, ㄷ
③ ㄱ, ㄹ
④ ㄴ, ㄹ
⑤ ㄷ, ㄹ

해설

ㄱ. (O)·ㄴ. (×) 노동조합의 하부단체인 분회나 지부가 독자적인 규약 및 집행기관을 가지고 독립된 조직체로서 활동을 하는 경우 당해 조직이나 그 조합원에 고유한 사항에 대하여는 독자적으로 단체교섭하고 단체협약을 체결할 수 있고,◐ 이는 그 분회나 지부가 노조법 시행령 제7조의 규정에 따라 그 설립신고를 하였는지 여부에 영향받지 아니한다◑(대판 2011.5.26. 2011다1842).

ㄷ. (O) 지역별·산업별·업종별 노동조합의 경우에는 총파업이 아닌 이상 쟁의행위를 예정하고 있는 당해 지부나 분회 소속 조합원의 과반수의 찬성이 있으면 쟁의행위는 절차적으로 적법하다고 보아야 한다(대판 2009.6.23. 2007두12859).

산업별 노동조합이 총파업이 아닌 사내하청지회에 한정한 쟁의행위를 예정하고 지회에 소속된 조합원을 대상으로 찬반투표를 실시하여 그 조합원 과반수의 찬성을 얻어 쟁의행위를 하자 사업주가 쟁의행위기간 중에 근로자를 신규 채용한 사안에서, 사업주의 근로자 신규채용이 부당노동행위에 해당하지 않는다고 한 원심판결을 파기한 사례(대판 2009.6.23. 2007두12859).

ㄹ. (×) 법인등기와는 관계 없이 노조법에 의한 설립등기를 마치지 아니하였다면 노동조합은 노동위원회에 노동쟁의의 조정 및 부당노동행위의 구제를 신청할 수 없다(노조법 제7조 제1항).

답 ❷

008 노동조합 및 노동관계조정법상 단체교섭에 대한 판례의 입장으로 옳은 것은? 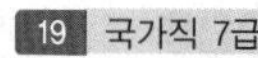

□□□

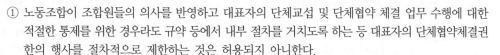

① 노동조합이 조합원들의 의사를 반영하고 대표자의 단체교섭 및 단체협약 체결 업무 수행에 대한 적절한 통제를 위한 경우라도 규약 등에서 내부 절차를 거치도록 하는 등 대표자의 단체협약체결권한의 행사를 절차적으로 제한하는 것은 허용되지 아니한다.

② 단위 노동조합이 연합단체에 단체교섭권한을 위임한 경우에도 단위 노동조합의 단체교섭권한은 여전히 그 수임자의 단체교섭권한과 중복하여 경합적으로 남아 있다.

③ 노동조합의 지부는 독자적인 규약 및 집행기관을 가지고 독립된 조직체로서 활동을 하는 경우라도 단체교섭권한이 없다.

④ 정리해고에 관한 노동조합의 요구내용이 사용자는 정리해고를 하여서는 아니 된다는 취지라도 이는 원칙적으로 단체교섭의 대상이 될 수 있다.

해설

① (×) 노동조합이 조합원들의 의사를 반영하고 대표자의 단체교섭 및 단체협약 체결 업무 수행에 대한 적절한 통제를 위하여 규약 등에서 내부 절차를 거치도록 하는 등 대표자의 단체협약체결권한의 행사를 절차적으로 제한하는 것은, 그것이 단체협약체결권한을 전면적·포괄적으로 제한하는 것이 아닌 이상 허용된다(대판 2018.7.26. 2016다205908).

② (○) 구 노조법 제33조 제1항에서 규정하고 있는 단체교섭권한의 '위임'이라고 함은 노동조합이 조직상의 대표자 이외의 자에게 조합 또는 조합원을 위하여, 조합의 입장에서 사용자 측과 사이에 단체교섭을 하는 사무처리를 맡기는 것을 뜻하고, 그 위임 후 이를 해지하는 등의 별개의 의사표시가 없더라도 노동조합의 단체교섭권한은 여전히 수임자의 단체교섭권한과 중복하여 경합적으로 남아 있다고 할 것이며, 같은 조 제2항의 규정에 따라 단위노동조합이 당해 노동조합이 가입한 상부단체인 연합단체에 그러한 권한을 위임한 경우에 있어서도 달리 볼 것은 아니다(대판 1998.11.13. 98다20790).

③ (×) 노동조합의 하부단체인 분회나 지부가 독자적인 규약 및 집행기관을 가지고 독립된 조직체로서 활동을 하는 경우 당해 조직이나 그 조합원에 고유한 사항에 대하여는 독자적으로 단체교섭하고 단체협약을 체결할 수 있고, 이는 그 분회나 지부가 노조법 시행령 제7조의 규정에 따라 그 설립신고를 하였는지 여부에 영향받지 아니한다(대판 2011.5.26. 2011다1842).

④ (×) 긴박한 경영상의 필요에 의하여 하는 이른바 정리해고의 실시는 사용자의 경영상의 조치라고 할 것이므로, 정리해고에 관한 노동조합의 요구내용이 사용자는 정리해고를 하여서는 아니 된다는 취지라면 이는 사용자의 경영권을 근본적으로 제약하는 것이 되어 원칙적으로 단체교섭의 대상이 될 수 없고, 단체교섭사항이 될 수 없는 사항을 달성하려는 쟁의행위는 그 목적의 정당성을 인정할 수 없다(대판 2001.4.24. 99도4893).

답 ❷

009 노동조합 및 노동관계조정법상 단체교섭의 당사자 및 담당자에 대한 설명으로 옳지 않은 것은?(다툼이 있는 경우 판례에 의함)

□□□ 21 국가직 9급

① 노동조합의 하부단체인 분회나 지부가 독자적인 규약 및 집행기관을 가지고 독립된 조직체로서 활동을 하는 경우 당해 조직이나 그 조합원에 고유한 사항에 대하여는 독자적으로 단체교섭하고 단체협약을 체결할 수 있다.

② 노동조합의 대표자는 그 노동조합 또는 조합원을 위하여 사용자나 사용자단체와 교섭하고 단체협약을 체결할 권한을 가진다.

③ 노동조합이 단체교섭 권한을 위임할 경우 그 위임을 해지하는 등 별도의 의사표시를 하지 않는 한 그 노동조합의 교섭 권한은 소멸한다.

④ 노동조합과 단체교섭을 할 상대방인 사용자단체는 노동관계에 관하여 그 구성원인 사용자에 대하여 조정 또는 규제할 수 있는 권한을 가진 자이어야 하는데, 사용자단체가 이러한 권한을 갖기 위하여는 노동조합과의 단체교섭 및 단체협약을 체결하는 것을 그 목적으로 하고 또 그 구성원인 각 사용자에 대하여 통제력을 가지고 있어야 한다.

해설

① (O) 대판 2011.5.26. 2011다1842

② (O) 노조법 제29조 제1항

③ (×) 구 노조법 제33조 제1항에서 규정하고 있는 단체교섭권한의 '위임'이라고 함은 노동조합이 조직상의 대표자 이외의 자에게 조합 또는 조합원을 위하여, 조합의 입장에서 사용자 측과 사이에 단체교섭을 하는 사무처리를 맡기는 것을 뜻하고, 그 위임 후 이를 해지하는 등의 별개의 의사표시가 없더라도 노동조합의 단체교섭권한은 여전히 수임자의 단체교섭권한과 중복하여 경합적으로 남아 있다고 할 것이며, 같은 조 제2항의 규정에 따라 단위노동조합이 당해 노동조합이 가입한 상부단체인 연합단체에 그러한 권한을 위임한 경우에 있어서도 달리 볼 것은 아니다(대판 1998.11.13. 98다20790).

④ (O) 대판 1999.6.22. 98두137

010 ☐☐☐ **단체교섭의 대상에 관한 설명으로 옳지 않은 것은?(다툼이 있는 경우 판례에 의함)** 12 사시

① 기업의 구조조정 실시 여부는 경영주체에 의한 고도의 경영상의 결단에 속하는 사항으로서 원칙적으로 단체교섭의 대상이 될 수 없다.
② 경영악화 등을 이유로 한 부서폐지결정은 단체교섭의 대상이 되지 아니하나, 부서폐지결정이 근로조건에 영향을 미치는 경우에는 단체교섭의 대상이 될 수 있다.
③ 연구소장 퇴진요구가 근로조건의 개선요구에 주된 목적이 있다면 단체교섭의 대상이 될 수 있다.
④ 단체적 노사관계의 운영에 관한 사항은 사용자가 처분할 수 있다 하더라도 단체교섭의 대상이 될 수 없다.
⑤ 비조합원에 관한 사항이라도 그것이 조합원의 근로조건에 영향을 미치는 경우에는 단체교섭의 대상이 될 수 있다.

해설

① (○) 정리해고나 사업조직의 통폐합 등 기업의 구조조정의 실시 여부는 경영주체에 의한 고도의 경영상 결단에 속하는 사항으로서 이는 원칙적으로 단체교섭의 대상이 될 수 없고, 그것이 긴박한 경영상의 필요나 합리적인 이유 없이 불순한 의도로 추진되는 등의 특별한 사정이 없는 한, 노동조합이 실질적으로 그 실시 자체를 반대하기 위하여 쟁의행위에 나아간다면, 비록 그 실시로 인하여 근로자들의 지위나 근로조건의 변경이 필연적으로 수반된다 하더라도 그 쟁의행위는 목적의 정당성을 인정할 수 없다(대판 2003.12.11. 2001도3429).

② (○) 판례의 취지를 고려할 때 경영악화 등을 이유로 한 부서폐지결정은 단체교섭의 대상이 되지 아니한다고 보아야 하나, 부서폐지결정과 같은 경영사항이 근로자들의 근로조건에 영향을 미치는 경우에는 단체교섭의 대상이 될 수 있다고 판단된다.

> 회사가 그 산하 시설관리사업부를 폐지시키기로 결정한 것은 적자가 누적되고 시설관리계약이 감소할 뿐 아니라 계열사와의 재계약조차 인건비 상승으로 인한 경쟁력 약화로 불가능해짐에 따라 불가피하게 취해진 조치로서 이는 경영주체의 경영의사 결정에 의한 경영조직의 변경에 해당하여 그 폐지 결정 자체는 단체교섭사항이 될 수 없다(대판 1994.3.25. 93다30242).

③ (○) 근로자들이 쟁의행위를 함에 있어 연구소장의 퇴진을 요구하였다 하더라도 이는 부차적인 것이고 주된 목적은 일부 근로자들에 대한 파면처분이 노동조합의 핵심적 관심사항인 연구자율수호운동을 주동한 것에 대한 보복조치라고 하여 이의 철회를 구하는 것이고 그 뜻은 조합원의 근로조건의 개선요구에 있다고도 볼 수 있다면 이는 단체교섭사항이 될 수 있는 것이다(대판 1992.5.12. 91다34523).

> 근로자들이 쟁의행위를 함에 있어 그 주된 목적이 일부 근로자들에 대한 파면처분이 노동조합의 연구자율수호운동을 주동한 것에 대한 보복조치라고 하여 이의 철회를 구하는 것이고 그 뜻이 조합원의 근로조건의 개선요구에 있다고도 볼 수 있다면 위 쟁의행위는 그 목적에 있어 정당하나, 근로자들이 연구소장실에 침입하고, 페인트로 연구소장실 입구 벽면 및 복도 등에 그의 명예를 훼손하는 내용을 쓰고 같은 내용의 벽보를 부착하는 등 그 쟁의행위의 방법 내지 태양이 사회적 상당성을 갖추었다고 볼 수 없어 그 쟁의행위가 부당하다고 한 사례(대판 1992.5.12. 91다34523).

④ (×) 단체교섭의 대상이 되는 단체교섭사항에 해당하는지 여부는 헌법 제33조 제1항과 노조법 제29조에서 근로자에게 단체교섭권을 보장한 취지에 비추어 판단하여야 하므로, 일반적으로 구성원인 근로자의 근로조건 기타 근로자의 대우 또는 당해 단체적 노사관계의 운영에 관한 사항으로 사용자가 처분할 수 있는 사항은 단체교섭의 대상인 단체교섭사항에 해당한다(대판 2022.12.16. 2015도8190).

⑤ (○) 비조합원의 근로조건은 단체교섭의 대상이 아니지만, 비조합원의 근로조건이라도 그것이 조합원의 근로조건 및 집단적 노동관계에 영향을 주는 경우에는 단체교섭의 대상이 된다.

답 ❹

011 □□□ 단체교섭에 관한 설명 중 옳지 않은 것은?(다툼이 있는 경우 판례에 의함) 16 사시

① 노동조합은 정당한 이유 없이 교섭을 거부하거나 해태하여서는 안 된다.
② 교섭단위를 분리할 필요가 있다고 인정되는 경우에 노동위원회는 노동관계 당사자의 양쪽 또는 어느 한 쪽의 신청을 받아 분리결정을 할 수 있다.
③ 파업 중이라는 사정은 사용자가 단체교섭을 거부할 만한 정당한 이유가 될 수 있다.
④ 사용자가 "노동조합과의 단체교섭을 거부하여서는 아니 된다"라는 취지의 가처분결정을 받은 후에도 해당 노동조합의 단체교섭을 거부하면 불법행위가 된다.
⑤ 사용자가 교섭창구 단일화 절차를 거치지 아니하기로 동의한 경우에는 하나의 사업장에 설립된 복수의 노동조합은 각자 교섭을 요구할 수 있다.

해설

① (O) 노동조합과 사용자 또는 사용자단체는 정당한 이유 없이 교섭 또는 단체협약의 체결을 거부하거나 해태하여서는 아니 된다(노조법 제30조 제2항).

② (O) 하나의 사업 또는 사업장에서 현격한 근로조건의 차이, 고용형태, 교섭 관행 등을 고려하여 교섭단위를 분리하거나 분리된 교섭단위를 통합할 필요가 있다고 인정되는 경우에 노동위원회는 노동관계 당사자의 양쪽 또는 어느 한쪽의 신청을 받아 교섭단위를 분리하거나 분리된 교섭단위를 통합하는 결정을 할 수 있다(노조법 제29조의3 제2항).

③ (×) 쟁의행위는 단체교섭을 촉진하기 위한 수단으로서의 성질을 가지므로 쟁의기간 중이라는 사정이 사용자가 단체교섭을 거부할 만한 정당한 이유가 될 수 없고, 한편 당사자가 성의 있는 교섭을 계속하였음에도 단체교섭이 교착상태에 빠져 교섭의 진전이 더 이상 기대될 수 없는 상황이라면 사용자가 단체교섭을 거부하더라도 그 거부에 정당한 이유가 있다고 할 것이지만, 위와 같은 경우에도 노동조합 측으로부터 새로운 타협안이 제시되는 등 교섭재개가 의미 있을 것으로 기대할 만한 사정변경이 생긴 경우에는 사용자로서는 다시 단체교섭에 응하여야 하므로, 위와 같은 사정변경에도 불구하고 사용자가 단체교섭을 거부하는 경우에는 그 거부에 정당한 이유가 있다고 할 수 없다(대판 2006.2.24. 2005도8606).

④ (O) 사용자가 노동조합과의 단체교섭을 정당한 이유 없이 거부하다가 법원으로부터 노동조합과의 단체교섭을 거부하여서는 아니 된다는 취지의 집행력 있는 판결이나 가처분결정을 받고도 이를 위반하여 노동조합과의 단체교섭을 거부하였다면, 그 단체교섭 거부행위는 건전한 사회통념이나 사회상규상 용인할 수 없는 행위로서 헌법이 보장하고 있는 노동조합의 단체교섭권을 침해하는 위법한 행위이므로 노동조합에 대하여 불법행위가 된다(대판 2006.10.26. 2004다11070).

⑤ (O) 교섭대표노동조합을 자율적으로 결정하는 기한 내에 사용자가 교섭창구 단일화 절차를 거치지 아니하기로 동의한 경우에는 복수의 노동조합은 각자 교섭을 요구할 수 있다(노조법 제29조의2 제1항 단서).

답 ③

012 □□□ **노동조합 및 노동관계조정법령상 단체교섭 및 단체협약에 관한 설명으로 옳지 않은 것은?(다툼이 있으면 판례에 따름)** 22 노무

① 노동조합은 정당한 이유 없이 교섭 또는 단체협약의 체결을 거부하거나 해태하여서는 아니 된다.
② 사용자로부터 교섭의 체결에 관한 권한을 위임받은 자는 그 사용자를 위하여 위임받은 범위 안에서 그 권한을 행사할 수 있다.
③ 교섭대표노동조합의 대표자는 단체협약 체결 여부에 대해 원칙적으로 소수노동조합이나 그 조합원의 의사에 기속된다고 볼 수 없다.
④ 노동조합은 해당 사업에 단체협약이 2개 이상 있는 경우에는 나중에 이르는 단체협약의 유효기간 만료일 이전 3개월이 되는 날부터 사용자에게 교섭을 요구할 수 있다.
⑤ 국가 및 지방자치단체는 다양한 교섭방식을 노동관계 당사자가 자율적으로 선택할 수 있도록 지원하고 이에 따른 단체교섭이 활성화될 수 있도록 노력하여야 한다.

해설

① (○) 노동조합과 사용자 또는 사용자단체는 정당한 이유 없이 교섭 또는 단체협약의 체결을 거부하거나 해태하여서는 아니 된다(노조법 제30조 제2항).
② (○) 노동조합과 사용자 또는 사용자단체로부터 교섭 또는 단체협약의 체결에 관한 권한을 위임받은 자는 그 노동조합과 사용자 또는 사용자단체를 위하여 위임받은 범위 안에서 그 권한을 행사할 수 있다(노조법 제29조 제3항).
③ (○) 교섭대표노동조합의 대표자는 교섭창구 단일화 절차에 참여한 노동조합 및 조합원 전체를 대표하여 독자적인 단체협약체결권을 가지므로, 단체협약 체결 여부에 대해 원칙적으로 소수노동조합이나 그 조합원의 의사에 기속된다고 볼 수 없다(대판 2020.10.29. 2019다262582).
④ (×) 노동조합은 해당 사업 또는 사업장에 단체협약이 있는 경우에는 그 유효기간 만료일 이전 3개월이 되는 날부터 사용자에게 교섭을 요구할 수 있다. 다만, 단체협약이 2개 이상 있는 경우에는 먼저 이르는 단체협약의 유효기간 만료일 이전 3개월이 되는 날부터 사용자에게 교섭을 요구할 수 있다(노조법 시행령 제14조의2 제1항).
⑤ (○) 국가 및 지방자치단체는 기업·산업·지역별 교섭 등 다양한 교섭방식을 노동관계 당사자가 자율적으로 선택할 수 있도록 지원하고 이에 따른 단체교섭이 활성화될 수 있도록 노력하여야 한다(노조법 제30조 제3항).

답 ❹

013 노동조합 및 노동관계조정법령상 교섭창구 단일화 절차 등에 관한 설명으로 옳지 않은 것은?

□□□

22 노무

① 하나의 사업장에서 조직형태에 관계없이 근로자가 설립하거나 가입한 노동조합이 2개 이상인 경우 노동조합은 교섭대표노동조합을 정하여 교섭을 요구하여야 한다.

② 교섭대표노동조합을 자율적으로 결정하는 기한 내에 사용자가 교섭창구 단일화 절차를 거치지 아니하기로 동의한 경우에는 사용자는 교섭을 요구한 모든 노동조합과 성실히 교섭하여야 한다.

③ 교섭대표노동조합을 자율적으로 결정하는 기한까지 교섭대표노동조합을 정하지 못하고 사용자의 동의를 얻지 못한 경우에는 교섭창구 단일화 절차에 참여한 노동조합의 종사 근로자가 아닌 조합원을 포함한 전체 조합원 과반수로 조직된 노동조합이 교섭대표노동조합이 된다.

④ 공동교섭대표단의 구성에 합의하지 못할 경우에 노동위원회는 해당 노동조합의 신청에 따라 조합원 비율을 고려하여 이를 결정할 수 있다.

⑤ 사용자에게 공동교섭대표단의 통지가 있은 이후에는 그 공동교섭대표단 결정 절차에 참여한 노동조합 중 일부 노동조합이 그 이후의 절차에 참여하지 않더라도 교섭대표노동조합의 지위는 유지된다.

해설

① (○) 노조법 제29조의2 제1항 본문

② (○) 노조법 제29조의2 제1항 단서, 제2항

③ (×) 교섭대표노동조합을 자율적으로 결정하는 기한까지 교섭대표노동조합을 정하지 못하고 사용자의 동의를 얻지 못한 경우에는 교섭창구 단일화 절차에 참여한 노동조합의 전체 조합원 과반수로 조직된 노동조합이 교섭대표노동조합이 된다. 이때 조합원 수 산정은 종사근로자인 조합원을 기준으로 한다(노조법 제29조의2 제4항 · 제10항).

④ (○) 노조법 제29조의2 제6항

⑤ (○) 노조법 시행령 제14조의8 제2항

답 ❸

014 □□□ **노동조합 및 노동관계조정법령상 교섭단위 결정 등에 관한 설명으로 옳은 것은?** 22 노무

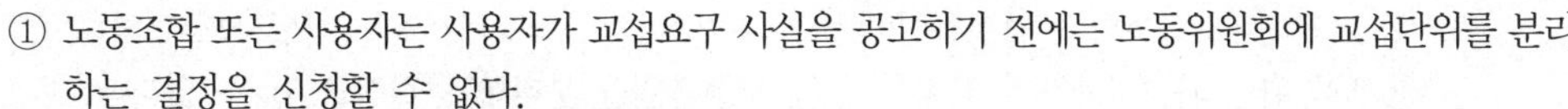

① 노동조합 또는 사용자는 사용자가 교섭요구 사실을 공고하기 전에는 노동위원회에 교섭단위를 분리하는 결정을 신청할 수 없다.

② 노동조합 또는 사용자는 분리된 교섭단위를 통합하여 교섭하려는 경우에는 노동위원회에 분리된 교섭단위를 통합하는 결정을 신청할 수 없다.

③ 노동위원회는 노동관계 당사자의 어느 한쪽이 신청한 경우에는 교섭단위를 분리하는 결정을 할 수 없다.

④ 노동위원회는 교섭단위를 분리하는 결정을 하고 해당 사업 또는 사업장의 모든 노동조합과 사용자에게 통지해야 한다.

⑤ 교섭단위 분리신청에 대한 노동위원회의 결정이 있기 전에 교섭 요구가 있는 때에는 교섭단위 분리결정과 관계없이 교섭요구 사실의 공고 등 교섭창구단일화절차는 진행된다.

해설

① (×) 노동조합 또는 사용자는 교섭단위를 분리하거나 분리된 교섭단위를 통합하여 교섭하려는 경우, 사용자가 교섭요구 사실을 공고하기 전에 노동위원회에 교섭단위를 분리하거나 분리된 교섭단위를 통합하는 결정을 신청할 수 있다(노조법 시행령 제14조의11 제1항 제1호).

② (×) 노동조합 또는 사용자는 교섭단위를 분리하거나 분리된 교섭단위를 통합하여 교섭하려는 경우, 노동위원회에 교섭단위를 분리하거나 분리된 교섭단위를 통합하는 결정을 신청할 수 있다(노조법 시행령 제14조의11 제1항).

③ (×) 하나의 사업 또는 사업장에서 현격한 근로조건의 차이, 고용형태, 교섭 관행 등을 고려하여 교섭단위를 분리하거나 분리된 교섭단위를 통합할 필요가 있다고 인정되는 경우에 노동위원회는 노동관계 당사자의 양쪽 또는 어느 한쪽의 신청을 받아 교섭단위를 분리하거나 분리된 교섭단위를 통합하는 결정을 할 수 있다(노조법 제29조의3 제2항).

④ (○) 노동위원회는 신청을 받은 날부터 30일 이내에 교섭단위를 분리하거나 분리된 교섭단위를 통합하는 결정을 하고 해당 사업 또는 사업장의 모든 노동조합과 사용자에게 통지해야 한다(노조법 시행령 제14조의11 제3항).

⑤ (×) 교섭단위를 분리하거나 분리된 교섭단위를 통합하는 결정의 신청에 대한 노동위원회의 결정이 있기 전에 교섭 요구가 있는 때에는 교섭단위를 분리하거나 분리된 교섭단위를 통합하는 결정이 있을 때까지 교섭요구 사실의 공고 등 교섭창구단일화절차의 진행은 정지된다(노조법 시행령 제14조의11 제5항).

답 ❹

015 **노동조합 및 노동관계조정법령상 교섭단위 결정 등에 관한 설명으로 옳지 않은 것은?** 23 노무

□□□

① 교섭대표노동조합을 결정하여야 하는 단위는 하나의 사업 또는 사업장으로 한다.

② 노동위원회는 사용자의 신청을 받아 교섭단위를 분리하는 결정을 할 수 있다.

③ 노동위원회는 노동조합의 신청을 받아 분리된 교섭단위를 통합하는 결정을 할 수 있다.

④ 노동조합이 교섭단위를 분리하여 교섭하려는 경우 사용자가 교섭요구 사실을 공고하기 전에는 교섭단위를 분리하는 결정을 신청할 수 있다.

⑤ 사용자는 분리된 교섭단위를 통합하여 교섭하려는 경우 교섭대표노동조합이 결정된 날 이후에는 그 통합하는 결정을 신청할 수 없다.

해설

① (○) 노조법 제29조의3 제1항

② (○) 하나의 사업 또는 사업장에서 현격한 근로조건의 차이, 고용형태, 교섭 관행 등을 고려하여 교섭단위를 분리하거나 분리된 교섭단위를 통합할 필요가 있다고 인정되는 경우에 노동위원회는 노동관계 당사자의 양쪽 또는 어느 한쪽의 신청을 받아 교섭단위를 분리하거나 분리된 교섭단위를 통합하는 결정을 할 수 있다(노조법 제29조의3 제2항).

③ (○) 노조법 제29조의3 제2항

④ (○) 사용자가 교섭요구사실을 공고하기 전이나, 사용자가 교섭요구사실을 공고한 경우에는 교섭대표노동조합이 결정된 날 이후에 노동위원회에 교섭단위를 분리하거나 분리된 교섭단위를 통합하는 결정을 신청할 수 있다(노조법 시행령 제14조의11 제1항).

⑤ (×) 사용자가 교섭요구사실을 공고하기 전이나, 사용자가 교섭요구사실을 공고한 경우에는 교섭대표노동조합이 결정된 날 이후에 노동위원회에 교섭단위를 분리하거나 분리된 교섭단위를 통합하는 결정을 신청할 수 있다(노조법 시행령 제14조의11 제1항).

교섭단위 결정(노조법 시행령 제14조의11)

① 노동조합 또는 사용자는 법 제29조의3 제2항에 따라 교섭단위를 분리하거나 분리된 교섭단위를 통합하여 교섭하려는 경우에는 다음 각 호에 해당하는 기간에 노동위원회에 교섭단위를 분리하거나 분리된 교섭단위를 통합하는 결정을 신청할 수 있다.

1. 제14조의3에 따라 사용자가 교섭요구 사실을 공고하기 전
2. 제14조의3에 따라 사용자가 교섭요구 사실을 공고한 경우에는 법 제29조의2에 따른 교섭대표노동조합이 결정된 날 이후

② 제1항에 따른 신청을 받은 노동위원회는 해당 사업 또는 사업장의 모든 노동조합과 사용자에게 그 내용을 통지해야 하며, 그 노동조합과 사용자는 노동위원회가 지정하는 기간까지 의견을 제출할 수 있다.

③ 노동위원회는 제1항에 따른 신청을 받은 날부터 30일 이내에 교섭단위를 분리하거나 분리된 교섭단위를 통합하는 결정을 하고 해당 사업 또는 사업장의 모든 노동조합과 사용자에게 통지해야 한다.

답 ❺

016 □□□ **노동조합 및 노동관계조정법상 단체교섭 등에 관한 설명으로 옳지 않은 것은?(다툼이 있으면 판례에 따름)** 21 노무

① 교섭대표노동조합을 결정하여야 하는 단위는 하나의 사업 또는 사업장으로 한다.
② 노동조합의 하부단체인 분회나 지부가 독자적인 규약 및 집행기관을 가지고 독립된 조직체로서 활동을 하더라도 당해 조직이나 그 조합원에 고유한 사항에 대하여 독자적으로 단체교섭하고 단체협약을 체결할 수는 없다.
③ 일반적으로 구성원인 근로자의 노동조건 기타 근로자의 대우 또는 당해 단체적 노사관계의 운영에 관한 사항으로 사용자가 처분할 수 있는 사항은 단체교섭의 대상인 단체교섭사항에 해당한다.
④ 기업의 구조조정 실시 여부는 경영주체에 의한 고도의 경영상 결단에 속하는 사항으로서 원칙적으로 단체교섭의 대상이 될 수 없다.
⑤ 노동조합이 조합원들의 의사를 반영하고 대표자의 단체교섭 및 단체협약 체결업무 수행에 대한 적절한 통제를 위하여 대표자의 단체협약체결권한의 행사를 절차적으로 제한하는 것은, 그것이 단체협약체결권한을 전면적・포괄적으로 제한하는 것이 아닌 이상 허용된다.

해설

① (○) 노조법 제29조의3 제1항
② (×) 노동조합의 하부단체인 분회나 지부가 독자적인 규약 및 집행기관을 가지고 독립된 조직체로서 활동을 하는 경우 당해 조직이나 그 조합원에 고유한 사항에 대하여는 독자적으로 단체교섭하고 단체협약을 체결할 수 있고, 이는 그 분회나 지부가 노조법 시행령 제7조의 규정에 따라 그 설립신고를 하였는지 여부에 영향받지 아니한다(대판 2011.5.26. 2011다1842).
③ (○) 단체교섭의 대상이 되는 단체교섭사항에 해당하는지 여부는 헌법 제33조 제1항과 노조법 제29조에서 근로자에게 단체교섭권을 보장한 취지에 비추어 판단하여야 하므로 일반적으로 구성원인 근로자의 노동조건 기타 근로자의 대우 또는 당해 단체적 노사관계의 운영에 관한 사항으로 사용자가 처분할 수 있는 사항은 단체교섭의 대상인 단체교섭사항에 해당한다(대판 2003.12.26. 2003두8906).
④ (○) 정리해고나 사업조직의 통폐합 등 기업의 구조조정의 실시 여부는 경영주체에 의한 고도의 경영상 결단에 속하는 사항으로서 이는 원칙적으로 단체교섭의 대상이 될 수 없고, 그것이 긴박한 경영상의 필요나 합리적인 이유 없이 불순한 의도로 추진되는 등의 특별한 사정이 없는 한, 노동조합이 실질적으로 그 실시 자체를 반대하기 위하여 쟁의행위에 나아간다면, 비록 그 실시로 인하여 근로자들의 지위나 근로조건의 변경이 필연적으로 수반된다 하더라도 그 쟁의행위는 목적의 정당성을 인정할 수 없다(대판 2003.12.11. 2001도3429).
⑤ (○) 노동조합이 조합원들의 의사를 반영하고 대표자의 단체교섭 및 단체협약 체결업무 수행에 대한 적절한 통제를 위하여 규약 등에서 내부절차를 거치도록 하는 등 대표자의 단체협약체결권한의 행사를 절차적으로 제한하는 것은, 그것이 단체협약체결권한을 전면적・포괄적으로 제한하는 것이 아닌 이상 허용된다(대판 2018.7.26. 2016다205908).

답 ❷

017 □□□ **노동조합 및 노동관계조정법상 교섭대표노동조합 등에 관한 설명으로 옳지 않은 것은?(다툼이 있으면 판례에 따름)** 21 노무

① 교섭대표노동조합의 대표자는 교섭을 요구한 모든 노동조합 또는 조합원을 위하여 사용자와 교섭하고 단체협약을 체결할 권한을 가진다.

② 교섭대표노동조합결정절차에 참여한 모든 노동조합은 대통령령으로 정하는 기한 내에 자율적으로 교섭대표노동조합을 정한다.

③ 교섭창구단일화절차에서 교섭대표노동조합이 가지는 대표권은 법령에서 특별히 권한으로 규정하지 아니한 이상 단체교섭 및 단체협약 체결(보충교섭이나 보충협약 체결을 포함한다)과 체결된 단체협약의 구체적인 이행과정에만 미치는 것이고, 이와 무관하게 노사관계 전반에까지 당연히 미친다고 볼 수는 없다.

④ 공동교섭대표단에 참여할 수 있는 노동조합은 그 조합원 수가 교섭창구단일화절차에 참여한 노동조합의 전체 조합원 100분의 10 이상인 노동조합으로 한다.

⑤ 공동교섭대표단의 구성에 합의하지 못할 경우에 고용노동부장관은 해당 노동조합의 신청에 따라 조합원 비율을 고려하여 이를 결정할 수 있다.

해설

① (O) 노조법 제29조 제2항

② (O) 노조법 제29조의2 제3항

③ (O) 교섭창구단일화 및 공정대표의무에 관련된 법령규정의 문언, 교섭창구단일화제도의 취지와 목적, 교섭대표노동조합이 아닌 노동조합 및 그 조합원의 노동3권 보장 필요성 등을 고려하면, 교섭창구단일화절차에서 교섭대표노동조합이 가지는 대표권은 법령에서 특별히 권한으로 규정하지 아니한 이상 단체교섭 및 단체협약 체결(보충교섭이나 보충협약 체결을 포함한다)과 체결된 단체협약의 구체적인 이행과정에만 미치는 것이고, 이와 무관하게 노사관계 전반에까지 당연히 미친다고 볼 수는 없다(대판 2019.10.31. 2017두37772).

④ (O) 노조법 제29조의2 제5항 후문

⑤ (×) 공동교섭대표단의 구성에 합의하지 못할 경우에 노동위원회는 해당 노동조합의 신청에 따라 조합원 비율을 고려하여 이를 결정할 수 있다(노조법 제29조의2 제6항).

답 ⑤

018 □□□ **노동조합 및 노동관계조정법상 공정대표의무에 관한 설명으로 옳지 않은 것은?(다툼이 있으면 판례에 따름)** 21 노무

① 교섭대표노동조합은 교섭창구단일화절차에 참여한 노동조합 또는 그 조합원 간에 합리적 이유 없이 차별을 하여서는 아니 된다.

② 교섭창구단일화절차에 참여한 노동조합은 교섭대표노동조합이 공정대표의무를 위반하여 차별한 경우에는 그 행위가 있은 날(단체협약내용의 일부 또는 전부가 공정대표의무에 위반되는 경우에는 단체협약 체결일을 말한다)부터 3개월 이내에 대통령령으로 정하는 방법과 절차에 따라 노동위원회에 그 시정을 요청할 수 있다.

③ 노동위원회는 공정대표의무 위반의 시정신청에 대하여 합리적 이유 없이 차별하였다고 인정한 때에는 그 시정에 필요한 명령을 하여야 한다.

④ 공정대표의무는 단체교섭의 과정이나 그 결과물인 단체협약의 내용에 한하여 인정되므로 단체협약의 이행과정에서도 준수되어야 하는 것은 아니다.

⑤ 사용자의 공정대표의무 위반에 대한 벌칙규정은 없다.

해설

① (O) 노조법 제29조의4 제1항
② (O) 노조법 제29조의4 제2항
③ (O) 노조법 제29조의4 제3항
④ (×) 공정대표의무는 헌법이 보장하는 단체교섭권의 본질적 내용이 침해되지 않도록 하기 위한 제도적 장치로 기능하고, 교섭대표노동조합과 사용자가 체결한 단체협약의 효력이 교섭창구단일화절차에 참여한 다른 노동조합에도 미치는 것을 정당화하는 근거가 된다. 따라서 교섭대표노동조합이 사용자와 체결한 단체협약의 내용이 합리적 이유 없이 교섭대표노동조합이 되지 못한 노동조합 또는 그 조합원을 차별하는 경우 공정대표의무 위반에 해당한다. 그리고 이러한 공정대표의무의 취지와 기능 등에 비추어 보면, 공정대표의무는 단체교섭의 과정이나 그 결과물인 단체협약의 내용뿐만 아니라 단체협약의 이행과정에서도 준수되어야 한다(대판 2019.10.31. 2017두37772).
⑤ (O) 노조법에는 사용자의 공정대표의무 위반에 대한 벌칙규정이 명시되어 있지 아니하다.

답 ❹

PART 1 PART 2 PART 3

019 노동조합 및 노동관계조정법령상 단체교섭에 관한 설명으로 옳지 않은 것은?  20 노무

□□□

① 교섭대표노동조합의 대표자는 교섭을 요구한 모든 노동조합을 위하여 사용자와 교섭하고 단체협약을 체결할 권한을 가진다.
② 노동조합으로부터 단체교섭에 관한 권한을 위임받은 자는 자유롭게 권한을 행사할 수 있다.
③ 사용자는 단체교섭에 관한 권한을 위임한 때에는 그 사실을 노동조합에게 통보하여야 한다.
④ 노동조합은 해당 사업 또는 사업장에 단체협약이 2개 이상 있는 경우에는 먼저 이르는 단체협약의 유효기간 만료일 이전 3개월이 되는 날부터 사용자에게 교섭을 요구할 수 있다.
⑤ 교섭대표노동조합과 사용자가 교섭창구단일화절차에 참여한 노동조합과 그 조합원 간에 합리적 이유 없이 차별한 경우에는 노동조합은 그 행위가 있은 날부터 3개월 이내에 노동위원회에 그 시정을 요청할 수 있다.

해설

① (O) 노조법 제29조 제2항
② (×) 노동조합과 사용자 또는 사용자단체로부터 교섭 또는 단체협약의 체결에 관한 권한을 위임받은 자는 그 노동조합과 사용자 또는 사용자단체를 위하여 위임받은 범위 안에서 그 권한을 행사할 수 있다(노조법 제29조 제3항).
③ (O) 노조법 제29조 제4항
④ (O) 노조법 시행령 제14조의2 제1항 단서
⑤ (O) 노조법 제29조의4 제2항

답 ❷

020 노동조합 및 노동관계조정법령상 단체교섭 및 단체협약에 대한 설명으로 옳지 않은 것은?

□□□

23 국가직 9급

① 노동위원회는 분리된 교섭단위를 통합하는 결정의 신청을 받은 날부터 30일 이내에 분리된 교섭단위를 통합하는 결정을 하고 해당 사업 또는 사업장의 모든 노동조합과 사용자에게 통지해야 한다.
② 국가 및 지방자치단체는 기업・산업・지역별 교섭 등 다양한 교섭방식을 노동관계 당사자가 자율적으로 선택할 수 있도록 지원하고 이에 따른 단체교섭이 활성화될 수 있도록 노력하여야 한다.
③ 노동조합 또는 사용자가 교섭단위를 분리하여 교섭하려는 경우, 사용자가 교섭요구 사실을 공고한 경우에는 교섭대표노동조합이 결정되기 전에 노동위원회에 교섭단위를 분리하는 결정을 신청하여야 한다.
④ 단체협약의 유효기간은 3년을 초과하지 않는 범위에서 노사가 합의하여 정할 수 있다.

해설

① (O) 노동위원회는 노동조합 또는 사용자가 노동위원회에 교섭단위를 분리하거나 분리된 교섭단위를 통합하는 결정을 신청한 경우, <u>신청을 받은 날부터 30일 이내에 교섭단위를 분리하거나 분리된 교섭단위를 통합하는 결정을 하고 해당 사업 또는 사업장의 모든 노동조합과 사용자에게 통지해야</u> 한다(노조법 시행령 제14조의11 제3항).
② (O) 노조법 제30조 제3항
③ (×) 교섭단위의 분리・통합 결정 신청은 사용자가 교섭요구사실을 공고하기 이전에 하여야 한다. <u>공고하였다면 교섭대표노동조합이 결정된 날 이후에 신청할 수 있다</u>(노조법 시행령 제14조의11 제1항 제2호).

교섭단위 결정(노조법 시행령 제14조의11)

① 노동조합 또는 사용자는 법 제29조의3 제2항에 따라 교섭단위를 분리하거나 분리된 교섭단위를 통합하여 교섭하려는 경우에는 다음 각 호에 해당하는 기간에 노동위원회에 교섭단위를 분리하거나 분리된 교섭단위를 통합하는 결정을 신청할 수 있다.
1. 제14조의3에 따라 사용자가 교섭요구 사실을 공고하기 전
2. 제14조의3에 따라 <u>사용자가 교섭요구 사실을 공고한 경우에는 법 제29조의2에 따른 교섭대표노동조합이 결정된 날 이후</u>

④ (O) 노조법 제32조 제1항

021 □□□ **노동조합 및 노동관계조정법상 단체교섭에 대한 설명으로 옳지 않은 것은?(다툼이 있는 경우 판례에 의함)**

23 국가직 9급

① 일반적으로 구성원인 근로자의 노동조건 기타 근로자의 대우에 관한 사항으로 사용자가 처분할 수 있는 사항은 단체교섭의 대상에 해당한다.

② 정리해고나 사업조직의 통폐합 등 기업의 구조조정의 실시 여부는 경영주체에 의한 고도의 경영상 결단에 속하는 사항으로서 이는 원칙적으로 단체교섭의 대상이 될 수 없다.

③ 파업 중이라는 사정은 사용자가 단체교섭을 거부할 만한 정당한 이유가 된다.

④ 사용자가 노동조합과의 단체교섭을 정당한 이유 없이 거부하다가 법원으로부터 노동조합과의 단체교섭을 거부하여서는 아니 된다는 취지의 집행력 있는 판결이나 가처분결정을 받고서도 이를 위반하여 노동조합과의 단체교섭을 거부하였다면, 그 단체교섭 거부행위는 노동조합에 대하여 불법행위를 구성한다.

해설

① (○) 단체교섭의 대상이 되는 단체교섭사항에 해당하는지 여부는 헌법 제33조 제1항과 노조법 제29조에서 근로자에게 단체교섭권을 보장한 취지에 비추어 판단하여야 하므로 일반적으로 구성원인 근로자의 노동조건 기타 근로자의 대우 또는 당해 단체적 노사관계의 운영에 관한 사항으로 사용자가 처분할 수 있는 사항은 단체교섭의 대상인 단체교섭사항에 해당한다(대판 2003.12.26. 2003두8906).

② (○) 정리해고나 사업조직의 통폐합 등 기업의 구조조정의 실시 여부는 경영주체에 의한 고도의 경영상 결단에 속하는 사항으로서 이는 원칙적으로 단체교섭의 대상이 될 수 없고, 그것이 긴박한 경영상의 필요나 합리적인 이유 없이 불순한 의도로 추진되는 등의 특별한 사정이 없는 한, 노동조합이 실질적으로 그 실시 자체를 반대하기 위하여 쟁의행위에 나아간다면, 비록 그 실시로 인하여 근로자들의 지위나 근로조건의 변경이 필연적으로 수반된다 하더라도 그 쟁의행위는 목적의 정당성을 인정할 수 없다(대판 2003.12.11. 2001도3429).

③ (×) 쟁의행위는 단체교섭을 촉진하기 위한 수단으로서의 성질을 가지므로 쟁의기간 중이라는 사정이 사용자가 단체교섭을 거부할 만한 정당한 이유가 될 수 없고, 한편 당사자가 성의 있는 교섭을 계속하였음에도 단체교섭이 교착상태에 빠져 교섭의 진전이 더 이상 기대될 수 없는 상황이라면 사용자가 단체교섭을 거부하더라도 그 거부에 정당한 이유가 있다고 할 것이지만, 위와 같은 경우에도 노동조합 측으로부터 새로운 타협안이 제시되는 등 교섭 재개가 의미 있을 것으로 기대할 만한 사정변경이 생긴 경우에는 사용자로서는 다시 단체교섭에 응하여야 하므로, 위와 같은 사정변경에도 불구하고 사용자가 단체교섭을 거부하는 경우에는 그 거부에 정당한 이유가 있다고 할 수 없다(대판 2006.2.24. 2005도8606).

④ (○) 사용자가 노동조합과의 단체교섭을 정당한 이유 없이 거부하다가 법원으로부터 노동조합과의 단체교섭을 거부하여서는 아니 된다는 취지의 집행력 있는 판결이나 가처분결정을 받고도 이를 위반하여 노동조합과의 단체교섭을 거부하였다면, 그 단체교섭 거부행위는 건전한 사회통념이나 사회상규상 용인할 수 없는 행위로서 헌법이 보장하고 있는 노동조합의 단체교섭권을 침해하는 위법한 행위이므로 노동조합에 대하여 불법행위가 된다(대판 2006.10.26. 2004다11070).

답 ❸

022 □□□ **노동조합 및 노동관계조정법령상 단체교섭에 관한 설명으로 옳지 않은 것은?(다툼이 있으면 판례에 따름)**

18 노무

① 단체교섭의 대상에 해당하는지 여부는 헌법과 노동조합 및 노동관계조정법상 근로자에게 단체교섭권을 보장한 취지에 비추어 판단하여야 한다.

② 근로조건 그 자체는 아니지만 근로조건과 밀접한 관련을 가지는 사항은 사용자의 경영권을 근본적으로 제약하지 않는 경우 단체교섭 대상이 될 수 있다.

③ 보건에 관한 사항은 노사협의회의 협의사항일 뿐 단체교섭 대상이 될 수 없다.

④ 비조합원의 근로조건이라도 그것이 조합원의 근로조건 및 집단적 노동관계에 영향을 주는 경우에는 단체교섭 대상이 될 수 있다.

⑤ 집단적 노동관계에 관한 사항은 근로조건과 밀접한 관계가 있기 때문에 강행법규나 공서양속에 반하지 않는 이상 단체교섭 대상이 될 수 있다.

해설

① (○) 단체교섭의 대상이 되는 단체교섭사항에 해당하는지 여부는 헌법 제33조 제1항과 노조법 제29조에서 근로자에게 단체교섭권을 보장한 취지에 비추어 판단하여야 하므로 일반적으로 구성원인 근로자의 노동조건 기타 근로자의 대우 또는 당해 단체적 노사관계의 운영에 관한 사항으로 사용자가 처분할 수 있는 사항은 단체교섭의 대상인 단체교섭사항에 해당한다(대판 2003.12.26. 2003두8906).

② (○) 단체협약 중 조합원의 차량별 고정승무발령, 배차시간, 대기기사 배차순서 및 일당기사 배차에 관하여 노조와 사전합의를 하도록 한 조항은 그 내용이 한편으로는 사용자의 경영권에 속하는 사항이지만 다른 한편으로는 근로자들의 근로조건과도 밀접한 관련이 있는 부분으로서 사용자의 경영권을 근본적으로 제약하는 것은 아니라고 보여지므로 단체협약의 대상이 될 수 있고 그 내용 역시 헌법이나 노조법 기타 노동관계법규에 어긋나지 아니하므로 정당하다(대판 1994.8.26. 93누8993).

③ (×) 근참법 제20조 제4호에서 협의회가 보건에 관한 사항을 협의하여야 한다고 규정하고 있으나, 근참법 제5조에서 노동조합의 단체교섭이나 그 밖의 모든 활동은 근참법에 의하여 영향을 받지 아니한다고 규정하고 있으므로, 보건에 관한 사항도 단체교섭의 대상이 될 수 있다.

④ (○) 비조합원의 근로조건은 원칙적으로 단체교섭의 대상은 아니나, 그것이 조합원의 근로조건 및 집단적 노동관계에 영향을 주는 경우에는 단체교섭 대상이 될 수 있다.

⑤ (○) 단체적 노사관계의 운영에 관한 사항으로 사용자가 처분할 수 있는 사항은 근로조건과 밀접한 관계가 있는 경우, 강행법규나 공서양속에 반하지 않는 이상 단체교섭 대상이 될 수 있다고 하여야 한다.

답 ❸

023 □□□ **노동조합 및 노동관계조정법령상 교섭단위 결정에 관한 설명으로 옳은 것은?** 20 노무

① 노동위원회는 사용자의 신청을 받아 교섭단위를 분리하는 결정을 할 수 없다.
② 교섭대표노동조합을 결정하여야 하는 단위는 하나의 사업 또는 사업장으로 한다.
③ 사용자가 교섭요구사실을 공고한 경우에는 교섭대표노동조합이 결정된 날 이후부터 교섭단위 분리 신청을 할 수 없다.
④ 노동위원회는 교섭단위 분리신청을 받은 날부터 60일 이내에 교섭단위 분리에 관한 결정을 하여야 한다.
⑤ 교섭단위 분리에 관한 노동위원회의 결정에 대하여 중앙노동위원회에 재심을 신청하려는 자는 그 결정서를 송달받은 날로부터 15일 이내에 할 수 있다.

해설

① (×) 하나의 사업 또는 사업장에서 현격한 근로조건의 차이, 고용형태, 교섭관행 등을 고려하여 교섭단위를 분리하거나 분리된 교섭단위를 통합할 필요가 있다고 인정되는 경우에 노동위원회는 노동관계당사자의 양쪽 또는 어느 한쪽의 신청을 받아 교섭단위를 분리하거나 분리된 교섭단위를 통합하는 결정을 할 수 있다(노조법 제29조의3 제2항).
② (O) 노조법 제29조의3 제1항
③ (×) 사용자가 교섭단위를 분리하거나 분리된 교섭단위를 통합하여 교섭하려는 경우, 사용자가 교섭요구사실을 공고한 경우에는 교섭대표노동조합이 결정된 날 이후에 노동위원회에 교섭단위를 분리하거나 분리된 교섭단위를 통합하는 결정을 신청할 수 있다(노조법 시행령 제14조의11 제1항 제2호).
④ (×) 노동위원회는 신청을 받은 날부터 30일 이내에 교섭단위를 분리하거나 분리된 교섭단위를 통합하는 결정을 하고 해당 사업 또는 사업장의 모든 노동조합과 사용자에게 통지해야 한다(노조법 시행령 제14조의11 제3항).
⑤ (×) 관계당사자는 지방노동위원회 또는 특별노동위원회의 중재재정이 위법이거나 월권에 의한 것이라고 인정하는 경우에는 그 중재재정서의 송달을 받은 날부터 10일 이내에 중앙노동위원회에 그 재심을 신청할 수 있다(노조법 제69조 제1항).

교섭단위 결정(노조법 제29조의3)

② 하나의 사업 또는 사업장에서 현격한 근로조건의 차이, 고용형태, 교섭관행 등을 고려하여 교섭단위를 분리하거나 분리된 교섭단위를 통합할 필요가 있다고 인정되는 경우에 노동위원회는 노동관계당사자의 양쪽 또는 어느 한쪽의 신청을 받아 교섭단위를 분리하거나 분리된 교섭단위를 통합하는 결정을 할 수 있다.
③ 제2항에 따른 노동위원회의 결정에 대한 불복절차 및 효력은 제69조와 제70조 제2항을 준용한다.

답 ❷

024 □□□ 상시근로자 100명을 고용하고 있는 A사업장에는 갑, 을, 병, 정 노동조합이 설립되어 있으며 각각 26명, 15명, 14명, 5명의 조합원이 가입되어 있다. 정 노동조합을 제외한 갑, 을, 병 3개의 노동조합이 교섭창구단일화절차에 참여하였다. 사용자가 교섭창구단일화절차를 거치지 아니하기로 별도로 동의하지 아니한 상황에서 자율적으로 결정하는 기한 내에 교섭대표노동조합을 결정하지 못한 경우 교섭대표노동조합이 될 수 없는 것은? 20 노무

① 갑, 을, 병의 연합
② 갑, 병의 연합
③ 을의 위임을 받은 갑
④ 병의 위임을 받은 을
⑤ 정의 위임을 받은 갑

해설

① (○), ② (○), ③ (○), ④ (○), ⑤ (×)

자율적 교섭대표노조 결성기한 내에 교섭대표노조를 정하지 못하고 사용자의 개별교섭동의를 얻지 못한 경우에는, 2개 이상의 노조가 위임 또는 연합 등의 방법으로 교섭창구단일화절차에 참여한 노조 전체 조합원의 과반수가 되는 경우를 포함하여 교섭창구단일화절차에 참여한 노조 전체 조합원 과반수로 조직된 노조인 과반수노조를 교섭대표노조로 인정하고 있다(노조법 제29조의2 제4항). 따라서 갑, 을, 병의 연합은 당연히 교섭대표노조가 될 수 있고, 갑, 병의 연합은 40/55, 을의 위임을 받은 갑은 41/55, 병의 위임을 받은 을은 29/55로 단일화절차에 참여한 노조 전체 조합원의 과반수라는 점에서 교섭대표노조가 될 수 있다. 그러나 노조 정은 교섭창구단일화절차에 참여하지 아니하였다는 점에서 노조법 제29조의2 제4항이 적용되지 아니하므로, 정의 위임을 받은 갑은 26/55로 과반수에 미치지 아니하여 교섭대표노조가 될 수 없다.

교섭창구단일화절차(노조법 제29조의2)

③ 교섭대표노동조합결정절차(이하 "교섭창구단일화절차")에 참여한 모든 노동조합은 대통령령으로 정하는 기한 내에 자율적으로 교섭대표노동조합을 정한다.

④ 제3항에 따른 기한까지 교섭대표노동조합을 정하지 못하고 제1항 단서에 따른 사용자의 동의를 얻지 못한 경우에는 교섭창구단일화절차에 참여한 노동조합의 전체 조합원 과반수로 조직된 노동조합(2개 이상의 노동조합이 위임 또는 연합 등의 방법으로 교섭창구단일화절차에 참여한 노동조합 전체 조합원의 과반수가 되는 경우를 포함)이 교섭대표노동조합이 된다.

답 ⑤

025 □□□ **노동조합 및 노동관계조정법령상 단체교섭에 관한 설명으로 옳지 않은 것은?(다툼이 있으면 판례에 따름)** 19 노무

① 노동조합 대표자는 그 노동조합 또는 조합원을 위하여 사용자나 사용자단체와 교섭할 권한을 가진다.

② 단위노동조합이 당해 노동조합이 가입한 상부단체인 연합단체에 단체교섭권한을 위임한 경우 단위노동조합의 단체교섭권한은 소멸한다.

③ 노동조합과 사용자 또는 사용자단체는 신의에 따라 성실히 교섭하여야 한다.

④ 노동조합과 사용자 또는 사용자단체는 정당한 이유 없이 교섭을 거부하여서는 아니 된다.

⑤ 노동조합의 하부단체인 지부가 독자적인 규약 및 집행기관을 가지고 독립된 조직체로서 활동하는 경우 당해 조직이나 그 조합원에 고유한 사항에 대하여는 독자적으로 단체교섭을 할 수 있다.

해설

① (○) 노조법 제29조 제1항

② (×) 구 노조법 제33조 제1항에서 규정하고 있는 단체교섭권한의 '위임'이라고 함은 노동조합이 조직상의 대표자 이외의 자에게 조합 또는 조합원을 위하여, 조합의 입장에서 사용자 측과 사이에 단체교섭을 하는 사무처리를 맡기는 것을 뜻하고, 그 위임 후 이를 해지하는 등의 별개의 의사표시가 없더라도 노동조합의 단체교섭권한은 여전히 수임자의 단체교섭권한과 중복하여 경합적으로 남아 있다고 할 것이며, 같은 조 제2항의 규정에 따라 단위노동조합이 당해 노동조합이 가입한 상부단체인 연합단체에 그러한 권한을 위임한 경우에 있어서도 달리 볼 것은 아니다(대판 1998.11.13. 98다20790).

③ (○) 노조법 제30조 제1항

④ (○) 노조법 제30조 제2항

⑤ (○) 노동조합의 하부단체인 분회나 지부가 독자적인 규약 및 집행기관을 가지고 독립된 조직체로서 활동을 하는 경우 당해 조직이나 그 조합원에 고유한 사항에 대하여는 독자적으로 단체교섭하고 단체협약을 체결할 수 있고, 이는 그 분회나 지부가 노조법 시행령 제7조의 규정에 따라 그 설립신고를 하였는지 여부에 영향받지 아니한다(대판 2001.2.23. 2000도4299).

답 ❷

026 □□□ **노동조합 및 노동관계조정법령상 공정대표의무 등에 관한 설명으로 옳지 않은 것은?(다툼이 있으면 판례에 따름)** 23 노무

① 교섭창구 단일화 절차에 참여한 노동조합은 단체협약의 내용의 일부가 공정대표의무에 위반되는 경우에는 단체협약 체결일부터 3개월 이내에 그 시정을 요청할 수 있다.
② 교섭대표노동조합과 사용자는 교섭창구 단일화 절차에 참여한 노동조합의 조합원 간에 합리적 이유 없이 차별을 하여서는 아니 된다.
③ 노동위원회는 공정대표의무 위반의 시정 신청을 받은 때에는 지체 없이 필요한 조사와 관계당사자에 대한 심문(審問)을 하여야 한다.
④ 노동위원회는 공정대표의무 위반의 시정 신청에 따른 심문을 할 때에는 관계 당사자의 신청이 없는 경우 직권으로 증인을 출석하게 하여 질문할 수 없다.
⑤ 교섭대표노동조합이 교섭창구 단일화 절차에 참여한 다른 노동조합을 차별한 것으로 인정되는 경우, 그와 같은 차별에 합리적인 이유가 있다는 점은 교섭대표노동조합에게 주장·증명책임이 있다.

해설

① (○) 노동조합은 교섭대표노동조합과 사용자가 공정대표의무를 위반하여 차별한 경우에는 그 행위가 있은 날(단체협약의 내용의 일부 또는 전부가 공정대표의무에 위반되는 경우에는 단체협약 체결일)부터 3개월 이내에 대통령령으로 정하는 방법과 절차에 따라 노동위원회에 그 시정을 요청할 수 있다(노조법 제29조의4 제2항).
② (○) 노조법 제29조의4 제1항
③ (○) 노조법 시행령 제14조의12 제2항
④ (×) 노동위원회는 공정대표의무위반의 시정신청 따른 심문을 할 때에는 관계 당사자의 신청이나 직권으로 증인을 출석하게 하여 필요한 사항을 질문할 수 있다(노조법 시행령 제14조의12 제3항).
⑤ (○) 교섭대표노동조합이나 사용자가 교섭창구단일화절차에 참여한 다른 노동조합 또는 그 조합원을 차별한 것으로 인정되는 경우, 그와 같은 차별에 합리적인 이유가 있다는 점은 교섭대표노동조합이나 사용자에게 주장·증명책임이 있다(대판 2018.8.30. 2017다218642).

공정대표의무 등(노조법 제29조의4)

① 교섭대표노동조합과 사용자는 교섭창구 단일화 절차에 참여한 노동조합 또는 그 조합원 간에 합리적 이유 없이 차별을 하여서는 아니 된다.
② 노동조합은 교섭대표노동조합과 사용자가 제1항을 위반하여 차별한 경우에는 그 행위가 있은 날(단체협약의 내용의 일부 또는 전부가 제1항에 위반되는 경우에는 단체협약 체결일)부터 3개월 이내에 대통령령으로 정하는 방법과 절차에 따라 노동위원회에 그 시정을 요청할 수 있다.
③ 노동위원회는 제2항에 따른 신청에 대하여 합리적 이유 없이 차별하였다고 인정한 때에는 그 시정에 필요한 명령을 하여야 한다.
④ 제3항에 따른 노동위원회의 명령 또는 결정에 대한 불복절차 등에 관하여는 제85조 및 제86조를 준용한다.

공정대표의무 위반에 대한 시정(노조법 시행령 제14조의12)

① 노동조합은 법 제29조의2에 따라 결정된 교섭대표노동조합과 사용자가 법 제29조의4 제1항을 위반하여 차별한 경우에는 고용노동부령으로 정하는 바에 따라 노동위원회에 공정대표의무 위반에 대한 시정을 신청할 수 있다.
② 노동위원회는 제1항에 따른 공정대표의무 위반의 시정 신청을 받은 때에는 지체 없이 필요한 조사와 관계당사자에 대한 심문(審問)을 하여야 한다.
③ 노동위원회는 제2항에 따른 심문을 할 때에는 관계 당사자의 신청이나 직권으로 증인을 출석하게 하여 필요한 사항을 질문할 수 있다.
④ 노동위원회는 제2항에 따른 심문을 할 때에는 관계 당사자에게 증거의 제출과 증인에 대한 반대심문을 할 수 있는 충분한 기회를 주어야 한다.
⑤ 노동위원회는 제1항에 따른 공정대표의무 위반의 시정 신청에 대한 명령이나 결정을 서면으로 하여야 하며, 그 서면을 교섭대표노동조합, 사용자 및 그 시정을 신청한 노동조합에 각각 통지하여야 한다.

답 ④

027 □□□ **노동조합 및 노동관계조정법령상 공정대표의무에 관한 설명으로 옳지 않은 것은?(다툼이 있으면 판례에 따름)** 19 노무

① 사용자는 교섭창구단일화절차에 참여한 노동조합 또는 그 조합원 간에 합리적 이유 없이 차별을 하여서는 아니 된다.

② 노동조합은 교섭대표노동조합이 공정대표의무를 위반하여 차별한 경우에는 그 행위가 있은 날부터 6개월 이내에 노동위원회에 그 시정을 요청할 수 있다.

③ 공정대표의무 위반에 대한 형사벌칙규정이 없다.

④ 사용자가 교섭창구단일화절차에 참여한 다른 노동조합 또는 그 조합원을 차별한 것으로 인정되는 경우, 차별에 합리적인 이유가 있다는 점은 사용자에게 주장·증명책임이 있다.

⑤ 공정대표의무는 단체교섭의 과정이나 그 결과물인 단체협약의 내용뿐만 아니라 단체협약의 이행과정에서도 준수되어야 한다.

해설

① (O) 노조법 제29조의4 제1항

② (×) 노동조합은 교섭대표노동조합이 공정대표의무를 위반하여 차별한 경우에는 그 행위가 있은 날부터 3개월 이내에 대통령령으로 정하는 방법과 절차에 따라 노동위원회에 그 시정을 요청할 수 있다(노조법 제29조의4 제2항).

③ (O) 노조법은 공정대표의무 위반행위에 대해 따로 형사처벌규정을 두고 있지 아니하다.

④ (O) 교섭대표노동조합이나 사용자가 교섭창구단일화절차에 참여한 다른 노동조합 또는 그 조합원을 차별한 것으로 인정되는 경우, 그와 같은 차별에 합리적인 이유가 있다는 점은 교섭대표노동조합이나 사용자에게 주장·증명책임이 있다(대판 2018.8.30. 2017다218642).

⑤ (O) 공정대표의무의 취지와 기능 등에 비추어 보면, 공정대표의무는 단체교섭의 과정이나 그 결과물인 단체협약의 내용뿐만 아니라 단체협약의 이행과정에서도 준수되어야 한다고 봄이 타당하다(대판 2018.8.30. 2017다218642).

028 □□□ **노동조합 및 노동관계조정법령상 교섭창구단일화제도에 관한 설명으로 옳은 것은?(다툼이 있으면 판례에 따름)** 19 노무

① 하나의 사업 또는 사업장 단위에서 유일하게 존재하는 노동조합이 교섭창구단일화절차를 형식적으로 거쳤다면 교섭대표노동조합의 지위를 취득할 수 있다.
② 교섭창구단일화절차에 따라 결정된 교섭대표노동조합이 그 결정된 날부터 6개월 동안 단체협약을 체결하지 못한 경우에는 어느 노동조합이든지 사용자에게 교섭을 요구할 수 있다.
③ 하나의 사업 또는 사업장에서 교섭단위를 분리할 필요가 있다고 인정되는 경우에 노동관계당사자는 합의를 통하여 교섭단위를 분리할 수 있다.
④ 공동교섭대표단에 참여할 수 있는 노동조합은 그 조합원 수가 교섭창구단일화절차에 참여한 노동조합의 전체 조합원 100분의 5 이상인 노동조합으로 한다.
⑤ 교섭대표노동조합의 지위 유지기간이 만료되었음에도 불구하고 새로운 교섭대표노동조합이 결정되지 못할 경우 기존 교섭대표노동조합은 새로운 교섭대표노동조합이 결정될 때까지 기존 단체협약의 이행과 관련해서는 교섭대표노동조합의 지위를 유지한다.

해설

① (×) 하나의 사업장 단위에서 유일하게 존재하는 노조는 설령 노조법과 그 시행령이 정한 절차를 형식적으로 거쳤더라도 교섭대표노조의 지위를 취득할 수 없다고 해석함이 타당하다(대판 2017.10.31. 2016두36956).
② (×) 결정된 교섭대표노동조합이 그 결정된 날부터 1년 동안 단체협약을 체결하지 못한 경우에는 어느 노동조합이든지 사용자에게 교섭을 요구할 수 있다(노조법 시행령 제14조의10 제3항).
③ (×) 하나의 사업 또는 사업장에서 현격한 근로조건의 차이, 고용형태, 교섭관행 등을 고려하여 교섭단위를 분리하거나 분리된 교섭단위를 통합할 필요가 있다고 인정되는 경우에 노동위원회는 노동관계당사자의 양쪽 또는 어느 한쪽의 신청을 받아 교섭단위를 분리하거나 분리된 교섭단위를 통합하는 결정을 할 수 있다(노조법 제29조의3 제2항).
④ (×) 공동교섭대표단에 참여할 수 있는 노동조합은 그 조합원 수가 교섭창구단일화절차에 참여한 노동조합의 전체 조합원 100분의 10 이상인 노동조합으로 한다(노조법 제29조의2 제5항 후문).
⑤ (O) 노조법 시행령 제14조의10 제2항

답 ❺

029 □□□ **노동조합 및 노동관계조정법령상 교섭단위 분리에 관한 설명으로 옳지 않은 것은?** 18 노무

① 하나의 사업 또는 사업장에서 교섭단위를 분리할 필요가 있다고 인정되는 경우에 노동위원회는 노동관계당사자의 신청을 받아 교섭단위를 분리하는 결정을 할 수 있다.
② 노동위원회는 노동관계당사자 양쪽의 신청이 있으면 교섭단위를 분리하는 결정을 하여야 한다.
③ 노동위원회는 법령에 따라 교섭단위 분리의 결정신청을 받은 때에는 해당 사업 또는 사업장의 모든 노동조합과 사용자에게 그 내용을 통지해야 한다.
④ 노동위원회는 법령에 따른 신청을 받은 날부터 30일 이내에 교섭단위 분리에 관한 결정을 하고 해당 사업 또는 사업장의 모든 노동조합과 사용자에게 통지해야 한다.
⑤ 노동조합 또는 사용자는 법령에 따라 사용자가 교섭요구사실을 공고하기 전에 노동위원회에 교섭단위 분리의 결정을 신청할 수 있다.

해설

① (O) 하나의 사업 또는 사업장에서 현격한 근로조건의 차이, 고용형태, 교섭관행 등을 고려하여 교섭단위를 분리하거나 분리된 교섭단위를 통합할 필요가 있다고 인정되는 경우에 노동위원회는 노동관계당사자의 양쪽 또는 어느 한쪽의 신청을 받아 교섭단위를 분리하거나 분리된 교섭단위를 통합하는 결정을 할 수 있다(노조법 제29조의3 제2항).

② (×) 노동위원회는 노동관계당사자의 양쪽 또는 어느 한쪽의 신청을 받아 교섭단위를 분리하거나 분리된 교섭단위를 통합하는 결정을 할 수 있다(노조법 제29조의3 제2항).

③ (O) 노조법 시행령 제14조의11 제2항

④ (O) 노조법 시행령 제14조의11 제3항

⑤ (O) 노조법 시행령 제14조의11 제1항 제1호

답 ❷

030 □□□ 노동조합 및 노동관계조정법상 교섭창구 단일화에 관한 설명으로 옳지 않은 것은? 14 노무

① 공동교섭대표단에 참여할 수 있는 노동조합은 그 조합원 수가 교섭창구 단일화절차에 참여한 노동조합의 전체 조합원 100분의 10 이상인 노동조합이다.

② 사용자는 교섭창구 단일화절차에 참여한 노동조합 또는 그 조합원 간에 합리적 이유 없이 차별을 하여서는 아니 된다.

③ 교섭대표노동조합을 결정하여야 하는 단위는 노동위원회가 교섭단위를 분리하는 결정을 하지 않는 한, 하나의 사업 또는 사업장으로 한다.

④ 하나의 사업 또는 사업장에서 조직형태에 관계없이 근로자가 설립하거나 가입한 노동조합이 2개 이상인 경우 사용자가 교섭창구 단일화절차를 거치지 아니하기로 동의한 경우가 아닌 한, 노동조합은 교섭대표노동조합을 정하여 교섭을 요구하여야 한다.

⑤ 교섭대표노동조합의 대표자는 그 절차에 참여한 노동조합으로부터 위임받은 범위 안에서 사용자와 교섭하고 단체협약을 체결할 권한을 가진다.

해설

① (O) 노조법 제29조의2 제5항 후문

② (O) 노조법 제29조의4 제1항

③ (O) 노조법 제29조의3 제1항

④ (O) 노조법 제29조의2 제1항

⑤ (×) 교섭대표노동조합은 단체교섭의 당사자이며, 대표자는 단체교섭의 담당자가 되므로, 수임자의 법적 지위를 가지는 것이 아니다. 따라서 교섭을 요구한 모든 노동조합 또는 조합원을 위하여 사용자와 교섭하고 단체협약을 체결할 권한을 가진다(노조법 제29조 제2항).

답 ❺

031 □□□ **노동조합 및 노동관계조정법상 단체교섭의 당사자가 될 수 있는 자로 옳지 않은 것은?**

14 노무

① 노동조합 대표자
② 단위노동조합
③ 연합단체인 노동조합
④ 사업주 개인
⑤ 사용자단체

해설

노조법은 노동조합의 대표자는 그 노동조합 또는 조합원을 위하여 사용자나 사용자단체와 교섭하고 단체협약을 체결할 권한을 가진다(노조법 제29조 제1항)고 명시함으로써 노동조합 대표자의 단체교섭의 담당자로서의 지위를 확인해 주고 있으므로, 노동조합 대표자를 단체교섭의 당사자라고 볼 수는 없다.

답 ❶

032 □□□ **노동조합 및 노동관계조정법상 단체교섭에 관한 설명으로 옳지 않은 것은?(다툼이 있는 경우에는 판례에 의함)**

14 노무

① 노동조합의 대표자가 사용자와 단체협약의 내용을 합의한 후 다시 협약안의 가부에 관하여 조합원 총회의 의결을 거치도록 하는 소위 인준투표제는 위법하다.
② 노동조합의 구성원인 근로자의 노동조건 기타 근로자의 대우 또는 당해 단체적 노사관계의 운영에 관한 사항으로 사용자가 처분할 수 있는 사항은 단체교섭의 대상이 된다.
③ 쟁의행위 중이더라도 노동조합 측으로부터 새로운 타협안이 제시되는 등 교섭 재개가 의미 있을 것으로 기대할 만한 사정변경이 생긴 경우에는 사용자로서는 다시 단체교섭에 응하여야 한다.
④ 산업별 노동조합의 지부가 독자적인 규약과 집행기관을 가지고 독립한 조직체로 활동하고 있더라도 설립신고를 하지 않았다면 독자적인 단체교섭 및 단체협약을 체결할 권한을 갖지 못한다.
⑤ 노동조합은 신의에 따라 성실히 교섭하고 단체협약을 체결하여야 하며 그 권한을 남용하여서는 아니 된다.

해설

① (○) 노동조합의 대표자 또는 수임자가 단체교섭의 결과에 따라 사용자와 단체협약의 내용을 합의한 후 다시 협약안의 가부에 관하여 조합원 총회의 의결을 거쳐야 한다는 것은 대표자의 단체협약체결권한을 전면적・포괄적으로 제한함으로써 사실상 단체협약체결권한을 형해화하여 명목에 불과한 것으로 만드는 것이어서 노조법 제29조 제1항의 취지에 위반된다(대판 2002.11.26. 2001다36504).
② (○) 대판 2003.12.26. 2003두8906
③ (○) 쟁의행위는 단체교섭을 촉진하기 위한 수단으로서의 성질을 가지므로 쟁의기간 중이라는 사정이 사용자가 단체교섭을 거부할 만한 정당한 이유가 될 수 없고, 한편 당사자가 성의 있는 교섭을 계속하였음에도 단체교섭이 교착상태에 빠져 교섭의 진전이 더 이상 기대될 수 없는 상황이라면 사용자가 단체교섭을 거부하더라도 그 거부에 정당한 이유가 있다고 할 것이지만, 위와 같은 경우에도 노동조합 측으로부터 새로운 타협안이 제시되는 등 교섭 재개가 의미 있을 것으로 기대할 만한 사정변경이 생긴 경우에는 사용자로서는 다시 단체교섭에 응하여야 하므로, 위와 같은 사정변경에도 불구하고 사용자가 단체교섭을 거부하는 경우에는 그 거부에 정당한 이유가 있다고 할 수 없다(대판 2006.2.24. 2005도8606).
④ (×) 노동조합의 하부단체인 분회나 지부가 독자적인 규약 및 집행기관을 가지고 독립된 조직체로서 활동을 하는 경우 당해 조직이나 그 조합원에 고유한 사항에 대하여는 독자적으로 단체교섭하고 단체협약을 체결할 수 있다(대판 2001.2.23. 2000도4299).
⑤ (○) 노조법 제30조 제1항

답 ❹

033 □□□ **노동조합 및 노동관계조정법령상 교섭대표노동조합에 관한 설명으로 옳지 않은 것은?** 17 노무

① 교섭대표노동조합의 대표자는 교섭을 요구한 모든 노동조합 또는 조합원을 위하여 사용자와 교섭하고 단체협약을 체결할 권한을 가진다.

② 교섭대표노동조합은 교섭창구단일화절차에 참여한 노동조합 또는 그 조합원 간에 합리적 이유 없이 차별을 하여서는 아니 된다.

③ 교섭대표노동조합이 결정된 날부터 1년 동안 단체협약을 체결하지 못한 경우에도 교섭대표노동조합만이 사용자에게 교섭을 요구할 수 있다.

④ 교섭대표노동조합은 그 지위 유지기간이 만료되었더라도 새로운 교섭대표노동조합이 결정될 때까지 기존 단체협약의 이행과 관련하여서는 그 지위를 유지한다.

⑤ 자율적으로 교섭대표노동조합을 결정하여 그 결과를 사용자에게 통지한 이후에는 그 교섭대표노동조합의 결정절차에 참여한 노동조합 중 일부 노동조합이 그 이후의 절차에 참여하지 않더라도 교섭대표노동조합의 지위는 유지된다.

해설

① (○) 노조법 제29조 제2항

② (○) 노조법 제29조의4 제1항

③ (×) 교섭대표노동조합이 그 결정된 날부터 1년 동안 단체협약을 체결하지 못한 경우에는 어느 노동조합이든지 사용자에게 교섭을 요구할 수 있다(노조법 시행령 제14조의10 제3항).

④ (○) 노조법 시행령 제14조의10 제2항

⑤ (○) 노조법 시행령 제14조의6 제2항

답 ❸

034 □□□ **노동조합 및 노동관계조정법령상 단체교섭 등에 관한 설명으로 옳지 않은 것은?(다툼이 있으면 판례에 따름)** 18 노무

① 노동조합의 대표자는 단체교섭의 당사자이다.
② 사용자단체는 법령에 따라 교섭 또는 단체협약의 체결에 관한 권한을 위임하는 경우에는 교섭사항과 권한범위를 정하여 위임하여야 한다.
③ 노동조합과 사용자 또는 사용자단체는 법령에 따라 교섭 또는 단체협약의 체결에 관한 권한을 위임한 때에는 그 사실을 상대방에게 통보하여야 한다.
④ 노동조합과 사용자 또는 사용자단체는 정당한 이유 없이 교섭 또는 단체협약의 체결을 거부하거나 해태하여서는 아니 된다.
⑤ 노동조합의 하부단체인 분회나 지부가 독자적인 규약 및 집행기관을 가지고 독립된 조직체로서 활동을 하는 경우 당해 조직이나 그 조합원에 고유한 사항에 대하여는 독자적으로 단체교섭하고 단체협약을 체결할 수 있다.

해설

① (×) 노동조합의 대표자는 그 노동조합 또는 조합원을 위하여 사용자나 사용자단체와 교섭하고 단체협약을 체결할 권한을 가진다(노조법 제29조 제1항). 노동조합의 대표자는 단체교섭의 담당자이다.
② (○) 노조법 시행령 제14조 제1항
③ (○) 노조법 제29조 제4항
④ (○) 노조법 제30조 제2항
⑤ (○) 대판 2001.2.23. 2000도4299

답 ❶

035 □□□ **노동조합 및 노동관계조정법령상 단체교섭 및 단체협약에 관한 설명으로 옳지 않은 것을 모두 고른 것은?(다툼이 있으면 판례에 따름)** 17 노무

ㄱ. 단체교섭의 결과 노사가 특정의 노동조합이 유일한 교섭주체임을 인정하는 취지의 단체협약을 체결했다면 노사자치원리에 따라 유효하다.
ㄴ. 노동관계당사자는 교섭이나 단체협약 체결의 권한을 위임하는 경우에는 교섭사항과 교섭범위를 정하지 않고 교섭진행과정에서 구체화시키면 충분하다.
ㄷ. 노동조합의 대표자가 사용자와 단체교섭 결과 합의에 이른 경우에 단체교섭위원들이 연명으로 서명하지 않는 한 단체협약을 체결할 수 없도록 규정한 노동조합규약은 노동조합 및 노동관계조정법에 위반되지 않는다.
ㄹ. 단체교섭권의 위임이 이루어진 경우에는 그 위임 후 이를 해지하는 등의 별개의 의사표시가 없더라도 노동조합의 단체교섭권한은 여전히 수임자의 단체교섭권한과 중복하여 경합적으로 남아 있다.

① ㄱ, ㄴ
② ㄷ, ㄹ
③ ㄱ, ㄴ, ㄷ
④ ㄴ, ㄷ, ㄹ
⑤ ㄱ, ㄴ, ㄷ, ㄹ

해설

ㄱ. (×) 단체협약에서 특정의 노동조합을 유일한 교섭주체로 인정하여 다른 노동조합을 교섭 상대방에서 배제하는 경우, 헌법 제33조에 따른 단체교섭권을 침해하기 때문에 부당노동행위가 되어 무효이다.

ㄴ. (×) 노동조합과 사용자 또는 사용자단체는 교섭 또는 단체협약의 체결에 관한 권한을 위임하는 경우에는 교섭사항과 권한범위를 정하여 위임하여야 한다(노조법 시행령 제14조 제1항).

ㄷ. (×) 노동조합이 노동조합 규약에서 노동조합의 대표자가 사용자와 단체교섭 결과 합의에 이른 경우에도 단체교섭위원들이 연명으로 서명하지 않는 한 단체협약을 체결할 수 없도록 규정한 경우, 위 규약은 노동조합 대표자에게 단체협약체결권을 부여한 노조법 제29조 제1항을 위반한 것이라고 보아야 한다(대판 2013.9.27. 2011두15404).

ㄹ. (O) 단체교섭권을 위임한 경우 기존 노동조합의 단체교섭권한은 수임자의 단체교섭권한과 중복하여 경합적으로 남아 있다(대판 1998.11.13. 98다20790).

답 ❸

036 노동조합 및 노동관계조정법령상 교섭창구단일화제도에 관한 설명으로 옳은 것은? 16 노무

□□□

① 교섭대표노동조합의 대표자는 해당 교섭단위 내의 비조합원을 포함한 모든 근로자를 위하여 사용자와 교섭하고 단체협약을 체결할 권한을 가진다.

② 교섭대표노동조합 결정절차에 참여한 노동조합들이 교섭대표노동조합을 자율적으로 결정하는 기한 내에 교섭창구단일화절차를 거치지 아니하기로 합의한 경우에 사용자는 개별교섭에 응하여야 한다.

③ 교섭대표노동조합이 결정된 날로부터 6개월 동안 단체협약을 체결하지 못한 경우 어느 노동조합이든지 사용자에게 교섭을 요구할 수 있다.

④ 공동교섭대표단의 구성에 합의하지 못할 경우에 노동위원회는 해당 노동조합의 신청에 따라 조합원 비율을 고려하여 이를 결정할 수 있다.

⑤ 교섭창구단일화절차에 참여한 노동조합의 전체 조합원 과반수로 조직된 노동조합에 해당하는지를 결정할 때 2개 이상의 노동조합이 연합하는 방법은 허용되지 않는다.

해설

① (×) 교섭대표노동조합의 대표자는 교섭을 요구한 모든 노동조합 또는 조합원을 위하여 사용자와 교섭하고 단체협약을 체결할 권한을 가진다(노조법 제29조 제2항).

② (×) 하나의 사업 또는 사업장에서 조직형태에 관계없이 근로자가 설립하거나 가입한 노동조합이 2개 이상인 경우 노동조합은 교섭대표노동조합을 정하여 교섭을 요구하여야 한다. 다만, 교섭대표노동조합을 자율적으로 결정하는 기한 내에 사용자가 교섭창구단일화절차를 거치지 아니하기로 동의한 경우에는 그러하지 아니하다(노조법 제29조의2 제1항).

③ (×) 교섭대표노동조합이 그 결정된 날부터 1년 동안 단체협약을 체결하지 못한 경우에는 어느 노동조합이든지 사용자에게 교섭을 요구할 수 있다(노조법 시행령 제14조의10 제3항 전문).

④ (O) 노조법 제29조의2 제6항

⑤ (×) 기한 내에 교섭대표노동조합을 정하지 못하고 사용자의 동의를 얻지 못한 경우에는 교섭창구단일화절차에 참여한 노동조합의 전체 조합원 과반수로 조직된 노동조합(2개 이상의 노동조합이 위임 또는 연합 등의 방법으로 교섭창구단일화절차에 참여한 노동조합 전체 조합원의 과반수가 되는 경우를 포함)이 교섭대표노동조합이 된다(노조법 제29조의2 제4항).

답 ❹

037 노동조합 및 노동관계조정법령상 교섭창구단일화절차 등에 관한 설명으로 옳지 않은 것은?

□□□ 18 노무

① 하나의 사업 또는 사업장에 2개 이상의 노동조합이 있더라도 교섭대표노동조합을 자율적으로 결정하는 기한 내에 사용자가 교섭창구단일화절차를 거치지 아니하기로 동의한 경우에는 해당 노동조합은 사용자와 개별적으로 교섭할 수 있다.

② 노동조합 교섭요구사실의 공고는 사용자가 법령에 따라 교섭을 요구받은 날부터 7일간 하여야 한다.

③ 교섭대표노동조합이 그 결정된 날부터 1년 동안 단체협약을 체결하지 못한 경우에는 어느 노동조합이든지 사용자에게 교섭을 요구할 수 있다.

④ 교섭창구단일화절차에 참여한 노동조합이 자율적으로 교섭대표노동조합을 정하지 못한 경우에는 해당 사업 또는 사업장 근로자 전체의 과반수로 조직된 노동조합이 교섭대표노동조합이 된다.

⑤ 교섭대표노동조합을 결정함에 있어 교섭요구사실 등에 대한 이의가 있는 때에는 노동위원회는 대통령령으로 정하는 바에 따라 노동조합의 신청을 받아 그 이의에 대한 결정을 할 수 있다.

해설

① (○) 노조법 제29조의2 제1항 단서

② (○) 노조법 시행령 제14조의3 제1항

③ (○) 노조법 시행령 제14조의10 제3항 전문

④ (×) 기한 내에 교섭대표노동조합을 정하지 못하고 사용자의 동의를 얻지 못한 경우에는 교섭창구단일화절차에 참여한 노동조합의 전체 조합원 과반수로 조직된 노동조합(2개 이상의 노동조합이 위임 또는 연합 등의 방법으로 교섭창구단일화절차에 참여한 노동조합 전체 조합원의 과반수가 되는 경우를 포함)이 교섭대표노동조합이 된다(노조법 제29조의2 제4항).

⑤ (○) 교섭대표노동조합을 결정함에 있어 교섭요구사실, 조합원 수 등에 대한 이의가 있는 때에는 노동위원회는 대통령령으로 정하는 바에 따라 노동조합의 신청을 받아 그 이의에 대한 결정을 할 수 있다(노조법 제29조의2 제7항).

답 ④

038 □□□ **노동조합 및 노동관계조정법령상 단체교섭 및 단체협약에 관한 설명으로 옳은 것은?** 23 노무

① 교섭대표노동조합의 대표자는 교섭요구와 무관하게 사업장 내 모든 노동조합 또는 조합원을 위하여 사용자와 교섭하고 단체협약을 체결할 권한을 가진다.
② 교섭대표노동조합이 결정된 후 교섭창구단일화절차가 개시된 날부터 1년 동안 단체협약을 체결하지 못한 경우에는 어느 노동조합이든지 사용자에게 교섭을 요구할 수 있다.
③ 노동조합으로부터 적법한 교섭 요구를 받은 사용자는 그 요구를 받은 날부터 5일간 그 교섭요구 사실을 공고하여야 한다.
④ 노동조합은 사용자가 교섭요구 사실의 공고를 하지 아니하거나 다르게 공고하는 경우에는 고용노동부령으로 정하는 바에 따라 행정관청에 그 시정을 요청할 수 있다.
⑤ 단체협약의 당사자가 하여야 할 단체협약의 신고는 당사자 쌍방이 연명으로 해야 한다.

해설

① (×) 교섭대표노동조합의 대표자는 교섭을 요구한 모든 노동조합 또는 조합원을 위하여 사용자와 교섭하고 단체협약을 체결할 권한을 가진다(노조법 제29조 제2항).
② (×) 교섭대표노동조합이 그 결정된 날부터 1년 동안 단체협약을 체결하지 못한 경우에는 어느 노동조합이든지 사용자에게 교섭을 요구할 수 있다(노조법 시행령 제14조의10 제3항).
③ (×) 사용자는 노동조합으로부터 교섭 요구를 받은 때에는 그 요구를 받은 날부터 7일간 그 교섭을 요구한 노동조합의 명칭 등 고용노동부령으로 정하는 사항을 해당 사업 또는 사업장의 게시판 등에 공고하여 다른 노동조합과 근로자가 알 수 있도록 하여야 한다(노조법 시행령 제14조의3 제1항).
④ (×) 노동조합은 사용자가 교섭요구 사실의 공고를 하지 아니하거나 다르게 공고하는 경우에는 고용노동부령으로 정하는 바에 따라 노동위원회에 시정을 요청할 수 있다(노조법 시행령 제14조의3 제2항).
⑤ (○) 노조법 시행령 제15조

노동조합 교섭요구 사실의 공고(노조법 시행령 제14조의3)

① 사용자는 노동조합으로부터 제14조의2에 따라 교섭 요구를 받은 때에는 그 요구를 받은 날부터 7일간 그 교섭을 요구한 노동조합의 명칭 등 고용노동부령으로 정하는 사항을 해당 사업 또는 사업장의 게시판 등에 공고하여 다른 노동조합과 근로자가 알 수 있도록 하여야 한다.
② 노동조합은 사용자가 제1항에 따른 교섭요구 사실의 공고를 하지 아니하거나 다르게 공고하는 경우에는 고용노동부령으로 정하는 바에 따라 노동위원회에 시정을 요청할 수 있다.
③ 노동위원회는 제2항에 따라 시정 요청을 받은 때에는 그 요청을 받은 날부터 10일 이내에 그에 대한 결정을 하여야 한다.

교섭대표노동조합의 지위 유지기간 등(노조법 시행령 제14조의10)

① 법 제29조의2 제3항부터 제6항까지의 규정에 따라 결정된 교섭대표노동조합은 그 결정이 있은 후 사용자와 체결한 첫 번째 단체협약의 효력이 발생한 날을 기준으로 2년이 되는 날까지 그 교섭대표노동조합의 지위를 유지하되, 새로운 교섭대표노동조합이 결정된 경우에는 그 결정된 때까지 교섭대표노동조합의 지위를 유지한다.
② 제1항에 따른 교섭대표노동조합의 지위 유지기간이 만료되었음에도 불구하고 새로운 교섭대표노동조합이 결정되지 못할 경우 기존 교섭대표노동조합은 새로운 교섭대표노동조합이 결정될 때까지 기존 단체협약의 이행과 관련해서는 교섭대표노동조합의 지위를 유지한다.
③ 법 제29조의2에 따라 결정된 교섭대표노동조합이 그 결정된 날부터 1년 동안 단체협약을 체결하지 못한 경우에는 어느 노동조합이든지 사용자에게 교섭을 요구할 수 있다. 이 경우 제14조의2 제2항 및 제14조의3부터 제14조의9까지의 규정을 적용한다.

답 ⑤

039 □□□ **노동조합 및 노동관계조정법령상 단체교섭에 관한 설명으로 옳지 않은 것은?(다툼이 있으면 판례에 따름)**

16 노무

① 일반적으로 구성원인 근로자의 노동조건 기타 근로자의 대우에 관한 사항으로 사용자가 처분할 수 있는 사항은 단체교섭의 대상에 해당한다.

② 정리해고나 사업조직의 통폐합 등 기업의 구조조정의 실시 여부는 경영주체에 의한 고도의 경영상 결단에 속하는 사항으로서 이는 원칙적으로 단체교섭의 대상이 될 수 없다.

③ 단위노동조합이 상부단체인 연합단체에 단체교섭권한을 위임한 경우에 그 위임의 범위 내에서는 단체교섭권한이 없다.

④ 노동조합과 사용자 또는 사용자단체는 신의에 따라 성실히 교섭하고 단체협약을 체결하여야 하며 그 권한을 남용하여서는 아니 된다.

⑤ 사용자가 노동조합과의 단체교섭을 정당한 이유 없이 거부하였다고 하여 그 단체교섭거부행위가 바로 위법한 행위로 평가되어 불법행위의 요건을 충족하게 되는 것은 아니다.

해설

① (○) 일반적으로 구성원인 근로자의 노동조건 기타 근로자의 대우 또는 당해 단체적 노사관계의 운영에 관한 사항으로 사용자가 처분할 수 있는 사항은 단체교섭의 대상인 단체교섭사항에 해당한다(대판 2003.12.26. 2003두8906).

② (○) 정리해고나 사업조직의 통폐합 등 기업의 구조조정의 실시 여부는 경영주체의 고도의 경영상 결단에 속하는 사항으로서 이는 원칙적으로 단체교섭의 대상이 될 수 없고, 그것이 긴박한 경영상의 필요나 합리적 이유 없이 불순한 의도로 추진되는 등의 특별한 사정이 없는 한, 노동조합이 실질적으로 그 실시 자체를 반대하기 위하여 쟁의행위에 나아간다면, 비록 그 실시로 인하여 근로자들의 지위나 근로조건의 변경이 필연적으로 수반된다고 하더라도 그 쟁의행위는 목적의 정당성을 인정할 수 없다(대판 2011.1.27. 2010도11030).

③ (×) 단체교섭권한의 위임이라고 함은 노동조합이 그 조직상의 대표자 이외의 자에게 그 조합 또는 조합원을 위하여, 그 조합의 입장에서 사용자 측과 사이에 단체교섭을 하는 사무처리를 맡기는 것을 뜻하고, 그 위임 후 이를 해지하는 등의 별개의 의사표시가 없더라도 그 노동조합의 단체교섭권한은 여전히 그 수임자의 단체교섭권한과 중복하여 경합적으로 남아 있다고 할 것이다(대판 1998.11.13. 98다20790).

④ (○) 노조법 제30조 제1항

⑤ (○) 사용자가 노동조합과의 단체교섭을 정당한 이유 없이 거부하였다고 하여 그 단체교섭거부행위가 바로 위법한 행위로 평가되어 불법행위의 요건을 충족하게 되는 것은 아니지만, 그 단체교섭거부행위가 그 원인과 목적, 그 과정과 행위태양, 그로 인한 결과 등에 비추어 건전한 사회통념이나 사회상규상 용인될 수 없는 정도에 이른 것으로 인정되는 경우에는 그 단체교섭거부행위는 부당노동행위로서 단체교섭권을 침해하는 위법한 행위로 평가되어 불법행위의 요건을 충족하게 된다(대판 2006.10.26. 2004다11070).

040 □□□ **노동조합 및 노동관계조정법상 공정대표의무에 관한 설명 중 옳지 않은 것은?** 16 사시

① 교섭대표노동조합과 사용자는 교섭창구 단일화 절차에 참여한 노동조합 또는 그 조합원 간에 합리적 이유 없이 차별을 하여서는 아니 된다.
② 교섭대표노동조합과 사용자가 합리적 이유 없이 차별을 한 경우 교섭창구 단일화 절차에 참여한 노동조합의 조합원은 노동위원회에 그 시정을 요청할 수 있다.
③ 단체협약의 내용이 공정대표의무 위반인 경우 노동위원회에 대한 차별시정 요청은 단체협약 체결일로부터 3개월 이내에 이루어져야 한다.
④ 노동위원회의 시정명령에 대한 불복절차는 부당노동행위 구제명령에 대한 불복절차를 준용한다.
⑤ 노동위원회의 시정명령이 확정된 경우 그 시정명령에 위반한 자에 대하여 형벌을 부과한다.

해설

① (O) 노조법 제29조의4 제1항
② (×) · ③ (O) 노조법 제29조의4 제2항 참조

공정대표의무 등(노조법 제29조의4)
② 노동조합은 교섭대표노동조합과 사용자가 제1항을 위반하여 차별한 경우에는 그 행위가 있은 날(단체협약의 내용의 일부 또는 전부가 제1항에 위반되는 경우에는 단체협약 체결일을 말한다)부터 3개월 이내에 대통령령으로 정하는 방법과 절차에 따라 노동위원회에 그 시정을 요청할 수 있다.

④ (O) · ⑤ (O) 노동위원회의 시정명령 또는 결정에 대한 불복절차 등에 관하여는 부당노동행위 구제명령에 대한 불복절차를 준용하고,❹ 시정명령이 확정된 경우 그 시정명령에 위반한 자에 대하여 3년 이하의 징역 또는 3천만원 이하의 벌금에 처한다❺(노조법 제29조의4 제4항, 제89조 제2호).

답 ❷

041 □□□ **노동조합 및 노동관계조정법상 공정대표의무에 대한 설명으로 옳지 않은 것은?(다툼이 있는 경우 판례에 의함)** 20 국가직 9급

① 교섭대표노동조합과 사용자는 교섭창구 단일화 절차에 참여한 노동조합 또는 그 조합원 간에 합리적 이유 없이 차별을 하여서는 아니 된다.

② 공정대표의무는 헌법이 보장하는 단체교섭권의 본질적 내용이 침해되지 않도록 하기 위한 제도적 장치로 기능한다.

③ 공정대표의무는 단체협약의 이행과정에서도 준수되어야 한다.

④ 사용자가 단체협약에 따라 교섭대표노동조합에 노동조합 사무실을 제공한 이상 교섭창구 단일화 절차에 참여한 다른 노동조합에는 노동조합 사무실을 제공할 의무가 없다.

해설

① (○) 노조법 제29조의4 제1항

② (○)·③ (○) 공정대표의무는 헌법이 보장하는 단체교섭권의 본질적 내용이 침해되지 않도록 하기 위한 제도적 장치로 기능하고,❷ 교섭대표노동조합과 사용자가 체결한 단체협약의 효력이 교섭창구 단일화 절차에 참여한 다른 노동조합에게도 미치는 것을 정당화하는 근거가 된다. 이러한 공정대표의무의 취지와 기능 등에 비추어 보면, 공정대표의무는 단체교섭의 과정이나 그 결과물인 단체협약의 내용뿐만 아니라 단체협약의 이행과정에서도 준수되어야 한다고 봄이 타당하다❸(대판 2018.8.30. 2017다218642).

④ (×) 사용자가 단체협약 등에 따라 교섭대표노동조합에 상시적으로 사용할 수 있는 노동조합 사무실을 제공한 이상, 특별한 사정이 없는 한 교섭창구 단일화 절차에 참여한 다른 노동조합에도 반드시 일률적이거나 비례적이지는 않더라도 상시적으로 사용할 수 있는 일정한 공간을 노동조합 사무실로 제공하여야 한다고 봄이 타당하다. 이와 달리 교섭대표노동조합에는 노동조합 사무실을 제공하면서 교섭창구 단일화 절차에 참여한 다른 노동조합에는 물리적 한계나 비용 부담 등을 이유로 노동조합 사무실을 전혀 제공하지 않거나 일시적으로 회사 시설을 사용할 수 있는 기회를 부여하였다고 하여 차별에 합리적인 이유가 있다고 볼 수 없다(대판 2018.8.30. 2017다218642).

답 ❹

042 □□□ **노동조합 및 노동관계조정법상 단체교섭 등에 대한 설명으로 옳지 않은 것은?(다툼이 있는 경우 판례에 의함)** 20 국가직 7급

① 노동조합의 대표자는 그 노동조합 또는 조합원을 위하여 사용자나 사용자단체와 교섭하고 단체협약을 체결할 권한을 가진다.

② 공동교섭대표단을 구성하여 사용자와 교섭을 하여야 하는 경우, 공동교섭대표단에 참여할 수 있는 노동조합은 그 조합원 수가 교섭창구 단일화 절차에 참여한 노동조합의 전체 조합원 100분의 5 이상인 노동조합으로 한다.

③ 하나의 사업 또는 사업장에서 현격한 근로조건의 차이, 고용형태, 교섭 관행 등을 고려하여 교섭단위를 분리할 필요가 있다고 인정되는 경우에 노동위원회는 노동관계 당사자의 양쪽 또는 어느 한 쪽의 신청을 받아 교섭단위를 분리하는 결정을 할 수 있다.

④ 노동조합과 사용자 또는 사용자단체는 교섭 또는 단체협약의 체결에 관한 권한을 위임한 때에는 그 사실을 상대방에게 통보하여야 한다.

해설

① (○) 노조법 제29조 제1항
② (×) 교섭대표노동조합을 결정하지 못한 경우에는 교섭창구 단일화 절차에 참여한 모든 노동조합은 공동으로 교섭대표단(이하 "공동교섭대표단")을 구성하여 사용자와 교섭하여야 한다. 이때 공동교섭대표단에 참여할 수 있는 노동조합은 그 조합원 수가 교섭창구 단일화 절차에 참여한 노동조합의 전체 조합원 100분의 10 이상인 노동조합으로 한다(노조법 제29조의2 제5항).
③ (○) 노조법 제29조의3 제2항
④ (○) 노조법 제29조 제4항

답 ❷

043 □□□

노동조합 및 노동관계조정법상 공정대표의무에 대한 설명으로 옳은 것은?

21 국가직 9급

① 교섭대표노동조합은 교섭창구 단일화 절차에 참여하지 않았으나 해당 사업 또는 사업장 내에 합법적으로 설립되어 있는 노동조합에 대하여 공정대표의무를 부담한다.
② 공정대표의무 위반과 관련하여 중앙노동위원회의 재심판정에 대하여 관계 당사자는 그 재심판정서의 송달을 받은 날부터 15일 이내에 행정소송법이 정하는 바에 의하여 소를 제기할 수 있다.
③ 사용자는 공정대표의무를 부담하지 않는다.
④ 공정대표의무를 위반하여 차별을 받은 노동조합의 조합원은 노동위원회에 그 시정을 요청할 수 있다.

해설

① (×)·③ (×) 교섭대표노동조합과 사용자는 교섭창구단일화절차에 참여한 노동조합 또는 그 조합원 간에 합리적 이유 없이 차별을 하여서는 아니 된다(노조법 제29조의4 제1항). 공정대표의무란 교섭대표노동조합이 절차에 참여한 노동조합이나 그 조합원을 차별하지 아니하고 공정하게 대표할 의무로,❶ 교섭대표노동조합의 권한에 따른 의무라고 할 수 있으나, 노조법은 교섭대표노동조합뿐만 아니라 사용자에게도 공정대표의무를 부과하고 있다.❸
② (○) 공정대표의무 위반과 관련된 지방노동위원회 또는 특별노동위원회의 구제명령 또는 기각결정에 불복이 있는 관계 당사자는 그 명령서 또는 결정서의 송달을 받은 날부터 10일 이내에 중앙노동위원회에 그 재심을 신청할 수 있다. 중앙노동위원회의 재심판정에 대하여 관계 당사자는 그 재심판정서의 송달을 받은 날부터 15일 이내에 행정소송법이 정하는 바에 의하여 소를 제기할 수 있다(노조법 제29조의4 제4항, 제85조 제1항·제2항).
④ (×) 노동위원회에 그 시정을 요청할 수 있는 자는 조합원이 아니라 노동조합임을 유의하여야 한다.

공정대표의무 등(노조법 제29조의4)

② 노동조합은 교섭대표노동조합과 사용자가 제1항을 위반하여 차별한 경우에는 그 행위가 있은 날(단체협약의 내용의 일부 또는 전부가 제1항에 위반되는 경우에는 단체협약 체결일을 말한다)부터 3개월 이내에 대통령령으로 정하는 방법과 절차에 따라 노동위원회에 그 시정을 요청할 수 있다.

답 ❷

044 □□□ **노동조합 및 노동관계조정법상 공정대표의무에 대한 설명으로 옳지 않은 것은?(다툼이 있는 경우 판례에 의함)**

22 국가직 7급

① 근로자는 교섭대표노동조합과 사용자가 체결한 단체협약의 내용의 일부가 공정대표의무를 위반한 경우에는 단체협약 체결일부터 3개월 이내에 노동위원회에 그 시정을 요청할 수 있다.

② 교섭대표노동조합과 사용자는 교섭창구 단일화 절차에 참여한 노동조합 또는 그 조합원 간에 합리적 이유 없이 차별을 하여서는 아니 된다.

③ 공정대표의무는 단체교섭의 과정이나 그 결과물인 단체협약의 내용뿐만 아니라 단체협약의 이행과정에서도 준수되어야 한다.

④ 공정대표의무는 헌법이 보장하는 단체교섭권의 본질적 내용이 침해되지 않도록 하기 위한 제도적 장치로 기능하고, 교섭대표노동조합과 사용자가 체결한 단체협약의 효력이 교섭창구단일화 절차에 참여한 다른 노동조합에게도 미치는 것을 정당화하는 근거가 된다.

해설

① (×) 노동위원회에 그 시정을 요청할 수 있는 자는 조합원이 아니라 노동조합임을 유의하여야 한다.

> **공정대표의무 등(노조법 제29조의4)**
>
> ② 노동조합은 교섭대표노동조합과 사용자가 제1항을 위반하여 차별한 경우에는 그 행위가 있은 날(단체협약의 내용의 일부 또는 전부가 제1항에 위반되는 경우에는 단체협약 체결일을 말한다)부터 3개월 이내에 대통령령으로 정하는 방법과 절차에 따라 노동위원회에 그 시정을 요청할 수 있다.

② (○) 노조법 제29조의4 제1항

③ (○) · ④ (○) 공정대표의무는 헌법이 보장하는 단체교섭권의 본질적 내용이 침해되지 않도록 하기 위한 제도적 장치로 기능하고, 교섭대표노동조합과 사용자가 체결한 단체협약의 효력이 교섭창구 단일화 절차에 참여한 다른 노동조합에게도 미치는 것을 정당화하는 근거가 된다.❹ 이러한 공정대표의무의 취지와 기능 등에 비추어 보면, 공정대표의무는 단체교섭의 과정이나 그 결과물인 단체협약의 내용뿐만 아니라 단체협약의 이행과정에서도 준수되어야 한다고 봄이 타당하다❸(대판 2018.8.30. 2017다218642).

답 ❶

045 노동조합 및 노동관계조정법상 교섭창구 단일화 등에 대한 설명으로 옳지 않은 것은?

□□□

22 국가직 9급

① 교섭대표노동조합의 대표자는 교섭을 요구한 모든 노동조합 또는 조합원을 위하여 사용자와 교섭하고 단체협약을 체결할 권한을 가진다.

② 교섭대표노동조합과 사용자는 교섭창구 단일화 절차에 참여한 노동조합 또는 그 조합원 간에 합리적 이유 없이 차별을 하여서는 아니 된다.

③ 하나의 사업 또는 사업장에서 현격한 근로조건의 차이, 고용형태, 교섭 관행 등을 고려하여 교섭단위를 분리하거나 분리된 교섭단위를 통합할 필요가 있다고 인정되는 경우에 노동위원회는 노동관계 당사자의 어느 한쪽의 신청을 받아 교섭단위를 분리하거나 분리된 교섭단위를 통합하는 결정을 할 수 있다.

④ 교섭창구 단일화 절차에서 조합원 수 산정은 해당 사업 또는 사업장에 종사하지 않는 조합원을 포함하여 모든 조합원을 기준으로 한다.

해설

① (O) 노조법 제29조 제2항

② (O) 노조법 제29조의4 제1항

③ (O) 노조법 제29조의3 제2항

④ (×) 교섭창구 단일화 절차에서 조합원 수 산정은 종사근로자인 조합원을 기준으로 한다(노조법 제29조의2 제10항).

답 ❹

PART 1 PART 2 PART 3

제2절 단체협약

046 □□□ **노동조합 및 노동관계조정법상 노동조합과 조합원 등에 관한 설명으로 옳은 것은?(다툼이 있으면 판례에 따름)** 23 노무

① 사업 또는 사업장에 종사하는 근로자가 아닌 노동조합의 조합원은 사용자의 사업 운영 지장 여부와 무관하게 사업 또는 사업장 내에서 노동조합 활동을 할 수 없다.

② 유니언 숍 협정이 체결된 사업장의 사용자는 단체협약에 명문규정이 있는 경우에도 노동조합에서 제명된 것을 이유로 근로자에게 신분상 불이익한 행위를 할 수 없다.

③ 유니언 숍 협정에 따라 사용자가 노동조합을 탈퇴한 근로자를 해고한 경우에 해고된 근로자가 조합원지위확인을 구하는 소를 제기하여 승소하면 그 해고는 취소된 것으로 본다.

④ 일정 범위의 근로자에 대하여만 단체협약을 적용하기로 규정하였더라도 단체협약은 조합원 모두에게 현실적으로 적용된다.

⑤ 헌법재판소는 헌법 제33조 제1항에서 정한 근로자의 단결권은 단결할 자유뿐 아니라 단결하지 아니할 자유를 포함한다고 해석한다.

해설

① (×) 사업 또는 사업장에 종사하는 근로자가 아닌 노동조합의 조합원은 사용자의 효율적인 사업 운영에 지장을 주지 아니하는 범위에서 사업 또는 사업장 내에서 노동조합 활동을 할 수 있다(노조법 제5조 제2항).

② (○) 노동조합이 당해 사업장에 종사하는 근로자의 3분의 2 이상을 대표하고 있을 때에는 근로자가 그 노동조합의 조합원이 될 것을 고용조건으로 하는 단체협약의 체결은 예외로 하며, 이 경우 사용자는 근로자가 그 노동조합에서 제명된 것 또는 그 노동조합을 탈퇴하여 새로 노동조합을 조직하거나 다른 노동조합에 가입한 것을 이유로 근로자에게 신분상 불이익한 행위를 할 수 없다(노조법 제81조 제1항 제2호 단서).

③ (×) 유니언 숍 협약에 따라 사용자가 노동조합을 탈퇴한 근로자를 해고한 경우에 해고근로자가 노동조합을 상대로 하여 조합원지위확인을 구하는 소를 제기하여 승소한다고 하더라도 바로 해고의 효력이 부정되는 것은 아닐 뿐 아니라, 사용자 또한 그 해고가 적법한 것이라고 주장하고 있고 해고무효확인소송에서도 그 선결문제로 조합원지위의 존부에 관하여 판단을 할 수 있으므로, 근로자가 노동조합을 상대로 조합원지위의 확인을 구하지 아니하고 막바로 해고무효확인소송을 제기하였다고 하더라도 그 소가 소익이 없다고 할 수는 없다(대판 1995.2.28. 94다15363).

④ (×) 사용자와 노동조합 사이에 체결된 단체협약은 특약에 의하여 일정 범위의 근로자에 대하여만 적용하기로 정하고 있는 등의 특별한 사정이 없는 한 협약당사자로 된 노동조합의 구성원으로 가입한 조합원 모두에게 현실적으로 적용되는 것이 원칙이다(대판 2004.1.29. 2001다5142). 따라서 일정범위의 근로자에 대하여만 단체협약을 적용하기로 규정하였다면 단체협약은 그 범위에 속한 근로자에게만 적용된다.

⑤ (×) 헌법상 보장된 근로자의 단결권은 단결할 자유만을 가리킬 뿐이고, 단결하지 아니할 자유 이른바 소극적 단결권은 이에 포함되지 않는다고 보는 것이 우리 재판소의 선례라고 할 것이다(헌재 2005.11.24. 2002헌바95).

답 ❷

047 □□□ **노동조합 및 노동관계조정법상 단체협약에 관한 설명으로 옳지 않은 것은?** 

① 단체협약은 서면으로 작성하여 당사자 쌍방이 서명 또는 날인하여야 한다.
② 단체협약의 당사자는 체결일부터 15일 이내에 노동위원회에 단체협약을 신고하여야 한다.
③ 행정관청은 단체협약 중 위법한 내용이 있는 경우에는 노동위원회의 의결을 얻어 그 시정을 명할 수 있다.
④ 단체협약에 정한 근로조건 기타 근로자의 대우에 관한 기준에 위반하는 취업규칙 또는 근로계약의 부분은 무효로 한다.
⑤ 단체협약의 해석 또는 이행방법에 관하여 관계당사자 간에 의견의 불일치가 있는 때에는 당사자 쌍방 또는 단체협약에 정하는 바에 의하여 어느 일방이 노동위원회에 그 해석 또는 이행방법에 관한 견해의 제시를 요청할 수 있다.

해설

① (○) 노조법 제31조 제1항
② (×) 단체협약의 당사자는 단체협약의 체결일부터 15일 이내에 이를 행정관청에게 신고하여야 한다(노조법 제31조 제2항).
③ (○) 노조법 제31조 제3항
④ (○) 노조법 제33조 제1항
⑤ (○) 노조법 제34조 제1항

답 ❷

PART 1 PART 2 PART 3

048 □□□ **노동조합 및 노동관계조정법상 단체협약에 관한 규정 중 (　　)에 들어갈 내용으로 옳은 것은?** 23 노무

> **제31조(단체협약의 작성)**
> ② 단체협약의 당사자는 단체협약의 체결일부터 (ㄱ)일 이내에 이를 행정관청에게 신고하여야 한다.
>
> **제32조(단체협약 유효기간의 상한)**
> ① 단체협약의 유효기간은 (ㄴ)년을 초과하지 않는 범위에서 노사가 합의하여 정할 수 있다.

① ㄱ : 10, ㄴ : 2
② ㄱ : 10, ㄴ : 3
③ ㄱ : 15, ㄴ : 2
④ ㄱ : 15, ㄴ : 3
⑤ ㄱ : 20, ㄴ : 2

해설

- 단체협약의 당사자는 단체협약의 체결일부터 15일 이내에 이를 행정관청에게 신고하여야 한다(노조법 제31조 제2항).
- 단체협약의 유효기간은 3년을 초과하지 않는 범위에서 노사가 합의하여 정할 수 있다(노조법 제32조 제1항).

답 ❹

049 □□□ **노동조합 및 노동관계조정법상 단체협약에 관한 설명으로 옳지 않은 것은?** 14 노무

① 단체협약은 서면으로 작성하여 당사자 쌍방이 서명 또는 날인하여야 한다.
② 사용자는 정당한 이유 없이 단체협약의 체결을 거부하거나 해태하여서는 아니 된다.
③ 단체협약의 당사자는 체결일부터 15일 이내에 노동위원회에 신고하여야 한다.
④ 행정관청은 단체협약 중 위법한 내용이 있는 경우에는 노동위원회의 의결을 얻어 그 시정을 명할 수 있다.
⑤ 단체협약에 정한 근로조건에 관한 기준에 위반하는 취업규칙의 부분은 무효이다.

해설

① (○) 노조법 제31조 제1항
② (○) 노조법 제30조 제2항
③ (×) 단체협약의 당사자는 단체협약의 체결일부터 15일 이내에 이를 행정관청에게 신고하여야 한다(노조법 제31조 제2항).
④ (○) 노조법 제31조 제3항
⑤ (○) 노조법 제33조 제1항

답 ❸

050 □□□ **노동조합 및 노동관계조정법상 단체협약에 대한 설명으로 옳지 않은 것은?** 22 국가직 9급

① 단체협약은 당사자의 구두의 합의로도 성립한다.
② 행정관청은 단체협약 중 위법한 내용이 있는 경우에는 노동위원회의 의결을 얻어 그 시정을 명할 수 있다.
③ 단체협약에 정한 근로조건 기타 근로자의 대우에 관한 기준에 위반하는 취업규칙 또는 근로계약의 부분은 무효로 한다.
④ 단체협약의 당사자는 단체협약의 체결일부터 15일 이내에 이를 행정관청에게 신고하여야 한다.

해설

① (×) 단체협약은 서면으로 작성하여 당사자 쌍방이 서명 또는 날인하여야 한다(노조법 제31조 제1항).
② (○) 노조법 제31조 제3항
③ (○) 노조법 제33조 제1항
④ (○) 노조법 제31조 제2항

답 ❶

051 ☐☐☐ **노동조합 및 노동관계조정법상 단체협약의 효력 등에 관한 설명으로 옳지 않은 것은?(다툼이 있는 경우에는 판례에 의함)** 15 노무

① 단체협약의 유효기간은 3년을 초과하지 않는 범위에서 노사가 합의하여 정할 수 있다.
② 단체협약에 그 유효기간을 정하지 아니한 경우에 그 유효기간은 3년으로 한다.
③ 단체협약의 유효기간이 만료되는 때를 전후하여 당사자 쌍방이 새로운 단체협약을 체결하고자 단체교섭을 계속하였음에도 불구하고 새로운 단체협약이 체결되지 아니한 경우에는 별도의 약정이 있는 경우를 제외하고는 종전의 단체협약은 그 효력만료일부터 6월까지 계속 효력을 갖는다.
④ 단체협약이 실효되었다고 하더라도 임금, 퇴직금이나 노동시간, 그 밖에 개별적인 노동조건에 관한 부분은 그 단체협약의 적용을 받고 있던 근로자의 근로계약의 내용이 되어 그것을 변경하는 새로운 단체협약, 취업규칙이 체결·작성되거나 또는 개별적인 근로자의 동의를 얻지 아니하는 한 개별적인 근로자의 근로계약의 내용으로서 여전히 남아 있어 사용자와 근로자를 규율한다.
⑤ 단체협약에 그 유효기간이 경과한 후에도 새로운 단체협약이 체결되지 아니한 때에는 새로운 단체협약이 체결될 때까지 종전 단체협약의 효력을 존속시킨다는 취지의 별도의 약정이 있는 경우에는 그에 따른다.

해설

① (○) 노조법 제32조 제1항
② (○) 노조법 제32조 제2항
③ (×) 단체협약의 유효기간이 만료되는 때를 전후하여 당사자 쌍방이 새로운 단체협약을 체결하고자 단체교섭을 계속하였음에도 불구하고 새로운 단체협약이 체결되지 아니한 경우에는 별도의 약정이 있는 경우를 제외하고는 종전의 단체협약은 그 효력만료일부터 3월까지 계속 효력을 갖는다(노조법 제32조 제3항 본문).
④ (○) 단체협약이 실효되었다고 하더라도 임금, 퇴직금이나 노동시간, 그 밖에 개별적인 노동조건에 관한 부분은 단체협약의 적용을 받고 있던 근로자의 근로계약내용이 되어 그것을 변경하는 새로운 단체협약, 취업규칙이 체결·작성되거나 또는 개별적인 근로자 동의가 없는 한 여전히 사용자와 근로자를 규율하게 된다(대판 2011.7.28. 2009두2665).
⑤ (○) 노조법 제32조 제3항 단서

답 ❸

052 ☐☐☐ **노동조합 및 노동관계조정법령상 단체협약 중 규범적 부분에 해당하는 것은?** 16 노무

① 조합비 공제
② 소정근로시간
③ 단체교섭의 절차
④ 노동조합전임자의 수
⑤ 노동조합사무소의 제공

해설

단체협약의 규범적 부분이란 단체협약 중 근로조건 기타 근로자의 대우에 관한 기준을 의미한다. 일반적으로 임금에 관한 사항, 근로시간에 관한 사항, 휴일·휴가, 인사와 관련한 사항 등이 규범적 부분에 포함된다.

답 ❷

053 □□□ **노동조합 및 노동관계조정법령상 단체협약의 채무적 부분에 해당하는 것은?** 17 노무

① 휴가에 관한 조항
② 승진 및 승급에 관한 조항
③ 퇴직금에 관한 조항
④ 평화조항
⑤ 재해보상에 관한 조항

해설

단체협약의 채무적 부분이란 단체협약에서 협약당사자 상호 간의 권리·의무를 규정하는 부분을 의미한다. 일반적으로 평화의무, 평화조항, 조합활동에 관한 편의제공조항, 단체교섭의 절차 및 기타 규칙, 숍 조항, 쟁의행위에 관한 사항 등이 있다.

답 ❹

054 □□□ **노동조합 및 노동관계조정법상 단체협약에 관한 설명으로 옳지 않은 것은?(다툼이 있으면 판례에 따름)** 21 노무

① 단체협약에 자동연장협정규정이 있더라도 당초의 유효기간이 만료된 후 3월까지에 한하여 단체협약의 효력이 유효하다.
② 단체협약의 내용 중 임금·복리후생비, 퇴직금에 관한 사항을 위반한 자는 1천만원 이하의 벌금에 처한다.
③ 행정관청은 단체협약 중 위법한 내용이 있는 경우에는 노동위원회의 의결을 얻어 그 시정을 명할 수 있다.
④ 단체협약의 해석에 관하여 관계당사자 간에 의견의 불일치가 있는 때에는 당사자 쌍방 또는 단체협약에 정하는 바에 의하여 어느 일방이 노동위원회에 그 해석에 관한 견해의 제시를 요청할 수 있다.
⑤ 단체협약과 같은 처분문서를 해석함에 있어서는 그 명문의 규정을 근로자에게 불리하게 변형해석할 수 없다.

해설

① (×) 노조법 제32조 제3항의 규정은 종전의 단체협약에 유효기간 만료 이후 협약갱신을 위한 단체교섭이 진행 중일 때에는 종전의 단체협약이 계속 효력을 갖는다는 규정이 없는 경우에 대비하여 둔 규정이므로, 종전의 단체협약에 자동연장협정의 규정이 있다면 위 법조항은 적용되지 아니하고, 당초의 유효기간이 만료된 후 위 법조항에 규정된 3월까지에 한하여 유효하다고 볼 것은 아니다(대판 1993.2.9. 92다27102).
② (○) 노조법 제92조 제2호 가목
③ (○) 노조법 제31조 제3항
④ (○) 노조법 제34조 제1항
⑤ (○) 단체협약과 같은 처분문서를 해석함에 있어서는, 단체협약이 근로자의 근로조건을 유지·개선하고 복지를 증진하여 그 경제적·사회적 지위를 향상시킬 목적으로 근로자의 자주적 단체인 노동조합과 사용자 사이에 단체교섭을 통하여 이루어지는 것이므로, 그 명문의 규정을 근로자에게 불리하게 변형해석할 수 없다(대판 2018.11.29. 2018두41532).

답 ❶

055 □□□ **노동조합 및 노동관계조정법령상 단체협약에 관한 설명으로 옳지 않은 것은?(다툼이 있으면 판례에 따름)** 18 노무

① 단체협약에 정한 근로자의 대우에 관한 기준에 위반하는 취업규칙 또는 근로계약의 부분은 무효로 한다.

② 하나의 사업 또는 사업장에 상시 사용되는 동종의 근로자 반수 이상이 하나의 단체협약의 적용을 받게 된 때에는 당해 사업 또는 사업장에 사용되는 다른 동종의 근로자에 대하여도 당해 단체협약이 적용된다.

③ 일반적 구속력과 관련하여 사업장 단위로 체결되는 단체협약의 적용범위가 특정되지 않았거나 단체협약 조항이 모든 직종에 걸쳐서 공통적으로 적용되는 경우에는 직종의 구분 없이 사업장 내의 모든 근로자가 동종의 근로자에 해당된다.

④ 단체협약에 그 유효기간이 경과한 후에도 새로운 단체협약이 체결되지 아니한 때에는 새로운 단체협약이 체결될 때까지 종전 단체협약의 효력을 존속시킨다는 취지의 별도의 약정이 있는 경우에는 당사자 일방은 종전의 단체협약을 해지할 수 없다.

⑤ 단체협약이 실효되었다 하더라도 임금 등 개별적인 노동조건에 관한 부분은 그 단체협약의 적용을 받고 있던 개별적인 근로자의 근로계약의 내용으로 남아서 사용자와 근로자를 규율하게 되는 경우가 있다.

해설

① (○) 노조법 제33조 제1항

② (○) 노조법 제35조

③ (○) 단체협약의 적용을 받지 않는 근로자에게 노조법 제35조 소정의 일반적 구속력에 의하여 단체협약이 적용되기 위하여는 하나의 공장, 사업장 기타 직장에 상시 사용되는 동종의 근로자의 반수 이상의 근로자가 하나의 단체협약의 적용을 받게 됨을 필요로 하는바, 여기에서 상시 사용되는 동종의 근로자라 함은 하나의 단체협약의 적용을 받는 근로자가 반수 이상이라는 비율을 계산하기 위한 기준이 되는 근로자의 총수로서 근로자의 지위나 종류, 고용기간의 정함의 유무 또는 근로계약상의 명칭에 구애됨이 없이 사업장에서 사실상 계속적으로 사용되고 있는 동종의 근로자 전부를 의미하므로, 단기의 계약기간을 정하여 고용된 근로자라도 기간 만료 시마다 반복갱신되어 사실상 계속 고용되어 왔다면 여기에 포함되고, 또한 사업장 단위로 체결되는 단체협약의 적용범위가 특정되지 않았거나 협약 조항이 모든 직종에 걸쳐서 공통적으로 적용되는 경우에는 직종의 구분 없이 사업장 내의 모든 근로자가 동종의 근로자에 해당된다(대판 1992.12.22. 92누13189).

④ (×) 새로운 단체협약이 체결될 때까지 종전 단체협약의 효력을 존속시킨다는 취지의 별도의 약정이 있는 경우엔 새로운 단체협약이 체결될 때까지 계속 효력을 유지한다. 다만, 단체협약을 해지하고자 하는 자는 해지하고자 하는 날의 6월전까지 상대방에게 통고함으로써 종전의 단체협약을 해지할 수 있다(노조법 제32조 제3항).

⑤ (○) 단체협약이 실효되었다고 하더라도 임금, 퇴직금이나 노동시간, 그 밖에 개별적인 노동조건에 관한 부분은 그 단체협약의 적용을 받고 있던 근로자의 근로계약의 내용이 되어 그것을 변경하는 새로운 단체협약, 취업규칙이 체결·작성되거나 또는 개별적인 근로자의 동의를 얻지 아니하는 한 개별적인 근로자의 근로계약의 내용으로서 여전히 남아 있어 사용자와 근로자를 규율하게 된다(대판 2009.2.12. 2008다70336).

답 ④

056 노동조합 및 노동관계조정법령상 단체협약에 관한 설명으로 옳지 않은 것은? 

□□□

① 행정관청은 단체협약 중 위법한 내용이 있는 경우에는 노동위원회의 의결을 얻어 그 시정을 명할 수 있다.

② 하나의 사업장에 상시 사용되는 동종의 근로자 반수 이상이 하나의 단체협약의 적용을 받게 된 때에는 행정관청은 직권으로 다른 동종의 근로자에 대하여도 당해 단체협약을 적용한다는 결정을 하여야 한다.

③ 단체협약에 그 유효기간을 정하지 아니한 경우 그 유효기간은 3년으로 한다.

④ 단체협약의 신고는 당사자 쌍방이 연명으로 해야 한다.

⑤ 단체협약의 이행방법에 관하여 노동위원회가 제시한 이행방법에 관한 견해는 중재재정과 동일한 효력을 가진다.

해설

① (○) 노조법 제31조 제3항

② (×) 하나의 사업 또는 사업장에 상시 사용되는 동종의 근로자 반수 이상이 하나의 단체협약의 적용을 받게 된 때에는 당해 사업 또는 사업장에 사용되는 다른 동종의 근로자에 대하여도 당해 단체협약이 적용된다(노조법 제35조).

③ (○) 단체협약에 그 유효기간을 정하지 아니한 경우 또는 3년을 초과하는 유효기간을 정한 경우에 그 유효기간은 3년으로 한다(노조법 제32조 제2항).

④ (○) 노조법 시행령 제15조

⑤ (○) 노동위원회가 단체협약의 해석 또는 이행방법에 관한 견해의 제시를 요청받은 경우, 노동위원회가 제시한 해석 또는 이행방법에 관한 견해는 중재재정과 동일한 효력을 가진다(노조법 제34조).

답 ❷

057 노동조합 및 노동관계조정법상 단체교섭 및 단체협약에 대한 설명으로 옳지 않은 것은?(다툼이 있는 경우 판례에 의함) 18 국가직 7급

□□□

① 하나의 사업 또는 사업장에서 현격한 근로조건의 차이, 고용형태, 교섭 관행 등을 고려하여 교섭단위를 분리할 필요가 있다고 인정되는 경우에 노동위원회는 노동관계 당사자의 양쪽 또는 어느 한 쪽의 신청을 받아 교섭단위를 분리하는 결정을 할 수 있다.

② 기업별 단위노동조합과 사용자가 체결한 단체협약에서 징계위원회를 노사 각 3명의 위원으로 구성하기로 정하면서 근로자 측 징계위원의 자격에 관하여 아무런 규정을 두지 않은 경우, 근로자 측 징계위원은 사용자 회사에 소속된 근로자에 한정된다.

③ 이미 구체적으로 그 지급청구권이 발생한 임금이나 퇴직금은 노동조합이 근로자들로부터 개별적인 동의나 수권을 받지 않는 이상, 사용자와 사이의 단체협약만으로 이에 대한 포기나 지급유예와 같은 처분행위를 할 수는 없다.

④ 사용자의 경영권에 속하는 사항에 대하여 노사가 임의로 단체교섭을 진행하여 단체협약을 체결하였다면, 그 내용이 강행법규나 사회질서에 위배되지 않더라도 단체협약으로서의 효력이 인정되지 아니한다.

해설

① (O) 노조법 제29조의3 제2항

② (O) 기업별 단위노동조합과 사용자가 체결한 단체협약에서 징계위원회를 노사 각 3명의 위원으로 구성하기로 정하면서 근로자 측 징계위원의 자격에 관하여 아무런 규정을 두지 않은 경우, 근로자 측 징계위원은 사용자 회사에 소속된 근로자에 한정된다. 나아가 기업별 단위노동조합이 단체협약을 체결한 후 산업별 단위노동조합의 지부 또는 분회로 조직이 변경되고 그에 따라 산업별 단위노동조합이 단체협약상의 권리·의무를 승계한다고 하더라도, 노동조합의 조직이 변경된 후 새로운 단체협약이 체결되지 아니하였다면 근로자의 징계절차에는 기업별 단위노동조합일 때 체결된 단체협약이 그대로 적용되어야 하므로 징계절차에서도 근로자 측 징계위원은 사용자 회사에 소속된 근로자에 한정되어야 한다(대판 2015.5.28. 2013두3351).

③ (O) 이미 구체적으로 그 지급청구권이 발생한 임금이나 퇴직금은 근로자의 사적재산영역으로 옮겨져 근로자의 처분에 맡겨진 것이기 때문에 노동조합이 근로자들로부터 개별적인 동의나 수권을 받지 않는 이상, 사용자와 사이의 단체협약만으로 이에 대한 포기나 지급유예와 같은 처분행위를 할 수는 없다(대판 2020.1.16. 2019다223129).

④ (×) 정리해고나 사업조직의 통폐합 등 기업의 구조조정의 실시 여부는 경영주체에 의한 고도의 경영상 결단에 속하는 사항으로서 원칙적으로 단체교섭의 대상이 될 수 없으나, 사용자의 경영권에 속하는 사항이라 하더라도 노사는 임의로 단체교섭을 진행하여 단체협약을 체결할 수 있고, 그 내용이 강행법규나 사회질서에 위배되지 않는 이상 단체협약으로서의 효력이 인정된다(대판 2014.3.27. 2011두20406).

답 ❹

058 단체협약에 관한 설명 중 옳은 것은?(다툼이 있는 경우 판례에 의함) 16 사시

① 단체협약의 내용 중 해고사유에 관한 부분은 규범적 효력이 없다.

② 단체협약의 해석 또는 이행방법에 관하여 관계 당사자 간에 의견의 불일치가 있는 때에 노동위원회는 직권으로 그 해석 또는 이행방법에 관한 견해를 제시할 수 있다.

③ 노동위원회는 단체협약 중 위법한 내용이 있는 경우에는 그 시정을 명할 수 있다.

④ 경영상 해고는 사용자의 경영권에 속하는 사항으로 이를 제한하기로 하는 내용의 단체협약은 효력이 없다.

⑤ 단체협약의 내용 중 임금·퇴직금에 관한 사항을 위반한 자에 대하여는 형벌을 부과한다.

해설

① (×) 단체협약 가운데 근로조건, 기타 근로자의 대우에 관한 기준을 정한 부분에 인정되는 효력을 규범적 효력이라고 한다. 해고사유에 관한 부분은 이에 해당하므로 규범적 효력이 있다.

② (×) 단체협약의 해석 또는 이행방법에 관하여 관계 당사자 간에 의견의 불일치가 있는 때에는 당사자 쌍방 또는 단체협약에 정하는 바에 의하여 어느 일방이 노동위원회에 그 해석 또는 이행방법에 관한 견해의 제시를 요청할 수 있다(노조법 제34조 제1항).

③ (×) 행정관청은 단체협약 중 위법한 내용이 있는 경우에는 노동위원회의 의결을 얻어 그 시정을 명할 수 있다(노조법 제31조 제3항).

④ (×) 정리해고나 사업조직의 통폐합 등 기업의 구조조정의 실시 여부는 경영주체에 의한 고도의 경영상 결단에 속하는 사항으로서 원칙적으로 단체교섭의 대상이 될 수 없으나, 사용자의 경영권에 속하는 사항이라 하더라도 노사는 임의로 단체교섭을 진행하여 단체협약을 체결할 수 있고, 그 내용이 강행법규나 사회질서에 위배되지 않는 이상 단체협약으로서의 효력이 인정된다(대판 2014.3.27. 2011두20406).

⑤ (O) 노조법 제92조 제2호 가목

답 ❺

059 □□□ 노동조합 및 노동관계조정법령상 단체교섭 및 단체협약에 관한 설명이다. (   )에 들어갈 내용으로 옳은 것은? 22 노무

> • 교섭창구 단일화 절차에 따라 결정된 교섭대표노동조합은 그 결정이 있은 후 사용자와 체결한 첫 번째 단체협약의 효력이 발생한 날을 기준으로 (ㄱ)년이 되는 날까지 그 교섭대표노동조합의 지위를 유지한다.
> • 단체협약에 그 유효기간이 경과한 후에도 새로운 단체협약이 체결되지 아니한 때에는 새로운 단체협약이 체결될 때까지 종전 단체협약의 효력을 존속시킨다는 취지의 별도의 약정이 있는 경우에는 그에 따르되, 당사자 일방은 해지하고자 하는 날의 (ㄴ)월 전까지 상대방에게 통고함으로써 종전의 단체협약을 해지할 수 있다.

① ㄱ : 2, ㄴ : 2
② ㄱ : 2, ㄴ : 3
③ ㄱ : 2, ㄴ : 6
④ ㄱ : 3, ㄴ : 3
⑤ ㄱ : 3, ㄴ : 6

해설

• 교섭대표노동조합은 그 결정이 있은 후 사용자와 체결한 첫 번째 단체협약의 효력이 발생한 날을 기준으로 2년이 되는 날까지 그 교섭대표노동조합의 지위를 유지하되, 새로운 교섭대표노동조합이 결정된 경우에는 그 결정된 때까지 교섭대표노동조합의 지위를 유지한다(노조법 시행령 제14조의10 제1항).
• 단체협약에 그 유효기간이 경과한 후에도 새로운 단체협약이 체결되지 아니한 때에는 새로운 단체협약이 체결될 때까지 종전 단체협약의 효력을 존속시킨다는 취지의 별도의 약정이 있는 경우에는 그에 따르되, 당사자 일방은 해지하고자 하는 날의 6월 전까지 상대방에게 통고함으로써 종전의 단체협약을 해지할 수 있다(노조법 제32조 제3항 단서).

답 ❸

060 노동조합 및 노동관계조정법상 단체협약에 관한 설명으로 옳지 않은 것은?(다툼이 있으면 판례에 따름)

□□□ 22 노무

① 노동조합은 신의에 따라 성실히 교섭하고 단체협약을 체결하여야 하며 그 권한을 남용하여서는 아니 된다.
② 단체협약에 정한 근로조건 기타 근로자의 대우에 관한 기준에 위반하는 취업규칙 또는 근로계약의 부분은 무효로 한다.
③ 단체협약의 당사자인 노동조합은 단체협약의 유효기간 중에 단체협약에서 정한 근로조건 등에 관한 내용의 변경이나 폐지를 요구하는 쟁의행위를 행하지 않을 평화의무를 지고 있다.
④ 사용자가 인사처분을 할 때 노동조합의 사전 동의나 승낙을 얻어 인사처분을 하도록 단체협약 등에 규정된 경우 그 절차를 거치지 아니한 인사처분은 원칙적으로 무효로 보아야 한다.
⑤ 노동조합은 근로조건의 향상을 목적으로 하므로 사용자와 사이에 근로조건을 불리하게 변경하는 내용의 단체협약을 체결할 수 없다.

해설

① (O) 노조법 제30조 제1항
② (O) 노조법 제33조 제1항
③ (O) 단체협약의 당사자인 노동조합은 단체협약의 유효기간 중에 단체협약에서 정한 근로조건 등에 관한 내용의 변경이나 폐지를 요구하는 쟁의행위를 행하지 아니하여야 함은 물론, 조합원들에 대하여도 통제력을 행사하여 그와 같은 쟁의행위를 행하지 못하게 방지하여야 할 이른바 평화의무를 지고 있다고 할 것이다(대판 1992.9.1. 92누7733).
④ (O) 사용자가 인사처분을 함에 있어 노동조합의 사전 동의나 승낙을 얻어야 한다거나 노동조합과 인사처분에 관한 논의를 하여 의견의 합치를 보아 인사처분을 하도록 단체협약에 규정된 경우에는 그 절차를 거치지 아니한 인사처분은 원칙적으로 무효라고 보아야 할 것이다(대판 1993.7.13. 92다45735).
⑤ (×) 협약자치의 원칙상 노동조합은 사용자와 사이에 근로조건을 유리하게 변경하는 내용의 단체협약뿐만 아니라 근로조건을 불리하게 변경하는 내용의 단체협약을 체결할 수 있으므로, 근로조건을 불리하게 변경하는 내용의 단체협약이 현저히 합리성을 결하여 노동조합의 목적을 벗어난 것으로 볼 수 있는 경우와 같은 특별한 사정이 없는 한 그러한 노사 간의 합의를 무효라고 볼 수는 없다(대판 2000.9.29. 99다67536).

답 ⑤

061 □□□ **노동조합 및 노동관계조정법령상 단체협약에 관한 설명으로 옳지 않은 것은?(다툼이 있으면 판례에 따름)**

21 노무

① 노동조합과 사용자 또는 사용자단체는 정당한 이유 없이 단체협약의 체결을 거부하거나 해태하여서는 아니 된다.

② 이미 구체적으로 지급청구권이 발생한 임금은 노동조합이 근로자들로부터 개별적인 동의나 수권을 받지 않더라도, 단체협약만으로 이에 반환이나 포기 및 지급유예와 같은 처분행위를 할 수 있다.

③ 단체협약의 당사자는 단체협약의 체결일부터 15일 이내에 당사자 쌍방의 연명으로 단체협약을 행정관청에게 신고하여야 한다.

④ 단체협약은 노동조합이 사용자 또는 사용자단체와 근로조건 기타 노사관계에서 발생하는 사항에 관한 합의를 문서로 작성하여 당사자 쌍방이 서명날인함으로써 성립하는 것이고, 그 합의가 반드시 정식의 단체교섭절차를 거쳐서 이루어져야만 하는 것은 아니다.

⑤ 단체협약이 실효되었다고 하더라도 임금 등 그 밖에 개별적인 노동조건에 관한 부분은 그 단체협약의 적용을 받고 있던 근로자의 근로계약내용이 되어 그것을 변경하는 새로운 단체협약, 취업규칙이 체결·작성되거나 또는 개별적인 근로자의 동의를 얻지 아니하는 한 개별적인 근로자의 근로계약내용으로서 효력을 갖는다.

해설

① (○) 노조법 제30조 제2항

② (×) 이미 구체적으로 그 지급청구권이 발생한 임금이나 퇴직금은 근로자의 사적재산영역으로 옮겨져 근로자의 처분에 맡겨진 것이기 때문에 노동조합이 근로자들로부터 개별적인 동의나 수권을 받지 않는 이상, 사용자와 사이의 단체협약만으로 이에 대한 포기나 지급유예와 같은 처분행위를 할 수는 없다(대판 2020.1.16. 2019다223129).

③ (○) 노조법 제31조 제2항, 동법 시행령 제15조

④ (○) 단체협약은 노동조합이 사용자 또는 사용자단체와 근로조건 기타 노사관계에서 발생하는 사항에 관한 합의를 문서로 작성하여 당사자 쌍방이 서명날인함으로써 성립하는 것이고, 그 합의가 반드시 정식의 단체교섭절차를 거쳐서 이루어져야만 하는 것은 아니다. 따라서 노동조합과 사용자 사이에 근로조건 기타 노사관계에 관한 합의가 노사협의회의 협의를 거쳐서 성립되었더라도, 당사자 쌍방이 이를 단체협약으로 할 의사로 문서로 작성하여 당사자 쌍방의 대표자가 각 노동조합과 사용자를 대표하여 서명날인하는 등으로 단체협약의 실질적·형식적 요건을 갖추었다면 이는 단체협약이라고 보아야 한다(대판 2018.7.26. 2016다205908).

⑤ (○) 단체협약이 실효되었다고 하더라도 임금, 퇴직금이나 노동시간, 그 밖에 개별적인 노동조건에 관한 부분은 그 단체협약의 적용을 받고 있던 근로자의 근로계약의 내용이 되어 그것을 변경하는 새로운 단체협약, 취업규칙이 체결, 작성되거나 또는 개별적인 근로자의 동의를 얻지 아니하는 한 개별적인 근로자의 근로계약의 내용으로서 여전히 남아 있어 사용자와 근로자를 규율한다(대판 2018.11.29. 2018두41532).

답 ❷

062 □□□ **노동조합 및 노동관계조정법상 단체협약에 관한 설명으로 옳지 않은 것은?**  20 노무

① 단체협약은 서면으로 작성하여 당사자 쌍방이 서명 또는 날인하여야 한다.
② 단체협약의 당사자는 단체협약의 체결일부터 15일 이내에 이를 행정관청에게 신고하여야 한다.
③ 행정관청은 단체협약 중 위법·부당한 내용이 있는 경우에는 노동위원회의 의결을 얻어 그 시정을 명하여야 한다.
④ 단체협약에 정한 근로조건 기타 근로자의 대우에 관한 기준에 위반하는 취업규칙 또는 근로계약의 부분은 무효로 한다.
⑤ 근로계약에 규정되지 아니한 사항은 단체협약에 정한 기준에 의한다.

해설

① (O) 노조법 제31조 제1항
② (O) 노조법 제31조 제2항
③ (×) 행정관청은 단체협약 중 위법한 내용이 있는 경우에는 노동위원회의 의결을 얻어 그 시정을 명할 수 있다(노조법 제31조 제3항).
④ (O) 노조법 제33조 제1항
⑤ (O) 노조법 제33조 제2항

답 ❸

063 □□□ **노동조합 및 노동관계조정법령상 단체협약에 관한 설명으로 옳지 않은 것은?(다툼이 있으면 판례에 따름)** 19 노무

① 단체협약은 서면으로 작성하여 당사자 쌍방이 서명 또는 날인하여야 한다.
② 근로계약에 규정되지 아니한 사항은 단체협약에 정한 기준에 의한다.
③ 행정관청은 단체협약 중 위법한 내용이 있는 경우에는 노동위원회의 의결을 얻어 그 시정을 명할 수 있다.
④ 노동조합이 조합원들의 의사를 반영하고 대표자의 단체협약 체결업무수행에 대한 적절한 통제를 위하여 대표자의 단체협약체결권한의 행사를 절차적으로 제한하는 것은, 그것이 단체협약체결권한을 전면적·포괄적으로 제한하는 것이 아닌 이상 허용된다.
⑤ 노동조합과 사용자 쌍방이 노사협의회를 거쳐 실질적·형식적 요건을 갖춘 합의가 있더라도 단체교섭을 거치지 않고 체결한 것은 단체협약으로 볼 수 없다.

해설

① (O) 노조법 제31조 제1항
② (O) 노조법 제33조 제2항
③ (O) 노조법 제31조 제3항
④ (O) 노조대표자의 협약체결권한에 대한 전면적·포괄적 제한은 위법하지만, 노동조합이 조합원들의 의사를 반영하고 대표자의 단체교섭 및 협약 체결업무수행에 대한 적절한 통제를 위하여 규약 등에서 대표자의 단체협약체결권한의 행사를 절차적으로 제한하는 것은 허용된다(대판 2014.4.24. 2010다24534).
⑤ (×) 그 협정(합의)이 반드시 정식의 단체교섭절차를 거쳐서 이루어져야만 하는 것은 아니라고 할 것이므로 노동조합과 사용자 사이에 근로조건 기타 노사관계에 관한 합의가 노사협의회의 협의를 거쳐서 성립되었더라도, 당사자 쌍방이 이를 단체협약으로 할 의사로 문서로 작성하여 당사자 쌍방의 대표자가 각 노동조합과 사용자를 대표하여 서명날인하는 등으로 단체협약의 실질적·형식적 요건을 갖추었다면 이는 단체협약이라고 보아야 할 것이다(대판 2005.3.11. 2003다27429).

답 ❺

064 □□□ **노동조합 및 노동관계조정법령상 단체협약의 해석에 관한 설명으로 옳지 않은 것은?(다툼이 있으면 판례에 따름)** 19 노무

① 단체협약과 같은 처분문서를 해석함에 있어서는 명문의 규정을 근로자에게 불리하게 변형해석할 수 없다.
② 단체협약의 해석에 관한 지방노동위원회의 제시견해가 위법 또는 월권에 의한 경우에는 중앙노동위원회에 재심을 신청할 수 있다.
③ 단체협약의 해석에 관하여 관계당사자 간에 의견을 불일치가 있는 때에는 노동위원회가 직권으로 그 해석에 관한 견해를 제시할 수 있다.
④ 노동위원회는 단체협약의 해석요청을 받은 때에는 그날부터 30일 이내에 명확한 견해를 제시하여야 한다.
⑤ 노동위원회가 단체협약의 해석요청에 대하여 제시한 견해는 중재재정과 동일한 효력을 가진다.

해설

① (○) 대판 2011.10.13. 2009다102452
② (○) 노조법 제34조 제3항은 단체협약의 해석 또는 이행방법에 관하여 단체협약당사자의 견해 제시의 요청에 응하여 노동위원회가 제시한 견해는 중재재정과 동일한 효력을 가진다고 정하고 있으므로, 단체협약의 해석 또는 이행방법에 관한 노동위원회의 제시견해의 효력을 다투고자 할 때에는 노동위원회가 행한 중재재정의 효력을 다투는 절차를 정한 위 법 제69조에 의하여야 할 것이고, 노동위원회가 단체협약의 의미를 오해하여 그 해석 또는 이행방법에 관하여 잘못된 견해를 제시하였다면 이는 법률행위인 단체협약의 해석에 관한 법리를 오해한 위법을 범한 것으로 위 법 제69조에서 정한 불복사유인 위법사유가 있는 경우에 해당된다(대판 2005.9.9. 2003두896). 따라서 제시견해가 위법이거나 월권에 의한 경우, 의견서의 송달을 받은 날부터 10일 이내에 중앙노동위원회에 그 재심을 신청할 수 있다(노조법 제69조 제1항).
③ (×) 단체협약의 해석 또는 이행방법에 관하여 관계당사자 간에 의견의 불일치가 있는 때에는 당사자 쌍방 또는 단체협약에 정하는 바에 의하여 어느 일방이 노동위원회에 그 해석 또는 이행방법에 관한 견해의 제시를 요청할 수 있다(노조법 제34조 제1항).
④ (○) 노조법 제34조 제2항
⑤ (○) 노조법 제34조 제3항

답 ③

065 □□□ **노동조합 및 노동관계조정법령상 단체협약에 관한 설명으로 옳지 않은 것은?** 18 노무

① 단체협약에 그 유효기간을 정하지 아니한 경우 그 유효기간은 3년으로 한다.
② 단체협약의 해석에 관하여 관계당사자 간에 의견의 불일치가 있는 때에는 당사자 쌍방은 고용노동부에 그 해석에 관한 견해의 제시를 요청할 수 있다.
③ 단체협약의 당사자는 단체협약의 체결일부터 15일 이내에 당사자 쌍방의 연명으로 단체협약을 행정관청에게 신고하여야 한다.
④ 행정관청은 단체협약 중 위법한 내용이 있는 경우에는 노동위원회의 의결을 얻어 그 시정을 명할 수 있다.
⑤ 단체협약은 서면으로 작성하여 당사자 쌍방이 서명 또는 날인하여야 한다.

해설

① (○) 노조법 제32조 제2항
② (×) 단체협약의 해석 또는 이행방법에 관하여 관계당사자 간에 의견의 불일치가 있는 때에는 당사자 쌍방 또는 단체협약에 정하는 바에 의하여 어느 일방이 노동위원회에 그 해석 또는 이행방법에 관한 견해의 제시를 요청할 수 있다(노조법 제34조 제1항).
③ (○) 단체협약은 서면으로 작성하여 당사자 쌍방이 서명 또는 날인하여야 하고, 단체협약의 당사자는 단체협약의 체결일부터 15일 이내에 이를 행정관청에게 신고하여야 한다(노조법 제31조 제1항・제2항).
④ (○) 노조법 제31조 제3항
⑤ (○) 노조법 제31조 제1항

답 ❷

066 □□□ **노동조합 및 노동관계조정법령상 단체협약의 지역적 구속력에 관한 설명으로 옳은 것은?** 18 노무

① 하나의 지역에 있어서 종업하는 동종의 근로자 3분의 2 이상이 하나의 단체협약의 적용을 받게 된 때에 행정관청이 법령에 따라 당해 단체협약의 지역적 구속력 적용을 결정하면 당해 지역에서 종업하는 다른 동종의 근로자와 그 사용자에 대하여도 당해 단체협약이 적용된다.
② 행정관청은 직권으로 노동위원회의 의결을 얻어 단체협약의 지역적 구속력 적용결정을 할 수 없다.
③ 단체협약의 당사자 쌍방의 신청으로 행정관청이 단체협약의 지역적 구속력 적용결정을 하는 경우에는 노동위원회의 의결을 얻지 아니할 수 있다.
④ 단체협약의 당사자 일방의 신청으로 행정관청이 단체협약의 지역적 구속력 적용결정을 하는 경우에는 중앙노동위원회의 조정을 거쳐야 한다.
⑤ 행정관청이 단체협약의 지역적 확장적용의 결정을 한 때에는 3개월 이내에 이를 공고하여야 한다.

해설

① (○) 노조법 제36조 제1항
② (×) 행정관청은 당해 단체협약의 당사자의 쌍방 또는 일방의 신청에 의하거나 그 직권으로 노동위원회의 의결을 얻어 단체협약의 지역적 구속력 적용결정을 할 수 있다(노조법 제36조 제1항).
③ (×) 노동위원회의 의결을 얻어야 한다(노조법 제36조 제1항).
④ (×) 중앙노동위원회의 조정을 거칠 필요는 없다.
⑤ (×) 행정관청이 지역적 확장적용의 결정을 한 때에는 지체 없이 이를 공고하여야 한다(노조법 제36조 제2항).

답 ❶

067 □□□ **노동조합 및 노동관계조정법상 단체협약의 효력에 관한 설명으로 옳은 것은?(다툼이 있는 경우에는 판례에 의함)** 14 노무

① 동종의 근로자 반수 이상이 하나의 단체협약의 적용을 받게 된 때에는 지역적 구속력을 적용한다는 결정을 할 수 있다.

② 단체협약에 2년을 초과하는 유효기간을 정할 수 없다.

③ 단체협약의 유효기간이 경과한 후에도 새로운 단체협약이 체결되지 아니한 때에는 새로운 단체협약이 체결될 때까지 종전 단체협약의 효력을 존속시킨다는 취지의 약정은 무효이다.

④ 단체협약이 실효되었다고 하더라도 임금 등 개별적 노동조건에 관한 부분은 그 단체협약의 적용을 받고 있던 근로자의 근로계약의 내용이 되어 그것을 변경하는 새로운 단체협약이 체결·작성되거나 또는 개별근로자의 동의를 얻지 아니하는 한 개별적인 근로자의 근로계약의 내용으로서 남아 있게 된다.

⑤ 일반적 구속력에 따라 단체협약의 적용을 받게 되는 '동종의 근로자'에는 단체협약규정에 의하여 조합원의 자격이 없는 자도 포함된다.

해설

① (×) 하나의 사업 또는 사업장에 상시 사용되는 동종의 근로자 반수 이상이 하나의 단체협약의 적용을 받게 된 때에는 당해 사업 또는 사업장에 사용되는 다른 동종의 근로자에 대하여도 당해 단체협약이 적용된다(노조법 제35조).

② (×) 단체협약의 유효기간은 3년을 초과하지 않는 범위에서 노사가 합의하여 정할 수 있다(노조법 제32조 제1항).

③ (×) 사용자와 노동조합이 이와 같은 경우에 단체협약의 공백상태가 발생하는 것을 방지하기 위하여 종전 단체협약의 효력이 일정한 기간 자동적으로 연장되도록 약정하는 것도 가능하다(대판 1992.4.14. 91누8364).

④ (○) 대판 2007.12.27. 2007다51758

⑤ (×) 단체협약의 일반적 구속력으로서 그 적용을 받게 되는 동종의 근로자라 함은 당해 단체협약의 규정에 의하여 그 협약의 적용이 예상되는 자를 가리키며, 단체협약의 규정에 의하여 조합원의 자격이 없는 자는 단체협약의 적용이 예상된다고 할 수 없어 단체협약의 적용을 받지 아니한다(대판 2004.1.29. 2001다5142).

답 ❹

068 □□□ **노동조합 및 노동관계조정법 제36조에서 규정하고 있는 단체협약의 지역적 구속력의 요건과 효과에 관한 설명 중 옳게 묶인 것은?** 07 사시

[X군 : 요건]
- A : 하나의 지역에 있어서 동종의 근로자 반수 이상이 하나의 단체협약의 적용을 받음
- B : 행정관청이 당해 단체협약의 당사자의 쌍방 또는 일방의 신청에 의하거나 그 직권으로 노동위원회의 의결을 얻어 지역적 구속력 인정
- C : 행정관청은 공고 후 지체 없이 노동위원회의 승인을 받아야 함

[Y군 : 효과]
ㄱ. 당해 지역에서 종업하는 다른 동종의 근로자와 그 사용자에 대하여 당해 단체협약의 내용 중 근로조건에 관한 규정 적용
ㄴ. 당해 지역에서 종업하는 다른 동종의 근로자를 조직하고 있는 노동조합과 그 사용자에 대하여 당해 단체협약의 내용 중 조합활동등의 보장에 관한 규정 적용
ㄷ. 당해 지역에서 종업하는 다른 동종의 근로자가 원하는 경우에만 그 사용자에 대하여 당해 단체협약 적용

① A − ㄱ
② A − ㄴ
③ B − ㄱ
④ B − ㄷ
⑤ C − ㄷ

해설

- 하나의 사업 또는 사업장에 상시 사용되는 동종의 근로자 반수 이상이 하나의 단체협약의 적용을 받게 된 때에는 당해 사업 또는 사업장에 사용되는 다른 동종의 근로자에 대하여도 당해 단체협약이 적용된다(노조법 제35조).
- 하나의 지역에 있어서 종업하는 동종의 근로자 3분의 2 이상이 하나의 단체협약의 적용을 받게 된 때에는 행정관청은 당해 단체협약의 당사자의 쌍방 또는 일방의 신청에 의하거나 그 직권으로 노동위원회의 의결을 얻어 당해 지역에서 종업하는 다른 동종의 근로자와 그 사용자에 대하여도 당해 단체협약을 적용한다는 결정을 할 수 있다(노조법 제36조 제1항).

답 ③

069 □□□ **노동조합 및 노동관계조정법상 단체협약의 일반적 구속력(제35조) 및 지역적 구속력(제36조)에 관한 설명 중 옳은 것은?(다툼이 있는 경우 판례에 의함)** 15 사시

① 노동위원회가 지역적 구속력 결정을 한 때에는 지체 없이 이를 공고하여야 한다.
② 일반적 구속력이 발생하기 위해서는 상시 사용되는 동종의 근로자 3분의 2 이상이 하나의 단체협약의 적용을 받아야 한다.
③ 일반적 구속력에 따라 단체협약의 적용을 받게 되는 동종의 근로자란 당해 단체협약의 규정에 의하여 그 협약의 적용이 예상되는 자이다.
④ 일반적 구속력은 일정한 지역에서 사용자 간 부당경쟁방지를 목적으로 한다.
⑤ 지역적 구속력 결정의 효력은 이미 별도의 단체협약을 체결하여 그 협약의 적용을 받고 있는 근로자에게도 미친다.

해설

① (×) 행정관청이 지역적 구속력에 대한 결정을 한 때에는 지체 없이 이를 공고하여야 한다(노조법 제36조 제2항).
② (×) 하나의 사업 또는 사업장에 상시 사용되는 동종의 근로자 반수 이상이 하나의 단체협약의 적용을 받게 된 때에는 당해 사업 또는 사업장에 사용되는 다른 동종의 근로자에 대하여도 당해 단체협약이 적용된다(노조법 제35조).
③ (○) 노조법 제35조의 규정에 따라 단체협약의 일반적 구속력으로서 그 적용을 받게 되는 '동종의 근로자'라 함은 당해 단체협약의 규정에 의하여 그 협약의 적용이 예상되는 자를 가리키며, 단체협약의 규정에 의하여 조합원의 자격이 없는 자는 단체협약의 적용이 예상된다고 할 수 없어 단체협약의 적용을 받지 아니한다(대판 2003.12.26. 2001두10264).
④ (×) 지역적 구속력은 일정 지역에서 다수의 근로자에게 적용되는 단체협약상의 근로조건을 다른 근로자에게도 확장적용함으로써 근로자 간의 근로조건에 형평성을 도모하고, 근로조건이 지나치게 높거나 낮은 수준의 근로자를 고용한 기업이 다른 기업에 비하여 부정경쟁력을 확보하는 것을 방지하기 위한 것이다.
⑤ (×) 노조법 제36조가 규정하는 지역적 구속력 제도의 목적을 어떠한 것으로 파악하건 적어도 교섭권한을 위임하거나 협약체결에 관여하지 아니한 협약 외의 노동조합이 독자적으로 단체교섭권을 행사하여 이미 별도의 단체협약을 체결한 경우에는 그 협약이 유효하게 존속하고 있는 한 지역적 구속력 결정의 효력은 그 노동조합이나 그 구성원인 근로자에게는 미치지 않는다고 해석하여야 할 것이고, 또 협약 외의 노동조합이 위와 같이 별도로 체결하여 적용받고 있는 단체협약의 갱신체결이나 보다 나은 근로조건을 얻기 위한 단체교섭이나 단체행동을 하는 것 자체를 금지하거나 제한할 수는 없다고 보아야 할 것이다(대판 1993.12.21. 92도2247).

070 □□□ **노동조합 및 노동관계조정법령상 단체협약에 관한 설명으로 옳은 것은?(다툼이 있으면 판례에 따름)** 17 노무

① 단체협약은 특별한 사정이 없는 한 명문의 규정을 근로자에게 불리하게 해석할 수 있다.

② 단체협약 중 근로조건 기타 근로자의 대우에 관하여 정한 부분은 근로자와 사용자 사이의 근로계약관계를 직접 규율하는 효력을 가진다.

③ 근로조건을 불리하게 변경하는 내용의 단체협약이 현저히 합리성을 결하여 노동조합의 목적을 벗어난 것으로 볼 수 있는 경우와 같은 특별한 사정이 없는 한 그러한 노사 간의 합의를 무효라고 볼 수는 없으나, 노동조합으로서는 그러한 합의를 위하여 사전에 근로자들로부터 개별적인 동의나 수권을 받아야 한다.

④ 노동조합이 기존의 임금, 근로시간, 퇴직금 등 근로조건을 결정하는 기준에 관하여 소급적으로 동의하는 내용의 단체협약을 사용자와 체결한 경우에, 동의의 효력은 단체협약 체결 이전에 퇴직한 근로자에게도 미친다.

⑤ 단체협약의 유효기간이 경과한 후에도 새로운 단체협약이 체결되지 않은 때에는 새로운 단체협약이 체결될 때까지 단체협약의 해지권을 행사하지 못하도록 하는 취지의 약정은 유효하다.

해설

① (×) 단체협약은 근로자의 경제적 · 사회적 지위 향상을 위하여 노동조합과 사용자가 단체교섭을 거쳐 체결하는 것이므로, 명문규정을 근로자에게 불리하게 해석하여서는 안 된다(대판 2017.2.15. 2016다32193).

② (O) 노조법 제33조 제1항은 "단체협약에 정한 근로조건 기타 근로자의 대우에 관한 기준에 위반하는 취업규칙 또는 근로계약의 부분은 무효로 한다"고 규정하고 있고, 같은 조 제2항은 "근로계약에 규정되지 아니한 사항 또는 제1항의 규정에 의하여 무효로 된 부분은 단체협약에 정한 기준에 의한다"고 규정하고 있다. 따라서 단체협약 중 근로조건 기타 근로자의 대우에 관하여 정한 부분, 즉 규범적 부분은 근로자와 사용자 사이의 근로계약관계를 직접 규율하는 효력을 가진다(대판 2016.7.22. 2013두24396).

③ (×) 협약자치의 원칙상 노동조합은 사용자와 사이에 근로조건을 유리하게 변경하는 내용의 단체협약뿐만 아니라 근로조건을 불리하게 변경하는 내용의 단체협약을 체결할 수 있으므로, 근로조건을 불리하게 변경하는 내용의 단체협약이 현저히 합리성을 결하여 노동조합의 목적을 벗어난 것으로 볼 수 있는 경우와 같은 특별한 사정이 없는 한 그러한 노사 간의 합의를 무효라고 볼 수는 없고, 노동조합으로서는 그러한 합의를 위하여 사전에 근로자들로부터 개별적인 동의나 수권을 받을 필요가 없으며, 단체협약이 현저히 합리성을 결하였는지 여부는 단체협약의 내용과 그 체결경위, 당시 사용자 측의 경영상태 등 여러 사정에 비추어 판단해야 한다(대판 2000.9.29. 99다67536).

④ (×) 노동조합이 기존의 임금, 근로시간, 퇴직금 등 근로조건을 결정하는 기준에 관하여 소급적으로 동의하거나 이를 승인하는 내용의 단체협약을 사용자와 체결한 경우에, 동의나 승인의 효력은 단체협약이 시행된 이후 해당 사업장에서 근무하면서 단체협약의 적용을 받게 될 조합원이나 근로자에 대해서만 생길 뿐, 단체협약 체결 이전에 퇴직한 근로자에게는 효력이 미칠 여지가 없다(대판 2017.2.15. 2016다32193).

⑤ (×) 단체협약의 유효기간을 제한한 노조법 제32조 제1항, 제2항이나 단체협약의 해지권을 정한 노조법 제32조 제3항 단서는 모두 성질상 강행규정이어서, 당사자 사이의 합의에 의하더라도 단체협약의 해지권을 행사하지 못하도록 하는 등 적용을 배제하는 것은 허용되지 않는다(대판 2016.3.10. 2013두3160).

답 ❷

071 노동조합 및 노동관계조정법령상 단체협약에 관한 설명으로 옳지 않은 것은? 16 노무

□□□

① 단체협약에 3년을 초과하는 유효기간을 정한 경우에 그 유효기간은 3년으로 한다.
② 단체협약의 당사자는 단체협약의 체결일부터 15일 이내에 이를 행정관청에 신고하여야 한다.
③ 단체협약의 해석에 관하여 관계당사자 간에 의견의 불일치가 있는 때에는 당사자 쌍방 또는 단체협약에 정하는 바에 의하여 어느 일방이 노동위원회에 그 해석에 관한 견해의 제시를 요청할 수 있다.
④ 단체협약에 정한 근로조건 기타 근로자의 대우에 관한 기준에 위반하는 취업규칙의 부분은 무효이며, 무효로 된 부분은 단체협약에 정한 기준에 의한다.
⑤ 하나의 지역에 있어서 종업하는 동종의 근로자 반수 이상이 하나의 단체협약의 적용을 받게 된 때에는 당해 지역에서 종업하는 다른 동종의 근로자에 대하여도 당해 단체협약이 적용된다.

해설

① (O) 단체협약의 유효기간은 3년을 초과하지 않는 범위에서 노사가 합의하여 정할 수 있다. 단체협약에 그 유효기간을 정하지 아니한 경우 또는 3년을 초과하는 유효기간을 정한 경우에 그 유효기간은 3년으로 한다(노조법 제32조 제1항 · 제2항).
② (O) 단체협약의 당사자는 단체협약의 체결일부터 15일 이내에 이를 행정관청에게 신고하여야 한다(노조법 제31조 제2항).
③ (O) 노조법 제34조 제1항
④ (O) 노조법 제33조 제1항 · 제2항
⑤ (×) 하나의 지역에 있어서 종업하는 동종의 근로자 3분의 2 이상이 하나의 단체협약의 적용을 받게 된 때에는 행정관청은 당해 단체협약의 당사자의 쌍방 또는 일방의 신청에 의하거나 그 직권으로 노동위원회의 의결을 얻어 당해 지역에서 종업하는 다른 동종의 근로자와 그 사용자에 대하여도 당해 단체협약을 적용한다는 결정을 할 수 있다(노조법 제36조 제1항). 이를 지역적 구속력이라 한다.

072 □□□ **노동조합 및 노동관계조정법령상 단체협약에 관한 설명으로 옳지 않은 것은?(다툼이 있으면 판례에 따름)** 16 노무

① 근로조건을 불리하게 변경하는 내용의 단체협약이 현저히 합리성을 결하여 노동조합의 목적을 벗어난 것으로 볼 수 있는 특별한 사정이 있는 경우에는 그러한 합의는 무효이다.
② 사용자가 노동조합과의 협상에 따라 정리해고를 제한하기로 하는 내용의 단체협약을 체결하였다면 특별한 사정이 없는 한 그 단체협약이 강행법규나 사회질서에 위배된다고 볼 수 없다.
③ 단체협약의 개정에도 불구하고 종전의 단체협약과 동일한 내용의 취업규칙이 있을 경우에 개정된 단체협약에는 당연히 취업규칙상의 유리한 조건의 적용을 배제하고 개정된 단체협약이 우선적으로 적용된다는 내용의 합의가 포함된 것으로 보아야 한다.
④ 단체협약에 조합원의 인사나 징계에 대해 노동조합의 의견을 청취하도록 규정하고 있는 경우, 사용자가 노동조합의 의견을 청취하지 않고 조합원에 대한 인사나 징계처분을 하더라도 그 처분의 효력에는 영향이 없다.
⑤ 이미 구체적으로 그 지급청구권이 발생한 임금은 노동조합이 근로자들로부터 개별적인 동의나 수권을 받지 않고, 사용자와 사이의 단체협약만으로 이에 대한 포기나 지급유예와 같은 처분행위를 할 수 있다.

해설

① (O) 협약자치의 원칙상 노동조합은 사용자와 근로조건을 유리하게 변경하는 내용의 단체협약뿐만 아니라 근로조건을 불리하게 변경하는 내용의 단체협약을 체결할 수 있으므로, 근로조건을 불리하게 변경하는 내용의 단체협약이 현저히 합리성을 결하여 노동조합의 목적을 벗어난 것으로 볼 수 있는 경우와 같은 특별한 사정이 없는 한 그러한 노사간의 합의를 무효라고 볼 수는 없다(대판 2007.12.14. 2007다18584).
② (O) 정리해고나 사업조직의 통폐합 등 기업의 구조조정의 실시 여부는 경영주체에 의한 고도의 경영상 결단에 속하는 사항으로서 원칙적으로 단체교섭의 대상이 될 수 없으나, 사용자의 경영권에 속하는 사항이라 하더라도 노사는 임의로 단체교섭을 진행하여 단체협약을 체결할 수 있고, 그 내용이 강행법규나 사회질서에 위배되지 않는 이상 단체협약으로서의 효력이 인정된다. 따라서 사용자가 노동조합과의 협상에 따라 정리해고를 제한하기로 하는 내용의 단체협약을 체결하였다면 특별한 사정이 없는 한 단체협약이 강행법규나 사회질서에 위배된다고 볼 수 없고, 나아가 이는 근로조건 기타 근로자에 대한 대우에 관하여 정한 것으로서 그에 반하여 이루어지는 정리해고는 원칙적으로 정당한 해고라고 볼 수 없다. 다만 정리해고의 실시를 제한하는 단체협약을 두고 있더라도, 단체협약을 체결할 당시의 사정이 현저하게 변경되어 사용자에게 단체협약의 이행을 강요한다면 객관적으로 명백하게 부당한 결과에 이르는 경우에는 사용자가 단체협약에 의한 제한에서 벗어나 정리해고를 할 수 있다(대판 2014.3.27. 2011두20406).
③ (O) 대판 2002.12.27. 2002두9063
④ (O) 단체협약 등에 규정된 인사협의(합의)조항의 구체적 내용이 사용자가 인사처분을 함에 있어서 신중을 기할 수 있도록 노동조합이 의견을 제시할 수 있는 기회를 주어야 하도록 규정된 경우에는 그 절차를 거치지 아니하였다고 하더라도 인사처분의 효력에는 영향이 없다고 보아야 할 것이지만, 사용자가 인사처분을 함에 있어 노동조합의 사전동의나 승낙을 얻어야 한다거나 노동조합과 인사처분에 관한 논의를 하여 의견의 합치를 보아 인사처분을 하도록 규정된 경우에는 그 절차를 거치지 아니한 인사처분은 원칙적으로 무효라고 보아야 할 것이다(대판 1993.7.13. 92다45735).
⑤ (×) 이미 구체적으로 그 지급청구권이 발생한 임금(상여금 포함)은 근로자의 사적 재산영역으로 옮겨져 근로자의 처분에 맡겨진 것이기 때문에, 노동조합이 근로자들로부터 개별적인 동의나 수권을 받지 않는 이상, 사용자와 사이의 단체협약만으로 이에 대한 포기나 지급유예와 같은 처분행위를 할 수 없다(대판 2002.4.12. 2001다41384).

답 ❺

073 노동조합 및 노동관계조정법상 단체협약에 관한 설명으로 옳은 것은?(다툼이 있는 경우에는 판례에 의함)

□□□ 14 노무

① 기존의 근로조건을 불리하게 변경하는 내용의 단체협약을 체결하기 위해서는 조합원인 근로자들로부터 개별적인 동의나 수권을 받아야 한다.
② 단체협약의 내용 중 편의제공에 관한 사항을 위반한 자에 대해서는 벌칙규정이 적용된다.
③ 단체협약과 취업규칙이 동일한 내용의 근로조건을 규정하고 있었으나, 단체협약만이 불리하게 개정된 경우에는 보다 유리한 내용을 규정하고 있는 취업규칙이 우선적으로 적용된다.
④ 단체협약의 해석 또는 이행방법에 관하여 관계당사자 사이에 의견의 불일치가 있는 경우 당사자 쌍방은 노동위원회에 그 해석 또는 이행방법에 관한 견해의 제시를 요청할 수 있으며, 이때의 해석 또는 이행방법에 관한 견해는 조정과 동일한 효력을 가진다.
⑤ 인사처분을 함에 있어서 노동조합이 의견을 제시할 수 있는 기회를 주도록 단체협약에 규정된 경우에 사용자가 제시된 노동조합의 의견을 참작하지 않고 인사처분을 하였다면 그 인사처분은 무효이다.

해설

① (×) 협약자치의 원칙상 노동조합은 사용자와 사이에 근로조건을 유리하게 변경하는 내용의 단체협약뿐만 아니라 근로조건을 불리하게 변경하는 내용의 단체협약을 체결할 수 있으므로, 근로조건을 불리하게 변경하는 내용의 단체협약이 현저히 합리성을 결하여 노동조합의 목적을 벗어난 것으로 볼 수 있는 경우와 같은 특별한 사정이 없는 한 그러한 노사 간의 합의를 무효라고 볼 수는 없고, 노동조합으로서는 그러한 합의를 위하여 사전에 근로자들로부터 개별적인 동의나 수권을 받을 필요가 없다(대판 2003.9.5. 2001다14665).

② (○) 단체협약의 내용 중 시설・편의 제공 및 근무시간 중 회의참석에 관한 사항을 위반한 자에 대하여는 1천만원 이하의 벌금에 처한다(노조법 제92조 제2호 마목).

③ (×) 근로조건을 불리하게 변경하는 내용의 단체협약이 현저히 합리성을 결하여 노동조합의 목적을 벗어난 것으로 볼 수 있는 것과 같은 특별한 사정이 없는 한 그러한 노사 간의 합의를 무효라고 볼 수는 없고, 단체협약의 개정에도 불구하고 종전의 단체협약과 동일한 내용의 취업규칙이 그대로 적용된다면 단체협약의 개정은 그 목적을 달성할 수 없으므로 개정된 단체협약에는 당연히 취업규칙상의 유리한 조건의 적용을 배제하고 개정된 단체협약이 우선적으로 적용된다는 내용의 합의가 포함된 것이라고 봄이 당사자의 의사에 합치한다(대판 2002.12.27. 2002두9063).

④ (×) 노동위원회가 제시한 해석 또는 이행방법에 관한 견해는 중재재정과 동일한 효력을 가진다(노조법 제34조 제1항・제3항).

⑤ (×) 단체협약 등에 규정된 인사협의(합의)조항의 구체적 내용이 사용자가 인사처분을 함에 있어서 신중을 기할 수 있도록 노동조합이 의견을 제시할 수 있는 기회를 주어야 하도록 규정된 경우에는 그 절차를 거치지 아니하였다고 하더라도 인사처분의 효력에는 영향이 없다고 보아야 할 것이지만, 사용자가 인사처분을 함에 있어 노동조합의 사전동의나 승낙을 얻어야 한다거나 노동조합과 인사처분에 관한 논의를 하여 의견의 합치를 보아 인사처분을 하도록 규정된 경우에는 그 절차를 거치지 아니한 인사처분은 원칙적으로 무효라고 보아야 할 것이다(대판 1993.7.13. 92다45735).

답 ❷

074 □□□ **노동조합 및 노동관계조정법상 단체협약 등에 관한 설명으로 옳지 않은 것은?(다툼이 있는 경우에는 판례에 의함)** 15 노무

① 하나의 지역에 있어서 종업하는 동종의 근로자 3분의 2 이상이 하나의 단체협약의 적용을 받게 된 때에는 노동위원회는 그 직권으로 당해 지역에서 종업하는 다른 동종의 근로자와 그 사용자에 대하여도 당해 단체협약을 적용한다는 결정을 할 수 있다.

② 하나의 사업 또는 사업장에 상시 사용되는 동종의 근로자 반수 이상이 하나의 단체협약의 적용을 받게 된 때에는 당해 사업 또는 사업장에 사용되는 다른 동종의 근로자에 대하여도 당해 단체협약이 적용된다.

③ 노사 간의 협상을 통해 사용자가 그 해고권한을 제한하기로 합의하고 노동조합이 동의할 경우에 한하여 해고권을 행사하겠다는 의미로 해고의 사전합의조항을 단체협약에 두었다면, 그러한 절차를 거치지 아니한 해고처분은 원칙적으로 무효이다.

④ 노동조합의 하부단체인 분회나 지부가 독자적인 규약 및 집행기관을 가지고 독립된 조직체로서 활동을 하는 경우 당해 조직이나 그 조합원에 고유한 사항에 대하여는 독자적으로 단체교섭하고 단체협약을 체결할 수 있다.

⑤ 단체협약과 같은 처분문서를 해석할 때에는, 단체협약이 근로자의 근로조건을 유지·개선하고 복지를 증진하여 경제적·사회적 지위를 향상시킬 목적으로 근로자의 자주적 단체인 노동조합과 사용자 사이에 단체교섭을 통하여 이루어지는 것이므로, 명문의 규정을 근로자에게 불리하게 변형해석할 수 없다.

해설

① (×) 하나의 지역에 있어서 종업하는 동종의 근로자 3분의 2 이상이 하나의 단체협약의 적용을 받게 된 때에는 행정관청은 당해 단체협약의 당사자의 쌍방 또는 일방의 신청에 의하거나 그 직권으로 노동위원회의 의결을 얻어 당해 지역에서 종업하는 다른 동종의 근로자와 그 사용자에 대하여도 당해 단체협약을 적용한다는 결정을 할 수 있다(노조법 제36조 제1항).

② (○) 노조법 제35조

③ (○) 노사 간의 협상을 통해 사용자가 그 해고권한을 제한하기로 합의하고 노동조합이 동의할 경우에 한하여 해고권을 행사하겠다는 의미로 해고의 사전합의조항을 단체협약에 두었다면, 그러한 절차를 거치지 아니한 해고처분은 원칙적으로 무효이다(대판 2007.9.6. 2005두8788).

④ (○) 노동조합의 하부단체인 분회나 지부가 독자적인 규약 및 집행기관을 가지고 독립된 조직체로서 활동을 하는 경우 당해 조직이나 그 조합원에 고유한 사항에 대하여는 독자적으로 단체교섭하고 단체협약을 체결할 수 있고, 이는 그 분회나 지부가 노조법 시행령 제7조의 규정에 따라 그 설립신고를 하였는지 여부에 영향받지 아니한다(대판 2011.5.26. 2011다1842).

⑤ (○) 단체협약과 같은 처분문서를 해석할 때에는, 단체협약이 근로자의 근로조건을 유지·개선하고 복지를 증진하여 경제적·사회적 지위를 향상시킬 목적으로 근로자의 자주적 단체인 노동조합과 사용자 사이에 단체교섭을 통하여 이루어지는 것이므로, 명문의 규정을 근로자에게 불리하게 변형해석할 수 없다(대판 2011.10.13. 2009다102452).

답 ❶

075 단체협약에 관한 설명 중 옳지 않은 것은?(다툼이 있는 경우 판례에 의함) 15 사시

□□□

① 행정관청은 단체협약 중 위법한 내용이 있는 경우에는 노동위원회의 의결을 얻어 그 시정을 명할 수 있다.

② 단체협약에 반하는 내용의 취업규칙이라도 단체협약의 일반적 구속력이 인정되지 않는 경우에는 그 협약의 적용을 받지 아니하는 근로자에 대하여 적용된다.

③ 노동조합과 사용자가 단체협약의 유효기간을 4년으로 정하여도 그 유효기간은 3년이다.

④ 협약자치의 원칙상 노동조합은 사용자와 사이에 근로조건을 불리하게 변경하는 내용의 단체협약을 체결할 수 있으므로 특별한 사정이 없는 한 그러한 노사 간의 합의를 무효라고 볼 수는 없다.

⑤ 단체협약이 실효되었다고 하더라도 단체협약의 채무적 부분은 유효하게 존속한다.

해설

① (○) 노조법 제31조 제3항

② (○) 판례의 취지를 고려할 때 단체협약의 일반적 구속력이 인정되지 않는 경우에는 그 협약의 적용을 받지 아니하는 근로자에 대하여 종전의 취업규칙이 적용된다고 보아야 한다.

> 노동조합 및 노동관계조정법 제35조의 규정에 따라 단체협약의 일반적 구속력으로서 그 적용을 받게 되는 '동종의 근로자'라 함은 당해 단체협약의 규정에 의하여 그 협약의 적용이 예상되는 자를 가리키며, 단체협약의 규정에 의하여 조합원의 자격이 없는 자는 단체협약의 적용이 예상된다고 할 수 없어 단체협약의 적용을 받지 아니한다(대판 2003.12.26. 2001두10264).

③ (○) 단체협약에 그 유효기간을 정하지 아니한 경우 또는 3년을 초과하는 유효기간을 정한 경우에 그 유효기간은 3년으로 한다(노조법 제32조 제2항). 따라서 단체협약의 유효기간을 4년으로 정하여도 그 유효기간은 3년이 된다.

④ (○) 협약자치의 원칙상 노동조합은 사용자와 근로조건을 유리하게 변경하는 내용의 단체협약뿐만 아니라 근로조건을 불리하게 변경하는 내용의 단체협약을 체결할 수 있으므로, 특별한 사정이 없는 한 그러한 노사 간의 합의를 무효라고 볼 수 없고 노동조합으로서는 그러한 합의를 위하여 사전에 근로자들에게서 개별적인 동의나 수권을 받을 필요가 없다. 그러나 근로조건을 불리하게 변경하는 내용의 단체협약이 현저히 합리성을 결하여 노동조합 목적을 벗어난 것으로 볼 수 있는 특별한 사정이 있는 경우에는 그러한 합의는 무효라고 보아야 하고, 이때 단체협약이 현저히 합리성을 결하였는지는 단체협약 내용과 체결경위, 협약체결 당시 사용자 측 경영상태 등 여러 사정에 비추어 판단하여야 한다(대판 2011.7.28. 2009두7790).

> 학교법인 甲이 자신이 운영하는 병원 소속 근로자들로 구성된 노동조합과 '임·단 특별협약'을 체결하면서 근로자들의 정년을 60세에서 54세로 단축하기로 합의하고 취업규칙의 정년 규정도 같은 내용으로 변경한 후, 그에 따라 54세 이상인 乙을 포함한 일반직원 22명을 정년퇴직으로 처리한 사안에서, 특별협약 중 정년에 관한 부분 및 그에 근거하여 개정된 취업규칙은 무효이고, 乙 등에게 한 퇴직처리는 사실상 해고에 해당한다고 한 사례(대판 2011.7.28. 2009두7790).

⑤ (×) 원칙적으로 단체협약의 채무적 부분은 그 협약의 실효와 함께 종료된다.

답 ⑤

076 □□□ **노동조합 및 노동관계조정법상 단체협약의 유효기간에 대한 설명으로 옳지 않은 것은?(다툼이 있는 경우 판례에 의함)** 19 국가직 7급

① 단체협약에는 3년을 초과하는 유효기간을 정할 수 없다.
② 단체협약이 실효되었다고 하더라도 임금, 퇴직금이나 노동시간 그 밖에 개별적인 노동조건에 관한 부분은 그 단체협약의 적용을 받고 있던 근로자의 근로계약의 내용이 되어 개별적인 근로자의 근로계약의 내용으로서 여전히 남아 사용자와 근로자를 규율하지만, 단체협약 중 해고사유 및 해고의 절차에 관한 부분은 그러하지 아니하다.
③ 단체협약에 그 유효기간이 경과한 후에도 새로운 단체협약이 체결되지 아니한 때에는 새로운 단체협약이 체결될 때까지 종전 단체협약의 효력을 존속시킨다는 취지의 별도의 약정이 있는 경우에는 그에 따른다.
④ 노사가 일정한 조건이 성취될 때까지 특정 단체협약 조항에 따른 합의의 효력이 유지되도록 명시하여 단체협약을 체결한 경우에 그 단체협약 조항에 따른 합의는 해제조건의 성취로 효력을 잃는다.

해설

① (O) 단체협약의 유효기간은 3년을 초과하지 않는 범위에서 노사가 합의하여 정할 수 있다(노조법 제32조 제1항).
② (×) 단체협약이 실효되었다고 하더라도 임금, 퇴직금이나 노동시간, 그 밖에 개별적인 노동조건에 관한 부분은 그 단체협약의 적용을 받고 있던 근로자의 근로계약의 내용이 되어 그것을 변경하는 새로운 단체협약, 취업규칙이 체결·작성되거나 또는 개별적인 근로자의 동의를 얻지 아니하는 한 개별적인 근로자의 근로계약의 내용으로서 여전히 남아 있어 사용자와 근로자를 규율하게 되고, 단체협약 중 해고사유 및 해고의 절차에 관한 부분에 대하여도 이와 같은 법리가 그대로 적용되는 것이다(대판 2009.2.12. 2008다70336).
③ (O) 단체협약에 그 유효기간이 경과한 후에도 새로운 단체협약이 체결되지 아니한 때에는 새로운 단체협약이 체결될 때까지 종전 단체협약의 효력을 존속시킨다는 취지의 별도의 약정이 있는 경우에는 그에 따르되, 당사자 일방은 해지하고자 하는 날의 6월전까지 상대방에게 통고함으로써 종전의 단체협약을 해지할 수 있다(노조법 제32조 제3항 단서).
④ (O) 유효기간이 경과하는 등으로 단체협약이 실효되었다고 하더라도 임금, 퇴직금이나 노동시간, 그 밖에 개별적인 노동조건에 관한 부분은 그 단체협약의 적용을 받고 있던 근로자의 근로계약의 내용이 되어 그것을 변경하는 새로운 단체협약, 취업규칙이 체결·작성되거나 또는 개별적인 근로자의 동의를 얻지 아니하는 한 개별적인 근로자의 근로계약의 내용으로서 여전히 남아 있어 사용자와 근로자를 규율한다. 그러나 노사가 일정한 조건이 성취되거나 기한이 도래할 때까지 특정 단체협약 조항에 따른 합의의 효력이 유지되도록 명시하여 단체협약을 체결한 경우에는, 그 단체협약 조항에 따른 합의는 노사의 합치된 의사에 따라 해제조건의 성취로 효력을 잃는다(대판 2018.11.29. 2018두41532).

 ❷

04 단체행동권

제1절 서 설

001 □□□ **노동법의 목적과 정의에 관한 규정에서 ( )에 들어갈 내용으로 옳은 것은?** 14 사시

ㄱ. 근로기준법은 헌법에 따라 (A)의 기준을 정함으로써 근로자의 기본적 생활을 보장· 향상시키며 균형 있는 국민경제의 발전을 꾀하는 것을 목적으로 한다.
ㄴ. 남녀고용평등과 일·가정 양립 지원에 관한 법률상 "적극적 고용개선조치"란 현존하는 남녀 간의 고용차별을 없애거나 고용평등을 촉진하기 위하여 잠정적으로 특정 (B)을 우대하는 조치를 말한다.
ㄷ. 노동조합 및 노동관계조정법상 "쟁의행위"라 함은 파업·태업·(C)기타 노동관계당사자가 그 주장을 관철할 목적으로 행하는 행위와 이에 대항하는 행위로서 업무의 정상적인 운영을 저해하는 행위를 말한다.

① A - 근로계약, B - 여성, C - 직장점거
② A - 근로계약, B - 여성, C - 직장폐쇄
③ A - 근로조건, B - 성, C - 직장점거
④ A - 근로조건, B - 여성, C - 직장폐쇄
⑤ A - 근로조건, B - 성, C - 직장폐쇄

해설

ㄱ. 이 법은 헌법에 따라 근로조건의 기준을 정함으로써 근로자의 기본적 생활을 보장, 향상시키며 균형 있는 국민경제의 발전을 꾀하는 것을 목적으로 한다(근기법 제1조).
ㄴ. "적극적 고용개선조치"란 현존하는 남녀 간의 고용차별을 없애거나 고용평등을 촉진하기 위하여 잠정적으로 특정 성을 우대하는 조치를 말한다(고평법 제2조 제3호).
ㄷ. "쟁의행위"라 함은 파업·태업·직장폐쇄 기타 노동관계 당사자가 그 주장을 관철할 목적으로 행하는 행위와 이에 대항하는 행위로서 업무의 정상적인 운영을 저해하는 행위를 말한다(노조법 제2조 제6호).

답 ⑤

제2절 쟁의행위의 정당성

002 □□□ **노동조합 및 노동관계조정법령상 쟁의행위에 관한 설명으로 옳지 않은 것은?(다툼이 있으면 판례에 따름)** 23 노무

① 노동조합은 사용자의 점유를 배제하여 조업을 방해하는 형태로 쟁의행위를 해서는 아니 된다.

② 쟁의행위가 사업장의 안전보호시설에 대하여 정상적인 운영을 방해하는 행위로 행하여지는 경우에 사용자가 행정관청과 관할 노동위원회에 하여야 할 신고는 전화로도 가능하다.

③ 피케팅은 파업에 가담하지 않고 조업을 계속하려는 자에 대하여 평화적 설득, 구두와 문서에 의한 언어적 설득의 범위 내에서 정당성이 인정되는 것이 원칙이고, 위력에 의한 물리적 강제는 정당화될 수 없다.

④ 사업장의 안전보호시설의 정상적인 유지·운영을 정지하는 쟁의행위에 대하여 노동위원회는 그 의결로 쟁의행위의 중지를 통보하여야 한다.

⑤ 방위사업법에 의하여 지정된 주요방위산업체에 종사하는 근로자 중 방산물자의 완성에 필요한 정비 업무에 종사하는 자는 쟁의행위를 할 수 없다.

해설

① (○) 노조법 제37조 제3항

② (○) 사용자는 쟁의행위가 사업장의 안전보호시설에 대하여 정상적인 유지·운영을 정지·폐지 또는 방해하는 행위로 행하여지는 경우에는 즉시 그 상황을 서면·구두 또는 전화 기타의 적당한 방법으로 행정관청과 관할 노동위원회에 신고하여야 한다(노조법 제42조 제2항, 동법 시행령 제18조).

③ (○) 파업의 보조적 쟁의수단인 피케팅은 파업에 가담하지 않고 조업을 계속하려는 자에 대하여 평화적 설득, 구두와 문서에 의한 언어적 설득의 범위 내에서 정당성이 인정되는 것이고, 폭행, 협박 또는 위력에 의한 실력저지나 물리적 강제는 정당화 될 수 없다(대판 1990.10.12. 90도1431).

④ (×) 행정관청은 쟁의행위가 사업장의 안전보호시설에 대하여 정상적인 유지·운영을 정지·폐지 또는 방해하는 행위에 해당한다고 인정하는 경우에는 노동위원회의 의결을 얻어 그 행위를 중지할 것을 통보하여야 한다(노조법 제42조 제3항 본문).

⑤ (○) 방위사업법에 의하여 지정된 주요방위산업체에 종사하는 근로자 중 전력, 용수 및 방산물자의 완성에 필요한 제조·가공·조립·정비·재생·개량·성능검사·열처리·도장·가스취급 등의 업무에 종사하는 자는 쟁의행위를 할 수 없다(노조법 제41조 제2항, 동법 시행령 제20조).

답 ④

PART 1 PART 2 PART 3

003 □□□ **노동조합 및 노동관계조정법상 쟁의행위 등에 관한 설명으로 옳지 않은 것은?(다툼이 있는 경우에는 판례에 의함)** 15 노무

① 노동조합은 그 대표자가 필요하다고 판단하는 경우 조합원의 찬반투표 없이 쟁의행위를 할 수 있다.
② 노동조합은 쟁의행위가 적법하게 수행될 수 있도록 지도・관리・통제할 책임이 있다.
③ 사업장의 안전보호시설에 대하여 정상적인 유지・운영을 정지・폐지 또는 방해하는 행위는 쟁의행위로서 이를 행할 수 없다.
④ 노동조합은 쟁의행위기간에 대한 임금의 지급을 요구하여 이를 관철할 목적으로 쟁의행위를 하여서는 아니 된다.
⑤ 사용자는 쟁의행위기간 중 그 쟁의행위로 중단된 업무의 수행을 위하여 당해 사업과 관계없는 자를 채용 또는 대체할 수 없다.

해설

① (×) 노동조합의 쟁의행위는 그 조합원의 직접・비밀・무기명투표에 의한 조합원 과반수의 찬성으로 결정하지 아니하면 이를 행할 수 없다. 이 경우 조합원 수 산정은 종사근로자인 조합원을 기준으로 한다(노조법 제41조 제1항 전문).
② (○) 노동조합은 쟁의행위가 적법하게 수행될 수 있도록 지도・관리・통제할 책임이 있다(노조법 제38조 제3항).
③ (○) 노조법 제42조 제2항
④ (○) 노조법 제44조 제2항
⑤ (○) 노조법 제43조 제1항

답 ❶

004 □□□ **노동조합 및 노동관계조정법상 쟁의행위에 관한 설명으로 옳지 않은 것은?(다툼이 있으면 판례에 따름)** 23 노무

① 조합원은 노동조합에 의하여 주도되지 아니한 쟁의행위를 하여서는 아니 된다.
② 노동조합은 쟁의행위가 적법하게 수행될 수 있도록 지도・관리・통제할 책임이 있다.
③ 조합원의 민주적 의사결정이 실질적으로 확보된 때에는 쟁의행위 찬반투표절차를 거치지 아니하였다는 사정만으로 쟁의행위의 정당성이 상실되지 아니한다.
④ 사용자는 노동조합이 쟁의행위를 개시한 이후에만 직장폐쇄를 할 수 있다.
⑤ 노동조합은 쟁의행위 기간에 대한 임금의 지급을 요구하여 이를 관철할 목적으로 쟁의행위를 하여서는 아니 된다.

해설

① (○) 노조법 제37조 제2항
② (○) 노조법 제38조 제3항
③ (×) 조합원의 직접・비밀・무기명 투표에 의한 과반수의 찬성결정을 거치지 아니하고 쟁의행위에 나아간 경우에 조합원의 민주적 의사결정이 실질적으로 확보되었더라도 위와 같은 투표절차를 거치지 아니하였다면 쟁의행위는 정당성을 상실한다고 보아야 한다(대판 2001.10.25. 99도4837[전합]).
④ (○) 노조법 제46조 제1항
⑤ (○) 노조법 제44조 제2항

답 ❸

005 노동조합 및 노동관계조정법령상 쟁의행위에 관한 설명으로 옳지 않은 것은? 

□□□

① 조합원은 노동조합에 의하여 주도되지 아니한 쟁의행위를 하여서는 아니 된다.

② 근로자는 쟁의행위기간 중에는 현행범 외에는 노동조합 및 노동관계조정법 위반을 이유로 구속되지 아니한다.

③ 사용자는 쟁의행위기간 중 그 쟁의행위로 중단된 업무의 수행을 위하여 당해 사업과 관계있는 자를 채용 또는 대체할 수 없다.

④ 작업시설의 손상을 방지하기 위한 작업은 쟁의행위기간 중에도 정상적으로 수행되어야 한다.

⑤ 사용자는 노동조합 및 노동관계조정법에 의한 쟁의행위로 인하여 손해를 입은 경우에 노동조합 또는 근로자에 대하여 그 배상을 청구할 수 없다.

해설

① (○) 노조법 제37조 제2항

② (○) 노조법 제39조

③ (×) 사용자는 쟁의행위기간 중 그 쟁의행위로 중단된 업무의 수행을 위하여 당해 사업과 관계없는 자를 채용 또는 대체할 수 없다(노조법 제43조 제1항).

④ (○) 작업시설의 손상이나 원료·제품의 변질 또는 부패를 방지하기 위한 작업은 쟁의행위기간 중에도 정상적으로 수행되어야 한다(노조법 제38조 제2항).

⑤ (○) 노조법 제3조

PART 1 PART 2 PART 3

006 노동조합 및 노동관계조정법상 쟁의행위에 대한 설명으로 옳지 않은 것은? 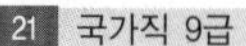

□□□

① 조합원은 노동조합에 의하여 주도되지 아니한 쟁의행위를 하여서는 아니 된다.

② 노동조합은 쟁의행위가 적법하게 수행될 수 있도록 지도·관리·통제할 책임이 있다.

③ 사용자는 쟁의행위 기간 중 그 쟁의행위로 중단된 업무를 도급 줄 수 있다.

④ 근로자는 쟁의행위 기간 중에는 현행범 외에는 노동조합 및 노동관계조정법 위반을 이유로 구속되지 아니한다.

해설

① (○) 노조법 제37조 제2항

② (○) 노조법 제38조 제3항

③ (×) 사용자는 쟁의행위기간 중 그 쟁의행위로 중단된 업무를 도급 또는 하도급 줄 수 없다(노조법 제43조 제2항).

④ (○) 노조법 제39조

007 쟁의행위에 관한 설명 중 옳은 것은?(다툼이 있는 경우 판례에 의함) 16 사시

□□□

① 노동조합은 쟁의행위 기간에 대한 임금의 지급을 요구하여 이를 관철할 목적으로 쟁의행위를 할 수 있다.

② 노동조합이 다소 무리한 임금 인상을 요구하면서 쟁의행위를 하면 그 자체로 쟁의행위는 목적의 정당성을 상실한다.

③ 조합원의 쟁의행위 찬반투표는 대의원회의 투표로 대신할 수 있다.

④ 노동조합이 노동위원회에 노동쟁의 조정신청을 하여 조정기간이 만료되었더라도 조정종료 결정이 없으면 쟁의행위를 할 수 없다.

⑤ 쟁의행위는 그 쟁의행위와 관계없는 자의 출입·조업을 방해하는 방법으로 행하여져서는 안 된다.

해설

① (×) 노동조합은 쟁의행위 기간에 대한 임금의 지급을 요구하여 이를 관철할 목적으로 쟁의행위를 하여서는 아니 된다(노조법 제44조 제2항).

② (×) 노동조합이 사용자에게 다소 무리한 임금인상을 요구함으로써 분쟁이 발생하였으며 또한 노동조합의 쟁의행위 결과 사용자의 정상적인 업무수행이 저해되었다 하더라도, 그것만으로 노동조합의 쟁의행위가 정당성을 결하는 것은 아니라 할 것이다(대판 2000.5.26. 98다34331).

> 평균임금이 도내 택시회사 중 가장 높은 수준임에도 노동조합이 최고 수준의 임금인상을 요구하여 임금협상이 결렬되었으나 노동조합이 준법투쟁에 돌입한 지 3일 만에 전격적으로 단행한 사용자의 직장폐쇄는 정당성을 결여하였다고 본 사례(대판 2000.5.26. 98다34331).

③ (×) 노동조합이 규약으로 총회에 갈음할 대의원회를 두는 경우, 대의원회는 총회의 의결사항에 대하여 결의할 수 있으나(노조법 제17조 제1항·제5항), 조합원의 쟁의행위 찬반투표는 총회의 의결사항이 아니므로 대의원회의 투표로 대신할 수 없다고 판단된다.

④ (×) 노동조합이 노동위원회에 노동쟁의 조정신청을 하여 조정절차가 마쳐지거나 조정이 종료되지 아니한 채 조정기간이 끝나면 노동조합은 쟁의행위를 할 수 있는 것으로 노동위원회가 반드시 조정결정을 한 뒤에 쟁의행위를 하여야지 그 절차가 정당한 것은 아니다(대판 2001.6.26. 2000도2871).

⑤ (○) 쟁의행위는 그 쟁의행위와 관계없는 자 또는 근로를 제공하고자 하는 자의 출입·조업 기타 정상적인 업무를 방해하는 방법으로 행하여져서는 아니 되며 쟁의행위의 참가를 호소하거나 설득하는 행위로서 폭행·협박을 사용하여서는 아니 된다(노조법 제38조 제1항).

답 ⑤

008 □□□ **노동조합 및 노동관계조정법상 쟁의행위에 대한 설명으로 옳지 않은 것은?(다툼이 있는 경우 판례에 의함)** 23 국가직 9급

① 사용자는 쟁의행위 기간 중 그 쟁의행위로 중단된 업무의 수행을 위하여 당해 사업과 관계없는 자를 채용 또는 대체할 수 없다.

② 쟁의행위에 대한 조합원 찬반투표가 노동위원회의 조정절차를 거치지 않고 실시되었다는 사정만으로는 그 쟁의행위의 정당성이 상실된다고 보기 어렵다.

③ 근로조건에 관한 노동관계 당사자 간 주장의 불일치로 인하여 근로자들이 조정전치절차 및 찬반투표절차를 거쳐 정당한 쟁의행위를 개시한 후 쟁의사항과 밀접하게 관련된 새로운 쟁의사항이 부가된 경우에는, 근로자들이 새로이 부가된 사항에 대하여 쟁의행위를 위한 별도의 조정절차 및 찬반투표절차를 거쳐야 할 의무가 있다고 할 수 없다.

④ 필수공익사업의 사용자라 하더라도 쟁의행위기간 중 그 쟁의행위로 중단된 업무를 도급 또는 하도급 줄 수 없다.

해설

① (○) 노조법 제43조 제1항

② (○) 노동조합이 쟁의행위를 할 때에 조합원의 직접·비밀·무기명투표에 의한 과반수의 찬성결정이라는 절차를 거치도록 한 노조법 제41조 제1항은 노동조합의 자주적이고 민주적인 운영을 도모함과 아울러 쟁의행위에 참가한 근로자들이 사후에 쟁의행위의 정당성 유무와 관련하여 어떠한 불이익을 당하지 않도록 그 개시에 관한 조합의사의 결정에 보다 신중을 기하기 위하여 마련된 규정이므로 위의 절차를 위반한 쟁의행위는 그 절차를 따를 수 없는 객관적인 사정이 인정되지 않는 한 정당성이 상실된다. 하지만 쟁의행위에 대한 조합원 찬반투표가 노조법 제45조가 정한 노동위원회의 조정절차를 거치지 않고 실시되었다는 사정만으로는 그 쟁의행위의 정당성이 상실된다고 보기 어렵다(대판 2020.10.15. 2019두40345).

③ (○) [1] 근로조건에 관한 노동관계 당사자 간 주장의 불일치로 인하여 근로자들이 조정전치절차 및 찬반투표절차를 거쳐 정당한 쟁의행위를 개시한 후 쟁의사항과 밀접하게 관련된 새로운 쟁의사항이 부가된 경우에는, 근로자들이 새로이 부가된 사항에 대하여 쟁의행위를 위한 별도의 조정절차 및 찬반투표절차를 거쳐야 할 의무가 있다고 할 수 없다.

[2] 피고인들이 甲 생명보험회사의 노조원들과 공모하여 파업의 주된 목적인 '성과급제 도입 반대나 철회'에 관하여 쟁의 조정절차 및 쟁의행위 찬반투표를 거치지 아니한 채 파업에 돌입하였다고 하여 구 노조법 위반으로 기소된 사안에서, 피고인들이 주도한 파업의 목적은 이전에 정당하게 개시된 쟁의행위의 목적인 단체협약의 갱신과 단절되고 관련 없는 것이라고 보기 어려워 노동조합이 파업을 위하여 새로이 조정절차나 찬반투표를 거칠 필요가 없으므로, 위 행위가 같은 법 제91조, 제41조 제1항, 제45조 제2항 본문에 해당하지 아니한다고 보아 무죄를 선고한 원심판결을 수긍한 사례(대판 2012.1.27. 2009도8917).

④ (×) 필수공익사업의 경우 사용자는 쟁의행위로 중단된 업무의 수행을 위하여 쟁의행위 기간 중에 한하여 당해 사업과 관계없는 자를 채용 또는 대체하거나 그 업무를 도급 또는 하도급을 줄 수 있고, 이 경우 사용자는 당해 사업 또는 사업장 파업참가자의 100분의 50을 초과하지 않는 범위 안에서 채용 또는 대체하거나 도급 또는 하도급 줄 수 있다(노조법 제43조 참조).

답 ④

009 노동조합 및 노동관계조정법상 쟁의행위 등에 대한 설명으로 옳지 않은 것은?(다툼이 있는 경우 판례에 의함)

□□□ 18 국가직 7급

① 정당한 직장폐쇄 개시 이후 근로자가 쟁의행위를 중단하고 진정으로 업무에 복귀할 의사를 사용자가 경영의 예측가능성과 안정을 이룰 수 있는 정도로 집단적・객관적으로 표시하였음에도 사용자가 직장폐쇄를 계속 유지한다면, 그 직장폐쇄는 공격적 직장폐쇄로 성격이 변질된다.

② 지역별・산업별・업종별 노동조합의 경우에는 총파업이 아닌 이상 쟁의행위를 예정하고 있는 당해 지부나 분회 소속 조합원의 과반수의 찬성이 있으면 쟁의행위는 절차적으로 적법하다.

③ 노동조합은 단체협약의 유효기간 중에 단체협약에서 정한 근로조건 등에 관한 내용의 변경이나 폐지를 요구하는 쟁의행위를 행하지 아니하여야 할 의무를 지고 있지만, 단체협약이 체결된 직후 노동조합 조합원들이 자신들에게 불리하다는 이유만으로 위 단체협약의 무효화를 주장하면서 쟁의행위를 한 경우 그 쟁의행위는 정당하다.

④ 조합원은 노동조합에 의하여 주도되지 아니한 쟁의행위는 하여서는 아니 되는 것이므로, 조합원 전체가 아닌 소속 부서 조합원만의 의사로 이루어진 작업거부 결의에 따라 다른 근로자의 작업거부를 선동하여 회사의 업무를 방해한 행위는 노동조합의 결의나 구체적인 지시에 따른 노동조합의 조직적인 활동 그 자체가 될 수 없다.

해설

① (○) [1] 근로자의 쟁의행위 등 구체적인 사정에 비추어 직장폐쇄의 개시 자체는 정당하더라도 어느 시점 이후에 근로자가 쟁의행위를 중단하고 진정으로 업무에 복귀할 의사를 표시하였음에도 사용자가 직장폐쇄를 계속 유지함으로써 근로자의 쟁의행위에 대한 방어적인 목적에서 벗어나 공격적 직장폐쇄로 성격이 변질되었다고 볼 수 있는 경우에는 그 이후의 직장폐쇄는 정당성을 상실하게 되므로, 사용자는 그 기간 동안의 임금에 대해서는 지불의무를 면할 수 없다.

[2] 노동조합이 쟁의행위를 하기 위해서는 투표를 거쳐 조합원 과반수의 찬성을 얻어야 하고(노조법 제41조 제1항) 사용자의 직장폐쇄는 노동조합의 쟁의행위에 대한 방어수단으로 인정되는 것이므로, 근로자가 업무에 복귀하겠다는 의사 역시 일부 근로자들이 개별적・부분적으로 밝히는 것만으로는 부족하다. 복귀 의사는 반드시 조합원들의 찬반투표를 거쳐 결정되어야 하는 것은 아니지만 사용자가 경영의 예측가능성과 안정을 이룰 수 있는 정도로 집단적・객관적으로 표시되어야 한다(대판 2017.4.7. 2013다101425).

> 갑 주식회사가 노동조합의 쟁의행위가 불법파업에 해당한다는 이유로 조합원 전원에 대하여 직장폐쇄를 실시하자, 노동조합이 직장폐쇄가 이루어진 다음 날부터 갑 회사에 여러 차례 근로복귀 의사를 표명하는 서면을 보내고, 을 등을 포함한 조합원 일부의 근로제공 확약서를 발송하였으며, 그 후 지방노동위원회에 쟁의행위 철회신고를 제출하여 지방고용노동청이 갑 회사에 '직장폐쇄의 지속 여부에 대한 재검토 및 성실한 교섭을 촉구'하는 서면을 발송하였고, 갑 회사가 같은 날 위 서면을 확인하였는데, 그로부터 22일 후 직장폐쇄가 종료되자, 을 등이 갑 회사를 상대로 직장폐쇄 기간 동안 미지급 임금의 지급을 구한 사안에서, 갑 회사가 지방고용노동청이 발송한 서면을 받은 날부터 22일간 직장폐쇄를 계속 유지한 것은 위법한 직장폐쇄에 해당한다는 이유로 그 기간 동안 갑 회사의 을 등에 대한 임금지불의무를 인정한 원심판단을 수긍한 사례(대판 2017.4.7. 2013다101425).

② (○) 대판 2009.6.23. 2007두12859

③ (×) 단체협약의 당사자인 노동조합은 단체협약의 유효기간 중에 단체협약에서 정한 근로조건 등에 관한 내용의 변경이나 폐지를 요구하는 쟁의행위를 행하지 아니하여야 함은 물론, 조합원들에 대하여도 통제력을 행사하여 그와 같은 쟁의행위를 행하지 못하게 방지하여야 할 이른바 평화의무를 지고 있다고 할 것인바, 이와 같은 평화의무가 노사관계의 안정과 단체협약의 질서 형성적 기능을 담보하는 것인 점에 비추어 보면, 단체협약이 새로 체결된 직후부터 뚜렷한 무효사유를 내세우지도 아니한 채 단체협약의 전면무효화를 주장하면서 평화의무에 위반되는 쟁의행위를 행하는 것은 이미 노동조합활동으로서의 정당성을 결여한 것이라고 하지 아니할 수 없다(대판 1992.9.1. 92누7733).

④ (O) 조합원은 노동조합에 의하여 주도되지 아니한 쟁의행위는 하여서는 아니 되는 것이므로, 조합원 전체가 아닌 소속 부서 조합원만의 의사로 이루어진 작업거부 결의에 따라 다른 근로자의 작업거부를 선동하여 회사의 업무를 방해한 행위는 노동조합의 결의나 구체적인 지시에 따른 노동조합의 조직적인 활동 그 자체가 될 수 없음은 물론 그 행위의 성질상 노동조합의 활동으로 볼 수 있다거나 노동조합의 묵시적인 수권 혹은 승인을 받았다고 볼 수도 없고, 단지 조합원으로서의 자발적인 행동에 불과할 뿐이어서 정당한 노동조합 활동이라고 볼 수 없다(대판 1999.9.17. 99두5740).

답 ❸

010 □□□ **노동조합 및 노동관계조정법령상 쟁의행위 등에 대한 설명으로 옳지 않은 것은?(다툼이 있는 경우 판례에 의함)**

22 국가직 7급

① 근로자는 쟁의행위 기간 중에는 현행범 외에는 노동조합 및 노동관계조정법 위반을 이유로 구속되지 아니한다.
② 쟁의행위가 그 쟁의행위와 관계없는 자 또는 근로를 제공하고자 하는 자의 출입・조업・ 기타 정상적인 업무를 방해하는 방법으로 행하여지는 경우 사용자는 즉시 그 상황을 행정관청과 관할 노동위원회에 신고하여야 한다.
③ 사용자가 쟁의기간 중 쟁의행위로 중단된 업무를 수행하기 위해 당해 사업과 관계있는 자로 대체하였는데 그 대체한 근로자마저 사직함에 따라 사용자가 신규채용하게 되었다면, 특별한 사정이 없는 한 이를 두고 사용자가 노동조합 및 노동관계조정법 제43조 제1항에 규정된 사용자의 채용제한을 위반한 것이라고 볼 수 없다.
④ 노동조합의 쟁의행위는 사업 또는 사업장에 종사하는 근로자가 아닌 조합원을 포함하여 전체 조합원의 직접・비밀・무기명투표에 의한 조합원 과반수의 찬성으로 결정하지 아니하면 이를 행할 수 없다.

해설

① (O) 노조법 제39조
② (O) 노조법 시행령 제18조 제1항, 동법 제38조 제1항 참조

> **폭력행위 등의 신고(노조법 시행령 제18조)**
> ① 사용자는 쟁의행위가 법 제38조 제1항・제2항, 제42조 제1항 또는 제2항에 위반되는 경우에는 즉시 그 상황을 행정관청과 관할 노동위원회에 신고하여야 한다.
>
> **노동조합의 지도와 책임(노조법 제38조)**
> ① 쟁의행위는 그 쟁의행위와 관계없는 자 또는 근로를 제공하고자 하는 자의 출입・조업 기타 정상적인 업무를 방해하는 방법으로 행하여져서는 아니 되며 쟁의행위의 참가를 호소하거나 설득하는 행위로서 폭행・협박을 사용하여서는 아니 된다.

③ (O) 사용자가 쟁의기간 중 쟁의행위로 중단된 업무를 수행하기 위해 당해 사업과 관계있는 자인 비노동조합원이나 쟁의행위에 참가하지 아니한 노동조합원 등 당해 사업의 근로자로 대체하였는데 대체한 근로자마저 사직함에 따라 사용자가 신규채용하게 되었다면, 이는 사용자의 정당한 인사권 행사에 속하는 자연감소에 따른 인원충원에 불과하고 노조법 제43조 제1항 위반죄를 구성하지 않는다(대판 2008.11.13. 2008도4831).
④ (×) 노동조합의 쟁의행위는 그 조합원(교섭대표노동조합이 결정된 경우에는 그 절차에 참여한 노동조합의 전체 조합원)의 직접・비밀・무기명투표에 의한 조합원 과반수의 찬성으로 결정하지 아니하면 이를 행할 수 없다. 이 경우 조합원 수 산정은 종사근로자인 조합원을 기준으로 한다(노조법 제41조 제1항).

답 ❹

011 □□□ **노동조합 및 노동관계조정법령상 쟁의행위의 절차에 관한 설명으로 옳지 않은 것은?(다툼이 있으면 판례에 따름)** 17 노무

① 노동조합의 쟁의행위는 그 조합원의 직접·비밀·무기명투표에 의한 조합원 과반수의 찬성으로 결정하지 아니하면 이를 행할 수 없다.
② 교섭대표노동조합이 결정된 경우에는 그 절차에 참여한 노동조합의 전체 조합원의 직접·비밀·무기명투표에 의한 과반수의 찬성으로 결정하지 아니하면 쟁의행위를 할 수 없다.
③ 업종별 노동조합의 경우에는 총파업이 아닌 이상 쟁의행위를 예정하고 있는 당해 지부나 분회소속 조합원의 과반수의 찬성이 있으면 쟁의행위는 절차적으로 적법하다.
④ 쟁의행위를 위한 찬반투표절차를 거치지 아니한 경우 조합원의 민주적 의사결정이 실질적으로 확보되었다고 볼 수 있는 때에는 그 절차를 따를 수 없는 객관적인 사정이 없더라도 그 쟁의행위는 정당성을 상실하지 않는다.
⑤ 근로자들이 찬반투표절차를 거쳐 정당한 쟁의행위를 개시한 후 쟁의사항과 밀접하게 관련된 새로운 쟁의사항이 부가된 경우에는, 근로자들이 새로이 부가된 사항에 대하여 쟁의행위를 위한 별도의 찬반투표절차를 거쳐야 할 의무가 있다고 할 수 없다.

해설

① (○) 노조법 제41조 제1항
② (○) 노조법 제41조 제1항
③ (○) 지역별·산업별·업종별 노동조합의 경우에는 총파업이 아닌 이상 쟁의행위를 예정하고 있는 당해 지부나 분회 소속 조합원의 과반수의 찬성이 있으면 쟁의행위는 절차적으로 적법하다고 보아야 한다(대판 2009.6.23. 2007두12859).
④ (×) 쟁의행위를 함에 있어 조합원의 직접·비밀·무기명투표에 의한 찬성결정이라는 절차를 거쳐야 한다는 노조법 규정은 노동조합의 자주적이고 민주적인 운영을 도모함과 아울러 쟁의행위에 참가한 근로자들이 사후에 그 쟁의행위의 정당성 유무와 관련하여 어떠한 불이익을 당하지 않도록 그 개시에 관한 조합의사의 결정에 보다 신중을 기하기 위하여 마련된 규정이므로 위의 절차를 위반한 쟁의행위는 그 절차를 따를 수 없는 객관적인 사정이 인정되지 아니하는 한 정당성이 상실된다(대판 2001.10.25. 99도4837[전합]).
⑤ (○) 대판 2012.1.27. 2009도8917

답 ④

012 □□□ **노동조합 및 노동관계조정법령상 쟁의행위에 관한 설명으로 옳지 않은 것은?(다툼이 있으면 판례에 따름)** 18 노무

① 단체교섭사항이 될 수 없는 사항을 달성하려는 쟁의행위는 그 목적의 정당성을 인정할 수 없다.
② 조합원은 노동조합에 의하여 주도되지 아니한 쟁의행위를 하여서는 아니 된다.
③ 쟁의행위의 목적 중 일부가 정당하지 못한 경우에는 주된 목적 내지 진정한 목적의 당부에 의하여 그 쟁의 목적의 당부를 판단하여야 한다.
④ 구조조정이 불순한 의도로 추진되는 등의 특별한 사정이 없는 한, 노동조합이 실질적으로 그 실시 자체를 반대하기 위하여 쟁의행위에 나아간다면 그 쟁의행위는 목적의 정당성을 인정할 수 없다.
⑤ 부당노동행위를 이유로 한 쟁의행위의 경우 그 쟁의행위에 앞서 부당노동행위 구제절차를 밟아야만 정당성이 인정될 수 있다.

해설

① (O) 대판 2001.4.24. 99도4893
② (O) 노조법 제37조 제2항
③ (O) 대판 2002.2.26. 99도5380
④ (O) 대판 2002.2.26. 99도5380
⑤ (×) 판례의 취지를 고려할 때 쟁의행위를 행하기 전에 부당노동행위 구제절차를 거치지 아니하더라도 정당성이 인정될 수 있다고 이해하여야 한다.

> 사용자 측이 정당한 이유 없이 근로자의 단체협약 체결요구를 거부하거나 해태한 경우에 노조법 제40조의 규정에 의한 구제신청을 하지 아니하고 노동쟁의의 방법을 택하였다고 하여 노조법을 위반한 것이라고 할 수 없다(대판 1991.5.14. 90누4006).

답 ❺

013 □□□ **노동조합 및 노동관계조정법령상 쟁의행위에 관한 설명으로 옳지 않은 것은?**

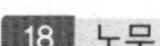

① 교섭대표노동조합이 결정된 경우에는 교섭대표노동조합의 전체 조합원의 직접・비밀・무기명투표에 의한 과반수의 찬성으로 결정하지 아니하면 쟁의행위를 할 수 없다.
② 쟁의행위는 생산 기타 주요업무에 관련되는 시설과 이에 준하는 시설로서 대통령령이 정하는 시설을 점거하는 형태로 이를 행할 수 없다.
③ 사업장의 안전보호시설에 대하여 정상적인 유지・운영을 방해하는 행위는 쟁의행위로서 이를 행할 수 없다.
④ 사용자는 쟁의행위에 참가하여 근로를 제공하지 아니한 근로자에 대하여는 그 기간 중의 임금을 지급할 의무가 없다.
⑤ 노동조합은 쟁의행위기간에 대한 임금의 지급을 요구하여 이를 관철할 목적으로 쟁의행위를 하여서는 아니 된다.

해설

① (×) 노동조합의 쟁의행위는 그 조합원(교섭대표노동조합이 결정된 경우에는 그 절차에 참여한 노동조합의 전체 조합원)의 직접・비밀・무기명투표에 의한 조합원 과반수의 찬성으로 결정하지 아니하면 이를 행할 수 없다. 이 경우 조합원수 산정은 종사근로자인 조합원을 기준으로 한다(노조법 제41조 제1항). 따라서 전체 조합원이 아닌 그 절차에 참여한 노동조합의 전체 조합원이 옳은 표현이다.
② (O) 노조법 제42조 제1항
③ (O) 노조법 제42조 제2항
④ (O) 노조법 제44조 제1항
⑤ (O) 노조법 제44조 제2항

답 ❶

014 □□□ **노동조합 및 노동관계조정법상 쟁의행위에 관한 설명으로 옳지 않은 것은?(다툼이 있으면 판례에 따름)** 20 노무

① 쟁의행위 자체의 정당성과 이를 구성하거나 부수되는 개개의 행위의 정당성은 구별되어야 하므로 일부 소수의 근로자가 폭력행위 등의 위법행위를 하였다고 하더라도 전체로서의 쟁의행위가 위법하게 되는 것은 아니다.
② 노동위원회는 사업장의 안전보호시설에 대하여 정상적인 유지·운영을 정지·폐지 또는 방해하는 쟁의행위에 해당한다고 인정하는 경우 직권으로 그 행위를 중지할 것을 통보하여야 한다.
③ 노동조합은 쟁의행위가 적법하게 수행될 수 있도록 지도·관리·통제할 책임이 있다.
④ 근로자는 쟁의행위기간 중에는 현행범 외에는 노동조합 및 노동관계조정법 위반을 이유로 구속되지 아니한다.
⑤ 쟁의행위는 그 쟁의행위와 관계없는 자 또는 근로를 제공하고자 하는 자의 출입·조업 기타 정상적인 업무를 방해하는 방법으로 행하여져서는 아니 되며 쟁의행위의 참가를 호소하거나 설득하는 행위로서 폭행·협박을 사용하여서는 아니 된다.

해설

① (○) 대판 2003.12.26. 2003두8906
② (×) 행정관청은 쟁의행위가 사업장의 안전보호시설에 대하여 정상적인 유지·운영을 정지·폐지 또는 방해하는 행위에 해당한다고 인정하는 경우에는 노동위원회의 의결을 얻어 그 행위를 중지할 것을 통보하여야 한다(노조법 제42조 제3항).
③ (○) 노조법 제38조 제3항
④ (○) 노조법 제39조
⑤ (○) 노조법 제38조 제1항

답 ❷

015 □□□ **노동조합 및 노동관계조정법령상 노동조합이 쟁의행위를 하고자 할 경우에 행정관청과 관할 노동위원회에 신고하여야 할 사항이 아닌 것은?** 22 노무

① 쟁의행위의 목적
② 쟁의행위의 일시
③ 쟁의행위의 장소
④ 쟁의행위의 참가인원
⑤ 쟁의행위의 방법

해설

① (×), ② (○), ③ (○), ④ (○), ⑤ (○)
노동조합은 쟁의행위를 하고자 할 경우에는 고용노동부령이 정하는 바에 따라 행정관청과 관할 노동위원회에 쟁의행위의 일시·장소·참가인원 및 그 방법을 미리 서면으로 신고하여야 한다(노조법 시행령 제17조). 쟁의행위의 목적은 신고사항에 해당하지 아니한다.

답 ❶

016 □□□ **노동조합 및 노동관계조정법상 쟁의행위에 관한 설명으로 옳은 것은?** 22 노무

① 근로자는 쟁의행위 기간 중에는 어떠한 경우라도 노동조합 및 노동관계조정법 위반을 이유로 구속되지 아니한다.

② 노동조합의 쟁의행위는 직접 · 비밀 · 무기명투표에 의한 종사근로자인 조합원 과반수의 찬성으로 결정하지 아니하면 이를 행할 수 없다.

③ 노동조합은 쟁의행위의 본질상 사용자의 점유를 배제하여 조업을 방해하는 형태로 쟁의행위를 할 수 있다.

④ 노동조합은 쟁의행위 기간에 대한 임금의 지급을 요구하여 이를 관철할 목적으로 쟁의행위를 할 수 있다.

⑤ 필수공익사업의 사용자는 쟁의행위 기간 중 그 쟁의행위로 중단된 업무의 수행을 위하여 당해 사업과 관계없는 자를 채용 또는 대체할 수 없다.

해설

① (×) 근로자는 쟁의행위 기간 중에는 현행범 외에는 이 법 위반을 이유로 구속되지 아니하므로(노조법 제39조), 현행범의 경우에는 구속될 수 있음을 유의하여야 한다.

② (O) 노동조합의 쟁의행위는 그 조합원의 직접 · 비밀 · 무기명투표에 의한 조합원 과반수의 찬성으로 결정하지 아니하면 이를 행할 수 없다. 이 경우 조합원 수 산정은 종사근로자인 조합원을 기준으로 한다(노조법 제41조 제1항).

③ (×) 노동조합은 사용자의 점유를 배제하여 조업을 방해하는 형태로 쟁의행위를 해서는 아니 된다(노조법 제37조 제3항).

④ (×) 노동조합은 쟁의행위 기간에 대한 임금의 지급을 요구하여 이를 관철할 목적으로 쟁의행위를 하여서는 아니 된다(노조법 제44조 제2항).

⑤ (×) 필수공익사업의 사용자는 쟁의행위 기간 중에 한하여 당해 사업과 관계없는 자를 채용 또는 대체할 수 있다(노조법 제43조).

017 □□□ **노동조합 및 노동관계조정법상 쟁의행위에 관한 설명으로 옳지 않은 것은?(다툼이 있으면 판례에 따름)** 22 노무

① 근로자의 쟁의행위가 정당한 것으로 인정받기 위해서는 그 목적이 근로조건의 향상을 위한 노사간의 자치적 교섭을 조성하는 데에 있어야 한다.

② 노동조합 및 노동관계조정법상 적법한 절차를 거친 후 이루어진 쟁의행위에 대하여 쟁의발생 신고절차의 미준수만을 이유로 그 정당성을 부정할 수는 없다.

③ 쟁의행위 수단으로서 피케팅은 파업에 가담하지 않고 조업을 계속하려는 자에 대하여 평화적 설득, 구두와 문서에 의한 언어적 설득의 범위 내에서 정당성이 인정되는 것이 원칙이다.

④ 쟁의행위가 조정전치의 규정에 따른 절차를 거치지 않았더라도 무조건 정당성을 결여한 쟁의행위가 되는 것은 아니다.

⑤ 노동조합이 사용자가 수용할 수 없는 과다한 요구를 하였다면 그 쟁의행위의 목적의 정당성은 부정된다.

해설

① (O) 대판 2018.2.13. 2014다33604

② (O) 노조법 시행령 제17조에서 규정하고 있는 쟁의행위의 일시·장소·참가인원 및 그 방법에 관한 서면신고의무는 쟁의행위를 함에 있어 그 세부적·형식적 절차를 규정한 것으로서, 쟁의행위에 적법성을 부여하기 위하여 필요한 본질적인 요소라고 할 것은 아니므로, 노동쟁의 조정신청이나 조합원들에 대한 쟁의행위 찬반투표 등의 절차를 거친 후 이루어진 이 사건 쟁위행위에 대하여 위와 같은 신고절차의 미준수만을 이유로 그 정당성을 부정할 수는 없다고 할 것이다(대판 2007.12.28. 2007도5204).

③ (O) 대판 1990.10.12. 90도1431

④ (O) 쟁의행위가 조정전치의 규정에 따른 절차를 거치지 아니하였다고 하여 무조건 정당성이 결여된 쟁의행위라고 볼 것이 아니고, 그 위반행위로 말미암아 사회·경제적 안정이나 사용자의 사업운영에 예기치 않은 혼란이나 손해를 끼치는 등 부당한 결과를 초래할 우려가 있는지의 여부 등 구체적 사정을 살펴서, 그 정당성 유무를 가려 형사상 죄책 유무를 판단하여야 할 것이다(대판 2000.10.13. 99도4812).

⑤ (×) 노동조합이 회사로서는 수용할 수 없는 요구를 하고 있었다고 하더라도 이는 단체교섭의 단계에서 조정할 문제이지 노동조합 측으로부터 과다한 요구가 있었다고 하여 막바로 그 쟁의행위의 목적이 부당한 것이라고 해석할 수는 없다(대판 1992.1.21. 91누5204).

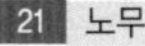
답 ⑤

018 □□□ **노동조합 및 노동관계조정법령상 쟁의행위에 관한 설명으로 옳지 않은 것은?** 21 노무

① 방위사업법에 의하여 지정된 주요방위산업체에 종사하는 근로자 중 방산물자의 완성에 필요한 개량업무에 종사하는 자는 쟁의행위를 할 수 없다.

② 근로자는 쟁의행위기간 중에는 현행범 외에는 노동조합 및 노동관계조정법 위반을 이유로 구속되지 아니한다.

③ 교섭대표노동조합이 결정된 경우에는 그 절차에 참여한 노동조합의 전체 조합원의 직접·비밀·무기명투표에 의한 과반수의 찬성으로 결정하지 아니하면 쟁의행위를 할 수 없다.

④ 필수공익사업의 사용자라 하더라도 쟁의행위기간 중에 그 쟁의행위로 중단된 업무를 도급 줄 수 없다.

⑤ 쟁의행위는 그 쟁의행위와 관계없는 자 또는 근로를 제공하고자 하는 자의 출입·조업 기타 정상적인 업무를 방해하는 방법으로 행하여져서는 아니 된다.

해설

① (○) 방위사업법에 의하여 지정된 주요방위산업체에 종사하는 근로자 중 전력, 용수 및 방산물자의 완성에 필요한 제조·가공·조립·정비·재생·개량·성능검사·열처리·도장·가스취급 등의 업무에 종사하는 자는 쟁의행위를 할 수 없다(노조법 제41조 제2항, 동법 시행령 제20조).
② (○) 노조법 제39조
③ (○) 노조법 제41조 제1항 전문
④ (×) 사용자의 채용제한에 대한 규정은 필수공익사업의 사용자가 쟁의행위기간 중에 한하여 당해 사업과 관계없는 자를 채용 또는 대체하거나 그 업무를 도급 또는 하도급 주는 경우에는 적용하지 아니한다(노조법 제43조 제3항).
⑤ (○) 노조법 제38조 제1항

019 □□□ **노동조합 및 노동관계조정법령상 쟁의행위 등에 관한 설명으로 옳지 않은 것은?(다툼이 있으면 판례에 따름)** 21 노무

① 하나의 쟁의행위에서 추구되는 목적이 여러 가지이고 그중 일부가 정당하지 못한 경우에는 주된 목적 내지 진정한 목적의 당부에 의하여 그 쟁의목적의 당부를 판단하여야 한다.
② 산업별 노동조합의 경우에는 총파업이 아닌 이상 쟁의행위를 예정하고 있는 당해 지부나 분회 소속 조합원의 과반수의 찬성이 있으면 쟁의행위는 절차적으로 적법하다.
③ 조합원의 과반수의 찬성결정을 거치지 아니하고 쟁의행위에 나아간 경우 조합원의 민주적 의사결정이 실질적으로 확보되었다면 쟁의행위가 정당성을 상실하지 않는다.
④ 쟁의행위가 폭력이나 파괴행위의 형태로 행하여질 경우 사용자는 즉시 그 상황을 행정관청과 관할 노동위원회에 신고하여야 한다.
⑤ 사용자는 노동조합 및 노동관계조정법에 의한 쟁의행위로 인하여 손해를 입은 경우에 노동조합 또는 근로자에 대하여 그 배상을 청구할 수 없다.

해설

① (○) 대판 1992.5.12. 91다34523
② (○) 대판 2009.6.23. 2007두12859
③ (×) 쟁의행위를 함에 있어 조합원의 직접·비밀·무기명투표에 의한 찬성결정이라는 절차를 거쳐야 한다는 노조법 제41조 제1항의 규정은 노동조합의 자주적이고 민주적인 운영을 도모함과 아울러 쟁의행위에 참가한 근로자들이 사후에 그 쟁의행위의 정당성 유무와 관련하여 어떠한 불이익을 당하지 않도록 그 개시에 관한 조합의사의 결정에 보다 신중을 기하기 위하여 마련된 규정이므로 위의 절차를 위반한 쟁의행위는 그 절차를 따를 수 없는 객관적인 사정이 인정되지 아니하는 한 정당성이 상실된다(대판 2001.10.25. 99도4837[전합]).
④ (○) 노조법 제42조 제1항, 동법 시행령 제18조 제1항
⑤ (○) 노조법 제3조

답 ③

020 노동조합 및 노동관계조정법령상 쟁의행위에 관한 설명으로 옳지 않은 것은? 

□□□

① 근로자는 쟁의행위기간 중에는 현행범 외에는 노동조합 및 노동관계조정법 위반을 이유로 구속되지 아니한다.

② 방위사업법에 의하여 지정된 주요방위산업체에 종사하는 근로자 중 전력, 용수 및 주로 방산물자를 생산하는 업무에 종사하는 자는 쟁의행위를 할 수 없다.

③ 작업시설의 손상이나 원료・제품의 변질 또는 부패를 방지하기 위한 작업은 쟁의행위기간 중에도 정상적으로 수행되어야 한다.

④ 노동조합은 쟁의행위가 적법하게 수행될 수 있도록 지도・관리・통제할 책임이 있다.

⑤ 노동조합의 쟁의행위는 그 조합원의 직접・비밀・무기명투표에 의한 조합원 3분의 2 이상의 찬성으로 결정하지 아니하면 이를 행할 수 없다.

해설

① (○) 노조법 제39조

② (○) 노조법 제41조 제2항

③ (○) 노조법 제38조 제2항

④ (○) 노조법 제38조 제3항

⑤ (×) 노동조합의 쟁의행위는 그 조합원(제29조의2에 따라 교섭대표노동조합이 결정된 경우에는 그 절차에 참여한 노동조합의 전체 조합원)의 직접・비밀・무기명투표에 의한 조합원 과반수의 찬성으로 결정하지 아니하면 이를 행할 수 없다. 이 경우 조합원 수 산정은 종사근로자인 조합원을 기준으로 한다(노조법 제41조 제1항).

답 ❺

021 노동조합 및 노동관계조정법령상 점거가 금지되는 시설로 옳은 것을 모두 고른 것은? 17 노무

□□□

ㄱ. 전기시설
ㄴ. 철도의 차량
ㄷ. 항행안전시설
ㄹ. 항공기

① ㄱ, ㄴ
② ㄷ, ㄹ
③ ㄱ, ㄴ, ㄷ
④ ㄴ, ㄷ, ㄹ
⑤ ㄱ, ㄴ, ㄷ, ㄹ

해설

ㄱ. (O), ㄴ. (O), ㄷ. (O), ㄹ. (O)
모두 노조법 시행령 제21조에서 정한 점거가 금지되는 시설에 해당한다.

점거가 금지되는 시설(노조법 시행령 제21조)

법 제42조 제1항에서 "대통령령이 정하는 시설"이란 다음 각 호의 시설을 말한다.

1. 전기 · 전산 또는 통신시설
2. 철도(도시철도를 포함)의 차량 또는 선로
3. 건조 · 수리 또는 정박 중인 선박. 다만, 선원법에 의한 선원이 당해 선박에 승선하는 경우를 제외한다.
4. 항공기 · 항행안전시설 또는 항공기의 이 · 착륙이나 여객 · 화물의 운송을 위한 시설
5. 화약 · 폭약 등 폭발위험이 있는 물질 또는 화학물질관리법 제2조 제2호에 따른 유독물질을 보관 · 저장하는 장소
6. 기타 점거될 경우 생산 기타 주요업무의 정지 또는 폐지를 가져오거나 공익상 중대한 위해를 초래할 우려가 있는 시설로서 고용노동부장관이 관계중앙행정기관의 장과 협의하여 정하는 시설

답 ⑤

022 노동조합 및 노동관계조정법령상 쟁의행위에 관한 설명으로 옳지 않은 것은? 

□□□

① 쟁의행위는 그 쟁의행위와 관계없는 자 또는 근로를 제공하고자 하는 자의 출입·조업 기타 정상적인 업무를 방해하는 방법으로 행하여져서는 아니 된다.

② 단체협약이 새로 체결된 직후부터 뚜렷한 무효사유를 내세우지도 아니한 채 단체협약의 전면무효화를 주장하면서 평화의무에 위반되는 쟁의행위를 행하는 것은 이미 노동조합활동으로서의 정당성을 결여한 것이다.

③ 임금인상 주장을 관철하기 위하여 종래 통상적으로 실시해 오던 휴일근무를 집단적으로 거부하여 회사업무의 정상적인 운영을 저해하더라도 이는 쟁의행위에 해당하지 않는다.

④ 불법쟁의행위에 대한 귀책사유가 있는 노동조합이나 불법쟁의행위를 기획·지시·지도하는 등 이를 주도한 노동조합 간부 개인이 그 배상책임을 지는 배상액의 범위는 불법쟁의행위와 상당인과관계에 있는 모든 손해이다.

⑤ 직장 또는 사업장시설을 전면적, 배타적으로 점거하여 조합원 이외의 자의 출입을 저지하거나 사용자 측의 관리지배를 배제하여 업무의 중단 또는 혼란을 야기케 하는 것과 같은 행위는 정당한 쟁의행위로 볼 수 없다.

해설

① (○) 노조법 제38조 제1항

② (○) 평화의무 위반의 쟁의행위는 노사관계를 평화적·자주적으로 규율하기 위한 단체협약의 본질적 기능을 해치는 것일 뿐 아니라 노사관계에서 요구되는 신의성실의 원칙에도 반하는 것이므로 정당성이 없다(대판 1994.9.30. 94다4042).

③ (×) 종래 통상적으로 실시되어 오던 휴일근무를 근로자들이 집단적으로 거부하였다면 이는 회사업무의 정상적인 운영을 저해하는 쟁의행위에 해당한다(대판 1995.4.7. 94다27342).

④ (○) 불법쟁의행위에 대한 귀책사유가 있는 노동조합이나 불법쟁의행위를 기획·지시·지도하는 등 이를 주도한 노동조합 간부 개인이 그 배상책임을 지는 배상액의 범위는 불법쟁의행위와 상당인과관계에 있는 모든 손해이고, 그러한 노동조합 간부 개인의 손해배상책임과 노동조합 자체의 손해배상책임은 부진정연대채무관계에 있는 것이므로 노동조합의 간부도 불법쟁의행위로 인하여 발생한 손해 전부를 배상할 책임이 있다. 다만, 사용자가 노동조합과의 성실교섭의무를 다하지 않거나 노동조합과의 기존합의를 파기하는 등 불법쟁의행위에 원인을 제공하였다고 볼 사정이 있는 경우 등에는 사용자의 과실을 손해배상액을 산정함에 있어 참작할 수 있다(대판 2006.9.22. 2005다30610).

⑤ (○) 직장 또는 사업장시설의 점거는 적극적인 쟁의행위의 한 형태로서 그 점거의 범위가 직장 또는 사업장시설의 일부분이고 사용자 측의 출입이나 관리지배를 배제하지 않는 병존적인 점거에 지나지 않을 때에는 정당한 쟁의행위로 볼 수 있으나, 이와 달리 직장 또는 사업장시설을 전면적, 배타적으로 점거하여 조합원 이외의 자의 출입을 저지하거나 사용자 측의 관리지배를 배제하여 업무의 중단 또는 혼란을 야기케 하는 것과 같은 행위는 정당한 쟁의행위로 볼 수 없다(대판 2007.12.28. 2007도5204).

답 ❸

023 □□□ **노동조합 및 노동관계조정법령에 관한 설명으로 옳은 것은 모두 몇 개인가?(다툼이 있으면 판례에 따름)** 17 노무

- 조합원은 노동조합이 주도하지 않더라도 쟁의행위를 할 수 있다.
- 근로자는 쟁의행위기간 중에는 현행범 외에는 노동조합 및 노동관계조정법 위반을 이유로 구속되지 아니한다.
- 노동조합이 사업장의 안전보호시설의 정상적인 운영을 정지하는 쟁의행위를 하는 경우 사태가 급박하지 않더라도 행정관청은 직권으로 그 행위를 중지할 것을 통보할 수 있다.
- 파업기간 중 파업참가자에게 임금을 지급하기로 한 단체협약상의 규정이 있더라도 사용자는 파업참가자에게 임금지급의무가 없다.
- 방위사업법에 의하여 지정된 주요방위산업체에 종사하는 모든 근로자는 쟁의행위를 할 수 없다.

① 1개
② 2개
③ 3개
④ 4개
⑤ 5개

해설

- (×) 조합원은 노동조합에 의하여 주도되지 아니한 쟁의행위를 하여서는 아니 된다(노조법 제37조 제2항).
- (○) 근로자는 쟁의행위기간 중에는 현행범 외에는 이 법위반을 이유로 구속되지 아니한다(노조법 제39조).
- (×) 행정관청은 쟁의행위가 제2항의 행위에 해당한다고 인정하는 경우에는 노동위원회의 의결을 얻어 그 행위를 중지할 것을 통보하여야 한다. 다만, 사태가 급박하여 노동위원회의 의결을 얻을 시간적 여유가 없을 때에는 그 의결을 얻지 아니하고 즉시 그 행위를 중지할 것을 통보할 수 있다(노조법 제42조 제3항).
- (×) 쟁의행위 시의 임금지급에 관하여 단체협약이나 취업규칙 등에서 이를 규정하거나 그 지급에 관한 당사자 사이의 약정이나 관행이 있다고 인정되지 아니하는 한, 근로자의 근로제공의무 등의 주된 권리・의무가 정지되어 근로자가 근로를 제공하지 아니한 쟁의행위기간 동안에는 근로제공의무와 대가관계에 있는 근로자의 주된 권리로서의 임금청구권은 발생하지 아니한다(대판 2013.11.28. 2011다39946).
- (×) 방위사업법에 의하여 지정된 주요방위산업체에 종사하는 근로자중 전력, 용수 및 주로 방산물자를 생산하는 업무에 종사하는 자는 쟁의행위를 할 수 없으며 주로 방산물자를 생산하는 업무에 종사하는 자의 범위는 대통령령으로 정한다(노조법 제41조 제2항).

답 ❶

024 □□□ **노동조합 및 노동관계조정법령상 쟁의행위에 관한 설명으로 옳지 않은 것은?(다툼이 있으면 판례에 따름)**

16 노무

① 단체협약의 내용 중 쟁의행위에 관한 사항을 위반한 자는 1천만원 이하의 벌금에 처한다.
② 노동조합은 규약에 쟁의행위와 관련된 찬반투표결과의 공개, 투표자 명부 및 투표용지 등의 보존・열람에 관한 사항을 기재하여야 한다.
③ 단순히 노동조합이 사용자에게 다소 무리한 임금인상을 요구함으로써 분쟁이 발생하였고, 노동조합의 쟁의행위 결과 사용자의 정상적인 업무수행이 저해되었다면, 노동조합의 쟁의행위는 그것만으로 정당성이 결여된다.
④ 교섭대표노동조합이 결정된 경우에는 교섭창구단일화절차에 참여한 노동조합의 전체 조합원의 직접・비밀・무기명투표에 의한 과반수의 찬성으로 결정하지 아니하면 쟁의행위를 할 수 없다.
⑤ 하나의 쟁의행위에서 추구되는 목적이 여러 가지이고 그중 일부가 정당하지 못한 경우에는 주된 목적 내지 진정한 목적의 당부에 의하여 그 쟁의목적의 당부를 판단하여야 한다.

해설

① (O) 노조법 제92조 제2호 바목
② (O) 쟁의행위와 관련된 찬반투표결과의 공개, 투표자 명부 및 투표용지 등의 보존・열람에 관한 사항은 규약의 기재사항이다(노조법 제11조 제12호).
③ (×) 단순히 노동조합이 사용자에게 다소 무리한 임금인상을 요구함으로써 분쟁이 발생하였으며 또한 노동조합의 쟁의행위 결과 사용자의 정상적인 업무수행이 저해되었다 하더라도, 그것만으로 노동조합의 쟁의행위가 정당성을 결하는 것은 아니다(대판 2000.5.26. 98다34331).
④ (O) 노조법 제41조 제1항
⑤ (O) 대판 1992.5.12. 91다34523

답 ❸

025 쟁의행위에 관한 설명 중 옳지 않은 것은?(다툼이 있는 경우 판례에 의함) 14 사시

□□□

① 쟁의행위에서 추구하는 목적이 여러 개이고 그 중 일부가 정당하지 못한 경우 주된 목적 내지 진정한 목적의 당부에 의하여 그 쟁의 목적의 당부를 판단한다.

② 불법쟁의행위 시 일반 조합원이 노동조합의 지시에 따라 단순히 노무를 정지한 경우에도 노동조합 또는 노동조합 간부들과 함께 공동불법행위책임을 진다.

③ 단체협약의 유효기간 중에 단체협약에서 이미 정한 근로조건이나 기타 사항의 변경·개폐를 요구하는 쟁의행위는 정당성이 없다.

④ 쟁의행위가 주체의 면에서 형법상 정당행위가 되기 위해서는 그 주체가 단체교섭의 주체로 될 수 있는 자이어야 한다.

⑤ 직장점거는 그 점거의 범위가 사업장 시설의 일부분이고 사용자 측의 출입이나 관리·지배를 배제하지 않는 병존적인 점거에 지나지 않을 때에 정당한 쟁의행위로 볼 수 있다.

해설

① (O) 쟁의행위가 추구하는 목적이 여러 가지로서 그 중 일부가 정당하지 못한 경우에는 주된 목적 내지 진정한 목적을 기준으로 쟁의행위 목적의 정당성 여부를 판단하여야 하는데, 만일 부당한 요구사항을 뺐더라면 쟁의행위를 하지 않았을 것이라고 인정될 때에는 그 쟁의행위 전체가 정당성을 갖지 못한다고 보아야 한다(대판 2014.11.13. 2011도393).

② (×) 일반조합원이 불법쟁의행위 시 노동조합 등의 지시에 따라 단순히 노무를 정지한 것만으로는 노동조합 또는 조합간부들과 함께 공동불법행위책임을 진다고 할 수 없다. 다만, 근로자의 근로내용 및 공정의 특수성과 관련하여 그 노무를 정지할 때에 발생할 수 있는 위험 또는 손해 등을 예방하기 위하여 그가 노무를 정지할 때에 준수하여야 할 사항 등이 정하여져 있고, 근로자가 이를 준수함이 없이 노무를 정지함으로써 그로 인하여 손해가 발생하였거나 확대되었다면, 그 근로자가 일반조합원이라고 할지라도 그와 상당인과관계에 있는 손해를 배상할 책임이 있다(대판 2006.9.22. 2005다30610).

③ (O) 단체협약에서 이미 정한 근로조건이나 기타 사항의 변경·개폐를 요구하는 쟁의행위를 단체협약의 유효기간 중에 하여서는 아니 된다는 이른바 평화의무를 위반하여 이루어진 쟁의행위는 노사관계를 평화적·자주적으로 규율하기 위한 단체협약의 본질적 기능을 해치는 것일 뿐 아니라 노사관계에서 요구되는 신의성실의 원칙에도 반하는 것이므로 정당성이 없다(대판 1994.9.30. 94다4042).

④ (O) 대판 2009.6.23. 2007두12859

⑤ (O) 직장 또는 사업장시설의 점거는 적극적인 쟁의행위의 한 형태로서 그 점거의 범위가 직장 또는 사업장시설의 일부분이고 사용자 측의 출입이나 관리지배를 배제하지 않는 병존적인 점거에 지나지 않을 때에는 정당한 쟁의행위로 볼 수 있으나, 이와 달리 직장 또는 사업장시설을 전면적, 배타적으로 점거하여 조합원 이외의 자의 출입을 저지하거나 사용자 측의 관리지배를 배제하여 업무의 중단 또는 혼란을 야기케 하는 것과 같은 행위는 이미 정당성의 한계를 벗어난 것이라고 볼 수밖에 없다(대판 2007.12.28. 2007도5204).

답 ❷

제3절 쟁의행위의 법적 책임

026 쟁의행위에 관한 설명으로 옳지 않은 것은?(다툼이 있는 경우에는 판례에 의함) 14 노무

□□□

① 정당성이 없는 쟁의행위는 불법행위를 구성하고 이로 말미암아 손해를 입은 사용자는 노동조합이나 근로자에 대하여 그 손해배상을 청구할 수 있다.

② 정당성 없는 쟁의행위로 인하여 손해를 입은 사용자는 노동조합의 책임 외에 불법행위를 기획, 지시, 지도하는 등으로 주도한 조합의 간부들 개인에 대하여도 책임을 지울 수 있다.

③ 근로자들이 집단적으로 근로의 제공을 거부하여 사용자의 정상적인 업무운영을 저해하고 손해를 발생하게 한 행위는 당연히 위력에 해당하여 정당한 쟁의행위로서의 위법성이 조각되는 경우가 아닌 한 업무방해죄를 구성한다.

④ 불법쟁의행위 시 노동조합 등의 지시에 따라 단순히 노무를 정지한 일반조합원은 노동조합 또는 조합간부들과 함께 공동불법행위책임을 지지 않는다.

⑤ 사용자가 제3자와 공동으로 관리·사용하는 공간을 사용자에 대한 정당한 쟁의행위를 이유로 근로자들이 관리자의 의사에 반하여 침입·점거한 경우, 위 제3자에 대하여도 정당행위로서 주거 침입의 위법성이 조각되지 않는다.

해설

① (○) 대판 1994.3.25. 93다32828

② (○) 노동조합의 간부들이 불법쟁의행위를 기획, 지시, 지도하는 등으로 주도한 경우에 이와 같은 간부들의 행위는 조합의 집행기관으로서의 행위라 할 것이므로 이러한 경우 민법 제35조 제1항의 유추적용에 의하여 노동조합은 그 불법쟁의행위로 인하여 사용자가 입은 손해를 배상할 책임이 있고, 한편 조합간부들의 행위는 일면에 있어서는 노동조합단체로서의 행위라고 할 수 있는 외에 개인의 행위라는 측면도 아울러 지니고 있고, 일반적으로 쟁의행위가 개개 근로자의 노무 정지를 조직하고 집단화하여 이루어지는 집단적 투쟁행위라는 그 본질적 특징을 고려하여 볼 때 노동조합의 책임 외에 불법쟁의행위를 기획, 지시, 지도하는 등으로 주도한 조합의 간부들 개인에 대하여도 책임을 지우는 것이 상당하다(대판 1994.3.25. 93다32828).

③ (×) 근로자는 원칙적으로 헌법상 보장된 기본권으로서 근로조건 향상을 위한 자주적인 단결권·단체교섭권 및 단체행동권을 가지므로(헌법 제33조 제1항), 쟁의행위로서 파업이 언제나 업무방해죄에 해당하는 것으로 볼 것은 아니고, 전후 사정과 경위 등에 비추어 사용자가 예측할 수 없는 시기에 전격적으로 이루어져 사용자의 사업운영에 심대한 혼란 내지 막대한 손해를 초래하는 등으로 사용자의 사업 계속에 관한 자유의사가 제압·혼란될 수 있다고 평가할 수 있는 경우에 비로소 집단적 노무 제공의 거부가 위력에 해당하여 업무방해죄가 성립한다고 보는 것이 타당하다. 이와 달리, 근로자들이 집단적으로 근로의 제공을 거부하여 사용자의 정상적인 업무운영을 저해하고 손해를 발생하게 한 행위가 당연히 위력에 해당하는 것을 전제로 노동관계법령에 따른 정당한 쟁의행위로서 위법성이 조각되는 경우가 아닌 한 업무방해죄를 구성한다는 취지로 판시한 종전 판결 등은 이 판결의 견해에 배치되는 범위 내에서 변경한다(대판 2011.3.17. 2007도482[전합]).

④ (○) 일반조합원이 불법쟁의행위 시 노동조합 등의 지시에 따라 단순히 노무를 정지한 것만으로는 노동조합 또는 조합간부들과 함께 공동불법행위책임을 진다고 할 수 없다. 다만, 근로자의 근로내용 및 공정의 특수성과 관련하여 그 노무를 정지할 때에 발생할 수 있는 위험 또는 손해 등을 예방하기 위하여 그가 노무를 정지할 때에 준수하여야 할 사항 등이 정하여져 있고, 근로자가 이를 준수함이 없이 노무를 정지함으로써 그로 인하여 손해가 발생하였거나 확대되었다면, 그 근로자가 일반조합원이라고 할지라도 그와 상당인과관계에 있는 손해를 배상할 책임이 있다(대판 2006.9.22. 2005다30610).

⑤ (○) 대판 2010.3.11. 2009도5008

답 ❸

027 □□□ **노동조합 및 노동관계조정법상 쟁의행위가 정당하지 않은 경우의 법적 책임 등에 대한 설명으로 옳지 않은 것은?(다툼이 있는 경우 판례에 의함)** 22 국가직 7급

① 근로내용 및 공정의 특수성과 관련하여 노무를 정지할 때에 발생할 수 있는 위험 또는 손해 등을 예방하기 위하여 노무를 정지할 때에 준수하여야 할 사항 등이 정하여져 있는 근로자가 이를 준수함이 없이 일반조합원으로서 노동조합 등의 지시에 따라 쟁의행위로서 단순히 노무를 정지한 것이라면 그 노무정지와 상당인과관계에 있는 손해에 대하여 이를 배상할 책임이 없다.

② 사용자가 노동조합과의 성실교섭의무를 다하지 않은 경우 등 불법쟁의행위에 원인을 제공하였다고 볼 사정이 있는 경우 그러한 사용자의 과실을 손해배상액을 산정함에 있어 참작할 수 있다.

③ 쟁의행위로서의 파업이 전후 사정과 경위 등에 비추어 사용자가 예측할 수 없는 시기에 전격적으로 이루어져 사용자의 사업운영에 심대한 혼란 내지 막대한 손해를 초래하는 등으로 사용자의 사업계속에 관한 자유의사가 제압·혼란될 수 있다고 평가할 수 있는 경우에 비로소 그 집단적 노무제공의 거부가 위력에 해당하여 업무방해죄가 성립한다.

④ 노동조합은 쟁의행위 기간에 대한 임금의 지급을 요구하여 이를 관철할 목적으로 쟁의행위를 하여서는 아니 되며, 이를 위반한 자는 2년 이하의 징역 또는 2천만원 이하의 벌금에 처한다.

해설

① (×) 일반 조합원이 불법쟁의행위시 노동조합 등의 지시에 따라 단순히 노무를 정지한 것만으로는 노동조합 또는 조합 간부들과 함께 공동불법행위책임을 진다고 할 수 없다. 다만, 근로자의 근로내용 및 공정의 특수성과 관련하여 그 노무를 정지할 때에 발생할 수 있는 위험 또는 손해 등을 예방하기 위하여 그가 노무를 정지할 때에 준수하여야 할 사항 등이 정하여져 있고, 근로자가 이를 준수함이 없이 노무를 정지함으로써 그로 인하여 손해가 발생하였거나 확대되었다면, 그 근로자가 일반 조합원이라고 할지라도 그와 상당인과관계에 있는 손해를 배상할 책임이 있다(대판 2006.9.22. 2005다30610).

② (○) 불법쟁의행위에 대한 귀책사유가 있는 노동조합이나 불법쟁의행위를 기획·지시·지도하는 등 이를 주도한 노동조합 간부 개인이 그 배상책임을 지는 배상액의 범위는 불법쟁의행위와 상당인과관계에 있는 모든 손해이고, 그러한 노동조합 간부 개인의 손해배상책임과 노동조합 자체의 손해배상책임은 부진정연대채무관계에 있는 것이므로 노동조합의 간부도 불법쟁의행위로 인하여 발생한 손해 전부를 배상할 책임이 있다. 다만, 사용자가 노동조합과의 성실교섭의무를 다하지 않거나 노동조합과의 기존합의를 파기하는 등 불법쟁의행위에 원인을 제공하였다고 볼 사정이 있는 경우 등에는 사용자의 과실을 손해배상액을 산정함에 있어 참작할 수 있다(대판 2006.9.22. 2005다30610).

③ (○) 근로자는 원칙적으로 헌법상 보장된 기본권으로서 근로조건 향상을 위한 자주적인 단결권·단체교섭권 및 단체행동권을 가지므로(헌법 제33조 제1항), 쟁의행위로서 파업이 언제나 업무방해죄에 해당하는 것으로 볼 것은 아니고, 전후 사정과 경위 등에 비추어 사용자가 예측할 수 없는 시기에 전격적으로 이루어져 사용자의 사업운영에 심대한 혼란 내지 막대한 손해를 초래하는 등으로 사용자의 사업 계속에 관한 자유의사가 제압·혼란될 수 있다고 평가할 수 있는 경우에 비로소 집단적 노무 제공의 거부가 위력에 해당하여 업무방해죄가 성립한다고 보는 것이 타당하다(대판 2011.3.17. 2007도482[전합]).

④ (○) 노조법 제90조, 제44조 제2항 참조

벌칙(노조법 제90조)

제44조 제2항, 제69조 제4항, 제77조 또는 제81조 제1항의 규정에 위반한 자는 2년 이하의 징역 또는 2천만원 이하의 벌금에 처한다.

쟁의행위 기간중의 임금지급 요구의 금지(노조법 제44조)

② 노동조합은 쟁의행위 기간에 대한 임금의 지급을 요구하여 이를 관철할 목적으로 쟁의행위를 하여서는 아니 된다.

답 ❶

제4절 쟁의행위의 법적 효과

028 쟁의행위와 근로계약관계에 대한 설명 중 옳지 않은 것은? 97 사시

□□□

① 파업참가 전에 근로자가 이미 그 청구권을 취득한 임금은 파업기간 중이라도 이를 지급해야 한다.
② 조업이 가능한 경우에는 파업에 참가하지 않은 근로희망자의 노무제공이 있음에도 불구하고 사용자가 이를 수령하지 않으면 수령지체가 된다.
③ 파업기간 중 근로계약관계는 존속하지 않으므로 성실의무·배려의무는 정지된다.
④ 근로자가 파업에 참가하는 것을 이유로 불이익취급을 하는 것은 부당노동행위가 된다.
⑤ 우리나라에서는 직장폐쇄에 대해서 근로관계의 소급적 효력을 인정할 수 없다.

해설

① (O) 사용자는 파업에 참가하여 근로를 제공하지 아니한 근로자에 대하여는 그 기간 중의 임금을 지급할 의무가 없으나, 파업참가 전에 근로자가 이미 그 청구권을 취득한 임금은 파업기간 중이라도 이를 지급해야 한다.
② (O) 근로희망자의 노무제공이 있음에도 불구하고 사용자가 이를 수령하지 않으면 채권자의 수령지체로서 민법 제538조 제1항이 정한 채권자에게 책임있는 이행불능에 해당한다.
③ (×) 노사 쌍방은 쟁의행위기간 중 근로계약상 부담하는 각자의 주된 의무(근로자의 노무제공의무와 사용자의 임금지급 의무)에 한하여 이를 면하게 될 뿐 부수적 의무인 근로자의 성실의무와 사용자의 배려의무는 그대로 존속한다.
④ (O) 노조법 제81조 제1항 제5호
⑤ (O) 헌법상 단체행동권을 보장하는 우리나라에서는 쟁의행위와 근로관계의 병존을 인정하는 근로관계 정지설이 일반적인 견해로 보인다. 따라서 직장폐쇄로 근로관계가 정지되는 것에 불과하므로 근로관계가 소급적으로 소멸한다고 이해할 수 없다.

답 ❸

029 □□□ **노동조합 및 노동관계조정법령상 쟁의행위와 임금에 관한 설명으로 옳지 않은 것은?(다툼이 있으면 판례에 따름)** 19 노무

① 사용자는 쟁의행위에 참가하여 근로를 제공하지 아니한 근로자에 대하여는 그 기간 중의 임금을 지급할 의무가 없다.
② 근로기준법상 유급휴일에 대한 법리는 휴직 등과 동일하게 근로자의 근로제공의무 등의 주된 권리・의무가 정지되어 근로자의 임금청구권이 발생하지 아니하는 쟁의행위인 파업에도 적용된다.
③ 근로를 불완전하게 제공하는 형태의 쟁의행위인 태업에도 근로제공이 일부 정지되는 것이라고 할 수 있으므로 무노동 무임금 원칙이 적용된다.
④ 노동조합은 쟁의행위기간에 대한 임금의 지급을 요구하여 이를 관철할 목적으로 쟁의행위를 하여서는 아니 된다.
⑤ 근로자가 유급휴가를 이용하여 파업에 참여하는 것은 정당한 유급휴가권의 행사로 볼 수 있으므로 파업기간 중에 포함된 유급휴가에 대한 임금청구권이 발생한다.

해설

① (○) 노조법 제44조 제1항
② (○) 근로자의 근로제공의무 등의 주된 권리・의무가 정지되는 쟁의행위기간은 그 기간 중의 임금청구권이 발생하지 않고, 파업기간 중에 포함된 유급휴일에 대한 임금의 지급 역시 구할 수 없다(대판 2009.12.24. 2007다73277).
③ (○) 쟁의행위 시의 임금지급에 관하여 단체협약이나 취업규칙 등에서 이를 규정하거나 그 지급에 관한 당사자 사이의 약정이나 관행이 있다고 인정되지 아니하는 한, 근로자의 근로제공의무 등의 주된 권리・의무가 정지되어 근로자가 근로를 제공하지 아니한 쟁의행위기간 동안에는 근로제공의무와 대가관계에 있는 근로자의 주된 권리로서의 임금청구권은 발생하지 아니한다. 근로를 불완전하게 제공하는 형태의 쟁의행위인 태업(怠業)도 근로제공이 일부 정지되는 것이라고 할 수 있으므로, 여기에도 이러한 무노동 무임금 원칙이 적용된다고 봄이 타당하다(대판 2013.11.28. 2011다39946).
④ (○) 노조법 제44조 제2항
⑤ (×) 근로자가 유급휴가를 이용하여 파업에 참여하는 것은 평상적인 근로관계를 전제로 하는 유급휴가권의 행사라고 볼 수 없으므로 파업기간 중에 포함된 유급휴가에 대한 임금청구권 역시 발생하지 않는다(대판 2010.7.15. 2008다33399).

030 □□□ **노동조합 및 노동관계조정법상 사용자의 직장폐쇄에 관한 설명으로 옳지 않은 것은?(다툼이 있으면 판례에 따름)** 22 노무

① 사용자의 직장폐쇄가 정당한 쟁의행위로 평가받는 경우에는 사업장 내의 노조사무실 등 정상적인 노조활동에 필요한 시설이라 하더라도 조합원의 출입은 허용되지 않는다.

② 직장폐쇄의 개시 자체는 정당하더라도 근로자가 쟁의행위를 중단하고 진정으로 업무에 복귀할 의사를 표시하였음에도 사용자가 직장폐쇄를 계속 유지하면서 공격적 직장폐쇄의 성격으로 변질된 경우에는 그 이후의 직장폐쇄는 정당성을 상실하게 된다.

③ 사용자의 직장폐쇄는 근로자 측의 쟁의행위에 대한 대항·방위 수단으로서 상당성이 인정되는 경우에 한하여 정당한 쟁의행위로 평가받을 수 있다.

④ 사용자의 직장폐쇄가 정당한 쟁의행위로 인정되지 아니하는 때에는 적법한 쟁의행위로서 사업장을 점거 중인 근로자들이 사용자로부터 퇴거 요구를 받고 이에 불응한 채 직장점거를 계속하더라도 퇴거불응죄가 성립하지 아니한다.

⑤ 사용자의 직장폐쇄가 정당한 쟁의행위로 평가받을 때 비로소 사용자는 직장폐쇄 기간 동안의 대상 근로자에 대한 임금지불의무를 면한다.

해설

① (×) 사용자의 직장폐쇄가 정당한 쟁의행위로 평가받는 경우에도 사업장 내의 노조사무실 등 정상적인 노조활동에 필요한 시설, 기숙사 등 기본적인 생활근거지에 대한 출입은 허용되어야 한다(대판 2010.6.10. 2009도12180).

② (○) 대판 2017.4.7. 2013다101425

③ (○) 사용자의 직장폐쇄는 노사 간의 교섭태도, 경과, 근로자 측 쟁의행위의 태양, 그로 인하여 사용자 측이 받는 타격의 정도 등에 관한 구체적 사정에 비추어 형평상 근로자 측의 쟁의행위에 대한 대항·방위 수단으로서 상당성이 인정되는 경우에 한하여 정당한 쟁의행위로 평가받을 수 있는 것이고, 사용자의 직장폐쇄가 정당한 쟁의행위로 인정되지 아니하는 때에는 적법한 쟁의행위로서 사업장을 점거 중인 근로자들이 직장폐쇄를 단행한 사용자로부터 퇴거 요구를 받고 이에 불응한 채 직장점거를 계속하더라도 퇴거불응죄가 성립하지 아니한다(대판 2007.12.28. 2007도5204).

④ (○) 대판 2007.12.28. 2007도5204

⑤ (○) 대판 2010.1.28. 2007다76566

답 ❶

031 □□□ **노동조합 및 노동관계조정법령상 직장폐쇄에 관한 설명으로 옳지 않은 것은?(다툼이 있으면 판례에 따름)**

19 노무

① 직장폐쇄가 사용자의 정당한 쟁의행위로 인정되는 경우 사용자는 직장폐쇄기간 동안 대상근로자에 대한 임금지불의무를 면한다.
② 사용자의 직장폐쇄는 근로자의 쟁의행위에 대한 방어수단으로서 상당성이 있어야만 사용자의 정당한 쟁의행위로 인정할 수 있다.
③ 직장폐쇄의 개시 자체가 정당하면 근로자의 쟁의행위에 대한 방어적인 목적에서 벗어나 공격적 직장폐쇄의 성격으로 변질되었더라도 정당성이 상실되는 것은 아니다.
④ 헌법은 근로자의 쟁의권에 관하여는 이를 적극적으로 보장하는 명문의 규정을 두고 있는 반면 사용자의 쟁의권에 관하여는 이에 관한 명문의 규정을 두고 있지 않다.
⑤ 직장폐쇄가 정당한 쟁의행위로 평가받는 경우 사용자의 사업장에 대한 물권적 지배권이 전면적으로 회복되므로 사용자는 직장폐쇄의 효과로서 사업장의 출입을 제한할 수 있다.

해설

① (○) 사용자는 직장폐쇄기간 동안 대상근로자에 대한 임금지불의무를 면한다(대판 2005.5.26. 98다34331).
② (○) 사용자의 직장폐쇄는 사용자와 근로자의 교섭태도와 교섭과정, 근로자의 쟁의행위의 목적과 방법 및 그로 인하여 사용자가 받는 타격의 정도 등 구체적인 사정에 비추어 근로자의 쟁의행위에 대한 방어수단으로서 상당성이 있어야만 사용자의 정당한 쟁의행위로 인정될 수 있다(대판 2003.6.13. 2003두1097).
③ (×) 쟁의행위에 대한 방어적인 목적을 벗어나 적극적으로 참가인의 조직력을 약화시키기 위한 목적 등을 갖는 선제적, 공격적 직장폐쇄에 해당하면 그 정당성이 인정될 수 없다(대판 2003.6.13. 2003두1097).
④ (○) 우리 헌법과 노동관계법은 근로자의 쟁의권에 관하여는 이를 적극적으로 보장하는 명문의 규정을 두고 있는 반면 사용자의 쟁의권에 관하여는 이에 관한 명문의 규정을 두고 있지 않다(대판 2000.5.26. 98다34331).
⑤ (○) 사용자의 직장폐쇄는 사용자와 근로자의 교섭태도와 교섭과정, 근로자의 쟁의행위의 목적과 방법 및 그로 인하여 사용자가 받는 타격의 정도 등 구체적인 사정에 비추어 쟁의행위에 대한 방어수단으로서 상당성이 있어야만 사용자의 정당한 쟁의행위로 인정될 수 있고, 직장폐쇄가 정당한 쟁의행위로 평가받는 경우 사용자의 사업장에 대한 물권적 지배권이 전면적으로 회복되므로 사용자는 직장폐쇄의 효과로서 사업장의 출입을 제한할 수 있다고 할 것이다(대판 2010.6.10. 2009도12180).

답 ❸

032 □□□ **노동조합 및 노동관계조정법상 쟁의행위에 대한 설명으로 옳지 않은 것은?(다툼이 있는 경우 판례에 의함)**

22 국가직 9급

① 근로자들의 직장점거가 개시 당시 적법한 경우에는 사용자가 이에 대응하여 적법하게 직장폐쇄를 하더라도 사용자는 점거 중인 근로자들에 대하여 정당하게 사업장으로부터의 퇴거를 요구할 수 없다.

② 직장폐쇄의 개시 자체는 정당하더라도 어느 시점 이후에 근로자가 쟁의행위를 중단하고 진정으로 업무에 복귀할 의사를 표시하였음에도 사용자가 직장폐쇄를 계속 유지함으로써 근로자의 쟁의행위에 대한 방어적인 목적에서 벗어나 공격적 직장폐쇄로 성격이 변질되었다고 볼 수 있는 경우에는 그 이후의 직장폐쇄는 정당성을 상실하게 된다.

③ 노동조합은 사용자의 점유를 배제하여 조업을 방해하는 형태로 쟁의행위를 해서는 아니 된다.

④ 직장폐쇄가 정당한 쟁의행위로 평가받지 못하는 경우 사용자는 직장폐쇄 기간 동안의 대상 근로자에 대한 임금 지급 의무를 면할 수 없다.

해설

① (×) 판례의 취지를 고려할 때 사용자는 자기의 퇴거 요구로 인해 퇴거불응죄를 구성하는 위법한 직장점거를 계속하고 있는 근로자들에 대하여 사업장으로부터의 퇴거를 요구할 수 있다고 판단된다.

> 근로자들의 직장점거가 개시 당시 적법한 것이었다 하더라도 사용자가 이에 대응하여 적법하게 직장폐쇄를 하게 되면, 사용자의 사업장에 대한 물권적 지배권이 전면적으로 회복되는 결과 사용자는 점거 중인 근로자들에 대하여 정당하게 사업장으로부터의 퇴거를 요구할 수 있고 퇴거를 요구받은 이후의 직장점거는 위법하게 되므로, 적법하게 직장폐쇄를 단행한 사용자로부터 퇴거 요구를 받고도 불응한 채 직장점거를 계속한 행위는 퇴거불응죄를 구성한다(대판 1991.8.13. 91도1324).

② (○) 근로자의 쟁의행위 등 구체적인 사정에 비추어 직장폐쇄의 개시 자체는 정당하더라도 어느 시점 이후에 근로자가 쟁의행위를 중단하고 진정으로 업무에 복귀할 의사를 표시하였음에도 사용자가 직장폐쇄를 계속 유지함으로써 근로자의 쟁의행위에 대한 방어적인 목적에서 벗어나 공격적 직장폐쇄로 성격이 변질되었다고 볼 수 있는 경우에는 그 이후의 직장폐쇄는 정당성을 상실하게 되므로, 사용자는 그 기간 동안의 임금에 대해서는 지불의무를 면할 수 없다(대판 2017.4.7. 2013다101425).

③ (○) 노조법 제37조 제3항

④ (○) 노조법 제46조에서 정하는 사용자의 직장폐쇄는 사용자와 근로자의 교섭태도와 교섭과정, 근로자의 쟁의행위의 목적과 방법, 그로 인하여 사용자가 받는 타격의 정도 등 구체적인 사정에 비추어 근로자의 쟁의행위에 대한 방어수단으로서 상당성이 있어야만 사용자의 정당한 쟁의행위로 인정될 수 있다. 노동조합의 쟁의행위에 대한 방어적인 목적을 벗어나 적극적으로 노동조합의 조직력을 약화시키기 위한 목적이 있는 선제적, 공격적 직장폐쇄에 해당하는 경우에는 정당성이 인정되지 않는다. 직장폐쇄가 정당한 쟁의행위로 평가받지 못하는 경우에는 사용자는 원칙적으로 직장폐쇄 기간 동안 대상 근로자에 대한 임금지급의무를 면할 수 없다(대판 2019.6.13. 2015다65561).

033 □□□ **사용자의 쟁의행위 및 대체근로의 제한에 관한 설명 중 옳지 않은 것은?(다툼이 있는 경우 판례에 의함)** 16 사시

① 사용자의 직장폐쇄는 노동조합이 쟁의행위를 개시한 후에 방어적으로만 할 수 있다.
② 사용자는 직장폐쇄가 정당하더라도 직장폐쇄의 대상인 근로자에 대한 임금지급의무를 부담한다.
③ 사용자는 직장폐쇄를 할 경우에는 미리 행정관청 및 노동위원회에 각각 신고하여야 한다.
④ 일반사업의 사용자는 쟁의행위 기간 중 그 쟁의행위로 중단된 업무의 수행을 위하여 당해 사업과 관계없는 자를 채용 또는 대체할 수 없다.
⑤ 필수공익사업의 사용자는 쟁의행위 기간 중에 파업참가자의 100분의 50을 초과하지 않는 범위 안에서 당해 사업과 관계없는 자를 채용 또는 대체할 수 있다.

해설

① (○) 사용자는 노동조합이 쟁의행위를 개시한 이후에만 직장폐쇄를 할 수 있다(노조법 제46조 제1항).
② (×) 노조법 제46조에서 규정하는 사용자의 직장폐쇄가 사용자와 근로자의 교섭태도와 교섭과정, 근로자의 쟁의행위의 목적과 방법 및 그로 인하여 사용자가 받는 타격의 정도 등 구체적인 사정에 비추어 근로자의 쟁의행위에 대한 방어수단으로서 상당성이 있으면 사용자의 정당한 쟁의행위로 인정될 수 있고, 그 경우 사용자는 직장폐쇄기간 동안 대상근로자에 대한 임금지불의무를 면한다(대판 2017.4.7. 2013다101425).
③ (○) 노조법 제46조 제2항
④ (○) 노조법 제43조 제1항
⑤ (○) 노조법 제43조 제3항

 ❷

034 □□□ **노동조합 및 노동관계조정법상 직장폐쇄에 관한 설명으로 옳지 않은 것은?(다툼이 있는 경우에는 판례에 의함)** 14 노무

① 직장폐쇄는 노동조합이 쟁의행위를 개시한 이후에만 행할 수 있다.
② 사용자는 직장폐쇄를 한 이후에 지체 없이 행정관청 및 노동위원회에 신고하여야 한다.
③ 사용자는 적법한 직장폐쇄를 한 경우에 임금지급의무를 면한다.
④ 사용자의 직장폐쇄에 대해서는 근로자의 단체행동권과 달리 헌법적 보장규정이 없다.
⑤ 정당한 직장점거 후 적법하게 직장폐쇄를 단행한 사용자로부터 퇴거요구를 받고도 불응한 채 직장점거를 계속한 행위는 퇴거불응죄를 구성한다.

해설

① (○) 노조법 제46조 제1항
② (×) 사용자는 제1항의 규정에 의한 직장폐쇄를 할 경우에는 미리 행정관청 및 노동위원회에 각각 신고하여야 한다(노조법 제46조 제2항).
③ (○) 직장폐쇄가 정당한 쟁의행위로 평가받는 경우 사용자는 직장폐쇄기간 동안의 대상근로자에 대한 임금지불의무를 면한다(대판 2010.1.28. 2007다76566).
④ (○) 우리 헌법은 사용자의 직장폐쇄를 적극적으로 보장하는 규정을 두고 있지 않다. 그러나 판례는 '쟁의행위의 대등성'이라는 형평의 원칙에 입각하여 사용자의 직장폐쇄를 인정하고 있음을 유의해야 한다.
⑤ (○) 대판 1991.8.13. 91도1324

답 ❷

035 노동조합 및 노동관계조정법상 직장폐쇄 등에 관한 설명으로 옳지 않은 것은?(다툼이 있으면 판례에 따름)

□□□ 21 노무

① 노동조합의 쟁의행위에 대한 방어적인 목적을 벗어나 적극적으로 노동조합의 조직력을 약화시키기 위한 목적 등을 갖는 공격적 직장폐쇄는 정당성이 인정될 수 없다.
② 적법하게 사업장을 점거 중인 근로자들이 사용자로부터 퇴거요구를 받고도 이에 불응한 채 직장점거를 계속하면 직장폐쇄의 정당성 여부와 관계없이 퇴거불응죄가 성립한다.
③ 사용자는 노동조합이 쟁의행위를 개시한 이후에만 직장폐쇄를 할 수 있다.
④ 직장폐쇄를 할 경우 사용자는 미리 행정관청 및 노동위원회에 각각 신고하여야 한다.
⑤ 직장폐쇄가 정당한 쟁의행위로 인정되는 경우 사용자는 직장폐쇄기간 동안의 대상근로자에 대한 임금지불의무를 면한다.

해설

① (○) 대판 2003.6.13. 2003두1097
② (×) 근로자들의 직장점거가 개시 당시 적법한 것이었다 하더라도 사용자가 이에 대응하여 적법하게 직장폐쇄를 하게 되면, 사용자의 사업장에 대한 물권적 지배권이 전면적으로 회복되는 결과 사용자는 점거 중인 근로자들에 대하여 정당하게 사업장으로부터의 퇴거를 요구할 수 있고 퇴거를 요구받은 이후의 직장점거는 위법하게 되므로, 적법하게 직장폐쇄를 단행한 사용자로부터 퇴거요구를 받고도 불응한 채 직장점거를 계속한 행위는 퇴거불응죄를 구성한다(대판 1991.8.13. 91도1324). 따라서 퇴거불응죄가 성립하기 위하여는 그 직장폐쇄의 정당성을 요한다고 할 것이다.
③ (○) 노조법 제46조 제1항
④ (○) 노조법 제46조 제2항
⑤ (○) 노조법 제46조에서 규정하는 사용자의 직장폐쇄가 사용자와 근로자의 교섭태도와 교섭과정, 근로자의 쟁의행위의 목적과 방법 및 그로 인하여 사용자가 받는 타격의 정도 등 구체적인 사정에 비추어 근로자의 쟁의행위에 대한 방어수단으로서 상당성이 있으면 사용자의 정당한 쟁의행위로 인정될 수 있고, 그 경우 사용자는 직장폐쇄기간 동안 대상근로자에 대한 임금지불의무를 면한다(대판 2017.4.7. 2013다101425).

답 ❷

036 □□□ **노동조합 및 노동관계조정법상 쟁의행위에 관한 설명으로 옳지 않은 것은?(다툼이 있으면 판례에 따름)** 20 노무

① 직장폐쇄는 사용자의 쟁의행위로서 노동조합이 쟁의행위를 개시하기 전에도 직장폐쇄를 할 수 있다.
② 노동조합은 쟁의행위기간에 대한 임금의 지급을 요구하여 이를 관철할 목적으로 쟁의행위를 하여서는 아니 된다.
③ 근로자가 쟁의행위를 중단하고 진정으로 업무에 복귀할 의사를 표시하였음에도 사용자가 직장폐쇄를 계속 유지하면서 근로자의 쟁의행위에 대한 방어적인 목적에서 벗어나 공격적 직장폐쇄의 성격으로 변질된 경우에는 그 이후의 직장폐쇄는 정당성을 상실한다.
④ 사용자는 쟁의행위에 참가하여 근로를 제공하지 아니한 근로자에 대하여는 그 기간 중의 임금을 지급할 의무가 없다.
⑤ 쟁의행위는 그 조합원의 직접·비밀·무기명투표에 의한 조합원 과반수의 찬성으로 결정하지 아니하면 이를 행할 수 없다.

해설

① (×) 사용자는 노동조합이 쟁의행위를 개시한 이후에만 직장폐쇄를 할 수 있다(노조법 제46조 제1항).
② (○) 노조법 제44조 제2항
③ (○) 대판 2017.4.7. 2013다101425
④ (○) 노조법 제44조 제1항
⑤ (○) 노조법 제41조 제1항 전문

답 ❶

037 노동조합 및 노동관계조정법령상 직장폐쇄에 관한 설명으로 옳지 않은 것은?(다툼이 있으면 판례에 따름)

□□□ 16 노무

① 사용자는 노동조합이 쟁의행위를 개시하기 이전이라도 직장폐쇄를 할 수 있다.
② 사용자는 직장폐쇄를 할 경우에는 미리 행정관청 및 노동위원회에 각각 신고하여야 한다.
③ 직장폐쇄가 정당한 쟁의행위로 평가받을 때 사용자는 직장폐쇄기간 동안의 대상근로자에 대한 임금지불의무를 면한다.
④ 근로자들의 직장점거가 개시 당시 적법한 것이었다 하더라도 이에 대응하여 적법하게 직장폐쇄를 단행한 사용자로부터 퇴거 요구를 받고도 불응한 채 직장점거를 계속한 행위는 퇴거불응죄를 구성한다.
⑤ 사용자의 직장폐쇄는 사용자와 근로자의 교섭태도와 교섭과정, 근로자의 쟁의행위의 목적과 방법 및 그로 인하여 사용자가 받는 타격의 정도 등 구체적인 사정에 비추어 근로자의 쟁의행위에 대한 방어수단으로서 상당성이 있어야만 정당성이 인정될 수 있다.

해설

① (×) 사용자는 노동조합이 쟁의행위를 개시한 이후에만 직장폐쇄를 할 수 있다(노조법 제46조 제1항).
② (○) 노조법 제46조 제2항
③ (○) 구체적인 노동쟁의의 장에서 단행된 사용자의 직장폐쇄가 정당한 쟁의행위로 평가받기 위하여는 노사 간의 교섭태도, 경과, 근로자 측 쟁의행위의 태양, 그로 인하여 사용자 측이 받는 타격의 정도 등에 관한 구체적 사정에 비추어 형평의 견지에서 근로자 측의 쟁의행위에 대한 대항・방위수단으로서 상당성이 인정되는 경우에 한한다 할 것이고, 그 직장폐쇄가 정당한 쟁의행위로 평가받을 때 비로소 사용자는 직장폐쇄기간 동안의 대상근로자에 대한 임금지불의무를 면한다(대판 2000.5.26. 98다34331).
④ (○) 근로자들의 직장점거가 개시 당시 적법한 것이었다 하더라도 사용자가 이에 대응하여 적법하게 직장폐쇄를 하게 되면, 사용자의 사업장에 대한 물권적 지배권이 전면적으로 회복되는 결과 사용자는 점거 중인 근로자들에 대하여 정당하게 사업장으로부터의 퇴거를 요구할 수 있고 퇴거를 요구받은 이후의 직장점거는 위법하게 되므로, 적법하게 직장폐쇄를 단행한 사용자로부터 퇴거 요구를 받고도 불응한 채 직장점거를 계속한 행위는 퇴거불응죄를 구성한다(대판 1991.8.13. 91도1324).
⑤ (○) 사용자의 직장폐쇄는 사용자와 근로자의 교섭태도와 교섭과정, 근로자의 쟁의행위의 목적과 방법 및 그로 인하여 사용자가 받는 타격의 정도 등 구체적인 사정에 비추어 근로자의 쟁의행위에 대한 방어수단으로서 상당성이 있어야만 사용자의 정당한 쟁의행위로 인정될 수 있다(대판 2003.6.13. 2003두1097).

답 ❶

038 □□□ **노동조합 및 노동관계조정법상 쟁의행위 등에 관한 설명으로 옳지 않은 것은?(다툼이 있는 경우에는 판례에 의함)** 15 노무

① 사용자가 적법하게 직장폐쇄를 하게 되면, 사용자의 사업장에 대한 물권적 지배권이 전면적으로 회복된다.
② 사용자는 직장폐쇄를 할 경우에는 미리 행정관청 또는 노동위원회 어느 한 곳에 신고하여야 한다.
③ 사업장시설의 점거는 그 점거의 범위가 사업장시설의 일부분이고 사용자 측의 출입이나 관리지배를 배제하지 않는 병존적인 점거에 지나지 않을 때에는 정당한 쟁의행위로 볼 수 있다.
④ 사용자의 직장폐쇄는 형평상 근로자 측의 쟁의행위에 대한 대항·방위수단이다.
⑤ 적법하게 직장폐쇄를 하게 되면, 사용자는 사업장을 점거 중인 근로자들에 대하여 정당하게 사업장으로부터의 퇴거를 요구할 수 있고 퇴거를 요구받은 이후의 직장점거는 위법하게 된다.

해설

① (○) 직장폐쇄가 정당한 쟁의행위로 평가받는 경우 사용자의 사업장에 대한 물권적 지배권이 전면적으로 회복되므로 사용자는 직장폐쇄의 효과로서 사업장의 출입을 제한할 수 있다고 할 것이다(대판 2010.6.10. 2009도12180).
② (×) 사용자는 직장폐쇄를 할 경우에는 미리 행정관청 및 노동위원회에 각각 신고하여야 한다(노조법 제46조 제2항).
③ (○) 직장 또는 사업장시설의 점거는 적극적인 쟁의행위의 한 형태로서 그 점거의 범위가 직장 또는 사업장시설의 일부분이고 사용자 측의 출입이나 관리지배를 배제하지 않는 병존적인 점거에 지나지 않을 때에는 정당한 쟁의행위로 볼 수 있으나, 이와 달리 직장 또는 사업장시설을 전면적, 배타적으로 점거하여 조합원 이외의 자의 출입을 저지하거나 사용자 측의 관리지배를 배제하여 업무의 중단 또는 혼란을 야기케 하는 것과 같은 행위는 이미 정당성의 한계를 벗어난 것이라고 볼 수밖에 없다(대판 1991.6.11. 91도383).
④ (○) 사용자의 직장폐쇄는 사용자와 근로자의 교섭태도와 교섭과정, 근로자의 쟁의행위의 목적과 방법 및 그로 인하여 사용자가 받는 타격의 정도 등 구체적인 사정에 비추어 쟁의행위에 대한 방어수단으로서 상당성이 있어야만 사용자의 정당한 쟁의행위로 인정될 수 있다(대판 2010.6.10. 2009도12180).
⑤ (○) 사용자가 적법하게 직장폐쇄를 하게 되면, 사용자의 사업장에 대한 물권적 지배권이 전면적으로 회복되는 결과 사용자는 사업장을 점거 중인 근로자들에 대하여 정당하게 사업장으로부터의 퇴거를 요구할 수 있고 퇴거를 요구받은 이후의 직장점거는 위법하게 되므로, 적법하게 직장폐쇄를 단행한 사용자로부터 퇴거 요구를 받고도 불응한 채 직장점거를 계속한 행위는 퇴거불응죄를 구성한다(대판 2005.6.9. 2004도7218).

답 ❷

제6절 안전보호시설과 필수유지업무

039 필수공익사업에 관한 설명 중 옳지 않은 것? 12 사시

□□□

① 필수공익사업의 사용자는 쟁의행위 기간 중에 당해 사업과 관계 없는 자를 채용 또는 대체할 수 없다.

② 필수유지업무의 정당한 유지·운영을 정지·폐지 또는 방해하는 행위는 쟁의행위로서 이를 행할 수 없다.

③ 노동관계 당사자는 필수유지업무협정을 서면으로 체결하고 쌍방이 서명 또는 날인하여야 한다.

④ 노동관계 당사자 쌍방 또는 일방은 필수유지업무협정이 체결되지 아니하는 때에는 노동위원회에 필수유지업무의 필요 최소한의 유지·운영 수준, 대상직무 및 필요인원 등의 결정을 신청하여야 한다.

⑤ 석유정제사업과 혈액공급사업은 필수공익사업이다.

해설

① (×) 필수공익사업의 경우 사용자는 쟁의행위로 중단된 업무의 수행을 위하여 쟁의행위 기간 중에 한하여 당해 사업과 관계없는 자를 채용 또는 대체하거나 그 업무를 도급 또는 하도급을 줄 수 있고, 이 경우 사용자는 당해 사업 또는 사업장 파업참가자의 100분의 50을 초과하지 않는 범위 안에서 채용 또는 대체하거나 도급 또는 하도급 줄 수 있다(노조법 제43조 참조).

② (○) 노조법 제42조의2 제2항

③ (○) 노동관계 당사자는 쟁의행위기간 동안 필수유지업무의 정당한 유지·운영을 위하여 필수유지업무의 필요 최소한의 유지·운영 수준, 대상직무 및 필요인원 등을 정한 협정(이하"필수유지업무협정")을 서면으로 체결하여야 한다. 이 경우 필수유지업무협정에는 노동관계 당사자 쌍방이 서명 또는 날인하여야 한다(노조법 제42조의3).

④ (○) 노조법 제42조의4 제1항

⑤ (○) 노조법 제71조 제2항 제2호·제3호

답 ❶

040 □□□ **노동조합 및 노동관계조정법상 필수유지업무에 관한 설명으로 옳지 않은 것은?** 14 노무

① 필수유지업무란 필수공익사업의 업무 중 고용노동부장관이 정하는 업무를 말한다.
② 노동관계당사자는 필수유지업무협정을 서면으로 체결하여야 한다.
③ 필수유지업무협정에는 필수유지업무의 필요 최소한의 유지・운영 수준, 대상 직무 및 필요인원 등을 정하여야 한다.
④ 필수유지업무의 정당한 유지・운영을 정지・폐지 또는 방해하는 행위는 쟁의행위로서 이를 행할 수 없다.
⑤ 노동위원회가 필수유지업무 수준 등을 결정할 경우 특별조정위원회가 담당한다.

해설

① (×) 필수유지업무라 함은 필수공익사업의 업무 중 그 업무가 정지되거나 폐지되는 경우 공중의 생명・건강 또는 신체의 안전이나 공중의 일상생활을 현저히 위태롭게 하는 업무로서 대통령령이 정하는 업무를 말한다(노조법 제42조의2 제1항).
② (○) 노조법 제42조의3 전문
③ (○) 노조법 제42조의3 전문
④ (○) 노조법 제42조의2 제2항
⑤ (○) 노동위원회는 사업 또는 사업장별 필수유지업무의 특성 및 내용 등을 고려하여 필수유지업무의 필요 최소한의 유지・운영 수준, 대상직무 및 필요인원 등을 결정할 수 있고, 이러한 노동위원회의 결정은 특별조정위원회가 담당한다(노조법 제42조의4 제2항・제3항).

답 ❶

041 □□□ **노동조합 및 노동관계조정법상 필수유지업무에 관한 설명으로 옳지 않은 것은?** 

① 필수유지업무라 함은 필수공익사업의 업무 중 그 업무가 정지되거나 폐지되는 경우 공중의 생명・건강 또는 신체의 안전이나 공중의 일상생활을 현저히 위태롭게 하는 업무로서 대통령령이 정하는 업무를 말한다.
② 필수유지업무협정은 노동관계당사자 쌍방이 서명 또는 날인하여야 하는 것은 아니다.
③ 노동관계당사자 쌍방 또는 일방은 필수유지업무협정이 체결되지 아니하는 때에는 노동위원회에 필수유지업무의 필요 최소한의 유지・운영 수준, 대상직무 및 필요인원 등의 결정을 신청하여야 한다.
④ 노동위원회는 노동조합 및 노동관계조정법상의 규정에 따라 필수유지업무 수준 등 결정을 하면 지체 없이 이를 서면으로 노동관계당사자에게 통보하여야 한다.
⑤ 노동조합은 필수유지업무협정이 체결된 경우 사용자에게 필수유지업무에 근무하는 조합원 중 쟁의행위기간 동안 근무하여야 할 조합원을 통보하여야 한다.

해설

① (○) 노조법 제42조의2 제1항
② (×) 노동관계당사자는 쟁의행위기간 동안 필수유지업무의 정당한 유지・운영을 위하여 필수유지업무의 필요 최소한의 유지・운영 수준, 대상직무 및 필요인원 등을 정한 협정을 서면으로 체결하여야 한다. 이 경우 필수유지업무협정에는 노동관계당사자 쌍방이 서명 또는 날인하여야 한다(노조법 제42조의3).
③ (○) 노조법 제42조의4 제1항
④ (○) 노조법 시행령 제22조의3 제2항
⑤ (○) 노조법 제42조의6 제1항 본문

답 ❷

042 □□□ **노동조합 및 노동관계조정법령상 필수유지업무 및 필수유지업무협정 등에 관한 설명으로 옳지 않은 것은?** 23 노무

① 철도 차량 운행에 필요한 통신시설을 유지·관리하는 업무는 철도사업의 필수유지 업무에 해당한다.
② 필수유지업무협정은 노동관계 당사자가 서면으로 체결하여야 하고, 쌍방이 서명 또는 날인하여야 한다.
③ 노동관계 당사자 쌍방 또는 일방은 필수유지업무협정이 체결되지 아니하는 때에는 노동위원회에 필수유지업무의 대상직무 등의 결정을 신청하여야 한다.
④ 노동관계 당사자가 필수유지업무 수준 등 결정 신청을 하는 경우 그 결정은 공익사업의 노동쟁의 조정을 위한 노동위원회의 특별조정위원회가 담당한다.
⑤ 노동조합이 쟁의행위 개시 전까지 쟁의행위기간 동안 근무하여야 할 조합원을 통보하지 아니한 경우 사용자의 신청에 의하여 노동위원회가 필수유지업무에 근무하여야 할 근로자를 지명하고 이를 노동조합과 그 근로자에게 통보하여야 한다.

해설

① (○) 노조법 제42조의2 제1항, 동법 시행령 제22조의2에 의한 [별표 1]
② (○) 노동관계 당사자는 쟁의행위기간 동안 필수유지업무의 정당한 유지·운영을 위하여 필수유지업무의 필요최소한의 유지·운영 수준, 대상직무 및 필요인원 등을 정한 협정을 서면으로 체결하여야 한다. 이 경우 필수유지업무협정에는 노동관계 당사자 쌍방이 서명 또는 날인하여야 한다(노조법 제42조의3).
③ (○) 노동관계 당사자 쌍방 또는 일방은 필수유지업무협정이 체결되지 아니하는 때에는 노동위원회에 필수유지업무의 필요 최소한의 유지·운영 수준, 대상직무 및 필요인원 등의 결정을 신청하여야 한다(노조법 제42조의4 제1항).
④ (○) 노동관계 당사자가 필수유지업무 수준 등 결정신청을 하는 경우 그 결정은 공익사업의 노동쟁의의 조정을 위하여 노동위원회에 설치한 특별조정위원회가 담당한다(노조법 제42조의4 제3항, 제72조).
⑤ (×) 노동조합은 필수유지업무협정이 체결되거나 필수유지업무 수준 등 결정신청에 따른 노동위원회의 결정이 있는 경우, 사용자에게 필수유지업무에 근무하는 조합원 중 쟁의행위기간 동안 근무하여야 할 조합원을 통보하여야 하며, 사용자는 이에 따라 근로자를 지명하고 이를 노동조합과 그 근로자에게 통보하여야 한다. 다만, 노동조합이 쟁의행위 개시 전까지 이를 통보하지 아니한 경우에는 사용자가 필수유지업무에 근무하여야 할 근로자를 지명하고 이를 노동조합과 그 근로자에게 통보하여야 한다(노조법 제42조의6 제1항).

필수공익사업별 필수유지업무(노조법 시행령 [별표 1])

1. 철도사업과 도시철도사업의 필수유지업무
   가. 철도·도시철도 차량의 운전업무
   나. 철도·도시철도 차량 운행의 관제 업무(정거장·차량기지 등에서 철도신호 등을 취급하는 운전취급업무를 포함)
   다. 철도·도시철도 차량 운행에 필요한 전기시설·설비를 유지·관리하는 업무
   라. 철도·도시철도 차량 운행과 이용자의 안전에 필요한 신호시설·설비를 유지·관리하는 업무
   마. 철도·도시철도 차량 운행에 필요한 통신시설·설비를 유지·관리하는 업무
   바. 안전운행을 위하여 필요한 차량의 일상적인 점검이나 정비업무
   사. 선로점검·보수 업무

답 ⑤

043 노동조합 및 노동관계조정법령상 필수유지업무가 아닌 것은? 18 노무

□□□

① 철도사업의 업무 중 철도 차량의 운전업무
② 통신사업의 업무 중 기간망의 운영·관리업무
③ 항공운수사업의 업무 중 창 정비업무
④ 혈액공급사업의 업무 중 채혈업무
⑤ 수도사업의 업무 중 배수시설의 운영업무

해설

① (○), ② (○), ③ (×), ④ (○), ⑤ (○)
항공기의 정비업무 중 창 정비는 노조법 시행령 [별표 1] 제2호 사목에서 정한 필수유지업무에 해당하지 아니한다.

필수공익사업별 중요 필수유지업무(노조법 시행령 [별표 1])

1. 철도사업과 도시철도사업의 필수유지업무
   가. 철도·도시철도차량의 운전업무
   나. 철도·도시철도차량 운행의 관제업무(정거장·차량기지 등에서 철도신호 등을 취급하는 운전취급업무를 포함)
2. 항공운수사업의 필수유지업무
   사. 항공기의 정비[창 정비(Depot Maintenance, 대규모 정비시설 및 장비를 운영하여 수행하는 최상위 정비단계)는 제외]업무
   하. 항공법 제2조 제16호에 따른 항행안전시설과 항공기 이·착륙시설의 유지·운영(관제를 포함)을 위한 업무
3. 수도사업의 필수유지업무
   가. 취수·정수(소규모 자동화 정수설비를 포함)·가압·배수시설의 운영업무
4. 전기사업의 필수유지업무
   가. 발전부문의 필수유지업무
      1) 발전설비의 운전(운전을 위한 기술지원을 포함)업무
      2) 발전설비의 점검 및 정비(정비를 위한 기술·행정지원은 제외)업무와 안전관리업무
   나. 송전·변전 및 배전부문의 필수유지업무
      1) 지역전기 공급업무(무인변전소 순회·점검업무는 제외)
      4) 전력계통 보호를 위한 통신센터(전력계통원방감시제어장치를 포함) 운영업무
   다. 전력거래부문의 필수유지업무
      3) 전력계통 등의 운영을 위한 전산실 운영(출입보안관리를 포함)업무
5. 가스사업(액화석유가스사업은 제외)의 필수유지업무
6. 석유정제사업과 석유공급사업(액화석유가스사업을 포함)의 필수유지업무
   가. 석유(천연가스는 제외)의 인수, 제조, 저장 및 공급업무
7. 병원사업의 필수유지업무
   나. 중환자 치료·분만(신생아 간호를 포함)·수술·투석업무
   다. 가목과 나목의 업무수행을 지원하기 위한 마취, 진단검사(영상검사를 포함), 응급약제, 치료식 환자급식, 산소 공급, 비상발전 및 냉난방업무
8. 혈액공급사업의 필수유지업무
   가. 채혈 및 채혈된 혈액의 검사업무
   나. 혈액관리법 제2조 제6호에 따른 혈액제제(수혈용에 한정) 제조업무
9. 한국은행사업의 필수유지업무
10. 통신사업의 필수유지업무
   가. 기간망과 가입자망의 운영·관리업무

답 ❸

PART 1 PART 2 PART 3

044 □□□ **노동조합 및 노동관계조정법령상 필수유지업무에 관한 설명으로 옳은 것은?** 17 노무

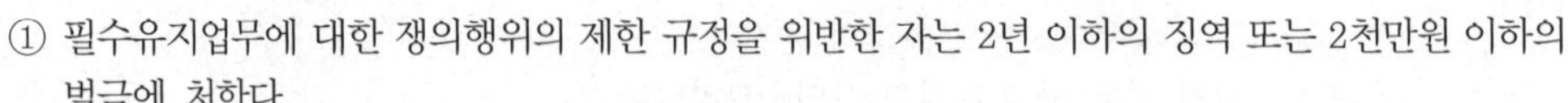

① 필수유지업무에 대한 쟁의행위의 제한 규정을 위반한 자는 2년 이하의 징역 또는 2천만원 이하의 벌금에 처한다.

② 필수유지업무란 국민경제에 미치는 영향이 크거나 공중의 일상생활을 현저히 위태롭게 하는 업무를 말한다.

③ 필수유지업무협정은 서면으로 작성하여 노동관계당사자 쌍방이 서명 또는 날인하여야 한다.

④ 노동관계당사자 쌍방 또는 일방은 필수유지업무협정이 체결되지 아니한 경우 고용노동부에 필수유지업무의 필요 최소한의 유지·운영 수준, 대상 직무 및 필요인원 등의 결정을 신청할 수 있다.

⑤ 필수유지업무의 정당한 유지·운영을 정지·폐지하는 행위는 쟁의행위로서 이를 행할 수 없으나 방해하는 행위는 쟁의행위로서 이를 행할 수 있다.

해설

① (×) 3년 이하의 징역 또는 3천만원 이하의 벌금에 처한다(노조법 제89조 제1호, 제42조의2 제2항).

② (×) 필수유지업무라 함은 필수공익사업의 업무 중 그 업무가 정지되거나 폐지되는 경우 공중의 생명·건강 또는 신체의 안전이나 공중의 일상생활을 현저히 위태롭게 하는 업무로서 대통령령이 정하는 업무를 말한다(노조법 제42조의2 제1항).

③ (○) 노조법 제42조의3

④ (×) 노동관계당사자 쌍방 또는 일방은 필수유지업무협정이 체결되지 아니하는 때에는 노동위원회에 필수유지업무의 필요 최소한의 유지·운영 수준, 대상직무 및 필요인원 등의 결정을 신청하여야 한다(노조법 제42조의4 제1항).

⑤ (×) 필수유지업무의 정당한 유지·운영을 정지·폐지 또는 방해하는 행위는 쟁의행위로서 이를 행할 수 없다(노조법 제42조의2 제2항).

답 ❸

045 □□□ **노동조합 및 노동관계조정법상 필수유지업무에 관한 설명으로 옳지 않은 것은?(다툼이 있으면 판례에 따름)** 20 노무

① 필수유지업무란 필수공익사업의 업무 중 그 업무가 정지되거나 폐지되는 경우 공중의 생명·건강 또는 신체의 안전이나 공중의 일상생활을 현저히 위태롭게 하는 업무로서 대통령령이 정하는 업무를 말한다.

② 노동관계당사자는 필수유지업무의 필요 최소한의 유지·운영수준, 대상직무 및 필요인원 등을 정한 협정을 서면으로 체결하여야 한다.

③ 필수유지업무협정에는 노동관계당사자 쌍방이 서명 또는 날인하여야 한다.

④ 노동관계당사자 쌍방 또는 일방은 필수유지업무협정이 체결되지 아니하는 때에는 노동위원회에 필수유지업무의 필요 최소한의 유지·운영수준, 대상직무 및 필요인원 등의 결정을 신청하여야 한다.

⑤ 필수유지업무가 공중의 생명·건강 또는 신체의 안전이나 공중의 일상생활을 현저히 위태롭게 하는 업무라 하더라도 다른 업무영역의 근로자보다 쟁의권 행사에 더 많은 제한을 가하는 것은 평등원칙에 위반된다.

해설

① (○) 노조법 제42조의2 제1항
② (○) 노조법 제42조의3 전문
③ (○) 노조법 제42조의3 후문
④ (○) 노조법 제42조의4 제1항
⑤ (×) 필수유지업무는 공중의 생명·건강 또는 신체의 안전이나 공중의 일상생활을 현저히 위태롭게 하는 업무이므로 이에 대한 쟁의권 행사는 그 영향이 치명적일 수밖에 없다는 점에서 다른 업무영역의 근로자보다 쟁의권 행사에 더 많은 제한을 가한다고 하더라도 그 차별의 합리성이 인정되므로 평등원칙을 위반한다고 볼 수 없다(헌재 2011.12.29. 2010헌바385).

답 ❺

046 □□□ **노동조합 및 노동관계조정법령상 필수유지업무 등에 관한 설명으로 옳지 않은 것은?** 21 노무

① 필수공익사업의 모든 업무는 필수유지업무에 해당한다.
② 필수유지업무협정에는 노동관계당사자 쌍방이 서명 또는 날인하여야 한다.
③ 노동위원회는 노동조합 및 노동관계조정법상의 규정에 따라 필수유지업무수준 등 결정을 하면 지체 없이 이를 서면으로 노동관계당사자에게 통보하여야 한다.
④ 노동관계당사자 쌍방 또는 일방은 필수유지업무협정이 체결되지 아니하는 때에는 노동위원회에 필수유지업무의 필요 최소한의 유지·운영수준, 대상직무 및 필요인원 등의 결정을 신청하여야 한다.
⑤ 노동위원회의 필수유지업무수준 등 결정에 따라 쟁의행위를 한 때에는 필수유지업무를 정당하게 유지·운영하면서 쟁의행위를 한 것으로 본다.

해설

① (×) 필수유지업무라 함은 필수공익사업의 업무 중 그 업무가 정지되거나 폐지되는 경우 공중의 생명·건강 또는 신체의 안전이나 공중의 일상생활을 현저히 위태롭게 하는 업무로서 대통령령이 정하는 업무를 말한다(노조법 제42조의2 제1항).
② (○) 노동관계당사자는 쟁의행위기간 동안 필수유지업무의 정당한 유지·운영을 위하여 필수유지업무의 필요 최소한의 유지·운영수준, 대상직무 및 필요인원 등을 정한 협정(이하 "필수유지업무협정")을 서면으로 체결하여야 한다. 이 경우 필수유지업무협정에는 노동관계당사자 쌍방이 서명 또는 날인하여야 한다(노조법 제42조의3).
③ (○) 노조법 시행령 제22조의3 제2항
④ (○) 노조법 제42조의4 제1항
⑤ (○) 노조법 제42조의5

답 ❶

제7절 쟁의기간 중 대체근로 등의 제한

047 □□□ **노동조합 및 노동관계조정법령상 사용자의 채용제한에 관한 내용으로 옳지 않은 것은?**

20 노무

① 사용자는 쟁의행위기간 중 그 쟁의행위로 중단된 업무를 도급 또는 하도급 줄 수 없다.
② 필수공익사업의 사용자는 쟁의행위기간 중에 한하여 당해 사업과 관계없는 자를 채용 또는 대체할 수 있다.
③ 필수공익사업의 경우 사용자는 당해 사업 또는 사업장 파업참가자의 100분의 50을 초과하지 않는 범위 안에서 도급 또는 하도급 줄 수 있다.
④ 필수공익사업의 사업 또는 사업장 파업참가자수는 근로의무가 있는 근로시간 중 파업 참가를 이유로 근로의 일부 또는 전부를 제공하지 아니한 자의 수를 7일 단위로 산정한다.
⑤ 사용자는 쟁의행위기간 중 그 쟁의행위로 중단된 업무의 수행을 위하여 당해 사업과 관계없는 자를 채용 또는 대체할 수 없다.

해설

① (O) 노조법 제43조 제2항
② (O) 노조법 제43조 제3항
③ (O) 노조법 제43조 제4항
④ (×) 필수공익사업의 사업 또는 사업장 파업참가자수는 근로의무가 있는 근로시간 중 파업 참가를 이유로 근로의 일부 또는 전부를 제공하지 아니한 자의 수를 1일 단위로 산정한다(노조법 시행령 제22조의4 제1항).
⑤ (O) 노조법 제43조 제1항

답 ❹

048 □□□ **노동조합 및 노동관계조정법령상 사용자의 채용제한에 관한 설명으로 옳은 것을 모두 고른 것은?**

18 노무

ㄱ. 필수공익사업의 사용자는 쟁의행위기간 중에 한하여 그 쟁의행위로 중단된 업무의 수행을 위하여 당해 사업과 관계없는 자를 채용할 수 있으나 그 수의 제한이 있다.
ㄴ. 필수공익사업의 사용자라 하더라도 쟁의행위기간 중에 그 쟁의행위로 중단된 업무를 도급 줄 수 없다.
ㄷ. 필수공익사업의 파업참가자수는 근로의무가 있는 근로시간 중 파업참가를 이유로 근로의 일부 또는 전부를 제공하지 아니한 자의 수를 1일 단위로 산정한다.
ㄹ. 사용자는 당해 사업과 관계있는 자라 하더라도 비노동조합원을 쟁의기간 중 쟁의행위로 중단된 업무의 수행을 위하여 대체할 수 없다.

① ㄱ, ㄴ
② ㄱ, ㄷ
③ ㄱ, ㄹ
④ ㄴ, ㄷ
⑤ ㄴ, ㄹ

해설

ㄱ. (○) 필수공익사업의 사용자가 쟁의행위기간 중에 한하여 당해 사업과 관계없는 자를 채용 또는 대체하거나 그 업무를 도급 또는 하도급 주는 경우, 사용자는 당해 사업 또는 사업장 파업참가자의 100분의 50을 초과하지 않는 범위 안에서 채용 또는 대체하거나 도급 또는 하도급 줄 수 있다. 이 경우 파업참가자수의 산정방법 등은 대통령령으로 정한다(노조법 제43조 제4항).

ㄴ. (×) 필수공익사업의 사용자가 쟁의행위기간 중에 한하여 당해 사업과 관계없는 자를 채용 또는 대체하거나 그 업무를 도급 또는 하도급을 주는 경우에는 적용하지 아니한다(노조법 제43조 제3항).

ㄷ. (○) 노조법 시행령 제22조의4 제1항

ㄹ. (×) 사용자는 쟁의행위기간 중 그 쟁의행위로 중단된 업무의 수행을 위하여 당해 사업과 관계없는 자를 채용 또는 대체할 수 없다(노조법 제43조 제1항).

답 ❷

049 □□□ **노동조합 및 노동관계조정법령에 관한 설명이다. (   )에 들어갈 내용으로 옳은 것은?**

> • 노동조합은 설립신고된 사항 중 노동조합의 명칭에 해당하는 사항에 변경이 있는 때에는 그날부터 (ㄱ)일 이내에 행정관청에게 변경신고를 하여야 한다.
> • 필수공익사업의 사용자는 쟁의행위기간 중에 당해 사업 또는 사업장 파업참가자의 100분의 (ㄴ)을 초과하지 않는 범위 안에서 당해 사업과 관계없는 자를 채용 또는 대체하거나 그 업무를 도급 또는 하도급을 줄 수 있다.

① ㄱ : 15, ㄴ : 15
② ㄱ : 30, ㄴ : 30
③ ㄱ : 30, ㄴ : 50
④ ㄱ : 50, ㄴ : 50
⑤ ㄱ : 50, ㄴ : 70

해설

• 노동조합은 설립신고된 사항 중 노동조합의 명칭에 해당하는 사항에 변경이 있는 때에는 그날부터 30일 이내에 행정관청에게 변경신고를 하여야 한다(노조법 제13조 제1항).
• 필수공익사업의 사용자는 당해 사업 또는 사업장 파업참가자의 100분의 50을 초과하지 않는 범위 안에서 채용 또는 대체하거나 도급 또는 하도급 줄 수 있다(노조법 제43조 제4항).

답 ❸

CHAPTER 05 노동쟁의조정제도

제1절 서 설

제2절 노동쟁의조정제도

001 □□□ **노동조합 및 노동관계조정법상 노동위원회가 행하는 노동쟁의의 조정 등에 관한 설명으로 옳지 않은 것은?** 22 노무

① 노동위원회는 관계당사자의 일방이 노동쟁의의 조정을 신청한 때에는 지체 없이 조정을 개시하여야 한다.
② 조정은 조정의 신청이 있은 날부터 일반사업에 있어서는 10일, 공익사업에 있어서는 15일 이내에 종료하여야 한다.
③ 노동위원회는 조정신청 전에는 교섭을 주선하는 등 관계당사자의 자주적인 분쟁해결을 지원할 수 없다.
④ 노동위원회는 관계당사자 쌍방의 신청 또는 동의를 얻은 경우에는 조정위원회에 갈음하여 단독조정인에게 조정을 행하게 할 수 있다.
⑤ 조정서의 내용을 준수하지 아니한 자는 벌칙에 처한다.

해설

① (○) 노동위원회는 관계당사자의 일방이 노동쟁의의 조정을 신청한 때에는 지체 없이 조정을 개시하여야 하며 관계당사자 쌍방은 이에 성실히 임하여야 한다(노조법 제53조 제1항).
② (○) 노조법 제54조 제1항
③ (×) 노동위원회는 조정신청 전이라도 원활한 조정을 위하여 교섭을 주선하는 등 관계당사자의 자주적인 분쟁해결을 지원할 수 있다(노조법 제53조 제2항).
④ (○) 노조법 제57조 제1항
⑤ (○) 조정서의 내용 또는 중재재정서의 내용을 준수하지 아니한 자는 1천만원 이하의 벌금에 처한다(노조법 제92조 제3호).

답 ❸

002 노동조합 및 노동관계조정법상 노동위원회가 행하는 노동쟁의의 중재에 관한 설명으로 옳은 것은?

22 노무

① 노동쟁의가 중재에 회부된 때에는 그 날부터 20일간은 쟁의행위를 할 수 없다.
② 관계당사자의 일방이 단체협약에 의하여 중재를 신청한 때에도 노동위원회는 중재를 행한다.
③ 중재는 조정을 거치지 않으면 신청할 수 없다.
④ 관계당사자는 지방노동위원회의 중재재정이 월권에 의한 것이라고 인정하는 경우에는 중앙노동위원회에 재심을 신청할 수 없다.
⑤ 중재재정의 내용은 관계당사자의 동의를 받아야 단체협약과 동일한 효력을 가진다.

해설

① (×) 노동쟁의가 중재에 회부된 때에는 그 날부터 15일간은 쟁의행위를 할 수 없다(노조법 제63조).
② (○) 노동위원회는 관계당사자의 쌍방이 함께 중재를 신청한 때, 관계당사자의 일방이 단체협약에 의하여 중재를 신청한 때에는 중재를 행한다(노조법 제62조).
③ (×) 중재는 일반적으로 조정이 실패한 경우에 신청하지만 조정을 거치지 않고 신청할 수도 있다.
④ (×) 관계당사자는 지방노동위원회 또는 특별노동위원회의 중재재정이 위법이거나 월권에 의한 것이라고 인정하는 경우에는 그 중재재정서의 송달을 받은 날부터 10일 이내에 중앙노동위원회에 그 재심을 신청할 수 있다(노조법 제69조 제1항).
⑤ (×) 중재재정의 내용은 단체협약과 동일한 효력을 가진다(노조법 제70조 제1항). 중재재정의 확정으로 단체협약과 동일한 효력을 가지게 되며 별도로 당사자의 동의는 필요로 하지 아니한다.

답 ❷

003 노동조합 및 노동관계조정법상 필수공익사업에 해당하는 것을 모두 고른 것은?

22 노무

ㄱ. 공중위생사업	ㄴ. 통신사업
ㄷ. 방송사업	ㄹ. 한국은행사업
ㅁ. 조폐사업	ㅂ. 병원사업

① ㄱ, ㄹ, ㅂ
② ㄴ, ㄷ, ㅁ
③ ㄴ, ㄹ, ㅂ
④ ㄷ, ㄹ, ㅁ
⑤ ㄷ, ㅁ, ㅂ

해설

ㄱ. (×), ㄴ. (○), ㄷ. (×), ㄹ. (○), ㅁ. (×), ㅂ (○)
ㄱ. 공중위생사업, ㄷ. 방송사업, ㅁ. 조폐사업 등은 공익사업에 해당한다(노조법 제71조 제1항).

필수공익사업(노조법 제71조 제2항)
- 철도사업, 도시철도사업 및 항공운수사업
- 수도사업, 전기사업, 가스사업, 석유정제사업 및 석유공급사업
- 병원사업 및 혈액공급사업
- 한국은행사업
- 통신사업

답 ❸

004 □□□ 노동조합 및 노동관계조정법령상 긴급조정에 관한 설명으로 옳지 않은 것은? 14 노무

① 고용노동부장관은 쟁의행위가 공익사업에 관한 것이거나 그 규모가 크거나 그 성질이 특별한 것으로서 현저히 국민경제를 해하거나 국민의 일상생활을 위태롭게 할 위험이 현존하는 때에는 긴급조정의 결정을 할 수 있다.
② 고용노동부장관은 긴급조정의 결정을 하고자 할 때에는 미리 중앙노동위원회 위원장의 의견을 들어야 한다.
③ 고용노동부장관은 긴급조정을 결정한 때에는 지체 없이 그 이유를 붙여 이를 공표함과 동시에 중앙노동위원회와 관계당사자에게 각각 통고하여야 한다.
④ 관계당사자는 긴급조정의 결정이 공표된 때에는 즉시 쟁의행위를 중지하여야 하며, 공표일부터 15일이 경과하지 아니하면 쟁의행위를 재개할 수 없다.
⑤ 긴급조정 결정의 공표는 신문·라디오 기타 공중이 신속히 알 수 있는 방법으로 하여야 한다.

해설

① (O) 노조법 제76조 제1항
② (O) 노조법 제76조 제2항
③ (O) 노조법 제76조 제3항
④ (×) 관계당사자는 긴급조정의 결정이 공표된 때에는 즉시 쟁의행위를 중지하여야 하며, 공표일부터 30일이 경과하지 아니하면 쟁의행위를 재개할 수 없다(노조법 제77조).
⑤ (O) 긴급조정 결정의 공표는 신문·라디오 그 밖에 공중이 신속히 알 수 있는 방법으로 해야 한다(노조법 시행령 제32조).

답 ❹

005 □□□ 노동조합 및 노동관계조정법상 노동쟁의의 조정 등에 관한 설명이다. (   )에 들어갈 내용으로 옳은 것은? 21 노무

- 노동쟁의가 중재에 회부된 때에는 그날부터 (ㄱ)일간은 쟁의행위를 할 수 없다.
- 관계당사자는 긴급조정의 결정이 공표된 때에는 즉시 쟁의행위를 중지하여야 하며, 공표일부터 (ㄴ)일이 경과하지 아니하면 쟁의행위를 재개할 수 없다.

① ㄱ : 10, ㄴ : 10
② ㄱ : 10, ㄴ : 15
③ ㄱ : 15, ㄴ : 15
④ ㄱ : 15, ㄴ : 30
⑤ ㄱ : 30, ㄴ : 30

해설

- 노동쟁의가 중재에 회부된 때에는 그날부터 15일간은 쟁의행위를 할 수 없다(노조법 제63조).
- 관계당사자는 긴급조정의 결정이 공표된 때에는 즉시 쟁의행위를 중지하여야 하며, 공표일부터 30일이 경과하지 아니하면 쟁의행위를 재개할 수 없다(노조법 제77조).

답 ❹

006 노동조합 및 노동관계조정법령상 노동쟁의의 조정에 대한 설명으로 옳지 않은 것은?

□□□

23 국가직 9급

① 노동위원회는 관계 당사자의 일방이 노동쟁의의 조정을 신청한 때에는 지체 없이 조정을 개시하여야 하며 관계 당사자 쌍방은 이에 성실히 임하여야 한다.

② 조정위원회의 조정위원은 당해 노동위원회의 위원장이 지명하되, 근로자를 대표하는 조정위원은 노동조합이, 사용자를 대표하는 조정위원은 사용자가 각각 추천하는 노동위원회의 위원 중에서 지명하여야 한다.

③ 노동쟁의 조정 또는 중재의 신청을 받은 노동위원회는 그 신청내용이 조정 또는 중재의 대상이 아니라고 인정할 경우에는 그 사유와 다른 해결방법을 알려주어야 한다.

④ 노동위원회는 관계 당사자 쌍방의 신청이 있거나 관계 당사자 쌍방의 동의를 얻은 경우에는 조정위원회에 갈음하여 단독조정인에게 조정을 행하게 할 수 있다.

해설

① (○) 노조법 제53조 제1항

② (×) 조정위원회의 조정위원은 당해 노동위원회의 위원 중에서 사용자를 대표하는 자, 근로자를 대표하는 자 및 공익을 대표하는 자 각 1인을 그 노동위원회의 위원장이 지명하되, 근로자를 대표하는 조정위원은 사용자가, 사용자를 대표하는 조정위원은 노동조합이 각각 추천하는 노동위원회의 위원 중에서 지명하여야 한다. 다만, 조정위원회의 회의 3일 전까지 관계 당사자가 추천하는 위원의 명단제출이 없을 때에는 당해 위원을 위원장이 따로 지명할 수 있다(노조법 제55조 제3항).

③ (○) 노조법 시행령 제24조 제2항

④ (○) 노조법 제57조 제1항

답 ❷

007 노동조합 및 노동관계조정법상 노동쟁의의 조정 등에 관한 설명으로 옳지 않은 것은? 21 노무

□□□

① 노동위원회는 관계당사자 쌍방의 신청이 있는 경우에는 조정위원회에 갈음하여 단독조정인에게 조정을 행하게 할 수 있다.

② 조정서의 내용은 단체협약과 동일한 효력을 가진다.

③ 노동위원회는 관계당사자의 일방이 단체협약에 의하여 중재를 신청한 때에는 중재를 행한다.

④ 중재재정은 서면으로 작성하여 이를 행하며 그 서면에는 효력발생기일을 명시하여야 한다.

⑤ 노동위원회의 중재재정은 중앙노동위원회에의 재심신청에 의하여 그 효력이 정지된다.

해설

① (○) 노조법 제57조 제1항

② (○) 노조법 제61조 제2항

③ (○) 노조법 제62조

④ (○) 노조법 제68조 제1항

⑤ (×) 노동위원회의 중재재정 또는 재심결정은 중앙노동위원회에의 재심신청 또는 행정소송의 제기에 의하여 그 효력이 정지되지 아니한다(노조법 제70조 제2항).

답 ❺

008 노동조합 및 노동관계조정법상 공익사업 등의 조정에 관한 특칙의 내용으로 옳지 않은 것은?

□□□ 21 노무

① 의료사업은 공익사업에 해당한다.
② 방송사업은 필수공익사업에 해당한다.
③ 공익사업의 노동쟁의의 조정을 위하여 노동위원회에 특별조정위원회를 둔다.
④ 특별조정위원회는 특별조정위원 3인으로 구성한다.
⑤ 공익을 대표하는 위원인 특별조정위원이 1인인 경우에는 당해 위원이 특별조정위원회의 위원장이 된다.

해설

① (○) 노조법 제71조 제1항 제3호
② (×) 방송사업은 공익사업에 해당한다(노조법 제71조 제1항 제5호).
③ (○) 노조법 제72조 제1항
④ (○) 노조법 제72조 제2항
⑤ (○) 위원장은 공익을 대표하는 노동위원회의 위원인 특별조정위원 중에서 호선하고, 당해 노동위원회의 위원이 아닌 자만으로 구성된 경우에는 그중에서 호선한다. 다만, 공익을 대표하는 위원인 특별조정위원이 1인인 경우에는 당해 위원이 위원장이 된다(노조법 제73조 제2항).

공익사업(노조법 제71조 제1항)
- 정기노선 여객운수사업 및 항공운수사업
- 수도사업, 전기사업, 가스사업, 석유정제사업 및 석유공급사업
- 공중위생사업, 의료사업 및 혈액공급사업
- 은행 및 조폐사업
- 방송 및 통신사업

필수공익사업(노조법 제71조 제2항)
- 철도사업, 도시철도사업 및 항공운수사업
- 수도사업, 전기사업, 가스사업, 석유정제사업 및 석유공급사업
- 병원사업 및 혈액공급사업
- 한국은행사업
- 통신사업

답 ❷

009 노동조합 및 노동관계조정법상 노동쟁의의 조정(調停)에 관한 설명으로 옳지 않은 것은?

□□□

20 노무

① 노동위원회는 관계당사자의 일방이 노동쟁의의 조정을 신청한 때에는 지체 없이 조정을 개시하여야 하며 관계당사자 쌍방은 이에 성실히 임하여야 한다.

② 조정은 그 신청이 있은 날부터 일반사업에 있어서는 10일 이내에, 공익사업에 있어서는 15일 이내에 종료하여야 한다.

③ 근로자를 대표하는 조정위원은 사용자가 추천하는 당해 노동위원회의 위원 중에서 그 노동위원회의 위원장이 지명하여야 한다.

④ 노동위원회는 관계당사자 쌍방의 신청이 있거나 관계당사자 쌍방의 동의를 얻은 경우에는 조정위원회에 갈음하여 단독조정인에게 조정을 행하게 할 수 있다.

⑤ 조정위원회의 조정안의 해석 또는 이행방법에 관한 견해가 제시되기 전이라도 관계당사자는 당해 조정안의 해석 또는 이행에 관하여 쟁의행위를 할 수 있다.

해설

① (O) 노조법 제53조 제1항

② (O) 노조법 제54조 제1항

③ (O) 노조법 제55조 제3항 본문

④ (O) 노조법 제57조 제1항

⑤ (×) 조정위원회의 조정안의 해석 또는 이행방법에 관한 견해가 제시될 때까지는 관계당사자는 당해 조정안의 해석 또는 이행에 관하여 쟁의행위를 할 수 없다(노조법 제60조 제5항).

답 ❺

PART 1 PART 2 PART 3

010 노동조합 및 노동관계조정법상 노동쟁의의 중재에 관한 설명으로 옳은 것은?

□□□

20 노무

① 노동쟁의의 조정(調整)에서 사적 중재는 허용되지 않는다.

② 중재재정은 서면으로 작성하여 이를 행하며 그 서면에는 효력발생기일을 명시하여야 한다.

③ 중재위원회 위원장은 중재위원 중에서 당해 노동위원회 위원장이 지명한다.

④ 노동쟁의가 중재에 회부된 때에는 그날부터 30일간은 쟁의행위를 할 수 없다.

⑤ 노동위원회의 중재재정은 중앙노동위원회에의 재심신청 또는 행정소송의 제기에 의하여 그 효력이 정지된다.

해설

① (×) 조정 및 중재의 규정은 노동관계당사자가 쌍방의 합의 또는 단체협약이 정하는 바에 따라 각각 다른 조정 또는 중재방법(이하 "사적 조정 등")에 의하여 노동쟁의를 해결하는 것을 방해하지 아니한다(노조법 제52조 제1항).

② (O) 노조법 제68조 제1항

③ (×) 중재위원회 위원장은 중재위원 중에서 호선한다(노조법 제65조 제2항).

④ (×) 노동쟁의가 중재에 회부된 때에는 그날부터 15일간은 쟁의행위를 할 수 없다(노조법 제63조).

⑤ (×) 노동위원회의 중재재정 또는 재심결정은 중앙노동위원회에의 재심신청 또는 행정소송의 제기에 의하여 그 효력이 정지되지 아니한다(노조법 제70조 제2항).

답 ❷

011 노동조합 및 노동관계조정법상 긴급조정에 관한 설명으로 옳지 않은 것은?

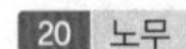

□□□

① 고용노동부장관은 쟁의행위가 공익사업에 관한 것이거나 그 규모가 크거나 그 성질이 특별한 것으로서 현저히 국민경제를 해하거나 국민의 일상생활을 위태롭게 할 위험이 현존하는 때에는 긴급조정의 결정을 할 수 있다.

② 고용노동부장관은 긴급조정을 결정한 때에는 지체 없이 그 이유를 붙여 이를 공표함과 동시에 중앙노동위원회와 관계당사자에게 각각 통고하여야 한다.

③ 관계당사자는 긴급조정의 결정이 공표된 때에는 즉시 쟁의행위를 중지하여야 하며, 공표일부터 30일이 경과하지 아니하면 쟁의행위를 재개할 수 없다.

④ 중앙노동위원회의 위원장은 긴급조정이 성립될 가망이 없다고 인정한 경우에는 관계당사자의 의견을 들어 그 사건을 중재에 회부할 것인가의 여부를 결정하여야 한다.

⑤ 중앙노동위원회의 위원장이 중재회부의 결정을 한 때에는 중앙노동위원회는 지체 없이 중재를 행하여야 한다.

해설

① (○) 노조법 제76조 제1항

② (○) 노조법 제76조 제3항

③ (○) 노조법 제77조

④ (×) 중앙노동위원회의 위원장은 중앙노동위원회의 조정이 성립될 가망이 없다고 인정한 경우에는 공익위원의 의견을 들어 그 사건을 중재에 회부할 것인가의 여부를 결정하여야 한다(노조법 제79조 제1항).

⑤ (○) 노조법 제80조

답 ④

012 노동조합 및 노동관계조정법령상 노동쟁의 조정의 기본 원칙으로 옳지 않은 것은?

19 노무

□□□

① 공익사업에 있어서의 노동쟁의의 조정은 우선적으로 취급하고 신속히 처리하도록 노력하여야 한다.

② 노동관계당사자는 노동쟁의가 발생한 때에는 이를 자주적으로 해결하도록 노력하여야 한다.

③ 국가 및 지방자치단체는 노동관계당사자 간에 노동관계에 관한 주장이 일치하지 아니할 경우에 쟁의행위를 가능한 한 예방하고 노동쟁의의 신속·공정한 해결에 노력하여야 한다.

④ 노동관계의 조정을 할 경우에는 노동관계당사자와 노동위원회 기타 관계기관은 사건을 신속히 처리하도록 노력하여야 한다.

⑤ 노동쟁의 조정에 관한 규정은 노동관계당사자가 직접 노사협의 또는 단체교섭에 의하여 근로조건 기타 노동관계에 관한 사항을 정하거나 노동관계에 관한 주장의 불일치를 조정하고 이에 필요한 노력을 하는 것을 방해하지 아니한다.

해설

① (×) 국가·지방자치단체·국공영기업체·방위산업체 및 공익사업에 있어서의 노동쟁의의 조정은 우선적으로 취급하고 신속히 처리하여야 한다(노조법 제51조).

② (○) 노조법 제48조

③ (○) 노조법 제49조

④ (○) 노조법 제50조

⑤ (○) 노조법 제47조

답 ❶

013 □□□ **노동조합 및 노동관계조정법상 공익사업등의 우선적 취급에 관한 규정에서 (　　)에 들어갈 내용으로 옳은 것은?** 23 노무

> **제51조(공익사업등의 우선적 취급)**
> 국가 · 지방자치단체 · 국공영기업체 · 방위산업체 및 공익사업에 있어서의 (　　)은(는) 우선적으로 취급하고 신속히 처리하여야 한다.

① 쟁의행위의 조정
② 부당노동행위의 구제
③ 단체협약의 해석
④ 노동쟁의의 조정
⑤ 노동조합 해산의 의결

해설

국가 · 지방자치단체 · 국공영기업체 · 방위산업체 및 공익사업에 있어서의 노동쟁의의 조정은 우선적으로 취급하고 신속히 처리하여야 한다(노조법 제51조).

답 ❹

014 □□□ **노동조합 및 노동관계조정법령상 긴급조정에 관한 설명으로 옳지 않은 것은?** 

① 중앙노동위원회는 고용노동부장관으로부터 긴급조정결정의 통고를 받은 때에는 지체 없이 조정을 개시하여야 한다.
② 관계당사자는 긴급조정의 결정이 공표된 때에는 즉시 쟁의행위를 중지하여야 하며, 공표일로부터 30일이 경과하지 아니하면 쟁의행위를 재개할 수 없다.
③ 중앙노동위원회의 위원장은 조정이 성립될 가망이 없다고 인정한 경우에는 공익위원의 의견을 들어 그 사건을 중재에 회부할 것인가의 여부를 결정하여야 한다.
④ 고용노동부장관은 긴급조정의 결정을 하고자 할 때에는 미리 중앙노동위원회 위원장의 동의를 얻어야 한다.
⑤ 고용노동부장관은 쟁의행위가 공익사업에 관한 것이거나 그 규모가 크거나 그 성질이 특별한 것으로서 현저히 국민경제를 해하거나 국민의 일상생활을 위태롭게 할 위험이 현존하는 때에는 긴급조정의 결정을 할 수 있다.

해설

① (O) 노조법 제78조
② (O) 노조법 제77조
③ (O) 노조법 제79조 제1항
④ (×) 고용노동부장관은 긴급조정의 결정을 하고자 할 때에는 미리 중앙노동위원회 위원장의 의견을 들어야 한다(노조법 제76조 제2항).
⑤ (O) 노조법 제76조 제1항

답 ❹

015 노동조합 및 노동관계조정법령상 노동쟁의의 조정(調整)에 관한 설명으로 옳지 않은 것은?

□□□ 16 노무

① 사적 조정 등을 수행하는 자는 노동관계당사자로부터 수수료 등을 받을 수 없다.
② 사적 조정 등에 의하여 조정 또는 중재가 이루어진 경우 그 내용은 단체협약과 동일한 효력을 가진다.
③ 국가·지방자치단체·국공영기업체·방위산업체 및 공익사업에 있어서의 노동쟁의의 조정은 우선적으로 취급하고 신속히 처리하여야 한다.
④ 노동위원회는 조정신청 전이라도 원활한 조정을 위하여 교섭을 주선하는 등 관계당사자의 자주적인 분쟁 해결을 지원할 수 있다.
⑤ 노동위원회는 관계당사자 쌍방의 신청이 있거나 관계당사자 쌍방의 동의를 얻은 경우에는 조정위원회에 갈음하여 단독조정인에게 조정을 행하게 할 수 있다.

해설

① (×) 사적 조정 등을 수행하는 자는 노동관계당사자로부터 수수료, 수당 및 여비 등을 받을 수 있다(노조법 제52조 제5항).
② (○) 노조법 제52조 제4항
③ (○) 노조법 제51조
④ (○) 노조법 제53조 제2항
⑤ (○) 노조법 제57조 제1항

답 ❶

016 노동조합 및 노동관계조정법상 노동쟁의 조정에 관한 설명으로 옳은 것은? 23 노무

□□□

① 사적 조정 등을 수행하는 자는 노동관계 당사자로부터 수수료, 수당 및 여비 등을 받을 수 있다.
② 노동관계 당사자가 노동쟁의를 단체협약에서 정하는 바에 따라 해결하기로 한 경우 이를 행정관청에 신고하여야 한다.
③ 노동관계 당사자가 단체협약이 정하는 바에 따라 노동쟁의의 조정을 한 경우 그 내용은 재판상 화해와 같은 효력을 가진다.
④ 고용노동부장관은 긴급조정의 결정을 하고자 할 때에는 중앙노동위원회 의결을 거쳐야 한다.
⑤ 중앙노동위원회는 고용노동부장관의 긴급조정결정 통고를 받은 때에는 지체 없이 중재를 개시하여야 한다.

해설

① (○) 노조법 제52조 제5항 후문
② (×) 노조법 제2절 및 제3절의 규정은 노동관계 당사자가 쌍방의 합의 또는 단체협약이 정하는 바에 따라 각각 다른 조정 또는 중재방법("사적 조정 등")에 의하여 노동쟁의를 해결하는 것을 방해하지 아니한다. 노동관계 당사자가 이에 의하여 노동쟁의를 해결하기로 한 때에는 노동위원회에 신고하여야 한다(노조법 제52조 제1항·제2항).
③ (×) 노동관계 당사자가 단체협약이 정하는 바에 따라 노동쟁의의 조정을 한 경우 그 내용은 단체협약과 동일한 효력을 가진다(노조법 제52조 제4항).
④ (×) 고용노동부장관은 긴급조정의 결정을 하고자 할 때에는 미리 중앙노동위원회 위원장의 의견을 들어야 한다(노조법 제76조 제2항).
⑤ (×) 중앙노동위원회는 고용노동부장관의 긴급조정결정 통고를 받은 때에는 지체 없이 조정을 개시하여야 한다(노조법 제78조).

답 ❶

017 노동조합 및 노동관계조정법상 노동쟁의의 조정(調停)에 관한 설명으로 옳지 않은 것은?

□□□

15 노무

① 노동위원회는 관계당사자의 일방이 노동쟁의의 조정을 신청한 때에는 지체 없이 조정을 개시하여야 한다.
② 조정은 조정의 신청이 있은 날부터 일반사업에 있어서는 10일 이내에 종료하여야 한다.
③ 조정기간은 관계당사자의 일방의 신청으로 공익사업에 있어서는 15일 이내에서 연장할 수 있다.
④ 노동위원회는 관계당사자 쌍방의 신청이 있는 경우 조정위원회에 갈음하여 단독조정인에게 조정을 행하게 할 수 있다.
⑤ 조정서의 내용은 단체협약과 동일한 효력을 가진다.

해설

① (○) 노조법 제53조 제1항
② (○) 조정은 조정의 신청이 있은 날부터 일반사업에 있어서는 10일, 공익사업에 있어서는 15일 이내에 종료하여야 한다(노조법 제54조 제1항).
③ (×) 조정기간은 관계당사자 간의 합의로 일반사업에 있어서는 10일, 공익사업에 있어서는 15일 이내에서 연장할 수 있다(노조법 제54조 제2항).
④ (○) 노조법 제57조 제1항
⑤ (○) 노조법 제61조 제2항

답 ❸

PART 1 PART 2 PART 3

018 노동조합 및 노동관계조정법상 긴급조정에 관한 설명으로 옳지 않은 것은?

15 노무

① 고용노동부장관은 쟁의행위가 공익사업에 관한 것이거나 그 규모가 크거나 그 성질이 특별한 것으로서 현저히 국민경제를 해하거나 국민의 일상생활을 위태롭게 할 위험이 현존하는 때에는 긴급조정의 결정을 할 수 있다.
② 고용노동부장관은 긴급조정의 결정을 하고자 할 때에는 미리 중앙노동위원회의 의결을 거쳐야 한다.
③ 긴급조정결정의 공표는 신문·라디오 그 밖에 공중이 신속히 알 수 있는 방법으로 해야 한다.
④ 고용노동부장관은 노동조합 및 노동관계조정법상의 소정 절차를 거쳐 긴급조정을 결정한 때에는 지체 없이 그 이유를 붙여 이를 공표함과 동시에 중앙노동위원회와 관계당사자에게 각각 통고하여야 한다.
⑤ 관계당사자는 긴급조정의 결정이 공표된 때에는 즉시 쟁의행위를 중지하여야 한다.

해설

① (○) 노조법 제76조 제1항
② (×) 고용노동부장관은 긴급조정의 결정을 하고자 할 때에는 미리 중앙노동위원회 위원장의 의견을 들어야 한다(노조법 제76조 제2항).
③ (○) 노조법 시행령 제32조
④ (○) 노조법 제76조 제3항
⑤ (○) 관계당사자는 긴급조정의 결정이 공표된 때에는 즉시 쟁의행위를 중지하여야 하며, 공표일부터 30일이 경과하지 아니하면 쟁의행위를 재개할 수 없다(노조법 제77조).

답 ❷

019 노동조합 및 노동관계조정법령상 조정 및 중재에 관한 설명으로 옳지 않은 것은?

□□□ 18 노무

① 조정이 이루어진 경우에 그 내용은 단체협약과 동일한 효력을 가진다.
② 노동위원회는 관계당사자 쌍방의 신청이 있는 경우에는 조정위원회에 갈음하여 단독조정인에게 조정을 행하게 할 수 있다.
③ 노동쟁의가 중재에 회부된 때에는 그날부터 15일간은 쟁의행위를 할 수 없다.
④ 노동관계당사자는 법령에 의한 사적 조정·중재에 의하여 노동쟁의를 해결하기로 한 경우에는 고용노동부령이 정하는 바에 따라 관할 노동위원회에 신고해야 한다.
⑤ 노동위원회는 노동쟁의에 대한 조정이 실패한 경우에 한하여 중재를 행할 수 있다.

해설

① (○) 노조법 제52조 제4항, 제61조 제2항
② (○) 노조법 제57조 제1항
③ (○) 노동쟁의가 중재에 회부된 때에는 그날부터 15일간은 쟁의행위를 할 수 없다(노조법 제63조).
④ (○) 노조법 시행령 제23조 제1항
⑤ (×) 노동위원회는 관계당사자의 쌍방이 함께 중재를 신청한 때, 관계당사자의 일방이 단체협약에 의하여 중재를 신청한 때에는 중재를 행한다(노조법 제62조).

답 ❺

020 노동조합 및 노동관계조정법상 필수공익사업에 해당하는 것을 모두 고른 것은?

□□□ 20 노무

ㄱ. 도시철도사업	ㄴ. 공중위생사업
ㄷ. 혈액공급사업	ㄹ. 방송사업
ㅁ. 은행사업	ㅂ. 석유공급사업

① ㄱ, ㄴ, ㄷ
② ㄱ, ㄷ, ㅂ
③ ㄱ, ㅁ, ㅂ
④ ㄴ, ㄷ, ㄹ
⑤ ㄷ, ㅁ, ㅂ

해설

ㄱ. (○), ㄴ. (×), ㄷ. (○), ㄹ. (×), ㅁ. (×), ㅂ. (○)
ㄴ. 공중위생사업, ㄹ. 방송사업, ㅁ. 은행사업은 노조법 제71조 제2항에서 정한 필수공익사업에 해당하지 아니한다.

공익사업의 범위등(노조법 제71조)

② 노동조합 및 노동관계조정법에서 "필수공익사업"이라 함은 공익사업으로서 그 업무의 정지 또는 폐지가 공중의 일상생활을 현저히 위태롭게 하거나 국민경제를 현저히 저해하고 그 업무의 대체가 용이하지 아니한 다음의 사업을 말한다.
1. 철도사업, 도시철도사업 및 항공운수사업
2. 수도사업, 전기사업, 가스사업, 석유정제사업 및 석유공급사업
3. 병원사업 및 혈액공급사업
4. 한국은행사업
5. 통신사업

답 ❷

021 □□□ **노동조합 및 노동관계조정법령상 조정 및 중재에 관한 설명으로 옳은 것은?** 19 노무

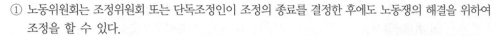

① 노동위원회는 조정위원회 또는 단독조정인이 조정의 종료를 결정한 후에도 노동쟁의 해결을 위하여 조정을 할 수 있다.

② 노동쟁의가 노동위원회의 중재에 회부된 때에는 그날부터 10일간은 쟁의행위를 할 수 없다.

③ 노동쟁의의 중재를 위하여 당해 노동위원회의 위원 중에서 사용자를 대표하는 자, 근로자를 대표하는 자 및 공익을 대표하는 자 각 1인으로 구성된 중재위원회를 둔다.

④ 중앙노동위원회 위원장은 긴급조정의 결정을 하고자 할 때에는 미리 고용노동부장관의 의견을 들어야 한다.

⑤ 관계당사자는 긴급조정의 결정이 공표된 때에는 즉시 쟁의행위를 중지하여야 하며, 공표일부터 15일이 경과하지 아니하면 쟁의행위를 재개할 수 없다.

해설

① (○) 노동위원회는 조정의 종료가 결정된 후에도 노동쟁의의 해결을 위하여 조정을 할 수 있다(노조법 제61조의2 제1항).

② (×) 노동쟁의가 중재에 회부된 때에는 그날부터 15일간은 쟁의행위를 할 수 없다(노조법 제63조).

③ (×) 노동쟁의의 중재 또는 재심을 위하여 노동위원회에 중재위원 3인으로 구성되는 중재위원회를 둔다(노조법 제64조 제1항·제2항). 중재위원은 당해 노동위원회의 공익을 대표하는 위원 중에서 관계당사자의 합의로 선정한 자에 대하여 그 노동위원회의 위원장이 지명한다. 다만, 관계당사자 간에 합의가 성립되지 아니한 경우에는 노동위원회의 공익을 대표하는 위원 중에서 지명한다(노조법 제64조 제3항).

④ (×) 고용노동부장관은 긴급조정의 결정을 하고자 할 때에는 미리 중앙노동위원회 위원장의 의견을 들어야 한다(노조법 제76조 제2항).

⑤ (×) 관계당사자는 긴급조정의 결정이 공표된 때에는 즉시 쟁의행위를 중지하여야 하며, 공표일부터 30일이 경과하지 아니하면 쟁의행위를 재개할 수 없다(노조법 제77조).

답 ❶

PART 1 PART 2 PART 3

022 □□□ **노동조합 및 노동관계조정법령상 노동쟁의의 조정에 관한 설명으로 옳지 않은 것은?** 17 노무

① 사적 중재에 의하여 해결하기로 한 경우 쟁의행위의 금지기간은 중재를 개시한 날부터 기산한다.

② 노동관계당사자는 사적 조정 등에 의하여 노동쟁의를 해결하기로 한 때에는 이를 고용노동부장관에게 신고하여야 한다.

③ 공익사업의 노동쟁의의 조정을 위하여 노동위원회에 특별조정위원회를 둔다.

④ 노동위원회는 조정의 종료가 결정된 후에도 노동쟁의의 해결을 위하여 조정을 할 수 있다.

⑤ 사적 조정에 의하여 해결하기로 한 때에는 그 조정은 조정을 개시한 날부터 기산하여 일반사업에 있어서는 10일, 공익사업에 있어서는 15일 이내에 종료하여야 한다.

해설

① (○) 노조법 제52조 제3항 제2호

② (×) 노동관계당사자는 사적 조정 등의 규정에 의하여 노동쟁의를 해결하기로 한 때에는 이를 노동위원회에 신고하여야 한다(노조법 제52조 제2항).

③ (○) 노조법 제72조 제1항

④ (○) 노조법 제61조의2 제1항

⑤ (○) 노조법 제52조, 제54조 제1항

답 ❷

023 □□□ 노동조합 및 노동관계조정법령상 필수공익사업에 해당하지 않는 것은? 17 노무

① 철도사업 ② 조폐사업
③ 혈액공급사업 ④ 항공운수사업
⑤ 통신사업

해설

① (O), ② (×), ③ (O), ④ (O), ⑤ (O)
조폐사업은 노조법 제71조 제1항 제4호에서 정한 공익사업에 해당한다.

> **공익사업(노조법 제71조 제1항)**
> • 정기노선 여객운수사업 및 항공운수사업
> • 수도사업, 전기사업, 가스사업, 석유정제사업 및 석유공급사업
> • 공중위생사업, 의료사업 및 혈액공급사업
> • 은행 및 조폐사업
> • 방송 및 통신사업
>
> **필수공익사업(노조법 제71조 제2항)**
> • 철도사업, 도시철도사업 및 항공운수사업
> • 수도사업, 전기사업, 가스사업, 석유정제사업 및 석유공급사업
> • 병원사업 및 혈액공급사업
> • 한국은행사업
> • 통신사업

답 ❷

024 □□□ 노동조합 및 노동관계조정법령상 긴급조정에 관한 설명으로 옳지 않은 것은? 18 노무

① 고용노동부장관은 쟁의행위가 그 성질이 특별한 것으로서 현저히 국민경제를 해하거나 국민의 일상생활을 위태롭게 할 위험이 현존하는 때에는 긴급조정의 결정을 할 수 있다.
② 고용노동부장관은 긴급조정의 결정을 하고자 할 때에는 미리 중앙노동위원회 위원장의 의견을 들어야 한다.
③ 긴급조정이 결정되면 관계당사자는 즉시 쟁의행위를 중지하여야 하며, 결정일부터 30일이 경과하지 아니하면 쟁의행위를 재개할 수 없다.
④ 고용노동부장관은 긴급조정을 결정한 때에는 지체 없이 이를 공표하여야 한다.
⑤ 중앙노동위원회는 법령에 따라 긴급조정결정의 통고를 받은 때에는 지체 없이 조정을 개시하여야 한다.

해설

① (O) 고용노동부장관은 쟁의행위가 공익사업에 관한 것이거나 그 규모가 크거나 그 성질이 특별한 것으로서 현저히 국민경제를 해하거나 국민의 일상생활을 위태롭게 할 위험이 현존하는 때에는 긴급조정의 결정을 할 수 있다(노조법 제76조 제1항).

② (O) 노조법 제76조 제2항

③ (×) 관계당사자는 긴급조정의 결정이 공표된 때에는 즉시 쟁의행위를 중지하여야 하며, 공표일부터 30일이 경과하지 아니하면 쟁의행위를 재개할 수 없다(노조법 제77조).

④ (O) 고용노동부장관은 긴급조정을 결정한 때에는 지체 없이 그 이유를 붙여 이를 공표함과 동시에 중앙노동위원회와 관계당사자에게 각각 통고하여야 한다(노조법 제76조 제3항).

⑤ (O) 노조법 제78조

답 ❸

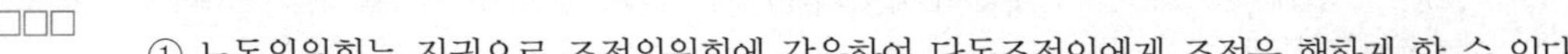

025 □□□ **노동조합 및 노동관계조정법령상 노동쟁의의 조정(調整)에 관한 설명으로 옳은 것은?** 14 노무

① 노동위원회는 직권으로 조정위원회에 갈음하여 단독조정인에게 조정을 행하게 할 수 있다.

② 공익사업에 있어서 특별조정위원회 위원은 그 노동위원회의 공익을 대표하는 위원 중에서 노동조합과 사용자가 추천한 자 중에서 고용노동부장관이 지명한다.

③ 조정안이 관계당사자에 의하여 수락된 때에는 조정위원 전원 또는 단독조정인은 조정서를 작성하고 관계당사자와 함께 서명 또는 날인하여야 하며 조정서의 내용은 단체협약과 동일한 효력을 가진다.

④ 사적 중재에 의하여 노동쟁의를 해결하기로 한 경우에는 중재 시 쟁의행위의 금지기간에 관한 노동조합 및 노동관계조정법 규정이 적용되지 않는다.

⑤ 노동위원회에 의한 조정절차가 개시된 이후에는 관계당사자가 합의하더라도 사적 조정절차가 개시될 수 없다.

해설

① (×) 노동위원회는 관계당사자 쌍방의 신청이 있거나 관계당사자 쌍방의 동의를 얻은 경우에는 조정위원회에 갈음하여 단독조정인에게 조정을 행하게 할 수 있다(노조법 제57조 제1항).

② (×) 특별조정위원은 그 노동위원회의 공익을 대표하는 위원 중에서 노동조합과 사용자가 순차적으로 배제하고 남은 4인 내지 6인 중에서 노동위원회의 위원장이 지명한다. 다만, 관계당사자가 합의로 당해 노동위원회의 위원이 아닌 자를 추천하는 경우에는 그 추천된 자를 지명한다(노조법 제72조 제3항).

③ (O) 노조법 제61조 제1항 · 제2항

④ (×) 노동쟁의가 중재에 회부된 때에는 그날부터 15일간은 쟁의행위를 할 수 없다는 규정(노조법 제63조)은 사적 중재에 의하여 노동쟁의를 해결하기로 한 때에도 적용된다(노조법 제52조 제3항 제2호).

⑤ (×) 조정 및 중재의 규정은 노동관계당사자가 쌍방의 합의 또는 단체협약이 정하는 바에 따라 각각 다른 조정 또는 중재방법에 의하여 노동쟁의를 해결하는 것을 방해하지 아니한다(노조법 제52조 제1항).

답 ❸

026 노동조합 및 노동관계조정법상 쟁의행위가 금지되는 기간으로 옳게 묶인 것은? 07 사시

□□□

[X군]
A. 일반사업의 경우 조정전치주의에 따라 쟁의행위가 금지되는 조정기간
B. 공익사업의 경우 조정전치주의에 따라 쟁의행위가 금지되는 조정기간
C. 중재에 회부된 때에 쟁의행위가 금지되는 기간
D. 긴급조정의 결정이 공표된 때에 쟁의행위가 금지되는 기간

[Y군]
ㄱ. 10일
ㄴ. 15일
ㄷ. 20일
ㄹ. 30일
ㅁ. 60일

① A – ㄱ, B – ㄴ, C – ㄴ, D – ㄷ
② A – ㄱ, B – ㄴ, C – ㄴ, D – ㄹ
③ A – ㄱ, B – ㄴ, C – ㄷ, D – ㄹ
④ A – ㄴ, B – ㄷ, C – ㄹ, D – ㄹ
⑤ A – ㄴ, B – ㄷ, C – ㄹ, D – ㅁ

해설

- 조정은 조정의 신청이 있은 날부터 일반사업에 있어서는 10일, 공익사업에 있어서는 15일 이내에 종료하여야 한다(노조법 제54조 제1항).
- 노동쟁의가 중재에 회부된 때에는 그 날부터 15일간은 쟁의행위를 할 수 없다(노조법 제63조).
- 관계 당사자는 긴급조정의 결정이 공표된 때에는 즉시 쟁의행위를 중지하여야 하며, 공표일부터 30일이 경과하지 아니하면 쟁의행위를 재개할 수 없다(노조법 제77조).

답 ❷

06 부당노동행위구제제도

제1절 서 설

제2절 부당노동행위의 유형

001 □□□ **노동조합 및 노동관계조정법령상 부당노동행위에 관한 설명으로 옳지 않은 것은?(다툼이 있으면 판례에 따름)** 16 노무

① 부당노동행위금지규정은 효력규정인 강행법규이므로 이에 위반된 법률행위는 사법상으로도 그 효력이 없다.

② 지배·개입으로서의 부당노동행위의 성립에 반드시 근로자의 단결권의 침해라는 결과의 발생까지 요하는 것은 아니다.

③ 노동조합을 조직하려고 하였다는 이유로 근로자에 대하여 한 부당노동행위에 대하여 후에 설립된 노동조합은 독자적인 구제신청권을 가지지 않는다.

④ 사용자가 근로자의 정당한 노동조합활동을 실질적인 이유로 삼으면서도 표면적으로는 업무상 필요성을 들어 배치전환한 것으로 인정되는 경우에는 부당노동행위라고 보아야 한다.

⑤ 사용자가 단체교섭을 거부할 정당한 이유가 없고 불성실한 단체교섭으로 판정되는 경우에는 부당노동행위가 성립한다.

해설

① (O) 대판 1993.12.21. 93다11463

② (O) 대판 1997.5.7. 96누2057

③ (×) 사용자의 부당노동행위로 인하여 그 권리를 침해당한 근로자 또는 노동조합은 노동위원회에 그 구제를 신청할 수 있도록 되어 있으므로 노동조합을 조직하려고 하였다는 것을 이유로 근로자에 대하여 한 부당노동행위에 대하여는 후에 설립된 노동조합도 독자적인 구제신청권을 가지고 있다고 보아야 할 것이다(대판 1991.1.25. 90누4952).

④ (O) 대판 1998.12.23. 97누18035

⑤ (O) 대판 1998.5.22. 97누8076

답 ❸

002 □□□ **노동조합 및 노동관계조정법령상 부당노동행위로서의 경비원조에 해당하는 것을 모두 고른 것은? (다툼이 있으면 판례에 따름)** 17 노무

ㄱ. 근로시간면제한도를 초과하여 급여를 지급하는 행위
ㄴ. 최소한의 규모의 노동조합사무소의 제공
ㄷ. 근로자의 후생자금을 위한 기금의 기부

① ㄱ
② ㄱ, ㄴ
③ ㄱ, ㄷ
④ ㄴ, ㄷ
⑤ ㄱ, ㄴ, ㄷ

해설

ㄱ. (○) 근로자가 노동조합을 조직 또는 운영하는 것을 지배하거나 이에 개입하는 행위와 근로시간면제한도를 초과하여 급여를 지급하거나 노동조합의 운영비를 원조하는 행위는 부당노동행위가 된다(노조법 제81조 제1항 제4호 본문).

ㄴ. (×), ㄷ. (×) 근로자의 후생자금 또는 경제상의 불행 그 밖에 재해의 방지와 구제 등을 위한 기금의 기부와 최소한의 규모의 노동조합사무소의 제공 및 그 밖에 이에 준하여 노동조합의 자주적인 운영 또는 활동을 침해할 위험이 없는 범위에서의 운영비원조행위는 경비원조에 해당하지 아니한다(노조법 제81조 제1항 제4호 단서).

답 ❶

003 □□□ **노동조합 및 노동관계조정법 제81조(부당노동행위) 제1항 제4호 단서에 따른 "노동조합의 자주적인 운영 또는 활동을 침해할 위험" 여부를 판단할 때 고려하여야 하는 사항이 아닌 것은?** 22 노무

① 원조된 운영비의 관리방법 및 사용처
② 원조된 운영비가 노동조합의 총지출에서 차지하는 비율
③ 원조된 운영비 금액과 원조방법
④ 원조된 운영비 횟수와 기간
⑤ 운영비 원조의 목적과 경위

해설

① (○), ② (×), ③ (○), ④ (○), ⑤ (○)
원조된 운영비가 노동조합의 총지출에서 차지하는 비율은 노조법 제81조 제2항에서 정한 고려사항에 해당하지 아니한다.

부당노동행위(노조법 제81조)

② 제1항 제4호 단서에 따른 "노동조합의 자주적 운영 또는 활동을 침해할 위험" 여부를 판단할 때에는 다음 각 호의 사항을 고려하여야 한다.
1. 운영비 원조의 목적과 경위
2. 원조된 운영비 횟수와 기간
3. 원조된 운영비 금액과 원조방법
4. 원조된 운영비가 노동조합의 총수입에서 차지하는 비율
5. 원조된 운영비의 관리방법 및 사용처 등

답 ❷

004 노동조합 및 노동관계조정법상 부당노동행위에 관한 설명으로 옳지 않은 것은? 22 노무

□□□

① 근로시간 면제한도를 초과하여 사용자가 급여를 지급하더라도 부당노동행위가 성립하지 않는다.
② 사용자가 근로자의 후생자금을 위해 기금을 기부하는 경우에 부당노동행위가 성립하지 않는다.
③ 노동조합이 해당 사업장에 종사하는 근로자의 3분의 2 이상을 대표하고 있을 때에 근로자가 그 노동조합의 조합원이 될 것을 고용조건으로 하는 단체협약의 체결은 부당노동행위에 해당하지 않는다.
④ 사용자가 최소한의 규모의 노동조합 사무소를 제공하는 경우 부당노동행위가 성립하지 않는다.
⑤ 사용자가 노동조합으로부터 위임을 받은 자와의 단체협약체결 기타의 단체교섭을 정당한 이유 없이 거부하거나 해태하는 경우 부당노동행위가 성립할 수 있다.

해설

① (×) 근로자가 노동조합을 조직 또는 운영하는 것을 지배하거나 이에 개입하는 행위와 근로시간 면제한도를 초과하여 급여를 지급하거나 노동조합의 운영비를 원조하는 행위는 부당노동행위에 해당한다(노조법 제81조 제1항 제4호 본문).
② (O) 노조법 제81조 제1항 제4호 단서
③ (O) 노조법 제81조 제1항 제2호 단서
④ (O) 노조법 제81조 제1항 제4호 단서
⑤ (O) 노조법 제81조 제1항 제3호

부당노동행위(노조법 제81조)

① 사용자는 다음 각 호의 어느 하나에 해당하는 행위(이하 "부당노동행위")를 할 수 없다.

1. 근로자가 노동조합에 가입 또는 가입하려고 하였거나 노동조합을 조직하려고 하였거나 기타 노동조합의 업무를 위한 정당한 행위를 한 것을 이유로 그 근로자를 해고하거나 그 근로자에게 불이익을 주는 행위
2. 근로자가 어느 노동조합에 가입하지 아니할 것 또는 탈퇴할 것을 고용조건으로 하거나 특정한 노동조합의 조합원이 될 것을 고용조건으로 하는 행위. 다만, 노동조합이 당해 사업장에 종사하는 근로자의 3분의 2 이상을 대표하고 있을 때에는 근로자가 그 노동조합의 조합원이 될 것을 고용조건으로 하는 단체협약의 체결은 예외로 하며, 이 경우 사용자는 근로자가 그 노동조합에서 제명된 것 또는 그 노동조합을 탈퇴하여 새로 노동조합을 조직하거나 다른 노동조합에 가입한 것을 이유로 근로자에게 신분상 불이익한 행위를 할 수 없다.
3. 노동조합의 대표자 또는 노동조합으로부터 위임을 받은 자와의 단체협약 체결 기타의 단체교섭을 정당한 이유 없이 거부하거나 해태하는 행위
4. 근로자가 노동조합을 조직 또는 운영하는 것을 지배하거나 이에 개입하는 행위와 근로시간면제한도를 초과하여 급여를 지급하거나 노동조합의 운영비를 원조하는 행위. 다만, 근로자가 근로시간 중에 제24조 제2항에 따른 활동을 하는 것을 사용자가 허용함은 무방하며, 또한 근로자의 후생자금 또는 경제상의 불행 그 밖에 재해의 방지와 구제 등을 위한 기금의 기부와 최소한의 규모의 노동조합사무소의 제공 및 그 밖에 이에 준하여 노동조합의 자주적인 운영 또는 활동을 침해할 위험이 없는 범위에서의 운영비원조행위는 예외로 한다.
5. 근로자가 정당한 단체행위에 참가한 것을 이유로 하거나 또는 노동위원회에 대하여 사용자가 이 조의 규정에 위반한 것을 신고하거나 그에 관한 증언을 하거나 기타 행정관청에 증거를 제출한 것을 이유로 그 근로자를 해고하거나 그 근로자에게 불이익을 주는 행위

답 ❶

005 □□□ **노동조합 및 노동관계조정법상 부당노동행위에 관한 설명으로 옳지 않은 것은?(다툼이 있으면 판례에 따름)** 21 노무

① 노동조합을 조직하려고 하였다는 이유로 근로자에 대하여 한 부당노동행위에 대하여는 후에 설립된 노동조합은 독자적인 구제신청권을 가지지 않는다.

② 단체협약 등 노사 간 합의에 의한 경우라도 타당한 근거 없이 과다하게 책정된 급여를 근로시간면제자에게 지급하는 사용자의 행위는 부당노동행위가 될 수 있다.

③ 근로자가 노동조합의 업무를 위한 정당한 행위를 한 것을 이유로 그 근로자에게 불이익을 주는 사용자의 행위는 부당노동행위에 해당한다.

④ 특정 근로자가 파업에 참가하였거나 노조활동에 적극적이라는 이유로 해당 근로자에게 연장근로 등을 거부하는 것은 해당 근로자에게 경제적 내지 업무상의 불이익을 주는 행위로서 부당노동행위에 해당할 수 있다.

⑤ 부당노동행위에 대한 사실의 주장 및 증명책임은 부당노동행위임을 주장하는 측에 있다.

해설

① (×) 노조법 제82조 제1항에 의하면, 사용자의 부당노동행위로 인하여 그 권리를 침해당한 근로자 또는 노동조합은 노동위원회에 그 구제를 신청할 수 있도록 되어 있으므로 노동조합을 조직하려고 하였다는 것을 이유로 근로자에 대하여 한 부당노동행위에 대하여는 후에 설립된 노동조합도 독자적인 구제신청권을 가지고 있다고 보아야 할 것이다(대판 1991.1.25. 90누4952).

② (○) 단체협약 등 노사 간 합의에 의한 경우라도 타당한 근거 없이 과다하게 책정된 급여를 근로시간면제자에게 지급하는 사용자의 행위는 노조법 제81조 제1항 제4호 단서에서 허용하는 범위를 벗어나는 것으로서 노조전임자급여 지원행위나 노동조합운영비원조행위에 해당하는 부당노동행위가 될 수 있다(대판 2018.5.15. 2018두33050).

③ (○) 근로자가 노동조합에 가입 또는 가입하려고 하였거나 노동조합을 조직하려고 하였거나 기타 노동조합의 업무를 위한 정당한 행위를 한 것을 이유로 그 근로자를 해고하거나 그 근로자에게 불이익을 주는 행위는 부당노동행위에 해당한다(노조법 제81조 제1항 제1호).

④ (○) 일반적으로 근로자가 연장 또는 휴일근로(이하 '연장근로 등')를 희망할 경우 회사에서 반드시 이를 허가하여야 할 의무는 없지만, 특정 근로자가 파업에 참가하였거나 노조활동에 적극적이라는 이유로 해당 근로자에게 연장근로 등을 거부하는 것은 해당 근로자에게 경제적 내지 업무상의 불이익을 주는 행위로서 부당노동행위에 해당할 수 있다(대판 2006.9.8. 2006도388).

⑤ (○) 부당노동행위가 성립하기 위해서는 근로자가 '노동조합의 업무를 위한 정당한 행위'를 하고 사용자가 이를 이유로 근로자에 대하여 해고 등의 불이익을 주는 차별적 취급행위를 한 경우라야 하며, 그 사실의 주장 및 증명책임은 부당노동행위임을 주장하는 측에 있다(대판 2018.12.27. 2017두37031).

답 ❶

006 □□□ **노동조합 및 노동관계조정법령상 부당노동행위에 관한 설명으로 옳지 않은 것은?(다툼이 있으면 판례에 따름)** 18 노무

① 정당한 해고사유가 있어 근로자를 해고한 경우에 있어서는 비록 사용자에게 반노동조합의사가 추정된다고 하더라도 부당노동행위에 해당한다고 할 수 없다.

② 영업활동을 하지 아니하는 노조전임자를 다른 영업사원과 동일하게 판매실적에 따른 승격기준만을 적용하여 승격에서 배제한 것은 부당노동행위에 해당한다.

③ 노동조합이 당해 사업장에 종사하는 근로자의 3분의 2 이상을 대표하고 있을 때에는 근로자가 그 노동조합의 조합원이 될 것을 고용조건으로 하는 단체협약의 체결은 부당노동행위에 해당하지 아니한다.

④ 지배・개입으로서의 부당노동행위의 성립에는 반드시 근로자의 단결권의 침해라는 결과의 발생을 요하는 것은 아니다.

⑤ 타당한 근거 없이 과다하게 책정된 급여를 근로시간면제자에게 지급하는 사용자의 행위가 단체협약 등 노사 간 합의에 의한 경우에는 부당노동행위가 될 수 없다.

해설

① (○) 사용자가 근로자에 대하여 해고를 함에 있어서 표면적으로 내세우는 해고사유와는 달리 실질적으로는 근로자의 정당한 조합활동을 이유로 해고한 것으로 인정되는 경우에 있어서 그 해고는 부당노동행위라고 보아야 하고, 정당한 해고사유가 있어 해고한 경우에 있어서는 비록 사용자가 근로자의 조합활동을 못마땅하게 여긴 흔적이 있다거나 사용자에게 반노동조합의 의사가 추정된다고 하여 당해 해고사유가 단순히 표면상의 구실에 불과하다고 할 수는 없는 터이므로, 그것이 부당노동행위에 해당한다고 할 수 없다(대판 1996.4.23. 95누6151).

② (○) 전임자라는 이유로 승진가능성을 사실상 배제한 것으로 부당노동행위에 해당한다(대판 2011.7.28. 2009두9574).

③ (○) 노조법 제81조 제1항 제2호 단서

④ (○) 지배・개입의 부당노동행위는 조합활동에 대한 사용자의 개입 내지 간섭행위가 존재하면 인정되는 것이고, 그러한 사용자의 행위로 인하여 일정한 단결권의 침해의 현실적인 결과 내지 손해가 반드시 발생해야 하는 것은 아니다(대판 1997.5.7. 96누2057).

⑤ (×) 단체협약 등 노사 간 합의에 의한 경우라도 타당한 근거 없이 과다하게 책정된 급여를 근로시간면제자에게 지급하는 사용자의 행위는 노조법 제81조 제1항 제4호 단서에서 허용하는 범위를 벗어나는 것으로서 노조전임자급여지원행위나 노동조합운영비원조행위에 해당하는 부당노동행위가 될 수 있다(대판 2016.4.28. 2014두11137).

답 ⑤

PART 1 PART 2 PART 3

007 부당노동행위에 관한 설명 중 옳은 것을 모두 고른 것은?(다툼이 있는 경우 판례에 의함)

□□□

16 사시

ㄱ. 부당노동행위에 대한 증명책임은 이를 주장하는 근로자 또는 노동조합에 있다.
ㄴ. 근로자의 단결권 침해라는 결과 발생이 없더라도 지배・개입으로서의 부당노동행위가 성립할 수 있다.
ㄷ. 유니언 숍 협정에 의하여 사용자가 노동조합을 탈퇴한 근로자를 해고할 의무를 이행하지 않았다면 사용자의 지배・개입의 의사가 없었더라도 그 불이행 자체가 노동조합에 대한 지배・개입의 부당노동행위에 해당한다.
ㄹ. 사용자가 단체교섭에 성실히 응하였다고 믿었더라도 객관적으로 불성실한 단체교섭으로 판정되는 경우에는 단체교섭 해태의 부당노동행위가 성립한다.

① ㄱ, ㄹ
② ㄱ, ㄴ, ㄷ
③ ㄱ, ㄴ, ㄹ
④ ㄴ, ㄷ, ㄹ
⑤ ㄱ, ㄴ, ㄷ, ㄹ

해설

ㄱ. (○) 판례의 취지를 고려할 때 부당노동행위에 대한 증명책임은 부당노동행위임을 주장하는 근로자 또는 노동조합에게 있다고 보는 것이 타당하다. 반면 부당해고구제재심판정을 다투는 소송에 있어서 해고의 정당성에 관한 입증책임은 사용자가 부담한다(대판 1999.4.27. 99두202).

노조법 제81조 제1항 제1호 소정의 부당노동행위가 성립하기 위해서는 근로자가 "노동조합의 업무를 위한 정당한 행위"를 하고, 회사가 이를 이유로 근로자를 해고한 경우라야 하고, 같은 사실의 주장 및 입증책임은 부당노동행위임을 주장하는 근로자에게 있다(대판 1991.7.26. 91누2557).

ㄴ. (○) 지배・개입의 부당노동행위는 조합활동에 대한 사용자의 개입 내지 간섭행위가 존재하면 인정되는 것이고, 그러한 사용자의 행위로 인하여 일정한 단결권의 침해의 현실적인 결과 내지 손해가 반드시 발생해야 하는 것은 아니다(대판 1997.5.7. 96누2057).

ㄷ. (×) 단체협약상의 유니언 숍 협정에 의하여 사용자가 노동조합을 탈퇴한 근로자를 해고할 의무는 단체협약상의 채무일 뿐이고, 이러한 채무의 불이행 자체가 바로 노조법 제81조 제1항 제4호 소정 노동조합에 대한 지배・개입의 부당노동행위에 해당한다고 단정할 수 없다(대판 1998.3.24. 96누16070).

ㄹ. (○) 노조법 제81조 제1항 제3호가 정하는 부당노동행위는, 사용자가 아무런 이유 없이 단체교섭을 거부 또는 해태하는 경우는 물론이고, 사용자가 단체교섭을 거부할 정당한 이유가 있다거나 단체교섭에 성실히 응하였다고 믿었더라도 객관적으로 정당한 이유가 없고 불성실한 단체교섭으로 판정되는 경우에도 성립한다고 할 것이고, 한편 정당한 이유인지의 여부는 노동조합 측의 교섭권자, 노동조합 측이 요구하는 교섭시간, 교섭장소, 교섭사항 및 그의 교섭태도 등을 종합하여 사회통념상 사용자에게 단체교섭의무의 이행을 기대하는 것이 어렵다고 인정되는지 여부에 따라 판단할 것이다(대판 1998.5.22. 97누8076).

답 ❸

008 □□□ **노동조합 및 노동관계조정법상 부당노동행위에 대한 설명으로 옳지 않은 것은?(다툼이 있는 경우 판례에 의함)** 19 국가직 7급

① 근로자가 어느 노동조합에서 탈퇴할 것을 고용조건으로 하는 사용자의 행위는 부당노동행위이다.
② 사용자가 정당한 이유 없이 단체교섭을 거부하거나 해태하면 부당노동행위가 성립한다.
③ 노동조합에 가입하려고 하는 근로자들에 대하여 사용자가 부당노동행위를 하였다면, 그 노동조합도 자신의 권리를 침해당할 수 있으므로 독자적으로 그 부당노동행위에 대한 구제신청권을 가진다.
④ 지배·개입으로서의 부당노동행위가 성립하려면 근로자의 단결권의 침해라는 결과의 발생을 요한다.

해설

① (○)·② (○) 노조법 제81조 제1항 제2호·제3호 참조

부당노동행위(노조법 제81조)

① 사용자는 다음 각 호의 어느 하나에 해당하는 행위(이하 "부당노동행위")를 할 수 없다.
  2. 근로자가 어느 노동조합에 가입하지 아니할 것 또는 탈퇴할 것을 고용조건으로 하거나 특정한 노동조합의 조합원이 될 것을 고용조건으로 하는 행위. 다만, 노동조합이 당해 사업장에 종사하는 근로자의 3분의 2 이상을 대표하고 있을 때에는 근로자가 그 노동조합의 조합원이 될 것을 고용조건으로 하는 단체협약의 체결은 예외로 하며, 이 경우 사용자는 근로자가 그 노동조합에서 제명된 것 또는 그 노동조합을 탈퇴하여 새로 노동조합을 조직하거나 다른 노동조합에 가입한 것을 이유로 근로자에게 신분상 불이익한 행위를 할 수 없다.
  3. 노동조합의 대표자 또는 노동조합으로부터 위임을 받은 자와의 단체협약체결 기타의 단체교섭을 정당한 이유 없이 거부하거나 해태하는 행위

③ (○) 노동조합으로서는 자신에 대한 사용자의 부당노동행위가 있는 경우뿐만 아니라, 그 소속 조합원으로 가입한 근로자 또는 그 소속 조합원으로 가입하려고 하는 근로자에 대하여 사용자의 부당노동행위가 있는 경우에도 노동조합의 권리가 침해당할 수 있으므로, 그 경우에도 노동조합은 자신의 명의로 그 부당노동행위에 대한 구제신청을 할 수 있는 권리를 가진다고 할 것이다(대판 2008.9.11. 2007두19249).
④ (×) 지배·개입의 부당노동행위는 조합활동에 대한 사용자의 개입 내지 간섭행위가 존재하면 인정되는 것이고, 그러한 사용자의 행위로 인하여 일정한 단결권의 침해의 현실적인 결과 내지 손해가 반드시 발생해야 하는 것은 아니다(대판 1997.5.7. 96누2057).

답 ❹

PART 1 PART 2 PART 3

009 □□□ **노동조합 및 노동관계조정법상 부당노동행위에 대한 설명으로 옳지 않은 것은?(다툼이 있는 경우 판례에 의함)** 20 국가직 7급

① 정당한 해고사유가 있어 근로자를 해고한 경우에 있어서는 비록 사용자가 근로자의 노동조합 활동을 못마땅하게 여긴 흔적이 있다거나 사용자에게 반노동조합의사가 추정된다고 하더라도 당해 해고사유가 단순히 표면상의 구실에 불과하다고 할 수는 없을 것이므로 부당노동행위에 해당한다고 할 수 없다.

② 노동조합은 그 소속 조합원으로 가입하려고 하는 근로자에 대하여 사용자의 부당노동행위가 있는 경우에 근로자 개인의 구제신청권과 달리 별개의 독자적인 구제신청권을 가질 수 없다.

③ 단체협약 등 노사 간 합의에 의한 경우라도 타당한 근거 없이 과다하게 책정된 급여를 근로시간 면제자에게 지급하는 사용자의 행위는 부당노동행위가 될 수 있다.

④ 지배·개입으로서의 부당노동행위의 성립에 반드시 근로자의 단결권의 침해라는 결과의 발생까지 요하는 것은 아니다.

해설

① (○) 사용자가 근로자를 해고함에 있어서 표면적으로 내세우는 해고사유와는 달리 실질적으로 근로자의 정당한 조합활동을 이유로 해고한 것으로 인정되는 경우에는 그 해고는 부당노동행위라고 보아야 하고, 정당한 해고사유가 있어 해고한 경우에 있어서는 비록 사용자가 근로자의 조합활동을 못마땅하게 여긴 흔적이 있다거나 사용자에게 반노동조합의 의사가 추정된다고 하여도 당해 해고사유가 단순히 표면상의 구실에 불과하다고 할 수 없는 것이므로 부당노동행위에 해당한다고 할 수 없다(대판 2017.11.14. 2017두52924).

② (×) 노동조합으로서는 자신에 대한 사용자의 부당노동행위가 있는 경우뿐만 아니라, 그 소속 조합원으로 가입한 근로자 또는 그 소속 조합원으로 가입하려고 하는 근로자에 대하여 사용자의 부당노동행위가 있는 경우에도 노동조합의 권리가 침해당할 수 있으므로, 그 경우에도 노동조합은 자신의 명의로 그 부당노동행위에 대한 구제신청을 할 수 있는 권리를 가진다고 할 것이다(대판 2008.9.11. 2007두19249).

③ (○) 단체협약 등 노사 간 합의에 의한 경우라도 타당한 근거 없이 과다하게 책정된 급여를 근로시간 면제자에게 지급하는 사용자의 행위는 노조법 제81조 제1항 제4호 단서에서 허용하는 범위를 벗어나는 것으로서 노조전임자 급여 지원 행위나 노동조합 운영비 원조 행위에 해당하는 부당노동행위가 될 수 있다(대판 2016.4.28. 2014두11137).

④ (○) 대판 1997.5.7. 96누2057

답 ❷

010 □□□ **노동조합 및 노동관계조정법상 부당노동행위에 대한 설명으로 옳지 않은 것은?** 22 국가직 9급

① 근로자가 노동조합에 가입 또는 가입하려고 한 것을 이유로 사용자가 그 근로자를 해고하거나 그 근로자에게 불이익을 주는 행위는 부당노동행위에 해당한다.

② 노동위원회는 구제신청에 대한 심문을 종료하고 부당노동행위가 성립한다고 판정한 때에는 사용자에게 구제명령을 발하여야 하며, 부당노동행위가 성립되지 아니한다고 판정한 때에는 그 구제신청을 기각하는 결정을 하여야 한다.

③ 노동위원회는 구제신청에 대한 심문을 할 때에 그 직권으로 증인을 출석하게 하여 필요한 사항을 질문할 수 없다.

④ 사용자가 근로자의 후생자금 또는 경제상의 불행 그 밖에 재해의 방지와 구제 등을 위한 기금을 기부하는 것과 최소한의 규모의 노동조합사무소를 제공하는 것 및 그 밖에 이에 준하여 노동조합의 자주적인 운영 또는 활동을 침해할 위험이 없는 범위에서의 운영비를 원조하는 행위는 부당노동행위에 해당하지 않는다.

해설

① (O) 근로자가 노동조합에 가입 또는 가입하려고 하였거나 노동조합을 조직하려고 하였거나 기타 노동조합의 업무를 위한 정당한 행위를 한 것을 이유로 그 근로자를 해고하거나 그 근로자에게 불이익을 주는 행위는 부당노동행위에 해당한다(노조법 제81조 제1항 제1호 참조).
② (O) 노조법 제84조 제1항
③ (×) 노동위원회는 구제신청에 대한 심문을 할 때에는 관계 당사자의 신청에 의하거나 그 직권으로 증인을 출석하게 하여 필요한 사항을 질문할 수 있다(노조법 제83조 제2항).
④ (O) 노조법 제81조 제1항 제4호 단서

답 ❸

011 □□□ **부당노동행위에 관한 설명으로 옳지 않은 것은?(다툼이 있는 경우에는 판례에 의함)** 14 노무

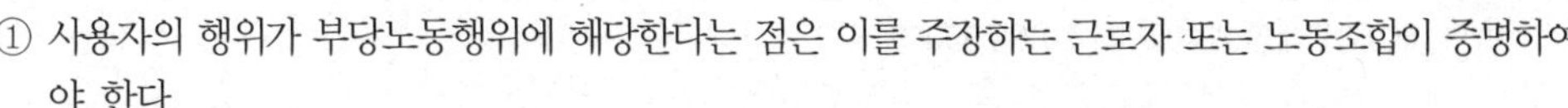

① 사용자의 행위가 부당노동행위에 해당한다는 점은 이를 주장하는 근로자 또는 노동조합이 증명하여야 한다.
② 부당노동행위 의사가 존재하는지 여부는 이를 추정할 수 있는 객관적 사정을 종합하여 판단한다.
③ 부당노동행위가 성립되기 위해서는 근로자의 단결권의 침해라는 결과의 발생이 요구된다.
④ 부당노동행위인 법률행위는 사법상(私法上)으로도 그 효력이 없다.
⑤ 부당노동행위에 대한 노동위원회의 구제명령은 노사 간의 사법상(私法上)의 법률관계를 발생 또는 변경시키는 것은 아니다.

해설

① (O) 대판 2014.2.13. 2011다78804
② (O) 사용자가 노조전임자의 노동조합활동을 혐오하거나 노동조합활동을 방해하려는 의사로 노조전임자를 승진에서 배제시켰다면 이러한 행위는 노동조합활동을 하는 근로자에게 불이익을 주는 것이어서 부당노동행위에 해당할 것이나, 사용자의 노조전임자에 대한 승진배제행위가 위와 같이 부당노동행위의사에 의하여 이루어진 부당노동행위에 해당하는지 여부는 사용자와 노동조합의 관계, 노조전임자와 비전임자 사이에 승진기준의 실질적인 차별이 존재하는지, 종래의 승진관행에 부합하는지 등과 같이 부당노동행위의사의 존재 여부를 추정할 수 있는 여러 객관적 사정을 종합하여 판단하여야 할 것이다(대판 2011.7.28. 2009두9574).
③ (×) 부당노동행위의 성립에 반드시 근로자의 단결권의 침해라는 결과의 발생을 요하는 것은 아니다(대판 2006.9.8. 2006도388).
④ (O) 대판 1993.12.21. 93다11463
⑤ (O) 대판 1996.4.23. 95다53102

답 ❸

012 □□□ **노동조합 및 노동관계조정법상 부당노동행위에 관한 설명으로 옳지 않은 것은?(다툼이 있으면 판례에 따름)** 20 노무

① 사용자가 근로자를 해고함에 있어서 표면적으로 내세우는 해고사유와는 달리 실질적으로 근로자의 정당한 조합활동을 이유로 해고한 것으로 인정되는 경우에는 그 해고는 부당노동행위라고 보아야 한다.

② 근로자에 대한 인사고과가 상여금의 지급기준이 되는 사업장에서 사용자가 특정 노동조합의 조합원이라는 이유로 다른 노동조합의 조합원 또는 비조합원보다 불리하게 인사고과를 하여 상여금을 적게 지급하는 불이익을 주었다면 그러한 사용자의 행위도 부당노동행위에 해당할 수 있다.

③ 지배·개입으로서의 부당노동행위가 성립하기 위해서는 근로자의 단결권의 침해라는 결과의 발생을 요한다.

④ 노동조합의 자주성을 저해하거나 저해할 위험이 현저하지 않은 운영비원조행위를 부당노동행위로 규제하는 것은 헌법에 합치되지 아니한다.

⑤ 단체협약 등 노사 간 합의에 의한 경우라도 타당한 근거 없이 과다하게 책정된 급여를 근로시간면제자에게 지급하는 사용자의 행위는 부당노동행위가 될 수 있다.

해설

① (○) 대판 1997.7.8. 96누6431

② (○) 대판 2018.12.27. 2017두37031

③ (×) 사용자가 연설, 사내방송, 게시문, 서한 등을 통하여 의견을 표명할 수 있는 언론의 자유를 가지고 있음은 당연하나, 그 표명된 의견의 내용과 함께 그것이 행하여진 상황, 시점, 장소, 방법 및 그것이 노동조합의 운영이나 활동에 미치거나 미칠 수 있는 영향 등을 종합하여 노동조합의 조직이나 운영 및 활동을 지배하거나 이에 개입하는 의사가 인정되는 경우에는 '근로자가 노동조합을 조직 또는 운영하는 것을 지배하거나 이에 개입하는 행위'로서 부당노동행위가 성립하고, 또 그 지배·개입으로서의 부당노동행위의 성립에 반드시 근로자의 단결권의 침해라는 결과의 발생까지 요하는 것은 아니다(대판 2006.9.8. 2006도388).

④ (○) 헌재 2018.5.31. 2012헌바90, 헌법불합치

⑤ (○) 대판 2018.5.15. 2018두33050

013 □□□ **사용자의 행위 중에서 노동조합 및 노동관계조정법상 부당노동행위 유형으로 명시되어 있지 않은 행위는?** 15 노무

① 근로자가 노동조합의 업무를 위한 정당한 행위를 한 것을 이유로 그 근로자를 해고하는 행위
② 노동조합의 대표자와의 단체협약 체결 기타의 단체교섭을 정당한 이유 없이 해태하는 행위
③ 근로자가 노동조합에 가입하려는 행위를 이유로 그 근로자에게 불이익을 주는 행위
④ 근로자가 정당한 단체행위에 참가한 것을 이유로 하여 그 근로자에게 불이익을 주는 행위
⑤ 근로자의 경제상의 불행 그 밖에 재해의 방지와 구제 등을 위한 기금의 기부행위

해설

① (O), ② (O), ③ (O), ④ (O), ⑤ (×)
근로자의 후생자금 또는 경제상의 불행 그 밖에 재해의 방지와 구제 등을 위한 기금의 기부와 최소한의 규모의 노동조합사무소의 제공은 노조법 제81조 제1항 제4호 단서에 의하여 부당노동행위에 해당하지 않는다.

부당노동행위(노조법 제81조)

① 사용자는 다음 각 호의 어느 하나에 해당하는 행위(이하 "부당노동행위")를 할 수 없다.
1. 근로자가 노동조합에 가입 또는 가입하려고 하였거나 노동조합을 조직하려고 하였거나 기타 노동조합의 업무를 위한 정당한 행위를 한 것을 이유로 그 근로자를 해고하거나 그 근로자에게 불이익을 주는 행위
2. 근로자가 어느 노동조합에 가입하지 아니할 것 또는 탈퇴할 것을 고용조건으로 하거나 특정한 노동조합의 조합원이 될 것을 고용조건으로 하는 행위. 다만, 노동조합이 당해 사업장에 종사하는 근로자의 3분의 2 이상을 대표하고 있을 때에는 근로자가 그 노동조합의 조합원이 될 것을 고용조건으로 하는 단체협약의 체결은 예외로 하며, 이 경우 사용자는 근로자가 그 노동조합에서 제명된 것 또는 그 노동조합을 탈퇴하여 새로 노동조합을 조직하거나 다른 노동조합에 가입한 것을 이유로 근로자에게 신분상 불이익한 행위를 할 수 없다.
3. 노동조합의 대표자 또는 노동조합으로부터 위임을 받은 자와의 단체협약 체결 기타의 단체교섭을 정당한 이유 없이 거부하거나 해태하는 행위
4. 근로자가 노동조합을 조직 또는 운영하는 것을 지배하거나 이에 개입하는 행위와 근로시간면제한도를 초과하여 급여를 지급하거나 노동조합의 운영비를 원조하는 행위. 다만, 근로자가 근로시간 중에 제24조 제2항에 따른 활동을 하는 것을 사용자가 허용함은 무방하며, 또한 근로자의 후생자금 또는 경제상의 불행 그 밖에 재해의 방지와 구제 등을 위한 기금의 기부와 최소한의 규모의 노동조합사무소의 제공 및 그 밖에 이에 준하여 노동조합의 자주적인 운영 또는 활동을 침해할 위험이 없는 범위에서의 운영비원조행위는 예외로 한다.
5. 근로자가 정당한 단체행위에 참가한 것을 이유로 하거나 또는 노동위원회에 대하여 사용자가 이 조의 규정에 위반한 것을 신고하거나 그에 관한 증언을 하거나 기타 행정관청에 증거를 제출한 것을 이유로 그 근로자를 해고하거나 그 근로자에게 불이익을 주는 행위

② 제1항 제4호 단서에 따른 "노동조합의 자주적 운영 또는 활동을 침해할 위험" 여부를 판단할 때에는 다음 각 호의 사항을 고려하여야 한다.
1. 운영비원조의 목적과 경위
2. 원조된 운영비횟수와 기간
3. 원조된 운영비금액과 원조방법
4. 원조된 운영비가 노동조합의 총수입에서 차지하는 비율
5. 원조된 운영비의 관리방법 및 사용처 등

답 ❺

PART 1 PART 2 PART 3

014 □□□ **노동조합 및 노동관계조정법령상 부당노동행위에 관한 설명으로 옳지 않은 것은?(다툼이 있으면 판례에 따름)** 19 노무

① 부당노동행위에 대한 증명책임은 이를 주장하는 근로자 또는 노동조합에 있다.
② 사용자가 근로자를 해고함에 있어서 표면적으로 내세우는 해고사유와는 달리 실질적으로 근로자의 정당한 조합활동을 이유로 해고한 것으로 인정되는 경우에는 그 해고는 부당노동행위로 보아야 한다.
③ 불이익취급의 부당노동행위는 현실적인 행위나 조치로 나타날 것을 요하지 않으므로 그 근로자에게 향후 불이익한 대우를 하겠다는 의사를 말로써 표시하는 것으로 성립한다.
④ 근로자가 노동조합의 업무를 위한 정당한 행위를 하고 사용자가 이를 이유로 근로자에 대하여 해고 등의 불이익을 주는 차별적 취급행위는 부당노동행위에 해당한다.
⑤ 일반적으로 근로자가 연장근로를 희망할 경우 회사에서 반드시 이를 허가하여야 할 의무는 없지만, 특정 근로자가 파업에 참가하였다는 이유로 해당 근로자에게 연장근로를 거부하는 것은 해당 근로자에게 경제적 불이익을 주는 행위로서 부당노동행위에 해당할 수 있다.

해설

① (○) 사용자의 행위가 노조법에 정한 부당노동행위에 해당하는지 여부는 사용자의 부당노동행위의사의 존재 여부를 추정할 수 있는 모든 사정을 전체적으로 심리 검토하여 종합적으로 판단하여야 하고, 부당노동행위에 대한 증명책임은 이를 주장하는 근로자 또는 노동조합에게 있으므로, 필요한 심리를 다하였어도 사용자에게 부당노동행위의사가 존재하였는지 여부가 분명하지 아니하여 그 존재 여부를 확정할 수 없는 경우에는 그로 인한 위험이나 불이익은 그것을 주장한 근로자 또는 노동조합이 부담할 수밖에 없다(대판 2007.11.15. 2005두4120).
② (○) 대판 1991.4.23. 90누7685
③ (×) 불이익을 주는 행위란 해고 이외에 그 근로자에게 휴직·전직·배치전환·감봉 등 법률적·경제적으로 불이익한 대우를 하는 것을 의미하는 것으로서 어느 것이나 현실적인 행위나 조치로 나타날 것을 요한다고 할 것이므로, 단순히 그 근로자에게 향후 불이익한 대우를 하겠다는 의사를 말로써 표시하는 것만으로는, 소정의 불이익을 주는 행위에 해당한다고는 볼 수 없다(대판 2004.8.30. 2004도3891).
④ (○) 대판 2009.3.26. 2007두25695
⑤ (○) 근로자가 파업에 참가하였다는 이유로 연장근로를 거부하는 것은 부당노동행위에 해당할 수 있다(대판 2006.9.8. 2006도388).

답 ❸

015 □□□ **노동조합 및 노동관계조정법상 부당노동행위에 대한 설명으로 옳지 않은 것은?(다툼이 있는 경우 판례에 의함)** 21 국가직 7급

① 지배·개입으로서의 부당노동행위의 성립에 반드시 근로자의 단결권의 침해라는 결과의 발생까지 요하는 것은 아니다.
② 부당노동행위를 한 사용자는 3년 이하의 징역 또는 3천만원 이하의 벌금에 처하도록 규정하고 있다.
③ 특정 근로자가 파업에 참가하였거나 노동조합 활동에 적극적이라는 이유로 해당 근로자에게 연장근로 등을 거부하는 것은 해당 근로자에게 경제적 내지 업무상의 불이익을 주는 행위로서 부당노동행위에 해당할 수 있다.
④ 부당노동행위의 예방·제거는 노동위원회의 구제명령을 통해서 이루어지는 것이므로, 구제명령을 이행할 수 있는 법률적 또는 사실적인 권한이나 능력을 가지는 지위에 있는 한, 그 한도 내에서는 부당노동행위의 주체로서 구제명령의 대상자인 사용자에 해당한다고 볼 수 있다.

해설

① (O) 지배·개입의 부당노동행위는 조합활동에 대한 사용자의 개입 내지 간섭행위가 존재하면 인정되는 것이고, 그러한 사용자의 행위로 인하여 일정한 단결권의 침해의 현실적인 결과 내지 손해가 반드시 발생해야 하는 것은 아니다(대판 1997.5.7. 96누2057).

② (×) 부당노동행위 금지규정에 위반한 자는 2년 이하의 징역 또는 2천만원 이하의 벌금에 처한다(노조법 제90조). 다만, 부당노동행위의 경우 확정되거나 행정소송을 제기하여 확정된 구제명령에 위반한 자는 3년 이하의 징역 또는 3천만원 이하의 벌금에 처한다(노조법 제89조 제2호).

③ (O) 일반적으로 근로자가 연장 또는 휴일근로(이하 '연장근로 등')를 희망할 경우 회사에서 반드시 이를 허가하여야 할 의무는 없지만, 특정 근로자가 파업에 참가하였거나 노조활동에 적극적이라는 이유로 해당 근로자에게 연장근로 등을 거부하는 것은 해당 근로자에게 경제적 내지 업무상의 불이익을 주는 행위로서 부당노동행위에 해당할 수 있다(대판 2006.9.8. 2006도388).

④ (O) 대판 2010.3.25. 2007두8881

답 ❷

PART 1 PART 2 PART 3

016 □□□ **노동조합 및 노동관계조정법상 단체협약 및 부당노동행위에 대한 설명으로 옳지 않은 것은?(다툼이 있는 경우 판례에 의함)**

22 국가직 7급

① 사용자는 노동조합의 대표자 또는 노동조합으로부터 위임을 받은 자와의 단체협약체결 기타의 단체교섭을 정당한 이유 없이 거부하거나 해태하는 행위를 할 수 없다.
② 노사 합의에 의하더라도 노동조합 및 노동관계조정법 제32조 제3항 단서 규정에 따른 단체협약의 해지권을 행사하지 못하도록 하는 등 그 규정의 적용을 배제하는 것은 허용되지 않는다.
③ 단체협약의 유효기간은 3년을 초과하지 않는 범위에서 노사가 합의하여 정할 수 있다.
④ 부당노동행위에 대한 형사처벌은 피해자의 의사에 반하여 처벌할 수 없다.

해설

① (O) 노조법 제81조 제1항 제3호

② (O) 단체협약의 유효기간을 제한한 노조법 제32조 제1항, 제2항이나 단체협약의 해지권을 정한 노조법 제32조 제3항 단서는 모두 성질상 강행규정이어서, 당사자 사이의 합의에 의하더라도 단체협약의 해지권을 행사하지 못하도록 하는 등 적용을 배제하는 것은 허용되지 않는다(대판 2016.3.10. 2013두3160).

③ (O) 노조법 제32조 제1항

④ (×) 1997년 노조법을 전면적으로 개정하면서 구법상의 반의사불벌죄 조항을 삭제하였으므로 현재는 피해자의 의사와 관계없이 부당노동행위금지규정에 위반한 자를 처벌할 수 있게 되었다(구 노조법 제46조의2, 현행 노조법 제90조 참조).

답 ❹

제3절 부당노동행위의 구제절차

017 □□□ **노동조합 및 노동관계조정법령상 부당노동행위에 관한 설명으로 옳지 않은 것은?** 16 노무

① 사용자가 중앙노동위원회의 재심판정에 대하여 행정소송을 제기한 경우에 관할 법원은 중앙노동위원회의 신청에 의하여 결정으로써, 판결이 확정될 때까지 중앙노동위원회의 구제명령의 전부 또는 일부를 이행하도록 명할 수 있다.

② 노동위원회는 부당노동행위 구제신청의 심문을 함에 있어서는 관계당사자에 대하여 증거의 제출과 증인에 대한 반대심문을 할 수 있는 충분한 기회를 주어야 한다.

③ 노동위원회의 구제명령・기각결정 또는 재심판정은 중앙노동위원회에의 재심신청이나 행정소송의 제기에 의하여 그 효력이 정지되지 아니한다.

④ 노동위원회는 부당노동행위 구제신청의 심문을 할 때에 증인의 출석과 질문은 관계당사자의 신청에 의하여야 하며 그 직권으로는 할 수 없다.

⑤ 법인 또는 단체의 대표자, 법인・단체 또는 개인의 대리인・사용인 기타의 종업원이 그 법인・단체 또는 개인의 업무에 관하여 부당노동행위를 한 때에는 행위자를 벌하는 외에 그 법인・단체 또는 개인에 대하여도 벌금형을 과한다. 다만, 법인・단체 또는 개인이 그 위반행위를 방지하기 위하여 해당 업무에 관하여 상당한 주의와 감독을 게을리하지 아니한 경우에는 그러하지 아니하다.

해설

① (○) 노조법 제85조 제5항

② (○) 노조법 제83조 제3항

③ (○) 노조법 제86조

④ (×) 노동위원회는 부당노동행위 구제신청의 심문을 할 때에는 관계당사자의 신청에 의하거나 그 직권으로 증인을 출석하게 하여 필요한 사항을 질문할 수 있다(노조법 제83조 제2항).

⑤ (○) 노조법 제94조

답 ❹

018 □□□ **노동조합 및 노동관계조정법령상 부당노동행위 구제명령의 확정에 관한 내용이다. (　　) 안에 들어갈 내용으로 옳은 것은?** 16 노무

> 중앙노동위원회의 재심판정에 대하여 관계당사자는 그 재심판정서의 송달을 받은 날부터 (　　)일 이내에 행정소송법이 정하는 바에 의하여 소를 제기할 수 있다.

① 15
② 20
③ 30
④ 50
⑤ 60

해설

중앙노동위원회의 재심판정에 대하여 관계당사자는 그 재심판정서의 송달을 받은 날부터 15일 이내에 행정소송법이 정하는 바에 의하여 소를 제기할 수 있다(노조법 제85조 제2항).

답 ❶

019 □□□ **노동조합 및 노동관계조정법상 부당노동행위 구제에 관한 설명으로 옳은 것은?** 22 노무

① 사용자의 부당노동행위로 인하여 그 권리를 침해당한 근로자는 노동위원회에 그 구제를 신청할 수 없다.
② 노동위원회가 관계당사자의 심문을 할 때에는 관계당사자의 신청 없이는 증인을 출석하게 하여 필요한 사항을 질문할 수 없다.
③ 부당노동행위 구제의 신청은 계속하는 부당노동행위의 경우 그 종료일부터 3월 이내에 행하여야 한다.
④ 지방노동위원회의 기각결정에 불복이 있는 관계당사자는 그 결정이 있은 날부터 10일 이내에 중앙노동위원회에 그 재심을 신청할 수 있다.
⑤ 중앙노동위원회의 재심판정은 행정소송의 제기에 의하여 그 효력이 정지된다.

해설

① (×) 사용자의 부당노동행위로 인하여 그 권리를 침해당한 근로자 또는 노동조합은 노동위원회에 그 구제를 신청할 수 있다(노조법 제82조 제1항).
② (×) 노동위원회는 관계당사자의 심문을 할 때에는 관계당사자의 신청에 의하거나 그 직권으로 증인을 출석하게 하여 필요한 사항을 질문할 수 있다(노조법 제83조 제2항).
③ (○) 노조법 제82조 제2항
④ (×) 지방노동위원회 또는 특별노동위원회의 구제명령 또는 기각결정에 불복이 있는 관계당사자는 그 명령서 또는 결정서의 송달을 받은 날부터 10일 이내에 중앙노동위원회에 그 재심을 신청할 수 있다(노조법 제85조 제1항).
⑤ (×) 노동위원회의 구제명령·기각결정 또는 재심판정은 중앙노동위원회에의 재심신청이나 행정소송의 제기에 의하여 그 효력이 정지되지 아니한다(노조법 제86조).

답 ❸

020 □□□ **노동조합 및 노동관계조정법상 부당노동행위에 관한 설명으로 옳은 것은?(다툼이 있으면 판례에 따름)** 23 노무

① 부당노동행위에 대한 입증책임은 사용자가 부담한다.
② 노동위원회가 부당노동행위의 구제신청을 받고 심문을 할 때에는 그 직권으로 증인을 출석하게 하여 필요한 사항을 질문할 수 있다.
③ 부당노동행위를 한 사용자는 3년 이하의 징역 또는 3천만원 이하의 벌금에 처한다.
④ 중앙노동위원회의 재심판정에 대하여 행정소송을 제기한 경우에 관할법원은 부당노동 행위구제 신청자의 신청에 의하여 판결이 확정될 때까지 중앙노동위원회의 구제명령의 전부를 이행하도록 명할 수 있다.
⑤ 부당노동행위 규정 위반에 관한 명문의 양벌규정은 존재하지 아니한다.

해설

① (×) 노조법 제81조 제1항 제1호 소정의 부당노동행위가 성립하기 위해서는 근로자가 "노동조합의 업무를 위한 정당한 행위"를 하고, 회사가 이를 이유로 근로자를 해고한 경우라야 하고, 같은 사실의 주장 및 입증책임은 부당노동행위임을 주장하는 근로자에게 있다(대판 1991.7.26. 91누2557). 판례의 취지를 고려할 때 부당노동행위에 대한 증명책임은 부당노동행위임을 주장하는 근로자 또는 노동조합에게 있다고 보는 것이 타당하다. 반면 부당해고구제재심판정을 다투는 소송에 있어서 해고의 정당성에 관한 입증책임은 사용자가 부담한다(대판 1999.4.27. 99두202).
② (○) 노동위원회는 부당노동행위의 구제신청을 받고 심문을 할 때에는 관계 당사자의 신청에 의하거나 그 직권으로 증인을 출석하게 하여 필요한 사항을 질문할 수 있다(노조법 제83조 제2항).
③ (×) 부당노동행위를 한 사용자는 2년 이하의 징역 또는 2천만원 이하의 벌금에 처한다(노조법 제90조, 제81조 제1항).
④ (×) 사용자가 중앙노동위원회의 재심판정에 대하여 행정소송을 제기한 경우에 관할법원은 중앙노동위원회의 신청에 의하여 결정으로써, 판결이 확정될 때까지 중앙노동위원회의 구제명령의 전부 또는 일부를 이행하도록 명할 수 있으며, 당사자의 신청에 의하여 또는 직권으로 그 결정을 취소할 수 있다(노조법 제85조 제5항).
⑤ (×) 법인 또는 단체의 대표자, 법인·단체 또는 개인의 대리인·사용인 기타의 종업원이 그 법인·단체 또는 개인의 업무에 관하여 제88조 내지 제93조의 위반행위를 한 때에는 행위자를 벌하는 외에 그 법인·단체 또는 개인에 대하여도 각 해당 조의 벌금형을 과한다(노조법 제94조 본문). 따라서 법인 등의 대표자 등이 부당노동행위를 한 경우에는 행위자를 벌하는 외에 양벌규정에 의하여 그 법인 등을 각 해당 조의 벌금형으로 처벌할 수 있다.

답 ❷

021  **우리나라의 부당노동행위제도에 관한 설명으로 옳지 않은 것은?** 07 사시

① 노동조합의 부당노동행위는 인정되지 아니한다.
② 법외노조(노동조합 및 노동관계조정법에 의하여 설립된 노동조합이 아닌 노동단체)는 부당노동행위 구제신청을 할 수 없다.
③ 구제명령은 재심·행정소송의 제기에 의하여 그 효력이 정지되지 않는다.
④ 사용자가 노동위원회의 구제명령을 이행하지 않는 경우 현행법상 구제명령이 확정되기 전에는 이를 이행하도록 강제할 방법이 없다.
⑤ 근로자 또는 노동조합은 노동위원회의 구제 외에 직접 민사소송을 통한 사법적 구제를 신청할 수 있다.

해설

① (O) 현행 노조법 제81조에서는 사용자의 부당노동행위를 규정하고 있을 뿐이다.
② (O) 노조법에 의하여 설립된 노동조합이 아니면 노동위원회에 노동쟁의의 조정 및 부당노동행위의 구제를 신청할 수 없으므로(노조법 제7조 제1항), 법외노조는 부당노동행위 구제신청을 할 수 없다.
③ (O) 노동위원회의 구제명령 · 기각결정 또는 재심판정은 중앙노동위원회에의 재심신청이나 행정소송의 제기에 의하여 그 효력이 정지되지 아니한다(노조법 제86조).
④ (×) 사용자가 중앙노동위원회의 재심판정에 대하여 재심판정서의 송달을 받은 날부터 15일 이내에 행정소송을 제기한 경우에 관할법원은 중앙노동위원회의 신청에 의하여 결정으로써, 판결이 확정될 때까지 중앙노동위원회의 구제명령의 전부 또는 일부를 이행하도록 명할 수 있으며, 당사자의 신청에 의하여 또는 직권으로 그 결정을 취소할 수 있다(노조법 제85조 제2항 · 제5항).
⑤ (O) 노조법 제82조 이하의 구제절차에 따른 구제명령은 사용자에 대하여 명령에 복종하여야 할 공법상의 의무를 부담시킬 뿐 직접 근로자와 사용자 간의 사법상의 법률관계를 발생 또는 변경시키는 것은 아니므로 노조법 제82조 이하의 규정에 의한 구제절차에서 구제신청을 기각하는 노동위원회의 결정이 확정되었다 할지라도 근로자는 사법상의 지위의 확보 및 권리의 구제를 받기 위하여 별도로 민사소송을 제기할 수 있다(대판 1992.5.22. 91다22100).

답 ❹

022 □□□ **노동조합 및 노동관계조정법상 부당노동행위 구제에 대한 설명으로 옳은 것은?(다툼이 있는 경우 판례에 의함)**

21 국가직 7급

① 부당노동행위에 대한 입증책임은 이를 주장하는 근로자 또는 노동조합에게 있다.
② 설립신고증을 교부받지 아니한 노동조합이라 하더라도 노동위원회에 그 노동조합을 조직 또는 운영하는 것을 지배하거나 이에 개입하는 행위에 대하여 부당노동행위의 구제신청을 할 수 있다.
③ 부당노동행위 구제신청은 부당노동행위가 있은 날(계속하는 행위는 그 종료일)부터 6월 이내에 하여야 한다.
④ 노동위원회의 구제명령 · 기각결정 또는 재심판정은 중앙노동위원회에의 재심신청이나 행정소송의 제기에 의하여 그 효력이 정지된다.

해설

① (O) 판례의 취지를 고려할 때 부당노동행위에 대한 증명책임은 부당노동행위임을 주장하는 근로자 또는 노동조합에게 있다고 보는 것이 타당하다. 반면 부당해고구제재심판정을 다투는 소송에 있어서 해고의 정당성에 관한 입증책임은 사용자가 부담한다(대판 1999.4.27. 99두202).

> 노조법 제81조 제1항 제1호 소정의 부당노동행위가 성립하기 위해서는 근로자가 "노동조합의 업무를 위한 정당한 행위"를 하고, 회사가 이를 이유로 근로자를 해고한 경우라야 하고, 같은 사실의 주장 및 입증책임은 부당노동행위임을 주장하는 근로자에게 있다(대판 1991.7.26. 91누2557).

② (×) 노조법에 의하여 설립된 노동조합이 아니면 노동위원회에 노동쟁의의 조정 및 부당노동행위의 구제를 신청할 수 없으므로(노조법 제7조 제1항), 설립신고증을 교부받지 아니한 노동조합은 부당노동행위의 구제신청을 할 수 없다.
③ (×) 부당노동행위 구제신청은 부당노동행위가 있은 날(계속하는 행위는 그 종료일)부터 3월 이내에 이를 행하여야 한다(노조법 제82조 제2항).
④ (×) 노동위원회의 구제명령 · 기각결정 또는 재심판정은 중앙노동위원회에의 재심신청이나 행정소송의 제기에 의하여 그 효력이 정지되지 아니한다(노조법 제86조).

답 ❶

023 노동조합 및 노동관계조정법상 부당노동행위 구제신청, 구제명령 등에 대한 설명으로 옳지 않은 것은?

□□□ 21 국가직 9급

① 사용자의 부당노동행위로 인하여 그 권리를 침해당한 근로자 또는 노동조합은 노동위원회에 그 구제를 신청할 수 있다.

② 노동위원회는 부당노동행위 구제신청을 받은 때에는 지체 없이 필요한 조사와 관계 당사자의 심문을 하여야 한다.

③ 노동위원회는 부당노동행위가 성립한다고 판정한 때에는 사용자에게 구제명령을 발하여야 하는데 이는 구두로 할 수 있다.

④ 지방노동위원회의 구제명령에 불복이 있는 관계 당사자는 그 명령서의 송달을 받은 날부터 10일 이내에 중앙노동위원회에 그 재심을 신청할 수 있다.

해설

① (○) 노조법 제82조 제1항

② (○) 노조법 제83조 제1항

③ (×) 노동위원회는 구제신청에 대한 심문을 종료하고 부당노동행위가 성립한다고 판정한 때에는 사용자에게 구제명령을 발하여야 하며, 부당노동행위가 성립되지 아니한다고 판정한 때에는 그 구제신청을 기각하는 결정을 하여야 한다. 이때 판정·명령 및 결정은 서면으로 하되, 이를 당해 사용자와 신청인에게 각각 교부하여야 한다(노조법 제84조 제1항·제2항).

④ (○) 지방노동위원회 또는 특별노동위원회의 구제명령 또는 기각결정에 불복이 있는 관계 당사자는 그 명령서 또는 결정서의 송달을 받은 날부터 10일 이내에 중앙노동위원회에 그 재심을 신청할 수 있다(노조법 제85조 제1항).

답 ❸

024 □□□ **노동조합 및 노동관계조정법상 지방노동위원회의 부당노동행위 구제명령 또는 기각결정에 불복이 있는 관계 당사자가 중앙노동위원회에 그 재심을 신청할 수 있는 기간은?** 22 국가직 7급

① 지방노동위원회의 그 심판결정 내용 문자수신일로부터 10일 이내
② 지방노동위원회의 그 명령서 또는 결정서의 송달을 받은 날부터 10일 이내
③ 지방노동위원회의 그 심판결정 내용 문자수신일로부터 15일 이내
④ 지방노동위원회의 그 명령서 또는 결정서의 송달을 받은 날부터 15일 이내

해설

① (×), ② (○), ③ (×), ④ (×)
지방노동위원회 또는 특별노동위원회의 구제명령 또는 기각결정에 불복이 있는 관계 당사자는 그 명령서 또는 결정서의 송달을 받은 날부터 10일 이내에 중앙노동위원회에 그 재심을 신청할 수 있다(노조법 제85조 제1항).

답 ❷

025 □□□ **노동조합 및 노동관계조정법상 부당노동행위 구제제도에 관한 설명으로 옳지 않은 것은?** 14 노무

① 부당노동행위에 대하여 구제주의 이외에 처벌주의를 병용하는 입법정책을 취하고 있다.
② 노동위원회는 관계당사자에 대하여 증거의 제출과 증인에 대한 반대심문을 할 수 있는 충분한 기회를 주어야 한다.
③ 구제명령은 재심 또는 행정소송에 의하여 그 효력이 정지되지 아니한다.
④ 노동위원회는 관계당사자의 신청이 없는 경우에는 증인을 출석하게 하여 필요한 사항을 질문할 수 없다.
⑤ 구제신청은 부당노동행위가 있은 날(계속하는 행위는 그 종료일)부터 3월 이내에 이를 행하여야 한다.

해설

① (○) 1953년 3월 8일 제정된 노동조합법은 사용자의 부당노동행위와 이에 대한 처벌규정을 두었으나, 1963년 개정으로 사용자의 부당노동행위 유형을 구체화하고, 처벌규정을 삭제하면서 노동위원회를 통한 구제제도(구제주의)를 채택하였다. 이후 1986년에는 처벌규정을 복원하여 구제주의와 처벌주의를 병행하였으며, 1997년에는 노동법을 전면개정하면서 구제주의와 처벌주의는 그대로 유지하되, 법원의 구제명령과 긴급이행명령제도를 도입하였다.
② (○) 노조법 제83조 제3항
③ (○) 노조법 제86조
④ (×) 노동위원회는 심문을 할 때에는 관계당사자의 신청에 의하거나 그 직권으로 증인을 출석하게 하여 필요한 사항을 질문할 수 있다(노조법 제83조 제2항).
⑤ (○) 노조법 제82조 제2항

답 ❹

026 부당노동행위에 관한 설명으로 옳지 않은 것은?(다툼이 있는 경우에는 판례에 의함) 14 노무

□□□

① 소속 조합원으로 가입하려고 하는 것을 이유로 근로자에 대해 사용자가 불이익취급을 한 경우 노동조합은 자신의 명의로 부당노동행위 구제신청을 할 수 없다.

② 사용자가 연설 등을 통하여 의견을 표명하는 경우 노동조합의 조직이나 운영을 지배하거나 이에 개입하는 의사가 인정된다면 부당노동행위가 성립할 수 있다.

③ 부당노동행위는 노동위원회에 그 구제신청을 할 수 있고, 이와 별도로 불이익처분이 부당노동행위에 해당함을 이유로 민사소송을 제기할 수 있다.

④ 사업체가 실질적으로 폐업한 경우 불이익취급에 대한 원상회복의 구제명령을 신청할 구제이익은 없다.

⑤ 사용자가 노동조합활동을 방해하려는 의사로 노동조합의 간부를 승진시켜 조합원자격을 잃게 한 경우에는 부당노동행위가 성립될 수 있다.

해설

① (×) 노동조합으로서는 자신에 대한 사용자의 부당노동행위가 있는 경우뿐만 아니라, 그 소속 조합원으로 가입한 근로자 또는 그 소속 조합원으로 가입하려고 하는 근로자에 대하여 사용자의 부당노동행위가 있는 경우에도 노동조합의 권리가 침해당할 수 있으므로, 그 경우에도 노동조합은 자신의 명의로 그 부당노동행위에 대한 구제신청을 할 수 있는 권리를 가진다고 할 것이다(대판 2008.9.11. 2007두19249).

② (○) 대판 2006.9.8. 2006도388

③ (○) 대판 1992.5.22. 91다22100

④ (○) 근로자를 해고한 회사가 실질적으로 폐업하여 법인격까지 소멸됨으로써 그 복귀할 사업체의 실체가 없어졌다면 기업의 존재를 전제로 하여 기업에 있어서의 노사의 대립관계를 유지하는 것을 목적으로 하는 부당노동행위 구제신청의 이익도 없다(대판 1991.12.24. 91누2762).

⑤ (○) 대판 1998.12.23. 97누18035

답 ❶

027 노동조합 및 노동관계조정법상 부당노동행위 구제절차 등에 관한 설명으로 옳지 않은 것은?

□□□

15 노무

① 부당노동행위로 인하여 그 권리를 침해당한 근로자는 노동위원회에 그 구제를 신청할 수 있다.

② 부당노동행위의 구제신청은 부당노동행위가 있은 날(계속하는 행위는 그 종료일)부터 3월 이내에 이를 행하여야 한다.

③ 특별노동위원회의 구제명령에 불복이 있는 관계당사자는 그 명령서의 송달을 받은 날부터 10일 이내에 중앙노동위원회에 그 재심을 신청할 수 있다.

④ 사용자가 중앙노동위원회 재심판정에 불복하여 행정소송을 제기한 경우에 중앙노동위원회는 법원의 판결이 확정될 때까지 중앙노동위원회의 구제명령의 전부 또는 일부를 이행하도록 명할 수 있다.

⑤ 지방노동위원회의 구제명령은 노동조합 및 노동관계조정법 규정에 의한 중앙노동위원회에의 재심신청에 의하여 그 효력이 정지되지 아니한다.

해설

① (O) 사용자의 부당노동행위로 인하여 그 권리를 침해당한 근로자 또는 노동조합은 노동위원회에 그 구제를 신청할 수 있다(노조법 제82조 제1항).
② (O) 노조법 제82조 제2항
③ (O) 노조법 제85조 제1항
④ (×) 사용자가 행정소송을 제기한 경우에 관할 법원은 중앙노동위원회의 신청에 의하여 결정으로써, 판결이 확정될 때까지 중앙노동위원회의 구제명령의 전부 또는 일부를 이행하도록 명할 수 있으며, 당사자의 신청에 의하여 또는 직권으로 그 결정을 취소할 수 있다(노조법 제85조 제5항).
⑤ (O) 노조법 제86조

답 ④

PART 1 PART 2 PART 3

028 □□□ **노동조합 및 노동관계조정법상 부당노동행위 구제에 관한 설명으로 옳지 않은 것은?** 21 노무

① 부당노동행위 구제의 신청은 부당노동행위가 있은 날(계속하는 행위는 그 종료일)부터 3월 이내에 이를 행하여야 한다.
② 노동위원회는 부당노동행위구제신청을 받은 때에는 지체 없이 필요한 조사와 관계당사자의 심문을 하여야 한다.
③ 사용자의 부당노동행위로 인하여 그 권리를 침해당한 노동조합은 노동위원회에 그 구제를 신청할 수 있다.
④ 노동위원회는 부당노동행위구제신청에 따른 심문을 할 때에는 직권으로 증인을 출석하게 하여 필요한 사항을 질문할 수 있다.
⑤ 지방노동위원회의 구제명령에 불복이 있는 관계당사자는 그 명령서의 송달을 받은 날부터 15일 이내에 중앙노동위원회에 그 재심을 신청할 수 있다.

해설

① (O) 노조법 제82조 제2항
② (O) 노조법 제83조 제1항
③ (O) 사용자의 부당노동행위로 인하여 그 권리를 침해당한 근로자 또는 노동조합은 노동위원회에 그 구제를 신청할 수 있다(노조법 제82조 제1항).
④ (O) 노동위원회는 부당노동행위구제신청에 따른 심문을 할 때에는 관계당사자의 신청에 의하거나 그 직권으로 증인을 출석하게 하여 필요한 사항을 질문할 수 있다(노조법 제83조 제2항).
⑤ (×) 지방노동위원회 또는 특별노동위원회의 구제명령 또는 기각결정에 불복이 있는 관계당사자는 그 명령서 또는 결정서의 송달을 받은 날부터 10일 이내에 중앙노동위원회에 그 재심을 신청할 수 있다(노조법 제85조 제1항).

답 ⑤

029 □□□ 노동조합 및 노동관계조정법상 부당노동행위 구제에 관한 설명으로 옳지 않은 것은? 20 노무

① 지방노동위원회의 구제명령 또는 기각결정에 불복이 있는 관계당사자는 그 명령서 또는 결정서의 송달을 받은 날부터 10일 이내에 중앙노동위원회에 그 재심을 신청할 수 있다.
② 중앙노동위원회의 재심판정에 대하여 관계당사자는 그 재심판정서의 송달을 받은 날부터 15일 이내에 행정소송법이 정하는 바에 의하여 소를 제기할 수 있다.
③ 노동위원회의 판정·명령 및 결정은 서면으로 하되, 이를 당해 사용자와 신청인에게 각각 교부하여야 한다.
④ 사용자가 행정소송을 제기한 경우 관할 법원은 노동조합의 신청에 의하여 결정으로써, 판결이 확정될 때까지 중앙노동위원회의 구제명령의 전부 또는 일부를 이행하도록 명할 수 있다.
⑤ 노동위원회의 구제명령·기각결정 또는 재심판정은 중앙노동위원회에의 재심신청이나 행정소송의 제기에 의하여 효력이 정지되지 아니한다.

해설

① (O) 노조법 제85조 제1항
② (O) 노조법 제85조 제2항
③ (O) 노조법 제84조 제2항
④ (×) 사용자가 행정소송을 제기한 경우에 관할 법원은 중앙노동위원회의 신청에 의하여 결정으로써, 판결이 확정될 때까지 중앙노동위원회의 구제명령의 전부 또는 일부를 이행하도록 명할 수 있으며, 당사자의 신청에 의하여 또는 직권으로 그 결정을 취소할 수 있다(노조법 제85조 제5항).
⑤ (O) 노조법 제86조

답 ❹

030 □□□ 노동조합 및 노동관계조정법령상 부당노동행위 구제에 관한 설명으로 옳은 것은? 18 노무

① 부당노동행위로 그 권리를 침해당한 근로자는 노동조합을 통해서만 노동위원회에 구제를 신청할 수 있다.
② 부당노동행위가 계속하는 행위인 경우에는 그 종료일부터 6월 이내에 구제신청을 하여야 한다.
③ 지방노동위원회의 구제명령에 불복이 있는 관계당사자는 그 명령서의 송달을 받은 날부터 15일 이내에 중앙노동위원회에 재심을 신청할 수 있다.
④ 중앙노동위원회의 재심판정에 대하여 관계당사자는 그 재심판정서의 송달을 받은 날부터 20일 이내에 행정소송법이 정하는 바에 의하여 소를 제기할 수 있다.
⑤ 지방노동위원회의 구제명령은 중앙노동위원회에의 재심신청에 의하여 그 효력이 정지되지 아니한다.

해설

① (×) 사용자의 부당노동행위로 인하여 그 권리를 침해당한 근로자 또는 노동조합은 노동위원회에 그 구제를 신청할 수 있다(노조법 제82조 제1항).

② (×) 구제의 신청은 부당노동행위가 있은 날(계속하는 행위는 그 종료일)부터 3월 이내에 이를 행하여야 한다(노조법 제82조 제2항).

③ (×) 지방노동위원회 또는 특별노동위원회의 구제명령 또는 기각결정에 불복이 있는 관계당사자는 그 명령서 또는 결정서의 송달을 받은 날부터 10일 이내에 중앙노동위원회에 그 재심을 신청할 수 있다(노조법 제85조 제1항).

④ (×) 중앙노동위원회의 재심판정에 대하여 관계당사자는 그 재심판정서의 송달을 받은 날부터 15일 이내에 행정소송법이 정하는 바에 의하여 소를 제기할 수 있다(노조법 제85조 제2항).

⑤ (○) 노조법 제86조

답 ⑤

031 □□□ **노동조합 및 노동관계조정법령상 부당노동행위 구제제도에 관한 설명으로 옳지 않은 것은?(다툼이 있으면 판례에 따름)**  19 노무

① 노동위원회의 사용자에 대한 부당노동행위구제명령은 사용자에게 공법상의 의무를 부담시킬 뿐, 직접 노사 간의 사법상의 법률관계를 발생 또는 변경시키는 것은 아니다.

② 사용자의 부당노동행위로 인하여 그 권리를 침해당한 근로자 또는 노동조합은 부당노동행위가 있은 날(계속하는 행위는 그 종료일)부터 3월 이내에 구제를 신청해야 한다.

③ 노동위원회는 부당노동행위에 대한 심문을 함에 있어서는 관계당사자에 대하여 증거의 제출과 증인에 대한 반대심문을 할 수 있는 충분한 기회를 주어야 한다.

④ 노동위원회는 부당노동행위구제명령을 받은 후 이행기한까지 구제명령을 이행하지 아니한 사용자에게 이행강제금을 부과한다.

⑤ 중앙노동위원회의 재심판정에 불복하여 사용자가 행정소송을 제기한 경우 관할 법원은 중앙노동위원회의 신청에 의하여 결정으로써, 판결이 확정될 때까지 중앙노동위원회의 구제명령의 전부 또는 일부를 이행하도록 명할 수 있다.

해설

① (○) 대판 1996.4.23. 95다53102

② (○) 노조법 제82조 제2항

③ (○) 노조법 제83조 제3항

④ (×) 이행강제금제도는 정당한 이유 없는 부당해고에 대한 구제명령에 대하여만 적용되고, 부당노동행위 구제명령에 대하여는 적용되지 아니한다.

⑤ (○) 노조법 제85조 제5항

답 ④

032 □□□ **노동조합 및 노동관계조정법령상 사용자가 중앙노동위원회의 구제명령에 대하여 행정소송을 제기한 경우 그 구제명령에 관한 설명으로 옳지 않은 것은?** 18 노무

① 관할 법원은 중앙노동위원회의 신청에 의하여 판결이 확정될 때까지 중앙노동위원회 구제명령의 전부 또는 일부를 이행하도록 명할 수 있다.
② 관할 법원은 당사자의 신청이나 직권으로 중앙노동위원회 구제명령의 이행을 명한 결정을 취소할 수 있다.
③ 관할 법원이 중앙노동위원회 구제명령의 이행을 명한 경우 그 명령을 위반한 자에 대하여는 노동조합 및 노동관계조정법상 벌금형이 규정되어 있다.
④ 관할 법원이 중앙노동위원회 구제명령의 이행을 명하는 경우 결정으로써 한다.
⑤ 중앙노동위원회 구제명령은 행정소송의 제기에 의하여 그 효력이 정지되지 아니한다.

해설

① (○) · ② (○) 노조법 제85조 제5항

③ (×) 관할 법원의 중앙노동위원회 구제명령에 대한 이행명령을 위반한 자는 500만원 이하의 금액(당해 명령이 작위를 명하는 것일 때에는 그 명령의 불이행 일수 1일에 50만원 이하의 비율로 산정한 금액)의 과태료에 처한다(노조법 제95조).

④ (○) 행정소송을 제기한 경우에 관할 법원은 중앙노동위원회의 신청에 의하여 결정으로써, 판결이 확정될 때까지 중앙노동위원회의 구제명령의 전부 또는 일부를 이행하도록 명할 수 있으며, 당사자의 신청에 의하여 또는 직권으로 그 결정을 취소할 수 있다(노조법 제85조 제5항).

⑤ (○) 노동위원회의 구제명령 · 기각결정 또는 재심판정은 중앙노동위원회에의 재심신청이나 행정소송의 제기에 의하여 그 효력이 정지되지 아니한다(노조법 제86조).

답 ❸

033 □□□ 사실관계가 다음과 같은 경우 노동조합의 보호요건에 관한 설명 중 옳은 것(○)과 옳지 않은 것(×)을 바르게 조합한 것은? 14 사시

[사실관계]
- A는 노동조합 설립신고증을 교부받지 못한 노동단체이다.
- B는 A의 구성원인 근로자이고, C는 B의 사용자이다.
- C는 A에 가입하였음을 이유로 B를 해고하였다.

ㄱ. A는 노동위원회에 부당노동행위의 구제를 신청할 수 없다.
ㄴ. B는 노동위원회에 부당노동행위의 구제를 신청할 수 없다.
ㄷ. C는 부당노동행위로 형사처벌을 받을 수 있다.

① ㄱ(○), ㄴ(○), ㄷ(○)
② ㄱ(○), ㄴ(○), ㄷ(×)
③ ㄱ(○), ㄴ(×), ㄷ(○)
④ ㄱ(×), ㄴ(○), ㄷ(○)
⑤ ㄱ(×), ㄴ(×), ㄷ(×)

해설

ㄱ. (○) 노조법에 의하여 설립된 노동조합이 아니면 노동위원회에 노동쟁의의 조정 및 부당노동행위의 구제를 신청할 수 없다(노조법 제7조 제1항).
ㄴ. (×) A가 노동조합 설립신고증을 교부받지 못한 법외노조라고 할지라도 A의 구성원인 근로자 B는 노동위원회에 부당노동행위의 구제를 신청할 수 있다(노조법 제82조 제1항).
ㄷ. (○) 부당노동행위금지규정에 위반한 자는 2년 이하의 징역 또는 2천만원 이하의 벌금에 처한다(노조법 제90조, 제81조 제1항).

답 ❸

07 형벌 및 과태료

001 □□□ 단체협약 내용으로서 그 위반한 자에 대하여 노동조합 및 노동관계조정법상 형사처벌의 대상사항이 아닌 것은? 15 노무

① 복리후생비에 관한 사항
② 재해부조에 관한 사항
③ 쟁의행위에 관한 사항
④ 조합원자격에 관한 사항
⑤ 징계사유에 관한 사항

해설

조합원자격에 관한 사항을 위반한 경우 노조법 제92조에서 정한 형사처벌의 대상에 해당하지 않는다.

벌칙(노조법 제92조)

다음 각 호의 1에 해당하는 자는 1천만원 이하의 벌금에 처한다.

2. 제31조 제1항의 규정에 의하여 체결된 단체협약의 내용 중 다음 각 목의 1에 해당하는 사항을 위반한 자
   가. 임금・복리후생비, 퇴직금에 관한 사항
   나. 근로 및 휴게시간, 휴일, 휴가에 관한 사항
   다. 징계 및 해고의 사유와 중요한 절차에 관한 사항
   라. 안전보건 및 재해부조에 관한 사항
   마. 시설・편의 제공 및 근무시간 중 회의 참석에 관한 사항
   바. 쟁의행위에 관한 사항

답 ❹

002 □□□ 단체협약의 내용 중 노동조합 및 노동관계조정법 제92조 제2호에서 규정한 사항을 위반한 자는 벌금에 처한다. 이에 해당하지 않는 사항은? 16 노무

① 재해부조
② 편의제공
③ 휴게시간
④ 교섭창구단일화
⑤ 근무시간 중 회의참석

해설

교섭창구단일화는 노조법 제92조 제2호에서 정한 벌금형에 처할 수 있는 경우에 해당하지 아니한다.

답 ❹

003 □□□ 노동조합 및 노동관계조정법령 위반행위에 대하여 벌칙이 적용되지 않는 것을 모두 고른 것은? 17 노무

ㄱ. 노동조합의 대표자가 성별, 연령을 이유로 조합원에게 차별대우를 한 경우
ㄴ. 사용자가 노동조합의 대표자와의 단체교섭을 정당한 이유 없이 거부하는 행위를 한 경우
ㄷ. 서면으로 작성하여 당사자 쌍방이 서명한 단체협약의 내용 중 사용자가 휴일에 관한 사항을 위반한 경우
ㄹ. 노동조합 및 노동관계조정법에 의하여 설립된 노동조합이 아님에도 노동조합이라는 명칭을 사용한 경우

① ㄱ
② ㄴ
③ ㄷ
④ ㄹ
⑤ ㄱ, ㄹ

해설

ㄱ. (×) 노동조합의 대표자가 차별대우를 한 경우에는 벌칙이 적용되지 않는다.
ㄴ. (○) 2년 이하의 징역 또는 2천만원 이하의 벌금(노조법 제90조, 제81조 제1항 제3호)
ㄷ. (○) 1천만원 이하의 벌금(노조법 제92조 제2호 나목)
ㄹ. (○) 500만원 이하의 벌금(노조법 제93조 제1호, 제7조 제3항)

답 ❶

004 노동조합 및 노동관계조정법령상 단체협약내용을 위반한 경우 형사처벌의 대상이 아닌 것은?

□□□ 19 노무

① 퇴직금에 관한 사항
② 휴가에 관한 사항
③ 쟁의행위에 관한 사항
④ 조직강제에 관한 사항
⑤ 안전보건에 관한 사항

해설

① (○), ② (○), ③ (○), ④ (×), ⑤ (○)
조직강제에 관한 사항은 노조법 제92조에서 정한 형사처벌의 대상이 아니다.

답 ❹

005 다음 노동조합 및 노동관계조정법 조항의 규정을 위반한 자에 대해 동법에 벌칙규정이 없는 것은?

□□□ 21 노무

① 제37조 제2항(조합원은 노동조합에 의하여 주도되지 아니한 쟁의행위를 하여서는 아니 된다)
② 제38조 제2항(작업시설의 손상이나 원료·제품의 변질 또는 부패를 방지하기 위한 작업은 쟁의행위 기간 중에도 정상적으로 수행되어야 한다)
③ 제38조 제3항(노동조합은 쟁의행위가 적법하게 수행될 수 있도록 지도·관리·통제할 책임이 있다)
④ 제42조의2 제2항(필수유지업무의 정당한 유지·운영을 정지·폐지 또는 방해하는 행위는 쟁의행위로서 이를 행할 수 없다)
⑤ 제44조 제2항(노동조합은 쟁의행위기간에 대한 임금의 지급을 요구하여 이를 관철할 목적으로 쟁의행위를 하여서는 아니 된다)

해설

① (×) 3년 이하의 징역 또는 3천만원 이하의 벌금에 처한다(노조법 제89조 제1호).
② (×) 1년 이하의 징역 또는 1천만원 이하의 벌금에 처한다(노조법 제91조).
③ (○) 노조법 제38조 제3항의 규정을 위반한 자에 대한 벌칙규정은 명시되어 있지 아니하다.
④ (×) 3년 이하의 징역 또는 3천만원 이하의 벌금에 처한다(노조법 제89조 제1호).
⑤ (×) 2년 이하의 징역 또는 2천만원 이하의 벌금에 처한다(노조법 제90조).

벌칙(노조법 제88조)

제41조 제2항의 규정에 위반한 자는 5년 이하의 징역 또는 5천만원 이하의 벌금에 처한다.

벌칙(노조법 제89조)

다음 각 호의 어느 하나에 해당하는 자는 3년 이하의 징역 또는 3천만원 이하의 벌금에 처한다.

1. 제37조 제2항, 제38조 제1항, 제42조 제1항 또는 제42조의2 제2항의 규정에 위반한 자
2. 제85조 제3항(제29조의4 제4항에서 준용하는 경우를 포함한다)에 따라 확정되거나 행정소송을 제기하여 확정된 구제명령에 위반한 자

벌칙(노조법 제90조)

제44조 제2항, 제69조 제4항, 제77조 또는 제81조 제1항의 규정에 위반한 자는 2년 이하의 징역 또는 2천만원 이하의 벌금에 처한다.

벌칙(노조법 제91조)

제38조 제2항, 제41조 제1항, 제42조 제2항, 제43조 제1항·제2항·제4항, 제45조 제2항 본문, 제46조 제1항 또는 제63조의 규정을 위반한 자는 1년 이하의 징역 또는 1천만원 이하의 벌금에 처한다.

벌칙(노조법 제92조)

다음 각 호의 1에 해당하는 자는 1천만원 이하의 벌금에 처한다.

1. 삭제 〈2021.1.5.〉
2. 제31조 제1항의 규정에 의하여 체결된 단체협약의 내용 중 다음 각 목의 1에 해당하는 사항을 위반한 자
   가. 임금·복리후생비, 퇴직금에 관한 사항
   나. 근로 및 휴게시간, 휴일, 휴가에 관한 사항
   다. 징계 및 해고의 사유와 중요한 절차에 관한 사항
   라. 안전보건 및 재해부조에 관한 사항
   마. 시설·편의 제공 및 근무시간 중 회의참석에 관한 사항
   바. 쟁의행위에 관한 사항
3. 제61조 제1항의 규정에 의한 조정서의 내용 또는 제68조 제1항의 규정에 의한 중재재정서의 내용을 준수하지 아니한 자

벌칙(노조법 제93조)

다음 각 호의 1에 해당하는 자는 500만원 이하의 벌금에 처한다.

1. 제7조 제3항의 규정에 위반한 자
2. 제21조 제1항·제2항 또는 제31조 제3항의 규정에 의한 명령에 위반한 자

답 ❸

08 노사협의회

제1절 서 설

제2절 노사협의제도

001 □□□ **근로자참여 및 협력증진에 관한 법률상 노사협의회에 관한 설명으로 옳지 않은 것은?** 15 노무

① 노사협의회에 의장을 두며, 의장은 위원 중에서 호선(互選)한다.
② 사용자는 근로자위원의 업무를 위하여 장소의 사용 등 기본적인 편의를 제공하여야 한다.
③ 위원은 비상임・무보수로 한다.
④ 보궐위원의 임기는 전임자 임기의 남은 기간으로 한다.
⑤ 회의는 근로자위원과 사용자위원 각 과반수의 출석으로 개최하고 출석위원 과반수의 찬성으로 의결한다.

해설

① (O) 근참법 제7조 제1항 전문
② (O) 근참법 제10조 제2항
③ (O) 근참법 제9조 제1항
④ (O) 근참법 제8조 제2항
⑤ (×) 회의는 근로자위원과 사용자위원 각 과반수의 출석으로 개최하고 출석위원 3분의 2 이상의 찬성으로 의결한다(근참법 제15조).

답 ❺

002 근로자참여 및 협력증진에 관한 법률의 내용으로 옳지 않은 것은? 16 노무

□□□

① 근로자란 근로기준법상 근로자를 말한다.
② 고충처리위원이 처리하기 곤란한 사항은 노사협의회의 회의에 부쳐 협의 처리한다.
③ 사용자는 근로자의 교육훈련 및 능력개발 기본계획의 수립에 대하여는 노사협의회의 의결을 거쳐야 한다.
④ 상시 30명 미만의 근로자를 사용하는 사업이나 사업장은 노사협의회를 설치할 의무가 없다.
⑤ 노사협의회가 의결사항에 관하여 의결하지 못한 경우에는 노동위원회는 근로자위원과 사용자위원의 어느 일방의 신청으로 중재를 행한다.

해설

① (O) 근참법 제3조 제2호
② (O) 고충처리위원이 처리하기 곤란한 사항은 협의회의 회의에 부쳐 협의 처리한다(근참법 제28조 제2항).
③ (O) 근참법 제21조 제1호
④ (O) 노사협의회는 근로조건에 대한 결정권이 있는 사업이나 사업장 단위로 설치하여야 한다. 다만, 상시(常時) 30명 미만의 근로자를 사용하는 사업이나 사업장은 그러하지 아니하다(근참법 제4조 제1항).
⑤ (×) 의결사항에 관하여 협의회가 의결하지 못한 경우, 협의회는 근로자위원과 사용자위원의 합의로 협의회에 중재기구를 두어 해결하거나 노동위원회나 그 밖의 제3자에 의한 중재를 받을 수 있다(근참법 제25조 제1항).

답 ❺

003 근로자참여 및 협력증진에 관한 법률상 노사협의회에 관한 설명으로 옳지 않은 것은? 18 노무

□□□

① 노사협의회는 근로조건에 대한 결정권이 있는 사업이나 사업장 단위로 설치하여야 한다. 다만, 상시 30명 미만의 근로자를 사용하는 사업이나 사업장은 그러하지 아니하다.
② 노사협의회는 근로자와 사용자를 대표하는 같은 수의 위원으로 구성하되, 각 3명 이상 10명 이하로 한다.
③ 중앙노동위원회 위원장은 노사협의회 위원으로서의 직무수행과 관련하여 사용자가 근로자위원에게 불이익을 주는 처분을 하는 경우에는 그 시정을 명할 수 있다.
④ 노사협의회의 사용자를 대표하는 위원은 해당 사업이나 사업장의 대표자와 그 대표자가 위촉하는 자로 한다.
⑤ 노사협의회의 근로자를 대표하는 위원은 근로자 과반수가 참여하여 직접·비밀·무기명 투표로 선출하되, 근로자의 과반수로 조직된 노동조합이 있는 경우에는 노동조합의 대표자와 그 노동조합이 위촉하는 자로 한다.

해설

① (O) 근참법 제4조 제1항
② (O) 근참법 제6조 제1항
③ (×) 고용노동부장관은 사용자가 근로자위원에게 불이익을 주는 처분을 하거나 근로자위원의 선출에 개입하거나 방해하는 경우에는 그 시정(是正)을 명할 수 있다(근참법 제11조).
④ (O) 근참법 제6조 제4항
⑤ (O) 근참법 제6조 제2항·제3항

답 ❸

004 근로자참여 및 협력증진에 관한 법령상 노사협의회의 위원 등에 관한 설명으로 옳지 않은 것은?

□□□

23 노무

① 노사협의회는 근로자와 사용자를 대표하는 같은 수의 위원으로 구성하여야 하며 위원 수에 대한 제한이 있다.

② 노사협의회의 근로자위원의 선출에 입후보하려는 사람은 해당 사업이나 사업장의 근로자여야 한다.

③ 노사협의회의 근로자위원의 결원이 생기면 30일 이내에 보궐위원을 위촉하거나 선출하되, 근로자의 과반수로 구성된 노동조합이 조직되어 있지 아니한 사업 또는 사업장에서는 근로자위원 선출 투표에서 선출되지 못한 사람 중 득표순에 따른 차점자를 근로자위원으로 할 수 있다.

④ 노사협의회의 위원은 무보수로 한다는 명문의 규정상 위원의 노사협의회 출석 시간과 이와 관련된 시간은 노사협의회 규정으로 정한 경우에도 근로한 시간으로 볼 수 없다.

⑤ 사용자는 근로자위원의 업무를 위하여 장소의 사용 등 기본적인 편의를 제공하여야 할 의무가 있다.

해설

① (○) 노사협의회는 근로자와 사용자를 대표하는 같은 수의 위원으로 구성하되, 각 3명 이상 10명 이하로 한다(근참법 제6조 제1항).

② (○) 근참법 시행령 제3조

③ (○) 근참법 시행령 제4조

④ (×) 노사협의회의 위원은 비상임 · 무보수로 한다. 위원의 협의회 출석 시간과 이와 직접 관련된 시간으로서 노사협의회규정으로 정한 시간은 근로한 시간으로 본다(근참법 제9조 제1항 · 제3항).

⑤ (○) 근참법 제10조 제2항

답 ❹

005 □□□ **근로자참여 및 협력증진에 관한 법률상 노사협의회에 관한 설명으로 옳지 않은 것은?** 23 노무

① 노사협의회란 근로자와 사용자가 참여와 협력을 통하여 근로자의 복지증진과 기업의 건전한 발전을 도모하기 위하여 구성하는 협의기구를 말한다.
② 사업장 내 근로자 감시 설비의 설치는 노사협의회가 협의하여야 할 사항에 해당한다.
③ 사용자는 고충처리위원회에서 의결되지 아니한 사항에 대하여는 노사협의회의 의결을 거쳐야 한다.
④ 노사협의회는 노사협의회에서 의결된 사항의 해석에 관하여 의견이 일치하지 아니하는 경우 노동위원회의 중재를 받을 수 있다.
⑤ 법령에 따른 노사협의회의 설치를 정당한 사유 없이 거부하거나 방해한 자는 1년 이하의 징역 또는 1천만원 이하의 벌금에 처한다.

해설

① (O) 근참법 제3조 제1호
② (O) 근참법 제20조 제1항 제14호
③ (O) 근참법 제21조 제4호
④ (O) 노사협의회는 의결 사항에 관하여 협의회가 의결하지 못한 경우, 협의회에서 의결된 사항의 해석이나 이행방법 등에 관하여 의견이 일치하지 아니하는 경우에는 근로자위원과 사용자위원의 합의로 협의회에 중재기구(仲裁機構)를 두어 해결하거나 노동위원회나 그 밖의 제3자에 의한 중재를 받을 수 있다(근참법 제25조 제1항).
⑤ (×) 노사협의회의 설치를 정당한 사유 없이 거부하거나 방해한 자는 1천만원 이하의 벌금에 처한다(근참법 제30조 제1호, 제4조 제1항).

협의 사항(근참법 제20조)

① 협의회가 협의하여야 할 사항은 다음 각 호와 같다.
1. 생산성 향상과 성과 배분
2. 근로자의 채용・배치 및 교육훈련
3. 근로자의 고충처리
4. 안전, 보건, 그 밖의 작업환경 개선과 근로자의 건강증진
5. 인사・노무관리의 제도 개선
6. 경영상 또는 기술상의 사정으로 인한 인력의 배치전환・재훈련・해고 등 고용조정의 일반원칙
7. 작업과 휴게 시간의 운용
8. 임금의 지불방법・체계・구조 등의 제도 개선
9. 신기계・기술의 도입 또는 작업 공정의 개선
10. 작업 수칙의 제정 또는 개정
11. 종업원지주제(從業員持株制)와 그 밖에 근로자의 재산형성에 관한 지원
12. 직무 발명 등과 관련하여 해당 근로자에 대한 보상에 관한 사항
13. 근로자의 복지증진
14. 사업장 내 근로자 감시 설비의 설치
15. 여성근로자의 모성보호 및 일과 가정생활의 양립을 지원하기 위한 사항
16. 남녀고용평등과 일・가정 양립 지원에 관한 법률 제2조 제2호에 따른 직장 내 성희롱 및 고객 등에 의한 성희롱 예방에 관한 사항
17. 그 밖의 노사협조에 관한 사항

② 협의회는 제1항 각 호의 사항에 대하여 제15조의 정족수에 따라 의결할 수 있다.

답 ⑤

006 □□□ **근로자참여 및 협력증진에 관한 법령상 노사협의회에 관한 설명으로 옳지 않은 것은?(다툼이 있으면 판례에 따름)** 22 노무

① 노사협의회는 근로조건에 대한 결정권이 있는 사업이나 사업장 단위로 설치하여야 한다.
② 하나의 사업에 종사하는 전체 근로자 수가 30명 이상이면 해당 근로자가 지역별로 분산되어 있더라도 그 주된 사무소에 노사협의회를 설치하여야 한다.
③ 근로자의 교육훈련 및 능력개발 기본계획의 수립에 대하여는 노사협의회의 의결을 거쳐야 한다.
④ 임금의 지불방법·체계·구조 등의 제도 개선은 노사협의회의 협의사항이다.
⑤ 근로조건 기타 노사관계에 관한 합의가 노사협의회의 협의를 거쳐서 단체협약의 실질적·형식적 요건을 갖추었다 하더라도 이는 단체협약이라고 볼 수 없다.

해설

① (○) 근참법 제4조 제1항 본문
② (○) 근참법 시행령 제2조
③ (○) 근참법 제21조 제1호
④ (○) 근참법 제20조 제1항 제8호
⑤ (×) 단체협약은 노동조합이 사용자 또는 사용자단체와 근로조건 기타 노사관계에서 발생하는 사항에 관한 합의를 문서로 작성하여 당사자 쌍방이 서명날인함으로써 성립하는 것이고, 그 합의가 반드시 정식의 단체교섭절차를 거쳐서 이루어져야만 하는 것은 아니다. 따라서 노동조합과 사용자 사이에 근로조건 기타 노사관계에 관한 합의가 노사협의회의 협의를 거쳐서 성립되었더라도, 당사자 쌍방이 이를 단체협약으로 할 의사로 문서로 작성하여 당사자 쌍방의 대표자가 각 노동조합과 사용자를 대표하여 서명날인하는 등으로 단체협약의 실질적·형식적 요건을 갖추었다면 이는 단체협약이라고 보아야 한다(대판 2018.7.26. 2016다205908).

답 ❺

007 근로자참여 및 협력증진에 관한 법률상 노사협의회에 관한 설명으로 옳지 않은 것은? 21 노무

□□□

① 노사협의회는 근로자와 사용자를 대표하는 같은 수의 위원으로 구성하되, 각 3명 이상 10명 이하로 한다.
② 노사협의회는 3개월마다 정기적으로 회의를 개최하여야 한다.
③ 노사협의회 의장은 노사 일방의 대표자가 회의의 목적을 문서로 밝혀 회의의 소집을 요구하면 그 요구에 따라야 한다.
④ 노사협의회 회의는 근로자위원과 사용자위원 각 과반수의 출석으로 개최하고 출석위원 과반수의 찬성으로 의결한다.
⑤ 사용자는 각종 노사공동위원회의 설치에 해당하는 사항에 대하여는 노사협의회의 의결을 거쳐야 한다.

해설

① (○) 근참법 제6조 제1항
② (○) 근참법 제12조 제1항
③ (○) 근참법 제13조 제2항
④ (×) 노사협의회 회의는 근로자위원과 사용자위원 각 과반수의 출석으로 개최하고 출석위원 3분의 2 이상의 찬성으로 의결한다(근참법 제15조).
⑤ (○) 근참법 제21조 제5호

의결사항(근참법 제21조)

사용자는 다음 각 호의 어느 하나에 해당하는 사항에 대하여는 협의회의 의결을 거쳐야 한다.

1. 근로자의 교육훈련 및 능력개발 기본계획의 수립
2. 복지시설의 설치와 관리
3. 사내근로복지기금의 설치
4. 고충처리위원회에서 의결되지 아니한 사항
5. 각종 노사공동위원회의 설치

답 ❹

PART 1 PART 2 PART 3

008 근로자참여 및 협력증진에 관한 법률상 노사협의회의 의결 사항에 해당하는 것을 모두 고른 것은?

□□□ 16 사시

ㄱ. 사업장 내 근로자 감시 설비의 설치
ㄴ. 근로자의 채용・배치
ㄷ. 근로자의 교육훈련 기본계획의 수립
ㄹ. 고충처리위원회에서 의결되지 아니한 사항

① ㄱ, ㄴ ② ㄱ, ㄷ
③ ㄴ, ㄷ ④ ㄴ, ㄹ
⑤ ㄷ, ㄹ

해설

ㄷ. 근로자의 교육훈련 기본계획의 수립, ㄹ. 고충처리위원회에서 의결되지 아니한 사항 등이 근참법 제21조 제1호, 제4호에서 정한 노사협의회의 의결 사항에 해당한다.

답 ❺

009 근로자참여 및 협력증진에 관한 법률상 노사협의회에 관한 설명으로 옳지 않은 것은? 20 노무

□□□

① 노사협의회는 근로조건에 대한 결정권이 있는 사업이나 사업장 단위로 설치하여야 한다. 다만, 상시(常時) 30명 미만의 근로자를 사용하는 사업이나 사업장은 그러하지 아니하다.
② 노사협의회는 근로자와 사용자를 대표하는 같은 수의 위원으로 구성하되, 각 3명 이상 10명 이하로 한다.
③ 노사협의회에 의장을 두며, 의장은 위원 중에서 사용자가 지명한다. 이 경우 근로자위원과 사용자위원 중 각 1명을 공동의장으로 할 수 있다.
④ 사용자는 노사협의회 위원으로서의 직무수행과 관련하여 근로자위원에게 불이익을 주는 처분을 하여서는 아니 된다.
⑤ 노사협의회 위원은 비상임・무보수로 하며, 위원의 협의회 출석시간과 이와 직접 관련된 시간으로서 노사협의회규정으로 정한 시간은 근로한 시간으로 본다.

해설

① (O) 근참법 제4조 제1항
② (O) 근참법 제6조 제1항
③ (×) 노사협의회에 의장을 두며, 의장은 위원 중에서 호선(互選)한다. 이 경우 근로자위원과 사용자위원 중 각 1명을 공동의장으로 할 수 있다(근참법 제7조 제1항).
④ (O) 근참법 제9조 제2항
⑤ (O) 근참법 제9조 제1항・제3항

답 ❸

010 근로자참여 및 협력증진에 관한 법률상 노사협의회에 관한 설명으로 옳지 않은 것은? 17 노무

□□□

① 근로조건에 대한 결정권이 있는 상시 30명 이상의 근로자를 사용하는 사업이나 사업장 단위로 설치하여야 한다.
② 하나의 사업에 지역을 달리하는 사업장이 있을 경우에는 그 사업장에도 설치할 수 있다.
③ 근로자위원은 근로자 과반수가 참여하여 직접·비밀·무기명 투표로 선출하되, 근로자의 과반수로 조직된 노동조합이 있는 경우에는 노동조합의 대표자와 그 노동조합이 위촉하는 자로 한다.
④ 사용자위원은 해당 사업이나 사업장의 대표자와 그 대표자가 위촉하는 자로 한다.
⑤ 근로자위원은 근로자 과반수가 참여하여 직접·비밀·무기명 투표로 선출하되, 사업의 특수성으로 인하여 부득이한 경우에는 위원선거인을 근로자 과반수가 참여한 직접·비밀·무기명 투표로 선출하고 위원선거인 과반수가 참여한 간접·비밀·무기명 투표로 근로자위원을 선출할 수 있다.

해설

① (○) 노사협의회는 근로조건에 대한 결정권이 있는 사업이나 사업장 단위로 설치하여야 한다. 다만, 상시(常時) 30명 미만의 근로자를 사용하는 사업이나 사업장은 그러하지 아니하다(근참법 제4조 제1항).
② (○) 하나의 사업에 지역을 달리하는 사업장이 있을 경우에는 그 사업장에도 설치할 수 있다(근참법 제4조 제2항).
③ (○) 근참법 제6조 제2항·제3항
④ (○) 사용자를 대표하는 위원은 해당 사업이나 사업장의 대표자와 그 대표자가 위촉하는 자로 한다(근참법 제6조 제4항).
⑤ (×) 근로자위원은 근로자 과반수가 참여하여 직접·비밀·무기명 투표로 선출한다. 다만, 사업 또는 사업장의 특수성으로 인하여 부득이한 경우에는 부서별로 근로자 수에 비례하여 근로자위원을 선출할 근로자(이하 "위원선거인")를 근로자 과반수가 참여한 직접·비밀·무기명 투표로 선출하고 위원선거인 과반수가 참여한 직접·비밀·무기명 투표로 근로자위원을 선출할 수 있다(근참법 제6조 제2항).

답 ❺

011 근로자참여 및 협력증진에 관한 법률상 사용자가 노사협의회 정기회의에 보고할 사항이 아닌 것은? 19 노무

□□□

① 경영계획 전반 및 실적에 관한 사항
② 사내근로복지기금의 설치에 관한 사항
③ 분기별 생산계획과 실적에 관한 사항
④ 인력계획에 관한 사항
⑤ 기업의 경제적·재정적 상황

해설

① (○), ② (×), ③ (○), ④ (○), ⑤ (○)
사내근로복지기금의 설치에 관한 사항은 근참법 제22조 제1항에서 정한 정기회의에 보고할 사항에 해당하지 아니한다.

> **보고사항 등(근참법 제22조)**
> ① 사용자는 정기회의에 다음 각 호의 어느 하나에 해당하는 사항에 관하여 성실하게 보고하거나 설명하여야 한다.
> 1. 경영계획 전반 및 실적에 관한 사항
> 2. 분기별 생산계획과 실적에 관한 사항
> 3. 인력계획에 관한 사항
> 4. 기업의 경제적·재정적 상황

답 ❷

012 근로자참여 및 협력증진에 관한 법률상 노사협의회의 의결사항으로 옳은 것은? 14 노무

□□□

① 근로자의 교육훈련 및 능력개발 기본계획의 수립
② 사업장 내 근로자 감시 설비의 설치
③ 기업의 경제적·재정적 상황
④ 인력계획에 관한 사항
⑤ 근로자의 고충처리

해설

근로자의 교육훈련 및 능력개발 기본계획의 수립이 근참법 제21조 제1호에서 정한 노사협의회의 의결사항이다.

의결사항(근참법 제21조)

사용자는 다음 각 호의 어느 하나에 해당하는 사항에 대하여는 협의회의 의결을 거쳐야 한다.

1. 근로자의 교육훈련 및 능력개발 기본계획의 수립
2. 복지시설의 설치와 관리
3. 사내근로복지기금의 설치
4. 고충처리위원회에서 의결되지 아니한 사항
5. 각종 노사공동위원회의 설치

답 ❶

CHAPTER

09 노동위원회

제1절 서 설

제2절 노동위원회의 종류와 소관사무 및 조직

001 □□□ **노동위원회법상 노동위원회에 관한 설명으로 옳지 않은 것은?** 18 노무

① 특별노동위원회는 관계법률에서 정하는 사항을 관장하기 위하여 필요한 경우에 해당 사항을 관장하는 중앙행정기관의 장 소속으로 둔다.
② 둘 이상의 지방노동위원회의 관할 구역에 걸친 노동쟁의의 조정사건은 주된 사업장의 소재지를 관할하는 지방노동위원회에서 관장한다.
③ 지방노동위원회의 근로자위원은 노동조합이 추천한 사람 중에서 지방노동위원회 위원장의 제청으로 중앙노동위원회 위원장이 위촉한다.
④ 상임위원은 해당 노동위원회의 공익위원이 된다.
⑤ 노동위원회의 전원회의는 재적위원 과반수의 출석으로 개의한다.

해설

① (○) 노위법 제2조 제3항
② (×) 둘 이상의 지방노동위원회의 관할구역에 걸친 노동쟁의의 조정사건은 중앙노동위원회가 관장한다(노위법 제3조 제1항 제2호). 한편 지방노동위원회는 해당 관할구역에서 발생하는 사건을 관장하되, 둘 이상의 관할구역에 걸친 사건(조정사건은 제외)은 주된 사업장의 소재지를 관할하는 지방노동위원회에서 관장한다(노위법 제3조 제2항).
③ (○) 노위법 제6조 제3항 제2호
④ (○) 상임위원은 해당 노동위원회의 공익위원이 되며, 심판사건, 차별적 처우 시정사건, 조정사건을 담당할 수 있다(노위법 제11조 제2항).
⑤ (○) 노위법 제17조 제1항

답 ❷

002 □□□ **노동위원회법상 노동위원회에 관한 설명으로 옳지 않은 것은?** 17 노무

① 둘 이상의 관할 구역에 걸친 사건은 신청인의 주소지를 관할하는 지방노동위원회가 관장한다.
② 노동위원회는 접수된 사건이 다른 노동위원회의 관할인 경우에는 지체 없이 해당 사건을 관할 노동위원회로 이송하여야 한다.
③ 중앙노동위원회 근로자위원은 노동조합이 추천한 사람 중에서 고용노동부장관의 제청으로 대통령이 위촉한다.
④ 노동위원회는 노동조합 및 노동관계조정법에 따른 판정에 관한 사건에서 사회취약계층을 위하여 변호사나 공인노무사로 하여금 권리구제업무를 대리하게 할 수 있다.
⑤ 노동위원회는 공익위원의 자격기준에 따라 노동문제에 관한 지식과 경험이 있는 사람을 공익위원으로 위촉하되, 여성의 위촉이 늘어날 수 있도록 노력하여야 한다.

해설

① (×) 지방노동위원회는 해당 관할 구역에서 발생하는 사건을 관장하되, 둘 이상의 관할 구역에 걸친 사건은 주된 사업장의 소재지를 관할하는 지방노동위원회에서 관장한다(노위법 제3조 제2항). 한편 둘 이상의 지방노동위원회의 관할 구역에 걸친 노동쟁의의 조정(調整)사건은 중앙노동위원회가 관장한다(노위법 제3조 제1항 제2호).
② (○) 노위법 제3조의2 제1항 전문
③ (○) 노위법 제6조 제3항 제1호
④ (○) 노위법 제6조의2 제1항
⑤ (○) 노위법 제8조 제1항

답 ❶

003 □□□ **노동위원회법상 노동위원회에 관한 설명으로 옳지 않은 것은?** 14 노무

① 중앙노동위원회와 지방노동위원회는 고용노동부장관 소속하에 둔다.
② 2 이상의 지방노동위원회의 관할구역에 걸친 노동쟁의의 조정사건은 중앙노동위원회가 관장한다.
③ 고용노동부장관은 중앙노동위원회 및 지방노동위원회의 예산・인사・교육훈련 기타 행정사무를 총괄하며, 소속공무원을 지휘・감독한다.
④ 노동위원회 위원의 임기는 3년으로 하되, 연임할 수 있다.
⑤ 노동위원회는 판정・결정・승인・인정 또는 차별시정 등에 관한 사건에 있어서 사회취약계층을 위하여 공인노무사로 하여금 권리구제업무를 대리하게 할 수 있다.

해설

① (○) 노위법 제2조 제2항
② (○) 노위법 제3조 제1항 제2호
③ (×) 중앙노동위원회위원장은 중앙노동위원회 및 지방노동위원회의 예산・인사・교육훈련 기타 행정사무를 총괄하며, 소속공무원을 지휘・감독한다(노위법 제4조 제2항).
④ (○) 노위법 제7조 제1항
⑤ (○) 노위법 제6조의2 제1항

답 ❸

004 □□□ **노동위원회법상 노동위원회에 관한 설명으로 옳지 않은 것은?** 20 노무

① 노동위원회는 중앙노동위원회, 지방노동위원회 및 특별노동위원회로 구분한다.
② 중앙노동위원회와 지방노동위원회는 고용노동부장관 소속으로 둔다.
③ 노동위원회는 그 권한에 속하는 업무를 독립적으로 수행한다.
④ 중앙노동위원회는 지방노동위원회 및 특별노동위원회의 처분에 대한 재심사건을 관장한다.
⑤ 고용노동부장관은 중앙노동위원회 및 지방노동위원회의 예산·인사·교육훈련, 그 밖의 행정사무를 총괄하며, 소속 공무원을 지휘·감독한다.

해설

① (O) 노위법 제2조 제1항
② (O) 노위법 제2조 제2항
③ (O) 노위법 제4조 제1항
④ (O) 노위법 제3조 제1항 제1호
⑤ (×) 중앙노동위원회 위원장은 중앙노동위원회 및 지방노동위원회의 예산·인사·교육훈련, 그 밖의 행정사무를 총괄하며, 소속 공무원을 지휘·감독한다(노위법 제4조 제2항).

답 ❺

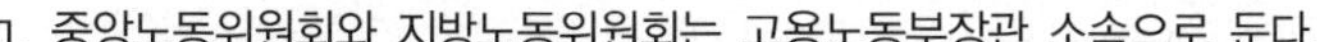

005 □□□ **노동위원회법상 노동위원회에 관한 설명으로 옳은 것을 모두 고른 것은?** 23 노무

ㄱ. 중앙노동위원회와 지방노동위원회는 고용노동부장관 소속으로 둔다.
ㄴ. 특별노동위원회는 관계 법률에서 정하는 사항을 관장하기 위하여 필요한 경우에 해당 사항을 관장하는 중앙행정기관의 장 소속으로 둔다.
ㄷ. 중앙노동위원회 위원장은 중앙노동위원회 및 지방노동위원회의 예산·인사·교육훈련, 그 밖의 행정사무를 총괄한다.
ㄹ. 노동위원회 위원장은 해당 노동위원회의 공익위원이 되며, 심판사건, 차별적 처우 시정사건을 담당하되 조정사건은 담당할 수 없다.

① ㄱ
② ㄴ, ㄷ
③ ㄱ, ㄴ, ㄷ
④ ㄱ, ㄴ, ㄹ
⑤ ㄴ, ㄷ, ㄹ

해설

ㄱ. (O) 중앙노동위원회와 지방노동위원회는 고용노동부장관 소속으로 두며, 지방노동위원회의 명칭·위치 및 관할구역은 대통령령으로 정한다(노위법 제2조 제2항).
ㄴ. (O) 노위법 제2조 제3항
ㄷ. (O) 중앙노동위원회 위원장은 중앙노동위원회 및 지방노동위원회의 예산·인사·교육훈련, 그 밖의 행정사무를 총괄하며, 소속 공무원을 지휘·감독한다(노위법 제4조 제2항).
ㄹ. (×) 노동위원회 위원장은 해당 노동위원회(중앙노동위원회, 지방노동위원회)의 공익위원이 되며, 심판사건, 차별적 처우 시정사건, 조정사건을 담당할 수 있다(노위법 제9조 제2항·제4항).

답 ❸

006 □□□ **노동조합 및 노동관계조정법상 행정관청이 노동위원회의 의결을 얻어 할 수 있는 사항을 모두 묶은 것은?** 09 사시

> ㄱ. 노동관계법령에 위반된 노동조합 규약의 시정명령
> ㄴ. 노동조합에 대한 자료제출 요구
> ㄷ. 지역단위에서 단체협약의 효력확장 결정
> ㄹ. 사업장 단위에서 단체협약의 효력확장 결정

① ㄱ
② ㄱ, ㄷ
③ ㄴ, ㄷ
④ ㄴ, ㄷ, ㄹ
⑤ ㄱ, ㄴ, ㄷ, ㄹ

해설

ㄱ. (○) 행정관청은 노동조합의 규약이 노동관계법령에 위반한 경우에는 노동위원회의 의결을 얻어 그 시정을 명할 수 있다(노조법 제21조 제1항).

ㄴ. (×) 노동조합은 행정관청이 요구하는 경우에는 결산결과와 운영상황을 보고하여야 한다(노조법 제27조).

ㄷ. (○) 하나의 지역에 있어서 종업하는 동종의 근로자 3분의 2 이상이 하나의 단체협약의 적용을 받게 된 때에는 행정관청은 당해 단체협약의 당사자의 쌍방 또는 일방의 신청에 의하거나 그 직권으로 노동위원회의 의결을 얻어 당해 지역에서 종업하는 다른 동종의 근로자와 그 사용자에 대하여도 당해 단체협약을 적용한다는 결정을 할 수 있다(노조법 제36조 제1항).

ㄹ. (×) 하나의 사업 또는 사업장에 상시 사용되는 동종의 근로자 반수 이상이 하나의 단체협약의 적용을 받게 된 때에는 당해 사업 또는 사업장에 사용되는 다른 동종의 근로자에 대하여도 당해 단체협약이 적용된다(노조법 제35조).

답 ❷

007 □□□ **다음 각 사항을 신고하여야 할 기관과 옳게 짝지은 것은?(행정관청은 노동조합 및 노동관계조정법상 행정관청임)** 08 사시

① 취업규칙의 작성・변경 – 노동위원회
② 노동조합의 해산 – 행정관청과 노동위원회
③ 단체협약 – 노동위원회
④ 직장폐쇄 – 행정관청과 노동위원회
⑤ 노사협의회의 의결사항 – 행정관청

해설

① (×) 상시 10명 이상의 근로자를 사용하는 사용자는 취업규칙을 작성하여 고용노동부장관에게 신고하여야 한다. 이를 변경하는 경우에도 또한 같다(근기법 제93조).

② (×) 규약에서 정한 해산사유가 발생한 경우, 합병 또는 분할로 소멸한 경우, 총회 또는 대의원회의 해산결의가 있는 경우 등의 사유로 노동조합이 해산한 때에는 그 대표자는 해산한 날부터 15일 이내에 행정관청에게 이를 신고하여야 한다(노조법 제28조 제2항).

③ (×) 단체협약의 당사자는 단체협약의 체결일부터 15일 이내에 이를 행정관청에게 신고하여야 한다(노조법 제31조 제2항).

④ (○) 사용자는 직장폐쇄를 할 경우에는 미리 행정관청 및 노동위원회에 각각 신고하여야 한다(노조법 제46조 제2항).

⑤ (×) 노사협의회의 의결사항을 행정관청에 신고하도록 하는 근참법 규정은 존재하지 아니한다.

답 ❹

제3절 노동위원회의 회의

008 노동위원회법상 노동위원회에 관한 설명으로 옳지 않은 것은? 15 노무

① 노동위원회는 중앙노동위원회 · 지방노동위원회 및 특별노동위원회로 구분한다.

② 노동위원회 위원의 임기는 3년으로 하되, 연임할 수 있다.

③ 위원장 또는 상임위원이 궐위되어 후임자를 임명한 경우 후임자의 임기는 새로이 개시된다.

④ 노동위원회의 전원회의는 재적위원 과반수의 출석으로 개의하고 출석위원 과반수의 찬성으로 의결한다.

⑤ 노동위원회는 그 처분에 관하여 당사자에게 서면으로 통지하여야 하며, 처분의 효력은 명령서 · 결정서 또는 재심판정서를 송달한 날부터 발생한다.

해설

① (O) 노위법 제2조 제1항

② (O) 노위법 제7조 제1항

③ (O) 노동위원회 위원이 궐위(闕位)된 경우 보궐위원의 임기는 전임자 임기의 남은 기간으로 한다. 다만, 노동위원회 위원장 또는 상임위원이 궐위되어 후임자를 임명한 경우 후임자의 임기는 새로 시작된다(노위법 제7조 제2항).

④ (O) 노위법 제17조 제1항

⑤ (×) 노동위원회는 처분결과를 당사자에게 서면으로 송달하여야 하며, 처분의 효력은 판정서 · 명령서 · 결정서 또는 재심판정서를 송달받은 날부터 발생한다(노위법 제17조의2 제2항).

 답 ⑤

009 노동위원회법상 노동위원회에 관한 설명으로 옳지 않은 것은? 22 노무

□□□

① 공익위원은 해당 노동위원회 위원장, 노동조합 및 사용자단체가 각각 추천한 사람 중에서 노동조합과 사용자단체가 순차적으로 배제하고 남은 사람을 위촉대상 공익위원으로 한다.

② 관계당사자 양쪽이 모두 단독심판을 신청하거나 단독심판으로 처리하는 것에 동의한 경우 단독심판으로 사건을 처리할 수 있다.

③ 노동위원회 위원의 임기는 3년으로 하되, 연임할 수 없다.

④ 중앙노동위원회의 처분에 대한 소송은 중앙노동위원회 위원장을 피고(被告)로 하여 제기하여야 한다.

⑤ 노동위원회법에 따라 작성된 화해조서는 민사소송법에 따른 재판상 화해의 효력을 갖는다.

해설

① (O) 노위법 제6조 제4항

② (O) 위원장은 관계당사자 양쪽이 모두 단독심판을 신청하거나 단독심판으로 처리하는 것에 동의한 경우에 심판담당 공익위원 또는 차별시정담당 공익위원 중 1명을 지명하여 사건을 처리하게 할 수 있다(노위법 제15조의2).

③ (×) 노동위원회 위원의 임기는 3년으로 하되, 연임할 수 있다(노위법 제7조 제1항).

④ (O) 중앙노동위원회의 처분에 대한 소송은 중앙노동위원회 위원장을 피고(被告)로 하여 처분의 송달을 받은 날부터 15일 이내에 제기하여야 한다(노위법 제27조 제1항).

⑤ (O) 노위법 제16조의3 제5항

답 ❸

010 노동위원회법상 노동위원회에 관한 설명으로 옳은 것은? 23 노무

□□□

① 중앙노동위원회 및 지방노동위원회에는 사무처를 둔다.
② 중앙노동위원회 상임위원은 사무처장을 겸직할 수 없다.
③ 부문별 위원회 위원장은 부문별 위원회의 원활한 운영을 위하여 필요하다고 인정하는 경우에 주심위원을 지명하여 사건의 처리를 주관하게 하여야 한다.
④ 노동위원회는 판정·명령 또는 결정이 있기 전까지 화해안을 제시할 수 있으며 관계 당사자가 화해안을 수락하였을 때에는 취하조서를 작성하여야 한다.
⑤ 노동위원회의 부문별 위원회의 회의는 구성위원 전원의 출석으로 개의한다.

해설

① (×) 중앙노동위원회에는 사무처를 두고, 지방노동위원회에는 사무국을 둔다(노위법 제14조 제1항).
② (×) 사무처장은 중앙노동위원회 상임위원 중 1명이 겸직한다(노위법 제14조의2 제2항).
③ (×) 부문별 위원회 위원장은 부문별 위원회의 원활한 운영을 위하여 필요하다고 인정하는 경우에 주심위원을 지명하여 사건의 처리를 주관하게 할 수 있다(노위법 제16조의2).
④ (×) 노동위원회는 판정·명령 또는 결정이 있기 전까지 관계 당사자의 신청을 받아 또는 직권으로 화해를 권고하거나 화해안을 제시할 수 있고, 관계 당사자가 화해안을 수락하였을 때에는 화해조서를 작성하여야 한다(노위법 제16조의3 제1항·제3항).
⑤ (○) 부문별 위원회의 회의는 구성위원 전원의 출석으로 개의하고, 출석위원 과반수의 찬성으로 의결한다(노위법 제17조 제2항).

답 ⑤

011 노동위원회법상 노동위원회에 관한 설명으로 옳은 것은? 21 노무

□□□

① 노동위원회 상임위원은 심판사건을 담당할 수 있으나, 차별적 처우 시정사건을 담당할 수 없다.
② 지방노동위원회 공익위원은 중앙노동위원회 위원장의 제청으로 고용노동부장관이 위촉한다.
③ 노동위원회 처분의 효력은 판정·명령·결정 또는 재심판정을 한 날부터 발생한다.
④ 노동위원회의 사건처리에 관여한 위원이나 직원 또는 그 위원이었거나 직원이었던 변호사·공인노무사 등은 영리를 목적으로 그 사건에 관한 직무를 하면 아니 된다.
⑤ 차별시정위원회는 남녀고용평등과 일·가정 양립 지원에 관한 법률, 기간제 및 단시간근로자 보호 등에 관한 법률에 따른 차별적 처우의 시정과 관련된 사항을 처리한다.

해설

① (×) 상임위원은 해당 노동위원회의 공익위원이 되며, 심판사건, 차별적 처우 시정사건, 조정사건을 담당할 수 있다(노위법 제11조 제2항).
② (×) 지방노동위원회 공익위원은 지방노동위원회 위원장의 제청으로 중앙노동위원회 위원장이 위촉한다(노위법 제6조 제4항 제2호).
③ (×) 노동위원회는 처분결과를 당사자에게 서면으로 송달하여야 하며, 처분의 효력은 판정서·명령서·결정서 또는 재심판정서를 송달받은 날부터 발생한다(노위법 제17조의2 제2항).
④ (○) 노위법 제28조 제2항
⑤ (×) 차별시정위원회는 차별시정담당 공익위원 중 위원장이 지명하는 3명으로 구성하며, 기간제 및 단시간근로자 보호 등에 관한 법률, 파견근로자 보호 등에 관한 법률, 산업현장 일학습병행 지원에 관한 법률 또는 남녀고용평등과 일·가정 양립 지원에 관한 법률에 따른 차별적 처우의 시정 등과 관련된 사항을 처리한다(노위법 제15조 제4항).

답 ④

012 □□□

노동위원회법상 노동위원회에 관한 설명으로 옳지 않은 것은? 19 노무

① 노동위원회는 중앙노동위원회, 지방노동위원회 및 특별노동위원회로 구분한다.
② 노동위원회는 관계 행정기관으로 하여금 근로조건의 개선에 필요한 조치를 하도록 권고할 수 있고, 권고를 받은 관계 행정기관은 특별한 사유가 없으면 이에 따라야 한다.
③ 노동위원회의 처분의 효력은 판정서·명령서·결정서를 송달받은 날부터 발생한다.
④ 중앙노동위원회의 처분에 대한 소송은 중앙노동위원회 위원장을 피고로 한다.
⑤ 노동위원회의 보고 또는 서류 제출 요구에 응하지 아니하는 자는 형사처벌 대상이 된다.

해설

① (O) 노위법 제2조 제1항
② (×) 노동위원회는 그 사무집행을 위하여 필요하다고 인정하는 경우에 관계 행정기관에 협조를 요청할 수 있으며, 협조를 요청받은 관계 행정기관은 특별한 사유가 없으면 이에 따라야 한다. 노동위원회는 관계 행정기관으로 하여금 근로조건의 개선에 필요한 조치를 하도록 권고할 수 있다(노위법 제22조 제1항·제2항).
③ (O) 노위법 제17조의2 제2항
④ (O) 노위법 제27조 제1항
⑤ (O) 노동위원회의 보고 또는 서류제출 요구에 응하지 아니하거나 거짓으로 보고하거나 거짓의 서류를 제출한 자는 500만원 이하의 벌금에 처한다(노위법 제31조 제1호).

답 ❷

013 □□□

노동위원회법상 노동위원회에 관한 설명으로 옳지 않은 것은?  16 노무

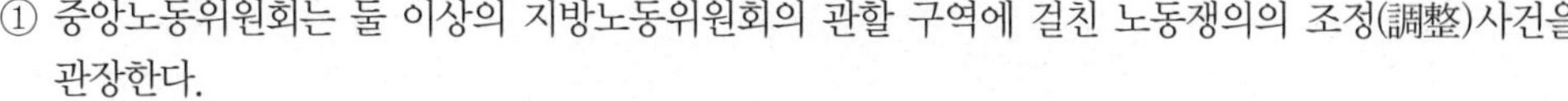
① 중앙노동위원회는 둘 이상의 지방노동위원회의 관할 구역에 걸친 노동쟁의의 조정(調整)사건을 관장한다.
② 노동위원회는 판정·명령 또는 결정이 있기 전까지 관계당사자의 신청이 있는 경우에 한하여 화해를 권고할 수 있다.
③ 노동위원회는 관계 행정기관으로 하여금 근로조건의 개선에 필요한 조치를 하도록 권고할 수 있다.
④ 노동위원회 위원의 임기는 3년으로 하되, 연임할 수 있다.
⑤ 노동위원회의 사건처리에 관여한 위원이나 직원 또는 그 위원이었거나 직원이었던 변호사·공인노무사 등은 영리를 목적으로 그 사건에 관한 직무를 하면 아니 된다.

해설

① (O) 노위법 제3조 제1항 제2호
② (×) 노동위원회는 판정·명령 또는 결정이 있기 전까지 관계당사자의 신청을 받아 또는 직권으로 화해를 권고하거나 화해안을 제시할 수 있다(노위법 제16조의3 제1항).
③ (O) 노위법 제22조 제2항
④ (O) 노위법 제7조 제1항
⑤ (O) 노위법 제28조 제2항

답 ❷

014 노동위원회에 관한 설명 중 옳지 않은 것은?(다툼이 있는 경우 판례에 의함) 16 사시

□□□

① 노동위원회의 화해조서는 민사소송법에 따른 재판상 화해의 효력을 가진다.

② 노동위원회는 판정・결정・승인・인정 또는 차별시정 등에 관한 사건에서 사회취약계층을 위하여 변호사나 공인노무사로 하여금 권리구제업무를 대리하게 할 수 있다.

③ 노동위원회에 부당해고 구제신청을 하였더라도 민사소송법에서 해고의 효력을 다툴 수 있다.

④ 노동위원회는 처분 결과를 당사자에게 서면으로 송달하여야 하며 처분의 효력은 판정서 등을 송달받은 날부터 발생한다.

⑤ 중앙노동위원회 위원장은 지방노동위원회 또는 중앙노동위원회의 공익위원 자격을 갖춘 자 중에서 고용노동부장관의 제청으로 대통령이 임명한다.

해설

① (○) 노위법 제16조의3 제5항

② (○) 노위법 제6조의2 제1항

③ (○) 판례의 취지를 고려할 때 노동위원회의 구제 외에 직접 민사소송을 통해 해고의 효력을 다투는 것도 가능한 법리이다.

> 노동위원회의 사용자에 대한 구제명령은 사용자에게 이에 복종하여야 할 공법상의 의무를 부담시킬 뿐, 직접 노사간의 사법상의 법률관계를 발생 또는 변경시키는 것은 아니라고 할 것이므로, 노동위원회로부터 부당해고라는 구제명령이 있었고 이것이 확정되었다는 사정만으로 새로이 제기된 민사소송에서 사용자가 이를 다투는 것이 신의칙이나 금반언의 원칙에 반하여 허용될 수 없는 것이라고 하기 어렵다(대판 2006.11.23. 2006다49901).

④ (○) 노동위원회는 처분 결과를 당사자에게 서면으로 송달하여야 하며, 처분의 효력은 판정서・명령서・결정서 또는 재심판정서를 송달받은 날부터 발생한다(노위법 제17조의2 제2항).

⑤ (×) 중앙노동위원회 위원장은 중앙노동위원회의 공익위원이 될 수 있는 자격을 갖춘 사람 중에서 고용노동부장관의 제청으로 대통령이 임명하고, 지방노동위원회 위원장은 지방노동위원회의 공익위원이 될 수 있는 자격을 갖춘 사람 중에서 중앙노동위원회 위원장의 추천과 고용노동부장관의 제청으로 대통령이 임명한다(노위법 제9조 제2항).

답 ⑤

CHAPTER

10 기타 법령

제1절 공무원의 노동조합 및 운영에 관한 법률

001 공무원의 노동조합 설립 및 운영 등에 관한 법률에 관한 설명으로 옳지 않은 것은? 14 노무

□□□

① 공무원은 임용권자의 동의를 받아 노동조합으로부터 급여를 지급받으면서 노동조합의 업무에만 종사할 수 있다.

② 노동조합을 설립하려는 사람은 행정안전부장관에게 설립신고서를 제출하여야 한다.

③ 공무원은 노동조합 활동을 할 때 다른 법령에서 규정하는 공무원의 의무에 반하는 행위를 하여서는 아니 된다.

④ 노동조합과 그 조합원은 정치활동을 하여서는 아니 된다.

⑤ 노동조합과 그 조합원은 파업, 태업 또는 그 밖에 업무의 정상적인 운영을 방해하는 어떠한 행위도 하여서는 아니 된다.

해설

① (O) 공노법 제7조 제1항

② (×) 노동조합을 설립하려는 사람은 고용노동부장관에게 설립신고서를 제출하여야 한다(공노법 제5조 제2항).

③ (O) 공노법 제3조 제2항

④ (O) 공노법 제4조

⑤ (O) 공노법 제11조

답 ❷

002 □□□

공무원의 노동조합 설립 및 운영 등에 관한 법률에 관한 설명으로 옳지 않은 것은? 22 노무

① 정부교섭대표는 다른 정부교섭대표와 공동으로 교섭할 수 있지만, 다른 정부교섭대표에게 교섭 및 단체협약 체결 권한을 위임할 수 없다.

② 전임자에 대하여는 그 기간 중 국가공무원법 제71조 또는 지방공무원법 제63조에 따라 휴직명령을 하여야 한다.

③ 정부교섭대표는 법령 등에 따라 스스로 관리하거나 결정할 수 있는 권한을 가진 사항에 대하여 노동조합이 교섭을 요구할 때에는 정당한 사유가 없으면 그 요구에 따라야 한다.

④ 단체교섭이 결렬된 경우 이를 조정・중재하기 위하여 중앙노동위원회에 공무원 노동관계 조정위원회를 둔다.

⑤ 정부교섭대표는 단체협약으로서의 효력을 가지지 아니하는 내용에 대하여는 그 내용이 이행될 수 있도록 성실하게 노력하여야 한다.

해설

① (×) 정부교섭대표는 효율적인 교섭을 위하여 필요한 경우 다른 정부교섭대표와 공동으로 교섭하거나, 다른 정부교섭대표에게 교섭 및 단체협약 체결 권한을 위임할 수 있다(공노법 제8조 제3항).

② (○) 공노법 제7조 제2항

③ (○) 공노법 제8조 제2항

④ (○) 공노법 제14조 제1항

⑤ (○) 공노법 제10조 제2항

답 ❶

003 □□□

공무원의 노동조합 설립 및 운영 등에 관한 법률에 관한 설명으로 옳지 않은 것은? 21 노무

① 노동조합과 그 조합원은 정치활동을 하여서는 아니 된다.

② 정부교섭대표는 효율적인 교섭을 위하여 필요한 경우 다른 정부교섭대표와 공동으로 교섭하거나, 다른 정부교섭대표에게 교섭 및 단체협약체결권한을 위임할 수 있다.

③ 노동조합은 단체교섭을 위하여 노동조합의 대표자와 조합원으로 교섭위원을 구성하여야 한다.

④ 국가와 지방자치단체는 공무원이 전임자임을 이유로 승급이나 그 밖에 신분과 관련하여 불리한 처우를 하여서는 아니 된다.

⑤ 단체교섭이 결렬된 경우에는 당사자 어느 한쪽 또는 양쪽은 중앙노동위원회에 조정을 신청할 수 있고, 조정은 신청을 받은 날부터 15일 이내에 마쳐야 한다.

해설

① (○) 공노법 제4조

② (○) 공노법 제8조 제3항

③ (○) 공노법 제9조 제1항

④ (○) 공노법 제7조 제4항

⑤ (×) 단체교섭이 결렬(決裂)된 경우에는 당사자 어느 한쪽 또는 양쪽은 노동위원회법 제2조에 따른 중앙노동위원회에 조정을 신청할 수 있다. 조정은 조정신청을 받은 날부터 30일 이내에 마쳐야 한다. 다만, 당사자들이 합의한 경우에는 30일 이내의 범위에서 조정기간을 연장할 수 있다(공노법 제12조 제1항・제4항).

답 ❺

004 공무원의 노동조합 설립 및 운영 등에 관한 법률에 관한 설명으로 옳지 않은 것은? 23 노무

□□□

① 공무원은 노동조합 활동을 할 때 다른 법령에서 규정하는 공무원의 의무에 반하는 행위를 하여서는 아니 된다.

② 교정・수사 등 공공의 안녕과 국가안전보장에 관한 업무에 종사하는 공무원은 노동조합에 가입할 수 없다.

③ 단체협약의 내용 중 법령・조례 또는 예산에 의하여 규정되는 내용과 법령 또는 조례에 의하여 위임을 받아 규정되는 내용은 단체협약으로서의 효력을 가지지 아니한다.

④ 정부교섭대표는 효율적인 교섭을 위하여 필요한 경우 다른 정부교섭대표와 공동으로 교섭할 수 있으나 정부교섭대표가 아닌 관계 기관의 장으로 하여금 교섭에 참여하게 할 수 없다.

⑤ 단체교섭이 결렬된 경우 이를 조정・중재하기 위하여 중앙노동위원회에 공무원 노동관계 조정위원회를 둔다.

해설

① (○) 공노법 제3조 제2항

② (○) 공노법 제6조 제2항 제3호

③ (○) 공노법 제10조 제1항

④ (×) 정부교섭대표는 효율적인 교섭을 위하여 필요한 경우 다른 정부교섭대표와 공동으로 교섭하거나, 다른 정부교섭대표에게 교섭 및 단체협약 체결 권한을 위임할 수 있다. 정부교섭대표는 효율적인 교섭을 위하여 필요한 경우 정부교섭대표가 아닌 관계 기관의 장으로 하여금 교섭에 참여하게 할 수 있고, 다른 기관의 장이 관리하거나 결정할 권한을 가진 사항에 대하여는 해당 기관의 장에게 교섭 및 단체협약 체결 권한을 위임할 수 있다(공노법 제8조 제3항・제4항).

⑤ (○) 공노법 제14조 제1항

가입 범위(공노법 제6조)

① 노동조합에 가입할 수 있는 사람의 범위는 다음 각 호와 같다.

1. 일반직공무원
2. 특정직공무원 중 외무영사직렬・외교정보기술직렬 외무공무원, 소방공무원 및 교육공무원(다만, 교원은 제외)
3. 별정직공무원
4. 제1호부터 제3호까지의 어느 하나에 해당하는 공무원이었던 사람으로서 노동조합 규약으로 정하는 사람
5. 삭제 〈2011.5.23.〉

② 제1항에도 불구하고 다음 각 호의 어느 하나에 해당하는 공무원은 노동조합에 가입할 수 없다.

1. 업무의 주된 내용이 다른 공무원에 대하여 지휘・감독권을 행사하거나 다른 공무원의 업무를 총괄하는 업무에 종사하는 공무원
2. 업무의 주된 내용이 인사・보수 또는 노동관계의 조정・감독 등 노동조합의 조합원 지위를 가지고 수행하기에 적절하지 아니한 업무에 종사하는 공무원
3. 교정・수사 등 공공의 안녕과 국가안전보장에 관한 업무에 종사하는 공무원
4. 삭제 〈2021.1.5.〉

답 ❹

005 공무원의 노동조합 설립 및 운영 등에 관한 법률의 설명으로 옳지 않은 것은? 

□□□

① 공무원은 노동조합활동을 할 때 다른 법령에서 규정하는 공무원의 의무에 반하는 행위를 하여서는 아니 된다.

② 정부교섭대표는 교섭을 요구하는 노동조합이 둘 이상인 경우에는 해당 노동조합에 교섭창구를 단일화하도록 요청할 수 있고, 교섭창구가 단일화된 때에는 교섭에 응하여야 한다.

③ 노동조합의 대표자는 정부교섭대표와 교섭하려는 경우에는 교섭하려는 사항에 대하여 권한을 가진 정부교섭대표에게 서면으로 교섭을 요구하여야 한다.

④ 공무원은 단체협약으로 정하거나 정부교섭대표가 동의하는 경우 공무원근무시간면제심의위원회에서 결정된 근무시간 면제 한도를 초과하지 아니하는 범위에서 보수의 손실 없이 정부교섭대표와의 협의·교섭, 고충처리, 안전·보건활동 등의 업무와 건전한 노사관계 발전을 위한 노동조합의 유지·관리업무를 할 수 있다.

⑤ 정부교섭대표는 효율적인 교섭을 위하여 관계기관의 장을 교섭에 참여하게 하여야 한다.

해설

① (○) 공노법 제3조 제2항

② (○) 정부교섭대표는 교섭을 요구하는 노동조합이 둘 이상인 경우에는 해당 노동조합에 교섭창구를 단일화하도록 요청할 수 있다. 이 경우 교섭창구가 단일화된 때에는 교섭에 응하여야 한다(공노법 제9조 제4항).

③ (○) 공노법 제9조 제2항

④ (○) 공노법 제7조의2 제1항

⑤ (×) 정부교섭대표는 효율적인 교섭을 위하여 필요한 경우 정부교섭대표가 아닌 관계기관의 장으로 하여금 교섭에 참여하게 할 수 있다(공노법 제8조 제4항).

답 ❺

006 공무원의 노동조합 설립 및 운영 등에 관한 법률의 내용으로 옳지 않은 것은? 

□□□

① 노동조합과 그 조합원은 정치활동을 하여서는 아니 되며, 파업, 태업 또는 그 밖에 업무의 정상적인 운영을 방해하는 어떠한 행위도 하여서는 아니 된다.

② 교정·수사 등 공공의 안녕과 국가안전 보장에 관한 업무에 종사하는 공무원은 노동조합에 가입할 수 없다.

③ 국가와 지방자치단체는 공무원이 전임자임을 이유로 승급이나 그 밖에 신분과 관련하여 불리한 처우를 하여서는 아니 된다.

④ 국가와 지방자치단체는 전임자에게 그 전임기간 중 보수를 지급하여서는 아니 되나, 근로시간면제 한도를 초과하지 아니하는 범위에서 임금의 손실 없이 노동조합의 유지·관리업무를 담당하게 할 수 있다.

⑤ 단체협약의 내용 중 법령·조례 또는 예산에 의하여 규정되는 내용과 법령 또는 조례에 의하여 위임을 받아 규정되는 내용은 단체협약으로서의 효력을 가지지 아니한다.

해설

① (O) 공노법 제4조, 제11조
② (O) 공노법 제6조 제2항 제3호
③ (O) 공노법 제7조 제4항
④ (×) 종래 공노법은 국가와 지방자치단체는 전임자에게 그 전임기간 중 보수를 지급하여서는 아니 된다고 규정하고 있었으나(구 공노법 제7조 제3항), 2022.6.10. 개정 공노법에 의하면 공무원은 임용권자의 동의를 받아 노동조합으로부터 급여를 지급받으면서 노동조합의 업무에만 종사할 수 있고, 단체협약으로 정하거나 정부교섭대표가 동의하는 경우 근무시간 면제 한도를 초과하지 아니하는 범위에서 보수의 손실 없이 정부교섭대표와의 협의·교섭, 고충처리, 안전·보건활동 등 이 법 또는 다른 법률에서 정하는 업무와 건전한 노사관계 발전을 위한 노동조합의 유지·관리업무를 할 수 있다(공노법 제7조 제1항, 제7조의2 제1항).
⑤ (O) 공노법 제10조 제1항

노동조합의 조직 · 가입(노조법 제5조)

① 근로자는 자유로이 노동조합을 조직하거나 이에 가입할 수 있다. 다만, 공무원과 교원에 대하여는 따로 법률로 정한다.

근로시간 면제 등(노조법 제24조)

① 근로자는 단체협약으로 정하거나 사용자의 동의가 있는 경우에는 사용자 또는 노동조합으로부터 급여를 지급받으면서 근로계약 소정의 근로를 제공하지 아니하고 노동조합의 업무에 종사할 수 있다.
② 제1항에 따라 사용자로부터 급여를 지급받는 근로자(이하 "근로시간면제자")는 사업 또는 사업장별로 종사근로자인 조합원 수 등을 고려하여 제24조의2에 따라 결정된 근로시간면제한도를 초과하지 아니하는 범위에서 임금의 손실 없이 사용자와의 협의·교섭, 고충처리, 산업안전활동 등 이 법 또는 다른 법률에서 정하는 업무와 건전한 노사관계 발전을 위한 노동조합의 유지·관리업무를 할 수 있다.

노동조합 전임자의 지위(공노법 제7조)

① 공무원은 임용권자의 동의를 받아 노동조합으로부터 급여를 지급받으면서 노동조합의 업무에만 종사할 수 있다.
② 제1항에 따른 동의를 받아 노동조합의 업무에만 종사하는 사람[이하 "전임자"(專任者)]에 대하여는 그 기간 중 국가공무원법 제71조 또는 지방공무원법 제63조에 따라 휴직명령을 하여야 한다.
③ 삭제 〈2022.6.10.〉
④ 국가와 지방자치단체는 공무원이 전임자임을 이유로 승급이나 그 밖에 신분과 관련하여 불리한 처우를 하여서는 아니 된다.

근무시간 면제자 등(공노법 제7조의2)

① 공무원은 단체협약으로 정하거나 제8조 제1항의 정부교섭대표(이하 이 조 및 제7조의3에서 "정부교섭대표")가 동의하는 경우 제2항 및 제3항에 따라 결정된 근무시간 면제 한도를 초과하지 아니하는 범위에서 보수의 손실 없이 정부교섭대표와의 협의·교섭, 고충처리, 안전·보건활동 등 이 법 또는 다른 법률에서 정하는 업무와 건전한 노사관계 발전을 위한 노동조합의 유지·관리업무를 할 수 있다.
② 근무시간 면제 시간 및 사용인원의 한도(이하 "근무시간 면제 한도")를 정하기 위하여 공무원근무시간면제심의위원회(이하 이 조에서 "심의위원회")를 경제사회노동위원회법에 따른 경제사회노동위원회에 둔다.
③ 심의위원회는 제5조 제1항에 따른 노동조합 설립 최소 단위를 기준으로 조합원(제6조 제1항 제1호부터 제3호까지의 규정에 해당하는 조합원)의 수를 고려하되 노동조합의 조직형태, 교섭구조·범위 등 공무원 노사관계의 특성을 반영하여 근무시간 면제 한도를 심의·의결하고, 3년마다 그 적정성 여부를 재심의하여 의결할 수 있다.
④ 제1항을 위반하여 근무시간 면제 한도를 초과하는 내용을 정한 단체협약 또는 정부교섭대표의 동의는 그 부분에 한정하여 무효로 한다.

답 ❹

007 공무원의 노동조합 설립 및 운영에 관한 법률의 내용으로 옳지 않은 것은? 

□□□

① 법령상 '사실상 노무에 종사하는 공무원'은 공무원의 노동조합 설립 및 운영에 관한 법률에 따른 공무원의 노동조합에 가입할 수 없다.

② 공무원의 노동조합은 정치활동을 하여서는 아니 된다.

③ 다른 공무원에 대하여 지휘·감독권을 행사하는 일반직공무원은 공무원의 노동조합에 가입할 수 있다.

④ 정부교섭대표는 법령에 따라 교섭을 요구하는 노동조합이 둘 이상인 경우에는 해당 노동조합에 교섭창구를 단일화하도록 요청할 수 있다.

⑤ 법령에 따라 체결된 단체협약의 내용 중 예산에 의하여 규정되는 내용은 단체협약으로서의 효력을 가지지 아니한다.

해설

① (○) 공노법 제2조 단서

② (○) 공노법 제4조

③ (×) 일반직공무원은 노동조합에 가입할 수 있는 공무원의 범위에 속하나, 업무의 주된 내용이 다른 공무원에 대하여 지휘·감독권을 행사하거나 다른 공무원의 업무를 총괄하는 업무에 종사하는 공무원은, 일반직공무원이라 하더라도 노동조합에 가입할 수 없다(공노법 제6조 제2항 제1호).

④ (○) 공노법 제9조 제4항 전문

⑤ (○) 공노법 제10조 제1항

답 ❸

008 공무원의 노동조합 설립 및 운영 등에 관한 법률의 내용으로 옳지 않은 것은? 17 노무

□□□

① 정부교섭대표는 효율적인 교섭을 위하여 필요한 경우 정부교섭대표가 아닌 관계기관의 장으로 하여금 교섭에 참여하게 할 수 있다.

② 노동조합은 단체교섭을 위하여 노동조합의 조합원 외의 자를 교섭위원으로 구성할 수 있다.

③ 단체교섭이 결렬된 경우에는 당사자 어느 한쪽 또는 양쪽은 중앙노동위원회에 조정을 신청할 수 있다.

④ 정부교섭대표는 단체협약의 내용 중 법령·조례 또는 예산에 의하여 규정되는 내용일지라도 그 내용이 이행될 수 있도록 성실하게 노력하여야 한다.

⑤ 노동조합을 설립하려는 사람은 고용노동부장관에게 설립신고서를 제출하여야 한다.

해설

① (○) 공노법 제8조 제4항

② (×) 노동조합은 단체교섭을 위하여 노동조합의 대표자와 조합원으로 교섭위원을 구성하여야 한다(공노법 제9조 제1항).

③ (○) 공노법 제12조 제1항

④ (○) 공노법 제10조 제2항

⑤ (○) 공노법 제5조 제2항

답 ❷

009 □□□ **공무원의 노동조합 설립 및 운영 등에 관한 법률의 내용으로 옳은 것은?** 

① 노동조합과 그 조합원은 정치활동을 할 수 있다.
② 노동조합을 설립하려는 사람은 행정안전부장관에게 설립신고서를 제출하여야 한다.
③ 정부교섭대표는 다른 정부교섭대표에게 교섭 및 단체협약 체결권한을 위임할 수 없다.
④ 단체협약의 내용 중 법령 또는 조례에 의하여 위임을 받아 규정되는 내용은 단체협약으로서의 효력을 가지지 아니한다.
⑤ 지방노동위원회는 단체교섭이 결렬되어 관계당사자 양쪽이 함께 중재를 신청한 경우에는 지체 없이 중재를 한다.

해설

① (×) 노동조합과 그 조합원은 정치활동을 하여서는 아니 된다(공노법 제4조).
② (×) 노동조합을 설립하려는 사람은 고용노동부장관에게 설립신고서를 제출하여야 한다(공노법 제5조 제2항).
③ (×) 정부교섭대표는 효율적인 교섭을 위하여 필요한 경우 다른 정부교섭대표와 공동으로 교섭하거나, 다른 정부교섭대표에게 교섭 및 단체협약 체결권한을 위임할 수 있다(공노법 제8조 제3항).
④ (○) 공노법 제10조 제1항
⑤ (×) 중앙노동위원회는 단체교섭이 결렬되어 관계당사자 양쪽이 함께 중재를 신청한 경우에는 지체 없이 중재를 한다(공노법 제13조 제1호).

답 ④

PART 1 PART 2 PART 3

010 □□□ **공무원의 노동조합 설립 및 운영 등에 관한 법률의 내용으로 옳지 않은 것은?**  15 노무

① 공무원은 임용권자의 동의를 받아 노동조합으로부터 급여를 지급받으면서 노동조합의 업무에만 종사할 수 있다.
② 정부교섭대표는 법령 등에 따라 스스로 관리하거나 결정할 수 있는 권한을 가진 사항에 대하여 노동조합이 교섭을 요구할 때에는 정당한 사유가 없으면 그 요구에 따라야 한다.
③ 노동조합을 설립하려는 사람은 고용노동부장관에게 설립신고서를 제출하여야 한다.
④ 정부교섭대표가 다른 정부교섭대표에게 교섭 및 단체협약 체결권한을 위임하는 것은 금지된다.
⑤ 노동조합과 그 조합원은 파업, 태업 또는 그 밖에 업무의 정상적인 운영을 방해하는 어떠한 행위도 하여서는 아니 된다.

해설

① (○) 공노법 제7조 제1항
② (○) 공노법 제8조 제2항
③ (○) 노동조합을 설립하려는 사람은 고용노동부장관에게 설립신고서를 제출하여야 한다(공노법 제5조 제2항).
④ (×) 정부교섭대표는 효율적인 교섭을 위하여 필요한 경우 다른 정부교섭대표와 공동으로 교섭하거나, 다른 정부교섭대표에게 교섭 및 단체협약 체결권한을 위임할 수 있다(공노법 제8조 제3항).
⑤ (○) 공노법 제11조

답 ④

제2절 교원의 노동조합 및 운영에 관한 법률

011 □□□ **교원의 노동조합 설립 및 운영 등에 관한 법률에 관한 설명으로 옳지 않은 것은?** 23 노무

① 교원으로 임용되어 근무하였던 사람으로서 노동조합 규약으로 정하는 사람은 노동조합에 가입할 수 있다.

② 전임자는 그 전임기간 중 전임자임을 이유로 승급 또는 그 밖의 신분상의 불이익을 받지 아니한다.

③ 단체교섭이 결렬된 경우 중앙노동위원회는 당사자 양쪽이 조정을 신청하는 경우에 한하여 조정을 시작할 수 있다.

④ 중앙노동위원회가 제시한 조정안을 당사자의 어느 한쪽이라도 거부한 경우에는 중앙노동위원회는 중재를 한다.

⑤ 관계 당사자는 중앙노동위원회의 중재재정이 위법하거나 월권에 의한 것이라고 인정하는 경우에는 중재재정서를 송달받은 날부터 15일 이내에 중앙노동위원회 위원장을 피고로 하여 행정소송을 제기할 수 있다.

해설

① (○) 교노법 제4조의2 제2호

② (○) 교노법 제5조 제4항

③ (×) 단체교섭이 결렬된 경우에는 당사자 어느 한쪽 또는 양쪽은 중앙노동위원회에 조정(調停)을 신청할 수 있다(교노법 제9조 제1항).

④ (○) 중앙노동위원회는 단체교섭이 결렬되어 관계 당사자 양쪽이 함께 중재를 신청한 경우, 중앙노동위원회가 제시한 조정안을 당사자의 어느 한쪽이라도 거부한 경우, 중앙노동위원회 위원장이 직권으로 또는 고용노동부장관의 요청에 따라 중재에 회부한다는 결정을 한 경우 등에 해당하는 경우에는 중재(仲裁)를 한다(교노법 제10조).

⑤ (○) 교노법 제12조 제1항

답 ❸

012 교원의 노동조합 설립 및 운영 등에 관한 법률에 관한 설명으로 옳은 것은? 

□□□

① 초·중등교육법에 따른 교원은 개별학교 단위로 노동조합을 설립할 수 있다.
② 교원으로 임용되어 근무하였던 사람은 규약에 정함이 있더라도 노동조합에 가입할 수 없다.
③ 노동조합과 그 조합원은 파업, 태업 또는 그 밖에 업무의 정상적인 운영을 방해하는 쟁의행위를 할 수 있다.
④ 단체교섭을 하거나 단체협약을 체결하는 경우에 관계당사자는 국민여론과 학부모의 의견을 수렴하여 성실하게 교섭하고 단체협약을 체결하여야 한다.
⑤ 교원은 임용권자의 동의를 받아 노동조합의 업무에만 종사할 수 있으나, 노동조합으로부터 급여를 지급받을 수는 없다.

해설

① (×) 유아교육법에 따른 교원, 초·중등교육법에 따른 교원은 특별시·광역시·특별자치시·도·특별자치도 단위 또는 전국 단위로만 노동조합을 설립할 수 있다(교노법 제4조 제1항).
② (×) 교원으로 임용되어 근무하였던 사람으로서 노동조합 규약으로 정하는 사람은 노동조합에 가입할 수 있다(교노법 제4조의2 제2호).
③ (×) 노동조합과 그 조합원은 파업, 태업 또는 그 밖에 업무의 정상적인 운영을 방해하는 어떠한 쟁의행위도 하여서는 아니 된다(교노법 제8조).
④ (○) 단체교섭을 하거나 단체협약을 체결하는 경우에 관계당사자는 국민여론과 학부모의 의견을 수렴하여 성실하게 교섭하고 단체협약을 체결하여야 하며, 그 권한을 남용하여서는 아니 된다(교노법 제6조 제8항).
⑤ (×) 교원은 임용권자의 동의를 받아 노동조합으로부터 급여를 지급받으면서 노동조합의 업무에만 종사할 수 있다(교노법 제5조 제1항).

노동조합 전임자의 지위(교노법 제5조)

① 교원은 임용권자의 동의를 받아 노동조합으로부터 급여를 지급받으면서 노동조합의 업무에만 종사할 수 있다.
② 제1항에 따라 동의를 받아 노동조합의 업무에만 종사하는 사람[이하 "전임자"(專任者)]은 그 기간 중 교육공무원법 제44조 및 사립학교법 제59조에 따른 휴직명령을 받은 것으로 본다.
③ 삭제 〈2022.6.10.〉
④ 전임자는 그 전임기간 중 전임자임을 이유로 승급 또는 그 밖의 신분상의 불이익을 받지 아니한다.

근무시간 면제자 등(교노법 제5조의2)

① 교원은 단체협약으로 정하거나 임용권자가 동의하는 경우 제2항 및 제3항에 따라 결정된 근무시간 면제 한도를 초과하지 아니하는 범위에서 보수의 손실 없이 제6조 제1항 각 호의 구분에 따른 자와의 협의·교섭, 고충처리, 안전·보건활동 등 이 법 또는 다른 법률에서 정하는 업무와 건전한 노사관계 발전을 위한 노동조합의 유지·관리 업무를 할 수 있다.
② 근무시간 면제 시간 및 사용인원의 한도(이하 "근무시간 면제 한도")를 정하기 위하여 교원근무시간면제심의위원회(이하 이 조에서 "심의위원회")를 경제사회노동위원회법에 따른 경제사회노동위원회에 둔다.
③ 심의위원회는 다음 각 호의 구분에 따른 단위를 기준으로 조합원(제4조의2 제1호에 해당하는 조합원)의 수를 고려하되 노동조합의 조직형태, 교섭구조·범위 등 교원 노사관계의 특성을 반영하여 근무시간 면제 한도를 심의·의결하고, 3년마다 그 적정성 여부를 재심의하여 의결할 수 있다.
  1. 제2조 제1호·제2호에 따른 교원 : 시·도 단위
  2. 제2조 제3호에 따른 교원 : 개별학교 단위
④ 제1항을 위반하여 근무시간 면제 한도를 초과하는 내용을 정한 단체협약 또는 임용권자의 동의는 그 부분에 한정하여 무효로 한다.

근무시간 면제 사용의 정보 공개(교노법 제5조의3)

임용권자는 국민이 알 수 있도록 전년도에 노동조합별로 근무시간을 면제받은 시간 및 사용인원, 지급된 보수 등에 관한 정보를 대통령령으로 정하는 바에 따라 공개하여야 한다.

답 ④

013 교원의 노동조합 설립 및 운영 등에 관한 법률에 관한 설명으로 옳은 것은? 14 노무

□□□

① 교원의 노동쟁의를 조정·중재하기 위하여 지방노동위원회에 교원 노동관계 조정위원회를 둔다.
② 고등교육법에 따른 교원은 특별시·광역시·특별자치시·도·특별자치도 단위 또는 전국 단위로만 노동조합을 설립할 수 있다.
③ 교원은 교육부장관의 허가를 받은 경우에 한하여 노동조합의 업무에만 종사할 수 있다.
④ 교원이란 초·중등교육법 및 고등교육법에서 규정하고 있는 교원을 말한다.
⑤ 단체협약의 내용 중 법령·조례 및 예산에 의하여 규정되는 내용과 법령 또는 조례에 의하여 위임을 받아 규정되는 내용은 단체협약으로서의 효력을 가지지 아니한다.

해설

① (×) 교원의 노동쟁의를 조정·중재하기 위하여 중앙노동위원회에 교원 노동관계 조정위원회를 둔다(교노법 제11조 제1항).
② (×) 고등교육법에 따른 교원은 개별학교 단위, 시·도 단위 또는 전국 단위로 노동조합을 설립할 수 있다(교노법 제4조 제2항).
③ (×) 교원은 임용권자의 동의를 받아 노동조합으로부터 급여를 지급받으면서 노동조합의 업무에만 종사할 수 있다(교노법 제5조 제1항).
④ (×) 교노법에서 교원이란 유아교육법, 초·중등교육법, 고등교육법(강사는 제외)에 따른 교원을 말한다(교노법 제2조).
⑤ (○) 교노법 제7조 제1항

답 ❺

014 교원의 노동조합 설립 및 운영 등에 관한 법률의 내용으로 옳지 않은 것은? 15 노무

□□□

① 고등교육법에 따른 교원은 특별시·광역시·특별자치시·도·특별자치도 단위 또는 전국 단위로만 노동조합을 설립할 수 있다.
② 교원은 임용권자의 동의를 받아 노동조합으로부터 급여를 지급받으면서 노동조합의 업무에만 종사할 수 있다.
③ 교원의 노동쟁의를 조정·중재하기 위하여 중앙노동위원회에 교원 노동관계 조정위원회를 둔다.
④ 임용권자의 동의를 받아 노동조합의 업무에만 종사하는 교원은 그 기간 중 교육공무원법 및 사립학교법에 따른 휴직명령을 받은 것으로 본다.
⑤ 전임자는 그 전임기간 중 전임자임을 이유로 승급 또는 그 밖의 신분상의 불이익을 받지 아니한다.

해설

① (×) 고등교육법에 따른 교원은 개별학교 단위, 시·도 단위 또는 전국 단위로 노동조합을 설립할 수 있다(교노법 제4조 제2항).
② (○) 교노법 제5조 제1항
③ (○) 교노법 제11조 제1항
④ (○) 교노법 제5조 제2항
⑤ (○) 교노법 제5조 제4항

답 ❶

015 교원의 노동조합 설립 및 운영 등에 관한 법률의 내용으로 옳지 않은 것은? 16 노무

□□□

① 고등교육법에 따른 교원은 특별시·광역시·특별자치시·도·특별자치도 단위 또는 전국 단위로만 노동조합을 설립할 수 있다.

② 교원은 단체협약으로 정하거나 임용권자가 동의하는 경우 근무시간 면제 한도를 초과하지 아니하는 범위에서 보수의 손실 없이 교육부장관, 시·도지사, 시·도 교육감 등과의 협의·교섭, 고충처리, 안전·보건활동 등의 업무와 건전한 노사관계 발전을 위한 노동조합의 유지·관리업무를 할 수 있다.

③ 근무시간 면제 한도를 정하기 위하여 교원근무시간면제심의위원회를 경제사회노동위원회법에 따른 경제사회노동위원회에 둔다.

④ 교원으로 임용되어 근무하였던 사람으로서 노동조합 규약으로 정하는 사람은 노동조합에 가입할 수 있다.

⑤ 유아교육법이나 초·중등교육법에 따른 교원이 설립한 노동조합의 대표자가 사립학교 설립·경영자와 교섭하고 단체협약을 체결하고자 할 경우 사립학교 설립·경영자는 전국 또는 시·도 단위로 연합하여 교섭에 응하여야 한다.

해설

① (×) 고등교육법에 따른 교원은 개별학교 단위, 시·도 단위 또는 전국 단위로 노동조합을 설립할 수 있다(교노법 제4조 제2항).

② (O) 교노법 제5조의2 제1항

③ (O) 교노법 제5조의2 제2항

④ (O) 교노법 제4조의2 제2호

⑤ (O) 교노법 제6조 제1항 제1호

답 ❶

016 교원의 노동조합 설립 및 운영에 관한 법률에 관한 설명으로 옳지 않은 것은? 

□□□

① 교원의 노동조합을 설립하려는 사람은 교육부장관에게 설립신고서를 제출하여야 한다.

② 교원의 노동조합과 그 조합원은 업무의 정상적인 운영을 방해하는 어떠한 쟁의행위도 하여서는 아니 된다.

③ 교원의 노동쟁의를 조정·중재하기 위하여 중앙노동위원회에 교원 노동관계조정위원회를 둔다.

④ 교원은 임용권자의 동의를 받아 노동조합으로부터 급여를 지급받으면서 노동조합의 업무에만 종사할 수 있다.

⑤ 중앙노동위원회가 제시한 조정안을 당사자의 어느 한쪽이라도 거부한 경우 중앙노동위원회는 중재를 한다.

해설

① (×) 교원의 노동조합을 설립하려는 사람은 고용노동부장관에게 설립신고서를 제출하여야 한다(교노법 제4조 제3항).

② (○) 교원의 노동조합과 그 조합원은 파업, 태업 또는 그 밖에 업무의 정상적인 운영을 방해하는 어떠한 쟁의행위(爭議行爲)도 하여서는 아니 된다(교노법 제8조).

③ (○) 교노법 제11조 제1항

④ (○) 교노법 제5조 제1항

⑤ (○) 교노법 제10조 제2호

> **중재의 개시(교노법 제10조)**
>
> 중앙노동위원회는 다음 각 호의 어느 하나에 해당하는 경우에는 중재(仲裁)를 한다.
>
> 1. 제6조에 따른 단체교섭이 결렬되어 관계당사자 양쪽이 함께 중재를 신청한 경우
> 2. 중앙노동위원회가 제시한 조정안을 당사자의 어느 한쪽이라도 거부한 경우
> 3. 중앙노동위원회 위원장이 직권으로 또는 고용노동부장관의 요청에 따라 중재에 회부한다는 결정을 한 경우

답 ❶

017 교원의 노동조합 설립 및 운영 등에 관한 법률의 내용으로 옳지 않은 것은? 20 노무

□□□

① 노동조합을 설립하려는 사람은 고용노동부장관에게 설립신고서를 제출하여야 한다.
② 노동조합의 대표자는 그 노동조합 또는 조합원의 임금, 근무조건, 후생복지 등 경제적·사회적 지위 향상에 관하여 교육부장관 등과 교섭하고 단체협약을 체결할 권한을 가진다.
③ 노동조합의 대표자가 사립학교 설립·경영자와 교섭하고 단체협약을 체결할 경우 사립학교 설립·경영자가 개별적으로 교섭에 응하여야 한다.
④ 노동조합의 교섭위원은 해당 노동조합의 대표자와 그 조합원으로 구성하여야 한다.
⑤ 단체교섭을 하거나 단체협약을 체결하는 경우에 관계당사자는 국민여론과 학부모의 의견을 수렴하여 성실하게 교섭하고 단체협약을 체결하여야 한다.

해설

① (○) 교노법 제4조 제3항
② (○) 교노법 제6조 제1항
③ (×) 노동조합의 대표자가 사립학교 설립·경영자와 교섭하고 단체협약을 체결할 경우 사립학교 설립·경영자는 전국 또는 시·도 단위로 연합하여 교섭에 응하여야 한다(교노법 제6조 제1항 제1호).
④ (○) 교노법 제6조 제2항
⑤ (○) 교노법 제6조 제8항

답 ❸

018 교원의 노동조합 설립 및 운영 등에 관한 법률의 설명으로 옳은 것은? 19 노무

① 노동조합은 교육제도 개선을 목적으로 하는 정치활동을 할 수 있다.
② 노동조합을 설립하려는 사람은 교육부장관에게 설립신고서를 제출하여야 한다.
③ 노동조합과 그 조합원은 파업을 제외한 그 밖의 쟁의행위를 할 수 있다.
④ 노동조합 대표자와 사립학교 설립·경영자 간 체결된 단체협약의 내용 중 법령·조례 및 예산에 의하여 규정되는 내용은 단체협약으로서의 효력을 가지지 아니한다.
⑤ 단체교섭이 결렬된 경우에는 당사자 어느 한쪽 또는 양쪽은 중앙노동위원회에 조정을 신청할 수 있고, 조정은 신청을 받은 날부터 15일 이내에 마쳐야 한다.

해설

① (×) 교원의 노동조합은 어떠한 정치활동도 하여서는 아니 된다(교노법 제3조).
② (×) 노동조합을 설립하려는 사람은 고용노동부장관에게 설립신고서를 제출하여야 한다(교노법 제4조 제3항).
③ (×) 노동조합과 그 조합원은 파업, 태업 또는 그 밖에 업무의 정상적인 운영을 방해하는 어떠한 쟁의행위(爭議行爲)도 하여서는 아니 된다(교노법 제8조).
④ (○) 교노법 제7조 제1항
⑤ (×) 조정은 신청을 받은 날부터 30일 이내에 마쳐야 한다(교노법 제9조 제3항).

답 ❹

019 교원의 노동조합 설립 및 운영에 관한 법률의 내용으로 옳지 않은 것은? 18 노무

□□□

① 고등교육법에 따른 교원은 개별학교 단위, 시・도 단위 또는 전국 단위로 노동조합을 설립할 수 있다.
② 교원은 임용권자의 동의를 받아 노동조합의 업무에만 종사할 수 있으나, 노동조합으로부터 급여를 지급받을 수는 없다.
③ 법령에 따른 단체교섭을 하는 경우에 관계당사자는 국민여론과 학부모의 의견을 수렴하여 성실하게 교섭하여야 한다.
④ 교원의 노동조합과 그 조합원은 업무의 정상적인 운영을 방해하는 어떠한 쟁의행위도 하여서는 아니 된다.
⑤ 교원의 노동쟁의를 조정・중재하기 위하여 중앙노동위원회에 교원 노동관계 조정위원회를 둔다.

해설

① (○) 교노법 제4조 제2항
② (×) 교원은 임용권자의 동의를 받아 노동조합으로부터 급여를 지급받으면서 노동조합의 업무에만 종사할 수 있다(교노법 제5조 제1항).
③ (○) 교노법 제6조 제8항
④ (○) 교노법 제8조
⑤ (○) 교노법 제11조 제1항

답 ❷

020 교원의 노동조합 설립 및 운영 등에 관한 법률의 내용으로 옳은 것은? 17 노무

□□□

① 고등교육법에 따른 교원은 특별시・광역시・특별자치시・도・특별자치도 단위 또는 전국 단위로만 노동조합을 설립할 수 있다.
② 노동조합을 설립하려는 사람은 교육부장관에게 설립신고서를 제출해야 한다.
③ 교원은 교육부장관의 허가가 있는 경우 노동조합의 업무에만 종사할 수 있다.
④ 단체교섭을 하거나 단체협약을 체결하는 경우에 관계당사자는 국민여론과 학부모의 의견을 수렴하여 성실하게 교섭하고 단체협약을 체결하여야 한다.
⑤ 교원 노동관계 조정위원회는 당사자가 합의하여 지명하는 조정담당 공익위원 5명으로 구성된다.

해설

① (×) 고등교육법에 따른 교원은 개별학교 단위, 시・도 단위 또는 전국 단위로 노동조합을 설립할 수 있다(교노법 제4조 제2항).
② (×) 노동조합을 설립하려는 사람은 고용노동부장관에게 설립신고서를 제출하여야 한다(교노법 제4조 제3항).
③ (×) 교원은 임용권자의 동의를 받아 노동조합으로부터 급여를 지급받으면서 노동조합의 업무에만 종사할 수 있다(교노법 제5조 제1항).
④ (○) 교노법 제6조 제8항
⑤ (×) 위원회는 중앙노동위원회 위원장이 지명하는 조정담당 공익위원 3명으로 구성한다. 다만, 관계당사자가 합의하여 중앙노동위원회의 조정담당 공익위원이 아닌 사람을 추천하는 경우에는 그 사람을 지명하여야 한다(교노법 제11조 제2항).

답 ❹

11 종합문제

001 □□□ **노동조합 및 노동관계조정법상 기한이 다른 하나는?** 22 노무

① 노동조합의 처분이 노동관계법령에 위반하여 행정관청의 시정명령을 받은 노동조합이 이를 이행하여야 할 기한
② 노동조합에 임시총회 소집권자가 없는 경우 행정관청의 회의소집권자 지명 기한
③ 노동조합의 대표자가 회의의 소집을 고의로 기피하거나 이를 해태하여 조합원 또는 대의원의 3분의 1 이상이 소집권자의 지명을 요구할 때 행정관청의 노동위원회에 대한 의결 요청 기한
④ 합병 또는 분할로 소멸하여 노동조합이 해산한 때 노동조합 대표자가 해산한 날부터 이를 행정관청에게 신고하여야 할 기한
⑤ 단체협약 당사자가 단체협약의 체결일부터 이를 행정관청에게 신고하여야 할 기한

해설

① 노동조합의 처분이 노동관계법령에 위반된다고 인정되어 행정관청의 시정명령을 받은 노동조합은 30일 이내에 이를 이행하여야 한다(노조법 제21조 제3항).
② 행정관청은 노동조합에 총회 또는 대의원회의 소집권자가 없는 경우에 조합원 또는 대의원의 3분의 1 이상이 회의에 부의할 사항을 제시하고 소집권자의 지명을 요구한 때에는 15일 이내에 회의의 소집권자를 지명하여야 한다(노조법 제18조 제4항).
③ 행정관청은 노동조합의 대표자가 회의의 소집을 고의로 기피하거나 이를 해태하여 조합원 또는 대의원의 3분의 1 이상이 소집권자의 지명을 요구한 때에는 15일 이내에 노동위원회의 의결을 요청하고 노동위원회의 의결이 있는 때에는 지체 없이 회의의 소집권자를 지명하여야 한다(노조법 제18조 제3항).
④ 합병 또는 분할로 소멸하여 노동조합이 해산한 때에는 그 대표자는 해산한 날부터 15일 이내에 행정관청에게 이를 신고하여야 한다(노조법 제28조 제2항).
⑤ 단체협약의 당사자는 단체협약의 체결일부터 15일 이내에 이를 행정관청에게 신고하여야 한다(노조법 제31조 제2항).

답 ❶

002 □□□ 노동조합 및 노동관계조정법상 이해관계인의 신청이 있는 경우에 한하여 행정관청이 노동위원회의 의결을 얻어 시정을 명할 수 있는 경우는? 20 노무

① 노동조합의 결의 또는 처분이 규약에 위반된다고 인정할 경우
② 노동조합의 결의 또는 처분이 노동관계법령에 위반된다고 인정할 경우
③ 노동조합의 규약이 노동관계법령에 위반한 경우
④ 노동조합의 결의 또는 처분이 단체협약에 위반된다고 인정할 경우
⑤ 노동조합의 규약이 취업규칙에 위반한 경우

해설

① (○), ② (×), ③ (×), ④ (×), ⑤ (×)
행정관청은 노동조합의 결의 또는 처분이 노동관계법령 또는 규약에 위반된다고 인정할 경우에는 노동위원회의 의결을 얻어 그 시정을 명할 수 있다. 다만, 규약위반 시의 시정명령은 이해관계인의 신청이 있는 경우에 한한다(노조법 제21조 제2항).

답 ❶

003 □□□ 노동조합 및 노동관계조정법령상 명시적으로 서면을 요구하지 않는 것은? 17 노무

① 단체협약의 작성
② 행정관청에 대한 노동조합의 쟁의행위 신고
③ 상대방에 대한 노동쟁의 발생의 통보
④ 노동위원회의 부당노동행위 구제신청 판정
⑤ 관계당사자에 대한 긴급조정 결정의 통고

해설

① (○) 노조법 제31조 제1항
② (○) 노조법 시행령 제17조
③ (○) 노조법 제45조 제1항
④ (○) 노조법 제84조 제2항
⑤ (×) 고용노동부장관은 긴급조정을 결정한 때에는 지체 없이 그 이유를 붙여 이를 공표함과 동시에 중앙노동위원회와 관계당사자에게 각각 통고하여야 한다(노조법 제76조 제3항).

답 ❺

004 노동위원회의 조정과 중재의 비교에 관한 설명 중 옳은 것은?

① 일반사업에서 조정기간과 중재로 쟁의행위가 금지되는 기간은 동일하다.
② 조정안과 중재재정 모두 관계 당사자가 서명 또는 날인함으로써 효력이 발생한다.
③ 조정위원회의 조정위원과 중재위원회의 중재위원을 선임하는 방법은 동일하다.
④ 노동위원회의 조정과 중재는 각각 사적 조정과 사적 중재로 대신할 수 있다.
⑤ 조정위원회의 조정서에 대한 해석과 중재위원회의 중재재정에 대한 해석은 그 효력이 다르다.

해설

① (×) 일반사업에서 조정기간은 10일이나(노조법 제54조 제1항), 중재로 쟁의행위가 금지되는 기간은 15일간이다(노조법 제63조).

② (×) 조정안이 관계 당사자에 의하여 수락된 때에는 조정위원 전원 또는 단독조정인은 조정서를 작성하고 관계 당사자와 함께 서명 또는 날인함으로써 효력이 발생한다(노조법 제61조 제1항 참조). 중재재정은 서면으로 작성하여 이를 행하며 그 서면에는 효력발생 기일을 명시하여야 하고, 명문의 규정은 없으나 중재위원 전원의 서명 또는 날인을 요한다고 보아야 한다. 이때 관계 당사자의 서명 또는 날인은 필요하지 아니하다.

③ (×) 노조법 제55조, 제64조 참조

조정위원회의 구성(노조법 제55조)

③ 제2항의 규정에 의한 조정위원은 당해 노동위원회의 위원 중에서 사용자를 대표하는 자, 근로자를 대표하는 자 및 공익을 대표하는 자 각 1인을 그 노동위원회의 위원장이 지명하되, 근로자를 대표하는 조정위원은 사용자가, 사용자를 대표하는 조정위원은 노동조합이 각각 추천하는 노동위원회의 위원 중에서 지명하여야 한다. 다만, 조정위원회의 회의 3일전까지 관계 당사자가 추천하는 위원의 명단제출이 없을 때에는 당해 위원을 위원장이 따로 지명할 수 있다.

④ 노동위원회의 위원장은 근로자를 대표하는 위원 또는 사용자를 대표하는 위원의 불참 등으로 인하여 제3항의 규정에 따른 조정위원회의 구성이 어려운 경우 노동위원회의 공익을 대표하는 위원 중에서 3인을 조정위원으로 지명할 수 있다. 다만, 관계 당사자 쌍방의 합의로 선정한 노동위원회의 위원이 있는 경우에는 그 위원을 조정위원으로 지명한다.

중재위원회의 구성(노조법 제64조)

③ 제2항의 중재위원은 당해 노동위원회의 공익을 대표하는 위원 중에서 관계 당사자의 합의로 선정한 자에 대하여 그 노동위원회의 위원장이 지명한다. 다만, 관계 당사자 간에 합의가 성립되지 아니한 경우에는 노동위원회의 공익을 대표하는 위원 중에서 지명한다.

④ (○) 제2절(노조법 제53조 내지 제61조의2) 및 제3절(노조법 제62조 내지 제70조)의 규정은 노동관계 당사자가 쌍방의 합의 또는 단체협약이 정하는 바에 따라 각각 다른 조정 또는 중재방법에 의하여 노동쟁의를 해결하는 것을 방해하지 아니한다(노조법 제52조 제1항).

⑤ (×) 조정위원회 또는 단독조정인이 제시한 조정서에 대한 해석 또는 이행방법에 관한 견해는 중재재정과 동일한 효력을 가진다(노조법 제61조 제3항). 중재재정의 해석 또는 이행방법에 관하여 관계 당사자 간에 의견의 불일치가 있는 때에는 당해 중재위원회의 해석에 따르며 그 해석은 중재재정과 동일한 효력을 가진다(노조법 제68조 제2항).

답 ❹

PART 1 PART 2 PART 3

005 부당해고 구제제도와 부당노동행위 구제제도에 관한 설명 중 옳지 않은 것은? 

□□□

① 중앙노동위원회의 재심판정이 행정소송의 제기에 의하여 그 효력이 정지되지 아니함은 양 제도 모두 동일하다.

② 부당해고 구제명령에 관한 이행강제금 제도는 부당노동행위 구제명령에는 적용되지 아니한다.

③ 양 제도 모두 확정된 구제명령을 불이행한 사용자에 대하여 형벌을 부과하도록 되어 있다.

④ 부당해고 및 부당노동행위 모두 그 자체에 대하여 형벌을 부과하지 아니한다.

⑤ 해고가 불이익취급의 부당노동행위에 해당하는 경우 노동위원회는 구제명령으로 복직명령과 임금상당액 지급명령을 할 수 있다.

해설

① (○) 중앙노동위원회의 재심판정이 행정소송의 제기에 의하여 그 효력이 정지되지 아니함은 양 제도 모두 동일하다(근기법 제32조, 노조법 제86조).

② (○) 이행강제금제도는 부당해고 구제명령과 관련된 제도이고(근기법 제33조), 부당노동행위 구제명령에는 적용되지 아니하나 후자에는 긴급이행명령제도가 인정된다(노조법 제85조 제5항).

③ (○) 부당해고의 경우 확정되거나 행정소송을 제기하여 확정된 부당해고에 대한 구제명령 또는 구제명령을 내용으로 하는 재심판정을 이행하지 아니한 자는 1년 이하의 징역 또는 1천만원 이하의 벌금에 처한다(근기법 제111조). 부당노동행위의 경우 확정되거나 행정소송을 제기하여 확정된 구제명령에 위반한 자는 3년 이하의 징역 또는 3천만원 이하의 벌금에 처한다(노조법 제89조 제2호).

④ (×) 근기법은 부당해고 그 자체만으로 형벌을 부과하지 아니하나, 노조법은 부당노동행위를 한 자에 대하여 2년 이하의 징역 또는 2천만원 이하의 벌금에 처한다(노조법 제90조).

⑤ (○) 현행법상 부당노동행위 구제명령의 내용을 제한하는 특별한 규정은 없어 구제명령의 내용은 노동위원회의 재량에 맡겨져 있다. 해고 등의 불이익처분을 경우 일반적으로 원직복직명령과 그 기간에 근로자가 받을 수 있었던 임금상당액을 지급하라는 명령을 발하는 것이 보통이다.

답 ④

006 □□□ **노동조합 및 노동관계조정법상 노동위원회의 의결을 필요로 하지 않는 사항은?** 07 사시

① 노동조합에 대한 자료제출 요구
② 조합규약의 시정명령
③ 휴면노조의 해산
④ 동조합의 결의·처분의 시정명령
⑤ 단체협약의 시정명령

해설

① (×) 노동조합은 행정관청이 요구하는 경우에는 결산결과와 운영상황을 보고하여야 한다(노조법 제27조).
② (○) 행정관청은 노동조합의 규약이 노동관계법령에 위반한 경우에는 노동위원회의 의결을 얻어 그 시정을 명할 수 있다(노조법 제21조 제1항).
③ (○) 노동조합의 임원이 없고 노동조합으로서의 활동을 1년 이상 하지 아니한 것으로 인정되는 경우로서 행정관청이 노동위원회의 의결을 얻은 경우 노동조합은 해산한다(노조법 제28조 제1항 제4호).
④ (○) 행정관청은 노동조합의 결의 또는 처분이 노동관계법령 또는 규약에 위반된다고 인정할 경우에는 노동위원회의 의결을 얻어 그 시정을 명할 수 있다. 다만, 규약위반시의 시정명령은 이해관계인의 신청이 있는 경우에 한한다(노조법 제21조 제2항).
⑤ (○) 행정관청은 단체협약 중 위법한 내용이 있는 경우에는 노동위원회의 의결을 얻어 그 시정을 명할 수 있다(노조법 제31조 제3항).

007 □□□ **노동조합 및 노동관계조정법상 행정관청 및 노동위원회에 각각 신고하여야 하는 경우는?** 19 국가직 9급

① 직장폐쇄의 신고
② 노동조합 설립의 신고
③ 노동관계 당사자가 합의하여 사적 조정으로 노동쟁의를 해결할 때의 신고
④ 총회 또는 대의원회의 해산결의에 의한 노동조합의 해산 신고

해설

① (○) 사용자는 직장폐쇄를 할 경우에는 미리 행정관청 및 노동위원회에 각각 신고하여야 한다(노조법 제46조 제2항).
② (×) 노동조합을 설립하고자 하는 자는 신고서에 규약을 첨부하여 연합단체인 노동조합과 2 이상의 특별시·광역시·특별자치시·도·특별자치도에 걸치는 단위노동조합은 고용노동부장관에게, 2 이상의 시·군·구(자치구)에 걸치는 단위노동조합은 특별시장·광역시장·도지사에게, 그 외의 노동조합은 특별자치시장·특별자치도지사·시장·군수·구청장(자치구의 구청장)에게 제출하여야 한다(노조법 제10조 제1항).
③ (×) 노동관계 당사자는 당사자가 합의하여 사적 조정으로 노동쟁의를 해결하기로 한 때에는 이를 노동위원회에 신고하여야 한다(노조법 제52조 제2항).
④ (×) 총회 또는 대의원회의 해산결의가 있는 경우 등의 사유로 노동조합이 해산한 때에는 그 대표자는 해산한 날부터 15일 이내에 행정관청에게 이를 신고하여야 한다(노조법 제28조 제2항).

답 ❶

008 □□□ 노동관계법의 제정이 빠른 순서로 옳게 나열된 것은? 19 노무

ㄱ. 파견근로자 보호 등에 관한 법률
ㄴ. 기간제 및 단시간근로자 보호 등에 관한 법률
ㄷ. 공무원의 노동조합 설립 및 운영 등에 관한 법률
ㄹ. 교원의 노동조합 설립 및 운영 등에 관한 법률

① ㄱ - ㄹ - ㄷ - ㄴ
② ㄴ - ㄱ - ㄷ - ㄹ
③ ㄷ - ㄴ - ㄹ - ㄱ
④ ㄹ - ㄱ - ㄴ - ㄷ
⑤ ㄹ - ㄷ - ㄱ - ㄴ

해설

ㄱ. 파견근로자 보호 등에 관한 법률[1998.2.20. 제정]
ㄹ. 교원의 노동조합 설립 및 운영 등에 관한 법률[1999.1.29. 제정]
ㄷ. 공무원의 노동조합 설립 및 운영 등에 관한 법률[2005.1.27. 제정]
ㄴ. 기간제 및 단시간근로자 보호 등에 관한 법률[2006.12.21. 제정]

답 ❶

할 수 있다고 믿어라.

그러면 이미 반은 성공한 것이다.

– 시어도어 루즈벨트 –

PART 3

중요판례정리

출제경향 & 수험대책

노동법은 까다로운 문제가 많아 법조문 및 판례에 대한 정확한 이해와 암기가 요구되고, 법령개정이 빈번하여 시험 전까지 수시로 개정사항을 파악하여야 하므로, 본 교재에 수록된 기출분석표의 각 Chapter별 출제비율을 참고하여 학습의 강약을 조절할 필요가 있다. PART 3 중요판례정리는 빈출되었던 중요한 판례와 최신판례를 모아 정리하였다. 판례를 OX로 구성하여 중요한 논점이 무엇인지 비교하며 학습할 수 있도록 구성하였다. 또한 학습의 효율성을 위하여 요약파트와 기출파트의 CHAPTER를 동일하게 구성하여 바로바로 관련된 판례를 학습할 수 있도록 하였다.

노동법 I

CHAPTER

02 근로기준법 개설

001 □□□ **주휴일에 실제 근무하지 않은 근로자도 근로기준법령상의 상시 사용하는 근로자 수의 산정기준이 되는 연인원에 포함된다.** O X

[1] 근로기준법 제11조 제1항의 '상시 5명 이상의 근로자를 사용하는 사업 또는 사업장'이라 함은 '상시 근무하는 근로자의 수가 5명 이상인 사업 또는 사업장'이 아니라 '사용하는 근로자의 수가 상시 5명 이상인 사업 또는 사업장'을 뜻하는 것이고, 이 경우 상시란 상태(常態)를 의미하므로 근로자의 수가 때때로 5인 미만이 되는 경우가 있어도 사회통념에 의하여 객관적으로 판단하여 상태적으로 5인 이상이 되는 경우에는 이에 해당한다.

[2] 이러한 취지에 비추어 보면 주휴일은 근로기준법 제55조 제1항에 의하여 주 1회 이상 휴일로 보장되는 근로의무가 없는 날이므로, 주휴일에 실제 근무하지 않은 근로자는 근로기준법 제11조 제3항의 '상시 사용하는 근로자 수'를 산정하는 기준이 되는 같은 법 시행령 제7조의2 제1항의 '산정기간 동안 사용한 근로자의 연인원' 및 같은 조 제2항 각 호의 '일(日)별 근로자 수'에 포함하여서는 아니 된다. 주휴일은 매주 일정하게 발생하는 휴일로서, 주휴일에 실제 출근하지 않은 근로자를 상시 사용 근로자 수에서 제외하여야 해당 사업장의 보통 때의 통상적인 사용 상태를 제대로 반영할 수 있고, 이를 제외하여도 사용자나 근로자가 근로기준법의 적용 여부를 사전에 파악하는 데에 어려움이 없어 법적 안정성과 예측가능성을 해하지 않기 때문이다(대판 2023.6.15. 2020도16228).

답 ×

002 □□□ **원고용주에게 고용되어 제3자의 업무에 종사하는 자를 제3자의 근로자라고 할 수 있으려면, 원고용주의 존재가 형식적, 명목적인 것에 지나지 아니하고, 사실상 당해 피고용인과 제3자 간에 묵시적 근로계약관계가 성립되어 있다고 평가될 수 있어야 한다.** ○ ×

[1] 원고용주에게 고용되어 제3자의 사업장에서 제3자의 업무에 종사하는 자를 제3자의 근로자라고 할 수 있으려면, 원고용주는 사업주로서의 독자성이 없거나 독립성을 결하여 제3자의 노무대행기관과 동일시할 수 있는 등 그 존재가 형식적, 명목적인 것에 지나지 아니하고, 사실상 당해 피고용인은 제3자와 종속적인 관계에 있으며, 실질적으로 임금을 지급하는 자도 제3자이고, 또 근로제공의 상대방도 제3자이어서 당해 피고용인과 제3자 간에 묵시적 근로계약관계가 성립되어 있다고 평가될 수 있어야 한다.

[2] 갑 주식회사가 을 주식회사로부터 단체급식, 수송, 시설물유지관리, 경비업 등의 업무를 도급받아 수행하다가 갑 회사의 직원이었던 병이 설립한 정 업체에 위 수송업무를 맡기는 내용의 도급계약을 체결하였는데, 정 업체와 근로계약을 체결하고 통근버스 운행 등 갑 회사와 정 업체의 도급계약에서 정한 수송업무를 수행한 무가 갑 회사를 상대로 근로자 지위 확인 등을 구한 사안에서, 제반 사정에 비추어 갑 회사와 무 사이에는 갑 회사가 무를 직접 채용한 것과 같은 묵시적인 근로계약관계가 성립되어 있었다고 봄이 타당한데도, 이와 달리 본 원심판결에 법리오해 등의 잘못이 있다고 한 사례(대판 2020.4.9. 2019다267013).

답 ○

CHAPTER

03 근로관계의 성립

001 □□□ **업무상 재해를 입은 근로자를 보호하기 위한 해고 제한의 필요성은 시용 근로자에 대하여도 동일하게 인정되므로, 시용 근로관계에 있는 근로자가 업무상 부상 등으로 요양이 필요한 휴업 기간 중에는 사용자가 시용 근로자를 해고하거나 본계약 체결을 거부하지 못한다.** ○ ×

근로기준법 제23조 제2항은, 사용자는 근로자가 업무상 부상 또는 질병의 요양을 위하여 휴업한 기간과 그 후 30일 동안은 해고하지 못한다고 규정하여 해고를 제한하고 있다. 이는 근로자가 업무상의 재해로 인하여 노동력을 상실하고 있는 기간과 노동력을 회복하는 데 필요한 그 후의 30일간은 근로자를 실직의 위협으로부터 절대적으로 보호하기 위한 것이다.

이와 같은 규정의 내용과 입법 목적에 비추어 보면, 요양을 위하여 필요한 휴업에는 정상적인 노동력을 상실하여 출근을 전혀 할 수 없는 경우뿐만 아니라, 노동력을 일부 상실하여 정상적인 노동력으로 근로를 제공하기 곤란한 상태에서 치료 등 요양을 계속하면서 부분적으로 근로를 제공하는 부분 휴업도 포함된다. 이 경우 요양을 위하여 휴업이 필요한지는 업무상 부상 등의 정도, 치료 과정 및 치료 방법, 업무의 내용과 강도, 근로자의 용태 등 객관적인 사정을 종합하여 판단하여야 한다.

위와 같이 근로자의 노동력 회복을 도모하고 생계를 유지하도록 일정 기간 해고를 절대적으로 제한하는 근로기준법 제23조 제2항의 내용과 취지 및 판단 기준 등에 비추어 볼 때, 업무상 재해를 입은 근로자를 보호하기 위한 해고 제한의 필요성은 시용 근로자에 대하여도 동일하게 인정되므로, 시용 근로관계에 있는 근로자가 업무상 부상 등으로 요양이 필요한 휴업 기간 중에는 사용자가 시용 근로자를 해고하거나 본계약 체결을 거부하지 못한다(대판 2021.4.29. 2018두43958).

 ○

002 □□□ **사용자가 근로자에게 일정한 금전을 지급하면서 의무근로기간을 설정하고 이를 지키지 못하면 그 전부 또는 일부를 반환받기로 약정한 경우, 반환 약정이 근로자의 퇴직의 자유를 제한하거나 의사에 반하는 근로의 계속을 부당하게 강요하는 것이라고 볼 수 없다면, 위약 예정의 금지규정에 반한다고 보기 어렵다.** O X

[1] 근로기준법 제20조는 "사용자는 근로계약 불이행에 대한 위약금 또는 손해배상액을 예정하는 계약을 체결하지 못한다."라고 규정하고 있다. 근로자가 근로계약을 불이행한 경우 반대급부인 임금을 지급받지 못한 것에서 더 나아가 위약금이나 손해배상금을 지급하여야 한다면 근로자로서는 비록 불리한 근로계약을 체결하였다 하더라도 근로계약의 구속에서 쉽사리 벗어날 수 없을 것이므로, 위와 같은 위약금이나 손해배상액 예정의 약정을 금지함으로써 근로자가 퇴직의 자유를 제한받아 부당하게 근로의 계속을 강요당하는 것을 방지하고, 근로자의 직장선택의 자유를 보장하며 불리한 근로계약을 해지할 수 있도록 보호하려는 데에 위 규정의 취지가 있다. 사용자가 근로자에게 일정한 금전을 지급하면서 의무근로기간을 설정하고 이를 지키지 못하면 그 전부 또는 일부를 반환받기로 약정한 경우, 의무근로기간의 설정 양상, 반환 대상인 금전의 법적 성격 및 규모・액수, 반환 약정을 체결한 목적이나 경위 등을 종합할 때 그러한 반환 약정이 해당 금전을 지급받은 근로자의 퇴직의 자유를 제한하거나 그 의사에 반하는 근로의 계속을 부당하게 강요하는 것이라고 볼 수 없다면, 이는 근로기준법 제20조가 금지하는 약정이라고 보기 어렵다.

[2] 갑 주식회사가 발행 주식 매각을 통한 소속 기업집단의 변경과정에서 이를 반대하는 근로자 측과 '갑 회사가 직원들에게 매각위로금 등을 지급하고, 매각위로금을 받은 직원이 지급일로부터 8개월 안에 퇴사할 경우 이미 지급받은 매각위로금을 월할로 계산하여 반납한다.'는 내용의 약정을 한 사안에서, 위 약정은 갑 회사가 근로자들에게 소속 기업집단의 변경에 따른 매각위로금을 지급하되 지급일로부터 8개월 안에 퇴사하는 경우 이를 월할 계산하여 반환하기로 하는 내용일 뿐, 근로자들이 근로계약상 정해진 근로기간 약정을 위반할 경우 갑 회사에 위약금이나 손해배상으로서 일정 금액을 지급하기로 하는 내용으로는 보이지 않는 점, 위 약정 중 위로금 반환 부분이 미리 정한 근무기간 이전에 퇴직하였다는 이유로 마땅히 근로자에게 지급하여야 할 임금을 반환하기로 하는 취지의 약정이라고 보기도 어려운 점, 갑 회사는 주식 매각에 대한 기존 근로자들의 반대를 무마하고 일정 기간의 계속근로를 유도함으로써 주식 매각 이후에도 사업을 차질 없이 운영하려는 일회적이고 특별한 경영상의 목적에서 위 약정을 하고 근로자들에게 매각위로금을 지급한 것으로 보이는 점과 함께 의무근로기간 설정 양상, 반환 대상인 금전의 규모나 액수 등을 종합하면, 매각위로금을 지급받은 근로자들이 위 약정으로 퇴직의 자유를 제한받는다거나 그 의사에 반하는 근로의 계속을 부당하게 강요받는다고 볼 수 없으므로, 위 약정 중 위로금 반환 부분이 근로기준법 제20조에 위반된다고 단정하기 어려운데도, 이와 달리 본 원심판단에 법리오해의 잘못이 있다고 한 사례(대판 2022.3.11. 2017다202272).

답 O

003
□□□

- **시용기간에 제공된 근로 내용이 정규 근로자의 근로 내용과 차이가 있는 경우에도 종속적 관계에서 사용자를 위해 근로가 제공된 이상 시용 근로계약은 성립하나, 제공된 근로 내용이 업무 수행에 필요한 교육·훈련의 성격을 겸하고 있는 경우는 달리 보아야 한다.** ○ ×

- **시용기간 중 임금 등의 근로조건이 정하여 지지 않았다면 사용자를 위해 근로가 제공되었다고 하더라도 시용 근로계약이 성립한 것이 아니라 근로계약 체결 과정 중에 있다고 이해하여야 한다.** ○ ×

---

[1] 근로계약은 근로자가 사용자에게 종속적 관계에서 근로를 제공하고 사용자는 이에 대하여 임금을 지급하는 것을 목적으로 체결된 계약으로서, 제공하는 근로 내용에 특별한 제한이 없고 명시적 약정이 있어야만 성립하는 것은 아니며 묵시적 약정으로 성립할 수도 있다. 시용이란 근로계약을 체결하기 전에 해당 근로자의 직업적 능력, 자질, 인품, 성실성 등 업무적격성을 관찰·판단하고 평가하기 위해 일정 기간 시험적으로 고용하는 것을 말한다. 시용기간에 있는 근로자의 경우에도 사용자의 해약권이 유보되어 있다는 사정만 다를 뿐 그 기간에 확정적 근로관계는 존재한다.

[2] 업무적격성 평가와 해약권 유보라는 시용의 목적에 따라 시용기간에 제공된 근로 내용이 정규 근로자의 근로 내용과 차이가 있는 경우에도 종속적 관계에서 사용자를 위해 근로가 제공된 이상 시용 근로계약은 성립한다. 제공된 근로 내용이 업무 수행에 필요한 교육·훈련의 성격을 겸하고 있는 경우에도 마찬가지이다. 시용기간 중의 임금 등 근로조건은 경제적으로 우월한 지위에 있는 사용자가 자신의 의사대로 정할 여지가 있으므로 종속적 관계에서 사용자를 위해 근로가 제공된 이상, 시용기간 중의 임금 등을 정하지 않았다는 사정만으로 시용 근로계약의 성립을 쉽게 부정해서는 안 되고, 단순히 근로계약 체결 과정 중에 있다고 볼 수도 없다(대판 2022.4.14. 2019두55859).

답 × / ×

PART 1 PART 2 PART 3

04 임금

001 □□□ **승진 후 제공된 근로의 가치가 승진 전과 견주어 실질적 차이가 없음에도 단지 직급의 상승만을 이유로 임금이 상승한 부분이 있다면, 그 이득은 근로자에게 법률상 원인 없이 지급된 것으로서 부당이득으로 사용자에게 반환되어야 한다.** O X

승진발령이 무효임에도 근로자가 승진발령이 유효함을 전제로 승진된 직급에 따라 계속 근무하여 온 경우, 승진 전후 각 직급에 따라 수행하는 업무에 차이가 있어 승진된 직급에 따른 업무를 수행하고 그에 대한 대가로 임금이 지급되었다면, 근로자가 지급받은 임금은 제공된 근로의 대가이므로 근로자에게 실질적인 이득이 있다고 볼 수 없어 사용자가 이에 대해 부당이득으로 반환을 청구할 수 없다. 그러나 승진 전후 각 직급에 따라 수행하는 업무에 차이가 없어 승진 후 제공된 근로의 가치가 승진 전과 견주어 실질적 차이가 없음에도 단지 직급의 상승만을 이유로 임금이 상승한 부분이 있다면, 근로자는 임금 상승분 상당의 이익을 얻었다고 볼 수 있고, 승진이 무효인 이상 그 이득은 근로자에게 법률상 원인 없이 지급된 것으로서 부당이득으로 사용자에게 반환되어야 한다. 여기서 승진 전후 제공된 근로의 가치 사이에 실질적으로 차이가 있는지는 제공된 근로의 형태와 수행하는 업무의 내용, 보직의 차이 유무, 직급에 따른 권한과 책임의 정도 등 여러 사정을 종합적이고 객관적으로 평가하여 판단하여야 한다(대판 2022.8.19. 2017다292718).

답 O

002 □□□ **임금은 직접 근로자에게 전액을 지급하여야 하나 취업규칙이나 근로계약에 임금의 일부를 공제할 수 있는 근거를 마련하였다면 임금의 일부를 공제하여 지급할 수 있다.** O X

근로기준법 제43조 제1항에 의하면 임금은 직접 근로자에게 그 전액을 지급하여야 하므로, 사용자가 임의로 근로자에게 지급하여야 할 임금 중 일부를 공제하지 못하는 것이 원칙이고, 이는 경제적·사회적으로 종속관계에 있는 근로자를 보호하기 위한 것이다. 다만 사용자는 같은 항 단서에 따라 법령 또는 단체협약에 특별한 규정이 있는 경우에는 예외적으로 임금의 일부를 공제하여 지급할 수 있지만, 그 예외의 경우를 넓게 인정하게 되면 임금을 생계수단으로 하는 근로자의 생활안정을 저해할 우려가 있으므로 그에 해당하는지는 엄격하게 판단하여야 한다. 위와 같은 근로기준법 제43조의 규정 형식이나 취지, 법적 성격 등에 비추어 보면, 취업규칙이나 근로계약에 임금의 일부를 공제할 수 있는 근거를 마련하였다고 하더라도 그 효력이 없다고 보아야 한다(대판 2022.12.1. 2022다219540).

답 X

003 □□□

▸ 기준근로시간을 초과하는 약정 근로시간에 대한 임금으로서 월급 또는 일급 형태로 지급되는 고정수당을 시간급 통상임금으로 환산하는 경우, 시간급 통상임금 산정의 기준이 되는 총근로시간 수에 포함되는 약정 근로시간 수를 산정할 때는 가산수당 산정을 위한 가산율을 고려한 연장근로시간 수와 야간근로시간 수를 합산해야 한다. ○ ×

▸ 노사 간에 급여의 성질상 근로기준법이 정하는 평균임금에 포함될 수 있는 급여를 퇴직금 산정의 기초로 하지 아니하기로 하는 별도의 합의가 있고, 그 합의에 따라 산정한 퇴직금액이 근로자퇴직급여 보장법이 보장한 하한을 상회하는 금액이라면 그 합의를 무효라고 할 수 없다. ○ ×

---

[1] 근로기준법이 정한 기준근로시간을 초과하는 약정 근로시간에 대한 임금으로서 월급 또는 일급 형태로 지급되는 고정수당을 시간급 통상임금으로 환산하는 경우, 시간급 통상임금 산정의 기준이 되는 총근로시간 수에 포함되는 약정 근로시간 수를 산정할 때는 특별한 정함이 없는 한 근로자가 실제로 근로를 제공하기로 약정한 시간 수 자체를 합산하여야 하는 것이지, 가산수당 산정을 위한 가산율을 고려한 연장근로시간 수와 야간근로시간 수를 합산할 것은 아니다. 그리고 단체협약으로 주휴수당에 가산율을 정한 경우, 이는 주휴수당을 지급할 때에 기본 주휴수당에 일정한 비율을 가산하여 지급하기로 하는 취지에 불과하므로 위와 같은 법리는 이 경우에도 동일하게 적용된다. 따라서 총근로시간 수에 포함되어야 하는 주휴일에 근무한 것으로 의제되는 시간 수를 산정할 때 주휴수당에 정한 가산율을 고려할 것은 아니다.

[2] 근로자퇴직급여 보장법 제4조 제1항은 "사용자는 퇴직하는 근로자에게 급여를 지급하기 위하여 퇴직급여제도 중 하나 이상의 제도를 설정하여야 한다. 다만 계속근로기간이 1년 미만인 근로자, 4주간을 평균하여 1주간의 소정근로시간이 15시간 미만인 근로자에 대하여는 그러하지 아니하다."라고 규정하고 있고, 제8조 제1항은 "퇴직금제도를 설정하려는 사용자는 계속근로기간 1년에 대하여 30일분 이상의 평균임금을 퇴직금으로 퇴직 근로자에게 지급할 수 있는 제도를 설정하여야 한다."라고 규정하고 있다. 따라서 계속근로기간이 1년에 미달하는 경우에는 근로자퇴직급여 보장법에 의한 퇴직금청구권이 발생하지 아니한다. 다만 근로계약기간이 만료되면서 다시 근로계약을 맺어 그 근로계약기간을 갱신하거나 동일한 조건의 근로계약을 반복하여 체결한 경우에는 갱신 또는 반복된 근로계약기간을 합산하여 퇴직금 지급요건으로서의 계속근로 여부와 계속근로연수를 판단하여야 하고, 갱신되거나 반복 체결된 근로계약 사이에 일부 공백기간이 있다 하더라도 그 기간이 전체 근로계약기간에 비하여 길지 아니하고 계절적 요인이나 방학 기간 등 해당 업무의 성격에 기인하거나 대기 기간 또는 재충전을 위한 휴식 기간 등의 사정이 있어 그 기간 중 근로를 제공하지 않거나 임금을 지급하지 않을 상당한 이유가 있다고 인정되는 경우에는 근로관계의 계속성은 그 기간 중에도 유지된다고 봄이 상당하다.

[3] 퇴직금 급여에 관한 근로기준법과 근로자퇴직급여 보장법의 규정은 사용자가 퇴직하는 근로자에게 지급하여야 할 퇴직금액의 하한을 규정한 것이므로 노사 간에 급여의 성질상 근로기준법이 정하는 평균임금에 포함될 수 있는 급여를 퇴직금 산정의 기초로 하지 아니하기로 하는 별도의 합의가 있고, 그 합의에 따라 산정한 퇴직금액이 근로자퇴직급여 보장법이 보장한 하한을 상회하는 금액이라면 그 합의가 근로자퇴직급여 보장법 제8조를 위반하여 무효라고 할 수는 없으며, 위와 같은 별도의 합의는 묵시적으로도 이루어질 수 있다(대판 2020.4.9. 2015다20780).

답 × / ○

004 ☐☐☐ **임금인상 소급분이 소정근로의 대가로서 정기적, 일률적, 고정적으로 지급되는 임금이라면 통상임금에 해당한다.** ○ ×

임금인상 소급분이 당초 인상 전 기본급, 조정수당, 대우수당 등과 그 성격을 달리한다고 보기 어려운 점, 피고 소속 근로자들이 소정근로를 제공한 날에는 임금의 인상 여부나 폭이 구체적으로 정해지지 않았더라도 이후 노사합의에 따라 임금이 인상될 경우 소급 적용되는 임금을 받게 되리라는 것을 노사 양측이 예정하고 있다고 할 수 있는 점, 임금 인상에 관한 노동조합과 피고 사이의 합의는 기본급 등의 구체적인 액수를 정하는 시점만을 근로의 제공 이후로 미루어 체결된 것이라고 봄이 타당한 점, 인상된 임금 중 소급하여 적용되는 부분만을 따로 떼어 '특정 시점에 재직 중일 것'을 지급요건으로 한 별개의 임금으로 볼 수 없는 점 등으로 볼 때, 임금인상 소급분은 소정근로의 대가로서 정기적, 일률적, 고정적으로 지급되는 임금이므로 통상임금에 해당한다(대판 2021.9.9. 2021다219260).

 ○

005 ☐☐☐

- **특정 시점이 되기 전에 퇴직한 근로자에게 특정 임금 항목을 지급하지 않는 관행이 있더라도, 단체협약이나 취업규칙 등이 그러한 관행과 다른 내용을 명시적으로 정하고 있으면 그러한 관행을 이유로 해당 임금 항목의 통상임금성을 배척하는 경우에는 신중해야 한다.** ○ ×
- **단체협약 등 노사합의의 내용이 근로기준법의 강행규정을 위반하여 무효인 경우에, 그 무효를 주장하는 것이 신의칙에 위배되는 권리의 행사라는 이유로 배척한다면, 강행규정으로 정한 입법취지를 몰각시키는 결과가 되므로, 그러한 주장은 신의칙에 위배된다고 볼 수 없음이 원칙이므로 이러한 사안은 신의칙이 적용될 여지가 없다.** ○ ×
- **근로자의 추가 법정수당 청구가 사용자에게 중대한 경영상의 어려움을 초래하거나 기업의 존립을 위태롭게 하여 신의칙에 위반되는지 여부는 신중하고 엄격하게 판단하여야 한다.** ○ ×

[1] 특정 임금 항목이 근로자가 소정근로를 했는지 여부와 상관없이 특정 시점에 재직 중인 근로자에게만 지급하는 임금인지를 판단할 때에는, 그에 관한 근로계약이나 단체협약 또는 취업규칙 등 규정의 내용, 사업장 내 임금 지급 실태나 관행, 노사의 인식 등을 종합적으로 고려해서 판단해야 한다. 그리고 특정 시점이 되기 전에 퇴직한 근로자에게 특정 임금 항목을 지급하지 않는 관행이 있더라도, 단체협약이나 취업규칙 등이 그러한 관행과 다른 내용을 명시적으로 정하고 있으면 그러한 관행을 이유로 해당 임금 항목의 통상임금성을 배척함에는 특히 신중해야 한다.

[2] 갑 주식회사의 급여세칙에서 설날과 추석에 각각 50%의 명절상여를 지급하되, 퇴직자에 대한 상여금은 적용대상 기간 동안 근무분에 대해서 일할 계산하여 지급한다고 정하고 있으나, 갑 회사가 퇴직한 근로자에게는 명절상여를 지급하지 않았는데, 명절상여가 통상임금에 해당하는지 문제된 사안에서, 갑 회사의 사업장에서 근로자 개인 또는 노동조합이 지급일 그 밖의 특정 시점 이전에

퇴사함으로써 명절상여를 받지 못한 근로자에게도 근무일수에 상응하는 명절상여를 지급할 것을 요구하거나 이의를 제기하지 않았다는 사정만으로 급여세칙 등 취업규칙이 정한 명절상여의 퇴직자 일할 지급 규정이 효력을 상실하였다거나 다른 내용으로 변경되었다고 단정할 수 없고, 갑 회사가 퇴직한 근로자에게 명절상여를 지급하지 않는다는 사정을 공지하거나 근로자가 이러한 사정을 분명하게 인식하고 있었다고 볼 자료도 없으며, 갑 회사의 사업장에서 퇴직자에게 명절상여를 지급하지 않는 관행이 있었다고 하더라도 그와 같은 일시적 관행이 있었다는 사정만으로 그것이 개별 근로자의 근로계약 내용이 되거나 근로관계를 규율하는 규범으로 확립되어 있었다고 보기 어려우므로, 명절상여를 소정근로 여부와 상관없이 특정 시점에 재직 중인 근로자에게만 지급하는 임금이라고 볼 수 없는데도, 명절상여가 통상임금에 해당하지 않는다고 본 원심판결에 법리오해의 잘못이 있다고 한 사례.

[3] 단체협약 등 노사합의의 내용이 근로기준법의 강행규정을 위반하여 무효인 경우에, 그 무효를 주장하는 것이 신의성실의 원칙(이하 '신의칙')에 위배되는 권리의 행사라는 이유로 이를 배척한다면, 강행규정으로 정한 입법 취지를 몰각시키는 결과가 되므로, 그러한 주장은 신의칙에 위배된다고 볼 수 없음이 원칙이다. 그러나 노사합의의 내용이 근로기준법의 강행규정을 위반한다는 이유로 노사합의의 무효 주장에 대하여 예외 없이 신의칙의 적용이 배제되는 것은 아니다. 신의칙을 적용하기 위한 일반적인 요건을 갖춤은 물론 근로기준법의 강행규정성에도 불구하고 신의칙을 우선하여 적용할 만한 특별한 사정이 있는 예외적인 경우에 한하여 그 노사합의의 무효를 주장하는 것이 신의칙에 위배되어 허용될 수 없다. 노사합의에서 정기상여금은 그 자체로 통상임금에 해당하지 않는다는 전제에서 정기상여금을 통상임금 산정 기준에서 제외하기로 합의하고 이를 기초로 임금수준을 정한 경우, 근로자 측이 정기상여금을 통상임금에 가산하고 이를 토대로 추가적인 법정수당의 지급을 구함으로써 사용자에게 예측하지 못한 새로운 재정적 부담을 지워 중대한 경영상의 어려움을 초래하거나 기업의 존립을 위태롭게 하는 것은 정의와 형평 관념에 비추어 신의에 현저히 반할 수 있다.

다만 근로관계를 규율하는 강행규정보다 신의칙을 우선하여 적용할 것인지를 판단할 때에는 근로조건의 최저기준을 정하여 근로자의 기본적 생활을 보장·향상시키고자 하는 근로기준법 등의 입법 취지를 충분히 고려할 필요가 있다. 기업을 경영하는 주체는 사용자이고 기업의 경영상황은 기업 내·외부의 여러 경제적·사회적 사정에 따라 수시로 변할 수 있다. 통상임금 재산정에 따른 근로자의 추가 법정수당 청구를 중대한 경영상의 어려움을 초래하거나 기업 존립을 위태롭게 한다는 이유로 배척한다면, 기업 경영에 따른 위험을 사실상 근로자에게 전가하는 결과가 초래될 수 있다. 따라서 근로자의 추가 법정수당 청구가 사용자에게 중대한 경영상의 어려움을 초래하거나 기업의 존립을 위태롭게 하여 신의칙에 위배되는지는 신중하고 엄격하게 판단해야 한다. 통상임금 재산정에 따른 근로자의 추가 법정수당 청구가 기업에 중대한 경영상의 어려움을 초래하거나 기업 존립을 위태롭게 하는지는 추가 법정수당의 규모, 추가 법정수당 지급으로 인한 실질임금 인상률, 통상임금 상승률, 기업의 당기순이익과 그 변동 추이, 동원 가능한 자금의 규모, 인건비 총액, 매출액, 기업의 계속성·수익성, 기업이 속한 산업계의 전체적인 동향 등 기업운영을 둘러싼 여러 사정을 종합적으로 고려해서 판단해야 한다. 기업이 일시적으로 경영상의 어려움에 처하더라도 사용자가 합리적이고 객관적으로 경영 예측을 하였다면 그러한 경영상태의 악화를 충분히 예견할 수 있었고 향후 경영상의 어려움을 극복할 가능성이 있는 경우에는 신의칙을 들어 근로자의 추가 법정수당 청구를 쉽게 배척해서는 안 된다(대판 2021.12.16. 2016다7975).

답 ○ / × / ○

006 ☐☐☐ **근로자가 납부하여야 할 근로소득세를 사용자가 대신 납부하기로 하고 일정기간 대납하였다면 그 근로소득세 등 상당액은 평균임금 산정의 기초가 되는 임금총액에 포함되어야 한다.** ○ ×

[1] 평균임금 산정의 기초가 되는 임금총액에는 사용자가 근로의 대상으로 근로자에게 지급하는 일체의 금품으로서, 근로자에게 계속적・정기적으로 지급되고 그 지급에 관하여 사용자에게 지급의무가 지워져 있으면 그 명칭 여하를 불문하고 모두 포함된다.

[2] 원심판결 이유 및 기록에 의하면, 원고는 피고와 피고의 병원에서 의사로 근무하면서 급여로 매월 일정액을 지급받되 그에 대하여 부과되는 근로소득세 등을 피고가 대납하기로 하는 근로계약을 체결한 사실, 원고는 퇴직 전 3개월 동안인 2012.1.21.부터 2012.4.20.까지 매월 2,300만원을 급여로 수령하였고, 피고는 2012.1.1.부터 같은 해 4.21.까지 기간에 대한 근로소득세 등 합계액 17,500,870원을 대신 납부한 사실을 알 수 있다.
위와 같은 사실관계를 앞서 본 법리에 비추어 살펴보면, 피고는 매달 원고의 실수령액에 대한 근로소득세 등을 대납하기로 하였으므로 그 명칭 여하를 불문하고 피고가 대납하기로 한 해당 근로소득세 등 상당액은 평균임금 산정의 기초가 되는 임금총액에 포함되어야 한다. 따라서 피고가 원고에게 지급할 퇴직금을 산정할 때 그 기초가 되는 평균임금에 원고의 퇴직 전 3개월 동안 피고가 부담하기로 한 근로소득세 등의 금액도 합산되어야 한다. 그런데도 원심은 원고의 퇴직금을 산정하면서 피고가 대납한 원고의 퇴직 전 3개월 동안의 기간에 대한 근로소득세 등을 원고의 임금에 포함시키지 아니한 채 원고의 실수령액 월 2,300만원만을 기초로 평균임금을 산정하였다. 이러한 원심판결에는 평균임금에 포함되어야 하는 임금의 범위에 관한 법리를 오해하여 판결에 영향을 미친 잘못이 있다. 이 점을 지적하는 상고이유 주장은 이유 있다(대판 2021.6.24. 2016다200200).

답 ○

007 ☐☐☐ **하수급인의 근로자가 상위 수급인의 처벌을 희망하지 아니하거나 처벌을 희망하는 의사를 철회하는 의사표시를 하는 경우에는 하수급인과 직상 수급인에 대한 처벌을 희망하지 아니하는 의사표시도 포함되어 있다고 볼 수 있다.** ○ ×

[1] 구 근로기준법 제44조, 제109조의 입법 목적과 규정 취지에 비추어 보면, 임금 미지급에 귀책사유가 있는 상위 수급인은 하수급인의 근로자에 대한 관계에서 근로계약의 당사자는 아니지만 임금 미지급의 근본적인 원인을 제공하였다는 점에서 그 책임이 하수급인 또는 그 직상 수급인보다 가볍다고 볼 수 없다. 또한 상위 수급인이 하수급인의 근로자에게 임금지급의무를 이행하면 하수급인과 직상 수급인의 임금지급의무도 함께 소멸하게 된다. 그럼에도 하수급인의 근로자가 일반적으로 하수급인보다 자력이 더 나은 상위 수급인을 상대로 직접 임금을 청구하거나 형사고소 등의 법적 조치를 취할 여지가 많다 보니, 그 과정에서 상위 수급인이 근로자와 임금 지급에 관한 합의를 원만하게 이루고 근로자의 의사표시로 처벌을 면할 수 있는 경우에도 합의 과정에 참여하지 못한 하수급인이나 직상 수급인에 대하여는 처벌을 희망하지 아니하는 근로자의 의사표시가 명시적으로 이루어지지 않을 가능성도 적지 않다. 이러한 경우에도 귀책사유가 있는 상위 수급인으로부터 임금을 지급받는 등으로 그와 합의한 근로자가 하수급인이나 직상 수급인만 따로 처벌받기를 원하는 경우는 상당히 드물 것이다.

[2] <u>그렇다면 근로자가 상위 수급인의 처벌을 희망하지 아니하거나 처벌을 희망하는 의사를 철회하는 의사표시를 하는 경우에는</u>, 근로자가 임금을 직접 청구하거나 형사고소 등의 법적 조치를 취한 대상이 누구인지, 상위 수급인과 합의에 이르게 된 과정 및 근로자가 처벌을 희망하지 아니하거나 처벌을 희망하는 의사를 철회하게 된 경위, 근로자가 그러한 의사표시에서 하수급인이나 직상 수급인을 명시적으로 제외하고 있는지, 상위 수급인의 변제 등을 통하여 근로자에 대한 임금지급채무가 어느 정도 이행되었는지 등의 여러 사정을 참작하여 <u>여기에 하수급인 또는 그 직상 수급인의 처벌을 희망하지 아니하는 의사표시도 포함되어 있는지를 살펴보아야 하고, 하수급인과 직상 수급인을 배제한 채 오로지 상위 수급인에 대하여만 처벌을 희망하지 아니하는 의사표시를 하였다고 쉽게 단정하여서는 안 된다</u>(대판 2022.12.29. 2018도2720).

답 ○

008 ☐☐☐ **근로기준법 제44조의2에 따라 임금지급의무를 연대하여 부담하는 직상 수급인의 경우 임금 등을 지급하지 아니한 데에 상당한 이유가 있다면 형사책임을 부담하지 않는 경우가 있을 수 있으므로 그와 같은 사정은 임금지급의무 자체에 영향을 미친다.** ○ ×

임금 등 지급의무의 존재에 관하여 다툴 만한 근거가 있는 것이라면 사용자가 그 임금 등을 지급하지 아니한 데에는 상당한 이유가 있다고 보아야 할 것이어서 사용자에게 그 임금미지급에 관한 고의가 있었다고 인정하기 어려우므로, <u>근로기준법 제44조의2에 따라 임금지급의무를 연대하여 부담하는 직상 수급인의 경우에도 제반사정에 비추어 그 임금 등을 지급하지 아니한 데에 상당한 이유가 있다면 근로기준법 제44조의2, 제109조 위반죄의 고의가 인정되지 않아 형사책임을 부담하지 않는 경우가 있을 수 있으나, 그와 같은 사정은 임금지급의무 자체에 영향을 미치지 않는다</u>(대판 2021.7.8. 2020다296321).

답 ×

009 □□□

- ▸ **건설업자가 아닌 하수급인이 그가 사용한 근로자에게 임금을 지급하지 못한 경우 하수급인의 직상 수급인은 자신에게 귀책사유가 없다면 하수급인과 연대하여 하수급인이 사용한 근로자의 임금을 지급할 책임을 부담하지 아니한다.** ○ ×

- ▸ **건설업에서의 임금 지급 연대책임을 규정하고 있는 근로기준법 제44조의2는 개인의 의사에 의하여 적용을 배제할 수 없는 강행규정으로 보아야 하므로 이를 배제하거나 잠탈하는 약정을 하였더라도 효력이 없다.** ○ ×

---

[1] 근로기준법 제44조의2는 건설업에서 2차례 이상 도급이 이루어진 경우 건설산업기본법 제2조 제7호에 따른 건설업자가 아닌 하수급인이 그가 사용한 근로자에게 임금을 지급하지 못할 경우 하수급인의 직상 수급인은 하수급인과 연대하여 하수급인이 사용한 근로자의 임금을 지급할 책임을 진다고 규정하고 있다. 따라서 건설업자가 아닌 하수급인이 그가 사용한 근로자에게 임금을 지급하지 못하였다면, 하수급인의 직상 수급인은 자신에게 귀책사유가 있는지 여부 또는 하수급인에게 대금을 지급하였는지 여부와 관계없이 하수급인과 연대하여 하수급인이 사용한 근로자의 임금을 지급할 책임을 부담한다.

[2] 이는 직상 수급인이 건설업 등록이 되어 있지 않아 건설공사를 위한 자금력 등이 확인되지 않는 자에게 건설공사를 하도급하는 위법행위를 함으로써 하수급인의 임금지급의무 불이행에 관한 추상적 위험을 야기한 잘못에 대하여 실제로 하수급인이 임금지급의무를 이행하지 않아 이러한 위험이 현실화되었을 때 책임을 묻는 취지로서, 건설 하도급 관계에서 발생하는 임금지급방식을 개선하여 건설근로자의 권리를 보장할 수 있도록 하는 데 입법 취지를 두고 있다. 또한 근로기준법 제109조 제1항은 근로기준법 제44조의2를 위반하여 임금지급의무를 불이행한 직상 수급인에 대해 형사처벌을 하도록 정하고 있는바, 이와 같은 입법 취지, 규정 내용과 형식 등을 종합하여 보면 근로기준법 제44조의2는 개인의 의사에 의하여 적용을 배제할 수 없는 강행규정으로 봄이 타당하고 따라서 이를 배제하거나 잠탈하는 약정을 하였더라도 그 약정은 효력이 없다(대판 2021.6.10. 2021다217370).

답 × / ○

010 □□□

▸ 버스여객자동차운송사업을 영위하는 회사의 운전기사로 근무하는 근로자 등이 식대 등을 통상임금에 포함하여 재산정한 각종 수당과 기지급한 수당의 차액을 구하는 경우, 이 식대는 근로자들이 실제로 지정 기사식당에서 식사를 한 경우 그 대금을 결제해 준 것이라면 통상임금에 해당한다. ○ ×

▸ 노사 간에 실제의 연장근로시간과 관계없이 일정 시간을 연장근로시간으로 간주하기로 합의하였다면 사용자로서는 근로자의 실제 연장근로시간이 합의한 시간에 미달함을 이유로 근로시간을 다투는 것이 허용되지 아니한다. ○ ×

---

[1] 버스여객자동차운송사업을 영위하는 갑 주식회사의 운전기사로 근무하는 을 등이 식대 등을 통상임금에 포함하여 재산정한 각종 수당과 기지급한 수당의 차액을 구한 사안에서, 위 식대는 갑 회사가 근로자들에게 직접 지급하거나 식권을 교부하고 사용하지 않은 식권에 대하여 환불해 준 것이 아니라, 근로자들이 실제로 지정 기사식당에서 식사를 한 경우 그 대금을 결제해 준 것에 불과하므로 통상임금에 해당하지 않는다고 본 원심판단을 수긍한 사례

[2] 노사 간에 실제의 연장근로시간과 관계없이 일정 시간을 연장근로시간으로 간주하기로 합의하였다면 사용자로서는 근로자의 실제 연장근로시간이 위 합의한 시간에 미달함을 이유로 근로시간을 다투는 것이 허용되지 아니한다. 원심이 이 사건 각 임금협정에서 정한 근로시간보다 원고들의 실제 근무시간이 적으므로 실제 근무시간의 한도 내에서 연장근로수당 지급의무가 인정되어야 한다는 피고의 주장을 배척한 것은 위와 같은 법리에 따른 것으로서, 거기에 상고이유 주장과 같이 근로시간 산정에 관한 법리를 오해한 잘못이 없다(대판 2020.4.9. 2015다44069).

답 × / ○

011 □□□ **전년도 근무실적을 평가하여 지급 여부나 지급액이 정해지는 내부평가급을 포함한 성과연봉이 당해 연도에 지급된다고 하더라도, 전년도에 대한 성과연봉을 그 지급 시기만 당해 연도로 정한 것에 불과하다고 볼 만한 특별한 사정이 있는 경우에는 전년도에 대한 임금으로서의 고정성을 인정할 수 없다.** ○ ×

[1] 지급 대상기간에 이루어진 근로자의 근무실적을 평가하여 이를 토대로 지급여부나 지급액이 정해지는 임금은 지급 대상기간에 대한 임금으로서는 일반적으로 고정성이 부정된다고 볼 수 있다. 그러나 근무실적에 관하여 최하 등급을 받더라도 일정액을 지급하는 경우와 같이 최소한도의 지급이 확정되어 있다면, 그 최소한도의 임금은 고정적 임금이라고 할 수 있다. 그런데 근로자의 전년도 근무실적에 따라 당해 연도에 대한 임금으로서 특정 임금의 지급 여부나 지급액을 정하는 경우, 당해 연도에 그 임금의 지급 여부나 지급액이 확정적이라면 당해 연도에 있어 그 임금은 고정적인 임금에 해당하는 것으로 보아야 한다. 그러나 전년도 근무실적을 평가하여 이를 토대로 지급 여부나 지급액이 정해지는 임금이 당해 연도에 지급된다고 하더라도, 전년도에 대한 임금을 그 지급 시기만 당해 연도로 정한 것에 불과하다고 볼 만한 특별한 사정이 있는 경우에는 전년도에 대한 임금으로서의 고정성을 인정할 수 없다. 이 경우에도 근무실적에 관하여 최하 등급을 받더라도 일정액을 최소한도로 보장하여 지급하기로 한 경우에는 그 한도 내에서 전년도에 대한 고정적인 임금으로 볼 수 있다.

[2] 갑 주식회사가 회사 경영실적평가 결과와 전년도 내부경영실적평가 결과에 따라 '전년도 연봉월액 × (내부평가급지급률 + 경영평가성과급지급률 − 차등재원 + 차등지급률)'의 산식으로 계산한 성과연봉을 근로자인 을 등에게 지급하였는데, 을 등이 내부평가급이 포함된 성과연봉 전액을 통상임금에 포함하여 재산정한 연장근로수당 등의 지급을 구한 사안에서, 을 등이 지급받은 내부평가급을 포함한 성과연봉은 전년도에 대한 임금을 지급 시기만 당해 연도로 정한 것으로 이는 전년도에 대한 임금으로서 고정성을 인정할 수 없다고 한 사례(대판 2020.6.11. 2018다249308).

답 ○

012 □□□ **단체협약이나 취업규칙 등에서 정기상여금을 특정 시점에 재직 중인 근로자에게만 지급한다는 규정을 두면서, 정기상여금에 관하여 근무기간에 비례하여 지급한다는 취지의 규정을 두고 있는 경우, 이는 특정 시점에 재직하지 않는 사람에게는 정기상여금을 전혀 지급하지 않는 취지라고 해석할 수 있다.** ○ ×

[1] 단체협약 등에 의하여 정기적 · 계속적으로 일정 지급률에 따라 지급되는 정기상 여금의 지급기일 전에 근로자가 퇴직한 경우에 그 지급조건에 관하여 특별한 다른 정함이 없는 한 이미 근무한 기간에 비례하는 만큼의 정기상여금에 대해서는 근로의 대가로서 청구할 수 있다. 이러한 정기상여금의 임금으로서의 성격을 고려하면, 단체협약이나 취업규칙 등에서 정기상여금을 특정 시점에 재직 중인 근로자에게만 지급한다는 규정을 두면서, 정기상여금에 관하여 근무기간에 비례하여 지급한다는 취지의 규정을 두고 있는 경우, 전자의 규정 문언만을 근거로 기왕에 근로를 제공했던 사람이라도 특정 시점에 재직하지 않는 사람에게는 정기상여금을 전혀 지급하지 않는 취지라고 단정할 것은 아니다. 이러한 경우에는 사업장 내에서의 정기상여금의 지급 실태나 관행, 노사의 인식, 정기상여금 및 그 밖의 임금 지급에 관한 규정 내용 등을 종합하여 특정 시점 전에 퇴직하더라도 후자의 규정에 따라 이미 근무한 기간에 비례하는 만큼의 정기상여금을 지급하기로 정한 것은 아닌지를 구체적인 사안별로 신중하게 살펴야 한다.

[2] 갑 주식회사가 노동조합과 체결한 단체협약에서 '기본급의 30일분에 직급수당을 더한 금액의 1,200%의 상여금을 매월 임금지급일에 100%씩 고정 지급한다'고 정하고 있고, 취업규칙에서는 정기상여금과 관련하여, '상여금 지급은 20일 현재 재직한 자에 한하여 지급하고, 근무일수가 부족한 경우에는 일할 계산하여 지급한다'고 정한 사안에서, 취업규칙 조항의 기재만으로는 기왕에 근로를 제공했던 사람이라도 매달 20일에 재직하지 않는 사람에게는 정기상여금을 전혀 지급하지 않는다는 취지라고 단정할 수 없는데도, 위 정기상여금이 고정성 등을 결여하고 있다고 본 원심판단에 법리오해 등의 위법이 있다고 한 사례(대판 2020.4.29. 2018다303417).

 ×

PART 1 PART 2 PART 3

013 □□□ **통상임금 재산정에 따른 근로자의 추가 법정수당 청구가 사용자에게 중대한 경영상의 어려움을 초래하거나 기업의 존립을 위태롭게 하여 신의칙에 위반되는지는 회사 자체가 아닌 당해 사업부의 재정 상황 등을 기준으로 삼아 신중하고 엄격하게 판단하여야 한다.** O X

[1] 노사합의에서 정기상여금은 그 자체로 통상임금에 해당하지 아니한다는 전제로, 정기상여금을 통상임금 산정 기준에서 제외하기로 합의하고 이를 전제로 임금수준을 정한 경우, 근로자 측이 정기상여금을 통상임금에 가산하고 이를 토대로 추가적인 법정수당의 지급을 구함으로써, 사용자에게 새로운 재정적 부담을 지워 중대한 경영상의 어려움을 초래하거나 기업의 존립을 위태롭게 하는 것은 정의와 형평 관념에 비추어 신의에 현저히 반할 수 있다. 다만 근로관계를 규율하는 강행규정보다 신의성실의 원칙(이하 '신의칙')을 우선하여 적용할 것인지를 판단할 때에는 근로조건의 최저기준을 정하여 근로자의 기본적 생활을 보장 · 향상시키고자 하는 근로기준법 등의 입법 취지를 충분히 고려할 필요가 있다. 또한 기업을 경영하는 주체는 사용자이고, 기업의 경영 상황은 기업 내·외부의 여러 경제적 · 사회적 사정에 따라 수시로 변할 수 있으므로, 통상임금 재산정에 따른 근로자의 추가 법정수당 청구를 중대한 경영상의 어려움을 초래하거나 기업 존립을 위태롭게 한다는 이유로 배척한다면, 기업 경영에 따른 위험을 사실상 근로자에게 전가하는 결과가 초래될 수 있다. 따라서 근로자의 추가 법정수당 청구가 사용자에게 중대한 경영상의 어려움을 초래하거나 기업의 존립을 위태롭게 하여 신의칙에 위반되는지는 신중하고 엄격하게 판단하여야 한다.

[2] 원심은, 피고가 원고들을 비롯한 생산직 근로자들에게 이 사건 정기상여금을 통상임금에 산입한 결과 추가로 발생하는 법정수당 및 퇴직금(이하 '추가 법정수당 등')을 지급하게 됨으로써 피고에게 중대한 경영상의 어려움이 초래되거나 그 존립이 위태롭게 되는지 여부를 판단하면서, 이 사건 사업부가 각각 별도의 조직을 갖추고 어느 정도 독립적인 형태로 사업을 영위하고 있는 것으로 보인다는 등의 이유를 들어 피고 회사 자체가 아닌 이 사건 사업부의 재정 상황 등을 기준으로 삼아 이를 판단하였다.
그러나 원심의 위와 같은 판단은 수긍하기 어렵다. 앞서 본 바와 같이, 근로자의 추가 법정수당 등의 청구는 그것이 사용자에게 예기치 못한 새로운 재정적 부담을 지워 중대한 경영상의 어려움을 초래하거나 기업의 존립을 위태롭게 하는 경우에 한하여 신의칙 위반을 이유로 배척될 수 있는데, 이 사건 사업부가 피고 내부의 다른 사업부와 조직 및 운영상 어느 정도 독립되어 있는 것에서 더 나아가 재무·회계 측면에서도 명백하게 독립되어 있는 등으로 이 사건 사업부를 피고와 구별되는 별도의 법인으로 취급하여야 할 객관적인 사정을 인정하기 어렵기 때문이다(대판 2020.8.27. 2016다16054).

답 X

014 ☐☐☐ **자동차 등 제조 · 판매 사업을 영위하는 회사의 근로자 등이 정기상여금을 통상임금에 포함하여 산정한 추가 법정수당의 지급을 구하는 경우, 근로자 등이 미지급 법정수당의 추가 지급을 구하는 것이 노사가 합의한 임금수준을 훨씬 초과하는 예상외의 이익을 추구하고 회사에게는 새로운 재정적 부담을 지워 중대한 경영상의 어려움을 초래하거나 회사의 존립을 위태롭게 할 수 있다면 미지급 법정수당의 추가청구는 신의칙에 반할 수 있다.** ○ ×

원심은, 정기상여금을 통상임금에 가산하고 이를 토대로 추가적인 법정수당의 지급을 구하는 사안에서 추가 법정수당 청구가 신의칙에 위배되어 받아들일 수 없게 되는 경우에 관한 대법원 2013.12.18. 선고 2012다89399 전원합의체 판결의 법리를 원용한 다음, 그 판시와 같이 ① 이 사건 정기상여금은 월 통상임금의 연 700%에 해당하고, 생산직 근로자들에게 상시적으로 이루어지는 초과근로까지 감안한다면 피고가 추가로 부담하게 될 법정수당은 임금협상 당시 노사가 협상의 자료로 삼은 법정수당의 범위를 현저히 초과하는 점, ② 피고의 당기순이익 누계액은 2008년부터 2010년까지가 -6,000여 억원, 2008년부터 2014년까지가 -8,000여 억원에 이르는 점, ③ 2008년부터 2014년까지 피고의 부채비율은 동종업체에 비해 상당히 높고, 유동비율은 동종업체에 미치지 못하며, 차입금 규모도 2014년 연말 기준 2조원을 초과하고, 매년 지출하는 경상연구개발비가 평균 6,000여 억원에 이르러 2014년 연말 기준 보유현금을 이 사건 추가 법정수당 지급에 사용할 경우 부채변제나 연구개발이 중단되거나 심각한 유동성 위기를 겪을 가능성이 높은 점 등의 사정을 종합하여 보면, 원고들이 이 사건 정기상여금을 통상임금에 포함하여 미지급 법정수당의 추가 지급을 구하는 것은 노사가 합의한 임금수준을 훨씬 초과하는 예상외의 이익을 추구하고 피고에게 예측하지 못한 새로운 재정적 부담을 지워 중대한 경영상의 어려움을 초래하거나 피고의 존립을 위태롭게 하게 될 수 있으므로, 원고들의 위 청구는 신의칙에 위배되어 허용될 수 없다고 판단하였다. 관련 법리에 따라 기록을 살펴보면, 원심의 위와 같은 판단에 상고이유 주장과 같이 필요한 심리를 다하지 않은 채 논리와 경험의 법칙을 위반하여 자유심증주의의 한계를 벗어나거나 정기상여금을 통상임금에 가산한 추가 법정수당 청구에 있어 신의칙에 관한 법리를 오해하는 등의 잘못이 없다(대판 2020.7.9. 2015다71917).

답 ○

015 □□□ **사용자가 근로의 대상으로 근로자에게 지급한 금품이 비록 현물로 지급되었다 하더라도 근로의 대가로 지급하여 온 금품이라면 평균임금의 산정에 포함되는 임금으로 보아야 한다.** ○ ×

[1] 사용자가 근로자들에게 실제로 그 해당 명목으로 사용되는지를 불문하고 근무일마다 실비 변상 명목으로 일정 금액을 지급하는 경우에, 위와 같이 지급된 금원을 실비 변상에 해당한다는 이유를 들어 임금 또는 통상임금에서 제외할 수는 없다. 또한 사용자가 근로의 대상으로 근로자에게 지급한 금품이 비록 현물로 지급되었다 하더라도 근로의 대가로 지급하여 온 금품이라면 평균임금의 산정에 포함되는 임금으로 보아야 한다.

[2] 여객자동차 운수업을 영위하는 갑 주식회사가 운행버스에 설치한 CCTV를 교체하면서 노동조합과 합의한 협약서에서 당일 출근하는 모든 운전직 근로자들에게 실비변상 조로 장갑, 음료수, 담배, 기타 잡비 명목으로 일비 10,000원에 상당하는 갑 회사 발행의 구내매점용 물품구입권을 지급한다고 정하였고, 이에 따라 갑 회사가 실제 경비로 사용되는지를 불문하고 근로를 제공한 운전직 근로자 모두에게 물품구입권을 지급한 사안에서, 위 CCTV 수당은 통상임금에 포함된다고 한 사례 (대판 2020.4.29. 2016다7647).

답 ○

016
□□□

▸ 어떠한 임금이 통상임금에 속하는지 여부는 그 임금이 소정근로의 대가로 근로자에게 지급되는 금품으로서 정기적·일률적·고정적으로 지급되는 것인지를 기준으로 객관적인 성질에 따라 판단하여야 하므로 임금의 명칭이나 지급주기의 장단 등 형식적 기준에 의해 정하여야 한다. ○ ×

▸ 사용자가 근로자들에게 실제로 그 해당 명목으로 사용되는지를 불문하고 근무일마다 실비 변상 명목으로 일정 금액을 지급하는 경우에, 소정근로의 대가로 정기적, 일률적, 고정적으로 지급한 것으로 인정되는 경우에는 지급된 금원을 실비 변상에 해당한다는 이유를 들어 임금 또는 통상임금에서 제외할 수는 없다. ○ ×

---

[1] 사용자가 근로자에게 지급하는 금품이 임금에 해당하려면 그 금품이 근로의 대상으로 지급되는 것으로서, 근로자에게 계속적·정기적으로 지급되고 그 지급에 관하여 단체협약, 취업규칙 등에 의하여 사용자에게 지급의무가 지워져 있어야 한다. 그리고 해당 지급의무의 발생이 근로제공과 직접적으로 관련되거나 그것과 밀접하게 관련된다고 볼 수 있는 금품은 근로의 대상으로 지급된 것이라 할 수 있다. 어떠한 임금이 통상임금에 속하는지 여부는 그 임금이 소정근로의 대가로 근로자에게 지급되는 금품으로서 정기적·일률적·고정적으로 지급되는 것인지를 기준으로 객관적인 성질에 따라 판단하여야 하고, 임금의 명칭이나 지급주기의 장단 등 형식적 기준에 의해 정할 것이 아니다. 한편 사용자가 근로자들에게 실제로 그 해당 명목으로 사용되는지를 불문하고 근무일마다 실비 변상 명목으로 일정 금액을 지급하는 경우에, 위와 같이 지급된 금원을 실비 변상에 해당한다는 이유를 들어 임금 또는 통상임금에서 제외할 수는 없다.

[2] 버스여객자동차운송사업을 하는 갑 주식회사가 노사협의에 따라 실제 경비로 사용되는지를 불문하고 근로를 제공한 소속 운전직 근로자 모두에게 담뱃값, 장갑대, 음료수대, 청소비, 기타 승무 시 소요되는 경비 명목으로 지급한 일비가 통상임금에 해당하는지 문제 된 사안에서, 실제 경비로 사용되지 아니하였다는 이유로 갑 회사가 일비를 지급하지 않거나 감액하였다고 볼 만한 자료도 없는 점에 비추어 일비가 운전직 근로자의 근로제공과 관련하여 근로의 대상으로 지급된 것으로 봄이 타당하며, 당일 출근하는 운전직 근로자들은 일률적으로 일비를 지급받았고, 근무일수에 따라 지급액이 달라지기는 하지만 근무일에 소정근로를 제공하기만 하면 일비를 지급받는 것이 확정되어 있었으므로, 일비는 소정근로의 대가로 정기적, 일률적, 고정적으로 지급한 것으로 통상임금에 포함된다고 볼 수 있는데도, 복리후생비에 해당한다는 이유 등으로 일비가 통상임금에 해당하지 않는다고 본 원심판단에 법리오해 등의 잘못이 있다고 한 사례(대판 2019.4.23. 2014다27807).

답 × / ○

PART 1 PART 2 PART 3

017 □□□ **위법한 직장폐쇄로 사용자가 여전히 임금지급의무를 부담하는 경우에도, 근로기준법 시행령 제2조 제1항 제6호에서 정한 평균임금에서 제외되는 기간인 쟁의행위기간이라고 할 수 있다.** O X

근로기준법 제2조 제1항 제6호의 평균임금 개념과 산정 방식, 근로기준법 시행령 제2조 제1항의 취지와 성격, 근로자의 위법한 쟁의행위 참가기간의 근로기준법 시행령 제2조 제1항 제6호 기간 해당 여부, 직장폐쇄와 사용자의 임금지급의무의 관계 등을 종합하여 다음과 같은 결론을 도출할 수 있다.

첫째, 근로기준법 시행령 제2조 제1항의 입법 취지와 목적을 감안하면, 사용자가 쟁의행위로 적법한 직장폐쇄를 한 결과 근로자에 대해 임금지급의무를 부담하지 않는 기간은 원칙적으로 같은 조항 제6호의 기간에 해당한다. 다만 이러한 직장폐쇄기간이 근로자들의 위법한 쟁의행위 참가기간과 겹치는 경우라면 근로기준법 시행령 제2조 제1항 제6호의 기간에 포함될 수 없다.

둘째, 위법한 직장폐쇄로 사용자가 여전히 임금지급의무를 부담하는 경우라면, 근로자의 이익을 보호하기 위해 그 기간을 평균임금 산정기간에서 제외할 필요성을 인정하기 어려우므로 근로기준법 시행령 제2조 제1항 제6호에 해당하는 기간이라고 할 수 없다. 이와 달리 직장폐쇄의 적법성, 이로 인한 사용자의 임금지급의무 존부 등을 고려하지 않은 채 일률적으로 사용자의 직장폐쇄기간이 근로기준법 시행령 제2조 제1항 제6호에서 말하는 '노조법 제2조 제6호에 따른 쟁의행위기간'에 해당한다고 할 수 없다(대판 2019.6.13. 2015다65561).

 X

018 □□□ **주휴수당 역시 근로기준법상의 수당으로서 근로자가 주휴일에 실제로 근무를 하지 않더라도 근무를 한 것으로 간주하여 지급되는 임금이므로, 그 성질상 통상임금을 기초로 하여 산정할 수당으로 보아야 한다.** O X

근로기준법 제55조는 "사용자는 근로자에게 1주에 평균 1회 이상의 유급휴일을 보장하여야 한다."라고 규정하고 있다. 이러한 주휴수당 역시 근로기준법상의 수당으로서 근로자가 주휴일에 실제로 근무를 하지 않더라도 근무를 한 것으로 간주하여 지급되는 임금이므로, 그 성질상 통상임금을 기초로 하여 산정할 수당으로 보는 것이 타당하다. 위와 같은 법리에 따라 기록을 살펴보면, 원심이 이 사건 상여금을 포함하여 재산정한 통상임금을 기초로 피고가 지급하여야 할 주휴수당을 산정한 것은 정당하고, 거기에 상고이유 주장과 같이 주휴수당에 관한 법리를 오해하거나 필요한 심리를 다하지 아니한 잘못이 없다(대판 2018.9.28. 2017다53210).

 O

019 □□□

▸ 휴일근로수당으로 통상임금의 100분의 50 이상을 가산하여 지급하여야 하는 휴일근로에는 주휴일 근로는 포함되나, 단체협약이나 취업규칙에 의하여 휴일로 정하여진 법정공휴일 등의 근로는 포함되지 아니한다. ○ ×

▸ 근로기준법상 아무런 기준을 정한 바 없는 수당을 산정함에 있어 노사 간의 합의로 근로기준법상의 개념이나 범위와 다른 통상임금을 그러한 수당을 산정하기 위한 수단으로 삼은 경우 이러한 합의는 유효하다. ○ ×

[1] 근로기준법 제56조에 따라 휴일근로수당으로 통상임금의 100분의 50 이상을 가산하여 지급하여야 하는 휴일근로에는 같은 법 제55조 소정의 주휴일 근로뿐만 아니라 단체협약이나 취업규칙에 의하여 휴일로 정하여진 법정공휴일 등의 근로도 포함된다. 원심판결 이유와 기록에 의하면, 피고는 소속 근로자가 주휴일 또는 단체협약 등에서 정한 유급휴일에 실제로 근로를 제공한 경우 그 휴일근로시간에 통상시급의 1.5배를 곱한 금액을 휴일기본근무 수당으로 지급한 사실을 알 수 있으므로, 피고가 지급한 휴일기본근무 수당은 근로기준법 제56조에 따라 휴일의 근로에 대하여 통상임금의 100분의 50을 가산한 임금에 해당한다고 봄이 타당하다. 그런데도 원심은 별다른 근거 없이 휴일기본근무 수당이 약정수당에 해당한다고 단정하여 재산정한 통상임금에 따라 휴일기본근무 수당의 차액을 지급하여야 한다는 원고들의 주장을 배척하였다. 이러한 원심판단에는 휴일근로수당에 관한 법리를 오해하거나 논리와 경험의 법칙을 위반하여 자유심증주의의 한계를 벗어나 판결에 영향을 미친 잘못이 있다. 이 점을 지적하는 상고이유 주장은 정당하다.

[2] 근로기준법상 아무런 기준을 정한 바 없는 수당을 산정함에 있어 노사 간의 합의로 근로기준법상의 개념이나 범위와 다른 통상임금을 그러한 수당을 산정하기 위한 수단으로 삼은 경우에는 근로기준법상의 법정수당을 지급하도록 한 취지가 몰각될 우려가 당초부터 없다고 할 것이므로 위와 같은 합의는 유효하다(대판 2018.9.28. 2016다212869).

답 × / ○

020 □□□ **임금지급약정에 붙은 부관이 전액불의 원칙을 규정한 근로기준법 제43조에 반하여 허용될 수 없다면 임금지급약정 전체가 무효이다.** ○ ×

[1] 근로기준법 제43조에 의하면, 임금은 통화로 직접 근로자에게 그 전액을 지급하여야 하고(제1항), 매월 1회 이상 일정한 날짜를 정하여 지급하여야 한다(제2항). 이는 사용자로 하여금 매월 일정하게 정해진 기일에 근로자에게 근로의 대가 전부를 직접 지급하게 강제함으로써 근로자의 생활안정을 도모하려는 데에 입법 취지가 있다. 한편 근로기준법 제15조 제1항은 근로기준법에서 정하는 기준에 미치지 못하는 근로조건을 정한 근로계약은 그 부분에 한하여 무효로 한다고 정하고 있으므로, 임금지급약정에 붙은 부관이 근로기준법 제43조에 반하여 허용될 수 없다면 부관만 무효이고, 나머지 임금지급약정은 유효하다고 보아야 한다.

[2] 지방문화원진흥법에 따라 설립된 갑 법인이 관할 지방자치단체로부터 받아 오던 보조금의 지급이 중단된 후 을을 사무국장으로 채용하면서 '월급을 350만원으로 하되 당분간은 월 100만원만 지급하고 추후 보조금을 다시 지급받으면 그때 밀린 급여 또는 나머지 월 250만원을 지급하겠다.'는 취지로 설명하였고, 그 후 을에게 임금으로 매월 100만원을 지급한 사안에서, '갑 법인이 보조금을 지급받으면'이라는 사유는, 갑 법인이 보조금을 지급받지 못하면 을에게 약정 임금을 지급하지 않아도 된다는 정지조건이라기보다는 갑 법인의 보조금 수령이라는 사유가 발생하는 때는 물론이고 상당한 기간 내에 그 사유가 발생하지 않은 때에도 약정 임금을 지급해야 한다는 불확정기한으로 봄이 타당한데, 갑 법인과 을의 근로계약 중 월 250만원의 임금지급약정에 부가된 '갑 법인의 보조금 수령'이라는 불확정기한은 근로기준법 제43조의 입법 취지에 반하여 허용될 수 없다고 봄이 타당하므로, '갑 법인의 보조금 수령'이라는 불확정기한은 무효이고, 나머지 월 250만원의 임금지급약정은 유효한데도, 이와 달리 본 원심판단에 법리오해 등의 잘못이 있다고 한 사례(대판 2020.12.24. 2019다293098).

답 ×

021 □□□

▸ 시급제 또는 일급제 근로자가 기본 시급 또는 기본 일급 외에 매월 지급받는 고정수당 중에는 근로계약 · 단체협약 등에서 달리 정하지 않는 한 법정수당인 주휴수당이 포함되어 있다. ○ ×

▸ 시급제 또는 일급제 근로자로서는 근로기준법상 통상임금에 속하는 매월 또는 1개월을 초과하는 일정기간마다 지급되는 고정수당을 포함하여 새로이 산정한 시간급 통상임금을 기준으로 계산한 주휴수당액과 이미 지급받은 주휴수당액의 차액은 청구할 수 없고, 이는 주휴수당의 중복 청구에 해당한다. ○ ×

시급제 또는 일급제 근로자가 기본 시급 또는 기본 일급 외에 매월 또는 1개월을 초과하는 일정기간마다 지급받는 고정수당 중에는 근로계약 · 단체협약 등에서 달리 정하지 않는 한 구 근로기준법 제55조에 따라 부여되는 유급휴일에 실제로 근무를 하지 않더라도 근무를 한 것으로 간주하여 지급되는 법정수당인 주휴수당이 포함되어 있지 않다. 따라서 시급제 또는 일급제 근로자로서는 근로기준법상 통상임금에 속하는 매월 또는 1개월을 초과하는 일정기간마다 지급되는 고정수당을 포함하여 새로이 산정한 시간급 통상임금을 기준으로 계산한 주휴수당액과 이미 지급받은 주휴수당액의 차액을 청구할 수 있고, 이를 주휴수당의 중복 청구라고 할 수 없다. 다만 시급제 또는 일급제 근로자에게 매월 지급되는 이러한 고정수당에는 구 근로기준법 제55조에 따라 유급으로 처리되는 시간에 대응하는 부분이 포함되어 있으므로, 매월 또는 1개월을 초과하는 일정기간마다 지급되는 고정수당액을 월의 소정근로시간과 이처럼 유급으로 처리되는 시간을 합한 총 근로시간 수로 나눈 금액을 기본 시급 또는 기본 일급의 시간급 금액에 더하는 방식에 의하여 시급제 또는 일급제 근로자의 시간급 통상임금을 산정하여도 무방하다(대판 2018.12.27. 2016다39538).

답 × / ×

022 □□□

▸ **공공기관 경영평가성과급이 계속적 · 정기적으로 지급되고 지급대상, 지급조건 등이 확정되어 있어 사용자에게 지급의무가 있다면, 이는 근로의 대가로 지급되는 임금의 성질을 가지므로 평균임금 산정의 기초가 되는 임금에 포함된다고 보아야 한다.** ○ ×

▸ **공공기관 경영평가성과급이 임금에 포함된다고 보아야 하는 경우에도 최저지급률과 최저지급액이 정해져 있지 않아 소속 기관의 경영실적 평가결과에 따라서는 경영평가성과급을 지급받지 못할 수 있다면, 근로의 대가로 지급된 임금으로 보기 어렵다.** ○ ×

평균임금 산정의 기초가 되는 임금은 사용자가 근로의 대가로 근로자에게 지급하는 금품으로서, 근로자에게 계속적 · 정기적으로 지급되고 단체협약, 취업규칙, 급여규정, 근로계약, 노동관행 등으로 사용자에게 지급의무가 있는 것을 말한다. 공공기관 경영평가성과급이 계속적 · 정기적으로 지급되고 지급대상, 지급조건 등이 확정되어 있어 사용자에게 지급의무가 있다면, 이는 근로의 대가로 지급되는 임금의 성질을 가지므로 평균임금 산정의 기초가 되는 임금에 포함된다고 보아야 한다. 한편 2012년부터는 공공기관 경영평가성과급의 최저지급률과 최저지급액이 정해져 있지 않아 소속 기관의 경영실적 평가결과에 따라서는 경영평가성과급을 지급받지 못할 수도 있다. 이처럼 경영평가성과급을 지급받지 못하는 경우가 있다고 하더라도 성과급이 전체 급여에서 차지하는 비중, 지급 실태와 평균임금 제도의 취지 등에 비추어 볼 때 근로의 대가로 지급된 임금으로 보아야 한다(대판 2018.12.13. 2018다231536).

답 ○ / ×

05 근로시간

001 □□□ **2주 단위 탄력적 근로시간제(근로기준법 제51조 제1항)는 취업규칙에 의할 뿐만 아니라 근로계약이나 근로자의 개별적 동의를 통하여도 도입할 수 있다.** ○ ×

구 근로기준법 제51조 제1항은 사용자는 취업규칙(취업규칙에 준하는 것을 포함)에서 정하는 바에 따라 2주 이내의 일정한 기간을 단위기간으로 하는 탄력적 근로시간제를 시행할 수 있다고 정하고 있다. 이러한 탄력적 근로시간제는 구 근로기준법 제50조 제1항과 제2항에서 정한 1주간 및 1일의 기준근로시간을 초과하여 소정근로시간을 정할 수 있도록 한 것으로서 법률에 규정된 일정한 요건과 범위 내에서만 예외적으로 허용된 것이므로 법률에서 정한 방식, 즉 취업규칙에 의하여만 도입이 가능할 뿐 근로계약이나 근로자의 개별적 동의를 통하여 도입할 수 없다. 근로계약이나 근로자의 개별적 동의로 탄력적 근로시간제를 도입할 수 있다고 한다면 취업규칙의 불리한 변경에 대해 근로자 과반수로 조직된 노동조합(그러한 노동조합이 없는 경우에는 근로자 과반수)의 동의를 받도록 한 근로기준법 제94조 제1항 단서의 취지가 무색해지는 결과가 초래되기 때문이다(대판 2023.4.27. 2020도16431).

답 ×

002 □□□

▸ 개별 사안에서 근로형태나 업무의 성격상 연장 · 야간 · 휴일근로가 당연히 예상되는 경우 기본급과는 별도로 연장 · 야간 · 휴일근로수당 등을 세부항목으로 나누어 지급하도록 단체협약이나 취업규칙, 급여규정 등에 정하고 있다면 포괄임금제에 해당하지 아니한다. O X

▸ 단체협약 등에 일정 근로시간을 초과한 연장근로시간에 대한 합의가 있다거나 기본급에 수당을 포함한 금액을 기준으로 임금인상률을 정하였다는 사정 등이 있다면, 포괄임금제에 관한 합의가 있다고 볼 수 있다. O X

[1] 사용자가 근로계약을 체결할 때에는 근로자에 대하여 기본임금을 결정하고 이를 기초로 각종 수당을 가산하여 합산 지급하는 것이 원칙이다. 그러나 사용자와 근로자가 기본임금을 미리 정하지 아니한 채 법정수당까지 포함된 금액을 월 급여액이나 일당임금으로 정하거나 기본임금을 미리 정하면서도 법정 제 수당을 구분하지 아니한 채 일정액을 법정 제 수당으로 정하여 이를 근로시간 수에 관계없이 지급하기로 약정하는 내용의 이른바 포괄임금제에 의한 임금 지급계약 또는 단체협약을 한 경우 그것이 근로기준법이 정한 기준에 미치지 못하는 근로조건을 포함하는 등 근로자에게 불이익하지 않고 여러 사정에 비추어 정당하다고 인정될 때에는 유효하다. 포괄임금제에 관한 약정이 성립하였는지는 근로시간, 근로형태와 업무의 성질, 임금 산정의 단위, 단체협약과 취업규칙의 내용, 동종 사업장의 실태 등 여러 사정을 전체적 · 종합적으로 고려하여 구체적으로 판단하여야 한다. 비록 개별 사안에서 근로형태나 업무의 성격상 연장 · 야간 · 휴일근로가 당연히 예상된다고 하더라도 기본급과는 별도로 연장 · 야간 · 휴일근로수당 등을 세부항목으로 나누어 지급하도록 단체협약이나 취업규칙, 급여규정 등에 정하고 있는 경우에는 포괄임금제에 해당하지 아니한다. 그리고 단체협약 등에 일정 근로시간을 초과한 연장근로시간에 대한 합의가 있다거나 기본급에 수당을 포함한 금액을 기준으로 임금인상률을 정하였다는 사정 등을 들어 바로 위와 같은 포괄임금제에 관한 합의가 있다고 섣불리 단정할 수는 없다.

[2] 갑 주식회사의 버스 운전기사로 근무하는 을 등이 갑 회사를 상대로 통상임금을 재산정하는 데 따른 추가 법정수당의 지급을 구한 사안에서, 을 등이 소속한 노동조합과 갑 회사가 체결한 임금협정서에 기본급과는 별도로 연장근로수당, 야간근로수당 등을 세부항목으로 나누어 지급할 것을 정하고 있고, 갑 회사는 실제로 임금협정서, 임금조견표, 급여명세서에 기재된 세부항목에 따라 을 등에게 임금을 지급한 것으로 보이며, 임금협정상 임금 체계가 법정 기준근로시간을 초과하는 약정 근로시간에 대한 사전 합의를 전제로 월별 근무일수에 따른 기본급과 약정 근로시간 등에 대한 제 수당 금액을 합산하여 월별 보수를 지급하는 형태에 불과할 뿐 포괄임금제에 관한 합의를 포함하고 있다고 할 수 없고, 임금협정서에 포괄임금방식으로 임금을 지급한다는 취지의 문구가 기재되어 있으나, 갑 회사는 월 고정액 외에 별도의 법정수당을 지급하였던 점, 임금협정서에는 임금조견표에 나타나지 않은 각종 수당은 별도 해당 월 지급기준에 의거 지급한다는 규정을 따로 두고 있는 점, 임금협정서에 기본급과 수당을 포괄하여 지급하여야 할 월 임금액조차 정하고 있지 않은 점 등 위와 같은 임금협정서의 기재 부분은 갑 회사의 임금 지급 실무와 일치하지 아니하는데도, 명시적으로 포괄임금약정이 성립하였다고 보아 을 등의 청구를 배척한 원심판단에 법리오해의 잘못이 있다고 한 사례(대판 2020.2.6, 2015다233579).

답 O / X

003 □□□ **여객자동차 운수사업법의 보수교육은 근로자인 운전종사자와 사용자인 운송사업자 모두에게 부과된 법령상 의무로서, 운수종사자에 대한 보수교육시간은 근로시간에 포함되나 교육의 주체가 사용자가 아니라면 그러하지 아니하다.** ○ ×

[1] 근로자가 직무와 관련된 법령 또는 단체협약 · 취업규칙 등의 규정이나 사용자의 지시에 따라 소정 근로시간 외에 교육을 받는 경우, 그러한 교육시간이 근로시간에 해당하는지는 관련 법령 또는 단체협약 · 취업규칙 등의 내용과 취지, 해당 교육의 목적 및 근로 제공과의 관련성, 교육의 주체가 누구인지, 사용자에게 이를 용인하여야 할 법령상 의무가 있는지, 근로자의 귀책사유로 말미암아 교육을 하게 되었는지, 근로자가 교육을 이수하지 않을 때에 받을 불이익의 존부와 그 정도 등 여러 사정을 종합적으로 고려하여 판단하여야 한다.

[2] 여객자동차 운수사업법(이하 '여객자동차법') 제25조 제1항 및 같은 법 시행규칙 제58조 제1항 제2호에 따라 운수종사자는 운전업무를 시작하기 전에 '보수교육'을 받아야 하고, 운송사업자도 운수종사자가 위와 같은 보수교육을 받는 데 필요한 조치를 하여야 함은 물론 보수교육을 받지 아니한 운수종사자를 운전업무에 종사하게 하여서는 아니 된다. 이처럼 '보수교육'은 근로자인 운전종사자와 사용자인 운송사업자 모두에게 부과된 법령상 의무로서, 운전종사자의 적법한 근로 제공 및 운송사업자의 운전업무에 종사할 근로자 채용 · 결정에 관한 필수적인 전제조건이기도 하여 근로 제공과의 밀접한 관련성이 인정되는 점, 운송사업자가 운수종사자의 교육에 필요한 조치를 하지 아니한 경우에는 면허 · 허가 · 인가 · 등록의 취소 또는 6개월 이내의 기간을 정하여 사업의 전부 또는 일부에 대한 정지 · 노선폐지 · 감차 등의 사업계획 변경명령 등을 받게 되는 상당한 정도의 불이익이 규정되어 있는 점(여객자동차법 제85조 제1항 제23호) 등을 종합하면, 비록 교육의 주체가 사용자가 아닐지라도 여객자동차법 제25조 제1항에 근거를 둔 운수종사자에 대한 보수교육시간은 근로시간에 포함된다고 봄이 타당하다(대판 2022.5.12. 2022다203798).

답 ×

004 □□□

▸ 근로관계의 계속 중에 퇴직금 분할 약정에 의하여 월급이나 일당과는 별도로 퇴직금 명목의 금원을 지급하였으나 퇴직금 분할 약정이 무효여서 퇴직금 지급으로서의 효력이 없다면 이미 지급한 퇴직금 명목의 금원은 '근로의 대가로 지급하는 임금'에 해당한다고 볼 수 있다. ○ ×

▸ 사용자와 근로자가 체결한 퇴직금 분할 약정이 실질은 임금을 정한 것에 불과함에도 불구하고 사용자가 퇴직금의 지급을 면탈하기 위하여 퇴직금 분할 약정의 형식만을 취한 것인 경우에는 근로자는 수령한 퇴직금 명목의 금원을 부당이득으로 사용자에게 반환하여야 한다. ○ ×

[1] 사용자와 근로자가 매월 지급하는 월급이나 매일 지급하는 일당과 함께 퇴직금으로 일정한 금원을 미리 지급하기로 약정(이하 '퇴직금 분할 약정')하였다면, 그 약정은 퇴직금 중간정산으로 인정되는 경우가 아닌 한 최종 퇴직 시 발생하는 퇴직금청구권을 근로자가 사전에 포기하는 것으로서 강행법규에 위배되어 무효이고, 그 결과 퇴직금 분할 약정에 따라 사용자가 근로자에게 퇴직금 명목의 금원을 지급하였다 하더라도 퇴직금 지급으로서의 효력이 없다. 한편 근로기준법상 임금은 사용자가 근로의 대가로 근로자에게 지급하는 일체의 금원으로서, 근로자에게 계속적·정기적으로 지급하고 그 지급에 관하여 사용자가 단체협약, 취업규칙, 급여규정, 근로계약, 노동관행 등에 따라 지급의무를 부담하는 것을 의미한다. 그런데 근로관계의 계속 중에 퇴직금 분할 약정에 의하여 월급이나 일당과는 별도로 퇴직금 명목의 금원을 지급하였으나 퇴직금 분할 약정이 위와 같은 이유로 무효여서 퇴직금 지급으로서의 효력이 없다면 위 약정에 의하여 이미 지급한 퇴직금 명목의 금원은 '근로의 대가로 지급하는 임금'에도 해당한다고 할 수 없다. 따라서 사용자는 법률상 원인 없이 근로자에게 퇴직금 명목의 금원을 지급함으로써 그 금액 상당의 손해를 입은 반면 근로자는 같은 금액 상당의 이익을 얻은 셈이 되므로, 근로자는 수령한 퇴직금 명목의 금원을 부당이득으로 사용자에게 반환하여야 한다고 보는 것이 공평의 견지에서 합당하다.

[2] 퇴직금 제도를 강행법규로 규정한 입법 취지를 감안할 때 위와 같은 법리는 사용자와 근로자 사이에 실질적인 퇴직금 분할 약정이 존재함을 전제로 하여 비로소 적용할 것이어서, 사용자와 근로자가 체결한 당해 약정이 실질은 임금을 정한 것에 불과함에도 불구하고 사용자가 퇴직금의 지급을 면탈하기 위하여 퇴직금 분할 약정의 형식만을 취한 것인 경우에는 위와 같은 법리를 적용할 수 없다. 즉 사용자와 근로자 사이에 월급이나 일당 등에 퇴직금을 포함시키고 퇴직 시 별도의 퇴직금을 지급하지 않는다는 취지의 합의가 존재할 뿐만 아니라, 임금과 구별되는 퇴직금 명목 금원의 액수가 특정되고, 위 퇴직금 명목 금원을 제외한 임금의 액수 등을 고려할 때 퇴직금 분할 약정을 포함하는 근로계약의 내용이 종전의 근로계약이나 근로기준법 등에 비추어 근로자에게 불이익하지 않아야 하는 등, 사용자와 근로자가 임금과 구별하여 추가로 퇴직금 명목으로 일정한 금원을 실질적으로 지급할 것을 약정한 경우에 한하여 위와 같은 법리가 적용된다(대판 2020.8.27. 2017다290613).

답 × / ×

005 □□□ **여객자동차 운수사업을 영위하는 회사가 연장근로에 대한 보장시간에 미달되거나 초과되는 근로시간은 일 단위로 계산하지 않고 월 단위로 상계하기로 하는 '월 단위 상계약정'을 둔 경우, 실제 연장근로시간 중 소정근로시간과 중첩되어 상쇄되는 부분에 대해서는 통상시급에 해당하는 금액만이 임금으로 산정되므로, 그 한도에서 상계약정은 무효이다.** ○ ×

여객자동차 운수사업을 영위하는 갑 주식회사 소속 운전기사인 을 등에게 적용되는 단체협약 등에서 임금 산정 시간과 관련하여 주간근무일은 소정근로 8시간과 연장근로 1시간을 포함한 9시간, 연장근무일은 연장근로 5시간의 보장시간을 정하는 한편 보장시간에 미달되거나 초과되는 근로시간은 일 단위로 계산하지 않고 월 단위로 상계하기로 하는 '월 단위 상계약정'을 둔 사안에서, 위 상계약정은 월 단위로 합산한 실제 근로시간을 근무일수에 따라 계산한 보장시간의 월간 합계와 비교하여 연장근로수당을 추가로 지급할 연장근로시간을 계산하는 방법을 취하고 있는데, 이와 같이 임금 산정의 대상이 되는 근로시간이 소정근로시간인지 또는 연장근로시간인지를 구분하지 않은 채 전체 근로시간만을 단순 비교하여 연장근로시간을 계산한 결과 실제 연장근로시간 중 소정근로시간과 중첩되어 상쇄되는 부분이 발생하는 경우, 그 부분에 대해서는 통상시급에 해당하는 금액만이 임금으로 산정되어 연장근로에 대해서는 통상임금의 100분의 50 이상을 가산해야 한다는 근로기준법 제56조 제1항이 정한 기준에 미달하게 되므로, 그 한도에서 위 상계약정은 근로기준법에 위반되어 무효인데도, 이와 달리 본 원심판단에 법리오해 등의 잘못이 있다고 한 사례(대판 2020.11.26. 2017다239984).

답 ○

006 □□□ **회사가 운영하는 학원이 정규반 강의와 질의응답 시간 외에도 과목별 특강을 개설하여 해당 근로자들을 포함한 강사들에게 배정하여 강의가 이루어졌는데, 학원이 특강의 개설이나 폐지 여부를 결정하였고 특강에 대한 대가로 해당 근로자들이 수강생이 지급한 수업료의 50%를 지급받았다면, 해당 근로자들이 회사를 상대로 주휴일수당, 연차휴가근로수당, 퇴직금의 지급을 구한 경우, 해당 근로자들이 한 특강 시간은 소정근로시간에 포함된다.** O X

갑 주식회사가 기숙학원의 형태로 운영한 을 학원이 정규시간표에 따라 편성된 정규반 강의와 질의응답 시간 외에도 과목별 특강을 개설하여 병 등을 포함한 강사들에게 배정하여 강의가 이루어졌는데, 병 등이 갑 회사를 상대로 주휴일수당, 연차휴가근로수당, 퇴직금의 지급을 구한 사안에서, 을 학원이 특강의 개설이나 폐지 여부를 결정하였고, 강사들은 을 학원이 개설하여 배정한 시간에 을 학원이 지정한 장소에서 을 학원의 수강생들을 대상으로 특강 강의를 한 점, 기숙학원인 을 학원은 정규반 강의와 질의응답 시간 외에 특강 시간까지 포함하여 수강생들의 일정을 관리해 왔으며, 이를 위해 을 학원과 강사들은 특강의 개설과 배정, 보수의 지급 등에 관하여 미리 정하고 있었던 것으로 보이고, 을 학원이 강사들의 특강 업무를 구체적으로 관리·감독한 것으로 보이는 점, 병 등이 특강에 대한 대가로 수강생이 지급한 수업료의 50%를 지급받았다고 하여 그러한 보수가 근로의 대가로 지급된 임금이 아니라고 볼 수 없는 점을 종합하면, 병 등이 을 학원에서 한 특강 시간 또한 정규반 강의나 질의응답 시간과 마찬가지로 병 등의 소정근로시간에 포함된다고 봄이 타당한데도, 이와 달리 본 원심 판결에 법리오해 등의 잘못이 있다고 한 사례(대판 2019.1.17. 2018다260602).

답 O

007
□□□

▸ 근로자가 작업시간 도중에 실제로 작업에 종사하지 않은 대기시간이나 휴식 · 수면시간이라 하더라도 근로자에게 자유로운 이용이 보장된 것이 아니라 실질적으로 사용자의 지휘 · 감독을 받고 있는 시간이라면 근로시간에 포함된다고 보아야 한다. ○ ×

▸ 휴일근로수당으로 통상임금의 100분의 50 이상을 가산하여 지급하여야 하는 휴일근로에는 주휴일 근로뿐만 아니라 단체협약이나 취업규칙 등에 의하여 휴일로 정하여진 날의 근로도 포함된다. ○ ×

[1] 근로시간이란 근로자가 사용자의 지휘 · 감독을 받으면서 근로계약에 따른 근로를 제공하는 시간 즉 실근로시간을 말하고, 휴게시간이란 근로시간 도중에 사용자의 지휘 · 감독으로부터 해방되어 근로자가 자유로이 이용할 수 있는 시간을 말한다. 따라서 근로자가 작업시간 도중에 실제로 작업에 종사하지 않은 대기시간이나 휴식 · 수면시간이라 하더라도 근로자에게 자유로운 이용이 보장된 것이 아니라 실질적으로 사용자의 지휘 · 감독을 받고 있는 시간이라면 근로시간에 포함된다고 보아야 한다. 근로계약에서 정한 휴식시간이나 수면시간이 근로시간에 속하는지 휴게시간에 속하는지는 특정 업종이나 업무의 종류에 따라 일률적으로 판단할 것이 아니다. 이는 근로계약의 내용이나 해당 사업장에 적용되는 취업규칙과 단체협약의 규정, 근로자가 제공하는 업무의 내용과 해당 사업장에서의 구체적 업무 방식, 휴게 중인 근로자에 대한 사용자의 간섭이나 감독 여부, 자유롭게 이용할 수 있는 휴게 장소의 구비 여부, 그 밖에 근로자의 실질적 휴식을 방해하거나 사용자의 지휘 · 감독을 인정할 만한 사정이 있는지와 그 정도 등 여러 사정을 종합하여 개별 사안에 따라 구체적으로 판단하여야 한다.

[2] 구 근로기준법 제56조에 따라 휴일근로수당으로 통상임금의 100분의 50 이상을 가산하여 지급하여야 하는 휴일근로에는 같은 법 제55조 소정의 주휴일 근로뿐만 아니라 단체협약이나 취업규칙 등에 의하여 휴일로 정하여진 날의 근로도 포함된다. 그리고 휴일로 정하였는지는 단체협약이나 취업규칙 등에 있는 휴일 관련 규정의 문언과 그러한 규정을 두게 된 경위, 해당 사업장과 동종업계의 근로시간에 관한 규율 체계와 관행, 근로제공이 이루어진 경우 실제로 지급된 임금의 명목과 지급금액, 지급액의 산정 방식 등을 종합적으로 고려하여 판단하여야 한다(대판 2020.8.20. 2019다14110).

답 ○ / ○

008 □□□ **숙·일직으로 시행한 업무의 내용이 본래의 업무가 연장된 경우이거나 그 내용과 질이 통상의 근로와 마찬가지로 평가되는 경우라면, 그러한 초과근무에 대하여는 야간·연장·휴일근로수당 등을 지급하여야 한다.** ○ ×

[1] 일반적인 숙·일직 근무가 주로 정기적 순찰, 전화와 문서의 수수, 기타 비상사태 발생 등에 대비한 시설 내 대기 등 업무를 내용으로 하고 있는 것과 달리, 숙·일직시행한 업무의 내용이 본래의 업무가 연장된 경우이거나 그 내용과 질이 통상의 근로와 마찬가지로 평가되는 경우라면, 그러한 초과근무에 대하여는 야간·연장·휴일근로수당 등을 지급하여야 한다.

[2] 실버타운의 시설관리 업무를 수행하고 있는 갑 주식회사의 설비팀이나 전기팀에서 근무하다가 퇴직한 근로자인 을 등이 갑 회사를 상대로 당직근무에 대한 연장·야간근로수당 등의 지급을 구한 사안에서, 당직근무자들이 처리하는 업무들은 주간근무 시간에도 항상 갑 회사의 직원 등에 의하여 처리되는 업무인 점 등 제반 사정에 비추어, 을 등의 당직근무 중 식사나 수면시간을 제외한 나머지 시간의 근로는 그 내용과 질에 있어서 통상근무와 마찬가지라고 볼 여지가 큰데도, 이와 달리 본 원심판단에 법리오해 등의 위법이 있다고 한 사례(대판 2019.10.17. 2015다213568).

답 ○

009 □□□ **격일제 근무 형태에서 근무가 없는 날에 근로를 제공한 경우에도 단체협약이나 취업규칙 등에서 휴일로 정하였다고 볼 수 없다면, 근로를 제공한 날의 근로제공에 대하여 휴일근로수당이 지급되어야 하는 것은 아니다.** ○ ×

구 근로기준법 제56조에 따라 휴일근로수당으로 통상임금의 100분의 50 이상을 가산하여 지급하여야 하는 휴일근로에는 같은 법 제55조 소정의 주휴일 근로뿐만 아니라 단체협약이나 취업규칙 등에 의하여 휴일로 정하여진 날의 근로도 포함된다. 그리고 휴일로 정하였는지는 단체협약이나 취업규칙 등에 있는 휴일 관련 규정의 문언과 그러한 규정을 두게 된 경위, 해당 사업장과 동종 업계의 근로시간에 관한 규율 체계와 관행, 근로제공이 이루어진 경우 실제로 지급된 임금의 명목과 지급금액, 지급액의 산정 방식 등을 종합적으로 고려하여 판단하여야 한다. 위 법리는 1일 근무하고 그 다음 날 쉬는 격일제 근무 형태에서 근무가 없는 날에 근로를 제공한 경우에도 마찬가지여서, 앞서 본 사정들을 모두 고려하여 평가한 결과 단체협약이나 취업규칙 등에서 휴일로 정하였다고 볼 수 없다면, 그날의 근로제공에 대하여 구 근로기준법상 휴일근로수당이 지급되어야 하는 것은 아니다(대판 2020.6.25. 2016다3386).

답 ○

CHAPTER 06 휴게 · 휴일 · 휴가 및 여성과 연소근로자의 보호

001 □□□ **1년을 초과하되 2년 이하의 기간 동안 근로를 제공한 근로자에 대하여는 최대 26일의 연차휴가일수가 발생한다.** O X

근로기준법에 따르면, 사용자는 1년간 80% 이상 출근한 근로자에게 15일의 연차휴가를 주어야 하고(제60조 제1항), 계속하여 근로한 기간이 1년 미만인 근로자 또는 1년간 80% 미만 출근한 근로자에게도 1개월 개근 시 1일의 유급휴가를 주어야 한다(제60조 제2항). 연차휴가를 사용할 권리 또는 연차휴가수당 청구권은 근로자가 전년도에 출근율을 충족하면서 근로를 제공하면 당연히 발생하는 것으로서, 연차휴가를 사용할 해당 연도가 아니라 전년도 1년간의 근로에 대한 대가에 해당하므로, 다른 특별한 정함이 없는 한 전년도 1년간의 근로를 마친 다음 날 발생한다. 결국 근로기준법 제60조 제1항은 최초 1년간 80% 이상 출근한 근로자가 그다음 해에도 근로관계를 유지하는 것을 전제로 하여 2년 차에 15일의 유급휴가를 부여하는 것이어서, 1년 기간제 근로계약을 체결하여 1년의 근로계약기간이 만료됨과 동시에 근로계약관계가 더 이상 유지되지 아니하는 근로자에게는 근로기준법 제60조 제2항에 따라 최대 11일의 연차휴가만 부여될 수 있을 뿐 근로기준법 제60조 제1항에서 정한 15일의 연차휴가가 부여될 수는 없다. 그러나 1년을 초과하되 2년 이하의 기간 동안 근로를 제공한 근로자에 대하여는 최초 1년 동안의 근로제공에 관하여 근로기준법 제60조 제2항에 따른 11일의 연차휴가가 발생하고, 최초 1년의 근로를 마친 다음 날에 근로기준법 제60조 제1항에 따른 15일의 연차휴가까지 발생함으로써 최대 연차휴가일수는 총 26일이 된다(대판 2022.9.7. 2022다245419).

답 O

002 1년 기간제 근로계약을 체결한 근로자에게는 최대 11일의 연차휴가가 부여된다고 보아야 한다.
□□□

O X

1년 기간제 근로계약을 체결한 근로자에게는 최대 11일의 연차휴가가 부여된다고 보아야 한다. 그 이유는 다음과 같다.

① 2017.11.28. 법률 제15108호로 개정되어 2018.5.29. 시행된 근로기준법은 구 근로기준법 제60조 제3항에 규정되어 있던 "사용자는 근로자의 최초 1년간의 근로에 대하여 유급휴가를 주는 경우에는 제2항에 따른 휴가를 포함하여 15일로 하고, 근로자가 제2항에 따른 휴가를 이미 사용한 경우에는 그 사용한 휴가 일수를 15일에서 뺀다."라는 규정을 삭제하였다. 이와 같이 개정한 이유는 최초 1년간의 근로에 대한 유급휴가를 사용한 경우 이를 다음 해 유급휴가에서 빼는 규정을 삭제하여 1년차에 최대 11일, 2년차에 15일의 유급휴가를 각각 받을 수 있게 하기 위한 것이다. 이는 최초 1년간 연차휴가를 사용한 경우 그다음 해 연차휴가가 줄어드는 것을 방지하기 위한 것이므로, 이를 근거로 1년 동안만 근로를 제공한 근로자에게 제60조 제2항과 제1항이 중첩적으로 적용된다고 볼 수는 없다.

② 기간을 정하여 근로계약을 체결한 근로자의 경우 그 기간이 만료됨으로써 근로자로서의 신분관계는 당연히 종료되는 것이 원칙이다. 앞서 본 바와 같이 연차휴가를 사용할 권리는 다른 특별한 정함이 없는 한 그 전년도 1년간의 근로를 마친 다음 날 발생한다고 보아야 하므로, 그 전에 퇴직 등으로 근로관계가 종료한 경우에는 연차휴가를 사용할 권리에 대한 보상으로서의 연차휴가수당도 청구할 수 없다. 피고 B의 경우 마지막 근로일인 2018.7.31.이 지나면서 원고와의 근로관계가 종료되었고, 그다음 날인 2018.8.1.에는 근로자의 지위에 있지 않으므로, 근로기준법 제60조 제1항이 규정한 연차휴가를 사용할 권리에 대한 보상으로서의 연차휴가수당을 청구할 수 없다고 봄이 타당하다.

③ 만약 피고 B의 주장과 같이 1년 기간제 근로계약을 체결한 근로자에게 근로기준법 제60조 제2항뿐 아니라 제1항도 함께 적용된다면, 근로기준법 제60조 제2항에 의한 연차휴가 11일에 더하여 제1항에 의한 연차휴가 15일까지 총 26일의 연차휴가가 부여된다는 결론에 이르게 된다. 그러나 근로기준법 제60조 제4항은 '가산휴가를 포함한 총휴가 일수는 25일을 한도로 한다'고 규정하고 있다. 피고 B의 주장에 의할 경우 1년의 기간제 근로계약을 체결한 근로자는 장기간 근속한 근로자의 휴가 일수인 25일을 초과하는 휴가를 부여받게 되는데, 이는 연차 유급휴가에 관한 근로기준법 제60조 제4항의 문언에 따른 해석의 범위를 넘는 것일 뿐만 아니라 장기근속 근로자와 비교하여 1년 기간제 근로계약을 체결한 근로자를 더 우대하는 결과가 되어 형평의 원칙에도 반한다.

④ 연차휴가를 사용할 권리 혹은 연차휴가수당 청구권은 근로자가 전년도에 출근율을 충족하면서 근로를 제공하면 당연히 발생하는 것으로서 연차휴가를 사용할 해당 연도가 아니라 그 전년도 1년간의 근로에 대한 대가라는 점과 일정기간 출근한 근로자에게 일정기간 유급으로 근로의무를 면제함으로써 정신적·육체적 휴양의 기회를 제공하고 문화적 생활의 향상을 기하기 위한 것이라는 연차휴가 제도의 목적을 고려하면, 근로기준법 제60조 제1항은 최초 1년간 80퍼센트 이상 출근한 근로자가 그다음 해에도 근로관계를 유지하는 것을 전제로 하여 2년차에 15일의 유급휴가를 주어야 한다는 취지로 해석함이 타당하다. 즉, 근로기준법 제60조 제1항은 1년 기간제 근로계약을 체결하여 1년의 근로계약기간이 만료됨과 동시에 근로계약관계가 더 이상 유지되지 아니하는 근로자에게는 적용되지 않는다(대판 2021.10.14. 2021다227100).

답 O

003 사용자가 '연차휴가 사용촉진 제도'를 도입하여 사용 촉진을 위한 조치를 하였다면 지정된 휴가일에 출근하여 근로를 제공한 근로자에게 사용자가 그러한 사정을 인식하고도 노무의 수령을 거부한다는 의사를 명확하게 표시하지 아니한 경우에도 근로자에게 보상할 의무를 부담하지 아니한다.

□□□

O X

[1] 구 근로기준법 제61조에서 정한 '연차휴가 사용촉진 제도'를 도입한 경우 사용자는 연차휴가를 사용할 수 있게 된 날부터 1년의 기간이 끝나기 6개월 전을 기준으로 10일 이내에 근로자별로 사용하지 아니한 휴가 일수를 알려주고, 근로자가 그 사용 시기를 정하여 사용자에게 통보하도록 서면으로 촉구하여야 한다(같은 조 제1호). 이러한 촉구에도 불구하고 근로자가 촉구를 받은 때부터 10일 이내에 사용하지 아니한 휴가의 사용 시기를 정하여 사용자에게 통보하지 아니하면 사용자는 휴가 사용 가능 기간이 끝나기 2개월 전까지 근로자가 사용하지 아니한 휴가의 사용 시기를 정하여 근로자에게 서면으로 통보하여야 한다. 근로자가 촉구를 받은 때부터 10일 이내에 사용하지 아니한 휴가 중 일부의 사용 시기만을 정하여 사용자에게 통보한 경우에는 사용자는 휴가 사용 가능 기간이 끝나기 2개월 전까지 나머지 휴가의 사용 시기를 정하여 근로자에게 서면으로 통보하여야 한다(같은 조 제2호).
사용자가 위와 같은 조치를 하였음에도 근로자가 휴가를 사용하지 아니하여 연차휴가가 소멸된 경우에는 사용자는 그 사용하지 아니한 휴가에 대하여 보상할 의무가 없다(구 근로기준법 제61조). 다만 위와 같은 휴가 미사용은 근로자의 자발적인 의사에 따른 것이어야 한다. 근로자가 지정된 휴가일에 출근하여 근로를 제공한 경우, 사용자가 휴가일에 근로한다는 사정을 인식하고도 노무의 수령을 거부한다는 의사를 명확하게 표시하지 아니하거나 근로자에 대하여 업무 지시를 하였다면 특별한 사정이 없는 한 근로자가 자발적인 의사에 따라 휴가를 사용하지 않은 것으로 볼 수 없어 사용자는 근로자가 이러한 근로의 제공으로 인해 사용하지 아니한 휴가에 대하여 여전히 보상할 의무를 부담한다.

[2] 갑 주식회사가 을의 연차휴가 사용 기간의 말일부터 6개월 전을 기준으로 10일 이내에 을에게 사용하지 아니한 연차휴가 일수가 21일임을 알려주면서 휴가 사용 시기를 정하여 통보해 줄 것을 서면으로 촉구하였으나 을은 그중 11일에 대하여만 사용 시기를 정하여 통보하였고, 그 후 을이 연차휴가 사용 기간의 말일부터 1개월 전에 다시 미사용 연차휴가 20일에 대하여 연차휴가사용(변경)계획서를 제출하였으나 실제로는 지정된 휴가일에 미국으로 출장을 다녀오거나 정상적으로 출근하여 갑 회사에 근로를 제공한 사안에서, 을이 미사용 연차휴가 21일 중 10일의 사용 시기를 정하여 통보하지 않았음에도 갑 회사가 휴가 사용 가능 기간이 끝나기 2개월 전까지 휴가의 사용 시기를 정하여 을에게 서면으로 통보하지 않은 점, 을이 지정된 휴가일 중 갑 회사의 업무를 수행하기 위해 미국 출장을 다녀왔고, 나머지 지정된 휴가일에도 정상적으로 출근하여 근로를 제공하였는데 갑 회사가 별다른 이의 없이 을의 노무제공을 수령한 점, 위 연차휴가사용(변경)계획서는 연차휴가수당의 지급을 면하기 위해 형식적으로 작성된 것에 불과하다고 봄이 타당한 점에 비추어, 갑 회사는 미사용 연차휴가 중 10일에 대하여는 구 근로기준법 제61조에서 정한 조치를 제대로 이행하였다고 볼 수 없고, 나머지 지정된 날짜에 대하여 휴가를 사용하지 않은 것이 을의 자발적인 의사에 따른 것이었다고도 볼 수 없어 구 근로기준법 제61조에서 정한 미사용 연차휴가에 대한 보상의무가 면제되기 위한 요건을 충족하였다고 인정하기 어려우므로, 갑 회사는 을에게 연차휴가수당을 지급할 의무가 있는데도, 이와 달리 본 원심판단에 법리오해의 잘못이 있다고 한 사례(대판 2020.2.27. 2019다279283).

답 ×

PART 1 PART 2 PART 3

004 □□□

▸ 연차휴가기간에 근로자가 근로를 제공하지 않더라도 근로를 제공한 것으로 보아 지급되어야 하는 연차휴가수당은 취업규칙 등에서 산정 기준을 정하지 않았다면, 그 성질상 통상임금을 기초로 하여 산정하여야 한다. O X

▸ 사용자는 근로자대표와의 서면 합의에 따라 연차 유급휴가일을 갈음하여 특정한 대체휴가일에 근로자를 휴무시킬 수 있다. O X

---

[1] 근로기준법 제60조 제5항 본문은 "사용자는 제1항부터 제4항까지의 규정에 따른 휴가를 근로자가 청구한 시기에 주어야 하고, 그 기간에 대하여는 취업규칙 등에서 정하는 통상임금 또는 평균임금을 지급하여야 한다."라고 정하고 있다. 이와 같이 연차휴가기간에 근로자가 근로를 제공하지 않더라도 근로를 제공한 것으로 보아 지급되어야 하는 연차휴가수당은 취업규칙 등에서 산정 기준을 정하지 않았다면, 그 성질상 통상임금을 기초로 하여 산정하여야 한다. 그리고 근로자가 연차휴가에 관한 권리를 취득한 후 1년 이내에 연차휴가를 사용하지 아니하거나 1년이 지나기 전에 퇴직하는 등의 사유로 인하여 더 이상 연차휴가를 사용하지 못하게 될 경우에 연차휴가일수에 상응하는 임금인 연차휴가수당을 청구할 수 있는데, 이러한 연차휴가수당 역시 취업규칙 등에 다른 정함이 없다면 마찬가지로 통상임금을 기초로 하여 산정할 수당으로 보는 것이 타당하다.

[2] 근로기준법상 휴일은 근로의무가 없는 날이므로 소정근로일이 아니다. 근로기준법 제62조는 "사용자는 근로자대표와의 서면 합의에 따라 제60조에 따른 연차 유급휴가일을 갈음하여 특정한 근로일에 근로자를 휴무시킬 수 있다."라고 규정하고 있다. 대체휴가일을 근로일로 한정한 이러한 규정 내용과 취지 및 휴일의 의의 등을 고려하면, 휴일을 대체휴가일로 정할 수는 없다(대판 2019.10.18. 2018다239110).

답 O / X

07 취업규칙 및 기숙사

001 ☐☐☐

▸ 근로자에게 불리한 내용으로 변경된 취업규칙이 집단적 동의를 받은 경우 취업규칙의 적용에 대한 근로자의 개별적 동의가 있었다면 유리한 근로조건을 정한 기존의 개별 근로계약 부분보다 취업규칙이 우선하여 적용된다. O X

▸ 개별 근로계약에서 근로조건에 관하여 구체적으로 정하지 않고 있는 경우에는 취업규칙 등에서 정하는 근로조건이 근로자에게 적용된다고 보아야 한다. O X

[1] 근로기준법 제94조가 정하는 집단적 동의는 취업규칙의 유효한 변경을 위한 요건에 불과하므로, 취업규칙이 집단적 동의를 받아 근로자에게 불리하게 변경된 경우에도 근로기준법 제4조가 정하는 근로조건 자유결정의 원칙은 여전히 지켜져야 한다. 따라서 근로자에게 불리한 내용으로 변경된 취업규칙은 집단적 동의를 받았다고 하더라도 그보다 유리한 근로조건을 정한 기존의 개별 근로계약 부분에 우선하는 효력을 갖는다고 할 수 없다. 이 경우에도 근로계약의 내용은 유효하게 존속하고, 변경된 취업규칙의 기준에 의하여 유리한 근로계약의 내용을 변경할 수 없으며, 근로자의 개별적 동의가 없는 한 취업규칙보다 유리한 근로계약의 내용이 우선하여 적용된다. 그러나 근로기준법 제4조, 제94조 및 제97조의 규정 내용과 입법 취지를 고려할 때, 위와 같은 법리는 근로자와 사용자가 취업규칙에서 정한 기준을 상회하는 근로조건을 개별 근로계약에서 따로 정한 경우에 한하여 적용될 수 있는 것이고, 개별 근로계약에서 근로조건에 관하여 구체적으로 정하지 않고 있는 경우에는 취업규칙 등에서 정하는 근로조건이 근로자에게 적용된다고 보아야 한다.

[2] 갑이 을 학교법인이 설치·운영하는 대학교의 조교수로 신규 임용된 후 계속 재임용되다가 교수로 승진임용되었는데, 을 법인이 교원의 급여체계에 관하여 기존의 호봉제를 연봉제로 변경하는 내용의 급여지급규정을 제정하여 시행하다가 뒤늦게 전임교원 과반수의 동의를 받은 사안에서, 갑이 기존의 호봉제가 시행되던 때 을 법인의 조교수로 신규 임용된 이래 갑과 을 법인 사이의 근로관계가 계속되어 왔을 뿐 갑과 을 법인은 급여규정 등이 규정한 바에 따라 급여를 지급받기로 하는 외에 별도로 임용계약서를 작성하거나 임금 등 근로조건에 관하여 약정을 체결하지 않았으므로, 적어도 연봉제 임금체계에 대하여 근로자 과반수의 동의를 얻은 후에는 갑에게 취업규칙상 변경된 연봉제 규정이 적용된다고 봄이 타당한데도, 이와 달리 본 원심판단에 법리오해의 잘못이 있다고 한 사례(대판 2022.1.13. 2020다232136).

답 O / O

002
□□□

▸ 사용자가 취업규칙을 근로자에게 불리하게 변경하면서 근로자의 집단적 의사결정방법에 따른 동의를 받지 못한 경우, 노동조합이나 근로자들이 집단적 동의권을 남용하였다고 볼 만한 특별한 사정이 없는 한 해당 취업규칙의 작성 또는 변경에 사회통념상 합리성이 있다는 이유만으로 그 유효성을 인정할 수는 없다. ○ ×

▸ 노동조합이나 근로자들이 집단적 동의권을 남용하였다고 볼 만한 특별한 사정이 있는 경우에는 동의가 없더라도 취업규칙의 불이익변경을 유효하다고 볼 수 있으나, 집단적 동의권을 남용하였는지는 엄격하게 판단할 필요가 있다. ○ ×

▸ 근로기준법상 취업규칙의 불이익변경 과정에서 노동조합이나 근로자들이 집단적 동의권을 행사할 때도 신의성실의 원칙과 권리남용금지 원칙이 적용되어야 하나, 그 집단적 동의권의 남용 여부는 당사자의 신청을 기다려 판단하여야 한다. ○ ×

---

[1] 사용자가 취업규칙을 근로자에게 불리하게 변경하면서 근로자의 집단적 의사결정방법에 따른 동의를 받지 못한 경우, 노동조합이나 근로자들이 집단적 동의권을 남용하였다고 볼 만한 특별한 사정이 없는 한 해당 취업규칙의 작성 또는 변경에 사회통념상 합리성이 있다는 이유만으로 그 유효성을 인정할 수는 없다. 그 이유는 다음과 같다.

① 헌법 제32조 제3항, 근로기준법 제4조, 제94조 제1항의 취지와 관계에 비추어 보면, 취업규칙의 불리한 변경에 대하여 근로자가 가지는 집단적 동의권은 사용자의 일방적 취업규칙의 변경 권한에 한계를 설정하고 헌법 제32조 제3항의 취지와 근로기준법 제4조가 정한 근로조건의 노사대등결정 원칙을 실현하는 데에 중요한 의미를 갖는 절차적 권리로서, 변경되는 취업규칙의 내용이 갖는 타당성이나 합리성으로 대체될 수 있는 것이라고 볼 수 없다.

② 대법원은 1989.3.29. 법률 제4099호로 개정된 근로기준법(이하 '1989년 근로기준법')이 집단적 동의 요건을 명문화하기 전부터 이미 취업규칙의 불리한 변경에 대하여 근로자의 집단적 동의를 요한다는 법리를 확립하였다. 근로자의 집단적 동의권은 명문의 규정이 없더라도 근로조건의 노사대등결정 원칙과 근로자의 권익 보장에 관한 근로기준법의 근본정신, 기득권 보호의 원칙으로부터 도출된다. 이러한 집단적 동의는 단순히 요식적으로 거쳐야 하는 절차 이상의 중요성을 갖는 유효요건이다. 나아가 현재와 같이 근로기준법이 명문으로 집단적 동의절차를 규정하고 있음에도 취업규칙의 내용에 사회통념상 합리성이 있다는 이유만으로 근로자의 집단적 동의를 받지 않아도 된다고 보는 것은 취업규칙의 본질적 기능과 불이익변경 과정에서 필수적으로 확보되어야 하는 절차적 정당성의 요청을 도외시하는 것이다.

③ 근로기준법은 사용자에게 취업규칙의 작성・변경 권한을 인정하고 있고, 나아가 취업규칙의 불리한 변경 시에도 그 적용을 받는 모든 근로자의 개별적 동의가 아니라 집단적 의사결정방법에 따른 근로자 다수의 동의를 요건으로 하고 있다는 점에서 이미 근로조건의 유연한 변경 가능성을 열어두고 있다. 이와 같이 근로자의 집단적 동의가 있는 경우 취업규칙의 불리한 변경에 반대한 개별 근로자에 대해서도 변경된 취업규칙의 효력을 인정함으로써 근로조건의 통일적 결정에 관한 요청이 충족되고 있으므로, 사용자가 근로자의 집단적 동의를 받지 않은 채 일방적으로 근로조건을 불리하게 변경한 경우에까지 사회통념상 합리성을 이유로 그 유효성을 인정하여 근로조건의 통일성을 도모할 필요가 있다고 볼 수도 없다. 근로조건의 유연한 조정은 사용자에 의한 일방적 취업규칙 변경을 승인함으로써가 아니라, 단체교섭이나 근로자의 이해를 구하는

사용자의 설득과 노력을 통하여 이루어져야 한다. 또한 노동조합이나 근로자들이 집단적 동의권을 남용하였다고 볼 만한 특별한 사정이 있는 경우에는 취업규칙의 불이익변경의 유효성을 인정할 여지가 있으므로, 근로자의 집단적 동의가 없다고 하여 취업규칙의 불리한 변경이 항상 불가능한 것도 아니다.

④ 단체협약은 법률보다 하위의 규범임에도 대법원은 단체협약에 의하여 발생한 노동조합의 동의권을 침해하여 행해진 인사처분을 무효라고 보았고, 다만 지나치게 경직되게 해석할 경우 발생할 문제점을 유연하게 해결하기 위하여 동의권 남용 법리를 통해 구체적 타당성을 확보하였다. 취업규칙의 불이익변경에 대하여는 단체협약보다 상위 규범인 법률에서 근로자의 집단적 동의권을 부여하고 있으므로, 취업규칙을 근로자에게 불리하게 변경하면서 근로자의 집단적 동의를 받지 않았다면 이를 원칙적으로 무효로 보되, 다만 노동조합이나 근로자들이 집단적 동의권을 남용한 경우에 한하여 유효성을 인정하는 것이 단체협약에 의한 노동조합의 동의권에 관한 대법원 판례의 태도와 일관되고 법규범 체계에 부합하는 해석이다.

⑤ 사회통념상 합리성이라는 개념 자체가 매우 불확정적이어서 어느 정도에 이르러야 법적 규범성을 시인할 수 있는지 노동관계 당사자가 쉽게 알기 어려울 뿐만 아니라, 개별 사건에서 다툼의 대상이 되었을 때 그 인정 여부의 기준으로 대법원이 제시한 요소들을 종합적으로 고려한 법원의 판단 역시 사후적 평가일 수밖에 없는 한계가 있다. 이에 취업규칙 변경의 효력을 둘러싼 분쟁이 끊이지 않고 있고, 유효성이 확정되지 않은 취업규칙의 적용에 따른 법적 불안정성이 사용자나 근로자에게 끼치는 폐해 역시 적지 않았다.

⑥ 종전 판례의 해석은 근로자의 집단적 동의가 없더라도 일정한 경우 사용자에 의한 일방적인 취업규칙의 작성 또는 변경으로 기존 근로조건을 낮추는 것을 인정하는 것이어서 강행규정인 근로기준법 제94조 제1항 단서의 명문 규정에 반하는 해석일 뿐만 아니라, 근로기준법이 예정한 범위를 넘어 사용자에게 근로조건의 일방적인 변경 권한을 부여하는 것이나 마찬가지여서 헌법 정신과 근로자의 권익 보장에 관한 근로기준법의 근본 취지, 근로조건의 노사대등결정 원칙에 위배된다.

[2] 근로기준법상 취업규칙의 불이익변경 과정에서 노동조합이나 근로자들이 집단적 동의권을 행사할 때도 신의성실의 원칙과 권리남용금지 원칙이 적용되어야 한다. 따라서 노동조합이나 근로자들이 집단적 동의권을 남용하였다고 볼 만한 특별한 사정이 있는 경우에는 그 동의가 없더라도 취업규칙의 불이익변경을 유효하다고 볼 수 있다. 여기에서 노동조합이나 근로자들이 집단적 동의권을 남용한 경우란 관계 법령이나 근로관계를 둘러싼 사회 환경의 변화로 취업규칙을 변경할 필요성이 객관적으로 명백히 인정되고, 나아가 근로자의 집단적 동의를 구하고자 하는 사용자의 진지한 설득과 노력이 있었음에도 불구하고 노동조합이나 근로자들이 합리적 근거나 이유 제시 없이 취업규칙의 변경에 반대하였다는 등의 사정이 있는 경우를 말한다. 다만 취업규칙을 근로자에게 불리하게 변경하는 경우에 근로자의 집단적 동의를 받도록 한 근로기준법 제94조 제1항 단서의 입법 취지와 절차적 권리로서 동의권이 갖는 중요성을 고려할 때, 노동조합이나 근로자들이 집단적 동의권을 남용하였는지는 엄격하게 판단할 필요가 있다. 한편 신의성실 또는 권리남용금지 원칙의 적용은 강행규정에 관한 것으로서 당사자의 주장이 없더라도 법원이 그 위반 여부를 직권으로 판단할 수 있으므로, 집단적 동의권의 남용에 해당하는지에 대하여도 법원은 직권으로 판단할 수 있다(대판 2023.5.11. 2017다35588[전합]).

답 ○ / ○ / ×

003 □□□ **회사가 신인사제도를 도입하여 취업규칙을 개정하면서 '휴직 중에는 승급 및 평가인상을 실시하지 않는다.'고 규정하여, 업무상 재해로 휴직 중인 근로자에 대한 정기승급을 비롯하여 전년도 근무평가를 통한 기본급 인상이 불가능하게 된 경우, 근로자가 속해 있던 사업장의 종전 취업규칙 규정을 불이익하게 변경한 것이라고 볼 수 없다.** ○ ×

갑 주식회사가 을이 속해 있던 사업장을 매각하여 소속 근로자 등의 인적 조직을 다른 사업장에 통합하는 한편 신인사제도를 도입하여 취업규칙을 개정하면서 '휴직 중에는 승급 및 평가인상을 실시하지 않는다.'고 규정하였고, 이에 업무상 재해로 휴직 중인 을에 대한 정기승급을 비롯하여 전년도 근무평가를 통한 기본급 인상이 불가능하게 되자 을이 취업규칙의 무효확인을 구한 경우, 위 규정은 을이 속해 있던 사업장 소속의 휴직 중인 근로자에 대한 관계에서 신인사제도 시행에 따라 정기승급 및 평가인상과 관련하여 새로이 마련된 확인 규정에 불과해 보이고, 정기승급이나 근무평가를 통한 기본급 인상에 관하여 을이 속해 있던 사업장의 종전 취업규칙 규정을 불이익하게 변경한 것이라고 볼 수 없다(대판 2018.9.28. 2015다209699).

답 ○

004 □□□ **국내외 항공운송업을 영위하는 회사가 턱수염을 기르고 근무하던 소속 근로자에게 '수염을 길러서는 안 된다'고 정한 취업규칙을 위반하였다는 이유로 비행업무를 일시 정지시킨 경우, 회사의 취업규칙 조항은 해당 근로자의 헌법상 일반적 행동자유권을 침해하므로 근로기준법 제96조 제1항, 민법 제103조 등에 따라서 무효이다.** ○ ×

국내외 항공운송업을 영위하는 갑 주식회사가 턱수염을 기르고 근무하던 소속 기장 을에게 '수염을 길러서는 안 된다'고 정한 취업규칙 '임직원 근무복장 및 용모규정' 제5조 제1항 제2호를 위반하였다는 이유로 비행업무를 일시 정지시킨 데 대하여, 을이 부당한 인사처분에 해당한다며 노동위원회에 구제신청을 하였고 중앙노동위원회가 위 비행정지가 부당한 처분임을 인정하는 판정을 하자, 갑 회사가 중앙노동위원회위원장을 상대로 재심판정의 취소를 구한 경우, 갑 회사가 헌법상 영업의 자유 등에 근거하여 제정한 위 취업규칙 조항은 을의 헌법상 일반적 행동자유권을 침해하므로 근로기준법 제96조 제1항, 민법 제103조 등에 따라서 무효이다(대판 2018.9.13. 2017두38560).

답 ○

005 □□□ **취업규칙의 변경이 근로자에게 불이익한지 여부를 판단할 때 근로조건을 결정짓는 여러 요소 중 한 요소가 불이익하게 변경되더라도 그와 대가관계나 연계성이 있는 다른 요소가 유리하게 변경되는 경우라면 그와 같은 사정을 종합적으로 고려하여야 한다.** ○ ×

[1] 근로기준법 제94조 단서에서 정한 취업규칙의 불이익 변경이란 사용자가 종전 취업규칙 규정을 개정하거나 새로운 규정을 신설하여 근로조건이나 복무규율에 관한 근로자의 기득권·기득이익을 박탈하고 근로자에게 저하된 근로조건이나 강화된 복무규율을 일방적으로 부과하는 것을 말한다. 취업규칙의 변경이 근로자에게 불이익한지 여부를 판단할 때 근로조건을 결정짓는 여러 요소 중 한 요소가 불이익하게 변경되더라도 그와 대가관계나 연계성이 있는 다른 요소가 유리하게 변경되는 경우라면 그와 같은 사정을 종합적으로 고려하여야 한다.

[1] 원심은 판시와 같은 이유로 피고가 2017.2.13. 전국의 지역총국과 지역국에서 방송기술업무(TV조정실, 라디오조정실, 송출센터)를 담당하는 피고 소속 기술직 근로자들에 대하여 TV조정실의 근무형태를 '4조 3교대의 교대근무제'에서 '3조 3시차와 4조 3교대의 병합근무제'로 변경하는 등 근무형태 전면 개편조치를 시행하였는데, 이로 인하여 원고들을 포함한 기술직 근로자들의 근무형태가 크게 불규칙해졌다거나 업무부담이 증가하였다고 보기 어렵고, 설령 일부 근로조건에서 다소 저하된 부분이 있다고 하더라도 위와 같은 조치 이후로 밤샘근무가 대폭 축소되는 등 오히려 근로조건이 향상된 부분도 있으므로 여러 요소들을 종합적으로 고려해 보면 취업규칙이 불이익하게 변경되었다고 보기 어렵다고 판단하였다. 이와 같은 원심의 판단을 앞에서 본 법리에 비추어 살펴보면 원심의 판단에 상고이유 주장과 같은 취업규칙의 불이익 변경에 관한 법리를 오해한 잘못이 없다(대판 2022.3.11. 2018다255488).

답 ○

006

▸ **취업규칙의 불이익한 변경이란 근로조건이나 복무규율에 관한 근로자의 권리나 이익을 박탈하고 저하된 근로조건이나 강화된 복무규율을 일방적으로 부과하는 것을 말하며, 근로조건이나 복무규율에 관한 근로자의 권리나 이익이란 종전 취업규칙의 보호영역에 따라 보호되는 직접적이고 구체적인 이익을 가리킨다.** 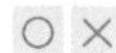

▸ **명예퇴직수당이 장기근속자의 정년 이전 조기 퇴직을 유도하기 위해 퇴직일부터 정년까지 기간이 길수록 많은 금액이 지급되는 내용인 경우, 이는 후불임금의 성격이 강하므로 그에 대한 지연손해금을 계산할 때에는 근로기준법령상의 미지급 임금에 대한 지연이자 지급규정이 적용된다.** O X

---

[1] 근로기준법 제94조 제1항은 "사용자는 취업규칙의 작성 또는 변경에 관하여 해당 사업 또는 사업장에 근로자의 과반수로 조직된 노동조합이 있는 경우에는 그 노동조합, 근로자의 과반수로 조직된 노동조합이 없는 경우에는 근로자의 과반수의 의견을 들어야 한다. 다만 취업규칙을 근로자에게 불리하게 변경하는 경우에는 그 동의를 받아야 한다."라고 정하고 있다. 취업규칙의 불이익한 변경이란 사용자가 종전 취업규칙 규정을 개정하거나 새로운 규정을 신설하여 근로조건이나 복무규율에 관한 근로자의 권리나 이익을 박탈하고 근로자에게 저하된 근로조건이나 강화된 복무규율을 일방적으로 부과하는 것을 말한다. 여기서 근로조건이나 복무규율에 관한 근로자의 권리나 이익이란 종전 취업규칙의 보호영역에 따라 보호되는 직접적이고 구체적인 이익을 가리킨다.

[2] 명예퇴직이란 근로자가 명예퇴직의 신청을 하면 사용자가 요건을 심사한 다음 이를 승인함으로써 당사자들의 합의로 근로관계를 종료시키는 것이다. 사용자가 법령에 근거를 둔 퇴직급여 제도 등과 별도로 명예퇴직수당 제도를 두고 그에 따라 지급하는 명예퇴직수당은 지급대상, 지급요건과 산정 방법 등이 다양하여 그 성격을 한 가지로 규정할 수 없다. 명예퇴직수당이 장기근속자의 정년 이전 조기 퇴직을 유도하기 위해 퇴직일부터 정년까지 기간이 길수록 많은 금액이 지급되는 내용인 경우, 이는 후불임금이라기보다는 조기 퇴직에 대한 사례금 또는 장려금이라는 성격이 강하고 근로자퇴직급여 보장법이 정한 퇴직급여 제도와도 그 성질이 다르다. 이와 같이 명예퇴직수당이 후불임금이나 퇴직급여에 해당하지 않는 경우 그에 대한 지연손해금을 계산할 때에는 근로기준법 제37조 제1항과 근로기준법 시행령 제17조가 적용되지 않는다.

[3] 갑 학교법인이 운영하는 대학교의 교직원보수규정에서 예산의 범위에서 교원에게 연구보조비를 지급한다고 정하고 있고, 매 학년도별 봉급과 각종 수당의 세부 항목과 액수 등을 정한 교직원 보수표에서 연구보조비 액수를 정하고 있는데, 갑 법인이 일부 학년도의 연구보조비를 직전 학년도보다 적게 정한 것이 취업규칙의 불이익한 변경에 해당하는지 문제 된 사안에서, 갑 법인은 봉급의 경우와는 달리 연구보조비에 대해서는 교직원보수규정에 예산의 범위에서 지급한다는 규정만 두고, 구체적인 액수는 교직원 보수표를 통해 매 학년도별 예산 상황이나 교원의 직급 등을 고려해 따로 정해 왔다고 볼 수 있으므로, 매 학년도의 교직원 보수표 중 연구보조비에 관한 부분은 해당 학년도에만 한시적으로 적용되고 그다음 학년도에는 새로운 교직원 보수표가 작성·시행될 것을 전제로 마련되었다고 볼 여지가 있으며, 사립학교법 제30조, 제31조 제1항에 따라 학교법인의 회계연도는 그가 설치·경영하는 사립학교의 학년도에 따르며 학교법인은 매 회계연도가 시작되기

전에 예산을 관할청에 보고하고 공시하여야 하는 점 등을 고려할 때, 갑 법인이 매 학년도에 예산 상황 등을 고려하여 새롭게 정한 연구보조비 액수가 매 학년도의 교직원 보수표의 보호영역에 따라 보호되는 직접적이고 구체적인 이익이라고 보기 어렵고, 일부 학년도의 연구보조비 액수가 직전 학년도에 비해 줄어든 것을 실질적으로 연구보조비에 관한 종전 취업규칙을 교원에게 불리하게 개정하거나 변경한 것이라고 단정할 수 없는데도, 이와 달리 본 원심판결에 법리오해 등의 잘못이 있다고 한 사례(대판 2022.4.14. 2021다280781).

답 ○ / ×

007 □□□ **고용상 연령차별금지 및 고령자고용촉진에 관한 법률에 따라 근로자의 정년을 60세 미만이 되도록 정한 근로계약이나 취업규칙, 단체협약의 정년 관련 규정은 이에 위반되는 범위 내에서 모두 무효이므로, 조합의 인사규정이 불이익하게 변경되었는지 여부는 개정 전후의 인사규정 개별조항의 효력을 하나씩 따로 비교하여 판단하여야 한다.** ○ ×

갑 조합의 조합장인 피고인이 근로자 과반수의 동의를 받지 않고 취업규칙인 인사규정을 근로자에게 불리하게 개정하였다고 하여 근로기준법 위반으로 기소되었는데, 갑 조합의 개정 전 인사규정은 "직원의 정년은 58세로 한다.", "직원의 정년해직 기준일은 정년에 도달하는 날이 1월에서 6월 사이에 있는 경우에는 6월 30일로, 7월에서 12월 사이에 있는 경우에는 12월 31일로 한다."라고 규정되었다가 "직원의 정년해직 기준일은 정년에 도달한 날로 한다."라는 것으로 개정됨으로써, 개정 전 '근로자가 만 58세 되는 해의 6월 30일 또는 12월 31일에 퇴직하는 것'에서 개정 후 '만 60세에 도달하는 날에 퇴직하는 것'으로 변경된 사안에서, 고용상 연령차별금지 및 고령자고용촉진에 관한 법률 제19조에 따라 근로자의 정년을 60세 미만이 되도록 정한 근로계약이나 취업규칙, 단체협약의 정년 관련 규정은 이에 위반되는 범위 내에서 모두 무효이므로, 인사규정이 불이익하게 변경되었는지 여부는 정년에 관한 내용을 담고 있는 개정 전후의 인사규정 전체를 보고 판단하여야 하고 각 개별 조항의 효력을 하나씩 따로 비교하여 판단할 것은 아닌바, 개정 인사규정에서 근로자의 정년은 만 60세에 도달하는 날 퇴직하는 것으로 변경되어 전체적으로 정년은 연장되었다는 이유로, 이와 달리 정년해직 기준일을 정한 조항만을 비교하여 취업규칙이 근로자에게 불리하게 변경되었다고 보아 공소사실을 유죄로 인정한 원심판단에 취업규칙의 불이익변경에 관한 법리오해의 잘못이 있다고 한 사례(대판 2022.4.14. 2020도9257).

답 ×

CHAPTER 08 근로관계의 변경

001 □□□ **업무지시 후 부당해고에 대한 구제명령을 다투는 재심이나 행정소송에서 구제명령이 위법하다는 이유로 이를 취소하는 판정이나 판결이 확정된 경우라도 업무지시 당시 구제명령이 유효한 것으로 취급되고 있었다면 업무지시 거부 행위에 대한 징계가 허용되지 않는다.** O X

[1] 노동위원회의 구제명령(구제명령을 내용으로 하는 재심판정을 포함)은 직접근로자와 사용자 간의 사법상 법률관계를 발생 또는 변경시키는 것은 아니지만, 사용자에 대하여 구제명령에 복종하여야 할 공법상 의무를 부담시킨다. 구제명령은 행정처분으로서 공정력이 있으므로 하자가 있다고 하더라도 그 하자가 취소사유에 불과한 때에는 구제명령이 취소되지 않는 한 그 효력을 부정할 수 없고, 사용자의 재심 신청이나 행정소송 제기에 의하여 그 효력이 정지되지 아니하며(근로기준법 제32조), 노동위원회는 구제명령에 대한 재심이나 행정소송이 진행 중이더라도 이행기한까지 구제명령을 이행하지 아니한 사용자에게 이행강제금을 부과함으로써 그 이행을 강제한다(근로기준법 제33조 제1항). 이처럼 근로기준법이 사용자에게 구제명령에 대한 즉각적인 준수의무를 부과하는 것은 부당해고나 부당전보 등이 있으면 근로자는 생계의 곤란이나 생활상의 큰 불이익을 겪게 되어 신속한 구제가 필요한 반면, 사용자는 분쟁기간이 길어지더라도 실질적인 불이익이 크지 않다는 점을 고려하였기 때문이다.

[2] 이러한 근로기준법의 규정들과 구제명령 제도의 취지에 비추어 보면, 구제명령을 받은 사용자가 구제명령을 이행하지 아니한 채, 오히려 구제명령에 반하는 업무지시를 하고 근로자가 그 지시를 거부하였다는 이유로 근로자를 징계하는 것은 그 구제명령이 당연무효라는 등의 특별한 사정이 없는 한 정당성을 가진다고 보기 어렵다. 한편, 그 업무지시 후 구제명령을 다투는 재심이나 행정소송에서 구제명령이 위법하다는 이유에서 이를 취소하는 판정이나 판결이 확정된 경우라면, 업무지시 당시 구제명령이 유효한 것으로 취급되고 있었다는 사정만을 들어 업무지시 거부 행위에 대한 징계가 허용되지 않는다고 볼 수 없다. 이때 그러한 징계가 정당한지는 앞서 본 구제명령 제도의 입법취지를 충분히 고려하면서, 업무지시의 내용과 경위, 그 거부 행위의 동기와 태양, 구제명령 또는 구제명령을 내용으로 하는 재심판정의 이유, 구제명령에 대한 쟁송경과와 구제명령이 취소된 이유, 구제명령에 대한 근로자의 신뢰의 정도와 보호가치 등을 종합적으로 고려하여 판단하여야 한다(대판 2023.6.15. 2019두40260).

답 ×

002 □□□ **범죄에 해당한다고 의심할 만한 행위에 대해 처벌을 구하고자 고소·고발 등을 하는 것은 합리적인 근거가 있는 한 적법한 권리행사라고 할 수 있으나 수사기관이 그에 대해 불기소처분을 하였다면 고소·고발 등은 징계사유에 해당한다.** O X

[1] 근로자가 뚜렷한 자료도 없이 사실을 허위로 기재하거나 왜곡하여 소속 직장의 대표자, 관리자나 동료 등을 수사기관 등에 고소·고발하거나 진정하는 행위는 징계규정에서 정한 징계사유가 될 수 있다. 다만 범죄에 해당한다고 의심할 만한 행위에 대해 처벌을 구하고자 고소·고발 등을 하는 것은 합리적인 근거가 있는 한 적법한 권리행사라고 할 수 있으므로 수사기관이 불기소처분을 하였다는 이유만으로 고소·고발 등이 징계사유에 해당하지 않는다. 위와 같은 고소·고발 등이 징계사유에 해당하는지는 고소·고발 등의 내용과 진위, 고소·고발 등에 이르게 된 경위와 목적, 횟수 등에 따라 신중하게 판단하여야 한다.

[2] 노동조합 또는 노동조합의 대표자가 사용자 측을 근로기준법이나 노조법 위반 등으로 수사기관 등에 고소·고발·진정한 내용에 과장되거나 왜곡된 부분이 있더라도, 그것이 대체로 사실에 기초하고 있고 그 목적이 사용자에 의한 조합원들의 단결권 침해를 방지하거나 근로조건에 관한 법령을 준수하도록 하는 것이라면 고소·고발 등은 노동조합의 정당한 활동범위에 속하는 것으로 보아야 하므로, 이를 이유로 노동조합의 대표자에게 불이익을 주는 것은 원칙적으로 허용되지 않는다(대판 2020.8.20. 2018두34480).

003 □□□ **근로자에 대한 휴직명령의 무효확인을 구하는 소의 소송계속 중 이미 회사의 인사규정에 의한 당연퇴직사유인 정년을 지났다면 설령 휴직명령이 무효로 확인된다고 하더라도 근로자로서는 회사의 근로자로 더 이상 근무할 수 없으므로 휴직명령 무효확인의 소는 확인의 이익이 없다.** O X

[1] 근로기준법 제23조 제1항은 사용자는 근로자에게 정당한 이유 없이 휴직을 하지 못한다고 규정하고 있다. 그러므로 회사가 경영상의 필요를 이유로 휴직의 인사명령을 한 경우 이것이 정당한 이유가 있는 때에 해당하는지 여부는 그 휴직명령 등의 경영상 필요성과 그로 인하여 근로자가 받게 될 신분상·경제상의 불이익을 비교·교량하고, 휴직명령 대상자 선정의 기준이 합리적이어야 하며, 근로자가 속하는 노동조합과의 협의 등 그 휴직을 명하는 과정에서 신의칙상 요구되는 절차를 거쳤는지 여부를 종합적으로 고려하여 결정하여야 한다.

[2] 근로자에 대한 휴직명령의 무효확인을 구하는 소의 소송계속 중 이미 회사의 인사규정에 의한 당연퇴직사유인 정년을 지났다면 설령 휴직명령이 무효로 확인된다고 하더라도 근로자로서는 회사의 근로자로 더 이상 근무할 수 없으므로 휴직명령 무효확인의 소는 확인의 이익이 없다. 기록에 의하면, 원고 3은 이 사건 원심 변론종결일 이전인 2014.12.31.경 이미 정년이 도래하였음이 명백하므로, 원고 3의 소는 확인의 이익이 없어 부적법하다고 보아야 한다. 따라서 원심판결 중 이 부분은 그대로 유지될 수 없다(대판 2018.4.12. 2015다24843).

답 O

004 ☐☐☐ **단체협약 등의 징계규정에 징계대상자에게 소명할 기회를 부여하도록 되어 있는데도 사용자가 징계절차를 위반하여 징계를 하였으나 징계대상자에게 징계사유가 인정된다면, 이러한 징계권 행사는 절차적 정의에 반하여 무효라고 볼 수 없다.** O X

일반적으로 근로관계에서 징계란 사용자가 근로자의 과거 비위행위에 대하여 기업질서 유지를 목적으로 하는 징벌적 제재를 말한다. 단체협약 등의 징계규정에 징계대상자에게 소명할 기회를 부여하도록 되어 있는데도 사용자가 이러한 징계절차를 위반하여 징계를 하였다면, 이러한 징계권 행사는 징계사유가 인정되는지 여부와 관계없이 절차적 정의에 반하여 무효라고 보아야 한다. 따라서 사용자가 근로자의 과거 비위행위에 대한 제재로서 하는 불이익 처분이 단체협약 등의 징계규정에 징계절차를 밟아야 하는 징계의 일종으로 규정되어 있다면, 원칙적으로 그 불이익 처분은 징계절차를 밟아야만 유효하다(대판 2021.1.14. 2020두48017).

답 X

005 ☐☐☐

- **사용자가 어떠한 사유의 발생을 당연퇴직사유로 정하고 절차를 통상의 해고나 징계해고와는 달리 정하였다면 근로자의 의사와 관계없이 사용자가 일방적으로 근로관계를 종료시키더라도 해고라고 할 수 없다.** O X
- **취업규칙이나 상벌규정에서 징계사유를 정하면서 동일한 사유에 대하여 여러 등급의 징계가 가능한 것으로 정한 경우에 그중 어떤 징계처분을 선택할 것인지는 징계권자의 재량에 속한다.** O X

[1] 근로기준법 제23조에서 말하는 해고란 실제 사업장에서 불리는 명칭이나 절차에 관계없이 근로자의 의사에 반하여 사용자의 일방적 의사로 하는 모든 근로계약관계의 종료를 뜻한다. 사용자가 어떠한 사유의 발생을 당연퇴직사유로 정하고 절차를 통상의 해고나 징계해고와 달리하였더라도 근로자의 의사와 관계없이 사용자가 일방적으로 근로관계를 종료시키는 것은 성질상 해고로서 근로기준법에 정한 제한을 받는다. 이 경우 근로자는 사용자를 상대로 당연퇴직조치에 근로기준법 제23조가 정한 정당한 이유가 없음을 들어 당연퇴직처분 무효확인의 소를 제기할 수 있다.

[2] 취업규칙이나 상벌규정에서 징계사유를 정하면서 동일한 사유에 대하여 여러 등급의 징계가 가능한 것으로 정한 경우에 그중 어떤 징계처분을 선택할 것인지는 징계권자의 재량에 속한다. 이러한 재량은 징계권자의 자의적이고 편의적인 재량이 아니고 징계사유와 징계처분 사이에 적정한 균형이 이루어져야 하므로, 징계처분이 사회통념상 현저하게 타당성을 잃어 징계권자에 맡겨진 재량권을 남용한 것이라고 인정되는 경우에는 위법하다(대판 2018.5.30. 2014다9632).

답 X / O

006 □□□ **근로자에게 고용승계에 대한 기대권이 인정되는 경우 근로자가 고용승계를 원하였는데도 새로운 용역업체가 합리적 이유 없이 고용승계를 거절하는 것은 부당해고와 마찬가지로 근로자에게 효력이 없다.** ○ ×

도급업체가 사업장 내 업무의 일부를 기간을 정하여 다른 업체(이하 '용역업체')에 위탁하고, 용역업체가 위탁받은 용역업무의 수행을 위해 해당 용역계약의 종료 시점까지 기간제 근로자를 사용하여 왔는데, 해당 용역업체의 계약기간이 만료되고 새로운 용역업체가 해당 업무를 위탁받아 도급업체와 사이에 용역계약을 체결한 경우, 새로운 용역업체가 종전 용역업체 소속 근로자에 대한 고용을 승계하여 새로운 근로관계가 성립될 것이라는 신뢰관계가 형성되었다면, 특별한 사정이 없는 한 근로자에게는 그에 따라 새로운 용역업체로 고용이 승계되리라는 기대권이 인정된다. 이와 같이 근로자에게 고용승계에 대한 기대권이 인정되는 경우 근로자가 고용승계를 원하였는데도 새로운 용역업체가 합리적 이유 없이 고용승계를 거절하는 것은 부당해고와 마찬가지로 근로자에게 효력이 없다. 이때 근로자에게 고용승계에 대한 기대권이 인정되는지 여부는 새로운 용역업체가 도급업체와 맺은 계약에 종전 용역업체 소속 근로자에 대한 고용을 승계하기로 하는 조항이 포함되어 있는지 여부를 포함한 구체적인 계약내용, 해당 용역계약의 체결 동기와 경위, 도급업체 사업장에서의 용역업체 변경에 따른 고용승계 관련 기존 관행, 위탁의 대상으로서 근로자가 수행하는 업무의 내용, 새로운 용역업체와 근로자들의 인식 등 근로관계 및 해당 용역계약을 둘러싼 여러 사정을 종합적으로 고려하여 판단하여야 한다(대판 2021.7.8. 2020두40945).

답 ○

007 □□□ **단체협약에 근거를 둔 징계규정에서 징계위원회의 구성에 관하여 정하고 있는 경우 이와 다르게 징계위원회를 구성한 다음 그 결의를 거쳐 징계처분을 하였다면, 그 징계처분은 징계사유가 인정되는지 여부와 관계없이 원칙적으로 절차상 중대한 하자가 있어 무효이다.** ○ ×

[1] 단체협약이나 취업규칙 또는 이에 근거를 둔 징계규정에서 징계위원회의 구성에 관하여 정하고 있는 경우 이와 다르게 징계위원회를 구성한 다음 그 결의를 거쳐 징계처분을 하였다면, 그 징계처분은 징계사유가 인정되는지 여부와 관계없이 원칙적으로 절차상 중대한 하자가 있어 무효이다.

[2] 취업규칙은 사용자가 근로자의 복무규율이나 근로조건의 기준을 정립하기 위하여 작성한 것으로서 노사 간의 집단적인 법률관계를 규정하는 법규범의 성격을 가지는데, 이러한 취업규칙의 성격에 비추어 취업규칙은 원칙적으로 객관적인 의미에 따라 해석하여야 하고, 문언의 객관적 의미를 벗어나는 해석은 신중하고 엄격하여야 한다(대판 2020.11.26. 2017두70793).

답 ○

008 □□□

▸ 특수법인이 설립되어 종전 단체의 권리 · 의무를 승계하도록 하는 경우에, 단순히 종전 단체에 속하였던 모든 재산과 권리 · 의무는 새로이 설립되는 특수법인이 승계한다는 경과규정을 두고 있다면, 종전 단체에 소속된 직원들의 근로관계는 새로이 설립되는 특수법인에 당연히 승계된다. O X

▸ 근로관계가 승계되는지에 관하여 별도의 규정이 없더라도 법률의 제정 등에 의하여 종전 단체의 재산과 권리 · 의무는 포괄적으로 승계되므로, 종전 단체의 해산 시까지 발생한 근로자의 임금이나 퇴직금 등 채무는 근로관계 승계 여부에 관계없이 새로 설립되는 특수법인에 승계된다고 보아야 한다. O X

---

[1] 법률의 제정, 개정 등으로 새로운 특수법인이 설립되어 종전에 동일한 기능을 수행하던 법인 등 종전 단체의 기능을 흡수하면서 그 권리 · 의무를 승계하도록 하는 경우에, 해산되는 종전 단체에 소속된 직원들과의 근로관계가 승계되는지에 관하여 별도의 규정을 두지 아니한 채 단순히 종전 단체에 속하였던 모든 재산과 권리 · 의무는 새로이 설립되는 특수법인이 이를 승계한다는 경과규정만 두고 있다면, 종전 단체는 새로운 법의 시행으로 인하여 사실상 존속하기가 어려워 해산될 수밖에 없는 것이므로 위와 같은 경과규정은 해산되는 단체의 재산상 권리 · 의무를 신설법인이 승계하도록 하여 해산에 따른 절차를 용이하게 함으로써 해산되는 종전 단체의 해산 및 청산절차를 특별히 규율할 목적으로 규정된 것일 뿐이고, 해산되는 단체의 직원들의 근로관계를 당연히 새로이 설립되는 특수법인에 승계하도록 하기 위한 것이 아니라고 할 것이다. 따라서 그와 같은 경과규정만으로는 당해 법률에 의하여 종전 단체에 소속된 직원들의 근로관계가 새로이 설립되는 특수법인에 당연히 승계된다고 볼 수는 없다.

[2] 종전 단체와의 근로관계가 새로 설립되는 특수법인에 승계되지 않는다고 하더라도 법률의 제정 등에 의하여 종전 단체의 재산과 권리 · 의무는 포괄적으로 승계되므로, 종전 단체의 해산 시까지 발생한 근로자의 임금이나 퇴직금 등 채무도 종전 단체의 의무에 해당하여 근로관계 승계 여부에 관계없이 새로 설립되는 특수법인에 승계된다고 보아야 한다(대판 2018.9.28. 2018다207588).

답 × / ○

009 □□□

▸ 단체협약에서 '쟁의기간 중에는 징계나 전출 등의 인사조치를 아니한다'고 정하고 있는 경우, 쟁의행위가 그 목적이 정당하고 절차적으로 정당하게 개시된 경우라면, 그러한 사유를 들어 쟁의기간 중에 징계위원회의 개최 등 조합원에 대한 징계절차의 진행을 포함한 일체의 징계 등 인사조치를 할 수 없다. ○ ×

▸ 단체협약의 '쟁의 중 신분보장' 규정이 "회사는 정당한 노동쟁의 행위에 대하여 간섭방해, 이간행위 및 쟁의기간 중 여하한 징계나 전출 등 인사조치를 할 수 없으며 쟁의에 참가한 것을 이유로 불이익 처분할 수 없다."라고 규정하고 있는 경우, 비위사실이 쟁의행위와 관련이 없는 개인적 일탈에 해당하거나 노동조합의 활동이 저해될 우려가 없는 경우에는 정당한 쟁의행위 기간 중에도 회사가 징계권을 행사할 수 있다. ○ ×

---

[1] 단체협약에서 '쟁의기간 중에는 징계나 전출 등의 인사조치를 아니한다'고 정하고 있는 경우, 이는 쟁의기간 중에 쟁의행위에 참가한 조합원에 대한 징계 등 인사조치 등에 의하여 노동조합의 활동이 위축되는 것을 방지함으로써 노동조합의 단체행동권을 실질적으로 보장하기 위한 것이므로, 쟁의행위가 그 목적이 정당하고 절차적으로 노조법의 제반 규정을 준수함으로써 정당하게 개시된 경우라면, 비록 쟁의 과정에서 징계사유가 발생하였다고 하더라도 쟁의가 계속되고 있는 한 그러한 사유를 들어 쟁의기간 중에 징계위원회의 개최 등 조합원에 대한 징계절차의 진행을 포함한 일체의 징계 등 인사조치를 할 수 없다.

[2] 단체협약의 '쟁의 중 신분보장' 규정이 "회사는 정당한 노동쟁의 행위에 대하여 간섭방해, 이간행위 및 쟁의기간 중 여하한 징계나 전출 등 인사조치를 할 수 없으며 쟁의에 참가한 것을 이유로 불이익 처분할 수 없다."라고 규정하고 있는 경우, 이러한 문언 자체로 징계사유의 발생시기나 그 내용에 관하여 특별한 제한을 두고 있지 않음이 분명하므로, 위 규정은 그 문언과 같이 정당한 쟁의행위 기간 중에는 사유를 불문하고 회사가 조합원에 대하여 징계권을 행사할 수 없다는 의미로 해석함이 타당하다. 만일 이와 달리 비위사실이 쟁의행위와 관련이 없는 개인적 일탈에 해당하거나 노동조합의 활동이 저해될 우려가 없는 경우에는 정당한 쟁의행위 기간 중에도 회사가 징계권을 행사할 수 있다는 식으로 '쟁의 중 신분보장' 규정의 적용 범위를 축소하여 해석하게 되면, 위 규정의 문언 및 그 객관적인 의미보다 근로자에게 불리하게 되어 허용되지 않는다고 보아야 한다. 이와 같이 근로자에게 불리한 해석은, 쟁의기간 중에 쟁의행위에 참가한 조합원에 대한 징계 등 인사조치에 의하여 노동조합의 활동이 위축되는 것을 방지함으로써 노동조합의 단체행동권을 실질적으로 보장하기 위한 위 규정의 도입 취지에 반한다. 사용자인 회사가 근로자를 징계하게 되면 적법성·정당성 여부를 떠나 그 자체로 노동조합의 활동을 위축시킬 추상적 위험이 있으므로, 정당한 쟁의행위 기간 중에는 징계사유의 발생시기 및 그 내용을 불문하고 일률적으로 징계를 금지하기 위하여 '쟁의 중 신분보장' 규정이 도입된 것이지, 각각의 개별적인 징계사유 내지 징계로 야기되는 구체적인 결과별로 위 규정의 적용 여부를 다르게 취급하라는 취지로는 볼 수 없기 때문이다(대판 2019.11.28. 2017다257869).

답 ○ / ×

09 근로관계의 종료

001 □□□ **묵시적 의사표시에 의한 해고가 있는지는 사용자가 근로관계를 일방적으로 종료할 확정적 의사를 표시한 것으로 볼 수 있는지 여부에 따라 판단해야 한다.** ○ ×

[1] 해고란 실제 사업장에서 불리는 명칭이나 절차에 관계없이 근로자의 의사에 반하여 사용자의 일방적 의사에 의하여 이루어지는 모든 근로계약관계의 종료를 의미한다. 해고는 명시적 또는 묵시적 의사표시에 의해서도 이루어질 수 있으므로, 묵시적 의사표시에 의한 해고가 있는지는 사용자의 노무 수령 거부 경위와 방법, 노무 수령 거부에 대하여 근로자가 보인 태도 등 제반 사정을 종합적으로 고려하여 사용자가 근로관계를 일방적으로 종료할 확정적 의사를 표시한 것으로 볼 수 있는지 여부에 따라 판단해야 한다.

[2] 전세버스 운송사업을 하는 갑 유한회사의 관리팀장이 버스 운전원 을의 통근버스 무단결행을 지적하는 과정에서 을과 말다툼을 하면서 을에게 '사표를 쓰라.'는 말을 수차례 반복하였고 을은 다음 날부터 출근하지 않았는데, 갑 회사는 이를 문제 삼지 않다가 약 3달 뒤 을에게 '해고한 적이 없으니 원하면 언제든지 출근하여 근무할 수 있으므로 속히 출근하여 근무하기 바란다.'는 취지의 통지를 한 사안에서, 갑 회사의 관리팀장이 관리상무를 대동하여 을에게 버스 키의 반납을 요구하고 회수하는 과정에서 을에게 사표를 쓰고 나가라는 말을 여러 차례 반복하는 등의 언행을 한 것을 단순히 우발적 표현에 불과하다고 볼 수 없는 점, 관리팀장이 해고에 관한 조치를 취할 권한을 가진 것으로 보이는 관리상무를 대동한 상태에서 위와 같은 언행을 한 것을 가볍게 볼 수 없고, 관리팀장이 을에게 노무 수령을 거부하겠다는 언행을 할 당시 이미 갑 회사의 대표이사가 묵시적으로나마 이를 승인하였거나 적어도 추인하였을 가능성이 높아 보이는 점, 관리팀장이 한 '사표를 쓰라.'는 표현이 사직서 제출을 종용한 것에 불과할 뿐 해고의 의미가 아니라거나 사직서를 제출하지 않았으므로 근로계약관계가 존속한다고 보는 것은 타당하지 않은 점, 갑 회사가 을에게 서면으로 해고사유 등을 통지한 적은 없으나, 서면 통지 여부는 해고의 효력 유무를 판단하는 요건일 뿐 해고 의사표시의 존부를 판단하는 기준이 되는 것은 아닌 점을 종합하면, 관리팀장이 을에게 버스 키를 반납하라는 문자메시지를 보낸 경위, 관리팀장이 을에게서 버스 키를 회수하고 '사표를 쓰라.'는 발언을 하는 과정에 관리상무가 관여한 정도, 갑 회사의 임원진 구성 및 역할에 비추어 관리상무가 해고에 대해 가지는 권한 및 정도, 갑 회사의 대표이사가 일련의 노무 수령 거부행위를 묵시적으로나마 승인 혹은 추인했다고 볼 수 있는지 등을 면밀히 심리한 후 을에 대한 해고가 존재하는지 여부를 판단했어야 함에도, 갑 회사가 을을 해고한 것으로 볼 수 없다고 단정한 원심판단에 법리오해의 잘못이 있다고 한 사례(대판 2023.2.2. 2022두57695).

답 ○

002 □□□ **근로자의 정년을 정한 근로계약, 취업규칙이나 단체협약 등이 법령에 위반되지 않는 한 명시된 정년에 도달하여 당연퇴직하게 된 근로자와의 근로관계를 계속 유지할 것인지는 원칙적으로 사용자의 권한에 속하는 것이나 해당 근로자에게도 정년 연장을 요구할 수 있는 권리가 인정된다.** ○ ×

[1] 근로자의 정년을 정한 근로계약, 취업규칙이나 단체협약 등이 법령에 위반되지 않는 한 그에 명시된 정년에 도달하여 당연퇴직하게 된 근로자와의 근로관계를 정년을 연장하는 등의 방법으로 계속 유지할 것인지는 원칙적으로 사용자의 권한에 속하는 것으로서, 해당 근로자에게 정년 연장을 요구할 수 있는 권리가 있다고 할 수 없다. 그러나 근로계약, 취업규칙, 단체협약 등에서 정년에 도달한 근로자가 일정한 요건을 충족하면 기간제 근로자로 재고용하여야 한다는 취지의 규정을 두고 있거나, 그러한 규정이 없더라도 재고용을 실시하게 된 경위 및 실시기간, 해당 직종 또는 직무 분야에서 정년에 도달한 근로자 중 재고용된 사람의 비율, 재고용이 거절된 근로자가 있는 경우 그 사유 등의 여러 사정을 종합하여 볼 때, 사업장에 그에 준하는 정도의 재고용 관행이 확립되어 있다고 인정되는 등 근로계약 당사자 사이에 근로자가 정년에 도달하더라도 일정한 요건을 충족하면 기간제 근로자로 재고용될 수 있다는 신뢰관계가 형성되어 있는 경우에는 특별한 사정이 없는 한 근로자는 그에 따라 정년 후 재고용되리라는 기대권을 가진다.

[2] 갑 주식회사가 을 주식회사로부터 분사되어 설립된 후 을 회사가 운영하는 제철소의 방호 및 보안 업무를 수행하여 왔고, 병은 을 회사에 근무하면서 경비 업무 등을 수행하다가 갑 회사로 전직하여 계속 을 회사의 경비 업무를 수행하던 중 갑 회사가 병을 징계면직하였으나 이는 부당해고라는 내용의 판결이 선고・확정되었는데, 징계면직 무렵 갑 회사는 정년퇴직한 근로자를 기간제 근로자로 재고용하여 만 60세까지 근무할 수 있도록 하는 재고용 제도를 시행하고 있었고, 이에 병이 징계면직이 아니었다면 재고용 제도에 따라 정년 후에도 계속 고용될 수 있었을 것이라고 주장하며 만 60세가 되는 날까지의 임금 상당액 등의 지급을 구한 사안에서, 근로계약, 취업규칙, 단체협약에 정년퇴직자를 기간제 근로자로 재고용하는 것에 관한 규정은 없었지만, 갑 회사의 재고용 제도는 을 회사의 정년이 연장되자 을 회사보다 긴 정년을 적용받는다는 전제로 갑 회사로 전직하였던 근로자들의 신뢰를 보호할 목적으로 도입되었고, 상당한 기간 동안 정년퇴직자가 재고용을 원하는 경우에는 예외 없이 기간제 근로자로 재고용된 사정을 종합하면 갑 회사와 근로자들 사이에는 정년에 이르더라도 기간제 근로자로 재고용될 수 있다는 신뢰관계가 형성되어 있었으므로, 병은 정년 후 기간제 근로자로 재고용되리라는 기대권을 가진다고 보는 것이 타당하다고 한 사례(대판 2023.6.1. 2018다275925).

답 ×

003 □□□

▸ 징계해고의 경우 해고 대상자가 이미 해고사유가 무엇인지 구체적으로 알고 있고 그에 대해 충분히 대응할 수 있는 상황이었다 하더라도 해고통지서에 징계사유를 축약해 기재하는 등 징계사유를 상세하게 기재하지 않았다면 근로기준법 제27조(해고사유 등의 서면통지)를 위반한 해고통지라고 할 수 있다. ○ ×

▸ 징계해고의 경우 서면으로 통지된 해고사유가 축약되거나 다소 불분명하더라도 징계절차의 소명 과정이나 해고의 정당성을 다투는 국면을 통해 구체화하여 확정되는 것이 일반적이므로 해고사유의 서면 통지 과정에서까지 그와 같은 수준의 특정을 요구할 것은 아니다. ○ ×

▸ 성비위행위의 경우 불특정 다수를 상대로 하여 복수의 행위가 존재하고 해고 대상자가 그와 같은 행위 자체가 있었다는 점을 인정하는 경우에도 해고사유의 서면 통지 과정에서 개개의 행위를 모두 구체적으로 특정하여야 한다. ○ ×

---

[1] 근로기준법 제27조는 사용자가 근로자를 해고하려면 해고사유와 해고시기를 서면으로 통지하여야 효력이 있다고 규정하고 있는바, 이는 해고사유 등의 서면 통지를 통해 사용자로 하여금 근로자를 해고하는 데 신중을 기하게 함과 아울러 해고의 존부 및 시기와 그 사유를 명확하게 하여 사후에 이를 둘러싼 분쟁이 적정하고 쉽게 해결될 수 있도록 하고, 근로자에게도 해고에 적절히 대응할 수 있게 하기 위한 취지이므로, 사용자가 해고사유 등을 서면으로 통지할 때는 근로자의 처지에서 해고사유가 무엇인지를 구체적으로 알 수 있어야 하고, 특히 징계해고의 경우에는 해고의 실질적 사유가 되는 구체적 사실 또는 비위내용을 기재하여야 하지만, 해고 대상자가 이미 해고사유가 무엇인지 구체적으로 알고 있고 그에 대해 충분히 대응할 수 있는 상황이었다고 하면 해고통지서에 징계사유를 축약해 기재하는 등 징계사유를 상세하게 기재하지 않았더라도 위 조항을 위반한 해고통지라고 할 수는 없다.

[2] 징계해고의 경우 근로기준법 제27조에 따라 서면으로 통지된 해고사유가 축약되거나 다소 불분명하더라도 징계절차의 소명 과정이나 해고의 정당성을 다투는 국면을 통해 구체화하여 확정되는 것이 일반적이라고 할 것이므로 해고사유의 서면 통지 과정에서까지 그와 같은 수준의 특정을 요구할 것은 아니다. 성비위행위의 경우 각 행위가 이루어진 상황에 따라 그 행위의 의미 및 피해자가 느끼는 수치심 등이 달라질 수 있으므로, 원칙적으로는 해고 대상자의 방어권을 보장하기 위해서는 각 행위의 일시, 장소, 상대방, 행위 유형 및 구체적 상황이 다른 행위들과 구별될 수 있을 정도로는 특정되어야 한다. 그러나 불특정 다수를 상대로 하여 복수의 행위가 존재하고 해고 대상자가 그와 같은 행위 자체가 있었다는 점을 인정하는 경우에도 해고사유의 서면 통지 과정에서 개개의 행위를 모두 구체적으로 특정하여야 하는 것은 아니다(대판 2022.1.14. 2021두50642).

답 × / ○ / ×

004 □□□ **근로자가 부당해고 구제신청을 할 당시 이미 정년에 이르거나 근로계약기간이 만료하는 등의 사유로 근로자의 지위에서 벗어난 경우에도 노동위원회의 구제명령을 받을 이익이 존재한다.** O X

근로자가 부당해고 구제신청을 할 당시 이미 정년에 이르거나 근로계약기간이 만료하는 등의 사유로 근로자의 지위에서 벗어난 경우에는 노동위원회의 구제명령을 받을 이익이 소멸하였다고 봄이 타당하고, 이와 같은 법리는 해고 이외의 징계나 그 밖의 징벌 등에 대한 구제신청에 대하여도 마찬가지로 적용된다. 그 이유는 다음과 같다.

① 근로기준법 제28조 이하에서 정한 부당해고 등 구제명령제도는 해고, 휴직, 정직, 전직, 감봉, 그 밖의 징벌 등과 같이 사용자가 근로자에게 제재로서 가하는 불이익한 처분에 대하여, 민사소송을 통한 통상적인 권리 구제방법보다 좀 더 신속·간이하며 경제적이고 탄력적인 권리구제수단을 마련하는 데에 그 제도적 취지가 있다. 부당해고 등 구제신청을 할 당시 이미 근로자의 지위에서 벗어난 경우에까지 과거 부당해고 등으로 인한 손해를 보상받을 목적으로 행정적 구제절차의 이용을 허용하는 것은 사용자가 근로자에게 제재로서 가하는 불이익한 처분에 대한 구제라는 부당해고 등 구제명령 제도의 본래의 보호범위에 포함되지 않는다고 보아야 한다.

② 근로기준법은 "사용자가 근로자에게 부당해고 등을 하면 근로자는 노동위원회에 구제를 신청할 수 있다."(제28조 제1항)라고 규정하여 '근로자'에게 구제신청권을 부여하고 있다. 근로자란 직업의 종류와 관계없이 임금을 목적으로 사업이나 사업장에 근로를 제공하는 자를 말하므로(근로기준법 제2조 제1항 제1호), 부당해고 등 구제신청을 할 당시 이미 근로계약관계가 종료한 경우에는 더 이상 근로기준법 제28조 제1항이 정한 근로자의 지위에 있다고 볼 수 없으며, 부당해고 등 구제신청을 하기 전에 그 사용자와의 관계에서 근로계약관계가 있었다는 사정만으로 근로기준법 제28조 제1항의 구제신청권을 갖는 근로자의 범위에 포함된다고 해석하기는 어렵다.

③ 노동위원회는 부당해고 등 구제신청에 따른 심문을 끝내고 부당해고 등이 성립한다고 판정하면 사용자에게 구제명령을 하여야 한다(근로기준법 제30조 제1항). 구제명령이 내려지면 사용자는 이를 이행하여야 할 공법상의 의무를 부담하고, 이행하지 아니할 경우에는 3천만원 이하의 이행강제금이 부과되며(근로기준법 제33조), 확정된 구제명령을 이행하지 아니한 사용자는 형사처벌의 대상이 된다(근로기준법 제111조). 따라서 부당해고 등 구제신청을 할 당시 이미 근로계약관계가 종료한 경우에도 근로자의 구제이익을 인정하면 사용자에게 공법상 의무를 지나치게 부과하거나 형사처벌의 범위를 확대하는 결과가 된다.

④ 대법원 2020.2.20. 선고 2019두52386 전원합의체 판결은 근로자가 부당해고 구제신청을 기각한 재심판정에 대해 소를 제기하여 해고의 효력을 다투던 중 정년에 이르거나 근로계약기간이 만료하는 등의 사유로 원직에 복직하는 것이 불가능하게 된 경우에도 해고기간 중의 임금 상당액을 지급받을 필요가 있다면 임금 상당액 지급의 구제명령을 받을 소의 이익이 유지된다는 취지이다. 따라서 근로자가 부당해고 등 구제신청을 하기 전에 이미 근로자의 지위에서 벗어난 경우에는 위와 같은 법리가 그대로 적용된다고 할 수 없다(대판 2022.7.14. 2021두46285).

답 X

005 □□□ **사용자가 경영상 이유로 근로자를 해고하려는 경우 긴박한 경영상 필요가 있는지는 정리해고를 할 당시의 사정을 기준으로 판단해야 한다.** ○ ×

근로기준법 제24조 제1항에 따르면 사용자가 경영상 이유로 근로자를 해고하려면 긴박한 경영상 필요가 있어야 한다. 긴박한 경영상 필요란 반드시 기업의 도산을 회피하기 위한 경우에 한정되지 않고, 장래에 올 수도 있는 위기에 미리 대처하기 위하여 인원 감축이 필요한 경우도 포함되지만, 그러한 인원 감축은 객관적으로 보아 합리성이 있다고 인정되어야 한다. 이와 같은 긴박한 경영상 필요가 있는지는 정리해고를 할 당시의 사정을 기준으로 판단해야 한다(대판 2022.6.9. 2017두71604).

006 □□□ **취업규칙이나 인사규정 등에서 근로자의 근무성적이나 근무능력 부진에 따른 대기발령 후 일정 기간이 경과하도록 보직을 다시 부여받지 못하는 경우에는 해고한다는 규정을 두고 사용자가 이러한 규정에 따라 해고할 때에도 정당한 이유가 있어야 한다.** ○ ×

[1] 근로기준법 제23조 제1항은 사용자는 근로자에게 정당한 이유 없이 해고를 하지 못한다고 규정하여 해고를 제한하고 있다. 사용자가 취업규칙에서 정한 해고사유에 해당한다는 이유로 근로자를 해고할 때에도 정당한 이유가 있어야 한다. 일반적으로 사용자가 근무성적이나 근무능력이 불량하여 직무를 수행할 수 없는 경우에 해고할 수 있다고 정한 취업규칙 등에 따라 근로자를 해고한 경우, 사용자가 근로자의 근무성적이나 근무능력이 불량하다고 판단한 근거가 되는 평가가 공정하고 객관적인 기준에 따라 이루어진 것이어야 할 뿐 아니라, 근로자의 근무성적이나 근무능력이 다른 근로자에 비하여 상대적으로 낮은 정도를 넘어 상당한 기간 동안 일반적으로 기대되는 최소한에도 미치지 못하고 향후에도 개선될 가능성을 인정하기 어렵다는 등 사회통념상 고용관계를 계속할 수 없을 정도인 경우에 한하여 해고의 정당성이 인정된다.

[2] 이러한 법리는 취업규칙이나 인사규정 등에서 근로자의 근무성적이나 근무능력 부진에 따른 대기발령 후 일정 기간이 경과하도록 보직을 다시 부여받지 못하는 경우에는 해고한다는 규정을 두고 사용자가 이러한 규정에 따라 해고할 때에도 마찬가지로 적용된다. 이때 사회통념상 고용관계를 계속할 수 없을 정도인지는 근로자의 지위와 담당 업무의 내용, 그에 따라 요구되는 성과나 전문성의 정도, 근로자의 근무성적이나 근무능력이 부진한 정도와 기간, 사용자가 교육과 전환배치 등 근무성적이나 근무능력 개선을 위한 기회를 부여하였는지 여부, 개선의 기회가 부여된 이후 근로자의 근무성적이나 근무능력의 개선 여부, 근로자의 태도, 사업장의 여건 등 여러 사정을 종합적으로 고려하여 합리적으로 판단하여야 한다(대판 2022.9.15. 2018다251486).

007 □□□ **근로자가 부당해고 구제신청을 하여 해고의 효력을 다투던 중 정년에 이르거나 근로계약기간이 만료하는 등의 사유로 원직에 복직하는 것이 불가능하게 된 경우에도 해고기간 중의 임금 상당액을 지급받을 필요가 있다면 구제신청을 기각한 중앙노동위원회의 재심판정을 다툴 소의 이익이 있다고 보아야 한다.** ○ ×

[1] 부당해고 구제명령제도에 관한 근로기준법의 규정 내용과 목적 및 취지, 임금 상당액 구제명령의 의의 및 법적 효과 등을 종합적으로 고려하면, 근로자가 부당해고 구제신청을 하여 해고의 효력을 다투던 중 정년에 이르거나 근로계약기간이 만료하는 등의 사유로 원직에 복직하는 것이 불가능하게 된 경우에도 해고기간 중의 임금 상당액을 지급받을 필요가 있다면 임금 상당액 지급의 구제명령을 받을 이익이 유지되므로 구제신청을 기각한 중앙노동위원회의 재심판정을 다툴 소의 이익이 있다고 보아야 한다. 상세한 이유는 다음과 같다.

① 부당해고 구제명령제도는 부당한 해고를 당한 근로자에 대한 원상회복, 즉 근로자가 부당해고를 당하지 않았다면 향유할 법적 지위와 이익의 회복을 위해 도입된 제도로서, 근로자 지위의 회복만을 목적으로 하는 것이 아니다. 해고를 당한 근로자가 원직에 복직하는 것이 불가능하더라도, 부당한 해고라는 사실을 확인하여 해고기간 중의 임금 상당액을 지급받도록 하는 것도 부당해고 구제명령제도의 목적에 포함된다.

② 부당한 해고를 당한 근로자를 원직에 복직하도록 하는 것과, 해고기간 중의 임금 상당액을 지급받도록 하는 것 중 어느 것이 더 우월한 구제방법이라고 말할 수 없다. 근로자를 원직에 복직하도록 하는 것은 장래의 근로관계에 대한 조치이고, 해고기간 중의 임금 상당액을 지급받도록 하는 것은 근로자가 부당한 해고의 효력을 다투고 있던 기간 중의 근로관계의 불확실성에 따른 법률관계를 정리하기 위한 것으로 서로 목적과 효과가 다르기 때문에 원직복직이 가능한 근로자에 한정하여 임금 상당액을 지급받도록 할 것은 아니다.

③ 근로자가 구제명령을 통해 유효한 집행권원을 획득하는 것은 아니지만, 해고기간 중의 미지급 임금과 관련하여 강제력 있는 구제명령을 얻을 이익이 있으므로 이를 위해 재심판정의 취소를 구할 이익도 인정된다고 봄이 타당하다.

④ 해고기간 중의 임금 상당액을 지급받기 위하여 민사소송을 제기할 수 있다는 사정이 소의 이익을 부정할 이유가 되지는 않는다.

⑤ 종래 대법원이 근로자가 구제명령을 얻는다고 하더라도 객관적으로 보아 원직에 복직하는 것이 불가능하고, 해고기간에 지급받지 못한 임금을 지급받기 위한 필요가 있더라도 민사소송절차를 통하여 해결할 수 있다는 등의 이유를 들어 소의 이익을 부정하여 왔던 판결들은 금품지급명령을 도입한 근로기준법 개정 취지에 맞지 않고, 기간제근로자의 실효적이고 직접적인 권리구제를 사실상 부정하는 결과가 되어 부당하다.

[2] 위와 같은 법리는 근로자가 근로기준법 제30조 제3항에 따라 금품지급명령을 신청한 경우에도 마찬가지로 적용된다(대판 2020.2.20. 2019두52386[전합]).

답 ○

008 □□□ **부당해고구제재심판정을 다투는 소송에서 해고의 정당성에 관한 증명책임은 이를 주장하는 사용자가 부담하므로, 일부 징계사유만으로 해당 징계처분의 타당성을 인정하기에 충분한지에 대한 증명책임도 사용자가 부담한다.** ○ ×

[1] 여러 개의 징계사유 중 일부가 인정되지 않더라도 인정되는 다른 일부 징계사유만으로 해당 징계처분의 타당성을 인정하기에 충분한 경우에는 그 징계처분을 유지하여도 위법하지 아니하다. 다만 여러 개의 징계사유 중 일부 징계사유만으로 근로자에 대한 해당 징계처분의 타당성을 인정하기에 충분한지는 해당 기업의 구체적인 상황에 따라 다를 수 있으므로, 사용자가 징계처분에 이르게 된 경위와 주된 징계사유, 전체 징계사유 중 인정된 징계사유의 내용과 비중, 징계사유 중 일부가 인정되지 않은 이유, 해당 징계처분의 종류, 해당 기업이 정하고 있는 징계처분 결정 절차, 해당 기업의 규모・사업 성격 및 징계에 관한 기준과 관행 등에 비추어 인정된 징계사유만으로 동일한 징계처분을 할 가능성이 있는지를 고려하여 해당 징계처분을 유지하는 것이 근로자에게 예측하지 못한 불이익이 되지 않도록 신중하게 판단하여야 한다.

[2] 근로기준법 제31조에 의하여 부당해고구제재심판정을 다투는 소송에서 해고의 정당성에 관한 증명책임은 이를 주장하는 사용자가 부담하므로, 인정되는 일부 징계사유만으로 해당 징계처분의 타당성을 인정하기에 충분한지에 대한 증명책임도 사용자가 부담한다(대판 2019.11.28. 2017두57318).

답 ○

009 □□□ **정리해고의 요건 중 해고를 피하기 위한 노력의 방법과 정도는 확정적・고정적인 것으로 보아야 하므로, 당해 사용자의 경영위기의 정도, 정리해고를 실시하여야 하는 경영상의 이유, 사업의 내용과 규모, 직급별 인원상황 등에 따라 달라진다고 할 수 없다.** ○ ×

정리해고의 요건 중 긴박한 경영상의 필요란 반드시 기업의 도산을 회피하기 위한 경우에 한정되지 아니하고, 장래에 올 수도 있는 위기에 미리 대처하기 위하여 인원삭감이 필요한 경우도 포함하지만, 그러한 인원삭감은 객관적으로 보아 합리성이 있다고 인정되어야 한다. 그리고 정리해고의 요건 중 해고를 피하기 위한 노력을 다하여야 한다는 것은 경영방침이나 작업방식의 합리화, 신규 채용의 금지, 일시휴직 및 희망퇴직의 활용, 전근 등 사용자가 해고범위를 최소화하기 위하여 가능한 모든 조치를 취하는 것을 의미하고, 그 방법과 정도는 확정적・고정적인 것이 아니라 당해 사용자의 경영위기의 정도, 정리해고를 실시하여야 하는 경영상의 이유, 사업의 내용과 규모, 직급별 인원상황 등에 따라 달라지는 것이다(대판 2019.11.28. 2018두44647).

답 ×

010 □□□ **문제되는 비위행위가 징계사유에 해당함을 특정하여 표현하기 위해 징계권자가 징계처분 통보서에 어떤 용어를 쓴 경우, 비위행위가 징계사유에 해당하는지는 그 비위행위가 통보서에 쓰인 용어의 개념에 포함되는지 여부를 기준으로 객관적으로 판단하여야 한다.** ○ ×

---

[1] 근로자의 어떤 비위행위가 징계사유로 되어 있느냐 여부는 구체적인 자료들을 통하여 징계위원회 등에서 그것을 징계사유로 삼았는지 여부에 의하여 결정되어야 하고, 그 비위행위가 정당한 징계사유에 해당하는지는 취업규칙상 징계사유를 정한 규정의 객관적인 의미를 합리적으로 해석하여 판단하여야 한다. 따라서 문제되는 비위행위가 징계사유에 해당함을 특정하여 표현하기 위해 징계권자가 징계처분 통보서에 어떤 용어를 쓴 경우, 그 비위행위가 징계사유에 해당하는지는 원칙적으로 해당 사업장의 취업규칙 등 징계규정에서 정하고 있는 징계사유의 의미와 내용을 기준으로 판단하여야 하고, 단지 그 비위행위가 통보서에 쓰인 용어의 개념에 포함되는지 여부만을 기준으로 판단할 것은 아니다.

[2] 갑 방송국의 인사위원회가 카메라기자로 근무하던 을에게 해고를 통보하면서, 해고처분 통보서에 징계사유를 "을이 동료 카메라기자들을 대상으로 '카메라기자 성향분석표'와 '요주의 인물 성향' 문건을 작성하고 이를 반영한 인사이동안을 취재센터장에게 보고하는 등 명예훼손에 해당하는 불법행위를 저지름은 물론, 부당노동행위의 원인을 제공하여 합리적 인사관리를 방해하고 직장질서를 문란케 하는 심대한 해사행위를 하였다."라고 기재한 사안에서, 갑 방송국의 인사위원회는 취업규칙상 징계규정 등을 해고처분의 근거로 삼으면서 비위행위의 특정 또는 평가를 위하여 '명예훼손에 해당하는 불법행위를 저질렀다.'고 표현한 것으로 보일 뿐, 을의 비위행위가 민법상 불법행위나 형법상 범죄를 구성하는 명예훼손 등에 해당한다는 데에 징계처분의 근거를 둔 것으로 보이지 않는 점, 갑 방송국의 취업규칙에 민형사상 불법행위만이 징계사유에 해당한다는 명문의 규정을 두고 있지 않고, 징계규정을 그와 같은 의미로 해석하여야 한다고 볼 만한 객관적이고 합리적인 근거를 찾기 어려운 점 등에 비추어, 을의 행위는 '상호 인격을 존중하여 직장의 질서를 유지하여야 한다.'고 정한 갑 방송국의 사규를 위반한 행위로서 취업규칙에서 정한 징계사유에 해당하는데도, 이와 달리 본 원심판결에 법리오해의 잘못이 있다고 한 사례(대판 2021.4.29. 2020다270770).

답 ×

011 □□□ **사용자가 취업규칙 등에 따라 근로자를 해고한 경우, 사용자가 근로자의 근무성적이나 근무능력이 불량하다고 판단한 근거가 되는 평가가 공정하고 객관적인 기준에 따라 이루어진 것이어야 할 뿐 아니라, 사회통념상 고용관계를 계속할 수 없을 정도인 경우에 한하여 해고의 정당성이 인정된다.**

O X

---

[1] 근로기준법 제23조 제1항은 사용자는 근로자에게 정당한 이유 없이 해고하지 못한다고 하여 해고를 제한하고 있다. 사용자가 취업규칙에서 정한 해고사유에 해당한다는 이유로 근로자를 해고할 때에도 정당한 이유가 있어야 한다. 일반적으로 사용자가 근무성적이나 근무능력이 불량하여 직무를 수행할 수 없는 경우에 해고할 수 있다고 정한 취업규칙 등에 따라 근로자를 해고한 경우, 사용자가 근로자의 근무성적이나 근무능력이 불량하다고 판단한 근거가 되는 평가가 공정하고 객관적인 기준에 따라 이루어진 것이어야 할 뿐 아니라, 근로자의 근무성적이나 근무능력이 다른 근로자에 비하여 상대적으로 낮은 정도를 넘어 상당한 기간 동안 일반적으로 기대되는 최소한에도 미치지 못하고 향후에도 개선될 가능성을 인정하기 어렵다는 등 사회통념상 고용관계를 계속할 수 없을 정도인 경우에 한하여 해고의 정당성이 인정된다. 이때 사회통념상 고용관계를 계속할 수 없을 정도인지는 근로자의 지위와 담당 업무의 내용, 그에 따라 요구되는 성과나 전문성의 정도, 근로자의 근무성적이나 근무능력이 부진한 정도와 기간, 사용자가 교육과 전환배치 등 근무성적이나 근무능력 개선을 위한 기회를 부여하였는지 여부, 개선의 기회가 부여된 이후 근로자의 근무성적이나 근무능력의 개선 여부, 근로자의 태도, 사업장의 여건 등 여러 사정을 종합적으로 고려하여 합리적으로 판단하여야 한다.

[2] 갑 주식회사가 취업규칙에서 정한 해고사유인 '근무성적 또는 능력이 현저하게 불량하여 직무를 수행할 수 없다고 인정되었을 때'에 해당한다는 이유로 을 등을 해고한 사안에서, 갑 회사가 다년간 실시한 인사평가 결과 을 등은 최하위권에 해당하는 저조한 업무수행실적을 보였고, 갑 회사로부터 수차례 직무경고를 받는 등 장기간 실적이 상당한 정도로 부진하였으며, 갑 회사는 을 등에게 10개월 동안 직무역량 향상과 직무재배치를 위한 직무교육을 실시한 다음 을 등을 직무재배치하였으나 이후 실시된 다면평가에서 을 등의 업무역량이 부족하고 을 등의 업무상 잘못으로 여러 차례 문제점이 발생하였다는 점이 지적된 사정에 비추어 보면 을 등의 직무역량이 상대적으로 저조하였던 것이 아니라 갑 회사가 부여하는 직무를 수행하기에 실질적으로 부족하였던 것으로 보이고, 을 등은 직무재배치 이후에도 부서 공동업무에 대한 관심이 부족하고 업무능력을 습득하려는 의지가 부족하다는 평가를 받거나, 직무재배치 교육 이전에도 여러 차례 업무향상계획서의 제출을 거부하기까지 하는 등 업무능력 향상에 대한 열의가 없었으며, 직무재배치 이후에도 능력부족과 개선의지 부족이라는 평가를 받는 등 을 등에게 업무능력 향상의지가 있다고 보기 어려우므로, 해고에 정당한 이유가 있다고 본 원심판단을 수긍한 사례(대판 2021.2.25. 2018다253680).

답 O

012 □□□ **사용자의 귀책사유로 해고된 근로자가 해고기간에 다른 직장에 종사하여 얻은 이익은 채무를 면함으로써 얻은 이익에 해당하므로 사용자가 해당 근로자에게 해고기간 중의 임금을 지급할 경우 그러한 이익은 휴업수당의 한도 내인지 여부와 관계없이 중간수입으로 공제할 수 있다.** ○ ×

[1] 사용자의 귀책사유로 해고된 근로자가 해고기간에 다른 직장에 종사하여 이익을 얻은 경우 이는 민법 제538조 제2항에서 말하는 채무를 면함으로써 얻은 이익에 해당한다. 사용자가 해당 근로자에게 해고기간 중의 임금을 지급할 경우 그러한 이익을 중간수입으로 공제할 수 있다. 다만 근로자가 지급받을 수 있었던 해고기간의 임금액 중 근로기준법 제46조 제1항에서 정한 휴업수당 한도 내의 금액은 중간수입으로 공제할 수 없고, 그 한도를 초과하는 금액만을 중간수입으로 공제할 수 있다. 위 법리에 따르면, 원고가 지급받을 수 있었던 해고기간의 임금액 중 근로기준법 제46조 제1항에서 정한 휴업수당 한도 액수를 초과하는 금액은 원고가 해고기간 중에 ○○○○○에서 얻은 수입으로 공제할 수 있다.

[2] 원심은 원고가 해고기간 중에 ○○○○○에서 얻은 수입에서 원고가 지급받을 수 있었던 해고기간의 임금액 중 근로기준법 제46조 제1항에서 정한 휴업수당 한도 내의 금액을 차감한 액수를 산정한 다음, 그 차액만을 피고가 원고에게 지급할 임금액에서 공제하였다. 원심판결에는 휴업수당과 중간수입의 공제에 관한 법리를 오해하는 등 판결에 영향을 미친 잘못이 있다. 이를 지적하는 상고이유 주장은 정당하다(대판 2022.8.19, 2021다279903).

답 ×

PART 1 PART 2 PART 3

013
□□□

- **사용자는 근로자를 해고한 날부터 3년 이내의 기간 중에 해고 근로자가 해고 당시에 담당하였던 업무와 같은 업무를 할 근로자를 채용하려고 한다면, 특별한 사정이 있는 경우가 아닌 한 해고 근로자를 우선 재고용할 의무가 있다.** ○ ×

- **사용자가 해고 근로자에게 고용계약을 체결할 의사가 있는지 확인하지 않은 채 제3자를 채용하였다면, 특별한 사정이 없는 한 근로기준법이 정한 우선 재고용의무를 위반한 것으로 볼 수 있다.** ○ ×

- **사용자의 고용의무 불이행을 이유로 손해배상을 구하는 경우와 같이 근로관계가 일단 해소되어 유효하게 존속하지 않는 경우라도 근로기준법 제46조가 정한 휴업수당에 관한 규정을 적용할 수 있다.** ○ ×

---

[1] 근로기준법 제25조 제1항의 규정 내용과, 자신에게 귀책사유가 없음에도 경영상 이유에 의하여 직장을 잃은 근로자로 하여금 이전 직장으로 복귀할 수 있는 기회를 보장하여 해고 근로자를 보호하려는 입법 취지 등을 고려하면, 사용자는 근로기준법 제24조에 따라 근로자를 해고한 날부터 3년 이내의 기간 중에 해고 근로자가 해고 당시에 담당하였던 업무와 같은 업무를 할 근로자를 채용하려고 한다면, 해고 근로자가 반대하는 의사를 표시하거나 고용계약을 체결할 것을 기대하기 어려운 객관적인 사유가 있는 등의 특별한 사정이 있는 경우가 아닌 한 해고 근로자를 우선 재고용할 의무가 있다. 이때 사용자가 해고 근로자에게 고용계약을 체결할 의사가 있는지 확인하지 않은 채 제3자를 채용하였다면, 마찬가지로 해고 근로자가 고용계약 체결을 원하지 않았을 것이라거나 고용계약을 체결할 것을 기대하기 어려운 객관적인 사유가 있었다는 등의 특별한 사정이 없는 한 근로기준법 제25조 제1항이 정한 우선 재고용의무를 위반한 것으로 볼 수 있다.

[2] 갑이 을 재단법인이 운영하는 장애인 복지시설에서 생활부업무 담당 생활재활교사로 근무하다가 경영상 이유에 의하여 해고된 후 3년 이내의 기간 중에 을 법인이 여러 차례 생활재활교사를 채용하면서 갑에게 채용 사실을 고지하거나 고용계약을 체결할 의사가 있는지 확인하지 아니하였는데, 을 법인이 근로기준법 제25조 제1항에서 정한 우선 재고용의무를 위반한 시점이 문제된 사안에서, 갑이 고용계약을 체결하기를 원하지 않았을 것이라거나 을 법인에 갑과 고용계약을 체결할 것을 기대하기 어려운 객관적인 사유가 있었다고 볼 수 없고, 을 법인이 갑에게 채용 사실과 채용 조건을 고지하여 고용계약을 체결할 의사가 있는지 확인하지 아니하였으므로, 늦어도 갑이 해고 당시 담당하였던 생활부업무 담당 생활재활교사 업무에 근로자를 2명째 채용한 무렵에는 을 법인의 우선 재고용의무가 발생하였다고 볼 수 있는데도, 이와 달리 갑이 을 법인에 재고용을 원한다는 뜻을 표시한 이후로서 을 법인이 신규채용을 한 때에 비로소 을 법인의 우선 재고용의무가 발생하였다고 본 원심판단에 법리오해의 잘못이 있다고 한 사례.

[3] 근로기준법 제25조 제1항에 따라 사용자는 해고 근로자를 우선 재고용할 의무가 있으므로 해고 근로자는 사용자가 위와 같은 우선 재고용의무를 이행하지 아니하는 경우 사용자를 상대로 고용의 의사표시를 갈음하는 판결을 구할 사법상의 권리가 있고, 판결이 확정되면 사용자와 해고 근로자 사이에 고용관계가 성립한다. 또한 해고 근로자는 사용자가 위 규정을 위반하여 우선 재고용의무를 이행하지 않은 데 대하여, 우선 재고용의무가 발생한 때부터 고용관계가 성립할 때까지의 임금 상당 손해배상금을 청구할 수 있다.

[4] 채무불이행이나 불법행위 등으로 손해를 입은 채권자 또는 피해자 등이 동일한 원인에 의하여 이익을 얻은 경우에는 공평의 관념상 그 이익은 손해배상액을 산정할 때 공제되어야 한다. 이와 같이 손해배상액을 산정할 때 손익상계가 허용되기 위해서는 손해배상책임의 원인이 되는 행위로 인하여 피해자가 새로운 이득을 얻었고, 그 이득과 손해배상책임의 원인인 행위 사이에 상당인과관계가 있어야 한다. 사용자의 고용의무 불이행을 이유로 고용의무를 이행하였다면 받을 수 있었던 임금 상당액을 손해배상으로 청구하는 경우, 근로자가 사용자에게 제공하였어야 할 근로를 다른 직장에 제공함으로써 얻은 이익이 사용자의 고용의무 불이행과 사이에 상당인과관계가 인정된다면, 이러한 이익은 고용의무 불이행으로 인한 손해배상액을 산정할 때 공제되어야 한다. 한편 사용자의 고용의무 불이행을 이유로 손해배상을 구하는 경우와 같이 근로관계가 일단 해소되어 유효하게 존속하지 않는 경우라면 근로기준법 제46조가 정한 휴업수당에 관한 규정을 적용할 수 없다(대판 2020.11.16. 2016다13437).

답 ○ / ○ / ×

014 □□□

회사가 근로자의 업무처리와 관련하여 사유서를 제출받고 퇴사를 명할 수 있다고 경고한 다음, 회의 결과 최종적으로 해고하기로 결정하고 이를 기재한 회의록에 당해 근로자의 서명을 받고 그 사본을 교부하였다면, 당해 근로자에게 구체적·실질적인 해고사유를 서면으로 통지하였다고 인정하기에 부족하다. ○ ×

[1] 근로기준법 제27조는 사용자가 근로자를 해고하려면 해고사유와 해고시기를 서면으로 통지하여야 효력이 있다고 정하고 있다. 이는 해고사유 등의 서면통지를 통하여 사용자로 하여금 근로자를 해고하는 데 신중을 기하도록 하고, 해고의 존부, 시기와 그 사유를 명확하게 하여 나중에 이를 둘러싼 분쟁이 적정하고 용이하게 해결될 수 있도록 하며, 근로자에게도 해고에 적절히 대응할 수 있도록 하려는 데 목적이 있다. 따라서 사용자가 해고사유 등을 서면으로 통지할 때 해고통지서 등 명칭과 상관없이 근로자의 처지에서 해고사유가 무엇인지를 구체적으로 알 수 있는 서면이면 충분하다.

[2] 갑 주식회사가 회사에서 구매한 물품에 대해서 송금처를 법인 명의 계좌가 아닌 개인 명의 계좌로 대금을 지급한 근로자 을의 업무처리와 관련하여 회의를 진행하면서 업무처리 경위와 후속조치 계획에 관한 사유서를 제출받고 퇴사를 명할 수 있다고 경고한 다음, 회의 결과 최종적으로 해고하기로 결정하고 이를 기재한 회의록에 을의 서명을 받고 그 사본을 교부한 사안에서, 근로자 을이 위 회의록에 의해 해고통지를 받을 당시 이미 해고사유가 무엇인지 구체적으로 알고 있었고 이에 대해 충분히 대응할 수 있는 상황이었으므로 위 회의록에 해고사유가 된 을의 업무상 잘못이 다소 축약적으로 기재되었고 회의록의 형식으로 작성되었더라도 위 회의록에 의한 해고통지가 근로기준법 제27조를 위반한 것으로 보기 어려운데도, 이와 달리 해고의 서면통지 요건을 갖추지 못하였다고 본 원심판단에 법리오해의 잘못이 있다고 한 사례(대판 2021.7.29. 2021두36103).

답 ×

CHAPTER 11 기타 법령

001 □□□ **근로자가 먼저 중간정산을 적극적으로 요구한 경우에만 퇴직금 중간정산의 합의가 유효한 것은 아니며, 퇴직금 중간정산의 합의가 개별적 근로자의 자유로운 의사에 따라 이루어진 것이면 중간정산은 유효하다.** ○ ×

구 근로자퇴직급여 보장법(2011.7.25. 법률 제10967호로 개정되기 전의 것, 이하 '구 퇴직급여법') 제8조 제2항은 "사용자는 근로자의 요구가 있는 경우에는 근로자가 퇴직하기 전에 당해 근로자가 계속 근로한 기간에 대한 퇴직금을 미리 정산하여 지급할 수 있다."라고 규정하고 있다. 퇴직금 중간정산 제도의 입법 취지와 퇴직금의 성격 등을 종합하여 볼 때 반드시 근로자가 먼저 중간정산을 적극적으로 요구한 경우에만 퇴직금 중간정산의 합의가 유효한 것은 아니며, 퇴직금 중간정산의 합의가 개별적 근로자의 자유로운 의사에 따라 이루어진 것이면 퇴직금 중간정산은 유효하다고 보아야 한다(대판 2020.9.3. 2016다235480).

 ○

002 □□□

▸ **파견근로자의 사용사업주에 대한 임금채권에 관하여도 근로기준법상의 최우선변제권이 인정된다.** ○ ×

▸ **사용사업주의 파견근로자에 대한 임금지급책임을 인정하기 위해서는 당해 근로자파견이 파견사업주가 행하는 '적법한 근로자파견'에 해당하여야 한다.** ○ ×

[1] 파견근로자 보호 등에 관한 법률(이하 '파견법') 제1조, 제34조 제2항, 같은 법 시행령 제5조, 근로기준법 제38조 제2항 제1호의 내용에 의하면, 사용사업주가 정당한 사유 없이 근로자파견의 대가를 지급하지 아니하고 그로 인하여 파견사업주가 근로자에게 임금을 지급하지 못한 경우 사용사업주는 근로자에 대하여 파견사업주와 연대하여 임금지급의무를 부담하게 된다. 이와 같이 사용사업주가 파견법 제34조 제2항에 따라 근로자에 대하여 임금지급의무를 부담하고 그에 따라 파견근로자가 사용사업주에 대하여 임금채권을 가지는 경우, 파견근로자의 복지증진에 관한 파견법의 입법 취지와 더불어 사용사업주가 파견사업주와 연대하여 임금지급의무를 부담하는 경우 임금 지급에 관하여 사용자로 본다는 파견법 제34조 제2항 후문 및 근로자의 최저생활을 보장하려는 근로기준법 제38조 제2항의 규정 취지를 고려하여 보면, 파견근로자의 사용사업주에 대한 임금채권에 관하여도 근로기준법 제38조 제2항이 정하는 최우선변제권이 인정된다고 봄이 타당하다.

[2] 사용사업주의 파견근로자에 대한 임금지급책임을 인정하는 파견근로자 보호 등에 관한 법률(이하 '파견법') 제34조 제2항을 적용하기 위하여 당해 근로자파견이 파견법 제5조의 파견사유가 있고 제7조의 허가를 받은 파견사업주가 행하는 이른바 '적법한 근로자파견'에 해당하여야만 하는 것은 아니다. 구체적인 이유는 다음과 같다.

① 파견법은 '파견사업주가 근로자를 고용한 후 그 고용관계를 유지하면서 근로자파견계약의 내용에 따라 사용사업주의 지휘·명령을 받아 사용사업주를 위한 근로에 종사하게 하는 것'을 '근로자파견'으로 정의하고 있을 뿐(제2조 제1호), 제5조에 정한 근로자파견 대상 업무에 해당하는 등 파견사유가 있을 것 또는 제7조에 정한 근로자파견사업의 허가를 받은 파견사업주가 행하는 근로자파견에 해당할 것을 '근로자파견'의 요건으로 들고 있지 않다.

② 원칙적으로 파견사업주가 파견근로자에 대한 임금지급의무를 부담하지만, 파견사업주가 사용사업주의 귀책사유로 인하여 임금을 지급하지 못한 경우에는 사용사업주가 파견사업주와 연대하여 임금지급의무를 부담하도록 함으로써 파견근로자를 보호하고자 하는 것이 파견법 제34조 제2항의 취지이다.

③ 적법하지 않은 파견의 경우 파견법 제34조 제2항이 적용되지 않는다고 보면 파견법이 규정한 제한을 위반하여 근로자파견의 역무를 제공받은 사용사업주는 오히려 임금지급책임을 지지 않는 결과가 되어 법적 형평에 어긋나게 된다(대판 2022.12.1. 2018다300586).

답 ○ / ×

노동법 Ⅱ

CHAPTER 02 단결권

001 □□□ **산업별 노동조합의 지회 등이 기업별 노동조합에 준하는 실질을 갖추지 못하여 조직형태를 변경할 수 없는 경우, 이러한 산업별 노동조합의 지회 등이 총회 등을 통해 기업별 노동조합으로 조직형태를 변경하면서 기존 재산 전부를 새로운 기업별 노동조합에 포괄적으로 이전하는 결의를 하더라도 재산을 이전하는 결의로서 효력은 없다.** O X

산업별 노동조합의 지회 등이 기업별 노동조합에 준하는 실질이나 기업별 노동조합과 유사한 근로자단체로서 법인 아닌 사단의 실질을 갖추지 못하여 조직형태를 변경할 수 없는 경우에 결의를 통해 산업별 노동조합을 탈퇴하고 조합비 등 기존 재산 전부를 새로 설립한 기업별 노동조합에 포괄적으로 이전하는 것을 허용한다면, 조직형태 변경의 주체가 될 수 없는 지회 등이 우회적인 방법으로 사실상 조직형태를 변경하는 것과 마찬가지의 결과에 이를 수 있게 되어 조직형태 변경 제도의 취지가 잠탈될 수 있다. 따라서 이러한 산업별 노동조합의 지회 등이 총회 등을 통해 기업별 노동조합으로 조직형태를 변경하면서 이를 전제로 조합비 등 기존 재산 전부를 새로운 기업별 노동조합에 포괄적으로 이전하는 결의를 하더라도 그러한 결의는 조직형태 변경 결의로서뿐만 아니라 재산을 이전하는 결의로서도 효력이 없다고 보아야 한다(대판 2018.1.24. 2014다203045).

답 O

002

☐☐☐

▸ 학습지 개발 및 교육 등의 사업을 하는 회사가 전국학습지산업노동조합 소속 조합원이면서 학습지교사들인 근로자들과 위탁사업계약을 체결하였다가 그 후 이를 해지하자 근로자들이 구제명령을 신청한 경우, 해당 근로자들은 노동조합 및 노동관계조정법상의 근로자에 해당하지 아니한다.

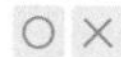

▸ 사용자가 근로자에게 징계나 해고 등 기타 불이익한 처분을 하였지만 그에 관하여 심리한 결과 그 처분을 할 만한 정당한 사유가 있는 것으로 밝혀졌다면, 사용자의 불이익한 처분이 부당노동행위 의사에 기인하여 이루어진 것이라고 단정할 수 없다. O X

---

[1] 학습지 개발 및 교육 등의 사업을 하는 갑 주식회사가 전국학습지산업노동조합 소속 조합원이면서 학습지교사들인 을 등과 학습지회원에 대한 관리, 모집, 교육을 내용으로 하는 위탁사업계약을 체결하였다가 그 후 이를 해지하자 을 등이 부당해고 및 부당노동행위에 해당한다는 이유로 구제명령을 신청한 사안에서, 업무 내용, 업무 준비 및 업무 수행에 필요한 시간 등에 비추어 볼 때 학습지교사들이 겸업을 하는 것은 현실적으로 어려워 보여, 갑 회사로부터 받는 수수료가 학습지교사들의 주된 소득원이었을 것으로 보이는 점, 갑 회사는 불특정다수의 학습지교사들을 상대로 미리 마련한 정형화된 형식으로 위탁사업계약을 체결하였으므로, 보수를 비롯하여 위탁사업계약의 주요 내용이 갑 회사에 의하여 일방적으로 결정되었다고 볼 수 있는 점, 을 등이 제공한 노무는 갑 회사의 학습지 관련 사업 수행에 필수적인 것이었고, 을 등은 갑 회사의 사업을 통해 학습지 개발 및 학습지회원에 대한 관리·교육 등에 관한 시장에 접근한 점, 을 등은 갑 회사와 일반적으로 1년 단위로 위탁사업계약을 체결하고 계약기간을 자동연장하여 왔으므로 위탁사업계약관계는 지속적이었고, 갑 회사에 상당한 정도로 전속되어 있었던 것으로 보이는 점 등에 비추어, 을 등은 노조법상의 근로자에 해당하고, 전국학습지산업노동조합은 노조법상 근로자인 학습지교사들이 주체가 되어 자주적으로 단결하여 근로조건의 유지·개선 기타 학습지교사들의 경제적·사회적 지위의 향상을 도모함을 목적으로 조직한 단체이므로 노조법 제2조 제4호 본문에서 정한 노동조합에 해당한다고 한 사례.

[2] 사용자의 행위가 노조법에서 정한 부당노동행위에 해당하는지는 사용자의 부당노동행위 의사의 존재 여부를 추정할 수 있는 모든 사정을 전체적으로 심리 검토하여 종합적으로 판단하여야 하고, 부당노동행위에 대한 증명책임은 이를 주장하는 근로자 또는 노동조합에 있다. 그러므로 필요한 심리를 다하였어도 사용자에게 부당노동행위 의사가 존재하였는지 여부가 분명하지 아니하여 그 존재 여부를 확정할 수 없는 경우에는 그로 인한 위험이나 불이익은 그것을 주장한 근로자 또는 노동조합이 부담할 수밖에 없다. 이와 관련하여 사용자가 근로자에게 징계나 해고 등 기타 불이익한 처분을 하였지만 그에 관하여 심리한 결과 그 처분을 할 만한 정당한 사유가 있는 것으로 밝혀졌다면, 사용자의 그와 같은 불이익한 처분이 부당노동행위 의사에 기인하여 이루어진 것이라고 섣불리 단정할 수 없다(대판 2018.6.15. 2014두12598).

답 × / ○

003 □□□ **당해 노동조합이 헌법 제33조 제1항 및 노동조합 및 노동관계조정법 제2조 제4호가 규정한 실질적 요건을 갖추지 못하였다면, 설립신고가 행정관청에 의하여 형식상 수리되었더라도 특별한 사정이 없는 한 이러한 노동조합에 대하여는 노동조합 및 노동관계조정법상 설립 취소사유가 인정된다.**

O X

[1] 노동조합의 조직이나 운영을 지배하거나 개입하려는 사용자의 부당노동행위에 의해 노동조합이 설립된 것에 불과하거나, 노동조합이 설립될 당시부터 사용자가 위와 같은 부당노동행위를 저지르려는 것에 관하여 노동조합 측과 적극적인 통모·합의가 이루어진 경우 등과 같이 해당 노동조합이 헌법 제33조 제1항 및 그 헌법적 요청에 바탕을 둔 노조법 제2조 제4호가 규정한 실질적 요건을 갖추지 못하였다면, 설령 설립신고가 행정관청에 의하여 형식상 수리되었더라도 실질적 요건이 흠결된 하자가 해소되거나 치유되는 등의 특별한 사정이 없는 한 이러한 노동조합은 노조법상 설립이 무효로서 노동3권을 향유할 수 있는 주체인 노동조합으로서의 지위를 가지지 않는다고 보아야 한다.

[2] 일반적으로 과거의 법률관계는 확인의 소의 대상이 될 수 없지만, 그것이 이해관계인들 사이에 현재적 또는 잠재적 분쟁의 전제가 되어 과거의 법률관계 자체의 확인을 구하는 것이 관련된 분쟁을 일거에 해결하는 유효·적절한 수단이 될 수 있는 경우에는 예외적으로 확인의 이익이 인정된다(대판 2021.2.25. 2017다51610).

답 ×

CHAPTER

03 단체교섭권

001 □□□ **교섭단위 분리 신청에 대한 노동위원회의 결정에 관하여는 단순히 어느 일방에게 불리한 내용이라는 사유만으로도 불복이 허용된다.** O X

노조법 제29조의3 제3항은 교섭단위 분리 신청에 대한 노동위원회의 결정에 불복할 경우 노조법 제69조를 준용하도록 하고 있고, 노조법 제69조 제1항, 제2항은 노동위원회의 중재재정 등에 대한 불복의 사유를 '위법이거나 월권에 의한 것'인 경우로 한정하고 있다. 따라서 교섭단위 분리 신청에 대한 노동위원회의 결정에 관하여는 단순히 어느 일방에게 불리한 내용이라는 사유만으로는 불복이 허용되지 않고, 그 절차가 위법하거나, 노조법 제29조의3 제2항이 정한 교섭단위 분리결정의 요건에 관한 법리를 오해하여 교섭단위를 분리할 필요가 있다고 인정되는 경우인데도 그 신청을 기각하는 등 내용이 위법한 경우, 그 밖에 월권에 의한 것인 경우에 한하여 불복할 수 있다(대판 2018.9.13. 2015두39361).

답 ×

002 □□□

▸ **교섭대표노동조합이 가지는 대표권은 법령에서 특별히 권한으로 규정하지 아니한 경우에도 단체교섭 및 단체협약 체결과 체결된 단체협약의 구체적인 이행 과정뿐만 아니라 노사관계 전반에까지 미친다.** ○ ×

▸ **사용자가 교섭대표노동조합이 되지 못한 노동조합 소속 조합원들을 포함한 사업장 내 근로자의 근로조건에 관하여 단체협약 자체에서는 아무런 정함이 없이 추후 교섭대표노동조합과 사용자가 합의 · 협의하거나 심의하여 결정하도록 정한 경우, 이를 단체협약의 구체적인 이행이나 보충협약에 해당한다고 볼 수 없다면 단체협약이 아닌 다른 형식으로 근로조건을 결정할 수 있도록 포괄적으로 위임된 것이라고 봄이 타당하므로 합의 · 협의 또는 심의결정은 교섭대표노동조합의 대표권 범위에 속한다고 볼 수 없다.** ○ ×

---

[1] 교섭창구 단일화 및 공정대표의무에 관련된 법령 규정의 문언, 교섭창구 단일화 제도의 취지와 목적, 교섭대표노동조합이 아닌 노동조합 및 그 조합원의 노동3권 보장 필요성 등을 고려하면, 교섭창구 단일화 절차에서 교섭대표노동조합이 가지는 대표권은 법령에서 특별히 권한으로 규정하지 아니한 이상 단체교섭 및 단체협약 체결(보충교섭이나 보충협약 체결을 포함)과 체결된 단체협약의 구체적인 이행 과정에만 미치는 것이고, 이와 무관하게 노사관계 전반에까지 당연히 미친다고 볼 수는 없다.

[2] 사용자가 교섭대표노동조합과 체결한 단체협약에서 교섭대표노동조합이 되지 못한 노동조합 소속 조합원들을 포함한 사업장 내 근로자의 근로조건에 관하여 단체협약 자체에서는 아무런 정함이 없이 추후 교섭대표노동조합과 사용자가 합의 · 협의하거나 심의하여 결정하도록 정한 경우, 그 문언적 의미와 단체협약에 대한 법령 규정의 내용, 취지 등에 비추어 위 합의 · 협의 또는 심의결정이 단체협약의 구체적인 이행에 해당한다고 볼 수 없고 보충협약에 해당한다고 볼 수도 없는 때에는, 이는 단체협약 규정에 의하여 단체협약이 아닌 다른 형식으로 근로조건을 결정할 수 있도록 포괄적으로 위임된 것이라고 봄이 타당하다. 따라서 위 합의 · 협의 또는 심의결정은 교섭대표노동조합의 대표권 범위에 속한다고 볼 수 없다. 그럼에도 사용자와 교섭대표노동조합이 단체협약 규정에 의하여, 교섭대표노동조합만이 사용자와 교섭대표노동조합이 되지 못한 노동조합 소속 조합원들의 근로조건과 관련이 있는 사항에 관하여 위와 같이 합의 · 협의 또는 심의결정할 수 있도록 규정하고, 교섭대표노동조합이 되지 못한 노동조합을 위 합의 · 협의 또는 심의결정에서 배제하도록 하는 것은, 교섭대표노동조합이 되지 못한 노동조합이나 그 조합원을 합리적 이유 없이 차별하는 것으로서 공정대표의무에 반한다(대판 2019.10.31. 2017두37772).

답 × / ○

003 회사 등이 노동조합과 체결한 단체협약에서 업무상 재해로 인해 조합원이 사망한 경우에 직계가족 등 1인을 특별채용하도록 규정한 '산재 유족 특별채용 조항'은 회사 등의 채용의 자유를 과도하게 제한하는 정도에 이르거나 채용 기회의 공정성을 현저히 해하는 결과를 초래하였다고 볼 수 있으므로 선량한 풍속 기타 사회질서에 위반되어 무효이다. ○ ×

[1] 단체협약이 민법 제103조의 적용대상에서 제외될 수는 없으므로 단체협약의 내용이 선량한 풍속 기타 사회질서에 위배된다면 그 법률적 효력은 배제되어야 한다. 다만 단체협약이 선량한 풍속 기타 사회질서에 위배되는지를 판단할 때에는 단체협약이 헌법이 직접 보장하는 기본권인 단체교섭권의 행사에 따른 것이자 헌법이 제도적으로 보장한 노사의 협약자치의 결과물이라는 점 및 노조법에 의해 이행이 특별히 강제되는 점 등을 고려하여 법원의 후견적 개입에 보다 신중할 필요가 있다. 헌법 제15조가 정하는 직업선택의 자유, 헌법 제23조 제1항이 정하는 재산권 등에 기초하여 사용자는 어떠한 근로자를 어떠한 기준과 방법에 의하여 채용할 것인지를 자유롭게 결정할 자유가 있다. 다만 사용자는 스스로 이러한 자유를 제한할 수 있는 것이므로, 노동조합과 사이에 근로자 채용에 관하여 임의로 단체교섭을 진행하여 단체협약을 체결할 수 있고, 그 내용이 강행법규나 선량한 풍속 기타 사회질서에 위배되지 아니하는 이상 단체협약으로서의 효력이 인정된다. 사용자가 노동조합과의 단체교섭에 따라 업무상 재해로 인한 사망 등 일정한 사유가 발생하는 경우 조합원의 직계가족 등을 채용하기로 하는 내용의 단체협약을 체결하였다면, 그와 같은 단체협약이 사용자의 채용의 자유를 과도하게 제한하는 정도에 이르거나 채용 기회의 공정성을 현저히 해하는 결과를 초래하는 등의 특별한 사정이 없는 한 선량한 풍속 기타 사회질서에 반한다고 단정할 수 없다. 이러한 단체협약이 사용자의 채용의 자유를 과도하게 제한하는 정도에 이르거나 채용 기회의 공정성을 현저히 해하는 결과를 초래하는지는 단체협약을 체결한 이유나 경위, 그와 같은 단체협약을 통해 달성하고자 하는 목적과 수단의 적합성, 채용대상자가 갖추어야 할 요건의 유무와 내용, 사업장 내 동종 취업규칙 유무, 단체협약의 유지 기간과 준수 여부, 단체협약이 규정한 채용의 형태와 단체협약에 따라 채용되는 근로자의 수 등을 통해 알 수 있는 사용자의 일반 채용에 미치는 영향과 구직희망자들에 미치는 불이익 정도 등 여러 사정을 종합하여 판단하여야 한다.

[2] 갑 주식회사 등이 노동조합과 체결한 각 단체협약에서 업무상 재해로 인해 조합원이 사망한 경우에 직계가족 등 1인을 특별채용하도록 규정한 이른바 '산재 유족 특별채용 조항'이 민법 제103조에 의하여 무효인지 문제 된 사안에서, ① 업무상 재해에 대해 어떤 내용이나 수준의 보상을 할 것인지의 문제는 그 자체로 중요한 근로조건에 해당하고, 갑 회사 등과 노동조합은 이해관계에 따라 산재 유족 특별채용 조항이 포함된 단체협약을 체결한 것으로 보이는 점, ② 산재 유족 특별채용 조항은 사회적 약자를 배려하여 실질적 공정을 달성하는 데 기여한다고 평가할 수 있고, 보상과 보호라는 목적을 달성하기 위해 유효적절한 수단이라고 할 수 있는 점, ③ 갑 회사 등이 산재 유족 특별채용 조항에 합의한 것은 채용의 자유를 적극적으로 행사한 결과인데, 법원이 이를 무효라고 선언한다면 갑 회사 등의 채용의 자유를 부당하게 제한하는 결과가 될 수 있는 점, ④ 갑 회사 등의 사업장에서는 노사가 오랜 기간 산재 유족 특별채용 조항의 유효성은 물론이고 그 효용성에 대해서도 의견을 같이하여 이를 이행해 왔다고 보이므로 채용의 자유가 과도하게 제한된다고 평가하기 더욱 어려운 점, ⑤ 산재 유족 특별채용 조항으로 인하여 갑 회사 등이 다른 근로자를 채용할 자유가 크게 제한된다고 단정하기 어렵고, 구직희망자들의 현실적인 불이익이 크다고 볼 수도

없는 점, ⑥ 협약자치의 관점에서도 산재 유족 특별채용 조항을 유효하게 보아야 함이 분명한 점을 종합하면, 산재 유족 특별채용 조항이 갑 회사 등의 채용의 자유를 과도하게 제한하는 정도에 이르거나 채용 기회의 공정성을 현저히 해하는 결과를 초래하였다고 볼 특별한 사정을 인정하기 어려우므로, 선량한 풍속 기타 사회질서에 위반되어 무효라고 볼 수 없는데도, 이와 달리 본 원심판단에 법리오해의 잘못이 있다고 한 사례(대판 2020.8.27. 2016다248998[전합]).

답 ×

004 □□□

▸ **사용자는 교섭창구를 단일화하지 않고 복수의 노동조합과 개별적으로 교섭을 진행하여 체결 시기와 내용 등을 달리하는 복수의 단체협약을 체결할 수 있다.** ○ ×

▸ **개별 교섭 절차가 진행되던 중에 사용자가 특정 노동조합과 체결한 단체협약의 내용에 따라 해당 노동조합의 조합원에게만 금품을 지급한 경우, 사용자의 이러한 금품 지급 행위가 다른 노동조합의 조직이나 운영을 지배하거나 이에 개입하는 의사에 따른 것이라면 부당노동행위에 해당할 수 있다.** ○ ×

[1] 사용자는 노조법 제29조의2 제1항이 정하는 바에 따라 교섭창구를 단일화하지 않고 복수의 노동조합과 개별적으로 교섭을 진행하여 체결 시기와 내용 등을 달리하는 복수의 단체협약을 체결할 수 있다.

[2] 노조법 제81조 제4호는 근로자가 노동조합을 조직 또는 운영하는 것을 지배하거나 이에 개입하는 행위 등을 사용자의 부당노동행위의 한 유형으로 규정하고 있다. 이는 단결권을 침해하는 행위를 배제・시정함으로써 정상적인 노사관계를 회복하려는 데에 취지가 있다. 이러한 부당노동행위 금지 규정과 취지를 고려하면, 노조법 제29조의2 제1항 단서에 따라 개별 교섭 절차가 진행되던 중에 사용자가 특정 노동조합과 체결한 단체협약의 내용에 따라 해당 노동조합의 조합원에게만 금품을 지급한 경우, 사용자의 이러한 금품 지급 행위가 다른 노동조합의 조직이나 운영을 지배하거나 이에 개입하는 의사에 따른 것이라면 부당노동행위에 해당할 수 있다. 이 경우 사용자의 행위가 부당노동행위에 해당하는지는 금품을 지급하게 된 배경과 명목, 금품 지급에 부가된 조건, 지급된 금품의 액수, 금품 지급의 시기나 방법, 다른 노동조합과의 교섭 경위와 내용, 다른 노동조합의 조직이나 운영에 미치거나 미칠 수 있는 영향 등을 종합적으로 고려하여 판단하여야 한다. 다만 그 지배・개입으로서의 부당노동행위의 성립에 반드시 근로자의 단결권의 침해라는 결과의 발생까지 요하는 것은 아니다(대판 2019.4.25. 2017두33510).

답 ○ / ○

005 □□□ **사용자가 근로의 대상으로 근로자에게 지급하는 금전 중 1월을 초과하는 기간에 의하여 산정되는 수당 등에 관하여 지급기일이 이미 도래하여 구체적으로 지급청구권이 발생하였다면, 노동조합이 근로자들로부터 개별적인 동의나 수권을 받지 않는 이상 사용자와 사이의 단체협약만으로 반환, 포기, 지급유예와 같은 처분행위를 할 수 없다.** O X

[1] 근로계약은 근로자가 사용자에게 근로를 제공할 것을 약정하고 사용자는 이에 대하여 임금을 지급할 것을 약정하는 쌍무계약으로(근로기준법 제2조 제1항 제4호), 임금은 매월 1회 이상 일정한 기일을 정하여 지급하여야 한다(근로기준법 제43조 제2항). 이미 구체적으로 지급청구권이 발생한 임금은 근로자의 사적 재산영역으로 옮겨져 근로자의 처분에 맡겨진 것이기 때문에 노동조합이 근로자들로부터 개별적인 동의나 수권을 받지 않는 이상, 사용자와 사이의 단체협약만으로 이에 대한 반환이나 포기 및 지급유예와 같은 처분행위를 할 수는 없다. 이때 구체적으로 지급청구권이 발생하여 단체협약만으로 포기 등을 할 수 없게 되는 임금인지는 근로계약, 취업규칙 등에서 정한 지급기일이 도래하였는지를 기준으로 판단하여야 한다.

[2] 사용자가 근로의 대상으로 근로자에게 지급하는 금전 중 1월을 초과하는 기간에 의하여 산정되는 수당 등(근로기준법 제43조 제2항 단서, 같은 법 시행령 제23조)에 관하여 지급하기로 정해진 기일이 있는 경우, 지급기일이 이미 도래하여 구체적으로 지급청구권이 발생한 수당 등은 근로자의 사적 재산영역으로 옮겨져 근로자의 처분에 맡겨진 것이다. 따라서 노동조합이 근로자들로부터 개별적인 동의나 수권을 받지 않는 이상 사용자와 사이의 단체협약만으로 이에 대한 반환, 포기, 지급유예와 같은 처분행위를 할 수 없다(대판 2022.3.31. 2021다229861).

답 O

006 □□□ **근로조건을 결정하는 기준에 관하여 소급적으로 동의하거나 승인하는 내용의 단체협약을 체결한 경우 그 동의나 승인의 효력은 단체협약 체결 이전에 퇴직한 근로자에게도 미친다.** ○ ×

[1] 일정 근무일수를 충족하여야만 지급되는 임금은 소정근로를 제공하는 외에 일정근무일수의 충족이라는 추가적인 조건을 성취하여야 비로소 지급되는 것이고, 이러한 조건의 성취 여부는 임의의 날에 연장·야간·휴일 근로를 제공하는 시점에서 확정할 수 없는 불확실한 조건이므로 고정성을 갖춘 것이라 할 수 없다.

[2] 단체협약은 노동조합이 사용자 또는 사용자단체와 근로조건 기타 노사관계에서 발생하는 사항에 관하여 체결하는 협정으로서, 노동조합이 사용자 측과 기존의 임금, 근로시간, 퇴직금 등 근로조건을 결정하는 기준에 관하여 소급적으로 동의하거나 이를 승인하는 내용의 단체협약을 체결한 경우에 그 동의나 승인의 효력은 단체협약이 시행된 이후에 그 사업체에 종사하며 그 협약의 적용을 받게 될 노동조합원이나 근로자들에 대해서만 생기고, 단체협약 체결 이전에 이미 퇴직한 근로자에게는 위와 같은 효력이 생길 여지가 없다. 이는 근로조건이 근로자에게 유리하게 변경된 경우라 하더라도 다를 바 없다.

[3] 갑 등이 을 지방자치단체 등에 소속된 환경미화원으로 근무하였는데, 기존에는 출근율과 상관없이 기말수당 등 수당과 명절휴가비가 지급되다가 '환경미화원 임금지급 기준'에서 출근율이 50% 미만인 경우 수당과 명절휴가비를 지급하지 않는 것으로 정해졌으며, 그 후 갑 등이 퇴직한 해에 변경된 '환경미화원 임금지급 기준'에서 명절휴가비는 출근율이 50% 미만인 경우에도 절반을 지급하기로 정하면서 당해 연도부터 소급하여 적용하기로 하였는데, 갑 등이 을 지방자치단체 등을 상대로 수당과 명절휴가비를 포함하여 새롭게 산정된 통상임금을 기준으로 산정한 휴일근로수당 등과 기지급된 수당과의 차액의 지급을 구한 사안에서, 수당과 명절휴가비의 지급에 관하여 일정 근무일수를 충족하여야 하는 조건이 부가된 '환경미화원 임금지급 기준'이 마련된 이후에는 수당과 명절휴가비는 고정성을 결여하게 되었고, 그 후 변경된 '환경미화원 임금지급 기준'은 이미 퇴직한 갑 등에게는 적용되지 않는다고 한 사례(대판 2020.1.16. 2019다223129).

답 ×

PART 1 PART 2 PART 3

007 □□□

▸ 교섭대표노동조합이 단체협약 잠정합의안에 대해 조합원 총회의 찬반투표 절차를 거치면서도 교섭창구 단일화 절차에 참여한 다른 노동조합의 조합원들에게 동등하게 절차에 참여할 기회를 부여하지 않거나 찬반의사까지 고려하여 잠정합의안에 대한 가결 여부를 결정하지 않았다면 교섭대표노동조합의 절차적 공정대표의무 위반이라고 보아야 한다. ○ ×

▸ 교섭대표노동조합이 절차적 공정대표의무에 위반하여 합리적 이유 없이 교섭창구 단일화 절차에 참여한 다른 노동조합을 차별하였다면, 소수노동조합의 절차적 권리를 침해하는 불법행위에 해당하므로 특별한 사정이 없는 한 비재산적 손해에 대하여 위자료 배상책임을 부담한다. ○ ×

---

[1] 교섭대표노동조합이 사용자와 단체교섭 과정에서 마련한 단체협약 잠정합의안(이하 '잠정합의안')에 대해 자신의 조합원 총회 또는 총회에 갈음할 대의원회의 찬반투표 절차를 거치면서도 교섭창구 단일화 절차에 참여한 다른 노동조합(이하 '소수노동조합')의 조합원들에게 동등하게 그 절차에 참여할 기회를 부여하지 않거나 그들의 찬반의사까지 고려하여 잠정합의안에 대한 가결 여부를 결정하지 않았더라도, 그러한 사정만으로 이를 가리켜 교섭대표노동조합의 절차적 공정대표의무 위반이라고 단정할 수는 없다. 다음과 같은 사정들을 종합적으로 고려하면, 이러한 경우 특별한 사정이 없는 한 교섭대표노동조합이 소수노동조합을 차별한 것으로 보기 어렵기 때문이다.

① 교섭창구 단일화 제도의 취지나 목적, 노조법 제29조 제2항의 규정 내용과 취지 등을 고려하면, 교섭대표노동조합의 대표자는 교섭창구 단일화 절차에 참여한 노동조합 및 조합원 전체를 대표하여 독자적인 단체협약체결권을 가지므로, 단체협약 체결 여부에 대해 원칙적으로 소수노동조합이나 그 조합원의 의사에 기속된다고 볼 수 없다.

② 교섭대표노동조합의 규약에서 잠정합의안에 대한 조합원 찬반투표를 거칠 것을 규정하고 있더라도 그것은 당해 교섭대표노동조합 조합원들의 의사결정을 위하여 마련된 내부 절차일 뿐 법률상 요구되는 절차는 아니다.

③ 노조법 제29조의2는 교섭창구 단일화 절차를 규정하고 있고, 그 위임에 따른 노조법 시행령 제14조의7에서는 교섭대표노동조합 확정에 필요한 조합원 수 산정 기준 등에 관한 상세한 규정을 두고 있다. 그리고 노조법 제41조 제1항 후문은 교섭창구 단일화 절차에 참여한 노동조합의 전체 조합원의 찬반투표 절차를 거친 경우에만 쟁의행위를 할 수 있다고 정하고 있다. 반면 잠정합의안에 대한 찬반투표와 관련하여 교섭창구 단일화 절차에 참여한 노동조합별로 찬반투표 필요 여부, 실시기관, 실시방법 및 정족수 등에 관한 규약상 규정이 다른 경우 이를 조율할 수 있는 절차에 관하여는 노조법 및 그 시행령에 아무런 규정을 찾을 수 없다.

[2] 교섭대표노동조합이 절차적 공정대표의무에 위반하여 합리적 이유 없이 교섭창구 단일화 절차에 참여한 다른 노동조합(이하 '소수노동조합')을 차별하였다면, 이러한 행위는 원칙적으로 교섭창구 단일화 절차에 따른 단체교섭과 관련한 소수노동조합의 절차적 권리를 침해하는 불법행위에 해당하고, 이로 인한 소수노동조합의 재산적 손해가 인정되지 않더라도 특별한 사정이 없는 한 비재산적 손해에 대하여 교섭대표노동조합은 위자료 배상책임을 부담한다.

[3] 갑 노동조합이 교섭대표노동조합으로서 회사와 단체교섭을 진행하여 잠정합의안이 마련되자 조합원총회를 갈음하는 임시대의원회를 개최하여 이를 가결하였는데, 그 과정에서 교섭창구 단일화 절차에 참여한 다른 노동조합인 을 노동조합에 잠정합의안 마련사실을 알리거나 이에 대해 설명하고 그로부터 의견을 수렴하지 않았고, 임시대의원회에 을 노동조합의 대의원이나 조합원을 참여시키지 않은 사안에서, 갑 노동조합이 단체협약 체결 여부를 결정하기 위하여 잠정합의안에 대한 임시대의원회의 결의를 거치면서 대표권이 없는 을 노동조합의 대의원 또는 조합원들에게 동등하게 해당 절차에 참여할 기회를 부여하지 않았다고 하더라도 차별의 문제는 발생하지 아니하므로, 차별의 존재를 전제로 하는 절차적 공정대표의무 위반은 인정하기 어려우나, 갑 노동조합이 단체교섭의 과정에서 중요한 사항인 잠정합의안에 대하여 자신의 대의원들에게만 이를 알리고 대의원회의 결의 절차를 거쳤을 뿐 을 노동조합에 대해서는 잠정합의안 마련사실을 알리거나 이에 대하여 설명하고 그로부터 의견을 수렴하는 절차를 전혀 거치지 않은 것은, 단체교섭의 전 과정을 전체적·종합적으로 살펴볼 때 교섭대표노동조합이 가지는 재량권의 범위를 일탈하여 을 노동조합을 합리적 이유 없이 차별함으로써 절차적 공정대표의무를 위반한 것이며, 그 위반에 대한 갑 노동조합의 고의 또는 과실도 인정되고, 나아가 갑 노동조합의 위와 같은 절차적 차별에 의한 공정대표의무 위반행위는 을 노동조합에 대한 불법행위가 되므로, 갑 노동조합으로서는 이로 인한 위자료 배상책임을 부담하는데도, 이와 달리 본 원심판단에 법리오해의 잘못이 있다고 한 사례(대판 2020.10.29. 2019다262582).

답 × / ○

PART 1 PART 2 PART 3

008 교섭단위의 분리를 인정할 수 있는 예외적인 경우에 대해서는 분리를 주장하는 측의 상대방이 그에 관한 구체적 사정을 주장·증명하여야 한다. ○ ×

구 노조법 제29조의2, 제29조의3 제1항, 제2항, 제29조의4 제1항의 내용과 형식·체계, 하나의 사업 또는 사업장에서 복수의 노동조합 설립·활동을 보장하면서도 교섭창구 단일화를 원칙으로 함으로써 독자적인 단체교섭권을 행사할 경우 발생할 수 있는 노동조합 간 혹은 노동조합과 사용자 간의 반목·갈등, 단체교섭의 효율성 저하 및 비용 증가 등의 문제점을 효과적으로 해결하여 효율적·안정적인 단체교섭 체계를 구축하고자 하는 단체교섭 절차 일원화의 취지, 교섭창구 단일화의 실시와 아울러 그로 인하여 헌법상 단체교섭권의 본질적 내용이 침해되지 않도록 교섭대표노동조합에 대하여 공정대표의무를 부과한 점 등의 사정에다가 예외적으로만 교섭단위의 분리를 인정한 입법 취지 등을 고려하면, 구 노조법 제29조의3 제2항에서 정한 '교섭단위를 분리할 필요가 있다고 인정되는 경우'란 하나의 사업 또는 사업장에서 별도로 분리된 교섭단위에 의하여 단체교섭을 진행하는 것을 정당화할 만한 현격한 근로조건의 차이, 고용형태, 교섭 관행 등의 사정이 있음은 물론 이로 인하여 교섭대표노동조합을 통하여 교섭창구를 단일화하더라도 근로조건의 통일적 형성을 통한 안정적인 교섭체계를 구축하려는 교섭창구 단일화 제도의 취지에 부합하지 않는 결과가 발생할 수 있는 예외적인 경우를 의미한다. 이처럼 교섭단위의 분리를 인정할 수 있는 예외적인 경우에 대해서는 분리를 주장하는 측이 그에 관한 구체적 사정을 주장·증명하여야 한다(대판 2022.12.15. 2022두53716).

답 ×

009 □□□ **사용자가 수임인인 사용자단체를 통하여 합리적 이유 없이 교섭대표노동조합에만 단체협약에 정해진 금품을 지급하는 경우에는 공정대표의무를 위반한 것이다.** ○ ×

[1] 노조법은 교섭창구 단일화 제도하에서 교섭대표노동조합이 되지 못한 노동조합을 보호하기 위하여 사용자와 교섭대표노동조합에 교섭창구 단일화 절차에 참여한 노동조합 또는 그 조합원을 합리적 이유 없이 차별하지 못하도록 공정대표의무를 부과하고 있다(제29조의4 제1항). 이러한 공정대표의무는 단체교섭의 과정이나 그 결과물인 단체협약의 내용뿐만 아니라 단체협약의 이행과정에서도 준수되어야 한다. 나아가 사용자단체가 교섭대표노동조합과 단체협약을 체결하면서 단체협약에 사용자의 노동조합에 대한 금품지급의무를 대신 이행하도록 정하고 사용자로부터 그 지급사무의 처리를 위임받은 경우, 사용자단체는 그 위임의 본지에 따라 선량한 관리자의 주의로써 위임사무를 처리하여야 하고, 위임인인 사용자의 지시가 있으면 우선적으로 그에 따라야 한다. 위와 같은 경우 사용자가 수임인인 사용자단체를 통하여 합리적 이유 없이 교섭대표노동조합에만 단체협약에 정해진 금품을 지급하는 등 공정대표의무를 위반한 때에는 교섭대표노동조합이 되지 못한 노동조합은 노동위원회에 시정을 요청할 수 있다(제29조의4 제2항).

[2] 행정청이 문서에 의하여 처분을 한 경우 원칙적으로 그 처분서의 문언에 따라 어떤 처분을 하였는지 확정하여야 하나, 그 처분서의 문언만으로는 행정청이 어떤 처분을 하였는지 불분명하다는 등 특별한 사정이 있는 때에는 처분 경위나 처분 이후의 상대방의 태도 등 다른 사정을 고려하여 처분서의 문언과 달리 그 처분의 내용을 해석할 수도 있다(대판 2019.4.23. 2016두42654).

답 ○

CHAPTER
04 단체행동권

001 □□□ **쟁의행위가 업무방해죄에 해당하는 경우 제3자가 그러한 정을 알면서 쟁의행위의 실행을 용이하게 한 경우에는 업무방해방조죄가 성립할 수 있다.** ○ ×

쟁의행위가 업무방해죄에 해당하는 경우 제3자가 그러한 정을 알면서 쟁의행위의 실행을 용이하게 한 경우에는 업무방해방조죄가 성립할 수 있다. 다만 헌법 제33조 제1항이 규정하고 있는 노동3권을 실질적으로 보장하기 위해서는 근로자나 노동조합이 노동3권을 행사할 때 제3자의 조력을 폭넓게 받을 수 있도록 할 필요가 있고, 나아가 근로자나 노동조합에 조력하는 제3자도 헌법 제21조에 따른 표현의 자유나 헌법 제10조에 내재된 일반적 행동의 자유를 가지고 있으므로, 위법한 쟁의행위에 대한 조력행위가 업무방해방조에 해당하는지 판단할 때는 헌법이 보장하는 위와 같은 기본권이 위축되지 않도록 업무방해방조죄의 성립 범위를 신중하게 판단하여야 한다(대판 2021.9.16. 2015도12632).

답 ○

002 □□□ **연장근로의 집단적 거부와 같이 사용자의 업무를 저해함과 동시에 근로자들의 권리행사로서의 성격을 아울러 가지는 행위가 노동조합 및 노동관계조정법상 쟁의행위에 해당하는지는 근로관계를 둘러싼 여러 관행과 사정을 종합적으로 고려하여 엄격하게 제한적으로 판단하여야 한다.** ○ ×

[1] 노조법 제2조 제6호에 따르면 쟁의행위란 파업·태업·직장폐쇄 기타 노동관계 당사자가 그 주장을 관철할 목적으로 행하는 행위와 이에 대항하는 행위로서 업무의 정상적인 운영을 저해하는 행위를 말한다. 노조법은 쟁의행위에 대하여 그 목적·방법 및 절차가 법령 기타 사회질서에 위배되지 않아야 하고 조합원은 노동조합에 의하여 주도되지 아니한 쟁의행위를 하여서는 아니 되는 등 일정한 제한을 하고 있다(노조법 제37조). 특히 방위사업법에 의하여 지정된 주요방위산업체에 종사하는 근로자 중 전력, 용수 및 주로 방산물자를 생산하는 업무에 종사하는 자는 쟁의행위를 할 수 없는데 이를 위반한 경우 노조법상 가장 중한 형사처벌을 하도록 규정하고 있다(노조법 제41조 제2항, 제88조). 이러한 쟁의행위에 대한 법령상의 엄정한 규율 체계와 헌법 제33조 제1항이 노동3권을 기본권으로 보장한 취지 등을 고려하면, 연장근로의 집단적 거부와 같이 사용자의 업무를 저해함과 동시에 근로자들의 권리행사로서의 성격을 아울러 가지는 행위가 노조법상 쟁의행위에 해당하는지는 해당 사업장의 단체협약이나 취업규칙의 내용, 연장근로를 할 것인지에 대한 근로자들의 동의 방식 등 근로관계를 둘러싼 여러 관행과 사정을 종합적으로 고려하여 엄격하게 제한적으로 판단하여야 한다. 이는 휴일근로 거부의 경우도 마찬가지이다.

[2] 갑 노동조합의 간부인 피고인들이 주요방위산업체로 지정된 을 주식회사와 임금단체협상을 진행하면서 을 회사의 방산물자 생산부서 근로자인 조합원들을 포함하여 연장근로, 휴일근로를 집단적으로 거부하도록 결정함으로써 위 조합원들과 공모하여 방산물자를 생산하는 업무에 종사하는 자의 쟁의행위 금지 규정을 위반하였다고 하여 노조법 위반으로 기소된 사안에서, 갑 노동조합과 을 회사가 체결한 단체협약에 연장근로·휴일근로는 갑 노동조합의 사전 동의를 얻어 실시하고, 연장근로·휴일근로를 하지 않은 이유로 불이익 처우를 하지 못한다고 정하고 있는 점, 을 회사에서는 일정한 날을 연장근로일 또는 휴일근로일로 미리 지정하는 방식이 아니라 필요할 때마다 연장근로는 당일 아침에, 휴일근로는 보통 이틀 전에 중간관리자를 통해 신청자를 모집하는 방식으로 실시해 온 점, 갑 노동조합이 임금단체협상 진행 기간에 조합원들에게 연장근로·휴일근로 거부 지침을 내릴 때에는 을 회사가 애초에 연장근로·휴일근로 신청자 모집 자체를 하지 않기도 한 점 등을 종합하면, 을 회사는 갑 노동조합의 사전 동의를 얻고 필요시 근로자의 신청을 받아 연장근로·휴일근로를 실시해 왔을 뿐 일정한 날에 연장근로·휴일근로를 통상적 혹은 관행적으로 해 왔다고 단정하기 어려우므로, 단체협상 기간에 갑 노동조합의 지침에 따라 연장근로·휴일근로가 이루어지지 않았더라도 방산물자 생산부서 조합원들이 통상적인 연장근로·휴일근로를 집단적으로 거부함으로써 쟁의행위를 하였다고 볼 수 없고, 이를 전제로 피고인들에게 공동정범의 책임을 물을 수 없다는 이유로, 이와 달리 보아 공소사실을 유죄로 인정한 원심판결에 연장근로·휴일근로 거부와 쟁의행위에 관한 법리오해의 잘못이 있다고 한 사례(대판 2022.6.9. 2016도11744).

답 ○

003 ▸ 수급인 소속 근로자의 쟁의행위가 도급인의 사업장에서 일어나 도급인의 법익을 침해한 경우에는 사용자인 수급인에 대한 관계에서 쟁의행위의 정당성을 갖추었다면 사용자가 아닌 도급인에 대한 관계에서도 법령에 의한 정당한 행위로서 당연히 법익 침해의 위법성이 조각된다. ○ ×

▸ 사용자가 당해 사업과 관계없는 자를 쟁의행위로 중단된 업무의 수행을 위하여 채용 또는 대체하는 경우, 쟁의행위에 참가한 근로자들이 위법한 대체근로를 저지하기 위하여 상당한 정도의 실력을 행사하는 것은 정당행위로서 위법성이 조각된다. ○ ×

---

[1] 단체행동권은 헌법 제33조 제1항에서 보장하는 기본권으로서 최대한 보장되어야 하지만 헌법 제37조 제2항에 의하여 국가안전보장·질서유지 또는 공공복리 등의 공익상의 이유로 제한될 수 있고 그 권리의 행사가 정당한 것이어야 한다는 내재적인 한계가 있다. 쟁의행위가 정당행위로 위법성이 조각되는 것은 사용자에 대한 관계에서 인정되는 것이므로, 제3자의 법익을 침해한 경우에는 원칙적으로 정당성이 인정되지 않는다. 그런데 도급인은 원칙적으로 수급인 소속 근로자의 사용자가 아니므로, 수급인 소속 근로자의 쟁의행위가 도급인의 사업장에서 일어나 도급인의 형법상 보호되는 법익을 침해한 경우에는 사용자인 수급인에 대한 관계에서 쟁의행위의 정당성을 갖추었다는 사정만으로 사용자가 아닌 도급인에 대한 관계에서까지 법령에 의한 정당한 행위로서 법익 침해의 위법성이 조각된다고 볼 수는 없다.
그러나 수급인 소속 근로자들이 집결하여 함께 근로를 제공하는 장소로서 도급인의 사업장은 수급인 소속 근로자들의 삶의 터전이 되는 곳이고, 쟁의행위의 주요 수단 중 하나인 파업이나 태업은 도급인의 사업장에서 이루어질 수밖에 없다. 또한 도급인은 비록 수급인 소속 근로자와 직접적인 근로계약관계를 맺고 있지는 않지만, 수급인 소속 근로자가 제공하는 근로에 의하여 일정한 이익을 누리고, 그러한 이익을 향수하기 위하여 수급인 소속 근로자에게 사업장을 근로의 장소로 제공하였으므로 그 사업장에서 발생하는 쟁의행위로 인하여 일정 부분 법익이 침해되더라도 사회통념상 이를 용인하여야 하는 경우가 있을 수 있다. 따라서 사용자인 수급인에 대한 정당성을 갖춘 쟁의행위가 도급인의 사업장에서 이루어져 형법상 보호되는 도급인의 법익을 침해한 경우, 그것이 항상 위법하다고 볼 것은 아니고, 법질서 전체의 정신이나 그 배후에 놓여있는 사회윤리 내지 사회통념에 비추어 용인될 수 있는 행위에 해당하는 경우에는 형법 제20조의 '사회상규에 위배되지 아니하는 행위'로서 위법성이 조각된다. 이러한 경우에 해당하는지 여부는 쟁의행위의 목적과 경위, 쟁의행위의 방식·기간과 행위 태양, 해당 사업장에서 수행되는 업무의 성격과 사업장의 규모, 쟁의행위에 참여하는 근로자의 수와 이들이 쟁의행위를 행한 장소 또는 시설의 규모·특성과 종래 이용관계, 쟁의행위로 인해 도급인의 시설관리나 업무수행이 제한되는 정도, 도급인 사업장 내에서의 노동조합 활동 관행 등 여러 사정을 종합적으로 고려하여 판단하여야 한다.

[2] 사용자는 쟁의행위 기간 중 그 쟁의행위로 중단된 업무의 수행을 위하여 당해 사업과 관계없는 자를 채용 또는 대체할 수 없다(노조법 제43조 제1항). 사용자가 당해 사업과 관계없는 자를 쟁의행위로 중단된 업무의 수행을 위하여 채용 또는 대체하는 경우, 쟁의행위에 참가한 근로자들이 위법한 대체근로를 저지하기 위하여 상당한 정도의 실력을 행사하는 것은 쟁의행위가 실효를 거둘 수 있도록 하기 위하여 마련된 위 규정의 취지에 비추어 정당행위로서 위법성이 조각된다. 위법한 대체근로를 저지하기 위한 실력 행사가 사회통념에 비추어 용인될 수 있는 행위로서 정당행위에 해당하는지는 그 경위, 목적, 수단과 방법, 그로 인한 결과 등을 종합적으로 고려하여 구체적인 사정 아래서 합목적적·합리적으로 고찰하여 개별적으로 판단하여야 한다(대판 2020.9.3. 2015도1927).

답 × / ○

004 □□□ **근로자의 쟁의행위가 형법상 정당행위에 해당하는지 여부에 대한 판단기준은 쟁의행위의 목적을 알리는 등 적법한 쟁의행위에 통상 수반되는 부수적 행위가 형법상 정당행위에 해당하는지 여부를 판단할 때에도 동일하게 적용된다.** O X

근로자의 쟁의행위가 형법상 정당행위에 해당하려면, ① 주체가 단체교섭의 주체로 될 수 있는 자이어야 하고, ② 목적이 근로조건의 향상을 위한 노사 간의 자치적 교섭을 조성하는 데에 있어야 하며, ③ 사용자가 근로자의 근로조건 개선에 관한 구체적인 요구에 대하여 단체교섭을 거부하였을 때 개시하되 특별한 사정이 없는 한 조합원의 찬성결정 등 법령이 규정한 절차를 거쳐야 하고, ④ 수단과 방법이 사용자의 재산권과 조화를 이루어야 함은 물론 폭력의 행사에 해당되지 아니하여야 한다는 조건을 모두 구비하여야 한다. 이러한 기준은 쟁의행위의 목적을 알리는 등 적법한 쟁의행위에 통상 수반되는 부수적 행위가 형법상 정당행위에 해당하는지 여부를 판단할 때에도 동일하게 적용된다(대판 2022.10.27. 2019도10516).

답 O

005 □□□ **위법한 쟁의행위가 종료된 후 매출 감소를 초래하지 않을 정도의 상당한 기간 안에 추가 생산 등을 통하여 쟁의행위로 인한 부족 생산량의 전부 또는 일부가 만회되었다면, 특별한 사정이 없는 한 그 범위에서는 조업중단으로 인한 매출 감소 및 그에 따른 고정비용 상당 손해의 발생을 인정하기 어렵다.** O X

[1] 제조업체가 위법한 쟁의행위로 조업을 하지 못함으로써 입은 고정비용 상당 손해배상을 구하는 경우, 제조업체는 조업중단으로 인하여 일정량의 제품을 생산하지 못하였다는 점 및 그 생산 감소로 인하여 매출이 감소하였다는 점을 증명하여야 할 것이지만, 해당 제품이 이른바 적자제품이라거나 불황 또는 제품의 결함 등으로 판매가능성이 없다는 등의 특별한 사정의 간접반증이 없는 한, 제품이 생산되었다면 그 후 판매되어 제조업체가 이로 인한 매출이익을 얻고 또 그 생산에 지출된 고정비용을 매출원가의 일부로 회수할 수 있다고 추정함이 상당하다.

[2] 그런데 이러한 추정 법리가 매출과 무관하게 일시적인 생산 차질이 있기만 하면 고정비용 상당 손해가 발생한다는 취지는 아니므로, 위법한 쟁의행위로 조업이 중단되어 생산이 감소하였더라도 그로 인하여 매출 감소의 결과에 이르지 아니할 것으로 볼 수 있는 사정이 증명되면 고정비용 상당 손해의 발생이라는 요건사실의 추정은 더 이상 유지될 수 없다. 따라서 위법한 쟁의행위가 종료된 후 제품의 특성, 생산 및 판매방식등에 비추어 매출 감소를 초래하지 않을 정도의 상당한 기간 안에 추가 생산 등을 통하여 쟁의행위로 인한 부족 생산량의 전부 또는 일부가 만회되었다면, 특별한 사정이 없는 한 그 범위에서는 조업중단으로 인한 매출 감소 및 그에 따른 고정비용 상당 손해의 발생을 인정하기 어렵다(대판 2023.6.29. 2017다49013).

답 O

CHAPTER 06 부당노동행위구제제도

001 □□□

▸ **특정 노동조합에 가입하려고 하거나 특정 노동조합과 연대하려고 하는 노동조합에 대한 부당노동행위로 인하여 특정 노동조합의 권리가 침해당할 수 있는 경우 그 특정 노동조합이 부당노동행위의 직접 상대방이 아니라면 자신의 명의로 부당노동행위에 대한 구제신청을 할 수 없다.**

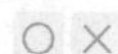

▸ **노동조합 및 노동관계조정법상 그 사업의 근로자에 관한 사항에 대하여 사업주를 위하여 행동하는 사람이 그 권한과 책임의 범위 내에서 사업주를 위하여 한 행위가 부당노동행위가 되는 경우 이러한 행위는 사업주의 부당노동행위로도 인정할 수 있다.** ○ ×

[1] 노동조합으로서는 자신에 대한 사용자의 부당노동행위가 있는 경우뿐만 아니라, 그 소속 조합원으로 가입한 근로자 또는 그 소속 조합원으로 가입하려고 하는 근로자에 대하여 사용자의 부당노동행위가 있는 경우에도 노동조합의 권리가 침해당할 수 있으므로, 그 경우에도 자신의 명의로 부당노동행위에 대한 구제신청을 할 수 있는 권리를 가진다. 이러한 법리는 다른 노동조합에 가입하려고 하거나 다른 노동조합과 연대하려고 하는 노동조합에 대하여 사용자의 부당노동행위가 있는 경우에도 적용된다. 따라서 특정 노동조합에 가입하려고 하거나 특정 노동조합과 연대하려고 하는 노동조합에 대한 부당노동행위로 인하여 특정 노동조합의 권리가 침해당할 수 있는 경우에는 그 특정 노동조합이 부당노동행위의 직접 상대방이 아닌 경우에도 자신의 명의로 부당노동행위에 대한 구제신청을 할 수 있다.

[2] 노조법 제2조 제2호의 '그 사업의 근로자에 관한 사항에 대하여 사업주를 위하여 행동하는 자'는 근로자의 인사, 급여, 후생, 노무관리 등 근로조건의 결정 또는 업무상의 명령이나 지휘·감독을 하는 등의 사항에 대하여 사업주로부터 일정한 권한과 책임을 부여받았으므로, 그 사업의 근로자에 관한 사항에 대하여 사업주를 위하여 행동하는 사람이 그 권한과 책임의 범위 내에서 사업주를 위하여 한 행위가 노동조합의 조직이나 운영 및 활동을 지배하거나 이에 개입하는 의사로 한 것으로 부당노동행위가 되는 경우 이러한 행위는 사업주의 부당노동행위로도 인정할 수 있다. 다만 사업주가 그 선임 및 업무수행상 감독에 상당한 주의를 하였음에도 부당노동행위가 행해진 경우와 같은 특별한 사정에 대한 주장·증명책임은 사업주에게 있다(대판 2022.5.12. 2017두54005).

답 × / ○

002 □□□

▸ **타당한 근거 없이 과다하게 책정된 급여를 근로시간 면제자에게 지급하는 사용자의 행위는 부당노동행위가 될 수 있고, 단체협약 등 노사 간 합의에 의한 경우라도 달리 볼 것은 아니다.** ○ ×

▸ **근로시간 면제자에 대한 급여는 근로시간 면제자로 지정되지 아니한 일반 근로자의 통상 근로시간과 근로조건 등을 기준으로 받을 수 있는 급여 수준이나 지급 기준과 비교하여 사회통념상 수긍할 만한 합리적인 범위를 초과할 정도로 과다하지 않은 한 근로의 대가로서, 그 성질상 임금에 해당하는 것으로 보아야 한다.** ○ ×

[1] 근로시간 면제자에게 급여를 지급하는 행위는 특별한 사정이 없는 한 부당노동행위가 되지 않는 것이 원칙이다. 다만 타당한 근거 없이 과다하게 책정된 급여를 근로시간 면제자에게 지급하는 사용자의 행위는 노조법 제81조 제1항 제4호 단서에서 허용하는 범위를 벗어나는 것으로서 노조전임자 급여 지원 행위나 노동조합 운영비 원조 행위에 해당하는 부당노동행위가 될 수 있고, 단체협약 등 노사 간 합의에 의한 경우라도 달리 볼 것은 아니다.

[2] 근로시간 면제 제도의 규정 내용, 취지, 관련 규정 등을 고려하면, 근로시간 면제 대상으로 지정된 근로자(이하 '근로시간 면제자')에 대한 급여는 근로시간 면제자로 지정되지 아니하고 일반 근로자로 근로하였다면 해당 사업장에서 동종 혹은 유사 업무에 종사하는 동일 또는 유사 직급·호봉의 일반 근로자의 통상 근로시간과 근로조건 등을 기준으로 받을 수 있는 급여 수준이나 지급 기준과 비교하여 사회통념상 수긍할 만한 합리적인 범위를 초과할 정도로 과다하지 않은 한 근로시간 면제에 따라 사용자에 대한 관계에서 제공한 것으로 간주되는 근로의 대가로서, 그 성질상 임금에 해당하는 것으로 봄이 타당하다. 따라서 근로시간 면제자의 퇴직금과 관련한 평균임금을 산정할 때에는 특별한 사정이 없는 한 근로시간 면제자가 단체협약 등에 따라 지급받는 급여를 기준으로 하되, 다만 과다하게 책정되어 임금으로서 성격을 가지고 있지 않은 초과 급여 부분은 제외하여야 한다(대판 2018.4.26. 2012다8239).

답 ○ / ○

003 □□□ **근로자에 대한 인사고과가 상여금의 지급기준이 되는 사업장에서 사용자가 특정 노동조합의 조합원이라는 이유로 다른 노동조합의 조합원 또는 비조합원보다 불리하게 인사고과를 하여 상여금을 적게 지급하는 불이익을 주었다면 그러한 사용자의 행위도 부당노동행위에 해당할 수 있다.** ○ ×

근로자에 대한 인사고과가 상여금의 지급기준이 되는 사업장에서 사용자가 특정 노동조합의 조합원이라는 이유로 다른 노동조합의 조합원 또는 비조합원보다 불리하게 인사고과를 하여 상여금을 적게 지급하는 불이익을 주었다면 그러한 사용자의 행위도 부당노동행위에 해당할 수 있다. 이 경우 사용자의 행위가 부당노동행위에 해당하는지 여부는, 특정 노동조합의 조합원 집단과 다른 노동조합의 조합원 또는 비조합원 집단을 전체적으로 비교하여 양 집단이 서로 동질의 균등한 근로자 집단임에도 불구하고 인사고과에 양 집단 사이에 통계적으로 유의미한 격차가 있었는지, 인사고과의 그러한 격차가 특정 노동조합의 조합원임을 이유로 불이익취급을 하려는 사용자의 반조합적 의사에 기인한다고 볼 수 있는 객관적인 사정이 있었는지, 인사고과에서의 그러한 차별이 없었더라도 동등한 수준의 상여금이 지급되었을 것은 아닌지 등을 심리하여 판단하여야 한다(대판 2018.12.27. 2017두47311).

답 ○

004 □□□ **신규로 입사한 근로자가 노동조합 선택의 자유를 행사하여 지배적 노동조합이 아닌 노동조합에 이미 가입한 경우에는 유니온 숍 협정의 효력이 해당 근로자에게까지 미친다고 볼 수 없다.** ○ ×

헌법 제33조 제1항, 제11조 제1항, 제32조 제1항 전문, 노조법 제5조 본문, 제81조 제2호, 근로기준법 제23조 제1항 등 관련 법령의 문언과 취지 등을 함께 고려하면, 근로자에게는 단결권 행사를 위해 가입할 노동조합을 스스로 선택할 자유가 헌법상 기본권으로 보장되고, 나아가 근로자가 지배적 노동조합에 가입하지 않거나 그 조합원 지위를 상실하는 경우 사용자로 하여금 그 근로자와의 근로관계를 종료시키도록 하는 내용의 유니온 숍 협정이 체결되었더라도 지배적 노동조합이 가진 단결권과 마찬가지로 유니온 숍 협정을 체결하지 않은 다른 노동조합의 단결권도 동등하게 존중되어야 한다. 유니온 숍 협정이 가진 목적의 정당성을 인정하더라도, 지배적 노동조합이 체결한 유니온 숍 협정은 사용자를 매개로 한 해고의 위협을 통해 지배적 노동조합에 가입하도록 강제한다는 점에서 허용 범위가 제한적일 수밖에 없다. 이러한 점들을 종합적으로 고려하면, 근로자의 노동조합 선택의 자유 및 지배적 노동조합이 아닌 노동조합의 단결권이 침해되는 경우에까지 지배적 노동조합이 사용자와 체결한 유니온 숍 협정의 효력을 그대로 인정할 수는 없고, 유니온 숍 협정의 효력은 근로자의 노동조합 선택의 자유 및 지배적 노동조합이 아닌 노동조합의 단결권이 영향을 받지 아니하는 근로자, 즉 어느 노동조합에도 가입하지 아니한 근로자에게만 미친다. 따라서 신규로 입사한 근로자가 노동조합 선택의 자유를 행사하여 지배적 노동조합이 아닌 노동조합에 이미 가입한 경우에는 유니온 숍 협정의 효력이 해당 근로자에게까지 미친다고 볼 수 없고, 비록 지배적 노동조합에 대한 가입 및 탈퇴 절차를 별도로 경유하지 아니하였더라도 사용자가 유니온 숍 협정을 들어 신규 입사 근로자를 해고하는 것은 정당한 이유가 없는 해고로서 무효로 보아야 한다(대판 2019.11.28. 2019두47377).

답 ○

005 □□□ **사용자가 노동조합의 조직 또는 운영에 지배·개입하는 행위가 건전한 사회통념이나 사회상규상 용인될 수 없는 정도에 이른 부당노동행위로 인정되는 경우 그 지배·개입행위는 노동조합에 대한 불법행위가 되고, 사용자는 노동조합의 비재산적 손해에 대하여 위자료 배상책임을 부담한다.**

사용자가 노동조합의 조직 또는 운영에 지배·개입하는 행위가 건전한 사회통념이나 사회상규상 용인될 수 없는 정도에 이른 부당노동행위로 인정되는 경우 그 지배·개입행위는 헌법이 보장하고 있는 노동조합의 단결권을 침해하는 위법한 행위로 평가되어 노동조합에 대한 불법행위가 되고, 사용자는 이로 인한 노동조합의 비재산적 손해에 대하여 위자료 배상책임을 부담한다(대판 2020.12.24. 2017다51603).

PART 1 PART 2 PART 3

하느냐의 문제가 아니야,

언제 하느냐의 문제야.

– 미생 中 –

2024 SD에듀 EBS 공인노무사 1차 노동법 기출문제 한권으로 끝내기

초 판 발 행	2023년 10월 25일(인쇄 2023년 09월 26일)
발 행 인	박영일
책 임 편 집	이해욱
편 저	EBS교수진
편 집 진 행	안효상 · 정호정 · 김민지
표지디자인	김지수
편집디자인	표미영 · 하한우
발 행 처	(주)시대고시기획
출 판 등 록	제10-1521호
주 소	서울시 마포구 큰우물로 75 [도화동 538 성지 B/D] 9F
전 화	1600-3600
팩 스	02-701-8823
홈 페 이 지	www.sdedu.co.kr
I S B N	979-11-383-5896-5
정 가	36,000원

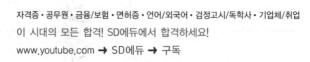

개정법령 관련 대처법을 소개합니다!

도서만이 전부가 아니다! 시험 관련 정보 확인법!
법령이 자주 바뀌는 과목의 경우, 도서출간 이후에 아래와 같은 방법으로
변경된 부분을 업데이트 · 수정하고 있습니다.

01 정오표

도서출간 이후 발견된 오류는 그 즉시 해당 내용을 확인한 후 수정하여 정오표 게시판에 업로드합니다.

※ SD에듀 : 홈 ≫ 학습자료실 ≫ 정오표

02 추록(최신 개정법령)

도서출간 이후 법령개정으로 인한 수정사항은 도서의 구성에 맞게 정리하여 도서업데이트 게시판에 업로드합니다.

※ SD에듀 : 홈 ≫ 학습자료실 ≫ 도서업데이트